スポーツ大図鑑

THE SPORTS BOOK

スポーツ大図鑑
THE SPORTS BOOK

A DORLING KINDERSLEY BOOK
www.dk.com

Original Title: The Sports Book
Copyright©Dorling Kindersley Limited, 2007, 2009, 2011, 2013

Japanese translation rights arranged with Dorling Kindersley Limited, London through Tuttle-Mori Agency,Inc., Tokyo
For sale in Japanese territory only.

凡例 それぞれのスポーツに、いくつかのアイコンがついている。スポーツのカテゴリーを示す記号と、勝敗の決め方、競技時間、個人競技か団体競技かの区別をした記号である。

スポーツカテゴリー

陸上競技　体操　団体競技

ラケットスポーツ　格闘技　ウォータースポーツ

ウィンタースポーツ　標的スポーツ　アニマルスポーツ

モータースポーツ　ホイールスポーツ　エクストリームスポーツ

タイムを競うスポーツ
決められた条件をクリアするまでの時間の速さで勝敗を決めるもの。
距離を競うスポーツ
達成した距離の長さで勝敗を決めるもの。

得点を競うスポーツ
ポイントやゴールの数で勝敗を決めるもの。
審判による判定を競うスポーツ
選手の演技を、審判が採点して勝敗を決めるもの。

競技時間
あらかじめ競技時間が決められているものは、その時間を数字で示している。
個人／団体競技
本来個人で競う競技か、団体で対戦する競技かを示している。

＊本書のデータ、記録、ルールなどは、原則的には2013年11月現在のものです。

目次

はじめに	008

オリンピック

第二次世界大戦前の大会	012
戦後の大会	018
パラリンピック	040

世界のスポーツ

01 陸上競技

陸上競技	048
短距離	050
リレー	052
ハードル	054
中距離走	056
長距離走	058
走幅跳	060
三段跳	062
走高跳	064
棒高跳	066
円盤投	068
砲丸投	069
やり投	070
ハンマー投	071
十種競技・七種競技	072
競歩	074
オリエンテーリング	075
トライアスロン	076
近代五種競技	077

02 体操

体操	080
ゆか	082
鉄棒・平行棒・段違い平行棒	084
あん馬	086
つり輪	087
平均台	088
跳馬	089
新体操	090
トランポリン	092
アクロ体操	094
エアロビック	095
ウエイトリフティング	096
パワーリフティング	097

03 団体競技

サッカー	100
バスケットボール	108
アメリカンフットボール	114
ラグビーユニオン	120
7人制ラグビー（セブンズ）	126
ラグビーリーグ	128
オーストラリアンフットボール	132
クリケット	136
野球	142
ソフトボール	148
ペサパッロ	149
ラウンダーズ	149
アイスホッケー	150
バンディ	156
フィールドホッケー	158
フロアボール	161
ラクロス	162
バレーボール	164
ビーチバレー	166
フットバレー	167
セパタクロー	167
ネットボール	168
コーフボール	171
ハンドボール	172
ゲーリックフットボール	174
ハーリング	176
シンティ	177
アメリカン・ドッジボール	178
綱引き	178
アルティメット	179

04 ラケットスポーツ

テニス	182
リアルテニス	188
ソフトテニス	189
卓球	190
バドミントン	192
毽子（ジェンズ）	195
スカッシュ	196
ラケットボール	200
イートン・ファイブズ	202
ラケッツ	203
パドルボール	203
ペロタ	204

 **格闘技**

ボクシング	208
フェンシング	212
柔道	216
相撲	220
アマチュアレスリング	222
空手	224
カンフー：套路(とうろ)	228
カンフー：散手(さんしょう)（散打）	230
柔術	232
テコンドー	234
キックボクシング	236
サンボ	238
剣道	239

 **ウィンタースポーツ**

アルペンスキー	288
フリースタイルスキー	294
スノーボード	298
クロスカントリースキー	300
スロープスタイル	302
スキージャンプ	304
ノルディック複合（ノルディックスキー・コンバインド）	306
バイアスロン	307
ボブスレー	308
リュージュ	310
スケルトン	311
スピードスケート	312
フィギュアスケート	314
アイスダンス	317

 **ウォータースポーツ**

競泳	242
飛込競技	246
水球	248
シンクロナイズドスイミング	252
水中スポーツ	253
セーリング	254
ボート	262
カヤック	268
カヌー	272
ドラゴンボート	274
水上スキー	276
ウィンドサーフィン	280
カイトボード	283
サーフィン	284

 **標的スポーツ**

ゴルフ	320
クロッケー	326
カーリング	328
ローンボウルズ	330
ペタンク	331
ボウリング	332
ファイブピンボウリング	334
アトラトル	334
スキットルズ（九柱戯）	335
ホースシューズ	335
スヌーカー	336
ビリヤード	339
プール	340
ダーツ	342
アーチェリー	344
ピストル射撃	346
クレー射撃	348
ライフル射撃	351

ホイールスポーツ

BMX	356
自転車トラックレース	358
自転車ロードレース	362
マウンテンバイク	366
ローラースケート	368
ローラーホッケー	370
スケートボード	372

アニマルスポーツ

競馬	408
馬場馬術	412
総合馬術	413
障害馬術	414
ポロ	416
ドッグレース	420
繋駕速歩競走（けいがはやあし）	422
ロデオ	423
ラクダレース	424
犬ぞりレース	424
ホースボール	425
馬車競技	425
シー・マッチ・フィッシング	426

モータースポーツ

フォーミュラ1	376
インディカーレース	380
GP2	382
ツーリングカーレース	383
ドラッグレース	384
カートレース	386
ストックカーレース	387
オフロードラリー	388
トラックレース	389
ラリー	390
ロードレース	392
オフロードバイクレース	395
パワーボートレース	398
エアレース	402
スノーモービル	404

エクストリームスポーツ

ストリートリュージュ	430
フリーランニング（パルクール）	431
エクストリームクライミング	432
ウルトラランニング	433
フリーダイビング	434
クリフダイビング	435
フリーライドMTB	436
ランドセーリング	437
ラフティング	438
オープンウォータースイミング	439
ハンググライダー	440
パラグライダー	441
スカイダイビング	442
バンジージャンプ	443

索引	444

はじめに

「走る」「跳ぶ」「投げる」。古代ギリシアの人々がオリンピアの地で競技会を始めて以来、これらの行為はたいへんな進化を遂げました。古代オリンピックが始まった当初、種目はたった1つしかありませんでした。スタディオン走です。ところが、現在は何百という数のスポーツがあります。ですから、みなさんが、出会うスポーツすべてのルールやトレーニング法を知らなくても驚くには当たりません。そこで登場するのが本書です。『スポーツ大図鑑』では、200以上のスポーツの概略を説明しました。シンクロナイズドダイビングの審判はどんなところに注目しているのか、マディソンの選手たちはそもそも何をやっているのか……。本書を読めば明らかになります。

以前は、オリンピックの時期になると、あまり馴染みのない、あるいは見たこともないようなスポーツがテレビに登場し、私たちは、どうしたら点が入るのだろう、誰が何をやっているんだろう、と考えながらテレビの前に座っていました。デジタルテレビが爆発的に普及し、おびただしい数のスポーツ専門チャンネルができた今、私たちは、毎日のようにその気持ちを味わうようになりました。チャンネルを次々に変えていけば、はるかに多様なスポーツとの初めての出会いが待っているからです。

本書のページをめくれば、人類がこれまでに発明した、何とも風変わりな、そしてすばらしいスポーツについて必要な知識を手に入れることができます。ルールや、データ、ウェア、試合の見どころ、何が反則で何がOKか、テレビの解説者が何をしゃべっているか、本書でぜひ調べてください。

世界チャンピオンのプレーを映像で見ていても、どれほど優れた技術を駆使しているか、どんなところが難しいのか、本当によく理解することはなかなかできません。あの小さな白いボールを打って、あの林の向こうに飛ばし、あの湖の左手にあるあの3つのバンカーの間を転がすのにどれほど細心の注意を払わなければならないのか。細い板の上でハンドフリー・バックフリップをしたり、よくしなる板の端からジャンプしたりすることのどこがたいへんなのか。プロの選手たちはやすやすとやってのけているように見えます。しかし、実際にはそうではないことが多いのです。さまざまなスポーツで、競い合うというのが実際にはどのようなものなのか、本書を読んで、少しでも理解を深めていただけたらと思います。ここ百年間のスポーツの発展と進化には目を見はるものがあります。スポーツが原因で国際的な事件が発生したり、反対に、スポーツが国際的な紛争の解決に役立ったりしています。人の心に情熱、絶望、誇り、屈辱感を芽生えさせます。スポーツを大切に思っている人が、世界中にたくさんいるのは明らかです。本書を書く中で、私は、スポーツには、やめられなくなるような魅力が、思っていた以上にあることに気づきました。よく知っている、そして一生懸命打ちこんでいるスポーツに強い愛着を感じるのは当たり前のことですが、それ以外に、もう1つ、別のレベルの魅力があるのです。よく知らなかったスポーツについて知り、新しい分野に手を伸ばし始めたとき、人はその魅力に取りつかれます。本書を気の向くままに拾い読みしてください。今までまったく知らなかったことが書いてあるはずです。新しいスポーツの世界が見えてきます。そして、「アトラトルを

始めてみたい」「ランドヨットに乗ってみようか」と思っていただけたら、こんなすばらしいことはありません。仮に、あなたがテレビでそのスポーツを見たときに、今後の展開が予想できるようになっているだけでも、私は十分幸せですが。

考えてみてください。本書のおかげで、今度スポーツもの知りクイズに参加（ほら、もう出場したくなっているはずですよ！）して、優勝を決定する最後の問題の正解がわかるかもしれないのですよ。

もっとすばらしいのは、自分にぴったりのスポーツを見つけることです。また、すでにいろいろなスポーツをしている方が、さらに新しいスポーツに挑戦しようという気持ちになってくれることです。この世界は、サッカーをする人、ラグビーが好きな人、ボールを打てる人、ラケットで空振りばかりしている人だけのものではありません。他にも、本当にたくさんのスポーツがあります。そのなかにあなたの気持ちを引きつけるスポーツがあるかもしれません。次のオリンピックで、あなたのプレーを私が解説する！　などという可能性だって否定できません。

本書で取り上げた200以上のスポーツのなかに、あなたの興味を引くスポーツがたくさんあれば、と願っていますが、取り上げそこなったスポーツがまだまだたくさんあることは認めなければなりません。でも、それは、世界中の風変わりですばらしいスポーツを求めて調査する、という仕事がまだ続けられる、そして本書の続編が出版される可能性が残っている、ということです（ですから、ノーフォークの湿原シュノーケリング、MTBライダーのみなさん、ウィルトシアの芝刈り機レーサーのみなさん、待っていてくださいね）。

読者のみなさんが、本書を楽しんで読んでくださることを祈っています！

レイ・スタッブズ

オリンピック

オリンピックの理念

古代オリンピック
紀元前500年ごろにはすでに、ギリシア各地で運動競技会が催されるようになっていた。そのなかで最もよく知られているのがオリンピックだ。4年に1度、オリンピアの地で、ゼウス神に捧げられる競技会が開かれた。古代オリンピックには、短・中・長距離走、五種競技、ボクシング、レスリングといった種目があった。競技に参加できるのは男性のみ。多くの場合、全裸で競技を行うことが求められた。

近代オリンピック
紀元前2世紀、ギリシアを征服したローマ人は、オリンピックを廃止してしまう。しかし、1892年、フランスのピエール・ド・クーベルタンが、他の人たちのアイデアも参考にしながら、この競技会を復活させようという運動を始める。クーベルタンは、パリで開かれた、フランス陸上競技協会の集まりで講演を行い、オリンピックには、共通の目的をかかげて世界中の国々をひとつにまとめる力があると力説し、自らの構想への協力を求めた。さらに、1894年、パリで行われた国際スポーツについて協議する会議でも自説をアピール。その結果、圧倒的賛成多数でオリンピックの復活が決議された。大会の創設を任されたのは、国際オリンピック委員会（IOC）。初代会長は、クーベルタンの熱心な擁護者のひとり、ギリシア人のデメトリオス・ヴィケラスがつとめることになった。

アテネ

1896年4月6～15日　第1回大会

当初の計画では、最初の大会は1900年にパリで行われるはずだった。万国博覧会との合同開催である。だが、第1回の大会は単独で開催したほうがよいということになった。そこで、1896年に繰り上げて、アテネで初の近代オリンピックが開催されたのである。古代オリンピックの復活ということで、ギリシア、ドイツ、フランス、イギリスをはじめとする世界14カ国からスポーツマンが集った。

14 参加国数	241 競技者数
9 競技数	43 種目数

ハイライト

→ ほぼ1500年ぶりに誕生したオリンピック優勝者は、三段跳のジェームズ・コノリー（アメリカ）。

→ 体操で3つのタイトルを獲ったドイツのカール・シューマンは、レスリングにも出場し、4つめも獲得。

→ ホスト国のギリシアが何よりも欲しかったのは、マラソンの優勝メダルだった。ギリシア人にとっては歴史的に重要な種目だ。彼らの望みはかなえられる。7分以上の大差をつけて、ギリシアのスピリドン・ルイスが優勝する。

スター選手　ハヨシュ・アルフレード

13歳のとき、父がドナウ川で溺死するという経験をしたハヨシュ・アルフレードは、なんとしても泳ぎがうまくなりたいと思うようになる。第1回オリンピック最初の競泳種目が行われたのはゼーア湾。水温はわずかに13度。ハヨシュは、同じ日に行われた100mと1200m自由形で優勝する。1200mに出場した9人の選手は、船で湾の外まで運ばれ、岸まで泳いでくるように、といわれて外海で船から降ろされた。

パリ

1900年5月15日～10月28日　第2回大会

24 参加国数	997 競技者数
18 競技数	95 種目数

1900年の大会は、万国博覧会の行事の一環として行われた。博覧会の主催者側は、万博と合わせるために、オリンピックの開催期間を5カ月間に引き延ばし、オリンピックという大会自体の重要性をあまり強調しなかった。初めて女子の参加が認められたが、ゴルフやテニスなどごく一部の種目のみ。

スター選手　アルヴィン・クレンツレーン

アメリカのアルヴィン・クレンツレーンは、60m、110mハードル、200mハードル、走幅跳で優勝した。1大会で陸上競技の個人種目ばかり4個の金メダルという記録は、いまだに破られていない。しかもクレンツレーンは、この偉業をわずか3日間の間に成し遂げた。歯科医師の資格を持ってはいたが、開業することなく、クレンツレーンはトラック競技のコーチになる道を選ぶ。

ハイライト

→ アメリカ人のレイ・ユーリーは1日で3個もの金メダルを獲得した。にもかかわらず、現在、彼の名前はほとんど知られていない。彼が前例のないすばらしい結果を残した種目自体がなくなってしまったからだ。その種目は、立高跳、立幅跳、立三段跳。

→ オリンピック史上初の女子金メダリストは、テニス・シングルスで優勝したイギリスのシャーロット・クーパー。彼女は、その後、混合ダブルスでも優勝する。

セントルイス

1904年7月1日〜11月23日　第3回大会

12 参加国数	651 競技者数
17 競技数	91 種目数

スター選手　マーチン・シェリダン

アイルランド系アメリカ人のマーチン・シェリダンは、当時世界最強の万能型陸上選手だった。1904年、1908年のオリンピックは、円盤投で優勝。さらに、1908年には、ギリシア式円盤投で金、立幅跳で銅を獲る。彼が絶頂期にあったころは、まだ公式に世界記録を認定するシステムができあがっていなかったが、1902年から1911年の間に、シェリダンは、円盤投で15回「世界最高」記録を樹立した。

1904年のセントルイス・オリンピックの主催者は、1900年大会のときと同じ過ちを繰り返す。競技は4カ月半だらだらと続き、万国博覧会をめぐる狂騒の中、オリンピックの存在はかすんでしまった。ただでさえ盛り上がりに欠けていたのに、91種目のうちわずか42種目にしか外国人選手が参加しなかったことが、一般の人々をさらに無心にさせることになった。

ハイライト

→ 最も注目を集めたのは、アメリカ人の体操選手ジョージ・エイゼルだ。左足が木製の義足だったにもかかわらず、6個ものメダルを獲得する。

→ アイルランドのトム・カイリーがオールラウンド（十種競技の原型）で優勝。オールラウンドは、100ヤード、120ヤードハードル、880ヤード競歩、走高跳、走幅跳、棒高跳、砲丸投、ハンマー投などをたった1日でこなす、というものだった。

（左上から時計回りに）競泳で優勝したハヨシュ・アルフレード。1大会で4つの個人種目を制したアルヴィン・クレンツレーン。最初の金メダルを60歳で獲った、射撃のオスカー・スヴァーン。オールラウンドなオリンピック選手マーチン・シェリダン。

ロンドン

1908年4月27日〜10月31日　第4回大会

22 参加国数	2,008 競技者数
22 競技数	110 種目数

スター選手　オスカー・スヴァーン

1908年、初めての金メダルを手にしたとき、スウェーデンの射撃代表オスカー・スヴァーンは60歳だった。ランニング・ディア（単発）で優勝。翌日には、団体で2つめの金メダル。また、ランニング・ディア（連発）でも銅メダルを獲得。第一次世界大戦後、再びオリンピックの舞台に帰ってきたスヴァーンは、72歳で銀メダルを獲得した。

1908年ロンドン大会の会場は、ホワイトシティ・スタジアム。この年行われた英仏万博のために建設されたこのスタジアムを再利用した。陸上トラック、自転車競技場、高さの調整ができる飛び込み台つきの大型プールを備えるスポーツ総合施設だ。まだ少数ではあったが、女子の種目も増えてきた。

ハイライト

→ イタリアのドランド・ピエトリは、マラソンのフィニッシュでスタジアムに帰ってくると、逆走したうえに倒れ込んでしまう。役員の手を借りてゴールしたため、失格となってしまったが、その果敢な努力で、ピエトリは一躍時の人となった。

→ 助走無しの跳躍で圧倒的な強さを見せていたアメリカのレイ・ユーリーは、さらに2個の金メダルを加え、彼の金メダル獲得数は8になった。

ストックホルム

1912年5月5日～7月27日　第5回大会

28 参加国数　2,407 競技者数
14 競技数　102 種目数

スター選手　ジム・ソープ

史上最強の万能型陸上選手はジム・ソープだと考える人が多い。だが、ソープがオリンピックで獲得したメダルは、彼が大会参加前にマイナーリーグのプロ野球選手として報酬を受け取っていたことが発覚し、剥奪されてしまう。だが、1982年、IOCはついにこの決定を覆す。ソープ自身はすでに亡くなっていたため、メダルは遺族に返還された。

ストックホルム大会は、大会の運営もスポーツ施設も、非の打ち所がないすばらしいものだった。このため、この第5回オリンピックは、その後の大会の模範となる。陸上競技で初めて写真判定が行われ、従来のストップウォッチをバックアップするために電子計時が導入されるなど、ストックホルム大会から始まった新技術は多い。

ハイライト

→ アメリカ先住民とアイルランド人の血をひくジム・ソープは、五種競技と十種競技で、2位以下に大差をつけて優勝する。表彰式で、スウェーデン国王は、「あなたは世界最高の陸上競技選手でいらっしゃる」とソープに話しかけた。

→ フィンランドのハンネス・コーレマイネンは、5000m、10000m、クロスカントリー個人で優勝。さらに、クロスカントリー団体でも銀メダルを獲得した。

（左上から時計回りに）数々の結果を残したオールラウンダー、ジム・ソープ。テニスの女王、スザンヌ・ランラン。スピードスケートのメダリスト、ユリウス・スクートナブ。長距離走の王者パーヴォ・ヌルミ。映画スターになった競泳のジョニー・ワイズミュラー。

アントワープ

1920年4月20日～9月12日　第7回大会

29 参加国数　2,626 競技者数
22 競技数　154 種目数

スター選手　スザンヌ・ランラン

フランスのスザンヌ・ランランは史上最高の女子テニスプレーヤーの1人だ。1919年から26年の間に負けた試合はたった1試合。1920年のオリンピックでは、優勝までの10セット中、落としたゲームは4つだけ。さらに、混合ダブルスでは、マックス・デキュジスとペアを組み金メダル。女子ダブルスでも、エリザベート・ダイアンとともに銅メダルを獲得した。

第一次世界大戦の戦争責任を問われた国の選手を参加させるべきか否かについて、激しい議論がかわされた末に、IOCは、同盟国側の選手団の参加を認めないという決定を下した。綱引きの対戦は、オリンピックでは見納めとなる。それ以外にも、ウエイトスロー、3000m競歩、400m平泳ぎなど、この大会以降行われなくなった競技がいくつもあった。

ハイライト

→ ハワイのデューク・カハナモクは、100m自由形で、自身の世界記録を更新し、2連勝を果たした。

→ イタリアのネド・ナジは、フェンシングの個人フルーレとサーブルで優勝。さらに、チームの主将として、団体3種目すべてにおいてイタリアを勝利に導いた。合計5個の金メダルは、フェンシングでは1大会の最多記録である。

シャモニー

1924年1月25日〜2月5日　第1回冬季大会

16 参加国数　258 競技者数
6 競技数　16 種目数

スター選手　ユリウス・スクートナブ

フィンランドのユリウス・スクートナブが初めてスピードスケートの世界選手権に出場したのは1914年。今大会の時にはすでに34歳になっていたが、すべての種目に出場し、5000mで銀、10000mでは同国人のクラス・ツンベルグを3秒上回って金メダルを獲る。個人の結果を合わせた総合では銅メダルに輝いた。

1922年、フランスのオリンピック委員会は、1924年に、国際冬季競技週間という大会をシャモニーで開催することを決める（IOCが冬季オリンピック競技大会を正式に認可するのは1926年）。大会運営は非常にしっかりしていたが、残念ながら天候に恵まれなかった。アイスホッケー、ボブスレーを含む5つの競技ではどれも北欧の選手が圧倒的な強さを見せた。

ハイライト

→ 記念すべき冬季オリンピック初の金メダリストは、アメリカのチャールズ・ジュートロー。500mスピードスケートを制する。

→ フィンランドのクラス・ツンベルグはスピードスケートで金メダル3個、銀メダル、銅メダルそれぞれ1個ずつを獲得。また、ノルウェーのトルライフ・ハウグは、18km、50kmのクロスカントリースキーとノルディック複合で優勝した。

パリ

1924年5月4日〜7月27日　第8回大会

「より速く、より高く、より強く」というオリンピックのモットーをかかげた初めての大会。また、閉会式で、オリンピック旗、開催国の国旗、次回の開催国の国旗の3つを掲揚するようになったのもこの大会から。参加国が29から44カ国へと飛躍的に増え、オリンピックの認知度が高くなってきたことを示している。

44 参加国数　3,089 競技者数
17 競技数　126 種目数

スター選手　パーヴォ・ヌルミ

陸上のフィンランド代表、パーヴォ・ヌルミの残した結果はすばらしかった。オリンピック史上最高の偉業といってもよい。まず、1500mで優勝。そのわずか2時間後には5000mで勝利。2日後、今度はクロスカントリーで優勝し、同時にフィンランドチームに金メダルをもたらした。さらにその翌日は、3000m団体で金。合計5つの金メダルを手にする。

ハイライト

→ アメリカのジョニー・ワイズミュラーが、1日のうちに金メダル2個（競泳）、銅メダル1個（水球）を獲得。

→ フィンランドのヴィレ・リトラが、10000mで、自身の世界記録を更新して優勝。さらに、3000m障害でも金。5000mとクロスカントリー個人では銀メダルを獲る。ちなみにこのとき優勝したのはヌルミ。

アムステルダム

1928年5月17日〜8月12日　第9回大会

46 参加国数　2,883 競技者数
14 競技数　109 種目数

スター選手　ジョニー・ワイズミュラー

アメリカのジョニー・ワイズミュラーが競泳100m自由形と4×200m自由形リレーで優勝する。彼を史上最高のスイマーと評価する専門家も多い。競泳で成功したワイズミュラーは、後に銀幕の世界に飛び込み、1932〜48年の間に12本の映画でターザンを演じた。

体操と陸上で女子の参加が新たに認められ、女子選手の数が倍増。近代オリンピックで初めて聖火が点灯され、期間中スタジアムの聖火台で燃やされ続ける。金メダル獲得者の国籍も多様化し、これまでで最多の28カ国となった。

ハイライト

→ ボートのオーストラリア代表ヘンリー・ピアースは、準々決勝のレースの最中、泳いできたアヒルの群れが通り過ぎるのを待つためにボートを止める。それでも彼は決勝まで進み、金メダルを獲得した。

→ カナダのパーシー・ウィリアムズは、陸上男子100mと200mで2冠。

オリンピック

016

第二次世界大戦前の大会

サンモリッツ

1928年2月11日〜19日　第2回冬季大会

25 参加国数　464 競技者数
4 競技数　14 種目数

スター選手　ギリス・グラフストローム

フィギュアスケートの革新者として名高いギリス・グラフストローム。スパイラル、足替えシットスピン、フライイングシットスピンは彼のオリジナルだ。彼はまた、フィギュアスケートの最多メダリストでもある。1920年には、6人のジャッジ全員が彼に最高点を与えた。1924年、僅差でウィリー・ベックルを破り2個目の金。1928年、またもベックルにからくも勝って3個目の金メダルを手にした。

すでにスキーリゾート地として評判の高かった、スイスのサンモリッツで行われた大会。既存の施設が活用された。25カ国から参加した選手たちは口々に大会運営のすばらしさを賞賛した。第一次世界大戦後初めて、ドイツが参加を認められる。シャモニー大会同様、ノルウェーが力を見せ、6個の金メダルを獲得した。

ハイライト

→ わずか15歳のノルウェー人ソニア・ヘニーが、女子フィギュアスケートで優勝し、世界をあっといわせた。

→ アイスホッケーで圧倒的な強さを見せたのはカナダ。決勝トーナメントの3試合を、11-0、14-0、13-0で勝ち抜いて優勝。

レークプラシッド

1932年2月4日〜15日　第3回冬季大会

世界恐慌の嵐のさなかにアメリカのレークプラシッドで強行されたが、残念ながら、財政的に破綻した大会となってしまい、組織委員会は多額の損失を負う。競技者数はわずか17カ国252人。しかも半数以上がアメリカとカナダの選手だったため、メダルの権威失墜はまぬがれなかった。

ハイライト

→ フィギュアスケートではフランスの夫婦ペア、アンドレ・ブリュネ、ピエール・ブリュネが、1928年に次いで2勝目。

→ ノルディック複合のディフェンディング・チャンピオン、ノルウェーのヨハン・グロットムスブローテンがサンモリッツ大会で獲ったタイトルを防衛。

→ アイスホッケーには4チームしか参加がなかったため、それぞれ2試合ずつ戦ってメダルを争った。カナダが、アメリカをまず2-1で破り、続いて2-2で引き分けて優勝。

17 参加国数　252 競技者数
4 競技数　14 種目数

スター選手　エディー・イーガン

アメリカのエディー・イーガンは、オリンピックの歴史の中でも特別な存在。夏冬両方の大会で金メダルを獲得した唯一の選手なのだ。1920年のアントワープ大会で、ノルウェーのスヴェレ・セルスダルを破り、ボクシング、ライトヘビー級優勝。その12年後のレークプラシッド大会には、4人乗りボブスレーの選手として出場し、金メダル。

ロサンゼルス

1932年7月30日〜8月14日　第10回大会

37 参加国数　1,332 競技者数
14 競技数　117 種目数

スター選手　ボブ・ヴァン・オスデル

走高跳のダンカン・マクノートンとボブ・ヴァン・オスデルは親友同士だった。ヴァン・オスデルはアメリカ代表、マクノートンはカナダ代表としてロサンゼルス大会に出場。最後はこの2人の友の一騎打ちとなる。マクノートンが1m97のバーをクリアして金。ミスしたヴァン・オスデルが銀メダルとなった。

世界恐慌の続く1932年に、ヨーロッパから遠く離れたロサンゼルスで開催されたため、出場者数は1928年の約半数に減ってしまう。だが、競技レベルはきわめて高く、世界新記録およびタイ記録が18も出された。大会期間を16日間とした最初の大会。

ハイライト

→ アメリカの「ベーブ」・ディドリクソンが、やり投と80mハードルで金、走高跳で銀を獲得。さらに他の種目でもメダルを獲る実力はあったが、当時の女子陸上では、参加できる個人種目は3つまでと決められていた。

→ アメリカのヘリーン・マディソンが100m自由形、400m自由形で金。さらに、4×100m自由形リレーの世界記録達成に貢献した。

ガルミッシュ＝パルテンキルヒェン

1936年2月6日～16日　第4回冬季大会

28	参加国数	646	競技者数
4	競技数	17	種目数

スター選手　ソニア・ヘニー

フィギュアスケートのソニア・ヘニーがオリンピックに初出場したのは、1924年のシャモニー大会。11歳の時である。1928年と1932年には金メダルを獲得した。23歳で迎えたこの大会で3個目の金メダル。その1週間後には、世界選手権10連覇を果たす。これほどの偉業を成し遂げたのは彼女だけである。

ガルミッシュとパルテンキルヒェンは、ドイツ、バイエルン地方の双子の町。スキーのアルペン競技が初めて行われるが、このことが重大な問題を引き起こす。IOCは、スキーのインストラクターはプロスキーヤーであるとして参加を認めず、猛反発したオーストリアとスイスのスキー選手は大会をボイコットした。

ハイライト

→ ノルウェーのビルガー・ルードが、アルペン競技とジャンプへのダブル出場という異例の試みに挑戦。回転（スラローム）では旗門を1つ通過できず4位に終わるが、1週間後に、ジャンプのラージヒルで2大会連続の金メダルを獲得した。

→ スピードスケートでは、ノルウェーのイヴァール・バラングルードが金3個、銀1個の活躍。3大会合計のメダル数が7になる。

（左上から時計回りに）夏冬両大会で金メダルを獲った唯一の男エディー・イーガン。3度の金メダル獲得を成し遂げたソニア・ヘニー。複数の種目で世界記録を樹立したジェシー・オーエンス。フィギュアスケートの歴史を変えたギリス・グラフストローム。走高跳のメダリスト、ボブ・ヴァン・オスデル。

ベルリン

1936年8月1日～16日　第11回大会

49	参加国数	3,963	競技者数
19	競技数	129	種目数

スター選手　ジェシー・オーエンス

ジェシー・オーエンスは、1935年5月25日、自らの名をスポーツ史に刻んだ。わずか45分間に5つの世界新記録と1つの世界タイ記録を樹立したのだ。走幅跳の8m13という記録は25年間破られなかった。1936年のオリンピックでは4個の金メダルを獲得（100m、走幅跳、200m、4×100mリレー）した。

ベルリン大会で記憶に残っているのは、アドルフ・ヒトラーがアーリア人（*訳注：ナチズムではユダヤ系でない白人のこと）の優越性を証明しようとして失敗したという事実だろう。最大の人気をさらったのは、短距離と走幅跳で活躍し、4個のメダルを獲得したアフリカ系アメリカ人、ジェシー・オーエンスだった。オリンピアで点火された聖火を大会会場まで運ぶ聖火リレーが初めて行われた。

ハイライト

→ イギリスのジャック・ベレスフォードが、ボートで5個目のメダルを獲得。当時の最多記録。

→ アメリカの13歳、マージョリー・ゲストリングが飛板飛込で金メダル。オリンピックの金メダリスト最年少記録をつくった。

サンモリッツ

1948年1月30日〜2月8日　第5回冬季大会

28 参加国数
669 競技者数（男子592/女子77）
4 競技数　22 種目数

スター選手　バーバラ・アン・スコット

ジュニアの国内選手権で最初のタイトルを獲ったとき、バーバラ・アン・スコットはまだ11歳だった。1945年から48年まで、毎回北米フィギュア選手権で優勝。このオリンピックで、カナダ人として初めてフィギュアスケートの金メダルを獲得し、カナダのオリンピック殿堂入りを果たした。1945年、47年、48年には、カナダの最優秀スポーツ選手に贈られるルー・マーシュ賞を受賞。1991年カナダ勲章（オフィサー）を授与される。

こぼれ話　12年ぶりに開かれたこの大会は「復興の大会」と呼ばれた。>>>アルペン競技がオリンピックで本格的に始められる。36年大会でも2、3の複合種目が行われたが、この大会で男女とも3種目となった。

1940年の冬の大会は札幌で行われる予定だったが、中国との戦争を始めていた日本は、1938年7月になってやむを得ず開催辞退を申し出る。運営方法をめぐる対立のためにスイスも辞退。代わってドイツのガルミッシュ＝パルテンキルヒェンが、1939年7月に開催地の名乗りを上げたが、その4カ月後、第二次世界大戦の開戦によってオリンピックは中止となった。戦後最初の大会は、1948年サンモリッツで開かれるが、ドイツと日本は参加を認められなかった。スイスは大戦中も中立を通していたので、施設やインフラは戦禍をまぬがれていたが、外国への渡航制限のある国があったり、外貨不足であったりということで、現地を訪れられない人も多かった。

ハイライト

→ 回転に出場したアメリカのグレッチェン・フレーザーは、1回目に出場者中最速のタイムをマーク。2回目は予定より17分も遅れて出走したが、それでもフレーザーは優勝した。スキー種目ではアメリカ人初の金メダルである。

→ アンリ・オレイエが滑降とアルペン複合で優勝し、冬季オリンピック初のメダルをフランスにもたらす。

→ フィギュアスケート女子では、19歳のカナダ人バーバラ・アン・スコットが、過去3大会連続でメダルを獲ってきたノルウェーのソニア・ヘニーに代わって金メダル。

ロンドン

1948年7月29日〜8月14日　第14回大会

戦後初の夏季大会の開催地としては、ロンドンは適切な都市だった。既存の施設の大部分が戦争による被害を受けずに残っていたのだ。ロンドン北西部のウェンブリーにあるエンパイアスタジアムでは、ジョージ6世も来臨して開会式が行われ、8万人以上の観客がつめかけた。大会前、費用の負担が大きすぎることを懸念した組織委員会は、オリンピック村の建設を断念。第二次世界大戦後のイギリスは、財政破綻しかけていたのである。選手たちは、ロンドン周辺の兵舎や大学の校舎に宿泊した。また、食料も配給制だったので、多くのチームは自分たちの食料を持参しなければならなかった。当然ながらドイツと日本は不参加。またソ連も不参加。当時のソ連は、まだIOCに加盟していなかったのだ。

59 参加国数
4,104 競技者数（男子3714/女子390）
17 競技数　136 種目数

スター選手　フランシナ・ブランカース＝クン

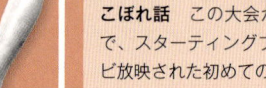

フランシナ・ブランカース＝クンは、万能型の陸上選手として飛び抜けた力の持ち主だった。今大会では、80mハードル、100m、4×100mリレーなどで4個の金メダルを獲得。陸上個人で1大会に女子が参加できるのは3種目まで、という規則があったため、それ以上のメダルに挑戦する権利は奪われてしまったが、彼女は走高跳と走幅跳の世界記録も持っていた。生涯に8種目で16の世界新記録を樹立。1946〜50年の間に5度欧州選手権のタイトルを獲った。

ハイライト

→ 17歳のアメリカ人ボブ・マサイアスが十種競技で優勝。男子陸上で最年少の金メダリストとなる。

→ オランダのファニー・ブランカース＝クンは1936年にオリンピック初出場。一躍スターとなったロンドン大会のときは30歳、すでに母となっていたが、6種目の世界記録保持者でもあった。

→ 射撃のハンガリー代表カーロイ・タカーチは、利き手を手榴弾で粉々に吹き飛ばされてから、ピストルを左手に持ちかえ、ラピッドファイア種目で金メダルを獲った。

こぼれ話　この大会から、100〜400mの短距離レースで、スターティングブロックの使用が始まる。>>>テレビ放映された初めての大会。

オスロ

1952年2月14日〜25日　第6回冬季大会

30 参加国数
694 競技者数（男子585/女子109）
4 競技数　22 種目数

スター選手　ヤルマール・アンデルセン

ノルウェーのヤルマール・アンデルセンは、生まれ故郷のオスロを舞台に1500m、5000m、10000mで優勝し、男子スピードスケートで初めて1大会3個の金メダルを獲得。5000mと10000mで2位以下につけたタイム差はそれまでのオリンピックでは最大だった。1950〜52年の間に世界選手権、欧州選手権、国内選手権の各種目で優勝。オスロ大会後、一度は引退するが、1954年に復帰。ノルウェー選手権4勝めを飾る。

こぼれ話　冬の大会では初めての聖火リレーが行われた。>>>フィギュアスケートでアメリカのリチャード・「ディック」・バトンが、試合で初めてダブルアクセルとトリプルループを成功させる。>>>女子クロスカントリーが初登場。

スカンジナビア半島で行われた初の冬季大会。ノルウェー人のオリンピック熱はすさまじく、記録的な数の観客が訪れた。大会前、組織委員会はオスロでうまく大会運営が可能かどうか懸念を抱いていた。オリンピックの規格に合う競技施設が実質的に1つもなかったからである。だが、開会式の前に十分余裕を持って、既存の施設の改修、新しい競技場の建設は完了する。どの施設やコースも、選手や役員の高い期待にこたえるものだった。第二次世界大戦後、初めてドイツと日本の参加が認められる。ジャンプ会場につめかけた観客数は15万人。この記録はいまだに破られていない。

ハイライト

→ アメリカのディック・バトンがトリプルループに挑戦。それまで試合では誰も試みたことのないジャンプだ。バトンの着地は完璧。ジャッジ全員が、文句なしに彼を勝者と認めた。

→ ノルウェーのスタイン・エリクセンは、アルプスの国々以外から初めて出たアルペン競技の男子金メダリストとなった。

→ 参加選手中最年長だった31歳のフィンランド人リディア・ウィデマンが、10kmクロスカントリースキーで優勝。

ヘルシンキ

1952年7月19日〜8月3日　第15回大会

開会式の観衆は、聖火リレーの最終走者と点火者を見て歓喜にわき、スタジアムはすばらしい雰囲気に包まれた。長距離走の大スター、パーヴォ・ヌルミとハンネス・コーレマイネンがこの役をつとめたからである。1912年以降ロシアの参加は途絶えていたが、共産主義国ソビエト連邦として初参加。だが、大会前からさまざまな問題が発生する。カピュラにあるオリンピック村で、ソ連選手団が資本主義国の選手との同宿を拒んだためである。残念ながらヘルシンキ大会は、東西対立が暗い影を落とす大会となってしまった。「自分たちの側」の選手が勝利するたびに、それが自分たちの社会体制の優越性を証左するものだ、と各国役員はとらえた。また、西ドイツが第二次世界大戦以降初めて夏の大会に参加するが、東ドイツは選考基準に異議を唱えて出場を辞退した。

69 参加国数
4,955 競技者数（男子4436/女子519）
17 競技数　149 種目数

スター選手　カーロイ・タカーチ

1938年、タカーチはハンガリーのピストル射撃代表チームに選ばれていたが、軍役についているときに、右手に握った手榴弾が誤爆。それからひとり、左手でピストルを撃つ訓練をし、競技生活に戻ると大成功を収めた。今大会でタイトルを守り、ラピッドファイアで初めて2勝以上した選手となる。

こぼれ話　イスラエルが初参加。>>>近代オリンピックを記念する記念硬貨が初めて鋳造される。>>>馬術が初めて男女混合競技となる。

ハイライト

→ チェコスロバキアが生んだ偉大な陸上選手、エミル・ザトペックは、オリンピック史上初めて5000m、10000m、マラソンで三冠を達成。マラソンを走ったのはこのときが初めてだった。

→ 馬場馬術で初めて女子と男子が一緒に戦うことになる。このときの女子選手の1人、デンマークのリズ・ハーテルは、ポリオで両膝から下にまひがあり、馬の乗り降りに介助を要したが、銀メダルを獲得する。

→ アメリカのボブ・マサイアスが、十種競技で、2位との間に驚くべき得点差をつけて史上初めて2連覇を達成。『タイム』誌の表紙を飾る数少ないスポーツ選手の1人となった。

オリンピック

020

戦後の大会

コルチナ・ダンペッツォ

1956年1月26日〜2月5日　第7回冬季大会

32 参加国数
821 競技者数（男子687/女子134）
4 競技数 24 種目数

スター選手　トニー・ザイラー

オーストリアのトニー・ザイラーは、アルペン3種目すべてで金メダルを獲った初のスキーヤー。まず、6.2秒差をつけ大回転で勝利。これは、現在でもオリンピックのアルペン競技では最大のタイム差での勝利だ。数日後、回転で4秒差をつけて金。最後の種目は滑降だった。スタートまであと15分もないというときに、ブーツとスキーを結んでいたストラップを強く引っぱりすぎて切ってしまう。運よく、イタリアチームのコーチが自分のストラップを外して、ザイラーに貸してくれた。そのストラップでザイラーは、3.5秒差の勝利を収める。

こぼれ話　冬の大会初出場のソ連が、最多（16個）のメダルを獲得してデビューを飾った。＞＞＞初めてオリンピックの宣誓が行なわれる。宣誓したのは、女子スキーのグイリアーナ・ケナル・ミヌッツォ。

北イタリアの町コルチナ・ダンペッツォは、1944年の冬季大会を招致していたが、第二次世界大戦でこの計画は白紙となっていた。ようやく開催にこぎつけたのが1956年。だが、雪不足が懸念されたため、開幕の2日ほど前に、雪の多い高原から町まで雪を輸送する。ところが、開会式当日大雪が降り、せっかく運んできた雪の大部分は廃棄された。東西ドイツの合同チームが初めて結成され、選手75人が参加。中央ヨーロッパ向けにテレビの生中継が行われ、人々は競技の結果を、時を置かず知ることができるようになる。

ハイライト

→ アメリカのフィギュアスケート代表テンリー・オルブライトは、大会直前に転倒し大けがを負う。左のブレードが、右のシューズを切り裂き、静脈を切断、骨を大きく削り取ってしまう。にもかかわらず、すばらしい演技を見せ、半数以上のジャッジが彼女を1位と判定した。

→ ソ連のエフゲニー・グリシンがスピードスケート500mで優勝。1500mでは同タイムでチームメイトのユーリ・ミハイロフと金メダルを分ける。

→ トニー・ザイラーが、アルペン競技では初めて全3種目金を独占。

体操ソ連代表ラリサ・ラチニナは、女子で初めて9個の金メダルを獲得。

メルボルン

1956年11月22日～12月8日　第16回大会

72	参加国数
3,314	競技者数（男性2938人／女性376人）
17	競技数　145 種目数

スター選手　ドーン・フレーザー

競泳のドーン・フレーザー選手は、オーストラリアのスポーツ史では象徴的な存在である。オリンピックで8つ、コモンウェルス・ゲームズで8つのメダルを獲得。19歳で臨んだ1956年のオリンピックでは、100m自由形で世界新記録とオリンピック新記録を樹立、金メダルを獲得した。

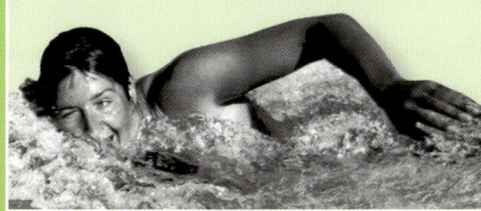

こぼれ話　IOCは2つのドイツ（東ドイツと西ドイツ）を1つの統一チームにした。＞＞＞オーストラリアに入国する馬の検疫問題を避けるため、馬術競技だけはスウェーデンのストックホルムで開催された。

オリンピック史上初めて南半球で開催されたこの大会では、特有の問題が生じた。北半球の多くの選手は、気候に体をならすため、大会前にある程度の時間が必要だった。しかし、それほど長く滞在できるほどの資金がなく、また、開催時期が遅くなったことで、最高の状態をいつもより長い期間にわたって維持しなければならなかった。旅費が高いこともあり、今大会の参加者数は減少。ところが、ただでさえ少なくなった参加者数がさらに減ることになる。まず、第二次中東戦争に抗議したエジプト、イラクそしてレバノンが不参加を表明。また、ソ連によるハンガリー侵攻に抗議して、リヒテンシュタイン、オランダ、スペイン、スイスが参加を見合わせた。さらに、台湾の参加で中国がオリンピック参加をボイコットした。競技自体も政治的緊張の影響を受けた。ソ連とハンガリーの水球の対決は、選手同士の乱闘騒ぎで中止となった。

ハイライト

→ 金メダル4つ、銀メダル1つ、銅メダル1つを獲得したソ連の体操選手、ラリサ・ラチニアが、今大会で最も成功を収めた。

→ ボクシングの金メダリストとなったイギリスのディック・マクタガートは、スコットランドのダンディーに戻ると、地元ファンから熱狂的な出迎えを受けた。彼はライト級で金メダルを獲得しただけでなく、オリンピックでボクシングの最優秀選手に贈られるヴァル・バーカー杯も受賞した。

→ ソ連の長距離走、ウラジミール・クーツが5000mと10000mで2冠を達成。10000mではオリンピック新記録を樹立した。

スコーバレー

1960年2月18～28日　第8回冬季大会

1955年に1960年大会の開催地が決定したとき、タホ湖周辺はウィンタースポーツの中心地としては未開の地だった。しかし、スコーバレーは4年間でスポーツ施設やインフラ設備を整備。宿泊施設に至っては、選手だけでなく200万を超える観光客にも対応できるほどの規模になった。これはひとえに、組織委員会の努力と、カリフォルニア州とネバダ州からの財政支援、さらに連邦政府の補助金のおかげである。これだけ財政支援があったにもかかわらず、ボブスレーのコースだけは建設が間に合わず、IOCはボブスレーの競技をすべて中止しなければならなくなった。このような事態が生じたのは、後にも先にも今大会だけである。開会式と閉会式のセレモニーはウォルト・ディズニーが舞台監督を手掛け、テレビで初めて生中継された。視聴者は世界中で数百万人にも達した。

30	参加国数
665	競技者数（男性521人／女性144人）
4	競技数　27 種目数

スター選手　エフゲニー・グリシン

1956年の冬季オリンピックで、エフゲニー・グリシンはスピードスケート500mで金メダルを獲得。2日後に行われた1500mでユーリ・ミハイロフとともに1位となり、2人同時に世界記録を樹立した。今大会で、グリシンは前回同様、500mで優勝、1500mで同時優勝となった。1964年は500mで銀メダル、オリンピック出場最後となった1968年の大会ではわずか0.1秒差で4位となり、メダルを逃した。

ハイライト

→ 4年前に金メダルを2つ獲ったソ連のスケート選手、エフゲニー・グリシンは、今大会で再び500mで金メダルを獲得、自己の世界記録（当時）とタイ記録となった。1500mではノルウェーのロアルド・アスと同タイムで両者優勝となった。

→ フィンランドのクロスカントリースキー選手、ベイコ・ハクリーネンは、今大会ですでに金メダル2つを獲得していたが、彼にとってオリンピックで最高の瞬間がやってきたのは、その後のことだった。フィンランドのリレーチームのアンカーとして、ノルウェーのハーコン・ブルスベーンの20秒後に出発。フィニッシュラインから100mのところで追い抜くと、わずか1m差で優勝した。

こぼれ話　滑降レースの優勝者が装着していたのは木製ではなく金属のスキー板だった。メタルスキーでオリンピック初のメダル獲得となった。＞＞＞アレクサンダー・クッシングが1955年、IOCにスコーバレーへの招致を提案したとき、この地の住人はクッシングただひとりだった。

ローマ

1960年8月25日～9月11日　第17回大会

- 83 参加国数
- 5,338 競技者数（男性4727人／女性611人）
- 17 競技数　150 種目数

スター選手　アラダール・ゲレビッチ

オリンピックの1種目で6回も優勝した選手は、後にも先にもアラダール・ゲレビッチだけである。彼はまた、6大会連続で金メダルを獲得した唯一の選手でもある。サーブル（フェンシング）を得意とするゲレビッチの記録は、第二次世界大戦でオリンピックが2回中止になっていなかったら、さらにすばらしいものになっていただろう。

こぼれ話 この大会以降1992年まで、南アフリカはオリンピックの参加を認められなくなった。IOCがアパルトヘイトに反対を表明したためである。＞＞＞この大会を放映したテレビ局は100を超えた。

ローマは1908年の開催国に選ばれていたものの、イタリア南部にあるヴェスヴィオ山が噴火。イタリアの首都にようやくオリンピックがやってきたのは、それからおよそ52年後のことだった。ローマ大会はヨーロッパ中でテレビ放映され、何百万もの人たちがテレビで観戦。しかし、アメリカとソ連の関係が悪化していき、競技自体は目立たないものになってしまった。最終的には金メダルの数が43対34と、表彰台の上ではソ連がアメリカを上回った。

ハイライト

- → 裸足のアベベこと、エチオピアの陸上競技選手、アベベ・ビキラが今大会でマラソンに参加すると、注目されないはずがなかった。沿道からの見下すような言葉をものともせず、すべての選手を追い越してフィニッシュラインを通過。コンスタンティヌス凱旋門で勝利を自分のものにした。

- → 20歳の陸上競技選手、ウィルマ・ルドルフは、アメリカ人女性で初めて1大会で3冠（100m、200m、4×100m）を成し遂げた。ルドルフは、子供のころに疾病を次々と患い、ポリオで足が変形したこともあったが、これらをすべて克服して、この驚くべき偉業を成し遂げた。

- → のちにモハメド・アリの名で知られるようになったカシアス・マーセラス・クレイは、ボクシングのライトヘビー級で金メダルを獲得し、初めて世界に名を知らしめた。彼はのちにプロに転向し、目を見はるようなキャリアを歩むことになる。

インスブルック

1964年1月29日～2月9日　第9回冬季大会

オリンピックの主催者は、大会のために万全を期するが、天候だけはどうすることもできない。オーストリアのインスブルックは58年ぶりに温暖な2月を迎え、軍が25000トンもの雪を、山腹の雪原から会場に運び、アルペンスキー競技のスロープを大会までに完成させなければならなかった。もっと標高の低い地域で競技されるクロスカントリースキーの選手にとっては、理想的な状況となった。大会にはリュージュ（トボガン）が初登場。これは、リュージュに仰向けの状態で乗り込み、氷のコースを滑走するそり競技である（1928年と1948年には、うつぶせで滑るスケルトン競技が行われた）。また、スコーバレー大会で中止を余儀なくされたボブスレー競技は、2大会ぶりに正式競技に復帰。一方、スキージャンプ競技に新しい規則が導入された。

ハイライト

- → ソ連のリディア・スコブリコーワが、女性で初めて1大会でスピードスケート競技4冠を達成。
- → 18歳のフランスのアルペンスキー選手、マリエル・ゴワシェルは、回転競技で双子の姉に敗れ、2位となった。
- → イタリアのボブスレー選手、エウジェニオ・モンティが、イギリスのトニー・ナッシュとロビン・ディクソン組の金メダル獲得に貢献した。スレッドのボルトが故障してしまったこの2人のイギリス人選手に、自分のボルトを貸し与えたのだ。モンティはそのスポーツマン精神をたたえられ、初のピエール・ド・クーベルタン・メダルを受賞した。

- 36 参加国数
- 1,091 競技者数（男性892人／女性199人）
- 6 競技数　34 種目数

スター選手　クヌート・ヨハネセン

スケート長距離のクヌート・ヨハネセンは1956年、オリンピック初出場で10000mの銀メダルを獲得。今大会で、先に滑った同じくノルウェーのペル・イバール・モエが5000mで7分38秒6というみごとなタイムを出していた。ヨハネセンはモエと3秒の開きがあったが、徐々にその差を縮小。フィニッシュラインを通過した時点で、時計は7分38秒7と表示されたが、それは間違っていた。公式タイムは7分38秒4。ヨハネセンは金メダルを獲得した。

こぼれ話 冬季オリンピックで初めてオリンピアで採火された。それ以来、冬季オリンピックの開催の際にはここに聖火が灯される。＞＞＞イギリスは2人乗りボブスレーの競技で、冬季オリンピックでは実に12年ぶりに金メダルを獲得した。

子供のころにポリオを患ったにもかかわらず、アメリカの女子陸上選手、ウィルマ・ルドルフは障害を克服し、東京オリンピックの陸上競技でメダルを3つ獲得した。

東京

1964年10月10〜24日　第18回大会

初めてアジアでオリンピックが開催された。日本は最新のスポーツ施設だけでなく、1000万人以上が住むこの都市のインフラ整備に多額の投資をした。競泳競技が行われた会場は、そのすばらしい建築デザインから「スポーツの殿堂」と形容された。当時建設されたみごとな施設のひとつに「日本武道館」がある。柔道の競技が行われたこの建物は、伝統的な寺院をモデルにしている。開会式で、93カ国（ローマ大会より10カ国増）のチームが国立競技場に入場行進する様子を見ただけでも、今大会が記録的なものになることは予見できた。しかし、東京大会での選手の水準が高かったからといって、それ以降のオリンピック競技の発展にあまりにも過度な期待を寄せることは禁物だと批判する声も上がった。

93　参加国数
5,151　競技者数（男性4473人／女性678人）
19　競技数　163　種目数

スター選手　アベベ・ビキラ

エチオピアのアベベ・ビキラが初めてオリンピックのマラソンに参加したのは、1960年のローマ大会だった。裸足で走ったこのマラソンで金メダルを獲得。1964年に再び出場した今大会ではシューズははいていた。40日前に盲腸の手術を受けての出場だったが、中間地点に差しかかったころには先頭に立ち、着実にその差を広げ、2位と4分以上の差をつけて優勝。このときの2時間12分11秒2は、世界新記録だった。

ハイライト

→ オーストラリアの競泳選手、ドーン・フレーザーは、100m自由形で3大会連続となる金メダルを獲得。彼女はこの3大会を通して、女性の競泳選手で初めて8個（金4個、銀4個）のメダルを勝ち取った。

→ ソ連の体操選手、ラリサ・ラチニナは、今大会でさらにメダルを6つ獲得、女性で初めてオリンピックの金メダルを9個獲得した。

→ ハンガリーのデッツォ・ジャルマチは、所属する水球チームの優勝により、（当時では）他に類をみない5大会連続でメダル獲得という偉業を成し遂げた。

こぼれ話　柔道とバレーボールがオリンピックデビューを果たした。＞＞＞アメリカのアル・オーターは首をけがしていたにもかかわらず、円盤投で3度目の優勝を果たした。＞＞＞シンダートラック（石炭がらを混ぜた土質の陸上トラック）の使用は、今回で最後となった。

16歳のアメリカの競泳選手、デビー・マイヤーが、200m、400m、800m自由形でオリンピック新記録を樹立。

グルノーブル

1968年2月6～18日　第10回冬季大会

フランスの産業都市のグルノーブルを冬季オリンピックにふさわしい会場にするために、巨費を投じて、新しいスポーツ施設の建設とインフラの整備を進めた。それにもかかわらず、スポーツ施設の数が足りず、競技は周辺地域にまたがって行われ、選手は7つのオリンピック村にわかれて宿泊した。地元フランスの英雄、ジャン＝クロード・キリーが男子アルペン競技で三冠を達成、これはトニー・ザイラーの記録（1956年コルチナ・ダンペッツォ大会）に並ぶものだった。しかし、この偉業の裏では、冬季大会史上、最大の論争が巻き起こっていた。また、2つのドイツチームが初めて開会式で別々に入場行進をした年でもあった。この2つのチームは、競技が進行するにつれて、関係が悪化していった。

37　参加国数
1,158　競技者数（男性947人／女性211人）
6　競技数　35　種目数

スター選手　ジャン＝クロード・キリー

今大会で、ジャン＝クロード・キリーがアルペンスキー3種目を制覇してくれることを、地元のファンは心待ちにしていた。彼はまず、滑降と大回転で金メダルを獲得。回転の競技中、ライバルだったカール・シュランツが、黒服の謎の男がコースに侵入したためにスリップして止まってしまったと主張。レースをやり直したシュランツのタイムはキリーを上回るものだった。しかし、上訴審判決でキリーの優勝が決まったのである。

ハイライト

- 女子リュージュ競技で問題が生じた。1位、2位、4位で滑走を終えた東ドイツの3人の選手が、ランナーを温めたとして失格となったのだ。

- アメリカのフィギュアスケート選手のペギー・フレミングは、9人の審判員全員一致で快勝。この大会で金メダルを獲ったアメリカ人は、彼女ただひとりだった。

- スウェーデンのクロスカントリースキー選手のトイニ・グスタフソンは、5kmと10kmで優勝、リレーでは銀メダルを獲得した。

こぼれ話　IOCが女性に性別判定テストを導入。イギリスの騎手として参加したアン女王だけは、唯一提出を免除された。このテストは1999年に廃止された。＞＞＞グルノーブル大会は、初めてカラーテレビで放映された。

メキシコシティ

1968年10月12～22日　第19回大会

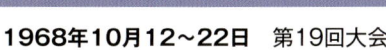

112 参加国数
5,516 競技者数（男性4735人／女性781人）
20 競技数　172 種目数

海抜およそ2240mというメキシコシティの標高の高さが、オリンピック開催前の議論の中心だった。標高の低い地域に住む選手が不利だとする意見が頻出したのだ。しかし、標高の高い地域で数週間トレーニングを重ねたところ、選手の多くがその能力を高めたという。大会直前、メキシコ自体の社会問題を棚に上げ、オリンピック施設の建設に法外なお金をかけたことに対する不満から、激しい暴動が勃発。さらに、南アフリカのオリンピック参加をめぐっても論争が巻き起こり、プレッシャーに押されたIOCは、南アフリカの招待を取り下げた。初めてドーピング管理が導入され、1人のスウェーデン選手の血中から高濃度のアルコールが検出され、失格となった。

スター選手　ディック・フォスベリー

今大会で、アメリカの走高跳選手、ディック・フォスベリーとかの有名な「フォスベリー・フロップ」が国際的デビューを果たした。フォスベリーの新しい跳び方は、スピードを出してバーまで走り込み、右足（内側の足）から飛び上がる。それから上体をひねり、バーに背中を向けて頭から先に飛び込んでいく、というもの。フォスベリーは2m24を跳んで自己記録を更新、金メダルを獲得した。

こぼれ話　陸上競技で初めてタータントラックが使用された。＞＞＞陸上、自転車競技、ボート、カヌー、競泳、そして馬術の各競技で、手動ではなく電子計時が使われた。

ハイライト

- アメリカのボブ・ビーモンは、当初から走幅跳の優勝候補だったが、その結果は期待をはるかに上回るものだった。ビーモンのジャンプは当時の世界記録を0.55mも上回る、8m90だった。
- チェコスロバキアの体操選手のベラ・チャスラフスカは、4つの金メダルと2つの銀メダルを獲得。ソ連の軍隊が彼女の祖国であるチェコスロバキアに侵攻した直後の大会だったため、ソ連の体操選手を打ち負かしたこの勝利は、さらに重要な意味が込められたものとなった。
- アメリカのデビー・マイヤーが、女性競泳選手として初めて、1大会で個人種目3冠を達成した。

札幌

1972年2月3～13日　第11回冬季大会

1972年に行われた札幌大会は、冬季オリンピックで初めてヨーロッパやアメリカ大陸以外で行われた。日本政府はこれを名誉ある大会とみなし、新しいスポーツ施設の建設に巨費を投入。その結果、それまでの大会で最もお金をかけた、贅沢なものとなった。アマチュアリズムの問題が議論を巻き起こした。カール・シュランツがスキー用品メーカーから報酬を受けていたとして失格処分になったのに、共産主義国家では、アイスホッケーを仕事にしている選手でもオリンピックの参加を認められていることが問題となったのである。テレビの放映権料が上がり、オリンピックの開催費用の一部を補うようになった。

35 参加国数
1,006 競技者数（男性801人／女性205人）
6 競技数　35 種目数

スター選手　アルト・シェンク

1968年、アルト・シェンクは男子スピードスケート1500mで銀メダルを獲得。1972年までに、オリンピック4種目のうち、3種目で世界記録を樹立した。吹雪の中で行われた5000mでは、2位に4.57秒差をつけて優勝。500mでは4歩進んだところで転倒、34位に終わったものの、すぐに気を取り直し、1500mと10000mで優勝した。その数週間後、世界選手権で60年ぶりの4冠を達成している。

ハイライト

- 地元の観衆が見守る中、笠谷幸生は2回とも最高のジャンプをみせ、スキージャンプ競技（70m級）で金メダルを獲得。チームメイトの金野昭次と青地清二がそれぞれ銀メダルと銅メダルを取り、日本勢が表彰台を独占した。
- 今大会の最大の驚きは、スペインの21歳のフランシスコ・「パキート」・フェルナンデス・オチョアの勝利だろう。彼は回転競技で2位と1秒差をつけて優勝。このメダルは、スペインの選手が冬季オリンピックで初めて獲得した金メダルとなった。
- ソ連のガリナ・クラコワは、クロスカントリースキー3種目（5km、10km、リレー）に参加し、3冠を達成。リレーではアンカーをつとめ、チームを優勝に導いた。

こぼれ話　日本人が冬季オリンピックで初めて金メダルを獲得。＞＞＞ソ連と東ヨーロッパの共産圏選手が実質プロであるのに参加が認められたことに反発したカナダは、アイスホッケーチームを派遣しなかった。

ミュンヘン

1972年8月26日〜9月11日　第20回大会

- 121　参加国数
- 7,134　競技者数（男性6075人／女性1059人）
- 23　競技数　195　種目数

スター選手　マーク・スピッツ

アメリカの競泳選手、マーク・スピッツは、1968年のオリンピックで金メダルを6つ獲ると豪語したものの、リレーで金メダル2つを獲得するにとどまった。1972年に再挑戦した彼は、8日間で7種目に参加して7種目とも優勝、しかもすべてで世界新記録を樹立した。スピッツは1大会で7冠を達成し、キャリアを通じて金メダルを9個獲得した。

こぼれ話　アーチェリーとハンドボールが再びオリンピック競技となった。＞＞＞オリンピックの開会式で競技役員の宣誓が初めて行われた。＞＞＞初めてのマスコット、ダックスフントのバルディーが登場。

1972年に行われたミュンヘン大会は史上最大のオリンピックとなり、121カ国から7134人の選手が参加、195の種目が行われ、すべての部門で新記録が誕生した。オリンピックは平和の祭典として行われ、最初の10日間は順調に進行していった。しかし、9月5日の早朝、8人のパレスチナのテロリスト集団が、イスラエルの選手とコーチの合わせて2人を殺害、さらに9人を人質に取った。その後の戦闘で、テロリスト5人、警官1人とともに、人質となったイスラエル選手全員が死亡。オリンピックは一時中断され、メインスタジアムで追悼式が執り行われた。テロリストに対して毅然とした態度をくずさなかったIOCは、34時間の休止の後、競技を再開することを宣言。この事件があまりに強烈だったため、その他の出来事はすべて色あせてしまった。

ハイライト

- フィンランドの長距離ランナー、ラッセ・ビレンは、10000m決勝の途中で転倒したにもかかわらず、世界記録を樹立。生涯4つ手にすることになる金メダルの1つめを獲得した。
- ミュンヘン大会におけるメディア界のスターは、ソ連の小さな体操選手、オルガ・コルブトである。彼女は3つの金メダルを獲得して、ソ連の女子体操競技の制覇に貢献、世界中のファンを引きつけた。
- 馬場馬術に参加した西ドイツのリゼロット・リンゼンホッフは、個人で金メダルを獲得した初の女性騎手となった

インスブルック

1976年2月4〜15日　第12回冬季大会

1976年の冬季オリンピックにはアメリカのデンバーが選ばれていた。しかし、コロラド州の住民投票で、オリンピック支援のために公的資金を使うことを禁じる法案が可決される。これに対して、インスブルックが名乗りを上げ、前回の冬季オリンピックからわずか12年後に、再び開催地に決定。主催者側は、メダル授与式を種目ごとではなく、1日の終わりにアイスリンクで行うことにした。メダル授与式を「目の前で」見たいとする観衆の要望にこたえたのだ。間違いなく、この大会で最も印象的な場面は、スキー選手のフランツ・クラマーが金メダルを獲得した、ほとんどコントロールせずに滑降のコースを豪快に滑り下りてきたシーンだろう。

- 37　参加国数
- 1,123　競技者数（男性892人／女性231人）
- 6　競技数　37　種目数

スター選手　フランツ・クラマー

オーストリアのフランツ・クラマーは、1975年のワールドカップで滑降競技9種目のうち、8種目で優勝。翌年、オリンピックが地元オーストリアで開催されることになり、クラマーには滑降で再び優勝しなければいけないという重圧がのしかかってきた。前回の優勝者であるスイスのベルンハルト・ルッシが爆走、1分46秒06でトップに躍り出た。クラマーはルッシのペースより5分の1秒遅れたものの、最後の1000mでラストスパートをかけ、わずか0.33秒差で1位となった。

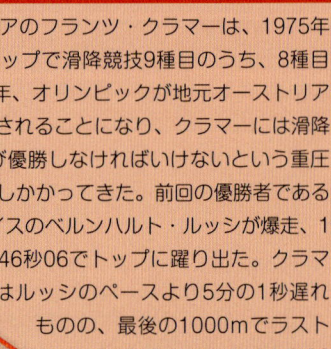

ハイライト

- 西ドイツのスキー選手、ロジー・ミッターマイヤーが女子滑降で金メダルを獲得、その3日後には女子回転で優勝。あと少しでアルペン競技3冠を達成するところだったが、女子大回転の金メダルを0.12秒差で逃してしまった。
- フィギュアスケートの一部の審判員は、イギリスのジョン・カリーが用いた手段をよしとしなかった。彼は、運動の技量よりも優雅さや芸術表現を強調した手法を取っていたのである。自分のやり方を好意的に受け入れられなかった彼は、持って生まれた上品さをダイナミックなジャンプなどで補い、最終的には男子フィギュアスケート史上、最高総得点を獲得した。
- 東ドイツのリュージュチームがすべての種目で金メダルを独占。他の国の選手は、銀メダルか銅メダルで満足する他なかった。

こぼれ話　オリンピックの主催国として、インスブルックに2つ目の聖火がともった。＞＞＞フィギュアスケートでアメリカのテリー・クビッカがバックフリップに挑み、成功。フィギュアでバックフリップが見られたのは、これが最初で最後となった。

モントリオール

1976年7月17日〜8月1日　第21回大会

92　参加国数
6084　競技者数（男性4824人／女性1260人）
21　競技数　198　種目数

スター選手　ナディア・コマネチ

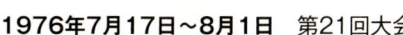

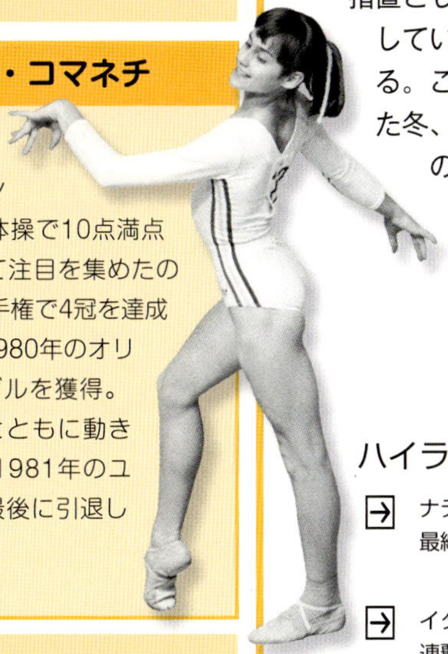

1976年、ルーマニアのナディア・コマネチは、オリンピック史上女子で初めて、体操で10点満点を打ち出した。彼女が初めて注目を集めたのは、1975年のヨーロッパ選手権で4冠を達成したときだった。今大会と1980年のオリンピックでは、計9個のメダルを獲得。1980年の大会以降、成長とともに動きが抑制されるようになり、1981年のユニバーシアードでの優勝を最後に引退した。

こぼれ話　モントリオールは今でも1976年のオリンピックでつくった借金を返済し続けている。＞＞＞ハンガリーのネーメト・ミクローシュはやり投で優勝し、初めて親子2代で金メダリストとなった。

1976年のモントリオール大会は、アフリカ22カ国のボイコットで出鼻をくじかれた。ニュージーランドのラグビーチームが、（アパルトヘイトを理由に）制裁措置として国際的なスポーツ交流が禁じられていた当時の南アフリカに遠征していながら、オリンピックへの参加が認められたことに抗議したのである。この事態を悪化させたのが、主催国であるカナダのいつになく長引いた冬、労働争議、そして資金不足であった。そのため、オリンピック施設の建設を、開会式までに間に合わせることができなかった。しかし、選手の活躍は、こうした政治的・国家的争いに阻まれることはなかった。ミュンヘン大会のテロ攻撃を教訓に警備も強化され、また、さまざまな問題も乗り越えて、大会はうまくまとまった。

ハイライト

→ ナディア・コマネチが、今大会のスターである。段違い平行棒で初めての10点満点を記録。最終的に、審判は7回も最高点を出している。

→ イタリアのクラウス・ディビアシが高飛込で優勝。飛び込み選手で初めて、オリンピック3連覇、4大会連続でメダル獲得という快挙を達成した。

→ アメリカと東ドイツが競泳で金メダルを総なめ。この2国の独占に待ったをかけたのが、イギリスのデビッド・ウィルキーとソ連のマリーナ・コシェバヤ（両者とも200m平泳ぎ決勝をオリンピック記録で優勝）だった。

アメリカの陸上選手のエドウィン・モーゼスは、1976年に陸上界に突如現れ、400mハードルで8mという記録的な大差をつけて優勝。12年後のソウル大会では銅メダルを獲得している。

オリンピック

028

戦後の大会

レークプラシッド

1980年2月13〜24日　第13回冬季大会

- 37　参加国数
- 1,072　競技者数（男性840人／女性232人）
- 6　競技数　38　種目数

スター選手　エリック・ハイデン

アメリカのスピードスケート選手、エリック・ハイデンは、17歳で参加した1976年の冬季オリンピックでは1500mで7位、5000mで19位という記録だった。その後、急激に力がつき、世界選手権で3年連続優勝、そして今大会では5冠（500mから10000mまで）を達成、すべての種目で世界記録を打ち出した。1500mではわだちにはまり、転倒しかけたもののバランスを持ち直し、1.37秒差で勝利した。

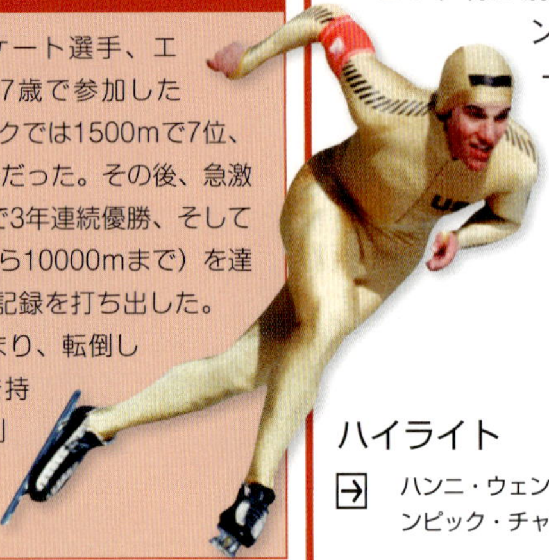

こぼれ話　オリンピックで初めて人工雪が使われた。
＞＞＞アメリカのジミー・カーター大統領は、1979年末に起きたソ連のアフガニスタン侵攻に抗議して、モスクワ大会への不参加を表明した。

1974年、IOCは冬季オリンピックをレークプラシッドで行うことに決定。1932年に続く2回目の開催となった。主催者側は、雪不足と、人口3000人という小さな町から会場まで、相当数の選手の送り迎えをするという問題を解決しなければならなかった。会場行きのシャトルバスを何時間も待たされる人もいた。オリンピック村が窮屈すぎるという声が選手から多く上がった。実際、ここはオリンピックの後に少年犯罪者施設として使われることになる。その一方で、スポーツ施設は少し離れたところにあったにもかかわらず、高い評価を受けた。500万ドルもかけて、初めて人工雪が使われたが、これは選手にとって非常に厄介なものとなった。特に天然の新雪と混ざると対処がたいへんだった。

ハイライト

→ ハンニ・ウェンツェルは大回転、回転で優勝。彼女の出身国であるリヒテンシュタインは、オリンピック・チャンピオンを生み出した最小国となった。

→ バイアスロンのリレーで、アレクサンドル・チホノフは4つめの金メダルを獲得。同胞のニコライ・ジミャトフは、クロスカントリースキーで金メダルを3つ獲った。

→ アメリカのアイスホッケーチームが、1964年以降オリンピックで連続優勝していたソ連を決勝で下し、金メダルを獲得した。

新人のアメリカチームがソ連を下した「氷上の奇跡」は、現在でもアメリカで最も記憶に残るアイスホッケーの国際試合である。

モスクワ

1980年7月19日～8月3日　第22回大会

80	参加国数
5179	競技者数（男性4064人／女性1115人）
21	競技数　203 種目数

ソ連のアフガニスタン侵攻に抗議してアメリカが音頭を取ったボイコットにより、モスクワ大会に選手を送りこんだのは、わずか80カ国にとどまった。特筆すべきは、日本、西ドイツ、そしてアメリカの不在である。西側諸国は、モスクワ大会は水準が低く、その競技結果やメダルにスポーツとしての価値があるのかどうか、折に触れて疑問を投じてきた。しかし、最高水準とはいえないまでも、モスクワ大会は決してレベルの低いものではなかった。36の世界記録、39のヨーロッパ記録、73のオリンピック記録が生まれたことが、高いレベルの才能が発揮され、競技が行われたことを証明している。

スター選手　アレクサンドル・ディチャーチン

ソ連の体操選手、アレクサンドル・ディチャーチンは、1976年にオリンピックデビュー、つり輪と団体総合で銀メダルを獲得した。今大会では地元の観衆の前で、ソ連チームを団体優勝に導き、個人総合で全種目を制覇。また、個人競技6種目すべてでも決勝に進出している。ディチャーチンは1日でメダルを6個獲得。オリンピック男子体操史上唯一、1大会で8冠という快挙を成し遂げた。また、10点満点を打ち出している。

ハイライト

- ソ連の競泳選手、ウラジミール・サルニコフは、400m自由形、1500m自由形、4×200mリレーで3個の金メダルを獲得。1500m競泳では、初めて15分を切った。
- イギリスの中距離ランナー、スティーブ・オベットとセバスチャン・コーによる歴史に残る対決が繰り広げられた。800mで、オベットは本命のコーの先を行き、金メダルを獲得。6日後、確固たる決意で臨んだコーは1500mで金メダルを獲得して名誉を回復した。一方、オベットはこの得意種目の1500mで、銅メダルを獲るのが精一杯だった。
- 十種競技で優勝したイギリスのデイリー・トンプソンは、地元で注目されていたユーリ・クツェンコを下し、「キング・オブ・アスリート」となった。

こぼれ話　1956年以来、参加国数が最も少なかった。>>>男子舵なしペアで、それぞれ金メダルと銀メダルを獲得した東ドイツとソ連のチームのクルーは、どちらも一卵性双生児だった。

サラエボ

1984年2月8～19日　第14回冬季大会

1984年の冬季大会は初めてバルカン半島で行われ、最初で最後の共産主義国での開催となった。サラエボの人たちの手厚いもてなしは高く評価され、10年後にこの地を飲み込むことになる悲惨な戦争の兆しはまったく見られなかった。今回初めて、IOCが各チーム男女1人ずつの費用を支払うことに同意。参加国数は、37から49カ国と大幅に増加した。とはいえ、エジプト、バージン諸島、メキシコ、モナコ、プエルトリコ、そしてセネガルが送りこんだ選手は、各種目とも1人ずつだけだった。

49	参加国数
1,272	競技者数（男性998人／女性274人）
6	競技数　39 種目数

スター選手　ジェーン・トービルとクリストファー・ディーン

1984年の今大会は、ソ連以外のカップルがアイスダンスで優勝した、数少ないオリンピックのひとつとなった。イギリスのジェーン・トービルとクリストファー・ディーンは、ラヴェルの「ボレロ」のプレゼンテーションで観客を魅了。12項目で6点満点を獲得、芸術点では審判全員一致で満点となり、金メダルを獲得した。

ハイライト

- クロスカントリーのマルヤ＝リーサ・キルヴェスニエミ（旧姓：ハマライネン／フィンランド）は、1976年から1994年の間に行われた冬季6大会に連続出場した唯一の女性選手であった。今大会では20kmなど、女子3種目で快勝。4×5kmリレーでは銅メダルを獲得した。
- ユーゴスラビアのユーレ・フランコが大回転で銀メダルを獲得。開催国唯一のメダルとなった。
- カナダのスピードスケート選手、ガエタン・ブーシェは、500mで銅メダルを、次いで1000mではセルゲイ・フレブニコフを下し、初の金メダルを獲得した。その2日後、1500mでも優勝を収めている。
- 東ドイツのフィギュアスケート選手、カタリナ・ヴィットは、今大会で初のオリンピック金メダルを獲得。

こぼれ話　フアン・アントニオ・サマランチがIOCの会長に就任して初めてのオリンピックとなった。>>>テレビ放映権料が大幅に増加。>>>女子のクロスカントリースキーに20kmの種目が加わった。

ロサンゼルス

1984年7月28日〜8月12日　第23回大会

140　参加国数
6,829　競技者数（男子5263人・女子1566人）
23　競技数　221　種目数

スター選手　カール・ルイス

アメリカのカール・ルイスは、金メダル9個を獲得したわずか4人のオリンピック選手のうちの1人。また、同じ個人種目で4勝したわずか3人のうちの1人。1984年、ルイスは、100m、200m、走幅跳、4×100mリレーで金メダル4個を獲得したジェシー・オーエンスの偉業に並んだ。ロサンゼルスでの大勝利から12年後（ルイスによれば「14回髪型を変えた後」）のアトランタ大会でも、走幅跳で優勝。

こぼれ話　前大会や今大会をボイコットした14カ国は、1976年大会で金メダルの半数以上を占めていた。＞＞＞女子マラソン、新体操、シンクロナイズドスイミングが初登場。

ソ連による報復ボイコット（＊訳注：アメリカが西側諸国に呼びかけて1980年モスクワ大会をボイコットしたことへの報復として、ソ連が東側諸国に呼びかけて今大会をボイコットした）のせいで閑散としていた競技もあったものの、オリンピック史上初の民間資金による大会には過去最高の140カ国が参加。30を超えるスポンサーが5億ドル以上を寄付し、入場券に広告を掲載するという契約で、新しい競技場の建設資金を提供する企業もあった。ＡＢＣテレビネットワークは2億2500万ドルを払って独占放映権を得たため、ほとんどの種目はアメリカの夜のゴールデンタイムに始まった。巨額の金銭がからみ、かつてアマチュアスポーツの祭典だったものが今や単なる商業的な見世ものになった、との批判も多かった。

ハイライト

- アメリカ人飛込選手グレッグ・ローガニスは、3m飛板飛込でも10m高飛込でも無敵だった。
- セバスチャン・コーは、男子1500m初の2連覇を達成。
- ナワル・エル・ムータワキルは、女子400mハードルでスタートからフィニッシュまでリードを守りきり、モロッコ人初の金メダリストとなった。
- イギリス人十種競技金メダリストのデイリー・トンプソンは、世界記録にわずか1ポイントおよばなかった。

カルガリー

1988年2月13〜28日　第15回冬季大会

カルガリー大会の資金源は3つ。カナダ政府が予算の半分を負担、スポンサー、オフィシャル・サプライヤー、ランセンシーが9000万ドル、アメリカのテレビネットワークＡＢＣが放映権に3億900万ドルを支払った。3回の週末を含む16日間に大会を延長する決定が下ったが、これはＡＢＣにとって好都合だった。多くの種目の開始時間は、アメリカのテレビ広告主の要求に合わせて決められたのであって、選手に配慮したわけではなかった。観客は大会を楽しんだが、し烈なスポーツ競技会というより、周到に準備されたショーとみなす人が多かった。

57　参加国数
1,423　競技者数（男子1122人・女子301人）
6　競技数　46　種目数

スター選手　マッチ・ニッカネン

今大会で、フィンランド人スキージャンプ選手マッチ・ニッカネンは、70m級、90m級で優勝。スキージャンプ選手として初めて同じ大会で2冠を達成した。3つ目のジャンプ種目である90m級団体は、今大会で初めて正式種目になり、ニッカネンはチームを優勝に導いた。通算で、金メダル4個と銀メダル1個を獲得した。

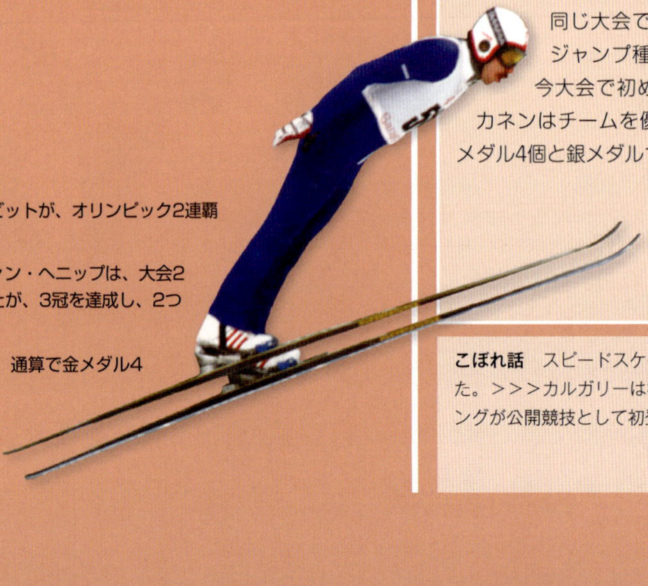

ハイライト

- 東ドイツ人フィギュアスケート選手カタリナ・ビットが、オリンピック2連覇を達成。
- オランダ人スピードスケート選手イボンヌ・ファン・ヘニップは、大会2カ月前に入院。オリンピック優勝は絶望視されたが、3冠を達成し、2つの世界記録を樹立した。
- スウェーデン人スキー選手グンデ・スヴァンは、通算で金メダル4個を獲得。

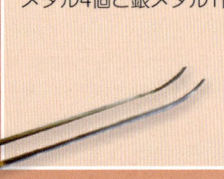

こぼれ話　スピードスケートが初めて屋内リンクで行われた。＞＞＞カルガリーは初の「禁煙」大会。＞＞＞カーリングが公開競技として初登場。

アメリカ人飛び込み選手グレッグ・ローガニスは、史上最高の選手の1人であろう。1988年、彼は飛板飛込みで頭にひびが入ったにもかかわらず、2冠に輝いた。

オリンピック

031

ソウル

1988年9月17日～10月2日　第24回大会

幸いなことに、モスクワ大会とロサンゼルス大会の大規模ボイコットは、ソウルでは起きなかった。12年ぶりに、キューバとエチオピアを除く主要オリンピック国がすべて大会に参加。短距離選手ベン・ジョンソンの薬物による失格が大会最大の話題になったものの、ソウル大会は数々のめざましい成績と27の世界新記録が際立った。またもや、ソ連（金メダル55個）と東ドイツ（37個）はメダル数で1位と2位になり、西側諸国よりスポーツで勝っていることを示した。

159　参加国数
8,391　競技者数（男子6197人・女子2194人）
25　競技数　237　種目数

スター選手　「フロー・ジョー」

1988年オリンピック選考会で、アメリカのフローレンス・グリフィス＝ジョイナー（「フロー・ジョー」）は、100mを驚異的な10秒49で走り、前の記録を1/4秒以上縮めた。そのタイムは多くの国の男子100mの記録より速かった。彼女の100mと200mの記録はまだまだ破られそうにない。今大会では、2つのリレーでも走り、3つめの金メダルと銀メダル1個を獲得。1996年、睡眠中にてんかんの発作を起こし38歳で他界した。

ハイライト

 アメリカ人水泳選手マット・ビオンディは、金メダル5個を含むメダル7個を獲得した。金メダルの種目は、50mと100mの自由形、3つのリレー。

 ソ連の棒高跳選手のセルゲイ・ブブカは、3回目で5m90をクリアし、初の金メダルを獲得した。世界記録保持者で、この競技に14年間（1983～97年）君臨したにもかかわらず、これが唯一のオリンピックメダル。

 東ドイツのスピードスケート選手で自転車競技選手のクリスタ・ルディンク＝ローテンブルガーは、史上初めて同じ年に夏季と冬季のメダルを獲得、オリンピック史に名を残した。カルガリーのスピードスケートで金と銀を獲得後、自転車1000mスプリントで銀を獲得した。

こぼれ話　スウェーデン人フェンシング選手ケルスティン・パルムは、女子として初めて7大会に参加。＞＞＞馬場馬術のメダリストは、史上初の全員女性。＞＞＞テニスが64年ぶりに復活。

アルベールビル

1992年2月8日〜23日　第16回冬季大会

フランスのアルベールビルが冬季オリンピック招致に成功したのは、1968年大会のスキーで3冠を制したフランス人ジャン＝クロード・キリーによるところが大きい。組織委員会委員長のキリーは、サボイ地域の経済発展を促進したいと考えた。東欧・中欧の政変の結果が、入場行進に如実に表れていた。リトアニアは1928年以来、エストニアとラトビアは1936年以来、初めて独立国として参加。旧ソ連のそれ以外の地域は、統一チーム（EUN）を結成した。ドイツは、28年ぶりに冬季オリンピックで統一チームを再結成した。

- 64 参加国数
- 1,801 競技者数（男子1313人・女子488人）
- 7 競技数　57 種目数

スター選手　アルベルト・トンバ

今大会で、カリスマ的イタリア人スキー選手アルベルト・トンバ（「ラ・ボンバ（爆弾）」）は、大回転で金メダルを獲得。オリンピックアルペンスキー選手初となる同じ種目での2冠を達成した。回転では惜しくも銀となり連覇は達成できなかった。アルペンスキー選手として初めて3大会でメダルを獲得し、メダル5個を獲得。2000年4月、オリンピック功労章を授与された。

ハイライト

- フリースタイルスキーがオリンピック初登場。モーグルで優勝したのは人気の高いフランス人選手エドガー・グロスピロン。タイムで1位、ターンとエアで2位の記録を打ち立てた。
- イタリア人クロスカントリースキー選手ステファニア・ベルモンドの故郷の村（人口160人）の半数が、声援を送るために集結した。彼女は、最後のクロスカントリー女子種目30kmで金メダルに輝いた。
- ノルウェーのクロスカントリー選手ベガール・ウルバンは、クロスカントリー男子30kmで金メダルを獲得。10kmレースでは、初めてスキーワックスを塗らずに競技し、再び優勝した。

こぼれ話　スピードスキー、カーリング、バレエ、フリースタイルスキー・エアリアルは、いくつかの大会で公開競技として行われた。＞＞＞アルベールビルは、旧ユーゴスラビアのクロアチアとスロベニアを初参加の独立国と見なした。

バルセロナ

1992年7月25日〜8月9日　第25回大会

- 169 参加国数
- 9,356 競技者数（男子6652人・女子2704人）
- 28 競技数　257 種目数

スター選手　ビタリー・シェルボ

今大会で、ベラルーシ出身の20歳のビタリー・シェルボは、体操選手として初めて1大会で金メダル6個を獲得。まず、団体種目でEUNを優勝へ導いた。次に、華麗な演技で、個人総合のタイトルを獲得。その後、8月2日、個人種目別決勝に出場し、史上初めて1日で金メダル4個を獲得した。

スペイン人のIOC会長フアン・アントニオ・サマランチは、故郷のバルセロナに大会を招致。最後の祝賀会で、大会のスポンサーに感謝の意を表した。IOCは、テレビ放映権を売って何百万ドルもの収入を得たが、選手側からは、競技の開始時間がゴールデンタイムのテレビCM枠に合わせて決められているとの不満が多かった。アパルトヘイト撤廃後の南アフリカと統一ドイツが世界の舞台に戻り、歓迎された。男子バスケットボールは初めてプロの参加が認められ、アメリカは、マジック・ジョンソン、マイケル・ジョーダン、ラリー・バード、チャールズ・バークレーが名を連ねる「ドリームチーム」を結成した。

ハイライト

- スペインのフェルミン・カチョ・ルイスは、1500mの優勝候補ではなかった。めずらしく遅いペースのレース展開になったことを活かして、残り半周でスピードを上げて集団の先頭に立ち、スペイン人初の金メダルランナーになった。
- イギリスのリンフォード・クリスティは史上最高齢（32歳）で、男子100mのオリンピック金メダルを獲得した。翌年、世界選手権でも優勝。
- 接戦となった女子100mで、ジャマイカのマリーン・オッティは5位だったが、1位とわずか0.06秒差だった。

こぼれ話　1972年以降初めてボイコットがなかった。＞＞＞ユーゴスラビアは団体競技への参加を禁止された。＞＞＞バドミントン、女子柔道、野球がオリンピック正式種目に加わった。

リレハンメル

1994年2月12〜27日　第17回冬季大会

1986年、IOCは、オリンピック大会のスケジュールを変更して夏季と冬季を別の年に行う投票を行った。理由の1つは、テレビ局側がオリンピックの放映権料を年2回支払うだけの十分な広告を集められなかったことにある。その後、冬季大会は、サッカーワールドカップ本大会と同じ年に行われることになった。新しいスケジュールに対応するため、リレハンメル大会は1994年に開催。2大会の間隔が2年だったのはこのとき限りである。ノルウェーのリレハンメルは人口2万1000人の小さな町だが、組織委員会は4年間でここを一流のオリンピック会場に変えた。

67 参加国数
1,737 競技者数（男子1215人・女子522人）
6 競技数　61 種目数

スター選手　ビョルン・ダーリ

クロスカントリースキー選手ビョルン・ダーリは、いくつかの冬季オリンピック記録を持つ。1990年代に3大会で活躍し、金メダル8個、通算12個のメダルを獲得した唯一の冬季オリンピック選手。また、個人種目で金メダル6個、通算9個のメダルを獲得した唯一の選手でもある。リレハンメル大会では、10kmと複合で優勝し、30kmと4×10kmリレーで銀メダルを獲得した。

ハイライト

- ノルウェー人スピードスケート選手ヨハン・オラフ・コスは、地元の大声援を受けて3冠を達成。そのすべてで世界記録を更新した。
- アメリカのボニー・ブレアは、4度目のオリンピックで、スピードスケート500mの3連覇を達成し、歴史に名を残した。
- スイス人アルペンスキー選手フレニ・シュナイダーは、回転1回目で5位だった。2回目のみごとな滑りで挽回し、金メダルを獲得。また、複合で銀メダル、大回転で銅メダルも獲得した。

こぼれ話　ボスニア・ヘルツェゴビナのボブスレーチームの構成は、ボスニア人2人、クロアチア人1人、セルビア人1人。難しい時期にオリンピック精神をみごとに発揮した。＞＞＞この大会は環境に敬意を払って「白と緑の大会」と呼ばれた。

アトランタ

1996年7月19日〜8月4日　第26回大会

197 参加国数
10,318 競技者数（男子6806人・女子3512人）
26 競技数　271 種目数

1996年のアトランタ大会は、パーキンソン病を患うモハメド・アリがはっきりわかるほど震えながら聖火台に火を灯すという心が痛むスタートだった。7月27日、オリンピック100周年記念公園で行われたコンサート中に爆弾テロ事件が発生。死者2人、負傷者111人が出た。しかし、アトランタ大会は、マイケル・ジョンソンの驚異的な200mと400mの2冠をはじめとする競技の功績が記憶に残る。過去最高の79カ国がメダルを獲得し、そのうち53カ国は金メダルだった。

スター選手　マイケル・ジョンソン

アメリカ人のマイケル・ジョンソンは、独特の直立走法で、200mと400mで世界一になり、1990年以降、圧倒的な強さを見せた。1996年までに、400m決勝で54回優勝。この距離では7年間無敵だった。また、100年間で2位以下に最も差をつけて（10m）、400mで優勝。200mを記録的な19秒32で走ったが、このレースでの後半100mのタイム（9秒2）は新記録だった。

ハイライト

- フランス人短距離選手マリー＝ジョゼ・ペレクは、200mと400mで優勝。400mでオリンピック新記録を打ち立て、女子で初めて400mでオリンピックを2連覇した。史上最も成功したフランス人女子選手。
- ロシア人競泳選手アレクサンドル・ポポフは、50mと100mの自由形で金メダル2個（アメリカ人競泳選手ゲーリー・ホール・ジュニアを両方で上回った）、リレーで銀メダル2個を獲得。
- トルコのナイム・スレイマノグルは、ウエイトリフティング選手初のオリンピック3連覇を果たした。
- アメリカのマイケル・ジョンソンの200mと400mでの2冠は、オリンピック史上男子初。

こぼれ話　サッカーの本大会に出場するチームは、年齢制限に適合しない選手も3人まで登録が認められた。＞＞＞197の公式国内オリンピック委員会（NOC）すべてが選手を送りこんだのは、今大会が初めて。

オリンピック

034

戦後の大会

長野

1998年2月7～22日　第18回冬季大会

72	参加国数
2,176	競技者数（男子1389人・女子787人）
7	競技数　68　種目数

日本の長野市は、20世紀最後で最大の冬季オリンピックの開催地となり、16日の期間中7競技68種目が行われた。過去の冬季大会では、オリンピック村から競技会場が遠すぎるとの批判があった。長野大会の主催者はそれを考慮し、競技会場を6カ所に分け、どこも長野市から半径40km圏内にした。開催国として日本は、熱狂したファンの声援にこたえ、過去70年間の冬季大会での通算獲得数より多い金メダルを獲得した。メダル数は、ドイツが1位で、ノルウェーとロシアが後に続いた。

スター選手　ヘルマン・マイヤー

ヘルマン・マイヤーは、1996年以降、オーストリア代表になった。だが、長野の滑降でコントロールを失って、激しく転倒。3日後、スーパー大回転で金メダル、大回転で2個目を獲得した。

こぼれ話　アメリカのナショナル・ホッケー・リーグ（NHL）のプロホッケー選手が初参加。＞＞＞小中学生以下は入場券が半額。＞＞＞公式スタッフの制服がリサイクル素材でつくられた。

ハイライト

- ノルウェー人クロスカントリースキー選手ビョルン・ダーリは、オリンピック史上最も成功した男子ノルディックスキー選手。10kmクラシカルと50kmフリーで優勝し、4×10kmリレーでノルウェー代表チームを勝利に導き、複合で銀メダルを獲得した。
- 日本人選手の船木和喜は、スキージャンプのノーマルヒルで銀メダルを獲得。その後、ラージヒルで飛形点満点を取り、金メダルに輝いた。
- イタリアのデボラ・コンパニョーニは、1994年大回転の勝利に続き連覇を達成したが、回転では0.06秒差で金を逃した。アルペンスキー選手として初めて3大会連続金メダルを達成。

シドニー

2000年9月15日～10月1日　第27回大会

シドニー大会は史上最大の規模を誇り、選手10651人が300種目で競技した。その規模にもかかわらず、大会はうまくまとめられ、オリンピック・ムーブメントの理念を再確認した。北朝鮮と韓国の選手は、同じ旗のもとでともに行進。東ティモール（2002年に主権国家として独立）の選手4人は、オリンピックの旗のもとに個人選手として参加を許可された。オーストラリア先住民であるキャシー・フリーマンは、開会式でオリンピック聖火台に火を灯す栄誉を与えられた。それにこたえて、地元の熱狂的な観衆が見守る中、400m決勝で優勝した。

199	参加国数
10,651	競技者数（男子6582人・女子4069人）
28	競技数　300　種目数

スター選手　スティーブン・レッドグレーブ

イギリスのスティーブン・レッドグレーブは、オリンピックで5連覇を達成した唯一のボート選手。アトランタ大会では、パートナーのマシュー・ピンセントと組む100回目のレースの舵手なしペアで優勝し、タイトルを守った。38歳のとき、舵手なしフォアのメンバーとしてシドニー大会で5個目の金メダルを獲得した。

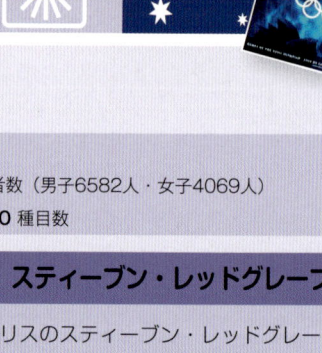

ハイライト

- フランス人柔道家ダビド・ドゥイエは、肩と背中に大きな問題をかかえ1年以上競技から遠ざかっていたが、決勝で日本の篠原信一を破って、オリンピック2連覇を達成〔*訳注：日本では誤審ではないかとして、審判を批判する声が圧倒的であった。五輪終了後、国際柔道連盟（IJF）は、この試合のビデオを分析し、結果的に誤審と認めた。しかし審判規定によりドゥイエの優勝は覆らなかった〕。
- 17歳の話題のオーストラリア人競泳選手イアン・ソープは、自身が持つ世界記録を打ち破り400m自由形で初の金メダルを獲得。4×100m自由形リレーではアンカーとして泳ぎ再び優勝。4×200m自由形リレーで3個目の金メダル、200m自由形で銀メダルを獲得した。
- ドイツ人カヌー選手ビルギット・フィッシャーは、500mカヤックペアとフォアで2冠を達成。20年の歳月を経て再びオリンピックで金メダルを獲得した初の女子選手となった。

こぼれ話　スリランカ人女性初のメダリストであるスサンティカ・ジャヤシンゲは、200mで銅メダルを獲得。＞＞＞ベトナムが1952年の初参加以来、最初のメダルを獲得したのは女子テコンドー。

ソルトレークシティー

2002年2月8～24日　第19回冬季大会

ソルトレークシティー大会では、スケルトン（1948年以降除外）と女子ボブスレーを含む78種目に増えた。金メダルを獲得したのは、それが初となる中国とオーストラリアをはじめ、18カ国という記録的な数字になった。見どころは、バイアスロンの全種目で4冠を達成したノルウェー人オーレ・アイナル・ビョルンダーレン、ノルディック複合種目で3冠を達成したフィンランド人サンパ・ラユネン、スキージャンプ種目で2冠を達成した20歳のスイス人シモン・アマン。カナダは、男女ともアイスホッケーで優勝。アメリカを破って達成した男子の勝利は、50年ぶりの金メダルだった。ドイツのゲオルク・ハックルは、1人乗りリュージュで銀メダルを獲得。オリンピック選手として初めて、連続5大会の同じ種目でメダルを獲得した。

77　参加国数
2,399　競技者数（男子1513人・女子886人）
7　競技数　78　種目数

スター選手　チェーティル・アンドレ・オーモット

ノルウェーのチェーティル・アンドレ・オーモットは、2002年にスーパー大回転とアルペンスキー複合の金メダルを含むメダル7個を獲得。史上初の快挙を達成した。2006年トリノ大会でもスーパー大回転で金を獲得し、オリンピック最多タイトルを持つアルペンスキー選手となった。

ハイライト

- 膝の手術から復帰したクロアチアのヤニツァ・コステリッチは、女子として初めて、複合、回転、大回転のアルペン3冠を同一大会で達成。スーパー大回転では銀メダルを獲得した。
- アメリカのボネッタ・フラワーズは、女子ボブスレーに出場。冬季大会で黒人選手初の金メダルを獲得した。
- オーストラリアのスティーブン・ブラッドバリーは、ショートトラック決勝で思いがけなく金を獲得。先頭集団4人が最終コーナーで衝突したのだ。

こぼれ話　フィギュアスケートでビデオの再生を導入。>>>フィギュアスケートペアでは、金と銀ではなく金2つが授与された。>>>ジャック・ロゲ会長のもとで行われた最初の大会。

アテネ

2004年8月13～29日　第28回大会

2004年、オリンピック大会は、古代オリンピックと第1回近代オリンピックの地、ギリシアに戻った。記録的な201の国内オリンピック委員会（NOC）が、大会に選手を送りこんだ。正式種目の総数は301（2000年シドニーより1つ多い）。オリンピック人気は過去最高に達し、テレビ観戦者数は2000年シドニー大会の36億人に対し39億人だった。

201　参加国数
11,099　競技者数（男子6458人・女子4551人）
28　競技数　301　種目数

スター選手　マイケル・フェルプス

アメリカ人競泳選手マイケル・フェルプスは、今大会で金メダル6個と銅メダル2個を獲得。北京大会で頂点に登りつめ、8種目で優勝した。フェルプスは競泳選手として完璧な体格で、胴と腕が長く、脚が短く、足は大きくしなやかだ。トレーニング期間中、1日最大1万カロリーを摂取するが、これは標準的な成人のカロリー摂取量の5倍。

ハイライト

- モロッコのヒシャム・エルゲルージは、1924年のパーヴォ・ヌルミ以来、1500mと5000mで初の2冠を達成。1500mではゴール前の直線コースでバーナード・ラガトに抜かれたが、抜き返して優勝。5000mでは、10000mの覇者ケネニサ・ベケレをかわし逆転優勝した。
- トルコのウエイトリフティング選手ヌルジャン・タイランは、女子48kg級で金メダルを獲得。トルコ初の女子金メダリストになった。
- アルゼンチン代表男子バスケットボールチームは、準決勝でアメリカを89対81で破り、アメリカのプロ選手の優勢に歯止めをかけた。その後も決勝でイタリアを84対69で破った。
- ドイツ人カヌー選手ビルギット・フィッシャーは、カヤックシングルとフォアの500mで優勝。24年の歳月を隔てて、最年少と最年長のオリンピックカヌー金メダリストになった。また、女子選手として初めて6大会で金メダルを獲得。

こぼれ話　ケニア人ランナーが、3000m障害で、金、銀、銅を独占。>>>マラソンは1896年と同じルートを通った。スタートはマラトン、ゴールはアテネのパナシナイコ・スタジアム。

トリノ

2006年2月10〜26日　第20回冬季大会

- 80 参加国数
- 2,508 競技者数（男子1548人・女子960人）
- 7 競技数　84 種目数

スター選手　カテジナ・ノイマノワ

チェコのクロスカントリースキー選手カテジナ・ノイマノワは、1992年の冬季大会でオリンピックに初出場した後、3度目の冬季大会でようやく初のメダルを手にした。1996年のアトランタ大会にもマウンテンバイクで出場。トリノ大会は6度目のオリンピックだった（＊訳注：1994年と2002年の冬季大会にも出場）。2月12日、複合で銀メダルを獲得。2月24日、33歳にして30kmレースで初の金メダルを獲得した。

こぼれ話　初めて、オリンピック大会のライブ映像が携帯電話で見られるようになった。＞＞＞トリノの人口は90万人以上。冬季オリンピック大会の開催都市として最大だった。

今大会には、80の国と地域から過去最高の2508人の選手が参加。記録的な数となる26カ国にメダルがもたらされた。オーストリアがアルペンスキーで圧倒的な強さを誇り、30個のメダルのうち14個を獲得。韓国はショートトラックで同様の強さを見せ、24個のうち10個を獲得した。クロスカントリーのチームスプリントでは、カナダのサラ・レナーのストックが1本折れた。彼女が奮闘する姿を見るに見かねて、ノルウェー代表ヘッドコーチのビョーナル・ハーコンスモエンが自分のストックを差し出した。その結果、レナーはチームを銀メダルに導くことができたが、ノルウェーはメダルを逃した。

ハイライト

- フィリップ・ショッホは、スノーボードのパラレル大回転の優勝候補だった。オリンピックタイトルを守ると思われたが、兄のシモンという強敵が現れた。2人とも決勝に進出し、フィリップが2連覇を達成。

- 男子アイスホッケートーナメントは、フィンランド対スウェーデンという初の北欧対決となった。決勝では、最終ピリオド開始10秒、ニクラス・リドストロームのゴールが決まりスウェーデンがリードし、勝利を確実にした。

- 地元の優勝候補エンリコ・ファブリスが、5000mスピードスケートで銅メダルを獲得。イタリア人として初めてこの種目でメダルを獲得した。

北京

2008年8月8〜24日　第29回大会

第29回オリンピックは、公式には2008年8月8日午後8時8分に始まった。中国で8は縁起がよい。天候にも恵まれ、大気汚染が激しい中国の首都は、過去10年にないほど空気が澄みわたった。オリンピックのための大規模建設計画には、12の新しい会場の建設と北京の地下鉄の輸送力を倍増する計画が含まれていた。最大の目玉は、「鳥の巣」と呼ばれる壮大な9万人収容のナショナルスタジアム。BMX、オープンウォーター10km（マラソンスイミング）、女子3000m障害をはじめとする9つの新種目が採用された。金メダル数は開催国中国がトップで、51個を獲得した。

- 204 参加国数
- 11,196 競技者数（男子6450人・女子4746人）
- 28 競技数　302 種目数

スター選手　ウサイン・ボルト

ジャマイカ人短距離選手ウサイン・ボルトは、北京大会の3種目で世界記録を打ち破った。100mを9秒69のタイムで優勝。ゴールまで15m地点から勝利を確信して流さなければ、記録はさらに縮まっただろう。4日後、200mを19秒30で走り、マイケル・ジョンソンの記録を12年ぶりに破った。4×100mリレーでも圧勝。100mと200mの両方で世界記録を持つのは、同胞のジャマイカ人ドン・クォーリー以来だった。

ハイライト

- ウサイン・ボルト（21歳）は、100m決勝の最終段階で観客のほうを向いて腕を広げた。これは大会の不変のイメージを象徴している。ボルトは100mと200mの両方で他を圧倒した。

- マイケル・フェルプスは出場した競泳全8種目で優勝。1大会で最多の金メダルを獲得したマーク・スピッツの記録を36年ぶりに破った。フェルプスは、個人種目5つのうち4つで世界記録を更新。

- クリス・ホイは自転車競技場で先頭を切って疾走。圧倒的な強さを見せたイギリスチームは、10の屋内自転車種目のうち7つで金メダルを獲得した。7度の世界チャンピオンでもあるホイは、3冠を達成。イギリス人選手としては、1908年以来のことだった。

こぼれ話　7万人が、北京大会が滞りなく開催されるように協力した。＞＞＞キューバのアンヘル・バロディア・マトスが最高の技を見せたのは、テコンドーの試合終了後。失格になったことに腹を立てて、審判の顔面を直撃するけりを入れたのだ。

バンクーバー

2010年2月12～28日　第21回冬季大会

冬季大会は、2010年バンクーバー大会でも、選手数、種目数、参加国数がさらに拡大した。初参加の国と地域は、ケイマン諸島、コロンビア、ガーナ、モンテネグロ、パキスタン、ペルー。開会式は、数時間前にこの世を去った21歳のグルジア人リュージュ選手ノダル・クマリタシビリに捧げられた。練習中に激突して命を落としたのだ。市民や選手はみな悲しみをこらえ、彼に哀悼の意を表して、2010年バンクーバー大会を盛大で歓喜に満ちた祭典にした。カナダは、過去2大会で金メダルの獲得数はわずか1個。その失敗から立ち上がり、今大会は金メダル14個を獲得しメダル数でトップになり、開催国の強みをみせた。その一方、スロバキアとベラルーシも、冬季大会で初の金メダルを獲得した。

ハイライト

- ノルウェーのマリット・ビョルゲンは、最も成功した女子クロスカントリースキー選手としての地位を確立した。金3個、銀1個、銅1個でメダル数のトップを飾り、通算7個のオリンピックメダルを獲得。
- カナダ代表チームは、男子アイスホッケーで隣国アメリカを下し、開催国として記録破りの冬季大会を締めくくった。この大会最後の金メダルは、スター選手シドニー・クロスビーが延長戦でゴールを決めて獲得した。
- スロベニアのペトラ・マジッチは、クロスカントリースプリントの競技中、溝に落ちて肋骨5本を骨折し肺を負傷した。それをものともせず、銅メダルを獲得。自分のメダルについて、「今日ばかりは、これは銅じゃないわ。小さなダイヤモンドがのった金よ」と述べた。

82　参加国数
2,536　競技者数（男子1503人・女子1033人）
7　競技数　86　種目数

スター選手　キム・ヨナ

19歳の韓国人フィギュアスケート選手キム・ヨナは、息をのむフリーの演技で新記録となる150.06点をマークし、金メダルに輝いた。総合の228.56点も世界新記録。銀メダリストの浅田真央を23点の大差で破った。彼女の演技は、「1984年のトービル・ディーン組の有名なボレロと同じくらい長く記憶に残るだろう」と絶賛された。

こぼれ話　人口230万人のバンクーバーは、冬季大会を開催した最大の都市。>>>環境対策として、各会場のエネルギー消費量をリアルタイムで追跡し公表した。

オリンピック

037

ノルウェーのマリット・ビョルゲンは、バンクーバーのクロスカントリー（15kmパシュート）で、スウェーデンのアンナ・ハーグを追い抜いた。

オリンピック

038

戦後の大会

ロンドン

2012年7月27日〜8月12日　第30回大会

204 参加国数
10,383 競技者数（男性5814人・女性4559人）
26 競技数　302 種目数

スター選手　イエ・シーウェン

16歳の中国人競泳選手イエ・シーウェンは、200mと400m個人メドレーで金メダルを獲得、衝撃的な形で世にその名を知らしめた。金メダルを取ったことよりも印象的だったのが、その優勝タイムである。200mでオリンピック記録、400mではそれまでの記録を1秒縮め、世界新記録を樹立した。このめざましい成長ぶりには、オリンピック前の2年間で身長が12cm伸びたことが原因であるといわれている。

こぼれ話　8000人が聖火を順番に手にしてイギリス中をリレーした。各ランナーの走行距離は平均300mだった。＞＞＞ロンドンでオリンピックを開催するのは、今回で3回め。世界でも最多の開催都市となった。

2012年のロンドン大会は、「平等」という観点から2つの画期的な出来事があった。まず、女子選手が初めて全競技に参加、そして南アフリカ出身の短距離走者、オスカー・ピストリウスが、義足ランナーとして初めてオリンピックに参加したのである。しかし、その一方で問題も生じていた。バドミントン女子ダブルスの1次リーグで、4組（韓国2組と中国、インドネシア各1組）がわざと引き分けに持ち込もうと無気力試合を行い、失格となった。本大会でもっとも印象的だったのは、壮大なイギリスの歴史をテーマに、オスカー受賞監督ダニー・ボイルが手がけた開会式といえるだろう。

ハイライト

→ アメリカの競泳選手マイケル・フェルプスは金メダルを4個獲得し、これでオリンピックで獲得した金メダルは18個となった。本大会終了後に引退を表明、オリンピック史上、もっとも成功をおさめた選手となった。

→ 主催国のイギリスにとって、本大会のハイライトは8月4日の土曜日であったことは間違いない。「スーパー・サタデー」と呼ばれたこの日、イギリスは金メダルを6個と銀メダルを1個獲得した。

→ ウサイン・ボルトは、陸上男子100m、200m、そして4×100mリレーで金メダルを獲得し、2008年の驚くべき偉業を再現する形となった。ボルトはこの結果に興奮し、自らを「史上最高のアスリート」「生きた伝説」と形容した。

ソチ (以下の情報は、2013年12月現在のものです。)

2014年2月7日〜23日　第22回冬季大会

第22回冬季オリンピックはロシアの都市ソチで開催されることになった。1991年にソ連が崩壊してから、ロシアで初めて開かれる大会となる。ソチはロシアとグルジアの国境近く、黒海沿岸に位置し、ロシア人の間では夏のビーチリゾートとして最もよく知られている。氷の上で行われるすべての競技は、ソチに建設される特設会場で行われる。そのうちのひとつ、凍った水滴の形をデザインしたボリジョイ・アイス・ドームは、1万2000人が収容可能だ。山地で行われる競技は、40km内陸に位置する西コーカサス山脈のクラースナヤ・ポリャーナ地区で行われることになっている。

見どころ

→ ソチ・オリンピックパークは、黒海沿岸に位置するソチにある。8万人強を収容できる。

→ 2014年の冬季大会には、ユキヒョウ、野ウサギ、そしてホッキョクグマの3種類のマスコットが登場する。

→ 2014年に開催されるソチ・オリンピックでは、世界中で35億人がテレビ観戦すると見積もられている。

→ ソチは温暖湿潤気候であり、冬季オリンピックの開催都市の中で、もっとも温暖な都市となる。

注目選手　ボロソジャルとトランコフ

ロシアのペアフィギュアスケート選手、タチアナ・ボロソジャルとマキシム・トランコフがパートナーを組む前は、それぞれ別のパートナーがおり、まずまずの成功をおさめていた。しかし、2010年にペアを結成すると、このペアは優勝候補として名を連ねるほどに成長した。2012年と2013年にヨーロッパフィギュアスケート選手権で金メダルを獲得、そして2013年には世界選手権で優勝。2人はソチ冬季オリンピックで、ロシアに金メダルをもたらすと期待される1組である。ロシアは2010年のバンクーバー冬季オリンピックで、史上最低の11位という結果に終わっている。

こぼれ話　ソチ冬季オリンピックは10億ドルを超えるスポンサーがつき、史上、商業的に最も利益性の高いオリンピック大会である。＞＞＞ソチは、温暖な気候で有名なフランスのニースとほぼ緯度が同じである。

イギリスの7種競技選手ジェシカ・エニスは、2012年のロンドン・オリンピックの「スーパー・サタデー」で金メダルを獲得した6人の選手のひとりである。

リオデジャネイロ （以下の情報は、2013年12月現在のものです。）

2016年8月5日～21日　第31回大会

注目選手　キラニ・ジェームス

グレナダ生まれのキラニ・ジェームスは、陸上男子400mを46秒96で走り、14歳のときに年齢別世界最高をマーク、未来の陸上競技スターとしての名声を確立した。ジェームスは2011年に開かれた世界選手権で優勝をおさめ、その才能を不動のものにした。さらに2012年のロンドン・オリンピックでは400mで金メダルを獲得、グレナダに初のオリンピックメダルをもたらした。リオで開催される第31回大会では23歳での参加となるジェームスは、首位を譲らず、マイケル・ジョンソンが長年にわたって保持している400m、43秒18という世界記録を揺るがすことになるだろう。

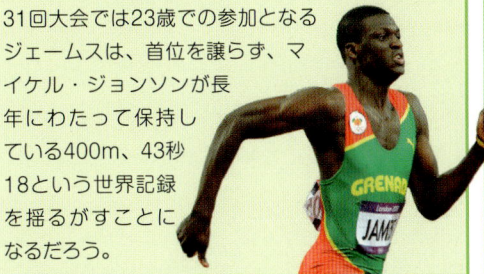

こぼれ話　エスタジオ・ド・マラカナンは、1950年のワールドカップサッカーで199,854人（全席座席指定になる前）という史上最高の観客動員数を記録した。＞＞＞ブラジルはポルトガル語圏で初のオリンピック開催国となる。

リオデジャネイロで開催される第31回大会は、南米で初めて、しかも開催都市の季節が冬という初のオリンピックとなる。この大会から2つの新しい競技（7人制ラグビーとゴルフ）が加わる予定。ゴルフはオリンピックでは1904年以来の採用となり、タイガー・ウッズをはじめとして、ゴルフのトップのプロ選手がメダルを競い合うとみられている。選手村を含むオリンピック施設のほとんどが、リオの南西に位置する裕福な地域バラ・ダ・チジューカに設置される。リオにある史跡や建造物もオリンピックの見どころとなる。8万人を収容できる象徴的なエスタジオ・ド・マラカナンでは、サッカー競技と開会式・閉会式が行われる予定だ。

見どころ

- バラ・ダ・チジューカのオリンピック・パークは元グランプリ・トラックに建設され、その広さは300エーカー（約1200km^2）以上である。
- 4kmに広がる世界的に有名なコパカバナ・ビーチでは、トライアスロン、オープンウォータースイミング、ビーチバレーが行われる予定である。
- 2016年のオリンピック大会のロゴは、グアナバラ湾に突き出た半島にある奇岩、ポン・ヂ・アスーカルの形が基になっている。
- サッカーのトーナメントは、ブラジル周辺のサンパウロや、ブラジルの首都ブラジリアといった大都市で開催される予定である。

パラリンピック

パラリンピックは障がいを持った選手のためのオリンピックである。当初は第二次世界大戦で脊髄を損傷した退役軍人のためのスポーツ大会とみなされていたが、1960年にローマで初めて大きな大会が開催され、23カ国からおよそ400人の選手が参加した。当初、パラリンピックには、車椅子に乗った選手だけが参加することができたが、1976年にカナダのトロントで開かれたパラリンピックはさまざまな障がいを持った選手にも開かれ、出場選手の数は、およそ1000人から1600人に増加した。第1回冬季パラリンピックは、同じ1976年にスウェーデンで開催。パラリンピックは夏季・冬季とも、現在ではオリンピックと同じ年に同じ都市で開かれている。冬季パラリンピックは規模が小さく、アルペンスキー、アイススレッジホッケー、バイアスロン（スキーと射撃）、クロスカントリースキー、そして車椅子カーリングの5つの競技が中心となる。

ハイライト

→ 2012年にロンドンで開催された夏季パラリンピックでは、柔道、ボート、競泳、卓球を中心に、20競技が行われた。

→ 夏季パラリンピックの公式競技には、たとえば、ボウリングに似たスポーツのボッチャなど、障がい者のみがプレーする競技がいくつかある。

→ 夏季パラリンピック史上、もっとも成功をおさめているのはアメリカで、697個の金メダルを含む計1939個のメダルを獲得している。一方、冬季パラリンピックでメダル獲得数の上位を占めているのはドイツ。121個の金メダルを含む計330個のメダルを獲得している。

→ 55個のメダル（金41個、銀9個・銅5個）を獲得したアメリカの競泳選手トリッシャ・ゾーンが、パラリンピック史上、個人でもっとも成功をおさめた選手である。

こぼれ話 「パラリンピック」は「もうひとつの（パラレル）・オリンピック」の略である。パラリンピックの創始者ルートヴィヒ・グットマンの、障がいを持った選手にとって、オリンピックの代わりになるようなものになってほしい、という思いの表れである。>>>パラリンピック最年少選手は、競泳のジョアン・ラウンドである。1988年、韓国・ソウルで開催された大会にわずか12歳で出場し、金メダル2個と銀メダル1個を獲得した。

世界ランク1位のフランスのマリエ・ボシェが、2010年冬季パラリンピックで女子ダウンヒル・スタンディングに出場。

オリンピック

041

左上:2012年のパラリンピック、車椅子フェンシングの男子サーブルの試合で、ポーランドのグーセゴルツ・プルタ選手がギリシアのパナギオティス・トリアンタフィロ選手に攻撃を仕掛けている。
右上:2012年ロンドン・パラリンピックの陸上男子100m（T44クラス）で、英国のジョニー・ピーコックが、アメリカのリチャード・ブラウンと南アフリカのアルヌ・フォーリーを破る。

どのようにクラス分けされるのか

競争が公平に行われるように、パラリンピック選手は、切断、脳性麻痺、視力障がいあるいは盲目、そして脊髄損傷あるいはその他の身体障がいという、大きく4グループに分類される。いったんこのようにグループ分けしたあと、さらに厳密な分類がなされる。パラリンピックに先立ち、すべての選手が一連の競技用課題をこなし、それを専門委員会が観察して選手の能力を見極める。

公平な条件

選手が参加する競技によって、評価の際に焦点を置く箇所が異なる。たとえば馬術競技では、選手の障がいが体幹のコントロールにどのくらい影響するかを把握することが重要となる。競技の区分とその選手の障がいの度合いは、アルファベットと数字を使い、簡略化して表示される。たとえばF31-38は、パラリンピック選手用の陸上競技(F)が、脳性麻痺などが原因で、体幹と四肢に影響を与える（31-38）ことを示している。シッティングバレーボール（下参照）のような一部のスポーツは、異なる障がいを持った選手同士で対戦することができる。

基準

スポーツによって選手の体にかかる負荷が異なるため、分類基準は当該の競技に合わせなければならない。下の表は、陸上選手をどのように分類しているかを概説したものである。

分類（トラック競技）	
クラス	基準
11-13	視覚障がいの選手。11は障がいが最も重く、13は最も軽い。
20	知的障がいのある選手。
31-38	体幹や下肢のコントロールに障がいがある選手。数が少ないほど障がいが重い。31-34と評価された選手は車椅子で競技する。
40	小人症の選手。
42-46	切断など、四肢に障がいがある選手。42-44は下肢に、45-46は上肢に障がいがある。
51-58	車椅子で競技をする選手。51-54は体幹か下肢が機能しておらず、上肢の機能はさまざま。55-58に分類された選手は、上肢は機能しているものの、体幹と下肢の機能に問題がある。

2008年のペキン・パラリンピックと2012年のロンドン・パラリンピックの様子。シッティングバレーボール（左下）は高さ約1mのネットを使用:視覚障がいの選手がガイドランナー（伴走者）とともに走る（下中央）:競泳（右下）では、規則はほぼ健常者の選手のものと同じである。

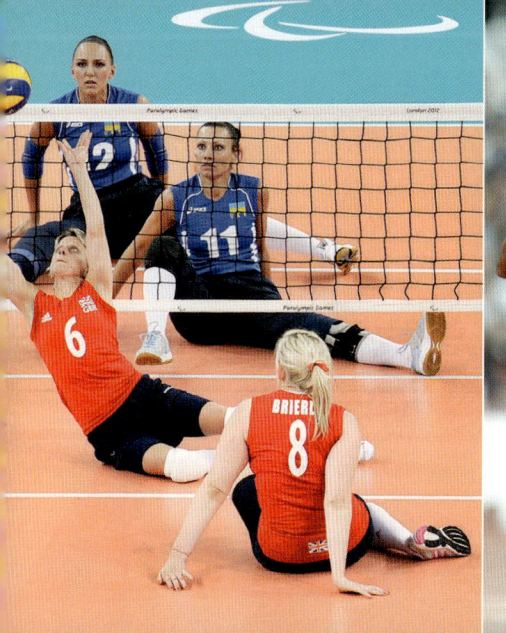

オリンピック

042

パラリンピック

左上:ドイツのトビアス・グラフがサイクリング・タイムトライアル(C123)に出場。上中央:アイススレッジホッケーの日本の高橋和廣が、先のとがったホッケースティックを手に氷上を勢いよく前進する。右上:強化した特注の車椅子に乗り、車椅子ラグビーの激しい争いが繰り広げられる。

適応力のある選手

パラリンピックでは、特殊な器具が大きな役割を果たす。当該の競技ができるように体を適応させるには、選手の障がいの度合いによって、必要となる補助技術が異なってくる。車椅子の技術は高度に発達し、たとえばトップクラスの車椅子バスケットチームは、各選手に合わせて特注された、軽くて機動性のあるアルミニウムとカーボンファイバー製の車椅子の恩恵を受けている。今後は技術が発達し、選手には補助が必要なくなるかもしれない。たとえば、視覚障がいのランナーと一緒に走る目の見えるガイドは、センサーを搭載したヘッドホンに取って代わられることも考えられる。

特殊な器具については、ときどき問題がついてまわる。発展途上国は、裕福な国の選手が享受しているような最先端の技術を利用することができない。また、下肢切断者がカーボンファイバーの「ブレード」を使用することで、そのパフォーマンスが健常者のもの以上に高まっているのではないだろうか、という問題がますます問われるようになってきた。人工四肢にできるのは、たとえばブレードをもともとの足の大きさに合わせるなど、障がいがなかったら持っていたと考えられる背丈や能力を、選手にもたらすことだけである。

スター選手　オラツィオ・ファゴーネ

スピードスケート選手でありアイススレッジホッケー(アイスホッケーのパラリンピック版)の選手でもある、イタリア・シチリア島出身のオラツィオ・ファゴーネ選手は、オリンピックメダルも保持している唯一のパラリンピック選手である。このメダルは障がい者になる原因となった事故の前に獲得したものである。ファゴーネ選手が初めてオリンピックに出場したのは、1988年にカナダで開かれたカルガリー・オリンピック。スピードスケートの公開競技で、1500mで3位、5000mで2位となった。ショートトラックは、フランスのアルベールビルで開催された1992年冬季大会で正式に採用され、ファゴーネ選手は1994年にノルウェーで開かれたリレハンメル冬季オリンピックでイタリアの男子5000mリレーに参加し、金メダルを獲得。しかし1997年、バイクの大事故で右足を切断。それ以降はイタリアのアイススレッジホッケーチームのメンバーとして試合に参加し、2006年のイタリア・トリノ、2010年のカナダ・バンクーバーで開催されたパラリンピック冬季大会に出場した。

ボッチャやゴールボールなど、オリンピックにはなく、パラリンピックでしかプレーされない競技もある。左下:カナダの上肢切断選手、ジョシュ・ヴァンダー・ビーズがボッチャのボールを投げる。右下:日本の安達阿記子選手が、ボールの中に入った鈴の音でボールの位置を感知し、ゴールを守る。

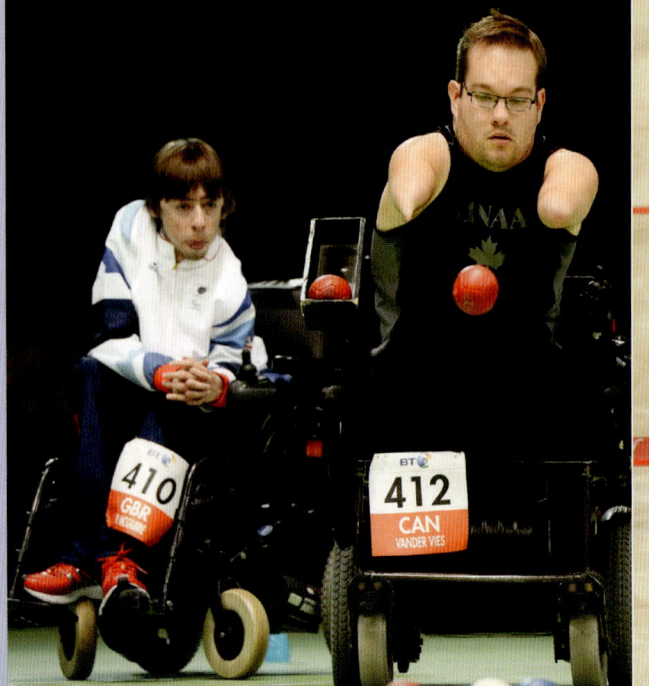

最高のパラリンピック選手

1988年10月～2007年5月　チャンピオンの経歴

イギリスのデイム・タニ・グレイ＝トンプソン（2007年5月に競技スポーツから引退）は、世界でもっとも偉大なパラリンピック選手のひとりである。二分脊椎で生まれたトンプソン選手は7歳の時から車椅子生活を余儀なくされたが、このことが彼女の運動選手としてのキャリアを邪魔することはなかった。13歳のときに車椅子レースを始め、その輝かしい現役生活の間に、100m走からマラソンにいたるまで、幅広い分野の競技に参加、そのすべてにおいて大成功をおさめた。30の世界記録を保持し、1997年から2002年までの間に、ロンドンマラソンの車いすの部で6回優勝している。そして5大会連続出場したパラリンピックでは、11個の金メダルを含む16個のメダルを獲得。2005年に障がい者スポーツでの功績が認められ、大英帝国勲章を授与された。2010年には一代貴族として、貴族院に宣誓就任している。

タニ選手のパラリンピックでの成績

年	開催都市	メダル
2004	アテネ	金2個
2000	シドニー	金4個
1996	アトランタ	金1個と銀3個
1992	バルセロナ	金4個と銀1個
1988	ソウル	銅1個

その他の成績

女性で初めて400m走で1分の壁を破る
世界選手権で13個のメダルを獲得
女性で初めてマラソンで2時間の壁を破る

オリンピック

043

タニ・グレイ＝トンプソンが勢いよくゴールを通過。2004年9月にアテネで開催された夏季パラリンピックで獲得した2個の金メダルのうち、1つ目を獲得。意志の強さが表情に刻みこまれている。その意志の強さは、20年間、障がい者スポーツの頂点に君臨し、その間に20の世界記録を破ったことに表れている。

世界のスポーツ

陸上競技

01

陸上競技

競技の概略

陸上競技は3つのタイプの競技に分けられる。トラック競技（走る・歩く）とフィールド競技（跳ぶ・投げる）、そして、十種競技のように、トラックとフィールドの両方からなる混成種目だ。陸上競技はオリンピックの中心的競技。紀元前776年にギリシアのオリンピアで開催された最初のオリンピックでも行われている。ローマ時代には中止になったものの、近代オリンピックの始まりとともに、陸上競技は、再び重要な競技と見なされるようになった。

屋内・屋外

屋内で行われる大会（冬季）と屋外で行われる大会（春季および夏季）がある。ほとんどの種目は、屋内・屋外どちらの大会でも行われるが、例外もある。屋内競技場はスペースが限られているので、やり投、ハンマー投、円盤投は、屋外シーズンのみ。また、屋内でトラックが小さい場合には、100mの代わりに60mを行う大会もある。

速く、高く、遠く

陸上競技で絶対におろそかにできないのが、時間や距離の正確な測定だ。トラック競技では、カメラとリンクしたセンサーと全自動計時器が使われる。走幅跳、三段跳、投てき競技では、公認を受けたスチール製の巻き尺で距離を測る。

スコアボード
役員や競技者、観客から見えるように、トラック内の各所に、可動式の電子掲示板が据えられ、スタートからの経過時間を表示する。

写真判定
フィニッシュラインに照準を合わせたデジタルカメラ（コンピュータを使った計時センサーと接続）で、選手の着順を決定する。1000分の1秒まで正確に測ることができる。

スタート合図用のピストル
陸上競技のスタートの合図はピストルの発射で行う。弾は空砲。音で競技者にスタートを指示する。発射とともに、タイマーの計時が自動的に始まるようになっている。

基礎知識

→ 「アスリート」という言葉の語源は、競争を意味するギリシア語の「アスロス」。

→ 最初の古代オリンピックで初めて行われた陸上種目はスタディオン走。競技場（スタジアム）の端から端まで走る短距離走だ。

→ 公式の大会では、各種目が行われる順序は、抽選で無作為に決められる。

3000m障害のスタートライン
トラックを7周半して、ハードルを28回、水濠を7回跳び越える。

走幅跳・三段跳
助走路の長さは少なくとも40m、着地用の砂場の長さは最低9m。

5000mのスタートライン
トラックを200mと12周走る。スタート後は、決められたレーンを走る必要はなく、オープンレーンになる。

200mのスタートライン
すべての選手が同じ距離を走るように、スタート位置は少しずつずらしてある。

ハンマー投
役員や観客に危害がおよばないように、サークルは、ハンマーの飛ぶ方向以外、金網で囲まれている。

水濠
トラックのすぐ内側にある水濠。障害物競走で使用される。

円盤投
着地場所の広がる角度はわずか約35度。投げ損じによる危険を最小限にとどめるため。

110mハードルのスタートライン
男子110mハードルのスタートでも、100mのスタート並みに激しい猛ダッシュが見られる。

100m・100mハードルのスタートライン
最後まで指定されたレーンを走らなければならない。

陸上競技場

標準的なトラックの長さは、1周400m。レーンの数は6つか8つ〔＊訳注：国際陸上競技連盟（IAAF）の規定では〕。トラックの内側に、フィールド競技の各種目が行われる場所が配置されている。大半のトラックは、季節を問わず使用できるように、合成ゴムやポリウレタン舗装。屋内トラックは、通常1周200mで4レーンか6レーン。屋外のトラックに比べカーブがかなりきついので、コーナーにはバンクが切ってある。屋外でも屋内でも、トラックを周回する方向は反時計回り。屋内大会ではスペースが限られているため、フィールド競技は跳躍と砲丸投のみが行われる。

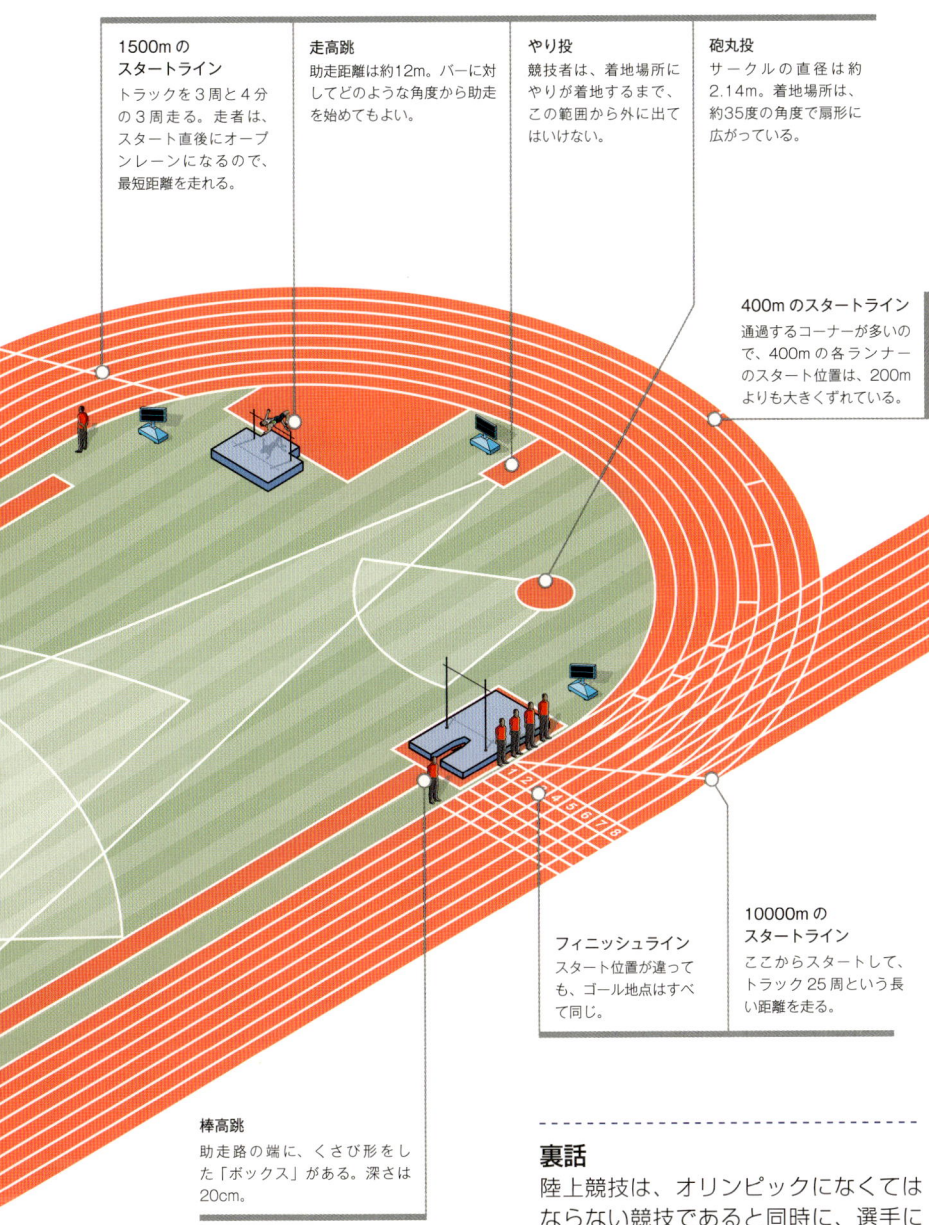

1500mのスタートライン
トラックを3周と4分の3周走る。走者は、スタート直後にオープンレーンになるので、最短距離を走れる。

走高跳
助走距離は約12m。バーに対してどのような角度から助走を始めてもよい。

やり投
競技者は、着地場所にやりが着地するまで、この範囲から外に出てはいけない。

砲丸投
サークルの直径は約2.14m。着地場所は、約35度の角度で扇形に広がっている。

400mのスタートライン
通過するコーナーが多いので、400mの各ランナーのスタート位置は、200mよりも大きくずれている。

10000mのスタートライン
ここからスタートして、トラック25周という長い距離を走る。

フィニッシュライン
スタート位置が違っても、ゴール地点はすべて同じ。

棒高跳
助走路の端に、くさび形をした「ボックス」がある。深さは20cm。

ドーピング検査

競技力を向上させる物質の使用は、必ず大きなニュースになる。IAAFは、フェアプレーを推進するためにたゆまぬ努力を続けている。厳格なドーピング・コントロールを実施し、アナボリックステロイドをはじめとする物質の不正使用を検知する体制を整えている。1990年には、IOCにより、世界アンチ・ドーピング機構（WADA）という独立した組織も設立された。

裏話

陸上競技は、オリンピックになくてはならない競技であると同時に、選手にとって非常に魅力的な競技でもある。トップアスリートともなれば、文字通り億万長者も夢ではない。IAAFが主催して毎年行われるIAAFゴールデンリーグ（＊訳注：現在はIAAFダイヤモンドリーグと改組）では、年間に6つ（1999年からは7つ）の大会が開かれ、シーズン全勝した選手は、総額100万ドルの賞金を分けあうことになっていた（細かい賞金規定はシーズンごとに異なる）。2000年と2001年のシーズンには、賞金の代わりに50kgの金の延べ棒が贈られている。

データ集

オリンピック種目（トラック競技）

種目	男女別
100m	男女
200m	男女
400m	男女
100mハードル	女子
110mハードル	男子
400mハードル	男女
4×100mリレー	男女
4×400mリレー	男女
800m	男女
1500m	男女
3000m障害	男女
5000m	男女
10000m	男女
マラソン	男女
20km競歩	男女
50km競歩	男子

オリンピック種目（フィールド競技）

種目	男女別
円盤投	男女
やり投	男女
ハンマー投	男女
砲丸投	男女
棒高跳	男女
走高跳	男女
走幅跳	男女
三段跳	男女

オリンピック種目（混成競技）

種目	男女別
十種競技	男子
七種競技	女子

非業の死

ポーランド生まれのスタニスラワ・ワラシェビッチ（ステラ・ウォルシュ）は、1932年のロサンゼルス・オリンピック女子100mで金メダルを獲った。続く4年後のベルリン大会でも銀メダルを獲得。ところが1980年、彼女は、とあるショッピング・センターで、強盗犯の撃った流れ弾に当たって非業の死を遂げる。そして、検死の結果、なんと彼女には男性生殖器があり、男女両方の染色体を持っていたことが判明したのだ。この事実が明らかになっても、スタニスラワ・ワラシェビッチの記録は抹消されなかった。

基礎知識

050

→ オリンピックや世界選手権などの大きな大会では、ほぼ必ず短距離種目が行われる。

→ 最初のオリンピック（紀元前776年）には、1種目しかなかったらしい。

→ これまでに最もすばらしい成績を残した100mランナーはカール・ルイス。世界選手権とオリンピックをあわせて5度制した（1983〜1991年）。

短距離

競技の概略

陸上競技のなかで、観客の心を最も強く引きつけるのは、60m、100m、200m、400mを走る短距離種目だろう。男子100m決勝ともなれば、世界中が固唾をのんで見守っているかのようだ。選手たちが、スターティングブロックからはじけるように飛び出し、人間の限界に迫る速さで疾走し、わずか10秒そこそこでフィニッシュラインを走り抜ける。見ているだけで心が熱くなる。人間の本能的な部分に訴えかけるといってもいい競技だ。

最高のレース？

1996年アトランタ五輪の男子100m決勝は史上最高のレースだったといわれている。優勝候補のドノヴァン・ベイリーが、スタートで出遅れるも立て直し、9秒84の世界新記録で勝った。

決められたレーンで

短距離種目では、最後までスタート時のレーンで走らなければならない。コーナーを回るレース（200mと400m）では、各選手の走る距離が正確に同じになるように、スタートラインがずらしてある。

姿勢
最大の速度を維持するために、上半身は垂直に。ぶれてもいけないし、余計な力が入ってもいけない。

走るために生まれて
短距離選手の多くは、急激に収縮する筋繊維（速筋）が一般の人よりも多い。このタイプの筋繊維は短時間に爆発的な力を発揮するが、疲労も早い。

素足
シューズと足の間のすき間はできるだけ小さいほうがよいので、靴下をはかない選手が多い。

しっかりとしたグリップ
スパイクつきの軽量靴が、大きな推進力となる。

走るためのウェア
ぴったりとフィットして、余分な気流の乱れをつくらないスパンデックス製のワンピース型ウェア。空気抵抗を減らし、体の動きを妨げない。

選手の特徴

足の筋肉がよく発達し、爆発的な瞬発力がある。上半身にも筋肉がよくついている。生体力学によれば、足を前後に動かす力が、反対方向に腕を振る力と釣り合っていなければならないからだ。スタートの合図にすばやく反応できる、鋭い反射神経も必要。

ナンバー・トリビア

20 年：アメリカのジェシー・オーエンスが出した100mの世界記録10秒2が破られるまでの年数。オーエンスは史上最も優れたランナーの1人。競走馬と91mを駆け競べて勝ったこともある。

53 回：モーリス・グリーン（アメリカ）が100mの公式レースで10秒を切った回数。

33 歳：イギリスのリンフォード・クリスティが、1993年に世界選手権の男子100mで優勝した時の年齢。

0.33 秒：1991年と95年の世界選手権200mでアメリカのマイケル・ジョンソンが優勝したときの2位とのタイム差。世界レベルでは、1936年のオリンピックでジェシー・オーエンスがつけた0.4秒に次ぐ大差だ。

陸上競技

短距離

ウェア・用具
短距離の選手が着るのは、空気抵抗を極力少なくした、スパンデックス製の体にぴったりとフィットするワンピース型のウェア。靴は非常に軽量で、最大9mmのスパイクがついている。地面の感覚がよく足に伝わるように、靴底は薄い。スタートの合図と同時に体を強力に前に押し出すことを可能にしつつ、加速が最大になる姿勢が取れるようにするのがスターティングブロックだ。

安定したスタート 鋭い釘でトラックにしっかり固定されている。

フットプレート プレートの角度は、選手のスタート姿勢に合わせて調整できる。

スターティングブロック 短距離種目ではすべてスターティングブロックを使用する。最適なスタート姿勢が可能になる。

距離について
短距離には走る距離の異なる4つのレースがある。普通屋内で行われる60mは、電撃のような鋭いスピードのある選手に有利。持久力はあまり必要ない。「世界最速の男」を決めるといわれる100mでは、最高速度に加速するまでの時間が短く、しかもその速度を維持する力のある選手が勝つ。これにはものすごい筋力と、非常にデリケートなテクニックが要求される。100mで必要な技術はすべて200mでも有用。これに加えて200mでは、コーナーを回る時の遠心力にも対応できなくてはならない。また強力なスタートをしつつも、ゴールまでしっかりとエネルギーを残しておかなければならない。持久力を要する短距離といわれる400mは、短距離のなかで最も厳しい。全力に近いスピードで約30秒走ると、筋肉に乳酸がたまって、スピードを維持するのはさらに苦しく困難になる。そのため、綿密なペース配分が勝負のカギを握ることになる。

結果を分ける要素
速いタイムを出すには、生まれ持った才能、強力な身体能力、戦術をしっかり理解する頭脳が必要。さらに厳しいトレーニングを積み、身体的にも精神的にもよいコンディションであること。他に、トラックの種類(表面が固いほどよいタイムが出る)や天候(特に風速と風向)なども結果に影響する。

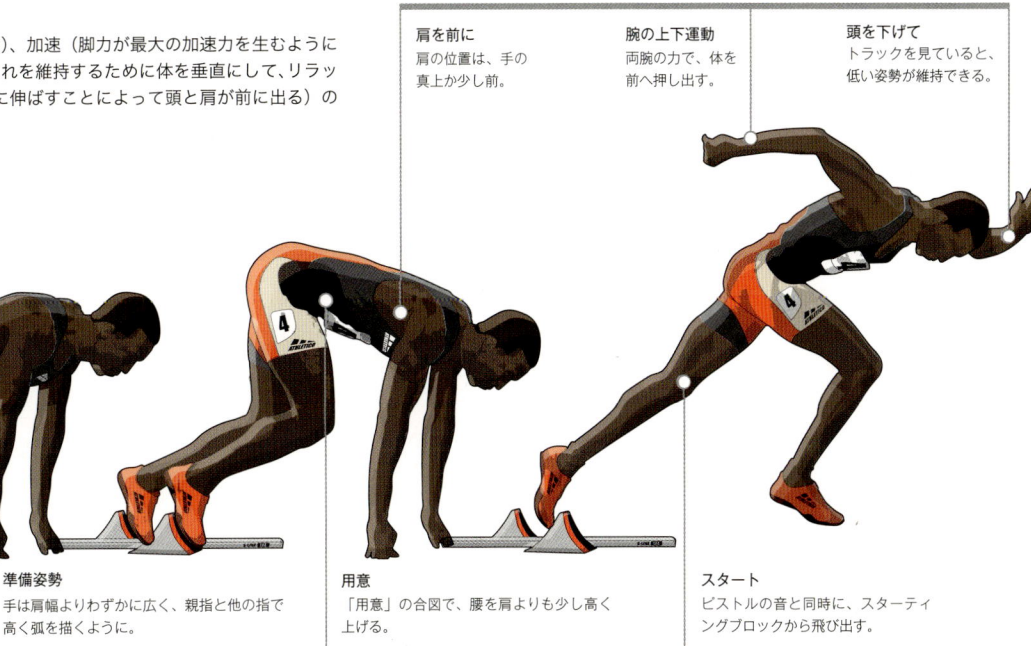

レースの経過
短距離のレースは、スタート(下図参照)、加速(脚力が最大の加速力を生むように前傾姿勢を取る)、前進(速度は最大。これを維持するために体を垂直にして、リラックスさせる)、フィニッシュ(腕を後ろに伸ばすことによって頭と肩が前に出る)の4つのステップに分けられる。

肩を前に 肩の位置は、手の真上か少し前。

腕の上下運動 両腕の力で、体を前へ押し出す。

頭を下げて トラックを見ていると、低い姿勢が維持できる。

スタート バランスのよい姿勢を取り、速度を最大にするためのスタート。

位置について 足をブロックのプレートにのせ、片膝をついて前傾姿勢を取る。

準備姿勢 手は肩幅よりわずかに広く、親指と他の指で高く弧を描くように。

用意 「用意」の合図で、腰を肩よりも少し高く上げる。

スタート ピストルの音と同時に、スターティングブロックから飛び出す。

データ集

男子100m歴代記録

タイム	選手名(国)
9.58	ウサイン・ボルト(ジャマイカ)
9.69	タイソン・ゲイ(アメリカ)
9.69	ヨハン・ブレーク(ジャマイカ)
9.72	アサファ・パウエル(ジャマイカ)
9.78	ネスタ・カーター(ジャマイカ)

男子200m歴代記録

タイム	選手名(国)
19.19	ウサイン・ボルト(ジャマイカ)
19.26	ヨハン・ブレーク(ジャマイカ)
19.32	マイケル・ジョンソン(アメリカ)
19.53	ウォルター・ディックス(アメリカ)
19.58	タイソン・ゲイ(アメリカ)

男子400m歴代記録

タイム	選手名(国)
43.18	マイケル・ジョンソン(アメリカ)
43.29	ハリー(ブッチ)・レイノルズ(アメリカ)
43.45	ジェレミー・ウォリナー(アメリカ)
43.50	クインシー・ワッツ(アメリカ)
43.74	ラショーン・メリット(アメリカ)

女子100m歴代記録

タイム	選手名(国)
10.49	フローレンス・グリフィス=ジョイナー(アメリカ)
10.64	カルメリタ・ジーター(アメリカ)
10.65	マリオン・ジョーンズ(アメリカ)
10.70	シェリー=アン・フレーザー=プライス(ジャマイカ)
10.73	クリスティーヌ・アーロン(フランス)

女子200m歴代記録

タイム	選手名(国)
21.34	フローレンス・グリフィス=ジョイナー(アメリカ)
21.62	マリオン・ジョーンズ(アメリカ)
21.64	マリーン・オッティ(ジャマイカ)
21.69	アリソン・フェリックス(アメリカ)
21.71	マリタ・コッホ(東ドイツ)他

女子400m歴代記録

タイム	選手名(国)
47.60	マリタ・コッホ(東ドイツ)
47.99	ヤルミラ・クラトフビロバ(チェコスロバキア)
48.25	マリー=ジョゼ・ペレク(フランス)
48.27	オルガ・ウラディキナ・ブリズギナ(ソ連)
48.59	タチアナ・コツェムボヴァ(チェコスロバキア)

基礎知識

→ リレーは非常に戦術的な競技だ。走る順番の決定には細心の注意が払われる。通常は、最も速い選手が最後の走者（アンカー）になる。

→ 男子4×400mがオリンピック種目になったのは、1912年のストックホルム大会（女子は1928年）。

→ リレー競技の始まりは、アメリカの消防士たちがチャリティーで走ったレース。当時は、バトンではなく赤い小旗を受け渡していた。

後戻りはできない

1997年の世界陸上競技選手権大会、4×400m。助走を始めるのが早すぎたことに気づいたアメリカの第2走者、ティム・モンゴメリーは、戻ろうとして振り返り、猛然と走り込んできたチームメイトのブライアン・ルイスと激突してしまった。

リレー

競技の概略

短距離走独特の激しい闘いと、バトンの受け渡しにともなうドラマチックな展開がリレーの魅力だ。4人の選手がそれぞれ1区間走り、テークオーバー・ゾーンでバトンを次の走者に渡す。最もよく行われるのが、男女とも4×100mと4×400m。男子の4×400mリレーがトラック種目の最後を飾るというのが陸上界の伝統だ。他に、それほどメジャーではないが、4×200m、4×800m、4×1600mのリレーもある。

トラック

リレーは通常のトラックで行われる。内側のレーンと外側のレーンでは長さが違うので、4×100mでも4×400mでも、スタートラインがずらしてある。どちらの場合も、最も内側のレーンの選手がフィニッシュラインからスタートすることになっている。レーンが外側になるにつれて、スタートラインは少しずつ前にずれていく。4×400mのほうが、このずれは大きい。3カ所あるテークオーバー・ゾーンは、トラック上に線を引いて示される。

常に冷静に
他チームの選手との距離がきわめて近く、しかも高速で走っているので、スムーズにバトンを受け渡すには、絶妙なタイミングと集中力が要求される。それが特に顕著に現れる4×100mの場合を図示。

バトンを渡す
走り込んでくる走者は、バトンを渡す準備をする。

手を動かさない
バトンは絶対に落としてはいけない。オリンピックの場合は失格となる。

バトンを受け取る
次の走者は、手を後ろに出す前に加速して、前の走者がバトンを手のひらにのせるのに備える。

バトンを受け取ったら
前の走者からバトンを受け取ったら、全速力で自分の区間を走る。

ライン内で
テークオーバー・ゾーンの外でバトンを受け取ったり、自分のレーンの外に出たりすると失格。

選手の特徴
4×100mの選手は、短距離の選手同様、爆発的な速度を出す力が必要。どの距離のリレーでも、バトンパスを成功させるには、タイミングをうまく計る能力が必須だ。距離の長い4×400mの場合は、スタミナも必要となる。

バトン
バトンは、アルミ製の筒で、長さ30cm、直径4cm、重さは50g以上。タイムは、選手の位置ではなくバトンの位置で計測される。

表面はなめらか
バトン表面全体がなめらかに仕上げられているので、気をつけて扱わなければならない。

筒型
バトンは金属の筒でつくられている。アルミ製のものが多い。中空なのでとても軽い。

リレー

陸上競技

053

レーンに関するルール
4×100mでは、走者は最後まで決められたレーンを走るので、バトンパスもそのレーン内で行われる。4×400mの場合は、第2走者が100m走り終えるまでは決められたレーンを走るが、それ以降はそのレーンを離れて内側のレーンを走ってもよい。このため、あとの2回の受け渡しでは、審判員が前の走者を見て、順位の早い順に、内側から次の走者をフィニッシュラインに並べていく。

高速でのバトンパス
走る距離が長く、走者のスピードが比較的遅い4×400mと比べると、渡し手と受け手の双方が高速で走る4×100mのバトンパス（下図）は、とてもスリリングだ。3カ所ある助走区間とテークオーバー・ゾーンは、各チームの走る距離が同じになるように、トラックのコーナーに沿ってずらして設けられている。

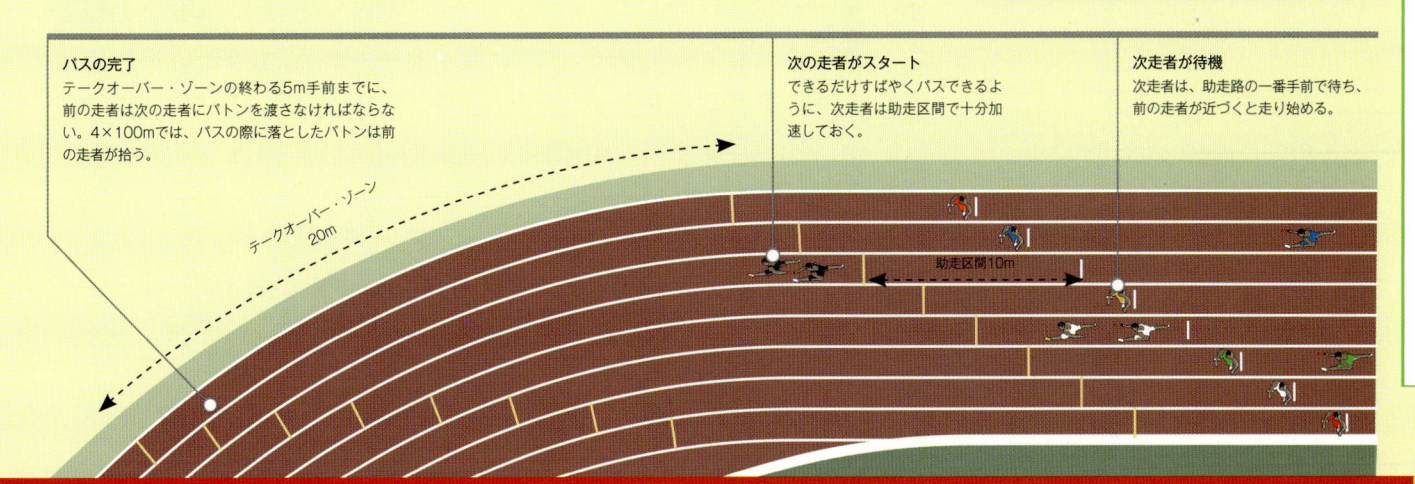

はみ出し禁止
テークオーバー・ゾーンは20m。バトンパスは、この区間で終えなければならない。第2〜4走者は、バトンを受け取る前に十分な加速をしておくため、テークオーバー・ゾーンの10m手前から助走を始める。4×100mでは、パスのスピードとタイミングが勝敗に大きく影響する。

パスの完了
テークオーバー・ゾーンの終わる5m手前までに、前の走者は次の走者にバトンを渡さなければならない。4×100mでは、パスの際に落としたバトンは前の走者が拾う。

テークオーバー・ゾーン 20m

次の走者がスタート
できるだけすばやくパスできるように、次走者は助走区間で十分加速しておく。

助走区間10m

次走者が待機
次走者は、助走路の一番手前で待ち、前の走者が近づくと走り始める。

タイムを決める要素
バトンパスは、リレーの中でも高度な技術を要する、特に重要な瞬間だ。4×100mのパスは、受け手がバトンを視認せずに行われるので、「ブラインドパス」と呼ばれている。前の走者がある地点まで来ると、受け手が走り始める。バトンを持った走者は大きな声で次の走者に手を出すように指示する。4×400mの場合は、受け手はゆっくりと走りながら、後ろから来る前の走者を見て、手を伸ばす。

アンダーハンドパス
渡し手から受け手へ、バトンを下から渡す。4×100mでよく用いられる方法。受け取ってから、次のパスまでに、バトンを持ち直しておかなければならない。

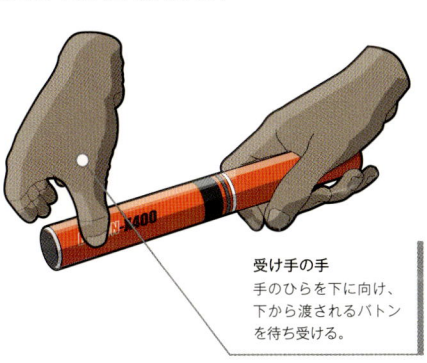

オーバーハンドパス
渡し手が上から振り下ろすようにしてバトンを渡す。4×400mでよく使われる。バトンを落とす危険が比較的少ない方法。

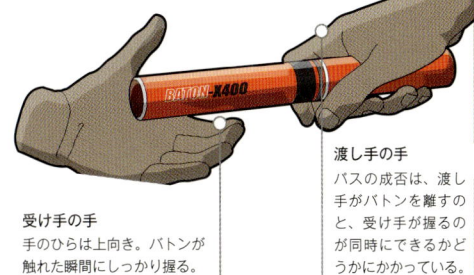

受け手の手
手のひらを下に向け、下から渡されるバトンを待ち受ける。

受け手の手
手のひらは上向き。バトンが触れた瞬間にしっかり握る。

渡し手の手
パスの成否は、渡し手がバトンを離すのと、受け手が握るのが同時にできるかどうかにかかっている。

データ集

オリンピック男子4×100m金メダル
年	国名
2012	ジャマイカ
2008	ジャマイカ
2004	イギリス
2000	アメリカ

オリンピック女子4×100m金メダル
年	国名
2012	アメリカ
2008	ロシア
2004	ジャマイカ
2000	バハマ

オリンピック男子4×400m金メダル
年	国名
2012	バハマ
2008	アメリカ
2004	アメリカ
2000	ナイジェリア

オリンピック女子4×400m金メダル
年	国名
2012	アメリカ
2008	アメリカ
2004	アメリカ
2000	アメリカ

ナンバー・トリビア

300 m：記録に残る最も古いリレーで各走者が走った距離。正式な競技会ではなく、19世紀末、アメリカの消防士がチーム対抗で走ったという。バトンではなく赤い旗を使った。初めての公式レースが行われたのは、1893年、ペンシルバニア州フィラデルフィア。

25 個：オリンピックの4×100mリレーで、アメリカが男女合わせてこれまでに獲得した金メダルの数。国ごとでは最多。アメリカはほかの世界大会でもこの種目で13回の優勝がある。

5.4 秒：1912年から現在までに、男子4×100mの世界記録はこれだけ短縮された。

基礎知識

→ 短距離（男子110m、女子100m）と400m（男女とも）の2つのタイプのレースがある。

→ 屋内の場合、距離が短くなる。よく行われるのは60mと300m。

ナンバー・トリビア

10 台：屋外で行われるレースのハードルの数。距離にかかわらずいつも数は同じ。

15 秒：1908年のロンドンオリンピックでの110mハードルの世界記録。13秒の壁が破られたのは1981年。

19 個：近代オリンピック第24回大会までの男子110mハードルで、アメリカ人選手が獲った金メダルの数。圧倒的な強さを誇ったアメリカだが、21世紀に入ってから3大会は他の国に譲っている。

122 回：エドウィン・モーゼスが、1977～87年に打ち立てた400mハードルの連勝記録。

腕がものをいう
ハードルを越えるジャンプの前後、振られる足によって体幹に大きな力がかかる。その力を相殺するために重要な役割を果たすのが腕だ。

低い軌跡
ジャンプの後ろ足をできるだけ低い位置に保つことが重要。不必要に高くジャンプして失速するよりは、膝をハードルにぶつけるほうがむしろよい。

ハードル

競技の概略
常に観客を熱狂させるハードルは、陸上競技のなかでも人気の種目の1つだ。連続する門のような形の障害物を跳び越えて、最初にフィニッシュラインを越えるのは誰か。屋外でよく行われるのは、女子100m、男子110m（この2つは短距離）、男女400mの4種目。

短距離ハードル走
100mと110mでは、スターティングブロックを使い、直線路を走る。ハードルは10台。男子のハードルは、スタートから13.72mのところから9.14m間隔で並んでいる。最後のハードルを越えると、走者は残りの14.02mを猛ダッシュで駆け抜ける。女子の場合は、13m地点から8.5mおき。最後のハードルはフィニッシュラインの10.5m手前。

トラック1周
400mハードルでも、スターティングブロックを使用し、10台のハードルを越えるところは短距離の場合と同じ。走るレーンによって、スタートの位置はずらしてある。ハードルは、短距離のものより少し低い。最初のハードルは45m地点。そこから35m間隔でフィニッシュラインの40m手前まで並んでいる。

選手の特徴
スピード、パワー、スタミナが必要な点は、他のランニング競技と同じ。それに加えて、すばやい反射運動能力が必要。連続する障害を、高速でリズミカルに跳び越えるのに役立つ力だ。リズムの乱れは時間のロスを引き起こす。さらに柔軟性も必要（股関節を鍛える運動に特に力を入れる）。

しっかりしたグリップ
シューズの底に小さなスパイクのついたプレートが貼ってあり、推進力を生む。

素材の違い
ハードルの基底部と支柱は金属製、バーは木製。

器具

ハードルの高さは種目ごとに異なる。短距離用は「ハイハードル」と呼ばれている。距離の長いレースでは少し低いものが使われる。L字型で、ぶつかると前方に倒れるようになっている。バーの高さが変えられるものもあり、練習用にも使われる。

天は二物を与える

1976年、84年のオリンピックで400mハードルの金メダルを獲得したエドウィン・モーゼズは、陸上競技を引退後、ボブスレーを始める。1990年のワールドカップでは、アメリカ代表チームとして銅メダルを獲得した。

データ集

オリンピック男子110mハードル金メダリスト

年	選手名（国）
2012	アリエス・メリット（アメリカ）
2008	ダイロン・ロブレス（キューバ）
2004	劉翔（中国）
2000	アニエル・ガルシア（キューバ）
1996	アレン・ジョンソン（アメリカ）
1992	マーク・マッコイ（カナダ）

足 選手が走ってくる側にハードルの基底部の足が来るように置く。

短距離用ハードル：1.07m（男子）、84cm（女子）
1.2mまで（男女とも）

ハイハードル
短距離（男子110m、女子100m）では、男女それぞれ最も高いハードルが使われる。

バー バーに触れたり、ハードルを倒したりしても反則にはならないが、速度は落ちる。

400m用ハードル：91cm（男子）、76cm（女子）
1.2mまで（男女とも）

中型のハードル
距離の長い400mでは、少し低いハードルが使われる。性別によってそれぞれ高さは異なる。

オリンピック女子100mハードル金メダリスト

年	選手名（国）
2012	サリー・ピアソン（オーストラリア）
2008	ドーン・ハーパー（アメリカ）
2004	ジョアンナ・ヘイズ（アメリカ）
2000	オルガ・シシギナ（カザフスタン）
1996	リュドミラ・エンクイスト（スウェーデン）
1992	ボウラ・パトリドゥ（ギリシア）

滑るように、よどみなく

ハードル競技では、歩幅が大きければよいというものではない。最も大切なのは、最後までなめらかな動きが途切れなく続くように、1つひとつのハードルにアプローチすることだ。ハードルの手前で歩調を乱さないようにする。また無駄なく、できるだけ力を使わないジャンプをすることも重要。このため、跳び越える、というよりも、足を持ち上げてハードルを「走り抜ける」。体が地面から離れる距離を常に最小限にとどめておくのだ。毎回同じ足で踏切るのが一般的。

オリンピック男子400mハードル金メダリスト

年	選手名（国）
2012	フェリックス・サンチェス（ドミニカ共和国）
2008	アンジェロ・テイラー（アメリカ）
2004	フェリックス・サンチェス（ドミニカ共和国）
2000	アンジェロ・テイラー（アメリカ）
1996	デリック・アドキンス（アメリカ）
1992	ケヴィン・ヤング（アメリカ）

腕の動き

うまい選手ほど、体のバランスを取るために両腕を上手に利用する。ハードルにアプローチするときは、前傾し、前に伸ばす足と反対の手を前方少し内側に伸ばす。自分の手首を見つめているように見えるので、「時間を確かめる」と表現されることがあるこの動きによって、前足の膝と額が近づく。反対の腕は、普通に走る時と同じように、勢いをつけて後ろに振る。

オリンピック女子400mハードル金メダリスト

年	選手名（国）
2012	ナタリア・アントユフ（ロシア）
2008	メレーン・ウォーカー（ジャマイカ）
2004	ファニ・ハルキア（ギリシア）
2000	イリーナ・プリワロワ（ロシア）
1996	デオン・ヘミングス（ジャマイカ）
1992	サリー・ガネル（イギリス）

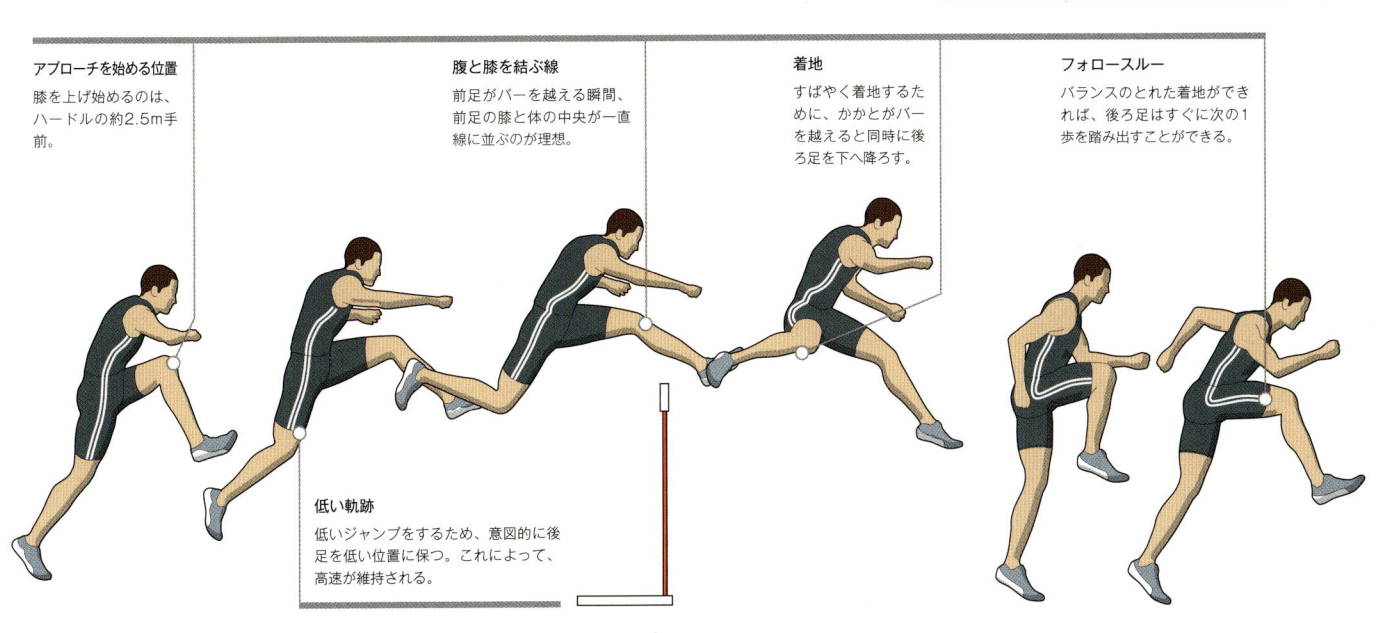

ハードルをクリア

短距離の場合は、400mハードルよりもきつい前傾姿勢を取る。跳び上がる高さをできるだけ低くして、着地までの時間を短くするためだ。

アプローチを始める位置
膝を上げ始めるのは、ハードルの約2.5m手前。

腹と膝を結ぶ線
前足がバーを越える瞬間、前足の膝と体の中央が一直線に並ぶのが理想。

着地
すばやく着地するために、かかとがバーを越えると同時に後ろ足を下へ降ろす。

フォロースルー
バランスのとれた着地ができれば、後ろ足はすぐに次の1歩を踏み出すことができる。

低い軌跡
低いジャンプをするため、意図的に後足を低い位置に保つ。これによって、高速が維持される。

陸上競技

ハードル

中距離走

競技の概略

中距離のレースのなかでよく行われるのは800mと1500m。ほかに、競技会では障害物競走も行われる。中距離、障害両方に参加する競技者は多い。トレーニング内容や必要な身体的能力が似ているからだ。戦術がある程度重要で、最後の数メートルで勝負が逆転することもしばしば。オリンピックでもほかの陸上選手権でも重要な種目。

選手の特徴
精神的、肉体的持久力が必要。全速で走りきれる距離ではないが、ゴール前ではスピードが要求される。戦術の重要な種目だ。

基礎知識

- 1928年、オリンピックで女子800mが初めて行われた。だが、レース後の選手たちのあまりの疲労ぶりが衝撃的だったため、1960年まで実施種目から除外されることになる。
- 女子の1500mは、1972年のミュンヘン・オリンピックでようやく正式種目になった。
- 男子では、1900年のオリンピック以来、さまざまな距離の障害物競走が行われていたが、大きな大会で女子の障害物競走が行われたのは、2005年の世界選手権ヘルシンキ大会が初めて。

レース戦術
集団の後ろを走るのはあまり良い戦術ではないのだが、1936年のオリンピックの800mに出場したジョン・ウッドラフは、レース序盤、集団に取り囲まれてしまう。ほとんど止まってしまうほどスピードを落として集団をやり過ごしながら、ウッドラフは勝利をものにした。2004年にも、ケリー・ホームズが同じような戦術を成功させている。

後方から
集団の後ろからついていく戦術がうまくいくこともあるが、終盤でトップに追いつけなくなってしまったり、集団に取り囲まれて自由に走れなったり、といったリスクもある。

集団の中で
トップを走る選手の後ろにつけることで、いつスパートするかを自分で決められるなど、ペース作りが容易になる。

先頭を
風の抵抗を全身で受けることになる。また、後続で何が起こっているか把握しにくい。

競技会の花形

800mでは、標準的な400mトラックを2周する。スタートラインは、レーンによってずらしてある。第1コーナーが終わる地点（約100m）まではスタートしたレーンを走らなければならない。スピードと持久力の両方が必要とされるため、各選手はプランを立て、しっかりと練習を積んで練り上げてきた戦術を用いる。1500mでは、標準的な屋外トラックを3と4分の3周する。「マイル・レース」と呼ばれることもある。成績を伸ばすために、トレーニングも含めて科学的手法がどんどん取り入れられ、いまや、短距離のように激しいレース展開が見られるようになったが、800mも1500mも精神的にタフなレースであることには変わりがない。

オープンレーン
スタートしたレーンを離れてコースの内側に入ること。これによって、ほかのランナーとの駆け引きが効果的にできるようになる。レーンを変えるとき、ほかの選手の進路を意図的に妨げたり、押しのけたりしてはいけないことになっているが、ひじがぶつかり合うくらいは当たり前。

ウェア
他の陸上種目同様、選手たちはウェア選びにも非常に気を遣う。特に重視されるのは素材。軽くて、風の抵抗が少なく、汗を逃がしやすい素材が開発されている。シューズも含めて、体にフィットし、柔軟で、はき心地の良いものでなければいけない。

シューズ
中距離用のシューズの特徴は、空気抵抗の少ない形状、軽さ、そして底にスパイクが付いていること。靴紐がないものもある。

障害走

一般的なのは3000m。35回障害物を跳び越える。うち7回は水濠。通常、トラックに障害物が5カ所。4つめの障害が水濠で、これは第3コーナーと第4コーナーの中間、第1レーンの内側かトラックより外側のどちらかに設けられる。障害物同士の間隔は78m。ぶつかっても倒れないようになっている。最初の半周を走ったところから障害物が始まる。跳び越える、障害の上によじ登って降りる、手で体を支えて跳び越える、いずれかの方法で、障害物の上を、横にはみ出ることなくクリアしていく。

水濠

通常の障害物に、底に傾斜のある堀を組み合わせたもの。水の中に跳び込むと、水の抵抗を受けて速度が落ちる上に、水しぶきで体の動きが制限されたり、視界が妨げられたりするので、できるだけ障害物から離れた、水の浅いところを目指して跳躍する。

固定された障害物

水濠の障害物も、トラック上の障害物もしっかりと固定されている。これは、選手の心理に影響を与える。

水濠

底は、だんだん浅くなるように傾斜している。着地の衝撃を和らげるために、底にマットを敷いてあるものが多い。

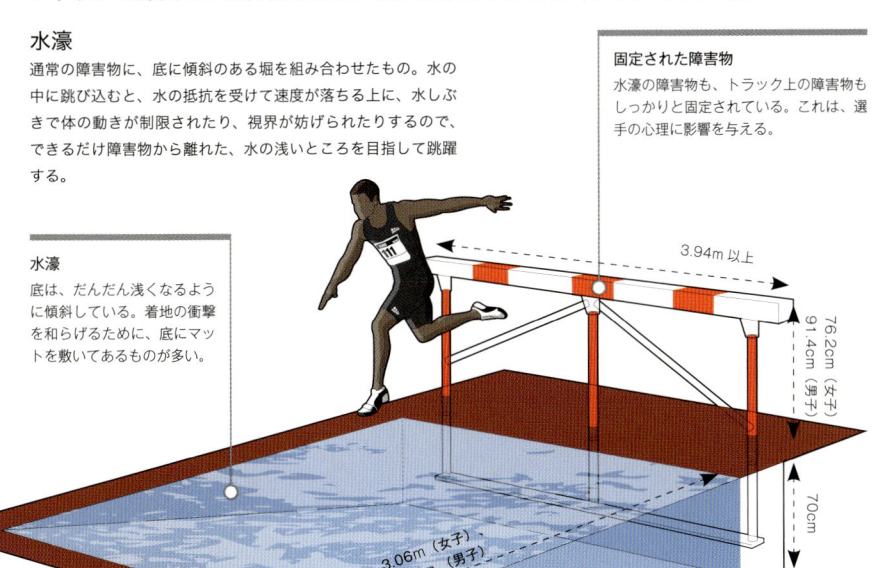

靴底はゴム

固いけれども柔軟性のあるゴムの底に、ナイロン製のスパイクの付いたプレートが貼り付けてある。

シューズ

障害物競走用のシューズは、流線型で軽い。6〜8mmのピラミッド型のスパイクが付いているものが一般的。障害物を越えるときも、トラックを走るときも、スパイクが推進力を生む。靴の中敷きや足首のクッション材にも最新のテクノロジーが駆使されている。

走りのテクニック

中距離で重要なのは姿勢とバランス。これによって加速と高速の維持を可能にする。体に余分な力を入れずに足を前に進めることに集中する。腕は脇に引き寄せるが、力は抜いて。肩から下がった腕が、体の動きに伴って、下方、後方に自然に揺れるように。800mでは1周めと2周めのラップがほぼ同じになるように走る。1500mの場合も、最後まで一定のペースを守る。

トレーニング

中距離走の選手には、速筋と遅筋両方が必要だ。速筋がスピードを、遅筋が持久力を発揮する。高速で走る練習の合間に短い休息をはさんだインターバルトレーニングで、これらの筋肉を鍛えると同時に、有酸素、無酸素それぞれの場合の運動効率を高める。レース本番のスピードで走る練習と、遅いペースで長く走る練習も併用。

スタート姿勢

スターティングブロックは使用しない。後ろ足はつま先で、前足は親指の付け根で立ち、腕は、足と左右逆に構える。

姿勢

スタートでは、加速のために前傾姿勢を取るが、走り始めてからは体を垂直に戻す。

足の位置

「スタート」の合図と同時に、前足を軸にして後ろ足をける出す。加速を増すために腕を振る。

陸上競技

中距離走

データ集

男子800mベスト記録

タイム	選手名（年）
1:40.91	デイヴィッド・ルディシャ（2012）
1:41.11	ウィルソン・キプケテル（1997）
1:41.73	セバスチャン・コー（1981）
1:41.73	ナイジェル・エイモス（2012）
1:41.77	ジョアキン・クルス（1984）

女子800mベスト記録

タイム	選手名（年）
1:53.28	ヤルミラ・クラトフビロバ（1983）
1:53.43	ナデジダ・オリザレンコ（1980）
1:54.01	パメラ・ジェリモ（2008）
1:54.44	アナ・フィデリア・キロット（1989）
1:54.81	オルガ・ミネエワ（1980）

男子1500mベスト記録

タイム	選手名（年）
3:26.00	ヒシャム・エルゲルージ（1998）
3:26.34	バーナード・ラガト（2001）
3:27.37	ヌールディン・モルセリ（1995）
3:27.72	アスベル・キプロブ（2013）
3:28.12	ノア・ヌゲニ（2000）
3:28.81	モハメド・ファラー（2013）

女子1500mベスト記録

タイム	選手名（年）
3:50.46	曲雲霞（1993）
3:50.98	姜波（1997）
3:51.34	郎営来（1997）
3:51.92	王軍霞（1993）
3:52.47	タチアナ・カザンキナ（1980）
3:53.91	伊麗麗（1997）

ナンバー・トリビア

27 回：モロッコのヒシャム・エルゲルージが1500mで3分30秒を切った回数。彼は、世界選手権の優勝も4回で最多。初めて3分30秒の壁が破られたのは、1985年、イギリス人のスティーヴ・クラムによって。

24 歳：すでに世界選手権で3度（1991、1993、1995）の優勝を重ねていた、障害物競走のモーゼス・キプタヌイ（ケニア）が、初めて8分を切ってゴールしたときの年齢。この時のタイムは7分59秒18。

1,000,000 米ドル：800mのマリア・ムトラが2003年に獲得した賞金。彼女は、IAAF主催のゴールデンリーグで、初めて単独でジャックポットを獲得した。

長距離走

基礎知識

- 男子5000mと10000mは1912年からオリンピックの種目になっていた。女子は、10000mが1988年、5000mが1996年にようやく採用された。
- マラソンという競技名は、紀元前490年のマラトンの戦いで、勝利の知らせをギリシアの都市国家アテナイまで走って伝えたギリシア人兵士の故事にちなんだもの。
- ロンドン、ニューヨーク、シカゴ、香港、ホノルルで行われるマラソン大会には、3万人以上のランナーが集まる。

競技の概略

長距離に分類されるレースは、5000m、10000m、クロスカントリー、マラソンなど。5000mと10000m、マラソンはオリンピックの種目になっている。5000mと10000mはスタジアムのトラック内で行われるが、マラソンのルートは開催都市の街の中。クロスカントリーにも5000mや10000mのレースがあるが、これらは5km、10kmという名称のほうが一般的だ。

トラックで

5000mや10000mでは、初めはトラックの横幅いっぱいに選手が並んでいるが、スタート後はすぐに、全員が内側のレーンに移動する。走る距離を少しでも短くするためだ。トラック1周は400m。5000mでは12周と200m、10000mは25周する。フィニッシュラインは、どちらも同じ場所。

軽量のシューズ
靴は、一歩ごとに地面から受ける衝撃を和らげる。

軽量のパンツ
通気性のよい素材でできた短いパンツ。

クールに
軽く、体にあまり密着しない袖なしのシャツ。体温をできるだけ上げないように。

選手の特徴

長距離ランナーは体重が軽く、細くしなやかな体つきをしている。スタミナと持久力、そして高い有酸素性能力は必須。疲労した筋肉に酸素をより多く運ぶためには、効率よく全身に血液を送りこむ心臓の力が欠かせない。また、身体能力が最高の状態にあっても、長距離で成功するとは限らない。忍耐力と戦術的な思考力が必要なのだ。身体的、精神的に極限に追いこまれたなかで、自分のペースを守ってエネルギーを節約し、集団の後ろにつくか、前に出るかの判断を下すことができなければならない。

生まれたときから高地トレーニング

「走る部族」とも呼ばれ、長距離走ですばらしい成績を残してきた、ケニア西部、大地溝帯に住むカレンジンの人々。彼らが世界を舞台に活躍し続けている秘密のひとつは、高地に住んでいることだと考えられている。標高が高いと空気中の酸素濃度が低い。すると、体が、酸素を運ぶ赤血球をより多くつくり出す。標高の低いところで走るとき、この赤血球の多さが大きな強みになる。同じ量の酸素を体に供給するにしても、心拍数が少なくてすむからだ。

ナンバー・トリビア

6,255 人：第1回ロンドンマラソンを完走した人の数。多くの人を集める、毎年恒例のこのイベントがこの都市で始まったのは1981年。

21.1 km：ハーフマラソンの距離。1993年、ミラノで行われたハーフマラソンで、モーゼス・タヌイが初めて60分の壁を破る世界最高記録を出した。

8 個：1回のレースで破られた記録の数。2002年釜山で行われたアジア大会女子10000mで。中国の孫迎傑が優勝。上位4人が、歴代3、4、5、6位のベストタイムを出した。

20 歳：ハイレ・ゲブレセラシェが、世界選手権の10000mで初めて優勝した時の年齢。この後、さらに3度優勝し、史上最強の長距離選手の1人に数えられている。

シューズ

公道を走るマラソン、トラックでのレース、起伏の多い原野を走るクロスカントリー。いずれの場合も最も重要なのは、その競技に適したシューズだ。足の動きを適度にコントロールし、適切にサポートするシューズが競技ごとに設計されている。トラックとクロスカントリーでは、地面をしっかりとらえるスパイクが必要。また、クロスカントリー用の靴はたわみにくさが求められる。マラソンの場合は、衝撃の吸収が最優先。

かかとのクッション
かかとおよび靴底にクッションになる層を入れ、固い路面からの衝撃を吸収する。

靴裏
ゴム製のスパイクは、凹凸のある地面で、地面をしっかりとらえる力を発揮する。

ロード用シューズ
マラソンは、都市の一般道を走る場合がほとんど。固い路面に繰り返し足が接触する衝撃を和らげるように設計された、底の平らなシューズを使う。

オフロード用シューズ
クロスカントリーでは、自然の中、さまざまなタイプの土地を走る。泥だらけでも草が生えていてもしっかり地面をとらえてくれるゴムのスパイクがついたシューズが使われる。ロード用のものほど衝撃吸収材は入っていない。

クロスカントリー

道路ではないところを走るのがクロスカントリー。草地、ぬかるみなど、あらゆる種類の場所が使われる。コースが水浸しということもある。距離は規定されていない。女子が2～8km、男子が5～15kmというのが一般的。1924年まではオリンピック種目だったが、夏季に行うには向かない、ということで行われなくなった。現在はＩＡＡＦが毎年主催する世界クロスカントリー選手権大会が、最も重要な大会である。

チームスポーツ

個人で競うのと同時にチームの成績も争う、めずらしい種目だ。通常、チームの上位5人の順位を点数化して合計し、チームの順位を決定する。

> **ペースを決める**
> 長距離のレースで大切なことの1つが、今のペースでよいかどうかを判断する能力だ。ペースをつくることを専門にしたペースメーカーの後について走ることも多いが、それでも、自分で正確に理想のペースを維持する必要がある。力を温存しようとしてゆっくり走りすぎると、前の走者に追いつくためのペースアップができないかもしれない。逆に速すぎると、初めはトップに立てるかもしれないが、結局リードを維持できず、ゴールの前に力尽きてしまう可能性がある。

マラソン

公道上で42.195kmのコースを走る。オリンピックでは、ゴール地点はスタジアムの中に設けられる。男子マラソンは、陸上競技の最終日に行われるのが伝統。そのまま続けて閉会式が行われる場合もよくある。1896年の第1回アテネ大会から行われてきた。この時のコースは40kmしかなかった。その後も、大会によって距離は少しずつ変更され（開催地の地理に合わせる形で）、現在の距離に定まったのは、1924年のパリ大会から。

みんなのスポーツ

マラソンは、参加型スポーツとしても人気だ。何百人、時には何万人ものアマチュア選手が、世界のトップクラスの選手と一緒に走る。こうしたアマチュアランナーにとっては、完走すること自体がすばらしい栄冠となる。ロンドン、ニューヨーク、パリ、東京、ボストンなど、毎年、注目の大会が世界中の都市で行われている。

データ集

オリンピック男子5000m金メダリスト

年	選手名
2012	モー・ファラー（イギリス）
2008	ケネニサ・ベケレ（エチオピア）
2004	ヒシャム・エルゲルージ（モロッコ）
2000	ミリオン・ウォルデ（エチオピア）
1996	ヴェヌステ・ニョンガボ（ブルンジ）
1992	ディーター・バウマン（ドイツ）
1988	ジョン・ヌグギ（ケニア）

オリンピック女子5000m金メダリスト

年	選手名
2012	メセレト・デファー（エチオピア）
2008	ティルネシュ・ディババ（エチオピア）
2004	メセレト・デファー（エチオピア）

オリンピック男子10000m金メダリスト

年	選手名
2012	モー・ファラー（イギリス）
2008	ケネニサ・ベケレ（エチオピア）
2004	ケネニサ・ベケレ（エチオピア）
2000	ハイレ・ゲブレセラシェ（エチオピア）
1996	ハイレ・ゲブレセラシェ（エチオピア）

オリンピック女子10000m金メダリスト

年	選手名
2012	ティルネシュ・ディババ（エチオピア）
2008	ティルネシュ・ディババ（エチオピア）
2004	邢慧娜（中国）
2000	デラルツ・ツル（エチオピア）
1996	フェルナンダ・リベイロ（ポルトガル）

オリンピック男子マラソン金メダリスト

年	選手名
2012	スティーヴン・キプロティチ（ウガンダ）
2008	サミー・ワンジル（ケニア）
2004	ステファノ・バルディーニ（イタリア）
2000	ゲザハン・アベラ（エチオピア）
1996	ジョシア・チュグワネ（南アフリカ）
1992	黄永祚（韓国）
1988	ジェリンド・ボルディン（イタリア）

オリンピック女子マラソン金メダリスト

年	選手名
2012	ティキ・ゲラナ（エチオピア）
2008	コンスタンティナ・トメスク（ルーマニア）
2004	野口みずき（日本）
2000	高橋尚子（日本）
1996	ファツマ・ロバ（エチオピア）
1992	ワレンティナ・エゴロワ（ＥＵＮ）
1988	ロザ・モタ（ポルトガル）

陸上競技

長距離走

走幅跳

競技の概要

陸上競技種目としての歴史は、男女とも長い。助走をつけてジャンプする距離を競う、高度な技術を要する種目だ。走幅跳を構成する要素は、大きく分けて5つ。助走、踏切板までの2歩、踏切、空中動作、着地だ。陸上競技のなかでも、走幅跳の記録更新はなかなか難しい。ボブ・ビーモンが1968年のメキシコシティ・オリンピックでマークした世界記録は、ほぼ23年破られなかった。

基礎知識

→ 1850年にイギリス、オックスフォード大学エクセター・カレッジで行われた史上初の陸上競技大会にも、すでに走幅跳はあった。

→ 走幅跳は、陸上競技の基軸となる種目だ。近代オリンピックでは必ず行われてきた。

→ 初めは男子のみの種目だったが、1948年のオリンピックからは女子の種目にもなった。

人類にとって大いなる飛躍

たいていのスポーツでは、ここで1cm伸びた、あそこで0.01秒縮めた、というように、記録というものは少しずつ更新されていくものだ。1968年まで、誰も8.4m以上跳んだことがなかったが、その年メキシコシティで行われたオリンピックで、アメリカ人のボブ・ビーモンが8m90の跳躍をしてみせた。いきなり60cmも記録を更新したのだ。この記録は23年近く破られなかった。これを破ったのも、同じアメリカ人のマイク・パウエル。

ナンバー・トリビア

2 m/s：追い風がこれを越えると、記録は公認されない。時速に換算すると7.2km/h。

4 連勝：アメリカのカール・ルイスがオリンピックで金メダルを獲った連勝記録。1984～96年。

22 歩：男子トップ選手の助走の歩数。

重心の位置
空中では、上向きの推進力を得るために体重を後ろにかける。着地体勢に入ると、前傾になり、砂場に背中から落ちるのを避ける。

ランニングシャツ
体にぴったりと密着している必要はないが、背中に空気が入ってばたつくほどゆるくてもいけない。

ランニングパンツ
足の動きを妨げないことが重要。

スパイクシューズ
ランニング用のスパイクのついた、固めのシューズ。助走で、しっかり地面をとらえ、踏切時の衝撃に耐えるもの。

選手の特徴

走幅跳で成功する秘訣は助走の速さにある。したがって、走幅跳のスター選手の多くが、100mや200mでトップクラスのタイムを持っているのは偶然ではない。必ずしも身長が高い必要はないが、やはり、遠くまで跳ぶためには高さは有利に働く。男子のトップ選手なら、身長は185cm以上、女子は172cm以上の選手が多い。

着地用の砂場

助走路は、シンダー（石炭殻と砂を混ぜたもの）や人工素材でできている。長さは40m以上で45mのものが多い。着地するのは、長さ9m以上、幅2.75m以上の砂場だ。この間に幅20cmの踏切板がある。踏切板を踏み越えていないかどうかを審判が判断するために、この板の先に粘土、軟らかい土、または砂を敷くこともある。

踏切板
選手の足が踏切板の先端を踏み越えていないか、審判が確認するのを容易にするため、砂場よりも1m以上離れたところにある。

着地用砂場
湿らせた砂が入っている。1回ごとに平らにならして、助走路と同じ高さにする。

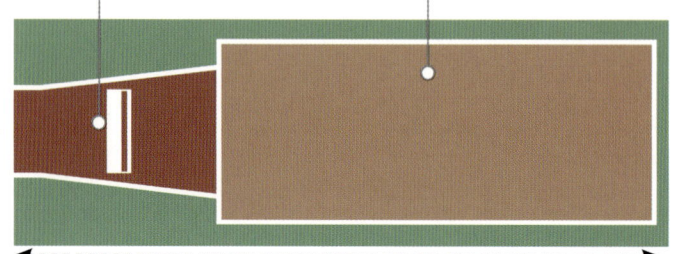

10m以上

ルールと試技

踏切板を踏んでもよいが、踏切板の先端を足のどこかが越えると失格となる。この線を踏切線という。適正な跳躍の場合、審判が白旗をあげる。失格の場合は赤旗だ。各選手3回ずつジャンプできる（試技という）。ただし参加者が8人未満の場合は6回まで試技が認められる。高いレベルの大会になると、勝ち抜き戦の予選を2回戦わなければならない。上位8人が決勝に進む。決勝で有効な跳躍の距離が最長だった者が優勝。同じ記録で複数の選手が並んだ場合は、各選手の2番めによかった記録を考慮する。

頂点までの5つのステップ
ジャンプ成功のカギを握る要素は、速い助走をすること、最後の2歩をうまく計算すること、力強い踏切をすること、できるだけ長く空中にいること、バランスよく着地すること、の5つだ。助走のスピードが重要であることから、短距離で成績のよい選手が走幅跳でもよい記録を出すこともうなずける。跳躍には、はさみ跳び、かがみ跳び、そり跳びという、大きく分けて3つの方法がある。どれがよいとか悪いということはなく、個々の選手が自分に合った跳び方を選んでいる。

測定

助走路のどの地点で踏切っても、踏切板の手前端から測り始め、選手の体が砂場につけた跡のうち最も踏切板に近い点までの距離を測定する（このために、毎回砂場をきれいにならしておく）。1cm未満は切り捨てる。

最後の一歩
踏切板は助走路に埋め込んである。バネのような弾性を持たせるために下が中空になっていることもある。砂場側の端の粘土板は、跡がつくたびに交換される。

ラインオーバー
つま先の跡が残っていれば、その跳躍は無効。

20cm

はさみ跳び（ヒッチキック）

マスターするのは最も難しいが、トップの選手が一番多く使う手法。「空中を走る」ようだといわれるはさみ跳びでは、実際、回転する力を使って垂直な姿勢を保っている。着地では、まず足が地面に着き、それから上体を前に倒して、距離を失うのを防ぐ。

足の回転 腕、足をすばやく回転させる。

バネのような踏切 他の手法と同じく、しっかり上に向かって跳び上がることが成否を分ける。

前傾 上体を押し出し、重心を前に移動させる。

かがみ跳び（セイル）

最も基本的な手法。足が地面を離れたら、肝心なのは、腕で空中をこぐようにして、体を前に推進させること。腕はまず下向き、続いて後ろから上にあげ、最後に前へ。手足ができるだけ前に行くように、体を前に押し出して着地。

腕を上に 踏切の瞬間、腕をできるだけ高く伸ばす。

足を前に 頂点に達したところで足を前に出し始める。

体を前に 着地に向かって、足に続いて体を前に出す。

そり跳び（ハング）

腕と足をできるだけ上向きに伸ばす。腰からの距離が最大になるように。最高点に達するまでは、腕も足も伸ばしたまま。頂点に達したところで足を前に出し、着地に備える。この手法は、前傾で着地するのが最も容易なので、後ろに倒れ込んで距離を失う危険が少ない。

頭を前に 踏切ったら、腕よりも前に頭を出す。

腕を後ろに 両腕を後方につき出す。

重心を移す 仰向けに倒れるのを防ぐために、重心の位置を前に移動させる。

データ集

男子世界記録の推移

選手名（国）	距離	年
マイク・パウエル（アメリカ）	8m95	1991
ボブ・ビーモン（アメリカ）	8m90	1968
ラルフ・ボストン（アメリカ）	8m35	1965
イゴール・テルオバネシアン（ソ連）	8m31	1962
ラルフ・ボストン（アメリカ）	8m28	1961

女子世界記録の推移

選手名（国）	距離	年
ガリナ・チスチャコワ（ソ連）	7m52	1988
ハイケ・ドレクスラー（東ドイツ）	7m45	1986
アニソアラ・スタンチウ（ルーマニア）	7m43	1983
バリ・イオネスク（ルーマニア）	7m20	1982
アニソアラ・スタンチウ（ルーマニア）	7m15	1982

陸上競技

走幅跳

選手の特徴

三段跳の選手は、多くの場合短距離も速い。だが、助走の速度が遅くても、力とリズムでそれを補うことができる。練習は、プライオメトリックトレーニングが中心になる。これは、収縮とストレッチをすばやく繰り返すことで筋力を増強させる練習だ。

ぴったりとフィット
シャツ、パンツともに軽量で、体にぴったりとフィットしている。これは、空気抵抗を減らすためと、だぶついた衣服で砂に跡をつけてしまわないため。

ゼッケン
シャツの前後にゼッケンをつける。安全ピンでとめることが多い。

跳躍用スパイクシューズ
どんな路面もしっかりとらえることのできるスパイク。靴底は、助走、跳躍の際に受ける衝撃を和らげる、特別なつくりになっている。

三段跳

競技の概略

「ホップ、ステップ、ジャンプ」というのは、この競技での選手の動きを完璧にいい表している。走幅跳と同じ助走路を使用する。最高速度で踏切板に達したら、前方に跳んで、踏切足で着地、もう一歩反対の足を踏み出し、最後に砂場に向かって跳躍する。ここまでの距離が最も長い選手が優勝。

基礎知識

→ 男子三段跳は、1896年の第1回オリンピックから正式種目だったが、女子の三段跳が正式種目になったのはちょうど100年後。

→ 跳躍後に着地用砂場を歩いて戻ると、ただちに失格となる。

→ 各跳躍が全長に占める割合は、ホップ（1歩め）が最も長くて37％、ステップ（2歩め）が33％、ジャンプ（3歩め）が30％。

→ トップクラスの三段跳の選手が跳ぶ距離は、同レベルの幅跳選手の約2倍。現在の走幅跳世界記録はマイク・パウエルの8m95。三段跳は、ジョナサン・エドワーズの18m29。

ホップ、ステップ、ジャンプ

トップクラスの選手の場合、助走の距離は40mとるのが一般的。全速力で行うこの助走は、踏切の際に足元を見る必要がないように完璧に計算し尽くされている。下を見ると跳躍の距離が短くなってしまうのだ。ホップは、地面をけるのと着地するのが同じ足。着地と同時に反対の足でステップに取りかかる。この時、できるだけ足を伸ばして距離をかせぐ。最後のジャンプでは、はさみ跳び、かがみ跳び、そり跳びいずれかの手法を使い、両足を前に出して着地する。

踏切
踏切板まで走ってきた選手は、踏切足とともに体を前に出し、1歩めを空中に踏み出す。

2歩め
踏切ったのと同じ足で着地してから、反対の足を前にできるだけ伸ばし、ステップに入る。踏切足を前に伸ばしてはいけない。

ホップ

トラックと砂場

三段跳の踏切板は、走幅跳よりもかなり手前にある。ホップとステップの踏切は、シンダーや人工素材でできたトラック内で。最後のジャンプの着地だけが砂場の中になる。踏切板の先端には粘土板がセットされ、靴の跡が残るようになっている。これで審判は、肉眼では気づかないようなファウルも判定することができる。砂場の砂は、試技の測定が終わるたびに、グラウンドと同じ高さになるように平らにならされる。砂の上の跡が、確実に、今跳躍を終えた選手のものであるとわかるようにするためだ。

絶対王者エドワーズ？

ジョナサン・エドワーズは18mの壁を最初に破った選手。世界新記録18m29をマークした。これは2階建てバス2台分にわずかに足りない長さだ。

特等席

三段跳は、メインスタンドの正面、短距離走の行われるトラックのすぐ内側で行われる。

助走路　助走の初めは、リズムをつかむまで2、3歩、調子を確かめるように走る。途中までは全速力を出さない。スピードを出しすぎるとバランスがくずれるからだ。

着地用砂場　ステップの段階で腰にひねりをかけすぎると、進行方向が曲がって、砂場の外に着地してしまうこともある。

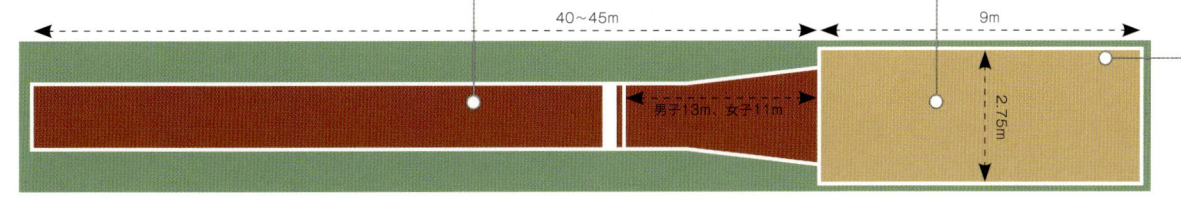

散水　砂には試合前にたっぷりと水をまく。着地跡がすぐにくずれてしまうのを防ぐためだ。

40～45m / 男子13m、女子11m / 9m / 2.75m

競技会

大きな大会の決勝に出てメダル争いをするには、予選を通過しなければならない。1つのラウンドで最低3回の試技ができる。跳躍した距離は、踏切板の砂場に近い側の端から、砂についた体の跡のうち最も踏切板に近い部分までで測る。1cm未満は切り捨て。予選通過やメダル獲得が確実だと考えれば、3回すべてを跳ばなくてもよい。

粘土板　粘土、砂、土で、ファウルかどうかが判別できる。20cm

助走　三段跳の選手が熟練を要求される技術で最も重要なのは、1歩目を踏切る足の位地取り。踏切板を越えて試技が無効になってはいけないが、その縁ぎりぎりのところに踏切足を合わせる。

ファウル　跳躍を無効と判断すると、審判は赤い旗を振って知らせる。踏切板を越えて、粘土板に跡がついてしまう場合が一番多い。時には、砂場の外に着地してしまうこともある。制限時間（通常は1分半）内に跳躍を完了しなかった場合も無効。反対の足でホップの着地をしたり、両足でジャンプの踏切をしたりしてもファウルである。

データ集

三段跳歴代トップ13（男子）

距離	選手名（年）
18m29	ジョナサン・エドワーズ（1995）
18m16	ジョナサン・エドワーズ（1995）
18m09	ケニー・ハリソン（1996）
18m04	テディー・タムゴー（2013）
18m01	ジョナサン・エドワーズ（1998）
18m00	ジョナサン・エドワーズ（1995）
17m99	ジョナサン・エドワーズ（1998）
17m99	ケニー・ハリソン（1996）
17m98	ジョナサン・エドワーズ（1995）
17m98	テディー・タムゴー（2010）
17m97	ウィリー・バンクス（1985）
17m96	クリスティアン・テイラー（2011）
17m93	ケニー・ハリソン（1990）

三段跳歴代トップ13（女子）

距離	選手名（年）
15m50	イネッサ・クラヴェッツ（1995）
15m39	フランソワーズ・ムバンゴ（2008）
15m34	タチアナ・レベデワ（2004）
15m33	イネッサ・クラヴェッツ（1996）
15m33	タチアナ・レベデワ（2004）
15m32	タチアナ・レベデワ（2008）
15m32	クリソピギ・デヴェツィ（2004）
15m30	フランソワーズ・ムバンゴ（2004）
15m29	ヤミレ・アルダマ（2003）
15m28	ヤミレ・アルダマ（2004）
15m28	ヤルヘリス・サヴィヌ（2007）
15m27	ヤミレ・アルダマ（2003）
15m25	タチアナ・レベデワ（2001）

ジャンプ　踏切足と逆の足で着地する。ジャンプは、着地した足でそのまま踏切る。

最終段階　跳び方は、そり跳び、はさみ跳び、かがみ跳び、いずれでもよい。

ジャンプの着地　着地は足から。最初に着地した地点が測定点になるように、体重を前に移動する。

ステップ / ジャンプ

陸上競技

三段跳

063

走高跳

064

競技の概略
陸上競技大会で必ず行われる定番種目。自分の体だけを使ってバーを跳び越える。身体的にも、技術的にもたいへん難しい種目だ。世界記録がどのように更新されてきたかを見れば、選手の身体能力と新たな技術がどのように磨かれてきたかがわかる。

選手の特徴
男女とも、身長の高い選手が多い。ほぼ全員が、余分な体脂肪のないほっそりした体型だが、大腿四頭筋とふくらはぎの筋肉がよく発達している。スピード、柔軟性、体の各部分のバランスも重要だ。「コントロールされた」落下に体をならすために、トランポリンを使った練習がよく行われる。

ぴったりフィット
シャツとパンツ、ワンピース、いずれもぴったり体に密着するものがよい。バーに触れて落とすことがないように。

左右で違うシューズ
踏切足の方にはスパイクつき、反対の足は靴底がなめらかなもの、というように左右違うシューズをはく選手もいる。左右とも、底の厚さは13mm以上必要。

基礎知識
→ 1896年のアテネ大会からオリンピック種目になっている。

→ 1960年代、柔らかいマットの登場で、記録が革命的に伸びた。大きなけがの心配なく、背中から落ちることができるようになったためだ。

→ 現在ほぼすべての選手が背面跳び（フォスベリー・フロップ）で跳ぶ。1968年のオリンピック金メダリスト、ディック・フォスベリーにちなんだ跳び方。

ナンバー・トリビア

1.94 m：世界レベルの女子選手で最も背の高い、ブランカ・ヴラシッチの身長。クロアチア記録を持ち、2009年の世界選手権で優勝している。

400 m：「ノミの高跳び」の世界記録に並ぶためには、成人男子なら400m跳び上がらなければならない。

必要な用具
最近の走高跳用のバーは、強化プラスチックやアルミのような軽い素材でできており、軽く触れただけでも簡単に落ちてしまう。長さは約4m、断面は、丸いもの、正方形、三角形などで、2本の垂直の支柱に差し渡してある。高さの変更が簡単にできるようになっている。バーのすぐ後ろに、柔らかな厚いマットが設置され、着地する選手を受け止める。

着地用のクッション
選手が着地する場所には、ビニールのカバーで覆った気泡ゴムのマットレスが何枚も積み重ねてある。その厚みは少なくとも1m。学校やジュニアレベルの競技会では、今でも昔ながらの砂場が使われることもあるが、その場合は、肩から着地する背面跳びなどのテクニックは使えないことになる。

場所いらず
走高跳は、陸上競技のなかでは、最も狭い場所で行える。トラックと同じアスファルト製の助走路は、ほぼどんな角度からでも、約12mの助走ができるようになっているが、バーの正面から助走を始める選手はめったにいない。多くの選手は鋭角のアプローチをする。

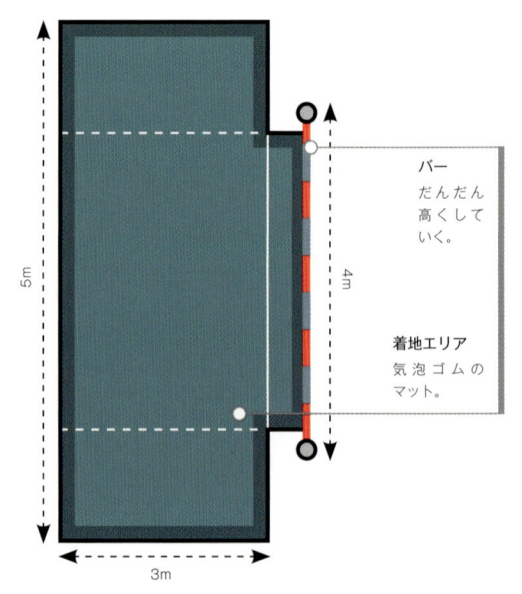

バー だんだん高くしていく。

着地エリア 気泡ゴムのマット。

5m / 4m / 3m

バーを高く

走高跳にはあまりルールがない。片足で踏切り、バーを支柱から落とさないようにするだけだ。落ちさえしなければ、バーに触れても構わない。ただし、バーを落とさないように押さえるのは反則。

競技会では、どの高さから始めるか、選手自身で選ぶことができる。低いところから始め、3cmか5cm単位で高くしていくが、勝者を決めるところまでくると1cm単位になる。

ある高さをクリアすると、それより低いものは跳ばなくてよい。一度跳んでクリアできなかった高さでもパスできる。3回続けてクリアできないと失格。一番高いバーを跳んでクリアした選手が優勝。トップで並んだ場合は、ミスした試技の回数の少ない方が勝者となる。

まねはしないでください

1968年のメキシコ・オリンピックで、アメリカのディック・フォスベリーが新しく編み出した跳び方で金メダルを獲得したとき、保守的な人たちは度肝を抜かれた。アメリカのオリンピック代表監督ペイトン・ジョーダンはこういっている。「若者はチャンピオンのまねをするものだがね。もし、みんながフォスベリーのまねをしだしたら、走高跳のジャンパーは一人残らずいなくなってしまうよ。みんな首の骨を折っちまうからね」。

データ集

男子世界記録の推移		女子世界記録の推移	
記録	選手名（年）	記録	選手名（年）
2m45	ハヴィエル・ソトマヨル（1993）	2m09	ステフカ・コスタディノヴァ（1987）
2m42	パトリック・ショーベリ（1987）	2m07	リュドミラ・アンドノヴァ（1984）
2m41	イゴール・パクリン（1985）	2m05	タマラ・ブイコワ（1984）
2m40	ルドルフ・ポヴァルニツィン（1985）	2m03	ウルリケ・マイフェルト（1983）
2m39	朱建華（1984）	2m01	サラ・シメオニ（1978）
2m36	ゲルト・ベッシク（1980）	2m00	ローズマリー・アッカーマン（1977）
2m35	ヤチェク・ウショラ（1980）	1m94	ヨルダンカ・ブラゴエワ（1972）
2m34	ウラジミール・ヤシチェンコ（1978）	1m92	イローナ・グーゼンバウアー（1971）
2m32	ドワイト・ストーンズ（1976）	1m91	ヨランダ・バラシュ（1961）
2m29	パット・マツドーフ（1971）	1m77	鄭鳳榮（1957）
2m28	ワレリー・ブルメル（1963）	1m76	ミルドレッド・マクダニエル（1956）
2m22	ジョン・トーマス（1960）	1m75	ヨランダ・バラシュ（1956）
2m16	ユリー・ステパノフ（1957）	1m74	テルマ・ホプキンス（1956）

進化するテクニック

1960年代後半まで主流だったのは、はさみ跳びとベリーロールだ。はさみ跳びでは、ある角度から助走を始め、まず内側の足がバーを越え、外側の足がそれに続く。足ははさみの刃のような動きをする。そして着地は足から。ベリーロールでも、斜めにアプローチするが、踏切足は内側。横に高く上げた外側の足が、体よりも先にバーを越える。現在は、ほぼすべての選手が、アメリカの金メダリスト、ディック・フォスベリーにちなんでフォスベリー・フロップと呼ばれる背面跳びを採用している。背面跳びを使わずに世界記録を出したのは、1978年のウラジミール・ヤシチェンコが最後だ。

より高く

19世紀末以降、走幅跳の技術は飛躍的に進歩してきた。初めは横向きに跳んでいたが、やがて前向きの跳び方に変わり、現在は後ろ向きに跳ぶようになった。それにともなって記録もどんどん更新され、1895〜1993年のわずか100年足らずの間に、男子の世界記録は25％近くアップした。

陸上競技

065

走高跳

はさみ跳び

初めてはさみ跳びで跳んだのは、アメリカ人のマイケル・F・スウィーニー。1895年に1.97mの世界記録を出した。1960年代後半まではポピュラーな跳び方だった。

足は1本ずつ
まず前足をバーの上に上げる。直後に後ろ足が続く。

ベリーロール

跳躍の最高点に達したときに、上体を回転させ、顔を下に向けた状態でバーを越える。1912年、ジョージ・ホーリンがこの跳び方で2mを越えた。

顔は下向き
バーを越えるときに、体を回転させなければいけない。

背面跳び（フォスベリー・フロップ）

カーブをかけて助走。外側の足で踏切るはさみ跳びの変形。ただし、頭と肩からバーを越えていく。バーの上で背中を後ろに反らせる。腰がバーを越えるときには、上体はすでに降下を始めている。フォスベリーも説明しているが、背面跳びを正しく行えば、首からではなく肩から着地する。

踏切る
踏切足（外側の足）で強く地面をけり、上向きに跳び上がる。

上へ
上昇中に、両足、腰、肩をひねる。

背中を反らす
頭を前方にして体が水平になったら、背中を反らせる。

最高点
バーの上で腰を曲げ、両足を上げて、バーを越える。

着地に備える
着地の衝撃を肩で受け止める体勢をつくる。

棒高跳

066

基礎知識

- 棒を使ったジャンプは、もともと、水路や湿地などの自然の障害物を越えるために考え出された実用的な技術。
- 記録に残る最古の競技会は、1812年にイングランドで行われた。
- ポールを使って、高さではなく跳躍の距離を競う棒幅跳の競技人口も少なくないが、高いレベルの競技会で正式種目になったことはない。
- 男子棒高跳は、第1回オリンピックから正式種目だった。女子で正式種目になったのは2000年のシドニー大会から。

競技の概略

棒高跳はフィールド競技の1つ。男子も女子も行う種目だ。よくしなる長いポールを持って、全速力で助走。ポールの端をポール・ボックスに打ちこみ、そのたわみを利用して、高さ数メートルの支柱の間に渡されたバーを跳び越える。バーの高さは、全選手が一通り跳び終えるごとに高くなっていく。3回続けて試技を失敗した選手は脱落。

しっかりとしたシューズ
スパイクのついたランニングシューズ。助走で、路面をしっかりとらえられるように。

ぴったりとしたウェア
シャツやパンツがばたばたしていると、助走中にポールに引っかかったり、バーを落としたりする危険がある。

制限なし
ポールは、断面が丸いものであれば、長さも太さも自由。しなり具合にも特に決まりはない。

グラスファイバー製のポール
初めは木製が一般的だったが、20世紀初頭に竹製に取って代わられた。1945年以降好まれたのはアルミ製。その後、60年代前半からはグラスファイバー製が主流になった。

選手の特徴
トップ選手の多くは背が高いが、低くても問題はない。助走の勢いをつけるために、走るスピードが必要。踏切で瞬間的に大きな力を出せる足の筋力、空中で体を逆さまに持ち上げるための、肩、腕、腹の力も必須。バーにぶつからないようにするのに重要なのは、空間認識能力だ。

必要なもの

40～45mの助走路、ボックス、バー止めのついた支柱2本、バー、着地用マット、そしてもちろん、非常に長くて、よくしなるポール。競技を監督し、バーの高さを変える係員ももちろん必要だ。

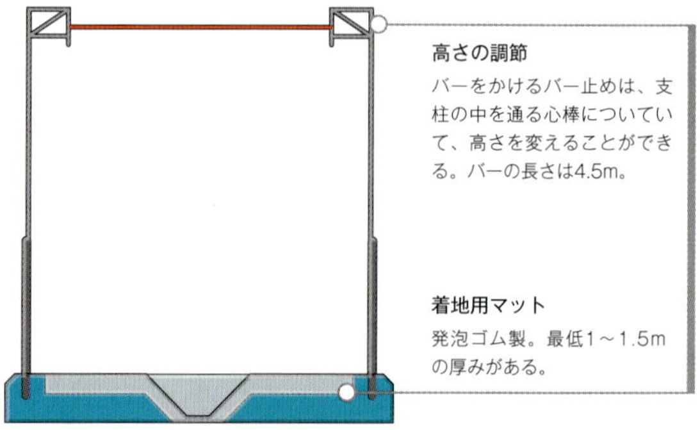

ボックス
助走路の端にボックスがある。ここにポールの端をぐっとつっ込んで、てこの作用で体を持ち上げる。くさび形で、先に行くにつれて深く、狭くなっている。長さは1m。一番先は、深さ20cm、幅15cm。

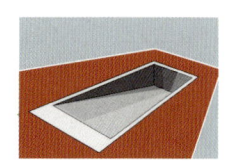

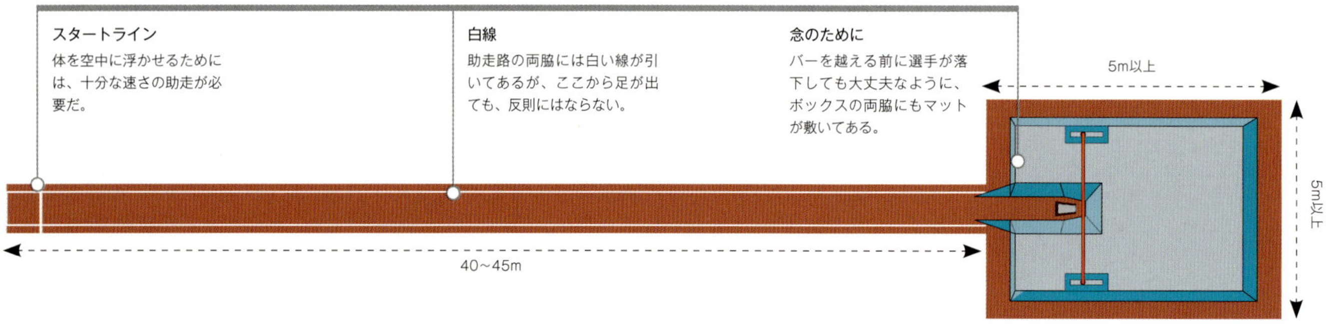

高さの調節
バーをかける心棒は、支柱の中を通る心棒についていて、高さを変えることができる。バーの長さは4.5m。

着地用マット
発泡ゴム製。最低1～1.5mの厚みがある。

スタートライン
体を空中に浮かせるためには、十分な速さの助走が必要だ。

白線
助走路の両脇には白い線が引いてあるが、ここから足が出ても、反則にはならない。

念のために
バーを越える前に選手が落下しても大丈夫なように、ボックスの両脇にもマットが敷いてある。

5m以上

5m以上

40～45m

陸上競技

棒高跳

067

ルール

スタート時のバーの高さと、何センチ単位で上げていくかを決めるのは、競技会の役員。選手は、どの高さから参加するかを自分で決められる。選手は1回ずつ順番に試技を行う。2名以上の選手がその高さをクリアすると、バーはあらかじめ決められた分（5cm単位と15cm単位が多い）だけ上げられる。ある高さをパスして、次の高さにチャレンジしてもよい。最後に同じ高さで残った選手が複数いるときは、失敗した試技の数で優勝が決まる。この数も同じ場合は、サドンデスのジャンプオフを行う。

空を飛べ

ひとつひとつのステップをそれぞれ完璧にこなせば、6mを越えるジャンプが可能だ。だが、実際にこれを成し遂げたのは、わずか16人の男子選手だけ。ポールを握る位置が高ければ、スイングの段階でより大きなてこの作用を利用できる。空中で、踏切足を垂直になるまで振り上げ、勢いを殺さずに、体ができるだけ高い位置でバーを越えるようにする。バーが落ちなければ、ジャンプの途中でバーに触れても構わない。よい跳躍をするためには、このステップ（下図参照）それぞれが非常に重要になる。

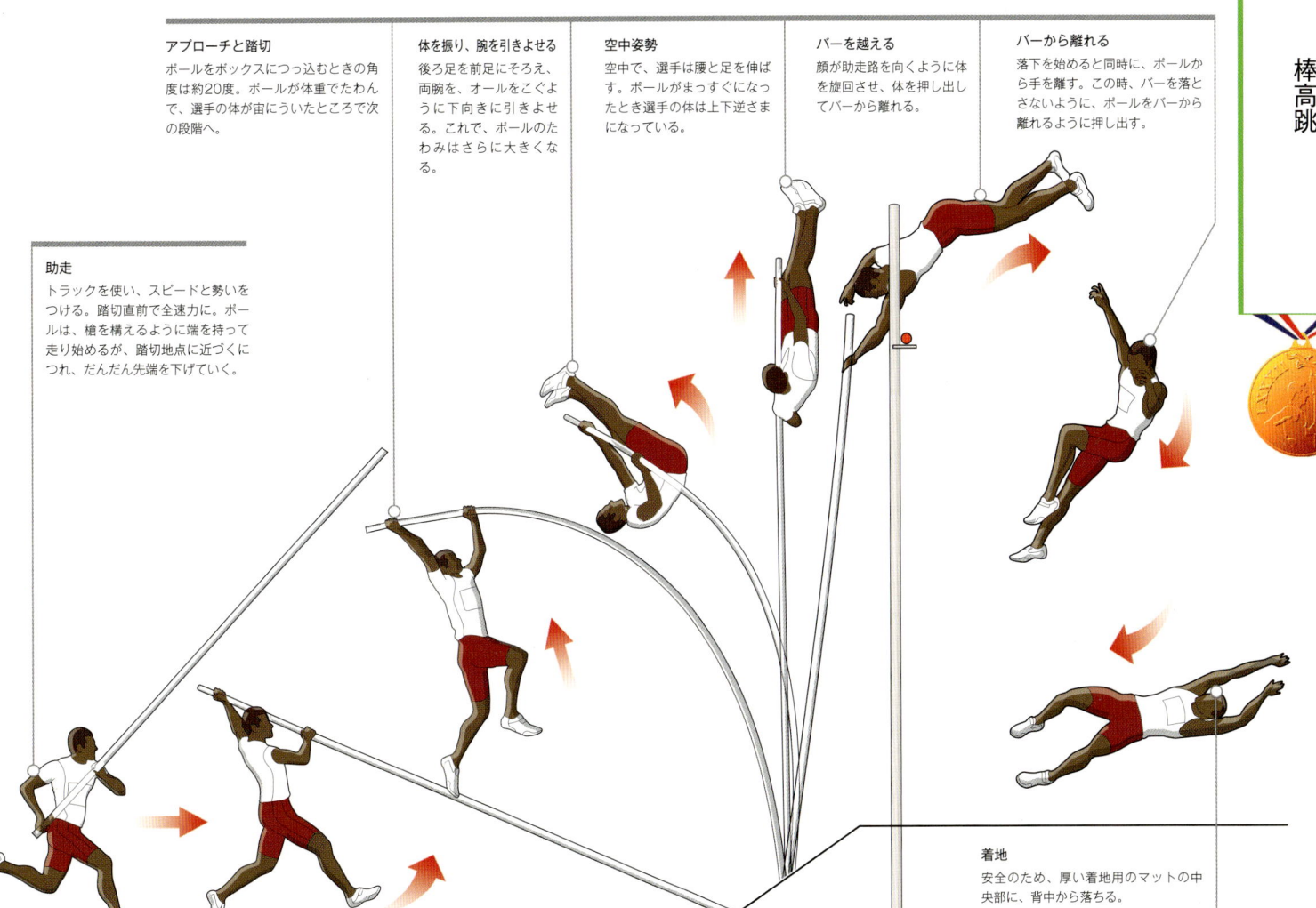

アプローチと踏切
ポールをボックスにつっ込むときの角度は約20度。ポールが体重でたわんで、選手の体が宙にういたところで次の段階へ。

体を振り、腕を引きよせる
後ろ足を前足にそろえ、両腕を、オールをこぐように下向きに引きよせる。これで、ポールのたわみはさらに大きくなる。

空中姿勢
空中で、選手は腰と足を伸ばす。ポールがまっすぐになったとき選手の体は上下逆さまになっている。

バーを越える
顔が助走路を向くように体を旋回させ、体を押し出してバーから離れる。

バーから離れる
落下を始めると同時に、ポールから手を離す。この時、バーを落とさないように、ポールをバーから離れるように押し出す。

助走
トラックを使い、スピードと勢いをつける。踏切直前で全速力に。ポールは、槍を構えるように端を持って走り始めるが、踏切地点に近づくにつれ、だんだん先端を下げていく。

着地
安全のため、厚い着地用のマットの中央部に、背中から落ちる。

データ集

男子世界記録（屋外）の推移

高さ	選手名（年）
6m14	セルゲイ・ブブカ（1994）
5m91	ティエリ・ビネロン（1984）
5m90	セルゲイ・ブブカ（1984）
5m83	ティエリ・ビネロン（1983）
5m82	ピエール・キノン（1983）
5m81	ウラジミール・ポリヤコフ（1981）
5m80	ティエリ・ビネロン（1981）
5m78	ウワディスワフ・コザキエヴィッチ（1980）
5m77	フィリップ・ハウヴィオン（1980）
5m75	ティエリ・ビネロン（1980）

女子世界記録（屋外）の推移

高さ	選手名（年）
5m06	エレーナ・イシンバエワ（2009）
4m88	スヴェトラーナ・フェオファノワ（2004）
4m87	エレーナ・イシンバエワ（2004）
4m85	スヴェトラーナ・フェオファノワ（2004）
4m82	エレーナ・イシンバエワ（2003）
4m81	ステーシー・ドラギラ（2001）
4m60	エマ・ジョージ（1999）
4m22	ダニエラ・バルトワ（1995）
4m18	アンドレア・ミュラー（1995）
4m17	ダニエラ・バルトワ（1995）

王者ブブカ

ウクライナのセルゲイ・ブブカが史上最強の棒高跳選手であることに異を唱える者はいないだろう。そのキャリアを通じて破った世界記録の数は35（屋外17、屋内18）。1983～97年の間に世界選手権で6連覇。難攻不落といわれた6mの壁を最初に越えた男でもある。6m越えを成し遂げた競技会の数は44。6.14mは、いまだに彼以外越えたことがない。だが、オリンピックの金メダルにはなかなか手が届かず、1988年のソウル大会一度きりである。

基礎知識

→ 女子円盤投がオリンピックの正式種目になったのは1928年から。

→ 男子で初めて200フィート（約61m）を越えたのは、アメリカ人のアル・オーター（1962年）。

→ 女子で初めて70mを越えたのは、ソ連のファイナ・メルニク。

円盤について

名前の通り、丸く平たい形をしている。ゴム製で、縁と中心は金属、または木材。これは必要な重量を出すためだ。中心部の厚みは最大で4.4〜4.6cm。図に挙げた円盤の重さと直径は、成人の競技用。ジュニア用はこれより小さい。

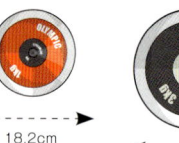

女子 1kg　男子 2kg
18.2cm　22cm

試技

各選手3回ずつの試技が行える。円盤が手から離れ、着地するまで、選手はサークルの外に出てはいけない。出るときは、サークルの後ろ半分を通る。扇形の着地範囲に円盤が落ちなければフェアと認められない。距離は、サークルの前部から円盤が最初に地面に触れた地点までを測る。1cm（または0.5インチ）未満は切り捨て。

遠心力

選手はサークルの後部に立つ。手に円盤を握り、力をこめて、すばやく1回半回転する。この時、足指のつけ根の部分を使う。きつく巻いたバネがはじけるようなイメージで、円盤が飛び出す力をつくり出す。手を離すのは肩の高さ。人差し指または中指を離れた瞬間、円盤は時計回りに回転する（右投げの場合）。円盤が高く上がって、距離がかせげるので、向かい風は歓迎される。

準備
円盤を持つ腕は、できるだけ後ろに。

回転
足から足へ、体重移動。

腕を伸ばす
円盤を持つ腕を後ろにぐっと伸ばす。

ファウル
サークルから足が出たら無効。

予備の回転
上半身を回転させて、2、3回、腕を振る。体全体の回転に備えて投げるリズムをつくる。

サークル内で回転
サークルの後部で回り始める。1回転半するうちに、体はサークル前部に移動する。この動きで、円盤を離したときの勢いが増す。

手を離す
体と足が瞬間的に生み出すエネルギーが、円盤を飛ばす力となる。手から離れるときに、円盤に回転がかかる。

フォロースルー
円盤が手を離れても、体は回転を続ける。左足は、サークルの境界線を越えないように、360度近く回転する。

円盤投

競技の概略

古代オリンピックの五種競技に含まれていた円盤投。現在は、フィールド競技では欠かせない種目だ。円盤をできるだけ遠くに投げる競技。

円盤投のサークル

直径2.5mのサークルの中から投げる。円盤の着地範囲は、サークルの中心点から約35度の角度で広がる扇形。安全のために設置された周囲の囲いは、サークルの7m前方で6mだけ開口している。

握り
手のひらで円盤の中心部を覆い、指先で縁をしっかり押さえる。

シューズ
回転しやすいように、シューズの底はなめらか。

サークルの表面
サークルの表面は平らだが、滑りにくくなっている。

2.5m

選手の特徴

トップ選手は大柄だ。男子の平均は、身長1.93m、体重115kg以上。女子で優勝経験のある選手なら、1.75m、93kg以上ある。肩と腕の力も必要だが、主なパワーの源は足と胴体だ。

砲丸投

競技の概略
重たい金属の球を、どれだけ遠くまで投げられるかを競う競技。試技は3回ずつ。ルール、必要な力、技術は、円盤投とよく似ている。

基礎知識
- 古代の戦争で行われたのが始まりだといわれている。
- ルールなどが確立したのは19世紀。男子は、第1回の近代オリンピックから、女子は1948年のロンドン・オリンピックから正式種目になった。

がっちり
グリップをよくするため、首にチョークの粉をつける選手もいる。

ウェア
ランニングシャツと、ぴったりフィットして大腿部をしっかりサポートするパンツ。

砲丸投専用シューズ
なめらかな靴底が、回転投法でも、グライド投法でも、選手の力を最大限に引き出す。

サークル
周囲より2cmほど低くなっている。表面は、滑りにくいセメント。

足留材
サークルの前方に高さ約10cmの木材などでつくった白い足留材がある。

2.1m

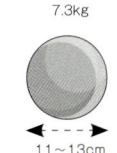

選手の特徴
背が高く、頑健な体つきの選手が多い。男子の平均は、身長1.87m、体重125.6kg。女子は1.75m、90kg以上。パワーだけでなく、スピード、柔軟性、体の各部分の協調が必要とされる。どんな運動もうまくこなせるアスリートだ。

ルール
試技の間、サークルの前部にある足留材に内側から触れるのは許されるが、これを踏み越えてはいけない。距離は、サークルの前部から、砲丸が最初に地面に触れた地点までを計測し、1cmまたは0.5インチ未満は切り捨てる。

グライドか、回転か？
投げ方には、グライドと回転、2つのスタイルがある。グライド投法では、サークルに後ろ向きに立ち、片足で後ろに跳びながら、腰を前へひねる。足が地面からできるだけ離れないようにする。回転投法の場合は、勢いをつけるために、さらに体の回転を加える。

オブライエン投法
回転投法の始まりは、アメリカ・チャンピオンのパリー・オブライエンが1950年代に、グライド投法を編み出したところから。オブライエンのグライド投法では、サークルの後ろを向いて体をかがめる。片足を強く踏ん張って体を回転させ、顔を前に向けて砲丸を投げる。

バリシニコフの回転投法
1970年代に、ソ連のアレクサンドル・バリシニコフが編み出した技術（下に右手投げの場合を図示）。円盤投の回転にたいへん近く、砲丸の初速を最大にするのが容易になる。当時はいろいろと疑問の声も上がったが、現在は、このスタイルで投げる選手が最も多い。

重い金属
鉄または真ちゅう製のものがほとんど。表面はなめらかで、何も加工が施されていないもの。

女子 4kg 9.5〜11cm
男子 7.3kg 11〜13cm

サークル
砲丸が落下するのは、サークルの中心点から約35度の角度で広がる扇形の着地場所の中。両辺の長さは30m程度。

スタート
投げる方向とは反対を向き、砲丸を首と肩の間にはさむ。

スタート姿勢
前傾姿勢から、左足を上げる。

回転
左足の指のつけ根で回転。左腕が前に来る。砲丸の飛ぶ方向に伸ばす。

ひねり
体重を右から左へ移動する。

押し出し
前向きの速度が最大になった瞬間に砲丸を離す。角度は約40度。

エネルギーの流れ
パワーを維持するために、体の左側は緊張させたまま。

ナンバー・トリビア

11 個：1948〜60年の夏のオリンピック4大会で、男子が獲れる12個のメダルのうち、アメリカ人選手が獲得したメダルの数。

116 勝：1950年代に、パリー・オブライエンが打ち立てた連勝記録。オリンピックにも4回出場し、2回金メダルを獲っている。

陸上競技

円盤投／砲丸投

069

やり投

基礎知識

- 強豪国フィンランドの選手がオリンピックで獲得したメダルは27個。うち9個は金だ。
- 歴史の長いスポーツだが、近代オリンピックでは当初行われていなかった。1908年の第4回大会（ロンドン）でようやく採用されたが、この時は男子のみ。女子やり投が始まったのは、1932年のロサンゼルス大会から。
- 観客の安全のため、男子のやりは1986年、女子は1999年に、飛距離が伸びないように改造された。

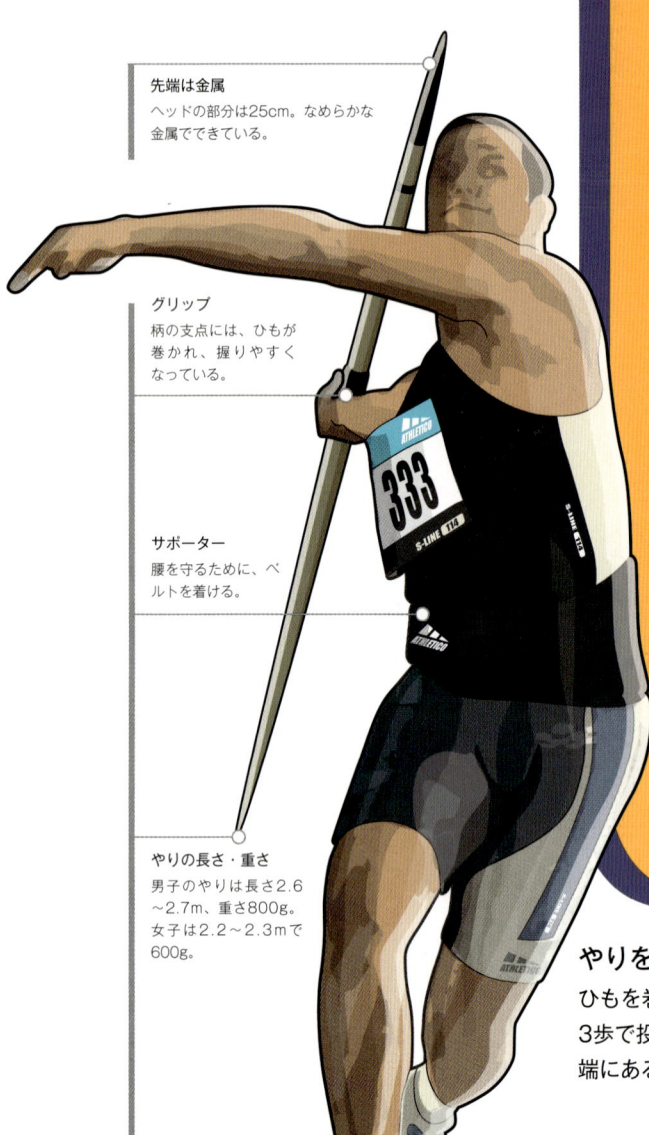

競技の概略

男女のフィールド種目。やりのような形の物体を投げ、その飛距離を競う。単独種目として行う他、十種競技にも含まれている。

落下地点

助走路は、4m幅で人工素材。トラック競技用のトラックとつながっている場合もある。助走路の端の投てきラインから先がやりの落下地点。通常は芝生。約29度の角度で広がる扇形で、両辺の長さは100m程度。正確な大きさは、競技場の大きさと審判の裁量で決められる。飛距離の目安となるように、同心円状にラインが引かれている。

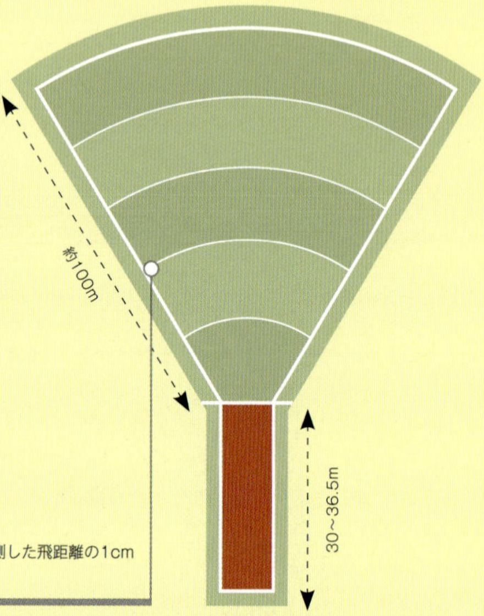

約100m / 30～36.5m

飛距離ライン
だいたいの距離がわかる。計測した飛距離の1cm未満は切り捨て。

競技会で

試技は1人3回ずつ。ただしエントリーが8人未満の場合は6回。準備が整ってから投げるまでに90秒が与えられる。やりが着地する前に、選手が投てきラインの前に出ると無効。やりは必ず前端から先に地面に落ちなくてはいけない。また、落下地点の扇形の外に落下してもいけない。飛距離は、助走路の端から、やりが最初に地面に触れた地点までを測る。複数の選手がタイで並んだ場合は、2番めに長い飛距離で勝者を決める。

先端は金属
ヘッドの部分は25cm。なめらかな金属でできている。

グリップ
柄の支点には、ひもが巻かれ、握りやすくなっている。

サポーター
腰を守るために、ベルトを着ける。

やりの長さ・重さ
男子のやりは長さ2.6～2.7m、重さ800g。女子は2.2～2.3mで600g。

シューズ
ランニング用のシューズよりも大きくて重い。前部と後部にスパイクがついている。

選手の特徴

助走の速さとともに、腰、肩、ひじの強さが重要なポイント。強さとスピードがやりを遠くに投げる力を生む。

やりを投げる

ひもを巻いたグリップの部分を持って、肩の上に構える。助走路を走って加速。最後の2、3歩で投げの準備に入る。最後のステップを下図に示した。ここまでの動作を、助走路の端にある投てきラインに触れずに完了させなければならない。

足を交差させる
助走の最終段階で、やりにかかる回転の力を最大にするために、足を交差させる。

後ろに引く
足が再び開いたところで、やりを持った腕を後ろに伸ばす。狙いを定め、フォロースルーをうまく行うために、反対の腕を前に出す。

投げる
やりを肩の後ろに構える。投げる瞬間まで、できるだけ長くその位置を保つ。

手を離す
助走を急にストップし、腕を前に振り出すことによって、やりの速度が最大になる。

ハンマー投

競技の概略
サークルから、目標となる区域にハンマーを投げ、その距離を競う。ハンマーと呼ばれてはいるが、実際に投げるのは、重い金属の球とハンドルをワイヤーでつないだもの。

体幹は強く
選手と金属球が一体となって回転している間、バランスとスピードを保つために、上体を直立させておく。

金属球とワイヤー
金属球は、固い鉄またはそれに近い密度の金属でできている。鉛を他の金属の薄い層でコーティングしたものもある。ワイヤーの直径は3mm以上。

グローブ
持ち手をしっかり握るために、指先の部分をカットした、厚い革製グローブを片手にはめる選手もいる。

服装規定
袖なしのランニングシャツにパンツ、またはレギンス。ぴったりしたワンピース型のウェアでもよい。サポーターとして腰にベルトを巻く。

シューズ
シューズの底には、スパイクや滑り止めはついていない。サークル内で、靴底の接地面積を最大にするためだ。

基礎知識

→ ハンマーが現在の形になったのは19世紀の末。男子は1900年、女子はその100年後の2000年に正式なオリンピック種目になった。

→ 中世イングランドでは、鍛冶屋で使うハンマーを投げて競う遊びが村々で行われていた。スコットランドのハイランドゲームズ（＊訳注：スコットランドの高地地方で古くから行われている力自慢大会）では、この名残で、今でも、金属の球に木の柄がついたハンマーを使う競技が行われている。

選手の特徴
ハンマー投の選手は筋骨たくましい。特に、バーベルなどを使ったウエイトトレーニングで鍛えた腕、肩、体幹はよく発達する。トップ選手の体重は男子で平均110kg、女子で79kgほど。特に身長が必要なわけではないが、背が高い方が有利ではある。

重いハンマー
男子が使用するハンマーは、砲丸の直径が11〜13cm。鋼鉄のワイヤーの長さは約1.2m。ほぼ三角形をしたハンドルは最も幅の広いところが13cm、長いところが10cm。合計、最大で7.26kgになる。
女子のハンマーは、砲丸がそれより小さくて軽い。直径が9.5〜11cm、重さは4kgだ。

重要な回転
オーソドックスな投げ方は、4つのステップに分けられる。まず、投げる方向に背を向けて静止する。次に、ハンマーを振り子のように前後に振る。勢いがついたら、ハンマーを風車のように頭より高い位置で2、3度回転させ、最後に手を離す。

サークルと囲い
選手が立つのは、直径2.1mのコンクリート製サークル。前方の着地場所は、約35度の角度で広がる扇形。辺の長さは80〜100m。各競技場の条件に合わせて、この距離は違ってくる。

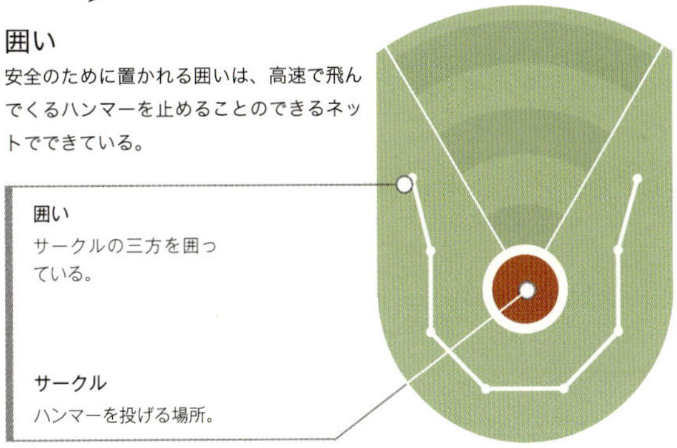

2.1m

競技会で
ほとんどの大会では、各選手3回ずつ投げる。それぞれ、サークルに入ってから90秒以内に投げなければならない。大きな大会になると予選が行われ、決勝に進む8人を選ぶ。決勝でさらに3投ずつ投げ、上位2人以上が同距離で並んだ場合は、2番めによい飛距離で勝者を決める。ハンマーが着地する前に選手がサークルから出ると無効。トップ選手の場合、男子の飛距離は85m前後。女子は75m前後。

囲い
安全のために置かれる囲いは、高速で飛んでくるハンマーを止めることのできるネットでできている。

囲い
サークルの三方を囲っている。

サークル
ハンマーを投げる場所。

陸上競技

071

やり投／ハンマー投

十種競技・七種競技

競技の概略
十種競技、七種競技の選手は何でも屋だといわれる。なんにでも秀でることが専門。10または7種の陸上競技種目を、連続する2日間で競う。十種競技は男子、七種競技は女子の種目。個々の競技で勝つためのスピード、力、技術ばかりでなく、最後まで持久力と集中力がもつかどうかも問われる。十種競技は1912年から、七種競技は1984年から、夏のオリンピックに登場している。

基礎知識

→ 陸上の10種目を競うのが十種競技、7種目を競うのが七種競技。十種は男子、七種は女子の種目だ。

→ 十種競技、七種競技のもとになったのは、古代ギリシアで行われた五種競技。古代オリンピックで、紀元前700年ごろから行われていたものだ。

→ 十種競技で各種目が行われる順序は、1914年以来変わっていない。

ナンバー・トリビア

25 年間：ジャッキー・ジョイナー＝カーシーが、七種競技の世界記録（7291点）を守っている年数（1988〜2013年）。七種競技の記録が守られている年数としては最長。7000点以上をあげた回数でも、彼女は最多。

9,026 点：チェコのロマン・シェブルレが、2001年、オーストリアのゲツィスで世界記録を樹立したときの点数。十種競技初の9000点越え。シェブルレは、2004年のアテネ・オリンピックでも、オリンピック新記録の8893点をマーク。

17 歳：ボブ・マサイアスは、十種競技を始めたばかりの1948年、ロンドン・オリンピックで金メダルを獲った。オリンピックの十種競技ではいまだに最年少の金メダリストだ。

十種競技

十種競技
100m
走幅跳
砲丸投
走高跳
400m
110mハードル
円盤投
棒高跳
やり投
1500m

10種目を2日間で戦う。1日めは100m、走幅跳、砲丸投、走高跳、400m。2日めは110mハードル、円盤投、棒高跳、やり投、1500m。初日はスピードとパワーが問われる競技、翌日は持久力と技術を試すという構成になっている。すべての競技に参加しなければ最終順位は与えられない。

七種競技

七種競技
100mハードル
走高跳
砲丸投
200m
走幅跳
やり投
800m

女子が7種目を争う。1日めは100mハードル、走高跳、砲丸投、200m、2日めは走幅跳、やり投、800m。もともと、女子は5種目だったが、モスクワ・オリンピックの翌年、1981年にやり投と800mが加えられた。

選手の特徴
すべての種目に秀でていなければならない。スピードと俊敏さだけでなく、パワーと瞬発力も必要。特定の種目に特化した体型ではなく、細身の、いわゆる陸上選手らしい体型をしている。

史上最高
世界最高のオールラウンドな陸上選手と広く認められているデイリー・トンプソン。オリンピックの十種競技で金メダルを2個獲った選手だ。1個めは1980年、2個めは1984年。けがのために1992年、引退を余儀なくされたが、それでトンプソンのスポーツマンとしてのキャリアが終わることはなかった。1990年代、彼は、プロのサッカー選手に転向してイングランドのマンスフィールド・タウンFCでプレーし、その後はスポーツ・トレーナーとなった。

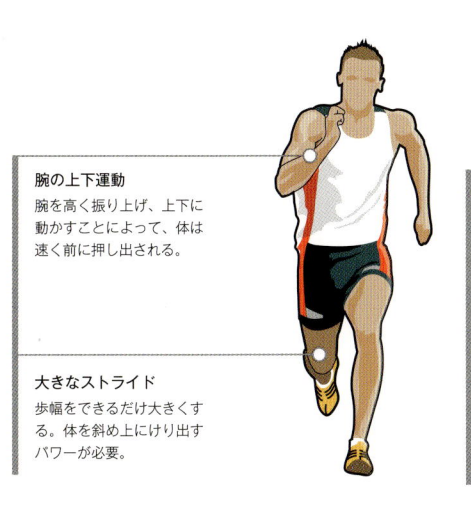

073

陸上競技

十種競技・七種競技

短距離
十種競技と七種競技では、距離が異なる。男子は100mと400mの2種目。女子は200mだけ。100mでは最大1223点獲得できる。

腕の上下運動
腕を高く振り上げ、上下に動かすことによって、体は速く前に押し出される。

大きなストライド
歩幅をできるだけ大きくする。体を斜め上にけり出すパワーが必要。

走幅跳
男子は2種目め、女子は5種目めに行う。速い助走、空中姿勢の取り方、前傾の着地が跳躍距離を決める。得点は男子が最大で1461点、女子が最大で1520点。女子では1種目で最も多くのポイントが獲得できる。

かがみ跳び
体を後ろに反らせて跳び、それから腕と足を前に勢いよく投げ出して着地する跳び方。

四肢を伸ばす
腕と足をできるだけ伸ばすことで、跳躍距離が長くなる。

砲丸投
1人3投。男子は最高で1350点、女子は最高で1500点取れる。砲丸は、通常のものと同じ。

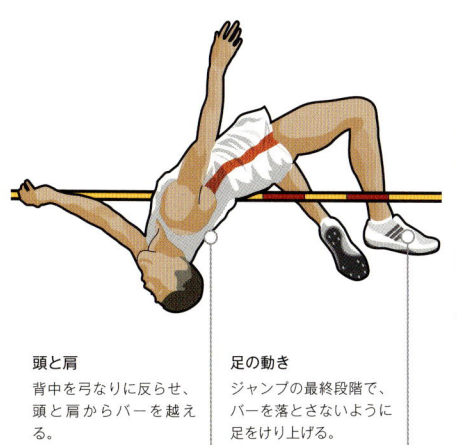

砲丸の位置
投げる直前、砲丸は首と肩の間にはさむ。

グライド投法
サークル後方から、片足で跳び、前方まで来たところで砲丸を投げる。

走高跳
十種競技でも七種競技でも1日めに行う。男子は最大1392点、女子は最大で1498点。

頭と肩
背中を弓なりに反らせ、頭と肩からバーを越える。

足の動き
ジャンプの最終段階で、バーを落とさないように足をけり上げる。

ハードル
男子は2日めに110m、女子は1日めに100mを競う。最大で男子1249点、女子1361点。

腕の推進力
ハードルを跳び越えるとき、腕で体を前に進める力を増す。

後ろ足
速くスムーズなリズムを守るためには、後ろ足がハードルに触れないようにしなければならない。

円盤投
投てき種目の2つめ。七種競技には含まれない。最大1500点が与えられるが、それには79.41mが必要。

回転半径を大きく
円盤を持つ位置が体から遠いほど、てこの作用で、円盤を飛ばす力は強くなる。

円運動
サークルの中を、つま先で回転しながら円盤を投げる。

棒高跳
女子にはない種目の1つ。2日めに行われる。6.49mで最大の1396点が獲得できる。

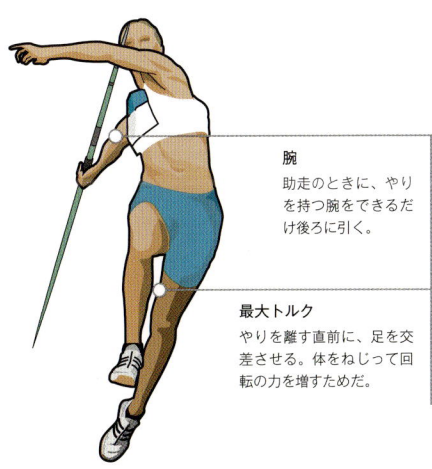

踏切
グラスファイバー製のポールにつかまり、バーを越える。

体幹の強さ
体幹の筋肉を使って、足と上体を持ち上げる。バーを越える直前に体は逆さまになる。

やり投
最後の投てき種目。最高点を取るためには、男子は102.85m、女子は82.63m投げなければならない。

腕
助走のときに、やりを持つ腕をできるだけ後ろに引く。

最大トルク
やりを離す直前に、足を交差させる。体をねじって回転の力を増すためだ。

中距離走
十種競技でも七種競技でも最後に行われる種目。女子は800m、男子は1500m。十種、七種ともに、最大で1250点獲得できる。

力を抜く
長い距離を走るときは、腕をリラックスさせ、エネルギーを節約する。

大きなストライド
歩幅を大きくするのは、短距離のときと同様。地面と接している時間をできるだけ短くする。

選手の特徴
長身でやせた選手がほとんど。歩くのに必要な背中、腹、大腿部の筋肉を鍛える。足のコンディションを整えることも重要。非常にスタミナが要求される競技だ。

コース
公道で行われる場合が大半を占める。コース沿いに審判が何人も立ち、ルールにのっとった歩き方をしているかどうかをチェックする。1カ所の審判が何度もチェックできるように、周回コースで行う場合も多い。

ルール
どちらか片方の足が必ず地面に接していなければならない。支持足は、地面に接してから上体の後ろに来るまで、膝を曲げてはいけない。「ロス・オブ・コンタクト（両足が地面から離れること）」などの違反をすると、反則を取られる。審判は違反を見つけると、3人いる主任審判員に報告。主任審判員は違反した選手に、黄色い札（パドルという）を示して警告することがある。それでも違反が続いた場合は赤いパドル。赤が3回で失格。

基礎知識
- 世界レベルの選手になると、1マイル（1.6km）を6分かからずに歩ききる。時速にすると約16kmだ。
- 大きな大会には、男子は50kmと20km、女子は20kmのレースがある。
- 2年に1度、偶数年にワールドカップが開かれている。

あとほんの少しなのに…
2000年のシドニー・オリンピック。オーストラリアのジェーン・サヴィルは、20kmずっと先頭を歩き続け、ゴールまであと150mというところで、ロス・オブ・コンタクトで失格となった。泣き崩れたサヴィルは、今何が欲しいかと聞かれ、「銃が欲しい。自分を撃ち殺してやりたい」と答えた。

シャツ
ゆったりと余裕のある袖なし。チームカラーでデザインしたものも。

パンツ
パンツもゆったりとしたものが多い。足や鼠蹊部がすれるのを防ぐため。

靴下
足によく合ったシューズならば、ソックスは特に必要ではないが、摩擦を軽減するためにはく選手もいる。

シューズ
シューズの上部は軽量。靴底は薄い。かかとの部分には衝撃吸収材がしっかり入っている。たいへん摩耗するのが早く、レースごとに定期的に新しいものに代える必要がある。

厳しい決まり事
普通に歩くよりもはるかに難しい競歩。ファンたちは、走るよりもずっと難しいのだ、と主張する。体への負担もかなり大きい。競歩の動作は効率が悪いのだ。歩幅を少しでも大きくするために、腰を回転させ、左右に傾ける。前足のかかとが地面に着くまでの間、後ろ足でできるだけ高くつま先立ちをする。

前足
かかとから地面に着くように、つま先を約45度の角度に上げる。

すばやい前進
後ろ足を上げるとき、スピードのためにできるだけ膝の位置を低く保つ。

短い歩幅
短い歩幅ですばやく進むほうが、効率がよい。

膝を曲げる
足が垂直になった直後に膝を曲げる。

上半身は動かさずに
バランスを取るために、上半身は、力を抜き、傾けない。働くのは腕と足だけ。

1度に1歩ずつ
後ろ足が上がる前に、前足は地面に着いていなければならない。両足が離れると、走ったと見なされる。

体重を前に
1歩足を前に出す動作のちょうど中間点で、上半身が前に傾き、前足の上にかがむようになる。

腕を振って
両腕を前後に激しく動かし、体を前に推進させる。

競技の概略
競歩は、いわゆる「普通の」歩行とはまったく違うものだ。走らないように必死に努力している、という表現のほうが正しいかもしれない。歩幅の小さい、すばやい足の動きなど、競歩の技術は身につけるのが難しい。集中力と持久力が試される競技だ。

競歩

オリエンテーリング

競技の概略
地図とコンパスを使って知らないルートを歩き、コントロールと呼ばれるチェックポイントを通過する、クロスカントリー競技。最初にゴールした選手、またはチームが優勝する場合と、決められた時間内にいくつチェックポイントを通過できたかを競う場合とがある。

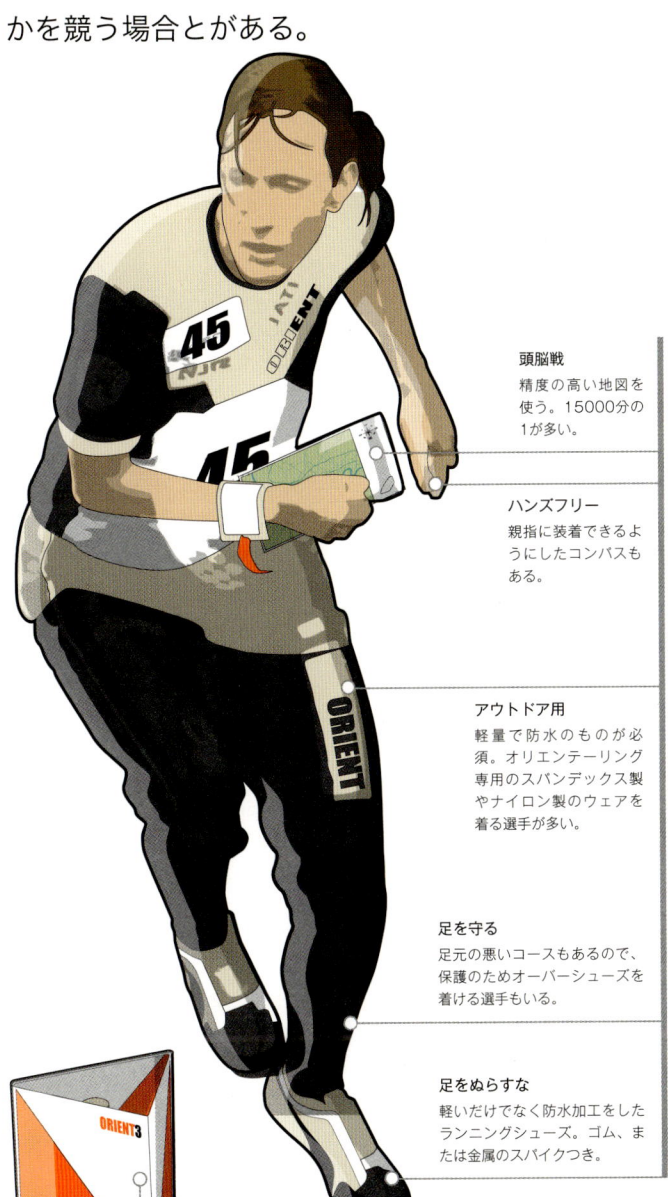

リハーサルなし
レースの前にコースを研究しておくことはできない。地図を渡されるのは、集合場所に到着してから。通常はスタート地点から少し離れたところに集合する。スタートには、一斉に行うマススタートの場合と、1～2分おきに1組ずつ時間差でスタートする場合とがある。

コースを探して
地図上にはいくつかの地点がマークされているだけで、その間のコースは記されていない。三角形がスタート地点、二重丸がゴール。丸印は、通過しなければならないコントロールを表す。コントロールには、赤と白、またはオレンジと白のフラッグが置かれている。

スプリント（短距離）オリエンテーリングは、公園など、都会の環境で行うこともある。夜間に行われる大会のコントロールには、フラッグと一緒に反射材が置かれ、選手はヘッドランプをつけて走る。

用具類
必要不可欠なのが地図とコンパス。選手は、コントロールで自分のカードに印をつけていくが、指に巻いて使う電子式のパンチもある。夜間には、緊急時に注意を喚起するための笛を携帯する。

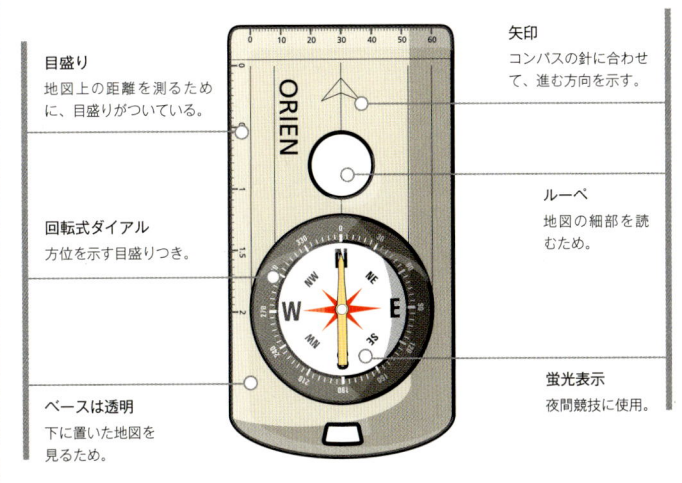

選手の装備ラベル

- **頭脳戦**：精度の高い地図を使う。15000分の1が多い。
- **ハンズフリー**：親指に装着できるようにしたコンパスもある。
- **アウトドア用**：軽量で防水のものが必須。オリエンテーリング専用のスパンデックス製やナイロン製のウェアを着る選手が多い。
- **足を守る**：足元の悪いコースもあるので、保護のためオーバーシューズを着ける選手もいる。
- **足をぬらすな**：軽いだけでなく防水加工をしたランニングシューズ。ゴム、または金属のスパイクつき。

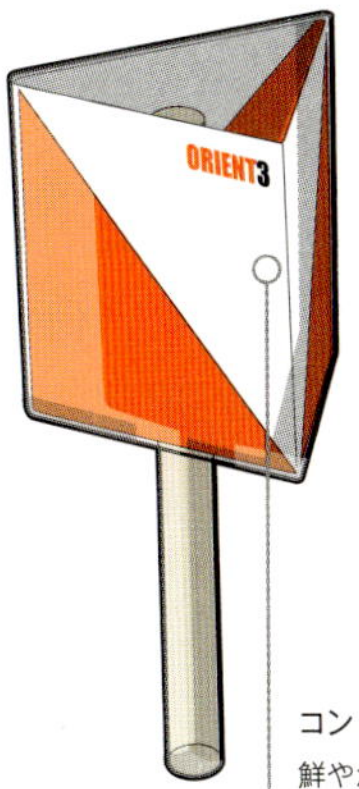

コントロールフラッグ：鮮やかな色の標識が、各コントロールポイントに置かれる。

コンパスのラベル
- **目盛り**：地図上の距離を測るために、目盛りがついている。
- **回転式ダイアル**：方位を示す目盛りつき。
- **ベースは透明**：下に置いた地図を見るため。
- **矢印**：コンパスの針に合わせて、進む方向を示す。
- **ルーペ**：地図の細部を読むため。
- **蛍光表示**：夜間競技に使用。

地図にだまされるな
2つの点を直線で結べば最短ルートになるが、それが最速のルートであるとは限らない。大会の主催者は、選手が迂回しなければならないように、経路に峡谷や小川などの障害物を盛り込む。選手は地図を読み、地形をイメージして、ある地点からある地点までのルートを選ぶ。コンパスで目印の地形の方角を調べて、現在地を確認したり、正しい方向を割り出したりする。

選手の特徴
長距離ランナーのようなスタミナとスピードがなくてはならない。移動しながら地図やコンパスを読みこなし、進む方向を定める能力も必要。行く手は、道路や人が通るような道ばかりではない。傾斜の急な岩場や湿地帯など、どんな地形と出会っても、自分で考え、進路を決定できなくてはいけない。

基礎知識
- 毎年開催される世界選手権では、ロングディスタンス（男子90～100分、女子70～80分）、ミドルディスタンス（30～35分）、リレー（10～12分）の2種目が行われている。
- 徒歩のレースが最も多いが、マウンテンバイクやスキーを使用する大会もある。

陸上競技

075

競歩／オリエンテーリング

トライアスロン

競技の概略

1つのレースに、3つの種目を取り入れた耐久スポーツ。スイム、バイク、ランの順で行われる。スイムのスタートからランのゴールまでのタイムを競うので、トランジションで次の種目に切り替える準備もすばやくこなさなければならない。この切り替えがスムーズにできればタイムを縮めることができる。そのため、トランジションを第4の種目と考える選手も多い。国際大会での標準的な距離は、オリンピックディスタンスだが、短いショートスプリントから長いアイアンマンレースまで、さまざまな距離のレースがある。1978年からハワイで開かれているアイアンマン・ワールドチャンピオンシップは最も格の高いレースだ。

レースの長さ

プロのトライアスロン選手の多くは、オリンピックや各地のアイアンマンレースに参加する。オリンピックでは、スイム1.5km、バイク40km、ラン10kmが行われる。アイアンマンレースは、究極の耐久スポーツだ。スイム3.8km、バイク180kmに続いて、フルマラソン（42.195km）を走る。

スイム

湖、川、海で行われる。出場者全員が一斉にスタートする場合と、小さなグループにわかれ、数秒ずつ間をあけてスタートする場合がある。泳法は自由だが、クロールが最も多い。水温が低いときは、ウェットスーツ着用が義務づけられる。

ラン

コースは、公道の場合と、クロスカントリーの場合がある。比較的平坦なコースもあれば、かなりアップダウンの厳しいコースもある。決まった位置にエイドステーションが設けられ、水分やエネルギー補給用のドリンクなどが摂れるようになっている。

バイク

トランジションエリアをスタート・ゴール地点にして公道を走る。オリンピックでは、プロの選手たちは集団をつくり、前の選手を風よけにして空気抵抗の少ないスリップストリームを利用する。アイアンマンレースでは、他の選手の後ろについてスリップストリームを利用することは禁止されている。

トランジション

すばやくスムーズに次の種目に移れるように、選手はレース前にあらかじめトランジションエリアをチェックしておく。走りながらウェットスーツを脱ぐ練習や、シューズをペダルに装着しておき、自転車に乗ってからはくといった練習もする。

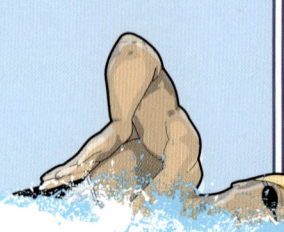

スイミングキャップ

個人識別のためにかぶるものだが、水温が非常に低いときには、体温が奪われるのを防ぐためにネオプレン製のキャップとボディスーツを身につける。

カーボン製のバイク

プロ選手は、空気抵抗の少ない、タイムトライアル用の自転車を使う。フレームは、超軽量で剛性にも優れたカーボンファイバー。

選手の特徴

スタミナ、スピード、強靭な身体、タフな精神、各種のテクニック、次の種目にスムーズに切り替えられる能力、どれか1つ欠けてもトライアスロンは戦えない。プロ選手は、週に30時間程度トレーニングをする。プロ選手としてのピークは、20代後半から30代前半。

ウェア

ワンピース型か、丈の短いシャツとパンツの組み合わせ。3種目すべてで着用でき、着替える必要がない。

トランスポンダー

足首に計時用のトランスポンダーをつけ、正確なタイムを計る。

アロハ、ハワイ

ハワイのアイアンマン・ワールドチャンピオンシップが初めて行われたのは1978年。平坦とはいいがたい地形、強風、猛烈な暑さ。その過酷さで悪名高いレースだ。

基礎知識

- 国際トライアスロン連合（ITU）主催で、毎年世界選手権シリーズが行われている。
- オリンピックで初めて行われたのは、2000年のシドニー大会。男女とも正式種目。
- ロンドン・トライアスロンは世界最大の大会だ。8000人以上が参加し、ロンドン東部のドックランド地区で泳ぎ、漕ぎ、走る。
- ワールド・トライアスロン・コーポレーション主催のアイアンマン・ワールドチャンピオンシップ。ハワイで行われる決勝への出場をめぐって、世界各地で予選が行われる。

競技の概略

1日で、射撃、フェンシング、水泳、馬術、ランニングの5つの種目を行う（＊訳注：2009年からはランニングと射撃をミックスして行うコンバインド競技に変更された）。男女ともに、最初の4種目それぞれで成績に応じて得点が与えられる。この得点をタイムに換算し、成績のよい順にタイム差をつけてランニングのスタートを行う。したがって、ランニングで最初にゴールした選手が総合優勝者となる。

基礎知識

- 敵陣に斥候として潜入した騎兵隊の将校に要求される技能という、現代では多少現実離れしたロマンチックな基準に基づいて、この5種目が選ばれた。
- 伝統的に軍関係者が強い競技。
- 女子の近代五種がオリンピック競技になったのは、2000年のシドニー大会から。

近代五種競技

ルール

原則として、それぞれの種目のルールは、単独で行われる場合と同じ。ただし、近代五種の障害飛越では、騎乗する馬は抽選で決められる。20分、最大5回までの飛越で、その馬の特徴を知らなければならない。また、ランニングのスタートは、選手の持ち点に応じて時間をずらす。

射撃

距離10mで行われる。直径15.5cmの標的を狙って、4.5mm口径のエアピストルを撃つ。標的には中心円の外側に9つの同心円。中心円に命中すれば最高得点。20発撃ち、中心にどれだけ近かったかによって得点が与えられる。

片腕だけ
いかなる場合も、銃を持つ手を、もう一方の腕で支えてはいけない。

アイウェア
目を保護するためにも必要。

フェンシング

通常のピストで行われる。2人の選手が剣で交互に相手を攻撃し合う。1セット1分。エペで相手の有効面を先についた方がそのセットを取る。どちらの選手にも有効なつきがなかった場合は両方がそのセットを失う。セットの勝率70％で1000点が与えられる。

防具
頭、体を保護する防具を身につける。

第1撃
体のどの部分でも、先についた方が勝ちとなる。

選手の特徴

たいへん幅広い技術を要求される。射撃、フェンシング、馬術など、テクニックの比重が高い種目では、年齢の高い選手のほうがよい成績を出す。水泳とランニングは若い選手の方が有利だ。トップクラスの選手は、ほとんどが28歳以上。

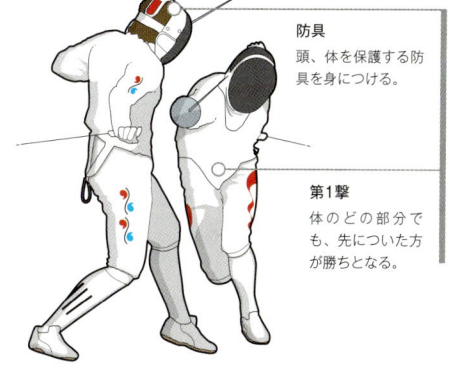

水泳

通常のオリンピック用プールで、200m自由形を行う。ただし、順位ではなくタイムを競う。男女とも、タイムが2分30秒なら、1000点。

馬術

長さ350〜400mのコースに、最高1.2mの高さの障害物が置いてある。抽選で当たった馬になれるための時間が20分取られている。障害物は12カ所。これを制限時間内に飛び越す。ミスやタイムロスに応じて、持ち点1200点から減点されていく。

ランニング

距離は3000m。クロスカントリーの場合と、ロードで行う場合がある。直前の競技（馬術）終了時に総合1位だった選手が最初にスタートする。2位以下の選手は、点数に応じたタイム差をあけて順次スタート。最初にゴールした選手が優勝。

必須種目
水泳で強いことが、近代五種の選手の大前提だと考えられている。

スピードポイント
基準タイムを1秒切るごとに10点ずつ加算されていく。

馬の役割
なれない馬に乗ることで、予想できない事態が起こる場合もある。

落とさずに
障壁を壊すと28点減点。

クライマックス
スタート時間がずれているため、レースの終わりは手に汗を握る展開になる。

減点
指定された時間より早くスタートしてしまうと、40点の減点。

陸上競技

トライアスロン／近代五種競技

077

体操

02

体操

競技の概略
体操は、男子と女子が個人または団体で競う多種目の競技だ。個人競技には、種目別と総合がある。体操は、体操競技、新体操、トランポリンの主要3部門に分類される。新体操は女子のみ。男子体操は、ゆか、あん馬、つり輪、跳馬、平行棒、鉄棒の6種目。女子体操は、跳馬、段違い平行棒、平均台、ゆかの4種目。

バランスをとりながら
ソ連の体操選手オルガ・コルブトは、個性的な演技を行い、1972年のミュンヘン・オリンピック大会で名声を得た。平均台での後方宙返りは史上初。その豪快で技術の高いスタイルは、体操に大変革をもたらした。

採点規則
2004年のオリンピックで評価にばらつきがあるとの非難を受けて、2006年に公式採点方法（採点規則）が導入された。しかし、新規則は芸術性より技術的な難度を重視するものだとの批判があり、現在は悲願の「10点満点」を取ることができない。

種目別得点掲示板
現在、この種目を行っている選手の得点を表示。

ゆか
ゆかとアクロ体操のフロアの面積は12m×12m。新体操のフロアはそれよりやや大きい。

一段高くした演技台
体操器具とフロアマットはすべて一段高くした台上に設置。競技中は競技者しか台上に上がれない。

あん馬
台とポメル（把手）の表面は、選手が上をなめらかに動け、なおかつ滑りやすくないものであること。

鉄棒
長さ2.4mの水平の鉄棒を床上高さ2.8mに立てる。

段違い平行棒
女子体操の種目である段違い平行棒は、2本の間隔が水平距離160cm、高さの差が80cm。

跳馬の助走路
幅1m、長さ25mの助走路で勢いをつける。

審判団
トップレベルの体操競技会では、種目別の審判団が取り仕切る。審判団はA審判とB審判にわかれ、A審判は2人、B審判は6人。ゆかの線審など、それ以外の役員がいる種目もある。A審判は、選手の演技がはっきり見えるように、器具の真正面に座る。B審判は、A審判の左から時計周りに器具を囲んで配置される〔*訳注：現在は、D審判員2人（演技の難度を主に評価）、E審判員5人（演技のできばえを主に評価）、R審判員2人（E審判員の補佐）の計9人で構成されている〕。

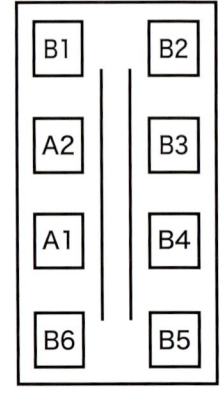

選手の特徴
男子と女子の体操選手は、1つまたは複数の専門分野によって、体型や大きさがさまざまだ。たとえば、男子つり輪では並外れた上半身の力が必要なのに対して、女子新体操では、しなやかさと正確な筋肉のコントロールが求められる。すべての体操選手に共通する特徴は、超人的なバランスと力。特に、一流選手が小柄な体型であることを考えると驚異的だ。

体操競技場

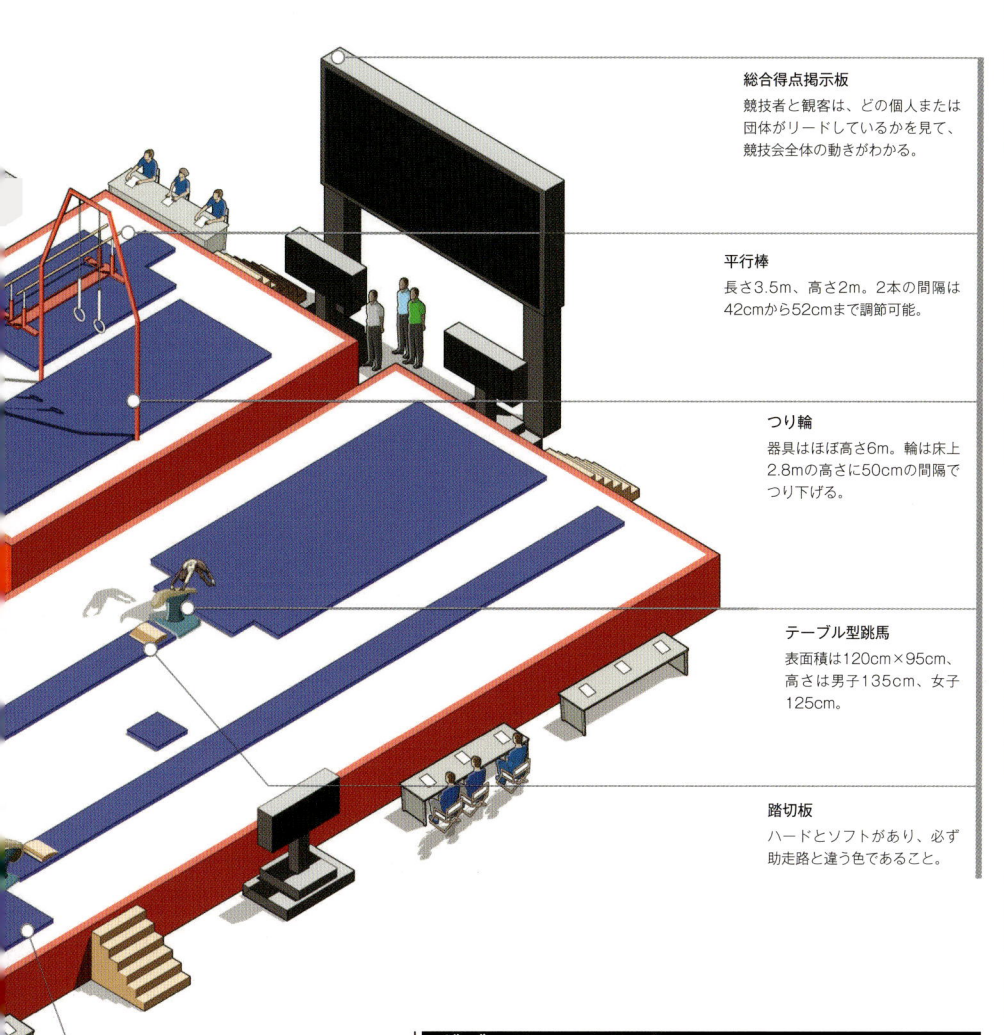

体操競技場は、ポディウムとも呼ばれ、さまざまな競技が同時進行する。たとえば、男子の平行棒と鉄棒は女子の平均台と競技場の反対側を使うので、同時進行が可能。2004年アテネ・オリンピックなど大きな競技会では、数日にまたがって競技が実施されることもある（新体操は他会場で実施）。

総合得点掲示板
競技者と観客は、どの個人または団体がリードしているかを見て、競技会全体の動きがわかる。

平行棒
長さ3.5m、高さ2m。2本の間隔は42cmから52cmまで調節可能。

つり輪
器具はほぼ高さ6m。輪は床上2.8mの高さに50cmの間隔でつり下げる。

テーブル型跳馬
表面積は120cm×95cm、高さは男子135cm、女子125cm。

踏切板
ハードとソフトがあり、必ず助走路と違う色であること。

フロアマット
厚さ10cmのパッド入りフロアマットは、重要な安全対策。あん馬、段違い平行棒、鉄棒、つり輪の周囲は、さらに安全性を高めるために厚さ20cmだ。

ギブ・ミー・テン！

1976年モントリオール・オリンピックで、ルーマニアの体操選手ナディア・コマネチは弱冠14歳で史上初の10点満点を獲得。最年少選手としての記録に甘んじることなく、次のモスクワ・オリンピックと合わせて計5個の金メダルを獲得した。

裏話

健康対策としても競技形式としても、体操の歴史は長い。古代ギリシアでは体操は裸で行われていた。各種目に衣服や専用器具を用いるようになったのは、18世紀にさかのぼる。この頃、ドイツで軍事訓練として体操が考案されたが、まもなく一般市民にも流行し、各国に広がった。

体操の運営組織

1881年、ヨーロッパ体操連盟が設立。1921年、国際体操連盟（FIG）になり、ヨーロッパ以外の国々も加盟できるようになった。1896年の第1回近代オリンピック大会で体操が正式種目となり、1928年、初めて女子が競技した。

データ集

オリンピックメダル最多獲得国

男子個人総合

国	数
ソ連	15
日本	14
フランス	8
スイス	6
イタリア	5

男子団体

国	数
日本	12
ソ連	9
アメリカ	7
フィンランド	6
イタリア	5

女子個人総合

国	数
ソ連	18
ルーマニア	11
アメリカ	6
ロシア	3
チェコスロバキア	2

女子団体

国	数
ルーマニア	12
ソ連	9
アメリカ	7
チェコスロバキア	6
ハンガリー	5

新体操団体

国	数
ロシア	5
ベラルーシ	3
ブルガリア	2
イタリア	2
中国	1

新体操個人

国	数
ロシア	7
ウクライナ	4
EUN（*訳注:バルト三国を除く旧ソ連）	2
URS（*訳注:旧ソ連）	2
ベラルーシ	2

体操

基礎知識

→ 体操の全種目の中でゆかは、選手が個人の表現や個性を示す最高の機会だと考えられている。特に女子では、ダンス技術が重要な要素だ。

→ 体操は1896年からオリンピック正式種目になった。ゆかは、1936年に男子の競技に、1952年に女子の競技に初登場。

→ 代表チームに振りつけ師とコーチを雇って演技指導する国もある。

フロア
正方形のゴム製マット上で、ゆかの演技を行う。このエリアの周囲4辺には、境界線がくっきり引かれている。ほとんどのフロアでは、けがを防ぐためにパッド入りエリアは境界線より1m長い。境界線の外に踏み出したり倒れたりすると、ペナルティが科せられる。

審判団
審判員6人が演技を採点する。さらに技術審判員2人、審判員全員を取りまとめる審判長がいる。

競技者
振りつけしたタンブリング、ターン、回転を組み入れた演技を1人で行う。

バウンドする柔らかい面
マットは発泡ゴム製で、その下に合板の層があるので、表面がバウンドする。この「バネ」を利用して、宙返りに速さと高さを与える。

12m × 12m

ゆか

競技の概略

ゆかは、女子体操4種目の1つ、男子体操6種目の1つ。体操種目の中でも人気が高く、狭い空間で力と技をアクション満載で観客に見せる。競技者は1人ずつ、正方形のフロアマット上で振りつけした演技を行い、アクロバット系の技と芸術的な創造性の両方で採点される。演技中はマット全域を使うことが求められるので、タンブリングは、フロアのコーナーから反対側のコーナーまで対角線に行われることが多い。

男子と女子の比較
男子と女子の演技はほぼ同じだが、細かな重要点でいくつか異なる。女子には、タンブリング、ジャンプ、ターン、ダンスが求められる。男子もタンブリングやジャンプの技術を見せるのは同じだが、力が重視される。男子の演技には、身体能力を示すために、全体重を両腕で支え静止するVシット姿勢（脚上挙）など、押し上げ倒立が含まれる。

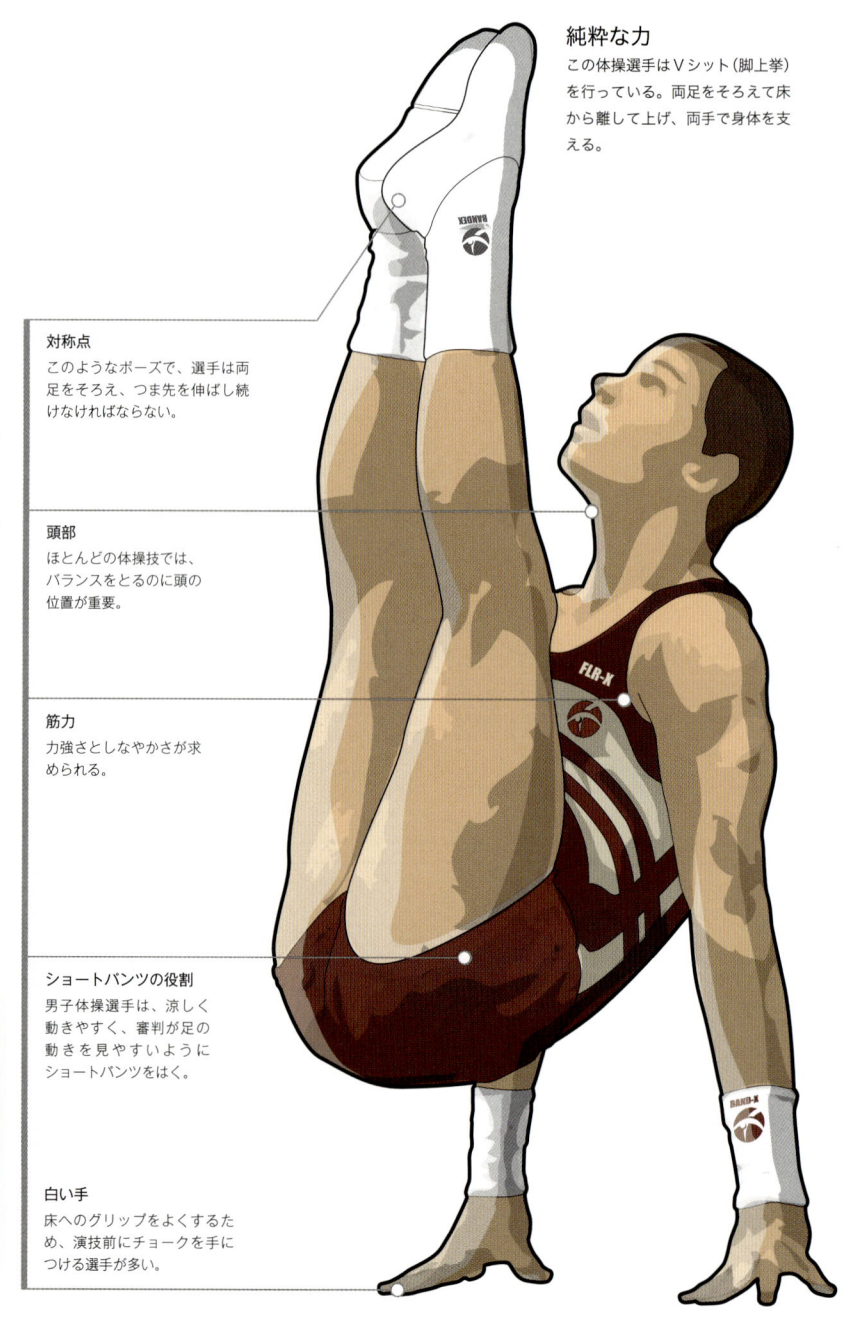

純粋な力
この体操選手はVシット（脚上挙）を行っている。両足をそろえて床から離して上げ、両手で身体を支える。

対称点
このようなポーズで、選手は両足をそろえ、つま先を伸ばし続けなければならない。

頭部
ほとんどの体操技では、バランスをとるのに頭の位置が重要。

筋力
力強さとしなやかさが求められる。

ショートパンツの役割
男子体操選手は、涼しく動きやすく、審判が足の動きを見やすいようにショートパンツをはく。

白い手
床へのグリップをよくするため、演技前にチョークを手につける選手が多い。

演技を開始する

女子は、音楽の伴奏（インストルメンタルのみ）に合わせ90秒以内でゆかの演技を行う。男子の演技は70秒以内で、音楽は使用しない。フロアマット全体を使わなければならないが、白い境界線を踏み越えるとペナルティが科せられる。演技には3、4回のタンブリングを盛り込み、力技（男子）またはダンス技術（女子）を組み合わせたアクロバット系の技を見せなければならない。

10点満点

ゆかは10点満点で採点されるが、「10点満点」はめったにない。審判団は2グループ。一方は演技の難度を採点し、他方は演技のできばえを採点する。ゆかの演技には、必須要素（後方宙返りなど）を組み入れなければならず、難度に応じて演技価値点が与えられる。各要素にもA（最低難度）からGまで価値点がある。難度にかかわらず必須要素をすべて完璧にこなせば加点が見込まれる。しかし、わずかにバランスをくずしても身体の軸が曲っても減点される。

ナンバー・トリビア

3 個：オリンピックゆかでの金メダル連続獲得数。1956年、1960年、1964年に優勝したのはラリサ・ラチニナ。

5 年：オリンピックで2冠を達成したルーマニアのラビニア・ミロソビッチが、出場停止になった年数。日本のファッション誌でトップレスモデルになったためだ。

15 個：ロシア人体操選手ニコライ・アンドリアノフが獲得したオリンピックメダル数（金7個、銀5個、銅3個）。ゆかでは、金2個（1972年ミュンヘン大会と1976年モントリオール大会）と銀1個（1980年モスクワ大会）を獲得。2008年までオリンピック男子最多メダル記録を保持していたが、同年、水泳のマイケル・フェルプスがこの記録を上回る16個（ロンドン五輪終了時には22個）の記録を達成した。

体操

083

ゆか

審判に印象を与える

高得点の演技には、目もくらむようなアクロバット系の技が盛り込まれている。特に、タンブリングでは、ターン、リープ、スプリング、宙返りをダイナミックに組み合わせ、すべて流れるように連続させる。必須要素は、560度のターン、前方および後方タンブリング、2回宙返り。タンブリングの最後で、女子は足を前後させてもよいが、男子は、両足をそろえてぴたりと着地しなければならない。

コスモポリタン・レッドスター

ソ連の体操選手でありコーチであるネリー・キムは、1976年大会でソ連代表として金メダルを獲得した。実は、彼女は韓国人とタタール人のハーフで、レニナバード州で生まれ、カザフスタンでトレーニングを受けた。

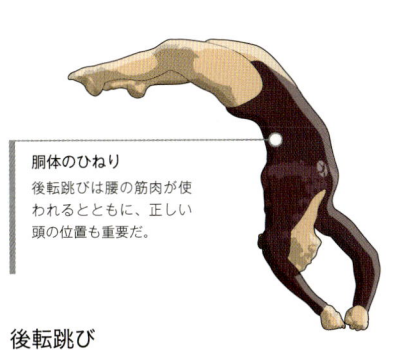

胴体のひねり
後転跳びは腰の筋肉が使われるとともに、正しい頭の位置も重要だ。

後転跳び
直立姿勢から始め、後方に跳ねて両手をつき、両手ではね返して再び直立姿勢に戻る。フリックフラックまたはフリップフロップとも呼ばれ、タンブリングの演技によく組み入れられる。

スタージャンプ
両腕を一緒に上げ下げする。

開脚跳び
両足が床と平行になるように空中で開脚する。両腕が足の動きと合っていれば加点される。着地はしなやかに行い、切れ目なく演技の次のパートに移行しなければならない。

アングルポイズ
下半身と足を押し下げるとともに、腕を上と外に伸ばす。

ポーズをとって！
ゆかの主目的はなめらかで見た目が美しい技の連続だが、ポーズをとる瞬間も必要だ。静止するのはほんの一瞬だが、演技の美しさに応じて採点される。

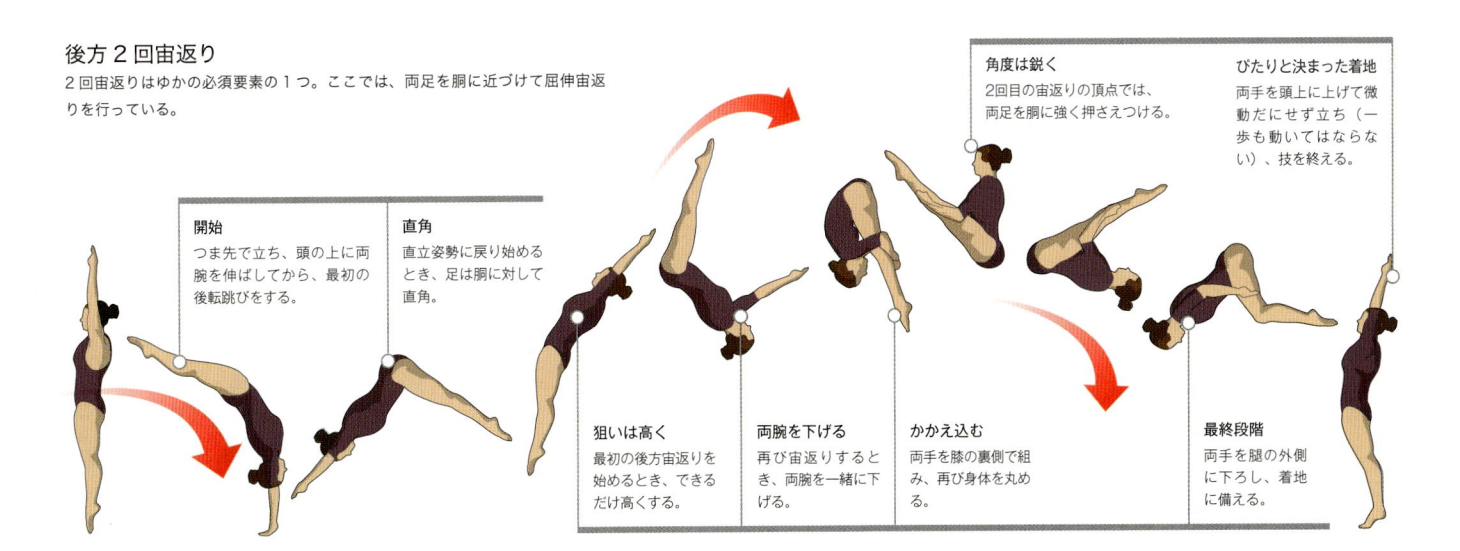

後方2回宙返り

2回宙返りはゆかの必須要素の1つ。ここでは、両足を胴に近づけて屈伸宙返りを行っている。

開始
つま先で立ち、頭の上に両腕を伸ばしてから、最初の後転跳びをする。

直角
直立姿勢に戻り始めるとき、足は胴に対して直角。

狙いは高く
最初の後方宙返りを始めるとき、できるだけ高くする。

両腕を下げる
再び宙返りするとき、両腕を一緒に下げる。

角度は鋭く
2回目の宙返りの頂点では、両足を胴に強く押さえつける。

かかえ込む
両手を膝の裏側で組み、再び身体を丸める。

ぴたりと決まった着地
両手を頭上に上げて微動だにせず立ち（一歩も動いてはならない）、技を終える。

最終段階
両手を腿の外側に下ろし、着地に備える。

鉄棒・平行棒・段違い平行棒

基礎知識
→ 50年間、東欧諸国が圧倒的強さを誇った後、近代オリンピックのバーの種目に西欧からも優勝者が現れた。2004年大会では、フランスのエミリ・ルバンネが段違い平行棒で、イタリアのイゴール・カッシーナが鉄棒で金メダルを獲得した。

→ 2011年世界体操競技選手権で際立っていたのは、中国だった。

ハンドプロテクター
バーの種目を行う選手は、手に擦り傷や水ぶくれができないように、常に保護用ハンドプロテクターを着用する。ストラップは手首に巻きつけ、軟らかい革の部分は手のひらをカバーし指穴が2つ以上ある。

指穴
ハンドプロテクターは、2つ穴か3つ穴。

リストストラップ
この部分を手首に巻いて締めつける。

下半身
男子は、足の裏にひっかけて固定するレオタードや長ズボンを着用。シューズや靴下をはいても素足で演技してもよい。

上体
肩の筋肉は、身体のどの部分よりも負担に耐える。

しっかり握る
湿気を吸収ししっかり握れるように、両手にパウダーをふりかける選手もいる。

競技の概略
鉄棒・平行棒・段違い平行棒というバーの種目は、技術、力、芸術性を華やかに見せる競技だ。鉄棒と平行棒は男子のみ、段違い平行棒は女子のみ。

器具の周囲
器具はポディウムと呼ばれる一段高くなった床に立て、着地エリアは衝撃吸収マットで衝撃が和らげられている。あらゆる器具は、ＦＩＧが定めた仕様に適合していなければならない。現代の新素材によって、器具の柔軟性が向上し性能が高まった。

平行棒
合板、プラスチック、両方の合成物でできている。滑り止めのため、吸湿性のものがよい。支柱は重さに耐えられる素材であれば何でもよいが、通常は鉄またはスチール。ジュニアの競技では高さと幅を調節できる。

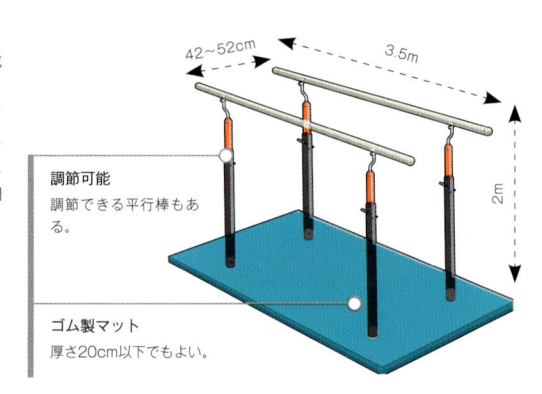

調節可能
調節できる平行棒もある。

ゴム製マット
厚さ20cm以下でもよい。

42～52cm / 3.5m / 2m

鉄棒
高張力スチール製。選手の動く力を逃がすため、床板に取りつけられている。床に固定されたケーブル4本で支えることもある。

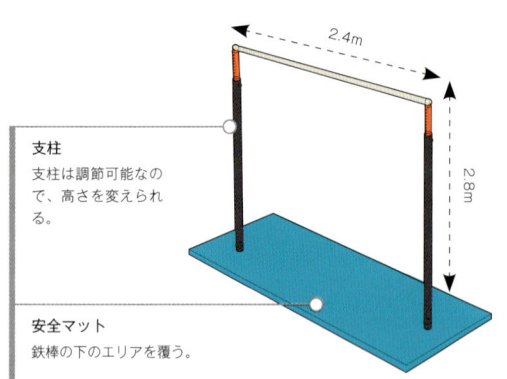

支柱
支柱は調節可能なので、高さを変えられる。

安全マット
鉄棒の下のエリアを覆う。

2.4m / 2.8m

段違い平行棒
木材、プラスチック、複合素材でできている。素材が何であっても、バーの表面は吸湿性があり滑らないものでなければならない。フレームは金属またはスチール。支柱は、床取りつけ器具で固定されることもある。

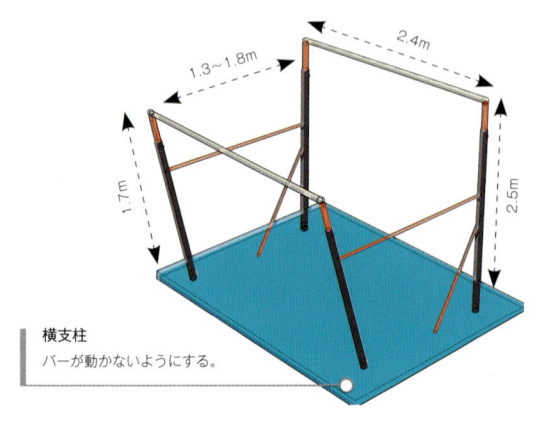

横支柱
バーが動かないようにする。

2.4m / 1.3～1.8m / 1.7m / 2.5m

振り子のように

鉄棒の演技には、目を見はる振りや回転、間をつなぐさまざまな静止姿勢がある。平行棒には、静止と回転、手放し技など華麗な動きと連動する大きな振りをはじめ、11以上の技が含まれる。段違い平行棒では、手放し技、バーからバーへの移動など、5つの要素群から技を見せなければならない。「流れるように」振り、倒立を「静止させる」ことが求められる。

競技に参加する

バーの種目は、体操競技の規定種目で、国際大会では演技順が決まっている。男子は、ゆか、あん馬、つり輪、跳馬、平行棒、鉄棒の順。女子は、跳馬、段違い平行棒、平均台、ゆかの順。団体と個人の両方がある。

鉄棒

鉄棒に身体が触れてはならない。演技では、前振りと後振りを入れて、持ち手を変えながら鉄棒の上下を移動するという連続技を行う。全体を通して、バーを放しては握る、手放し技を何度か組み込む。

しっかり握る
手放し技は、鉄棒の演技の重要な要素。

過激すぎる技

1972年のオリンピックで、ソ連のスターであるオルガ・コルブトは、段違い平行棒の高棒に立ち、後方宙返りをして、再びバーをつかんで、審判団を驚かせた。ただし、現在はこの技は禁止されている。

段違い平行棒

予備的な振動を行って勢いをつけた後、棒上と棒下で両方向に連続技を行う。すべての演技には、持ち手を変えなければできないひねりと宙返りを入れることが望ましい。バーとバーの間をできるだけ高く豪快に移動するのがよい。

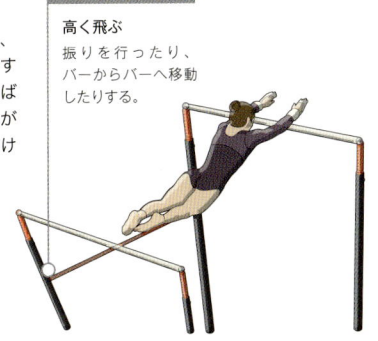

高く飛ぶ
振りを行ったり、バーからバーへ移動したりする。

採点方法

FIGの規則にのっとって、難度、フォーム、技術、構成の4つのカテゴリーで採点する。技術的ミス、姿勢の乱れ、落下、停止、演技の連続を妨げる「無意味な」振りは、減点対象。大きな競技会では、4人以上の審判員が各種目に割り当てられる。

華麗に降りる

コントロールしたアクロバティックな技で締めくくり、完璧な姿勢で両足そろえて着地することが望ましい。着地後にバランスを維持するために踏み出せば、減点になる。鉄棒の演技の最後には、目を見はるような宙返りやひねりを入れて、高く舞い上がる華麗な空中技で降りることが多い。

平行棒

この種目は、振動と力を示す静止姿勢の組み合わせだ。宙返りや特に難度の高い技を行うと加点される。

静止
1本のバーの上で「静止」しなければならない。

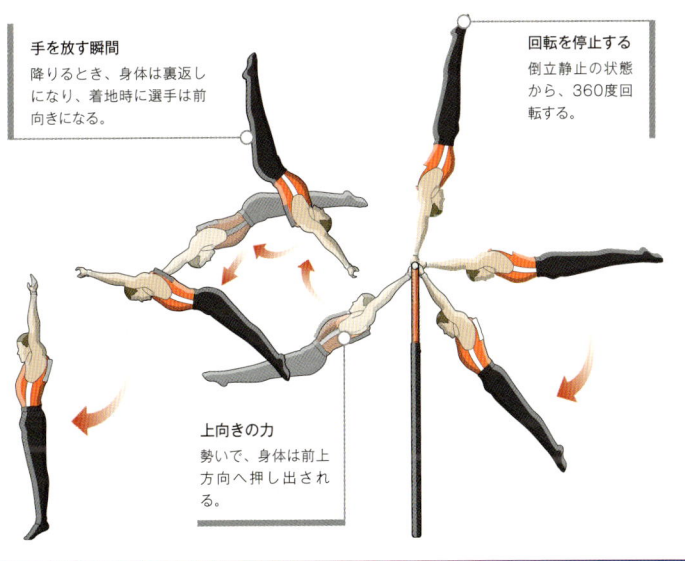

手を放す瞬間
降りるとき、身体は裏返しになり、着地時に選手は前向きになる。

回転を停止する
倒立静止の状態から、360度回転する。

上向きの力
勢いで、身体は前上方向へ押し出される。

ピープル・パワー

2004年アテネ・オリンピックの鉄棒の演技で、ロシア人選手アレクセイ・ネモフが9.725を出すと、観客は激しく抗議した。審判団は再協議せざるをえなくなり、結局、得点を9.762に引き上げた。それでも騒ぎはおさまらず、ネモフ本人が静粛にするよう求め、ようやく競技が続けられた。

ナンバー・トリビア

1.64 cm：ロシアのスベトラーナ・ホルキナの身長。体操選手になるには背が高すぎるといわれた。

6 個：1996年と2000年のオリンピック金メダリストのスベトラーナ・ホルキナにちなんで名づけられた、公式採点規則の技の数。これほど多くの個人名技を持つ体操選手は他にいない。

4 個：1896年第1回近代オリンピックでアルフレート・フラトーが獲得した体操競技のメダル数。平行棒で金、鉄棒で銀、平行棒と鉄棒で勝利したドイツ代表チームの一員として金2個を獲得。

16.533 点：2012年ロンドン・オリンピックの鉄棒でオランダ人体操選手エプケ・ゾンダーランドが金メダルを獲得したときの得点。

0.100 ：2008年オリンピックの段違い平行棒での金メダリスト何可欣（中国）と4位のベス・トウェドル（イギリス）の得点差。

体操

085

鉄棒・平行棒・段違い平行棒

あん馬

競技の概略

あん馬では、弧を描き振り子状に足を振動させて流れのよい演技を行い、停止することはない。両手しか馬とポメル（把手）に触れられないため、複雑に位置を変えなければならない。演技の芸術性と技術的な構成が完璧であることが求められる。

あん馬の要素

あん馬の上部全体を使わなければならないが、両手しか触れることができず、あん馬に沿って前後を「歩くように」移動する。演技の一部は、片方の把手のみを握って行わなければならない。時計回りに動くか反時計回りに動くかについて決まりはないが、両方向の動きを取り入れる選手が多い。任意の要素として、シュピンデル（180度転向）と旋回、馬端部での開脚振動などが一般的だ。

採点基準

あん馬の明確な採点基準は、ＦＩＧが定期的に変更する。詳細にかかわらず、理論的に上限のない難度（Dスコア）と、実施、芸術性、技術（Eスコア）の10.0点を合わせた点から、演技を開始する。器具に過度にもたれたり完全に離れたりすると、Eスコアから減点。交差がない場合、大きなペナルティが科せられる。

びんと伸びた足
快適性を追求し、選手の動きの芸術的なラインを強調するため、主に足にひっかけるタイツをはく。

基礎知識

→ あん馬は、男子体操6種目の中で最難関とされる。演技中、停止も静止もできない唯一の種目。

→ あん馬は、今でもトップレベルでは男子のみの種目だが、女子もレクリエーションや競技で行っている。

プラスチック製のあん馬

従来は、金属フレーム、木製ボディ、革のカバーだった。現在は、滑り止め合成素材で覆ったプラスチック製が多い。把手は金属製もあるが、大半がプラスチック製。あん馬が立っている着地マットは厚さ約20cm。

涼しさを保つ
軽量コットンは着心地がよく、動きを妨げない。つなぎのレオタードを着用することもある。

ドライグリップ
リストバンドは、腕から手に汗が流れて握りにくくなるのを防ぐ。

馬でもわかる常識
あん馬は、馬の鞍の前部に似ていることから名づけられた。

つり輪

基礎知識

- つり輪は、男子のみの体操種目の1つ。
- つり輪の演技時間は、約90秒。体力を要するので、それ以上持ちこたえられる体操選手はほとんどいない。
- かつてはローマンリングと呼ばれたので、イタリア発祥と思われる。ただし、記録に残る最初の競技は19世紀のドイツで行われた。

競技の概略

つり輪（静止つり輪）は、最も変化に富んだ体操種目の1つ。重力にさからう姿勢での静止技や振動から、器具よりはるかに高く勢いよく回転して着地する華麗な空中からの降り技まで、幅広い。審判の着眼点は、技術的な難度と多彩なプログラムのできばえだ。

支持ケーブル
プラスチック被覆スチールケーブルによって強度と柔軟性が生まれる。

ハンドプロテクター
指穴のあいた細長い革とリストストラップでできている。しっかり握るためにチョークも使う。

タンクトップ
軽いコットンのタンクトップを着る。

ぴったりしたレギンス
大半が足にひっかけるタイプ。

補強具
腕から手に流れる汗を吸収するため、プロテクターの下にコットンまたはフォームパッド入り手首プロテクターを着用する。

体操　087　あん馬／つり輪

スリル満点

審判が着目するのは、振動と静止姿勢を組み合わせた演技で、最低2回の倒立が含まれる。1つは、両腕を45度の角度で支えた位置から前方へ入り直立するもの。もう1つは、まったく同じだが後方から入るもの。開脚、閉脚のどちらでもよい。胴の前に両足を90度の角度で伸ばす正面水平支持が、最低1回なければならない。

採点方法

技術的なミスだけでなく、つり輪やロープが揺れすぎるなど「美しくない」印象を与えても減点になる。落下は演技に戻れば必ずしも致命的とはならないこともあるが、減点はされる。

つり下がっている輪

直径18cm、厚さ2.8cmの吸湿性の輪2つが、天井または自立式フレームからロープやケーブルでつり下げられる。どの競技会でもラウンドごとに、安全係が安全性をチェックする。厚さ20cmのゴム製マットがつり輪の真下に敷かれている。

つり輪の支柱
シンプルな自立式フレームが輪をつり下げる。

着地マット
柔らかく、厚く、幅が広いので、大技の着地でさえも衝撃を和らげる。

5.75m　50cm　2.75m

張力の問題

つり輪で成功するには、最大の張力を維持しなければならない。張力は、つり輪の揺れを止めてできるだけ静止させ、選手に安定した支持を与える。つり輪に圧力がかからない時間を短縮するため、前方と後方の振動をすばやく行う。

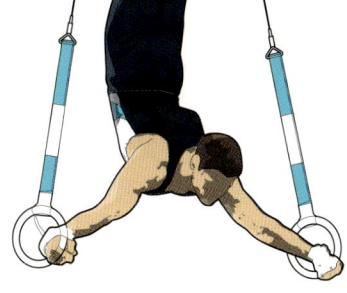

十字倒立
初めは両腕を近づけ、そこから徐々に離しながら、両足をそろえて静止する。この技には、かなりのコントロールと力が必要だ。

背面水平懸垂
水平姿勢を最低2秒間保たなければならないが、演技の流れを中断してはならない。つり輪とロープは、できるだけ静止させる。

上水平支持
倒立を行った後、床と平行になるように両足と身体を下げる。両腕は45度の角度で静止させる。

基礎知識

→ 平均台は、伝統的に女子のみ。男子は局部に危険をおよぼすため競技しないというのが通説だが、実際は単に伝統によるものだ。

→ 離れ業がわずか幅10cmの面の上で行われることを考えれば、ますます驚異的だ。

平均台

競技の概略
平均台は、バランスを最大限に見せる演技が求められる。体操選手は、普通は地上でもできないと思うような、リープ、ターン、宙返りを狭く危険な台の上で行う。審判団の着眼点は、技術的な能力と芸術的な能力、ダンス的要素、リープ、静止姿勢。

器具の設置
伝統的に、平均台の素材は磨かれた木である。木製とはいえ、最近のものは弾性があり、衝撃を和らげるためスエードで覆われている。安全な着地を行うため、平均台の下のゴム製マットは、できるだけ広い範囲をカバーするものがよい。

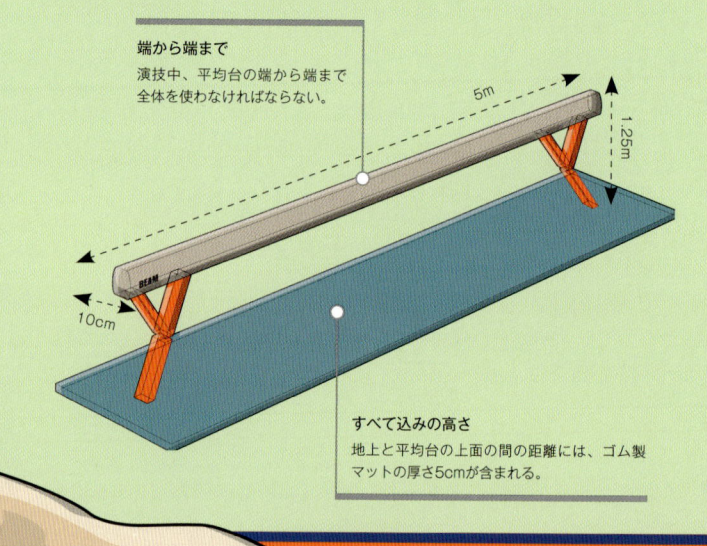

乾燥した肌
両手と両足にチョークを塗布して、汗のために平均台上で滑る危険を減らす。

おだんごヘア
髪はショートにするか、きつく束ねなければならない。髪がほどけたら減点になることもある。

色の組み合わせ
レオタードはどの色でもよいが、普通はチームカラーや国旗の色。減点になることもある。

素足でバランスをとる
靴下は一切はかない。完全なコントロールが必要な平均台では、微妙な感触に影響するからだ。

端から端まで
演技中、平均台の端から端まで全体を使わなければならない。

5m / 1.25m / 10cm

すべて込みの高さ
地上と平均台の上面の間の距離には、ゴム製マットの厚さ5cmが含まれる。

主要な技
最大で90秒の演技の規定要素は、360度ターンや大開脚跳び。また、最低2回の空中局面をともなうアクロバット系の連続技も組み入れなければならない。この技では、つまずいたりバランスをくずしたりすることなく、なめらかな動きで平均台を離れて戻る。

頭を上に
ぐらつくと減点になる。

ばたつかせない
ぎこちなく腕を動かしてはならない。

自信
平均台上で宙返りを行うには、相当な自信が必要。

平均台を降りる
宙返りで終わることが多い。

脚上挙
完璧なバランスが必要とされるこの力技では、手のひらと手首に全体重をかけ、膝を顔に寄せる。

バランス技
バランス要素にはなめらかに入る。絶えず維持しなければならず、姿勢がシャープで見た目がきれいであること。

宙返り
演技にステップオーバー・サマーソルトを組み入れることもできる。頭を平均台と垂直に保ち、バランスをとる。

バランスをとる
規定と任意の技を組み合わせた演技を行わなければならない。技の種類は、アクロバット系の要素（台を離れる）、力の要素（脚上挙など）、体操の要素（ターン、リープ、ステップ、ラン）、バランス要素（静止する、座る、立つ、伏せる姿勢）、ダンスステップ。
審判の着眼点は、優雅さ、柔軟性、リズム、バランス、テンポ、自制心。必須要素を行わない、平均台側面に足をもたせかける、3回以上停止するなどの場合、減点になる。

跳馬

競技の概略

跳馬は、25m以下の助走の後、踏切板で跳躍して跳馬に両手をつく。その勢いを利用して、かかえ込みや屈伸などさまざまな空中技を行い、両足そろえて着地する。演技は、踏み切りからわずか2秒だ。

フライト・プラン

助走スピードと踏み切る力から高さと回転が生まれ、さまざまなスタイルの跳馬ができる。跳馬に組み入れる技は、宙返りやかかえ込み、空中での1回ひねり、踏切板から跳馬までの1/4ひねり、助走から入る床から踏切板までの倒立回転跳び。着地は、跳馬の重要部分だ。両足をそろえなければならないが、バランスをとろうとして片足を前や横に踏み出して戻ることが多い。

採点方法

跳馬の演技は2回。2つの審判団が、Dスコア（難度）とEスコア（技術、実施、着地）の2つのカテゴリーで各演技を採点する。着眼点は、きれいな踏み切りと着地、空中での高さ、各局面での正確な動き。

基礎知識

→ 事故の危険を減らすため、従来の跳馬からテーブル型跳馬に変更された。表面積が広くなったので、安全性が高まって複雑な演技ができる。

→ 跳馬は、男女とも行う。器具はほぼ同じだが、男子用は女子用より10cm高い。

平均台／跳馬

089

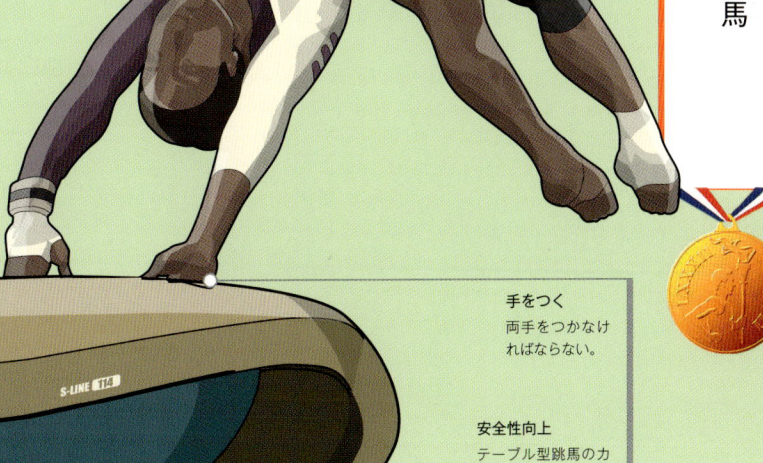

レオタード
長袖レオタードまたはスパンデックス製のツーピースを着用する。

1.2m
95cm
S-LINE 114

男子：1.35m
女子：1.25m

手をつく
両手をつかなければならない。

安全性向上
テーブル型跳馬のカラー（前下がり面）が導入されて選手の安全性が高まった。

頑丈
基部はパッド入りで、安全性と安定性を高めるために重い。

ユルチェンコ跳び

踏み切り直後に回転し、跳馬をつき放して後転跳びを行い、空中でかかえ込みまたは2回ひねり宙返りを行う。両足をそろえ、規定の着地をぴたりと決めて終わる。

形状が変わった

従来型の跳馬から、現在はテーブル型跳馬になった。主に安全上の理由から変更されたが、2000年のシドニー・オリンピックでは混乱が生じ、女子選手18人の演技終了後、器具の設定が5cm高かったことがわかった。

ナンバー・トリビア

0.031 点：2004年アテネ・オリンピックでスペインのヘルバシオ・デフェルが、一番のライバルであるラトビアのエフゲニー・サプロネンコを僅差で破って、金メダルを獲得したときの得点差。デフェルは、10点満点中の合計9.737点を得た。

4 人：オリンピック連覇した跳馬選手の数。ニコライ・アンドリアノフ（ソ連、1976年と1980年）、楼雲（中国、1984年と1988年）、ヘルバシオ・デフェル（スペイン、2000年と2004年）、ベラ・チャスラフスカ（チェコスロバキア、1964年と1968年）。

新体操

競技の概略
体操とバレエを組み合わせ、個人または団体で、振りつけした優雅な演技を音楽に合わせて行う。演技に使用する手具は、クラブ（こん棒）、フープ（輪）、ボール、ロープ（なわ）、リボン。この競技は圧倒的に女子が多いが、特に日本では男子も行う。

器具の設置
プラットフォームと呼ばれ、カーペットを敷いたエリアは、体操のゆかで使用されるものに似ているが若干大きい。天井は、手具ができるだけ高く投げられるように、地上から8m以上なければならないが、10mあることが望ましい。

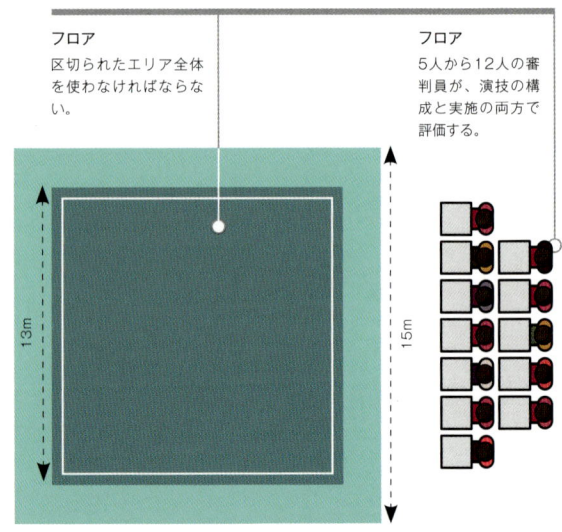

こぎれいな髪
髪はきちんと整え、顔にかからないように束ねなければならない。

ロープの技
演技に使う手具が何であっても、絶えず動いていなければならない。

一体型
レオタードまたはユニタードを着用。スカートつきのものもある。

正確なバランス
さまざまなポーズを取り入れてバランスと優雅さを見せる。

シューズ
専用シューズまたは素足で演技する。

フロア
区切られたエリア全体を使わなければならない。

フロア
5人から12人の審判員が、演技の構成と実施の両方で評価する。

13m / 15m

選手の特徴
どの体操分野でも、力強く柔軟な身体が求められる。さらに、新体操では手具を扱うためのきめ細かな手と目の協調、天性の音感とリズム感が必要だ。

「踊らない優雅さ」
新体操の起源は、若い女性が自己表現力を高めるために19世紀に考案された運動「踊らない優雅さ」だ。この競技の発展の立役者は、アメリカ人ダンサーのイサドラ・ダンカン。彼女は、クラシックバレエの制約を排除し、より自由な動きの表現形式を生み出した。

基礎知識
- 新体操の競技会は国内外で行われ、個人は1984年から、団体は1996年からオリンピックの正式種目。
- 新体操の世界的な運営組織は、ＦＩＧ。競技規則を設定し審判員を指導する。
- 体操競技で行われるようなアクロバット系の技は、新体操では必ずしも審判に評価されるわけではなく、禁止されている技もある。

演技の要素

各演技は競技者が選んだ音楽に合わせて行う。演技時間は、個人は75秒から90秒、団体は135秒から150秒。5つの手具から4つを演技するが、毎年、この競技の運営組織がどの手具を除外するかを決める。

審判をつとめる

審判員の人数は決まっていないが、必ず5人以上である。1人または複数の審判員が演技の難度を担当、別の審判員が振りつけと芸術性を担当、また別の審判員が演技の実施と技術的ミスの数を担当。調整役が審判団を取りまとめ、得点を集計する。審判長が競技全体を取り仕切り、どのようなクレームに対しても最終決定権を持つ。

採点方法

個人の競技では、使われる手具4つはそれぞれ20点満点。実施点10点、技術的難度と芸術点の平均点10点の合計だ。団体では、選手の得点の合計がチームの得点になる。

手具

手具の使い方には明確な規則や必要条件があり、それぞれ特別な身体能力と知力が求められる。ロープは、跳躍や縄跳びの能力が求められる豪快でダイナミックな手具。ボールは、柔らかで軽やかな手具でおそらく最も演技しやすい。クラブは、手と目の協調が試される。リボンは、空中に色鮮やかな模様を描く優雅さと器用さが必要だ。フープの扱いは、最も高い技術を要する。
現在の手具はたいていプラスチックなどの合成素材でできている。

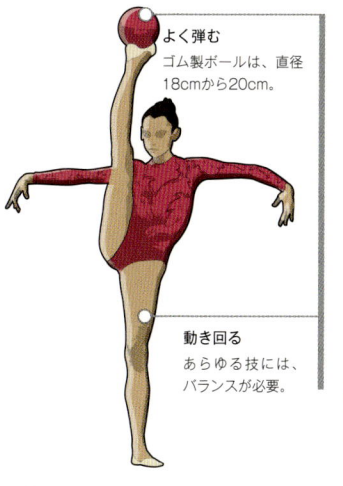

服装規定

厳しい服装規定があり、適合しない場合は減点されることもある。服装（と手具）は、金色、銀色、銅色が禁止。レオタードの模様と素材だけでなく、足の切れ込みや首のラインに関する規定もある。アクセサリーや調和しないヘアーバンドを身につけると減点になる。団体の演技では、全員同じ服装をしなければならない。

クラブの寸法
長さ40cmから50cm。

リボン
手で握る／リボンは短いスティックに取りつけられている。
長さは6m以上あり、演技中にヘビ形やらせん形に動く。

クラブ
器用さと手と目の協調を見せるため、クラブを振り、回し、投げ、受ける。

ボール
よく弾む／ゴム製ボールは、直径18cmから20cm。
動き回る／あらゆる技には、バランスが必要。
ボールを握ることなく、身体の周りや床でボールを動かし、弾ませ、投げ、転がし続けなければならない。

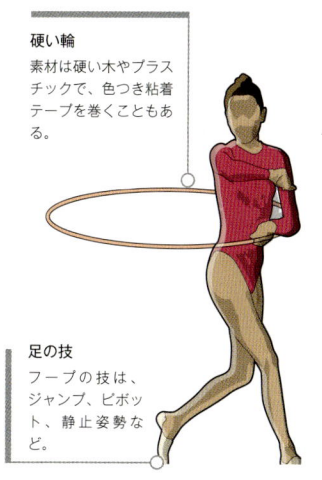

フープ
硬い輪／素材は硬い木やプラスチックで、色つき粘着テープを巻くこともある。
足の技／フープの技は、ジャンプ、ピボット、静止姿勢など。
競技規則では、フープを身体の周りで回し、投げ、受け、振らなければならない。フープを扱う技術は、習得が難しい。

裏話

20世紀初頭までに、スウェーデンの新体操学校で、音楽に合わせるさまざまな形式の運動が組み合わせられていた。この競技はアメリカに紹介されたが、ほとんど関心を呼ばなかった。最初に人気が高まる気配を見せたのは旧ソ連で、1948年以降、新体操選手権が行われた。8年後、最初の国際競技会が開かれたが、ようやくオリンピックの正式種目になったのは1984年（団体競技は1996年）。それ以降、圧倒的な強さを誇る東欧諸国に、スペイン、イタリア、ブラジルの選手が挑んでいる。

体操
091
新体操

ナンバー・トリビア

16 歳：シニア競技に参加できる年齢。選手生活はきわめて短い。新体操選手のピークは10代後半か20代前半。30歳以降も続ける選手はほんの一握りだ。

400 g：新体操のボールの最低限の重さ。

1,500 ドル：ベトナムで新体操を推進するため、2007年にロシア人やウクライナ人のコーチに支払われた米ドルでの月給。女子生徒を指導した。

1 個：世界選手権の団体総合で授与される金、銀、銅のメダル数。団体は3人または4人1組なので、共有しなければならない。

7 回：1969年から1995年までにブルガリアが達成した世界新体操選手権での団体の優勝記録。

2,000 人：FIGによる今日の世界トップクラスの新体操選手の概算人数。

トランポリン

競技の概略

トランポリンは娯楽と競技の双方の目的で行われ、バネでバウンドするベッド上で弾みながらアクロバット系の技を行う。演技には、ひねり、ターン、ダイビングを思わせる難しい技が含まれる。ヨーロッパ諸国や旧ソ連だけでなく、アメリカ、日本、中国でも人気が高い。個人または団体の種目は、シンクロナイズド・トランポリン、ダブルミニ・トランポリン、タンブリング。

基礎知識

- トランポリンは、1930年代にアメリカでジョージ・ニッセンが考案した。スペイン語の「トランポリン」（飛び込み台の意）にちなんで命名された。

- 競技場の天井の高さは、演技を安全に行う十分な余裕があるように8m以上。

- 第二次世界大戦中、アメリカの海軍航空学校はトランポリンを使ってパイロット訓練生の空中感覚を高めた。

早い開始年齢
9歳から14歳までという比較的若いうちに技能と力を身につけることが多い。

身体のコントロール
トランポリン選手は、四肢、肩、胴、腹の筋張力をコントロールできる。

服装
レオタードとトランポリンシューズを着用することが多い。男子はタンクトップと細身のズボンをはくこともある。

選手の特徴
日ごろから集中的なトレーニングを行って、心身ともに健全な状態を保ち、タイミング、リズム感などを養う。空中での回転中に正しいバランスを保ち、身体をコントロールする能力が身につけば、自信を高めることができる。

トランポリン

現在のトランポリンは安全で安定している。よって、ジャンピングゾーンでうまくコントロールでき、リバウンドの特性を活かして空中技に必要な高さに跳躍できる。柔軟なナイロン製ジャンピングベッドは、周囲のバネとつなぐことで張力を得ている。スチール製フレームは、ベッドを支え、地上から持ち上げる。

技を学ぶ

初心者は、膝をかかえたジャンプや前方と後方の着地など基本技を学ぶ。中級者の技は、前方と後方の宙返り。上級者は、2回または3回宙返り、後方宙返りや半ひねり宙返りなどを学ぶ。

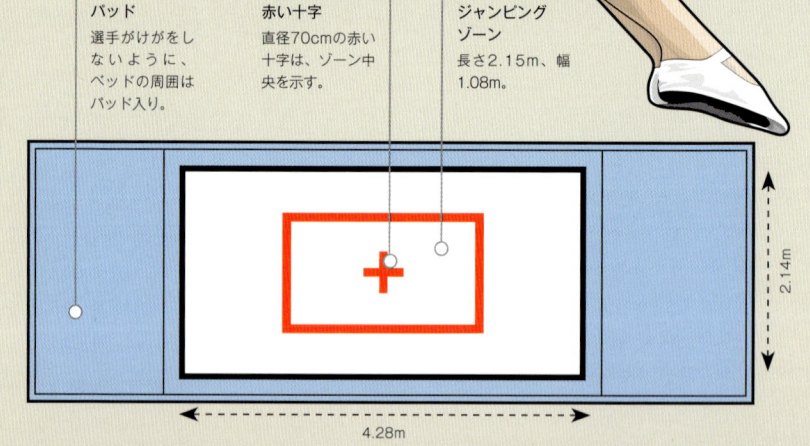

パッド
選手がけがをしないように、ベッドの周囲はパッド入り。

赤い十字
直径70cmの赤い十字は、ゾーン中央を示す。

ジャンピングゾーン
長さ2.15m、幅1.08m。

2.14m
4.28m

ダイビング・フール

ラリー・グリスウォルドは、トランポリンの黎明期にジョージ・ニッセンに協力した後、おもしろいアクロバット、タンブリングのスタント、お笑い芸で、ダイビング・フールと呼ばれるようになった。演技した場所は、プール、飛び込み台、トランポリン。

ナンバー・トリビア

18.80 点：カナダのジェイソン・バーネットが持つ男子難度スコア世界記録。2010年ワールドカップで記録した。

3,333 回：2003年9月、イギリス・ギリンガムのジャンパーズ・リバウンドセンターでブライアン・ハドソンが達成した連続宙返りの現在の世界記録。それ以前の記録は3025回。

国際大会
個人男子・女子および団体は、年次ワールドカップ、1964年に始まりヨーロッパ選手権と交互に1年おきに開催される世界選手権、パンパシフィック選手権など、国際的なトランポリン大会で定期的に競技する。トランポリンは、2000年シドニー大会でオリンピック種目になった。

採点方法
トランポリン競技会で審判が行う採点方法はさまざまだが、基本的に演技のスタイルと実施を評価する。着眼点は、フォームの美しさ、高さの一貫性、動きの連続性など美的な要素。難度の高い技を成功させた場合も加点される。

姿勢
トランポリンの演技は、空中でアクロバット系の技を連続して行い、合間にトランポリンベッドに着床する。空中技は、タック（かかえ込み）、ストレート（伸身）、パイク（屈伸）の主な3つの姿勢での回転とジャンプで、難度が異なる。縦の回転は宙返りになり、横の回転はひねりになる。技は跳躍で始まり、着床は選手の前面・背面・足・腰で行う。

パック
パイクとタックを組み合わせた姿勢。複数のひねりを加えた複数の宙返りを行う場合、競技中にパック姿勢が認められる。

タック（かかえ込み）
両手で膝をかかえ、胸に引きよせる姿勢。ストレートジャンプの頂点で行うことが多い。

下肢　つま先から膝まで下肢は身体に寄せる。

頭　頭は胸の方に傾ける。

パイク（屈伸）
ふくらはぎをできるだけ下の位置で押さえながら、両足をそろえてまっすぐ伸ばし、身体を前に折る姿勢。

足首と足　足首と足をそろえた姿勢を保つ。

ストレート（伸身）
両腕を身体の横に添えながら、両足をそろえできるだけ身体を伸ばす姿勢。

足をそろえる　両足がまっすぐになるように、足をそろえる。

両腕は真横に　両手をまっすぐ伸ばし、身体の横にしっかり添える。

頭は後ろに　頭とともに首を後ろに傾ける。

ダブルミニ・トランポリン
助走路を走り、着床3回以内にベッド上で2つの技を行い、着地ゾーンに降りる。

着地ゾーン　柔らかい着地エリアは4m×2m。

トランポリン　端が傾き、ベッドは平坦である。長さ2.85m。

助走路　助走路には、幅1m、厚さ2.5cmのフロアマットが敷かれている。

20m

タンブリング
助走路を走り、タンブリング要素8つを含む演技を行う。優れたコントロール、フォーム、テンポの維持の面から採点される。着地ゾーンで演技を終える。

着地ゾーン　6m×3m。

パッド　着地エリアは、選手がけがをしないように柔らかいパッドになっている。

助走路　バネとパッドが入っている。

25m

裏話
世界年齢別大会は、世界選手権と同じ年に同じ場所で開催される。ＦＩＧの各加盟団体から最大80人が出場でき、総勢800人が参加する大会もある。男女別で、11〜12歳、13〜14歳、15〜16歳、17〜18歳の4つの年齢別に競技する。種目は、個人トランポリン、シンクロナイズド・トランポリン、ダブルミニ・トランポリン、タンブリング。

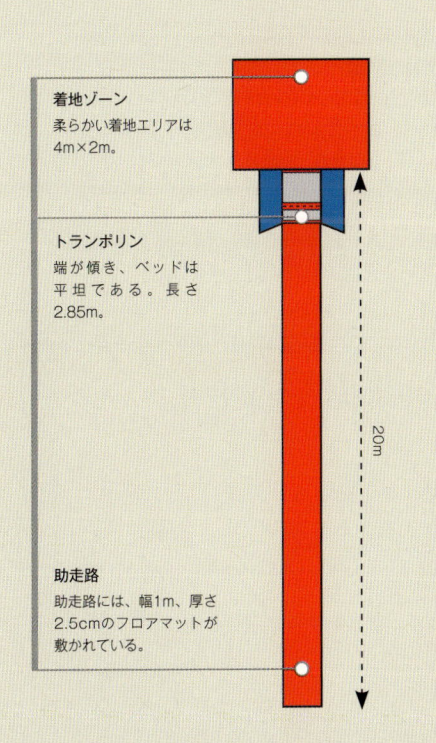

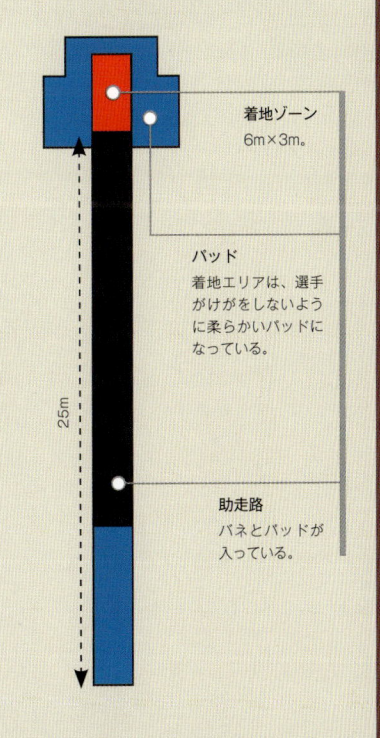

運営組織
ＦＩＧは、世界最古のスポーツ連盟。トランポリンをはじめとする体操競技のさまざまなスポーツを統括する。

体操　トランポリン

093

基礎知識

→ 世界アクロ体操選手権は、第1回大会から毎年開催されている。第1回大会は1974年モスクワで国際スポーツアクロ体操連盟（IFSA）によって開催された。アクロ体操は、2000年のシドニー・オリンピックで公開競技になった。

→ ロシアと中国で人気が高いが、アメリカやイギリスなど他の国々でも競技人口が増えている。

→ アクロ体操は、アクロバット体操またはアクロとも呼ばれる。従来の体操と結びつきが強く、両分野に重なる部分が増えている。

演技エリア
ゴム製マットまたはカーペットが敷かれたバネ入りの床で演技する。審判は、視線が同じになり協議しやすいように一列に座る。

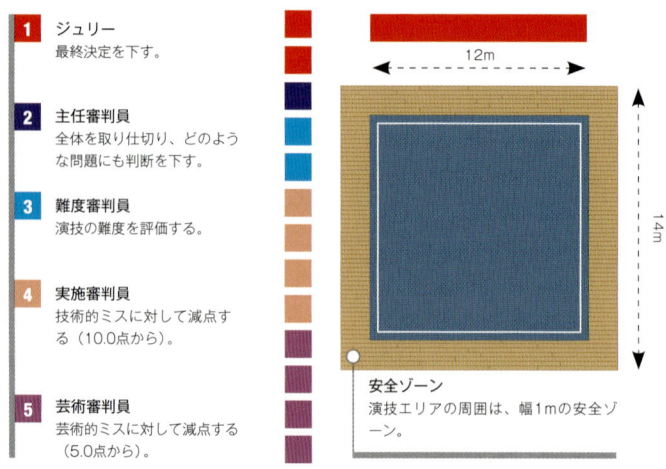

1 ジュリー
最終決定を下す。

2 主任審判員
全体を取り仕切り、どのような問題にも判断を下す。

3 難度審判員
演技の難度を評価する。

4 実施審判員
技術的ミスに対して減点する（10.0点から）。

5 芸術審判員
芸術的ミスに対して減点する（5.0点から）。

安全ゾーン
演技エリアの周囲は、幅1mの安全ゾーン。

12m / 14m

演技の種類
アクロ体操は、男子ペア、女子ペア、ミックスペア、女子グループ、男子グループの5種目。2分30秒以内の演技を3回行い、さまざまな技を見せる。演技は、バランス、ダイナミズム（テンポ）、その両方の組み合わせ（ミックス）に焦点が置かれる。審判団が注目する中で、一連の技をきわめて正確に行わなければならない。

アクロバットの技術
競技会は3部門。それぞれアクロバットの1側面に焦点を当て、ペアまたはチームのさまざまなメンバーが主要な技術を表現する。

バランス演技
人間ピラミッドをはじめとする複雑なポーズをとり、3秒間静止する。

ダイナミック演技
テンポ演技とも呼ばれ、バランス演技よりエネルギッシュだ。たとえば、選手はパートナーを宙返りで投げ、技術的に難しいタンブリングを高速で行う。

ミックス演技
前の2部門の技術を組み合わせた離れ業を華々しく見せる。

トップマン
男子団体では、ピラミッドの頂上に位置する選手は、チームの他のメンバーより小柄で体重が軽い。

柔軟性のあるシューズ
柔らかく、柔軟性があり、はきやすいものがよく、普通は白色。

ミドルマン
バランス技の中心に位置する選手には、力と柔軟性が必要。

頑強なベース
チームで最も大柄で力強い選手が基礎になる。

スパンデックス製の服装
スパンデックスや同様のストレッチ素材でできたワンピースやツーピースを着る。

人間ピラミッド
このバランス演技では、技術と芸術性に対して得点が与えられる。

スタビライザー
ミドルマンがベースマンの上に足をのせた後、この位置につく。

選手の特徴
チームのメンバーは互いに補い合う。ベースの選手は背が高く頑強で、その上に立ったり跳ねたりする「フライヤー」は小柄でしなやかだ。アクロ体操の選手はみなリズム感がよく、ダンスの素質がある。

競技の概略
アクロ体操は、体操の力、バランス、優雅さが、チームワークおよび音楽の伴奏と一体になった競技だ。2人以上の選手が、バランス技、前転跳び・後転跳び、宙返り、タンブリングを振りつけて連続して行い、実施と芸術的印象で採点される。

アクロ体操

エアロビック

基礎知識

- エアロビックはエアロビック体操とも呼ばれ、従来のエアロビック運動から発展した。
- トリオとグループは男子、女子、混合があるが、ペアは常に混合だ。グループは6人1組。
- 2006年、中国の敖金平が男子世界チャンピオンになり、スペインのエルミラ・ダサエヴァが女子世界チャンピオンになった。

競技の概略

エアロビックは、フィットネスプログラムがスポーツに発展したものだ。個人、ペア、トリオ、グループで演技を行い、動的な力と静的な力、ジャンプ力、柔軟性、バランスを見せる。

演技エリア
エアロビック競技会は、バネ入りのフローリングで行われる。

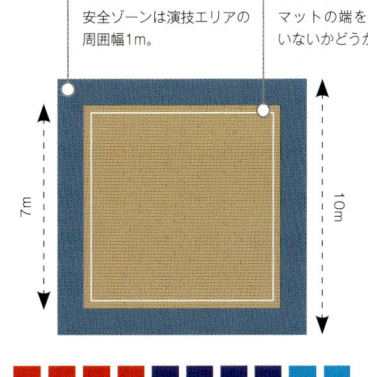

安全ゾーン
安全ゾーンは競技エリアの周囲幅1m。

ライン審判員
マットの端を踏み越えていないかどうかを見る。

クッション入りシューズ
シューズとソックスは白色であること。ジャンプ後の着地の衝撃を吸収するものがよい。

7m / 10m

服装規定
女子はタイツをはき、男子は身体にフィットしたワンピースまたはツーピースを着る。

選手の特徴
選手は、高い心肺機能が必要だ。優れた選手は、柔軟な手足を持ち、音楽に合わせてすばやく優雅に動くことができる。みな手と目の協調と柔軟性に秀でている。

ルールに従う
自ら選択した軽快な音楽を流して、連続する演技を実施する。競技エリア全体を使い音楽に合わせてリズミカルに動きながら、サポート、レバー、ジャンプ、リープ、フレキシビリティ、ターンから8以上12以下の規定エレメントを演じなければならない。また、プッシュアップ、フリーフォール、レッグサークルから最低2つを演じ、芸術的な美しさと独創性を表現することが求められる。

採点方法
10点満点から始め、ミスに応じて審判団が減点する。たとえば、4グループのエレメントから各グループ1つを行わない場合は0.2点の減点、禁止技を行った場合は1.0点の減点。

1. **芸術審判員** プログラムのクリエイティブな独創性を採点。
2. **技術審判員** 技術的な能力を採点。
3. **難度審判員** 厳しい採点基準で演技を採点。
4. **タイム審判員** 長すぎるか短すぎるプログラムに対して減点する。
5. **主任審判員** 他の審判員の仕事を取りまとめる。

フロアで見せる技
演技に含めなければならないのは、柔軟性とバランス、動的な力、静的な力、ジャンプの4グループそれぞれから最低1つのエレメント。また、マーチ、ジョグ、スキップ、ニーリフト、キック、ジャンピングジャック、ランジの基本ステップ7つ。

ハイキック
上げた足の股関節は180度まで開くと同時に、膝はまっすぐにしてつま先を伸ばす。

- **右足** 右足を垂直に上げ、足が右手に触れるようにする。
- **左足** 片方の足は静止したまま、体重を支える。

カポエイラ
この技は動的な力を表現するもので、この点に審判が着目する。

- **静止する** 片方の足を前に出し、力と柔軟性を示す。
- **腕力** 全身を腕1本で支える。

ジャンプ
リープとジャンプには、シザーズ、ストラドル、スプリット（上）が含まれる。

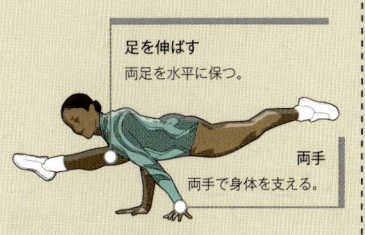

- **スプリット** この技は柔軟性を示す。

静的な支持
空中で開脚する間、両手に体重がかかる。

- **足を伸ばす** 両足を水平に保つ。
- **両手** 両手で身体を支える。

裏話
エアロビックは、1960年代後半にフィットネスとして確立したが、80年代に重要な役割を果たしたのがアメリカ人女優ジェーン・フォンダ。最初、エアロビックは競技としてなかなか信頼を得られなかったが、だんだん受け入れられるようになり、ようやく1994年にＦＩＧに認められた。1995年、第1回世界エアロビック体操世界選手権がパリで開催された。70以上の加盟国はエアロビックを体操に含めている。

体操 — アクロ体操／エアロビック — 095

ウエイトリフティング

基礎知識

→ ウエイトリフティングは、1896年の第1回近代オリンピックの競技。1904年に再び行われ、1920年以降、男子の正式種目になった。初めて女子競技が行われたのは2000年シドニー大会。

→ 一流選手は、自分の体重の2倍の重さを挙げることができる。1988年、ベラルーシ出身のレオニド・タラネンコは、ソ連を代表して266kgを持ち上げ、クリーン＆ジャークの史上最高記録を打ち立てた。

競技の概略

この競技では、両端におもりをつけたバーベルと呼ばれるバーを持ち上げる。どの重量でも3回試技を行い、成功すると増量される。最高重量を持ち上げた選手が優勝する。ウエイトリフティングは、「スナッチ」と「クリーン＆ジャーク」の2種目。

重荷に耐える

競技は体重によって階級別に行われる。現在、男子は56kg以下から105kg以上まで8階級、女子は48kg以下から75kg以上まで7階級。選手は1つの重量に対して交代で試技を行う。どの重量で始めるかを選び、最も軽い重量を選んだ選手が先に行う。所定の重量で失敗した場合、再度試技を行うか、後でより重いバーベルで試技できる。

持ち上げ方

スナッチでは、一度の動作でバーベルを頭上に挙げなければならない。クリーン＆ジャークでは、最初に床から肩の高さまでバーベルを引き上げ（クリーン）、次に別の動作で両腕が頭上でまっすぐになるまでバーベルを持ち上げる（ジャーク）。挙げ終わったら、レフェリーから降ろすように指示があるまで、両足と両腕は動かさずに最終姿勢でバーベルを保持しなければならない。

スチール製バーベル
男子と女子の競技者用にさまざまな長さと重さがある。

おもりのディスク
ディスクは鉛製。重量によって色分けされている。

リフティングウェア
ワンピース型のウェアを着用。膝やひじが隠れてはならない。

きつく締めたベルト
背中や腹をサポートする。通常、幅12cm以下。

シューズ
専用シューズをはくと、足が床にぴったりつき、安定する。

スナッチ

1. **握る** 両腕を大きく広げて両手でバーベルを握り、引き上げるために力を集中させる。
2. **通過点** 膝を伸ばし、ひじを曲げる準備をする。
3. **膝をつき出す** 膝を再び曲げ、バーベルの下で全重量を受ける。
4. **最後の押し上げ** 両足をまっすぐ伸ばし、頭上でバーベルを支える。

クリーン＆ジャーク

1. **両手をのせる** バーベルを握り、引き上げに備えてスクワットを行う。
2. **引き上げ** 最初の引き上げは、主に腿と背中の筋肉を使い、足の筋肉は使わない。
3. **首に当てる** バーベルが首の高さに達したら、肩に近づける。
4. **最後の押し上げ** 膝を曲げて、力を込めて最後のつき上げを行う。両足を開いてバランスをとり、両腕はまっすぐ伸ばす。
5. **完了** 足を静止してリフトを完了させ、審判の合図があるまでその姿勢を保持する。

選手の特徴

ウエイトリフティング選手は、首、肩、腹、腿の筋肉が発達している。自分の体重を超えるような重量を挙げるとき、心拍数は190回／分になる（標準値は60〜80回）。

パワーリフティング

競技の概略
パワーリフティングは、純粋に力を試す究極の競技だ。この比較的新しい競技では、「スクワット」「デッドリフト」「ベンチプレス」の3種目でおもりをつけたバーベルを挙げる。パワーリフティングで優勝すれば、世界最強の男・女といってもよい。

競技会
男子は、53kgから120kg以上まで体重別9階級、女子は43kgから84kg以上まで8階級。競技には3種目がすべて含まれ、種目ごとに3回試技を行う。合計で最高重量を挙げた選手が優勝する。引き分けの場合、体重が最も軽い選手が優勝となる。

選手の特徴
パワーリフティング選手の筋力がついている主な部位は、肩、胸、腕、背、腿、膝。それほど長い距離を持ち上げる必要がないので、筋肉量にかかわらず、男女とも背が低い選手のほうが高い選手より有利だ。当然、選手はトレーニングをするが、競技会前に自分を追いこみ、競技会で挙げるはずの重量より重いものを挙げることが多い。

スポッター
競技会では、「スポッター」と呼ばれる補助者が手伝って、競技者がラックからバーベルを外し、挙げる準備をすることがある。また、バーベルを元に戻すのを手伝うこともできるが、試技の間に干渉してはならない。

基礎知識
→ 1970年、国際パワーリフティング連盟（IPF）の後援を受けて、第1回世界選手権が開催された。
→ パワーリフティングは、初めは小規模な競技だったが、世界的に人気が高まりつつある。現在、IPFには100を超える国と地域が加盟している。

負担がかかる
首の筋力が強いほど、静止するときに身体が安定する。

タイトなワンピース型ウェア
ぴったりフィットしたウェアは、リフト中に身体をサポートする。

しっかりとした接地
シューズは、バランスと重量を分散するなめらかな靴底。

リストストラップ
サポート用にバンデージを使ってもよい。ただし、全幅10cm以内であること。

おもりのディスク
鉛製。わかりやすく色分けされているものもある。

開脚
両足を広げ、重量を最大の表面積に分散させる。

徐々に上げる
バーベルは高さ1mから始め、5cm単位で1.7mまで上げる。

強い腕
デッドリフトは、上腕二頭筋・三頭筋を使って持ち上げる。

胸の働き
ベンチプレスは、実際は胸の筋肉を使って持ち上げる。

スクワット
ラックからバーベルを外し、肩にのせ腰を膝より低くしてスクワットをする。直立の姿勢に戻り、バーベルをラックに戻すように指示があるまで持ち続ける。

デッドリフト
バーベルを床から引き上げ、背をまっすぐ伸ばし直立する。審判から終了の合図があるまで姿勢を保ち、バーベルをコントロールしながら床に戻す。

ベンチプレス
ベンチにもたれる。2人の「スポッター」がラックからバーベルを外し胸に触れるまで下げるのを手助けする。競技者はバーベルを押し上げ、腕を伸ばしたまま静止する。

団体競技

03

サッカー

競技の概略

サッカーの魅力や人気の高さは、そのシンプルさにある。各チーム11人の2チームは、ひたすらボールをけって相手チームのゴールを狙う。クリケットやラグビーなど複雑な団体競技に比べてルールは少なく、試合は流れるように展開し、実にエキサイティングだ。サッカーは世界中で人気の高いスポーツである。

シンプルなショートパンツ
丈夫な合成繊維でできたサッカー用ショートパンツは、自由な動きを妨げない。シャツはストライプや輪などの模様入りが多い。ショートパンツはたいてい無地だが、両脇にストライプが入ることもある。

チームカラー
通常ポリエステル製のサッカー用シャツは、軽く通気性がよい。チームの全員（ゴールキーパー以外）が同じ色と模様のシャツを着用する。

ハイソックスとシンガード
ハイソックスはシンガードを完全に覆うこと。現在、シンガードは必須用具の1つ。

優れたトラクション
スパイクやクリートがついたサッカーシューズは、ぬかるんで滑りやすい地面をとらえやすくする。

標準的なボール
ボールの直径は競技規則で定められている。試合中にボールが破裂したり不具合が生じたりした場合、プレーは中断し、主審はボール交換を求める。

「サッカーの王様」
ブラジルの伝説的人物であるペレは、史上最高のサッカー選手。1958年、1962年、1970年ワールドカップで優勝したブラジル代表チームのメンバーで、代表の試合に92回出場し、77ゴールをあげた（国内記録）。たぐいまれなテクニック、スピード、まばゆいばかりの創造性、得点力を備えた完璧なサッカー選手だった。

選手の特徴
サッカー選手のほとんどは、身体が引き締まり運動神経が発達し、ボールさばきがうまい。力強くバランス感覚に優れたランナーであり、すばやく繰り返し方向転換できる。また、短距離走の能力と、ほぼノンストップで90分走り続けられる持久力を合わせ持つ。サッカーは接触するスポーツなので、ゴールキーパーをはじめ選手たちは、特にタックルやヘディングの競り合いのときに、気後れするようではいけない。

基礎知識

→ 1863年のフットボール・アソシエーション（FA）の設立以来、正式名称は「アソシエーション・フットボール」だ。「サッカー」は「アソシエーション」が語源。

→ サッカーの試合は、長方形のピッチ上で1チーム11人の2チームが行う。試合は1ハーフ45分の2ハーフ制。その間に短い休憩がある。

→ その他の試合形式は、ビーチサッカーやインドアサッカー（別称「フットサル」。1チーム5人以下の2チームが1ハーフ20分の2ハーフ制で試合を行う）など。

→ サッカーの世界的な運営組織である国際サッカー連盟（FIFA）は、1904年創立。2013年現在、209の国と地域が加盟している。

世界的な現象

2006年にFIFAが行った世界的な「ビッグカウント」（FIFAが207の加盟団体に対して行った調査）によれば、男女のサッカー人口は2億6500万人、オフィシャル（審判員や監督など）は500万人。現役サッカー関係者の合計2億7000万人は、世界人口の約4パーセントに相当する。

団体競技

101

サッカー

ピッチ
サッカーは、芝生または人工芝の平坦な長方形のピッチでプレーする（寸法と白線は下記参照）。ピッチの一番外側は、タッチラインとゴールラインで区切られている。ボール全体がこれらの線を越えた場合は、アウト（ボールがゴールポスト間のゴールラインを通過した場合、得点が入る）。ボールの一部がライン上にある場合は、イン。試合の大半は芝生上で行われるが、水などの天然資源の節約が深刻な問題であるアフリカなどの国々では人工芝の使用が増えている。しかし、表面が何であれ、遊びのサッカーは誰でもプレーできる。必要なのは、2チーム、ボール、手製ゴール、試合を行う平面だけ。公園、野原、通り、浜辺など、場所を選ばない。

ゴール
ゴールは、しっかり固定された垂直のゴールポスト2本と、その最上部をつなぐ水平のクロスバーでできていて、全体が白い。ネットはたるまないように張らなければならず、ゴールキーパーの邪魔になってはならない。

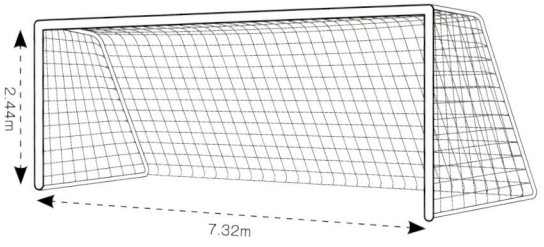

2.44m / 7.32m

テクニカルエリア
両チームにテクニカルエリアがある。オフィシャル（監督、コーチを含む）、交代選手、医療スタッフが座るエリアより両側に1m長い。ここから選手に指示を出せるのは1度に1人。

第4審判
ピッチ上の審判を補佐し、選手交代などを行う。

副審
副審は2人いて、各タッチラインを1人が監視する。

ペナルティマーク
ペナルティキックがここから行われる。

ペナルティエリア
ゴールキーパーがボールを手で扱ってもよいエリア。ここで反則があるとペナルティキックになる。エリア外での反則は直接フリーキックになる。

コーナーアーク
ここからコーナーキックが行われる。

主審
主審は開始から終了まで試合を取り仕切り、通常は黒い服を着る。

ハーフウェーライン
ピッチを2等分する。

ゴール
ボールが完全にゴールポスト間のゴールラインを通過したら、得点が入る。

センターマークとセンターサークル
試合開始とゴール後やハーフタイム後の試合再開では、センターサークル中央のセンターマークからのキックが行われる。相手チームは、キックされるまでセンターサークルに入ってはならない。

ゴールエリア
このエリア内のどこからでもゴールキックできる。6ヤードボックスともいう。

タッチライン
ボールが完全にタッチラインを越えたら、スローインが与えられる。

寸法: 16.5m、9.15m、5.5m、45～90m、90～120m

1. **ゴールキーパー** チームのディフェンスの最後のとりで。
2. **ディフェンダー** たくましい体格の選手が多い。
3. **ミッドフィールダー** チームの司令塔はこの上なく体力があり、あらゆるボールさばきができる。
4. **フォワード** すばやく創造的で、常にシュートチャンスを探している。

選手のポジション
サッカーチームの構成は、フォワード、ミッドフィールダー、ディフェンダー、ゴールキーパー。チームのメンバーは、その技能やプレースタイルに合ったポジションにつく。フォワード、つまりストライカーの主な仕事は、ゴールすること（とはいえ、ゴールキーパーを含め、どの選手がゴールしてもよい）。ストライカーは、スピードが速く、ヘディングがうまく、フットワークが巧みで、シュートが正確だ。ミッドフィールダーは、ディフェンダーとフォワードの橋渡しをし、攻撃と守備の両方をこなす。ディフェンダーは、ゴールキーパーと協力してゴールを守る。効果的なタックル、力強いキック、巧みなヘディングができる。ゴールキーパーは、ボールを手で扱うことが許される唯一の選手（ペナルティエリア内のみ）。ボールをキャッチする技術とキックする技術に加え、敏しょう性と鋭い反射神経も兼ね備えている。試合中に選手交代は可能だが、いったん交代した選手は再び試合に出場できない。

舞台裏
選手11人と交代選手のチームが試合日に出場するが、一流サッカークラブは何十人もの「裏方」の手を借りて、1軍チームの準備を整える。専門のフィットネストレーナーは、選手の体調を管理し、理学療法士と医師は、選手をベストな状態にし、けがからの回復を助ける。テクニカル面では、クラブは各部門にコーチを雇う。舵取り役は、監督、チーフ戦術アナリスト、スカウト。

用具

この競技が人をひきつけてやまない理由の1つは、用具がほとんど必要ないこと。したがって、目的が何であっても誰もが気軽に楽しめる。公式戦では、袖のあるシャツ、ショートパンツ、ソックス、シンガード、シューズの着用が義務づけられている。また、アクセサリーなど、危険をおよぼしかねないものは禁止。不適切な服装をしている選手は主審から退場を命じられ、服装が適正であると主審が確認した場合のみ戻ってもよい。

現代のボール

試合のボールは、外周68-70cm、重量410～450g、空気圧は1cm²当たり600～1100g。ほとんどのボールは合成皮革片を縫い合わせた表皮である（過去に使われていた本革は水を吸収しボールが重くなる）。内側には、ラテックス製かブテン製の空気を入れる内袋がある。内袋と表皮の間には、ポリエステル製またはコットン製の補強層があり、ボールに強度と弾性が加わっている。

バルブ
内袋には、ボールをふくらませるときに空気入れを取りつけるバルブがある。

表皮
六角形片を縫い合わせてできている。

68～70cm

試合の進め方

試合開始前、2チームは各ハーフで、決められたフォーメーションのポジションにつく。試合開始のキックオフでは、ボールをセンターマークに置き、攻撃側選手が前にける。その後、各チームはひたすらボールをけって相手のゴールを狙う。手と腕以外の身体の部分を使って、ボールをピッチのあちこちに動かし、90分後にゴールに入れた数が多いチームが勝ちとなる。試合終了後、両チームとも0点または同点の場合、試合は引き分け。しかし、勝敗を決めるため、競技会によっては「延長戦」や必要であればPK戦が行われることもある。

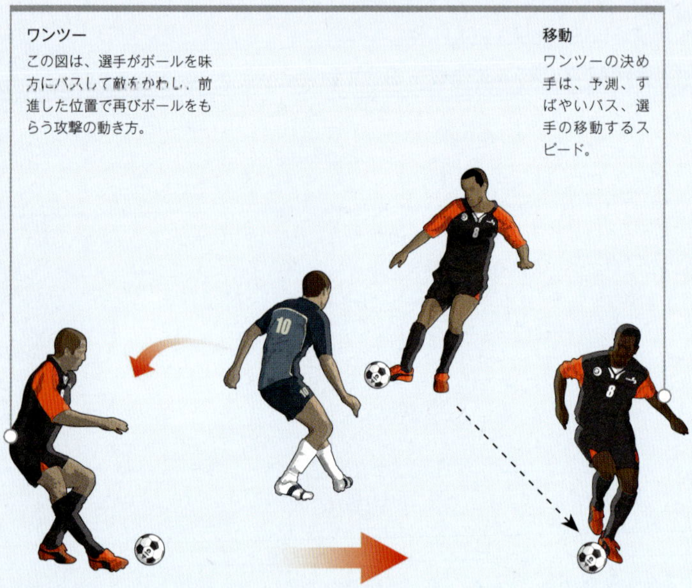

ワンツー
この図は、選手がボールを味方にパスして敵をかわし、前進した位置で再びボールをもらう攻撃の動き方。

移動
ワンツーの決め手は、予測、すばやいパス、選手の移動するスピード。

攻撃

ボールを支配し前進しているチームは、攻撃していることになる。攻撃の最終目的は得点すること。ボールを持つ選手がゴールに接近しシュートしなければ、目的は達成できない。よって、攻撃側はピッチの中をパスやドリブルで動き回り、ボールを支配し続け、行く手を阻む守備側選手をかわす。ディフェンスの裏をかこうと、ボールを持たない攻撃側選手は常にスペース（守備側選手のいないエリア）を探している。スペースを探して走り込み、パスを受けるのに備えるのだ。

パス
うまいパスを決める3要素は、正確に体重をかけること（加える力）、適切な方向、よいタイミング。パスで使う足の3つの部分は、すばやいショートパスをする足の内側、長く力強いパスをする足の甲、走りながら短いトリックパスをする足の外側。

支配し続ける
この選手はドリブルしながらボールを守っている。

頭を下げる
足でとらえるボールをしっかり見れば、正確なシュートが決まる。

ドリブル
ドリブルとは、主に足の外側と甲を使い、ボールをしっかりコントロールしながら走ること。ドリブル中の選手は、攻撃の選択肢と守備側の妨害を探るため、ときには顔を上げなければならない。

カーブのかかったクロス
うまいクロスは、ディフェンスをかわす絶好の手段。

クロス
ピッチの端からセンターまでボールをすばやく移動させるクロスパスは、攻撃のポジションにいる選手にボールを届けるのに使う。うまいクロスは、防ぐことが難しい。

強力なシュート
けり足の力強いスイングにより、強いシュートが生まれる。

シュート
さまざまなスピードと角度でボールが選手に送られてくるので、シュートテクニックは幅広い。しかし最も一般的な方法は、足の甲でける低く強力なシュート。

サッカーシューズ

サッカー選手には、はき心地がよくて軽く耐久性のある靴が必要だ。芝生上ではスパイクつきシューズ、人工芝上では靴底にゴム製スパイクのついたシューズをはく。

スパイク
シューズにはスパイクつきもある。一般的に取り外し可能なので、プレーする状況に合わせてスパイクの長さを変更できる。現代のシューズは、スパイクの代わりに成形ブレードになったので、靴底の安定性が向上した。

足の保護

すねを保護するガードは、プラスチック製、ゴム製など。ソックスで完全に覆うこと。

シンガード
タックルしたり、タックルされたりするとき、下肢を守る。

グローブ

ゴールキーパーは、ボールをキャッチするときにとらえやすくするグローブを着用する。グローブの裏側は通気性がよく、手首のストラップでしっかりとまる。

グローブ
現代のグローブには、指部分に取り外し可能な保護用補強材が入っている。

守備

守備側の仕事は、攻撃側に得点させず、ボールを取り返し逆に攻撃を開始すること。このため、守備側選手は、攻撃側のパスをインターセプトし、ボールを持つ選手や他の攻撃側選手の動けるスペースを消す。また、ミスを誘うように選手を徹底マークし、直接タックルしてボールを奪う。チームは守備の戦術を用いて、攻撃に対抗する。1つはゾーンディフェンス。守備側選手は担当エリアを割り当てられ、主に他の選手と連携しながら動く。もう1つはマンツーマンディフェンス。守備側選手は攻撃側選手を割り当てられ、マークする。

ダイビングセーブ
ゴールを守るとき、ゴールキーパーには敏しょう性と運動能力が必要だ。

ボールに指を当てる
ゴールキーパーは、全力で腕を伸ばし、シュートを止める。

ゴールセーブ
ゴールキーパーは、ボールをキャッチする、クロスバーの上やゴールポストを越えるようにはじく、たたき出す、けり出すなどして、ゴールを守る。その後、キックかスローで次の攻撃を開始する。

ボールの争奪戦
ボールに向かって足から滑りこむが、選手ではなくボールをけらなければならない。

すばやい仕事
守備側選手にはインターセプトする反射神経が必要だ。

ディフェンスのプレッシャー
守備側選手は、マークする選手に常にぴったりつける。

タックル
タックルは、足を使って相手選手からボールを奪うこと。スライディングタックルは、効果が高い反面、完璧なタイミングが求められ、ファウルになる恐れがある。

インターセプト
守備側選手が攻撃側選手を徹底マークし、動けるスペースを消す。こうして、チーム全体でプレッシャーを与えた結果、パスをインターセプトできることが多い。

マーク
マークは、攻撃側選手が動く後を守備側選手がつけ回すこと。守備側選手にインターセプトするチャンスが生まれ、攻撃側選手はマークされている味方にパスできない。

ナンバー・トリビア

11 km：ミッドフィールダーが1試合で走るおおよその距離。フォワードは約8km、ディフェンダーは約7km、ゴールキーパーは約4km走る。

42 歳：ワールドカップ本戦でゴールを決めた最年長選手——カメルーンのロジェ・ミラ——の年齢。

184 試合：エジプトのアハマド・ハサンが国際試合に代表出場した試合数の世界記録。

199,854 人：リオデジャネイロのマラカナン・スタジアムで行われた1950年ワールドカップのブラジル対ウルグアイの試合の観客数。これは、サッカー史上最多の公式観客数だ。

11 秒：2002年ワールドカップ3位決定戦（韓国戦）で試合開始からゴールまでにかかった秒数。トルコのハカン・シュクルが決めた。トルコは3対2で勝ち、これはワールドカップ史上最短時間ゴール記録であり続けている。

1,281 回：ペレが、ブラジル代表、サントス、ニューヨーク・コスモスでの22年にわたるキャリアの1363試合で得点したゴール数。

団体競技 / サッカー

セットプレー

主審が反則でプレーを止めた場合、ボールがタッチラインやゴールラインを越えた場合、コーナーキックやスローインなど所定のアクションを攻撃側が行う。これをセットプレーと呼ぶ。ゴールは高い確率でセットプレーから生まれるので、攻撃側はポジションにつき、ゴールにつながるような動きをとるのに対し、守備側はこれを全力で阻止する。たとえば、ゴール近くでフリーキックが行われる場合、守備側はキッカーの前に列をなし（「ディフェンスの壁」と呼ぶ）、ボールをブロックしようとする。スローインまたはコーナーキックでは、攻撃側はフリースペースを探して走り込み、守備側は攻撃側を徹底マークする。

正確な技術
スローインを行う選手は、両手を使って両足で踏ん張り、頭の後ろからボールを投げる。

得点チャンス
コーナーキックは得点に結びつきやすく、ヘディングシュートで決めることも多い。

試練のとき
ゴールキーパーは、ゴールライン周辺で守備するか、積極的にボールを追ってクリアするか決めなければならない。

スローイン
ボールが完全にタッチラインを越えた場合、最後にボールに触れた選手と逆のチームにスローインが与えられる。

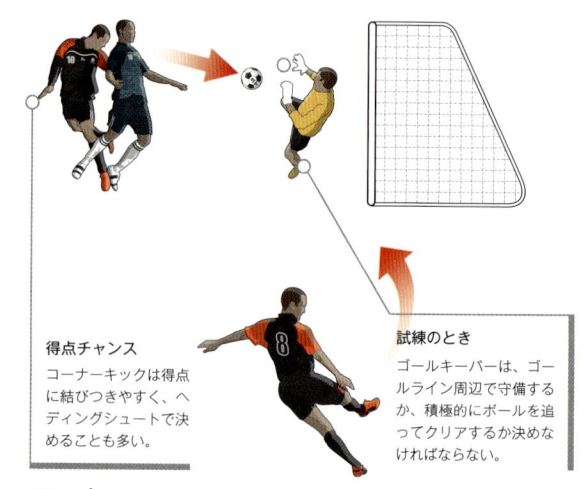

コーナー
ボールが最後に守備側選手に触れてゴールラインを越えた場合、コーナーキックが与えられる。キックは、ボールがラインを越えた場所に最も近いコーナーアークから行い、直接、ゴールに入れてもよい。

ボールをカーブさせる
キッカーは壁を回避するように、カーブをかけることが多い。

ターゲットエリア
ゴールの上の隅を狙うと、最も入りやすい。

壁
ゴールキーパーは、ディフェンスの壁をつくる時間をかせぎ、キッカーが直接ゴールするのを防ぐ。

両腕を広げる
ゴールキーパーはできるだけゴールマウスをふさぐ。

ボールの位置
ペナルティキックはすべてペナルティマークからける。

フリーキック
フリーキックは2種類。足をひっかけるトリッピングなど重い反則に与えられる直接フリーキックでは、キッカーは直接ゴールしてもよい。オブストラクションなど軽い反則に与えられる間接フリーキックでは、ゴールする前に、キッカー以外の選手がボールに触らなければならない。

ボールの位置
ボールは反則が起きた場所に置く。

ペナルティキック
直接フリーキックになる反則がペナルティーエリア内で行われた場合、ペナルティキックが与えられる。ゴールキーパーは、相手選手がキックするまで、ゴールラインにいなければならない。ペナルティキックからゴールへの期待が高いので、キッカーには重圧がかかるが、PK戦ではなおさらだ。

審判
主審は試合の間、すべてに関して最終的な権限を持つ。これには、競技規則全17条に従い、試合の計時係の役目を果たすことも含まれる。主審は、反則でプレーを止めることが反則していないチームに不利になる場合、プレー続行を認めて「アドバンテージ」を取ることもある。優れた主審は、試合の流れを良くし活気づける。

主審のシグナル
主審は、異なる色（黒が多い）の服装で選手と区別される。ホイッスルを吹いてプレーを開始したり止めたりし、5つの公式シグナル（右参照）を用いて判断を示す。

直接フリーキック　間接フリーキック　イエローカード　レッドカード（退場）　アドバンテージ

副審
タッチラインに1人ずついる副審2人は、主審が良い位置にいなかったため判断を下せない場合、判断を示す。例として、オフサイドの反則やスローインのチームがどちらかなどを合図する。

旗
主審に伝える場合に使う。

スローイン　選手交代　オフサイド　オフサイド

ファーサイド　センター　ニアサイド

不正行為
異議申し立てなど重大な競技規則違反があった場合、主審は警告（イエローカードを提示）または退場（レッドカードを提示）を言い渡すことがある。同じ試合でイエローカード2枚をもらうと自動的にレッドカードになる。

ルールを守ってプレーする

1863年、最初のサッカー競技規則が作成された。現在は競技規則全17条があり、ＦＩＦＡが管理する。ときどき見直され、最近では2009年に改正された。競技規則は、プレーするフィールドの寸法から審判が使用する用具、ファウル、セットプレーまですべてを規定する。

ファウルを犯す

競技規則第12条は、ファウルと不正行為、それに関連する罰則を規定する。選手が無謀または過剰な力で相手選手に対して、ける、つまずかせる、飛びかかる、体当たりする、たたく、押すなどした場合、相手チームに直接フリーキックが与えられる。選手（ゴールキーパー以外）がボールを手で扱った場合、タックル時にボールより先に相手選手に触れた場合、相手選手をつかんだりつばを吐きかけたりした場合も同じ罰則を適用。相手選手を妨害した場合、ゴールキーパーがボールを投げたり転がしたりするのを止めた場合、危険なプレーをした場合は、相手チームに間接フリーキックが与えられる。ゴールキーパーが手で持っているボールを放すのに6秒以上かかった場合など、ゴールキーパー限定のさまざまな反則に対しても、同様に罰則が与えられる。

選手をタックルする

守備側選手がボールではなく選手をタックルした場合、ファウルになる。後ろからタックルすると、ボールに先に届きにくいので、タックルは前か横からするほうがよい。スライディングタックル（上）は、タイミングがずれるとファウルになりやすい。

ホールディング
選手が別の選手の服や身体をつかんだ場合、ファウルになる。主審は、ホールディングに厳しい目を光らせる。つかまれた選手は非常にもどかしい。

危険なプレー
さまざまな形があるが、よくあるのは高い位置でのタックルや無謀なタックル。受けた選手にも行った選手にも危険だ。

オブストラクション
選手がボールと相手選手との間にいて、ボールにからむ意思がない場合、相手選手を妨害することになる。

トリッピング
スポーツマンシップに反する危険なトリッピングは、ファウルになる。しかし、選手がつまずかされたのか意図的に転んだのか、判断が難しい場合もある。

オフサイドの規則

第11条「オフサイド」は、サッカーで最も議論が分かれるところで、定期的に改正が行われる。ＦＩＦＡの『2009年競技規則』によれば、「選手が、ボールと最後方から2番目の相手選手より相手のゴールラインに近い場所にいる場合、オフサイドポジションにいる」とされている。言い換えれば、攻撃側選手とゴールラインの間に守備側選手2人（そのうち1人はゴールキーパー）がいなければ、攻撃側選手はオフサイドになる。オフサイドの反則には、相手チームに間接フリーキックが与えられる。オフサイドポジションにいることは反則ではない。しかし、味方がボールを持っているときに、選手がオフサイドポジションにいることで有利になったり、オフサイドポジションにいる間にプレーや相手選手を妨害したりした場合、反則になる。ゴールキック、スローイン、コーナーから直接ボールを受ける選手はオフサイドにはならない。この規則が導入されたのは、攻撃側選手が常にゴール付近にいて、試合がピッチの端から端までのロングキックの応酬になりかねず、観客にも選手にもおもしろくないからだ。

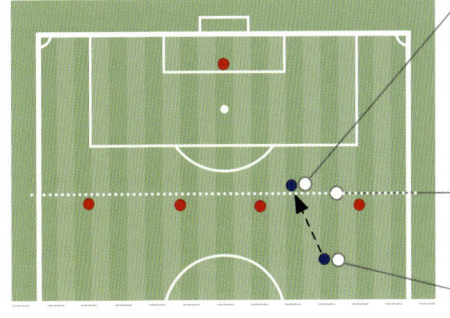

オフサイド
これはオフサイドポジション。

問題外
選手Ａは、ゴールキーパーを除く守備側選手全員より明らかにゴールラインに近い。

フォワードにパスする
選手Ｂは選手Ａにボールをパスすれば、オフサイド。

オフサイド
上の状況で、選手Ａはオフサイドであり、間接フリーキックになる。選手Ｂがボールをパスしたとき（矢印）、選手Ａとゴールラインの間に守備側選手が1人（ゴールキーパー）しかいないからだ。

「神の手」

反則してもうまく逃れる選手もいる。おそらく最も有名な例は、1986年ワールドカップ準々決勝のアルゼンチン対イングランドの試合だろう。後半に入ってまもなく、アルゼンチンのディエゴ・マラドーナは、浮いたボールを追ってジャンプ。手で打ってネットに入れた。ゴールが認められて、アルゼンチンはその試合（2対1）に勝ち、大会で優勝した。時を経てマラドーナはハンドだったことを認めたが、当時は、そのゴールは「神の手とマラドーナの頭のおかげだ」と言い張った。

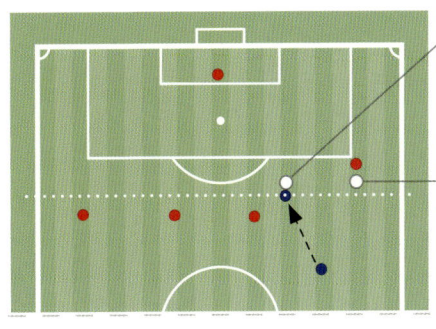

オンサイド
選手Ａはオンサイドポジションにいる。

守備側選手2人
選手Ａとゴールラインの間に選手2人がいる。

オンサイド
ここに示す状況では、選手Ａはオフサイドではない。選手Ｂがボールをパスしたとき（矢印）、選手Ａとゴールラインの間には選手2人がいるからだ。守備側選手と同一ラインにいるのはオンサイド。

団体競技

サッカー

ボールさばき

サッカー選手はボールをコントロールできなければならない。主として足を使うが、手と腕以外の身体のどの部分も使う。ボールをコントロールできるチームが、ボールを支配し続ける。主なテクニックは、キックとパス、優れたボールコントロール（ボールを足、頭、胸、太腿で「完全に」止めるトラップを含む）、ボールとともに走ること、タックル、ヘディング。一流選手になるには、以下の技術の習得が不可欠だ。

トレーニング
サッカー選手はハードなトレーニングを数多くこなし、紅白戦や個人練習でテクニックを磨く。体力も不可欠で、疲れ果てた選手は使いものにならない。肉体トレーニングは、スプリント（スピードをつける）、サーキット（筋肉の持久力とスタミナ）、ウェイト（筋力）、ストレッチ（柔軟性）。

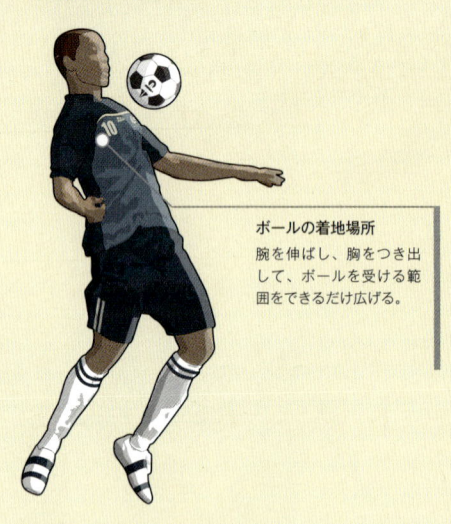

ボールの着地場所
腕を伸ばし、胸をつき出して、ボールを受ける範囲をできるだけ広げる。

優れたバランス感覚
片足を地面から離し、胸を使ってバランスをとる。

すばやいシュート
ボレーはすばやいシュートによく用いる。

胸トラップ
胸を使ってボールのコントロールやパスをする。ボールコントロールでは、ボールが落ちるときに胸は「クッション」の役目を果たす。パスする場合、胸をつき出して飛んでくるボールに当てる。

太腿でのコントロール
太腿を使って、膝より高く胸より低い高さに飛んでくるボールを受ける。ボールをコントロールするには、当たる前に太腿を少し下げて衝撃を和らげる。

ボレー
ボレーは、ボールがバウンドする前にけること。ける前にボールはコントロールされていないので、ける方向を定めるのは容易ではないが、即座にボールの方向を変えることができる。

正確に当てる
ヘディングは額の中央に当てなければならない。

ボールをさえぎる
攻撃側選手は守備側選手に背を向け、ボールを守る。

ボールさばき
シールディング時には、しっかりコントロールしなければならない。

ヘディング
高すぎて頭以外ではコントロールできないボールに届くので、これはサッカーで重要な技術。主にパスやシュートで使う。

シールディング
シールディングまたは「スクリーニング」は、ボールを支配する選手がボールと守備側選手の間に身体を入れること。支配する選手がボールを持ち続けるかぎり、反則にはならない。

高額所得者
世界の一流選手は、報酬も莫大だ。高額所得第1位のサッカー選手（バルセロナのリオネル・メッシ）の2012年推定年俸は、3000万ポンド。イギリスのトップ選手は、国民の平均所得の200倍を稼ぐ。世界で最も裕福なサッカークラブは、レアル・マドリード。2011～12年シーズンの収入は4億2000万ポンドを超える。これらの数字は、世界一人気の高いスポーツとしてのサッカーの地位を示している。

カーブをかけるけり方
右足を使って右から左に（選手の視点から）ボールをカーブさせるには、ボール右下をシューズの内側でける。右足で左から右へカーブさせるには、シューズの外側でボールの左側をける。どちらの場合も、ボールをこするようにけって回転を与え、進路と逆方向へ振り切る。パス、シュート、ペナルティキック、コーナーキック、フリーキックのとき、この技術を使って、守備側選手をかわすようにボールをカーブさせる。

鋭く切り込む
かなり鋭い角度からボールに近づく。

インパクト
シューズの内側でボールの右下をける。

ボールの動き
ボールは右から左へ飛んでいく。

フォーメーション

チームのフィールド上のフォーメーションは、3つまたは4つの数字で表す。たとえば、4-4-2は、ディフェンダー4人、ミッドフィールダー4人、フォワード2人。ゴールキーパーはフォーメーションに含まれないため、数字の合計は常に10。チームは通常、プレースタイルに基づいたフォーメーションで試合を始めるが（図参照）、試合状況に応じて変えることがある。たとえば、リードしているチームは、ゴールを与える危険を避けたいなら、守備的なフォーメーションをとるだろう。数字の組み合わせも多く、ここでは一般的な3例を紹介する。

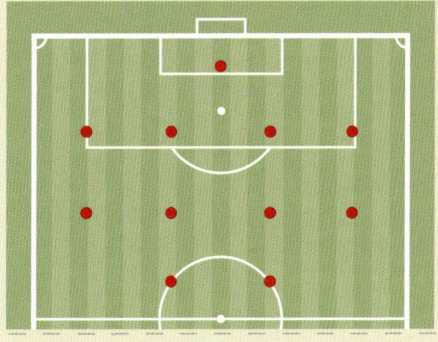

4-4-2
これは、近年のサッカーで最もよく用いられるフォーメーション。「フラットバックフォー」とも呼ばれる4-4-2は、ミッドフィールダーがディフェンダーやフォワードとともに広範囲に動ける融通性のあるシステムだ。常に馬車馬のごとく働くミッドフィールダーは、このフォーメーションで走り回る。

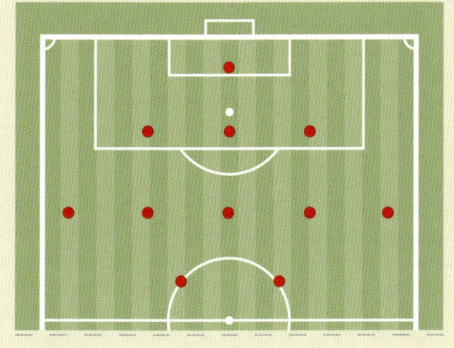

3-5-2
このフォーメーションでは、左右のミッドフィールダーは、通常、フォワードをサポートする攻撃的役割を果たす。中央のミッドフィールダーは、ディフェンスと緊密に連携し、チームの大半が敵陣にいるときの敵のカウンターアタックを食い止める。

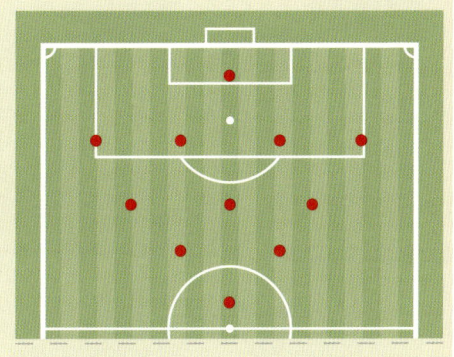

4-3-2-1
「クリスマスツリー」ともいうこのフォーメーションは4-4-2（上の図参照）の変型。ミッドフィールダーの1人が前に出て攻撃ポジションにつく。つまり、事実上、フォワード3人で、センターフォワードは他の2人より少し前でプレーする。

裏話

サッカー形式の最古の競技は、紀元前2世紀から3世紀に中国で行われたことが知られている。サッカーに似た競技は、古代ギリシアとローマ、その他の古代文明でも行われた。しかし、過去千年にわたってサッカーが発展したのは主にイギリスだ。初期のサッカーはさまざまな形式で行われ、「試合」は2つの村の無秩序な競争でしかなかった。19世紀に、サッカー史上に転機が到来。19世紀初期に、サッカーはパブリックスクールで人気になっていた。といっても、統一されたルールがなく、ボールを手で扱いボールを持って走るラフな試合を好む学校もあれば、ドリブル中心の試合を好む学校もあった。

サッカーのルール
1863年、ルール作成のために会議が行われた。このプロセスの一環として、ラグビー・フットボールは別の競技になり、「サッカー協会（フットボール・アソシエーション）」とボールを手で扱うことを禁止する「アソシエーション・フットボール」（＊訳注：サッカーの正式名称）の両方が誕生。1871年、世界初のサッカー競技会FAカップ開催。1904年、FIFAが誕生。今日、FIFAには209の国と地域が加盟する。

国際大会
最も重要な国際大会は、4年ごとに開催されるFIFAワールドカップであることは間違いない。世界中で何十億人もの人々が観戦し、オリンピックと並んで、世界が一体となる一大スポーツイベントに位置づけられている。ワールドカップは男子と女子がある。その他の大きな国際大会は、UEFA欧州選手権、コパ・アメリカ（南米）、アフリカネイションズカップ、アジアカップ。

クラブ選手権
クラブ選手権の熱狂的サポーターも多い。チャンピオンシップには、プレミアリーグ（イングランド）、リーガ・エスパニョーラ（スペイン）、セリエA（イタリア）がある。また、コパ・リベルタドーレス（南米）やチャンピオンズリーグ（ヨーロッパ）など、さまざまな国のトップクラブが対戦する大会もある。

データ集

FIFAワールドカップ優勝国

年	優勝	準優勝
2010	スペイン	オランダ
2006	イタリア	フランス
2002	ブラジル	ドイツ
1998	フランス	ブラジル
1994	ブラジル	イタリア
1990	西ドイツ	アルゼンチン
1986	アルゼンチン	西ドイツ
1982	イタリア	西ドイツ
1978	アルゼンチン	オランダ
1974	西ドイツ	オランダ
1970	ブラジル	イタリア
1966	イングランド	西ドイツ
1962	ブラジル	チェコスロバキア
1958	ブラジル	スウェーデン
1954	西ドイツ	ハンガリー
1950	ウルグアイ	ブラジル
1938	イタリア	ハンガリー
1934	イタリア	チェコスロバキア

欧州選手権優勝国

年	優勝	準優勝
2012	スペイン	イタリア
2008	スペイン	ドイツ
2004	ギリシア	ポルトガル
2000	フランス	イタリア
1996	ドイツ	チェコ共和国
1992	デンマーク	ドイツ
1988	オランダ	ソ連
1984	フランス	スペイン
1980	西ドイツ	ベルギー
1976	チェコスロバキア	西ドイツ
1972	西ドイツ	ソ連
1968	イタリア	ユーゴスラビア

コパ・アメリカ（南米選手権）優勝国

年	優勝国	準優勝
2011	ウルグアイ	パラグアイ
2007	ブラジル	アルゼンチン
2004	ブラジル	アルゼンチン
2001	コロンビア	メキシコ
1999	ブラジル	ウルグアイ
1997	ブラジル	ボリビア
1995	ウルグアイ	ブラジル
1993	アルゼンチン	メキシコ
1991	アルゼンチン	ブラジル
1989	ブラジル	ウルグアイ
1987	ウルグアイ	チリ
1983	ウルグアイ	ブラジル
1979	パラグアイ	チリ
1975	ペルー	コロンビア
1967	ウルグアイ	アルゼンチン
1963	ボリビア	パラグアイ

団体競技

サッカー

バスケットボール

競技の概略
19世紀後半に考案されたバスケットボールは、ペースが速く、高度な技術を要する球技だ。1チーム5人の2チームが、相手側のゴールへの得点を試みる。全米プロバスケットボール協会（NBA）がプロリーグを主催するアメリカではもちろんのこと、ヨーロッパでも人気が高い。1976年以降、バスケットボールはオリンピック種目になっている。

選手の特徴
バスケットボール選手には、総合的な体力が求められる。ペースが速いので、選手は敏しょう性と同時に並はずれたスタミナが必要だ。当然のことながら、背が高くなければならない。身長1.8m以下の選手は非常に少なく、2.1mもある選手も多い。

コートでの服装
ゆったりしたタンクトップとショートパンツを着用するので、身体が自由に動かせる。

負傷
速さと動く方向が絶えず変わる競技では、膝を負傷しやすい。

ビッグエア
現代のバスケットシューズは、エアクッションの靴底を特徴とする。動きの速いプレー中も快適で、高くジャンプするための力が生まれる。

ジャンプ力
強い足の筋肉がなくては、ジャンプと全力疾走が中心のスポーツについていけない。

ジェームズ・A・ネイスミス
ネイスミスはバスケットボールを考案しただけでなく、アメリカンフットボールにヘルメットを導入した最初の人物だとされている。

基礎知識
- バスケットボールは、1891年にカナダ人のジェームズ・A・ネイスミス（1861～1939年）が考案した。
- 全米スポーツ用品協会が行った調査によれば、アメリカでは他のどの団体競技よりバスケットボールの競技人口が多い。
- カレッジバスケットボールは、アメリカでは大変な人気で、プロバスケットボールに匹敵。
- NBAのトップ選手はスーパースターの地位を享受し、年俸も桁外れだ。『スポーツ・イラストレイテッド』誌の2012年フォーチュン50（スポーツ部門長者番付）に入ったスポーツ選手のうち13人は、NBAのスター選手。

2ポイントエリア
3ポイントラインの内側から入れたフィールドゴールは2点。

制限区域
オフェンスの選手がこの領域にとどまることができるのは3秒まで。

3ポイントライン
このラインの外側のどこからでもフィールドゴールを入れたら3点。

アウトオブバウンズ
境界線の外側のエリア。

ショットクロック
プレーのスピードを上げるために1954年に導入されたショットクロックは、24秒タイマー。ボールを保持するチームは24秒以内にシュートしなければならない。この時間内にリングに阻まれてシュートできないと、ボール保持権を失う。

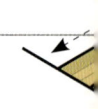

団体競技

バスケットボール

109

コート

バスケットボールのコートは、通常、光沢のある堅い木でできた長方形の面。コートの形とサイズはさまざまだ。NBAが使用するコートは、長さ28.7m、幅15.2m。国際バスケットボール連盟（FIBA）の規則では、小さめの長さ28m、幅15m。全米カレッジバスケットボールでは、さらに小さい。コートの枠、3ポイントライン、フリースローラインは、ラインを引いて区分する。ゴールは常に床上約3mにあり、長方形のバックボードに取りつけられている。

ベースライン
コートの両端の境界を区切る。

ゴール
得点を入れる直径45cmのリング。

バックボード
形は長方形で、強化プラスチック、ガラス、グラスファイバー製。ボールをボードにバウンドさせてゴールする。

フリースローライン
シュート動作中にファウルがあると、ここから相手選手に妨害されずにシュートできる。

ジャンプボール
審判が選手2人の間にボールをトスし、一方の選手がボールをたたいて味方に送り、試合が始まる。

センターライン
コートを2分割するコートの中央のライン。

サイドライン
両サイドを区切るライン。

フリースローライン
バスケットボールという競技ではペナルティが多いため、フリースローの得点率は試合の勝敗を左右する。フリースローが入ると1点獲得でき、相手チームが犯したペナルティによって、1球から3球まで与えられる。

役割分担

1 ポイントガード
ポイントガードは、チームの俊足選手。あらかじめ計画した攻撃プレーの指令を出してチームの攻撃をまとめ、ボールをコントロールし、得点チャンスを生み出す。

2 シューティングガード
フォワードより小柄で足が速い。この選手の仕事は、得点することと得点のチャンスを生み出すこと。

3 スモールフォワード
主として得点することが仕事だが、パワーフォワードとセンターの後ろで補助的なリバウンダーをつとめることも多い。点取り屋。

4 パワーフォワード
センターほど身体的にたくましくはないが、積極的にリバウンドを取りゴールから約2mの距離から得点することが求められる。

5 センター
チームで最も背が高い選手。相手のシュートをブロックしたりリバウンドを取ったりすることを専門とする。

ナンバー・トリビア

23 番：元シカゴ・ブルズのスター、マイケル・ジョーダンの背番号。史上最高の選手として名高い。ジョーダンは兄のラリーへの尊敬の念からこの番号を選んだ。ラリーは45番をつけていたが、マイケルは兄の才能の半分しかないと思い、23を選んだ（22.5を切り上げた）。この番号は、2003年にデビッド・ベッカムがレアル・マドリードと契約するときに選んだ背番号でもある。

38,387 点：カリーム・アブドゥル＝ジャバーの通算得点。1989年に引退したが、歴代のNBA得点王であり続けている。

100,087,526 ドル：NBAのロサンゼルス・レイカーズが2012～13年シーズンに稼いだ年俸総額（米ドル）。

2.31 m：マヌート・ボルの身長。1985年から1995年までプレーしたスーダン人のセンターは、NBA史上、ゲオルグ・ムレシャンとならんで最も背が高い。

30 インチ：男子用バスケットボールの外周（76cm）。ボールは8枚、または12枚のゴムまたは皮革でつくられている。

ゴール
ジェームズ・ネイスミスは、最初のゴールに桃の収穫かごを代用しボールを入れた。現代のゴールは、バックボードに取りつけられた直径45cmの金属製リング。

リング
ダンクシュートで選手がぶら下がれるほど丈夫。

ネット
ボールが入ったら確実に下に落ちるので、すぐに試合が再開できる。

バックボード
ゴール裏の観客席から動きがよく見えるように、透明素材でできている。

必須用具
バスケットボールの長所は、最小限の用具があれば場所を選ばないこと。遊びでするなら、ボール1個とゴール2個（ハーフコートの場合は1個）さえあればよい。競技会やプロの試合では、決められた番号が入った規定のタンクトップとショートパンツを着用する。足首や膝といった足への負担が大きいので、快適性と技術向上を考えてシューズを慎重に選び、筋肉と関節のサポーターを使用する。リストバンドとヘッドバンドも一般的だ。

ボール
バスケットボールは、19世紀後半に初めて使われたものから大きな発展を遂げた。かつては縫い目が目立ち、バウンドの仕方も一貫していなかった。現代のバスケットボールは皮革8枚を細かく縫い合わせ、空気を充てんしている。右図はFIBAの公式ボールのサイズ。

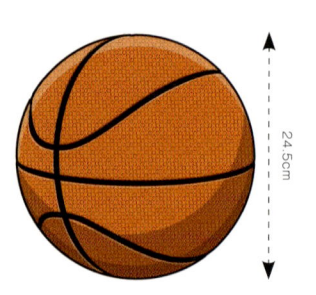

24.5cm

試合の進め方
ジャンプボールで試合が始まったら、攻撃と守備をして、相手チームより多く得点することだけをめざす。パスとドリブル（動きながらボールをバウンドさせ続ける）を使って攻撃し、得点チャンスだと感じたら、シュートする。バスケットボールは、実際に「端から端まで」の競技で、大量の得点が入る。勝ったチームの総得点が100点を超えることも多い。

ゴール、ポゼッション、リバウンド
シュートが決まった場合、ゴールからの距離によってチームには2点または3点が与えられる。得点されたチームが、自陣ゴール下のベースラインからボールを入れて、試合を再開する。シュートが決まらず、リングまたはバックボードではね返った場合、選手たちは「リバウンド」争いをする。攻撃側がリバウンドを取った場合、次のシュートをねらうことができ、守備側が取った場合、コートの逆の端にボールを移動させ得点しようとする。守備でリバウンドを取ることに長けたセンターがいると、相手チームの攻撃を阻止するので、大いに有利だ。1959年～73年にNBAでプレーしたウィルト・チェンバレンは、歴代最高のリバウンダーだったといえる。

アウトオブバウンズ
ボールが、境界線の上または外側の床やもの、バックボードの支柱に触れた場合、アウトオブバウンズになる。ボールがアウトになりプレーが止まると、時計が止められる。アウトオブバウンズになったとき、最後にボールに触れた選手と反対チームのボールとなる。審判が試合再開を合図した後、5秒以内にボールをインプレーに戻す。

ジャンプボール
これはジャンプオフとも呼ばれ、試合開始時にすばやく行われる。各チーム代表の選手（普通はセンター）がコート中央で主審の両側に並ぶ。試合を開始するため、主審が選手2人の間の空中にボールを投げると、選手がジャンプしてボールをたたいて味方に送る。特に背の高いセンター（または特にジャンプ力がある選手）がいると有利。ジャンプボールでボールを獲得したチームは、先制するチャンスがある。

主審
ボールを空中に投げた後、選手たちから離れる。

サイズが重要
身長と垂直跳びの能力は、ジャンプボールに役立つ特性。

フェアプレー
ボールをめがけてジャンプするとき、お互いに邪魔してはならない。

コートのルール
バスケットボールは1891年に誕生し、基本プレーをすべて含む13条のルールがあった。現在、ＮＢＡには主要なルールが12条しかないのは意外だが、それぞれに数多くの項・号がある。ＮＢＡ、ＦＩＢＡ、全米大学体育協会（ＮＣＡＡ）で行われる試合には、ルールに若干違いがある。ＮＢＡの試合は1クォーター12分の4クォーター制。チームは12人まで選手登録できるが、1度にコートに立てるのはそのうち5人だけ。

ペナルティ
ファウルされた選手のチームは、ボールを受け取ってコートの外から中へパスするか、ファウルがシュート中に起きた場合、シュートが成功か失敗かによって、フリースローが1回以上与えられる。

パーソナルファウル
相手選手に対する不正な接触に関する規則違反。チャージング、ブロッキング、プッシング、ホールディング、イリーガル・ユース・オブ・ハンズなど。

テクニカルファウル
スポーツマンシップに反する、非接触行為に関する規則違反。一般的にパーソナルファウルより重大とされる。選手やコーチによる暴言、判定に対する抗議、けんか、遅延行為、不正な選手交代など。

バイオレーション
ボールの扱いに関する規則違反。ボールはコート内になければならず、ボールがアウトになる前に最後に触れたチームは、ボール保持権を失う。ボールを持ったら、ドリブル以外で両足を動かしてはならない（トラベリング）。また、両手でドリブルしたりドリブルとドリブルの間にボールを持ったりしてはならない（ダブルドリブル）。ドリブル中、手がボールの下に入ってはいけない。これはボールを持っていることになる。いったんフロントコートでボールを支配したら、バックコートにボールを戻してはならない。

時間制限
規則ではプレーにさまざまな制限があり、すべて攻撃プレーを早めるように設定されている。時間制限があるのは、センターラインより先にボールを進めるとき（国際ルールとＮＢＡでは8秒、ＮＣＡＡと高校では10秒）、シュートを打つとき（ＮＢＡでは24秒、ＮＣＡＡでは35秒）、近接でガードされた状態でボールを持つとき（5秒）、制限区域にとどまるとき（3秒）。審判がすべて時間を計測する。

スコアボード
スコアボードは4面あり、試合の流れを観客に伝える。メイン画面を囲んで、タイムアウト、ポイント、ファウル、スコア、残り時間を詳細に掲示。

大画面
コートの映像をライブで見せたり、再生したりする。

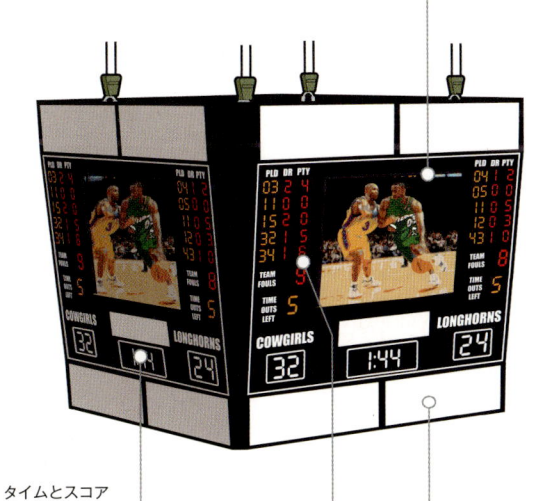

タイムとスコア
スコアボードの一番下で、2チームの総得点とクォーターまたはハーフの残り時間を表示。

チーム／選手のデータ
各選手の総得点とファウルとともに、チームのファウルとタイムアウトの回数を表示。

宣伝広告
ＮＢＡとカレッジバスケットボールでは、ボードの周囲は宣伝広告に使われる。

審判のシグナル
守るべき規則が数えきれないほどあり、選手だけでなくコート外のコーチにもペナルティが科せられる。よって、審判は瞬時に判断し、視野が広くなければならない。得点係、計時係、ショットクロック係は、審判2人をうまくサポートする。審判は、所定のゼスチャーやシグナルを使って、プレーの種類や規則違反を他の審判に伝える。以下はその一部。

ブロッキング
審判はこぶしを握り腰に当て、選手が不正に他の選手の邪魔をしたことを示す。

チャージング
攻撃側選手が、進行方向にいる守備側選手に突進した場合に起きるオフェンスのファウル。

トラベリング
この回転動作はトラベリングを意味する。基本的には、ドリブルせずにボールを持って動くこと（定義はさまざま）。

ジャンプボール
両チームの選手2人がボールをつかんだとき、審判は両腕を高く上げてジャンプボールを合図する。

2ポイントスコア
人差し指と中指を伸ばし左腕を上げて、得点係に2ポイントゴールを知らせる。

3ポイントスコア
両手の指3本を伸ばし両腕を上げ、3ポイントラインの外側から入った得点を示す。

タイムアウト
タイムアウトは、試合の重要な局面でコーチや選手が要求できる中断。戦術を話し合い、選手の士気を高めることが目的だ。ＮＢＡでは、1ハーフにつき20秒タイムアウト1回と、試合全体でタイムアウト6回が認められている。

団体競技

バスケットボール

データ集

NBA歴代得点ランキング

得点	選手
38387	カリーム・アブドゥル=ジャバー
36928	カール・マローン
32292	マイケル・ジョーダン
31617	コービー・ブライアント
31419	ウィルト・チェンバレン
28596	シャキール・オニール
27409	モーゼス・マローン
27313	エルヴィン・ヘイズ
26946	アキーム・オラジュワン
26710	オスカー・ロバートソン

NBA歴代プレイオフ得点ランキング

得点	選手
5987	マイケル・ジョーダン
5762	カリーム・アブドゥル=ジャバー
5640	コービー・ブライアント
5250	シャキール・オニール
4761	カール・マローン
4614	ティム・ダンカン
4457	ジェリー・ウェスト
3897	ラリー・バード
3871	レブロン・ジェームズ
3776	ジョン・ハブリチェク

NBA歴代プレイオフ試合平均得点ランキング

得点	選手
33.4	マイケル・ジョーダン
29.1	ジェリー・ウェスト
28.1	レブロン・ジェームズ
27.0	エルジン・ベイラー
25.9	アキーム・オラジュワン
25.9	ダーク・ノヴィツキー
25.6	コービー・ブライアント
24.7	カール・マローン
24.3	カリーム・アブドゥル=ジャバー
24.3	シャキール・オニール

NBA歴代プレイオフ優勝チームランキング

優勝回数	チーム
17	ボストン・セルティックス
11	ロサンゼルス・レイカーズ
6	シカゴ・ブルズ
5	ミネアポリス・レイカーズ
4	サンアントニオ・スパーズ
3	デトロイト・ピストンズ
2	フィラデルフィア・セブンティシクサーズ
2	ヒューストン・ロケッツ
2	ニューヨーク・ニックス
2	フィラデルフィア・ウォリアーズ

テクニック

バスケットボール選手にとって、背の高さと運動神経のよさは必須条件。また、ボールさばきも必要だ。パス、ドリブル、相手選手からのボールのシールド、特にシュート力はきわめて重要で、上達するために習得しなければならない。バスケットボール選手は、守備においても（選手2人でボールを奪う）、攻撃においても（味方が邪魔されずにシュートできるように壁になる）、常にチーム一丸となって動く。以下は、最も一般的なテクニック。

動く

コートでは制限なしに動けるが、ボールを持ちながら走ることは禁止。ボールを持っている間は、地面についた片足を軸にすれば、それ以外の身体の部分を動かすことができる。

どちらの足か？
ボールを受けたときの位置によって、どちらが軸足になるかが決まる。

パス

相手選手が通常のチェストパスをブロックする位置にいる場合、ボールをバウンドさせて味方に渡すことができる。チェストパスより時間がかかるが、コートの床を狙うので、インターセプトされにくい。

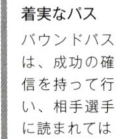

着実なパス
バウンドパスは、成功の確信を持って行い、相手選手に読まれてはならない。

ドリブル

ドリブルは、連続してボールをバウンドさせる行為。選手はボールとともに進まなければならない。ドリブルして相手選手を抜くとき、相手選手から遠いほうの手でドリブルし、ボールに届きにくくするとよい。したがって、両手ともうまくドリブルできることが重要だ。

シュート

シュートは、立った状態で打つか、ジャンプしながら打つ（ジャンプシュート）。レイアップシュートは、ゴールに向かって動きながら、バックボードから離してボールを「置く」ように入れる。最も成功率が高いのが、観客を喜ばせるスラムダンク（右）。選手は高くジャンプして、ボールをリングの中へつっ込む。

ダンク
手首を曲げて、上からリングの中へボールをたたき込む。

小さな巨人

シャーロット・ホーネッツの元選手マグシー・ボーグスは、NBA史上最も背が低く160cmだった。

宙を舞う
タイミングを調整して踏み切り、最大の力を出す。

戦術

バスケットボールの目的は、相手チームより多く得点するというシンプルなものだが、プレーの水準が上がるにつれて、得点するための戦術は複雑化する。攻撃プレーはたいていすばやいカウンターアタックが中心となり、さまざまなフォーメーションを用いてできるだけ速くボールを進める。攻撃の指令は、チームのポイントガードが出すことが多い。守備には規律が求められ、相手選手を追い回し、その仕事を邪魔しようとする。コーチが要求するタイムアウトを使って、戦術を話し合う。

攻撃

チームには、動きが予測されないようにあらかじめ決められた攻撃プレーがいくつかあるものだ。その1つが速攻（右参照）。攻撃プレーでは、計画的なパスとボールを持たない選手の動きが重要だ。カットは、ボールを持たない攻撃側選手が有利な位置へすばやく移動すること。スクリーンまたはピックは、味方の攻撃側選手をガードする相手選手を反則せずに阻止するプレー。スクリーンとカットは、攻撃プレーの基本的要素だ。

守備

ゾーンディフェンスとマンツーマンディフェンスという2大戦術がある。ゾーンディフェンスは、守備側選手がゾーンプレス（右参照）など自分のゾーンにいる相手選手を誰でもガードすること。マンツーマンディフェンスは、各守備側選手が特定の選手をガードすること。相手の懐に入り込むようにできるだけ密着して、ドリブル、パス、シュートを阻止する。守備側選手は、手の位置（自分の手と攻撃側選手の手）にいつも注意し、フェイクパスやシュートを見逃さず、ボールを奪うことがうまくなければならない。

NBAプレイオフ

NBAは10月にレギュラーシーズンが始まり、東西のカンファレンスのチームが激しい82試合を戦う。各カンファレンスの上位8チームは、4月後半に始まるプレイオフへ進出。レギュラーシーズンの成績によって、シード順が決まる。いくつかの予選ラウンドに続き、両カンファレンスの勝者間で7戦4勝制トーナメントが行われる。そして毎年6月に、NBAファイナルと呼ばれる決勝戦が行われる。NBAファイナルの勝者には、ラリー・オブライエン・トロフィーが贈られる。NBAファイナルに17勝したボストン・セルティックスは、NBA史上最強チーム。

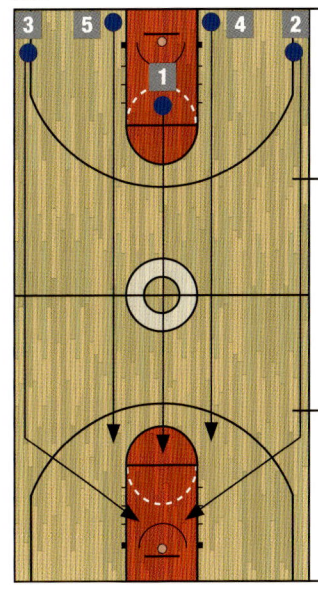

速攻

1 ベストボールハンドラー
コートの中央レーンをカバー。

2 シューティングガード
左端レーンをカバーし、サイドラインから30cm以内のところを走り込む。

3 クイックフォワード
シューティングガードと同じ役割を果たすが、コートの逆側。この役割が果たせない選手が多く、チームは最初の突破に必要なスプレッド（フロアを広く使うこと）を活用できない。

4 パワーフォワード
この攻撃ではリバウンドを担当せず、選手1、2、3に続いて反対側のコートに走り、シュートをフォローする。

5 センター／リバウンダー
自分のレーンから離れず、突然、攻守が交代した場合、「セーフティ」の役割を果たす。

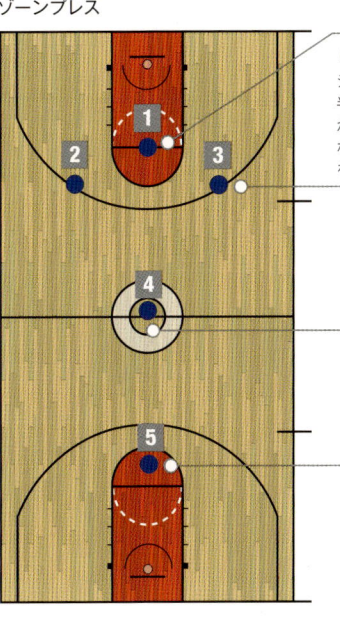

ゾーンプレス

トップコートプレス
シューティングガードはファウルサークルの前半分にポジションを取り、相手選手を強引に動かす。スピードがあり手の動きがすばやく小柄な選手向き。バックコートでは横に動いて守備をする。

ウィングマン
ウィングマン2と3は、背の高いフォワード選手。守備側はこの選手を中心に攻撃を押し進めるので、身体能力の高いほうが2のポジションにつくのがよい。

ミドルマン
センターフィールダーは、チームで最もすばやく、優れたコート感覚と予測能力を持つ選手が向いている。

ディフェンスの最終ライン
最後尾はたいていセンタープレーヤーがつとめ、最も大柄でリバウンドもうまい。主な仕事は、相手選手が簡単にシュートを決められないようにすること。

裏話

FIBAは、各国の団体が加盟し、バスケットボールの国際競技会を運営する。この連盟は、バスケットボールがIOCに公認された2年後の1932年に、ジュネーブで創設された。最初の名称は、国際アマチュアバスケットボール連盟。創設メンバーの8カ国は、アルゼンチン、チェコスロバキア、ギリシア、イタリア、ラトビア、ポルトガル、ルーマニア、スイス。1936年のベルリン・オリンピック開催中、連盟は、バスケットボール考案者ジェームズ・A・ネイスミスを名誉会長に任命。1950年よりFIBA男子世界選手権が、1953年よりFIBA女子世界選手権が開催され、現在は4年に1回、オリンピックの中間年に行われている。

NBA

NBAは、世界一の男子バスケットボールリーグ。アメリカに29チーム、カナダに1チーム、計30チーム。このリーグは、1946年6月6日にニューヨーク市で、アメリカバスケットボール協会（BAA）として創設された。ライバルの全米バスケットボールリーグと合併した後、1949年の秋にNBAの名称を採用。協会の本部は、ニューヨーク市5番街645番地に立つオリンピックタワーにあり、このリーグの海外支部や個々のチームオフィスはそこから指示を受ける。

ハーレム・グローブトロッターズ

これはエキシビション・バスケットボールのチームで、世界一有名なスポーツフランチャイズ（＊訳注：リーグに加盟しているプロのスポーツチーム）。1927年にシカゴでエイブ・セイパースタインによって創設された。ハーレムの名称を採用したのは、大きなアフリカ系アメリカ人社会を意味するからだ。長年にわたって、118カ国でエキシビションゲームを2万回以上行ったが、大半は弱いチームとの対戦。よって勝率は98パーセントを上回っている。

団体競技

バスケットボール

楕円形のボール
NFL公式ボールは、長さ28cm、最長の外周71cm、重量425g。

ヘッドギア
ヘルメットとフェイスガードは、頭と顔をけがから守る。

ショルダーパッド
全員が、ウレタンで裏張りしたプラスチック製ショルダーパッドを着用する。

チームカラー
全員が、チームカラーのユニフォームを着る。名前と番号で選手を識別できる他、NFLの文字とチームロゴも入っている。

タイトフィット
パンツはナイロンとスパンデックスの合成繊維なので、分厚い足パッドの上にはいてもよく伸びる。

パッド
レギンスの下にパッドを挿入し、転んだり他の選手に当てられたりしたときに足を保護する。

軽量シューズ
芝生上では、硬質プラスチック製スパイクを靴底につけたシューズをはく。人工芝では、成形した靴底のシューズをはく。

基礎知識

→ アメリカンフットボールは、アメリカで最も人気の高い観戦スポーツ。毎年、国民のほぼ半数が、ナショナル・フットボール・リーグ（NFL）の優勝決定戦スーパーボウルにチャンネルを合わせる。

→ カナダのプロリーグはアメリカンフットボールのカナダ版。独自のルールを用いる。

→ アメリカンフットボールは、北米以外ではあまり人気がない。イギリス、ドイツ、日本、メキシコなどの国々にはリーグが存在する。

→ NFLレギュラーシーズン初の海外試合は、2005年のメキシコシティ。NFL史上最高の観客103,467人がスタジアムを埋め尽くした。

競技の概略

アメリカンフットボールは、冗談で「接触スポーツではなく衝突スポーツ」と表現される。グリッドアイアンフットボールと呼ぶ国もあるが、アメリカではただのフットボールだ。試合は、各チーム11人の2チームが、4ピリオド（クォーター）で競い合う。楕円形のボールを前進させ相手のエンドゾーンに入れるか、ボールをけってゴールポスト間を通過させて得点する。攻撃側、つまりオフェンスには、ピッチを10ヤード（約9m）前進するために4回のアテンプト、つまり4「ダウン」が与えられる。成功すれば、新たに4ダウンが与えられる。ディフェンスは、それを阻止しボールを奪おうとする。巨体のラインマンがスクリメージラインで衝突すると同時に、ランニングバックと稲妻のように速いレシーバーは、攻撃の司令塔クォーターバックにいくつかの選択肢を示す。戦術的で激しく速いアメリカンフットボールは、武装したチェスのようだ。

選手の特徴

ポジションごとに役割や身体的な特徴が異なるので、標準的な体型はない。しかし、強さと力、並外れた運動能力を兼ね備えた選手が多く、腕力や目のよさも不可欠だ。ポジションによって、背の高さは、1.8mから2m、体重は86kgから136kgと幅広い。

アメリカン
フットボール

グリッドアイアン

フットボールのフィールドは、長いサイドラインと短いエンドラインで区切る120×53ヤード（約110×49m）の長方形。ゴールとゴールの間の100ヤード（約90m）は、フィールドを横断するラインで5ヤード（約4.5m）ごとに分割され、10ヤード（約9m）ごとに番号がついている。破線のハッシュマーク4本は、フィールドの全長におよぶ。外側2本は、サイドラインから1ヤード（約90cm）のところ。内側2本（インバウンド）は、前のプレーでボールがアウトオブバウンズになった場合にプレーを再開する場所。得点エリア（エンドゾーン）は、ゴールライン、エンドライン、サイドラインで区切られている。ほとんどのフィールドは芝生だが、人工芝が多い。

選手とポジション

ＮＦＬチームの選手名簿に登録されるのは最大53人。1度にフィールドに立てるのは11人だけだが、1試合を通じ多くの選手が出場する。プレーとプレーの間のブレイク中に十分な時間があれば、選手交代する。各選手は、主要な3ユニットのオフェンス、ディフェンス、スペシャルチームのいずれかに属し、専門的な役割を担う。オフェンスの選手は、クォーターバック、オフェンシブラインマン、レシーバー、ランニングバックなど。ディフェンスの選手は、ディフェンシブラインマン、ラインバッカー、コーナーバック、セーフティなど。スペシャルチームのポジションは、プレースキッカー、パンター、ホルダーなど。

団体競技

115

アメリカンフットボール

サファリ探検
主審や審判団は、白黒のストライプのユニフォームを着るので、「シマウマ」の愛称で呼ばれることがある。

セーフティゾーン
サイドラインより外で、ピッチの外側を囲む。選手、審判員、コーチ以外は立ち入り禁止。報道陣はその外側にいなければならない。

ディフェンス
相手のキープレーヤーを狙って、攻撃を止めボールを奪おうとする。

グリッドアイアンの模様
ヤードラインとハッシュマークが十字に交差する模様から、フィールドは「グリッドアイアン（焼き網）」の愛称で呼ばれる。

ゴールライン
ゴールラインは両側のエンドラインの手前に引かれ、幅20cm。短いパイロン2本はゴールラインの両端を示す。

エンドライン
サイドラインと同じく、選手がエンドラインを越えたらアウトオブバウンズ。

エンドゾーン
エンドゾーンは幅10ヤード（約9m）。エンドラインの内側でフィールドの両側に1つずつある。

オフェンス
ボールを持ち、相手のエンドゾーンにボールを進める。

120ヤード（約110m）　53ヤード（約49m）

サイドライン
幅2ヤード（約1.8m）で、フィールドの長辺の境界線をなす。

審判員
ＮＦＬでは審判員7人が競技規則にのっとって試合を仕切る。それぞれ役割がある。ピッチ上ではレフェリーが主審。

5.6m　9.1m　11.9m

ゴールポスト
エンドゾーンの後ろのラインに設置。オフェンスは、フィールドゴール（3ポイント）またはタッチダウン後のコンバージョン（1ポイント）で、ゴールポスト2本の間にボールをけることができる。選手を保護するため、基部はパッドで覆われている。

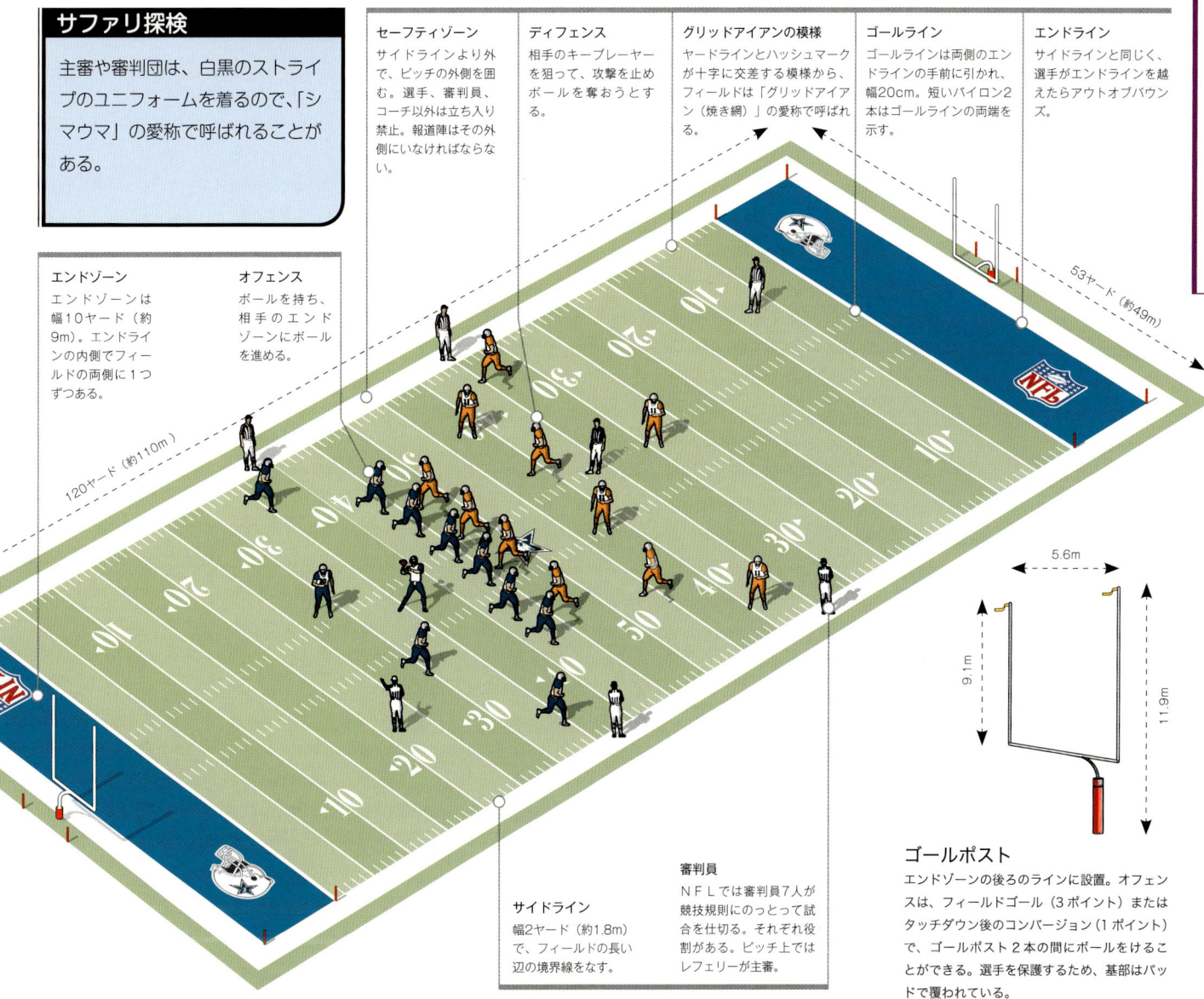

ナンバー・トリビア

4,000,000 ドル：2013年スーパーボウルの放送中、テレビコマーシャルを30秒流すのにかかった推定費用（米ドル）。

71,024 人：ルイジアナ州ニューオリンズのメルセデスベンツ・スーパードームで行われた、2013年スーパーボウルの観客数。ボルチモア・レイブンズがサンフランシスコ・フォーティナイナーズを破った。

200 回：ＮＦＬの記録的なクォーターバックサック数。サックとは、ボールを投げる前のクォーターバックをスクリメージラインの後ろでタックルするというディフェンスの技。バッファロー・ビルズ（1985～99年）とワシントン・レッドスキンズ（2000～03年）に在籍したブルース・スミスの記録。

48 点：スーパーボウルでの1人の選手によるキャリア通算最多得点記録。ＮＦＬ史上最高のワイドレシーバーとして名高い、サンフランシスコ・フォーティナイナーズの選手ジェリー・ライスが保持する。

保護用のパッド

アメリカンフットボールは接触が認められているスポーツだ。チャージをかけてくる選手、胸や肋骨めがけての衝撃から、全身を守らなければならない。大迫力の正面衝突もよくあるが、重傷はめったにない。ヘルメットは最も重要な防具。内部のパッド、チンストラップ（あごひも）、マスクは、思いがけない一撃から顔を保護する。強打から歯を守るため、マウスガードをはめる選手も多い。ボディアーマーを着用すると、「頭でっかちな」外観になる。硬いショルダーパッドは、強い衝撃を吸収する軟らかいパッドの上に着用する。それ以外のパッドは、ポジション特有のけがを防ぐために使用する。ラインマンは、ヘルメットやショルダーパッドの間に手をはさまれることもあるのでグローブをはめる。

保護用パッド
さまざまなパッドを着用するが、それぞれが身体の特定部分を保護するデザイン。

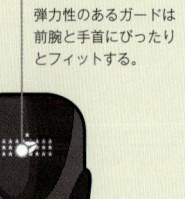

しなやかにフィット
弾力性のあるガードは前腕と手首にぴったりとフィットする。

ネックロール
ウレタンのパッド入りネックロールは首にはめ、タックル時に頭が後ろに振られないようにする。

アームガード
タイトにフィットするアームガードを着用。前腕への衝撃を和らげたり、けがをしている場所を保護する。

頭と顔
ヘルメットは、シェル、フェイスマスク、チンストラップから成る。ヘルメット内のエアクッションは滑り止めになる。クォーターバックのヘルメットはたいていマイクとスピーカー内蔵なので、コーチからプレーの指示を受け戦術について話すことができる。

肩と胸
ショルダーパッドは、肩と胸を保護する。外側シェルは硬質プラスチック製だが、内側はウレタンパッドが入っているので着心地がよい。パッドはストラップとバックルで固定する。

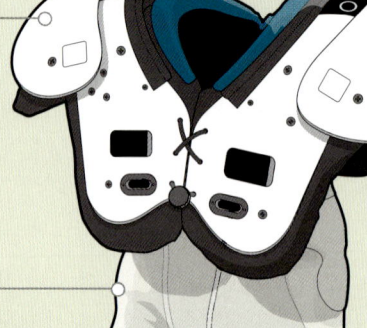

腰の保護
腰用のパッドは、フィールドのポジションによってさまざまな形とデザインがある。けがをしている選手が、さらに保護するために着用することもある。

サイパッド
強い衝撃を受けやすい腿を、特に保護する。

膝の保護
硬いパッドをレギンスの内側ポケットに入れて、膝への衝撃を吸収する。

試合の目的

試合の目的は、相手チームより多く得点することだ。主な方法として、ボールを相手のエンドゾーンまで進め、タッチダウンすると6点。走ってラインを越えても、エンドゾーンの味方にパスしてもよい。タッチダウン後、オフェンスがボールをけって2本のゴールポスト間を通過させると、さらに1点、ランまたはパスでボールをエンドゾーンに入れると2点。フィールドゴールは、ボールをけってゴールポスト間を通過させると3点。攻撃側のエンドゾーンで選手がタックルされたりボールを落としたりして、プレーが終了した場合、守備側にセーフティ（2点）が与えられる。

キックオフ
キックオフは、前半後半の開始時や得点後のプレー再開時に行われる。プレースキッカーが30ヤードラインからボールをけると、味方はボールを追ってフィールドを進む。相手チームのキックリターナーが捕球し、ボールを持って前進。その選手がタックルされた場所で攻撃ドライブが始まる。リターナーが自陣のエンドゾーンで捕球し、ニールダウンした場合、「タッチバック」が合図される。キックがエンドゾーンを越えた場合やエンドゾーンでターンオーバーがあった場合も、タッチバックが成立。

ペナルティ
規則違反に対してペナルティが科されるが、たいてい反則したチームのエンドゾーン方向にボールを移動させ、ダウンをやり直す。以下は、一般的なペナルティ。

ブロックインバック：攻撃側選手が相手選手を背後から押す。
フェイスマスク：相手選手のフェイスマスクをつかむ。
ホールディング：ボールを持っていない相手選手を不正につかむ。
インターフェアランス：パスを受けようとしている選手を不正に妨害する。

規則の施行

審判員は、白黒ストライプのシャツと白のズボン、黒または白の帽子という特徴的なユニフォームを着用する。主審は、特定の役割を担う審判員6人を取りまとめる。審判員は、アンパイア、ヘッドラインズマン、ラインジャッジ、フィールドジャッジ、サイドジャッジ、バックジャッジ。審判員は黄色のペナルティフラッグを投げて、反則を合図する。その後、主審は、手のシグナルと口頭での説明で内容を伝える。ある主審は、この仕事を「無法者80人がからむ合法的なギャングの抗争中に、小さなホイッスル、ハンカチ、たくさんの祈りで秩序を保とうとすること」と表現した。

インターフェアランス
パスを受けようとしている選手を妨害した場合のペナルティ。

ファーストダウン
オフェンスが4ダウン以内に10ヤード（約9m）前進したため、新たに4ダウンが与えられる。

フォルススタート
ボールがスナップされる前に、オフェンスの選手が不正に動いた場合。

オフサイド
ディフェンスの選手が、プレー開始時にスクリメージラインを越えた場合。

ホールディング
相手選手を不正につかんだ場合のペナルティ。

イリーガルタッチ
ボールを不正にタッチまたはキックしたり、打ったりした場合のペナルティ。アウトオブバウンズ後に起きやすい。

アメリカンフットボール

団体競技

1度に10ヤード
アメリカンフットボールで勝つ秘訣は、陣取りとボール保持。ボールを保持するチームがオフェンスだ。オフェンスには、ディフェンスのエンドゾーンに向かって10ヤード（約9m）をランまたはパスする4回のチャンス（「ダウン」）がある。10ヤードを進んだ場合、再び4ダウンを得て、さらに10ヤード前進。チームが得点するか、時間切れになるか、ボール保持権を失うまで、ドライブは続く。4ダウンで10ヤード進まないこともある。たとえば、パスがインターセプトされた場合やボールを落とした場合、ターンオーバーが起こりうる。2チームは攻守交代し、プレーが続行する。

ユニットでプレーする
アメリカンフットボールチームの主要3ユニットは、オフェンス、ディフェンス、スペシャルチーム。オフェンスとディフェンスは、基本的なオフェンスとディフェンスのフォーメーションなど（右参照）、さまざまなポジションの選手で構成される。

スペシャルチームは、普通のオフェンスとディフェンス以外のことをするユニット。具体的には、キックとキックのリターンを行う。キッカー、スナッパー、ボールホルダー、リターナーで構成される。プレースキッカーは、ゴールポスト間を狙ってボールをキックし、得点する。パンターは、自分のチームが10ヤード進めそうにない場合、敵陣へボールを「パント」する。スナッパーは、ボールを味方にパスして試合を再開する。ボールホルダーは、プレースキック時にボールをまっすぐ支える。キックリターナーは、キックオフとパントをキャッチしフィールドを前進するキャッチャー兼ランナー。

基本的なディフェンス
ディフェンスは、オフェンスに前進させないことが目的だ。NFLのほとんどのチームは4-3ディフェンスと呼ばれるフォーメーションをとる。ディフェンスのラインマン4人（ディフェンシブエンド2人とディフェンシブタックル2人）は、ラインバッカー3人の前に並ぶ。セーフティ2人は、長いパスとランを止めるために後ろでプレーし、コーナーバックはワイドレシーバーへのパスをカバーする。

ポジション：DE ディフェンシブエンド、DT ディフェンシブタックル、LB ラインバッカー、CB コーナーバック、S セーフティ

基本的なオフェンス
一般的なオフェンスフォーメーションは、オフェンシブラインマン5人（オフェンシブタックル2人、ガード2人、センター1人）を用いる。「L」は、クォーターバック、フルバック、テールバックでつくるライン。タイトエンドは片側に、ワイドレシーバーは両側に配置される。

ポジション：WR ワイドレシーバー、TE タイトエンド、OT オフェンシブタックル、G ガード、C センター、QB クォーターバック、FB フルバック、TB テールバック

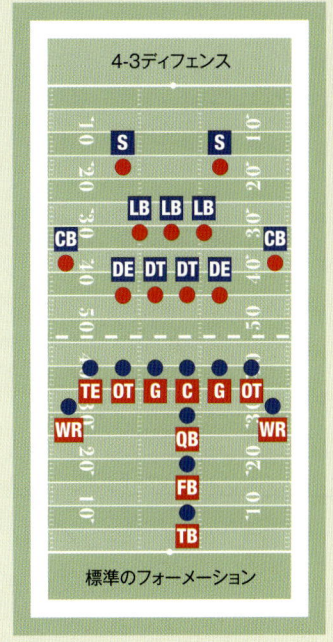

4-3ディフェンス
標準のフォーメーション

型どおりのプレー
アメリカンフットボールのあらゆる試合で、戦術は重要部分を占める。NFLのプロチームから高校のチームまでどのチームにも、練習してきたプレーを収めたプレーブックがある。あらかじめ決めたいくつかのプレーで試合を開始した後、試合の状況を見てコーチが作戦を変更する。

専門技術
選手はそれぞれ、自分のポジションの専門技術を身につけている。たとえば、ディフェンシブラインマンはブロックとタックルが得意。クォーターバックには優れたスローイングの腕が不可欠。ワイドレシーバーは稲妻のような速さと優れたキャッチング力を兼ね備えている。キッカーやパントリターナーなどそれ以外の選手は、試合中の特別な場面に登場する。

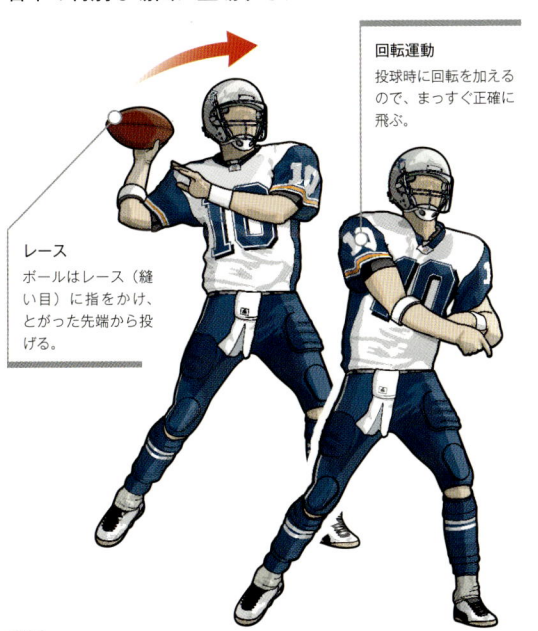

回転運動
投球時に回転を加えるので、まっすぐ正確に飛ぶ。

レース
ボールはレース（縫い目）に指をかけ、とがった先端から投げる。

パス
クォーターバックの最も重要な任務の1つは、ボールをレシーバーにパスすること。遠くにいる特定の選手にボールを投げなければならないので、強さと正確さが欠かせない。

スナップ
センターがボールを後ろのクォーターバックにスナップすると、ダウンが始まる。クォーターバックは通常、センターの真後ろに立っている。ショットガン・フォーメーションでは、パスのスペースを広げるためにさらに後ろに下がる。

ボールをスナップする
スナッパーはボールをスナップし、股の間からクォーターバックに送る。

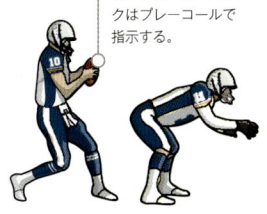

攻撃態勢に入る
スナップを受けた後、クォーターバックはプレーコールで指示する。

タックル
タックラーは、ボールを持つ選手が接近してくると、膝を曲げかがみ込む。衝突時に加速して相手にぶつかるために、曲げた足を伸ばし上体を使ってパワーを生み出す。こうしてボールを持つ選手を倒す。

向き合う
タックラーは、身構えてボールを持つ選手の前進を確認する。

プレー終了
タックルされた選手の片膝または両膝か、手足以外の場所が地面に触れた時点で、プレーは終了。

フィールドゴール
センターはスナップして、自分の7ヤード（約6m）後ろにいるボールホルダーにボールを送る。ボールホルダーはそれをキャッチし、キックできるように立つ。キッカーは数歩前進し、足を大きく振ってボールをけり、2本のゴールポスト間を通過させる。

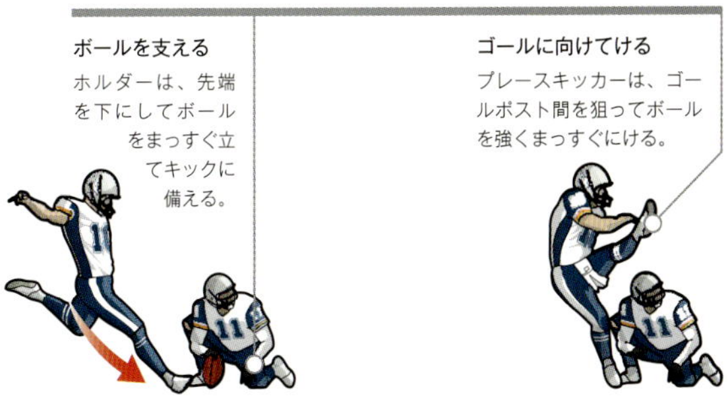

ボールを支える
ホルダーは、先端を下にしてボールをまっすぐ立ててキックに備える。

ゴールに向けてける
プレースキッカーは、ゴールポスト間を狙ってボールを強くまっすぐにける。

データ集

スーパーボウル優勝チーム

年	優勝チーム
2013	ボルチモア・レイブンズ
2012	ニューヨーク・ジャイアンツ
2011	グリーンベイ・パッカーズ
2010	ニューオーリンズ・セインツ
2009	ピッツバーグ・スティーラーズ
2008	ニューヨーク・ジャイアンツ
2007	インディアナポリス・コルツ
2006	ピッツバーグ・スティーラーズ
2005	ニューイングランド・ペイトリオッツ
2004	ニューイングランド・ペイトリオッツ
2003	タンパベイ・バッカニアーズ
2002	ニューイングランド・ペイトリオッツ
2001	ボルチモア・レイブンズ
2000	セントルイス・ラムズ
1999	デンバー・ブロンコス

NFL歴代最多タッチダウン回数

回数	選手
208	ジェリー・ライス
175	エミット・スミス
162	ラダニアン・トムリンソン
157	ランディ・モス
153	テレル・オーウェンス
145	マーカス・アレン
136	マーシャル・フォーク
130	クリス・カーター
128	マービン・ハリソン
126	ジム・ブラウン
125	ウォルター・ペイトン
116	ジョン・リギンス
113	レニー・ムーア
112	ショーン・アレキサンダー
109	バリー・サンダース

NFL歴代最多タッチダウンパス回数

回数	選手
508	ブレット・ファーブ
436	ペイトン・マニング
420	ダン・マリーノ
342	フラン・ターケントン
334	トム・ブレイディ
324	ドリュー・ブリーズ
300	ジョン・エルウェイ
291	ウォーレン・ムーン
290	ジョニー・ユナイタス
275	ビニー・テスタバーディ
273	ジョー・モンタナ
261	デイブ・クレイグ
255	ソニー・ジャーゲンセン
254	ダン・ファウツ
251	ドリュー・ブレッドソー

時間との闘い

オフェンスのプレーに関していえば、次にどのセットプレーをするかを決めるのに、試合の残り時間を意識することが重要だ。チームはベストを尽くしチャンスを最大限にすると同時に、相手チームが優勢になるリスクを最小限にする。たとえば、試合で数点負けているチームは、逆転するために攻撃し続けるが、相手チームが得点する時間を減らすような方法もとる。チームをまとめるには、選手間やコーチとのコミュニケーションが大切だ。ダウンとダウンの間の休止時間に選手たちの入れ替えができ、コーチはクォーターバックとイヤホンを通して話し合う。

プレー

アメリカンフットボールは、一連のセットプレーを行うダウンごとにプレーが中断する。オフェンスのプレーの目的は、ボールを相手チームのエンドゾーンに進め、最終的にタッチダウンを決めること。ディフェンスのプレーの目的は、オフェンスの前進を阻止し、ミスを誘い、ターンオーバーに持ちこむこと。どちらのチームも、試合の状況に合わせて、さまざまなポジションやフォーメーションをとる。

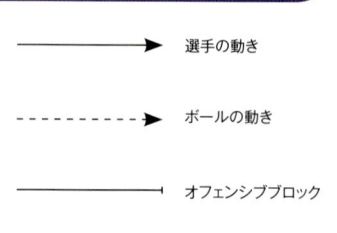

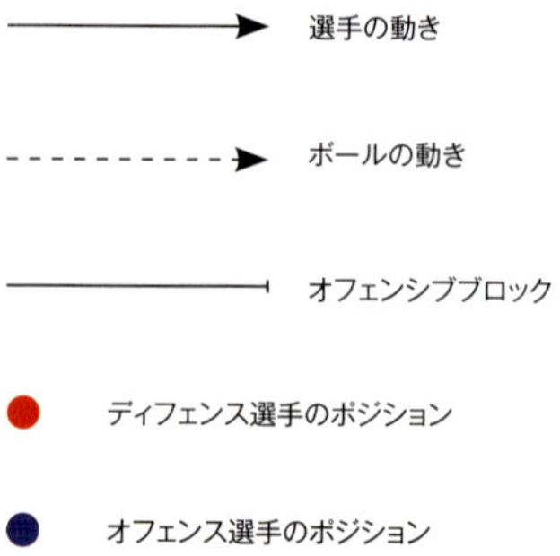

テールバックのオフタックル

テールバックのオフタックルは、オフェンスで最も一般的なランプレー。短い距離を進むのに適した方法だ。クォーターバックからボールを手渡されたテールバックは、オフェンシブタックルとタイトエンドがつくるホール（すき間）を走り抜ける。フルバックがディフェンスのラインバッカーをブロックできなかった場合、テールバックがタイトエンドの外側に走り込むこともできる。

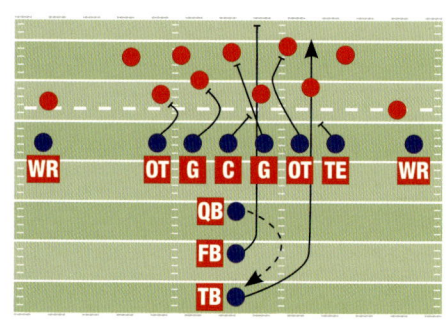

スウィープ

スウィープ、つまりダイブは、組織化されたオフェンスのランプレー。クォーターバックからピッチ（スクリメージラインと平行に投げるパス）を受けたテールバックは、スクリメージラインと平行に走る。この間に、フルバックとオフェンシブラインマンは、テールバックの前のディフェンダーをブロックする。ディフェンシブラインにホールができたら、テールバックはフィールドを前進。ホールをまっすぐ走り抜ける。

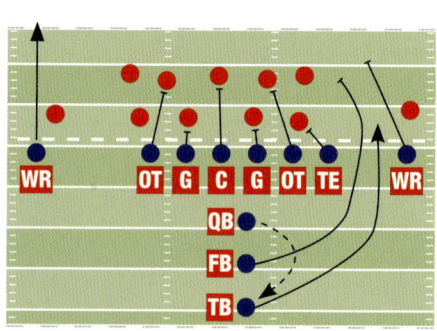

ヘイルメリー

ヘイルメリーは、ディフェンスのエンドゾーンに向かって同時に走る複数のレシーバーに、クォーターバックがロングボールを投げるパスプレー。試合の終盤で負けているチームが、最後の手段として使うことが多い。成功率はかなり低いが、ディフェンスを混乱させ、パスインターフェアランスのペナルティを引き出すことができる。

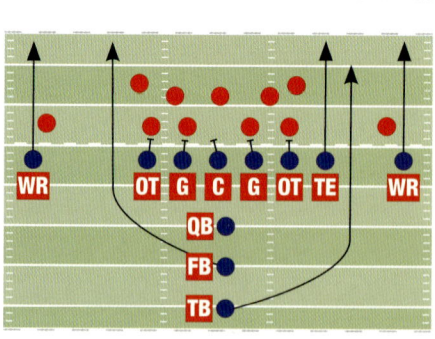

ブリッツ

「クォーターバックラッシュ」とも呼ばれるブリッツは、パスプレーに対抗するのに用いるディフェンスの戦術。目的は、ディフェンダーがオフェンスを圧倒して、クォーターバックにプレッシャーをかけることだ。ラインバッカーまたはコーナーバックは、クォーターバックに突進してプレーを妨害する。ブリッツは、クォーターバックのミスを誘うのによい方法だが、オフェンスにプレーを読まれた場合、レシーバーがパスを受けやすくなってしまう。

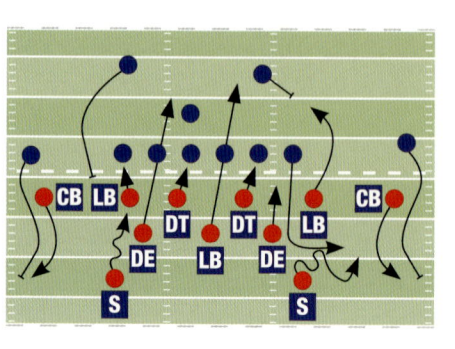

カナディアンフットボール

カナディアンフットボールは、アメリカンフットボールと基本的には同じだが、大きな違いが少しあり、小さな規則の違いが多い。カナディアンフットボールのフィールドのほうが一般的に長く大きい。1度にピッチ上に立てる選手は各チーム12人と1人多く、その選手は普通、バックフィールドのポジションにつく。ボールを10ヤード（約9m）前進させるのに、アメリカンフットボールは4ダウンだが、カナディアンフットボールは3ダウン。

季節に合わせて

カナディアンフットボールのシーズンを決めているのは主として、高緯度にあるこの国で体験する極限の気温だ。屋外スタジアムが一般的なため、試合が行われるのは、当然、冬の氷や雪が解けた後になる。プロのシーズンは6月に始まり、プレイオフとシーズン最後のファイナルは11月に行われる。

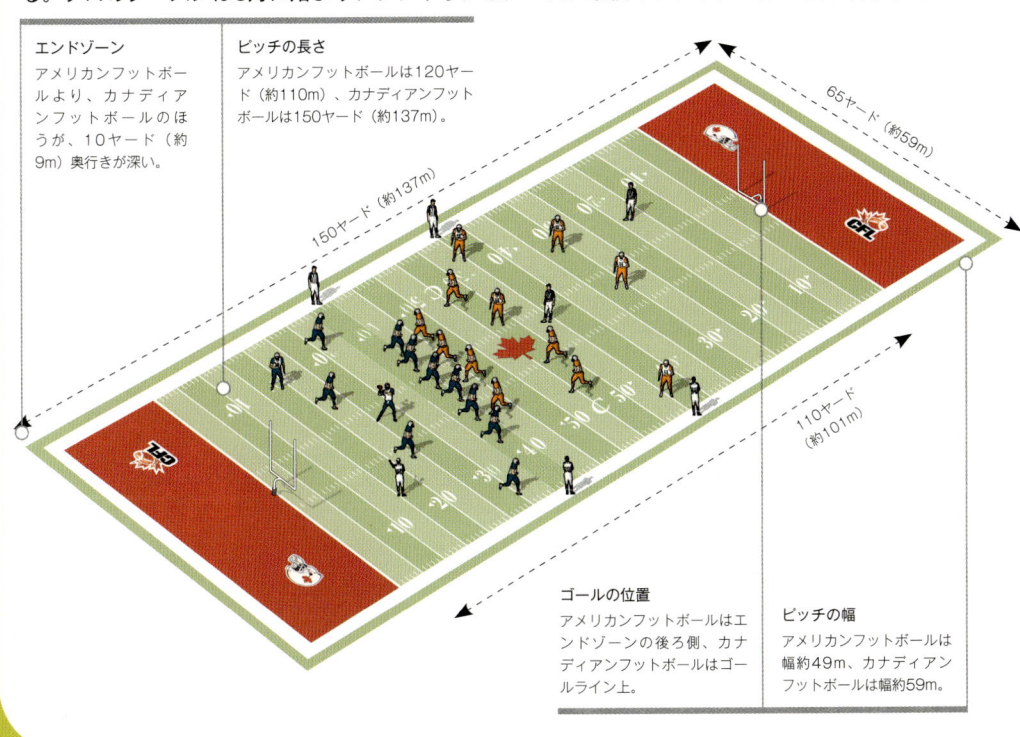

掛け持ち

数々の受賞歴を持つクォーターバックのウォーレン・ムーンなど、アメリカとカナダのリーグを掛け持ちするフットボール選手もいる。ムーンはNFLとCFLの両方で殿堂入りを果たした唯一の選手。キャリア通算成績は両リーグの合算。

団体競技

アメリカンフットボール

エンドゾーン
アメリカンフットボールより、カナディアンフットボールのほうが、10ヤード（約9m）奥行きが深い。

ピッチの長さ
アメリカンフットボールは120ヤード（約110m）、カナディアンフットボールは150ヤード（約137m）。

ゴールの位置
アメリカンフットボールはエンドゾーンの後ろ側、カナディアンフットボールはゴールライン上。

ピッチの幅
アメリカンフットボールは幅約49m、カナディアンフットボールは幅約59m。

違いを尊重する

カナディアンフットボールの用具やフィールドは、一見するとアメリカンフットボールとまったく同じかもしれないが、実際は微妙に違う。ピッチは若干大きく、ゴールポストの位置が違い、フットボールの模様が異なる。

ボールのストライプ
サイズと重量はほぼ同じだが、NFL公認ボールは無地、CFL公認ボールは両端に2.5cmの白線入り。

裏話

アメリカンフットボールは、1800年代初期にイギリスで行われていたラグビーから発展した。1880年代までにアメリカンフットボールとラグビーは、別々の道を歩み、それぞれの競技が基本ルールを作成した。最初は大学スポーツだったアメリカンフットボールは、1900年代初期にプロスポーツになり、1920年、NFLの前身が誕生。テレビ放映されるようになった1950年代に人気が高まった。1990年代以降、アメリカンフットボールは野球を抜いて、アメリカで最も人気の高い観戦スポーツになった。

世界を巡るアメリカンフットボール

アメリカンフットボールは、アメリカとカナダ以外での人気は限定的だ。現在、NFLは、レギュラーシーズンの少なくとも1試合を毎年、国外で行っている。ロンドンのウェンブリースタジアムも会場となり、多くの試合が行われてきた。ヨーロッパの数カ国はリーグを運営し、程度の差はあれ成功している。日本には社会人Xリーグがあり、支持を得ている。また、このスポーツは、オーストラリア、メキシコ、ニュージーランドでも行われている。

スーパーボウル

年1回のスーパーボウルは、NFLの王者決定戦。NFLカンファレンスから12チームが出場するプレイオフ〔アメリカンフットボール・カンファレンス（AFC）から6チーム、ナショナルフットボール・カンファレンス（NFC）から6チーム〕を勝ち抜いた2チームが、ヴィンス・ロンバルディ・トロフィーを求めて対戦する。昔から試合は「スーパーボウル・サンデー」に行われ、世界中で何億人もの人々が観戦する。

NFL

NFLは全米一のプロのアメリカンフットボール・リーグ。アメリカンフットボール・カンファレンスとナショナル・フットボール・カンファレンスの2つのカンファレンスに属する32チームで構成される。各チームはレギュラーシーズンで16試合を戦う。各カンファレンスの上位6チームがプレーオフで戦った後、年1回のスーパーボウルで王者を決める。

CFL

CFL（またはLCF）は、1958年に創設され、東と西のディビジョンにわかれた8チームで構成される。チームは19週のシーズンを通して戦い、上位6チームがプレイオフに進出。最終的には2チームが、プロフットボールで最も古くからあるトロフィーのグレイ・カップをかけて決勝戦を行う。

選手の特徴

ラグビーユニオンは激戦となる接触スポーツなので、選手には、並外れた体力、強さ、強靭な肉体が求められる。身長2m、体重110kgを超えるフォワード間の戦いは特に厳しい。上半身の力と脚力のある選手が多く、それを活かして前進する。バックスは、フォワードより小柄で、機敏で器用。パス、ムーブ、タックルを高速で行うバックスには、ボールさばきとバランスが特に重要だ。また、かなりのプレッシャーのもとでボールをキックしキャッチする技術と冷静さも必要である。

頭の保護
フォワードは頭が常に他の選手の頭、膝、シューズと接触するため、バンデージ、ソフトパッド、ヘッドギアを装着することが多い。

楕円形のボール
楕円形のボールは、4枚の皮革片（または合成皮革）を縫い合わせたり貼り合わせたりしてできている。

進化するスタイル
1990年代半ば以降、プロチームが着るラグビージャージは、丈夫なコットン製のシャツから、つかみにくく身体にフィットする最先端の軽い合成繊維製のシャツに進化した。

丈夫
ショートパンツは丈夫なコットン製が多く、選手番号が足の部分に入っていることもある。

ラグビーシューズ
サッカーシューズに似ていて、上部は皮革製、靴底は柔軟性のある合成樹脂製。スパイクやクリートがついている。

足の保護
コットンのハイソックスの下には、足を保護するためにシンパッドを着用する選手が多い。

基礎知識

→ 最も人気の高いラグビー形式はラグビーユニオンで、その次はラグビーリーグ。

→ この競技は世界中の100カ国以上で行われている。特に人気が高いのは、イギリス、アイルランド、フランス、オーストラリア、ニュージーランド、南アフリカなど。

→ 1987年、ニュージーランドとオーストラリアは、第1回ラグビーワールドカップを共同開催。ラグビーで最も有名なチームのニュージーランド代表オールブラックスが優勝した。

→ 1983年、イギリスで女子ラグビー・フットボール・ユニオンが誕生。1991年には初の公式女子ラグビーワールドカップが開催された。

ラグビーユニオン

競技の概略

ラグビーユニオンは、「紳士がプレーするフーリガンの競技」という端的な表現通り、どの球技より身体的に過酷だ。試合は、厳しいルールにのっとって行われる。1チーム15人の2チームの選手が、最小限の防具を装着し、衝突して楕円形のボールを奪い合い、相手のトライラインへボールを前進させる。1ハーフ40分の2ハーフの間に、より多く得点したチームが勝ちとなる。得点するには、トライをあげるか（敵陣のインゴールエリアでボールを地面につける）、敵陣のゴールポスト間のクロスバーの上にボールをけり、コンバージョン、ペナルティキック、ドロップゴールを成功させる。試合はペースが速く、激しい肉弾戦になるので、見ごたえ十分だ。

ラグビーユニオン

団体競技

戦いの宣言
南半球のチームは、国際試合の開始前に伝統的な戦勝祈願の踊りをして、自らを奮い立たせ、相手選手を威圧する。最も有名なものは、ニュージーランド代表オールブラックスの「ハカ」。フィジー代表チームは「シンビ」、トンガ代表チームは「カイオ」、サモア代表チームは「マヌ」を行う。

ラグビーのピッチ
ラグビーユニオンでは、長方形の芝生のフィールド、つまりピッチで試合が行われる。プロのラグビーでは、ピッチの長さは、トライラインからトライラインまで通常100m。ピッチの幅とトライラインからデッドボールラインまでの距離は決まっていない。各チームは、トライライン、デッドボールライン、タッチラインで区切られるゴールポスト後ろのインゴールエリアを守る。トライライン2本の間には、白い実線と点線が等間隔で何本か引かれている。これはラグビーのピッチをいくつかのゾーンに分割するもので、リスタートキックを行う場所やセットプレーの際のポジションどりの目印になる。

タッチライン
ピッチの端を示す。ボールがタッチラインを越えたり触れたりした場合、プレーが終了する。ボールを持っている選手の身体の部分についても同様。

ハーフウェーライン
その名の通り、ピッチを2分割する。

10mライン
試合がキックオフで開始または再開する場合、10mラインを越えるようにけらなければならない。ボールを受けるチームは、このラインの後ろに立たなければならない。

ゴールポスト
アルミ製やスチール製のゴールポストの基部は、選手がけがをしないようにパッドで覆われている。

インゴールエリア
ボールを地面につけて得点する。トライラインは、インゴールエリアの一部と見なされる。

トライライン
インゴールエリアの始まり。

デッドボールライン
インゴールエリアの終わり。

22mライン
このラインは、ドロップアウトが行われる場所。相手チームのキックをキャッチするとき、22mライン内でマークをコールできる（フリーキックが与えられる）。自陣の22mライン内から直接タッチラインの外へけることもある。

スローインライン
タッチラインから5mを示す。ラインアウトで一列に並ぶ選手の先頭は、スローインラインに立つ。

チームユニット
ラグビーチームは、フォワード8人とバックス7人の構成だ。フォワードは、がっちりしたフロントロー（プロップ2人とフッカー1人）、ひときわ長身のセカンドロー（ロック2人）、タフでありながら機動力のあるバックロー（フランカー2人とナンバーエイト1人）。バックスでは、頑強なスクラムハーフがボールを追い、フォワードとバックスの間のつなぎ役としてボールを移動させる。フライハーフ（スタンドオフ）は、チームの司令塔であり要である。サインプレーを伝え、開始し、キックの大半を行う。センター2人はバックスの守備の要。攻撃では相手チームのディフェンスのすき間を探す。ウィングとフルバックはチームの俊足選手。バックスのムーブの最後に走り込んでトライすることが多いが、ディフェンスの最後のとりでもある。

番号別ポジション：1 ルースヘッドプロップ、2 フッカー、3 タイトヘッドプロップ、4 レフトロック、5 ライトロック、6 レフトフランカー、7 ライトフランカー、8 ナンバーエイト、9 スクラムハーフ、10 フライハーフ、11 レフトウィング、12 レフトセンター、13 ライトセンター、14 ライトウィング、15 フルバック

ラグビーのドル箱

ラグビーリーグはプロスポーツになってから長いが、ラグビーユニオンは1995年までアマチュアの立場に徹し続けた。試合観戦でもテレビ観戦でも人気が高く、華やかでもうかる試合形式になってからは、トップクラスのリーグ選手も参加するようになった。

身につけるもの

伝統的なラグビー用具は、ジャージ、ショートパンツ、ソックス、シューズ。どのレベルの試合でも変わりはないものの、プロでは、ラグビーシャツの素材が進化している。新たなけが防止策として、さまざまな防具も登場。

フォワードの選手が着用するスクラムキャップは、スクラム中に耳がこすれて慢性的な腫れに発展する「カリフラワー耳」を防止し、衝撃から身を守る。上半身のパッドは、近年進化し、よく使われるようになってきている。

防具

身体的な接触をともなう競技の多くとは異なり、伝統的にラグビーでは身体を保護するようなものはほとんど着用しない。現在では、頭、肩、鎖骨のあたりにパッドを装着するプロ選手もいる。

スクラムキャップ
ヘッドガードは、他の部位のパッドと同じく国際ラグビー評議会（IRB）の基準に適合しなければならない。頭にぴったり合い、チンストラップで固定する。穴があいているので、頭が蒸れない。

一般的に着用する防具
マウスピースは、歯科医がつくる特注品。安価なものは、熱湯で軟らかくしたマウスピースを噛んで成形する。

ボディパッド
ボディパッドは、IRBのガイドラインに適合するように軽く薄くなければならない。ボディパッドは、通気性のよいハニカム構造の素材。これを縫い合わせてぴったりフィットするナイロン製ベストにし、ラグビーシャツの下に着る。

ボールの寸法
シニアラグビーのボールは、長さ28～30cm。ジュニアラグビーは、それより小型。

ハイカットシューズ
足首を保護するハイカットのラグビーシューズもあるが、動きやすいローカットのサッカーシューズをはく選手が多い。

得点方法

得点する主な4つの方法は、トライ、コンバージョン、ペナルティゴール、ドロップゴール。相手チームのインゴールエリアでボールを地面につけて、トライをする。トライが決まると5点を獲得し、コンバージョンのチャンスを得る。コンバージョンは、さらに2点を獲得できるプレースキック。ペナルティの後のゴールキックは、コンバージョンと同様に行われるが、3点を獲得する。同じく3点のドロップゴールは、ピッチ上のどこからでもできるが、けるときにボールをいったん地面に落とさなければならない。

ビデオ判定員

プロのラグビーの試合は、スポーツチャンネルでたびたび放送される。このような試合では、ビデオ判定員が試合の主審を補佐することがある。ビデオ判定員は有資格の審判員。主な仕事として、トライが有効かどうかを主審が迷った場合にどちらかを判定する。ビデオ判定員の判定のほとんどは、ボールが地面についたときに選手がボールを完全にコントロールしていたかどうかを確認するものだ。ビデオ判定員は、さまざまな角度からビデオ映像を見て、トライか否かを判定する。

試合の進め方

チームは、ボールを持って走ったり、パスを回したりして、テリトリーを獲得する。パスは前に投げられないが、キックは前にけってもよい。キックはテリトリー獲得のカギとなり、ボールをタッチラインの外へ出してラインアウトにすることも多い。ディフェンスでは、ボールを持つ選手をタックルする。タックルは、胸の高さより下で行わなければならず、ボールを持たない選手をタックルすることは禁止。

セットプレー

この競技で中心となるのは、中断後の試合を再開するセットプレー。ハーフ開始時と得点後のリスタートキック、ボールがタッチラインを越えたときのラインアウト、フォワードパスなどの反則後のスクラムがある。

スローイン
フッカーはラインに並ぶ味方に向かってボールを投げる。サインをコールするので、味方は誰がジャンプしてボールを受けるのかがわかるが、相手チームは誰をマークすればいいのかわからない。

ジャンパー
背の高いロックが一般的にラインアウトのターゲット。プロップはジャンパーが飛び上がるのをサポート。フランカーとナンバーエイトは相手選手にボールを奪われないようにする。

ラインアウト
ラインアウトは、ジャンプしてボールを奪い合う競争。策略、リフティング、正確なタイミングがあって初めてうまくいく。ラインに各チーム2人から7人の選手が並ぶ。

グラウンディング

相手チームのインゴールエリアでボールを地面につけることは、見た目より技術的に複雑だ。重要なルールは、第1に、選手がプレー区域内にいること、第2に、ボールを地面につけたときにコントロールしていること。選手はインゴールエリアに滑りこんでトライをすることが認められているが、ライン上またはライン通過時にボールを得るダブルムーブメントはできない。

コントロールする
この図では、攻撃側選手が、十分に下向きの圧力を加えてボールを地面につけ、完全にコントロールしている。

ペナルティトライ

ペナルティトライは、故意または繰り返しのファウルプレーに対して与えられる。また、不正行為がなければ決まったはずのトライが阻止された場合にも与えられる。それに続くコンバージョンでは、2本のゴールポスト間に照準を合わせる。

ける位置

ペナルティキックをける位置は、反則が行われた場所か、選手がパントした後に妨害されたときのボールの着地点。相手チームは、キックが行われる位置から10m以内に入ってはならない。
コンバージョンは、トライを決めた場所のライン上のどこからでもけることができる。守備側は、キッカーがボールに向かって動き出した時点で、コンバージョンの妨害を開始できる。

キックの成功
ボールは、ゴールポスト間のクロスバーの上を通過しなければならない。

団体競技

123

ラグビーユニオン

接近戦

スクラムは、腕力とスクラムを組む技術を競う。両チームのフォワード陣は、フォーメーションを組み、主審の合図で相手方も頭からつっ込む。
フッカーが合図すると、スクラムハーフはボールを転がし2チームの間に入れる。その後フッカーは、ボールを確実に自分のチームのものにするために、かかとでスクラムの後方へ送る。

バインディング
後列の選手は、ボールがスクラムから出るまで組み続けなければならない。

密着した集団
守備側のスクラムハーフは、スクラムからボールを取るまで、相手チームのスクラムハーフをブロックまたは妨害してはならない。

プットイン
スクラムハーフは、両チームのスクラムの中央にまっすぐボールを投入しなければならない。ボールが曲がると、「ノットストレート」のペナルティになる。

ラックとモール

ラックとモールは、オープンプレー中のボールの奪い合い。ボールを持つ選手が地面に倒れたときに、ラックが形成される。両側から最初に近づいた選手たちが、ボールにおおいかぶさるようにバインディングを行い、相手選手を押し返し、足を使ってボールを自分の側に「ラック」する。モールはラックに似ているが、ボールを持った選手は立ったままで、選手の集団はフィールドを前後に移動する。

地面に倒れる
ボールを持っている選手が地面に倒れた場合、ボールを放さなければならず、放さないとペナルティになる恐れがある。

ノーハンズ
ラックを組む選手は、手を使ってボールを動かしてはならない。ボールが停止した場合、スクラムが攻撃側に与えられる。

ナンバー・トリビア

5,750 m：プロラグビーのバックスが試合中に走る距離。

45 点：トップクラスの国際試合で1人の選手が挙げた最高得点数。1995年ラグビーワールドカップで、ニュージーランドのサイモン・カルヘインが145対17で勝った日本戦で達成した。

750,000 人：2003年12月9日、ワールドカップで優勝したイングランド代表チームを見るために、ロンドンのトラファルガー広場に集まった人の推定数。

152 点：国際試合での最多の点差。2002年5月、アルゼンチンはパラグアイに152対0で勝った。2002年7月、日本も同じ点差の155対3で台湾に勝った。

ラグビーのルール

ラグビーの最も基本的なルールは、ボールを前方にパスしたり落としたりしてはならないこと。その場合、相手チームのスクラムになる。技術的な反則など軽い反則には、フリーキックが与えられるのに対して、オフサイドポジションにいながらプレーに参加したり、ファウルプレーをしたりした選手には、ペナルティが科される。

オフサイド

オープンプレー中、ボールを持っている味方より前にいた場合、オフサイドと見なされる。オンサイドポジションに戻る前にプレーに参加しようとした場合、ペナルティになりやすい。選手がオフサイドポジションにいる間に偶然プレーに参加した場合、相手側のボールでスクラムが組まれる。オフサイドルールは、セットプレーが行われる場合、モールやラックが組まれた場合にも適用される。

ペナルティとファウルプレー

ラックやモールなど接近戦ではファウルが多く、ペナルティが科される。ファウルはたいてい、相手選手がボールを手放そうとするのを押さえつけて妨害したり、自分のチームのボールを速く前進させようとして起こる。ファウルプレーは、オブストラクション、不当なプレー、反則の繰り返し、危険なプレーと不正行為の4カテゴリー。

オブストラクション

選手がボールを追って走っているときにチャージしたり押したりする、ボールを持っている選手の前を走る、タックラーをブロックする、ボールをブロックする、ボールを持っている選手がセットプレー中に味方のほうへ走り込む、スクラム中にスクラムハーフを妨害する行為。

不当なプレー

時間かせぎ、ボールを投げたりたたいたりして故意にアウトオブプレーにする、故意に競技規則に違反したり不当にプレーしたりする行為。

反則の繰り返し

意図的であるなしにかかわらず、選手が競技規則違反を繰り返すこと、チームが集団で繰り返し違反すること。

危険なプレーと不正行為

反則になるのは、相手選手を踏みつけたりけったりする、相手選手を足でつまずかせる、タックルが早すぎたり遅すぎたりする、相手選手を肩の高さより上でタックルする、ボールを持たない選手をタックルする、地面に足がついていない選手をタックルする、ボールをけった直後の選手を意図的にチャージする行為、スクラム、ラック、モールでの危険なプレー、報復行為。

カードによる警告

サッカーなど他の競技と同様に、ラグビーの主審はカードを使って警告することがある。競技規則に違反した選手は、口頭での警告、イエローカード、レッドカードを受ける。主審からイエローカードを受けた選手は、10分間ピッチの外に退場しなければならない。これはシンビンと呼ばれる制度。そのチームは少ない人数で試合をすることになる。その選手がピッチに戻って、さらに警告に値する反則をした場合、レッドカードが与えられ、試合の残り時間は退場となる。

「あいつは異常……！」

1995年ラグビーワールドカップでは、ラグビーの真のスーパースターが登場した。ジョナ・ロムーがテストマッチ出場わずか2回で代表のオールブラックス入りを果たしたとき、人々はまゆをひそめた。しかし、瞬く間にすべてを払拭した。ロムーは準決勝で本領を発揮。イングランドのバックスを打ち破って4トライを決めると、イングランドチームは身も心も傷ついた。試合後、負けたイングランドのキャプテンのウィル・カーリングはロムーについて「あいつは異常だ、早くいなくなればいい」と語った。

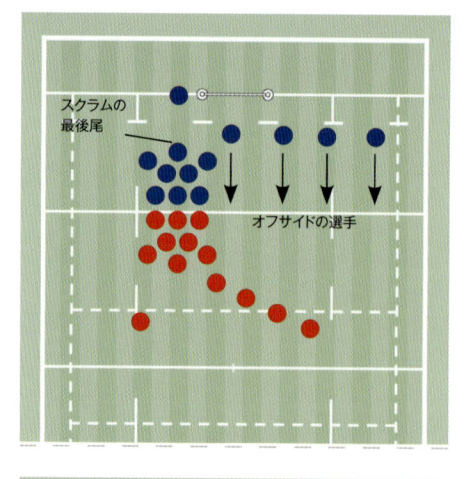

スクラムでのオフサイド

他のセットプレーと同様に、いったんスクラムが組まれたら、オフサイドルールが適用される。仮想的なオフサイドラインは、スクラムの最後尾の選手から後方5mの位置でピッチを横断している。スクラムハーフ以外の選手がこのラインを越えた場合は、オフサイド。

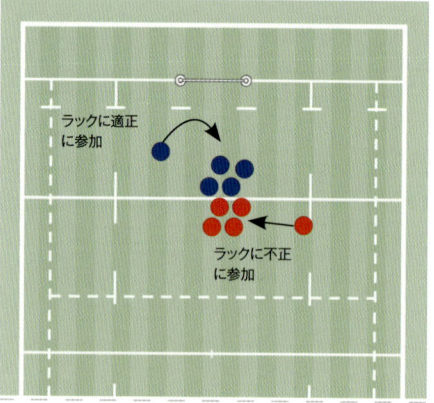

ラックの反則

オフサイドルールは、ラックやモールに入ろうとしている選手にも適用される。ラックまたはモールの間に、横から入ったり、相手チームの側から入ったりした場合は、オフサイド。最後尾からのみラックまたはモールに入り、味方と組んでもよい。

戦術的アプローチ

ラグビーのプレースタイルは徐々に進化し、世界各地で多様化した。とはいえ、ラグビーの試合の戦術的アプローチは主に2つ。

キッキングゲーム

1つ目は、フォワード中心のキッキングゲーム。攻撃側が、フォワードの力を活かしてモール、ラック、スクラムに持ちこみ、確保したボールを接近戦で保持する。また、フィールドを前進するためにタッチキックで外へボールをけり出し、フォワードの力に頼って、前進した位置でボールを再び獲得する。鋭く包括的なディフェンスと一体化して、効果的なアプローチとなり、数多くのゴールキックに結びつく。

15人ラグビー

2つ目は、動きの速いランニングゲーム。チームは速い動きとボールさばきで、スペースをつくりテリトリーを獲得する。「15人ラグビー」と呼ばれるこのプレースタイルでは、機動力のあるフォワードとすばやいバックスが完全に一体となり、うまく行けばトライシーンを見ることができる。

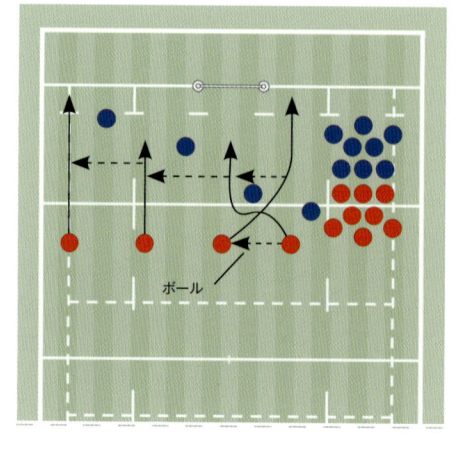

サインプレー

フォワードにもバックスにもサインプレーがあり、トレーニングで練習する。左に示したのはループと呼ばれるバックスのサインプレー。相手選手をポジションから引き離してオーバーラップ(攻撃側選手が守備側選手より多い状態)をつくり、それを利用してワイドの俊足選手が走り込む。

ラグビーユニオン

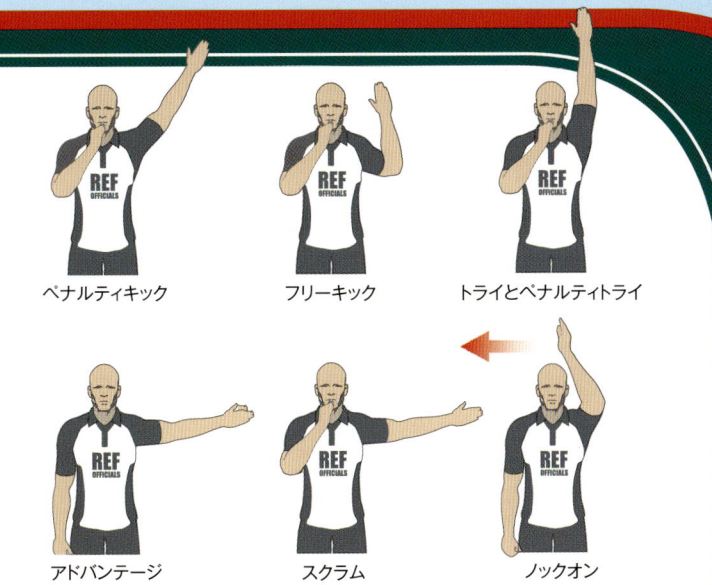

試合の審判をつとめる

ラグビーの審判は、選手に、ひいては観客に、腕や手のゼスチャーで意思を伝える。このようなシグナルは、2種類に分かれる。第1のシグナルは、下した判定を示す（ペナルティキック、アドバンテージ、フリーキックなど）。第2のシグナルは、判定を下した理由を伝える（ノックオン、ハイタックル、オフサイドなど）。ラグビーの審判を補佐するのは、各タッチラインに1人ずつ配置された線審。その主な仕事は、ボールまたはボールを持った選手がラインを越えて外に出たかどうかを審判に合図することだ。

裏話

ラグビー誕生にまつわるまことしやかな話がある。1820年にイングランドのラグビー校の生徒ウィリアム・ウェブ・エリスが、サッカーの試合でボールを拾い、それを持って走ったという。19世紀末には、ラグビー・フットボール・ユニオン（RFU）と国際ラグビー・フットボール評議会（IRFB）が創立。ルールを統一し、試合を主催した。最終的にRFUはIRFBに加わって、1998年にIRFBはIRBになり、プロの時代に入った。IRBは、100以上の国と地域の加盟団体と準加盟団体で構成される。

主なチャンピオンシップ

1987年以降、4年に1回開催されるラグビーワールドカップは、この競技最大の大会。20カ国が世界チャンピオンをめざして競い合う。ワールドカップは、グループ戦とトーナメント戦で構成され、決勝戦の勝者にはウェブ・エリス・カップが授与される。それ以外の国際チャンピオンシップには、年1回開催される南半球のトライネイションズ（現ザ・ラグビー・チャンピオンシップ）と北半球のシックスネイションズなど。

南半球

トライネイションズは、南半球のラグビー強豪国であるオーストラリア、ニュージーランド、南アフリカによる年1回の大会。ミニリーグとして開催され、各チームは他のチームと3試合ずつ戦う。

往年のライバル

北半球では、シックスネイションズ（旧ファイブネイションズ）がヨーロッパ最大のトーナメント。イングランド、フランス、アイルランド、イタリア、スコットランド、ウェールズが総当たり戦を行うが、ホームアドバンテージは1年交代。5試合すべての勝者は、グランドスラムと呼ばれる。女子シックスネイションズもあり、かつてはスペインが参加していたが、現在は代わってイタリアが参加している。

データ集

ラグビーワールドカップ優勝国

年	国
2011	ニュージーランド
2007	南アフリカ
2003	イングランド
1999	オーストラリア
1995	南アフリカ

ファイブ（現シックス）ネイションズと優勝国

優勝回数	（同時優勝）	国
26	(10)	イングランド
26	(12)	ウェールズ
17	(8)	フランス
14	(8)	スコットランド
11	(9)	アイルランド

ハイネケンカップ優勝チーム

年	チーム	国
2013	トゥーロン	フランス
2012	レンスター	アイルランド
2011	レンスター	アイルランド
2010	トゥールーザン	フランス
2009	レンスター	アイルランド
2008	マンスター	アイルランド
2007	ワスプス	イングランド
2006	マンスター	アイルランド
2005	トゥールーザン	フランス
2004	ワスプス	イングランド

テストマッチ通算得点数

得点	選手	チーム
1409	ダン・カーター	ニュージーランド
1246	ジョニー・ウィルキンソン	イングランド／ライオンズ
1090	ニール・ジェンキンス	ウェールズ／ライオンズ
1083	ローナン・オガーラ	アイルランド／ライオンズ
1010	ディエゴ・ドミンゲス	イタリア／アルゼンチン
970	スティーブン・ジョーンズ	ウェールズ／ライオンズ
967	アンドリュー・マーテンス	ニュージーランド
911	マイケル・ライナー	オーストラリア
893	パーシー・モンゴメリ	南アフリカ
878	マット・バーク	オーストラリア

テストマッチトライ数

トライ数	選手	チーム
69	大畑大介	日本
64	デイビッド・キャンピージ	オーストラリア
60	シェーン・ウィリアムズ	ウェールズ／ライオンズ
55	小野澤宏時	日本
53	ブライアン・ハバナ	南アフリカ
50	ローリー・アンダーウッド	イングランド
49	ダグ・ハウレット	ニュージーランド
47	ブライアン・オドリスコル	アイルランド／ライオンズ

7人制ラグビー（セブンズ）

競技の概略

7人制ラグビーはラグビーユニオンの変形であるが、チームの人数が15人から7人に減っているため、流動的でスピードがある。選手の数が少なく、グラウンドが広く使えるため、得点が入りやすく、観衆が盛り上がりやすい。7人制ラグビーの主な試合は北半球の夏の時期に行われることが多く、歴史的に、ラグビーユニオンを目指す有望選手に場を提供するためのものだと考えられてきた。

試合をする

グランド上の選手の数は少ないものの、試合はラグビーユニオンと同じサイズのグラウンドで行われる。そのため、衝突の激しいフォワードのプレーではなく、すばやいパスと爆発的な走りに注目が集まる。7人制ラグビーは流動的なため、選手には15人制のときとは違う体力が要求され、力よりもスピードやスタミナのほうが重要となる。チームは、「フォワード」が3人（プロップ2人とフッカー1人）、「バックス」が3人（フルバック、センター、フライハーフ）、そしてスクラムハーフから成る。

基礎知識

→ 7人制ラグビーのおかげでアジアにラグビーが広まった。香港は最大のセブンズワールドシリーズを主催し、かつ最も参加率が高い。

→ ラグビーユニオンの優秀選手の中には、7人制ラグビーでそのキャリアを始めたものもいる。ニュージーランドのジョナ・ロムーと元ラグビーオーストラリア代表のジョージ・グレーガンは、15人制のラグビーでその名を知らしめるようになる前は、7人制ラグビーをプレーしていた。

選手の特徴

7人制ラグビーのセットピースは15人制ラグビーに比べると規模が小さく、頻度も少ない。そのため、フォワードはすばやい動き、それほど大きくない体、そして敏捷性が要求される。バックスは、広大なグラウンドを迅速にカバーすることに加え、クリエイティブなパスと想像力に富んだ走りで、相手チームの選手を散らさなければならない。そのため、試合運びのうまさが、突進力や身体持久力と同じくらい重要となる。

スクラム

7人制ラグビーのスクラムは各チーム3人ずつの選手で構成される。フッカーはプロップの間に入る。

フッカー

7人制ラグビーでは、フッカーはプロップの下からでも上からでも腕を組むことができる。15人制のラグビーの大きなスクラムでは、常に上から腕を組むことになっている。

プロップ

プロップは足を肩幅に広げ、体をできるだけ低くする。

15人制と7人制の違い

7人制ラグビーの規則はラグビーユニオンのものとそれほど変わらないが、選手の数が少ないこと以外にもいくつか違いがみられる。たとえば、試合時間は7分ハーフと1分間のハーフタイムから成る。ゴールキックはプレースキックではなく、ドロップキックでなければならない。さらに、スクラムは8人ではなく、各チーム3人のみで組む。ユニオンチームは7人の控え選手を準備し、試合中にその全員を起用しなければならないが、7人制の場合は控え選手は5人以内で、そのうち3人までしか交代できない。

7人制ラグビーの起源

7人制ラグビーの起源は、1880年代のスコティッシュ・ボーダーズ地方の町、メルローズにある。地元で肉屋を営んでいたネッド・ヘイグが資金を募るために試合を行ったのが始まりである。このスポーツは人気を集め、すぐに世界中に広まった。世界のスポーツとなった現在でも、7人制ラグビーには、毎年メルローズで行われる試合は欠かせない存在である。

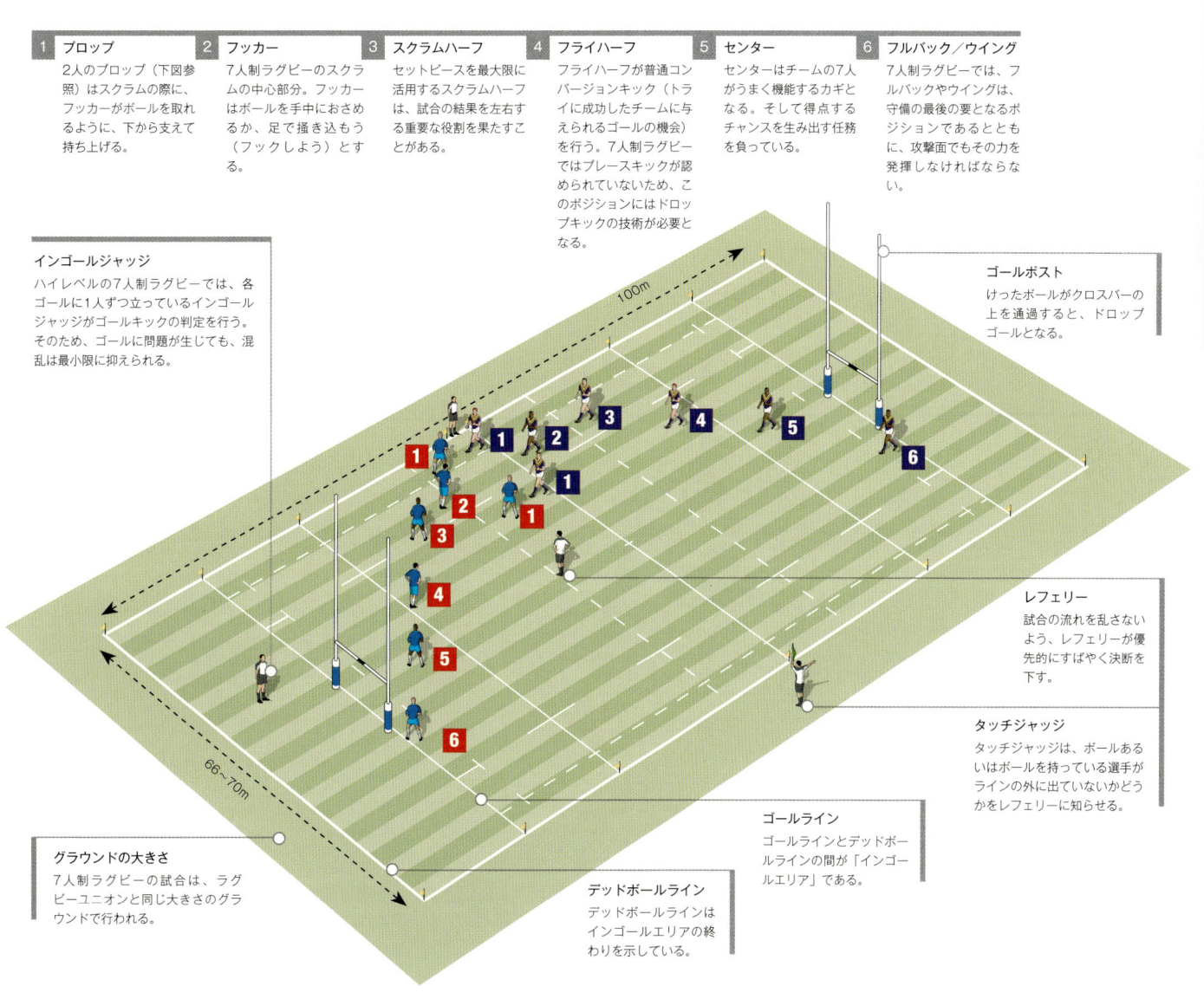

1 プロップ
2人のプロップ(下図参照)はスクラムの際に、フッカーがボールを取れるように、下から支えて持ち上げる。

2 フッカー
7人制ラグビーのスクラムの中心部分。フッカーはボールを手中におさめるか、足で掻き込もう(フックしよう)とする。

3 スクラムハーフ
セットピースを最大限に活用するスクラムハーフは、試合の結果を左右する重要な役割を果たすことがある。

4 フライハーフ
フライハーフが普通コンバージョンキック(トライに成功したチームに与えられるゴールの機会)を行う。7人制ラグビーではプレースキックが認められていないため、このポジションにはドロップキックの技術が必要となる。

5 センター
センターはチームの7人がうまく機能するカギとなる。そして得点するチャンスを生み出す任務を負っている。

6 フルバック／ウイング
7人制ラグビーでは、フルバックやウイングは、守備の最後の要となるポジションであるとともに、攻撃面でもその力を発揮しなければならない。

インゴールジャッジ
ハイレベルの7人制ラグビーでは、各ゴールに1人ずつ立っているインゴールジャッジがゴールキックの判定を行う。そのため、ゴールに問題が生じても、混乱は最小限に抑えられる。

ゴールポスト
けったボールがクロスバーの上を通過すると、ドロップゴールとなる。

レフェリー
試合の流れを乱さないよう、レフェリーが優先的にすばやく決断を下す。

タッチジャッジ
タッチジャッジは、ボールあるいはボールを持っている選手がラインの外に出ていないかどうかをレフェリーに知らせる。

ゴールライン
ゴールラインとデッドボールラインの間が「インゴールエリア」である。

デッドボールライン
デッドボールラインはインゴールエリアの終わりを示している。

グラウンドの大きさ
7人制ラグビーの試合は、ラグビーユニオンと同じ大きさのグラウンドで行われる。

試合

7人制ラグビーで最も重要な試合は、ラグビーワールドカップセブンズである。この試合は1993年以降、世界中のさまざまな国で4年ごとに開催されている。フィジーとニュージーランドが2度優勝カップを獲得し、ワールドカップセブンズ史上、最も成功をおさめたチームとなった。2009年に初めて開催された女子ワールドカップセブンズでは、オーストラリアが勝利をおさめた。

7人制ラグビーは、2016年にリオで開かれる夏季大会からオリンピックの正式種目に選ばれている。オリンピック以外の大きな大会には、コモンウェルスゲームズやIRBセブンズワールドシリーズがある。IRBセブンズワールドシリーズでは、9試合の最終結果に基づいて点数が競われる。ニュージーランドが極めて優れており、1999年以来、14回行われたセブンズワールドシリーズで11回優勝、コモンウェルスゲームでは1度も負けたことがない。

ナンバー・トリビア

23 回：史上最高の得点王、フィジーのマリカ・ブニバカが、ラグビーワールドカップセブンズでトライを決めた数。

28 か国：2013年の香港セブンズに参加した国の数。香港セブンズ史上、最多の参加国数となった。

0 か国：ラグビーワールドカップセブンズとラグビーワールドカップのタイトルを連覇した国の数。

82 点：2006年のアジア大会のプロの7人制ラグビーで生じた、台北対カタール戦での得点差。台北が勝利をおさめている。

団体競技

7人制ラグビー（セブンズ）

競技の概略

世界一激しい接触競技の1つとされるラグビーリーグは、各サイド13人の2チームで行われる。目的は、1ピリオド40分の2ピリオドでボールを使って相手チームより多く得点することだ。得点するには、相手のトライラインを越えてボールを地面につけるか、ボールをけってクロスバーの上を通過させる。このスピーディーな競技は、イングランド北部をルーツとするが、オーストラリア、ニュージーランド、太平洋地域でも人気が高い。

ナンバー・トリビア

40 %：熱心なラグビーリーグサポーターにおける女性の割合。

11 回：ハル・キングストン・ローバーズのジョージ・ウエストが、1905年のブルックランド・ローバーズ戦であげたトライ数。

1,735 点：すべての競技会における1シーズンの最多得点数。1994年から1995年の45試合でウィガンが達成した。

40,000 人：イギリスでラグビーリーグに登録する選手数。全国の450を超えるクラブでプレーしている。

ラグビーリーグ

頭の保護
ヘルメットは、スクラムの際に保護するために、特にフロントローのフォワード選手が着用する。軽い耐破損性プラスチック製。

シャツ
軽量だが丈夫な合成素材でできている選手のシャツは、相手選手に引っぱられても破れない。

手堅いグリップ
ぴったりフィットする指なしグローブは、ボールのグリップ力を高めるために着用することがある。

ショートパンツ
ラグビーシャツと同様に、従来は丈夫なコットン製。現在は丈夫な合成素材もある。

ソックス
チームユニフォームの一部であるソックスは、下肢を保護する。

シューズ
ハイカットは足首をサポート。

基礎知識

- 2005年トライネイションズカップでニュージーランドが優勝した。それは同時にオーストラリアが27年ぶりにテストシリーズで敗北したときでもあった。
- 世界最大の勝ち抜き方式ラグビーリーグ競技会は、ニュージーランドで開催されるカーネギー・チャンピオン・スクールズ大会。1000校以上と選手16000人以上が参加する。
- 第1回ラグビーリーグ・ワールドカップは、1954年にフランスで開催された。開催国に加えて、イギリス、オーストラリア、ニュージーランドが参加。

選手の特徴

ラグビーリーグのような激しいスポーツで成功するには、身体能力、スタミナ、スピードが求められる。キックとキャッチの両方においてボールコントロール技術がカギとなり、すばやいボールさばきは不可欠だ。スタンドオフやスクラムハーフなどのポジションでは特に、あらゆる戦術を意識しなくてはならない。

リーグのピッチ

ラグビーリーグのピッチは、芝生の競技エリアで、両端にゴールポストが立ち、白線が引かれている。競技エリアはタッチラインを境界線とし、いくつかのゾーンに分割されている。ポストの下を通るラインはトライライン。これを越えた場所でボールを地面につけてトライを試みる。その先にはデッドボールラインがあり、それを越えるとアウトオブバウンズ。また、ピッチには10m間隔でラインが引かれている。

番号別ポジション：
1 フルバック、2 ライトウィング、3 センター、4 センター、5 レフトウィング、6 スタンドオフ、7 スクラムハーフ、8 プロップ、9 フッカー、10 プロップ、11 セカンドロー、12 セカンドロー、13 ルースフォワード

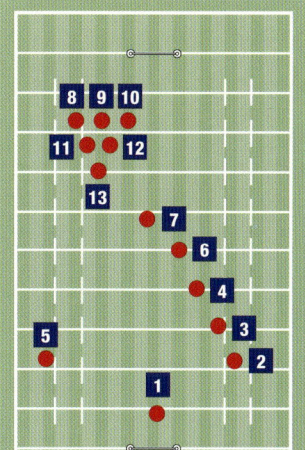

ラグビーボール
ラグビーリーグでは、長さ28cmから30cmの楕円形ボールを使用。皮革製が多いが、耐水性の合成素材のものもある。

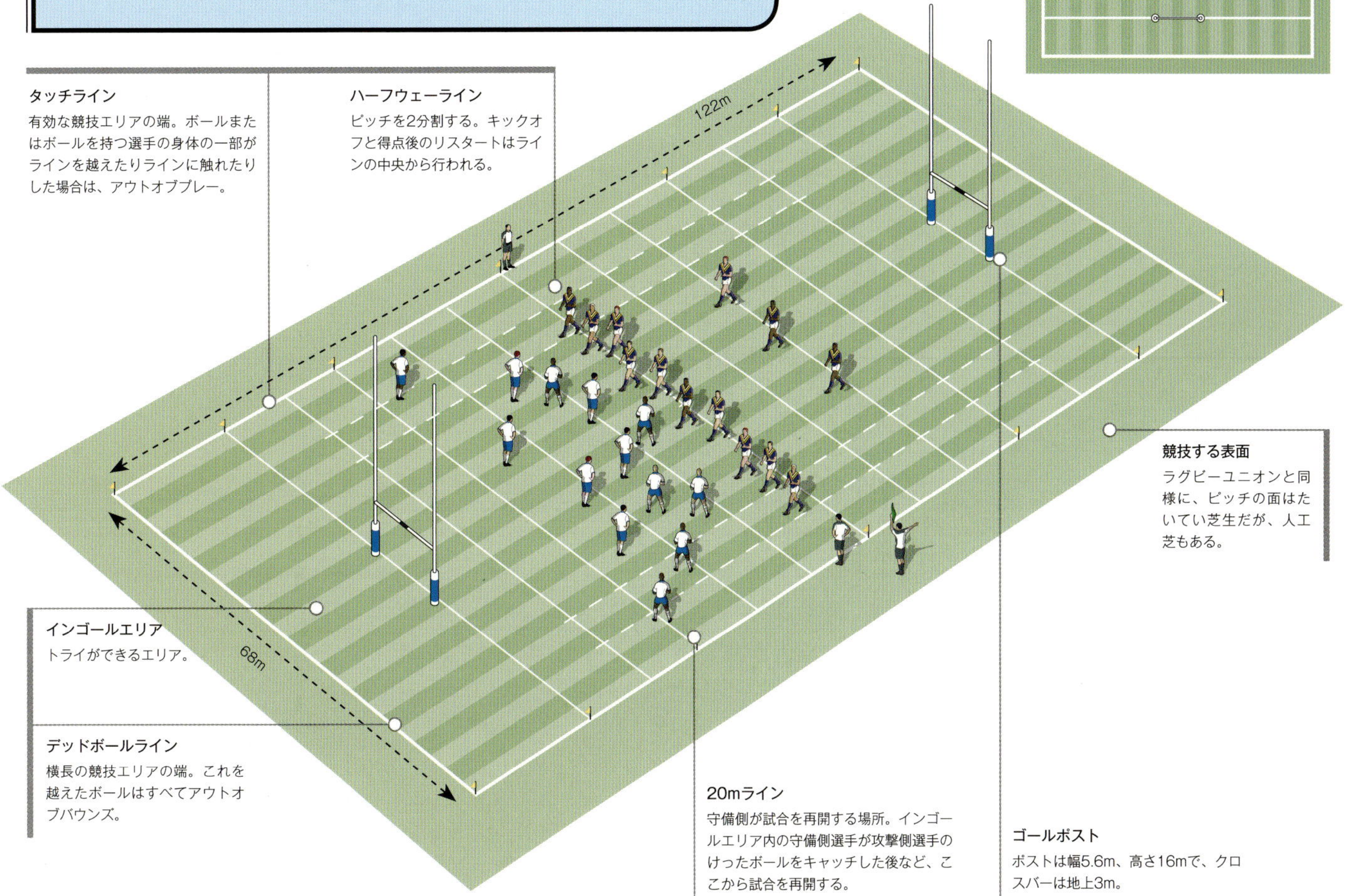

団体競技

129

ラグビーリーグ

タッチライン
有効な競技エリアの端。ボールまたはボールを持つ選手の身体の一部がラインを越えたりラインに触れたりした場合は、アウトオブプレー。

ハーフウェーライン
ピッチを2分割する。キックオフと得点後のリスタートはラインの中央から行われる。

122m

68m

競技する表面
ラグビーユニオンと同様に、ピッチの面はたいてい芝生だが、人工芝もある。

インゴールエリア
トライができるエリア。

デッドボールライン
横長の競技エリアの端。これを越えたボールはすべてアウトオブバウンズ。

20mライン
守備側が試合を再開する場所。インゴールエリア内の守備側選手が攻撃側選手のけったボールをキャッチした後など、ここから試合を再開する。

ゴールポスト
ポストは幅5.6m、高さ16mで、クロスバーは地上3m。

身につけるもの

衝撃が大きい競技なので質の高い防具が必要だ。マウスピースは一般的に使われるが、ボディパッドやヘッドギアを装着する選手も多い。どの防具も、相手選手の激しく動き回る足やつかみかかる手から身を守る。

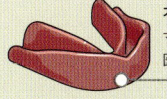

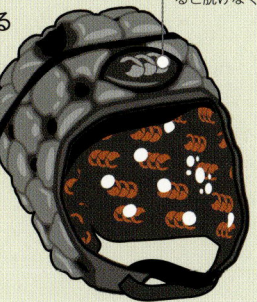

頭の保護
ヘルメットは、適度にフィットするものがよく、きつすぎると脱げなくなる。

パッドの柔軟性
ウレタンのパッドは、ニーズに合わせて取り外しできる。

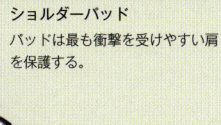

ショルダーパッド
パッドは最も衝撃を受けやすい肩を保護する。

チェストプレート
胸骨を保護する。

柔軟な素材
伸縮素材なので自由に動くことができる。

オーダーメイド
マウスピースは歯科医が個別につくる。

マウスピース
成形プラスチック製。歯と口を守る必需品。

ヘッドギア
ヘルメットまたはスカルキャップとも呼ばれ、頭と耳を覆う。スクラムを組む選手が常時着用。

保護用下着
ラグビーのタックルは肩に大きな負担がかかるため、上半身にパッドを装着する選手が多い。通気性のよい伸縮素材でつくられている。

ラグビーリーグの試合の進め方

試合開始時に、片方のチームの選手が敵陣へボールをける。ボールを支配した選手のチームは、ボールを前進させ相手のトライラインを通過させるチャンスを得る。ボールをパスし合い、タックルをかわし、ボールをけって前進させる。攻撃側が6回タックルされるまでに得点しなかった場合、ボール保持権は相手側に移る。5回目のタックル後にトライの可能性が低いと思った場合、通常、敵陣へロングキックする。

> **試合再開**
> プレー中断後の試合再開では、キックオフ、プレー・ザ・ボール、ドロップアウトキック、ペナルティ、スクラムのどれかが行われる。スクラムは、各チームのフォワード6人が組んで押し合う。その後、中央の「トンネル」にボールが投入される。

プレー・ザ・ボール

タックルされた後、「プレー・ザ・ボール」という動作によって、ボールをアクティブプレーに戻さなければならない。選手は立ち上がって、足の裏を使ってボールを転がし、後ろに立っている味方へ送る。味方の選手は、ボールを持って走るか、パスまたはキックをすると、プレーが再開する。プレー・ザ・ボール中、相手チームの選手は、10m以上離れた場所にいなければならない。そうしない場合、主審は「オフサイド」としてペナルティを科すこともある。

20m ドロップアウト

ペナルティの場合、反則していないチームは、タッチラインの外側へけり出すという選択ができる（アウトオブバウンズだが、ペナルティの場合、ボールがラインを越えた地点まで前進できる）。キックがデッドボールラインを越えてしまった場合、20m ラインからのドロップキックで試合を再開する。

20m リスタート

インゴールエリア（トライラインの後ろ）に立っている守備側選手が、攻撃側選手のけったボールをしっかりキャッチした場合、20m ラインから再開をする。攻撃側選手が触れたボールがデッドボールラインを越えた場合も同様。

40-20 キック

自陣の40mライン内に位置する選手が通常のプレーでボールをけり、ボールがバウンドして敵陣の20mライン内でタッチラインを割った場合、スクラムとなる。けった選手のチームがボールを投入する。そのチームはスクラムでボールを獲得し、さらに6回タックルを受けるまで攻撃できる。

ボールを下に置く — タックルされた選手はボールを地面に置く。

構える — 味方はボールを受ける準備をする。

パスする — 立ち上がり、足でボールを後ろにパスする。

アクティブプレー — レシーバーはボールを拾い上げたら、ラン、パス、キックができる。

かかとで後方へける — ボールをかかとでけるか、足の裏を使ってボールを転がす。

専門技術

ラグビーリーグにはさまざまな個人技とテクニックがあり、選手同士が協力し合うことで、チームは得点をあげて試合に勝つことができる。選手はパスやキャッチなどのボールさばきに長けていなければならないと同時に、力強くタックルする能力も必要だ。ドロップキック、敵陣への精度の高いパント、トライ後のプレースキックなどすべてのキックには、正確性が求められる。

> **不正なタックル**
> 首周りへのタックルは、主審は危険と見なしペナルティを科す。ボールを持たない選手をタックルした選手も同様。

パス

パスはどのポジションの選手にも必要な基本的な技術。タイミングよくうまくパスすれば、相手選手をかわしトライを決めるチャンスが生まれる。選手は常にボールを後方へパスしなければならない。前方へパスすると、ボールを保持するチームはペナルティになる。

地面からのパス

プレー・ザ・ボールの後やペナルティキックでタッチラインの外へボールを出した後は、地面からボールを拾い上げてパスする。

キャッチ

近くの味方からパスを受けることから、相手チームのフォワードが迫ってくる中で相手側からのハイキックをキャッチすることまで、幅広い。優れた手と目の協調が欠かせない。

高いボールのキャッチ

ボールから目を離してはならず、相手選手が近くにいる場合、タイミングよくジャンプしてキャッチしなければならない。

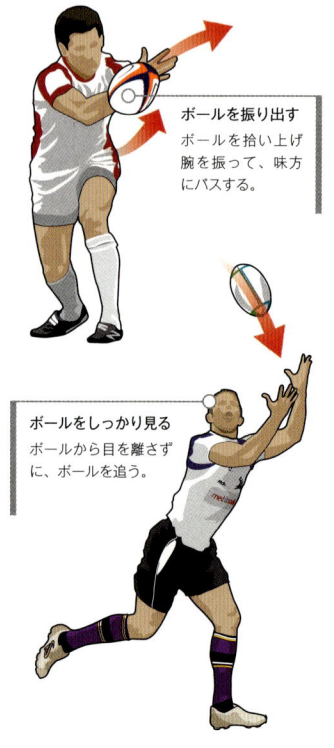

ボールを振り出す — ボールを拾い上げ腕を振って、味方にパスする。

ボールをしっかり見る — ボールから目を離さずに、ボールを追う。

タックル

タックルは、ボールを持った選手が倒された時点で成功とされる。つまり、タックラーが相手選手を押さえつけている間、ボールまたはボールを持つ腕が地面についている状態。タックルするには、強い上半身の力とタイミングを計る優れた感覚が重要だ。

サイドタックル

肩を下げ、相手選手を両腕で抱え込む。

キック

距離の長いペナルティキックから、選手の集団を抜くチップキックまで、試合中は幅広いキックの技術が求められる。スタンドオフはキックのスペシャリスト。ペナルティキックをける。

ドロップキック

ボールを上に投げ、地面にバウンドした瞬間に、前方へけり出す。

しっかりつかむ — タックラーは、自分の体重をかけて相手選手のバランスをくずす。

完璧なタイミング — キッカーは、ボールが地面についた瞬間に足の甲でボールをける。

得点方法

トライを決めたら最も高い得点が獲得できる（4点）が、他にもいくつか得点方法がある。トライの直後、得点したチームの選手の1人がプレースキックを行い、ボールが2本のポスト間のクロスバーの上を通過した場合、2点追加できる。これをコンバージョンという。オープンプレーからドロップキックを行い、ボールがクロスバーの上を通過した場合は、1点。多くの反則に対して、ペナルティが科せられる。反則していないチームは、選択肢の1つとして、コンバージョンと同様のゴールキックができる。決まれば同じく2点。

トライ
トライラインを越えた選手がボールを地面に押しつけたら、トライと見なされる。ボールが地面についたときに相手選手もボールを持っていた場合も、トライは認められる。選手の身体の一部がタッチラインの外に出ていた場合は認められない。

ペナルティ
選手が規則違反した場合、反則していないチームにペナルティキックが与えられ、反則が起きた場所から行われる。ボールがタッチラインの外にあるときに反則が起きた場合、タッチラインから10m内側で行われる。

コンバージョン
コンバージョンは、トライを決めた地点のちょうど反対側を通るライン上のどこからでもけることができる。タッチジャッジは、ボールが2本のポスト間のクロスバーの上を通過したかどうかを確認する。

ドロップゴール
両チームが同点で残り時間が少なく、攻撃側がトライラインからまだ遠い場合、ドロップゴールによって加点できれば試合に勝つ可能性がある。

スクラム
フォワードパス、ノックオン（故意ではなくボールが偶然前に落ちて地面につくこと）、タッチキック後のリスタートはすべてスクラムになる。最大フォワード6人で組む。フロントローはプロップ2人とフッカー1人、セカンドロー・フォワード2人、最後尾はルースフォワード。

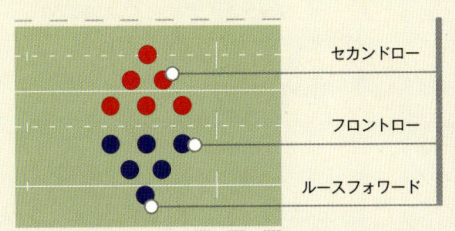

ラグビーのルール

反則の大半は、ペナルティキックまたはスクラムによる罰則が与えられるのに対して、重大な規則違反があった場合、選手はピッチ横のシンビン（ペナルティボックス）と呼ばれる場所に送られる。10分間そこにとどまらなければならず、その間、チームは不利になる。

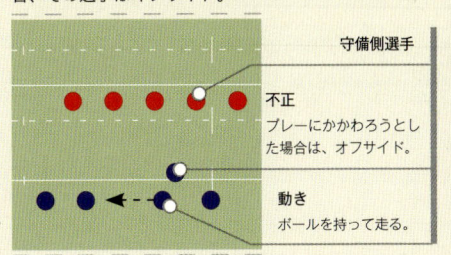

オフサイド
複雑なルールであるオフサイドは、いくつかの理由でプレー中に適用される。その1つは、ボールを持つ選手の前方にいる選手がボールにかかわろうとすること。ペナルティキックでは、キッカーの前に選手がいた場合、その選手はオフサイド。

アドバンテージ
主審は反則したチームに対してホイッスルを鳴らさず、もう片方のチームにアドバンテージを与えて試合を続行できる。一例として、選手がハイタックルされたにもかかわらず、ボールを味方にパスし得点した場合。

ラグビーリーグ

131

チームの戦術

ラグビーリーグは、相手チームより多く得点することが目的だ。見どころは、突破していく攻撃プレーと堅い守備。どちらもチームワークと個人技の組み合わせが重要で、ダミースロー（味方にパスするふりをしながらボールを保持し相手選手をかわして走る）などの個人技が行われる。タッチキックも、もう1つの重要な戦術。攻撃側がテリトリーのアドバンテージを得るため、または、守備側がバックラインへのプレッシャーを弱めるために行われる。

ゴールデンポイント
試合終了時に引き分けだった場合、10分間延長される。この時間は「サドンデス」と呼ばれ、最初に得点したチームが試合に勝つ。

ダミースロー
味方の近くにいる相手選手に接近。味方のほうを見た直後にパスするふりをして、両手でボールを持つ。

サイドステップでかわす
相手選手はボールがパスされると思い込んで、その方向へ体重を移す。そのすきに攻撃の選手は簡単に走り抜ける。

タッチキック
オープンプレーでボールをタッチラインの外へけるときの注意点は、ボールが外へ出る前にプレーフィールド内でバウンドさせなければならないこと。バウンドした場合、ボールがラインを越えた位置から10mのところでスクラムが組まれる。しかし、ボールがノーバウンドで外へ出た場合、元のキックの場所でスクラムダウンが行われる。どちらにしても、キッカーの相手チームがスクラムにボールを投入するので、テリトリーのアドバンテージは、ボール保持権の喪失によって相殺される。

最初のバウンド
ボールはプレーフィールド内でバウンドしなければならない。

裏話

ラグビーリーグは、1830年代に始まった原型のユニオンゲームから誕生した。1892年、ＲＦＵとイングランド北部のクラブとの間で争いが起きた。クラブが選手に金銭を支払っていることがアマチュア精神に反するためだ。1895年に分離して、ノーザン・ラグビー・フットボール・ユニオン（ＮＲＦＵ）を設立。1906年に13人制の試合が始まり、1922年にラグビーリーグの名称が採用された。

イギリスでは、ラグビー・フットボール・リーグ（ＲＦＬ）がこの競技を統括する。国内リーグ、スーパーリーグ、チャレンジカップ、イギリス代表チームに対応する。

世界的な運営組織
国際ラグビーリーグ連盟（ＲＬＩＦ）は、世界規模でこの競技を管理する運営組織。競技規則を制定し世界ランキングを決める。

基礎知識

→ オーストラリアンフットボールは、オーストラリアだけでなく20カ国以上で行われている。イギリス、ニュージーランド、インドネシア、南アフリカ、カナダ、日本で人気が高い。

→ 年1回のオーストラリアン・フットボール・リーグ（AFL）グランドファイナルは、10万人近くが観戦し、世界一の観客数を誇る国内クラブ選手権になっている。

→ 女子オーストラリアンフットボールも、アメリカ、イギリス、ニュージーランド、カナダ、パプアニューギニアなど各国に広まっている。

オーストラリアンフットボール

競技の概略

オーストラリアンフットボール（オーストラリアン・ルールズ・フットボール）は、地元で「オージー・ルールズ」「フッティ」と呼ばれる。1チーム22人（フィールドに18人、4人交代可能）の2チームは、勇猛果敢に相手チームを攻撃し、楕円形ピッチできわめて正確にボールをパスする。その目的は、ボールをけり、ゴールポスト4本からなるゴールを通過させて得点することだ。各20分の4クォーターを戦って、得点が高かったほうのチームが勝ちとなる。この競技は、オーストラリアで最も人気の高い冬のスポーツである。

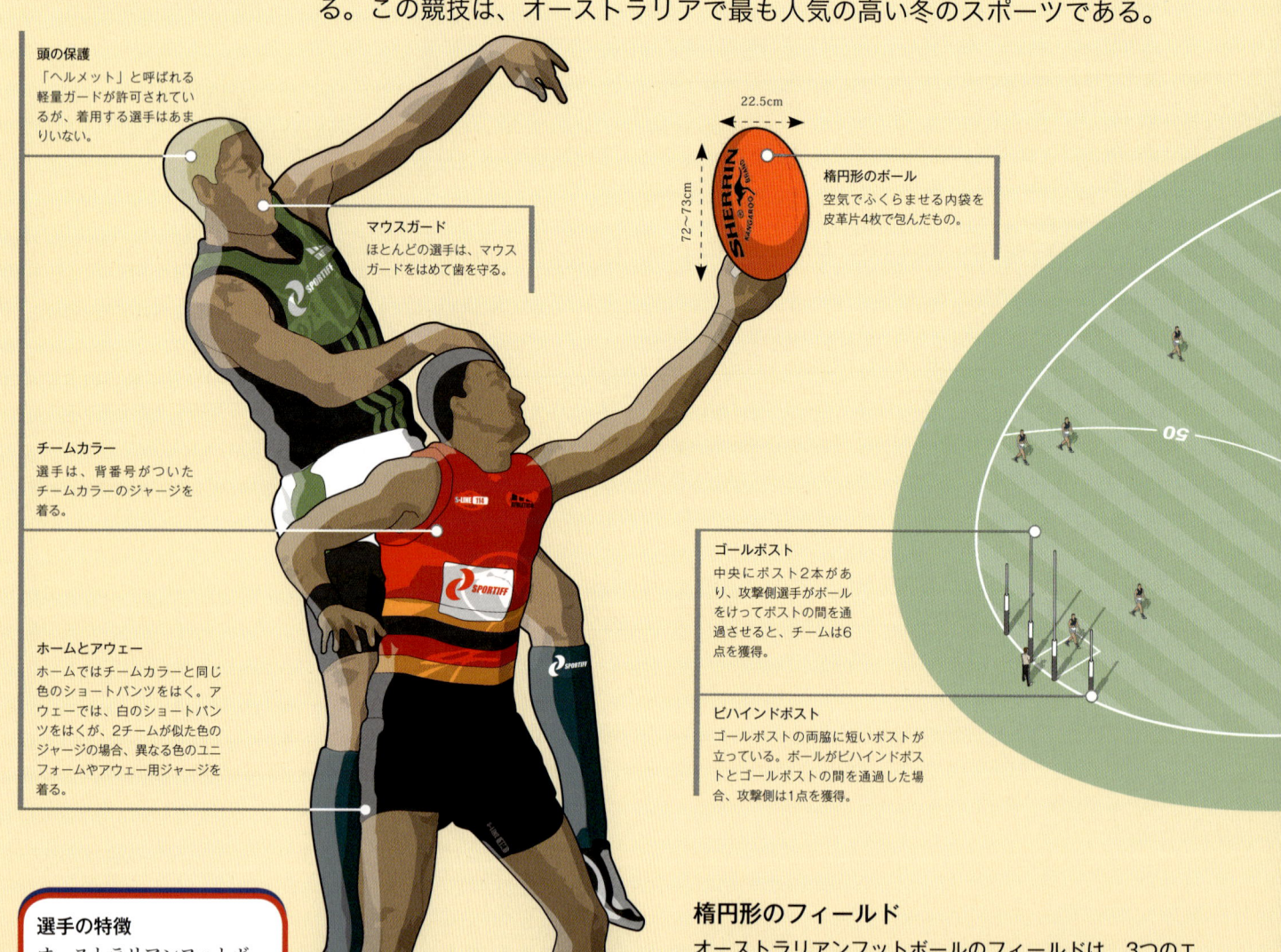

頭の保護
「ヘルメット」と呼ばれる軽量ガードが許可されているが、着用する選手はあまりいない。

マウスガード
ほとんどの選手は、マウスガードをはめて歯を守る。

楕円形のボール
空気でふくらませる内袋を皮革片4枚で包んだもの。
22.5cm / 72〜73cm

チームカラー
選手は、背番号がついたチームカラーのジャージを着る。

ホームとアウェー
ホームではチームカラーと同じ色のショートパンツをはく。アウェーでは、白のショートパンツをはくが、2チームが似た色のジャージの場合、異なる色のユニフォームやアウェー用ジャージを着る。

ゴールポスト
中央にポスト2本があり、攻撃側選手がボールをけってポストの間を通過させると、チームは6点を獲得。

ビハインドポスト
ゴールポストの両脇に短いポストが立っている。ボールがビハインドポストとゴールポストの間を通過した場合、攻撃側は1点を獲得。

選手の特徴
オーストラリアンフットボールの選手は、背が高く運動神経がよい選手が多い。短距離を走るのが速いが、走り続けるためのスタミナも必要だ。身体がたくましく、突進してくる相手選手の力に耐えることができる。

クリートつきシューズ
靴底にスパイクやクリートがついたサッカーシューズ風のものをはく。

楕円形のフィールド

オーストラリアンフットボールのフィールドは、3つのエリアにわかれる。各クォーターの最初と得点後は、グラウンド中央の「センタースクエア」内の「センターバウンス」でプレーが始まる。「ウィング」は、センタースクエア両側の2つのエリア。守備から攻撃へ移行するプレーがここで指示される。「50mアーク」は、最も重要な得点エリア。フィールド両端のゴール正面から約50mのラインで区切られる。

団体競技

133

オーストラリアンフットボール

最後まで戦い抜く
オーストラリアンフットボールの選手は、各20分の4クォーターで平均13km近く移動する。この距離の大半は、ゆっくり走るか全力疾走している。これに比べて、ラグビーユニオンの選手の移動距離は、半分以下の6km。女子もオーストラリアンフットボールを行う。タックルのルールは変更されることもあるが、同じくスタミナが必要だ。

バウンダリーアンパイア
アンパイア2人は境界線を監視する。ボールが転がったりバウンドしたりしてアウトになった場合、アンパイアはボールを投げ入れる。また、けったボールが空中でラインを越えた場合、ペナルティが科せられる。

フィールドアンパイア
アンパイア3人が、グラウンド中央から、ウィング、50mアークまで、フィールド上のプレーを判定する。

ゴールアンパイア
アンパイア1人が各ゴールラインに立ち、ボールがラインを越えたかどうか判定し、ゴールかビハインドかを判断する。

センタースクエア
試合開始前にはこのエリア内に入れるのは8人まで。それ以外の28人はプレーが始まるまで入ることができない。

50mアーク
この曲線は、グラウンド両側のゴールアーク。

交代選手
各チームは交代選手が4人まで認められる。選手交代の回数は無制限。

役割分担
ポジションは流動的だ。選手は決まった場所にとどまるのではなく、必要な場所へ動く。下の図は、あるチームのプレー開始時のポジション。プレーはセンターバウンスで開始し、ラックマンだけが競り合う。オフェンスの選手（「フォワード」）は、ボールを保持しようとしてフォワードエリアを動き回り、ディフェンスの選手は（「ディフェンダー」）、相手チームのフォワードを阻止し、フィールドを走り回ってプレーする。ミッドフィールドの選手は、グラウンド全域でボールを奪い取ろうとする。

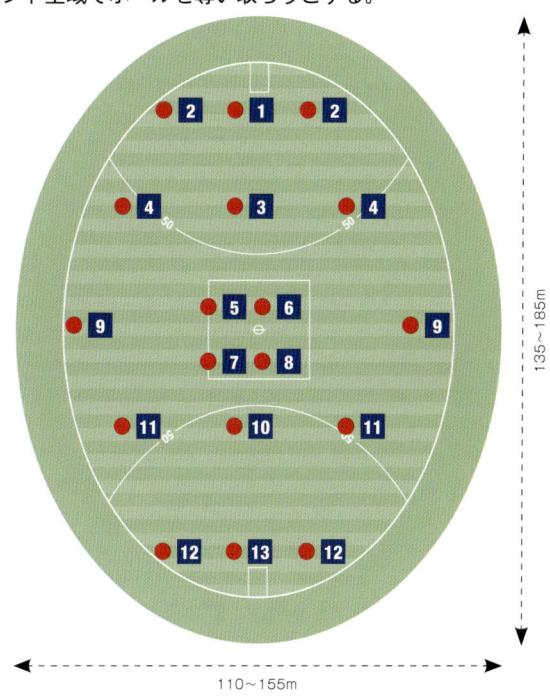

ポジション：1 フルフォワード、2 フォワードポケット、3 センターハーフフォワード、4 ハーフフォワードフランク、5 ラックマン、6 ラックローバー、7 ローバー、8 センター、9 ウィングマン、10 センターハーフバック、11 ハーフバックフランク、12 バックポケット、13 フルバック

インターナショナルルールズ大会
オーストラリアとアイルランドは、1998年に第1回公式インターナショナルルールズのシリーズで戦った。これは、オーストラリアンフットボールとゲーリックフットボールの要素を混ぜ合わせたもの。試合はペースが速く、選手間の悪質な衝突のせいで評判が悪かった（2006年に暴力がエスカレートして2007年大会が中止になった）。

ナンバー・トリビア

7,146,604 人：2010年にトップクラスのＡＦＬの試合を観戦したオーストラリア人の総数。これはオーストラリアの人口の約3分の1に相当する。

121,696 人：トップクラスの試合の最大観客数。1970年グランドファイナルのカールトン対コリングウッド戦の記録で、カールトンが10点差で勝った。

38,423 人：2010年ＡＦＬレギュラーシーズンの平均観客数（イングランドプレミアリーグ・サッカーの2010～2011年シーズン平均は35363人）。

ルール

ボールは、足（キック）、握りこぶし（ハンドプレス）、平手によるタップを用いた場合のみ、どの方向へパスしてもよい。キックからのボールをキャッチした場合、マークが与えられる。その選手は、ボールを取った場所から妨害されることなくキックまたはハンドパスができる。ボールを持って走ることができるが、15mごとにバウンドさせるか地面につけなければならない。ボールを持って走る選手は、押さえつけられたりタックルされたりすることがある。タックルされた場合、直後にボールをパスするか手放す必要があり、そうしなければペナルティになる恐れがある。フリーキックになるペナルティが科せられるのは、後ろから相手選手を押す、不正にタックルする、ボールを持っていない選手をつかむなどの反則。また、他の選手をたたく、つまずかせる、押す、けるなどした選手は、レポートプレー（重大な規則違反に対してアンパイアが記録し書類を提出する）とされ、その後の何試合かが出場停止になることもある。

得点方法

ゴール（6点）は、攻撃側選手がボールをけってゴールポスト間を通過させた場合のみ。ビハインド（1点）は、ボールがビハインドポストとゴールポストとの間のラインを通過した場合、または、キックしてゴールポストに当てた場合。守備側選手の足に当たって入った場合や、足以外の身体の部分に当たってゴールやポイントラインを通過した場合も、ビハインドはカウントされる。総得点は、ゴール数と得点の2つに分けて表示する。たとえば、「20.14（134）」は、20ゴール、14ビハインド、合計134点。

ゴールポストに当てる
ボールがゴールポストに当たった場合、ビハインドとしてカウント。

アウトオブバウンズ
ボールがキックからオンザフルで（バウンドせずに）ビハインドポストに当たった場合、相手チームにフリーキックが与えられる。

6.4m 1点 / 6.4m 6点 / 6.4m 1点
最低3.0m / 最低6.0m

ゴールとビハインド
ボールがポスト間のラインを通過するかぎり、ゴールとビハインドはカウントされる。ボールの通過は、オンザフルでも、バウンドしても、地面を転がってもよい。高さも関係なく、仮想的なポストが上方向に無限に伸びている。

オセアニアの芸術

オーストラリアンフットボールは、知らない人には雑然とした競技に思われるが、実際は高い技術が必要だ。選手はボールを獲得し保持し続け、味方への戦術的パスを用いてフィールドを前進する。正確なキックとパスは、そのための有効な手段。先頭を走る選手かフリーになっている選手へ足を使ってパスしたり、近くにいるフリーの味方へすばやいハンドパス、タップ、パンチをしたりする。ゴール付近になったら、マークとキック、または、走り込んでキックするかのいずれかで得点を試みる。

マケドニアの驚異

史上最高の技術を持つ選手の1人は、ピーター・ダイコス。両親の出身地から、「マケドニアの驚異」との異名をとる。その驚異的なキック力とシュート力には定評があり、グラウンドの攻撃エリアのどこからでもありえないゴールを決め続けた。ダイコスは、1970年代末から90年代にコリングウッド・フットボール・クラブ（愛称：マグパイズ）でプレーした。

ハンドパス

近年の試合ではボールをパスするのに、キックと同じくらいハンドパスをよく使う。握りこぶしの親指と人差し指でボールの先端を打つパンチ。

キック

主なキックは4種類。一般的なプレーで使うドロップパント、長距離に用いる回転のかかったラグビー風キックのトーピード、ボールをカーブさせるスナップキック、チェックサイド（「バナナ」）キック。

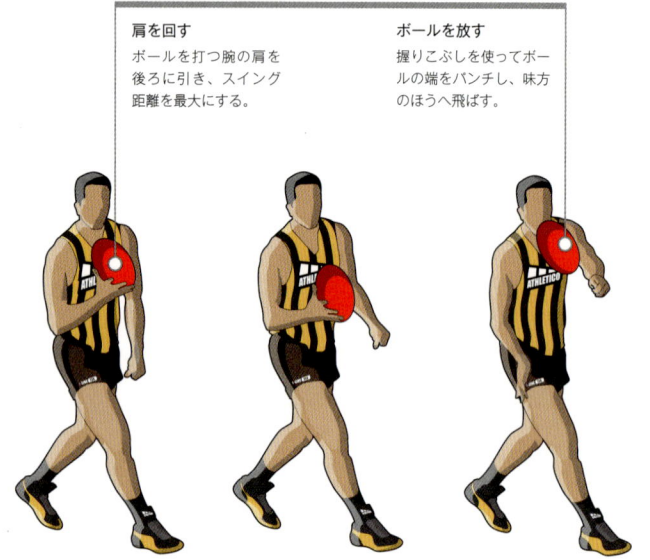

肩を回す
ボールを打つ腕の肩を後ろに引き、スイング距離を最大にする。

ボールを放す
握りこぶしを使ってボールの端をパンチし、味方のほうへ飛ばす。

ボールを導く
手のひらでボールを足のほうへ導く。

ボールを放す
ボールを手のひらから放し、足に向けて先端を下にして落とす。

ボールに回転をかける
ボールの片方の端に近い場所をけると、空中を飛んでいくときに回転する。

ハンドパス

この方法で、ボールをすばやく近くの味方に移動させたり、スペースが狭くプレッシャーがかかっているときにパスしたりする。ミッドフィールダーは、一般的にこのパスを使って攻撃のセットアップをした後、フォワードラインへボールをける。

ドロップパント

回転が一定なので、ドロップパントは正確でコントロールしやすい。通常のプレーでのパスやほとんどのシュートに用いる。ボールを回転させないパントキックより、一般的になってきている。

バンプ（ボールから5m以内で、ボールを持っていない選手に肩から腰の部分をぶつけること）とマーク

オーストラリアンフットボールがこれほどエキサイティングで激しい競技なのは、マークやタックルがあるからだ。選手たちは全速力で走り、ひるむことなく空中に身を投げ出し、ときには相手選手を使って飛び上がり、ボールをキャッチする。また、ボールを持っている相手選手を追いかけ、体当たりし、ボールを手放すように強くたたき、前進を阻むために地面に押さえつける。

100年に1度のマーク
元ジーロングの選手ガリー・アブレット・シニアは、史上最も大胆な選手。1993年から1995年までの連続3シーズンで100ゴール以上を決め、ゴール最多獲得選手に贈られるコールマンメダルを3連続受賞。高く跳ぶフォワードのアブレットは、1994年のコリングウッド戦で「100年に1度のマーク」を決めたと広く賞賛された。相手選手の肩にのってジャンプし、片手を伸ばしてボールをキャッチした後、地面に落ちた。

マーク
マークは、ボールを保持し続ける最も重要な方法。選手がボールを15m以上けり、別の選手がキャッチした場合、キャッチした選手にマークが与えられる。その選手は他の選手にタックルされたり押されたりすることもなく、その場所からキックまたはハンドパスができる。

タックル
ボールを持つ選手をタックルすることができ、相手を抱え込んだり、地面に押さえつけたりする。タックルは、肩より下で膝より上で行わなければならず、数人がかりで行ってもよい。タックルされた選手がただちにボールを手放さなければ、相手チームにフリーキックが与えられる。

マークを競り合う 守備の選手は、相手選手が受けようとしているボールをパンチしてもよい。空中での身体の接触は認められているが、相手選手をつかんだりたたいたりすることはできない。

前の位置 マークの競り合いでは、前の位置に入り込むことが必要だ。ボールに向かって正確なジャンプができフリーキックを得るチャンスがあるからだ。

高く跳ぶ 選手は、キックされたボールをマークしようとして重なり合うようにジャンプしてもよい。このため、目を見はるようなジャンプと息を飲むようなマーク（「スクリーマー」または「スペッキー」という）が行われる。どちらもこの競技の驚きの技だ。

ボールから目を離さない 競り合いでこぼれたボールは、どちら側にとっても格好の標的。

肩の動き 選手は身体と肩を使い、有利な位置を得ようとして押し合う。

踏ん張る 強力なタックルや鋭いバンプをするには、優れたバランス感覚と踏ん張りがきく足が欠かせない。

腰を使う ボールが5m以内にある場合、選手は規則にのっとって相手選手をバンプできる（「ヒップ・アンド・ショルダー」という）。ただし、バンプは腰または肩で行わなければならない。頭への接触は不可。

データ集

AFLグランドファイナル

年	優勝チーム（スコア）	準優勝チーム（スコア）
2013	ホーソーン 11.11 (77)	フレマンテ 8.14 (62)
2012	シドニー・スワンズ 14.7 (91)	ホーソーン 11.15 (81)
2011	ジーロング・キャッツ 18.11 (119)	コリングウッド・マグパイズ 12.9 (81)
2010	コリングウッド・マグパイズ 16.12 (108)	セント・キルダ・セインツ 7.10 (52)
2009	ジーロング・キャッツ 12.8 (80)	セント・キルダ・セインツ 9.14 (68)
2008	ホーソーン 18.7 (115)	ジーロング・キャッツ 11.23 (89)
2007	ジーロング・キャッツ 24.19 (163)	ポート・アデレード 6.8 (44)
2006	ウェストコースト・イーグルス 12.13 (85)	シドニー・スワンズ 12.12 (84)
2005	シドニー・スワンズ 8.10 (58)	ウェストコースト・イーグルス 7.12 (54)
2004	ポート・アデレード 17.11 (113)	ブリスベン・ライオンズ 10.13 (73)
2003	ブリスベン・ライオンズ 20.14 (134)	コリングウッド・マグパイズ 12.12 (84)
2002	ブリスベン・ライオンズ 10.15 (75)	コリングウッド・マグパイズ 9.12 (66)
2001	ブリスベン・ライオンズ 15.18 (108)	エッセンドン・ボンバーズ 12.10 (82)
2000	エッセンドン・ボンバーズ 19.21 (135)	メルボルン・デーモンズ 11.9 (75)
1999	ノース・メルボルン 19.10 (124)	カールトン・ブルース 12.17 (89)

裏話
オーストラリアンフットボールは、クリケット選手が冬の間体力を維持する楽しい方法として、1858年にスポーツマンのトム・ウィルスによって考案された。記録が残る最初の試合は、1858年のスコッチカレッジ対メルボルングラマースクール戦。最初のプロリーグであるビクトリアン・フットボール・リーグ（VFL）は、1896年に創設され、翌年、リーグ初の試合が行われた。1987年までに、リーグは発展し全国規模になった。1990年に、AFLに名称変更。AFLルールズ委員会は、競技規則を制定する。

AFL
AFL委員会は、オーストラリアンフットボールの公式な運営組織。1993年にこの競技の国内での運営を担うことになり、現在では世界で最も影響力のあるスポーツ組織の1つ。AFL委員会は、大会の運営と競技規則の定期的な改正を行うが、ほとんどの変更は競技のスピードを速め、サポーターにとって魅力あるものにするのが目的だ。

クリケット

競技の概略

クリケットは、未経験者には、長ズボンをはいた風変わりな人たちが行う理解しがたい競技に思えるかもしれない。しかし、世界中の何百万人もの熱狂的ファンには、技と戦術を組み合わせた究極の競技だ。1チーム11人の2チームで競い合うクリケットは、ボウラーがバッター（バッツマン）にボールを放り投げ、バッターが打つ。これを前提として、数多くの複雑なルールがある。かつては上流階級向けとされたが、現在では、どのプロスポーツにも引けを取らないほど過酷だ。5日間続くテストマッチのストレスは計り知れない。

選手の特徴

クリケットの速球を投げるボウラーは、たいてい背が高く運動神経がよい。バッターには、優れた手と目の協調とすばやく判断する能力が必要だ。優秀なフィールダーは、敏しょう性があり、力強く正確に投球できる。すべてのクリケット選手に求められるのは、速い反応と長時間集中力を持続する能力だ。

基礎知識

- クリケットの2大試合形式は、テストマッチ（5日間継続）と各サイド通常50オーバーのリミテッドオーバー（ボウラーが投げるオーバーの数に制限がある試合形式。「トゥエンティ20」クリケットは1イニングのみで、わずか20オーバー）。それ以外の形式には、ファーストクラス、クラブ、インドア、ビーチクリケットがある。

- 100以上の国々でクリケットが行われているが、テストマッチに出場するのは強豪国のみ。現在、出場しているのは、オーストラリア、イングランド、パキスタン、インド、スリランカ、南アフリカ、ニュージーランド、西インド諸島、ジンバブエ、バングラデシュ。

グローブ
パッド入りグローブで、手を保護するが、窮屈すぎず指が動かせる。

チェストプロテクター
バッターがみな着用するわけではないが、一般的に相手のボウラーが速球タイプの場合に使う。シャツの下に装着し、打撲や肋骨の骨折を防ぐ。

ボックス
ズボンの内側に、ハート形の硬質プラスチック製プロテクターであるボックスを装着して、局部周辺を守る。

パッド
厚いパッド入りレッグガードを両足に装着し、足首から膝上までを保護する。現代のパッドは小型で軽量なので、バッターは支障なくボールを打ったり走ったりできる。

商売道具
ヘッドとグリップで構成されるヤナギの木でできたバットは、長さ96.5cmを超えてはならない。

頭の保護
1980年代以前はほとんど使われなかったが、現在、保護用ヘルメット着用は当たり前になっている。

ボール
外側は皮革、内側はコルク、ゴム、堅く巻いたひもでできていて、きわめて硬い。赤いボールが伝統的だが、白いボールもリミテッドオーバーの試合で通常使用する。

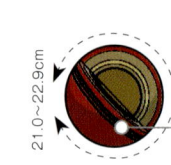

縫い目
縫い目が盛り上がって、ボールを一周している。

21.0～22.9cm

ウィケット
木製スタンプ3本と木製ベイル2本でできている。ベイルは、スタンプの上部の浅い溝にはめてのせる。試合にはウィケットを2つ使い、ピッチの両側に1つずつ置く。

ベイル
ベイルを落とすと、いくつかの種類のアウトが打ち取れる。

スタンプ
正面から見て、左から右へ、オフスタンプ、ミドルスタンプ、レッグスタンプ。とがった先端はしっかりピッチに差し込む。

22.9cm

71.1cm

競技するフィールド

クリケットは、中央にピッチがある大きく平坦な楕円形や円形のフィールドで行う。フィールドに常にいるのは、アンパイア2人、バッター2人、フィールディングチーム全員（ボウラー、ウィケットキーパー、フィールダー9人）。フィールディングチームは、キャプテンの判断で、バッターにラン（得点）を獲得させないか、バッターをアウトにするか、いずれかの配置につく。各オーバーが終わると、別のボウラーがピッチの反対側からボールを投げ、フィールダーとアンパイアはみな再び所定の配置につく。

熱心なサポーター

クリケットファンは、熱狂的な集団だ。特にインドのエデンガーデンズ（クリケット場）には9万人以上が集結する。大歓声がとどろき、アンパイアはスニック（ボールを斜め打ちすること）に気づかないことがある。

フィールディング・ポジション

下の図は、打席のバッターが右利きの場合、フィールディング・キャプテンが選択する一般的なフィールディング・ポジション。

№	名称
1	ボウラー
2	ノンストライカー（走者）
3	ストライカー（打者）
4	ウィケットキーパー
5	スリップ
6	ガリー
7	シリーポイント
8	ポイント
9	カバーポイント
10	カバー
11	エキストラカバー
12	シリーミッドオフ
13	ミッドオフ
14	ワイドミッドオフ
15	レッグスリップ
16	ショートレッグ
17	フォワードショートレッグ
18	シリーミッドオン
19	ミッドオン
20	ワイドミッドオン
21	ミッドウィケット
22	スクエアレッグ
23	ディープスクエアレッグ
24	ディープミッドウィケット
25	ロングオン
26	ストレートヒット
27	ロングオフ
28	ディープエキストラカバー
29	ディープカバー
30	スウィーパー
31	バックワードポイント
32	サードマン
33	ファインレッグ
34	ロングレッグ
35	ディープバックワードファインレッグ
U	アンパイア

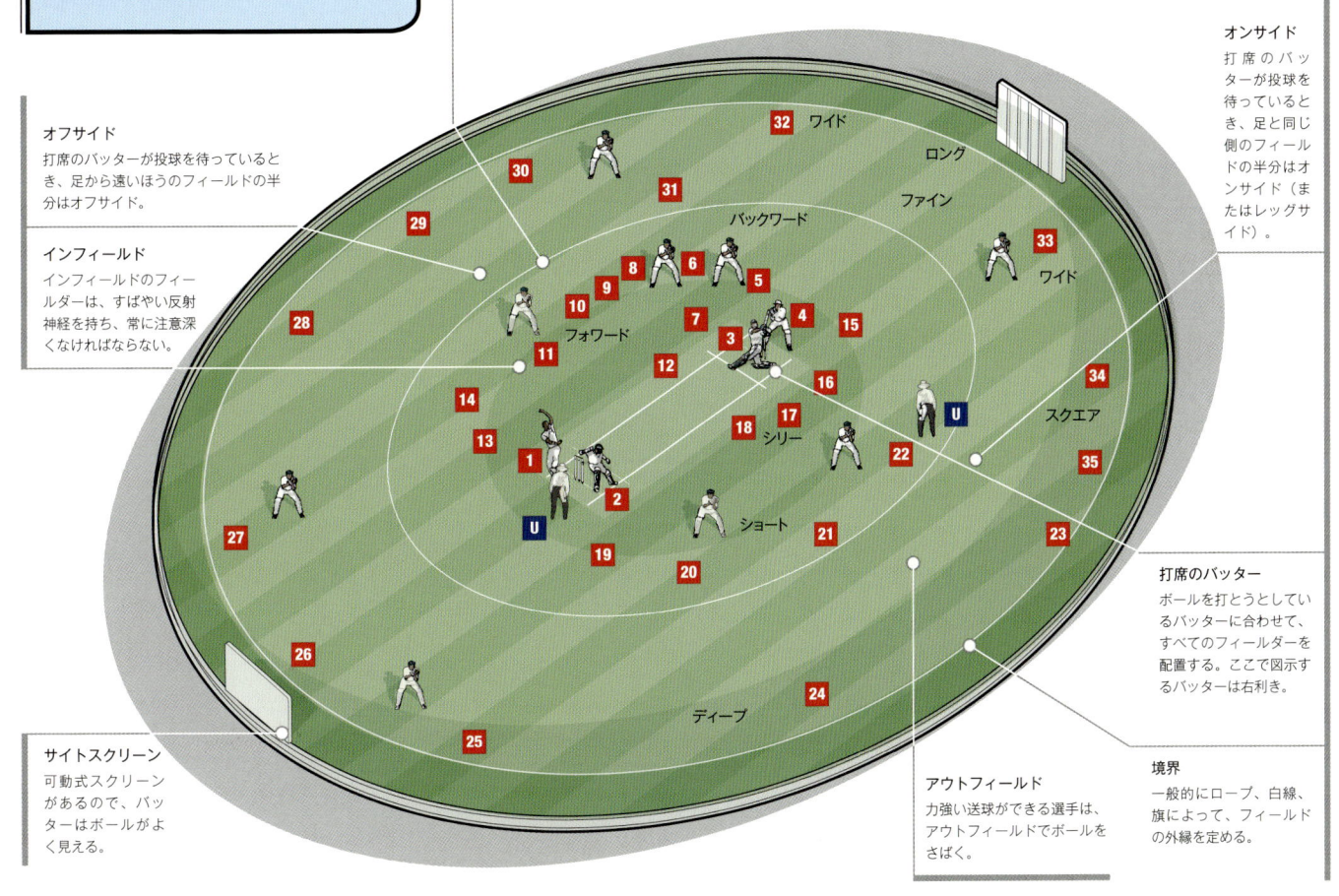

30ヤードサークル
このフィールドの印は、インフィールドとアウトフィールドを分割する。リミテッドオーバーでは、一定数のフィールダーは所定のオーバーの間、サークル内に残らなければならない。

オフサイド
打席のバッターが投球を待っているとき、足から遠いほうのフィールドの半分はオフサイドだ。

インフィールド
インフィールドのフィールダーは、すばやい反射神経を持ち、常に注意深くなければならない。

オンサイド
打席のバッターが投球を待っているとき、足と同じ側のフィールドの半分はオンサイド（またはレッグサイド）。

打席のバッター
ボールを打とうとしているバッターに合わせて、すべてのフィールダーを配置する。ここで図示するバッターは右利き。

アウトフィールド
力強い送球ができる選手は、アウトフィールドでボールをさばく。

境界
一般的にロープ、白線、旗によって、フィールドの外縁を定める。

サイトスクリーン
可動式スクリーンがあるので、バッターはボールがよく見える。

フィールディング用語集

クリケットは、混乱しやすい専門用語をいくつか使うが、多くはフィールドとフィールディング・ポジションに関する用語だ。

- **ストレート**：フィールド中央とバッターの前を通る仮想的なラインに近いところ。
- **ワイド**：フィールド中央とバッターの前を通る仮想的なラインから遠いところ。
- **ファイン**：フィールド中央とバッターの後ろを通る仮想的なラインに近いところ。
- **スクエア**：フィールド中央とバッターの後ろを通る仮想的なラインから遠いところ。
- **フォワード**：バッターのウィケットの前。
- **バックワード**：バッターのウィケットの後ろ。
- **ショート**：バッターに近いところ。
- **シリー**：バッターのすぐ近くのところ。
- **ディープ**：バッターから遠いところ。

ピッチ

フィールド中央の芝生が短く刈られた平坦な面は、ピッチと呼ばれる。湿度、芝生の長さ、土壌の種類、土壌圧縮度など数多くの要因によって、ボールがピッチでバウンドした後の動き方が変わる。

ポッピングクリース
ボールを投げるとき、ボウラーの前足の一部がこのラインの後ろになければ、アンパイアは「ノーボール」とコールする。

ボウリングクリース
ピッチの長さ（20.1m）は、両端にあるボウリングクリース間の距離。ウィケットは各ボウリングクリースの上に設置される。

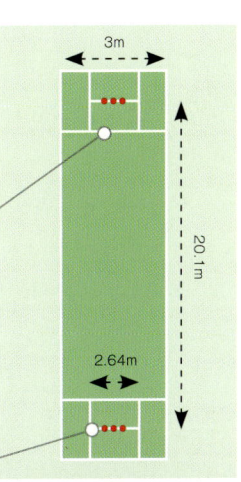

団体競技

137

クリケット

ナンバー・トリビア

99.94 打数：オーストラリア人ドン・ブラッドマンのテストマッチでの平均打数。最終イニング開始時点で平均が100を上回っていたので、3桁平均を維持するには4ランを獲得すればよかった。ところが、得点できずにアウトとなった。99.94はテストマッチの最高平均記録。

400,000,000 人：インドで最大級の試合をテレビ観戦した推定人数。これはインドの人口の4割に近い。

501* 点：トップクラスの試合での個人の最高得点。1994年、西インド諸島のブライアン・ララがウォリックシャー・カウンティ・クリケットクラブ在籍中に達成した（*は「ノットアウト」を表す）。

遺灰

1882年、イングランドがオーストラリアに敗れたとき、ある新聞はイングリッシュ・クリケットの「死亡記事」を掲載。「遺体は火葬され、遺灰（アッシュ）はオーストラリアが持ち帰る」とした。これがこの競技の定期戦「ジ・アッシズ」の由来。両者は往年のライバルだ。

試合の進め方

試合開始前、キャプテン2人がコイントスを行い、どちらがバッティング（攻撃）でどちらがフィールディング（守備）かを決める。フィールディング側は全員守備位置につくが、バッターは1度に2人のみ。プレーの開始時、打席のバッター（「ストライカー」）は、構えて（たいてい身体の側面と顔をボウラーに向けて構える）、初球に備える。別のバッター（「ノンストライカー」）は、ピッチの反対側に立つ。ボウラーは、ストライカーのウィケットめがけて上手投げでボールを投げる（「デリバリー」）。バッターがボールを打たなかった場合、ウィケットキーパーが捕球する。ストライカーがボールを打った場合、バッター2人は走るか走らないかを選択。バッターがフィールド内にボールを打ち、その後境界線を越えた場合は4ラン。ボールがフィールド内でバウンドせずに直接境界線を越えた場合は、6ランが与えられる。適正な投球が6回行われた後、アンパイアが「オーバー」をコールする。バッターはできるだけ多くのランを獲得しようとするのに対して、フィールダーはバッターをアウトにしようとする。

イニングの終了

バッターは「アウト」になったら、フィールドを出て、バッティング側の次の選手が入る（イン）。バッティング側の11人中10人がアウトになったとき（バッターはペアでプレーするのでバッター1人は必ず「ノットアウト」）、時間切れになったとき、または所定のオーバー数が投げられたとき、イニングは終了する（下記の「試合形式」参照）。次のイニングでは、バッティングとフィールディングが交代する。

ランを完了する

ストライカーとノンストライカーが、「ランアウト」になる前に、ピッチの反対側の端まで走り、ポッピングクリースの後ろでバットまたは身体の一部が地面に触れたら、ランは完了する。

投げる角度
ボウラーがウィケットに近いほうの腕で投球する場合は、「オーバー・ザ・ウィケット」。ウィケットから遠いほうの腕で投球する場合は、「ラウンド・ザ・ウィケット」。

アンパイア
ボウラーの後ろにいるアンパイアは、投球時に、ボウラーの前の足がどこに着地しボールがどこに飛んだかなどいくつかのことを見る。

試合形式

5日間続くテストマッチは、この競技最大のイベント。2イニング制で、ボウラーは球数に制限なくオーバーを投げることができる。テストマッチに優勝することは簡単ではない。たとえば、対戦する2チームをXとYとしたら、Xが勝つには、イニングを2回終了させなければならない（守備時に各イニングでYのバッターを10人アウトにする）。しかも、Xが攻撃時に得点する合計ラン数より多くYが得点する前に、2回のイニングを終了させなければならない。どちらのチームも5日間でできなければ、結果は引き分け。リミテッドオーバーでは、各サイド1イニングだけで、通常50オーバーに制限される。各ボウラーに割り当てられるオーバー数は制限され（50オーバーの試合で1人につき10）、アウトの数は結果に影響せず、単に多くランを獲得したチームが勝ちとなる。

ウィケットを守る
バッターは、ボールがウィケットに当たらないようにウィケットを守る。

ウィケットキーパー
ボールをキャッチするのに備えて、ウィケットの後ろにかがむ。

打席のバッター
フィールダーから遠いところへ、できれば境界線の向こうへボールを打とうとする（ストライク）。

ピッチの中央
バッターもボウラーも、ピッチの中央が傷まないように避けて走る。

ノンストライカー
打たないほうのバッターは、走る準備を整え、ボウラーの手からボールが離れた瞬間にピッチを途中まで進んでいるとよい。

チームの構成

強いクリケットチームは、さまざまなタイプの選手をそろえバランスがとれている。バッティング時に、チームは打順を決める。打順はバリエーションが多いが、1番から5番はバッター専門、6番はオールラウンダー（巧みなバッター兼ボウラー）、ウィケットキーパーは7番、8番から11番はボウラー専門。

試合のコントロール

クリケット競技規則42条があり、アンパイア3人はこの規則を施行する。フィールドでは、アンパイア1人がボウラーの後ろに立ち、もう1人がスクエアレッグに立つ。フィールドのアンパイアが、ランアウト、スタンピング、キャッチ、バウンダリーに関する微妙な判定を第3のアンパイア（フィールド外）にたずねると、そのアンパイアはビデオ判定を行う。

テレビ革命
ボールの予想進路を映し出すホークアイなどの映像技術によって、クリケットの見方や理解の仕方が激変した。

アウトにする方法

バッターをアウトにできる方法は10種類。1試合で10種類すべてを見ることはめったにない。「タイムアウト」「ヒット・ザ・ボール・トゥワイス」などのアウトはまれだ。一般的なアウトは、コウト（ウィケットキーパーやスリップフィールダーがキャッチすること）、レッグ・ビフォア・ウィケット（LBW）、ボウルド。

- **ボウルド**：ボウラーが投げたボールがウィケットを倒した場合（最低1つのベイルを落とした場合）。
- **タイムアウト**：次のバッターがピッチに到着するのに3分以上かかった場合。
- **コウト**：バッターが打ったボールをノーバウンドでフィールダーがキャッチした場合。
- **ハンドルド・ザ・ボール**：バッターがフィールディング側の同意を得ずにボールを手で扱った場合。
- **ヒット・ザ・ボール・トゥワイス**：バッターがボールを2回打った場合（ウィケットを守る目的以外）。
- **ヒット・ウィケット**：バットまたはバッターの身体の一部がウィケットを倒した場合。
- **LBW**：ウィケットに当たると予想されたボールを、バッターが身体の一部で妨害した場合（下参照）。
- **オブストラクティング・ザ・フィールド**：バッターがフィールディング側を故意に妨害または邪魔した場合。
- **ランアウト**：バットまたはバッターがポッピングクリースにたどり着く前に、ウィケットが倒された場合。
- **スタンプト**：バッターがポッピングクリースの外にいるすきに、ウィケットキーパーがウィケットを倒した場合。

LBW
規則第36条のLBWは、おそらくすべての規則の中で最も複雑で物議をかもし判断が難しいものだろう。というのも、ボールがウィケットに当たるかどうかの予想には常に主観が入るからだ。

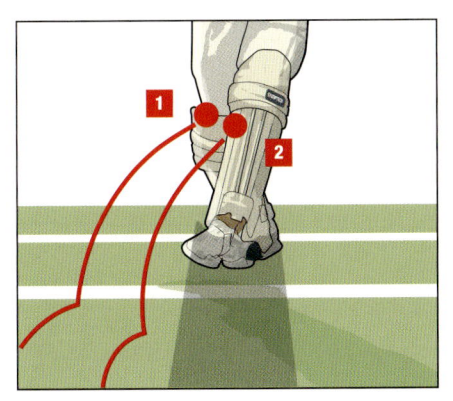

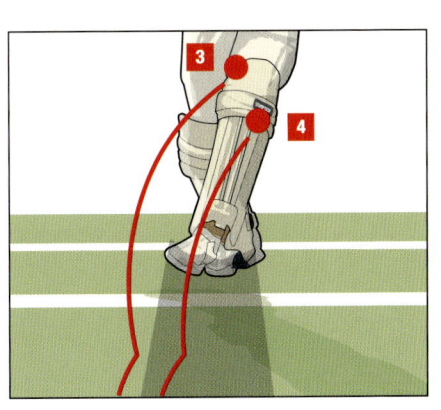

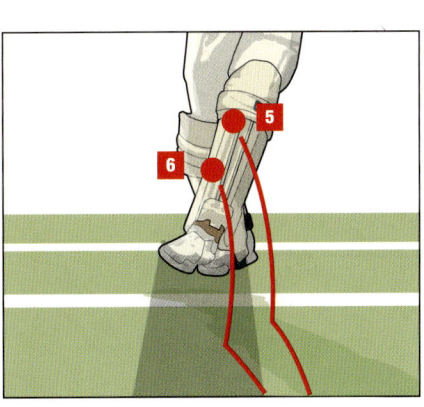

1 ノットアウトまたはアウト
ボールが、オフサイド側のウィケットを結ぶラインの外側でバッターのパッドに当たった場合。ショット中であれば、バッターはアウトではない。しかし、バッターにボールを打つ意思がなく、ボールがウィケットに当たるとアンパイアが確信した場合、バッターはアウト。この規則が導入されたのは、バッターがパッドだけを使ってウィケットを守らないようにするためだ。

2 アウト
ウィケットに当たると予想されたボールが、ウィケットの線上にいるバッターのパッドに当たった場合。ただし、ボールがオフスタンプのラインの外側に落ちた場合を除く。

3 ノットアウト
ウィケットの上を越すと予想されたボールが、ウィケットの線上にいるバッターのパッドに当たった場合。

4 ノットアウト
ウィケットに当たらずレッグスタンプのラインの外側を進むと予想されたボールが、ウィケットの線上にいるバッターのパッドに当たった場合。

5 ノットアウト
スタンプに当たると予想されたボールが、レッグサイドのウィケットを結ぶラインの外側に落ちた場合。ボールがレッグスタンプのラインの外側に落ちた場合、ショット中かどうかにかかわらず、バッターは絶対にアウトにならない。

6 アウト
ウィケットに当たると予想されたボールが、レッグスタンプの外側に落ちず、ウィケットの線上のパッドに当たった場合。

スコアのつけ方

スコアラーは、獲得したランの総数と関連する統計データを、専用のクリケットスコアブックに数字と記号を使ってつける。スコアブックが正確に記入されているかどうか確かめるため、特別な状況が発生した場合、アンパイアはスコアラーに合図する。スコアボードで、観客と選手に試合の進行状況を伝える。

エキストラ
バッターがバットでボールを打たずに獲得するランをエキストラと呼ぶ。一般的なエキストラは、ノーボール、バイ、レッグバイ、ワイド。

- **ノーボール**：投球が不正と見なされた場合。一般的にボウラーがポッピングクリースを踏み越えた場合。
- **バイ**：ボールがバットや身体に当たらなかったが投球がそれるなどして、バッティングペアがランを完了した場合。バイは、一般的にウィケットキーパーが取りそこなった場合に発生。
- **レッグバイ**：ボールがグローブやバット以外のバッターの身体の一部に当たった後、バッティングペアがランを完了した場合。
- **ワイド**：投球が、バッターが通常の構えでは届かないところを通過した場合。

アンパイアのシグナル
アンパイアは、何かが起こったときに合図をする。フィールディング側がエキストラを許した場合（左下参照）、4または6のランを獲得した場合、バッターが「アウト」になった場合、ボールがプレー状態にない場合（デッドボール）、バッターがランを適切に完了していない場合（ショートラン）。

ノーボール
レッグバイ
ショートラン
アウト
バイ 
4ラン 
6ラン 
デッドボール
ワイド 

団体競技

クリケット

139

クリケットの技術

クリケット選手は、いくつか技術を習得しなければならない。チームの全員が打って守り、最低4人が投げ、ウィケットキーパー専門が1人必要だ。分野によって使うテクニックが異なる。

ボウリング

おそらく他のどの選手よりボウラー次第で、試合の流れが変わる。ボウラーの投球がよければ、バッターはアウトにならないようにする以外、何もできない。概してボウラーは2種類。ペースボウラー（ミディアムペーサーとファストボウラーを含む）は、ボールを最高160km/hで投げる。スピンボウラー（レッグスピナーとオフスピナーを含む）は、ボールのスピードは劣るものの、球種が多い。ボウラーは、通常、グラウンドの片側から複数のオーバーを投げる（「スペル」）。

スピンの王様

シェーン・ウォーンは、2007年1月に引退したとき、世界記録となるウィケット数708を保持していたが、その後、同じ年にムティア・ムラリタランがこの記録を抜いた。ウォーンはフィールドの外で何かと話題になる選手だが、近年ではおそらく最も偉大な選手。史上最高のレッグスピンボウラーとして名高い。

ペースボウラーの動き

高速で投球するには、高い技術と運動神経が求められる。ペースボウリングは力まかせではなく、リズムとテクニックが重要だ。下の図は、ボールを放す直前のペースボウラーの動きを3段階に分けて示している。

コイル
ボウラーは横向きの姿勢で、左の肩越しにバッターを見て、ボールを顔に近づける。

投球時の足の運び
この図では、左腕を上げ身体をまっすぐに保っている。後ろの足は身体を支え、前の足はバッターのほうに向けて伸ばす。

投球
ボールを放すとき、体重を前の足に移動させる。

ボウラーの役割

ボウラーは、バッターが簡単にランを獲得できず、アウトにできる場所に投球する。つまり、「よい球筋と距離」で投げるということだ。ボウラーは、打たれてランになる危険を冒してもウィケットを獲得しようとして攻撃するか、バッターが得点できないように守りに入って投げるかのどちらか。また、球筋・距離・速さ・角度を変えるなど、さまざまな戦術を用いる。

変化球

優れたボウラーは、「通常の」予想進路からそれるボールを投げることができる。ペースボウラーは、スイング（空中での変化）とシーム（着地時の変化）を駆使して、変化球を投げる。スピンボウラーが投げるボールは、空中で回転し、着地後にバッターから急にそれたり飛び込んできたりする。

アウトスウィンガー
ボールが空中でバッターからそれて野手のほうへ向った場合、これはアウトスウィンガー。きわめて攻撃的な投球だ。

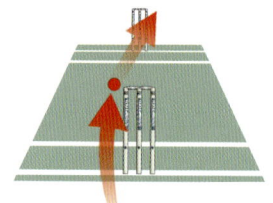

インスウィンガー
ボールが空中でバッターのほうに向かった場合、これはインスウィンガー（得点するのは困難）。

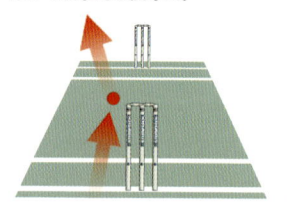

レッグカッター
ボールの縫い目がピッチに当たって速球がバッターからそれた場合、これはレッグカッター。

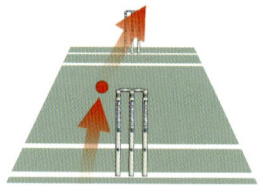

オフカッター
ペースボウラーの別の攻撃技であるオフカッターは、縫い目を利用して投球をバッターのほうへ向けるもの。LBWの判定になりやすい。

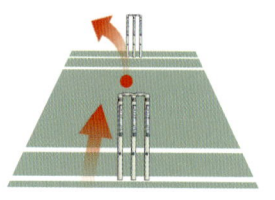

レッグスピナー
レッグカッターと似ているが、スピードが遅く、主としてボウラーの手首の動きによって変化する。

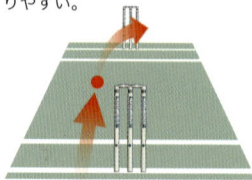

オフスピナー
指でボールにスピンをかけると、投球は右利きのバッターのほうへそれる。

ウィケットキーピング

ウィケットキーパーの主な仕事はボールを止めることだが、捕球してランアウトやスタンピングも行わなければならない。ウィケットキーパーは、スピンボウラーのときは、スタンプのすぐ後ろに立ち、ペースボウラーのときは、20m以上離れることがある。

専用グローブ
大きく厚いパッドが入ったグローブは、親指と人差し指の間にネットがある。

短めのパッド
バッティングパッドより若干短いが、ウィケットキーパーの足をしっかり保護する。

スタンプト
バッターの足がポッピングクリースの後ろにないすきに、ウィケットキーパーがウィケットを倒した場合、バッターはスタンプトでアウトになる。

バッティング

バッティングで必要な能力は、十分な技術・タイミング・位置でボールを打ち、（アウトにならずに）ランを獲得すること。これを達成するため、バッターは、球種に合わせて、さまざまなストローク（そのうち4つを下で紹介）を用いる。一般的に、球筋と距離がよいボールは打てないが、下手な投球は打ってランを獲得できる。バッターの近くに落ちるボールは、前足に重心を置いて打ち、ピッチ中央近くに落ちるボールは、後ろ足に重心を置いて打つ。バッターは、たいてい「イニングをつくる」。つまり、いつも最初は慎重にプレーし、試合が進行し自信が増すにつれて得点ペースを速めていく。

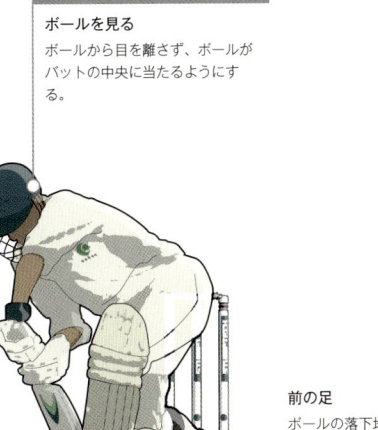

「ハウザット？」
世界中のクリケット場では、「ハウザット？(howzat?)」という独特の叫び声をよく耳にする。というのは、競技規則第27条に従って、フィールディングチームは、アンパイアがバッター「アウト」の判定を下す前にアピールしなければならないからだ。

フロントフット・ディフェンス

ボールを見る: ボールから目を離さず、ボールがバットの中央に当たるようにする。

前の足: ボールの落下地点に向かってしっかり一歩踏み出す。

ランを狙って打つにはリスクが高すぎると思ったよい投球を、このストロークを使って打つ。バッターは、ボールを投げ込まれないように、バットと前足との間にすき間をつくらない。バットは振り切らず、パッドと同じ高さで止める。

バックフット・ディフェンス

ひじを上げる: ひじを高く前に上げると、バットをまっすぐにしやすくなり、ボールにクリーンに当たりやすくなる。

後ろへ重心を移動: このストロークは高めの投球に対して用い、重心を後ろの足に置くと、ボールがフライにならない。

このストロークを使って、バッターのやや前方でバウンドし身体に向かってくる速球を打ち、攻撃的なボールの威力をなくす。フロントフット・ディフェンスと同様に振り切らず、ボールをバッターの真正面に確実に落とす。

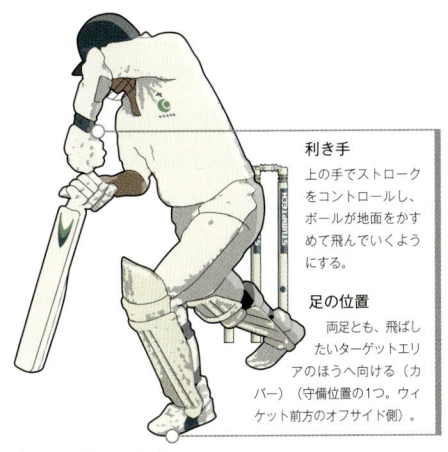

カバードライブ

利き手: 上の手でストロークをコントロールし、ボールが地面をかすめて飛んでいくようにする。

足の位置: 両足とも、飛ばしたいターゲットエリアのほうへ向ける（カバー）（守備位置の1つ。ウィケット前方のオフサイド側）。

この攻撃的なフロントフットショットを使って、オフスタンプのラインの外側にそれた投球を打つ。大量得点が見込めるが、空振りした場合、ウィケットの後ろでキャッチされやすい。

スクエアカット

手首を回す: ボールが当たった直後、両手首を回し、ボールが地面に落ちるようにする。

一歩下がる: バッターは、オフサイド方向へ大きく一歩下がる。

高リスクのショットであるバットを横にするストローク（バットは水平になる）を使って、バッターのやや前方でバウンドしたオフサイド側の投球を打つ。ボールは、オフサイド側でウィケットの角を狙うとよい。

裏話

最初の試合の公式記録は、16世紀にイングランドで行われた「クレケット（kreckett）」に関するものだった。初期の試合は現在のものとはまったく異なり、バットはホッケーのスティックに近く、ボールは下手投げだった。19世紀になって初めて上手投げとバッティングパッドなどの用具を導入。現在、クリケットは100カ国以上で行われ、男子と女子のワールドカップがある。

国際クリケット評議会（ICC）
ICCは、この競技の国際的な運営組織。その業務にはワールドカップ開催も含まれる。

メリルボーン・クリケットクラブ（MCC）
MCCは、ロンドンのローズクリケット競技場（「クリケットの聖地」）を本拠地とし、クリケットの競技規則を管理しその精神を守り続ける。

データ集

テストマッチ最多ラン獲得

選手	試合数	ラン数
サチン・テンドルカール	198	15837
リッキー・ポンティング	168	13378
ラーフル・ドラヴィド	164	13288
ジャック・カリス	164	13140
ブライアン・ララ	131	11953
アラン・ボーダー	156	11174
スティーブ・ウォー	168	10927
シブナリン・チャンダーポール	148	10830
マヘラ・ジャヤワルデネ	138	10806
スニール・ガヴァスカール	125	10122

テストマッチ、最多ウィケット数

選手	試合数	ウィケット数
ムティア・ムラリタラン	133	800
シェーン・ウォーン	145	708
アニル・クンブル	132	619
グレン・マクグラス	124	563
コートニー・ウォルシュ	132	519
カピル・デブ	131	434
リチャード・ハドレー	86	431
ショーン・ポロック	108	421
ワジム・アクラム	104	414
ハーブハジャン・シン	100	411

ワールドカップ優勝国

年	優勝国
2013（女子）	オーストラリア
2011（男子）	インド
2009（女子）	イングランド
2007（男子）	オーストラリア
2005（女子）	オーストラリア
2003（男子）	オーストラリア
2000（女子）	ニュージーランド
1999（男子）	オーストラリア
1997（女子）	オーストラリア
1996（男子）	スリランカ
1993（女子）	イングランド
1992（男子）	パキスタン
1988（女子）	オーストラリア
1987（男子）	オーストラリア
1983（男子）	インド
1982（女子）	オーストラリア
1979（男子）	西インド諸島

野球

競技の概略

野球は1チーム9人の2チームが対戦する。使う主な用具はバットとボール。試合は通常9イニング制で、両チームは交代で打席に立ち、選手が4つの塁を1周すると得点が入る。守備チームが相手の選手を3人アウトにすると、攻守交代。試合終了時に得点が多いほうのチームが勝ちとなる。

フィールド・オブ・ドリームス

野球のフィールドは内野と外野にわかれている。内野は、「ダイヤモンド」と呼ばれ、4つの塁があるコーナーとピッチャーズマウンドで構成される。内野の境界を区切るのは、内野のグラスライン（芝生と土の境界線）とファウルライン2本。ファウルラインは、ホームベースから延び、打ったボールが有効になる範囲を示す。外野は、グラスラインと外野フェンスの間の全領域。

基礎知識

- 野球は、ラウンダーズというイギリスの競技の北米版。野球の公式な誕生記録はないが、試合に関する最初の完全な記録は1838年にさかのぼる。

- プロ野球は、アメリカで盛んな競技だが、諸外国にも広がっている。日本、韓国、台湾、キューバ、ベネズエラにはトップクラスのリーグがある。

打撃
野球のバットは、長さ63.5cmから101.6cm。グリップに向かってだんだん細くなる。プロ選手は、木製バットを使わなければならない。アマチュア野球では、アルミ製バットを使うことが多い。

バッティンググローブ
打者がバットを握りやすくする。

野球に関する記述
イギリス人作家ジェイン・オースティンは、1798年の著書『ノーサンガー僧院』で「野球（BASE-BALL）」について述べている。これは、この競技に関する最古の記述といわれる。

選手の特徴
野球は、技術、戦略、運動能力が求められる競技だ。捕る、打つ、投げるというすべての動作に、手と目の協調が求められる。ピッチャーに立ち向かうとき、優れた反射神経も役に立つ。バッターは、投球に対してバットを振るか振らないかを瞬時に判断する。塁と塁の間を全力疾走し、フィールドで速いボールを追いかけるので、体力も重要な要素だ。メジャーリーグの選手はレギュラーシーズンの過酷な162試合に耐えるため、持久力も欠かせない。

頭の保護
160km/h以上のボールを投げるピッチャーもいるので、ヘルメットはバッターの安全のために欠かせない。

選手のID
多くのメジャーリーグの選手は、ユニフォームの背中に名前を入れる。ユニフォームの前の番号でも選手が識別できる。

チームユニフォーム
選手はみな特徴あるチームカラーのユニフォームを身につける。

ストッキング
メジャーリーグの2チーム「ボストン・レッドソックス」「シカゴ・ホワイトソックス」は、靴下にちなんだ名前を持つ。

土の面をとらえる
野球シューズは、靴底に金属またはプラスチックのスパイクがついているので、土の面を走るときにとらえやすくなる。

野球

フィールドのポジション
守備のポジションは9つ。ピッチャーはマウンドに立って投げ、キャッチャーはホームベースの後ろにしゃがんでボールを捕る。1塁手、2塁手、3塁手、ショートは内野を守る。レフト、センター、ライトは外野を守る。

選手の特徴
ピッチャーズマウンドは、25.4cm以下の高さに土を盛った直径5.5mの円。投球動作中は、片足をプレートにつけていなければならないので、一歩足を下げるか、一歩踏み出すという動作しかできない。

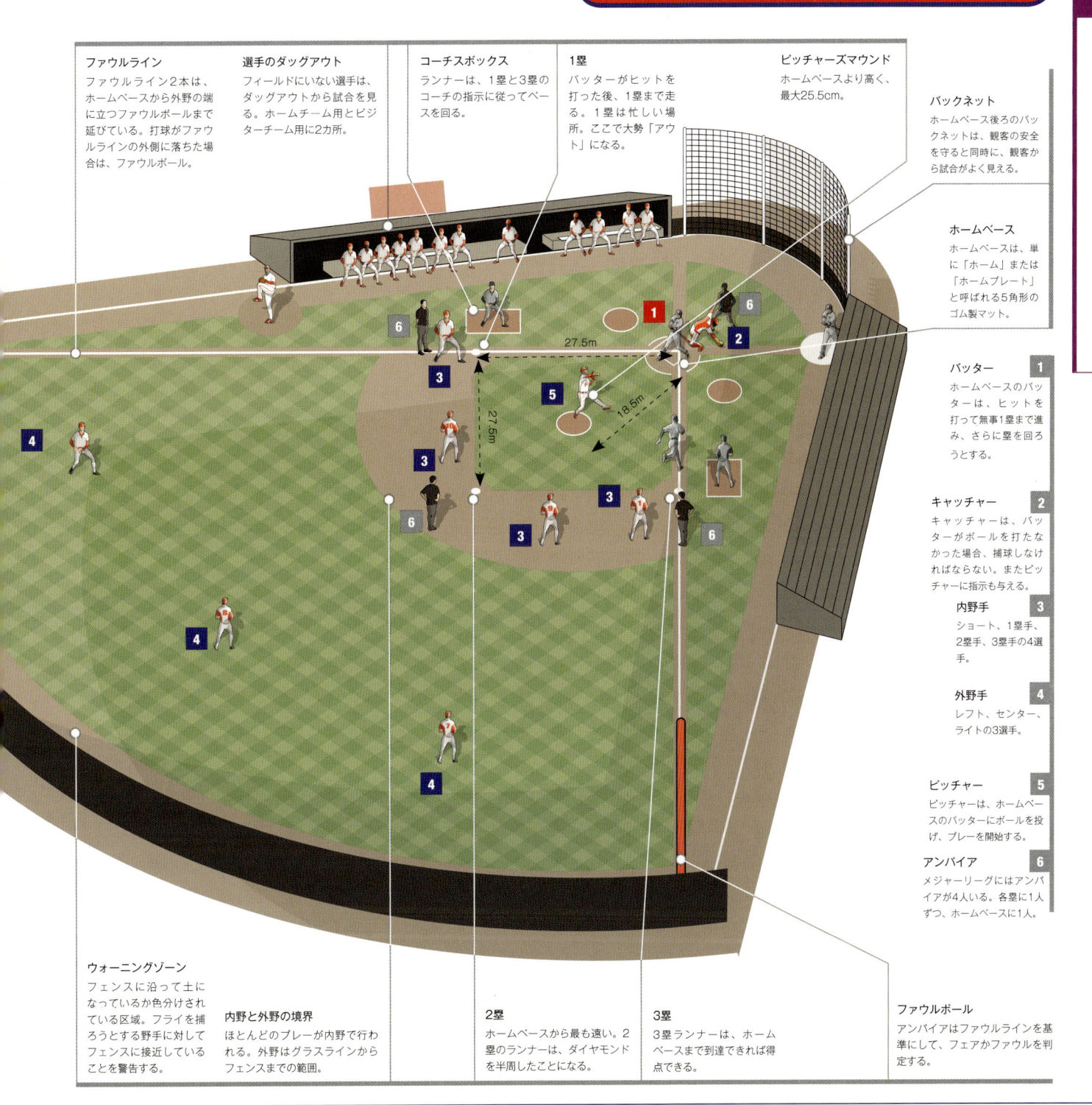

143

団体競技

ファウルライン
ファウルライン2本は、ホームベースから外野の端に立つファウルポールまで延びている。打球がファウルラインの外側に落ちた場合は、ファウルボール。

選手のダッグアウト
フィールドにいない選手は、ダッグアウトから試合を見る。ホームチーム用とビジターチーム用に2カ所。

コーチスボックス
ランナーは、1塁と3塁のコーチの指示に従ってベースを回る。

1塁
バッターがヒットを打った後、1塁まで走る。1塁は忙しい場所。ここで大勢「アウト」になる。

ピッチャーズマウンド
ホームベースより高く、最大25.5cm。

バックネット
ホームベース後ろのバックネットは、観客の安全を守ると同時に、観客から試合がよく見える。

ホームベース
ホームベースは、単に「ホーム」または「ホームプレート」と呼ばれる5角形のゴム製マット。

バッター 1
ホームベースのバッターは、ヒットを打って無事1塁まで進み、さらに塁を回ろうとする。

キャッチャー 2
キャッチャーは、バッターがボールを打たなかった場合、捕球しなければならない。またピッチャーに指示も与える。

内野手 3
ショート、1塁手、2塁手、3塁手の4選手。

外野手 4
レフト、センター、ライトの3選手。

ピッチャー 5
ピッチャーは、ホームベースのバッターにボールを投げ、プレーを開始する。

アンパイア 6
メジャーリーグにはアンパイアが4人いる。各塁に1人ずつ、ホームベースに1人。

ウォーニングゾーン
フェンスに沿って土になっているか色分けされている区域。フライを捕ろうとする野手に対してフェンスに接近していることを警告する。

内野と外野の境界
ほとんどのプレーが内野で行われる。外野はグラスラインからフェンスまでの範囲。

2塁
ホームベースから最も遠い。2塁のランナーは、ダイヤモンドを半周したことになる。

3塁
3塁ランナーは、ホームベースまで到達できれば得点できる。

ファウルボール
アンパイアはファウルラインを基準にして、フェアかファウルを判定する。

ナンバー・トリビア

115,300 人：野球史上最高の観客数を記録したのは、2008年3月29日のロサンゼルス・ドジャース対ボストン・レッドソックスの試合。コロラド・ロッキーズは、1993年に1シーズンのリーグ最高観客数4,483,350人を記録した。

3,562 試合：プロでのキャリア通算試合数。この記録を持つピート・ローズは24年間プレーした。

59 歳：史上最年長のプロ選手サチェル・ペイジの年齢。1965年9月25日の試合は、カンザスシティ・アスレチックスの選手としてメジャーリーグ最後の登板になった。

2,700,000 ドル：セントルイス・カージナルスのマーク・マグワイア選手が1998年に新記録の第70号ホームランを打ったボールの値段。1999年、カナダ人漫画家で熱烈な野球ファンのトッド・マクファーレンがオークションで購入した。

キャッチャーの防具

バッターのすぐ後ろにいるキャッチャーは、時に160km/hで飛んでくる投球に対して無防備ではいられないので、保護するための防具が用意されている。マスク、ニーパッド、シンガードは硬質プラスチック製。チェストプロテクターはパッド入りで重要な臓器を守る。

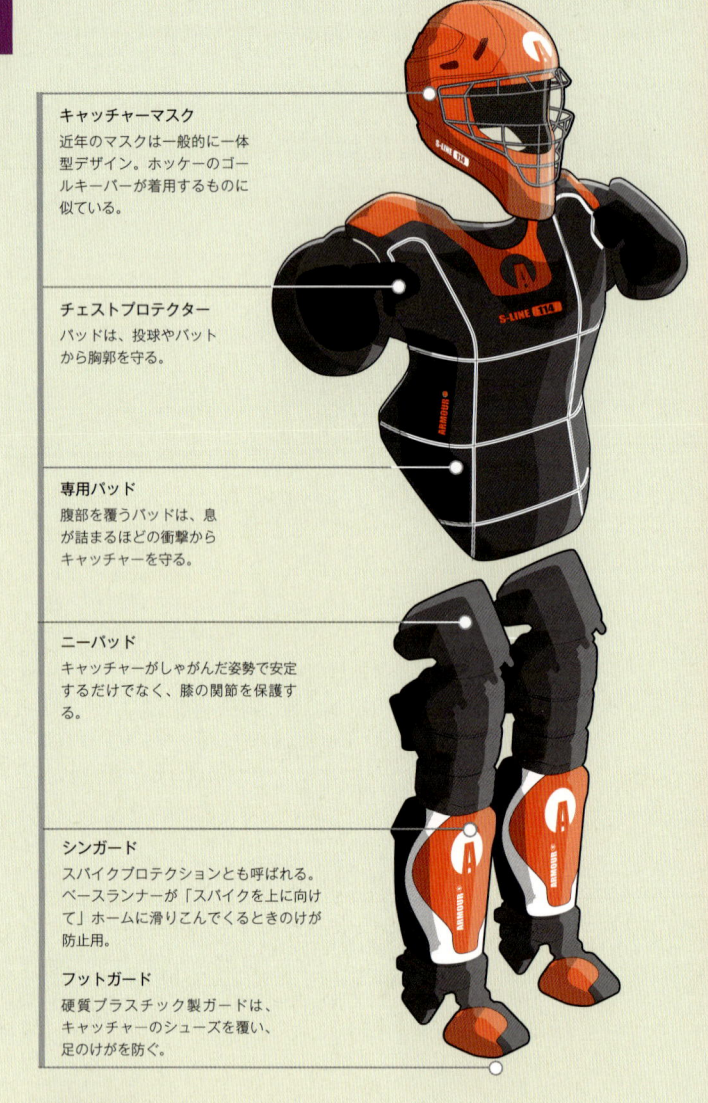

キャッチャーマスク
近年のマスクは一般的に一体型デザイン。ホッケーのゴールキーパーが着用するものに似ている。

チェストプロテクター
パッドは、投球やバットから胸郭を守る。

専用パッド
腹部を覆うパッドは、息が詰まるほどの衝撃からキャッチャーを守る。

ニーパッド
キャッチャーがしゃがんだ姿勢で安定するだけでなく、膝の関節を保護する。

シンガード
スパイクプロテクションとも呼ばれる。ベースランナーが「スパイクを上に向けて」ホームに滑りこんでくるときのけが防止用。

フットガード
硬質プラスチック製ガードは、キャッチャーのシューズを覆い、足のけがを防ぐ。

イニングとアウト

野球はイニング（回）と呼ばれる区切りでプレーする。1イニングで、各チームは1度ずつ守備と打撃をする。ビジターチームが先攻。ホームチームが後攻。ほとんどのリーグでは、9回が終わった時点で多く得点したチームが勝ちとなる。9回終了時に同点の場合、延長になり、メジャーリーグでは回の終わりにどちらかがリードするまで続く。最長は8時間6分におよんだ試合がある。

アウトにする

野球は、守備側にボール保持権がある数少ない団体競技の1つ。バッター3人をアウトにすることを目的とし、その方法はいくつかある。ここでは4例を挙げる。アンパイアがバッターに3ストライクを宣告した場合。バッターが空中にボールを打ち上げ（フライ）、フェアグラウンドまたはファウルライン外に落ちる前に野手が捕った場合。ベースを離れているランナーがボールを持った野手にタッチされた場合。ランナーが進塁しなければならない状況で、ボールを持った野手が先にそのベースにタッチした場合。

手を出さなければよかったボール

シカゴ・カブスのファンのスティーブ・バートマンは、2003年ナショナルリーグ・チャンピオンシップのフロリダ・マーリンズ戦の後に身を隠すことになった。バートマンは、ボールを捕ろうとしてフェンスから身を乗り出し、捕球しようとしたカブスの外野手の守備妨害をしてしまったのだ。この事件のせいで、カブスは連続黒星を喫した。その後マーリンズはワールドシリーズに進出。バートマンはインターネットで嫌がらせの対象になった。

必須用具

当然、バットとボールは野球の試合に欠かせない。その他の重要な用具には野手のグローブがあり、打球をさばくのに役立つ。

縫い合わせる
ボールには、ゴムとコルクでできた芯がある。芯に赤い綿糸を巻きつけ、2枚の皮革片で覆う。さらに赤い綿糸で皮革片をしっかり縫い合わせる。

7.5cm

グローブ
皮革製グローブは、野手がボールを捕りやすくする。グローブのサイズは守備のポジションによって違う。グローブにはサイズ制限がある。ポケットが浅いので、ボールを取り出しやすく、すばやく送球できる。

パッド入りプロテクション
すべての野手のグローブは、指を守るためにパッドが厚い。

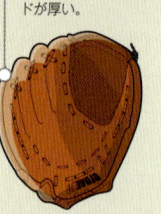

キャッチャーのミット
キャッチャーの指なしミットは、手を保護し捕球しやすくなっている。

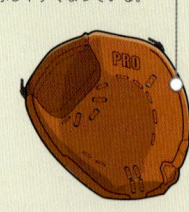

手にするバット
なめらかなバットは、木製または金属製。最も太い部分のヘッドからグリップまでだんだん細くなっていく。

ヘッド
バットの最も太い部分はヘッドという。ボールを打つのに使う部分。

中間点
ヘッドとグリップの間の部分は、バットで最も細い。

グリップ
ヘッドからグリップにかけてだんだん細くなる。バットを持ちやすくするためグリップをゴムや布で覆っている。

安定性
大きなグリップエンドがあるので、バッターの手から滑り落ちない。

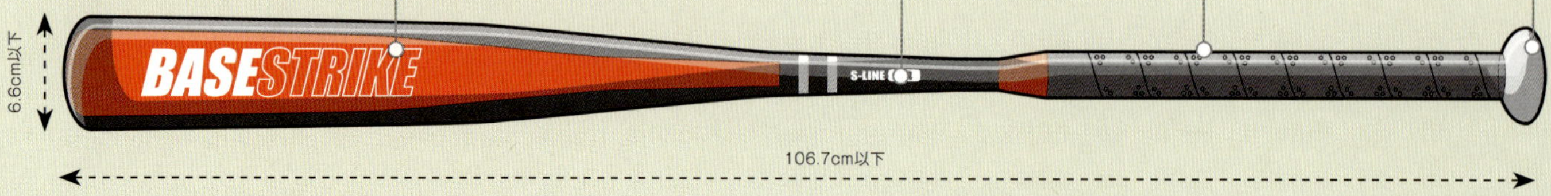

6.6cm以下

106.7cm以下

三振

バッターが、ホームベース上のストライクゾーンに入るボールを打つチャンスは3回。空振りした場合、投球がゾーン内か否かにかかわらずアンパイアは「ストライク」とコールする。バッターがストライクゾーンに投げられたボールを見逃した場合、ファウルエリアに打った場合も、ストライク。2ストライクで、ファウルを打っても3回目のストライクにカウントされないが、例外が1つ。2ストライク後にベースの上にバットを出すバントを試み、ファウルになった場合、バッターはアウトになる。バッターがボールを打ってフェアグラウンドに入れた場合、1塁に進もうとしなければならない。

ゴロでのアウト

ボールが内野に落ちたら、バッターが1塁に到達する前に野手はボールを捕って1塁に送球しなければならない。送球前にバッターが1塁にたどり着けなかった場合はアウト。たどり着けた場合はセーフ。

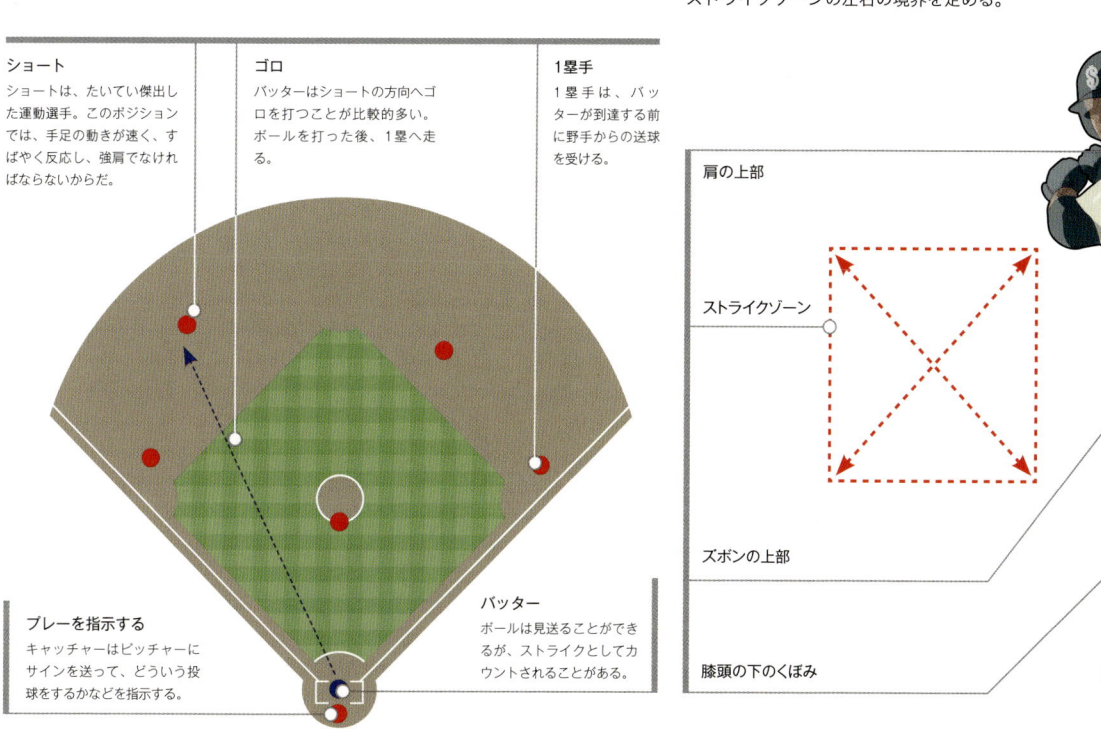

ショート
ショートは、たいてい傑出した運動選手。このポジションでは、手足の動きが速く、すばやく反応し、強肩でなければならないからだ。

ゴロ
バッターはショートの方向へゴロを打つことが比較的多い。ボールを打った後、1塁へ走る。

1塁手
1塁手は、バッターが到達する前に野手からの送球を受ける。

プレーを指示する
キャッチャーはピッチャーにサインを送って、どういう投球をするかなどを指示する。

バッター
ボールは見送ることができるが、ストライクとしてカウントされることがある。

ストライクゾーン

ストライクゾーンは、ホームベース上の想像上の窓。バッターがボールを見送った場合、ボールがこの中を通過すればストライクになる。ストライクゾーンの上端は、バッターの肩とズボンの上部の中間点。ストライクゾーンの下端は、膝頭のすぐ下と同じ高さ。ホームベースの左右の辺から上に延びる仮想的なラインは、ストライクゾーンの左右の境界を定める。

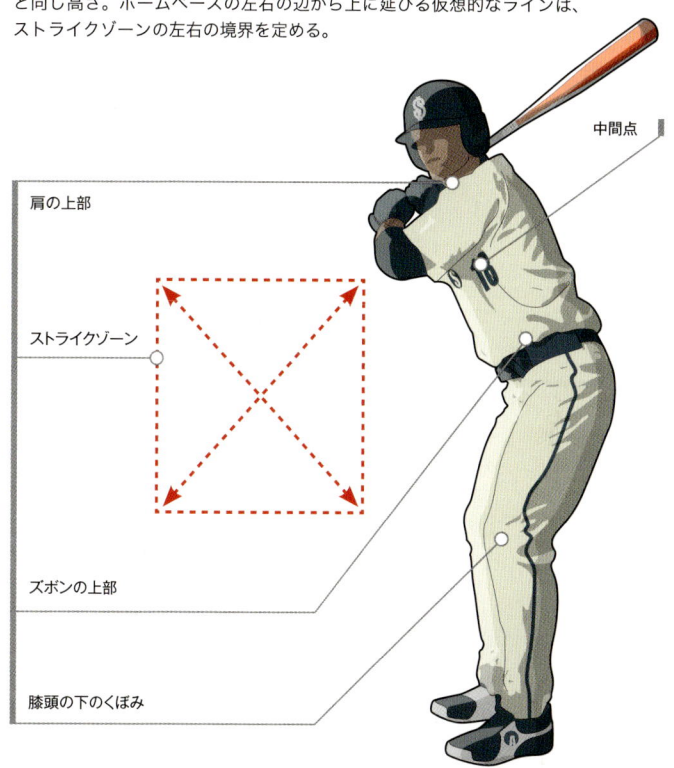

- 中間点
- 肩の上部
- ストライクゾーン
- ズボンの上部
- 膝頭の下のくぼみ

数多くの名前を持つ男

ベーブ・ルース（ジョージ・ハーマン・ルース・ジュニア）は、ニューヨーク・ヤンキースの伝説的な外野手だ。愛称は「偉大なバンビーノ（赤ん坊）」「強打のスルタン」「長打の巨像」。

団体競技

野球

145

ネクストバッターズサークル

ホームベースの両側に円がある。これはネクストバッターズサークルと呼ばれ、次のバッター用に指定された場所。バッターは素振りをして打席前の緊張をほぐしたりする。

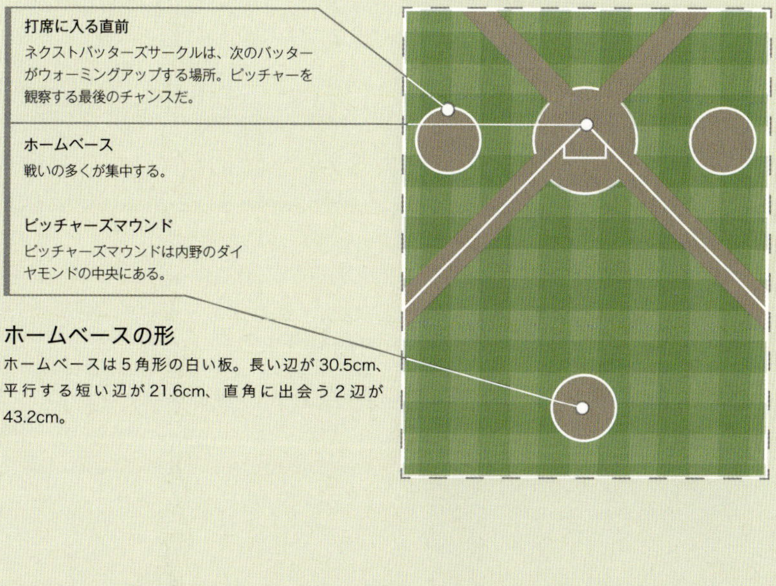

打席に入る直前
ネクストバッターズサークルは、次のバッターがウォーミングアップする場所。ピッチャーを観察する最後のチャンスだ。

ホームベース
戦いの多くが集中する。

ピッチャーズマウンド
ピッチャーズマウンドは内野のダイヤモンドの中央にある。

ホームベースの形
ホームベースは5角形の白い板。長い辺が30.5cm、平行する短い辺が21.6cm、直角に出会う2辺が43.2cm。

選手の特徴

昔は、野球チームの全員が守備をしなければならなかった。しかし、1973年にアメリカンリーグは、指名打者（DH）制度を導入。DHは、ピッチャーの代打だが、守備のポジションにはつかない。DHのおかげで、旧ルールのもとでは不利だった選手がチームでプレーできるようになった。守備が下手なバッティング専門の選手がその例だ。マイナーリーグやアマチュア野球でもDHが使えるが、ナショナルリーグでは認められていない。

ソックススキャンダル

1919年、シカゴ・ホワイトソックスの選手8人がその年のワールドシリーズで八百長をしたとして、球界から追放された。この陰謀の首謀者は、ホワイトソックスの1塁手アーノルド・「チック」・ガンディル。

ヒットとアウト

野球は、戦術と運動能力が求められる競技。バッターをアウトにする一般的な方法として、強力なピッチングは欠かせない。ピッチャーにとって一番の理想は、試合中に1点も与えない「完封」。バッターもただ打ち続けるだけではない。長時間かけて投球スタイルを研究し、ピッチャーの腕の動きやキャッチャーの足の位置を観察して、投球を「読み」とろうとしている。

ピッチング
ピッチャーが投げる球種は、ボールの握り方と放し方によって決まる。メジャーリーグの選手はたいてい球種を数種類習得している。キャッチャーは、手のサインを使ってどの球種にするかを指示する。

ワインドアップ
ピッチャーは、後ろ足をピッチャーズプレートに置き、もう一方の足を胸まで上げて、ワインドアップする。

ストライド
ピッチャーは前足をしっかり踏み込み、ボールを持つ手を頭上から振り下ろす。その他、サイドスローやアンダースローに近い状態で投げるピッチャーもいる。

投球
ピッチャーは、投げる腕が伸び切ったところでバッターに向けてボールを放つ。そのとき、身体の全体重を前足に移す。

球種
ピッチャーはさまざまな球種を投げ、速度・軌道・腕の角度が少しずつ異なる。このようなバリエーションを取り入れてバッターを混乱させ、最終的には守備の助けとなりバッターやランナーをアウトにする。

カーブ
ボールにトップスピンをかけると、うまいカーブは、ホームベースの直前で落ち、バッターはその上を空振りする。

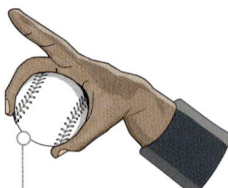

手首のひねり
手首を内側にひねり、投球に回転を加える。

スライダー
カーブと直球の中間であるスライダーは、カーブほど変化しないが、スピードが速く、バッターをだましてそれが速球だと思わせる。

スライダーのグリップ
中心から少し外れたところを握る。

直球
野球で最も一般的な投球。直球も、空中で動いたり変化したりすることがあるが、いずれにしてもスピードが速い。

速く動く指
指2本をボールの上部に置く。

バッティング
バッターは、ネクストバッターズサークルでウォーミングアップしてから、打席に入る。バットは、両手を近づけ関節で指をそろえ、グリップをしっかり握る。その後、バッターとピッチャーは裏をかき合い、チェスのような試合が始まる。バッティングは、スポーツの中で最も難しい技術とされる。実際に、バッターが10回中の3回ヒットを打つことができれば、つまり、打率3割であれば、強打者と見なされる。メジャーリーグでは、1941年のテッド・ウィリアムズ以来、シーズンで打率4割以上のバッターも、生涯打率3割6分7厘以上のバッターも出ていない。

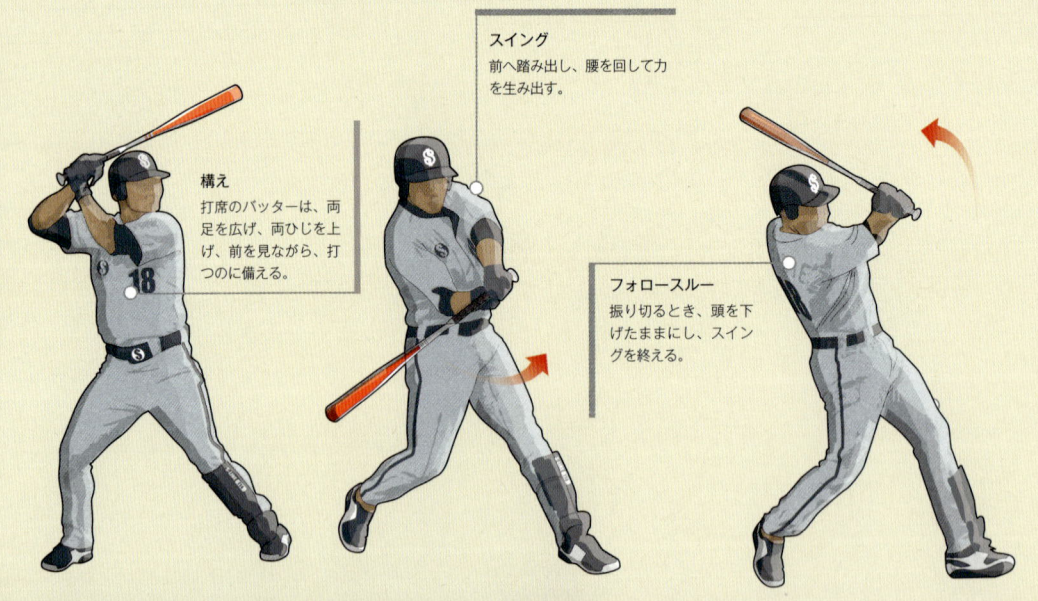

構え
打席のバッターは、両足を広げ、両ひじを上げ、前を見ながら、打つのに備える。

スイング
前へ踏み出し、腰を回して力を生み出す。

フォロースルー
振り切るとき、頭を下げたままにし、スイングを終える。

ナンバー・トリビア

114,000 人：オリンピックの野球試合の史上最高観客数。1956年オリンピックでのオーストラリア代表対アメリカ極東軍選抜チームの公開試合だった。

162 試合：4月から9月までのシーズン中に、メジャーリーグのチームが行う野球の試合数。

73 本：メジャーリーグのシーズン中に1人の選手が打ったホームラン記録数。この記録は、バリー・ボンズが保持する。

得点データ
野球ファンのなかには、バッティング、ピッチング、守備の平均値を詳細に調べてヒーローたちを格づけする人もいる。公式記録員はあらゆる種類の統計を記録している。

野球用語

初心者には、野球用語はわかりにくいかもしれない。実際に、野球用語全集が出版されている。以下に用語の一部を抜粋した。

- 満塁：ランナーが1塁、2塁、3塁にいる状態。
- ビーンボール：バッターがよけなければ（特に頭に）当たるように意図的に投げられたボール。
- 2塁打：バッターが2塁まで進んだヒット。
- ダブルプレー：1つのプレーで攻撃側選手2人がアウトになること。
- ホーマー：「ホーマー」（ホームラン）は、外野フェンスを越えるヒット。バッターは自動的にすべての塁を走り抜け、得点できる。
- 残塁：アンパイアが3回目のアウトをコールしたとき、塁に残っているランナーの総数を表すのに使う用語。
- ピンチヒッター：重要な場面（「ピンチ」）で弱いバッターと交代する代打者。
- 完封：相手チームに得点を与えないこと。
- 盗塁：ピッチャーの投球の隙をついて、ランナーが進塁に成功すること。

走塁

ボールがインプレーになったら、ランナーの足の速さと野手の投げる速さの競争だ。ランナーは必死で野手の手の下のベースへ豪快に滑りこみ、その場のアンパイアに判断を仰ぐ。

タッチアウト

インプレーのボールを持った野手が、ベースから離れているランナーにタッチすると、タッチアウトになる。

格好のえじき
野手は、ランナーの身体のどこに触れてもタッチアウトにできる。

スライディング

ランナーはタッチアウトになったりベースを通り越したりしないように、ベースにスライディングする。タッチアウトやダブルプレーを狙う野手を倒すのに十分なスピードでベースに滑りこむ。

ピート・ローズ
アメリカでは、ランナーが頭からベースに滑りこむと、「ピート・ローズ」と呼ばれることもある。偉大な選手の名前にちなんだものだ。

裏話

メジャーリーグは、ナショナルリーグ（1876年創設）とアメリカンリーグ（1901年創設）の2リーグで構成される。プロ野球は、アジアやラテンアメリカなど世界の他の地域でも人気が高い。アマチュア野球は、1992年から公式オリンピック種目だったが、2012年ロンドン大会では外された。

国際野球連盟（IBAF）

IBAFは、世界規模の野球運営組織。1938年に創設され、ワールドカップやワールド・ベースボール・クラシック（WBC）などの大会を主催する。世界的な権威があるにもかかわらず、北米のプロ野球に対してほとんど影響力がない。

メジャーリーグ・ベースボール（MLB）

北米のプロ野球を管理する組織。2つのメジャーリーグに30チームが属し、各リーグは、地理的な位置によって3地区にわかれている。シーズン最後には、各リーグの優勝チームが、ワールドシリーズと呼ばれる7回戦で競い、全体のチャンピオンを決める。

盗塁

ランナーは、タッチアウトになるリスクを冒して、ピッチャーがボールを放す前に盗塁を試みる。2塁はマウンドの後ろにあり、1塁と3塁はピッチャーの視野の端にあるため、ピッチャーはランナーが突然走り出さないか警戒しなければならない。ピッチャーは、バッターの代わりに野手に投球してもよいので、その場合、ランナーはあわてて戻ったりタッチアウトになったりする。

データ集

ワールドシリーズ優勝チーム

球団名	優勝回数
ニューヨーク・ヤンキース	27
セントルイス・カージナルス	11
オークランド・アスレチックス	9
ボストン・レッドソックス	8
サンフランシスコ・ジャイアンツ	7
ロサンゼルス・ドジャース	6
シンシナティ・レッズ	5
ピッツバーグ・パイレーツ	5
デトロイト・タイガース	4
アトランタ・ブレーブス	3
ボルチモア・オリオールズ	3
シカゴ・ホワイトソック	3
ミネソタ・ツインズ	3
シカゴ・カブス	2
クリーブランド・インディアンズ	2
ニューヨーク・メッツ	2
マイアミ・マーリンズ	2
トロント・ブルージェイズ	2

ワールドカップ

国	優勝回数
キューバ	25
アメリカ	4
ベネズエラ	3
コロンビア	2
韓国	1
プエルトリコ	1
ドミニカ共和国	1
イギリス	1

MLB通算ホームラン数

氏名	ホームラン数
バリー・ボンズ	762
ハンク・アーロン	755
ベーブ・ルース	714
ウィリー・メイズ	660
アレックス・ロドリゲス	654
ケン・グリフィー・ジュニア	630
ジム・トーミ	612
サミー・ソーサ	609

団体競技

147

野球

ソフトボール

基礎知識

→ 今日「ソフトボール」と呼ばれるこの競技は、1887年の感謝祭の日にシカゴで屋内競技として始まったとされている。

→ フィールドに1人以上いるアンパイアは、試合を監視し、ルールが確実に守られるようにする。

→ 運営組織の国際ソフトボール連盟（ISF）には、120以上の国と地域が加盟する。

ソフトボールのバット
合成素材製または金属製で、長さ86cm以下。

ヘルメット
2つの耳あてが頭の側面を守り、顔を保護するケージはオプション。

シャツとショートパンツ
半そでシャツとショートパンツを着用する。

シューズ
クリートやスパイクがついていてもよいが、金属製は禁止。

競技の概略

ソフトボールは、1チーム9人の2チームが交代で攻撃と守備を行う競技。フィールドに敷かれた4つのベースを回り、できるだけ多くの得点を試みる。通常、試合は7イニング制で、各チームが打って守る。ソフトボールは、ハードボールとも呼ばれる野球といくつか共通点がある。

選手の特徴

チームのメンバーは、さまざまな技術を身につけている。手と目の協調に優れバッティングを得意とする選手もいれば、巧みなピッチングでバッターを出し抜く選手もいる。野手は皆、捕球しベースからベースへ正確に投げる術を心得ている。

用具

バッターの後ろにいるキャッチャーは、フェイスマスクとスロートプロテクターつきヘルメットをかぶる。野手は、ボールをキャッチしさばきやすくするため、親指と人差し指の間にネットがある皮革製グローブをはめる。また、ベースへのスライディング時に太腿を保護するスライディングショーツをはくこともある。縫い合わせた白色または黄色の皮革製ボールは、通常、外周30cmまたは28cmのいずれか。

競技するフィールド

ソフトボールのフィールドはダイヤモンド形を特徴とし、ベース3つとバッターが立ちボールを打つホームベースがある。バッターはベースを踏みながらダイヤモンドを回り、最後にホームベースを踏んだら得点になる。使えるスペースと試合のレベルに応じて、外野はどのサイズでもよい。投球が遅いソフトボールでは、打球が飛びやすいため、外野フェンスまでの距離が遠い。

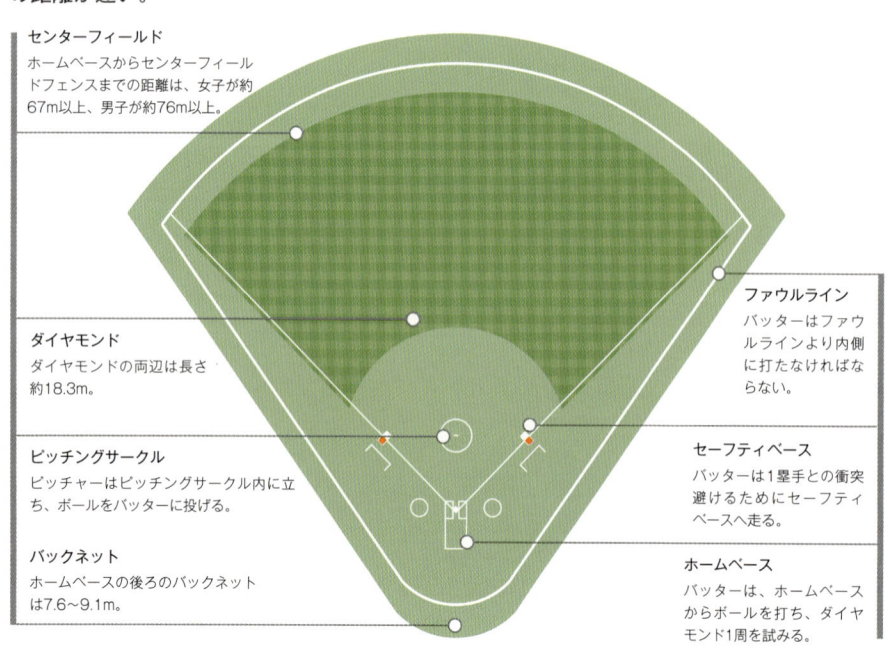

センターフィールド
ホームベースからセンターフィールドフェンスまでの距離は、女子が約67m以上、男子が約76m以上。

ダイヤモンド
ダイヤモンドの両辺は長さ約18.3m。

ピッチングサークル
ピッチャーはピッチングサークル内に立ち、ボールをバッターに投げる。

バックネット
ホームベースの後ろのバックネットは7.6〜9.1m。

ファウルライン
バッターはファウルラインより内側に打たなければならない。

セーフティベース
バッターは1塁手との衝突避けるためにセーフティベースへ走る。

ホームベース
バッターは、ホームベースからボールを打ち、ダイヤモンド1周を試みる。

アウトにする

各イニングで、フィールディング（守備）チームは、バッティング（攻撃）チームからアウトを3つ取らなければならない。アウトになるのは以下の通り。3ストライクになった場合（ストライクアウト）、打球がノーバウンドで捕られた場合（フライアウト）、ベースから離れているランナーがボールまたはボールを持ったグローブで野手にタッチされた場合（タッチアウト）、ランナーがベースにたどり着く前に、ボールを持つ野手がベースにタッチした場合（フォースアウトまたはフォースプレー）。

ソフトボールの投球方法

ファストピッチ、スローピッチ、モディファイドピッチの3種類。ピッチャー有利のファストピッチは、ウィンドミル投法を用いアンダースローでできるだけ速く巧みにボールを投げ、打ちにくくする。バッターに有利なスローピッチは、ボールを山なりに投げるので打ちやすい。モディファイドピッチは、ファストピッチのスローバージョン。

ペサパッロ

競技の概略

ペサパッロはペシスとも呼ばれ、フィンランドで最も人気の高い競技だ。野球と同様に、1チーム9人の2チームが、交代で攻撃と守備を行う。攻撃側の選手が4つのベースを回ると得点が入る。また、攻撃時に、チームはさらに指名打者（ジョーカー）3人を使ってもよい。

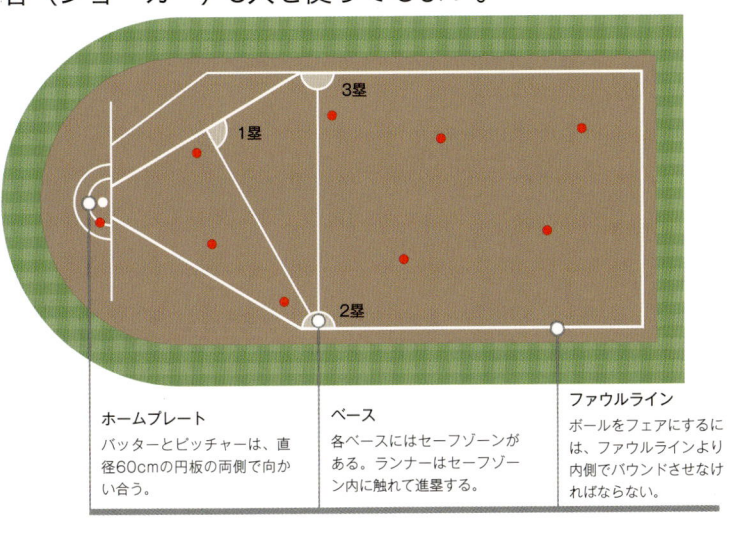

ホームプレート
バッターとピッチャーは、直径60cmの円板の両側で向かい合う。

ベース
各ベースにはセーフゾーンがある。ランナーはセーフゾーン内に触れて進塁する。

ファウルライン
ボールをフェアにするには、ファウルラインより内側でバウンドさせなければならない。

得点方法

1ピリオド4イニングの2ピリオド制で試合が行われるが、同点の場合は延長戦になる。ボールをフェアにするには、競技エリア内でバウンドさせなければならない。バックラインを越えた打球はストライクになるので、バッターはあまり強く打たないように注意しなければならない。3ストライクになると、バッターはアウト。野手が競技エリア内で捕球した場合、バッターは、「ウンデッド」（アウトでもセーフでもなく走者の資格を失うこと）となり、チームが得点しなければそのイニングでは再び打席に立てない。選手3人がアウトになるか、選手全員がウンデッドになったり打者が一巡したりした場合、イニングが終了する。監督はチームのプレーを指示し、戦術的要素が重要な試合で最も多く得点できる方法を考える。

競技するフィールド

試合は、アスファルトまたは走るのに適した面で行われる。男子のフィールドは、横92m、縦42m。幅10mの芝生面がフィールドを取り囲む。ベースはジグザグに敷かれ、ベース間の距離は徐々に長くなり、総距離は126m。女子のフィールドは1割短い。

基礎知識

→ ペサパッロは1920年代に、野球のルールと伝統的なフィンランドの競技を組み合わせて考案された。

→ ピッチャーは、ピッチャーの頭上1m以上の高さにボールを垂直に投げる。よって、野球よりボールが打ちやすい。

ラウンダーズ

競技の概略

ラウンダーズは、1チーム6人から15人の2チームが、交代で攻撃と守備を行う。所定のイニング数が終わった時点で、多く得点したチームが勝ちとなる。この競技は、イギリス、アイルランド、カナダで盛ん。イギリスの全英ラウンダーズ協会（NRA）とアイルランドのゲーリック体育協会（GAA）は、それぞれ独自のルールを定めている。とはいえ、共通点もあり、両者間の試合は2つの規則に基づいて行われる（*訳注：午前は片方の規則、午後はもう片方の規則で試合を行う）。

得点方法

バッターがボールを打ち、ボールが投手に戻る前に4本のポストをすべて周回した場合、1ラウンダーを獲得する。NRAのルールでは、バッターがボールを打ち2塁または3塁に到達した場合か、ボールを打たずに1周した場合、ハーフラウンダーを獲得。ボウラーがバッターに連続してノーボールを2つ投げた場合、ペナルティハーフラウンダーが入る。

競技するフィールド

ラウンダーズは、芝生、アスファルト、走るのに適した面ならどこでもできるが、混在する面は不可。打席と1塁、2塁、3塁のポストは、1辺が12mの正方形をなす。4塁のポストは3塁のポストから8.5m。

基礎知識

→ ラウンダーズは、16世紀頃にイギリスとアイルランドで始まったとされる。おそらく野球やソフトボールの発想の原点だろう。

→ この競技は、男子、女子、子供がプレーする。混合チームは男子が5人以下。

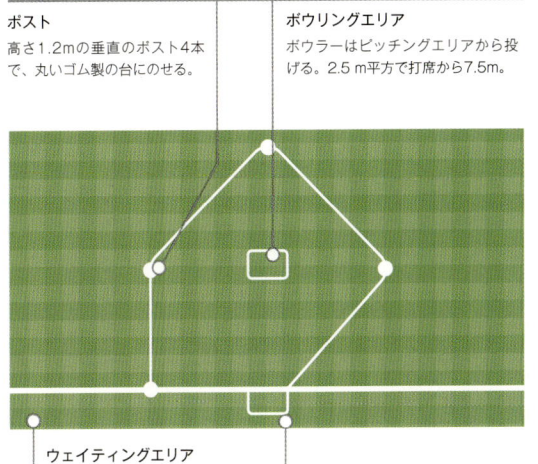

ポスト
高さ1.2mの垂直のポスト4本で、丸いゴム製の台にのせる。

ボウリングエリア
ボウラーはピッチングエリアから投げる。2.5m平方で打席から7.5m。

ウェイティングエリア
打順を待つ選手は、バッティングスクエアの前の線から最低10m後ろに控えている。

バッティングスクエア
ボールが飛んでくる間、バッターの足は2m平方内になければならない。

基礎知識

- カナダが発祥の地だが、北米とヨーロッパを中心に約30カ国で行われている。
- アイスホッケーは北米の4大プロスポーツの1つ。
- 北米のナショナルホッケーリーグ（NHL）は、この競技最大のリーグ。
- NHLフランチャイズ30チームのうちカナダを本拠地とするのは7チームだけだが、リーグ所属のカナダ人はアメリカ人を3対1の割合で上回っている。

競技の概略

アイスホッケーは、アメリカとカナダでは単に「ホッケー」と呼ばれる。氷上で行うスピード感あふれる競技だ。通常の試合時間60分は、20分のピリオド3回にわかれている。防具を身につけた選手1チーム6人の2チームは、硬質パックをスティックで打つかスケートで屈折させるかして、相手チームのゴールへ入れる。アイスホッケーは、プレーするにも観戦するにも、ダイナミックでエキサイティングな競技。テレビ観戦者や熱狂的なファンも多い。

リンク

試合はホッケー専用リンクで行われる。コーナーが丸くなった長方形で、「ボード」に囲まれている。高さ約1mのこの壁は、観客を保護するために上部は飛散防止パースペクス製。ホッケーのリンクは標準サイズが2種類。主として北米で使用するものは、オリンピック大会やその他の国内リーグで使用するものより狭い。リンクの両側に、金属フレームとネットでできたゴールがある。厚さ約2cmの氷は、8層から10層の薄い氷でできている。

選手の特徴

ホッケー選手は、思考も行動も速く、最大40km/hのスピードを出すためにはきわめて壮健で頑強であることが求められ、このスピードでターンし立ち回るには身体をうまくコントロールしなければならない。パックは怖いくらいのスピードで飛んでくるので、これをパスまたはシュートするには、電光石火の反射神経が必要だ。

ボディアーマー
グローブは、ホッケーのその他の用具と同様に、保護目的でつくられている。また、分厚いパッドは、他の選手、ボード、パックとの高速での衝突時にけがを防止する。

商売道具
ホッケー選手の必需品であるスティックで、パックのコントロールやシュートを行い、相手選手との間にバリアをつくる。

スケート靴
ホッケーのスケート靴は、最先端のテクノロジーを特徴とし、かみそりのように鋭いブレードの上に取りつけられている。氷をはじめ、前に立ちはだかるものは何でも切り込む。1足3000ポンドもするものもあり、プロ用はオーダーメイド。

レッドライン
リンクは各チーム1つずつの2ゾーンに分けられる。

ニュートラルゾーン
このゾーン内で選手交代を行わなければならない。ニュートラルゾーンでさまざまな攻撃と守備の戦術を組む。

フェイスオフサークルとフェイスオフスポット
サークル5つとスポット9つは、フェイスオフが行われる場所。

ポジションライン
フェイスオフサークルの内側と外側にあり、フェイスオフで選手が並ぶ場所。

ゴールライン
得点するには、パックは完全にこのラインを越えなければならない。

23m

ゴーディ・ハウ・ハットトリック

「ゴーディ・ハウ・ハットトリック」という言葉は、伝説的なホッケースターに敬意を表して名づけられた。その元になった選手は、1試合で、1ゴール、1アシスト、1ファイト勝利を果たした。

アイスホッケー

団体競技

アイスホッケー

151

フェイスオフ
センターサークルでのフェイスオフは、各ピリオドの開始時と得点後の再開始時に行われる。これは小心者には向かない瞬間だ。各チームから1人ずつの選手2人が、向かい合って身構え、スティックを手にし、ブレードを氷上に立て、待ち構える。試合を開始するため、主審またはラインズマンが、選手2人の間にパックを落とし、後ろに下がる。その後選手たちは、スティックをぶつけ合ってパック争奪戦を行い、相手のゴールへの攻撃を開始する。

役割分担
チームは、最低2人のゴールキーパー（ゴールテンダー）を含む最大22人の選手で構成される。一度に氷上に立てるのは各チームから6人。通常、そのうちの1人はゴールキーパーであり、重装備でゴール前に立つ。ゴールキーパーは、両手・身体・スティックでパックを止めてもよい。そのチームメイト5人は、フォワード3人とディフェンス2人。フォワードのポジションは——「花形」選手たちは——レフトウィング、ライトウィング、センター。相手チームを待ち受けるディフェンスは、レフトディフェンスとライトディフェンス。

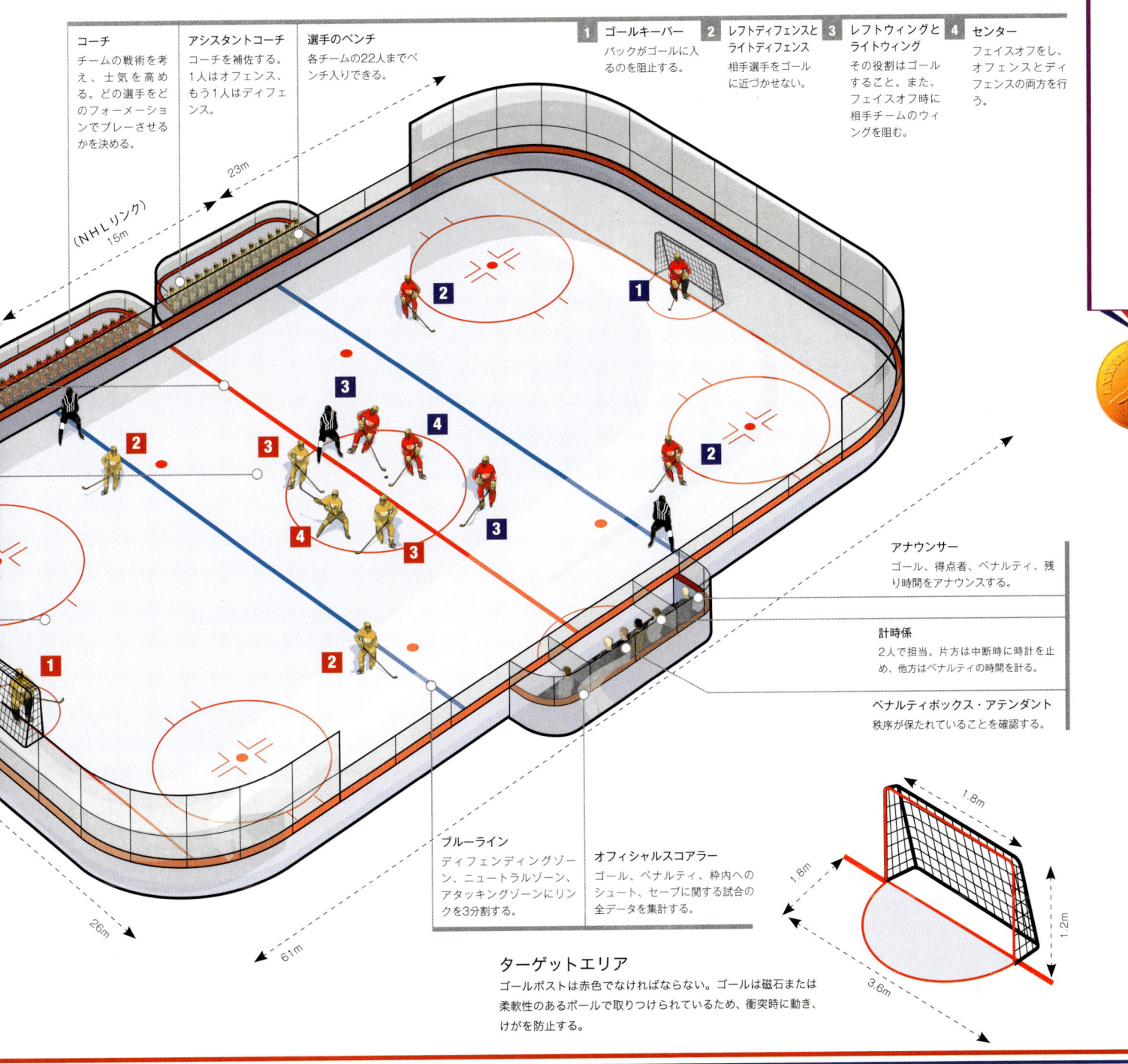

コーチ
チームの戦術を考え、士気を高める。どの選手をどのフォーメーションでプレーさせるかを決める。

アシスタントコーチ
コーチを補佐する。1人はオフェンス、もう1人はディフェンス。

選手のベンチ
各チームの22人までベンチ入りできる。

1 ゴールキーパー
パックがゴールに入るのを阻止する。

2 レフトディフェンスとライトディフェンス
相手選手をゴールに近づかせない。

3 レフトウィングとライトウィング
その役割はゴールすること。また、フェイスオフ時に相手チームのウィングを阻む。

4 センター
フェイスオフをし、オフェンスとディフェンスの両方を行う。

23m (NHLリンク) 15m

アナウンサー
ゴール、得点者、ペナルティ、残り時間をアナウンスする。

計時係
2人で担当。片方は中断時に時計を止め、他方はペナルティの時間を計る。

ペナルティボックス・アテンダント
秩序が保たれていることを確認する。

ブルーライン
ディフェンディングゾーン、ニュートラルゾーン、アタッキングゾーンにリンクを3分割する。

オフィシャルスコアラー
ゴール、ペナルティ、枠内へのシュート、セーブに関する試合の全データを集計する。

26m 61m

ターゲットエリア
ゴールポストは赤色でなければならない。ゴールは磁石または柔軟性のあるポールで取りつけられているため、衝突時に動き、けがを防止する。

1.8m 1.8m 1.2m 3.6m

ナンバー・トリビア

104,173 人：ミシガン大学対ミシガン州立大学の試合観戦の為にミシガン・スタジアムに集まった、アイスホッケー史上最大の観客数。

552 試合：NHLホッケーの1人のゴールキーパーがプレーした記録的な連続試合数。グレン・ホールが持つ記録。

35 試合：プロにおける連続無敗記録。この記録は、フィラデルフィア・フライヤーズが保持する（1980年）。

5 種類・得点：「5種類のゴールで5得点」は、キネラ（quinella）と呼ばれる。マリオ・ルミューは、NHL史上唯一のキネラ記録者。

1 人：ホッケーの殿堂入りした合計34人のゴールキーパーのうちアメリカ生まれの選手の数。

身につけるもの

氷とボードの硬い表面や最速190km/hで飛んでくるパック——そして、いうまでもなく血気盛んな他の選手たち——は、おびただしい危害をおよぼす。ホッケー選手はいつも、けがの危険を減らすために、アイススケートとスティック以外にいくつかの防具を装着している。防具は、ヘルメット、ショルダーパッド、エルボーパッド、マウスガード、保護用グローブ、厚いパッド入りショートパンツ（別名ブリーザーズ）、局部プロテクター（「ジョック」）、シンガード、ネックガード。ゴールキーパーは、マスクに加え、より分厚い専用防具を身につけ、パックが直撃してもけがをしないように保護する。

「ザ・グレート・ワン」

「ザ・グレート・ワン」の愛称で呼ばれるウェイン・グレツキーは、スポーツライター・選手・コーチ・ファンから、同時代の最も優れた選手とされ、史上最高のホッケー選手だと認められている。数々の賞・記録・功績を手にしたと同時に、背番号99は、正式にNHL全体の永久欠番になった。

防具

アイスホッケー選手は、当然のことながらスポーツ選手の中で最も重装備だ。以下は、NHLのホッケー選手のほとんど身につける各種ボディアーマー。

顔の保護
バイザーは、スチール製のバーかメッシュ、または透明アクリル樹脂の強化バースペクス製。

上半身
ウェットスーツとNHL選手のショルダーパッドを合わせた上半身のスーツは、高い保護機能と柔軟性がある。

複合材料
ボディパッドは、丈夫でありながら通気性もよいハイテク素材でつくられている。

ジョック
股間と骨盤のプロテクターは、男子ホッケー選手のロッカーにある必需品。

サイガード
ブリーザーズは、ホッケー選手がよく使い発達した太腿の筋肉を保護する。

高速スケート靴

ホッケーの靴は、足首とかかとの周りを皮革で強化した硬化ナイロン製。硬い先芯で足先を保護し、靴ひもでとめる。

涼しく快適
ホッケー選手は1日12時間もスケート靴をはいて過ごすので、快適さは必須条件の上位。スケート靴は、綿やシルクなど通気性のよい天然素材で裏打ちされている。

スチール製ブレード
ホッケー用スケート靴のブレードは、硬化スチール製。

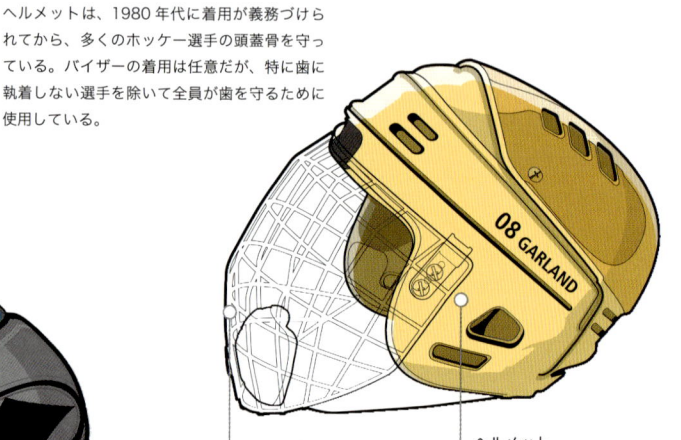

ヘッドギア

ヘルメットは、1980年代に着用が義務づけられてから、多くのホッケー選手の頭蓋骨を守っている。バイザーの着用は任意だが、特に歯に執着しない選手を除いて全員が歯を守るために使用している。

ゴールキーパーのバイザー
あらゆる角度から飛んでくるパックを防ぐため、大きめのバイザーを着用する。

ヘルメット
軽量でありながら超強力なグラスファイバーは、スティックやパックの衝撃に耐える。

ゴールキーパー（ゴーリー）の服装

アイスホッケーのゴールキーパーは、スポーツで最も負傷しやすいポジション。高速のパックに攻めたてられるので、完全武装しなければならない。

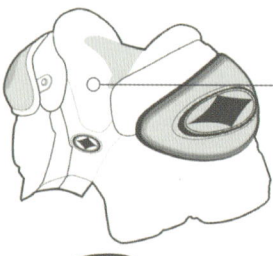

パック耐用ベスト
ゴールキーパーの重要な臓器は、スチールメッシュとグラファイトでできたベストで保護する。防弾ではないがそれに近い。

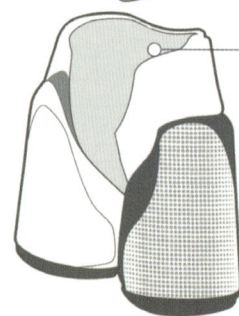

保護用ショートパンツ
ゴールキーパーは、補強されたショートパンツを追加してはく。

スティックを選ぶ

ホッケー選手は、慎重にスティックを選び、きちんと手入れをする。グラスファイバーで補強した木でできている長さ2mの柔軟なスティックは、パックばかりでなく、時に相手選手に強烈なパンチを浴びせかけることもある。

ルールに従ってプレーする

相手のゴールにパックを入れることが、この競技の目的だ。そこに至るのにルールや規則にあまり制約されない。ファイティング（乱闘）はすべて競技のうちだが、実際、オフサイドルールはプレーのパターンに影響する。

オンサイドにとどまる

オフサイドルールの目的は、攻撃側選手がゴール前で待ち伏せしないようにすること。最も重要なオフサイドルールでは、攻撃側選手はパックの後から攻撃ゾーンに入らなければならないと定めている。パックが攻撃ゾーンに入る前に選手の両方のスケート靴が入った場合は、オフサイド。それ以外の主要なオフサイドルールについて以下で説明する。

パワープレー

パワープレーの目的は、相手チームがペナルティを受けて人数が少ない間にゴールを決めること。各チーム2人までペナルティを受けることがあり、5対3のパワープレーが起こりうる。コーチはたいてい攻撃の中心選手を使って、試合を有利に進めようとする。フェイスオフから、パックをキープし相手チームのゴールへ向かう。味方選手間でパックをパスし合ううちに、相手チームにすき間ができたら、1人がシュートを打ちに行く。パワープレーは、ペナルティの時間（2、4、5分）続くか、どちらかのチームが得点したら終了する。

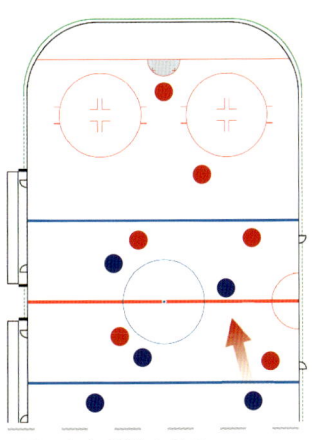

パックを前進させる
味方にパスする場合、一度に２本のラインを越えてはいけない。これはどのラインについても適用される。その際、選手の位置は、スケート靴の両足がラインを越えているか否かで判断する。

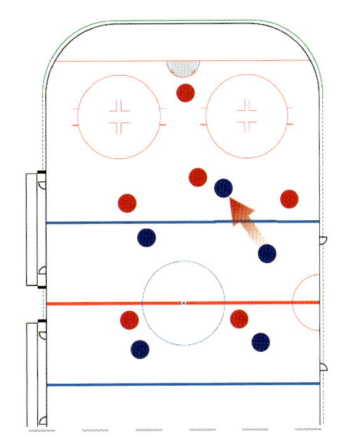

パックの前に出る
パックより先に攻撃ゾーンへ入った場合は、パックに触れることはできない。パックに触れずにゾーンを出た場合、オフサイドにならない。

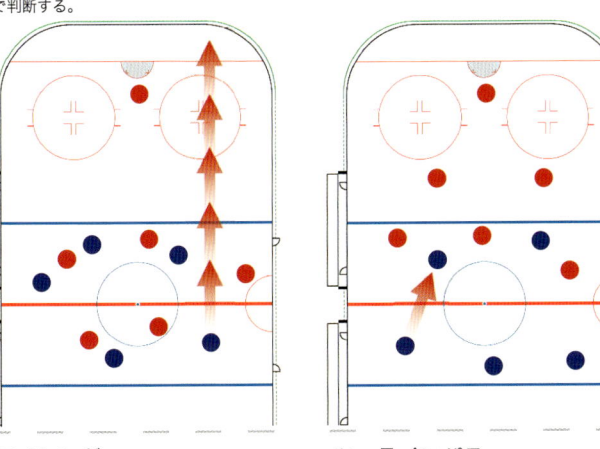

アイシング
自陣から打ったパックが相手のゴールラインを越えた場合、ゴールに入らなければアイシングとなる。少ない人数でプレーしている場合、アイシングは反則にならない。

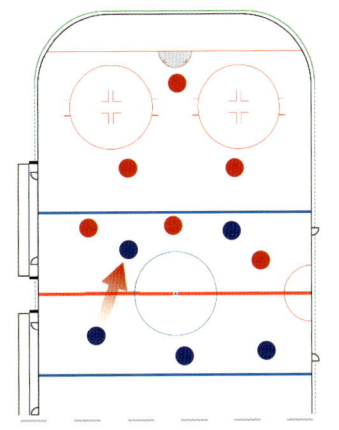

ツーラインパス
オフサイドパスとも呼ばれ、選手がディフェンディングゾーンから赤いセンターラインを越えて味方にパックをパスした場合、適用される。

ファウルを犯す

男子ホッケーでは、相手選手がパックを持っているときやパスした瞬間に、腰や肩で体当たりする。これはボディチェッキングといい、ルールで認められている。以下の行為は明確に禁止され、ペナルティになる。

ボーディング：相手選手を激しくボードに投げつけること。
バットエンディング：スティックの柄で相手選手をつくこと。
チャージング：3歩以上助走をつけて相手選手にボディチェックをすること。
クリッピング：相手選手の膝より下に身体をぶつけること。
クロスチェッキング：両手でつかんだスティックの柄で相手を殴ること。
エルボーイング：ひじを使って相手選手を妨害したりついたりすること。
ディレイ・オブ・ゲーム：パックの動きを止めること。
ハイスティック：相手選手の肩より上をスティックで打つこと。
ホールディング：相手選手を手や腕で妨害すること。
フッキング：相手選手をスティックで妨害すること。
インターフェアランス：パックを持っていない、またはパスを出した直後でもない相手選手をボディチェックすること。
ニーイング：相手選手に膝をぶつけること。
スラッシング：相手選手にスティックを振り回すこと。
スピアリング：スティックのブレードで相手選手をつくこと。
トリッピング：相手選手の足のあたりを妨害すること。

審判のシグナル

オフィシャルは２種類。リンク内のオフィシャルである主審とラインズマンは、試合中に規則を施行。リンク外のオフィシャルは、競技の実施ではなく管理運営を担う。主審は、上記の反則を見つけた場合、ホイッスルを鳴らして試合を止め、シグナルによって伝える。アイスホッケーで用いるシグナルはホッケー特有だ。主審が使うシグナルは10種類以上におよぶ。以下は試合中によく使われるもの。

ディレイドペナルティ　　フッキング　　スラッシング

ノーゴール　　クロスチェッキング　　ゴール

鉄拳

アイスホッケーのファイティングは、この競技の賛否両論ある側面だ。結果としてメジャーペナルティになるものの、ファイティングに加わった選手は退場にならない。ファイティングしても退場にならないのは、北米のプロスポーツでホッケーだけ。ファイティングは、試合の勝負どころで起きた氷上の出来事に対するお決まりの行為。

団体競技

アイスホッケー

データ集

歴代NHL得点王

得点	選手
2857	ウェイン・グレツキー
1887	マーク・メシエ
1850	ゴーディ・ハウ
1798	ロン・フランシス
1771	マーセル・ディオン
1755	スティーブ・アイザーマン
1723	マリオ・ルミュー
1688	フィル・エスポジト
1641	ジョー・サキック
1599	ヤロミール・ヤーガー
1579	レイ・ボーク
1533	マーク・レッキ
1531	ポール・コフィー
1467	スタン・ミキタ
1430	テーム・セラニーエ

NHL優勝チーム

優勝回数	チーム
24	モントリオール・カナディアンズ
13	トロント・メープルリーフス
11	デトロイト・レッドウィングス
6	ボストン・ブルーインズ
5	エドモントン・オイラーズ
5	シカゴ・ブラックホークス
4	オタワ・セネターズ
4	ニューヨーク・レンジャーズ
4	ニューヨーク・アイランダース
3	ピッツバーグ・ペンギンズ
3	ニュージャージー・デビルズ
2	モントリオール・マルーンズ
2	フィラデルフィア・フライヤーズ
2	コロラド・アバランチ
1	カルガリー・フレームス
1	ダラス・セネターズ

オリンピック男子メダル獲得国

年	金	銀	銅
2010	カナダ	アメリカ	フィンランド
2006	スウェーデン	フィンランド	チェコ共和国
2002	カナダ	アメリカ	ロシア
1998	チェコ共和国	ロシア	フィンランド
1994	スウェーデン	カナダ	フィンランド
1992	ロシア	カナダ	チェコスロバキア
1988	ソ連	フィンランド	スウェーデン
1984	ソ連	チェコスロバキア	スウェーデン
1980	アメリカ	ソ連	スウェーデン
1976	ソ連	チェコスロバキア	西ドイツ
1972	ソ連	アメリカ	チェコスロバキア
1968	ソ連	チェコスロバキア	カナダ
1964	ソ連	スウェーデン	チェコスロバキア
1960	アメリカ	カナダ	ソ連
1956	ソ連	アメリカ	カナダ

試合の進め方

アイスホッケーは、観客を喜ばせる、攻撃と守備の真剣勝負。パックを保持しているとき、選手はリンクを勢いよく前進し、ゴールシュートを狙える位置に入り込もうとする。守備では、相手選手と格闘し、前進を阻止。パックをインターセプトし、奪おうとする。試合のテンポが速いのは、氷上で選手がすばやく動き、パスとシュート技術が優れ、戦術が巧妙だからだ。

パックを打つ

パックをネットに入れることは全選手の目的。観客はそれを見るために入場料を払っている。シュート技術はパス技術よりも攻撃的だ。アイスホッケーの基本的なシュート4種類を紹介する。

高く上げるスティック
スティックを後ろへ高く振り上げる。

スラップショット
最も強力だが正確さに欠けるショット。ショット前にパックに触れずにいきなり打つ。

体重移動
体重を後ろ足に移動する。

リストショット
スティックのブレードでパックをすくい、体重を後ろ足から前足へ移動させながらスティックをまっすぐに立て、最後に手首を返してパックを空中に上げる。

スナップショット
スティックでパックを前へ押し出し、絶好のタイミングで圧力を強め、たたき出す。

バックハンドショット
スティックのブレードがカーブしているので、打ちにくいショット。パックの飛んでいく方向が予測しにくいため、防御が難しい。

団体競技

アイスホッケー

155

阻止する
ホッケーは乱暴な競技だ。ある状況では体当たりも認められている。攻撃側選手がパックを前進させているとき、相手選手は前に走り込んで前進を阻止してもよい。これはチェッキングと呼ばれる。パスを受けた瞬間の選手をチェックしてもよい。

ターゲットを選ぶ
チェッキングで重要なのは予測とタイミング。ターゲットを選び、その動きを追い、絶好のタイミングで接近する。

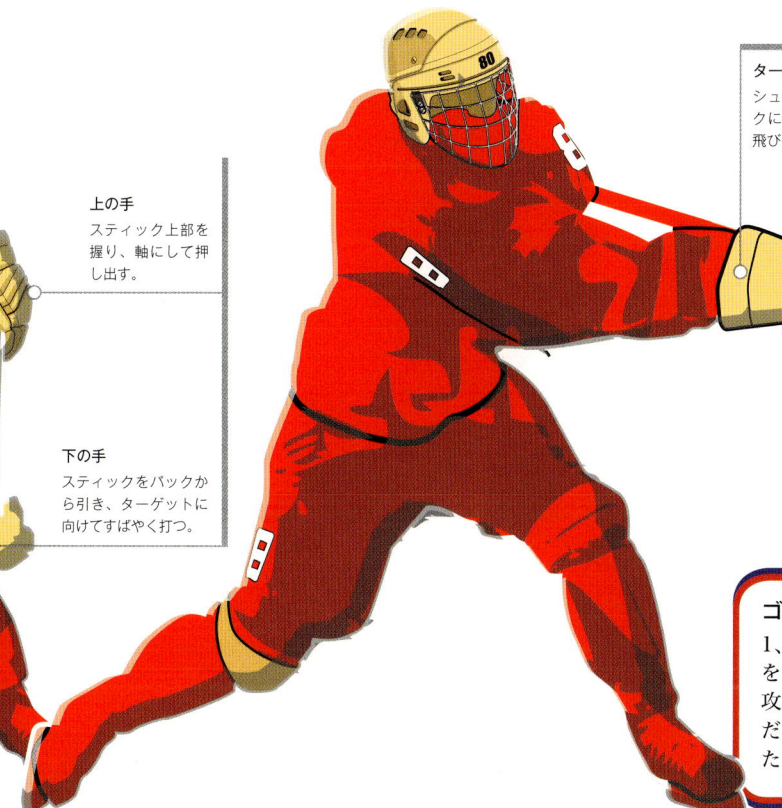

ターゲットを打ち負かす
体重と勢いでターゲットに当たり、パックから押しのける。

上の手
スティック上部を握り、軸にして押し出す。

下の手
スティックをバックから引き、ターゲットに向けてすばやく打つ。

ターゲットを攻撃する
シュートしながら、体重をパックに乗せ、ターゲットに向けて飛び出す勢いをつける。

スティックが音を立てる
手の動きが生み出す力でスティックがたわみ、パックを空中へ飛ばす。

ゴールキーパーを引っ込める
1、2点差で負けているチームは、最後の数分間でゴールキーパーを「引っ込める」ことがある。つまり、ゴールキーパーと交代に攻撃の選手を増やし、その利点を活かし速くゴールするというのだ。しかし、これはかなり危険な作戦。ゴールががら空きになったすきに相手チームが得点することも多いからだ。

「ザ・ハンマー」
デーブ・「ハンマー」・シュルツは、フィラデルフィア・フライヤーズに多くの得点をあげて貢献したが、現在ではその功績はほとんど忘れ去られている。何で有名かといえば、彼がペナルティボックス（シンビン）で費やした時間。デビューした年に259分、翌シーズンに348分、その次のシーズンに405分というペナルティ記録は、ＮＨＬ史上並ぶ者がない。

ナンバー・トリビア
2,856 m：ＮＨＬの試合中に平均的な選手が動く距離。

108 デシベル：エドモントン・オイラーズの試合でチームがアイスに登場したときの歓声の音量。

88 cm：プロスポーツ最大のトロフィーであるスタンレーカップの高さ。

574,125 人：カナダ人ホッケー選手の登録者数。カナダ人の50人に1人という驚異的な数だ。

裏話
アイスホッケーは、19世紀にカナダで考案されてすぐに人気が高まり、アメリカ、そしてヨーロッパへ広まった。1917年に北米を拠点とするＮＨＬが創設され、1920年にオリンピック種目になり、1924年に冬季大会の種目になった。
世界一人気の高い観戦スポーツの1つになってから、世界中でテレビ中継も行われている。アイスホッケーは世界中の30カ国以上で行われ、天然の氷の上で行う国も多い。カナダの公式な冬の国技で、絶大な人気を誇るが、フィンランドでも最も人気のあるスポーツだ。アイスホッケーの知名度が高く盛んな国は、カナダ、チェコ共和国、フィンランド、ロシア、スロバキア共和国、スウェーデン、アメリカ。

運営組織
国際アイスホッケー連盟（ＩＩＨＦ）は、1908年に創設されたアイスホッケーの世界的な運営組織。国際的なアイスホッケー大会を運営し、ＩＩＨＦ世界ランキングを決める。世界的な組織であるにもかかわらず、北米ではあまり影響力がない。

最高の選手、最高のリーグ
ＮＨＬは、世界最高の選手を擁する世界のトップリーグ。リーグ所属チームは2つのカンファレンスにわかれ、各カンファレンスには3つのディビジョンがある。

バンディ

競技の概略

「バンディ」または「バンティ」は、通常、屋外の氷のピッチで行われる冬の競技だが、屋内リンクもある。1チーム11人の2チームは、45分ハーフ制で、小さなボールを打ってリンク両端にあるゴールに入れる。選手は、スケート靴をはき、「バンディ」と呼ばれる曲がったスティックを巧みに操る。ボールは足とバンディでコントロールできるが、手は使えない。

動きが速く得点率が高いので、1試合の平均得点は7、8点。速さを維持するため、各チームは交代選手3人を使うことができ（国際試合は4人）、キャプテンやコーチに指示されるたびに出入りする。バンディの特徴であり魅力でもあるのは、ルールの少なさ。

基礎知識

- バンディは、アイスホッケーの原型だが、フィールドホッケーやサッカーにも似ている。「氷上のホッケー」「ウィンターサッカー」とも呼ばれる。
- バンディが盛んな国は、スウェーデン、ノルウェー、フィンランド、バルト諸国（エストニア、ラトビア、リトアニア）。また、カナダ、ロシア、アメリカでも人気がある。

選手の特徴

バンディの選手は、アイススケートが得意でなければならない。また、足でのドリブルが認められているので、ボールさばきは一流サッカー選手並み。高い肺機能が必要とされるのは、丸いボールが平たいパックより動きが速く、アイスホッケーより試合展開が速いため。試合時間も長く、スタミナは欠かせない。試合の戦術が複雑なため、直感的にポジションを取る能力も必要だ。

サッカーに敗北

ヴィクトリア朝時代のイギリスでは、バンディはサッカーと人気の点で互角だと思われた。シェフィールド・ユナイテッドとノッティンガム・フォレストのサッカークラブは、両方の競技を始めた。だが、19世紀後半にバンディの人気は急落。サッカー人気が世界に広まったためだ。

ヘルメット
ヘルメットは耳あてとチンストラップつき。あらゆるレベルの競技で義務づけられている。

顔を守る
選手はマウスガードをはめなければならない。さらに厳重に保護する必要があるゴールキーパーはフェイスガードを着用する。

防具
パッドは必要不可欠だが、バンディは身体の接触が少ないため、アイスホッケーのものほど分厚くない。

ハンドガード
グローブは手を温め、相手選手のスティックから守る。

ハンディなバンディ
木製スティックは、アイスホッケーのものより軽量で短く、長さ1.25m以下。小振りなので扱いやすい。片手でしかスティックを握らないので、扱いやすさが必要不可欠。

先端
バンディのスケート靴は分厚い皮革製またはナイロン製。選手の足と下肢を守る。ブレードは両側とも丸みを帯びているので、急な停止や方向転換に役立っている。

色鮮やかなボール
バンディに使われるボールは、硬く、普通はオレンジ色か赤色で、テニスボールとほぼ同じ大きさ。昔はコルクの芯をより糸で覆っていたが、現在はプラスチック製が多い。

スピーディー
打ったボールは高速で飛んでいく。

6.5cm

リンク

バンディが行われるのは、当初は氷の張った広い場所だったが、現在はサッカーのピッチほどの全天候型アイスリンク。サイドラインに並ぶ低い木製フェンスは、ボールがピッチの外に出るのを防ぐ。試合と試合の間には、大手メーカー「ザンボーニ」の名で知られている特殊な電動車両が製氷する。

1 ゴールキーパー 自分のペナルティエリア内のみ、手と腕でボールを扱ってもよい。

2 フルバック ウィングの攻撃からサイドを守る。

3 ミドルフルバック センターポイントから、他のディフェンダーたちをリードする。

4 ハーフバック 守備の最前列。ボールを前進させ、守備を攻撃に変える。

5 クォーターバック 戦略担当。ボールを使ってフォワードが得点できる機会をつくり出す。

6 フォワード ウィング2人と中央のストライカーは、常に動いて味方のパスを受ける。

団体競技

バンディ

157

選手のベンチ 標準的な試合では、各チームは交代選手を含め14人まで認められる。一度に出場できるのは11人のみ。

合板 木製の板はボールが外に出るのを防ぐので、試合は止まらず、選手に休む間はない。

ペナルティスポット アタッカーはこの場所から得点することが期待される。

90～110m

45～65m

ターゲットエリア バンディのゴールは横3.5m、高さ2.1m、奥行き2m。ゴールラインの中間点は、ペナルティエリアを示す半円の中心。

コーナー 守備側が出したボールを、攻撃側はここからプレーに戻す。

センターライン このラインは、試合の各ハーフの最初のストロークが行われるセンタースポットを通っている。

フリーストロークスポット エリア内で小さなファウルがあった場合、フリーストロークが4カ所の中で一番近い場所で行われる。重大なファウルの場合、ペナルティになる。

ペナルティエリア この半円は、ゴールキーパーがボールを手で扱ってもよいエリア(最大5秒)。かつ、重大なファウルの後にペナルティが与えられるエリア。

バンディでできること

コーナーやフリーストロークなどバンディの多くの要素は、サッカーと密接に関係している。ボールがサイドフェンスを越えた場合、相手チームにストロークインが与えられる。ボールが守備側選手に当たってゴールラインを越えた場合、攻撃側選手はコーナーストロークを行い、ゴールを狙う。コーナーストローク時に、攻撃側はペナルティエリアの外に、守備側はゴールライン上にいなければならない。

バンディでできないこと

バンディ選手がしてはならないのは、ヘディング、手や腕でボールをコントロールすること、頭の高さ以上にスティックを上げてボールをコントロールすること。身体の接触は認められているが、ける、つまずかせる、押す、つかむ、強く打つ行為には、罰則が与えられる。重大なファウルを犯したり、ファウルを繰り返したりした選手は、10分間「シンビン(ペナルティボックス)」に送られることもある。ファウルに対してフリーストロークが与えられるが、それは5秒以内に行わなければならない。

俊足フォワード

優れたバンディ選手は、サッカー選手の俊足ドリブル技術だけでなく、フィールドホッケーやアイスホッケーに似た華麗なシュート、敵のミッドフィールダーをかわす巧みなロビングボールも打てる。フォワードは、常にパスがもらえる位置にいなければならないので、試合中にかなりの距離を走る。

スティックを使わない神業

バンディのゴールキーパーは、スティックを持たず、手で捕ったり身体でブロックしたりする。他の選手が着る服装に加えて、足に保護用パッドを装着する。ボールを捕ったら、5秒以内に投げたりキックしたりしなければならない。攻撃側選手が触れたボールがゴールラインを割った場合、ゴールキーパーがボールを手に持って試合を再開する。他の選手はみなペナルティエリアの外にいなければならない。

裏話

バンディ男子・女子世界選手権は、1957年以降、奇数年に行われてきた(2003年以降、毎年開催)。最初の20年間は、ソ連が圧倒的強さを見せ、11タイトルを獲得。1980年代の終わりのソ連崩壊以降、旧ソ連の一部だったロシアが、ほとんどの大会で本命となり、スウェーデンがその対抗馬となっている。

運営組織

国際バンディ連盟(FIB)は、1955年にストックホルムで創設され、現在もスウェーデンに拠点を置いている。加盟する29の国と地域には、冬のスポーツと縁のなさそうな国、インドも含まれている。

フィールドホッケー

競技の概略

フィールドホッケーは、動きが速く、エキサイティングで激しい競技だ。アイスホッケーがメジャーなスポーツではない国では、単に「ホッケー」と呼ばれることが多い。男子または女子の各チーム11人の2チームが、J字型スティックを使って小さな硬いボールを打ち、押し、パスやドリブルを使い、互いのゴールに入れる。35分ハーフ2回を終えて多く得点したチームが勝ちとなる。足の代わりにスティックを使うサッカー風の試合形式で、ホッケーの人気がサッカーを上回る国もある。

基礎知識

→ フィールドホッケーは、120 カ国以上で行われている。インドとパキスタンでは、クリケットとともに国技。

→ ホッケーのルールは過去 20 年間に大幅に改正された。試合開始は競り合いのブリーから競り合わないセンターパスに変わり、オフサイドは廃止され、選手交代が認められるようになった。

→ ホッケーは概してアマチュアスポーツにとどまっている。富裕国では観客が多くないからだ。

選手の特徴

フィールドの選手は、試合中、グラウンド中を走り回るので、体力とスタミナが必要だが、短距離も走れなければならない。トレーニングでは足をしっかり鍛える運動が欠かせない。また、完璧なタッチ——スティックを通してボールの「感触をつかむ」能力——を身につけるため、練習に励んでいる。

服装
汗がすぐ蒸発する「通気性のよい」素材でできたチームカラーのユニフォームを着る。男子はシャツとショートパンツ、女子はシャツとスカート。

スティック
曲がった形のヘッドはボールを打つ側は平らで、反対側は丸みを帯びている。長さ約95cm。

シンガード
他の選手やボールから守るため、推奨されているが義務ではない。

シューズ
スパイクつきもあるが、普通は突起のあるプラスチックの靴底。

ボール
コルクの芯をプラスチックで覆っている。濡れたピッチの抵抗を減らすため、くぼみが入っている。

トルコの娯楽

「ホラリ（HOLARI）」は、トルコ独特のホッケー形式の競技。ゴールとフィールドは標準的なホッケーと同様だが、ボールの代わりに木筒を使い、競技規則集も制限時間もない。試合開始は夜明け、試合終了は日暮れということだろう。

「ロング」コーナー
守備側選手が自陣のバックラインの外へボールを出した場合、攻撃側は5mラインからフリーヒットで試合を再開する。

アンパイア
アンパイアは2人。それぞれ、コーナーからコーナーまで仮想的な対角線が分割するフィールドの半分を担当。実際は、試合のスピードが速いので、ピッチ全体で密接に連携し協力し合う必要がある。

バックライン
両端にあるピッチのライン。ポストとポストの間の部分はゴールラインと呼ばれる。

ナンバー・トリビア

4 回：1971年のワールドカップ開始以降の1カ国（パキスタン）による最多優勝回数。パキスタンとインドは、1970年代にホッケーをリードした。

60 点：国際大会での通算最多ゴール数。パキスタンのソハイル・アバスが1999年に得点した。

143 点：ドイツ人ディフェンダーのフロリアン・クンツが、1990年代に代表チームでのわずか39試合で得点したゴール数。2001年の世界最優秀ホッケー選手になった。

166 点：攻撃的ミッドフィルダーのアリソン・アナンが、国際大会で得点した記録的なゴール数。オーストラリア代表として228回出場した。

人工芝

その名の通り、フィールドホッケーはもともと天然の芝のフィールド上で行われていた。今日では、トップクラスの試合は散水した人工芝で行われることが多く、そのほうが維持しやすい。天然芝より表面が平らなのでボールが正確に進み、プレーのスピードも上がる。砂のピッチもときどき使われるが、転んだ場合に擦り傷を負いやすい。人工芝のおかげで、悪天候による試合延期が著しく減った。

インドアホッケー

インドアホッケーは、ホッケー愛好家が冬の間にプレーする方法として、1950年代に考案された。スポーツセンターの44m×22mの小さなピッチを使い6人制で行う。フィールドホッケーとほぼ同じだが、ボールを打つというより押すだけで、シュート中を除いてボールは地上になければならない。長いボードがサイドラインに沿って並び、競技中にボールが出ないようにしているため、アウトドアのホッケーより試合の展開が速い。

団体競技

フィールドホッケー

1 ゴールキーパー
半円内のキーパーは身体のあらゆる部分でボールを止め、けることができるが、キャッチしてはならない。

2 フルバック
主な仕事は、相手チームのウィングがサイドを突破しクロスを上げるのを防ぐ。

3 ハーフバック
フィールド中央をコントロールし攻撃を止めようとする。

4 センターハーフバック
ディフェンスの要。相手チームのセンターフォワードをマークする。

5 インサイドフォワード
ボールをフォワードに送って、守備から攻撃に移す。

6 ウィング
フィールドの攻撃側のサイドライン近くにポジションを取る。

7 センターフォワード
ゴール近くにポジションを取る。得点するだけでなく、相手チームのフルバックの前進も止める。

オフィシャル
選手の用具のチェック、選手交代の監視、時間とスコアの記録を行う。

交代選手
標準的な試合では、各チームは5人まで交代選手が認められている。選手交代はいつでも可能。

ペナルティスポット
ゴールライン中央の前方6.4mのところにある。

シューティングサークル
ゴールライン中央を中心とする半径14.63mの半円。

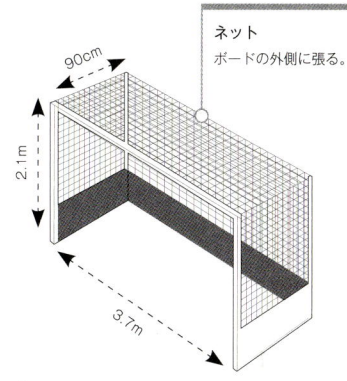

ネット
ボードの外側に張る。

ゴール
ゴールの側面と背面は、高さ46cmの木のボードでできていて、内側が暗い色になっている。ペナルティコーナーのショットが高すぎないか、主審が見たり音を聞いたりするのに役立つ。ゴールネットは、ボールがはね返って出ないようにゆるく張る。

フラッグポスト
各コーナーに1本。高さ1.2〜1.5mでけがを防ぐために簡単に曲がる。

23mライン
バックラインから22.9mのところに引かれた2本のライン（ピッチはもともとヤードで計測した）。

センターライン
試合開始のセンターパスは、ライン中央から行う。

ボール
ボールは硬くスピードが速いので、ゴールキーパーには防具が必要だ。 7.3〜7.7cm

ヘルメット
フェイスガードつきヘルメットは、完全武装のゴールキーパーに義務づけられている。

ボディプロテクター
任意のパッドは腕と上半身を覆う。肩とひじの部分は特に分厚い。

ハンドガード
スティックを持つ手と持たない手を守る。

パッド
ゴールキーパーのパッドは弾力性のある発泡体でできているので、止めたボールを遠くにはね返す。

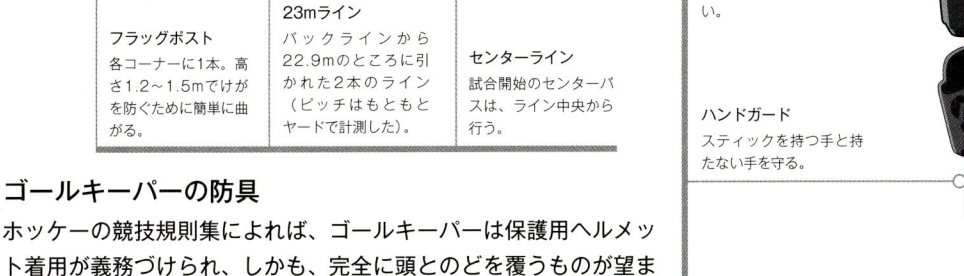

ゴールキーパーの防具

ホッケーの競技規則集によれば、ゴールキーパーは保護用ヘルメット着用が義務づけられ、しかも、完全に頭とのどを覆うものが望ましいとされている。ペナルティストロークの際にヘルメットを外すことは認められている。パッド入りショートパンツ、グローブ、シンガードをはじめ、速球から身を守るために完全防備の選手が多い。

ホッケーのストローク

細いスティックで小さなボールを止めたりコントロールしたりするには、器用さと正確さに優れていなければならない。欠かせない技術は、相手選手に触れずにボールだけを止める完璧なタイミングのタックル、フォアハンドとバックハンドの両方でスティックを使うドリブル、高速スマッシュ。通常のプレーでは、ボールを打って空中に上げてはならない。しかし、スティックを使って、スクープ（ボールを空中にすくい上げること）や長くプッシュして上げることは認められている。空中にあるボールが肩の高さを越えたら、そのボールに対しプレーしてはならない。

プッシュ
ドライブほど強力ではないが、短距離を正確に打つ場合に用いる。このストロークは主に手首でコントロールする。これはシューティングサークルの接近戦で効果的なストローク。攻撃側選手はゴールを守る選手たちの間に正確にボールを押し出す。

ゆるやかなストローク
下の手でスティックを押してボールを動かす。

フリック
主としてボールが静止している状態で使うフリックまたはスクープは、プッシュの最後の瞬間に手首を返してボールを地面から浮かして飛ばすものだ。このストロークは守備側選手をかわすことができるが、ボールが相手選手を危険にさらした場合、ペナルティになる。

上に向ける
手首を返して、打つというよりすくい上げて、ボールを飛ばす。

安全第一
ホッケーはルールが多くよく改正される。大半のルールは試合を安全にすることが目的だが、実に複雑だ。たとえば、ボールを空中へ打つことはできない。ただし、シュートを打っている場合、または、スクープによって上げ、他の選手に危険をおよぼさない場合は除く。同様に、ボールが空中にあるとき、肩より上にスティックを上げてはならない。ただし、シュートを止める場合は除く。選手が高いボールをとらえるとき、相手選手はボールが着地するまで5m離れていなければならない。

ドライブ
地面をかすめる強力なストロークは、パスやシュートでよく使う。思い切り振りかぶって打ち出す。膝は曲げたままで、ボールが地面につくか、すれすれの状態で進むようにする。

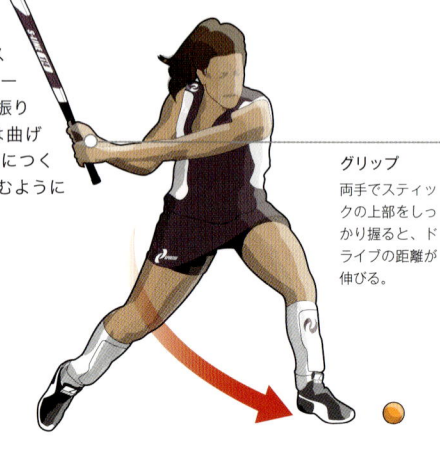

グリップ
両手でスティックの上部をしっかり握ると、ドライブの距離が伸びる。

ドリブル
スティックの先でボールをしっかりコントロールし続けるには、フォアとリバースや切り返しができなければならない。こうして、タックルを狙う選手からスティックで常にボールを守ることができる。

守る構え
選手がフィールドを前進するとき、スティックのヘッドはボールを迫りくる攻撃から守る。

すばやいリバース
スティックのヘッドはボールを左右にはじき、しっかりコントロールする。

ファウル
ファウルの起きた場所によって、フリーヒットかペナルティストローク（＊訳注：日本ホッケー協会のホッケー競技規則ではフリーヒット、ペナルティストロークが使われている）が相手チームに与えられる。ペナルティストロークからゴールが決まることがほとんどなので、ファウルプレーを避けるのが効果的な作戦だ。主な反則には以下のものがある。

- **ハイスティック**：肩を越える高さにスティックを上げる。
- **バックスティック**：スティックの裏の丸い面でボールを扱う。
- **オブストラクション**：相手選手に対して、つまずかせる、強く押す、体当たりする、たたくなどする。
- **キック**：故意にボールをキックする。

カード
アンパイアは、危険なプレーや故意のファウルに対して選手にカードを示す。グリーンカードは、正式な警告。イエローカードを出されたら、選手はシンビン（ペナルティボックス）に5分以上入る。ファウルの繰り返しや重大な反則には、レッドカードが出され、選手は退場になる。

ペナルティ
ペナルティストロークやペナルティコーナーは、得点に結びつくことが多い。ペナルティコーナーが与えられるのは、守備側選手が故意にボールをバックラインの外へ出した場合、23mラインとサークルの間でファウルが起きた場合、サークル内で意図的ではないファウルが起きた場合。

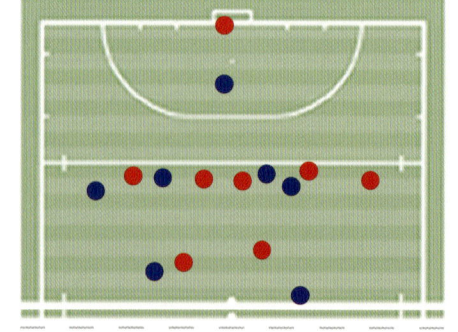

ペナルティストローク
サークル内での守備側選手による故意のファウル、または、ゴールを妨害するあらゆるファウルに対して与えられる。ペナルティストロークを行う選手は、ペナルティスポットからボールを打つ。相手チームのゴールキーパーだけは守ってもよいが、それ以外の選手はみな23mラインの後ろに立たなければならない。

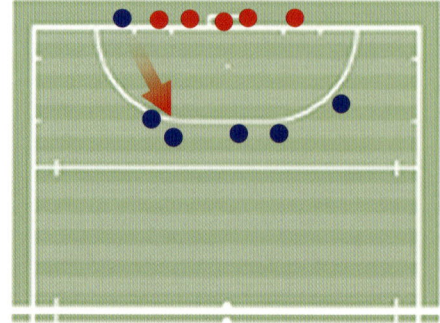

ペナルティコーナー
このストロークはゴールラインから行う。ペナルティコーナーを行う選手から、シューティングサークルの端にいる味方へ、できるだけ速くボールを送る。その選手はトラップするかパスを回すかして、前進してくるディフェンスがブロックする前に力強くシュートを打つ。

裏話

ホッケーに似た競技は、4000年ほど前にエジプトで行われており、古代ローマ人とギリシア人、アステカ族も行っていた。現代のホッケーは、18世紀半ばのイギリスの学校で進化し、1908年にオリンピック種目になった（女子は1980年）。1980年代まではインドとパキスタンの代表チームが上位を独占したが、それ以降は、オーストラリア、ドイツ、オランダが強豪国であり続けている。

運営組織

国際ホッケー連盟（FIH）は、ホッケーの発展を監視するため、1924年に創設された。5大陸の127の団体が加盟している。スイスのローザンヌを拠点とし、ホッケーワールドカップ、女子ホッケーワールドカップを主催。競技規則の制定を担う。

タックル
相手選手と接触するタックルをしかけたり、自分の身体でボールをさえぎったりしてはならない。同様に、ボールを持った選手は身体を使って相手選手を押しのけることはできない。

ブロックタックル
よく使われるタックルの1つ。守備側選手はスティックを下ろし、攻撃側選手の前進を阻止する。うまいタックルでは、ぎりぎり最後の瞬間にスティックを下ろす。

振らない
スティックを振ることが目的ではなく、地面すれすれに保つ。

交差したスティック
タックラーは、ボールを打つ前に相手選手のスティックや身体を打つ危険がある。

守備側選手
ボールに向かって攻撃側選手の前に飛び出す。

リバースサイドタックル
守備側選手は、スティックをリバースにして攻撃側選手の逆側から現れる。逆側からのタックルでは、スティックが相手選手の身体と交差することになるのでファウルになるリスクがある。

データ集

ホッケーワールドカップ・男子

年	優勝国	準優勝国	得点
2010	オーストラリア	ドイツ	2-1
2006	ドイツ	オーストラリア	4-3
2002	ドイツ	オーストラリア	2-1
1998	オランダ	スペイン	3-2
1994	パキスタン	オランダ	1-1 (PS戦 4-3)
1990	オランダ	パキスタン	3-1
1986	オーストラリア	イングランド	2-1

オープンサイドタックル
オープンサイドから近づくディフェンスは簡単だ。スティックを「通常の」状態で使えばよい。

近づける状態
タックラーは、ボールを獲得する可能性が高い。

コントロールを失う
攻撃側選手はボールから引き離される。

フロアボール

競技の概略
フロアボール（別名フロアホッケー）は、スケート靴をはかないアイスホッケーを連想させる。展開の速い試合は、屋内体育館のフロアで6人制の2チームで行われる。重いパックの代わりに軽いプラスチック製ボールを使い、ボディチェッキングは認められない。そのため、氷上で行う同類のアイスホッケーと比較して、身体能力はあまり必要ではなく技術が重視される。

基礎知識
- フロアボールは、1970年代に北欧で発展した。強豪国は、フィンランド、スウェーデン、スイス、チェコ共和国。
- 2008年にIOCによって公認され、将来オリンピック種目になることが期待されている。

試合のルール
試合は1ピリオド20分の3ピリオド制。同点の場合は延長やPS戦がある。一度にリンクに立てるのはフィールドの選手5人とゴールキーパー1人だが、登録選手は20人まで認められる。選手交代はプレーを止めずに行う。

軽くて速い
フィールドの選手は、曲がったプラスチック製ブレードがついた軽量のスティックを使って、重さわずか23gのボールを打つ。熟練した選手は、190km/hのボールを飛ばす。ゴールキーパーは、スティックを持たない。

軽量のスティック
重さ350g以下であること。

フロアボール
プラスチック製ボールには26個の穴があり、空気抵抗を減らすため全体にくぼみがある。

団体競技

フィールドホッケー／フロアボール

ラクロス

競技の概略

ラクロスは、スピードが速く激しい競技だ。1チーム男子10人（女子12人）の2チームが、硬いボールを奪い合い、相手チームのゴールに入れる。クロス（ネットポケットつきスティック）を使って、キャッチ、ドリブル、タックル、キャリー、スクープ、スローを行う。ラクロスでは、遠く離れたところにボールをパスする技術と力が同時に発揮される。また、クロスを使って、相手選手のクロスやボディチェックもする。

選手の特徴
ラクロスの選手は、タフで万能だ。高速で飛んでくる小さなボールをキャッチする手と目の協調に優れ、中距離走者のスタミナを備え、ラグビー選手のような身体回復力を持つ。

競技エリア
ラクロスは、天然芝または人工芝の上で行う。女子は男子より選手が2人多いため、ピッチも大きい。

1 ゴールキーパー
ゴールクリース（サークル）内か周辺に立ち、相手チームのシュートを止める。

2 ディフェンダー
ディフェンダー3人がゴール前の最後尾から2番目の守備ラインを形成。

3 ミッドフィールダー
ミッドフィールダー3人は攻守の切り替えをする。ピッチを上下し必要に応じてサポートする。

4 アタッカー
ゴールを決めることが仕事。相手チームのゴールクリースに入ることはできないが、クロスは入れてもよい。

試合時間
選手の年齢や性別により試合時間が異なる。試合は4クォーター、または2ハーフ。

エンドライン
このラインとサイドラインから5.5m以上外にリミットラインがある。

オフィシャル
タイムキーパー1人、ペナルティタイムキーパー2人、選手のベンチ係1人、得点記録係1人。

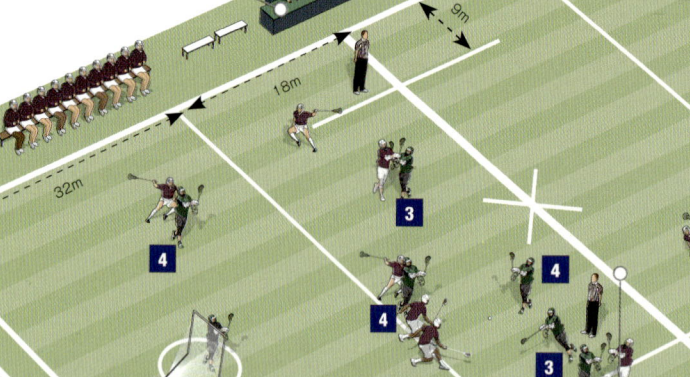

装備

ヘルメット
男子はフェイスマスクとチンパッドのついたヘルメットを着用する。全選手はマウスガードをはめる。

ショルダーガード
ゴールキーパー以外の全選手にショルダーガード着用が義務づけられている。

グローブ
全選手は保護用グローブをはめなければならない。

アームパッド
ボディチェッキング時に保護するため、男子はアームパッドを着用する。

ボディアーマー
肋骨プロテクターを着用する選手が多い。ゴールキーパーはのどと胸のプロテクターも身につける。

安定した足元
グリップ力を高めるために、スパイクやクリートがついた靴底のサッカーシューズやラグビーシューズをはく。

基礎知識

→ ラクロスは、発祥の地の北米で最も人気が高い。カナダでは公式な夏の競技。アメリカでは人気急上昇の競技だ。

→ 1980年代に考案されたインタークロスは、人気の高い非接触版ラクロス。男女混合チームがプレーする。

ゴールクリース
ゴールの素材は木またはプラスチックで、ネットは常にピラミッド型。ゴール周辺には、クリースと呼ばれる直径5.5mのサークルがある。

センターライン
ゴールキーパーを含む選手4人はピッチの守備側、選手3人は攻撃側にポジションを取り、センターラインを越えてはならない。

ウィングエリア
サイドラインから9mのところにあるこのラインは、ハーフウェイラインの近くにしか引かれていないが、ピッチの全長にわたる。

団体競技

163

ラクロス

適度に縮小
ピッチのサイズと選手の人数に反比例して、ラクロス人気が高まっている。その原型となったのは「バガタウェイ (baggataway)」と呼ばれるイロコイ族などの戦士が行っていた競技。

クロスの長短
クロスのサイズは2つ。各チームの少なくとも半分（通常はミッドフィールダーとアタッカー）は、扱いやすい短いクロスを使う。5人だけ（通常はディフェンダー、ゴールキーパーは必ず）は、長いクロスを使う。

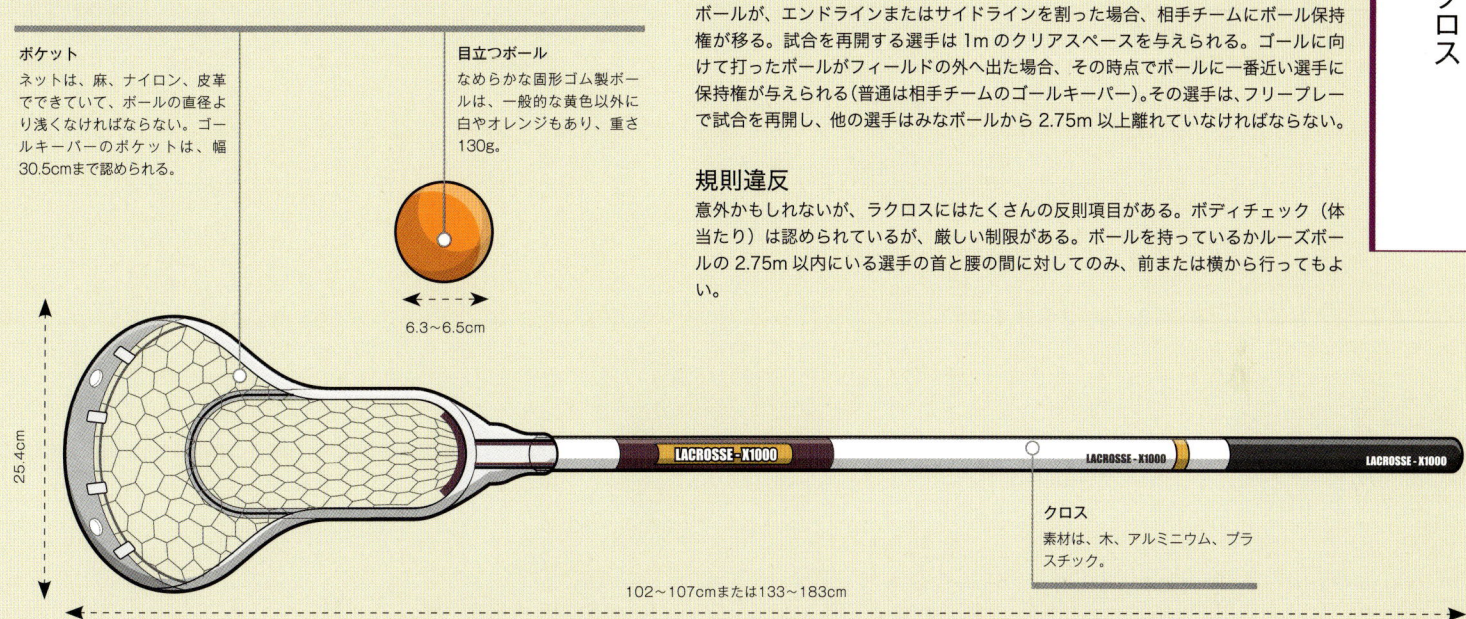

ポケット
ネットは、麻、ナイロン、皮革でできていて、ボールの直径より浅くなければならない。ゴールキーパーのポケットは、幅30.5cmまで認められる。

目立つボール
なめらかな固形ゴム製ボールは、一般的な黄色以外に白やオレンジもあり、重さ130g。

6.3〜6.5cm

25.4cm

LACROSSE-X1000

クロス
素材は、木、アルミニウム、プラスチック。

102〜107cmまたは133〜183cm

お決まりの乱闘
ラクロスは、あらゆる球技の中で最速の競技の1つ。プレーは2回投げるだけで端から端まで移動し、選手たちはボールから離れたところでぶつかり合う。試合は乱闘状態になることがあるので、試合をコントロールするには、主審、アンパイア、フィールドジャッジの審判3人が必要だ。3人は同じ仕事をするが、判定が異なった場合、主審の判断が優先される。

フェイスオフ
男子の試合は、フェイスオフで始まる。各チームから選手が1人ずつ出てセンターライン中央でボールの両側に低くしゃがむ。主審が「アー・ユー・レディ？ プレー（用意、始め）」とコールし、ホイッスルを吹いたら、両選手はボールをすくい上げパスを開始する。そこからプレーが続き、アウトオブバウンズや反則の場合は中断する。

アウトオブバウンズ
ボールが、エンドラインまたはサイドラインを割った場合、相手チームにボール保持権が移る。試合を再開する選手は1mのクリアスペースを与えられる。ゴールに向けて打ったボールがフィールドの外へ出た場合、その時点でボールに一番近い選手に保持権が与えられる（普通は相手チームのゴールキーパー）。その選手は、フリープレーで試合を再開し、他の選手はみなボールから2.75m以上離れていなければならない。

規則違反
意外かもしれないが、ラクロスにはたくさんの反則項目がある。ボディチェック（体当たり）は認められているが、厳しい制限がある。ボールを持っているかルーズボールの2.75m以内にいる選手の首と腰の間に対してのみ、前または横から行ってもよい。

コントロールする
ボールを地面からすくい上げる技術は習得するのがたいへんだが、クロスのポケットで空中のボールを捕ることほど難しくない。もう1つの重要な技術は、ディストリビューション。つまり、スペースに走り込む味方に長距離のボールを飛ばす能力だ。

ボールをパスする
ボールを持つ選手は、クロスのヘッドを後ろに傾け、てこの原理で前に振ってボールを放つ。

ボールをポケットに入れる
受ける側のクロスのポケットは、投げる側に向かい合っていなければならない。スティックを少し後ろへ引くと、ボールの衝撃を和らげリバウンドを防ぐ。

クロスのメッセージ
クロスチェックは、ボールを持つ選手のポケットからボールを取り出すのに使う方法。ディフェンダーはアタッカーのクロスをたたこうとするが、相手選手がボールさばきに長け身体を盾にした場合、うまくいかないこともある。

女子ラクロス
女子と男子の試合には違いがある。女子はピッチが大きく、各チーム選手が2人多い。女子選手は全員、男子のクロスより浅いポケットのついた短いクロスを使う。防具も少ない。女子は相手選手へのボディチェックもボールのキックもできない。シュートするには、女子はゴールまでのシュートコースがはっきり見えなければならないが、男子は選手の間をぬってシュートできる。

裏話
1967年第1回世界ラクロス選手権は、オーストラリア、カナダ、イングランド、アメリカしか出場しなかった。それ以降、日本、韓国、イタリア、フィンランド、デンマーク、アルゼンチン、香港、トンガに普及した。2006年大会では21の国と地域が参加し、決勝でカナダがアメリカを破った。カナダで最も人気の高い形式は、ボックスラクロス（ボックスラ）。屋内で行うこの競技は、1930年代にアイスホッケーのリンクのオーナーが、オフシーズンにリンクを活用するために考案した。屋外のラクロスに似ているが、1チーム6人しかいない。攻撃側選手はボールを30秒以内にシュートしなければならないので、ラクロスより試合展開が速い。

ナンバー・トリビア

9 チーム：ナショナル・ラクロス・リーグ（インドア）のチーム数。アメリカは6チーム、カナダは3チーム。

8 カ国：チェコ共和国のプラハで開催された2011年世界インドアラクロス選手権の参加国（地域）数。参加したのは、オーストラリア、カナダ、イングランド、チェコ共和国、アイルランド、スロヴァキア、アメリカ、カナダ拠点のイロコイ・ナショナルズ（*訳注：ネイティブアメリカンの部族チーム。国際ラクロス連盟は「国」としての参加を認めている）。

基礎知識

→ 世界中で8億人以上が週1回以上バレーボールをするので、世界一人気のある競技だといえる。

→ 東欧や南欧、アジア、北米で特に人気が高い。

→ 1895年に考案され、1964年にオリンピック種目になった。

ナンバー・トリビア

8 秒：サーバーがサーブを打つまでに認められる最長の秒数。それを越えると相手チームのボールになる。

3 回：バレーボール女子キューバ代表チームによるオリンピック連覇の数。1992年バルセロナ、1996年アトランタ、2000年シドニーで優勝した。

0.3 秒：トップクラスの選手が194km/hの速さでサーブしたとき、ボールが相手のエンドラインに到達するのにかかる秒数。

1,100,000,000 人：国際バレーボール連盟（ＦＩＶＢ）のデータで、2006年にバレーボールの試合を1回以上見た人の数。世界の6人に1人に相当する。

バレーボール

競技の概略

バレーボールは、各チーム6人の2チームで行うエネルギッシュな競技だ。ボールをネット越しに打ち、相手チームが返球できずボールが下に落ちると得点が入る。後衛の選手は、コートのあちこちで飛び込んでボールの下に手を入れ、味方のアタッカーのほうへボールを上げる。アタッカーは高く跳び上がり、ネット越しにボールを打つ。トップレベルの試合では、チームは男女別だが、レクリエーションでは、年齢や能力を問わない混合チームでも行われる。

選手の特徴
バレーボールは、最初の100年間でリラクゼーションのための優雅な競技から、高い有酸素能力を要するエネルギッシュな競技へと進化した。練習は、心臓血管系運動（短距離走、長距離走、スキップ）が中心だが、ジャンプも重要だ。また、ダンベルを使って、腕の筋肉を鍛える。

ヘッドウェア
髪が落ちたり汗が垂れたりしないように、ヘッドバンドなどを身につける。

コートでの服装
軽いコットン製のシャツなどを着用する。チームカラーで前後に番号が入ったものが多い。

保護用のニーパッド
ディグ（ボールが地面につく前に飛び込んで拾うこと）による擦り傷を防ぐために着用することが多い。

シューズをはくか、はかないか
普通は平らな靴底のシューズをはくが、許可を得て素足でプレーしてもよい。

ローテーション
通常、得点するたびに選手が時計回りに移動するので、全員がサーブし、交代ですべてのポジションにつく。しかし、守備専門の「リベロ」を置くチームもある。この選手は常にバックゾーンにとどまりサーブをすることが認められない。

コート

競技エリアはたいてい木製か合成素材製だが、飛び込む選手がけがする危険性がないならどのような素材のコートでも試合ができる。屋内コートは平坦でなければならないが、屋外コートは排水のため傾斜していてもよい。

コートのラインは、プレー開始時に選手が立つ場所を示す。後衛3人はバックゾーン（サーバーを含む。エンドラインの外のどこからでもサーブできる）、前衛3人はネットに近いフロントゾーンに立つ。ネットを張る支柱は、サイドライン両側から90cmの場所に設置し、選手を守るためにパッドで覆うこともある。

ラリー

プレーが開始されたら、各チームは3打以内に相手側へネット越しに返球しなければならない。ボールをキャッチしたり持って走ったりしないかぎり、身体のどの部分でも打つことができる。実際には、平手、手首、こぶしを使う。ラリーに勝ったチームは点を獲得し、サーブ権がなかった場合、その権利も獲得する。試合は5セット中、多くセットを獲得したほうが勝ちとなる。最初の4セットは、先に25ポイント獲得したほうが勝ち。第5セットは、先に15ポイント獲得したほうが勝ち。得点が24-24または14-14の同点になった場合、勝つためには2ポイント差にしなければならない。

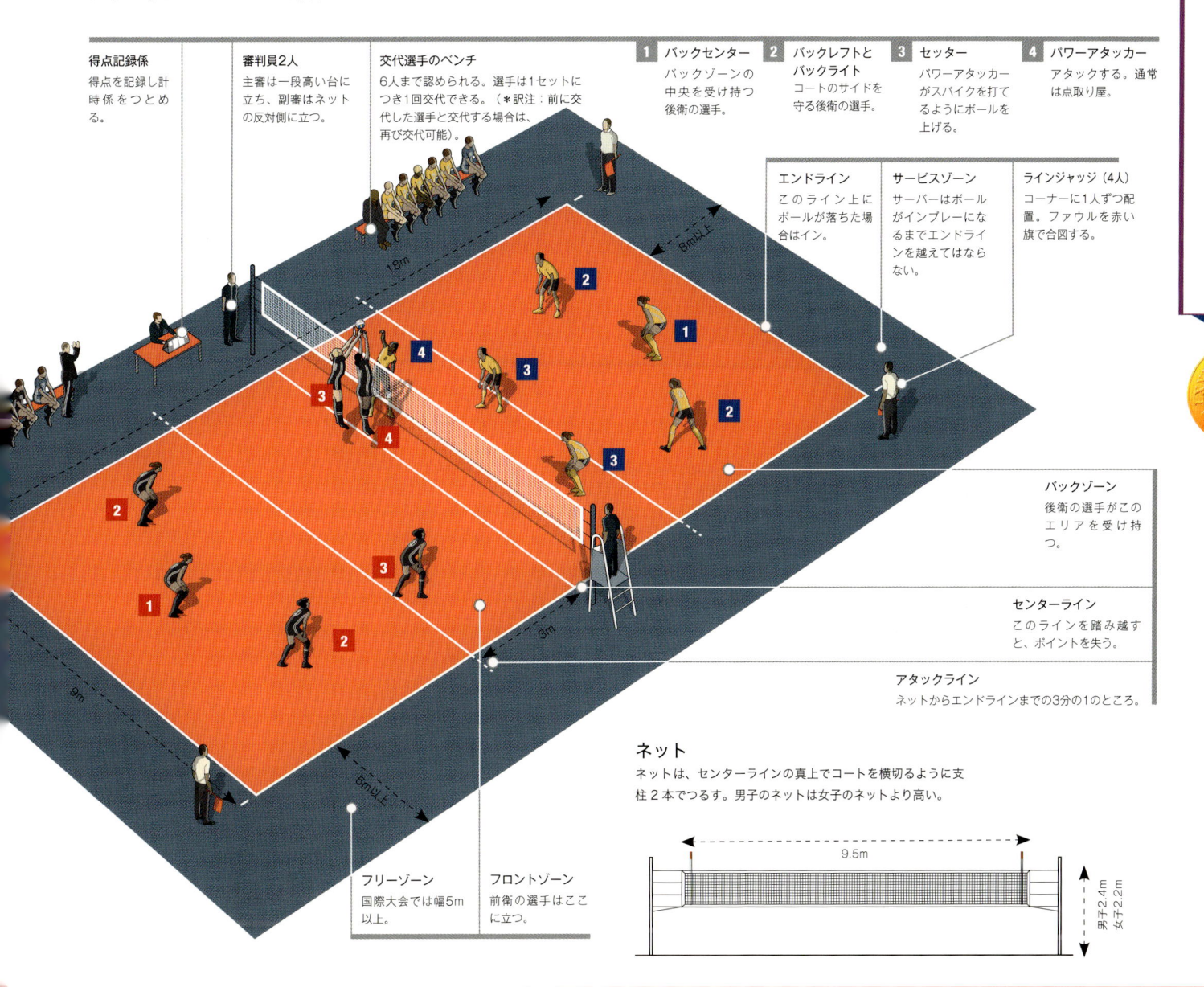

団体競技

バレーボール

得点記録係
得点を記録し計時係をつとめる。

審判員2人
主審は一段高い台に立ち、副審はネットの反対側に立つ。

交代選手のベンチ
6人まで認められる。選手は1セットにつき1回交代できる。（*訳注：前に交代した選手と交代する場合は、再び交代可能）。

1 バックセンター
バックゾーンの中央を受け持つ後衛の選手。

2 バックレフトとバックライト
コートのサイドを守る後衛の選手。

3 セッター
パワーアタッカーがスパイクを打てるようにボールを上げる。

4 パワーアタッカー
アタックする。通常は点取り屋。

エンドライン
このライン上にボールが落ちた場合はイン。

サービスゾーン
サーバーはボールがインプレーになるまでエンドラインを越えてはならない。

ラインジャッジ（4人）
コーナーに1人ずつ配置。ファウルを赤い旗で合図する。

バックゾーン
後衛の選手がこのエリアを受け持つ。

センターライン
このラインを踏み越すと、ポイントを失う。

アタックライン
ネットからエンドラインまでの3分の1のところ。

フリーゾーン
国際大会では幅5m以上。

フロントゾーン
前衛の選手はここに立つ。

ネット

ネットは、センターラインの真上でコートを横切るように支柱2本でつるす。男子のネットは女子のネットより高い。

9.5m / 男子2.4m 女子2.2m

ボール

「弾力性」があるように軟らかめに空気を入れる。そうすると、手を使ってプレーしても痛くならない。

ふくらませたときの重量
試合のボールは260〜280gが妥当。

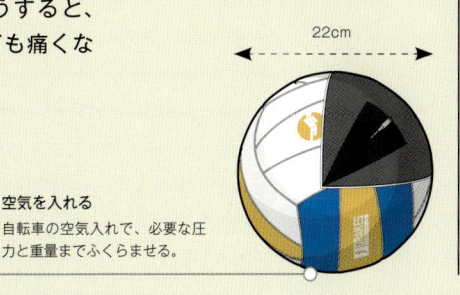

22cm

空気を入れる
自転車の空気入れで、必要な圧力と重量までふくらませる。

涼しくてまぶしくない

試合に必要な気温と照度について明確な規定があるのは、本書の中でバレーボールだけ。気温が10度未満になった場合、試合は開始も継続もされない。世界選手権では、気温は16度以上25度以下。コートの照度は1000ルクスから1500ルクスの範囲内とされる。これは曇りの日の約5分の1に相当するので、選手は目がくらまない。

基本技術

優秀なバレーボール選手は、サーブ、パス、トス、アタック（スパイクまたはドロップショット）、ブロック、ディグ（スパイクレシーブ）の6つの基本技術をマスターする。

腰のひねり
打たないほうの手と足は、打つほうの手より前に出し、振り切れるようにする。

サーブ
サーブはアンダーハンドかオーバーハンド（一般的）のいずれかで打つ。ジャンプサーブも認められている。相手側のコートに届いたサーブは、ネットに触れた場合もすべて有効。

振り上げる
アタッカーは一番高く跳び上がったところでボールを打ち、腕を270度振り抜く。

アタック（スパイク）
この見ごたえのあるスパイクでは、ネットより上にジャンプし、相手側のコートの地面をめがけて激しくボールを打つ。

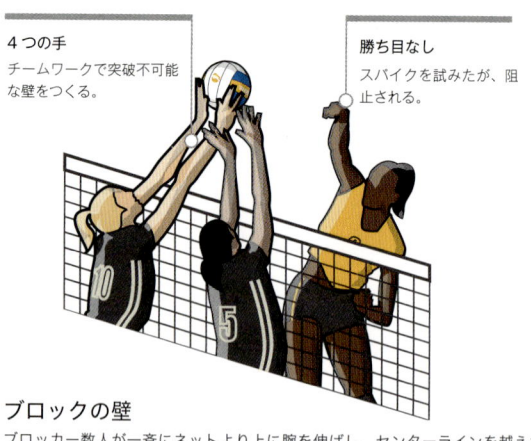

4つの手
チームワークで突破不可能な壁をつくる。

勝ち目なし
スパイクを試みたが、阻止される。

ブロックの壁
ブロッカー数人が一斉にネットより上に腕を伸ばし、センターラインを越えたボールを即座にはね返し、攻撃の芽を摘む。

開いた手のひら
ボールに触れる瞬間にこの位置から手首を返し、ショットの角度を変えることができる。

ドロップショット
アタックゾーンの選手が、力より戦術を用いて打つ。ゆるやかにネットを越えるボールを相手側のコートの空いたスペースに入れる。

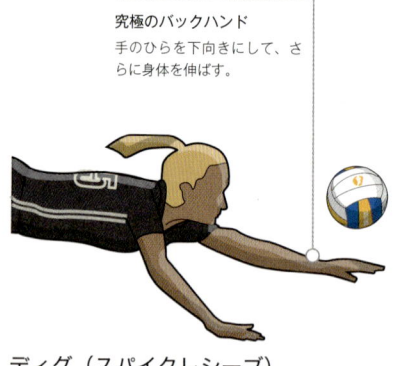

究極のバックハンド
手のひらを下向きにして、さらに身体を伸ばす。

ディグ（スパイクレシーブ）
飛び込むか身体を低く下げて、ボールが地面につく前に拾い、味方がプレーできる十分な高さに上げる。

裏話

バレーボールは、1895年に考案されたが、もとの名はミントネット（mintonette）。記録に残る最初の試合は、1896年にアメリカ・マサチューセッツ州のスプリングフィールドカレッジで行われた。20世紀初めに北米からその人気が広まり、1949年にプラハで第1回バレーボール世界選手権が開催された。1964年にはオリンピック正式種目に採用されたが、アメリカのスポーツの公開競技として最初に行われたのは、1924年パリ大会。

最大の組織

FIVBは、この競技の運営組織として1947年に創設された。220団体が加盟する世界最大の国際的なスポーツ連盟。

競技の概略

標準的なバレーボールとよく似ているが、この競技は、やや小さな砂のコートで1チームわずか2人の選手で行われる。1960年代からプロの試合が行われ、1996年からはオリンピック種目になっている。

基礎知識

- もともとは、カリフォルニア州サンタモニカの海辺で行われたバレーボールの簡略版。
- アメリカ、ブラジル、オーストラリアは、トップレベルでの強豪国。
- 選手はコートでショートパンツか水着を着る。

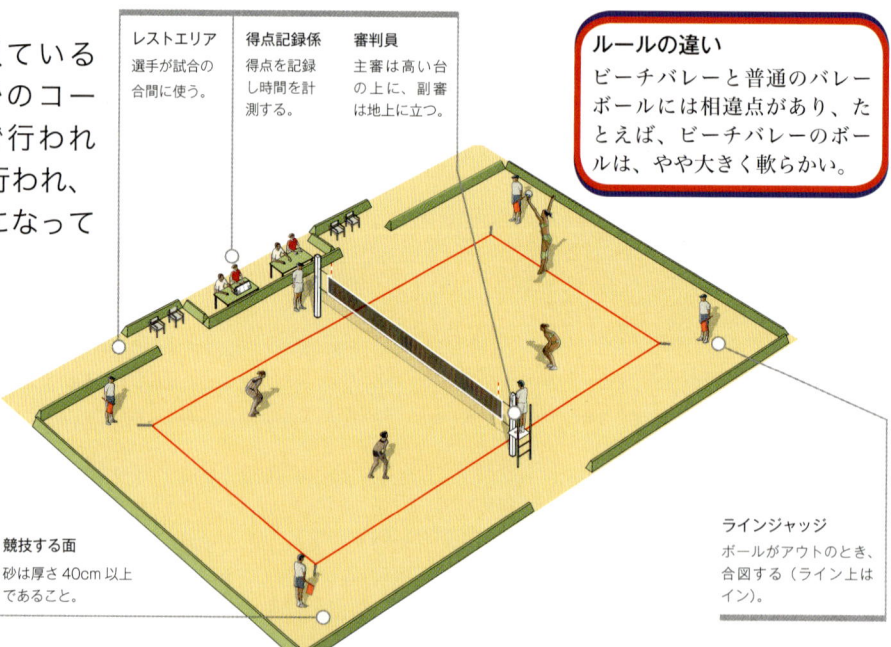

レストエリア
選手が試合の合間に使う。

得点記録係
得点を記録し時間を計測する。

審判員
主審は高い台の上に、副審は地上に立つ。

ルールの違い
ビーチバレーと普通のバレーボールには相違点があり、たとえば、ビーチバレーのボールは、やや大きく軟らかい。

競技する面
砂は厚さ40cm以上であること。

ラインジャッジ
ボールがアウトのとき、合図する（ライン上はイン）。

ビーチバレー

フットバレー

競技の概略

フットバレーは、1960年代にブラジルの海辺で行うカジュアルなスポーツとして始まった。現代の競技では、ビーチバレーのルールとサッカーの技術を混ぜ合わせている。ボールを扱うのは、手と腕を除き身体のどの部分でもよい。選手2人のチーム対抗で、交互に3回ボールに触ることができ、ネット越しに返球する。

フットボール
標準のボールはサッカーボールの5号球。

オーバーヘッドキック
両足を地面から離したシュートが入れば、2ポイント。

安全な着地
安全上、コートは深い砂で覆われている。

基礎知識

→ ネットは、高さ2.1mに設置する。ビーチバレーより低い。

→ ロナウドやロナウジーニョなど一流のサッカー選手は、ブラジルのフットバレー公開試合で定期的にプレーする。

頭からつま先まで
ボールをけって相手チームのコートに落とすと1点になる。片方の選手が胸の上でボールをコントロールしてパートナーにトスを上げた後、もう片方の選手が鋭いヘディングで返球することが多い。2点に相当する「スーパーポイント」は、両足を地面から離した状態で、足でシュートして得点した場合。

世界的な人気
フットバレーはビーチバレーよりラリーが続きやすく、その人気は広まりつつある。2008年にプロフットバレーツアーが始まり、多くの観客を集めている。伝説的なブラジル人サッカー選手のロマーリオも、それに参加する大スターの1人。

セパタクロー

競技の概略

「キックバレーボール」ともいうセパタクローは、足、膝、肩、頭など手以外の身体のあらゆる部分を使って高いネット越しにボールを飛ばす華麗な3人制競技だ。相手側のコートにボールを落とせば、ポイントが入る。この競技は、サッカー技術と体操を組み合わせている。

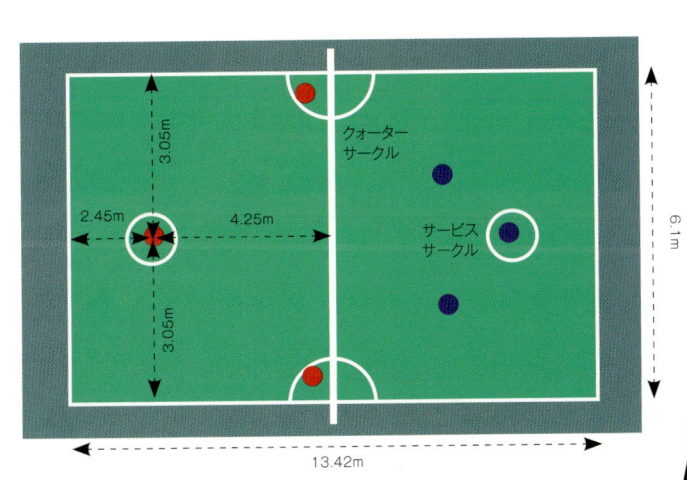

基礎知識

→ マレーシアとタイが発祥の地。セパはマレー語で「キック」、タクローはタイ語で「編んだボール」の意。

→ 1セット15点で3セット取ったほうが勝ちとなる。セットごとに異なる選手3人がプレーする。

試合の進め方
サーバーがサービスサークルに立ち、味方がクォーターサークルに立って、試合が開始する。相手側は、選手1人は片足をサービスサークル内に置かなければならないが、それ以外の選手はどこに立っていてもよい。クォーターサークルの選手がボールをサーバーにトスし、サーバーはネット越しに打つ。バレーボールと同じく、各チームは3打以内に敵陣へ返球しなければならない。

石のように硬い手編みのボール
伝統的に手編みの硬球で、膝製または硬質プラスチック製。重さは約250g。

コート
試合は、バドミントンのダブルスのコートを使用して行うことが多く、サービス時の選手の位置を示す円2つと半円2つの印をつける。ネットは、上端が男子1.54m、女子1.45mになるように設置する。

足と膝のバンデージ
床にぶつけてしまったときに擦り傷を防ぐ。

シューズ
運動靴か、なめらかな靴底のもの。

快適な服装
ゆったりとしたショートパンツとコットン製またはナイロン製（あまり望ましくない）のシャツまたはブラウス。チームカラーのものが多い。

団体競技

167

フットバレー／セパタクロー／バレーボール／ビーチバレー

競技の概略

ネットボールはもともと女子用バスケットボールとして考案されたが、すぐに独立した競技になり、今日では世界中で何百万人もの熱心な競技者が楽しんでいる。1チーム7人の2チームが、長方形のコートでプレーする。ゴールサークル内からネットを張ったリングにボールをシュートし、相手チームより多く得点することが目的だ。ボールを持って走ることもドリブルすることもできず、所定のゾーンから出てはならない（プレーするポジションによって異なる）。つまり、正確で、ときには稲妻のようにすばやいパス、統制のとれたチームワークがきわめて重要である。

ネットボール

ナンバー・トリビア

20,000,000 人：世界中の推定競技人口。イギリスではどのスポーツより競技人口が多い。

1 点：1963年と1999年世界選手権決勝で勝ったオーストラリアの得点差。両方ともニュージーランド戦だった。

丈夫なボール
ネットボールは屋内・屋外いずれでもできるので、耐水性の丈夫なボールを使用する。試合では、標準のネットボールかサッカーボールの5号球を使用する。

シュート
各チーム選手2人（ゴールシューターとゴールアタック）だけがシュートしてもよい。シュート力を完璧にするには、優れたテクニックと多くの練習が必要だ。

選手の識別
選手はポジションを識別するゼッケンか布片を身につけなければならない。たとえば、「GA」はゴールアタック。これをつけているので、アンパイアは選手が所定のプレーゾーン内にいることを確認できる。

強力なディフェンス
ボールを持った選手から足元の距離で90cm以上距離をとらなければならないが、ディフェンダーは高い位置まで腕を伸ばして、シュートを打ちにくくする。

服装
現在、トップレベルの選手は、軽い耐摩耗性の合成繊維スパンデックス製のボディスーツを着る。

パワフルな足
ネットボール選手は、特にボールを守ったりキャッチしたりするとき、力強くジャンプできなければならない。また、すばやい踏み切りと加速も必要だ。よって、足の筋肉がよく発達している。

基礎知識

→ 直接バスケットボールから発展。最初は「女子バスケットボール」と呼ばれた。

→ コートに立てる選手は各チーム7人だけだが、さらに交代選手5人も認められている。

→ ネットボール世界選手権は4年に1度の開催。2011年大会には16チームが参加した。

→ 伝統的に女子の競技だが、男女混合と男子のリーグもある。

選手の特徴
ネットボール選手は、動きが速く、敏しょう性があり、持久力が高い。必ずしも背が高いわけではないが、特にゴールでの攻撃や守備にかかわる選手は背が高いと有利になる。自信に満ちたフットワーク、鋭い反射神経、安定したバランス感覚、優れたチームプレーもまた重要だ。

けがの危険
膝と足首のけがはよく起こる。ネットボールには、急な停止、スタート、方向転換が求められるからだ。しっかりウォーミングアップすれば、けがのリスクが減る。

1 ゴールシューター GS	2 ゴールアタック GA	3 ウィングアタック WA	4 センター C	5 ウィングディフェンス WD	6 ゴールディフェンス GD	7 ゴールキーパー GK
チームの得点源。正確なシュートを打つ。青チームのゴールシューター（下図）の動ける範囲はエリアAとB。	チームの2番目の得点源。ゴールシューターのアシストもする。青チームのゴールアタックは、エリアA、B、Cでプレーする。	正確なパスでチームのシューターにボールを送る。青チームのウィングアタックの動ける範囲はエリアBとC。	チームの主力選手。攻守の切り替えをする。青チームのセンターは、エリアAとE以外のどこにいてもよい。	相手チームのウィングの攻撃をマークし、ゴールサークルへのパスをインターセプトする。青チームのウィングディフェンスの動ける範囲はエリアCとD。	ゴールアタックをマークし、相手チームの得点チャンスを奪う。青チームのゴールディフェンスは、エリアC、D、Eでプレーする。	ディフェンスの最後のとりで。ゴールシューターをマークし、ゴールを守る。青チームのゴールキーパーは、エリアDとEでプレーする。

団体競技

ネットボール

コート
ネットボールのコートは、3つのサードと5つのエリアに分割され、各選手がいてもよい場所といてはならない場所がある。コート両端には、半円のゴールサークルとゴールポスト、リング、ネットがある。センターサークル中央は、プレーを開始する場所。木のフローリングが理想的な面だが、芝生やアスファルトも一般的だ。

ゴールライン
コートの両端。ゴールポストはライン中央に立っている。

ゴールサークル
半径4.9mの半円のゴールサークルからのみ、シュートを打ってもよい。

センターサークル
この直径90cmのサークルからのパスによって、試合が始まり、ゴールや中断の後にプレーが再開する。

トランスバースライン
センターサード（3分割した中央のエリア）1つとゴールサード（3分割した両側のエリア）2つにコートを3分割するラインは、トランスバースラインと呼ばれる。

コートの白線
コート上のラインはすべて競技エリアの一部と見なされ、幅5cmとされる。

試合の進め方
プレーはセンターサークルからのパスで始まる。ボールを持つチームは、ゴールサークルへボールをパスし、ゴールシューターかゴールアタックがシュートする。得点が入るごとに、プレーはセンターパスで再開される。試合は1クォーター15分の4クォーター制。チーム構成は選手12人だが、一度にコートに立てるのは7人だけだ。選手交代は、クォーターとクォーターの間またはインジュリータイム（けがの手当てなどに要した分の延長時間）に認められる。

試合を取り仕切る
アンパイア2人が、ネットボールのルール違反を判定する。重い反則は、コンタクト（相手選手のプレーを妨げるような接触をしてはならない）、オブストラクション（ボールを持つ選手と足元の距離で90cm以上の距離を取らなければならない）など。軽い反則には、ヘルドボール（ボールを持った選手は3秒以内にパスかシュートしなければならない）、オフサイド（自分のプレーゾーンの外に出てはならない）、ステッピング（ボールを持った選手はボールをパスするまで、最初に着地した足を踏み直してはならない）など。軽い反則では、反則されたチームにフリーパスが与えられるが、シュートはできない。重い反則はペナルティパスかペナルティシュートになり、その間、反則した選手はプレーに参加しない。さらに、ゴールサークルでペナルティが起きた場合、ゴールシューターかゴールアタックがシュートしてもよい。

静止して立つ
アンパイアがホイッスルを吹きボールを上げるまで、選手たちは両腕を脇に置いて静止する。

アンパイアの仕事
アンパイアは、背の低いほうの選手の肩のすぐ下の高さからボールを投げる。

フェイスオフ
選手たちは、それぞれゴールエンドを向いていなければならない。

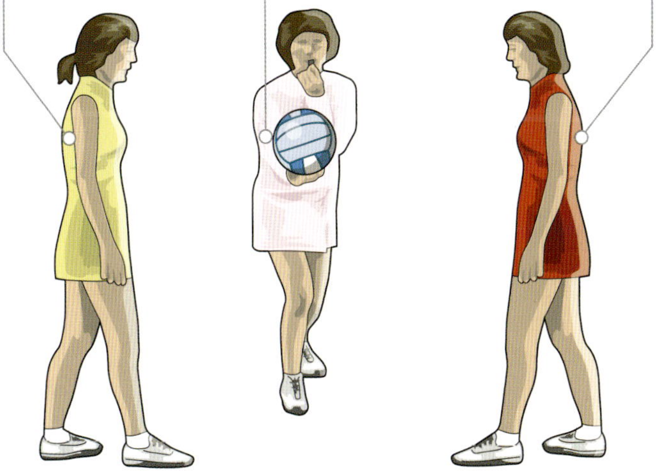

トスアップ
2つの反則が同時に起きた場合、または、アンパイアがどちらのチームが最後にボールに触れてアウトになったのかわからない場合、トスアップになる。選手2人が向かい合い、間に立つアンパイアがボールを空中へ投げると、選手たちは競い合ってボールをとろうとする。

169

ネットボール技術

ネットボールは、動きが速い競技なので、選手は瞬時に判断し、さまざまなテクニックを正確に駆使しなければならない。全員に効果的なキャッチとパスの能力が求められ、ゴールシューターやゴールアタックはシュート技術をマスターする必要がある。試合全体を通して、選手たちはみな確実でしっかりしたフットワークを常に活用している。

際立ったオセアニア諸国

ネットボール史上最強のオーストラリア代表チームは、1963年の第1回ネットボール世界選手権で優勝した。最多タイトルを獲得しているが、それに迫るのは同地域のライバル、ニュージーランド。

ディフェンス

安定したディフェンスが勝利をもたらすことが多い。ディフェンスの役目は、相手チームにプレッシャーをかけてミスを誘い、ボール保持権を獲得すること。優れたディフェンダーは、断固として粘り強く、パスの進路を予測しインターセプトできる。

優れたバランス感覚
片足だけ地面につけてうまくバランスをとり、オブストラクションのルールに従いながら、効果的にアタッカーにプレッシャーを与える。

90cm

接触しない
ネットボールは接触しない競技。規則では、ディフェンダーはボールを持つ選手から足元の距離で90cm以上離れていなければならないと定めている。このため、守備は難しいが重要な仕事になっている。敏しょう性、予測、タイミングは、すべて不可欠だ。

フットワーク

ネットボールなど動きの速い競技では、急に止まる、急に動く、すばやく方向転換することが求められ、優れたフットワークが欠かせない。それができないとバランスや身体のコントロールを失いやすいため、コートで鈍くぎこちない動きになる。ネットボールには「ワンステップ」ルールがあるので、特殊なフットワーク技術が必要だ。

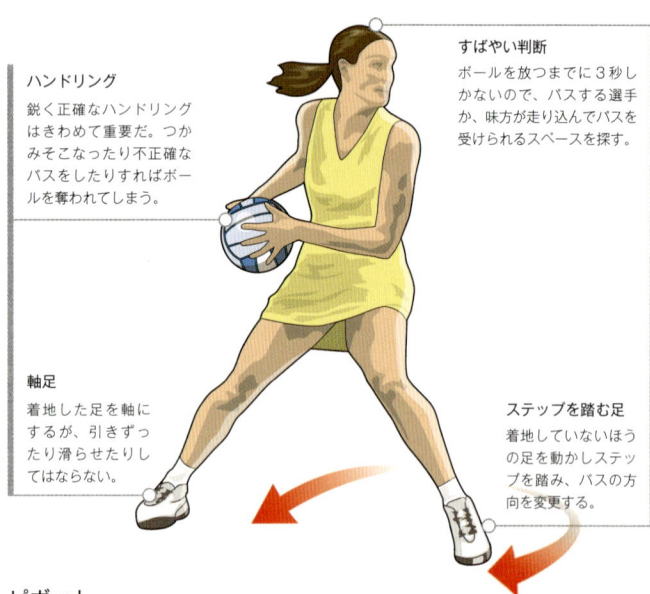

ハンドリング
鋭く正確なハンドリングはきわめて重要だ。つかみそこなったり不正確なパスをしたりすればボールを奪われてしまう。

すばやい判断
ボールを放つまでに3秒しかないので、パスする選手か、味方が走り込んでパスを受けられるスペースを探す。

軸足
着地した足を軸にするが、引きずったり滑らせたりしてはならない。

ステップを踏む足
着地していないほうの足を動かしステップを踏み、パスの方向を変更する。

ピボット

捕球した後はパスするまで、最初に地面についた足を踏み直すことはできない。しかし、もう片方の足で何回でもステップを踏むことができる。これが役に立つのは、ボールを持った選手が着地した方向とは別の方向へパスしたいとき。着地した足を軸にして、もう片方の足でパスしたい方向へ動く。

シュート

ゴールシューターやゴールアタックのシュート技術は、微調整が必要だ。昔はボールを低い位置で放ったが、現在は一般的に高い位置で放ち、インターセプトしにくくする。シュートは、普通、静止姿勢から打つ。シュート時に試合は「フリーズ」し、シューターに注目が集まる。図太い神経が欠かせない。

ボールを守る
ボールを高く上げ、ディフェンダーの不意をつく。こうして、シューターはターゲットだけに集中できる。

バランス
膝を曲げてから、ボールを放つ。

準備
シュートに備えて、膝を少し曲げ、目はターゲットを見据え、シュートする手の指にボールをのせて立つ。

微妙な手さばき
人差し指でボールを手の外へ導き、逆回転気味に投げる。

空中に浮く
シュートするとき、両足を伸ばし勢いを維持する。

ボールを放つ
手首を返してボールを放ち、ボールが弧を描いて上昇し、下降するときにリングに入るように打つ。膝をわずかに伸ばし、勢いをつける。

パス

ボールを持って走ることやドリブルができないため、パスが中心となる。プロチームは、コートの端から端まで、驚異的な速さでボールを移動させることができる。パスは、ツーハンド(一般的にコントロールしやすく投げやすい)とワンハンド(強力)の2種類。

チェストパス

このツーハンドパスの一種はコントロールしやすく、正確ですばやいパスが必要なときに役に立つ。一般的に、ディフェンダーの前にいる選手へのパスに使われる。短距離にも長距離にも効果的だ。

コントロールしたパス
手を放す前、親指をボールの後ろに置き、ひじを引いて、ボールを持つ。

ショルダーパス

ワンハンドパスで最もよく使われるのがショルダーパス。ダイレクトな長い送球が必要なときに適している。ディフェンダーがゴールサードからボールをクリアしたいときに、使われることが多い。

力強く放つ
ボールを指先で持ち、肩に近づける。投げないほうの手でボールを守る。

視線は前方へ
膝を曲げ、ひじを引き、目はターゲットを見据える。

バウンドパス

このパスは、選手が「密集」しているときに最適。ディフェンダーの裏をかきたいアタッカーがよく使う。ツーハンドパスと見せかけて、ワンハンドパスでディフェンダーの後ろへパスを回すことができる。

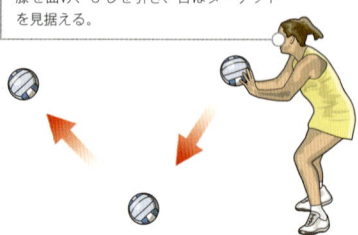

戦術

選手は動けるエリアが決まっているため、チームワークが欠かせない。ボールを端から端まで移動させるのに、チームは効果的に協力しなければならない。比較的小さなコートに14人選手がいるので、スペースを効率よく使うことも重要。前もって戦術を練ることは、チームとして有効に動き、コートのスペースをうまく使う1つの方法だ。

三択攻撃

この戦術では、ボールを持つ選手にパスの選択肢が3つある。1つ目は、スペースに移動しディフェンダーの前にいる選手にパスすること。しかし、これが安全ではない場合、2つ目は、的確な動きをした選手にパスすること。3つ目は、安全策。攻撃を立て直す時間をとるバックパス。

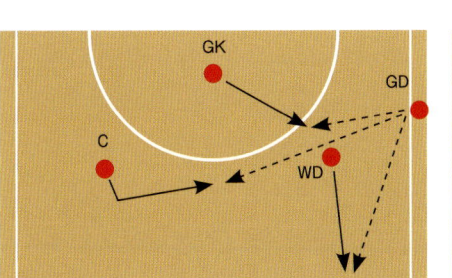

> **三者同点**
> トリニダード・トバゴで開かれた1979年世界選手権は、決勝が行われなかったことで有名。その結果、ニュージーランド、トリニダード・トバゴ、オーストラリアの3チームがタイトルを共有した。

プレスディフェンス

ディフェンダーは絶えずプレッシャーを与え、アタッカーの動きを予測し、使えるスペースを消す。この目的をすべて達成する戦術が、プレスディフェンス。守備陣は特定のエリアに入り込み、ミスを誘って攻守交代をねらう。この動きは、順調に流れる攻撃プレーを効果的に打ち砕くことができる。

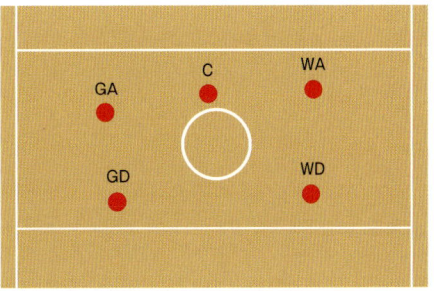

裏話

1895年に女子バスケットボールがイギリスに伝えられ、この地で発展した。当時はコートの白線がなく、選手はロングスカートと長袖の上着を着ていた。1901年、ネットボールの最初の競技規則集が出版された。教師などの人々がネットボールを英国領に伝え、ニュージーランドとオーストラリアで特に人気になった。1960年、国際女子バスケット・ネットボール連盟創立。1963年以降、世界選手権が4年に1回行われている。

運営組織

イングランドのマンチェスターを拠点とする国際ネットボール連盟（INF）は、ネットボールの運営組織。競技規則を定める。70以上の国と地域が加盟し、加盟国は5つのグループに分かれる。それぞれの地域連盟は、INFの方針の実施を補佐する。

団体競技

171

ネットボール／コーフボール

コーフボール

競技の概略

コーフボールは、1チーム男子4人と女子4人の2チームで行い、ボールを手でパスし合う。最終目的は相手チームのゴール（「コーフ」）へシュートすることだ。コーフボールは、50以上の国と地域で行われているが、発祥の地であるベルギーとオランダで特に人気が高い。

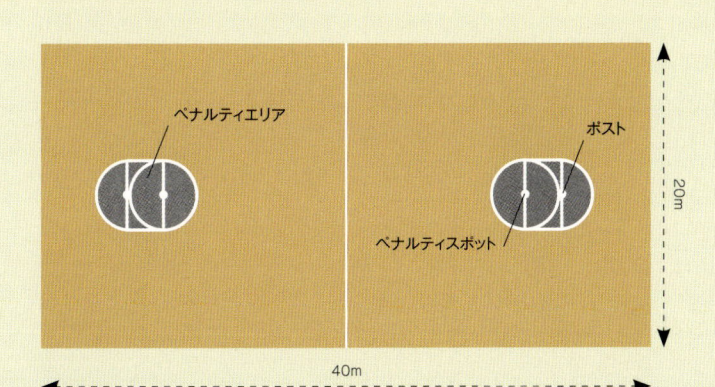

基礎知識

→ コーフボールは、オランダで発展し、オランダ語でバスケットを意味する「コーフ」にちなんで名づけられた。

→ 男女が一緒にプレーするが、ディフェンダーは同性の相手選手のみ妨害してもよい。

2ハーフの試合

コーフボールの試合は、1ハーフ30分の2ハーフ制。各チームの男子2人と女子2人が各ゾーンに配置され、自陣と敵陣のどこにいるかによって攻撃と守備の役割を担う。2ゴールが入ると、各選手の役割は交代し──守備は攻撃に、攻撃は守備になり──チームは反対側の端を攻撃する。
守備側選手は、同性の攻撃側選手のみ妨害してもよい。攻撃側選手とコーフの間に立ち、腕を上げてシュートをブロックして、「妨害」する。妨害されているとき攻撃側選手は得点できないので、相手選手がポジションにつく前にシュートしなければならない。妨害されているときにシュートすると、相手チームへフリーパスを与えてしまう。また、異性の攻撃側選手を妨害すると、ペナルティになる。

ゾーン

2つのハーフ（ゾーン）にわかれた長方形のコートで、試合を行う。各ゾーンには上部にコーフがついたポストが立ち、その周囲は色が濃くなったペナルティエリア。

オランダのバスケット

コーフは、一般的に籐製または合成素材製。地上から高さ3.5mのポストに取りつけられる。

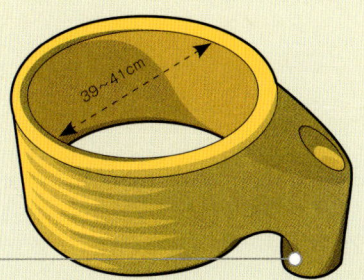

合成素材のコーフ
成形したコーフは、ポストの上部にはめこむ。

小さな軟球
皮革製または合成皮革製。男子用は直径18.5〜19cm、女子用は直径17〜18cm。

指先のテーピング
選手は親指とその他の指に保護用テープを巻き、高速のボールをキャッチする際のけがを防ぐ。

リストバンド
義務ではないが、暑い屋内コートでは役に立つ。

チームユニフォーム
コットン製かビスコース製の軽いシャツとショートパンツかスカートを着用する。

軽量シューズ
どのような種類の運動靴でもテニスシューズでもよい。ただし、コートに跡がつかないものであること。

選手の特徴
ハンドボール選手は瞬時にスピードを上げて走ることができ、相手選手に不意打ちをくらわせるため、急に方向転換できなければならない。このような技術をコート外でもよく練習する。キャッチする能力も、速く正確に投げる力も不可欠だ。

基礎知識
→ ハンドボールは参加競技としてヨーロッパで人気が高く、競技人口は1800万人。

→ デンマークでは、競技するのも観戦するのも、サッカーと並んで人気が高い。

→ 得点が30対30に達することも多い。

役割分担
チームの構成は、ゴールキーパー1人、ウィング2人、センターレフト1人、センターライト1人、センター2人（1人は主にディフェンス、もう1人は司令塔）。フィールドの選手の役割は流動的で、試合の状況によって変わる。6-0、5-1、4-2（アタッカーの人数が先）という表記は、試合全体ではなく試合のある瞬間の選手の位置を示している。標準的なラインナップは、アタッカー4人とディフェンダー2人の4-2フォーメーション。

1 **キーパー**
片足がこのエリアにあるかぎり、身体のどの部分でボールに触れてもよい。

2 **ウィング**
タッチライン沿いに動くが、必要があれば内側に切り込む。

3 **外側のセンター**
片方はレフト、他方はライトだが、入れ替わることがある。

4 **アタッカー**
相手チームのゴールに狙いを定めているが、もちろんすべて得点できるわけではない。

試合が行われるコート
ハンドボールコートは需要が供給を上回っているため、世界各地では数が多いバスケットボールコートが代用されている。この2つの競技は似通っていて、相手チームより多く得点するという目的も同じだ。とはいえ、ハンドボール専用コートの面積は800m^{2}だが、バスケットボールコートはその半分よりやや大きい420m^2。公式の競技会は屋内の所定のコートで行うのに対して、公式試合でなければ、屋外の芝生や浜辺などで簡易ゴールを置いて行うことが多い。

競技の概略
ハンドボールは、19世紀後半から20世紀初頭にドイツとスカンジナビアで発展した。男女別に行い、スピーディーで、ときには激しく接触する。1チーム7人の2チームがバウンドやパスでボールを前へ運び、最終的に相手のゴールに入れる。故意にも偶然にもぶつかり合う。とはいえ接触が認められるのは上半身のみ。相手選手をつかんだりつまずかせたりしようとするどのような行為もファウルである。

ハンドボール

帝国と悪
ハンドボールは、この競技が好きなアドルフ・ヒトラーに強要されて、1936年ベルリン大会でオリンピックデビューを果たした。ナチスの独裁者との結びつきが不適切だったため、第二次世界大戦後に種目から外されたが、1972年ミュンヘン大会で復活した。

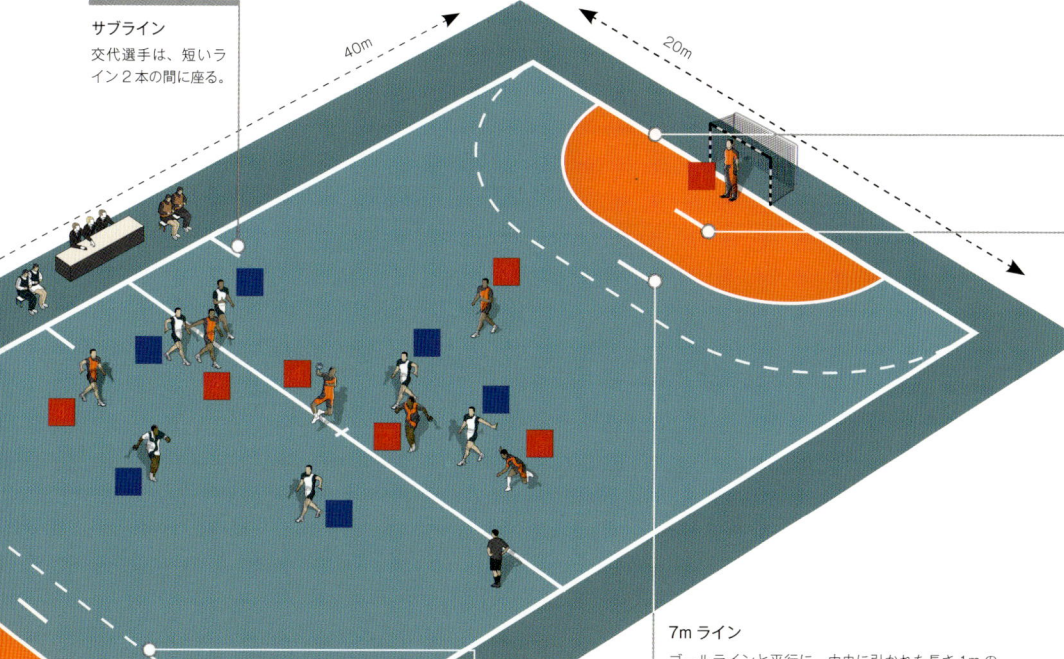

団体競技

173

ハンドボール

サブライン
交代選手は、短いライン2本の間に座る。

ゴールライン
ラインの幅は、ゴールポストとコーナーの間は5cm、ゴールマウスは8cm。

ゴールキーパーの制限ライン
キーパーは7mスローに立ち向かうとき、このラインの前に立ってはならない。

最終的な目標
ゴールポストとクロスバーには、2色が交互になった帯が巻かれ、コートの周囲から際立っている。赤と白が最も多い。

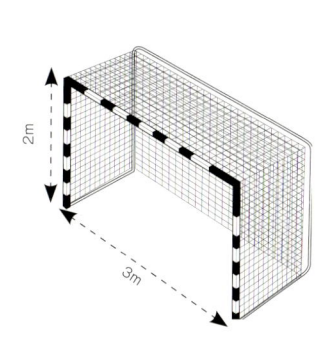

7mライン
ゴールラインと平行に、中央に引かれた長さ1mのライン。重い反則にはここからペナルティスローが与えられる。

6mライン
ゴールエリアの範囲を示す。両側のカーブはフリースローラインと同心円。

サイドライン
ハンドボールでライン上のものはすべてイン。ボールや選手の身体が完全に越えるとアウト。

フリースローライン
ゴールラインの中心から9mのところにある。円の中心にはゴールポストが立っている。この中での反則はゴールへの直接フリースローになる。

適正と不正
通常、試合は前半・後半の各ピリオド30分だが、同点の場合、10分間の延長や7mスローコンテストになる。プレーはスローオフで始まる。選手1人がコートの中心1.5m以内に立ち、コートの同じ側の半分にいる味方へボールをパスする。オープンプレーでは、ボールを持てるのは3秒、ボールを持って動けるのは3歩。といってもこのルールは地域によってさまざまだ。ボールがアウトになった場合、ラインを越えた場所でのスローインになる。ペナルティスローは、トリッピングなどの重大な反則に対して与えられ、7mラインから行われる。ゴールキーパーだけが守ってもよい。

手さばき
すばやい動きやパスは重要だが、両チームの速さが同程度であれば、別の技術が役に立つ。その1つがフェイント。つまり、ある動作をするふりをして別の動作をし、相手選手に不意打ちをくらわせるのだ。

握りこぶし
基本的なパスの動作は、「親指を上げた」状態で握ったこぶしでパンチする。ボールを持つ手と同じ側の足は、前に踏み出し、手を振る余地をつくる。

クリアなスイング
両腕は身体から離れている。

7時の方向
この角度のバウンドでしっかりコントロールする。

ワンバウンドで2歩
ボールが手に戻るまでに2歩進む。

手首
ボールを持ち続けるか、ある方向へパスすると見せかけて、手首を軽く上に動かし、下向きの手のひらで反対方向へパスする。

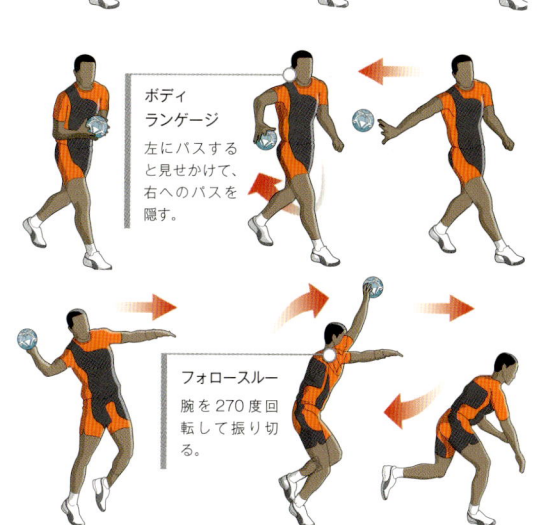

ボディランゲージ
左にパスすると見せかけて、右へのパスを隠す。

オーバーヘッドパス
走りながら行うこの動きには、投げないほうの腕を伸ばさなければならない(バランスを保ち、照準を合わせるため)。右手がボールを放つ瞬間、左足は地面につく。

フォロースルー
腕を270度回転して振り切る。

ドリブル
前進しながらボールをバウンドさせ、最も高く上がったときに手のひらを下向きにして方向を変える。右へ行くか、左へ行くか、直進するかは他の選手にはわからない(歩数制限を超えるとボール保持権は相手側にわたる)。

ゲーリックフットボール

競技の概略

ゲーリックフットボールは、男子も女子も行い、動きが速くて過酷な、サッカーとラグビーを足して2で割ったような競技だ。1チーム15人の2チーム（交代選手最大15人、たいていそのうち5人を使う）が、相手チームのH字型ゴールのクロスバーの上か下に丸いボールを通過させることを目的とする。ボールをけってもハンドパスしてもよい。ボールを持ったら4歩しか進めないため、ボールをバウンドさせたり、ボールを足の上に落として手元にけり上げる「ソロ」を行ったりする。

競技するフィールド

ピッチとゴールは、ハーリングと同じだが、ゲーリックフットボールの試合中は、ハーリングの白線を覆うか無視する。伝統的に試合は天然芝上で行ったが、20世紀後半に人工芝が導入され、現在では広く使われている。

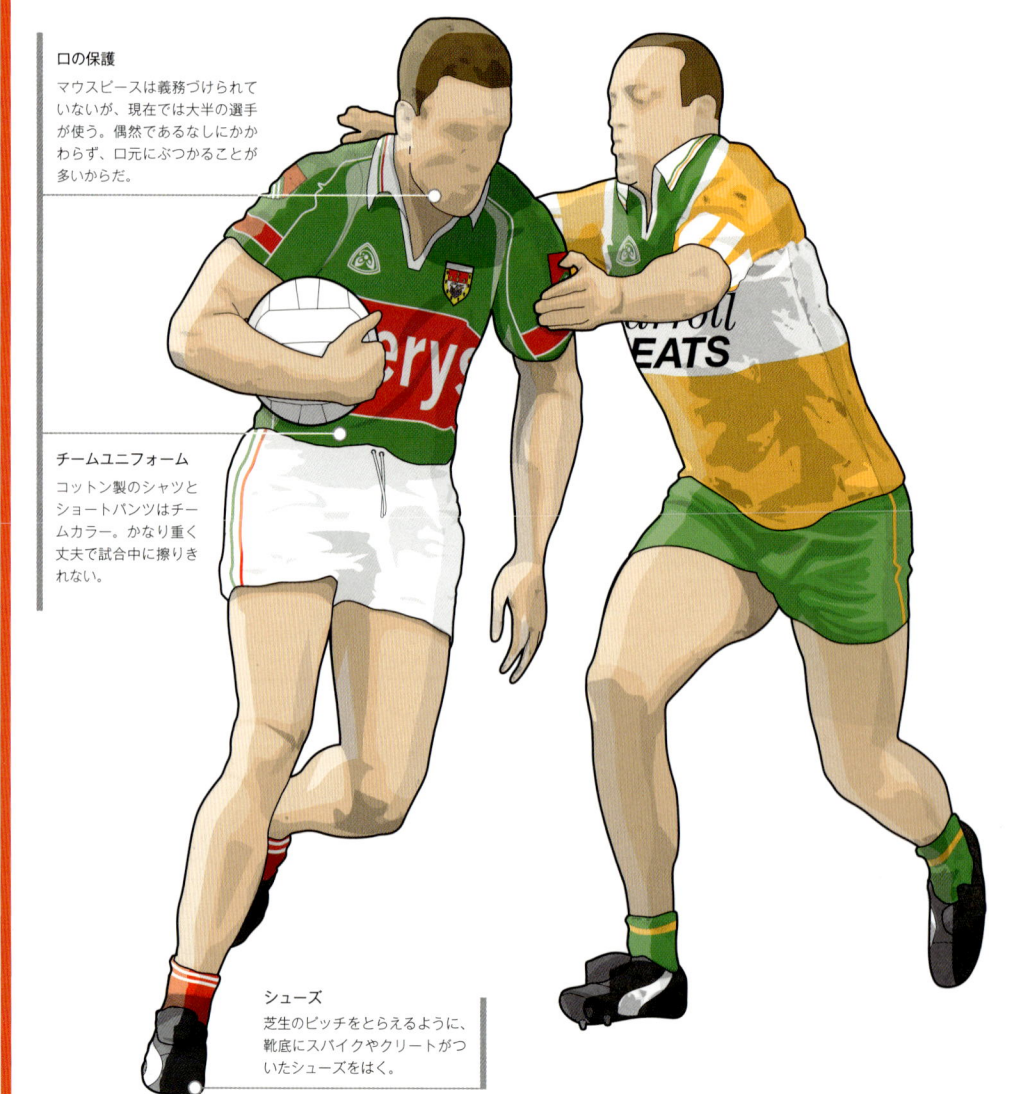

口の保護
マウスピースは義務づけられていないが、現在では大半の選手が使う。偶然であるなしにかかわらず、口元にぶつかることが多いからだ。

チームユニフォーム
コットン製のシャツとショートパンツはチームカラー。かなり重く丈夫で試合中に擦りきれない。

シューズ
芝生のピッチをとらえるように、靴底にスパイクやクリートがついたシューズをはく。

基礎知識

→ ゲーリックフットボールは、主にアイルランドで行われるもっぱらアマチュアの競技。カナダ、アメリカ、その他アイルランド系人口が多い国々でも人気が高い。

→ クラブレベルと女子は1ハーフ30分の2ハーフ制。州対抗戦レベルは1ハーフ35分の2ハーフ制。

ナンバー・トリビア

36 回：1887年に初めて開催された年1回のオールアイルランド・ゲーリックフットボール大会での最多勝利回数。この記録を持つのはケリー州。

19 州：オールアイルランド大会で優勝したことがある州の数（32州のうち）。アーマーとデリーの2州が優勝したのは1度のみ。残念なことに13州はまだトロフィーを手にしていない。

紛争の歴史

アイルランド独立戦争のさなか、ゲーリックフットボールはナショナリズムに結びつけられた。1920年11月21日、ダブリンのクロークパークで行われた試合でイギリス軍が発砲し、ファン14人が犠牲になった。

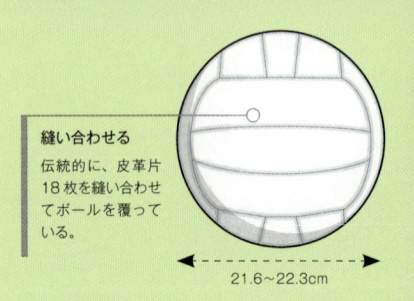

縫い合わせる
伝統的に、皮革片18枚を縫い合わせてボールを覆っている。

21.6～22.3cm

注目の的
ボールはサッカーボールより小振りなので、扱いやすい。認められる重量は450～485g。

選手の特徴

体力、運動神経、筋力を備え、タフでなければならない。スピードとスタミナ、ペースの切り替え、磨き上げられたスローイングとキックの技術も必要だ。日ごろからウエイトトレーニング、短距離走と長距離走が欠かせない。試合前には、他のメンバーと作戦会議を開いて準備する。

得点方法

ボールが相手チームのポスト2本のクロスバーを越えたら、1ポイント（1点）。枠内のシュートは1ゴールとしてカウントされ、3点。得点は、ゴール数とポイント数に分けて記録する。たとえば、2010年オールアイルランド・シニアファイナルの結果は、コーク州0-16、ダウン州0-15だった。

45mライン
試合開始時、ボールを奪い合う2人を除いて、選手はみなフィールドの自陣のこの線より後ろにいなければならない。

13mライン
ペナルティエリアの端を区切る。

ゴールキーパーのエリア
小さな長方形は、幅14m、奥行き4.5m。この中でキーパーをチャージできないが、タックルをしてもよい。

1 ゴールキーパー
地面のボールを手で扱うことができる唯一の選手。

2 ディフェンダー
フルバック3人とハーフバック3人。アタッカーをマークしてボールを獲得し、カウンターアタックをしかける。

3 ミッドフィールダー
ミッドフィールダー2人はフィールド全体でバックスとフォワードをサポートし、攻撃のオプションをまとめる。

4 アタッカー
ハーフフォワード3人とフォワード3人。プレッシャーを受けながらターゲットにシュートするために、動きが速くタフでなければならない。

ペナルティエリア
大きな長方形内でファウルがあった場合、13mライン中央からのペナルティキックが行われる。

20mライン
得点後のキックアウトはこのラインから行う。

サイドライン
片方のチームがボールをサイドラインから出した場合、他方のチームは地面または両手からのキックでボールを戻す。

高さが重要
ラグビーとハーリングでは、ゴールの支柱の高さに決まりはないが、ゲーリックフットボール競技規則は図のように高さの寸法を定めている。

インプレーのボール

試合開始時に審判は、ピッチ中央で構えた各チームの選手2人の間にボールを投げ上げる。ゴールが決まった後、キーパーは、自陣の端からプレースキックを行って試合を再開する。守備側がエンドラインからボールを出した場合、攻撃側は45mラインの一番近いところからキックする。

クラウチリフト
ゴールキーパー以外、地面のボールを手で扱ってはならない。クラウチリフトでは、前かがみになり、片足でボールをすくい上げ、椀状に丸めて後ろに向けた両手に入れる。そして、ボールを身体に引きよせる。

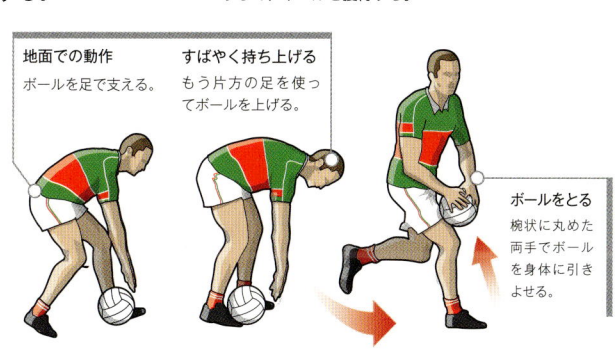

地面での動作 ボールを足で支える。
すばやく持ち上げる もう片方の足を使ってボールを上げる。
ボールをとる 椀状に丸めた両手でボールを身体に引きよせる。

ハンドパス
最もよく使うパスの1つ。親指の関節を使って握りこぶしの側面でボールを打つ。関節や人差し指でのパンチは禁止。

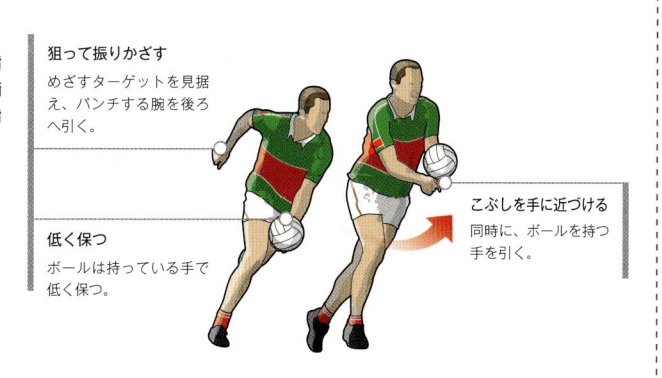

狙って振りかざす めざすターゲットを見据え、パンチする腕を後ろへ引く。
低く保つ ボールは持っている手で低く保つ。
こぶしを手に近づける 同時に、ボールを持つ手を引く。

両手と両足
必要とされる技術の多くはサッカーやラグビーと同じだが、クラウチリフト、ハンドパス、ソロというゲーリックフットボール特有の動作が3つある。

ボールを獲得する
タックルしたり両手でキックをブロックしたりして、ボールを獲得する。

手の反応 相手選手がボールの進路に両腕をつき出す。
足の動作 ボールを持つ選手がキックすると…。

ソロ
ゲーリックフットボール特有のソロは、ファウルせずにドリブルする方法。ボールを地面でバウンドさせた後、4回まで「ソロ」を行う。ソロとは、ボールを片足の上に落とし、手元にけり上げること。

裏話
ゲーリックフットボールは、古代に起源があるが、1887年に初めて競技規則が文書化された。この競技が発展した理由の1つは、サッカーとラグビーという「イギリス」の競技でアイルランドが外されたことだ。今日、クラブや州レベルで男女別チームによって試合が行われている。男子の州対抗戦の決勝は生放送され、多いときで8万人が観戦する。

運営組織
ＧＡＡは1884年創立。その趣旨は、ゲーリックフットボールとハーリングの競技規則を定めること。

競技の概略

ハーリングは、世界で最も動きの速い競技の1つ。事実上、アイルランドの国技だ。競技者にも観客にもサッカーに次いで人気が高く、州人口の半分以上が年1回のハーリング州対抗戦を見る。男子15人制で、カモーン（ハーリー）と呼ばれる曲がったスティックを使って、ボール（シリター）を、相手チームのゴールに入れるかクロスバーの上を通過させる。見かけほど「何でもあり」ではなく、ボディチェックや故意の妨害は禁止。

ハーリング

基礎知識

- シリターは、100mもの飛距離と150km/hもの速度に達する。
- ハーリングは、アメリカなどアイルランド以外の国でも行われている。
- ハーリングには国際大会がない。ハーリングのアイルランド代表チームとシンティのスコットランド代表チームの異種競技戦は、修正したルールを用いて定期的に行われる。
- 女子の15人制は、カモギーと呼ばれる。

ヘッドギア
プラスチック製ヘルメットは、ほとんどのレベルの試合で義務づけられている。

斧形のスティック
ハーリーはトネリコの木でできていて、長さ70～100cm。

選手の特徴
ハーリングの競技には、膨大なスタミナ、身体能力、幅広いボールさばきのスキルが必要だ。優れた選手は、サッカーなどボールが動く球技も得意だが、ゴルフなどボールが静止した球技もうまい。

試合の進め方
試合は、1ハーフ30分の2ハーフ制（シニア州対抗戦では35分）。勝ち抜き戦が引き分けになった場合、10分間延長になる。選手はハーリーを使ってパスやシュートをし、スティックの先端で弾ませてドリブルする。ボールをキックできるが、地面から拾い上げること、投げること、ボールを持ったまま5歩以上動くこと、ボールを地面につけることなく3回続けてキャッチすること、手から手へパスすることはできない。

審判
ハーリングには審判が多い。ピッチの主審、シリターがフィールドの外に出たときに合図するラインズマン2人、両者を補佐し得点を合図するアンパイア4人。

シリター
コルクまたは複合材料の芯を皮革で覆っている。直径6.5cm。

シンガード
足を強打しないように、防具を身につける。

サッカーシューズ
スパイクつきサッカーシューズでピッチをしっかりとらえる。

ファウル
テクニカルファウルと危険なタックルは、相手チームに「フリー」が与えられる。相手チームの選手は、反則が起きた場所でハーリーを使ってボールを上げて打つ。どちらのチームの反則かわからなかった場合、主審はプレーを止め、ハーフウェイラインで対戦する選手2人の間にボールを投げて再開する。ゴール前の大きな長方形内でファウルをすると、相手チームに20mラインからのペナルティパックが与えられる。

フィールド
ハーリングのピッチは、ゲーリックフットボールのピッチと同じ。各15人の2チームが競技するフィールドで所定のポジションにつくが、コーチの作戦によって変わることがある。試合中、選手交代は5人まで認められる。

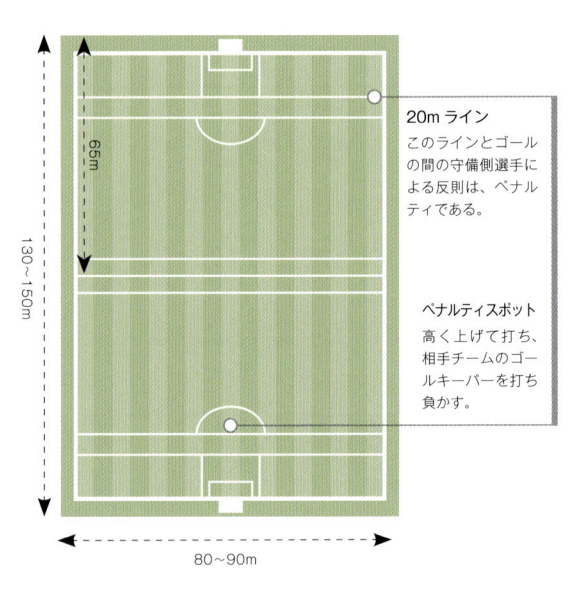

20mライン
このラインとゴールの間の守備側選手による反則は、ペナルティである。

ペナルティスポット
高く上げて打ち、相手チームのゴールキーパーを打ち負かす。

フィールド: 65m × 130～150m、80～90m

得点方法
シリターがクロスバーの上を通過すると1点、ゴール（ネット）に入ると3点。得点は2つに分けて記録する。ゴール数、クロスバーの上を通過したことによる得点の順なので、3-4は13点。

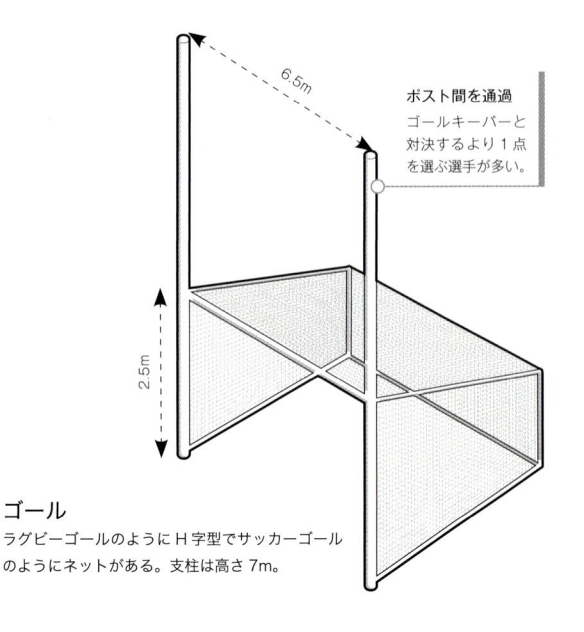

ポスト間を通過
ゴールキーパーと対決するより1点を選ぶ選手が多い。

ゴール
ラグビーゴールのようにH字型でサッカーゴールのようにネットがある。支柱は高さ7m。

ゴール寸法: 6.5m、2.5m

団体競技

177

ハーリング／シンティ

コルクのボール
野球のボールよりやや小さく、皮革片を縫い合わせてコルクの芯を覆っている。直径6.3cm。

義務づけられているヘッドギア
チンストラップつきまたは無しのプラスチック製ヘルメットは、現在あらゆるレベルの試合で義務づけられている。

カモーン
スティックは長さ1mでヒッコリーまたはアッシュの合板でできている。ヘッドは直径6.4cmのリングを通り抜けなければならない。

選手の特徴
力、技術、スタミナだけでなく、相手選手が振るスティックに当たらずにボールを攻撃するためには、鋭い目とすばやい反応も必要だ。

キット
シャツとショートパンツはコットン製か合成繊維製。ゴールキーパーはチームの他の選手とは異なる色のユニフォームを身につける。

シンガード
強制ではないが、足が打撃を受けないようにする。

優れた接地性
スパイクやクリートがついたシューズをはく。ボールをけるためにつま先と甲にパッドが多く入っているものもある。

ピッチ
ピッチの長い辺はサイドライン、短い辺はバイライン。フィールドには、センターサークル1つ、セミサークル2つ、ゴール周辺のD字型エリア2つがある。

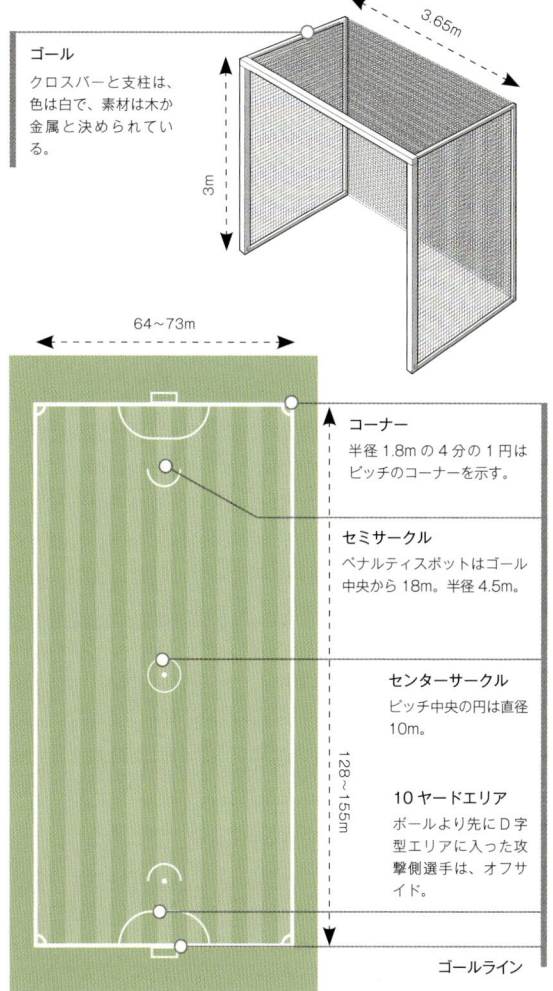

ゴール
クロスバーと支柱は、色は白で、素材は木か金属と決められている。

3.65m / 3m / 64〜73m / 128〜155m

コーナー
半径1.8mの4分の1円はピッチのコーナーを示す。

セミサークル
ペナルティスポットはゴール中央から18m。半径4.5m。

センターサークル
ピッチ中央の円は直径10m。

10ヤードエリア
ボールより先にD字型エリアに入った攻撃側選手は、オフサイド。

ゴールライン

シンティ

競技の概略
シンティは、スコットランドのハイランド地方が発祥の地。1チーム12人の2チーム（男子または女子）は、カギ状に曲がったカモーンというスティックを使って、ボールを相手チームのゴール（ヘイル）に向かって打つ。シンティは、荒々しく稲妻のように速い競技で、フィールドホッケーやラクロスに似ている。シンティの試合は2ハーフで行われ、12人制は90分、6人制は30分。

整然とした大混乱
シンティはルールが少ない。試合開始は、各チームの選手2人が頭上でスティックを交差させ、主審が選手の頭上の空中へボールを投げる。守備からすばやく攻撃に転じられるように、選手はたいてい自分のポジションから離れない。空中にあるボールを打つことも、スティックの両面を使うこともできる。また、スティックで相手選手をブロックしタックルすることもできる。ゴールキーパーだけが手でボールを扱ってもよいが、平手打ちしかできない。

裏話
シンティの大会であるカマナハトカップは、2つの大戦中を除いて1896年から毎年開催されている勝ち抜き戦。スコットランドにリーグもあり、北と南のセクションにわかれている。各セクションの勝者は、決勝戦で全国チャンピオンのタイトルを争う。

シンティ協会
シンティ協会は、シンティの運営組織として1893年に創設された。スコットランドやその他の地域の試合を管理する。また、ケルトの伝統を重視し、子供たちの間に広めるために屋内での競技を推進している。

基礎知識

→ シンティは、スコットランドのほぼ全域で行われている。イングランドに1つ、アメリカに少数のクラブがある。

→ 伝統的に冬の競技だが、2003年、スコットランドのシンティクラブは3月から10月の夏のシーズンを加えた。

→ 運営組織のシンティ協会は、この競技を国際的に統一する取り組みを行ったが、今なお地域独自のルールが数多く存在する。

ドッジボールのボール
低圧力の内袋をポリエステル繊維で覆っている。その下の発泡体の層は、形を保ち耐久性を与えている。直径25cm。

運動靴
コートに跡を残さない軽い運動靴なら何でもよい。

競技の概略
アメリカン・ドッジボールは、6人制の混合または男女別の迫力ある球技で、相手選手を「アウト」にすることを目的とする。その方法は、ノーバウンドでボールを相手選手に当てるか、ノーバウンドで投球をキャッチするかだ。頭に当てることは禁止。片方のチームの選手が全員「アウト」になった場合、または時間切れになった場合、試合は終了する。

アメリカン・ドッジボール

簡単なルール説明
主審はボールを置いて、試合を開始する。選手がボールを走って取りに行き、試合が始まる。相手選手の肩より下にボールを当てたり、ノーバウンドで投球をキャッチしたりして、アウトにすることを試みる。アウトにした数が多いほうのチームが勝ちとなる。

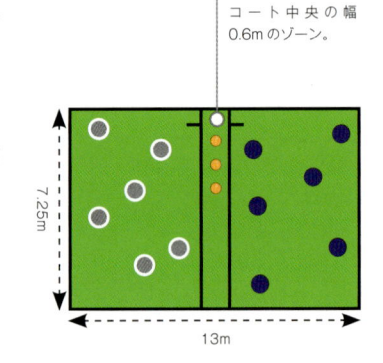

デッドゾーン
コート中央の幅0.6mのゾーン。

7.25m / 13m

集中攻撃
ドッジボール選手は、ひょいとかがんだり身をよじったりすることが得意なので、相手選手をアウトにするには計算し尽くされたチームワークが必要だ。相手チームの選手1人を集中攻撃してアウトにするのも、戦術の1つ。

基礎知識
→ 1チームは6人で、複数のボールを使用する。

→ ベン・スティラー主演の2004年の映画『ドッジボール（Dodgeball: A True Underdog Story）』のおかげで、この競技の人気が高まっている。

綱引き

競技の概略
この力試しの競技では、1チーム8人の男子または女子（混合もある）の2チームが向かい合い、綱を引き合う。綱の中央の印がマークしたラインを越え、相手チームを4m引いたほうが勝ちとなる。

一緒に引っぱる
審判は3つの号令をかける。「ピック・アップ・ザ・ロープ（綱を持ち上げて）」「テイク・ザ・ストレイン（綱を張って）」の号令に続き、最後の号令をかける前にはっきりゼスチャーで示してから「プル（引け）！」。チームは全力で綱を引き、できるだけ体重を後ろにかける。わざと地面に座ったり、座ってしまった後すぐに引く体勢に戻らなかったりした場合、警告となる。失格になる前に警告2回が与えられるが、警告なしに失格になる場合もある。

綱の印
綱は長さ35m以上。綱の中央に赤い印、中央から両側4mのところに白い印がある。相手チームの白い印が地面のセンターラインを越えたら、勝ちとなる。さらに綱の端に向かって1mのところに青い印がある。これは、先頭の選手が綱を握る一番前の場所。

体重測定
競技の公平性を保つため、綱引きは厳しい体重別の階級がある。競技会前に体重測定があり、選手は身体の目につきやすい場所に体重のスタンプを押してもらう。よって、競技会中に不正な選手交代ができない。

アルティメット

基礎知識

→ この競技で使うディスクをつくるメーカーはいくつかあるが、商標名のフリスビーが一般総称になっている。「バンドエイド」がばんそうこうを意味する言葉になっているのと同じだ。

→ 主な運営組織は、世界フライングディスク連盟（WFDF）。アメリカで最も重要な組織は、アルティメット選手協会（UPA）。

→ アルティメットは、アメリカで最も人気が高いが、40カ国以上で行われている。

競技の概略

アルティメットは7人制の競技で、フリスビーと呼ばれるプラスチック製ディスクを味方に向けて飛ばす。敵陣のエンドゾーン内でディスクをキャッチすると1点獲得。ディスクは、どの方向のどの味方にパスしてもよい。アルティメットは、セルフジャッジの競技。スピリット・オブ・ザ・ゲーム（フェアプレーの精神）が、選手がどのように審判をつとめ、どのように行動すべきかの指針となっている。

ルール

チームの1人が相手チームへディスクを投げて（プル）、試合が始まる。敵陣のエンドゾーン内でディスクをキャッチすると1点。ディスクを保持したら軸足を固定しなければならず、ディスクを移動させるには味方にパスするしかない。10秒以内にディスクを放さない場合、パスがインコンプリートの場合、インターセプトされた場合、ディスクの保持権を失う。

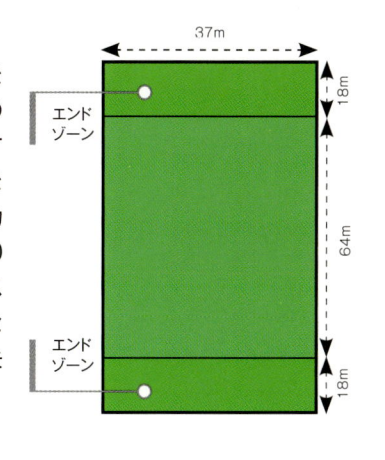

持てるもの持たざるもの

アルティメットは接触しない競技なので、ディスクの保持権を得たチームはきわめて有利だ。相手チームは、ミスを誘うことしかできない。そこで、ディスクを持った選手の強いほうのサイドを封鎖し、弱いほうのサイドからしかパスできないようにする。下の図は、3つの基本グリップ。

基本的なバックハンド
右利き選手が左側からディスクをパスする標準のグリップ。

フォアハンドをコントロールする
人差し指と中指でVサインをつくり、親指（隠れている）をヒッチハイカーのように上に向ける。

強力なフォアハンド
スピードや距離を優先し、方向のコントロールを犠牲にするパスで使う持ち方の1つ。

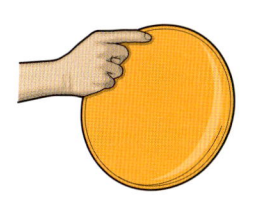

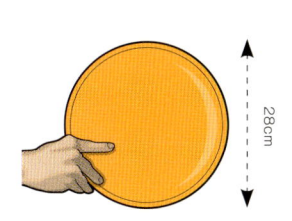

団体競技

綱引き／アルティメット／アメリカン・ドッジボール

179

綱で戦う軍隊

綱引きは、イギリス軍で盛んだ。最初に行われたのは19世紀半ば。インドに駐留するイギリス連隊間の競技会だった。それ以降、イギリスの海軍と空軍のチームが競い合うさまざまな力試しの定期戦が開かれている。精鋭パラシュート部隊のチームが優勝すると思いきや、実際は2位止まり。意外かもしれないが、その強敵は医療連隊だ。

アンカーマン（最後尾）
身体に綱をかけ渡す。アンカーだけがこのように綱を巻きつけることができる。

素手
選手は綱を素手で握らなければならない。綱は上腕の下を通ること。

綱を握る
綱は外周10cm。

平らな靴底
選手は平らな靴底でかかとがあるシューズをはく。金属の先芯やつま先プレートは禁止。金属製ヒールティップ（靴のかかとの部材）は、側面と底が平らであれば認められる。

ぐらつかない足
アンカーの役目を果たす。相手チームを後ろへ引っぱるとき、足を交互に動かす。

足を伸ばす
綱引きが始まる前に、足を伸ばし足場を固める。

ラケット
スポーツ

04

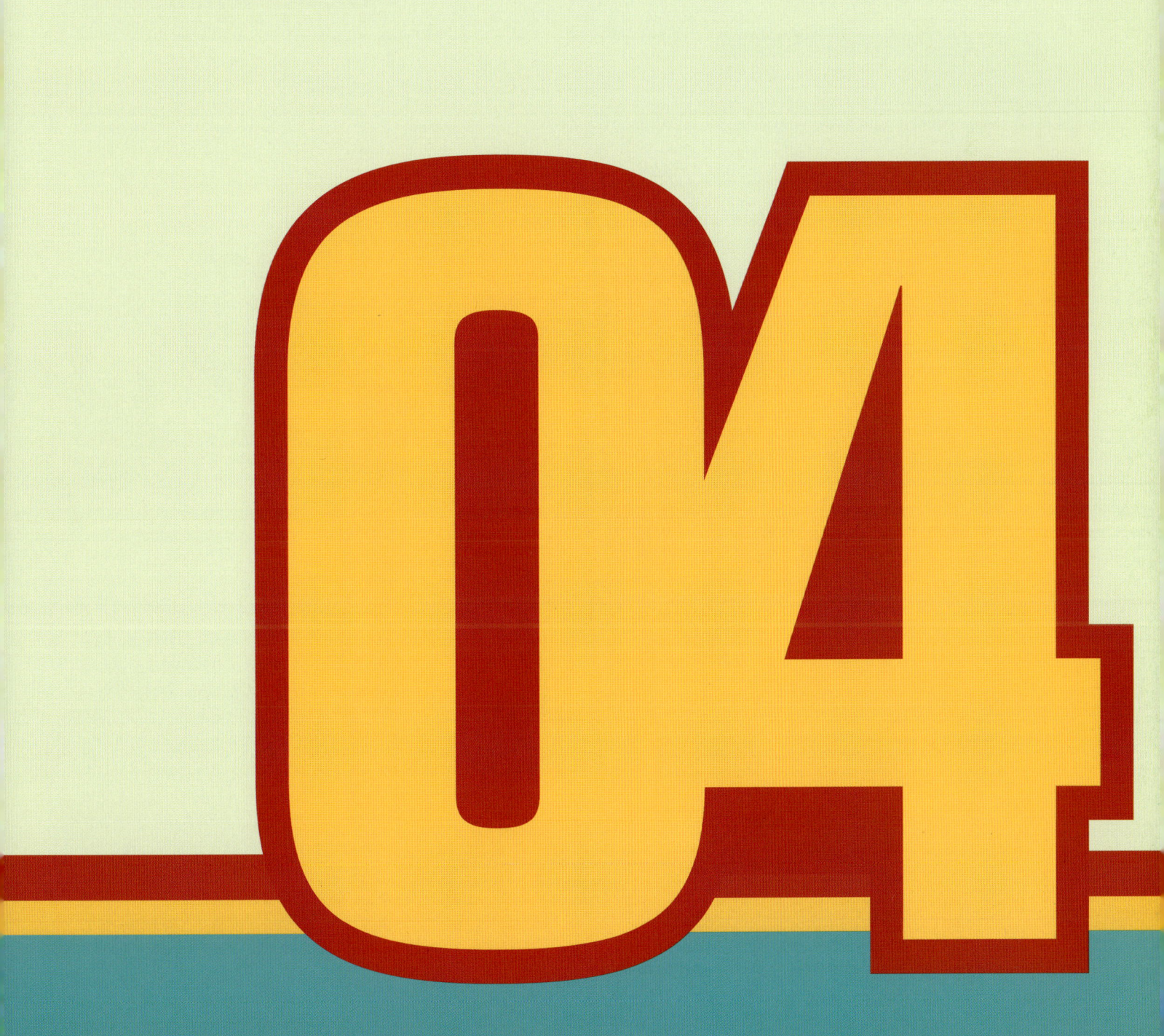

テニス

競技の概略

近代テニスが現在のような形になったのは、1874年にウォルター・クロプトン・ウィングフィールド少佐が競技のルールを成文化してからのこと。とはいえ、その基本的な原理は、フランスの「ジュ・ド・ポーム」（手のひらの遊戯）にある。現在、一般にプレーされている「テニス」は、リアル（ロイヤル）テニスと区別して、厳密には「ローンテニス（日本では硬式テニス）」と呼ばれる。しかし、テニスはローン（芝）以外にも、クレー（土）、セメント、アスファルト、カーペットなど、さまざまなタイプのコートでプレーされるため、「テニス」という言葉が広く使われている。

基礎知識

- テニスがオープン化されたのは1968年のこと。これにともない、プロ・アマを問わずすべての選手が、最高権威を持つトーナメントに参加できるようになった。
- グランドスラムとは、全豪オープン、全仏オープン、全米オープン、ウィンブルドン選手権の4大国際大会を制覇すること。各大会は、ハード、クレー、グラスの3種類のコートサーフェスで行われる。
- 全米オープンで、グラス、クレー、ハードの3種類のコートサーフェスを制覇したのは、今のところジミー・コナーズただ1人である。

ラブゲーム

1ゲーム中のポイント数、あるいは1セット中のゲーム数が0（ゼロ）のことを「ラブ」という。一説には、卵を意味するフランス語のレフ（L'œuf）が訛ったもので、数字の0と卵の形が似ていることに由来するとされる。

日よけ

夏の日中に試合をすることが多いので、日よけのために、コート上でサンバイザーやサングラスを装着することがある。

グリップ

ラケットの柄の部分は8面あり、握り方を調節できる。

ストリング

一流の選手は、動物の腸（ガット）からつくられたストリングを使う。合成繊維のストリングは、コントロールしやすく耐久性がある。

シューズ

試合中にこすったり滑ったりすることがあるため、つま先と側面が強化されている。使用するコートサーフェスに応じたソールを選ぶ。

テニスパンツ

男性はショートパンツをはくことが義務づけられているが、その長さは特に決まっていない。女性も、スカートだけではなくショートパンツの着用も可。

ウェアのスポンサー

シャツの胸元につけるメーカーのロゴは、2つつける場合はそれぞれが12.9cm² 以内、1つの場合は25.8cm² 以内。

コート

コートサーフェス（表面）の材質は、球足が速くなるコンクリートから球足が遅くなるクレーまでさまざまだが、その寸法は一定である。次ページの図のように、シングルスとダブルスの両方に対応できるコートが一般的だが、シングルス用のラインしか引かれていないコートもある。試合を始める前に、審判かプレーヤーがネットの高さと張りを納得のいく状態に調整。現在は、ラインコールやネットコールを判定するために、電子式装置と大きなスクリーンが設置されているコートが多く、観衆が一体となって試合を楽しむことができる。

選手の特徴

テニス選手には、かなりのエネルギーとスタミナが要求される。試合は連続して行われ（特別な場合を除き、ゲーム終了から次のゲームまでは90秒となっている）、その試合時間は最高4時間におよぶこともある。また、ボールをうまく打つには、手と目の協調、高い集中力、さまざまなコートサーフェスへの適応力が欠かせない。さらに、試合の流れが悪くなってきたときに、そこで見切りをつける、あるいはがんばり続ける度胸も欲しい。

ラケットスポーツ

テニス

183

ナンバー・トリビア

17 歳：シード権がなく、優勝候補にも挙げられていなかったボリス・ベッカーが、ウィンブルドン選手権を17歳7カ月で史上最年少優勝。ベッカーは、シード権を持たずに、またドイツ人として、ウィンブルドンを制した初の選手でもある。

59 勝：マルチナ・ナブラチロワが、現役時代に4大国際大会で優勝した数。通算で、シングルス18勝、ダブルス31勝、混合ダブルス10勝を挙げている。

1418 勝：アメリカのジミー・コナーズが、1972年から1993年の間であげた勝利数。これほどの勝利を収めている選手は、現役選手では他に見られない。

263 km/h：サミュエル・グロートが2012年のATPチャレンジャー・ツアーで放ったサーブの最速記録。

665 分：テニス史上最長のプロテニスの試合時間。それまでの記録の2倍の長さとなった。2010年のウィンブルドン選手権で、ジョン・イスナー（アメリカ）はニコラス・マユ（フランス）を3日がかりで、6対4、3対6、6対7、7対6、70対68で下した。

81 連勝：ラファエル・ナダルが2005年4月から2007年5月の間に挙げた、クレーコート連勝数。この81試合連続勝利という記録は、クレー以外のコートでも破られていない。

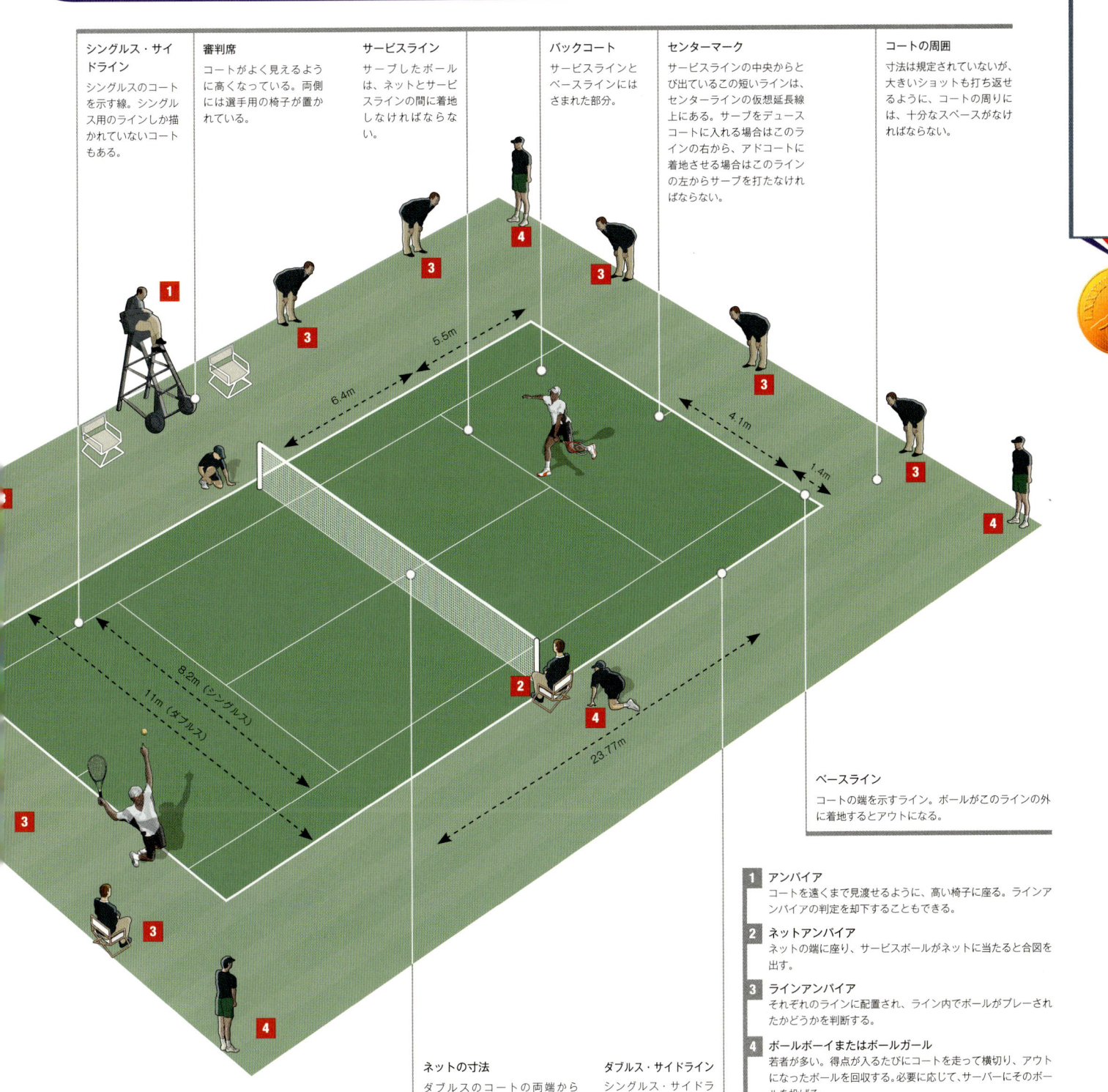

シングルス・サイドライン
シングルスのコートを示す線。シングルス用のラインしか描かれていないコートもある。

審判席
コートがよく見えるように高くなっている。両側には選手用の椅子が置かれている。

サービスライン
サーブしたボールは、ネットとサービスラインの間に着地しなければならない。

バックコート
サービスラインとベースラインにはさまれた部分。

センターマーク
サービスラインの中央からとび出しているこの短いラインは、センターラインの仮想延長線上にある。サーブをデュースコートに入れる場合はこのラインの右から、アドコートに着地させる場合はこのラインの左からサーブを打たなければならない。

コートの周囲
寸法は規定されていないが、大きいショットも打ち返せるように、コートの周りには、十分なスペースがなければならない。

ベースライン
コートの端を示すライン。ボールがこのラインの外に着地するとアウトになる。

ネットの寸法
ダブルスのコートの両端から91.4cm外側に延ばし、ポストの部分は1.07m、中央は91cmの高さになるように張る。

ダブルス・サイドライン
シングルス・サイドラインとダブルス・サイドラインの間はアレー（コート）と呼ばれる。

1 アンパイア
コートを遠くまで見渡せるように、高い椅子に座る。ラインアンパイアの判定を却下することもできる。

2 ネットアンパイア
ネットの端に座り、サービスボールがネットに当たると合図を出す。

3 ラインアンパイア
それぞれのラインに配置され、ライン内でボールがプレーされたかどうかを判断する。

4 ボールボーイまたはボールガール
若者が多い。得点が入るたびにコートを走って横切り、アウトになったボールを回収する。必要に応じて、サーバーにそのボールを投げる。

5 フットフォルトジャッジ
試合が始まるとラインアンパイアを兼ねる。

用具

国際テニス連盟（ITF）が、各試合やコートサーフェスで使用するボールの種類を規定する。ボールには、スローコートで使われる速度の速いボール、ミディアムコートあるいはファストコートで使われる中くらいの速さのボール、ファストコートで使われる速度の遅いボールの3種類がある。標高によっても使用するボールの種類が変わる。テニスラケットの仕様もITFが管理しているため、製造業者はラケットをつくる際、仕様の最大値までつくる必要がある。また、ラリー中にラケットの形や物理的性質が変わるようなしかけも認められていない。

ボール
ITFの認可を得るには、特定の基準を満たさなければならない。外側は白色または黄色のフェルトで覆われている。ボールの重さと大きさにも一定の基準がある。試合中、あらかじめ決めておいた奇数番号のゲーム（一般的には5ゲーム目と7ゲーム目）で、新しいボールに取り換える。

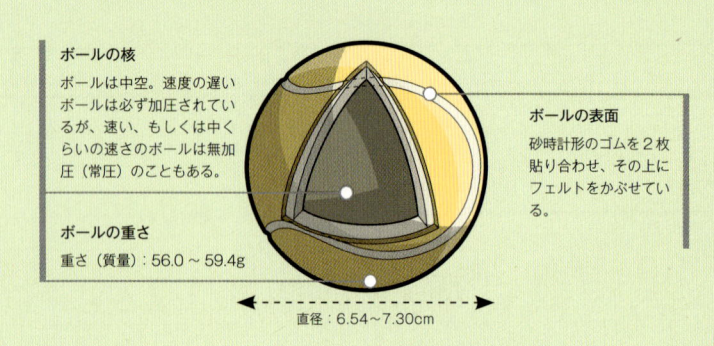

ボールの核
ボールは中空。速度の遅いボールは必ず加圧されているが、速い、もしくは中くらいの速さのボールは無加圧（常圧）のこともある。

ボールの表面
砂時計形のゴムを2枚貼り合わせ、その上にフェルトをかぶせている。

ボールの重さ
重さ（質量）：56.0～59.4g

直径：6.54～7.30cm

ラケット
ラケット全体の大きさはITFによって決められているが、その構造には規定がない。テニスラケットのフレームは近年大きく変化し、木材や金属に代わってカーボンファイバーが用いられるようになった。カーボン製のラケットは、しなりにくくパワーが出やすいため、ストリングの種類やそのテンション（張りの強さ）でボールをコントロールする。

ストリング
ストリングのテンションは個人の好みによって変わってくるが、一般的に強く張るほどボールをコントロールしやすくなる。試合中にストリングが切れた場合はガットを張り直すのではなく、新たなラケットでプレーを続ける。

最大幅 32cm
ラケット面の幅 29cm
ラケット面の長さ 39.4cm
最長 73.7cm

試合の概略

試合前のコイントスで勝った方が、先にサーブをするかレシーブをするか、どちらのコートで試合をするかを決める。プレーヤーはネットをはさんで立ち、サーバー（試合開始時に、相手のコートにボールを打ちこむプレーヤー）が、センターラインの右側かつベースライン後方から、相手コートのサービスライン手前の対角となる面にボールを打ちこみ、ラリーが始まる。サービスは、初めはセンターラインの右側から打つが、その後は左右交互から打つ。レシーバーは自分サイドのコート内であればどこに立っていてもよいが、ボールがバウンドする前に打ち返してはならない。サービスが入ると、ボールがアウトになるまでラリーが続く。

採点方法
試合は「ラブ（ゼロ）」から始まる。1ポイントは「フィフティーン（15）」、2ポイントは「サーティ（30）」、3ポイントは「フォーティ（40）」と呼ぶ。両サイドのプレイヤーとも「40」になると「デュース」となり、一方の選手が「デュース」のあとにポイントを取ると「アドバンテージ」、さらにポイントを入れるとゲームセットとなる。一方のプレイヤーが「アドバンテージ」になったあとにもう一方のプレイヤーがポイントを入れると、試合は「デュース」に戻る。つまり、試合に勝つにはどちらかのプレイヤーが、「アドバンテージ」ポイントと「ゲーム」ポイントを連取しなければならない。

セットの取得
テニスの試合は3セットあるいは5セットマッチで行われる（女子は3セットマッチのみ）。6ゲームを先取すると1セットを獲得できるが、5対5になった場合は2ゲーム差がつくまで（たとえば7対5）延長される。しかし、ゲームカウントが6対6になると、タイブレークが適用されることがある。

タイブレーク
タイブレークの試合ではポイントの数え方が変わり、0から7までカウントする。2ポイント差をつけて7ポイントを先取した選手がセットを取得。最初の選手が1回サーブを打つと次の選手にサーブ権が移り、それ以降は2回ずつサーブをする。

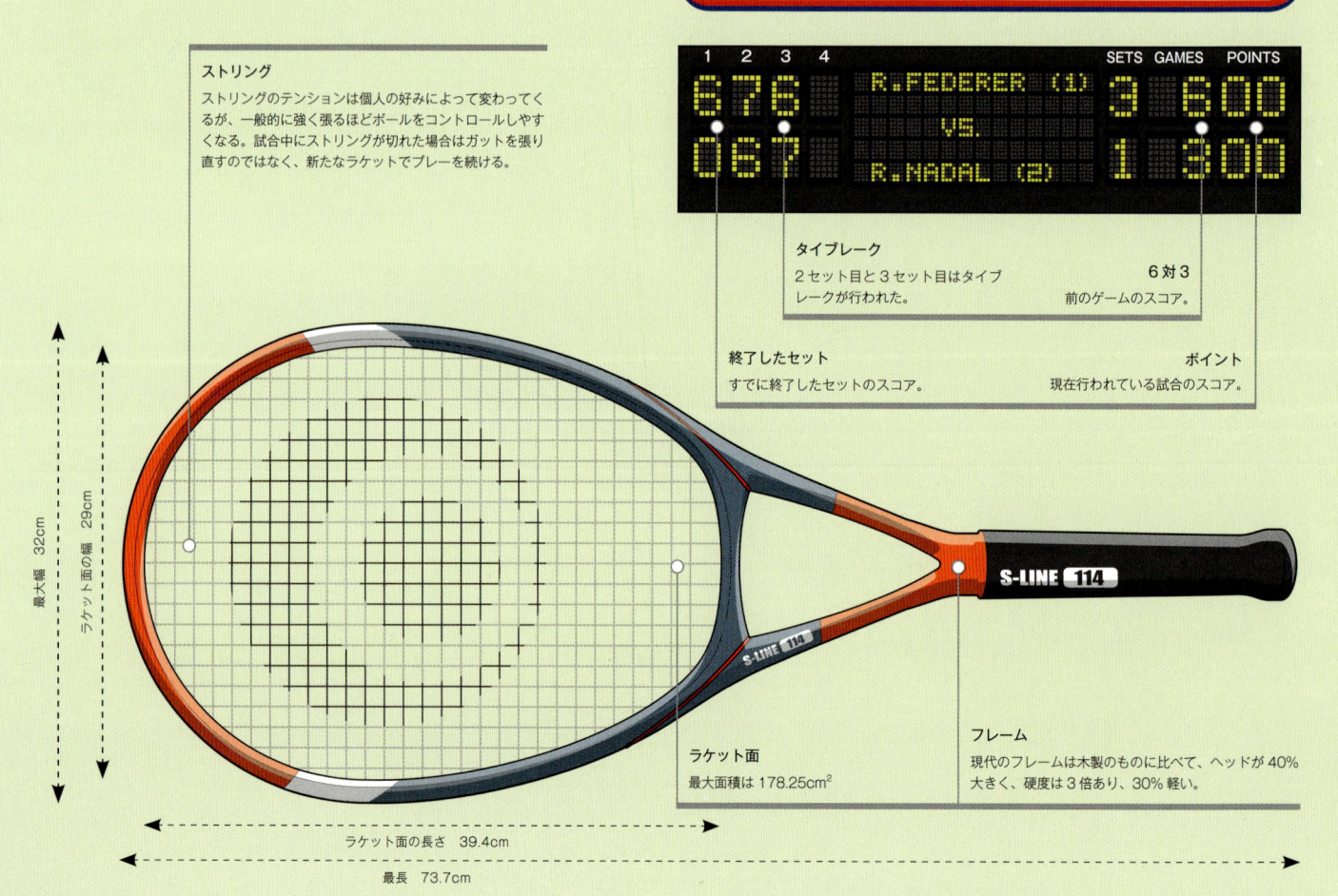

1 2 3 4		SETS	GAMES	POINTS
6 7 6	R.FEDERER (1)	3	6	00
	VS.			
0 6 7	R.NADAL (2)	1	3	00

タイブレーク
2セット目と3セット目はタイブレークが行われた。

6対3
前のゲームのスコア。

終了したセット
すでに終了したセットのスコア。

ポイント
現在行われている試合のスコア。

ラケット面
最大面積は178.25cm²

フレーム
現代のフレームは木製のものに比べて、ヘッドが40%大きく、硬度は3倍あり、30%軽い。

テクニック

近代テニスで最も重要で、非常によく使われるショットは、サーブとフォアハンド、バックハンド（グラウンドストローク）である。この3種類のストロークが打てるようにならないと、ポイントを取ることも試合をすることも難しい。サービスが打たれてポイントが開始するので、サービスをうまく打てると有利である。というのも、サーブを打つ人には相手にボールを打ちこむチャンスが2回あり、また、ボールがどこに飛んでくるのか、相手のプレーヤーが予測しにくいからである。サービスが入ると、その後はグラウンドストロークが基本的なショットになる。このショットは、ボールがワンバウンドしたあとに、ベースライン付近から打つことが多い。グラウンドストロークにはさまざまな回転をかけることができるが、中でも最もよく使われるのがトップスピンとスライスである。

バックハンドスライス

バックハンドは、トップスピンかスライス（バックスピン）のどちらかで打つ。ファストコートでプレーするときは、このバックハンドスライスが最も効果的で、ボールが高速で横滑りする。相手に攻め込まれたときや、ボールが肩より高い位置にきたときにも有効。

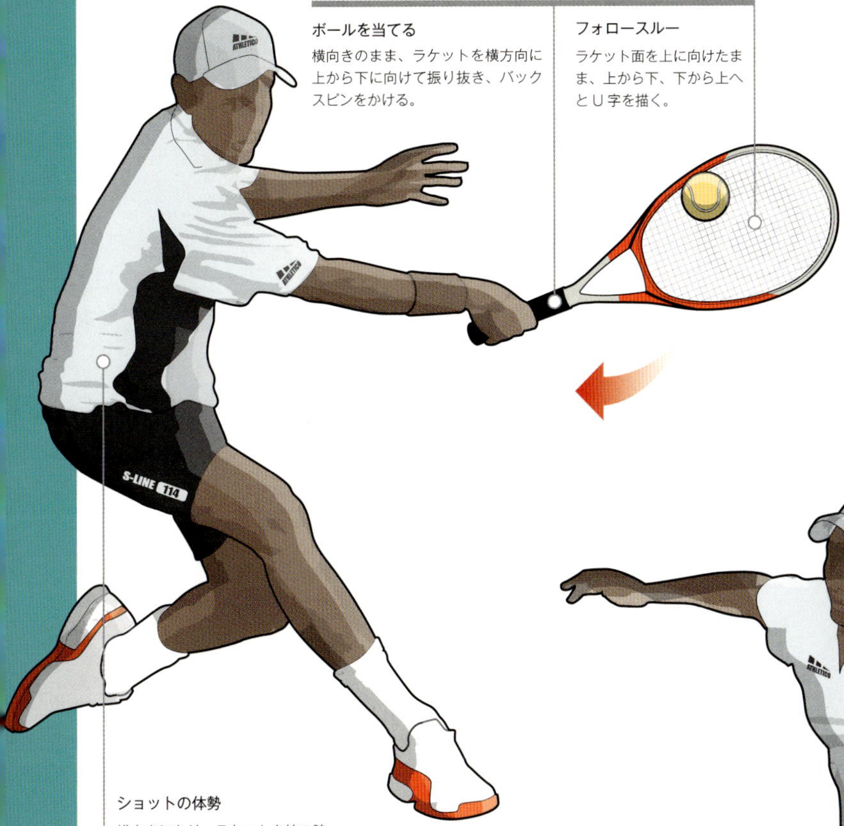

サービス

サービスがうまく打てるとサービスゲームを取りやすくなるため、できるだけ力強く打った方がいい。いいサービスを安定して打てるようになるには、練習を重ねる必要がある。

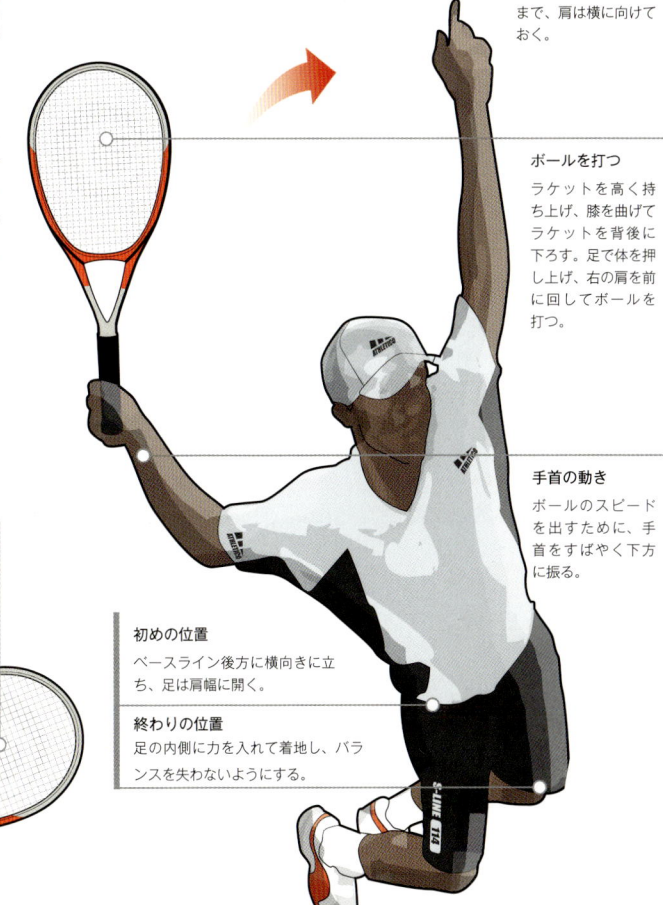

ボールトス
ボールを上に投げながら、腕をできるだけ伸ばす。ラケットを振るまで、肩は横に向けておく。

ボールを打つ
ラケットを高く持ち上げ、膝を曲げてラケットを背後に下ろす。足で体を押し上げ、右の肩を前に回してボールを打つ。

手首の動き
ボールのスピードを出すために、手首をすばやく下方に振る。

初めの位置
ベースライン後方に横向きに立ち、足は肩幅に開く。

終わりの位置
足の内側に力を入れて着地し、バランスを失わないようにする。

ボールを当てる
横向きのまま、ラケットを横方向に上から下に向けて振り抜き、バックスピンをかける。

フォロースルー
ラケット面を上に向けたまま、上から下、下から上へとU字を描く。

ショットの体勢
横向きになり、ラケットを持つ腕を少し曲げ、肩を回しながらラケットを後方に振る。フリーハンドをラケットに添えると肩を回しやすくなる。ラケットはボールより高い位置に持つ。

フォアハンド

フォアハンドはテニスで最もよく使われるショットで、一番初めに習うことが多い。初心者もトップレベルの選手も、このグラウンドストロークを使って、コートの後方からラリーをコントロールする。このショットはトップスピンがかかることが多いが、バックスピンやサイドスピンもかけられる。

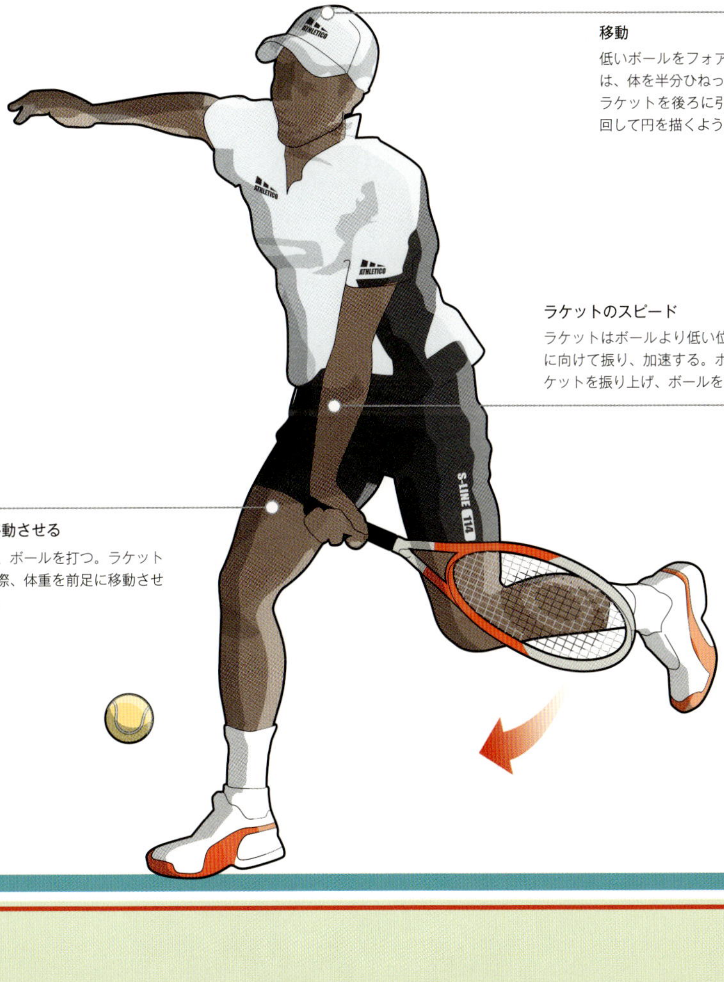

体重を前に移動させる
両膝を曲げて、ボールを打つ。ラケットを振り上げる際、体重を前足に移動させると力が入る。

移動
低いボールをフォアハンドで打つためには、体を半分ひねった状態で前に移動し、ラケットを後ろに引いて準備する。肩を回して円を描くようにスウィングする。

ラケットのスピード
ラケットはボールより低い位置に構え、下から上に向けて振り、加速する。ボールが当たったらラケットを振り上げ、ボールをコントロールする。

ラケットスポーツ

テニス

ロブ

ボールを空中高く打ち上げるロブには、守備型と攻撃型がある。攻撃的ロブはベースライン付近からトップスピンで打つ。ボールにトップスピンがかかるほど、ボールがコートに落ちるスピードが速くなり、より深いロブを打つことができる。守備的ロブはバックスピンをかけるか、ほとんど回転をかけないで打つことが多い。というのも、守備的ロブは、ボールが低いときあるいは遠いときに打つため、トップスピンをかけることはほぼ不可能なのだ。

たかが試合、されど……

1993年4月30日、モニカ・セレシュがサイドチェンジの間に腰をおろしていたところ、暴漢ギュンター・パルシェに背中をナイフで刺された。パルシェをそんな行動に走らせたのは、ステフィ・グラフに対する歪んだ崇拝心だった。セレシュにけがを負わせれば、グラフが再び世界ランク1位に返り咲けると考えたのである。

スマッシュ

スマッシュとは、頭上でボールを打つ攻撃的ボレーのこと。相手がロブをミスショットし、ボールが高く上がりきらずにスマッシュの好位置にきたときに用いられることが多い。ボールを相手のコートに確実に入れるには、正しいフットワークが必要である。判断を誤ると、空振りをしたり、ボールが勢いよくコートの外に跳んでいってしまう。

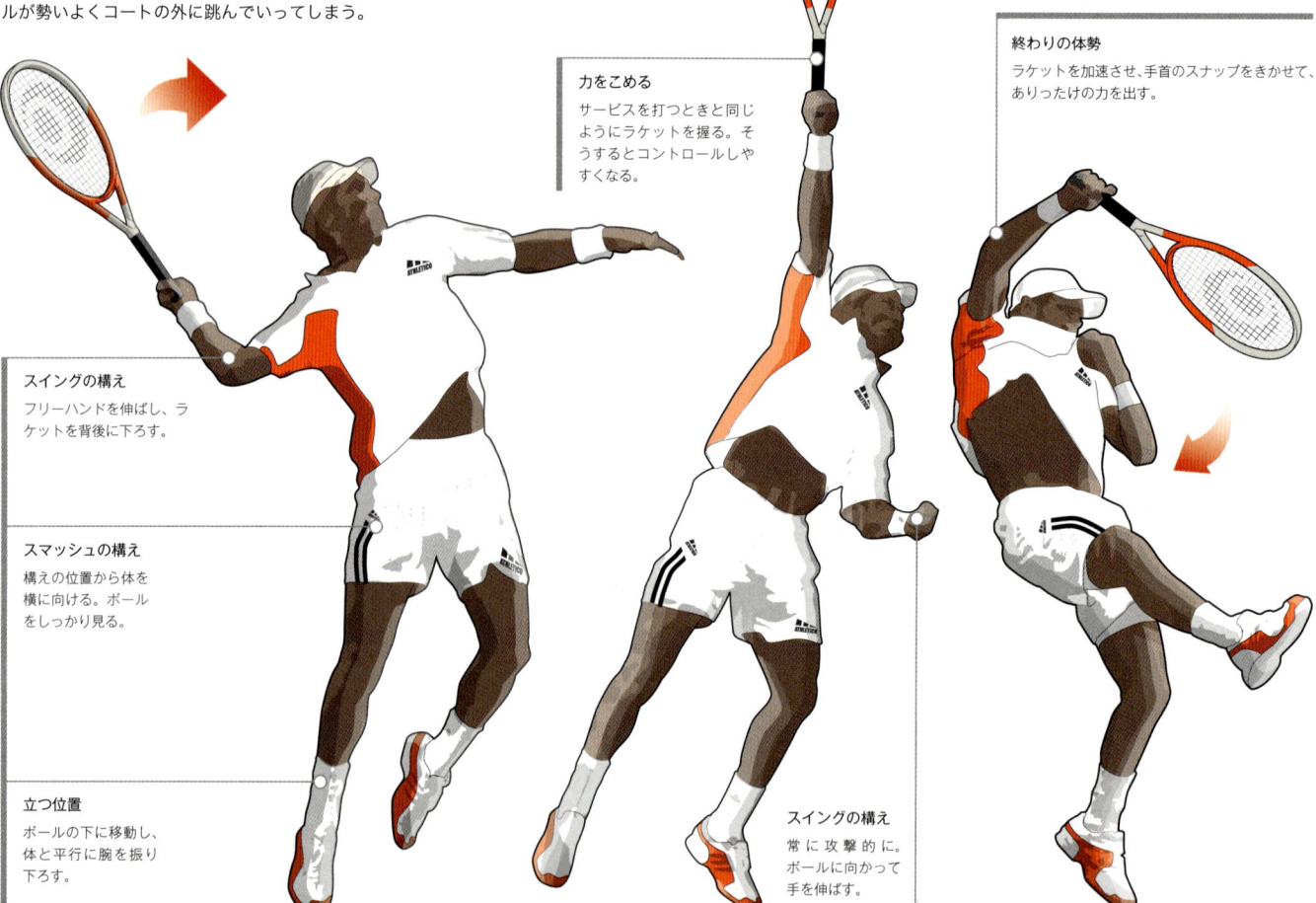

スイングの構え
フリーハンドを伸ばし、ラケットを背後に下ろす。

スマッシュの構え
構えの位置から体を横に向ける。ボールをしっかり見る。

立つ位置
ボールの下に移動し、体と平行に腕を振り下ろす。

力をこめる
サービスを打つときと同じようにラケットを握る。そうするとコントロールしやすくなる。

スイングの構え
常に攻撃的に。ボールに向かって手を伸ばす。

終わりの体勢
ラケットを加速させ、手首のスナップをきかせて、ありったけの力を出す。

ロブを打つタイミング

選手Aはネット付近に移動したが、打ったボールが短くなってしまった。そこで選手Bには、パッシングショットを打つかロブを打つ、という2つの選択肢がある。このような場合はできるだけ、相手の選手のバックハンド側にロブを打つのがよい。そうすると、相手はがんばっても弱いショットしか打てない。ラリーの主導権を握っているときは、ぎりぎり最後の瞬間まで、ロブを打とうとする意図は隠しておくこと。そこでロブを打てば、相手選手の形勢が不利となる。

ロブを打つ
選手Bは、ボールがコートの外に出ないよう、トップスピンで攻撃的ロブを打ってボールをコントロールする。

ナンバー・トリビア

14 セット：セリーナ・ウィリアムズと姉のビーナス・ウィリアムズはともに、1セットも落とさずに全米オープンで優勝したことがある。それを成し遂げるには、第1ラウンドから最終ラウンドまでの14セットを、すべて勝ち取らなければならない。この偉業は全米オープン史上、わずか24回しか達成されていない。

8 人：オープン化以降、ウィンブルドン選手権のシングルスで優勝した左利きの選手の数。最近では、2011年にペトラ・クビトバが優勝している。

210 km/h：女子の最速サーブは、サビーネ・リシキが2009年に放った210km/hのサーブである。

サーフェスの闘い

2007年5月2日、マヨルカ島のパルマ・アリーナで、クレーの王者ラファエル・ナダルと、芝のチャンピオンであるロジャー・フェデラーが、半面がクレーで半面が芝のコートで対戦。このエキシビションマッチは「サーフェスの闘い」と呼ばれた。1500万ドルをかけて建設されたこのコートで行われた試合は、7対5、4対6、7対6（12対10）でスペインのナダルが勝利。試合の数日前、芝側のコートに虫が発生してコートが使えなくなってしまったため、主催者は真新しい芝を敷かなければならなくなった。試合中は、それぞれのサーフェスにあったシューズにはき替えるために、通常90秒のエンドチェンジが2分間に延長された。

コートのサーフェス

テニスの運営組織であるITFは、ボールのバウンド後のスピード、サーフェスに接したあとの回転量、バウンドの高さ、そして選手に加わる粘着摩擦を基に、コートサーフェスを、「遅いサーフェス」、「中くらいの速さが出る」、そして「速いサーフェス」の3種類に分類している。

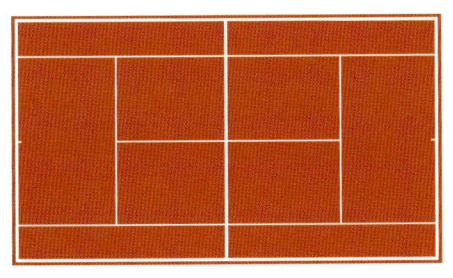

クレーコート：遅いサーフェス
ほとんどのクレーコートはここに分類される。バウンドしたあとのボールのスピードが比較的遅いため、このサーフェスでのラリーは長くなりやすい。クレー上は滑りこむことができるので、プレーヤーがボールに追いつきやすい。

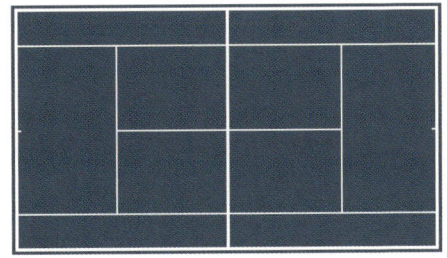

ハードコート（リバウンドエース）：中くらいの速さが出るハードコート
コンクリートやアスファルトのコートを合成ゴムで覆ったハードコートで、アクリルペイントに砂を混ぜて表面を補強。ボールのバウンドは低くも高くもない。

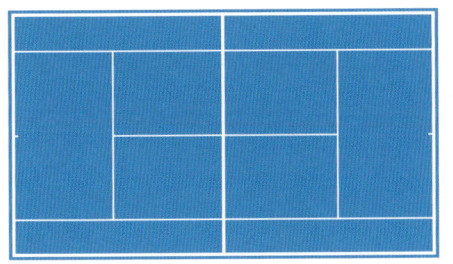

ハードコート（デコターフ）：中くらいの速さが出るハードコート
リバウンドエースと同じ特徴を有しているが、使われている砂の種類が違う。ハードコートのサーフェスは攻撃的なグラウンドストロークに最も適している。

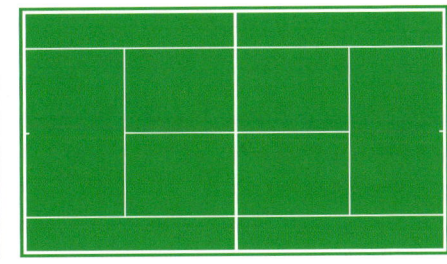

芝コート：速いサーフェス
天然芝と人工芝のサーフェスがこのカテゴリーに入る。ボールが弾まず、滑るように跳び、イレギュラーなバウンドをするのが特徴的。プレーヤーはできるだけ早くポイントを取ろうとする。

テクノロジー

動くボールの軌道をたどる高速マルチカメラシステムを使ったビデオ再生技術が、2006年にマイアミ・マスターズで初めて導入された。これがうまくいったため、2007年以降は、全豪オープン、そしてウィンブルドン選手権でも採用。全米オープンと全豪オープンでは、選手はそれぞれ1セットにつき3回、タイブレークに突入した場合はさらに1回、チャレンジ要求（きわどい判定に対して、ビデオ再生を見て再判定を要求する権利）ができる。チャレンジで判定が覆った場合、選手はチャレンジする権利を失わずに引き継ぐことができる。

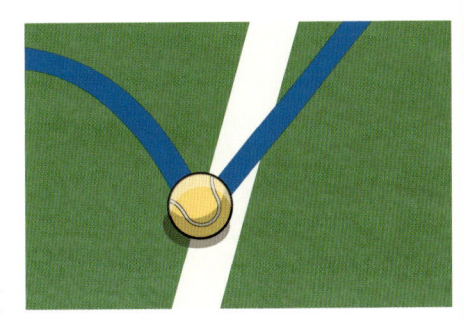

ホークアイ（タカの目）
判定が不確かだったプレーについて、ホークアイの再生技術を使ったリプレイ場面が大スクリーンに映し出され、そのボールがインだったかアウトだったかを、両選手と観客で判断することができる。

裏話

テニスはもともと、11世紀か12世紀にフランスの修道士が僧院の中庭で行っていたシンプルなボール遊びだった、とする説が有力である。テニスという名前は、「取る」という意味のフランス語の動詞 tenir（トゥニール）の命令形 tenez（トゥネ）に由来するといわれている。これは「さあ取って」という意味で、修道士が手でサービスを打つときに呼びかけていた言葉である。

ITF
ITFは、テニスのルールを定める世界中のテニス運営組織の統括団体である。世界中から200を超える国や地域が加盟している。

選手会
男子プロテニス選手の利益を保護するために、1972年、男子プロテニス協会（ATP）が発足。女子テニス協会（WTA）は1970年に創設された。

データ集

4大国際大会　シングルス通算勝利数（男子）

名前	勝/敗
ロジャー・フェデラー（スイス）	17/7
ピート・サンプラス（アメリカ）	14/4
ラファエル・ナダル（スペイン）	13/5
ロイ・エマーソン（オーストラリア）	12/3
ロッド・レーバー（オーストラリア）	11/6
ビヨン・ボルグ（スウェーデン）	11/5
ビル・チルデン（アメリカ）	10/5
イワン・レンドル（チェコスロバキア／アメリカ）	8/11
ケン・ローズウォール（オーストラリア）	8/8

4大国際大会　シングルス通算勝利数（女子）

名前	勝/敗
マーガレット・スミス・コート（オーストラリア）	24/5
シュテフィ・グラフ（ドイツ）	22/9
ヘレン・ウィルス・ムーディ（アメリカ）	19/3
クリス・エバート（アメリカ）	18/16
マルチナ・ナブラチロワ（チェコスロバキア／アメリカ）	18/14
セリーナ・ウィリアムズ（アメリカ）	17/4
ビリー・ジーン・キング（アメリカ）	12/6
モニカ・セレシュ（ユーゴスラビア／アメリカ）	9/4
モーリン・コノリー・ブリンカー（アメリカ）	9/0

男子グランドスラム覇者

選手名（出身国）	年
ロッド・レーバー（オーストラリア）	1962, 1969
ドン・バッジ（アメリカ）	1938

女子グランドスラム勝者

選手名（出身国）	年
シュテフィ・グラフ（ドイツ）	1988
マーガレット・スミス・コート（オーストラリア）	1970
モーリン・コノリー・ブリンカー（アメリカ）	1953

ATP獲得賞金順位（ドル）

名前	生涯獲得賞金額
ロジャー・フェデラー（スイス）	5743万9704ドル
ピート・サンプラス（アメリカ）	4328万489ドル
ラファエル・ナダル（スペイン）	3460万5902ドル
アンドレ・アガシ（アメリカ）	3115万2975ドル
ボリス・ベッカー（ドイツ）	2508万956ドル
エフゲニー・カフェルニコフ（ロシア）	2388万3797ドル
イワン・レンドル（アメリカ）	2126万2417ドル
ステファン・エドベリ（スウェーデン）	2063万941ドル
ゴラン・イワニセビッチ（クロアチア）	1987万6579ドル
マイケル・チャン（アメリカ）	1914万5632ドル
レイトン・ヒューイット（オーストラリア）	1884万3702ドル
アンディ・ロディック（アメリカ）	1869万9823ドル
ノバク・ジョコビッチ（セルビア）	1851万7522ドル
グスタボ・クエルテン（ブラジル）	1480万7000ドル
ヨナス・ビョークマン（スウェーデン）	1460万323ドル

ラケットスポーツ

テニス

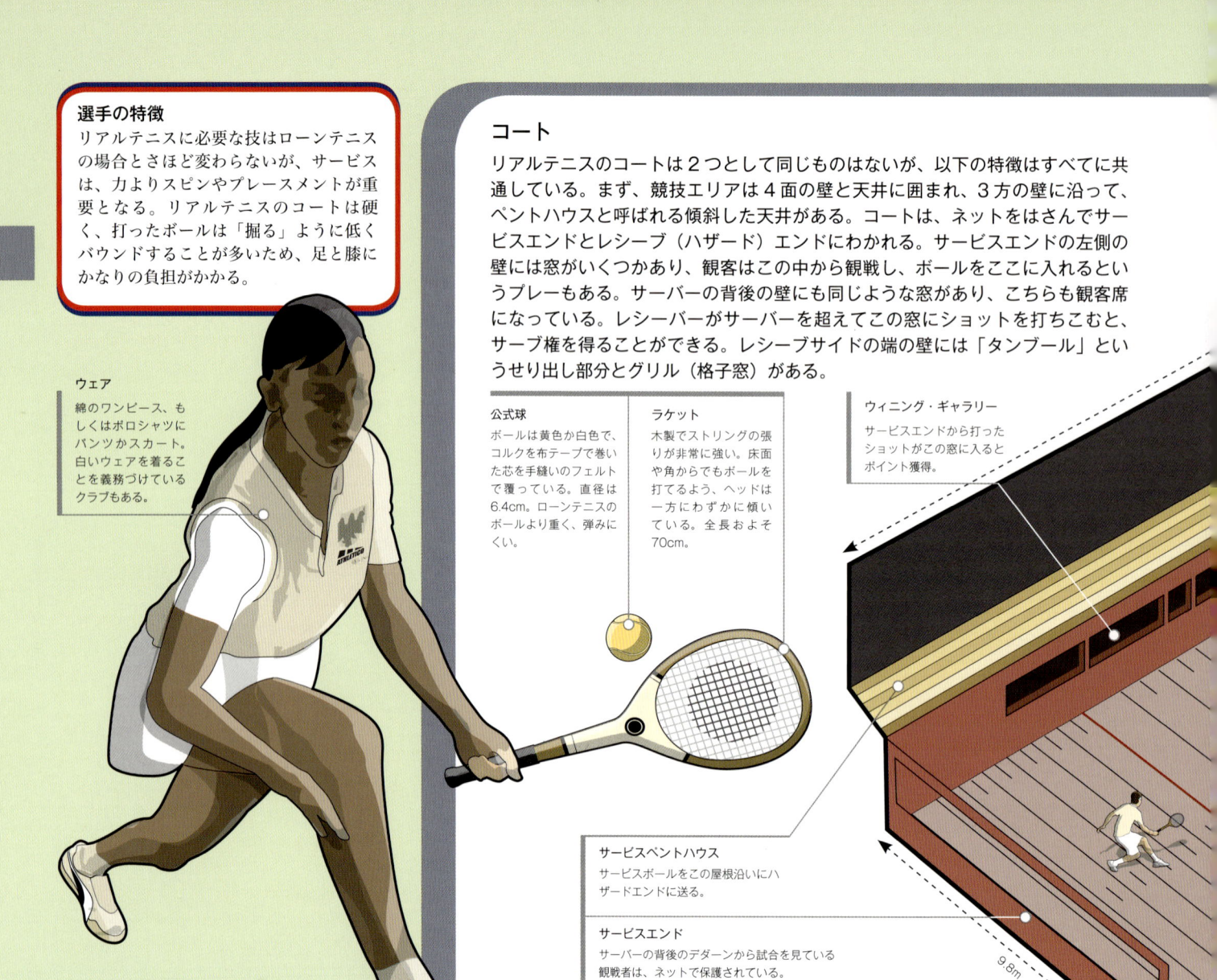

選手の特徴

リアルテニスに必要な技はローンテニスの場合とさほど変わらないが、サービスは、力よりスピンやプレースメントが重要となる。リアルテニスのコートは硬く、打ったボールは「掘る」ように低くバウンドすることが多いため、足と膝にかなりの負担がかかる。

ウェア

綿のワンピース、もしくはポロシャツにパンツかスカート。白いウェアを着ることを義務づけているクラブもある。

コート

リアルテニスのコートは2つとして同じものはないが、以下の特徴はすべてに共通している。まず、競技エリアは4面の壁と天井に囲まれ、3方の壁に沿って、ペントハウスと呼ばれる傾斜した天井がある。コートは、ネットをはさんでサービスエンドとレシーブ（ハザード）エンドにわかれる。サービスエンドの左側の壁には窓がいくつかあり、観客はこの中から観戦し、ボールをここに入れるというプレーもある。サーバーの背後の壁にも同じような窓があり、こちらも観客席になっている。レシーバーがサーバーを超えてこの窓にショットを打ちこむと、サーブ権を得ることができる。レシーブサイドの端の壁には「タンブール」というせり出し部分とグリル（格子窓）がある。

公式球

ボールは黄色か白色で、コルクを布テープで巻いた芯を手縫いのフェルトで覆っている。直径は6.4cm。ローンテニスのボールより重く、弾みにくい。

ラケット

木製でストリングの張りが非常に強い。床面や角からでもボールを打てるよう、ヘッドは一方にわずかに傾いている。全長およそ70cm。

ウィニング・ギャラリー

サービスエンドから打ったショットがこの窓に入るとポイント獲得。

サービスペントハウス

サービスボールをこの屋根沿いにハザードエンドに送る。

サービスエンド

サーバーの背後のデダーンから試合を見ている観戦者は、ネットで保護されている。

フロア・チェイスライン

コートに引かれているラインは、「チェイス」の際にボールが落ちた位置を測定するのに使われる。「チェイス」はサーブ権を得るチャンスとなる。

競技の概略

現代のローンテニスの先駆けともいえるリアルテニスは、屋内のラケットスポーツである。1対1のシングルス、もしくは2対2のダブルスで行われる。中央のネット越しに、相手が返球できないようにうまくボールを打ちこむのが狙いである。数百年の歴史があるこのスポーツが人気の絶頂を迎えたのは、16世紀と17世紀のこと。今日では限られた階層だけの超高級スポーツというイメージがあるが、専用のコートを兼ね備えたテニスクラブであれば、リアルテニスをやってみたいという人を歓迎してくれる。リアルテニスのトップクラスの選手は、ローンテニスの選手をしていた人が多い。

基礎知識

- リアルテニスは世界中でわずか50カ所ほどしかコートがなく、非常に限定的なスポーツである。
- プロの選手は、毎年開催されるリアルテニスのグランドスラム（全豪オープン、全英オープン、全仏オープン、全米オープン）と、隔年で行われる世界選手権で競い合う。
- リアルテニス史上最も優れた選手は、オーストラリアのロバート・フェイヒーである。フェイヒー選手は2012年の世界選手権で11回目の優勝を果たし、フランスのピエール・エチュバステールが1928年から1952年の間に打ち立てた記録を4回上回った。

リアルテニス

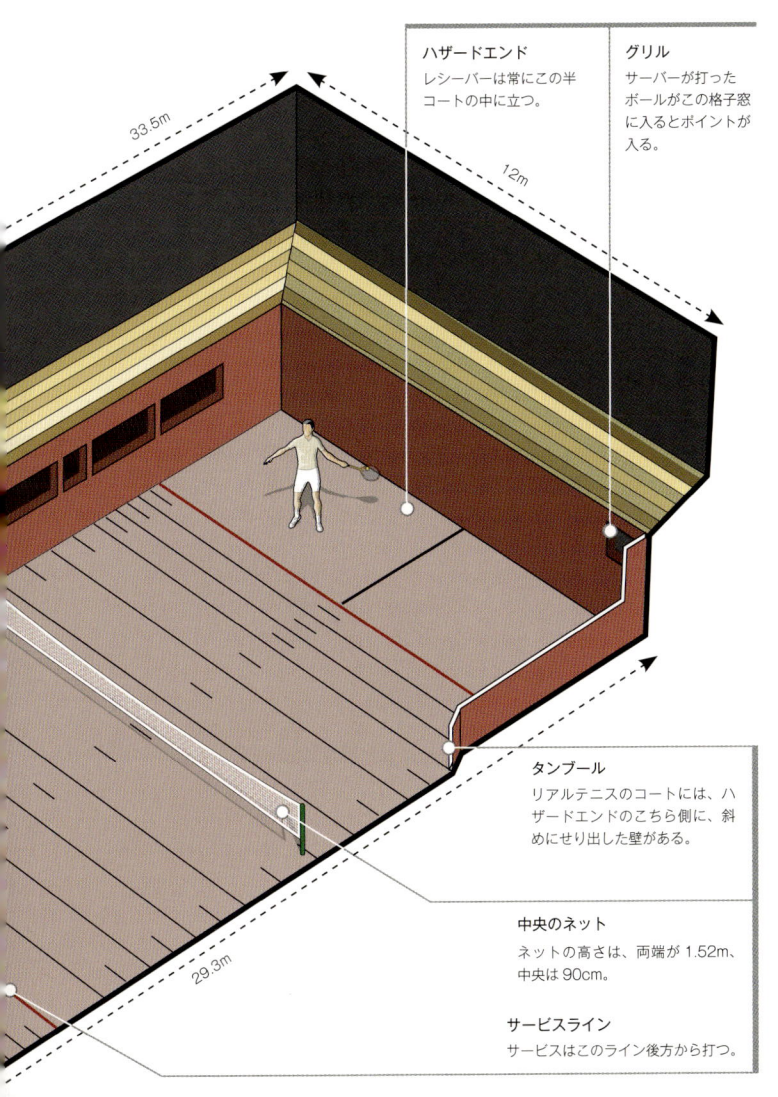

ハザードエンド
レシーバーは常にこの半コートの中に立つ。

グリル
サーバーが打ったボールがこの格子窓に入るとポイントが入る。

タンブール
リアルテニスのコートには、ハザードエンドのこちら側に、斜めにせり出した壁がある。

中央のネット
ネットの高さは、両端が1.52m、中央は90cm。

サービスライン
サービスはこのライン後方から打つ。

競技の方法

サーバー（普通はラケットをスピンさせて決める）がサービスを打てるのは、サービスエンドからのみ。サービスボールは、レシーバー側のコート（ハザードエンド）の左手のペントハウスに、少なくとも1回はバウンドしなければならない。

サービスは、ローンテニスのように選手の間で交代することはなく、レシーバーがサービスを打つには、サービス権を取得する必要がある。4ポイント先取で1ゲーム、6ゲーム先取で1セットの獲得となる（5対5になっても、タイブレークは行われない）。試合は3セット、もしくは5セットマッチである。

サーバーがポイントを獲得するには、ウィニング・ギャラリー（観戦用の窓）かグリル（格子窓）のいずれかにボールを打ちこむ。レシーバーがポイントを獲得できるエリアは広く、サーバーの背後にある「デダーン」と呼ばれる観客席の窓にボールを入れるとポイントが入る。

自分側のコートでボールがツーバウンドしてしまった場合、そこで自動的にラリーを落とすというわけではなく、スコアはそのままの状態でコートをチェンジし、ラリーを再開する。その際、ラリーに失敗した選手が、取りそこねたショットより奥にツーバウンドするようなボールを、ネット越しに打たなくてはならない。これを、サーバーがラリーを落とした場合は「チェイス」、レシーバーがミスをした場合は「ハザードチェイス」という。距離は、コートの左右に90cmおきに描かれたラインで測定する。

傾斜を利用する

リアルテニスの見どころはスピンである。速度の遅いショットでも、スピンがかかるとなかなか打ち返せない。しかし、試合の主な目的は、コートの構造上の特徴をうまく利用して、そこに強いストロークを打ちこむこと。タンブールにショットが当たるとボールが予期せぬ方向へはね返るため、返球が難しい。「切り目」（床と壁の角）にストロークが入ったり、デダーン、ウィニング・ギャラリー、もしくはグリルに攻撃的なドライブを打ちこんでも、相手は打ち返せなくなる。

ラケットスポーツ

189

リアルテニス／ソフトテニス

ソフトテニス

競技の概略

ソフトテニスはローンテニスの一種で、屋内外のコートで行われる。ローンテニスと異なるのは、柔らかく、ぐにゃっとしたボールを使うところ。そのため、ソフトテニスでは力強いショットはあまり見られず、ラリーが長いのが特徴である。

基礎知識

→ ソフトテニスが最も盛んに行われているのは、日本と台湾である。しかし、ローンテニスのサーブ・アンド・ボレーの「強打」テニスに飽きた人たちの間では、その魅力が広がりつつある。

→ ソフトテニスはアジアで人気があるため、1994年からアジア競技大会の正式種目となった。

ルール

サービスは下からでも上からでも打つことができる。採点方法はローンテニスと同じで、5ゲーム制、7ゲーム制、9ゲーム制があり、過半数のゲームを先取すると勝利。

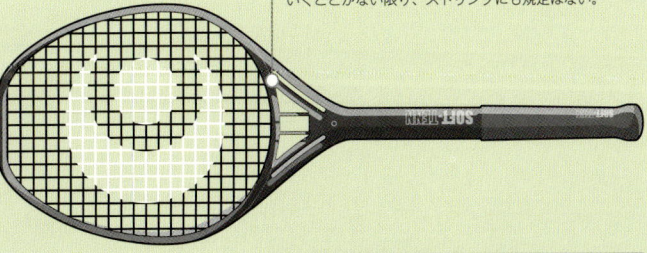

ラケット

両面とも表面が同じであれば、それ以外の制約はほとんどない。ラケットの形や大きさ、材質、重量も選手の好みでよい。まったく予測できない方向へボールが跳んでいくことがない限り、ストリングにも規定はない。

ボールの必要条件

空気の入ったゴム製のボールを使用する。直径は6.6cm。国際ソフトテニス連盟は、ボールは「原則的に白」と規定しているが、実際には黄色が多く、赤色のボールもある。

卓球

競技の概略

「ピンポン」とも呼ばれる卓球は、動きが速く、体力を要求されるラケットスポーツである。男女とも、シングルスあるいはダブルスで試合を行う。打ち返せない、あるいはエラーを誘うような球を相手コートに打ちこんでポイントを取る。短く、シャープな試合運びが多く、長引いた場合はルールに従って対処する。

選手の特徴

卓球の選手に求められるのは、敏しょう性、非常に優れた手と目の協調、そして、柔軟性のある強い足の筋肉である。短距離をすばやく移動したり、瞬時に方向を変えるといった動きが要求されるため、特に、肩、腰、膝を痛めることが多く、細心の注意が必要だ。卓球台から離れたところでは、ジャンプトレーニング、スクワット、短距離走、そして少なくとも20分のランニングを1週間に3本行う。

卓球台

卓球台は、メゾナイトあるいはそれに似た硬材でつくられており、なめらかで低摩擦のコーティングが施されている。一般的には緑色だが、濃い青色や黒色の台もある。ネットは左右とも、台の端から少し外側に延びている。ダブルスの場合、サービスはセンターラインの右半分にバウンドさせて、コートの左半分にバウンドするように打たなければならない（シングルスの場合はどこでバウンドさせてもよい）。

競技方法

試合は3ゲーム制、5ゲーム制、あるいは7ゲーム制。11点先取、あるいは10対10になった場合は、先に2点差をつけた方を勝ちとする。試合はサービスで開始。サーバーはボールを投げ上げ、落下してくるところをラケットで打つが、その際、指で回転がかからないように、ボールは手のひらに乗せて投げ上げる。レシーバーはボールが2回（相手コートと自分のコートで1回ずつ）バウンドしてから打ち返す。その後は、ボールは1ショットにつき1回、相手側のコートにバウンドさせる。
サーブしたボールがネットに当たってレシーバー側に入った場合はレットとなり、もう一度同じサーバーがサービスを打つ。サービスは2本ずつで交代、コートはゲームごとにチェンジする。

基礎知識

→ 卓球がオリンピック競技になったのは1988年。その年からずっと、中国が強国として君臨している。

→ ボールは160km/h以上のスピードが出ることもある。

→ 卓球はラケットスポーツの中で競技人口が最も多く、世界中で3億人がプレーしているといわれている。特に中国や韓国など、アジア諸国で人気がある。

→ 試合のペースがとても速いため、1973年には女子のラリーで、わずか60秒の間に173回もボールの打ち合いが行われたことがある。

跡を残さない
シューズのソールは、床の表面に跡を残さないものでなければならない。

これでようやく帰れる

1936年のスウェイスリング杯（男子の卓球世界選手権大会）の決勝戦は、ハンガリー対オーストリアの試合となった。ところが試合が長丁場となり、3日たっても決着がつかない。それ以上引き分けが続くと観戦スポーツとして存続できなくなるため、「促進ルール」が導入された。これは、ゲーム開始後10分経過してもそのゲームが終了しなかった場合、サーバーがサービスを含めて13回球を打つまでの間に得点しないとレシーバーの得点になる、というものである。

試合のルール

ネットの横から相手コートにボールを打ちこむことは反則ではない。ボレーは禁じられており、台で1回バウンドしたボールを打たなければならない。試合中にフリーハンドがコートに触れると失点となる。

ダブルスの試合では、ペアは交互にボールを打ち、1人のプレーヤーが2回連続で打つことはできない。レシーバーとなるプレーヤーがセンターラインの前に立てるよう、ボールを打ったらもう一方のプレーヤーとすばやく位置を代わらなければならない。センターラインの前で構えていると、ボールがどこに落ちても打ち返せる可能性が高いからだ。

軽量のウェア
選手はポロシャツとショートパンツ、あるいはスカートを着用。

かなり軽いボール
白かオレンジ色のセルロイド製の球で、中はガスで満たされている。直径4cmで重さは2.7g。

まっすぐのネット
ネットは卓球台のどの位置でも同じ高さになるよう、ピンと張る。

エッジ
白いエッジを含む卓球台のどの部分にボールが当たっても、インになる。

速度制限

卓球の一形態に、試合のスピードを遅くすることをめざしているものがある。それが「ハードラケット」と呼ばれるもので、昔の卓球の再来とみなされている。この「ハードラケット」ではスポンジラバーのラケットを使用することができないため、ボールに回転をかけるのが難しい。

裏話

卓球は、19世紀にローンテニスの選手が生み出した競技である。天気の悪い日に屋内で練習をしようと、葉巻を入れる箱のふたをラケットに、シャンパンのコルクを丸めたものをボールに、本を並べてネット代わりにしたのがその始まりである。卓球には当初、さまざまな呼び名があり、「ウィッフ・ウワッフ」と呼ばれたこともあった。

国際卓球連盟（ITTF）
1926年に、オーストリア、イギリス、ドイツ、ハンガリーによって設立。215（2011年5月現在）の国や地域が加盟している。

ラケットの握り方

卓球のラケットにはいろいろな握り方があるが、大きく分けると、オーソドックスなシェークハンドとペンホルダーの2種類。ブレードを人差し指と中指ではさむVグリップもある。

木製のラケット

ラケットのブレードは主に5層の木材でできている。寸法、重量に規定はなく、形状は四角、楕円、円のいずれか。両面のラバーは厚さ4mm以下でなければならない。

表面

裏面

ラバー面
表と裏のラバーの厚さと質感が違うのが特徴的で、表面はなめらかだが、裏面には小さなくぼみがたくさんある。表と裏は違う色にしなければならない。

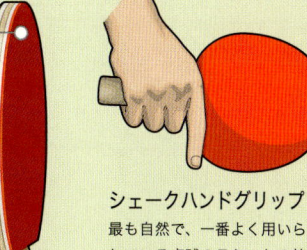

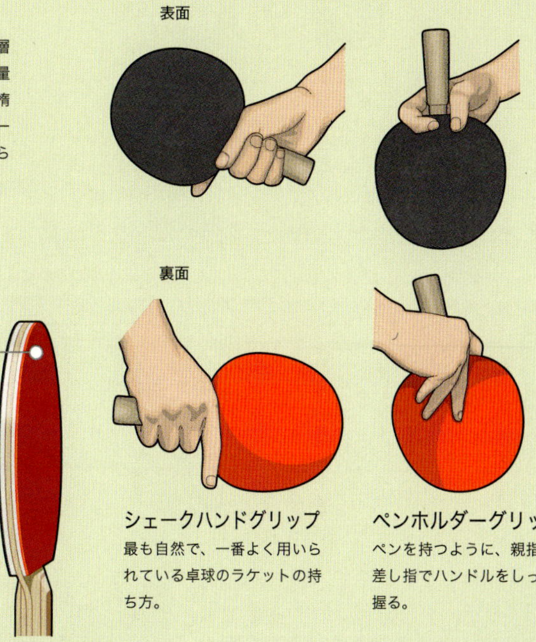

シェークハンドグリップ
最も自然で、一番よく用いられている卓球のラケットの持ち方。

ペンホルダーグリップ
ペンを持つように、親指と人差し指でハンドルをしっかり握る。

ショットとスピン

卓球ではショットの強さが重要な役割を果たすものの、現代の卓球でカギとなるのはスピンである。ボールが非常に軽いため、空中でボールを回転させて、レシーバー側の予測もつかないところにバウンドさせることは、ほぼ誰にでもできる。回転量と回転のタイプを隠すことが、その選手の技量となる。

バックスピン

ラケットの下の部分を上の部分より前方に傾け、ボールの下側を打つ。球速を遅くし、台に落ちたときに「止める」ようにする（できるだけバウンドをしないようにする）のが目的。

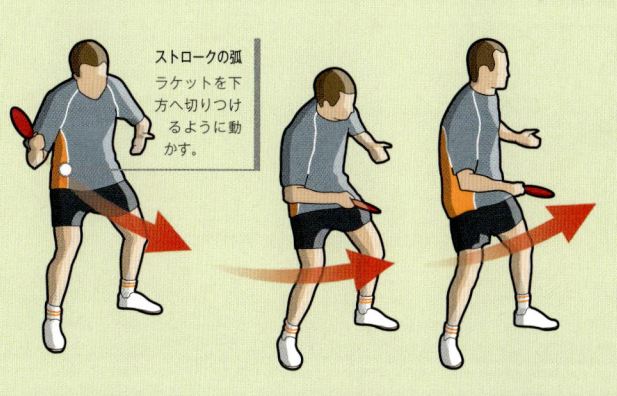

ストロークの弧
ラケットを下方へ切りつけるように動かす。

フォアハンドスマッシュ

最も強打撃を与える技のひとつで、ボールを高速で打つショット。トップスピンがかかるだけでなく、相手の台にボールを打ちこむ際に手首をすばやく動かして、ボールの進行方向をわからなくすることもできる。

トップアップ
ラケットの上部を前方に傾ける。

バックハンド・トップスピン

この基本的な技は、バックスピンショットの動きを逆にしたものである。ラケットの上部が下部よりずっと前に来るように、ラケットを傾ける。トップスピンをかけるとボールが空中でそれほど上がらなくなるため、相手コートにボールがすばやく落ちてバウンドが低くなり、返球しにくくなる。

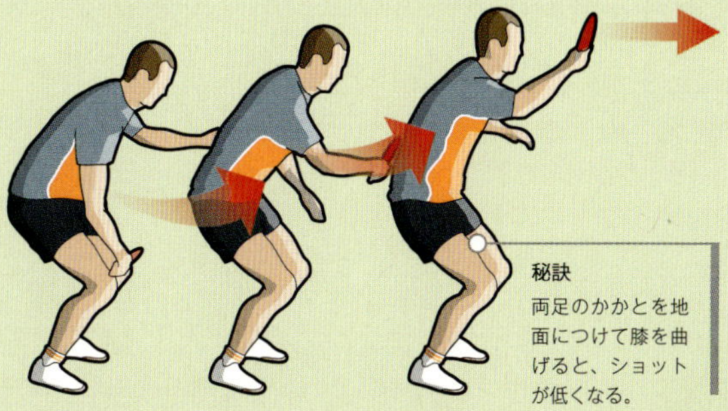

秘訣
両足のかかとを地面につけて膝を曲げると、ショットが低くなる。

ラケットスポーツ

卓球

バドミントン

競技の概略

バドミントンには、シングルスとダブルスがある。円錐形のシャトルを高いネット越しに打ち、相手が打ち返す前にコートにシャトルが落ちるとポイントが入る。シャトルが軽く、空気力学的形状をしているため、バドミントンは繊細な競技といえるが、その一方で突発的に力を加えると、鮮烈なスマッシュが決まる。

ラケット
プロレベルの選手が使うラケットはカーボンファイバーの複合材でつくられており、硬くて強くて軽く、重さはわずか75g。現在使われているストリングは、合成繊維のものが多い。

コート
バドミントンコートのサーフェスは、弾力性のあるベニヤ板であることが多く、それをビニールや処理した硬材の板で覆っている。表面には、シングルス用とダブルス用のラインが引かれている。シャトルの動きは速いが、距離はそれほど飛ばない。そのため、コートはコンパクトで、スペースが限られた場所で競技するのに適している。

選手の特徴
トップレベルの選手ともなると、その移動距離は1ゲームでおよそ1.6kmにもなるため、強靭な太腿とふくらはぎの筋肉が不可欠である。もうひとつ欠かすことができないのが、フットワークだ。選手は急に方向を変えたり、短距離で加速する練習を重ねる。シャトルの動きはボールの場合と大きく異なるため、他のラケットスポーツとストロークの仕方も違う。

軽いウェア
軽量の綿のシャツとパンツあるいはスカートをはき、涼しさを維持する。

すべては足に
コート内を動き回り、高いショットを打つために飛び跳ねるには、力強いももの筋肉が必要である。

サポート役
着地したりコート上で向きを変える際に膝を痛めることがあるため、膝にバンデージを巻いてサポートする。

痕跡を残さない
足跡が残らないゴム底の靴をはき、水ぶくれを防ぐには靴下が欠かせない。

基礎知識

→ バドミントンはサッカーに続き、参加スポーツとして世界で2番目に人気がある。特に、マレーシアとインドネシアで盛んにプレーされている。

→ 332km/hのスピードが出るシャトルを使うバドミントンは、世界最速のラケットスポーツといえる。

ナンバー・トリビア

16 枚：オリンピックで使用するシャトルコックのガチョウの羽根の枚数。

332 km/h：試合中のシャトルの最高時速。

13.5 回：バドミントンのラリーの平均ショット数。テニスのラリーは比較的短く、ラリーごとの平均が3.4ショットである。

42 ％：1992年にバドミントンがオリンピックの正式種目となって以来、中国が男女のシングルス、ダブルス、混合ダブルスで金メダルを取った割合。

サービス

サーバーとレシーバーは、センターラインをはさんだ対角線上に立つ。サービスはサーバーのウエストより下の位置で下方から打つ。両足は床から離さないこと。ゲームの初めはコートの右側から打ち始め、その後は左右交互から打つ。最初の2ゲームはゲーム終了ごとにコートをチェンジするが、3ゲーム目は途中で交換する。

なぜ「バドミントン」？

1873年にビューフォート公爵が、インドのプーナという競技をイギリスに持ちこみ、それをグロスタシャー州の「バドミントン」にある自分の邸宅で始めたのが、この名前の由来である。

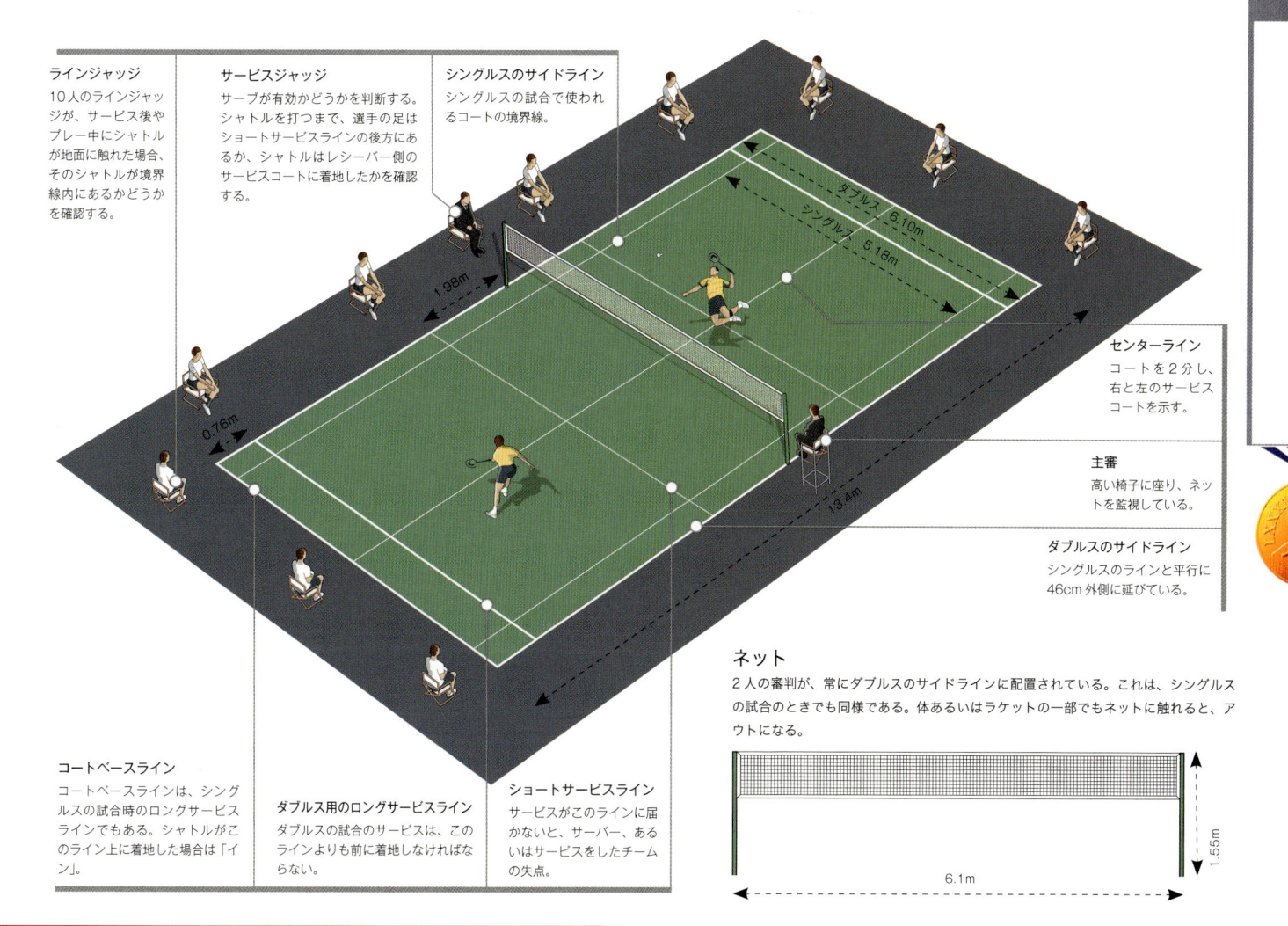

ラケットスポーツ

バドミントン

ラインジャッジ
10人のラインジャッジが、サービス後やプレー中にシャトルが地面に触れた場合、そのシャトルが境界線内にあるかどうかを確認する。

サービスジャッジ
サーブが有効かどうかを判断する。シャトルを打つまで、選手の足はショートサービスラインの後方にあるか、シャトルはレシーバー側のサービスコートに着地したかを確認する。

シングルスのサイドライン
シングルスの試合で使われるコートの境界線。

センターライン
コートを2分し、右と左のサービスコートを示す。

主審
高い椅子に座り、ネットを監視している。

ダブルスのサイドライン
シングルスのラインと平行に46cm外側に延びている。

コートベースライン
コートベースラインは、シングルスの試合時のロングサービスラインでもある。シャトルがこのライン上に着地した場合は「イン」。

ダブルス用のロングサービスライン
ダブルスの試合のサービスは、このラインよりも前に着地しなければならない。

ショートサービスライン
サービスがこのラインに届かないと、サーバー、あるいはサービスをしたチームの失点。

ネット
2人の審判が、常にダブルスのサイドラインに配置されている。これは、シングルスの試合のときでも同様である。体あるいはラケットの一部でもネットに触れると、アウトになる。

競技方法

試合は3ゲームマッチ。サーバーがラリーを取ると1点が入り、続けてサービスコートからサービスを打つ。サーバーあるいはサーバーサイドがラリーを落とすと、対戦相手や対戦チームに点が入る（2006年以前のシステムでは、サーブ権のある方しか点が入らなかった）。その後、サーブ権は、シングルスの場合は対戦相手に、ダブルスの場合はサーバーのパートナーに、サーバー側が2人ともサーブが終わっている場合は、相手チームの選手のひとりに移る。バドミントンでは、20対20にならない限りは21点先取で勝利。20対20の場合、先に2点差をつけた選手あるいはチームが勝ちとなる。29対29になった場合は、30点を先取した選手あるいはチームが勝者となる。

採点方法

得点するのは、相手コートに打ったシャトルを相手が打ち返す前にコートに着地した場合、あるいはうまく打ち返せなかった場合。
失点するのは、サービスが相手コートのショートサービスラインに届かなかったとき、シャトルがプレーヤーの体あるいはウェアに触れたとき、もしくはネットを越す前にシャトルを打った場合である。

シャトルとラケット

最良のシャトルコックは重さがおよそ5g、コルクでできた台にガチョウの羽根が16枚ついている。壊れやすく、トップレベルの選手は1試合で10個のシャトルをつぶしてしまうという。対照的に、ラケットは強く、選手からシャトルへ最大のエネルギーが伝わるように設計されており、非常に速く遠くまでシャトルを飛ばすことができる。

シャトルとラケットの接触
シャトルの丸くなったコルク台の部分が、ラケットのストリングを張った面に接する。ストリングは十字に張られており、両面ともまったく同じである。

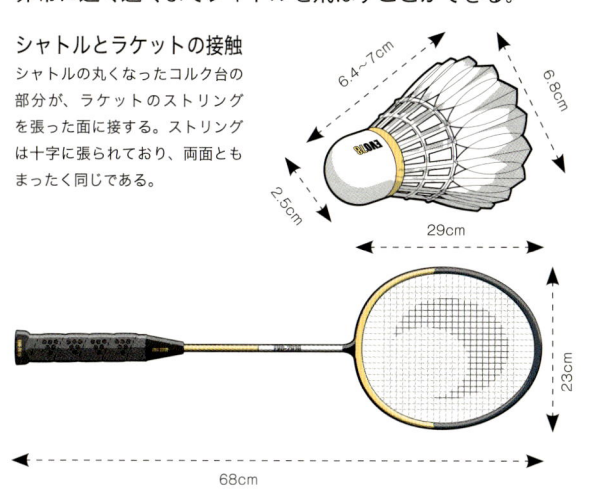

繊細さと力

ショットには、ネット越しに落ちるもの、ハイロブ、返球できないスマッシュなど、さまざまな種類がある。プレーヤーは、相手を欺いたりあるいは力を使って、相手のポジションをずらしながらすき間をつくる。サービスはショートサービスライン後方から打つが、その後はコート内外のどこからでもショットを打つことができる。

センタープレー
戦略的に最もいいポジションは、コート中央のセンターライン。プレーヤーは、ショットを打ってからシャトルが戻ってくるまでの間にこの位置に戻る。

ラケット面
高い弾道のショットを打つためには、ラケット面を上に向けてる。

腰の高さ
シャトルは、サーバーのウエストより低い位置で、台の部分を打つ。

サービス
腕は肩より下の高さに保ち、サービスを打つときは両足を地面につけていなければならない。腕を上から下に振り下ろす「テニススタイル」のサーブは反則。ラケットは手首より下に持つ。

ドリブンクリア
フォアハンドで強く打つこの高いロブは、相手の頭上を越えて、コート後方に急速に落下させて得点することが目的である。バックハンドで打つこともある。

回転運動
バックハンドショットは、肩を回転させて力を出す。

タイミング
スマッシュの秘訣は、シャトルをできるだけ高い位置で打てるように、ジャンプのタイミングをはかること。

バックハンド
バックハンドのストロークはフォアハンドのストロークより力が入りにくいため、相手のポジションを動かすための防御用ショットとして用いられることが多い。しかし、クロスコートドライブやドロップは、相手の予想に反して打つと、得点につながる。

スマッシュ
バドミントンで最も鮮烈なショットは、相手コートに鋭角にシャトルを打ち落とす、強力なスマッシュである。ネットの上からいい角度でシャトルを落とすために、片足あるいは両足を地面から離して打つ。

裏話
1977年から開催されていた世界バドミントン選手権大会が毎年行われるようになったのは2006年から。全英オープンは1899年から行われているが、この由緒ある大会は、非公式の世界選手権と見なされている。

運営組織
1934年に国際バドミントン連盟として発足した世界バドミントン連盟（BWF）には、現在、174の団体が加盟しており、主に6つの世界大会を運営している。本部は70年以上イギリスに置かれていたが、2005年にマレーシアに移転した。

主な全英オープン・シングルス勝者

選手名（国名）	性別	活躍した時期	タイトル数
ジュディ・ハッシュマン（旧姓 デブリン）（アメリカ）	女	1954～67	10
ルディ・ハルトノ（インドネシア）	男	1968～76	8
エルランド・コップス（デンマーク）	男	1958～67	7
フランク・デブリン（アイルランド）	男	1925～31	6
エセル・トムソン・ラーコム（イングランド）	女	1900～06	5
マジョリー・バレット（イングランド）	女	1926～31	5
ラルフ・ニコルズ（イングランド）	男	1932～38	5
スシ・スサンティ（インドネシア）	女	1990～94	4
モルテン・フロスト（デンマーク）	男	1982～87	4

毽子
（ジェンズ）

競技の概略
毽子は、男女とも個人、ペア、あるいはチームで、屋内外で行われる。これは、腕や手以外の部分を使い、毽子もしくはチャプテー（シャトル）をお互いに飛ばしあう競技。うまくパスできれば点が入り、地面にシャトルが着地すると、失点となる。

場所を選ばず
毽子はバドミントンのコートで行われることもある。その場合は、チャプテーをネット越しに飛ばし合う。ネットの代わりにラインを使う場合もある。また、コートを引かなくても競技は可能。サッカーのリフティングに似たこのカジュアルな競技は、アジア諸国では老若男女に人気のスポーツで、公園でプレーしている様子がよく見受けられる。

チームプレー
1対1の場合、プレーヤーはチャプテーを2回連続で打つ。チームで行うときは、片方のチームが4回まで連続で打てる。1チームの人数は決まっていないが、一般的には6人。その場合、常にコート上いるのは3人で、残りは控えの選手となる。たいてい21点を先取で勝利。

一風変わった足さばき
手や腕にさえ触れなければ、チャプテーをどこで受けてもいいが、試合では主に足を使う。たいていの場合、1回目のタッチでシャトルをコントロールし、2回目でチームメイトにパスするか、ネットの反対側に飛ばす。足の甲を使うことが多いが、足指の先端でシャトルをけり上げたり、足の裏でネットの向こうに激しく打つ「スネークキック」も可能。レシーバーはネット越しに胸でチャプテーをブロックし、相手側の床に落としてポイントを取ることもある。

ウェア
軽い（たいてい綿の）シャツと、パンツあるいはスカートを身につける。2チーム以上で試合をする場合は、チーム内で色を統一する。

シューズ
靴底は平らで、甲の部分はチャプテーを「感じる」ことができるよう、非常に薄くなっている。

羽根のついた「球」
ヨーロッパでは、チャプテーではなく、バドミントンのシャトルコックを使うこともある。

レオパードヘッド
最初のタッチですべてが決まる。高いところから落ちてきたチャプテーを、膝を使って空中にけり上げ、けり返せる高さにまで持っていく。

関節を強くする
毽子で有酸素運動能力と柔軟性を鍛える人が多い。

シティング・タイガー
インステップでチャプテーを打つには、かなりの柔軟性とバランスが必要。プレーヤーは両足で交互にける練習を繰り返し行う。試合の際には基本となる技である。

基礎知識
- 毽子は、チャイニーズ・ハッキーサック、チャプテー、キンジャ、シャトルコック、フェザーボールとも呼ばれている。
- 最初の毽子が行われたのは、紀元前5世紀の中国。もともと軍事訓練だったものがスポーツに発展していったといわれている。

チャプテー
チャプテーは、プラスチックあるいはゴム製の円盤型の台に、羽根がついている。

選手の特徴
毽子をうまくプレーするには、ジャグラーの技を「足で」できることが要求される。長時間にわたって毽子をプレーするには、高度な筋肉の動きの協調、筋力、持久力が不可欠である。トップレベルの選手はふだんから、ウエイトトレーニング、サーキットトレーニング、柔軟運動を行う。しかし、実際の試合運びを上達させるには、何時間も練習を行ったり、実際に試合をするしかない。

裏話
古代中国で生まれた毽子は、現在では世界中に広まっている。中国やベトナムで最も盛んに行われているが、ヨーロッパ、特にフィンランド、フランス、ドイツ、ギリシア、ハンガリー、オランダ、ルーマニア、セルビアでも盛んにプレーされるようになってきた。

運営組織
毽子の英語名を取って、1999年にベトナムに設立された国際シャトルコック連盟（ISF）には、現在19の国や地域が所属している。ISFは最初の世界選手権を2000年にハンガリーで開催し、メダルはほぼベトナムが独占する結果となった。ヨーロッパのシャトルコック連盟は2003年に発足。同年にドイツで初のヨーロッパカップが開かれている。

ラケットスポーツ

バドミントン／毽子

色分けされたボール
ボールのスピードはさまざまで、点の色で区別する。

シャツ
ゆったりとした、軽量の綿のシャツ（色は何でもよい）を着る。

パンツ
テニス選手がはくような、綿の軽いパンツをはく。

ソックス
すれたり水ぶくれができたりしないよう、足にぴったり合った良質の靴下をはく。

シューズ
スカッシュのシューズは特別仕様になっており、けがを防ぐために、ヒールとグリップがついていて、コートに跡がつかない。

選手の特徴
スカッシュの選手には、優れた反射神経と相当な体力が必要である。急に止まったり方向を変えたりするには、強靭な膝が必要だ。スカッシュは心血管を鍛えるにはいいが、心臓に異常がある人には危険なスポーツだといわれている。

アイガード
目をけがしないように、ゴーグルはつけることをお勧めする。

開襟シャツ
コートで動きやすさを求めるなら、開襟シャツは欠かせない。

ラケット
トップレベルの選手は、ショットを「感じ」られるように、軽量のラケットを好む。

スカッシュ

基礎知識

→ スカッシュ（もともとはスカッシュ・ラケットと呼ばれていた）は、1800年代の初めにイギリスのハロー校で初めてプレーされた。「ラケッツ」と呼ばれた競技から派生した。

→ 現在、150カ国以上でプレーされている。世界中におよそ12万5000のコートがあるが、21世紀の初めは1年で2000のペースでコートが増えていた。

→ スカッシュの有力選手の出身地は、エジプト、パキスタン、イギリス、オーストラリア、ニュージーランド、フランス、マレーシアなど、一部の地域に偏っている。

競技の概略

スカッシュは1対1で行われるのが一般的だが、広いコートではダブルスの試合も行われる。試合は3ゲーム、国際レベルでは5ゲームマッチである。ハンドアウト方式の場合は9点、ラリーポイント方式の場合は11点先取で勝利となる。競技者は交互に、ワンバウンドしたボールを打つ。ボールは、サイドウォールやバックウォールのアウトラインの下に当ててもいいが、フロントウォールの場合は、ティンと呼ばれる金属板より上に当てなければならない。スカッシュのコートは狭いため、選手は試合中、図らずも相手を妨害してしまうことがある。衝突することもあり、レットは当たり前のように起こる。

ラケットスポーツ

197

スカッシュ

ナンバー・トリビア

17 回：パキスタンのジャハンギール・カーンが、主要な世界スカッシュ選手権の決勝戦で、同じ対戦相手（オーストラリアのクリス・ディットマー）を破った数。この記録は1987年に始まった。1993年に引退したカーンは、史上最高のスカッシュ選手とされている。

282 km/h：スカッシュのラケットで打ったボールの最高時速。この記録はオーストラリア人のキャメロン・ピリーが2011年に打ち出した。

700〜1,000 kcal：スカッシュの試合でプレーヤーが消費するカロリー。スカッシュは最も健康的なスポーツのひとつといえる。

2,666 回：シングルスのラリーの最高記録。これは、2004年にイギリスチャネル諸島のジャージー島で樹立された記録だが、このラリーは試合中に樹立されたわけではなく、世界記録の樹立のためにあえて行ったものである。前もって定められていた60分のタイムリミットで終了したため、勝者はなく、やめなければもっと続いていたかもしれない。

コート

下の略図は、シングルスのスカッシュコートの標準的な寸法を示している。最高水準のコートは、テレビ放送をしやすいように、壁が透明になっている。ボールは、アウトラインを越えなければ、バックウォールを含むすべての壁にバウンドさせてよい。ティンは細長い金属板で、ボールが当たると音が鳴り、プレーヤーに（いれば審判も）、ショットの高さが不十分であることを知らせてくれる。

試合の準備

試合前には必ずウォームアップをする。これは、選手の体だけでなくボールを温めるためでもあり、2人のプレーヤーが5分間、ボールを打ち合う。ちょうど2分半が経過したところでサイドを交換。審判がいる場合は、審判が2分半後に「ハーフタイム」、5分後に「タイム」を告げる。審判は注意深く監視し、一方のプレーヤーがコートを占領して、相手に十分な練習をさせないようにしていると判断した場合は介入することがある。

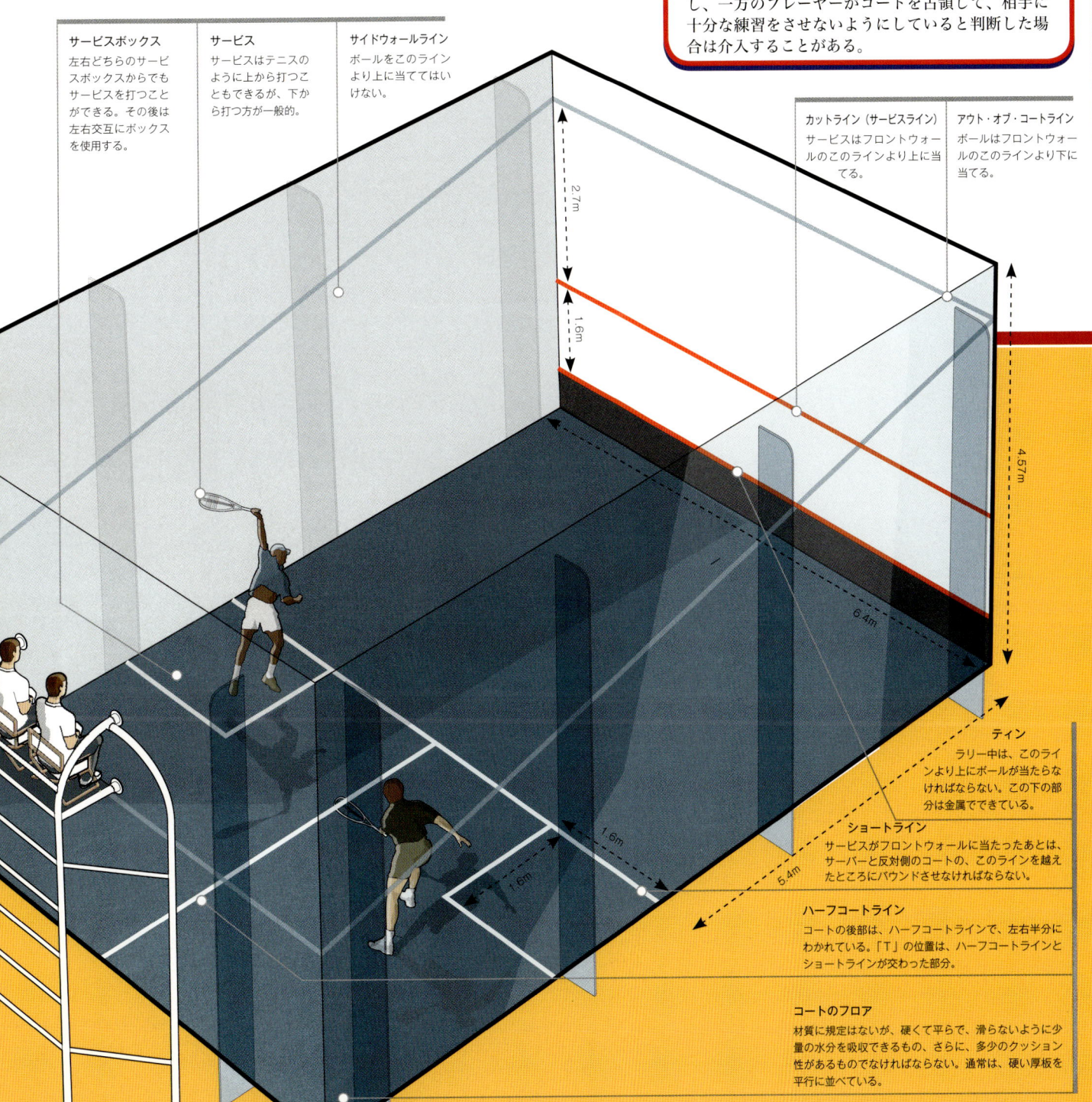

サービスボックス
左右どちらのサービスボックスからでもサービスを打つことができる。その後は左右交互にボックスを使用する。

サービス
サービスはテニスのように上から打つこともできるが、下から打つ方が一般的。

サイドウォールライン
ボールをこのラインより上に当ててはいけない。

カットライン（サービスライン）
サービスはフロントウォールのこのラインより上に当てる。

アウト・オブ・コートライン
ボールはフロントウォールのこのラインより下に当てる。

ティン
ラリー中は、このラインより上にボールが当たらなければならない。この下の部分は金属でできている。

ショートライン
サービスがフロントウォールに当たったあとは、サーバーと反対側のコートの、このラインを越えたところにバウンドさせなければならない。

ハーフコートライン
コートの後部は、ハーフコートラインで、左右半分にわかれている。「T」の位置は、ハーフコートラインとショートラインが交わった部分。

コートのフロア
材質に規定はないが、硬くて平らで、滑らないように少量の水分を吸収できるもの、さらに、多少のクッション性があるものでなければならない。通常は、硬い厚板を平行に並べている。

主な道具

スカッシュのラケットは、グラファイトに他の素材（ケブラーやチタン）を少量混ぜてつくられており、ほとんどのラケットは硬くて軽く、強度がある。ストリングの張りが試合中のパフォーマンスを左右する。一般的に、打つ力の強い人は張りも強くする。ストリングの幅（ゲージ）もさまざま。細いストリングは太いストリングよりも強力で弾力性があり、ボールを遠くまで飛ばすことができる。初心者はよく弾むスピードの出るボールを使い、プロの選手は弾みにくいスピードの出ないボールを使うとよい。

アイガード
ラリー中は、相手のラケットやボールに当たる危険があり、実際、顔をけがするプレーヤーが後を絶たない。世界スカッシュ連盟（WSF）は、試合のレベルにかかわらず、すべてのプレーヤーが適切なアイガードをつけることを奨励している。プロの選手でアイガードを装着する人は少ないが、ダブルスや子供の試合では、目をガードすることが義務化されている。

フレーム
フレームの厚さは7〜26mm。

ラケット面
ラケット面は最大500cm²。

グリップ
グリップは、タオル地、皮革、もしくは合成素材でつくられている。

ラケット
ラケットはもともと合板で作られていた。現代のラケットはグラファイト製で、二層になった合成繊維のストリングが一定のパターンで編み込まれている。ストリングは動物の腸（ショットに回転がかかりやすい）を使うこともあるが、ナイロンが一般的である。重さはわずか225g。

サイズ: 21.5cm × 68.6cm

ボールのスピード
ボールについている小さな点の色で、弾みの程度とスピードがわかる。標準的な試合用のボールはイエロー。

- ダブルイエロー　非常に遅い
- イエロー　遅い
- グリーンあるいはホワイト　あまり速くない
- レッド　遅くも速くもない
- ブルー　速い

ゴムボール
ボールは合成ゴムでできた、2つの空洞の半球体を糊づけしている。

中空ボール
温まるとボール内の空気が膨張し、弾みやすくなる。

直径4cm

サービス

最初のサーブ権はラケットをスピンして決める。サーバーがラリーに失敗すると、サーブ権は相手に移る。サーバーは、サービスボックスに片足あるいは両足を入れ（ラインを踏むとアウト）、足を床につけた状態でサービスを打つ。その際、フロントウォール上にあるカットラインとアウト・オブ・コートラインの間にボールを当て、そのボールが相手側のハーフコートラインとショートラインの間に囲まれた床にワンバウンドするように入れる。これらの条件が満たされないと、サーブ権は相手に移る。

試合開始直後や、サーブ権が相手に移った後は、どちらのサービスボックスからでもサービスを打つことができる。その後は、どちらのプレーヤーがサーブをするかにかかわらず、左右のボックスを交互に使う。ただし、レットになった場合は別で、このときは前回サーブしたボックスと同じボックスに戻って打つ。どちらのボックスからサービスを打てばいいかよくわからないときは、マーカー（審判のアシスタント）が正しいボックスを教えてくれる。

ラリー

プレーヤーは交互に、ボールをフロントウォールのアウト・オブ・コートラインとティンの間に当てなければならない。その際、サイドウォールやバックウォールに当ててからフロントウォールにボールを戻しても構わないが、床にバウンドさせるのはストロークごとに1回のみ。天井にボールが当たった場合はアウト。

Tを制する
スカッシュの試合は、ハーフコートラインとショートラインが交わる「T」の部分を中心に展開する。このTを制するものがゲームを制するといってもいいだろう。ここはウィニングショットを決めるのに最も適した位置で、相手のショットをどの方向にも安定して返球することができる。

壁の使い方

ラリー中、ストライカーはサイドウォールやバックウォールを使い、ボールの角度を急に変えて相手のプレーヤーを欺いたり、フォアコートにおびき寄せたりする。相手が前方の弱いポジションに行くとバックコートが空くため、アタッカーはそこに強いショットを打ちこんでポイントを取りに行く。あるいは、壁沿いにボールを打つと、非常に打ち返しにくくなる。

ストレートドライブ
ストレートドライブ（レール）はスカッシュで最も効果的なショットである。ボールをまず、フロントウォールのカットラインより上にバウンドさせ、次にバックウォールの床に近い部分にバウンドさせる。左側であれば、ボールはバックウォールとフロアの間にある「ニック」に落ちる。ボールがここに落ちると、実質的に打ち返すことは不可能である。いいショットは長さがあり（バックコートに届く）、壁すれすれのところを通る。

ウォールの下部
ボールがサイドウォールすれすれに打ちこまれると、返球しにくくなる。

バックコーナー
ボールがバックウォールに当たり、「ニック」に落ちる。

フォアコートショット
最も有利な位置であるコート中心のTポジションから相手を離すのに有効なショット。たとえばこの図で、コーナー近くのサイドウォールの高い位置にショットを打つと、その威力がほとんどなくなり、フォアコートに落ちる。ラリーを続けるためには、走ってフォアコートまでボールを取りに行かなければならない。

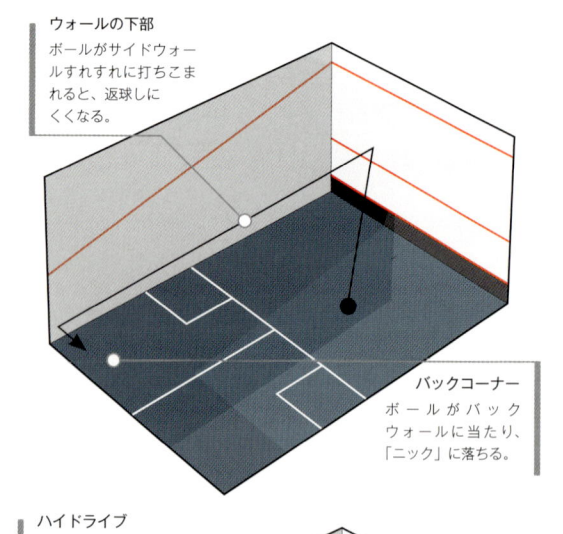

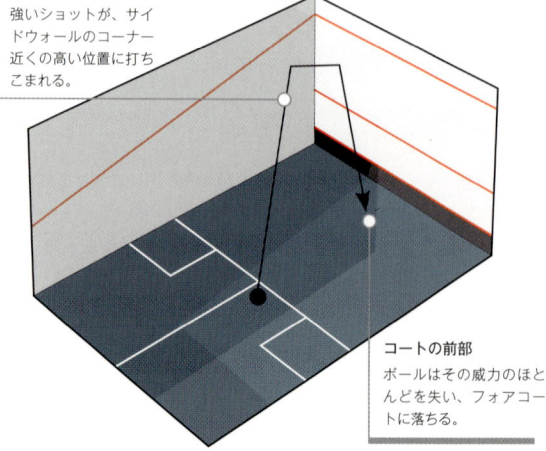

ハイドライブ
強いショットが、サイドウォールのコーナー近くの高い位置に打ちこまれる。

コートの前部
ボールはその威力のほとんどを失い、フォアコートに落ちる。

採点方法

「いい」ボールを打って、相手がショットを打ち返せなかったり、「悪い」ボールを打った場合に得点できる。いいボールとは、床に着地する前に、フロントウォールのアウトラインとティンの間に当たるボールである。悪いボールとは、床にツーバウンドしたり、ティンに当たったり、アウトラインより上に当たったりするボールのことをいう。

ラリーポイント方式（RARS）

ラリーポイント方式では、ラリーに勝てば、サーバーでもレシーバーでもポイントが取れる。11点先取した方が勝者となるが、10対10の場合は、2点連取しなければならない。このラリーポイント方式は、国際試合、ダブルス、男子プロシングルスツアーで適用される。

ハンドアウト方式

ハンドアウト方式では、ラリーに勝ってもサーブ権があるときしかポイントが入らない。一般的に9点先取した方が勝ちとなる。8対8になったときのみ例外で、この場合はレシーバーが、9点まで試合を続けるか、10点まで続けるかを選択することができる。前者を「セットワン」、後者を「セットツー」と呼ぶ。

> **レット**
> レットが取られるのは、相手を妨害したとき。ストライカーが打ったボールが、フロントウォールに届く前に相手に当たったとき、あるいはストライカーのラケットが相手にあたったときにプレーが中断され、そのボールが有効であったかどうかを審判が判定する。ボールが有効であった、あるいは相手が意図的にボールを妨害したと審判が判断した場合はストロークとみなされ、ストライカーにポイントが入り、レットと見なされた場合は、ボールやラケットが当たった方にポイントが入る。

攻撃的ショット

ボレー（床にバウンドする前に返球すること）はプレーのリズムを変化させるため、主要な攻撃的ショットとなる。相手の頭上を通り、バックコーナーに落ちるロブも、効果的な攻撃的ショットである。

防御的ショット

コート上のどの位置からでも打つことができるドロップショットは、Tポジションを支配している相手を、その位置から離すことができる。バックコーナーに落ちたボールを打ち返すには、ボースト（先にサイドウォールにボールを当てる速いショット）が必要である。

フォアハンドストローク
フォアハンドは万能のストロークで、攻撃にも守備にも欠かせない。強いドライブも繊細なドロップショットも正確に打つことができる。

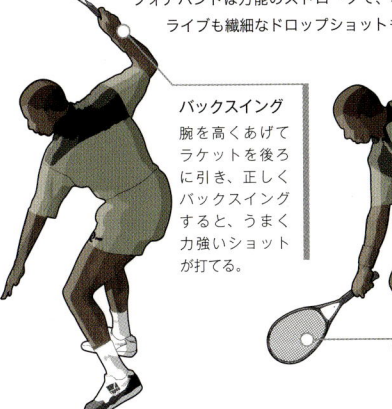

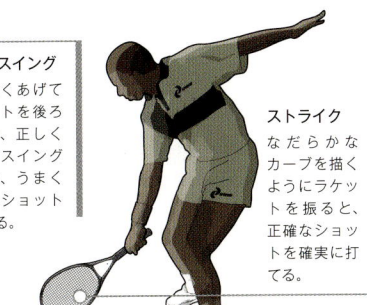

バックスイング
腕を高くあげてラケットを後ろに引き、正しくバックスイングすると、うまく力強いショットが打てる。

ストライク
なだらかなカーブを描くようにラケットを振ると、正確なショットを確実に打てる。

フォロースルー
フォロースルーがうまくできているということは、最初から最後までボールをうまくコントロールできていることになる。

裏話

スカッシュはイギリス発祥のスポーツで、当初行われていた主なスカッシュ大会のひとつがブリティッシュオープン。ワールドオープン（訳注：2012年からPSA世界選手権と改名）ができる前は、この大会が事実上、世界選手権とみなされていた。女子の大会が初めて開催されたのは1922年、男子は1930年のこと。ブリティッシュオープンの方が賞金が少ないものの、現在でも権威ある大会と評価されている。ワールドオープンは1970年代に始まり、毎年、世界中のトップクラスの男女がしのぎを削っている。

運営組織

WSFには、100以上の国や地域が加盟。ここでは、成人男女、少年少女、マスターズ（35歳以上）、それぞれ個人・団体のシングルス、ダブルスの世界選手権を運営している。男子のプロの試合はプロスカッシュ協会（PSA）が、女子の試合は女子国際スカッシュプレーヤーズ協会（WISPA）が管理している。

データ集

ワールドオープン優勝者（男子）

年	選手名（国名）
2012	ラミー・アシュア（エジプト）
2011	ニック・マシュー（イングランド）
2010	ニック・マシュー（イングランド）
2009	アムル・シャバナ（エジプト）
2008	ラミー・アシュア（エジプト）
2007	アムル・シャバナ（エジプト）
2006	デイビッド・パルマー（オーストラリア）
2005	アムル・シャバナ（エジプト）

ワールドオープン優勝者（女子）

年	選手名（国名）
2012	ニコル・デイビッド（マレーシア）
2011	ニコル・デイビッド（マレーシア）
2010	ニコル・デイビッド（マレーシア）
2009	ニコル・デイビッド（マレーシア）
2008	ニコル・デイビッド（マレーシア）
2007	レイチェル・グリンハム（オーストラリア）
2006	ニコル・デイビッド（マレーシア）

ブリティッシュオープン優勝者（男子）

年	選手名（国名）
2013	ラミー・アシュア（エジプト）
2012	ニック・マシュー（イングランド）
2011	開催されず
2010	開催されず
2009	ニック・マシュー（イングランド）
2008	デイビッド・パルマー（オーストラリア）
2007	グレゴリー・ゴルティエ（フランス）

ブリティッシュオープン優勝者（女子）

年	選手名（国名）
2013	ローラ・サロ（イングランド）
2012	ニコル・デイビッド（マレーシア）
2011	開催されず
2010	開催されず
2009	レイチェル・グリンハム（オーストラリア）
2008	ニコル・デービット（マレーシア）
2007	レイチェル・グリンハム（オーストラリア）
2006	ニコル・デービット（マレーシア）

またまたカーンの優勝

1951年から1997年の間に行われた30回のワールドチャンピオンで優勝したのは、パキスタンにある小さな村からやってきた選手たちだった。その名はすべてカーン。とはいえ、全員が親せき関係にあったわけではない。

ラケットスポーツ

スカッシュ

基礎知識

→ スポーツは少しずつ変化を遂げて完成していくのが普通だが、ラケットボールは1950年にジョセフ・ソベックが新たに考え出して誕生したスポーツである。ジョセフはアメリカン（ウォール）・ハンドボールの選手で、当時の室内スポーツにはいずれも満足できず、この競技を提案した。

→ ラケットボールはたちまち流行した。というのも、ほぼすべての高校や大学にすでにあるアメリカン（ウォール）・ハンドボールのコートでプレーすることができたからである。

→ 紛らわしいが、この「ラケットボール（racquetball）」は「racketball」のもうひとつのスペル、というわけではない。スカッシュのコートで、弾みにくい小さなボールを使ってプレーする「ラケットボール（racketball）」とはまったく別の競技である。

ラケットボール

競技の概略

ラケットボールは、室内外のコートで、2人、3人、もしくは4人で競技する、スピードのあるスポーツである。ハンドボールとスカッシュが組み合わさった競技だが、ラケットボール独自のおもしろい特徴も兼ね備えている。21世紀初頭には、世界中で850万人のプレーヤーがいた。

腕の一部
ラケットは小さくて手首につながれているため、他の競技で使われるラケットとは違い、腕の一部のような存在である。

ボール
試合用のボールはゴム製で、直径5.7cm、重さは約40g。

ウェア
タートルネックかTシャツに、パンツあるいはスカートをはく。室内コートの熱気と激しい競技であることを考えると、ウェアは軽くて通気性のよいものがいい。

パッド入りのサポート
ストロークを打つときに膝の関節に大きな圧力がかかるため、サポーターを装着することが多い。

選手の特徴
トップレベルの選手には、強靭な心臓と持久力が必要である。これがないと、試合をするだけのスタミナとスピードを保つことができない。ラケットボールの人気は、誰にでも楽しめるところにある。この競技は健康維持に最適のスポーツといえる。

シューズ
他のコート競技のシューズと似ており、コートに跡が残らない。

競技の方法

プレーヤーが交互にボールを壁に打ち当てるスポーツである。サーブ権を持っているプレーヤーが、サービスエースを決めたとき、もしくはラリーに勝ったときに得点する。「ラリーに勝つ」とは、相手がボールを床にツーバウンドさせた場合、もしくはボールを打ち返すことができず、ボールが床に当たる前にフロントウォールに当たってしまった場合のこと。レシーバーがサーブ権を得るには、ラリーに勝たなければならない。

サーバーはサービスゾーンに立ってボールを床にワンバウンドさせた後、直接フロントウォールに打ちこみ、はね返ったボールをショートライン後方の床にバウンドさせる。その際、ボールがサイドウォールに触れないようにする。ラリー中は、ストローク間にボールがフロントウォールに当たること、床にワンバウンドしかしないこと、の2点が守られれば、サイドウォールや天井に当たってもよい。

用具

ラケットとボールはスカッシュのものと似ているが、やや大きめ。競技はペースが速くて激しいため、競技者は保護用の安全ゴーグルを装着することが多い。

軽いフレーム

現代のラケットは、軽量のグラファイトとチタンの混合物でつくられていることが多く、重さはわずか184gほど。

幅広いフレーム
ラケットのフレームは独特な形をしており、上端は幅が広く、ハンドルに近づくにつれて徐々に細くなっている。

ストリング
ストリングはプラスチック製が多い。テンション（張りの強さ）は個人の好みによってさまざま。

手首のストラップ
選手の手からラケットが飛んでいかないように、手首にストラップをつける。

25cm
56cm以下

コート

バックウォールの上部を除き、天井を含むすべての壁面が使用可能。床面は光沢のある木材、あるいはそれに似た材料でつくられている。バックウォール（場合によってはサイドウォールも）は、透明なパースペクス（透明アクリル樹脂）でできている。コートは密室空間で熱が外に逃げにくいため、プレーヤーは頻繁に休憩が必要である。

採点方法

プロの大会は5ゲーム制で、2点差で11点を先取した選手あるいはチームがそのゲームの勝者となる。国際ラケットボール連盟（IRF）の公式ルールでは、15点先取した者がゲームを制し、2ゲーム先取で試合に勝利。ただし、各々1ゲームずつ制した場合は、11点先取のタイブレークを行い、勝者を決める。アマチュアのラケットボールでは、2点差がつかなくても勝ちとなる場合がある。シングルスとダブルスに加え、3人で競技する「アイアンマン」がある。

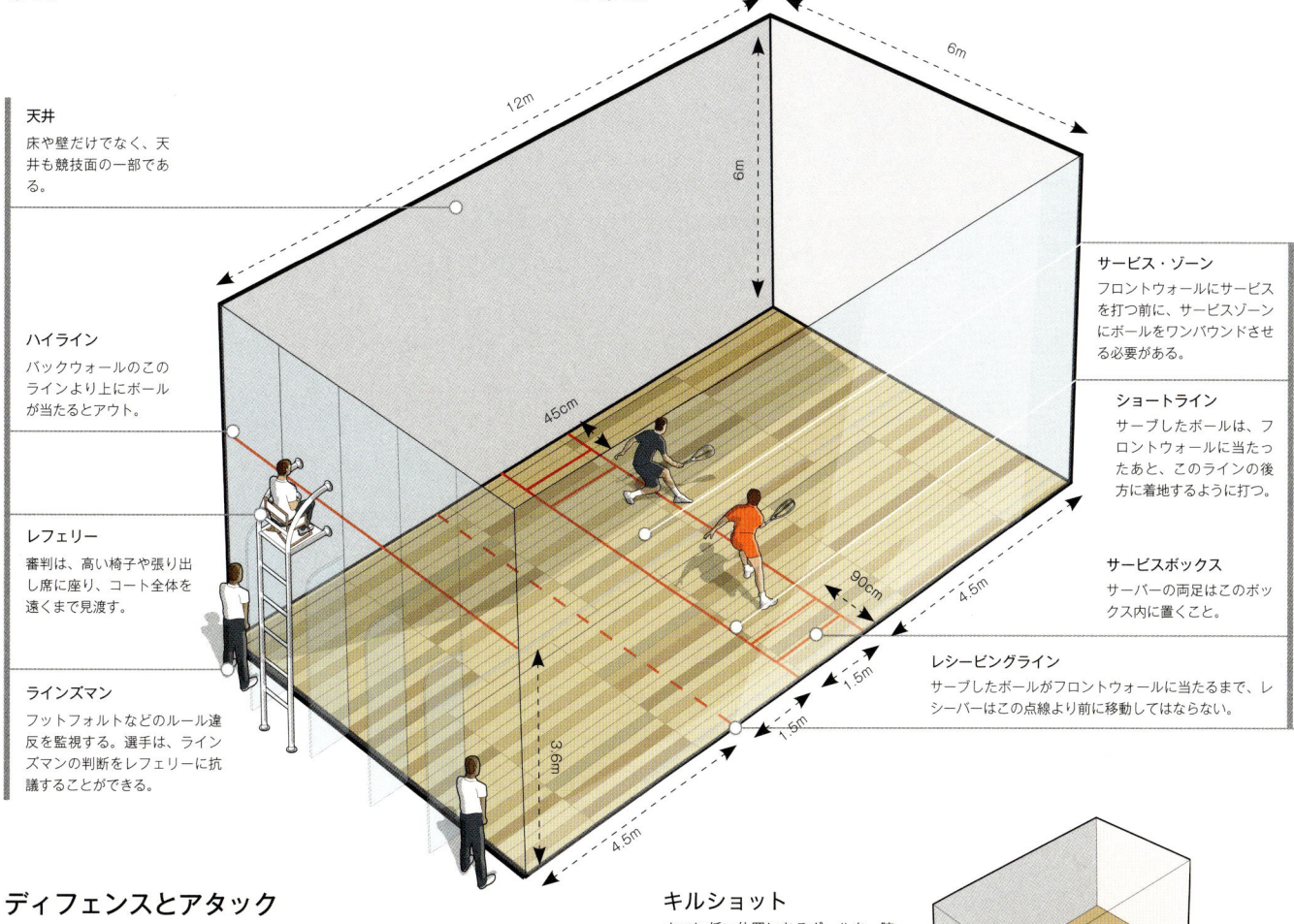

ラケットスポーツ

201

ラケットボール

天井
床や壁だけでなく、天井も競技面の一部である。

ハイライン
バックウォールのこのラインより上にボールが当たるとアウト。

レフェリー
審判は、高い椅子や張り出し席に座り、コート全体を遠くまで見渡す。

ラインズマン
フットフォルトなどのルール違反を監視する。選手は、ラインズマンの判断をレフェリーに抗議することができる。

サービス・ゾーン
フロントウォールにサービスを打つ前に、サービスゾーンにボールをワンバウンドさせる必要がある。

ショートライン
サーブしたボールは、フロントウォールに当たったあと、このラインの後方に着地するように打つ。

サービスボックス
サーバーの両足はこのボックス内に置くこと。

レシービングライン
サーブしたボールがフロントウォールに当たるまで、レシーバーはこの点線より前に移動してはならない。

ディフェンスとアタック

プレーヤーはラリーを取れそうもないと判断した場合、相手をコートの中心から離すために、ディフェンシブショットを打つことがある。うまくいけば、次のショットを決めることができる。主なラリーストロークに次のようなものがある。

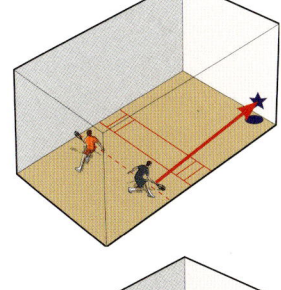

シーリングショット
天井も競技範囲のため、ここをうまく利用する選手は多い。天井にワンバウンドしたボールがバックコートに落ちるように打つストローク。

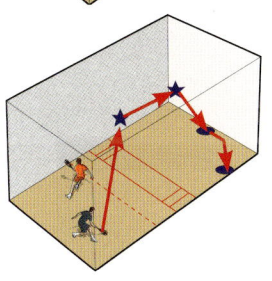

ダウン・ザ・ラインパス
サイドウォールの近くから壁面と平行にボールを打ち、自分の背後のさらに壁際に落ちるようにする。ストロークを打つ人は、相手の進路を妨げないように気をつける必要がある。

キルショット
すでに低い位置にあるボールを、膝を曲げて打つストローク。できるだけ低くフロントウォールに当てるのが狙い。

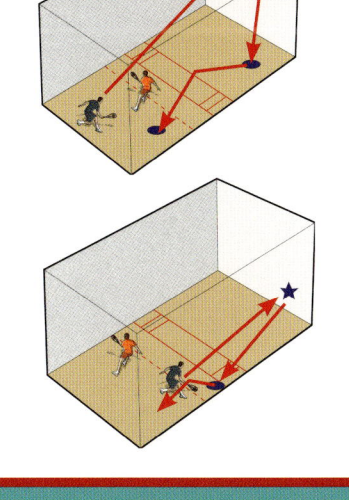

ピンチショット
サイドウォールに当たったボールがフロントウォールに当たり、それが逆サイドのサイドウォール付近に落ちるように打つストロークすべてを指す。このショットは、ボールがサイドウォールに当たる前に、ツーバウンドさせるのが狙い。

裏話

IRFは2年ごとに世界選手権を開催し、世界40カ国以上から選手が参加している。定期的に世界ランキングを更新している。

運営組織

プロのラケットボールは、国際ラケットボール競技団体（IRT）（男子）と女子プロラケットボール競技団体（WPRA）の、男女それぞれ別の組織が運営している。

イートン・ファイブズ

競技の概略

知名度の低いこのボール競技は、男女とも2対2で行われる。コートも変わっていて、3方を壁で囲まれ、フロントウォールがバックウォールより15cm高い。選手はボールを素手でしか打つことができない。ラリーを続けるには、ボールをフロントウォールに打ち「上げ」なければならない。ボールはワンバウンドで打つ。

基礎知識

- この競技はイートン校で生まれ、英国のパブリックスクールの間で広まった。現在の競技人口はわずか数千人。
- ヨーロッパにもいくつかコートがあるが、イートン・ファイブズは主にイギリスとナイジェリアで競技が行われている。ナイジェリアでは、この競技の一種が北部の州で盛んとなり、30を超えるコートがある。

カッターのパートナー
パートナーが取りそこねたボールを打つ。

サーバーのパートナー
サーバーが打ちそこなったショットをすべて打ち返す。

採点方法

試合は5ゲーム行われ、1ゲームは12点先取で勝ちとなる。サーブ権のあるペアのみが得点可能。ポイントが入るのは、ボールが地面を2回以上バウンドしたとき、フロントウォールのラインやつき出た箇所の下に当たった場合、あるいはコートの外に出た場合である。

意外な改装

イーストサセックス州のグラインドボーンにあるオペラハウスのオルガン室。ここは現在ではイギリスでも最も壮大なリビングルームの1つに挙げられる。不思議なことに、この部屋はもともとイートン・ファイブズのコートで、後に落ち着いた部屋へと改装されたのである。

コート

イートン・ファイブズのコートは、競技が生まれたイートン校のチャペルが元になっている。どのコートも少しずつ異なるが、以下の特徴は共通している。まず、コートの前部と後部を段差で分け、コートの3面はでこぼこした壁で囲まれている。さらに、コートの前部と後部が接する段差の左側に張り出し部分があり、オープン・エンドの両側にはレンガの柱がある。また、3つの壁面すべてにつき出た箇所がある。コートにこのような特徴があるため、壁にあたったボールがどの方向に飛んでいくのかを予測することは、ほぼ不可能である。ただし、自分のコートで試合をする場合は、その独特な形状を熟知しているため、有利になることが多い。

サーバー
サービスは、ボールがフロントウォールと右側のサイドウォールに当たり、コートのほぼ中央の低い位置に着地するように投げる。

アップ
フロントウォールのつき出た箇所の上の部分は「アップ」と呼ばれている。

ブラックガードライン
この黒い垂直線は右側の壁からおよそ75cmのところにある。カッターがサービスを打ち返すときは、このラインの右側にボールを当てる。

カラム（柱）
カラムにボールが当たると、返球しにくくなる。

張り出し壁
この壁のフロントコート側のつけ根にくぼみ（穴）があり、この穴にボールが入ると、プレーを続けることができなくなる。

段差
垂直で高さおよそ12cm。

カッター
カッターはいつサーブを打ち返すかを選ぶことができ、それ以外のサーブは打ち返さずに見送ることができる。ボールを打ち返す場合は、フロントウォールのブラックガードラインの右側かつ、つき出た箇所より上の部分にスマッシュする。

ボール
ボールはゴルフボールより少し大きく、ゴムとコルクでつくられている。コートの壁や床にはね返ると、スピードが少し遅くなる。

手袋
パッドのついた皮革の手袋で手を保護する。手のひらの部分は、革が裏返しになっててこぼこになっているので、しっかりと握ることができる。インナーグローブは汗を吸収し、手をさらに保護してくれる。

ラケッツ

基礎知識

- 刑務所構内で即興でつくられたこのラケッツが社会的地位を得たのは、1800年代にパブリックスクールのスポーツになってから。
- およそ200年にわたり、イギリスの選手がワールドラケッツ・チャンピオンシップで上位を占めている。

採点方法

得点できるのはサーブ権を持っているものだけ。サービスはサービスボックスから、フロントウォールのサービスライン上にボールが当たり、そのボールがサービスコートでバウンドするように打つ。レシーバーはボールがツーバウンドする前に、フロントウォールのラインより上にショットを放つ。レシーバーがゲームを制した場合は、サーブ権の交代のみする。15点先取で勝利。

競技の概略

ラケッツはスピードが速くて激しい屋内スポーツで、スカッシュと非常によく似ているが、スカッシュよりボールは硬く、ラケットは木製。シングルスとダブルスがある。

コート

コートは壁で囲まれている。フロントウォールとサイドウォールは高さ9m、バックウォールはその半分の高さである。壁と床の表面は、硬くなめらかである。フロントウォールには木製のボードが固定されている。そのボードの上端（床から68cm）がプレーライン、床から3mの位置にあるラインがサービスラインである。

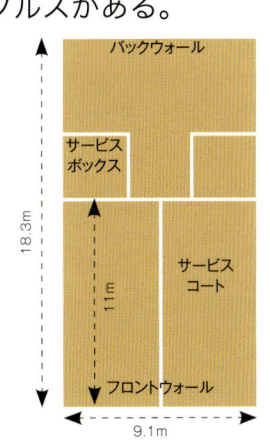

ボール
ボールは大きさの割に重量がある。直径わずか2.5cm（ゴルフボールくらいの大きさ）だが、重さは28g。

木製のラケット
平均の長さ76cm、重さ255g。ガットが張られている。

パンツとシャツ
ゆったりしていて動きやすいウェアを身につける。

パドルボール

基礎知識

- パドルボールはアメリカ発祥で、今でも人気のスポーツだ。
- ワンウォール・パドルボールの運営組織は、米国パドルボール協会である。

パドル
木に小さな穴が開いており、網を張っていない。大きさは最大44.5cm×23cm。

ボール
ゴム製でテニスボールより小さく、直径5cm。

競技の概略

ボールをコートの壁にパドルで打ちつけ、相手がリバウンドしたボールを打ち返す競技。壁が1枚の場合（ワンウォール）、3枚の場合（スリーウォール）、4枚の場合（フォーウォール）があり、それぞれにシングルスとダブルスがある。ワンウォールとスリーウォールの試合は、11、15、21あるいは25点先取で勝利、フォーウォールは21点先取で勝ちとなる。

サービス

ショートラインとサービスラインの間にあるサービスゾーンからボールを打つ。ボールがショートラインの手前で床に落ちたり、フロントウォールからリバウンドしたボールが、2面以上の壁にあたって床にバウンドした場合、そのサーブは反則となる。2回連続で反則するとサーブ権を失う。

コート

一般的なコートは、幅が6.1m、長さ10.3m、上部にフェンスがついた高さが4.9mの壁が1枚ある。ショートライン（フロントウォールから4.9m）までがフロントコートで、ロングライン（ショートラインの5.4m後方）までがバックコート。スリーウォールコートのフロントコートのサイドウォールは高さ3.7mから4.9m。フォーウォールコートには天井があり、フロントウォールとサイドウォールは高さ6.1m、バックウォールは3.7m以上である。

パドルポイント

15点の試合では、1分間のタイムアウトを2回、21点、25点の試合では、3回取ることができる。トーナメント委員会は、代行選手を認めている。ラケットスポーツにはめずらしく、試合中にラケットを片方の手からもう一方の手に持ち変えてもよい。

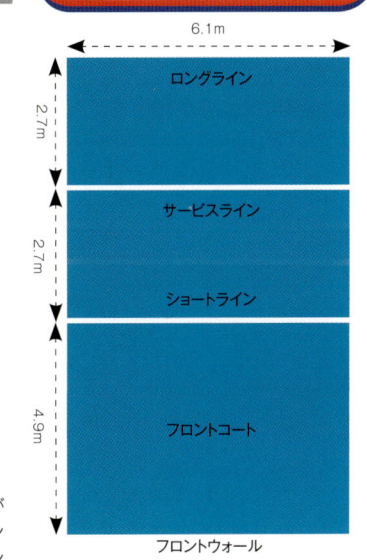

ワンウォール・コート
サーバーは、サービスラインもショートラインも越えてはならない。サーブしたボールは壁にあたってはね返り、ショートラインとロングラインの間にあるレシービングエリアに着地させる必要がある。

ラケットスポーツ

203

イートン・ファイブズ／ラケッツ／パドルボール

基礎知識

→ スペインのバスクやカタルーニャのスポーツだと思われがちだが、それ以外のスペイン地域やフランス、アルゼンチン、アイルランド、イタリア、メキシコでも競技が行われている。

→ このスポーツが生まれたスペインやフランスでは、ペロタは「ハイアライ」と呼ばれている。これはバスク語で「楽しい祭り」の意である。

→ 非常に優れたペロタの選手がボールをうまく打つと、そのスピードは300km/hにもなる。

ペロタ

競技の概略

世界最速のボール競技である。「セスタ・プンタ」とも呼ばれる標準的なペロタは1対1で行われるが、2対2で行われるペロタもある。奇妙な形をしたバスケットつきのラケットを手首に固定し、それを使ってボールを壁に向かって打ちつける。相手のプレーヤーは、ボールがツーバウンドする前に打ち返す。ペロタにはさまざまな種類があり、素手で行う「ペロタ・ア・マノ」は、1対1あるいは2対1で競技する。「フロンテニス」はガットを補強したテニスラケットを使う。「エクサレ」もテニスラケットを使うが、ストリングの張りがゆるい。「レザーパレタ」と「パラコルタ」は硬い木製のバットを使う。

セスタ
このラケットは、ブナやクリ材の曲がったアームに、柳の枝を編んだかごを取りつけている。

手袋
手袋はセスタに取りつけられており、手首にひも（シンタ）でとめて固定する。

ペロタ
ボールは硬く、ゴムの芯に毛糸を巻いたものの外側を、2枚の皮革で縫い合わせている。

5cm

ヘルメット
このヘルメットは、安全のために欠かせない。これをかぶらずして、長い時間生きていられるペロタリ（選手）はいないだろう。

選手の特徴
ペロタの選手は裕福である（あるいは、せめてスポンサーがいる）ことが必要だ。ラケットがハンドメイドで、1試合ももたないことが多いので、お金がかかる。腕、足、背中が丈夫であることに越したことはないが、最も重要なのは股関節である。どのストロークを打つにも大きな負担がかかるため、長年プレーをしている選手は、股関節の炎症を起こしやすい。

ウエストバンドのリボン
リボンの色で選手のチームやポジションを示す。

ウェア
ポロシャツと長ズボンを着る。ショートパンツはあまり適さない。

シューズ
床に跡をつけない靴底のランニングシューズをはくと、速く動くことができ、床面にもダメージを与えない。

ダイナミックな動き
ペロタの選手（ペロタリ）は、セスタで猛スピードのボール（ペロタ）をキャッチする。ボールをしっかりとらえたら、投げる方の腕を後ろに引き、むちを打つように前方に振り出す。そうすると、ペロタが猛烈な速度で、コートのフロントウォールに向かって飛び出す。

競技の方法

試合に勝利するために必要な点数は様々である。ダブルスの場合は、サーブ権にかかわらず得点できる。ポイントが入るたびに、サーバーはサービスラインの後ろから、セスタを使ってボールを投げる。サーブが有効になるには、ボールがフロントウォールにある水平のメタルバーより上に当たり、ファルタラインとパサラインの間に着地しなければならない。サイドウォールとバックウォールを使えるのは、ラリーにつき1度だけ。ラリーは、ボールがコートの外に出たり、返球できなくなるまで続く。一方のプレーヤーが相手を妨害すると、何が起こったかが明らかになるまでレットとなる。

注意点

この競技で最も重要なのは、ラリーを続けること。審判は、なめらかな動きになっているか、すべてのストロークに目を光らせる。たとえ一瞬でも、ペロタをセスタ内にとどめていると判断されると失点する。

高速競技
ペロタ・デ・ゴマのボールは加圧してガスを満たすので、標準的なペロタよりも空中での動きが速くなる。試合の流れがあまりにも速いため、スローモーションの再生がないと、観戦を楽しむことができない。それにもかかわらず、この競技には観客が大勢押し寄せ、スペインではかけの対象となることが非常に多い。

コート

ペロタにはさまざまな種類があるが、そのほとんどがフロントンという屋内コートで行われる。全長はさまざまだが、主な部分は共通している。前後と左側の壁が、競技エリア。床（カンチャ）は光沢のあるセメントでできているが、サービスラインを越えると、木製の床に変わる。そのため、どちらにボールが落ちたかは、音の違いですぐにわかる。右側の壁の部分は、ガラスかパースペクスで覆われ、その後ろに観客席がある。

様々なショット

ストロークの強さで対戦相手を圧倒する選手もいるが、多くの選手は巧妙なスピンをかけて相手の目を欺く。中でも最も効果的なのがチュラ。これは、バックウォールと床のつなぎ目に着地したボールが、サイドウォール、フロントウォール、そして床に当たり、右手に落ちていくショットである。デジャダは、フロントウォールにあるファールラインのすぐ上に当てるドロップショットである。アリマダは強力なドライブで、サイドウォールにできるだけ寄せて投げ込む。このショットを返球するのは、ほぼ不可能である。

サービスライン
サーバー（左）はこのラインの後ろからペロタを投げる。

バックコートプレーヤー
ダブルスでサービスを打たない選手は、コートの左側はチームメイトに任せ、右側を守る。

フロントン（コート）

コートは主に3種類に分類できる。フロンテニスとペロタ・デ・ゴマのコートは長さ30m。ペロタ・ア・マノとレザーペロタは36m、セスタ・プンタの試合は54mのコートで競技される。

パサライン
壁に7という数字でマークされている。サービスボールは、フロンティスに当たり、1度バウンドしてからこのラインに届く。

ファルタライン
壁に4という数字でマークされている。サーブしたボールはこのラインを越えたところでバウンドしなければならない。

フロントコートプレーヤー
ラリー中、ペロタをインターセプトする。

金属板
フロンティスの高さ60cmから100cmのところに取りつけられている。

フロンティス（前壁）
コートのフロントウォールは花崗岩でできている。

トリンケット

ペロタのコートで最も変わっているのがトリンケットである。これが「観戦スポーツ」という言葉にまったく新しい概念をもたらした。コートの左横に階段があって競技場の一部になっており、自己責任において、ここで観戦することもできる（安全性を重視する人のために、2階に観客席もある）。試合ではこの階段部分も活用。階段や観客にあたったボールは予測がつかない方向へ跳んでいくため、相手の返球がさらに難しくなるのだ。

さまざまなペロタ

バレンシア州で古くから行われている「ペロ・タバスカ」というトゥリンケテで行われる試合がある。これは、フロントンの中央に張られたロープをはさんで対戦する。トリンケットで行われるペロタには、他に、セスタや手袋をはめた手を使って、前壁を外して競技するものもある。たとえば、レザーやラバーペロタ、ペロタ・ア・マノ、そしてエクサレがそれだ。「pelota de vaqueta」（「小さな牛のボール」）と呼ばれるボールは、直径4.2cmである。

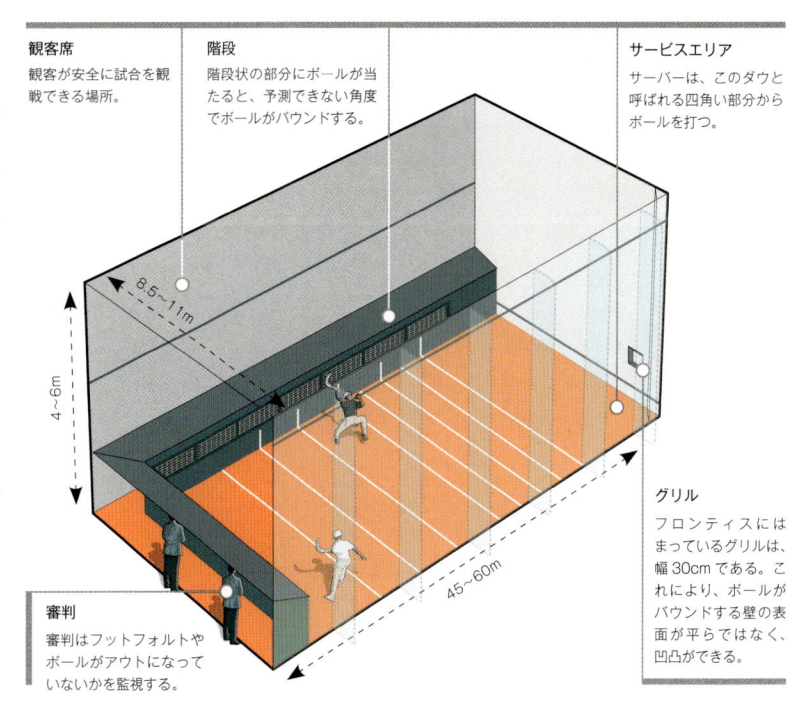

観客席
観客が安全に試合を観戦できる場所。

階段
階段状の部分にボールが当たると、予測できない角度でボールがバウンドする。

サービスエリア
サーバーは、このダウと呼ばれる四角い部分からボールを打つ。

審判
審判はフットフォルトやボールがアウトになっていないかを監視する。

グリル
フロンティスにはまっているグリルは、幅30cmである。これにより、ボールがバウンドする壁の表面が平らではなく、凹凸ができる。

ラケットスポーツ

205

ペロタ

格闘技

05

ボクシング

競技の概略

ボクシングは、高度な技術と肉体的な強さが要求されるスポーツである。ジャッジやレフェリーのポイントを得るために、2人の選手はお互いの攻撃をうまくかわしながら、相手にパンチを入れることにつとめる。頭部ほぼ全体とウエストから上の部分が得点部分。試合の勝敗は、獲得したポイント数、あるいはノックアウトで決まる。アマチュアとプロには大きな差があり、一流のプロボクサーの報酬は世界のスポーツの中でもトップレベル。

選手の特徴

選手は上半身（特にパンチ力）の強さと、攻撃されてもすぐに持ち直す力が必要である。体重が軽い階級の選手には、スピード、敏しょう性、すばやい反射神経が役に立つ。

頭の動きとウィービング

相手が狙いを定めにくくするために、頭は常に動かす。

トランクス

綿のショートパンツのウエストバンドはパッド入りで、低いボディブローの衝撃を和らげる。

こぶしの保護

パッドの入ったグローブをつける前に、手にバンデージを巻く。

足元を固める

はき心地のよいシューズで、足首にサポートがついている。そして何よりも、リングの床面をしっかりと踏みしめることができる。

ナンバー・トリビア

120 百万ドル：2007年5月、オスカー・デ・ラ・ホーヤとフロイド・メイウェザー・ジュニアの世界ヘビー級タイトルマッチを放映した、有料番組の利益の総額。

135,132 人：ボクシングの試合で史上最多の観客動員数。これは、1996年7月6日、フィリピンで行われたWBC世界フェザー級タイトルマッチで、ルイシト・エスピノサ対セサール・ソトの試合での記録。

45 歳：1994年11月、国際ボクシング連盟（IBF）と世界ボクシング協会（WBC）の世界ヘビー級王者を持つマイケル・モーラーをノックアウトし、世界ヘビー級王者に返り咲いたときのジョージ・フォアマンの年齢。フォアマンが初めて世界ヘビー級王座を獲得したのは、1973年のことだった。

241 試合：アメリカ人のフェザー級王者ウィリー・ペップが、26年間（1940〜66年）の現役時代に闘った回数。

基礎知識

→ 近代ボクシングは、ジョン・グラハム・チェンバースが第9世クインズベリー侯爵の承認のもと、1867年に12条から成るルールを記し、初めて体系化した。

→ アマチュアのボクシングはあらゆる点でプロとは異なっている。

格闘技

209

ボクシング

リング

ボクシングの試合場を「リング」と呼ぶのは、地面に簡単に描いた円の中で試合をしていたころの名残である。現代のリングは四角く、台の上にある。四隅のコーナーポストには4本のロープが平行に張られ、金具（ターンバックル）で固定されている。標準的なリングは、ロープの一辺の長さが4.88〜7.32mの正方形で、幅60cmのエプロンと呼ばれる部分で囲まれている。リングのフロアは地面から90〜120cmの台上にあり、ポストの高さはおよそ1.5m。

ロープ
ロープは直径およそ2.5cmで、フロアから45cm、75cm、110cm、140cmの高さにポストに取りつけられている。

リングの床
リングの床は、およそ2.5cmの厚さのパッドをキャンバス布で覆ったもの。キャンバスには興行主やスポンサーの広告が描かれていることが多い。

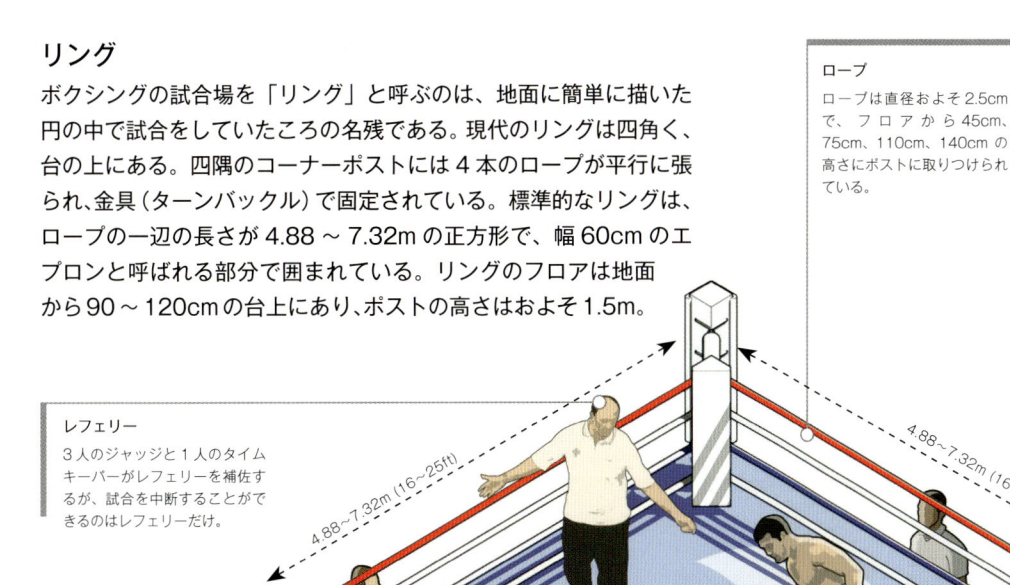

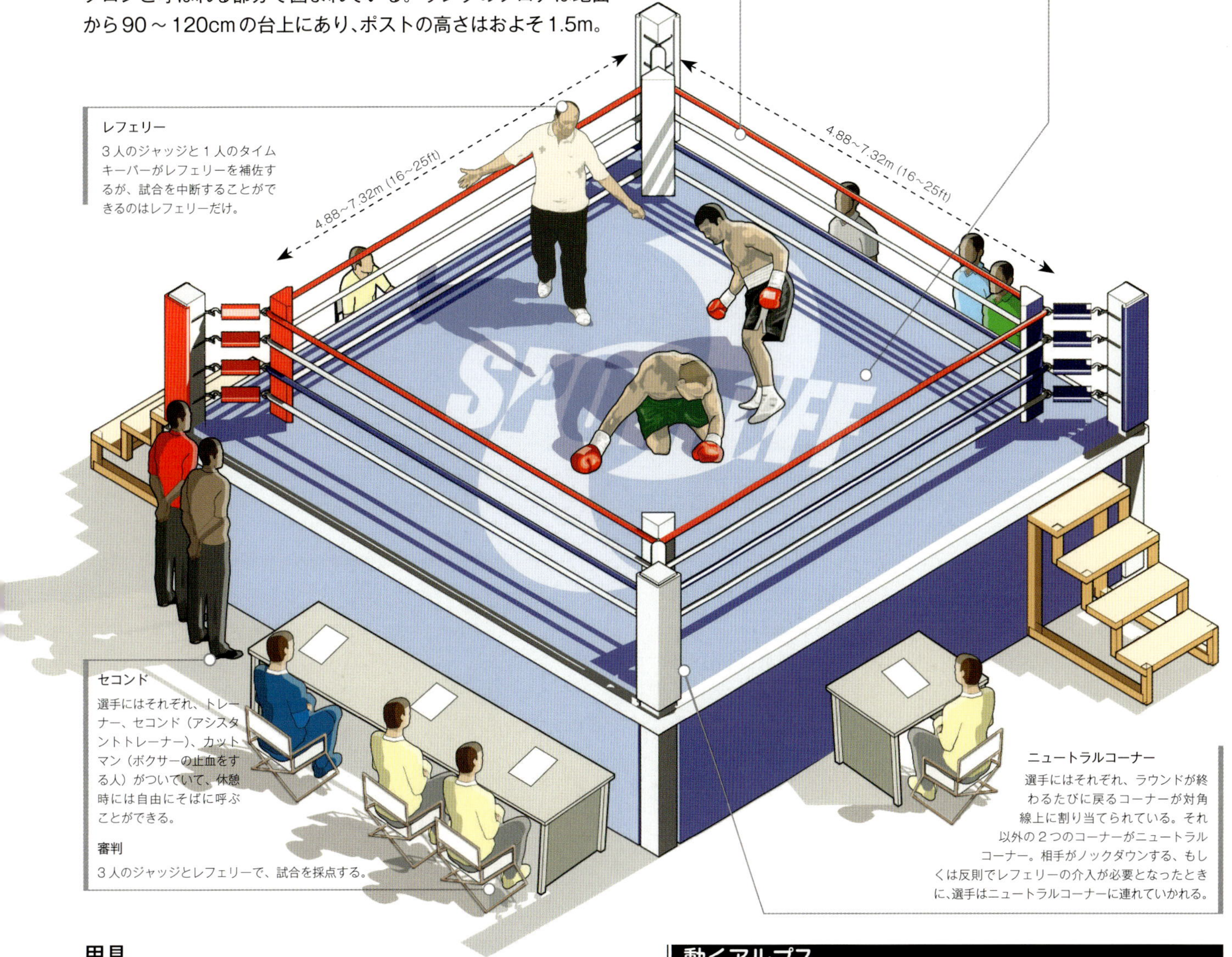

レフェリー
3人のジャッジと1人のタイムキーパーがレフェリーを補佐するが、試合を中断することができるのはレフェリーだけ。

4.88〜7.32m (16〜25ft)

セコンド
選手にはそれぞれ、トレーナー、セコンド（アシスタントトレーナー）、カットマン（ボクサーの止血をする人）がついていて、休憩時には自由にそばに呼ぶことができる。

審判
3人のジャッジとレフェリーで、試合を採点する。

ニュートラルコーナー
選手にはそれぞれ、ラウンドが終わるたびに戻るコーナーが対角線上に割り当てられている。それ以外の2つのコーナーがニュートラルコーナー。相手がノックダウンする、もしくは反則でレフェリーの介入が必要となったときに、選手はニュートラルコーナーに連れていかれる。

用具

選手は、トランクス、ボクシングシューズ、そしてパッド入りのグローブを着用する。グローブは227gと283.5gの2サイズあり、階級によって使用するグローブが異なる。プロのボクシングではマウスピースの着用は義務だが、股間ガードは任意である。アマチュアの試合ではさらに、ヘッドギアとベストを装着する。グローブは、プロのものより大きくて柔らかい。以上がリング上で必要になるものだが、トレーニングでは、フリーウエイト、サンドバッグ、縄跳び、パンチングボールなど、さまざまな道具を使って、体を鍛える。

動くアルプス
1933年に世界ヘビー級王座を獲得したイタリア人ボクサーのプリモ・カルネラは、身長205cm、体重120kg以上という巨大な男だった。ものすごい食欲で、朝食にトースト19枚、卵14個、パン1斤、バージニアハム250g、オレンジジュース約1ℓ、そして牛乳約2ℓを食していたといわれている。

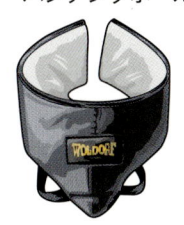

股間ガード
相手の反則で低いブローを受けたときに、股間をけがしないように保護する。

マウスピース
歯が折れないよう、プラスチックのマウスピースをつける。

グローブ
グローブには特別なパッドが入っていて、着けている人だけを守る。

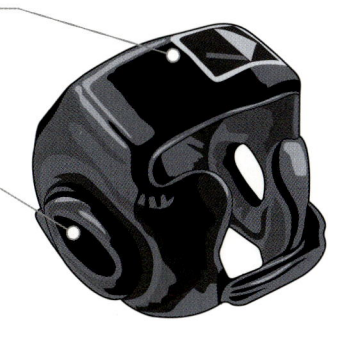

ヘッドギア
アマチュアの試合とプロの練習試合でのみ装着する。頭部は保護するが、視野が狭まる。

衝撃を和らげる
通常は外側は革、内側は発泡素材が使われている。

横の穴
レフェリーの指示が聞こえるよう、耳は完全には覆われていない。

競技の方法

ボクシングは基本的に、ほぼ同じ体重の2人の選手がレフェリーの監督のもと、ウエストから上をお互いにこぶしで殴り合い、相手を上回るポイントを獲得したり（ラウンドを勝ち取る）、ダウンさせて10秒間のカウントを取ったりすることを目的とする。後頭部や腎臓への攻撃やグローブのひもの部分での攻撃は反則。それ以外のルールは、アマチュアとプロでは異なる。

アマチュア

アマチュアの選手は、トランクス、ベスト、シューズを着用する。安全のために、マウスピース、股間ガード、革のヘッドギアも装着する。試合は、1ラウンド3分の3ラウンド。グローブの指関節の部分（白く塗られている）で、的確なパンチが決まるとポイントが入る。勝敗はラウンドごとではなく、すべてのラウンドの合計ポイントで決まる。

プロ

アマチュアの選手とは対照的に、プロのボクサーは、ウエストから上はヘッドギアを含め、何も身につけない。試合時間もアマチュアの試合時間より長く、世界王座戦は、1ラウンド3分の12ラウンド、ラウンド間に1分の休憩がはさまる。各ラウンドは、3人の審査団が10点満点で採点。ラウンドの勝者は10点、敗者は9点を獲得。特に一方的な試合（ノックダウン）の場合は、勝者は10点、敗者は8点（ノックアウト寸前の場合は7点）となる。反則行為は減点。

カウント

ノックダウンを奪うと、レフェリーは10をカウントし始める。ダウンしたボクサーは、立ちあがって試合を続行できる状態にあることを10秒の間に示さなければならない。それができないと、試合はそこで終了。

データ集（男子プロボクシング）

重量級（283gのグローブ）

階級名称	体重
ヘビー級	90.719kg超
クルーザー級	90.719kg以下
ライトヘビー級	79.379kg以下
スーパーミドル級	76.204kg以下
ミドル級	72.575kg以下
スーパーウェルター級	69.853kg以下
ウェルター級	66.678kg以下

軽量級（227gのグローブ）

スーパーライト級	63.503kg以下
ライト級	61.235kg以下
スーパーフェザー級	58.967kg以下
フェザー級	57.153kg以下
スーパーバンダム級	55.338kg以下
バンダム級	53.524kg以下
スーパーフライ級	52.163kg以下
フライ級	50.802kg以下
ライトフライ級	48.988kg以下
ミニマム級	47.627kg以下

ボクシングの技術

ボクシングの基礎トレーニングは、体力つくり、動作のスピードアップ、ジャブ、フットワークが中心となる。基礎固めができていないといいパンチが打てないので、さまざまなパンチの打ち方を教わるのは、基礎ができてから。選手権の試合を控えた一流のボクサーは数週間前からトレーナーと、全体の調整や、次の対戦相手に合わせた格闘スタイルの確認に取り組む。主力となるパンチを練習し、対戦相手と体格や戦い方が似ているボクサーとスパーリングを行い、少しでも優位な立場に立てるようにする。

攻撃に際して

試合に勝つためには、攻撃性を見せ、パンチを繰り出さなければならない。1種類のパンチであろうと、2、3種類のパンチを組み合わせたものであろうと、攻撃をしかけなければ始まらない。動いているターゲットは攻撃しにくいため、立て続けにパンチを打つには、相手の攻撃を封じこめる必要がある。そのため、相手の行く手をさえぎり、コーナーに追いこめるような、フットワークが重要となる。

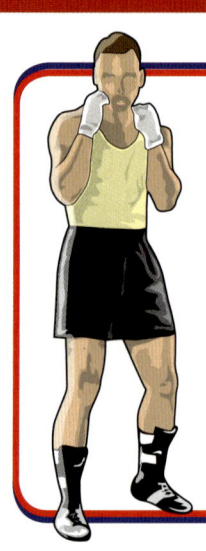

サウスポー

選手の構えや戦い方は、オーソドックス（左腕と左足を前に出す）かサウスポー（右腕と右足を前に出す）のどちらか。サウスポーは左利きの人が多く、ジャブを右手で、力強いパンチやフックを左手で打つ。1試合の中でこの両スタイルを使い分けられる非常に器用な選手もいる。オーソドックスのボクサーが多いため、サウスポーが対戦相手になるとやりにくく、戦術を変える必要が出てくる。

完璧なパンチ
腕を完全に伸ばして打つ、模範的なジャブ。

痛みを感じる
体にフックを打ちこむと、ボクサーの回復力が弱まる。

ブロック
ストレートパンチをディフェンスでうまくかわす。

ノックアウト
堅い防御も、アッパーカットにはかなわない。

ジャブ

どの選手にも不可欠なパンチで、手ごわいジャブで相手を追い詰め、攻撃をしかける。どんなコンビネーションの攻撃でも、最初の一打はジャブ。

フック

頭や体の片側を打つパンチ。横からのパンチで角度がつくため、相手の選手はフックに気づかないことが多い。

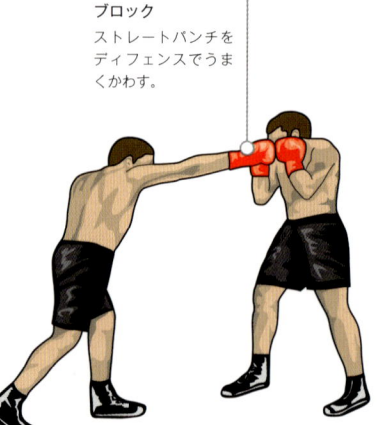

ストレート

「2番目の」腕（オーソドックスボクサーは右腕）でストレートを打つと距離があるため、攻撃的な対戦相手だとカウンターパンチを受ける可能性がある。

アッパーカット

ボクシングで最もダメージを与えるこのアッパーカットは、身をかがめたまま、相手のあごをめがけて下から力を込めて打つ。

ディフェンス

モハメド・アリが極めたような攻撃をかわす能力は、相手にパンチをくらわせるよりも重要といえる。動きの非常に速い選手を攻撃するのは至難の業だからだ。相手の攻撃をかわすには、ひじをウエストの内側に入れ、腕と手で頭と体を覆い隠すのが最良の方法である。

パンチを組み合わせる

さまざまな角度から両手ですばやいパンチを連続して打つのは、どんなに強烈なシングルパンチよりずっとよい結果につながる。連続でパンチを浴びせると、相手がガードを低くしたり高くしたりするため、防御が手薄になった部分を狙うことができる。一般的には、1、2種類のパンチを連続して頭に浴びせ、相手が頭を守ろうと両手を上にあげたところで、不意にボディーにフックをくらわせる。

角度をつけた攻撃
クロスでは相手を横から攻撃する。

クロス
「2番目」の手で打つクロスパンチは、相手の頭や体を右から左へ、もしくは左から右へ打つ。

格闘スタイル

選手の格闘スタイルは、身長や、肉体的な強さや弱さを考慮に入れて決められる。たとえば、前ヘビー級王者のマイク・タイソンは、相手を脅かす過激な格闘スタイルで、恐ろしいパンチを放っていた。対照的に、フロイド・メイウェザー・ジュニアは、優雅で落ち着いた戦いぶりで、力ではなく技巧で相手に決定的な差をつけていた。

アウトファイター

相手と距離を取って戦う選手は、背が高く、リーチが長い。相手に近づかなくても攻撃をすることができるため、相手が乱闘に持ちこもうとしてもその手に乗らずにすむ。前ヘビー級王者のレノックス・ルイスのように、一流のアウトファイターは概してジャブも強い。

インファイター

対照的に、インファイターは背が低く、リーチが短い。離れていては試合に勝つことができないため、低い重心を使って強引に相手の中に入っていく。相手の攻撃をつぶしてから、パンチを打ちこんでダメージを与える。インファイター同士の試合はどちらの選手も引き下がらないため、過激な試合になりやすい。

ロープアドープ

モハメド・アリが考案した「ロープアドープ」は、防御姿勢で自発的にロープにもたれかかり、相手に打たせて体力を消耗させる戦術である。ボクシング界ではばかげたことだと見なされているが、アリはこの戦術を幾度となく効果的に用いた。それが最も顕著だったのが、1974年の「キンシャサの奇跡」。当時の王者ジョージ・フォアマンは、明らかになすすべを失ったようなアリに何百というパンチを浴びせかけた。第8ラウンドで、アリはロープから身を起こし、傍目にもわかるほどに体力を消耗したフォアマンをノックアウトしたのである。

ブロウラー

「スラッガー」や「ワンパンチャー」とも呼ばれるブロウラーは、スポーツの中で最も野蛮なことを意味する場合が多い。ブロウラーはリング上での術策には欠けるが、それを腕力で埋め合わせ、ほぼどんな相手でも一撃でノックアウトしてしまう。このような試合は見ていて非常にスリルがある。

裏話

アマチュアボクシングは、1946年以降、国際ボクシング協会（AIBA）が統括。ボクシングのルールや規則の監視、オリンピックでの競技の管理、そして1974年からは世界選手権を主催している。プロボクシングは、運営組織間の不和や買収といった問題が絶えない。各運営組織は、さまざまな階級で独自の世界王者を決めているため、現代のプロボクシングで紛れもなく世界王者であると認められる選手はなかなかいない。

プロの運営組織

複雑なプロボクシング界には現在、世界的な運営組織と称する団体が10以上ある。最も信頼性のある4団体は、以下の通り。世界ボクシング協会（WBA）は1921年に設立され、最も長きにわたるプロの運営組織であるが、世界に普及していなかった。WBCは初の国際機関となるべく、1963年に発足。1983年、IBF（以前の米国ボクシング協会）が、WBAから分裂。本部はニュージャージー州にある。そして1988年、WBAに幻滅したメンバーが世界ボクシング機構（WBO）をプエルトリコに設立した。

データ集

連続タイトル防衛記録

名前	防衛回数	（階級）
ジョー・ルイス	25	（ヘビー級）
リカルド・ロペス	22	（ミニマム級）
ヘンリー・アームストロング	19	（ウェルター級）
エウセビオ・ペドロサ	19	（フェザー級）
カオサイ・ギャラクシー	19	（スーパーフライ級）
ウイルフレド・ゴメス	17	（スーパーバンタム級）
柳 明佑	17	（ライトフライ級）
オルランド・カニザレス	16	（バンタム級）
ボブ・フォスター	14	（ライトヘビー級）
カルロス・モンソン	14	（ミドル級）

オリンピック　ヘビー級金メダリスト

年	名前	国名
2012	オレクサンドル・ウシク	ウクライナ
2008	ラヒム・チャキエフ	ロシア
2004	オドラニエル・ソリス	キューバ
2000	フェリックス・サボン	キューバ
1996	フェリックス・サボン	キューバ
1992	フェリックス・サボン	キューバ
1988	レイ・マーサー	アメリカ
1984	ヘンリー・ティルマン	アメリカ
1980	テオフィロ・ステベンソン	キューバ
1976	テオフィロ・ステベンソン	キューバ

通算試合数ランキング

名前	階級	試合数
レン・ウィックウォー	ライト・ヘビー級	463
ジャック・ブリットン	ウェルター級	350
ジョニー・ダンディー	フェザー級	333
ビリー・バード	ウェルター級	318
ジョージ・マースデン	該当なし	311
マキシー・ローゼンブルーム	ライト・ヘビー級	299
ハリー・グレブ	ミドル級	298
ヤング・ストリブリング	ライト・ヘビー級	286
バトリング・レビンスキー	ライト・ヘビー級	282
テッド・(キッド)・ルイス	ウェルター級	279

偉大な選手の本名

本名	リングネーム
ウォーカー・スミス	シュガー・レイ・ロビンソン
アンソニー・ゼルスキ	トニー・ゼール
ロッコ・バルベラ	ロッキー・グラジアノ
アーノルド・クリーム	ジャーシー・ジョー・ウォルコット
ジョセフ・バロー	ジョー・ルイス
ロッコ・マルケジャーノ	ロッキー・マルシアノ
ジェラルド・ゴンザレス	キッド・ギャビラン
ジューダ・バーグマン	ジャック・(キッド)・バーグ
ギレルモ・パパレオ	ウィリー・ペップ
エリジオ・サルディーニャス・モンタルボ	キッド・チョコレート
アーチボルド・リー・ライト	アーチー・ムーア
リチャード・イヘイツ	ディック・タイガー

格闘技　ボクシング

マスク
選手は頭部と首を覆うマスクをつける。顔の部分は金網で保護し、首は布製ののど当てで覆う。

ジャケット
パッド入りの長袖の綿ジャケットを着る。安全性をさらに高めるため、剣を持つ側の体にプラストロン（保護用下着）をつける。

選手の特徴
一流のフェンシング選手には、すばやい反応、敏しょう性、軽いフットワークが重要なため、体が軽くて俊敏な選手が多い。身のこなし、バランス、目と手の協調も備えるべき特性である。集中力、すばやい判断、戦術能力といった精神面のスキルも身体能力と同じくらい大切である。

基礎知識

→ 「フェンシング」という名前は英語の「ディフェンス（防御）」に由来する。これは、戦場で身を守るために剣術が必要だった時代の名残である。

→ フェンシングは使用する剣の種類によって、フルーレ、エペ、サーブルに3分類される。

→ フェンシングはもともとヨーロッパの伝統競技である。特にフランスとイタリアにゆかりがあり、今でもフェンシング用語の多くがフランス語である。

手の保護
指をけがしないように、剣の柄に金属製のつばがついている。

柔軟性のある剣身
剣身の形と硬さは剣の種類によって異なる。

白い半ズボン
伝統的に白い膝下丈の綿ズボンをはく。足はパッドで保護しない。

ソックス
黒か白の膝丈ソックスをはく。

シューズ
機敏なフットワークがフェンシングのカギとなるため、軽量で底が平らなグリップの効くシューズをはく。

ナンバー・トリビア

15 人：1896年のオリンピックで競技したフェンシング選手の人数。フェンシングは、近代オリンピック開始以来ずっと正式種目である4競技のうちのひとつである。

5 競技：フェンシングは、オリンピックの近代五種競技のひとつ。

13 個：イタリアのエドアルド・マンジャロッティが、フェンシングで獲得したオリンピックメダルの数。そのうち6つは金メダル。フェンシングで最も多いメダル獲得数である。

7 時間：1930年代にニューヨークで行われたマスターズ選手権で、1試合にかかった時間数。これ以降は1試合30分に制限された。現在ではわずか3分。

フェンシング

競技の概略

フェンシングは2人の選手が先端を丸めた軽量の剣で行う競技。剣先で相手の有効面をつくと得点となるが、有効面は使用する剣の種類によって異なる。近代のフェンシングは、何世紀も続く伝統的な戦場での剣術に由来するもので、スポーツとしてのフェンシング（戦場での生き抜くための手段としてではなく）は16世紀に発展。1896年の第1回近代オリンピックに登場して以来、フェンシングは正式種目として競技されている。

「ディスオニシチェンコ」
1976年（東西冷戦の真っ最中）のオリンピックで、大会を震かんさせるスキャンダルが発覚した。ソ連のボリス・オニシチェンコ選手とイギリスのジム・フォックス選手の試合で、フォックス選手はオニシチェンコ選手に不正行為があると疑った。調査の結果、オニシチェンコのエペには細工が施されており、不正に得点が記録されるようになっていることが発覚。英語で「不正を行う」という意味のDISHONEST（ディスオネスト）とオニシチェンコの名前を合わせて「ディスオニシチェンコ」と報道され、オニシチェンコ選手はもとより、ソ連男子の近代五種競技チーム全員が失格となった。

ピスト上で

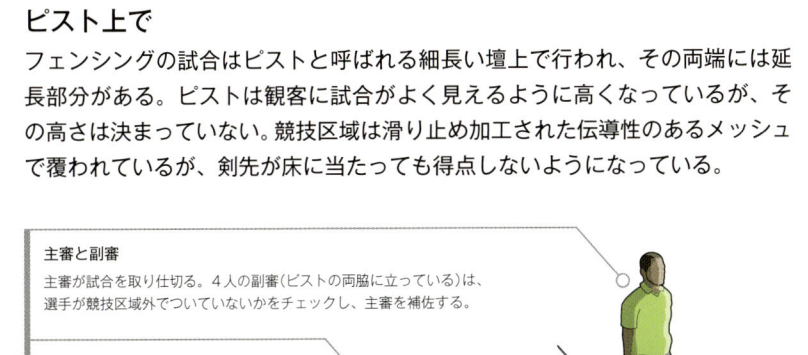

フェンシングの試合はピストと呼ばれる細長い壇上で行われ、その両端には延長部分がある。ピストは観客に試合がよく見えるように高くなっているが、その高さは決まっていない。競技区域は滑り止め加工された伝導性のあるメッシュで覆われているが、剣先が床に当たっても得点しないようになっている。

主審と副審
主審が試合を取り仕切る。4人の副審(ピストの両脇に立っている)は、選手が競技区域外でついていないかをチェックし、主審を補佐する。

電気審判機
選手はコードにつながった伝導性のプラストロンを着る。相手選手から有効なつきがあると、審判機に電気信号が送られ、それぞれの選手の得点が自動的に掲示板に表示される。

計時係と記録係
各試合の時間を計り、スコアを記録する。

センターライン
トップを走るピストの中央を示す。

スタートライン
選手はそれぞれのスタートラインの後方に立って試合を始める。ラインはセンターラインの約2m後方にある。「つき」が決まるたびに、選手はこの位置に戻る。

警告ライン
ピストの境界線から2mの位置にいることを選手に伝えるライン。

境界線
このラインを超えると反則。

1.5〜2m
14m

格闘技

213

フェンシング

電気審判
電気審判システムは1936年のベルリン・オリンピックのエペの試合で初めて採用された。つきによって剣先のバネ仕掛けのボタンが押されると、審判機のライトが点灯する。エペでは全身が有効面なので、信頼度の高い電気審判システムを比較的導入しやすかった。フルーレでは、「有効な」つきと「無効の」つきを区別できるように、有効面だけを覆う伝導性ジャケットを着用する必要があったため、このシステムが導入されたのは1956年のメルボルン・オリンピックから。

剣を選ぶ

フェンシングには、フルーレ(初心者が通常初めてフェンシングを習うのに使う剣)、エペ、そしてサーブルの3種類の剣がある。剣によって相手の有効面が異なり、それぞれのルールに従って使用される。一流の選手は3種目すべてに熟達するのではなく、普通はいずれか1つに特化する。

フルーレ
軽量で、剣身は柔軟性がある。つきを決めるには、剣先についている押しボタンに500g以上の圧力をかけなければならない。有効面は胴体。

110cm

エペ
フルーレよりも重くて硬く、つきを決めるには、剣先のボタンに750g以上の圧力をかけなければならない。全身が有効面。

110cm

サーブル
剣先だけでなく、刃の部分でも得点できる。剣先にボタンはなく、安全のためにとがった剣先は折りたたまれている。有効面は上半身。

105cm

グリップ
剣を握る部分。主に、フレンチ、イタリアン、スパニッシュ、ピストルの4種類がある。フレンチグリップは初心者にも熟達した選手にも人気がある。

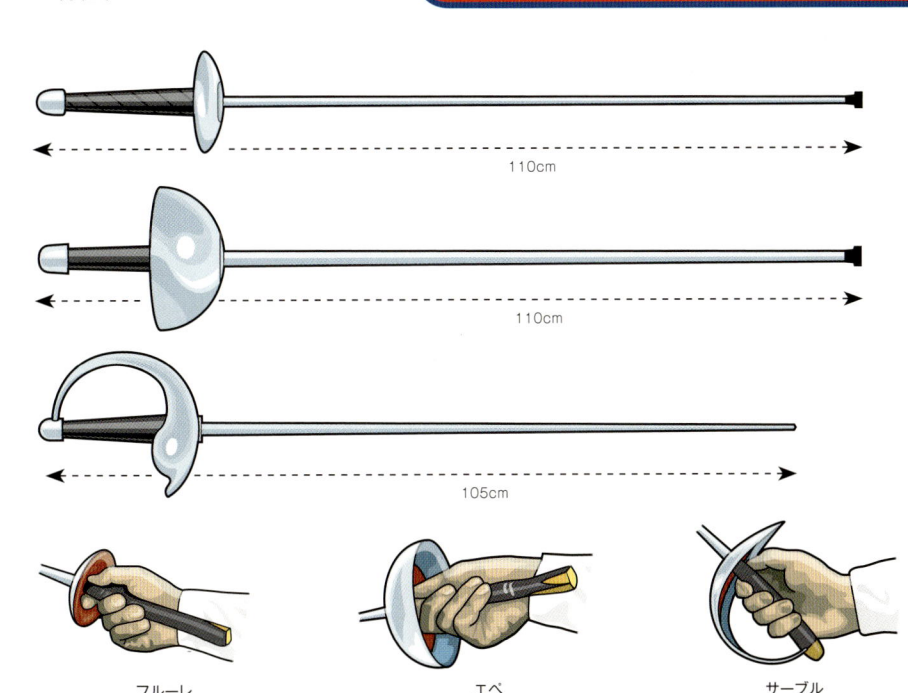

フルーレ　　エペ　　サーブル

試合のルール

試合は1ピリオド3分の3ピリオドで、各セット間に1分の休憩が入る（＊訳注：サーブルはピリオド制ではなく、どちらかの選手が8ポイントを取ったところで休憩）。15ポイントを先取した選手、あるいは試合時間の終了時に累計ポイントが多い選手が勝利。ポイントが入るのは相手の有効面を的確に剣先でついたとき。フルーレ、エペ、サーブルの3種目があるが、それぞれ有効面が異なる。オリンピックでは予備リーグ（6～7人の総当たり戦）はなく、エリミナシオン・ディレクト（勝ち抜きトーナメント）から行われる。

フェンシング用語

フェンシングは、フランス、イタリア、スペインで人気のスポーツで、専門用語はほとんどがフランス語である。

- **アタックオフェール**：相手の剣への攻撃
- **コール・ア・コール**：コール（coups）は「身体」という意味のフランス語で、文字通りには「体と体がぶつかり合う」の意。2人のプレーヤーの体が接触すること（この動きは反則）
- **ク・セック**：堅い刃同士がぶつかり合い、キンという音が鳴ること（文字通りには「乾いた」一撃の意）
- **デホーブモン**：相手の剣を回避して逃れること
- **ドゥス**：ローライン
- **ドゥシュ**：ハイライン
- **フィナル**：攻撃の最後の部分
- **ジュール**：攻撃可能なすき間
- **レパルテ**：剣を持っている方の腕でつく動きを繰り返すこと
- **トウシュ**：剣でつくこと

基本的な有効面

主な（フルーレの場合は唯一の）有効面は胴体部分である。攻撃目標によって胴体は8カ所に分けられ、上4つをハイライン、下4つをローラインと呼ぶ。

インサイドラインとアウトサイドライン

胴体の8区分を、インサイドライン、アウトサイドラインに分けることもある。剣を持つ手の内側の2区分をインサイドライン、剣を持つ手の甲側が面している部分をアウトサイドラインと呼ぶ。

ハイラインへの攻撃

ハイラインの4つの部分は、さらに2分割できる。カルトとシクスト（4と6）は、剣を持った手を外に回して（手のひらを上に向けて）、ティエルスとキント（3と5）は、剣を持った手を内側に回して（手のひらを下に向けて）つく。

試合では全身白に

フェンシングの試合で着るユニフォームは、昔から白色〔国際フェンシング連盟（FIE）は今日では、明るい色であれば白以外も認めている〕。この白いジャケットに白いズボンといういでたちは、電気審判システムを導入する前の時代の名残である。当時は刃にすすやインクをつけて、相手のどこに刃が触れたかが、はっきりと跡が残るようにしていた。

フルーレ

有効面が胴体のみと最も狭い。電気審判機は、この部分をついたものだけを記録する。

胴体 — フレーレは、胴体と足のつけ根のV字型の部分のみが有効面。

エペ

全身が有効面。手や腕、足の前方など、相手に最も近い部分が攻撃されやすい。

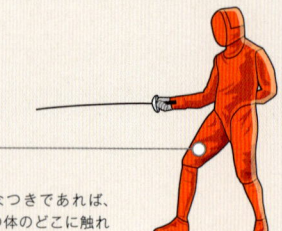

全身 — 有効なつきであれば、相手の体のどこに触れても得点となる。

サーブル

腕と頭を含む上半身全体が有効面である。サーブルの試合は電光石火のように動きが速く、攻撃とフェイント（見せかけの攻撃）が中心となる。

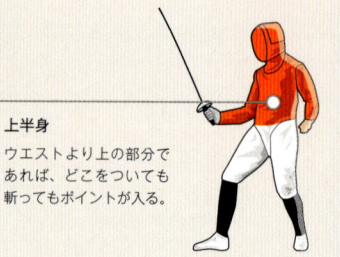

上半身 — ウエストより上の部分であれば、どこをついても斬ってもポイントが入る。

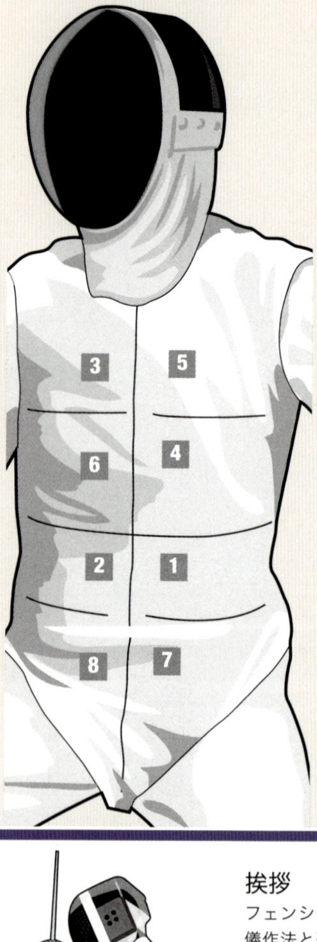

8つの有効面

胴体を4区分した部分はそれぞれ、さらに2つに分けられる。これら8つの部分を、プリム、セコンド、ティエルス、カルト、キント、シクスト、セプティム、オクタブ（単に1から8の意）と呼ぶ。

1. **プリム** — 1番目の有効面（ローライン）
2. **セコンド** — 2番目の有効面（ローライン）
3. **ティエルス** — 3番目の有効面（ハイライン）
4. **カルト** — 4番目の有効面（ハイライン）
5. **キント** — 5番目の有効面（ハイライン）
6. **シクスト** — 6番目の有効面（ハイライン）
7. **セプティム** — 7番目の有効面（ローライン）
8. **オクタブ** — 8番目の有効面（ローライン）

アンガルド

フェンシングの試合は、選手がそれぞれスタートライン後方で構えの姿勢を取ったところから始まる。審判の「アンガルド！（「構え！」の意）」という号令が試合開始の合図。試合は攻撃、かわし、反撃の連続で、動きが機敏で激しい（そのため、電気審判システムが必要となる）。フルーレとサーブルでは、両選手が相手を同時についた場合、どちらの選手が得点するかは「攻撃権」ルールによって決められる。攻撃をしかけている選手にポイントが入るのが一般的。エペの場合は、両選手にポイントが与えられる。

挨拶

フェンシングは伝統を重んじるスポーツで、選手は礼儀作法と道徳規範を厳格に守らなければならない。特に重要なのが挨拶である。試合の前に選手は自分の顔の前に剣を垂直に持って立ち、挨拶をする。審判や観客に対しても同様。試合後も選手同士で試合終了の挨拶をして、握手をかわす。

攻撃と防御

フェンシングでは、相手の有効面を的確について得点することが目的である。試合では、攻撃も防御もともに重要で、熟達したフェンシング選手は、攻撃を払って、それを反撃のチャンスにする。映画では、芝居がかった動きや大胆な攻撃をする場面がよく見られるが、それとは対照的に、つきを決める（あるいはかわす）には、概して正確な動きが要求される。巧妙に仕組まれた攻撃の方が、大げさな攻撃よりも、その動きを予測するのがずっと難しい。

アタック
剣を持っている腕を相手に向かって伸ばす動作。腕は肩から完全にまっすぐに伸ばし、連続した動きで攻撃する。腕を前につき出すと、攻撃に力が入る。

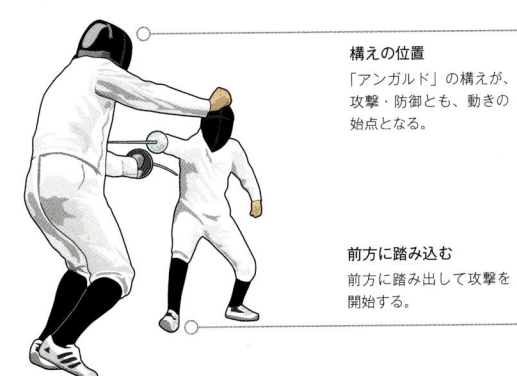

構えの位置
「アンガルド」の構えが、攻撃・防御とも、動きの始点となる。

前方に踏み込む
前方に踏み出して攻撃を開始する。

パレ
パレは防御の動きである。相手の剣を受け流したりブロックしたりして、攻撃されないようにする。パレは、たとえば「カルト」パレのように、攻撃が行われるポジションのあとにつけて呼ぶ。

刃をかわす
パレで相手の刃をかわす。

手薄な防御
攻撃をしかけた選手が、今度は反撃を受けやすい体勢になっている。

リポスト
パレの後の反撃。パレで攻撃側の剣がそれると、防御側が反撃に出るスペースができる。リポストはパレの直後か、少し時間をおいて行われる。

反撃
リポストを行い、うまくつきが決まった。

バランスを取る
剣を持たない腕でバランスを取る。

裏話

フェンシングは古代エジプト人やローマ人が行っていた戦術から生じたものであるが、現在のルールや規則はおおむね、18世紀と19世紀にヨーロッパで発展した慣習が元になっている。フェンシングの運営組織は、ＦＩＥ。1913年にパリで設立されたＦＩＥがルールを統一し、フェンシングの試合が国際的に行えるようになった。ＦＩＥは夏季オリンピックが開かれる年を除いて毎年、世界選手権を開催。フェンシングは1896年の第1回近代オリンピックから正式種目として採用されているが、女子の種目がオリンピックに加わったのは1924年から。

ＦＩＥ
1913年に設立され、現在はスイスのローザンヌに本部を置くＦＩＥは、国際試合のルールや規則を規定する任務を請け負っている組織である。2013年現在、148カ国が加盟。

決闘で決着
1924年のパリ大会で行われたフェンシングの判定をめぐって、イタリアチームとハンガリーチームの間で対立がおき、実際の決闘へと発展した。2分間続いた決闘の結果、ハンガリー側が勝利した。

データ集

オリンピック男子フルーレ金メダリスト

年	名前	国名
2012	雷声	中国
2008	ベンヤミン・クライブリンク	ドイツ
2004	ブリス・ギヤール	フランス
2000	キム・ヨンホ	韓国
1996	アレッサンドロ・プッチーニ	イタリア

オリンピック女子フルーレ金メダリスト

年	名前	国名
2012	エリーザ・ディフランチェスカ	イタリア
2008	バレンチナ・ベッツァーリ	イタリア
2004	バレンチナ・ベッツァーリ	イタリア
2000	バレンチナ・ベッツァーリ	イタリア
1996	ラウラ・バデア	ルーマニア

オリンピック男子エペ金メダリスト

年	名前	国名
2012	ルーベン・リマルド	ベネズエラ
2008	マッテオ・タリアリオル	イタリア
2004	マルセル・フィッシャー	スイス
2000	パベル・コロブコフ	ロシア
1996	アレクサンドル・ベケトフ	ロシア

オリンピック女子エペ金メダリスト

年	名前	国名
2012	ヤナ・シェミャキナ	ウクライナ
2008	ブリッタ・ハイデマン	ドイツ
2004	ティーメア・ナジー	ハンガリー
2000	ティーメア・ナジー	ハンガリー
1996	ローラ・フレッセル	フランス

オリンピック男子サーブル金メダリスト

年	名前	国名
2012	アロン・シラジ	ハンガリー
2008	仲満	中国
2004	アルド・モンターノ	イタリア
2000	ミハイ・クラウディウ・コバリウ	ルーマニア
1996	スタニスラフ・ポズニャコフ	ロシア

オリンピック女子サーブル金メダリスト

年	名前	国名
2012	金 志妍（キム・ジヨン）	韓国
2008	マリエル・ザグニス	アメリカ
2004	マリエル・ザグニス	アメリカ
2000	開催されず	
1996	開催されず	

格闘技

フェンシング

基礎知識

→ 乱取りが、柔道の技や戦術を学ぶのに最も適した方法である。この乱取り稽古で、筋力や心血管系を強くし、反射神経を鍛え、相手の攻撃に耐えるのに必要な技能を磨く。

→ 送襟絞(おくりえりじめ)や裸絞(はだかじめ)は、柔道では非常に効果的な技である。送襟絞は頸動脈を絞めて脳への血流をさえぎり、裸絞は気管をふさいで酸素の流れを妨げる。両方とも、数秒間で相手を失神させる（落とす）ことができる。

→ 東京にある講道館が柔道の総本山である。柔道の創始者、嘉納治五郎（1860～1938年）が1882年に設立。

柔道衣
国際試合では、厚手の生地でつくった青または白の上着を着る。サイズやフィット感は規定に従わなければならない。

ズボン
軽いキャンバス地のような丈夫な布を二重縫いしたもので、膝に布を当てがっている。

柔道

競技の概略
柔道は19世紀に嘉納治五郎(かのうじごろう)が創始した武道である。数百年の伝統を受け継ぐ柔術の技から発展した素手で戦うこの格闘技では、パンチやキックは一切認められていない。柔道の目的は「一本」を取ること。そのためには、相手を床に投げ倒したり、抑え込んだりする。関節技や絞め技を使って、力ずくで降参させることもある。

試合場
試合場の大きさは国際柔道連盟（ＩＪＦ）ルールで定められている。床には通常、2m×1mの畳が敷きつめられていて、投げられたときの衝撃を和らげる。畳は本来、藁を圧縮してつくられるが、今日では発泡素材を圧縮したものが一般的。ほとんどの試合は8m×8mの場内で行われるものの、10m×10mの大きさまで認められている。ＩＪＦルールでは、場内の周囲に3mの安全地帯（場外）を設けることになっており、場内と安全地帯を合わせた部分が試合場と呼ばれている。

主審
主審は場内に立ち、試合を開始する際に「始め！」と号令をかける。主審は試合を判定し、その結果を記録係に合図する。異議が生じたときには2人の副審と話し合って決定を下す。

帯
長さは3m。色は階級を示す。

色を分ける
場内と安全地帯（場外）では使用する畳の色が違う。色の組み合わせは特に決まっていない。

選手の特徴
柔道は万人向けである。体重別に階級がわかれているので、体の大きさには制限がなく、男女とも楽しめる。体力は欠かせないが、機敏さも大切。

安全地帯（場外）
幅3mの境界地帯。安全地帯は完全には試合領域外ではない。相手を安全地帯に投げ倒した場合でも、投げた後に安全地帯に入ったのであれば、技は認められる。しかし、意図的に場外に出た場合は、自動的にペナルティが科される。

ナンバー・トリビア

96 本：講道館が規定する技の数。

77 歳：1938年に嘉納治五郎が亡くなったときの年齢。

3 人：2013年の時点で、ＩＪＦで10段と認定している世界全体の柔道家の数。

7 階級：オリンピックの体重別階級の数。

200 力所：柔道の公式な運営組織であるIJFに加盟している国や地域の数。

10 秒：絞め技をかけられてから失神するまでの平均秒数。

格闘技

柔道

帯の色
帯の色を見ると選手の階級がわかる。級には6段階あり、西洋の柔道では、6級（白）、5級（黄）、4級（オレンジ）、3級（緑）、2級（青）、1級（茶）と定められている。これ以外の級や帯の色を設けている国もあり、日本では1級までは白帯をつける。10段階ある段の帯の色は、5段までは黒、6段から8段までは紅白。9段と10段は赤。

スコアボード
スコアボードには、タイマーと、試合中に各選手に与えられたポイントとペナルティが表示される。柔道には4種類の判定があり、スコアボード上部に示されたアルファベットはそれぞれ I が「一本」、W が「技あり」、Y が「有効」、K が「効果」（訳注：2009年1月1日から「効果」は廃止）。ペナルティには2種類あり、ボード中央の文字の横に、赤いライトが点灯する。H は「反則負け」（即座に失格）、S は「指導」を意味する。指導が4回与えられると反則負け（失格）。

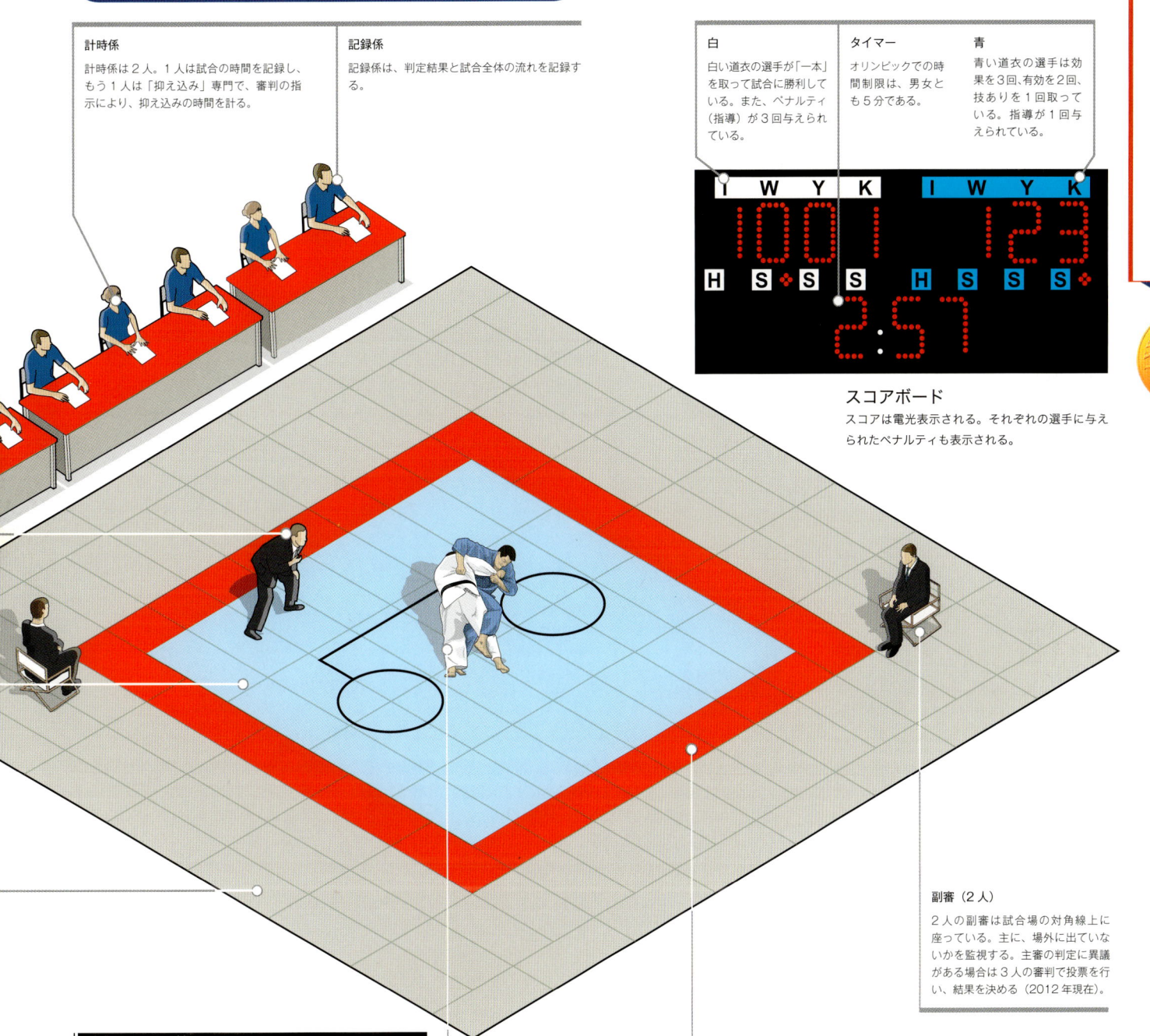

計時係
計時係は2人。1人は試合の時間を記録し、もう1人は「抑え込み」専門で、審判の指示により、抑え込みの時間を計る。

記録係
記録係は、判定結果と試合全体の流れを記録する。

白
白い道衣の選手が「一本」を取って試合に勝利している。また、ペナルティ（指導）が3回与えられている。

タイマー
オリンピックでの時間制限は、男女とも5分である。

青
青い道衣の選手は効果を3回、有効を2回、技ありを1回取っている。指導が1回与えられている。

スコアボード
スコアは電光表示される。それぞれの選手に与えられたペナルティも表示される。

副審（2人）
2人の副審は試合場の対角線上に座っている。主に、場外に出ていないかを監視する。主審の判定に異議がある場合は3人の審判で投票を行い、結果を決める（2012年現在）。

穏やかな道
柔道とは「穏やかな道」の意で、相手の力を自分に都合よく変化させることを目的としている。柔道家は、相手のバランスを崩したり勢いを利用し、最小限の力で相手を力強く投げることをめざす。

選手
試合では、最初に名前を呼ばれる方が青、対戦相手が白の柔道衣を着る。試合の開始と終了時には、柔道衣と同じ色のテープ後方に立ち、礼をして敬意を払う。試合中に主審が「待て！」と叫んだときは、それぞれのテープの位置に戻る。

危険地帯
試合領域を囲む、幅1mの境界地帯。試合場の一部ではあるが、ここに長時間いるとペナルティが科される。この危険地帯には赤畳が敷かれていた。2006年にルール改正を試験的に導入、危険地帯が廃止された。2007年、IJF はこの改正を正式なものとした。

基本的な組み方
柔道で取れるのは、基本的に袖と襟。右手で相手の上着の襟を、左手で相手のひじ下の右袖を取る。このように取ると、投げ技をかけやすい。

襟を取る
襟は相手の動きをコントロールするためによく使われる。

ひじを取る
相手の右ひじ下の袖を取る。

試合のルール
柔道はIJFのルールに準拠している（＊訳注：日本ではIJFのルールと講道館のルールが適用される）。近年のルール変更により、防御的な柔道に罰則が適用される機会が増え、より積極的な形が好まれるようになってきている。

一本、技あり、有効
柔道は一本、または、技あり2回で一本となり、勝利する。「有効」のポイントは低いが、既定時間内に一本が取れなかった場合は、獲得したポイント数で勝敗が決まる。

反則
柔道はスポーツの精神にのっとって正々堂々と戦うもの。反則した選手には罰則が科される。反則には、第1指導（単に指導といわれる）、第2指導（注意）、第3指導（警告）、そして反則負け（失格）の4段階がある。同レベルの反則が繰り返されると、次の（より重い）段階の罰則が適用される。

攻撃技
柔道の技は大きく、立技と寝技に分けられる。立技は、コントロールや力、スピードをうまく使って投げて背中から倒す。寝技は相手を床に抑え込むか、降参させることが狙い。

投技
選手はさまざまな投技を使って、相手をうまく床に倒す。力を込めてコントロールよく相手を背中から倒すと、一本勝ちできる。しかし、試合は互角のことが多く、投技をしかけても、有効、あるいは技ありとなることが多い。

大腰（おおごし）
柔道の創始者、嘉納治五郎が生み出した、伝統的な投技のひとつ。腰技に分類され、腰を支点にして相手を床に投げ倒す。いくつかある腰技の型の中でも、最初に指導される投技である。

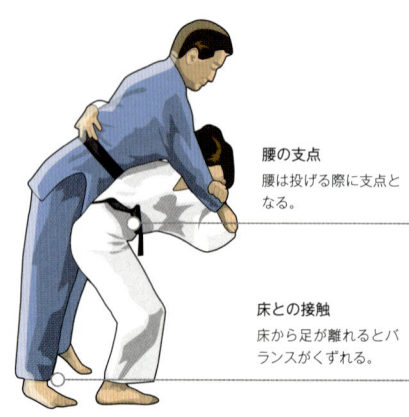

腰の支点
腰は投げる際に支点となる。

床との接触
床から足が離れるとバランスがくずれる。

一本背負い
一本背負いは、トップレベルの試合で最もよく見られる投技である。手技の一種で、相手を肩越しに投げる。米俵を肩越しに投げる動作によく似ている。

肩越しに投げる
袖のひじ部分を取り、相手を肩越しに投げ、床に倒す。

柔軟性のある膝
膝を曲げて柔軟な体勢を取り、勢いをつけて相手を投げる。

巴投（ともえなげ）
捨身技と呼ばれる投技の中には、自分の体を倒した状態で相手を投げるため、危ういものがある。そのひとつが巴投だ。この技では、自分の足を相手の腹や腿に当て、相手を頭や肩越しに投げる。

投げ
仰向けに寝た状態で相手を空中高く投げ飛ばす。

足を腹に
足を相手の腹に当て、てこの原理を使って投げる。

大外刈（おおそとがり）
大外刈も嘉納治五郎が生み出した基本的な投技で、足技に分類される。このタイプは、一方の足で相手の足を刈る技である。体重をのせている足を正確に狙って相手を倒すと効果的。

相手をつかむ
相手の袖のひじと上着を取る。

足払い
相手の足を刈り上げ、バランスをくずす。

ナンバー・トリビア

36 個：日本がロンドンオリンピックまでに獲得した金メダルの総数。

2 つ：柔道の技は、大きく立技と寝技の2つに分類できる。

3 段階：投技の段階数。くずし、つくり、掛け、の順に行われる。

25 秒：一本を取るために相手を床に抑え込む秒数。

データ集

オリンピック体重別階級

女子	男子
78kg超	100kg超
78kg	100kg
70kg	90kg
63kg	81kg
57kg	73kg
52kg	66kg
48kg	60kg

男子重量級 オリンピック金メダリスト

年	勝者（国籍）
2012	テディ・リネール（フランス）
2008	石井 慧（日本）
2004	鈴木 桂治（日本）
2000	ダビド・ドゥイエ（フランス）
1996	ダビド・ドゥイエ（フランス）
1992	ダビド・ハハレイシビリ（EUN）
1988	斉藤 仁（日本）
1984	斉藤 仁（日本）
1980	アンジェロ・パリジ（フランス）
1976	セルゲイ・ノビコフ（ソ連）
1972	ウィレム・ルスカ（オランダ）

女子重量級 オリンピック金メダリスト

年	勝者（国籍）
2012	イダリス・オルティス（キューバ）
2008	佟文（中国）
2004	塚田 真希（日本）
2000	袁 華（中国）

抑え込み

相手を床に抑えつけることが目的の固め技である。相手の両肩を床につけた状態で25秒以上抑えつけると、一本となる。それより抑えつける時間が短い場合は、技あり（20〜24秒）、有効（15〜19秒）となる。

サムライスポーツ

柔道は、武士が用いていた1対1の戦闘術の柔術に由来する。オリンピックスポーツの中で、相手を窒息させる絞め技が許されている唯一のスポーツである。

袈裟固（けさがため）
- **首に巻きつける**：相手の首に腕を巻きつける。
- **腰を胸に**：相手の胸に腰を押しつける。

袈裟固は、相手を投げ倒したあとに決まりやすい。というのも、投げるときには基本的に、一方の手が相手の襟を、もう一方の手が相手のひじあたりを取っているため、この技に持ちこみやすいのだ。

横四方固
- **しっかりと抑える**：片手で首を抑える。
- **帯をつかむ**：もう一方の手で相手の足の間から帯を取る。

相手の胸の上に横になって、首と足を抑える。片方の手を首に回し、襟を取る。もう一方の手は足の間から帯の後ろを取る。

極め技

極め技には関節技と絞め技がある。安全のため、試合では腕の関節技のみ使用可。絞め技も同様に危険がともなうため、試合では年齢や階級によって使用が制限されている。

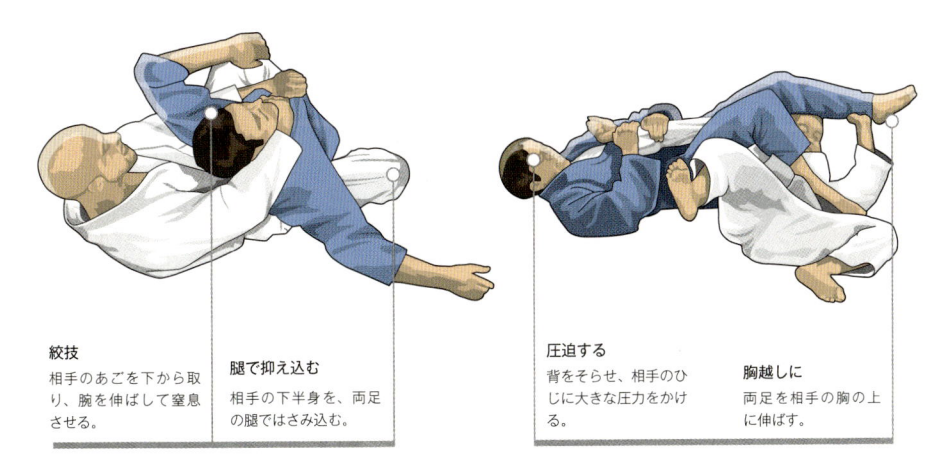

送襟絞
- **絞技**：相手のあごを下から取り、腕を伸ばして窒息させる。
- **腿で抑え込む**：相手の下半身を、両足の腿ではさみ込む。

片手を相手のわきの下に滑りこませ、反対側の襟を取る。もう一方の腕は相手の首に回し、反対側の襟をつかんで絞める。

十字固
- **圧迫する**：背をそらせ、相手のひじに大きな圧力をかける。
- **胸越しに**：両足を相手の胸の上に伸ばす。

強力な関節技で、相手の体と十字になるように両足を相手の胸の上に伸ばし、腿と腿の間で上腕を抑え込む。その際、相手の手首を両手で握り、胸を足で抑えつける。背をそらせるとひじ関節に大きな圧力がかかる。

裏話

柔道が初めてオリンピック種目に加わったのは1964年のこと。1968年のメキシコシティ・オリンピックでは競技は行われなかったものの、男子は1972年のミュンヘン・オリンピックから正式種目となった。女子は1988年のソウル・オリンピックに公開競技、1992年のバルセロナ・オリンピックで正式種目となった。

運営組織

IJFが、世界柔道の運営組織である。1951年に設立されたIJFは、アフリカ、アジア、アメリカ大陸、ヨーロッパ、オセアニアを代表する5つの連盟を統括している。

相撲

基礎知識

- 相撲の選手は、俗に相撲取り、正式には力士と呼ばれる。
- 日本の相撲は、基本的には男性主体の競技である。しかし現在では、国際相撲連盟（IFS）は女性の参加を積極的に奨励している。
- 相撲の試合では複雑なしきたりが見られるが、これは神道の慣習に由来するものである。たとえば、試合の前に力士が土俵に塩をまくのは、悪霊を追い払うため。

競技の概略

相撲は、相手を土俵の外に押し出すか、相手の体勢をくずして身体の一部（足以外）を地面に触れさせようとするスポーツである。取組は短時間で決着がつくが、その技術や戦術、しきたりは、昔から多くの人を魅了し続けている。相撲は日本の古代に発生したといわれるが、20世紀に入って、その人気が世界中に広まった。

四隅
4つの角には四季を象徴するものが飾られている。

切妻屋根
構造は神社の屋根に似ている。力士は東側か西側から入る。

宙吊り状態
つり屋根は、ロープ、ワイヤーやさおを使って天井からつり下げられている。

つり屋根（天蓋）
取組が行われる土俵の真上にある建築物は、「つり屋根（天蓋）」と呼ばれる。伝統的には神社の屋根に似せてつくられているが、近代的な試合場では、パースペクス1枚だけのところもある。

土俵

相撲の取組は、四角い台の上に描かれた円状の土俵上で行われる。土俵は神道の魂の聖地と見なされている。力士の足が土俵の外に出ていないか判別しやすいように、勝負俵の周囲に砂がまかれている。

まげ
油で整えた力士の髪型のこと。結い方は階級によって異なり、位が高くなるにつれて、まげも複雑になる。

まわし
絹製の厚みのある帯で、長さはおよそ10m。腹部を何重にも巻いて、股間を保護する。

四股を踏む
取組前にしきたりとして行われるこの動きで、力士の力を誇示する。

力士の特徴
有名な力士はほとんどが大柄で、重心が低くどっしりとしているが、小柄の技に長けた力士が、自分よりもずっと大きい相手を打ち負かすこともめずらしくない。

審判委員
4人の審判委員が土俵の周りに配置されている。行司の判定に問題があるときには、審判委員が協議する。

土俵
円形の土の表面が砂で覆われている。34〜60cmの高さに土を盛った台上に設置されている。

行司
主審のこと。中世の神主のような着物と烏帽子を身につけている。昔の武将が用いていた軍配も持っている。

5.7m

下がり
装飾用の絹の房でまわしの下線を飾る。

土俵への階段
このふみ俵を使って、行司や力士が土俵に優雅に上がる。

仕切線
仕切るときには、力士はこの線の後方に構える。

力水
試合の前や水入りのときに飲む。

競技の方法

取組を始める前に、力士は両手をたたいて、手に何も持っていないことを示す。取組は先に土俵を割ったり倒れた力士が負け。両力士が同時に倒れた場合は、行司か審判委員が、どちらの力士に勝ちの要素があったかを判断し、勝敗を決める（決定できない場合は、取り直し）。殴る、ける、首を絞める、目や腹を攻撃する、髪を引っぱる、まわしより下の部分を攻撃することは禁止されており、このような行為を行った場合は失格となる。

相撲の技

相撲は大きく押し相撲と四つ相撲に分けられる。押し相撲は、自分の体重をうまく利用して相手を土俵から押し出すのが目的。四つ相撲は、相手のまわしを取って土俵の外に出すか、投げ倒すことをめざす。相撲の技の詳細を、以下で見てみよう。

階級

力士の間には厳しい階級制度がある。取組に勝つと階級が上がり、負けると下がる。最も階級の高い横綱は例外で、負けが多くなると、階級が下がるのではなく、引退するのが一般的。十両以上の力士は、化粧回し（儀式用の絹の前掛け）を着けることができる。

横綱：最も位の高い力士。相撲史上、横綱になったのはわずか70人弱である。
大関：連続3場所中に33勝を挙げた力士に与えられる（＊訳注：これは目安であり、成文化されているわけではない）、名誉ある階級。
関脇：たいてい1場所につき3人から5人（＊訳注：必ず1人はいる）
小結：同じく、1場所につき3人から5人（＊訳注：必ず1人はいる）
前頭：幕内力士の中で最も下の階級。
十両：ほぼ同じレベルの力士。28人以内。
幕下：十両以上の階級の人たちから学んでいる見習い。通常120人くらい。

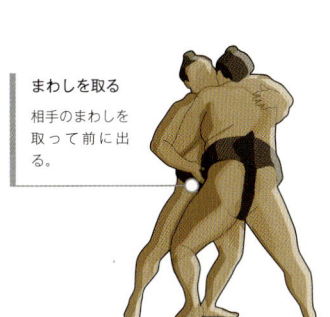

寄り切り — 相手のまわしを取り、土俵の外に出す。（まわしを取る：相手のまわしを取って前に出る。）

上手投げ — まわしを取り、上体をひねりながら相手を引き倒す。（低い位置を握る：相手のまわしの下の部分を取る。）

寄り倒し — 正面から押し出す。攻撃の勢いで相手を土俵際まで追いこんで倒す。（力で倒す：相手が体勢を戻せないように、強く押す。）

送り出し — 相手の背後から押し出す。この技がうまく決まらないと反撃を受けやすい。（押して出す：尻をめがけて押すとよい。）

はたき込み — 相手が突進してきたところを脇へよけて、相手の背中や腕をはたいて落とす。（形勢を逆転させる：防御していた右腕で攻撃する。）

送り倒し — 背後からの押し倒し。相手の背後にまわり、送り倒す。（ポンと押す：土俵内で相手を倒す。）

押し出し — 正面から押し出す。まわしを取らずに、相手を土俵の外に押し出す。（上手：顔と上半身を押しやる。）

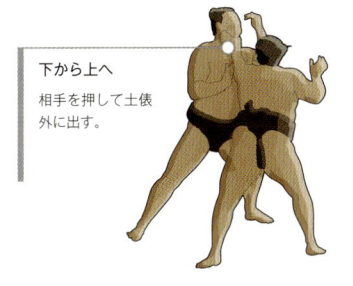

つき出し — 相手をリズムよくつっ張って土俵の外に押し出す。（下から上へ：相手を押して土俵外に出す。）

ナンバー・トリビア

285 kg：相撲史上、最も重い力士、小錦の最も重いときの体重。1963年にハワイで生まれた小錦は、1987年に大関になった。

700 人：プロとして活躍している力士のおおよその総数。ほとんどが日本人だが、わずかに外国人力士も交じっている。

34,000,000 円：トップクラスの力士が1年間でかせぐ取組報酬。一部の力士は、テレビのコマーシャルに出演したりするため、この金額をさらに上回る。

裏話

スポーツとしての相撲で最も権威のあるイベントは、大相撲本場所である。1年に6回（東京3回、大阪、名古屋、福岡、各1回）開催。各場所は15日間行われ、多くの人がテレビを通して観戦する。力士は各場所中の成績によって、階級が上がったり下がったりする。相撲は歴史的に日本が拠点だったが、20世紀の後半に世界各地に展開。現在では日本以外に、アメリカやEU 24カ国をはじめとする76カ国で競技が行われている。

ＩＦＳ

世界の運営組織は今でも東京が拠点で、役員のほとんどが日本人。

格闘技

相撲

アマチュアレスリング

基礎知識

- アマチュアレスリングは世界中で行われており、特にアメリカ、南東ヨーロッパ、西アジア、中央アジアで人気がある。
- グレコローマンやフリースタイルレスリングだけでなく、地域特有のスタイルが存在する。たとえば、アイスランドにはグリマ、イランにはクシュティ、スイスにはシュビンゲン、トルコにはヤール（＊訳注：日本ではトルコ相撲ともいう）、そしてロシアにはサンボがある。
- 女子フリースタイルの世界選手権は1987年から開催。

競技の概略

アマチュアレスリングは、さまざまな抑え込み技を使って相手を地面に組み伏せようとする格闘技である。この競技で要求されるのは、体力に加えて集中力と戦略。大きくフリースタイルとグレコローマンの2つに分けられるが、前者の方が人気がある。女子レスリングは、アメリカなど一部の国で盛んに行われている。

選手の特徴
選手は体が強靭で、俊敏でなければならない。練習では筋力と持久力をつけるために、ウエイトトレーニングや長距離走を行う。また、スパーリング・パートナーと長い時間をかけて動きを繰り返し練習する。

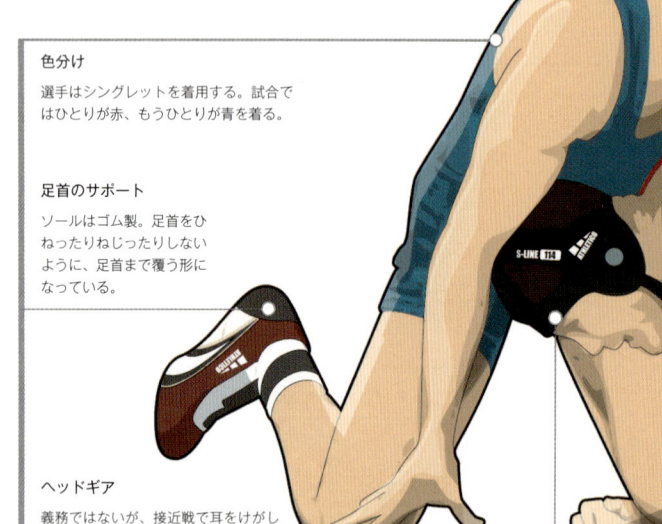

色分け
選手はシングレットを着用する。試合ではひとりが赤、もうひとりが青を着る。

足首のサポート
ソールはゴム製。足首をひねったりねじったりしないように、足首まで覆う形になっている。

ヘッドギア
義務ではないが、接近戦で耳をけがしないように、ヘッドギアを装着する選手が多い。

膝のガード
圧力がかかる膝の関節をサポートし、擦りむくのを防ぐ。

競技場

レスリングエリアには、図のような印がつけられている。ゴム製のレスリングエリアの高さは地面から1.1m未満。マット上のコーナーには赤と青で三角形が描かれており、試合が始まる際には各選手ともそれぞれのコーナーに行く。試合はレフェリーがさばく。接近戦でもすべての動きをよく見ることができるように、レフェリーも選手と同じマット上に立つ。サイドラインにはジャッジとマットチェアマンが座っており、レフェリーが反則を見逃したときは、試合を止めることができる。

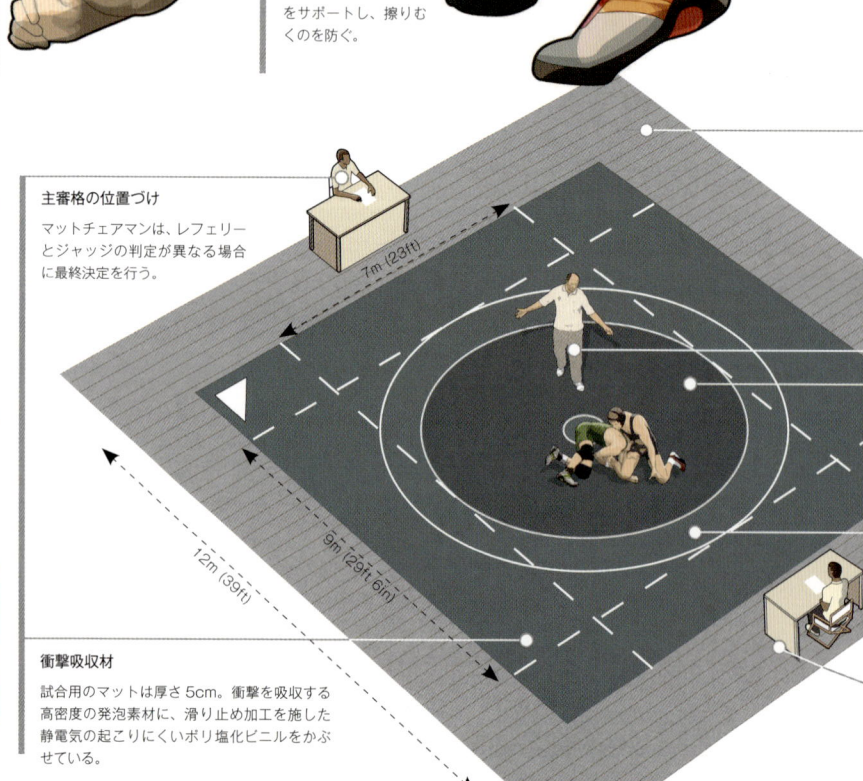

主審格の位置づけ
マットチェアマンは、レフェリーとジャッジの判定が異なる場合に最終決定を行う。

タイムカウント
フリースタイルでは、相手の両肩をマットに押しつけるピンフォール（抑え込み）が勝利条件のひとつである。得点するには、レフェリーが「ヴァンテ・アン、ヴァント・ドゥ」（フランス語で「21、22」の意）と数える約1秒間、相手を押さえつけていなければならない。

衝撃吸収材
試合用のマットは厚さ5cm。衝撃を吸収する高密度の発泡素材に、滑り止め加工を施した静電気の起こりにくいポリ塩化ビニルをかぶせている。

7m (23ft) / 9m (29ft, 6in) / 12m (39ft)

格闘技

アマチュアレスリング

競技の方法
試合は3分1ピリオドを2ピリオド行う。引き分けの場合は第3ピリオド（クリンチ）が行われる。相手の両肩をマットにつけると（フォール）、その時点で勝者となる。フォールが決まらなかった場合は、得点の多い選手の勝利。相手を投げたり倒したりすると、技によって様々なポイントまで与えられる。特に、背中から倒れる「デンジャーポジション（ニアフォール）」で抑え込むと、フォールに持ちこみやすい。

相手をつかむ
グレコローマンでは相手の上半身しかつかむことができず、足をつかむことは禁止。一方のフリースタイルは「何でもあり」で、股に技をかけることも認められている。

開始の立ち位置
レフェリーがコーナーにいる選手を呼び、ユニフォームにとがったものがついていないか、爪が伸びていないかを確認する。その後、選手同士が挨拶と握手をかわし、試合が始まる。

フリースタイル・テイクダウン
フリースタイルでは腕が重要な役割を果たすが、一度相手と組み合うと、足固めの方が優位となる。試合中は、体を持ち上げることがほとんどない。相手を倒す技としては、ダブル・レッグ・テイクダウン（両足タックル）が一般的である。

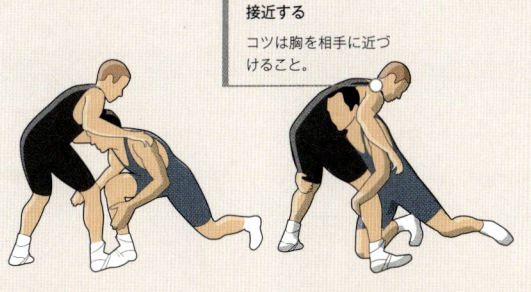

攻撃 — 片膝をつき、低い体勢で相手に攻撃をしかける。

接近する — コツは胸を相手に近づけること。

つかみ — それから両膝をついて、相手の足を膝の後ろからつかみ、てこの原理を利用する。

ひねり — 膝の後ろをしっかりと握ったまま体をひねり、自分の足を相手の足にからめる。

締めつけ — 両腕も使って相手の足を抑える。

ドロップ — 相手を床に倒しても足をつかんだまま離さず、有利な姿勢を保つ。

グレコローマンの組み合い
グレコローマンには、スタンドレスリングとパーテールポジション（グラウンドポジション）でのレスリングがある。中でもダイナミックなのが、右図に示したスープレックスである。この技をかけるには、力とタイミング、そして相手が倒れるときに身をかわす機敏さが必要である。

スタート — 相手の横から近づき、胸のあたりをつかむ。

持ち上げる — 相手をとらえたら、太腿と背中を使って持ち上げる。

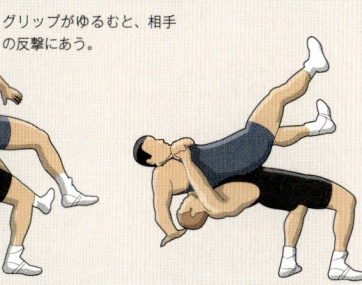

固く握る — グリップがゆるむと、相手の反撃にあう。

倒す — 両足を床につけたまま背中をそらせ、相手を引き上げる。

押さえ込みのチャンス — この体勢から相手を抑え込めるほどの力を出すのはきついが、有利なポジションにあるのは確かである。

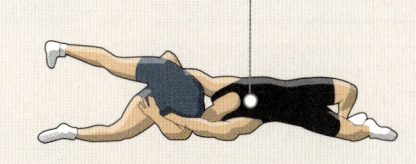

封じこめ — 相手がマット上で体を折り曲げるまで、胸をしっかりととらえておく。

プロテクションエリア
一部でも体がプロテクションエリアに触れると、試合が中断される。

指での審判
レフェリーは、片方の腕に赤いカバー、もう片方には青いカバーをつける。各選手に該当する色の腕を挙げ、指でポイントを示す。

レスリングエリア
試合を始める前に、選手はそれぞれ内側の円をはさんで向かい合って立つ。

パシビティゾーン
幅1mの輪で、レスリングゾーンの境界線に近いことを選手に知らせる。パシビティゾーンで戦うこともできるが、ここから動きを始めることはできない。

ジャッジ
ジャッジは、自分が与えたスコアとレフェリーが合図したスコアを記録する。

裏話
レスリングは1896年以来、近代オリンピックでは毎回欠かさず行われている。女子レスリングがオリンピック種目に加わったのは2004年から。プロのレスリングは1963年にWWWFが誕生。1979年にWWFと改称（さらに2002年にWWEと改称し、現在に至る）。WWFは、1980年代から90年代にかけて全盛期を迎えた「レッスルマニア」などの興行を主宰。このイベントは、スター選手を集めた大掛かりな試合で、スポーツというよりエンターテインメント色が強いものである。

運営組織
国際レスリング連盟（FILA）は1912年、ストックホルム・オリンピック開始直前にスウェーデンに設立され、1946年にフランスに移った。1965年に、現在の本部があるスイスのローザンヌに移転。現在、174カ国が加盟している。

データ集

階級部門（オリンピック男子）

フリースタイル	グレコローマン
125kg級	130kg級
97kg級	98kg級
86kg級	85kg級
74kg級	75kg級
65kg級	66kg級
57kg級	59kg級

*オリンピック以外（世界選手権など）では、別の階級制。

テレビ時代
イギリスでは1970年代から1980年代にかけてレスリングがブームとなり、毎週土曜日になると何百万もの人がテレビに釘づけとなった。

基礎知識

→ 空手は東洋武術の中でも最も広く行われている。現在、70を超える流派がある。

→ 空手とキックボクシングには密接なかかわりがあり、長年にわたって同じ運営組織が統括していた。

→ 空手は沖縄で誕生。松涛館流の開祖は船越義珍（1868〜1957年）とされている。

足での攻撃
母指球やインステップを使って相手をける。膝を伸ばした状態で、下肢を急に動かすと、力を込めることができる。

ゆったりとした空手衣
ハイキックやローキックなど、あらゆる動きができるよう、ゆったりとした空手衣を着る。

選手の特徴
上半身と足の筋肉が強く、体が引き締まり、がっしりしている。組手をするには、比較的痛みに強いことが要求される。一流の選手は自制心をもち、道場訓にのっとった生活を送らなければならない。

ナンバー・トリビア

178 人：1970年に東京で行われた第1回世界空手道選手権大会に参加した選手の数。2012年にフランスのパリで開かれた世界選手権大会の参加者は1000人に達した。

15 枚：試割のチャンピオン、ブルース・ヘインズが割った瓦の数。この空手技は文字通りには「板を使った鍛錬」であるが、素手の一撃でものを壊す技を指すようになった。

50,000,000 人：世界空手連盟（WKF）に加盟しているクラブ、団体、グループの推定所属総人数。

競技の概略

空手は日本の武術で、文字通りには「空っぽの手」の意である。中国武術を由来とする空手は、腕、手、ひじ、膝、足、そして頭を武器とした技を使う。護身、肉体と精神の鍛錬を基本理念とし、古くから自己研さんのために用いられてきた。選手は弟子となって、呼吸、けり、つき、受けといった基本的な技を学び、安定性や機動性の基礎となるさまざまな構えを身につける。空手には、型（演武）、組手（対戦）、そして古武道（武器を使った技）という、主に3つの競技がある。1970年代から1980年代の間に空手は競技となり、やがて世界選手権が行われるほどのスポーツに発展した。

空手

アイコンタクト
選手は試合を始める前に礼をするときにも、相手から目をそらさない。

帯の色
帯の色で、選手の熟達度がわかる。

バランスを取る
どの武術であろうと、バランスを保つことは基本。姿勢が悪く安定感がないと、倒されたり投げられたりしやすい。

スーパーフット

ビル・「スーパーフット」・ウォレスは、1970年代に活躍した世界でも有数の空手とキックボクシングの選手で、1974年から1980年までの間にプロの試合で23試合連続勝利した。ウォレスは柔道で右膝を痛めてから、左足の筋肉を鍛えることに集中し、「スーパーフット」というあだ名は、左足の並外れたパワーと、攻撃のスピードからつけられた。そのスピードは90km/hにも達した。

試合場

組手（スパーリング）の試合は四角いマット上で行われる。マットの周りには数人の審判が配置され、反則がないかを確認し、的確な技を見せた選手にはポイントを与える。礼儀や敬意を表す空手のルールとして、たとえば試合前にお互いに腰から深い礼をするが、警戒心は怠らずに前方を見つめる、といったものがある。

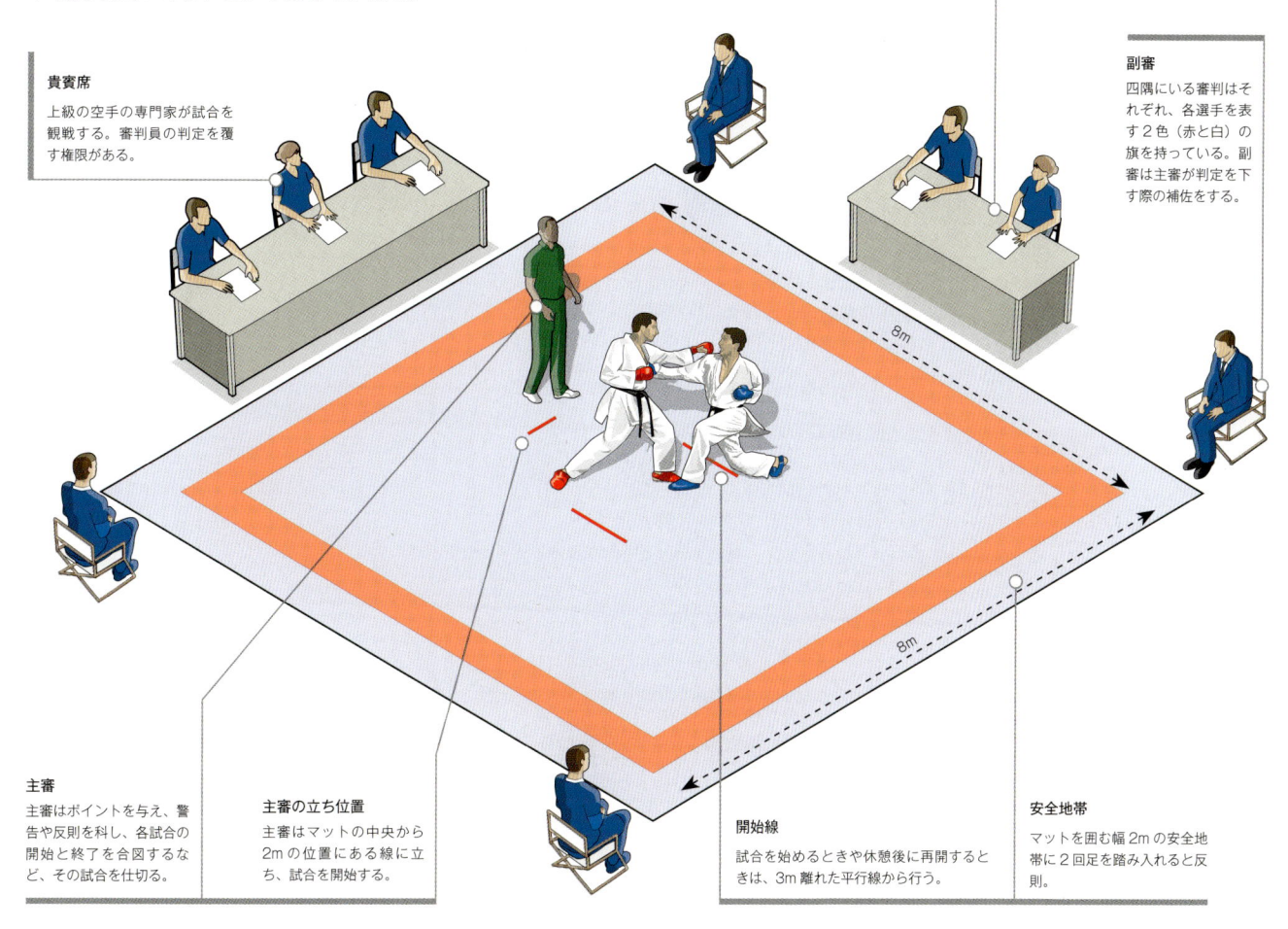

貴賓席
上級の空手の専門家が試合を観戦する。審判員の判定を覆す権限がある。

記録係と計時係
記録係は主審が与えたポイントを記録する。計時係は主審の合図によって、時計を止めたり進めたりする。

副審
四隅にいる審判はそれぞれ、各選手を表す2色（赤と白）の旗を持っている。副審は主審が判定を下す際の補佐をする。

主審
主審はポイントを与え、警告や反則を科し、各試合の開始と終了を合図するなど、その試合を仕切る。

主審の立ち位置
主審はマットの中央から2mの位置にある線に立ち、試合を開始する。

開始線
試合を始めるときや休憩後に再開するときは、3m離れた平行線から行う。

安全地帯
マットを囲む幅2mの安全地帯に2回足を踏み入れると反則。

用具

選手は、上着、ズボン、帯から成る白い空手衣を着る。柔道衣と同様、空手衣はキャンバス地でつくられていて耐久性があり、選手の動きを妨げることもない。空手衣には軽いもの、中くらいの重さのもの、重いものがある。選手はたいてい防具（男子は股間を保護するファウルカップ、女子はチェストガード）を装着。パッドつきのミットやグローブ、すねサポーター、足サポーター、シューズ、マウスピースを着用することもある。

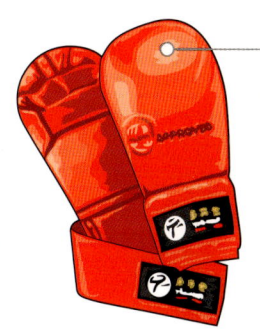

グローブ
セミコンタクト空手では、組手の選手はミトン型グローブを使用してもよい。

シューズ
柔らかい靴をはくと床をしっかりと踏みしめることができるため、初心者や中級の選手には有用である。

帯
帯の色で空手の習熟度を示す。次の階級に上がるには、技の知識と習熟度、型、組手など、いくつかの能力が評価される。上級になるにつれて、要求されることが多くなる。階級と帯の色は流派によって異なるが（以下はその一例）、級の中で一番下が白色、一番上が茶色なのは、どの流派も同じ。黒帯は空手の中で最も位が高く、黒帯を取得するには段を取らなければならない。段にも10の階級がある。

黒 1～10段
茶 1級
青 2級
緑 3級
赤 4級
黄 5級
白 9～6級

空手の作法

空手には、選手が日常生活や道場で従うべき指針を記した道場訓がある。空手作法は、人格完成につとめる、誠の道を守る、努力の精神を養う、礼儀を重んじる、血気の勇を戒める、の5つに集約できる。

格闘技

空手

空手の流派
全日本空手道連盟は、剛柔流、松濤館流、糸東流、和道流の4つの流派を認めている。しかしこれ以外にも、昭林流、上地流、極真会など、70以上の流派がある。四大流派に属していないこうした流派も非正統的とは見なされておらず、ほとんどの流派は、これら伝統的流派に何らかの形で関連しているか、強い影響を受けている。

松濤館流
松濤館は、師範・船越義珍がさまざまな武術からつくり出した空手の系統に対する一般名。技は長く深い構えが特徴的で、これによって動きが力強く安定し、足も強化される。ゆっくりとした流れのある動きより、強さと力が示される。

和道流
船越と沖縄の師範から教えを受けた大塚博紀が、神道揚心流と沖縄の空手などを融合し、和道流をつくった。この名前には「調和」の意が込められている。

糸東流
摩文仁賢和が創始した流派で、さまざまなルーツの武術を融合させている。

剛柔流
硬い技と柔らかい技を使ったこの流派が得意としているのは、近接格闘。正しい呼吸法と身体の調整を重要視している。

組手
組手の試合は通常、年齢、性別、体重、経験によって区分される。試合時間は、男子は3分間、女子とジュニアは2分間。選手はそれぞれ開始線に立って礼をし、主審の合図で試合を始める。組手の試合は、つきやけり、ひじ打ちや膝けり、平手の技、固め技、投げ、組み合い（右図参照）が中心となる。選手は技をしかける際、大きな声で気合いを入れる。攻撃や投げを完璧に決めると一本、攻撃にわずかに不備が認められると、技あり（0.5ポイント）の判定が下される。

接触ルール
組手の場合、接触の度合いは、流派や選手の階級によって異なる。どの技をかけるにせよ、特に頭と首には必要以上の力を出さず、制御しなければならない。喉、股間、こめかみ、脊柱、足の甲、後頭部への攻撃は認められておらず、反則をした場合は罰則が科される。

攻撃をしかけない
松濤館空手の創始者である船越義珍は、空手は護身の形のみと考え、「空手に先制攻撃はない」と断言。空手は身を守るための技であり、攻撃者は常に敗者と見なした。

採点基準
空手の採点は主審の裁量でなされる。主審は、動きが適切な距離から、完璧な形、タイミング、そして高さでなされているかを評価する。さらに、その技が実際の戦闘で有効かどうかも判定する。

主審の合図
試合中、選手や審判とコミュニケーションをはかるために、主審は手を使ってさまざまな合図を送る。たとえば、試合の開始、中断、再開を告げるもの。さらに、ポイントの付与、技が同時に出された場合、反則行為や過度の接触に対する警告、といった合図がある。

型
型では、選手は敵をイメージしながら、けり、受け、つき、攻撃など、あらかじめ決められた一連の格闘技を演武する。審判は、正確さ、呼吸、力、協調、リズム、バランス、集中力、動きの把握など、さまざまな基準でその技能を評価。個人だけでなく、ペアの選手が息の合った動きを披露するものもある。

足の指
母指球でけりを入れられるよう、足の指は引っ込める。

前けり
右足を持ち上げてから足を前にけりだす。右手は腰に当てたままでひじを内側に入れる。

ポイントの付与
ポイント（一本）を与えるときは、主審は片方の手を反対側の肩に置き、それから手を伸ばして、得点を与える選手側の斜め下45度の方向に向ける。

指の関節は外側に
右のこぶしの指関節を前に向ける。左のこぶしは指関節を上に向けて、右ひじの下に置く。

裏拳構え
前屈立ちで、右手のこぶしを胸の高さで前に出す。

腰から
右のこぶしは、指関節を前に向けて腰から力強く打ち出す。最後は胸の高さで終える。

逆つき
前屈立ちで、片方のこぶしを前に強く出し、もう一方のこぶしは腰のあたりに下げる。

中央へのつき
空手のつきは手首を回転させて打つのが特徴的。つまり、初めは手のひらを上に向け、つくときに下に向ける。

最大の衝撃
グローブを着けるとつきの力が弱まる。つきは通常、人差し指と中指の関節で行う。

横げり
横げりは、特に肋骨やみぞおちを狙った場合、空手の中でも最も強力なけりとなる。足の横、あるいはかかとを使ってける。

反撃
胴の中心部へのけりをうまく回避できると、相手の上腹部につきが入り、効率よく反撃できる。

後ろげり
後ろげりは、背後から攻撃されたときに用いる。この変形版に、回転して前にいる相手を攻撃するものがある。これを後ろ回しげりという。

かかとでける
後ろげりはかかとで攻撃する。その際、指を下に向ける。

頭部へのけり
膝を上に持ち上げて横にひねり、相手の頭部をめがけて前方にけり出す。その際、軸足を中心に体が回転する。

足を取る
高い位置からのけりは迅速に行わないと、図のように、足をつかまれるという反撃を受けやすい。

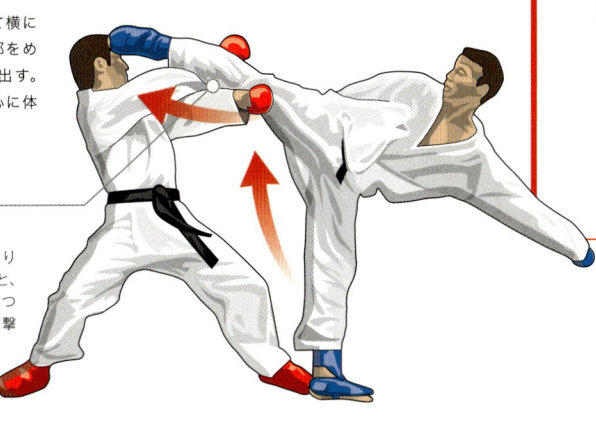

こぶしを合わせる
指関節を外側にして、親指が上にくるようにしてこぶしを合わせる。

手のひらを見せる
右手の手のひらを前に向け、左のこぶしは腰に当てておく。息をゆっくりと力強く吐き出す。

平行縦つき
前屈立ちで両方のこぶしを前に出す。両腕は胸の高さにまっすぐに伸ばす。

縦手刀受け
不動立ちの状態で、右手のひらを前に向け、肩の高さでゆっくりと前に押し出す。

すばやいこぶし
こぶしをすばやく打つ際、左腕はまっすぐに伸ばす。

こぶしを持ち上げる
右のこぶしを目の高さ、左のこぶしを額の高さに持ち上げる。両手の指関節は後ろに向ける。

腕打ち
後屈立ちで、腕組みをした状態から、右のこぶしでつき（裏つき）、次に左のこぶしの側面で打つ（回し鉄槌打ち）。

上段背腕受け
後屈立ちのこの受けは、両手のこぶしを左の腰に当ててから両腕を持ち上げ、長方形をつくる。

裏話
WKFは、2年ごとに世界空手道選手権大会を開催。個人男子の種目には、体重別（60kg、65kg、70kg、75kg、80kg、80kg超）で組手と型がある。個人女子は、体重別（53kg、60kg、60kg超）で組手が競技される。さらに男女とも、組手と型の団体種目がある。

WKF
空手の最大の国際運営組織で、188以上の国と地域が加盟。IOCに唯一認められている空手の組織である。

格闘技

空手

227

カンフー：套路(とうろ)

228

基礎知識

- カンフーは中国の国技で、概して「ウーシュウ」と呼ばれる。「ウーシュウ」は「武芸」あるいは「武術」を意味している。
- 国際武術連盟（IWUF）が、套路と散手の大会を運営している。
- 大会で目にする套路は外家こぶし。内家拳は瞑想的で内省的なもので、その代表が太極拳である。

選手の特徴

套路の選手は、体操の技量と審美的な動きを示す必要がある。低くしゃがんだ状態の動きが多く、相当な体力と足の強さが必要となる。スピード、優雅さ、柔軟性、バランスが重視される。個人戦では選手自身で演目の振りつけをするため、芸術的な創作力も必要となる。

熟練した剣士
演目で中国剣などの武器を扱うには、套路に熟達している必要がある。

柔らかいシューズ
試合では軽量で柔らかい皮革のシューズをはく。

競技の概略

中国武術の套路は1958年に中国武術協会の設立とともに誕生した。これはマット上で、基本的な動き（構え、けり、つき、バランス、跳躍、払い、投げ）で構成される演目を披露するスタイルのカンフーである。パフォーマンスは、アイススケートや新体操のように、芸術的な面が評価される。套路は、武器を持たずに演じるもの（いわゆる「素手」のスタイル）と、武器を持って演じるものがある。ほとんどの演目は独演だが、ペアやグループで演じることもある。

映画の中の套路

映画『ロミオ・マスト・ダイ』で主演を演じたハリウッド俳優のジェット・リーは、世界で最も有名な套路の選手である。中国全国武術大会で、連続5回も総合優勝している。

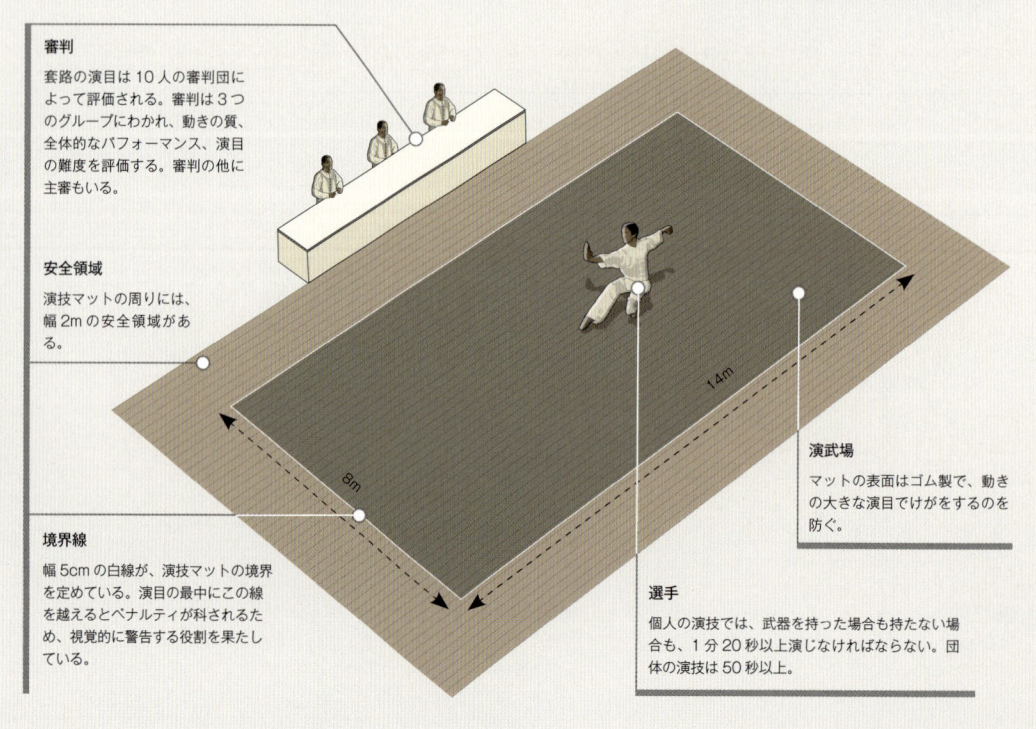

競技エリア

套路の選手は、パッド入りのマットの上で、体操選手が床の演技をするように競技する。個人で演じる場合は14×8mのマットで行われる。マットの端は幅5cmの白い境界線で囲まれ、その外側には幅2mの安全領域がある。ペアや団体の競技は、16×14mの大きいマットを使い、その外側を幅1mの安全領域が囲っている。競技エリアは50〜60cm高くなっていることが多い。

審判
套路の演目は10人の審判団によって評価される。審判は3つのグループにわかれ、動きの質、全体的なパフォーマンス、演目の難度を評価する。審判の他に主審もいる。

安全領域
演技マットの周りには、幅2mの安全領域がある。

境界線
幅5cmの白線が、演技マットの境界を定めている。演目の最中にこの線を越えるとペナルティが科されるため、視覚的に警告する役割を果たしている。

演武場
マットの表面はゴム製で、動きの大きな演目でけがをするのを防ぐ。

選手
個人の演技では、武器を持った場合も持たない場合も、1分20秒以上演じなければならない。団体の演技は50秒以上。

武器

套路の型は、器用さを誇示することが中心になるものが多く、伝統的な武器のうち、ひとつを使いこなす。2人の選手で演出された表演を行うこともある。

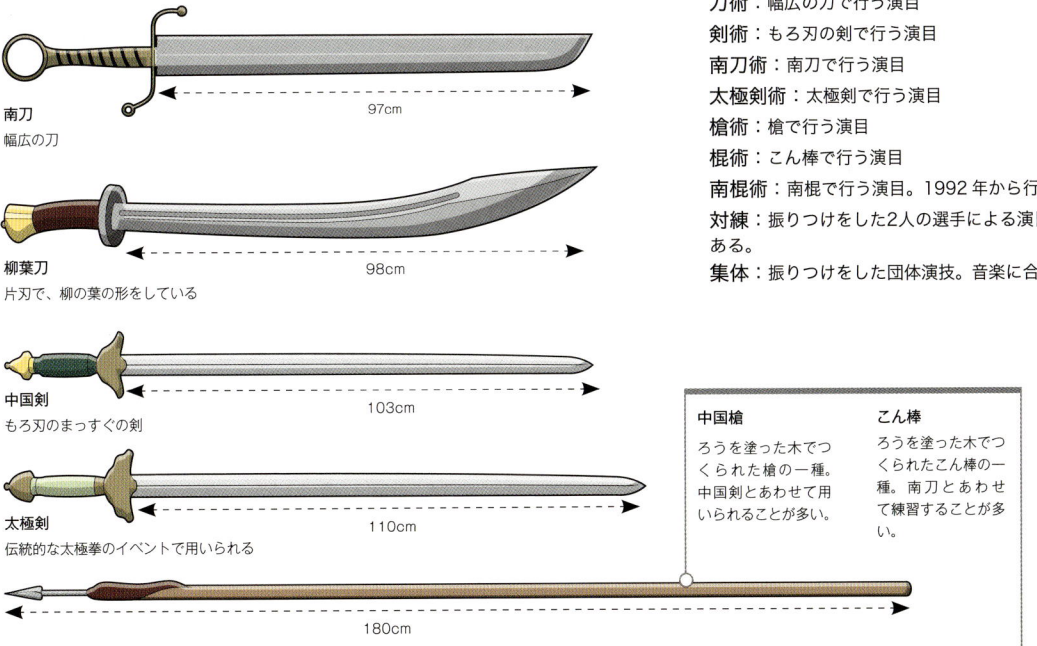

南刀 — 97cm
幅広の刀

柳葉刀 — 98cm
片刃で、柳の葉の形をしている

中国剣 — 103cm
もろ刃のまっすぐの剣

太極剣 — 110cm
伝統的な太極拳のイベントで用いられる

— 180cm

— 210cm

中国槍
ろうを塗った木でつくられた槍の一種。中国剣とあわせて用いられることが多い。

こん棒
ろうを塗った木でつくられたこん棒の一種。南刀とあわせて練習することが多い。

套路の演技

套路の競技には個人と団体、武器を持つものと持たないものがある。

- **長こぶし**:「素手」で行う個人演技
- **南拳**:「素手」で行う個人演技
- **刀術**: 幅広の刀で行う演目
- **剣術**: もろ刃の剣で行う演目
- **南刀術**: 南刀で行う演目
- **太極剣術**: 太極剣で行う演目
- **槍**: 槍で行う演目
- **棍**: こん棒で行う演目
- **南棍術**: 南棍で行う演目。1992年から行われている。
- **対練**: 振りつけをした2人の選手による演目。武器は持つことも持たないこともある。
- **集体**: 振りつけをした団体演技。音楽に合わせて演じることが多い。

その他の武器

套路の演目は、ここに図示したもの以外に、三節棍や9つにわかれた鞭など、異国風の難解で秘伝的な武器を使って演じるものもある。

格闘技

229

カンフー:套路

採点方法

套路の持ち点は10ポイント。そのうちの6点は動きの質、2点は全体的な演技、2点は演目の難度に割り当てられる。エラー(流れが乱れる、技が出てこない、質が悪い)は減点。

套路の技

宙返り、けり、跳躍、バランスなど、決められた基準で演じると、ポイントが与えられる。すべての選手が同じものを演じる演目か、各自で振りつけをした演技のどちらかを行う。長こぶしは套路の基本であり、初心者が最初に学ぶ型のひとつである。基本的な長こぶしの構えは以下の通り。

裏話

套路の運営組織はIWUFで、1990年に中国で発足。IWUFは現在、太極拳(散手と套路の両方)をオリンピックの公式種目にすべく、キャンペーンを行っている。

中国武術協会

中国武術協会は1958年に設立された。IWUFに加盟している147の国や地域の協会のひとつだが、カンフーは中国が起源であるため、大きな影響力を持っている。

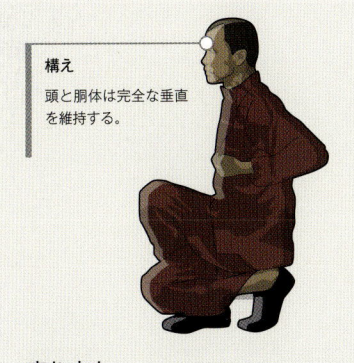

構え
頭と胴体は完全な垂直を維持する。

バランス
腕を頭上にアーチ状に回し、バランスを取る。

指先
手の指は前に向ける。

耐久性
背中と足の筋肉がかなり強化される。

座り立ち(歇歩)
歇歩としても知られている。片方の腿にもう一方の腿をかぶせる。前足は裏全体を、後ろ足は母指球を床につける。

前屈立ち(ブブ)
中国語で「仆歩」というこの構えは、弓歩とも呼ばれる。低くしゃがみ込み、曲げている後ろ足の腿とふくらはぎを接触させる。

騎馬立ち(マブ)
乗馬の構え(中国語で馬歩)とも呼ばれる。腿の上部は床と平行で、膝は外側、足は前に向ける。

カンフー：散手（散打）

選手の特徴
散手の選手は、相手に強力な一撃を与えるための力、競技場をすばやく動き回り、攻撃をかわすスピードと敏しょう性、そしてけりや足払いをかける柔軟性が必要である。

競技の概略
散手は中国の武術で、キックボクシングに似ている。試合は2人の選手の間で行われ、相手をノックアウトするか、一撃を与えてポイントを取ることが目的。套路とは違い、散手では武器は使わない。

試合場
散手の試合は、擂台と呼ばれる正方形の台上で行われる。擂台はパッド入りのマットで囲まれている。伝統的には地面から1.5mの高さにあるが、現在ではこれより低いものが一般的。体の一部が台の端から1m内側に引かれた境界線からはみ出るとペナルティを科される。

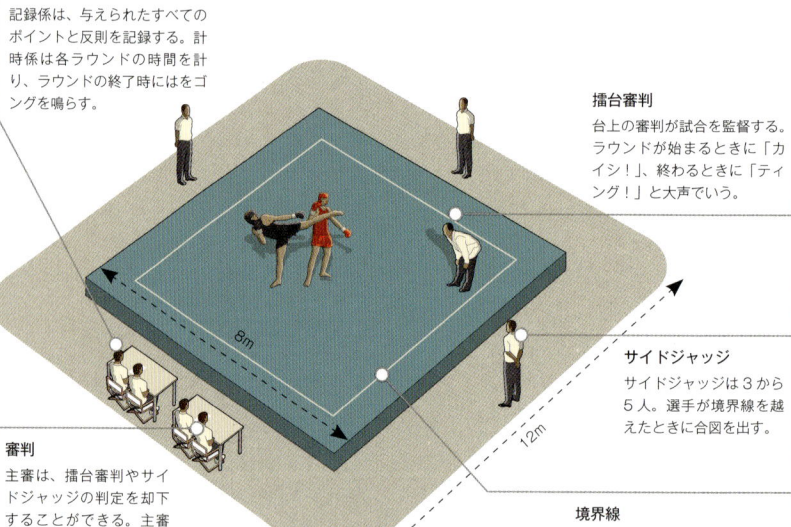

ヘッドギア
頭を攻撃することが許されているため、選手は安全のためにヘッドギアを装着する。

胸当て
胴体は、パッド入りのナイロンの胸当てで保護されている。

計時係と記録係
記録係は、与えられたすべてのポイントと反則を記録する。計時係は各ラウンドの時間を計り、ラウンドの終了時にはをゴングを鳴らす。

擂台審判
台上の審判が試合を監督する。ラウンドが始まるときに「カイシ！」、終わるときに「ティング！」と大声でいう。

サイドジャッジ
サイドジャッジは3から5人。選手が境界線を越えたときに合図を出す。

審判
主審は、擂台審判やサイドジャッジの判定を却下することができる。主審が各ラウンドの結果を発表する。

境界線
試合中に一部でも選手の体がこの線からはみ出ると反則。

基礎知識
→ 散手（「ゆるい手」の意）は、朝鮮戦争（1950〜1953年）後、兵士の素手による格闘技術を向上させるために、中国軍が開発した。

→ 散手は擂台の内外で自己鍛錬が要求され、スポーツというよりひとつの生き方といえる。

ナンバー・トリビア

12 人：1928年に南京で開かれた中国擂台トーナメントで、他の選手を殺す恐れがあるとして、出場を禁じられた選手の数。擂台試合は、現代の散手の原型である。

92 省：散手の一種とみなされる、新しい格闘スタイルを検討している武術家がいる省（中国）の数。

50 人：中国の武夷山で2012年に開かれた散手ワールドカップの参加者数。本大会では、男子11種目、女子7種目の計18種目が行われた。

10,000 元：新城で2006年に開かれたワールドカップの優勝者に与えられた賞金額。これは1,200アメリカドルに相当する。散手の選手はひとつの生き方ではあるが、これで生計を立てるのはよい方法とはいえない。

競技の方法

10の体重別階級がある。試合は2分3ラウンドで、ラウンド間に1分間の休憩がはさまる（ひとりの選手が2ラウンドを先取した場合はそこで勝敗が決まり、3ラウンド目は行われない）。ポイントが入るのは、こぶしや足で相手の胴体や頭に一撃をくらわせたとき、腿にけりを入れたとき、ノックアウトしたとき、倒したとき。相手を倒した選手が立ったままでいられると2点が与えられる。足払い、助走をつけた跳躍、グラップリングもすべて認められている。相手が擂台から落ちると3点が与えられる。

禁じられている動き

膝やひじによる攻撃、頭つきは禁止。相手の後頭部、首、股間も攻撃してはいけない。足で相手の腿を攻撃することは可能だが、ベルトより下を殴ることは認められていない。寝技も禁じられている。

色分け

試合中、散手の選手はボクシングのベストとショートパンツを身につける。ボクシングのグローブはこぶしによる強打の衝撃を和らげてくれるが、足は素足のため、けりの衝撃から守ることはできない。審判が区別できるように、一方の選手が黒、もう一方の選手が赤のユニフォームを着る。マウスピースも装着する。

衝撃を和らげる
一般的なボクシングのグローブをつけて手首を固定し、こぶしを守る。

耐摩耗性の皮革
グローブの外側は皮革をナイロンの糸で縫い合わせ、中には高密度のポリウレタンのパッドが入っている。

格闘用防具

散手は衝撃が強く、激しいスポーツなので、胸部、頭部、手、股間部、口に防具を装着することが義務づけられている。

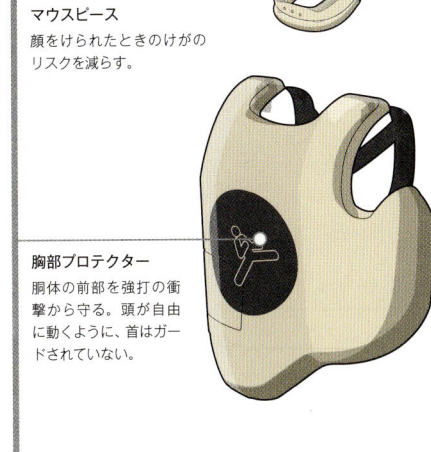

マウスピース
顔をけられたときのけがのリスクを減らす。

胸部プロテクター
胴体の前部を強打の衝撃から守る。頭が自由に動くように、首はガードされていない。

股間プロテクター
股間への攻撃は禁じられているが、それでも股間ガードは欠かせない。

格闘方法

散手の闘いでは、パンチやキックなど、キックボクシング型の武術で使われている戦術や技だけでなく、投げや払いも使われることが特徴的である。

けりの技

対戦相手をダイナミックに倒す方法がいくつかある。たとえば、相手に跳びかかり、両足で相手の腰をはさみ込んで、そのまま倒すこともある。右図にあるように、足払いも相手を倒すには効果的。こうした技を使うと、相手からは自分の頭や胴体には届かない。

攻撃を回避する技も大切である。選手は、実際にけりを入れるとき以外は、いつでも動けるように構えておかなければならない。散手では、攻撃を外してしまったときが、一番攻撃を受けやすい。

頭の揺れ
頭を相手の攻撃からかわそうとしているが、棒立ちになっているので、よけることができない。

かかとの回転
けりを振り切る際、足が時計回りに動く。

払い蹴り
相手に背が向くように前足を回転させる。後ろ足を払い上げ、足の裏側が相手の胸の位置で接触する。相手は、この攻撃を予想していないと、バランスを失ってしまう。

接触点
相手の膝下をねらったけり。

直立の構え
立っている方の膝と足は、けりを入れるときに旋回軸として作用するため、ぶれない。

裏回し蹴り
左足でバランスを取り、後ろ足を背後に伸ばして円を描くようにすばやく動かし、相手の前足を下からけり上げて、バランスをくずす。

格闘技

カンフー：散手（散打）

4つの技術

朝鮮戦争中、中国は主導者がマスターするべき基本的なスキルを4つのカテゴリーに分類した。ひとつは「打」（打撃）で、こぶし、平手、ひじ、指、そして頭で与える一撃すべてを含む。2つ目は「蹴」（けり）で、払い、膝げり、踏みが含まれる。3つ目は「摔」（シュアイ）（格闘、投げ、テイクダウン）、4つ目が「拿」（関節固、絞め技、その他の極め技）である。

裏話

散手の運営組織であるIWUFは1990年に設立。IWUFは2年ごとに開かれる世界武術選手権大会（散手と套路の両方を含む）を開催している。1991年に北京で初めて開かれたこの大会は世界を一周し（ボルチモア、ハノイ、ローマ、エレバンなどに立ち寄る）、2007年に再び北京に戻ってきた。第1回散手ワールドカップが2002年に上海で行われ、現在では世界武術選手権大会と交互に開催されている。

運営組織

IWUFは2002年にIOCに承認されたが、まだ散手は、オリンピック種目としてはデビューを果たしていない。IWUFの本部は北京にあり、147の国と地域が加盟している。

柔術

競技の概略

柔術は日本古来の武術だが、世界中に広まり、さまざまな形に発展した。現在、世界の運営組織であるJJIFに認められた競技には、ファイティング部門と演武部門の2種類がある。前者は相手を攻撃してバランスをくずし、マットの上に倒れたところを、力づくで降参させてポイントを取るのが目的である。演武部門は、2人の選手が事前に決められたさまざまな動きでスパーリングを行う。

選手の特徴

柔術家は、動きがすばやく、バランス感覚に優れ、力、特に握力が強くなければならない。攻撃をするにも受けるにも、（肩やひじ、膝が攻撃されやすいので）関節はできるだけ柔らかくしておく必要がある。柔術の動きには、テクニックがきわめて重要となる。

競技場

警告エリアを含めた試合場全体が競技場である。大きさは通例10×10mの正方形だが、国内・国際試合では、6×6mの場合もある。主要な大会では、畳の上で試合が行われる。

基礎知識

→ 柔術は「柔」（おだやかな）と「術」（技）の意である。

→ 柔術が世界中に広まると、指導者たちは独自の流派を展開した。

→ 柔術は2000年以上前に用いられていた、インドと中国のさまざまな戦闘技術が基になっている。

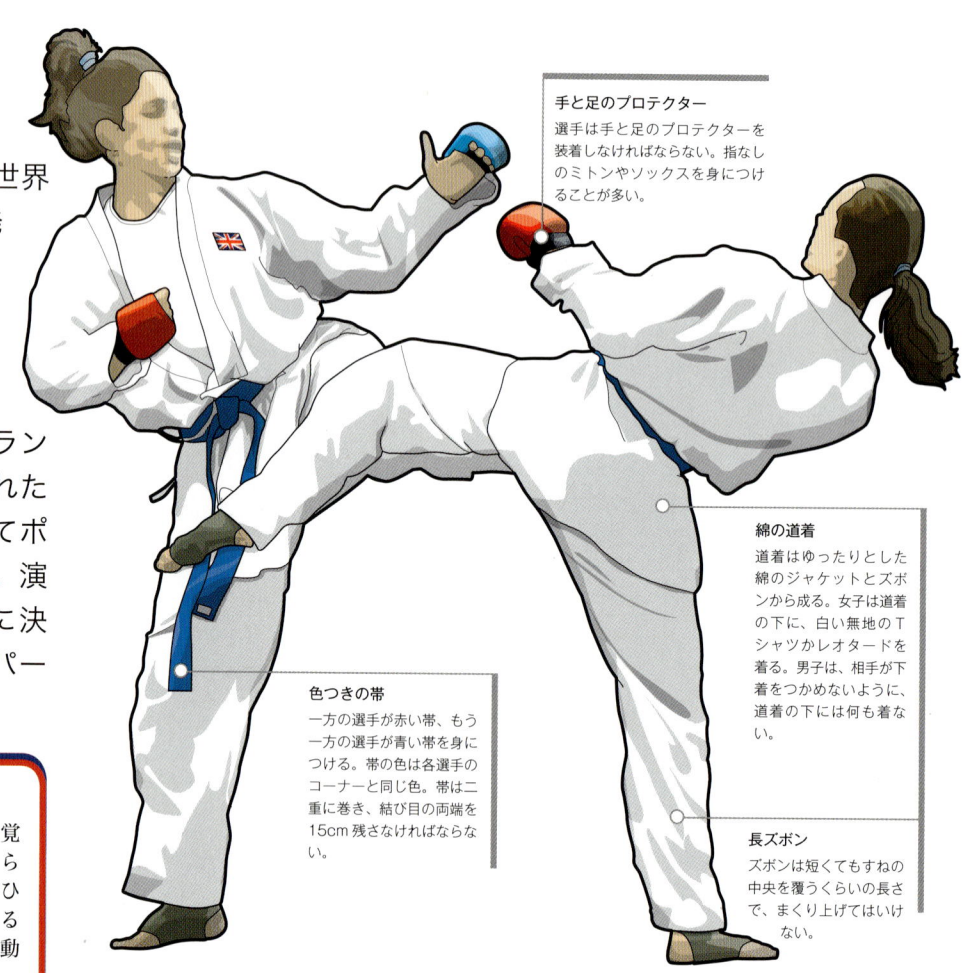

手と足のプロテクター
選手は手と足のプロテクターを装着しなければならない。指なしのミトンやソックスを身につけることが多い。

綿の道着
道着はゆったりとした綿のジャケットとズボンから成る。女子は道着の下に、白い無地のTシャツかレオタードを着る。男子は、相手が下着をつかめないように、道着の下には何も着ない。

色つきの帯
一方の選手が赤い帯、もう一方の選手が青い帯を身につける。帯の色は各選手のコーナーと同じ色。帯は二重に巻き、結び目の両端を15cm残さなければならない。

長ズボン
ズボンは短くてもすねの中央を覆うくらいの長さで、まくり上げてはいけない。

テーブル審判員
審判員と採点係、計時係が、マットと平行に置かれたテーブルにつく。

サイドレフェリー
2人のサイドレフェリーが、安全領域を動き回って試合を監視する。

競技エリア
小さなマットをつなぎ合わせて競技エリアをつくっている。マットは緑色が一般的だが、それ以外の色の場合もある。小さな大会では、一枚のゴムシートを使う。

警告領域
競技エリアの周囲は赤色で、境界線からはみ出す恐れがあることを、選手に知らせている。

安全領域
安全領域は警告領域を囲っている。

ナンバー・トリビア

3 つ：柔術に必要な心の状態。「残心」はすべてを網羅する気づき、「不動心」は思考の揺るがない状態、そして「無心」は無意識に行動することである。

80 カ所：ＪＪＩＦに加盟している各国の連盟組織の総数。

481 年：初めて日本に柔術の流派が創始されてから経過した年数。

競技の方法
柔術で勝つのに必要となる条件は流派によって異なる。ＩＪＪＦの大会には、ファイティング型用と演武型用の２つのルールがある。

ファイティング型
３段階の格闘があり、先に一本を取った選手が勝ち。打ちの段階では鮮やかなつきやけり、投げの段階ではみごとなテイクダウンを競う。寝技の段階では相手を降参させた選手が勝ちとなる。

演武型
選手がそれぞれの段階に入る前に、レフェリーが公認された20の動きに対応する番号のひとつを大声で叫ぶ。一方の選手が攻撃側、もう一方の選手が防御側にまわる。たとえば、攻撃側が攻撃を試み、防御側は投げで反撃に出る（攻撃をかわすだけでは不十分）。技やスピードにポイントが与えられる。

演武での投げ
演武型の場合は、レフェリーが背負い投げに該当する番号を読み上げると、指名された攻撃側の選手が背後からやってきて、相手の首の周りに腕を回す。防御側が反撃してくるのは確実だが、大切なのは、その反撃方法である。

マットレフェリー
マットレフェリーは試合を間近で監視し、ポイントを与える。

正当防衛
アーサー・コナン・ドイルが1903年に発表したスリラー小説『空家の冒険』で、シャーロック・ホームズは、宿敵モリアーティ教授を倒すために、いかにして「バリツ」を使ったかを詳しく語る場面がある。「バリツ」は架空の武術とされているが、様々な説がある。

決まった手順
柔術はもともと哲学や生き様として生じたもので、スポーツになったのは比較的最近のことである。そのため、柔術の技は、指定された条件をクリアすればポイントが獲得できるようになっている。

格闘の段階
ファイティング型では、3段階の格闘それぞれで、一本を取ることができる。柔術は武術に分類されるが、相手にけがを負わせることは許されない。優位に立った人は、すでに一本を取ったりして力が上だということを示しているため、それ以上相手を傷めつける必要はない。

打ちの段階
左側の選手は、相手の体に足か手で一撃を加えようとしている。相手の選手はそれを回避し、防御体勢から反撃に出ようとしている。

打つ瞬間
攻撃の際にバランスを保てるように、立っている方の足はマットにしっかりとついていなければならない。

投げの段階
一方の腕を相手の肩に、もう一方の腕を胴に回し、自分の上体を振って、相手の腿を押し上げて投げる。

形勢の逆転
上に乗っている選手の方が主導権を握っているように見えるが、実はマットに投げられるところである。

寝技の段階
一方の選手が、もう一方の選手の腕に関節技をかけている。技をかけられた選手は痛みに耐えられなくなると、手でマットをたたいて降参する。

関節技
両手を使って、相手の腕を限界までひねる。

交戦
選手はそれぞれの開始姿勢を取ることになっていて、その姿勢になるまで戦う必要はない。

押し引き
左側の選手（防御側）が、曲げた膝を伸ばし、相手（攻撃側）をマットから持ち上げる。

回転の動き
相手をマットから持ち上げ、前かがみになって投げる。この動きの間中、相手の腕を離さないこと。

うまい受け身
柔術では、優雅に、けがをせずに受け身を取る能力は、投げの技と同じくらい重要である。

裏話
21世紀の初めに柔術が最も成長を遂げた地域はブラジルである。ブラジルでは現在、スポーツ柔術、サブミッションレスリング、バーリ・トゥード（ルールがほとんどない一騎打ち）の3種類の競技が行われている。スポーツ柔術は打撃は認められておらず、サブミッションレスリングは、従来の柔術着ではなくショーツを着用すること以外は、柔術とあまり変わらない。そして一番人気があるのが、バーリ・トゥードである。

ＪＪＩＦ
1987年に設立されたＪＪＩＦはヨーロッパ柔術連盟を母体として生まれた。ヨーロッパ柔術連盟自体は1977年に設立されている。ＪＪＩＦは、柔術すべての流派の学びや教えを全般的に統制し、大きく2つに分類した。それが、古流柔術（古典的）と護身術（近代的）である。

格闘技

柔術

基礎知識

→ 「テコンドー」という言葉は、「手足の道」や「けりと攻撃の技術」など、さまざまな意味に訳される。

→ テコンドーは韓国が発祥で、今でも国技である。韓国以外の国では、エクササイズの一形態としても人気がある。

テコンドー

競技の概略

テコンドーは、男女とも1対1で競技を行う、見ごたえのある格闘技である。選手は相手を攻撃してポイントを獲得するが、その攻撃は、キック（ジャンピング・キックやフライング・キックも含む）とパンチのすばやい動きの組み合わせが多い。どちらかが倒れて10カウントを取られない限り、試合終了時のポイント数が多い選手が勝ちとなる。

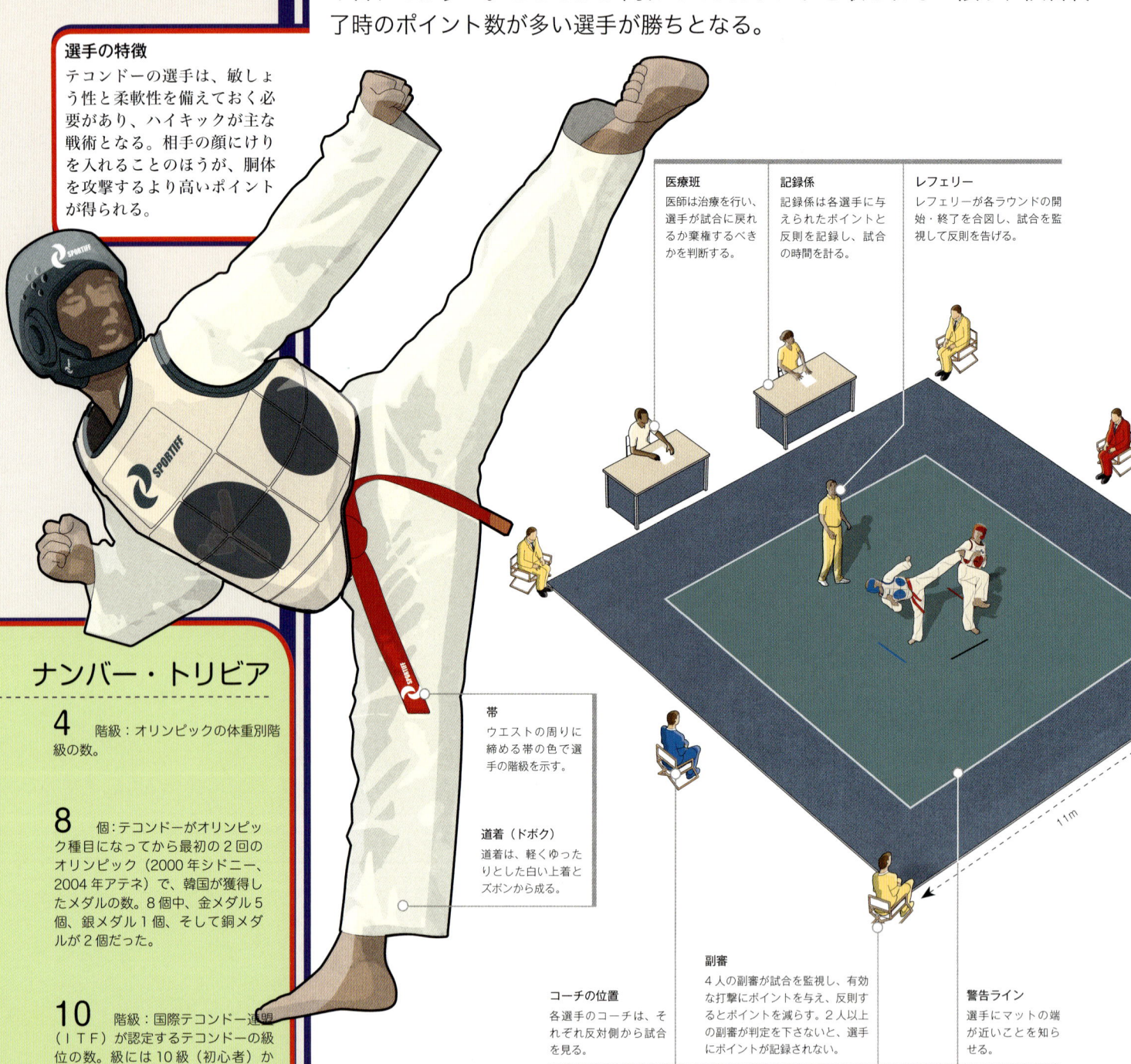

選手の特徴

テコンドーの選手は、敏しょう性と柔軟性を備えておく必要があり、ハイキックが主な戦術となる。相手の顔にけりを入れることのほうが、胴体を攻撃するより高いポイントが得られる。

ナンバー・トリビア

4 階級：オリンピックの体重別階級の数。

8 個：テコンドーがオリンピック種目になってから最初の2回のオリンピック（2000年シドニー、2004年アテネ）で、韓国が獲得したメダルの数。8個中、金メダル5個、銀メダル1個、そして銅メダルが2個だった。

10 階級：国際テコンドー連盟（ITF）が認定するテコンドーの級位の数。級には10級（初心者）から1級まである。

204 カ国：世界テコンドー連盟（WTF）に加盟している国の数（2013年現在）。

医療班
医師は治療を行い、選手が試合に戻れるか棄権するべきかを判断する。

記録係
記録係は各選手に与えられたポイントと反則を記録し、試合の時間を計る。

レフェリー
レフェリーが各ラウンドの開始・終了を合図し、試合を監視して反則を告げる。

帯
ウエストの周りに締める帯の色で選手の階級を示す。

道着（ドボク）
道着は、軽くゆったりとした白い上着とズボンから成る。

コーチの位置
各選手のコーチは、それぞれ反対側から試合を見る。

副審
4人の副審が試合を監視し、有効な打撃にポイントを与え、反則するとポイントを減らす。2人以上の副審が判定を下さないと、選手にポイントが記録されない。

警告ライン
選手にマットの端が近いことを知らせる。

試合場

試合は、厚さ2cm以上の正方形のゴムマット上で行われる。試合場は50～60cmの高さにあり、床までゆるやかな傾斜（30度くらい）がついている。審判は試合場の周りにいる。

指定胴着

選手は完全防備でマットに上がる。各選手を区別するために、チェストガードかヘルメット、あるいは手足のプロテクターに、それぞれ青か赤の印をつける。チェストガードだけは、白い道着の上から装着する。

ヘッドギア
顔面へのけりが認められているため、ヘッドギアの装着は不可欠であり、義務である。

胴プロテクター
胸部、肋骨、腹部を保護する。中央のターゲットエリアにヒットすると、電子的に記録される。

腕プロテクター
軽量の発泡素材がパッドになっている。打撃の衝撃を吸収する。

ファウルカップ
発泡素材で覆われたプラスチックのカップで股間を保護する。伸縮性のあるバンドで固定する。

知っておきたい用語

テコンドーで使われる用語には、その起源である韓国の言葉が残っている。レフェリーの「シィジャク（始め！）」という声で試合が始まり、「クマン（やめ！）」という合図で試合が終わる。選手は相手に打撃を与える際、「キアイ！」（気とともに動く）と大声を出す。ボクシングと同じように、レフェリーが10をカウントするまでにノックダウンした選手が起き上れないと、ノックアウトが決まる。その際、レフェリーは「ヨル！」（韓国語の「10」）と叫んで宣言する。

採点方法

得点が入るのは、相手への攻撃が有効に決まったとき（スパーリングの試合では、相手から2cmのところで打撃を止めたとき）。胴への攻撃は1ポイント、後ろ回しげりによる胴への攻撃は2ポイント、頭部へのけりは3ポイントが与えられる。ＷＴＦの規則では、12得点した選手、あるいは7点差をつけた選手が勝利。相手をノックアウトした場合も勝ちとなる。ベルトの下、背中や後頭部を攻撃した場合は反則で減点される。同点の場合は、サドンデス方式で勝敗を決める。

髪の毛にまつわるルーツ

テコンドーはおよそ2000年前、いくつかの韓国の武術から生まれた。当時、男性がポニーテールにすることが流行っており、戦闘技術のひとつに、三つ編みの先に鋭い櫛や金属のおもりを結びつけ、それを振って相手の目を攻撃する、というものがあった。

キックアウト

テコンドーは数ある武術の中でも、けりを重視。パンチよりもずっと強力で、離れていても一撃を加える足の能力を巧みに利用している。特に効果的なのが、フックキックとサイドキック。

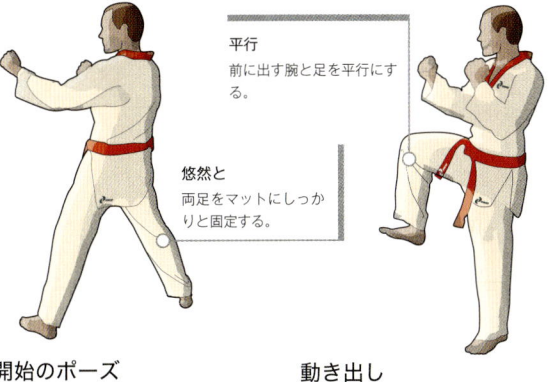

平行
前に出す腕と足を平行にする。

悠然と
両足をマットにしっかりと固定する。

開始のポーズ
攻撃に備えて両手を上げ、決められた防御姿勢を取る。

動き出し
膝を尻の高さに持ち上げる。両手は上げたままにしておく。

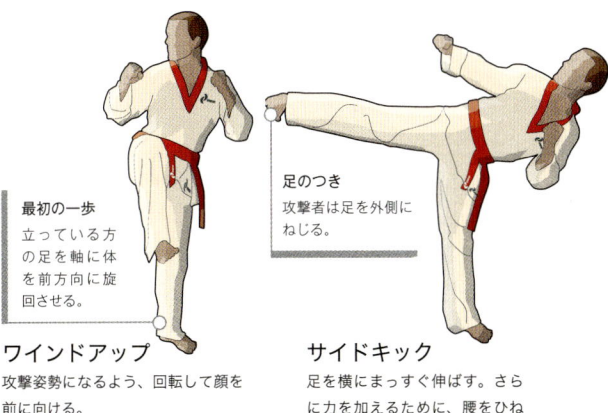

最初の一歩
立っている方の足を軸に体を前方向に旋回させる。

足のつき
攻撃者は足を外側にねじる。

ワインドアップ
攻撃姿勢になるよう、回転して顔を前に向ける。

サイドキック
足を横にまっすぐ伸ばす。さらに力を加えるために、腰をひねる。

ストレートパンチ

ストレートパンチを打ち、その腕を引く、という動きを組み合わせるときは、パンチをしない方のこぶしは手のひらを上に向け、低い位置に置いておく。パンチをする方のこぶしは手のひらを下に向け、すばやくまっすぐにパンチを出す。

正式な方法
右腕でリード・パンチを打つ。

すばやい切り替え
右腕を体の横に引き戻したら、左腕をすばやく出して次のパンチを打つ。

裏話

テコンドーは、朝鮮戦争後の1950年代初めに帰国したアメリカ軍によって世界に広まった。韓国のロビー活動により、1973年にＷＴＦが運営組織として発足、同年に第1回世界テコンドー選手権大会が行われた。2000年からオリンピック種目である。

運営組織
ＷＴＦは1980年にＩＯＣに承認され、2013年現在で世界中で204カ国が加盟している。

格闘技

テコンドー

キックボクシング

基礎知識

- キックボクシングは、男女ともプロスポーツ。東南アジアや日本では、トップレベルの試合に非常に多くの観衆が集まり、選手はスーパースター並みの待遇を受けている。

- このスポーツにはかなりの体力が必要で、きつい動きが要求されるため、西洋ではエクササイズの一形態として人気がある。

- キックボクシングには運営組織がなく、いくつかの組織がライバル関係にある。そのため、ルールが複雑である。

競技の概略

キックボクシングは動きの速い格闘技で、ボクシングの技と武術（主に空手）のけりを組み合わせたもの。伝統的なタイ式ボクシング（ムエタイ）やフルコンタクトに似ているが、キックボクシング自体は1966年に野口修が考案したスポーツである。勝敗は、ノックアウト、あるいは相手への打撃で獲得したポイント数によって決まる。

選手の特徴
選手には、体力、スピード、回復力、忍耐力と、足をまっすぐにした状態でハイキックをするための敏しょう性と柔軟性が必要である。特に足へのキックが認められている試合では、痛みにかなり強くなければならない。

手のプロテクター
選手は一般的なボクシングのグローブをつける。

無防備なターゲット
胴体にはプロテクターを着けないので、この部分が攻撃のターゲットになる。

だぶだぶのズボン
ボクサーパンツを着用すれば、足を自由に動かすことができる。

ふかふかのプロテクター
フルコンタクトの競技では、足と脛にパッドつきのプロテクターを装着してもよい。

強さ
トレーニングでは、選手は足の筋肉を鍛えることが中心となる。

レフェリー
レフェリーは選手とともにリングの中に立ち、試合の開始と終了を合図し、審判する。

開始の位置
リング中央からそれぞれ1mの位置に白線が引かれており、選手はその位置に向かい合って立つ。

コーナーチーム
各選手に戦術を話し合うトレーナーが1人と、ラウンド間にけがの手当てをする2人のセコンドがついている。

計時係
計時係は試合の時間を計り、各ラウンドの始めと終わりにベルを鳴らす。

記録係
記録係は、便宜上、審判の横に座る。与えられたポイントと反則をすべて記録する。

リング
キックボクシングの試合はもともとはマット上で行われていたが、今日ではボクシングリング（バネ入りの四角いキャンバス地のリングで、四方を4本のロープで囲まれている）で行われる。最も低いロープは、キャンバス地の床から33cm以上、最も高いロープは1.32m以下に張らなければならない。

ボクシング美人
僧侶として育てられたノン・トゥムは、タイを代表する（しかも、最も有名な）ムエタイ選手のひとりとなった。トゥムは化粧をしたままリングに上がり、性転換手術の費用をかせぐために試合を続け、1999年に手術を受けた。この物語は、『ビューティフル・ボーイ』という映画になった。

格闘技

237

キックボクシング

キックボクシング、フルコンタクト、そしてムエタイ
キックボクシングの純粋形は、タイ式ボクシング（ムエタイ）やフルコンタクトと混同されることが多い。これらはすべて似通っているため、主な違いを理解しておく必要がある。
・キックボクシングでは、プロボクシングのルールにのっとってパンチが認められている（つまり、ベルトから下は攻撃できない）。キックは体のどの部分に放ってもよい。
・フルコンタクトでは、選手は長ズボンにTシャツ、発泡素材でできた足ガード、そして任意で脛ガードとヘッドギアを装着。一般的なボクシングのルールが適用されるが、ウエストから下をキックすることは禁止。
・ムエタイは最も古く、「キックボクシング」の一番過激な形。パンチやキックに関するルールがゆるく、手や脛、ひじ、膝での攻撃も認められている。

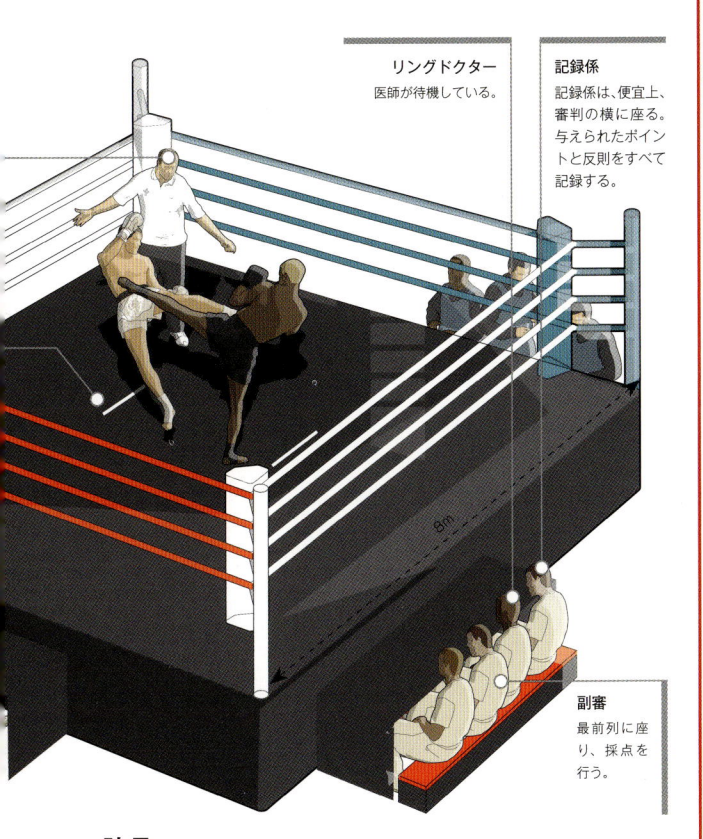

採点方法
ノックアウトを取るかポイントを積み重ねることで、試合に勝利する。試合によっては、全体のポイント数ではなく、取ったラウンドの数によって勝敗が決まることもある。ポイントを取れる範囲は、頭の前後とサイド、体の前と横、そして足全体。ポイントの加算方法は以下のとおりである。的確にパンチが入ったり、足払いと体へのキックが決まると1点。頭へのキックは2点。跳びけりは体に入ると2点、頭に入ると3点が与えられる。

戦闘方法
選手は、ジャブやフック、クロス、アッパーカットといったパンチで相手の胴体と頭を狙うことができる。キックも、前げり、横げり、回しげりなど、さまざま。回しげりは足を円を描くように動かして、相手の足の低い位置、胴体、あるいは頭に一撃を加える。キックボクシングと伝統的なボクシングのパンチにはほとんど違いはなく、実際、キックボクシング選手がボクシングをしたり、ボクシング選手がキックボクシングをすることもある。しかし、手にはパッドの入ったグローブをつけているため、的確にパンチが入っても、キックより打撃は少ない。

- リングドクター：医師が待機している。
- 記録係：記録係は、便宜上、審判の横に座る。与えられたポイントと反則をすべて記録する。
- 副審：最前列に座り、採点を行う。

防具
フルコンタクトの試合では、ほぼすべての防具を装着することが義務づけられている。脛ガードや足ガードは、ムエタイ、散手の試合では認められていないが、それ以外の場合は任意。しかし、特にアマチュアの試合では推奨されている。

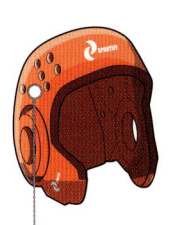

- ヘッドギア：攻撃されやすいこめかみや頭を、衝撃やパンチから守る。
- 脛ガード：フルコンタクトでは、脛ガードをつけていると、反則キックをされても脛を守ってくれる。
- 足ガード：攻撃する方もされる方も、キックの衝撃を和らげてくれる。

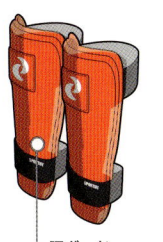

膝への攻撃
足に低いキックを入れると、相手は動きが遅くなり、反撃の準備ができなくなるため、非常に効果的。（払い以外の）ローキックは、フルコンタクトでは認められていない。

前進できず：膝にローキックが入ると前に進めなくなる。

ミドルキック
相手の胴体の中段にすばやく強力なキックを放つと、相手の肋骨に損傷を与えることさえある。

弱点：攻撃側は、防御していない肋骨を狙おうとする。

狙いは高く
頭部にハイキックを入れると、格好の反撃の的になるため、攻撃側にとっては最も危険な攻撃といえる。しかし、そのキックは見ごたえがあり、決まれば一撃で試合に勝つことができる。

ノックアウト：攻撃側は相手の頭部を狙って、足を高く振り上げる。

裏話
キックボクシングが1970年代に登場したときの最初の運営組織は、プロ空手協会（PKA）。今日ではこの組織は分裂し、いくつかの組織がそれぞれ、定期的に試合や選手権を開催している。1970年代後半に設立された世界キックボクシング協会（WKA）には、世界中に129の支部があり、キックボクシングの組織の中では最もよく知られている。

サンボ

選手の特徴
強靭さと回復力が不可欠。選手は攻撃に耐える力だけでなく、相手に勝とうとする闘争心と戦術的認識を備えたい。相手の裏をかくためには、スピードと敏しょう性も重要である。

競技の概略
サンボは、投げや抑え込み、固めといった、さまざまなレスリングの技を備えた、ロシアの格闘技である。スポーツサンボとコンバットサンボの2種類があり、スポーツサンボには、柔道では禁止されている足固めなどの技が認められている。コンバットサンボでも、パンチやキックをすることは可能。

上着
柔道着に似た綿の上着。相手のジャケットをつかんだり引っぱったりする動きは認められている。

足を見せる
審判に足の動きをしっかりと見せ、また、非常に危険な足固めでけがをしないように監視してもらうために、選手はショートパンツをはく。

柔軟なシューズ
グリップの効いた、軽くて柔らかいシューズをはく。

試合場
サンボの試合は、六角形か四角形のマットの中央に描かれた円形部分で行われる。試合は白い境界線で示された内側の円から開始。マットの周りには、淡いブルーに塗られた防御エリアがある。この部分には、選手が競技エリアから投げ出されてもけがをしないよう、パッドが入っている。

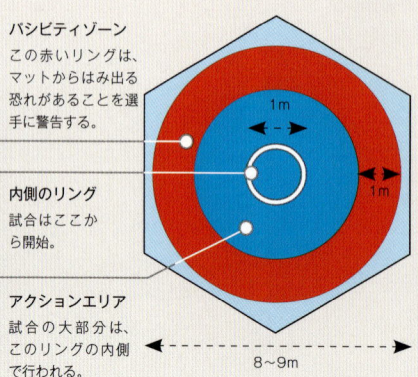

- **パシビティゾーン**: この赤いリングは、マットからはみ出る恐れがあることを選手に警告する。
- **内側のリング**: 試合はここから開始。
- **アクションエリア**: 試合の大部分は、このリングの内側で行われる。

8～9m

基礎知識
- ソ連のヨシフ・スターリンが、軍隊に接近戦の技術を向上させたいと考え、1920年代にサンボが誕生。軍事指導者は、アルメニアやグルジア、モルドバ、モンゴル、そしてロシアの伝統的なレスリングスタイルに、空手と柔道の要素を混ぜ合わせた。
- 国際アマチュアサンボ連盟（FIAS）が、サンボの運営組織。サンボとは「武器を使わない自己防衛」を意味するロシア語の頭文字を並べたもの。

採点方法
サンボの試合は通常5分間で、センターレフェリー（ポイントを与えるときに合図を出す）、マットジャッジ、マットチェアマンが監視をする。例えば、抑え込みをするとポイントが入り、相手を10秒間抑え込むと2ポイント、20秒間で4ポイント与えられる。先に12ポイント差をつけた選手の勝利。

一本勝ち
自分の体勢をくずさずに相手を仰向けに投げ倒すと、必要なポイント差をつけなくても勝ちとなる。極め技（相手を床に抑えつけたまま、腕や足にかける関節技）でも一本勝ち。絞め技や、手足を抑え込むことは禁止。強く極められ、その痛みに耐えられなくなると、技をかけられた選手は叫ぶかマットをたたき、レフェリーに試合を終わらせるように促す。

足固め
足固めで相手のアキレス腱を伸ばしている。

反撃不能
技をかけられた選手は、左腿に圧力がかかっているため、右足で反撃することができない。

正直さが仇に？
柔道の創始者である嘉納治五郎に刺激を受けてサンボを編み出した、というワシリー・オシェプコフの発言は、スターリンを激怒させた。スターリンは、すばらしいものはすべて、ソ連が発祥であってほしかったのだ。ワシリー・オシェプコフは正直であるがゆえに、命を落とすはめになった。

剣道

面
選手の顔、喉、頭を保護する。

竹刀
刀の代わりに使う武器。

胴
選手の胸部と脇を保護する。

基礎知識

→ 剣道のもとになった剣術は、日本古来の武術である。今日の剣道の道着はよろいに似ている。

→ 剣道は「剣の道」を意味する。

→ 国際剣道連盟（ＦＩＫ）をはじめとする多くの団体は、剣道を現代スポーツとして普及させようとしている。ＦＩＫは、3年ごとに行われる世界剣道選手権大会を主催。

競技の概略

剣道は日本の武術で、その儀礼、信条、作法は、戦術と同じくらい重要である。この競技は、剣術と呼ばれる日本古来の刀の殺陣が基になっている。現代の剣道では、本物の刀ではなく、竹刀を使用。試合では、黒の独特な道着で頭から足までを覆った2人の選手が、お互いに竹刀で攻撃する。

競技の方法

1試合は5分間で、その間に2本先取した選手が勝ちとなる。勝負がつかない場合は3分間延長され、先に1本を取った選手の勝利。1本を取るには、以下の部分のいずれかを竹刀で打突する。通常、1人の主審と2人の副審が1本かどうかを判断。3人の審判のうち2人以上が打突が決まったと判断すると、1本と認められる。

選手の特徴

剣道では、精神の鍛錬は体力と同じくらい重要であり、冷静さと集中力が欠かせないため、選手は体だけでなく精神も鍛える。打突には、それを実行する正確さと技が必要で、選手は攻撃から身を守るために、すばやく反応する必要がある。

試合場

剣道の試合は、板張りの試合場で行われる。伝統的な礼儀作法が重んじられ、試合の開始と終了時に、選手はお互いに礼をする。

面
相手の頭の上部中央を打つ。

左面
頭部の左側への打突。

右面
頭部の右側への打突。

中段つき
竹刀の先で相手の喉当てをつく。

左胴
体の左側への打突。

右胴
体の右側への打突。

左小手
左の手首への打突。

右小手
右の手首への打突。

有効打突

剣道には、竹刀で相手を打ったりついたりできる部分が8つ（頭部3カ所、喉当て、両手首、そして左右の胴）ある。

防御を破る

うまい攻撃方法は、フェイントをかけて立ち位置をずらし、最初に狙ったのとは違う、隙ができた場所を打つ、というもの。その際、選手は打とうとする相手の体の部位を大声で叫ぶ。たとえば、胴を打つときには大声で「胴！」という。

面を狙う
相手の頭部に竹刀の狙いを定める。

胴を狙う
相手の選手が横から打ち、胴を狙う。

格闘技

サンボ／剣道

ウォーター
スポーツ

06

ハイテクの水着
水着の技術は、国際水泳連盟（FINA）によってその織り方、幅、模様、浮力が厳しく制限されている。

水泳帽
髪の長い選手はたいてい帽子を着用するが、義務ではない。

体毛を剃る
可能な限りの体毛を剃りおとす選手もいる。これは、水の抵抗でスピードが落ちないようにするためだ。これはあくまで個人のやり方であり、義務的なものではない。

選手の特徴
短距離の選手も長距離の選手も持久力が要求され、腕と足が強くなければならない。水泳の選手は上半身の体つきを見れば一目瞭然である。というのも、水泳選手はたいてい肩幅が広く、ウエストからヒップに行くにつれて、だんだん細くなっているからだ。

プラスチックのゴーグル
プールの水の薬品で生じる刺激を抑えるため、ゴーグルを装着してもよい。ぴったりとフィットしたものを着用しないと効果が得られない。

最新の水着
水着は洗練されて落ち着いたもの、そして何よりも、乾いていても濡れていても絶対に透けないものでなければならない。

耳栓
着用しなければいけないものではないが、耳に水が入るのが苦手な選手は耳栓をする。

基礎知識
- 主な泳法は、背泳ぎ、平泳ぎ、バタフライ、自由形の4種類。
- オリンピック公認の競泳種目は、現在、男女それぞれ17種目の計34種目である。
- 1908年以前のオリンピック大会では、潜水、200m障害物競泳など、さまざまな独特の種目があった。

ナンバー・トリビア
20.91 秒：ブラジルのセザール・シエロフィリョが2009年12月18日に樹立した、50m自由形の世界記録。

8 個：2008年に北京で開催されたオリンピックで、アメリカのマイケル・フェルプスが勝ち取った金メダルの数。

15 歳：ソーピード（＊訳注：Thorpe（ソープ）にtorpedo（魚雷）をかけている）というあだ名を持つオーストラリア人選手のイアン・ソープが、1998年に世界選手権の個人種目で最年少優勝を果たしたときの年齢。

24.98 秒：中国の楊文意の50m自由形のタイム。この種目で25秒を切ったのは、彼女が女子で初めて。

競泳

競技の概略
競泳は、その泳ぐ距離にかかわらず、定められたコースを泳ぎ、その速さを時間で競う競技である。試合では、特定のストローク、もしくは4種類の泳法（平泳ぎ、背泳ぎ、バタフライ、自由形）を組み合わせて競い合う。個人種目と団体種目にわかれ、団体種目には4人の選手が順番に泳ぐ国対抗リレーがあり、通常は大会の最後に行われる。

プール
トップクラスの試合で使われるプールは、長さ50m、幅25m。8コースで競技する場合、その幅は2.75mで、第1コースと第8コースは40cm幅が広い。コースロープの色は、第1コースと第8コースは緑色、第2、3、6、7コースは青色、そして第4、5コースは黄色が基本。プールの両端から5mまでのフロートの色は赤、プールの両端から15mのフロートの色は、隣接するフロートと異なる色を用いる。
ダイビングなどの種目で使われるプールの底は斜めになっており、一端の水深が1.2m以上、もう一方の端は1m以上となっている。

競泳の規則

数種類の泳法があり、競技の規則は各種目によって異なる。しかし、プールの構造、試合のスタートとゴールの規則、計時や審判の方法はどの種目とも共通。国際試合の規則は、水泳の世界運営組織であるＦＩＮＡが管理している。

スタート台

多くの種目は、スタート台から試合が始まる。スタートの合図で、選手はプールの端の各コースの上に設置されたこの小さな台から各自のコースに飛び込み、泳ぎ始める。

スタート台の構造
スタート台はステンレス製で、台の表面は滑り止めのゴムで覆われている。

タッチパネル
ターンをするときやゴールのときには、このパネルに触れなければならない。ここに接触すると、圧力で外部の電子回路が閉じ、そのレースのタイムが測定される。

用具

従来の水着に比べ、現在の水着はあらゆる部分がハイテク化されている。新しい水着は体にぴったりとフィットしていて抵抗が抑えられているが、水着で不当な優位性が生じることを恐れたＦＩＮＡは、2010年にその規制を強化した。

水着のデザイン

2008年のオリンピックで大きな効力を発揮した全身を覆うスーツタイプの水着は、2010年以降は使用禁止となった。

ハイテク素材
最新のスーツタイプの水着は、ナイロン、スパンデックス（伸縮性に優れたポリウレタンの合成繊維）、そしてライクラを合成した素材でつくられている。

厳しい規制
ＦＩＮＡの規則により、女子の水着は首、肩、膝を覆わないもの、男子の水着は膝とへそを隠さないものに制限された。

ゴーグル

柔軟性のあるポリ塩化ビニルのフレームに、曇りにくく傷のつきにくいレンズがはまったゴーグルを着用すると、競泳中の視界が開ける。

漏れ防止
防水力を強化するために、シリコンで密閉したゴーグルもある。

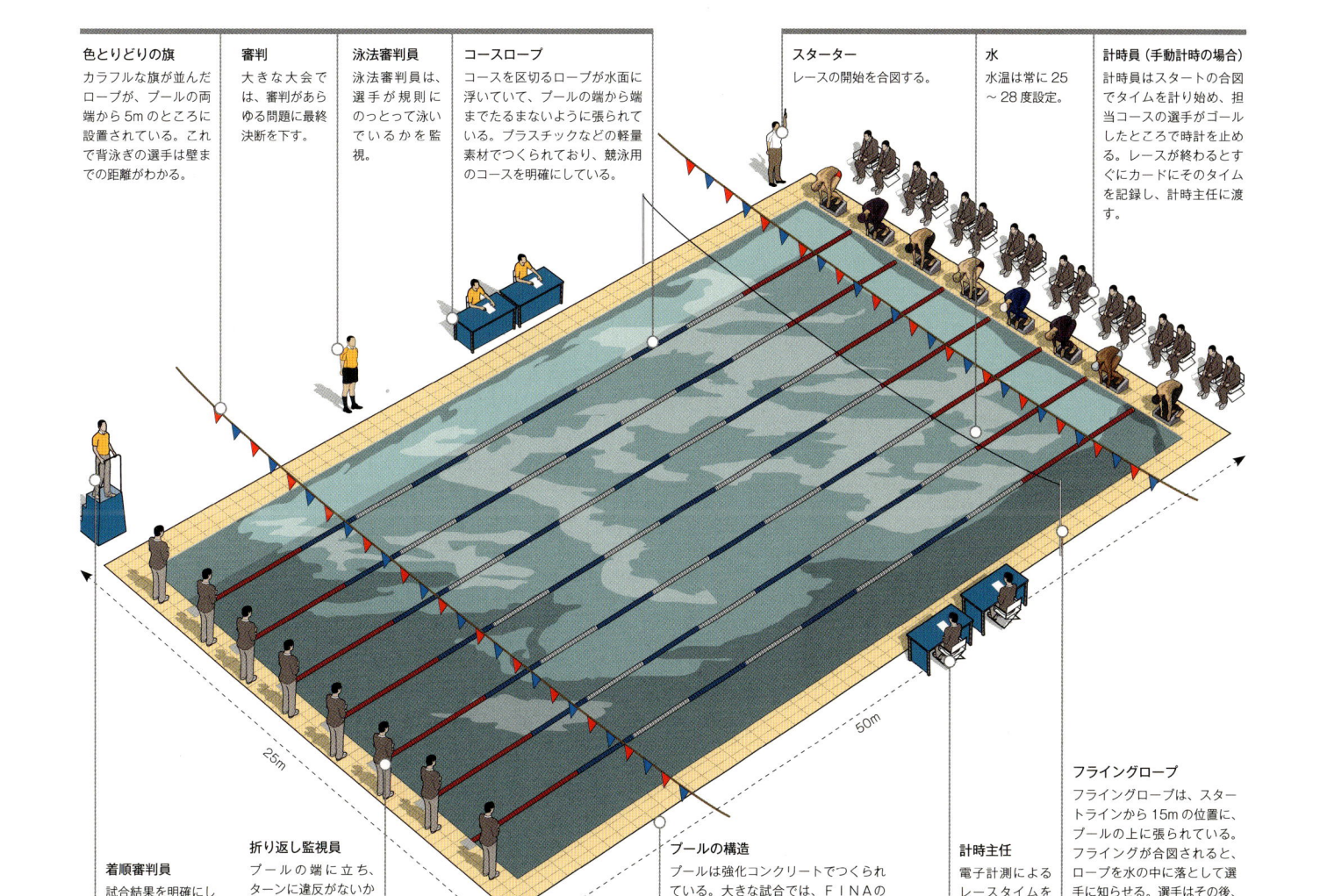

ウォータースポーツ

243

競泳

色とりどりの旗
カラフルな旗が並んだロープが、プールの両端から5mのところに設置されている。これで背泳ぎの選手は壁までの距離がわかる。

審判
大きな大会では、審判があらゆる問題に最終決断を下す。

泳法審判員
泳法審判員は、選手が規則にのっとって泳いでいるかを監視。

コースロープ
コースを区切るロープが水面に浮いていて、プールの端から端までたるまないように張られている。プラスチックなどの軽量素材でつくられており、競泳用のコースを明確にしている。

スターター
レースの開始を合図する。

水
水温は常に25～28度設定。

計時員（手動計時の場合）
計時員はスタートの合図でタイムを計り始め、担当コースの選手がゴールしたところで計時を止める。レースが終わるとすぐにカードにそのタイムを記録し、計時主任に渡す。

着順審判員
試合結果を明確にして、審判に報告する。

折り返し監視員
プールの端に立ち、ターンに違反がないかを監視する。

プールの構造
プールは強化コンクリートでつくられている。大きな試合では、ＦＩＮＡの規格を遵守しなければならない。

計時主任
電子計測によるレースタイムを確認する。

フライングロープ
フライングロープは、スタートラインから15mの位置に、プールの上に張られている。フライングが合図されると、ロープを水の中に落として選手に知らせる。選手はその後、スタートの位置に戻る。

25m / 50m

データ集

長水路の世界記録（男子）

種目 選手名	タイム
50m自由形 セザール・シエロフィリョ	20.91
100m自由形 セザール・シエロフィリョ	46.91
200m自由形 パウル・ビーダーマン	1:42.00
400m自由形 パウル・ビーダーマン	3:40.07
800m自由形 張 琳	7:32.12
1500m自由形 孫 楊	14:31.02
100m背泳ぎ アーロン・ピアソル	51.94
200m背泳ぎ アーロン・ピアソル	1:51.92
100m平泳ぎ キャメロン・ファンデルバーグ	58.46
200m平泳ぎ 山口観弘	2:07.01
100mバタフライ マイケル・フェルプス	49.82
200mバタフライ マイケル・フェルプス	1:51.51

長水路の世界記録（女子）

種目 選手名	タイム
50m自由形 ブリッタ・シュテフェン	23.73
100m自由形 ブリッタ・シュテフェン	52.07
200m自由形 フェデリカ・ペレグリーニ	1:52.98
400m自由形 フェデリカ・ペレグリーニ	3:59.15
800m自由形 ケイティ・レデッキー	8:13.86
1500m自由形 ケイティ・レデッキー	15:36.53
100m背泳ぎ ジェマ・スポフォース	58.12
200m背泳ぎ ミッシー・フランクリン	2:04.06
100m平泳ぎ ルータ・メイルティーテ	1:04.35
200m平泳ぎ リッケ・ペデルセン	2:19.11
100mバタフライ ダナ・ボルマー	55.98
200mバタフライ 劉 子歌	2:01.81

レースの開始

レースの開始は審判長のもとでスターターが取り仕切る。審判長が競技開始の許可を出すと、出発合図員はレース開始の権限を担う。出発合図員の最初の合図で、選手はスタートの位置につく。背泳ぎのレースの場合は、水の中から競技を始めるが、それ以外の種目では、選手はスタート台に上がり、各自のコースの方に顔を向ける。

レースの計時

世界選手権やオリンピックのような大きな大会では、レースは100分の1秒の単位まで、コンピュータを使って計測される。電子計測式タッチパネルがプールの各コースの壁に取りつけられている。そのパネルは、上端が水面から30cm上になるように設置する。タッチパネルは電子計時システムとつながっていて、ゴール時に選手が軽く触れるだけで反応するようになっている。個別に計時員もついていて、それぞれ担当コースの選手のタイムを記録。レース終了後、計時員はタイムをカードに記入し、主任計時員に渡す。

フライング

フライングとは、正式な合図の前に選手がスタートを切ること。FINAのルールでは、フライングをした選手は失格。フライングが発生したら、スタートのときと同じ合図をもう一度出し、フライングロープを落として選手に知らせる。

スタート台からの飛び込み

背泳ぎを除き、レースはスタート台から開始。スタートの合図が鳴ると、選手はスタート台から水に飛び込み、泳ぎ始める。台は50cm×50cmが一般的で、水面から50～75cmの高さに設置。台の後部から前部まで、最大で10度の傾斜がある。

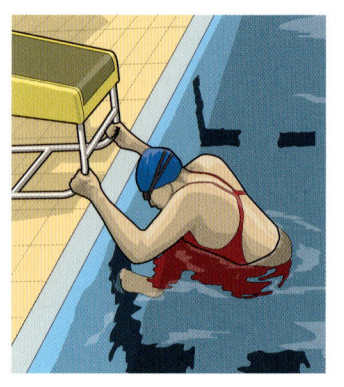

飛び込む
スタート台には滑り止めがついている。

プールの中からの飛び込み

背泳ぎとメドレーリレーでは、各選手はプールの中からスタート台をつかんで飛び込む。足をプールの壁につけて準備を整え、スタートの合図とともに、てこの作用を利用して体を後ろに押し出す。

すばやいターン

どの種目でも、重要な役割を果たすのがターンである。選手がプールの端に到着すると、できるだけ短い時間で次のラップを泳ぎ始める必要がある。そのときに使うのがターンだ。スムーズにターンができると、時間をわずかだが縮めることができる。泳法によってターンの仕方は少しずつ違う。バタフライと平泳ぎでは両手を壁につけなければならないが、自由形と背泳ぎの場合は、手で壁に触れなくても、足だけを使ってターンすることができる。

タンブルターン

自由形と背泳ぎでは、すばやいタンブルターン（右図）が用いられる。背泳ぎをしている選手は、ターンの直前に正面を向くことが認められている（ただし、なめらかな動きであること）。レース開始時と同じように、ターンをしてから水面に浮き上がってストロークを始めるが、15m地点までは水中に潜って進んでもよいことになっている。

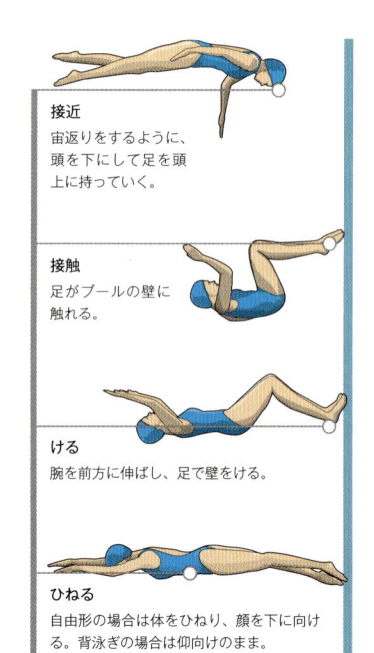

接近
宙返りをするように、頭を下にして足を頭上に持っていく。

接触
足がプールの壁に触れる。

ける
腕を前方に伸ばし、足で壁をける。

ひねる
自由形の場合は体をひねり、顔を下に向ける。背泳ぎの場合は仰向けのまま。

泳法

泳ぎ方は基本原理から発展した。スピードを最大にするには、胴と足を水面に対して平行に保ち、体にかかる抵抗を減らす。腕と手はできるだけ先に伸ばす。ストロークが長いと、水中で腕が動く時間が長くなるため、推進力が生まれる。

セブンゴールド
2007年にメルボルンで開催された世界水泳選手権で、アメリカのマイケル・フェルプスは、金メダルを7個獲得、4つの世界新記録を樹立して、水泳界に君臨していることを証明した。

平泳ぎ
平泳ぎは腕と足を同時に動かすのだが、それぞれの動きを正しいタイミングで行わなければならない。手をかきはじめたところで、キックを始める。そしてすぐに、腕をかく。選手はスタート台から飛び込んで泳ぎ始める。

前向きスタート
飛び込んだ後、肩をすくめてひじを外側に向ける。手のひらを前腕に対して30〜45度外側にを向ける。

ストロークを始める
まず手のひらで水を押し、円を描くように、手を下後方に回す。円ができたら、顔を水から持ち上げて、息継ぎをする。

ストロークを終える
顔を水中に戻し、腕を前に伸ばす。そして膝を曲げ、足を持ち上げて水をける。足は円を描くように押し戻す。

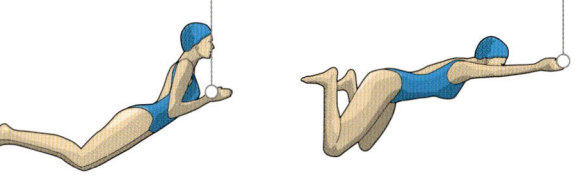

背泳ぎ
バッククロールとも呼ばれる。プールの端に着くまでのストローク数を数えながら、常に水面近くを泳ぐ。レースはスタート台の上からではなく、水中から始める。

後ろ向きスタート
片方の腕を肩の上にまっすぐ伸ばし、小指から水の中に入れる。腕は水の外に出ているときは、常にまっすぐ伸ばしておく。

ストロークを始める
片方の手が水の中に入ったら少しひじを曲げ、その腕を下へ、足の方に押し出す。足は、膝から下を上下に動かしてける。

ストロークを終える
ひじがまっすぐになるまで、手を足の方に引きよせる。それから腕を水の外に持ち上げ、最初の位置に戻す。

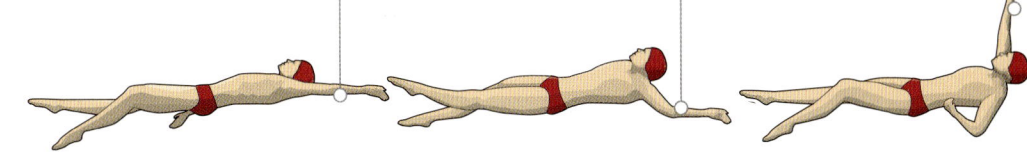

クロール
最速の泳法であるクロールは、水中を顔を下に向けたまま移動し、2、3回ストロークするごとに頭を水面から持ち上げて息継ぎをする。動きはできるだけスムーズに。足は常にけっていなければならない。

前向きスタート
手を頭上に持ち上げて水の中に入れる。その手をできるだけ遠くに伸ばす。

ストロークを始める
ひじを曲げ、足のつけ根に届くくらいまで手を引きよせて押し出し、スピードを上げる。

ストロークを終える
腕を交互に持ち上げて前に出し、水の中を後方に引き戻す。その間、けっている足は水面下にある。

バタフライ
バタフライには、スタミナと力強さが、特に上半身に必要となる。両腕を水面から出し、それを勢いよく水中に戻す。正しい順番を身につけるのは難しい。手が水に入る時に足をけり、手が水中から出てくるときに再び足をける。腕が腿のあたりにきたら、上体を持ち上げて息継ぎをする。

前向きスタート
スタート台から飛び込み、水面下に沈んでいる間、足でドルフィンキックをする。

ストロークを始める
両手を水の中に入れて肩の前に持ってきてから、足の方に引きよせる。ストロークの間は腕を動かし続ける。

ストロークを終える
両手が腿についたら、手を水の外に持ち上げて息継ぎをし、スタートの位置に戻す。腕が水に入るときと水から出てくるときに足をける。

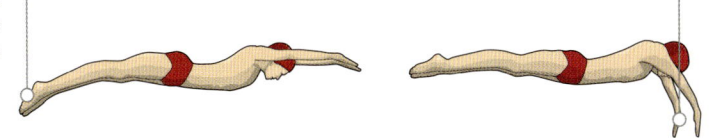

メドレー
メドレーリレーは4人でチームを組む。各選手とも50m以上泳いで、次の選手と交代。レースの各「区間」は、決められた順番で異なる泳法を用いる。

背泳ぎ
メドレーリレーは水中から、背泳ぎでスタート。

平泳ぎ
第2区間は平泳ぎ。

バタフライ
第3区間はバタフライ。

自由形
最後の区間は、左記の3つの泳法以外で泳ぐ。

裏話
泳ぐ人の姿は古くから描かれているが、競泳が生まれたのは19世紀のアメリカやヨーロッパ。それ以降、現在のようなスタイルに発展してきた。競泳は、1896年にギリシアのアテネで開かれた第1回近代夏季オリンピックの正式種目。女子は1912年のストックホルム大会まで、競技することができなかった。

運営組織
水泳の国際運営組織は、1908年に設立されたFINAである。FINAは世界選手権とオリンピックすべての種目だけでなく、飛込、水球、オープンウォータースイミング、シンクロナイズドスイミングの種目すべてを監督・管理している。

ウォータースポーツ

245

競泳

基礎知識

→ 飛込競技の主な種目は、3mの飛板飛込と10mの高飛込（男女とも）である。世界選手権では、1mの飛板飛込も行われる。

→ FINAが、オリンピック大会、世界選手権、世界ジュニア選手権、FINA飛込ワールドカップにおける、飛込の規則を管理している。

選手の特徴
柔軟だが、空中で姿勢を維持したり変えたりできる強さが必要である。足、腕、関節は最高の状態になければならない。14歳から16歳の間に能力が最も発揮できるといわれている。

水着
選手はワンピースの水着を着用する。濡れても透けないものでなければならない。

シェイプアップ
審判は、選手が落下する際に、体がつくるラインを見て採点をする。そのため、シルエットがはっきりしている方が、高得点を得られる。

腕の形
腕は頭上に持ってきて、すばやく左右対称に動かす。少しでもずれると減点につながる。

プール
ダイビングプールかスイミングプールに設置された高飛込の台や飛板から飛び込む。プールの長さや幅はさまざまで、普通の競泳プールの一番深い部分を使って行われる大会もある。高飛込の台や飛板の表面は滑り止め加工がしてあり、はしごではなく階段で台まで登る。たとえば、10m高飛込台の下には5m以上の深さがなければならない。

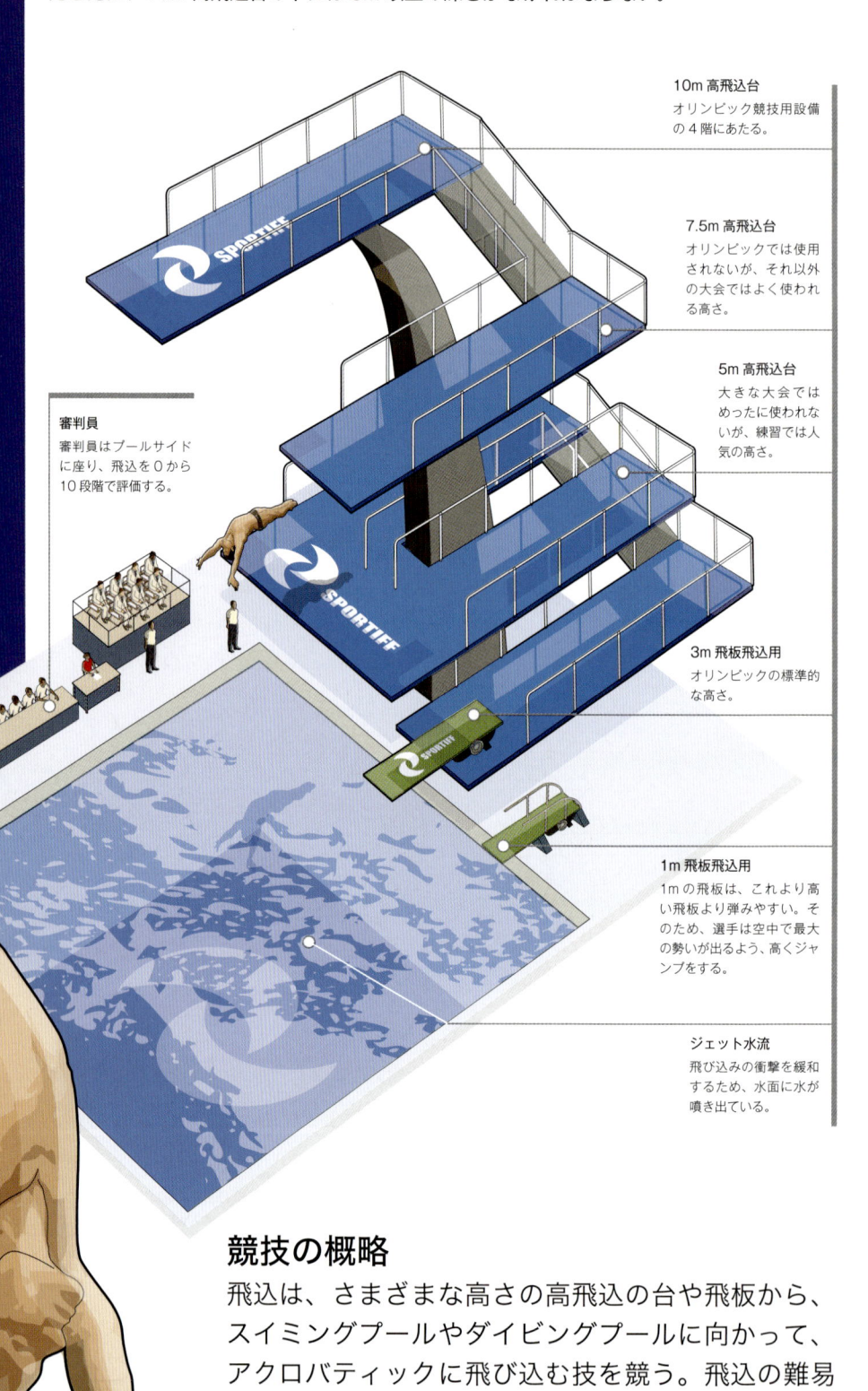

10m 高飛込台
オリンピック競技用設備の4階にあたる。

7.5m 高飛込台
オリンピックでは使用されないが、それ以外の大会ではよく使われる高さ。

5m 高飛込台
大きな大会ではめったに使われないが、練習では人気の高さ。

審判員
審判員はプールサイドに座り、飛込を0から10段階で評価する。

3m 飛板飛込用
オリンピックの標準的な高さ。

1m 飛板飛込用
1mの飛板は、これより高い飛板より弾みやすい。そのため、選手は空中で最大の勢いが出るよう、高くジャンプをする。

ジェット水流
飛び込みの衝撃を緩和するため、水面に水が噴き出ている。

競技の概略
飛込は、さまざまな高さの高飛込の台や飛板から、スイミングプールやダイビングプールに向かって、アクロバティックに飛び込む技を競う。飛込の難易度と、飛び込む際の技術的な熟練度が評価される。

飛込競技

ナンバー・トリビア

3 回：オリンピックで金メダルを獲得した連続回数。この世界記録を樹立したのは、オーストリア生まれのイタリア人、クラウス・ディビアシである。ディビアシは、1968年、1972年、そして1976年で10m高飛込を制覇した。

13 歳：1992年のオリンピックで、中国の伏明霞選手が10m高飛込最年少優勝を成し遂げたときの年齢。4年後のオリンピックでは、10m高飛込と3m飛板飛込の両方で金メダルを獲得している。

5 回：アメリカの飛込選手、グレゴリー・ローガニスが、世界選手権で優勝した回数。1984年と1988年のオリンピックでも、3m飛板飛込と10m高飛込の両方で金メダルを獲得。

70 個：1904年から2012年の間に男子飛込でアメリカが獲得したオリンピックメダルの数。10m高飛込で13個、3m飛板飛込で15個の金メダルを獲得している。アメリカは世界でも有数の飛込の強豪国だが、2012年のオリンピックでは中国がアメリカを上回り、金メダル1個のアメリカに対し、中国は6個獲得している。

得点の記録
選手は1ラウンドにつき数回（たいてい、男子は6回、女子は5回）、飛び込むことができる。飛び込むたびに、宙返りやひねりなど、さまざまな技を盛り込まなければならない。どの技が必要条件になるかは、試合の前に主催者が発表する。審判は、指定された技の演技だけでなく、入水の様子も評価する。水しぶきを上げずに入水する「リップクリーンエントリー」には、高得点が与えられる。

採点方法
オリンピックや世界大会では7人、それ以外の大会では5人の審判員が採点する。評価はどの飛込も最高10点。審判全員の点数を記録したあと、最高点と最低点を削除し、残りの点数にあらかじめ決められていた難易率（DD）をかけて、最終スコアが決定する。

飛板の技
91種類の高飛込の技と、70種類の飛板の演技種目が正式に認められている。これらの技は、前飛込、後飛込、前逆飛込、後踏切前飛込、ひねり飛込、逆立ち飛込の6つに分類できる。逆立ち飛込は10m高飛込のみ。それ以外はすべて、足から演技に入らなければならない。

同時進行
シンクロナイズドダイビングの競技は、2人1組の選手が同じ高さの飛込台か飛び込み板から同時に飛び込む。その際、2人はまったく同じ演技を行うか、違う動きでも2人で1つとなるような動き、もしくはお互いに鏡のように左右対称の動きをする。この種目は変わっていて、たとえ飛込がうまくいかなかったとしても、2人そろって同じミスをすれば、高得点が取れる。シンクロナイズドダイビングは2000年にオリンピック種目になった。

抱型
完璧な抱型は、曲げた両膝をそろえて抱えて腰を折り曲げて、体を小さく丸める。ふくらはぎを腿の裏に押し当て、両手を脛の上で握り合わせる。足はそろえて閉じ、つま先はまっすぐ伸ばす。ひねりを入れる場合は、抱え姿勢を明確に示してから。

胎児の姿勢
背中を伸ばすと減点されるので、胎児のような姿勢を取る。

蝦型
蝦型は、両足をまっすぐ伸ばし、腰を折って両足首をそろえ、つま先まで伸ばす。腕の位置は自由だが、図のように、膝かふくらはぎの後ろで握り合わせるか、横に伸ばしてもよい。ひねりを加える場合は、審判に減点されないように、蝦型の姿勢を明確に示すことが大切である。

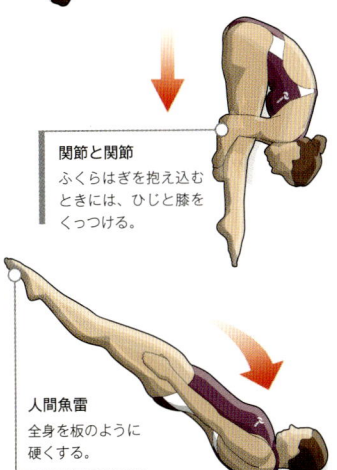

関節と関節
ふくらはぎを抱え込むときには、ひじと膝をくっつける。

伸型
レイアウトとも呼ばれるこの伸型は、足は足首をそろえてつま先までまっすぐに伸ばし、体をぴんと十分に伸ばす。腕は頭上で伸ばすか、体側にぴったりとつけておく。ひねりを加える場合は、高飛込の台や飛板から飛ぶ際に、ひねりから入ってはいけない。

人間魚雷
全身を板のように硬くする。

距離飛込
1904年にセントルイスで開かれたオリンピックで、一度だけ行われた種目がある。プールサイドから飛び込み、どのくらい水中に潜ったまま遠くまでたどり着けるかを競うというもの。水中では体を動かすことが禁じられていたため、水に入る前の勢いが勝利のカギとなった。金メダルを獲得したのはアメリカのウィリアム・ディッキー。その距離は19.05mだった。

宙返り2回半かかえ型
最も人気があり、見ごたえのある型のひとつで、全体で2秒以内の飛行時間に、最大限の動きが詰め込まれる。

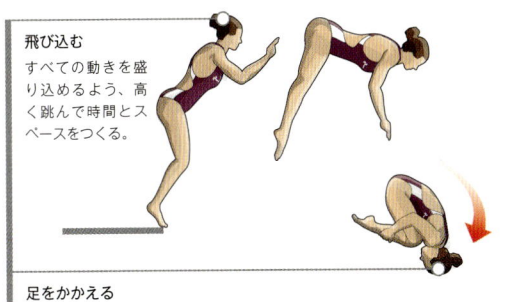

飛び込む
すべての動きを盛り込めるよう、高く跳んで時間とスペースをつくる。

足をかかえる
頭が下を向く前に、体をしっかり抱え込む。

回転1回目
頭がまっすぐ上を向いた状態に戻るまでに、足を抱え込んだ状態で180度回転している。

1回転の完成
頭が下を向くと、1回の宙返りが完成。

2回目の宙返り
2回目の宙返りが終わると、最後の半回転の準備に入る。

解放の瞬間
足を解放し、腿を支えて、入水姿勢の準備に入る。

最後の姿勢への準備
つま先まで体をまっすぐに伸ばしながら、最後の半回転をする。

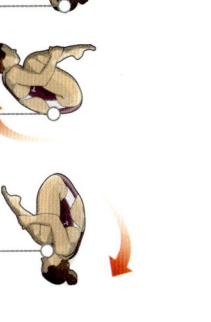

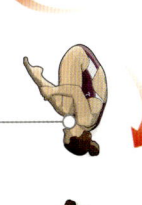

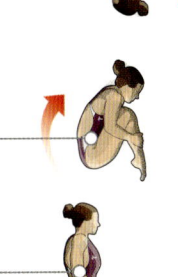

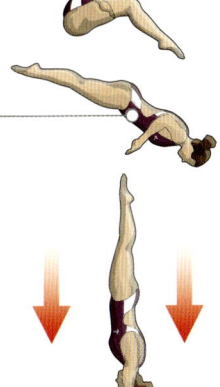

垂直の入水
90度の入水をめざす。角度がずれると減点。

ウォータースポーツ

飛込競技

水球

基礎知識

→ 当初の水球は、19世紀にイングランドとスコットランドで競技されていた。初期のころの水球はラグビーが基になっており、暴力的でルールがないことで有名だった。

→ 水球が初めてオリンピックに登場したのは1900年のこと。男子の種目は1908年以来、正式種目となった。女子の種目は2000年から採用された。

→ 水球はアメリカとヨーロッパ、特にハンガリー、イタリア、スペインで盛んである。

ナンバー・トリビア

20 回：2010年にルーマニアのオラデアで開かれたFINA男子水球ワールドカップの決勝で、クロアチアとセルビアの両チームがゴールを決めた回数。セルビアチームが13対7で勝利をおさめた。

7 個：世界選手権で、アメリカ、イタリア、ハンガリーの女子チームが獲得した金メダルの数。

競技の概略

水球は、1チーム7人（6人のフィールドプレーヤーと1人のゴールキーパー）の2チームが水中で競技するスポーツ。このスポーツの目的は、相手チームのゴールにボールを勢いよく入れること。1ゴールで1点が入り、より多く得点をあげたチームが勝ちとなる。試合は1ピリオド8分の4ピリオド。必要であれば1ピリオド3分の延長戦が2ピリオド行われる。水球は非常に難易度の高い、し烈な競技である。動きが速く、特に水面下でのファウルが非常に多いため、レフェリーは必要以上に注意を払わないと、ファウルを見落としてしまう。水球は、水泳、バレーボール、ラグビー、そしてレスリングを混ぜたようなスポーツといえる。

水球のプール

水球用のプールの寸法は試合のレベルによって異なるが、20m×10mから30m×20mの間が一般的。オリンピックでは、1.8m以上の水深が必要。従来型の水泳プールが使われることもあるが、端の方が浅くなっているため、競技にはふさわしくない。水球では、プールの底に選手の足が触れてはいけないことになっているからだ。競技領域は、ブイかプールの底に描かれたライン（もしくは両方）で示され、白いハーフラインをはさんだ両側に、白いゴールライン、赤い2mライン、そして黄色い5mラインが記されている。

耳プロテクター
耳に水が入らないようにプロテクターを装着する。チームメイトやレフェリーの声は聞こえるようにつくられている。

水泳帽
チームカラーの水泳帽をかぶる。ホームチームは暗い色、アウェイのチームは明るい色になっている。帽子には選手のポジションを示す番号が書かれている。

ゴールエリア
ゴールはプールの側壁に設置されているか、ワイヤーケーブルで取りつけられている。柔軟なネットがゴール領域全体を囲っている。ゴールキーパーは、ボールをそらしたり取ったりしてゴールエリアを守るが、ポストやクロスバーを倒さないように気をつけなければならない。ゴールは比較的壊れやすく、手で簡単に動いてしまうのだ。

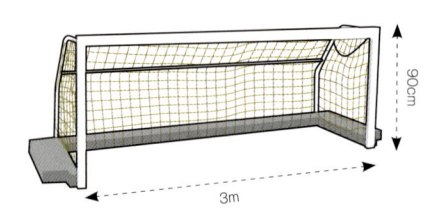

選手の特徴
選手は、正確なボールさばきが不可欠で、特に、水中で立ち泳ぎをしながらボールを狙ったところに投げるのは至難の業である。前進するには、体を水の外に出して水を押しながら進まなければならない。また、相手にタックルをしかけたり、相手からの攻撃に耐えられるような強さも欠かせない。

選手のポジション

ゴールキーパーはプールの中央ラインを越えることはできない。フィールドプレイヤーはどこでも移動が可能で、チームの態勢によって、攻撃側にも守備側にも回ることができる。フローターは攻撃を指揮する役割を担い、相手ゴールのすぐ前のポジションにつく。トップレベルの試合では、フィールドプレイヤーはひとつのポジションにとどまるのではなく、状況に応じてチームメイトと役割を交代する。

試合開始

水球の試合は4つのピリオドにわかれている。各ピリオドの開始時には、両チームがプールの中で、それぞれのゴールライン側に並んで向かい合う。レフェリーが笛を鳴らしてゲームの開始を告げ、中央ライン上にボールを投げ込む。選手は全速力でボールに向かい、先にボールを取った選手がその所持権を得る。ボールを取ったチームが攻撃にまわる。ボールを持ってから30秒以内にシュートを打たないと、ボールを手放さなければならない。ショットクロックで時間をカウントする。

ウォータースポーツ

249

水球

1 ドライバー
2人のドライバーが2mラインに位置し、攻撃をしかける。

2 ドライバー
プールの反対側から攻撃をしかける。

3 ドライバー
このドライバーの役割は、ボールをゴールできる位置に移動させること。ドライバーはフローターの両側の位置につく。

4 ドライバー
このドライバーがシュートを打つサポートをする。

5 フローターバック
攻撃のときは攻撃の指示を出す。守備のときは、相手チームのフローターの攻撃をブロックする。

6 フローター
通常、相手チームのゴール前、2mラインと5mラインの間にいる。

7 ゴールキーパー
ゴールエリアを守り、相手のシュートを阻止する。

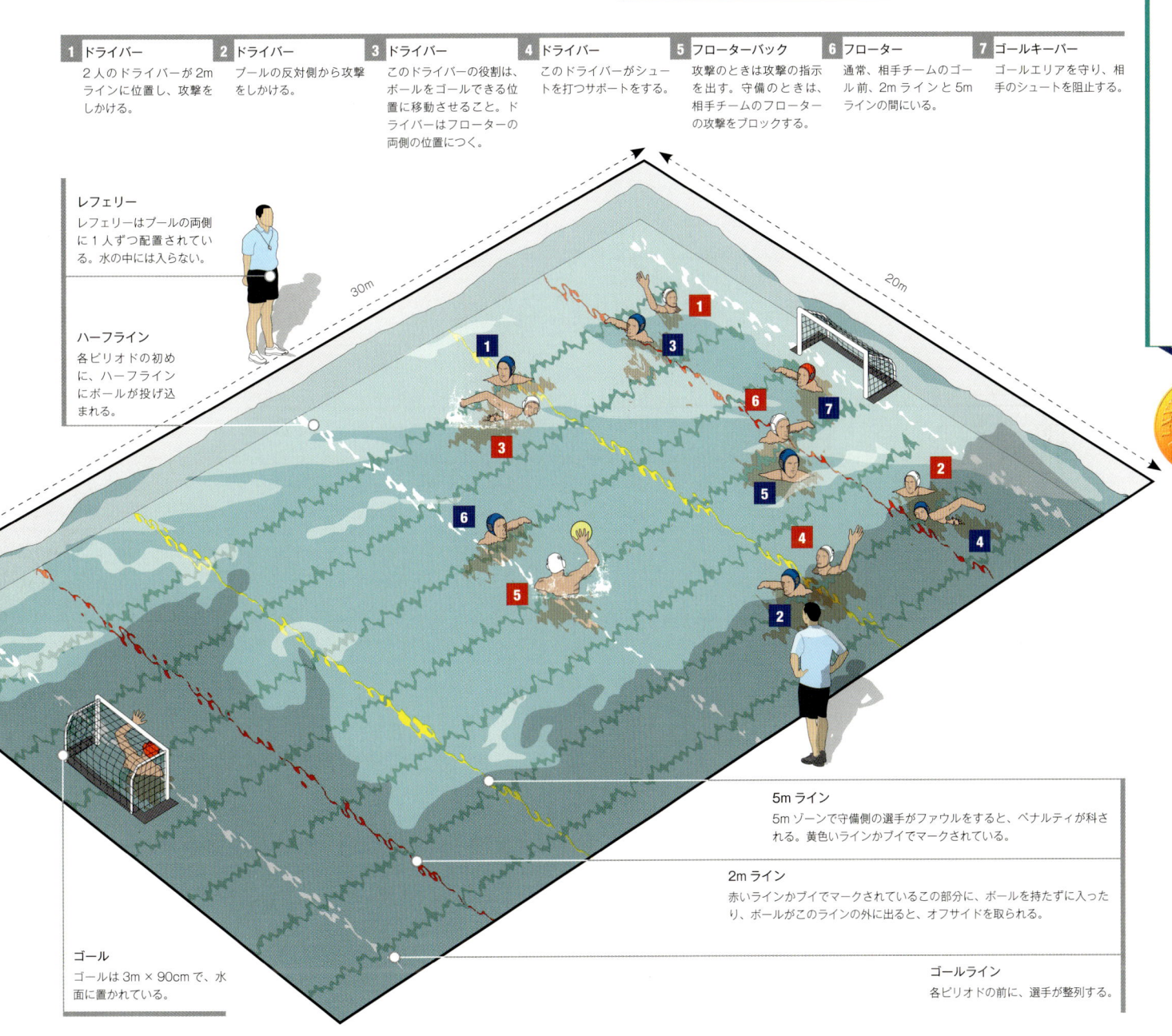

レフェリー
レフェリーはプールの両側に1人ずつ配置されている。水の中には入らない。

ハーフライン
各ピリオドの初めに、ハーフラインにボールが投げ込まれる。

30m / 20m

5mライン
5mゾーンで守備側の選手がファウルをすると、ペナルティが科される。黄色いラインかブイでマークされている。

2mライン
赤いラインかブイでマークされているこの部分に、ボールを持たずに入ったり、ボールがこのラインの外に出ると、オフサイドを取られる。

ゴール
ゴールは3m×90cmで、水面に置かれている。

ゴールライン
各ピリオドの前に、選手が整列する。

ポロの起源は？

水球のことを英語で「ウォーターポロ」というが、「ポロ」という言葉を使うようになった起源は定かではない。当初、馬を模した樽にまたがっていたことが関係しているとも、当時使われていた天然ゴムのボールを意味するバルティ語の読み方に由来するとも考えられている。

用具

選手は全員水着を着用し、番号のついたカラー帽をかぶらなければならない。選手はどのような理由があろうと、体のどの部分にもグリースやオイルをつけることは禁じられている。

浮くボール

ボールは球形で、外側のゴムは防水性がある。中には空気が詰まっていて、自動的に弁が閉まるようになっている。競技用のボールは重さが400〜450gで、たいてい黄色。男子用のボールは、女子用のものより大きい。

21.6〜22.6cm

軽量でぴったりフィット

水着は体にぴったりフィットしていながらも、水中で動きやすいものでなければならない。けがの原因となるようなものは着用禁止。

透けないもの

透けない、ワンピースあるいはツーピースの水着のみ着用可能。

水球のルール

試合は1ピリオド8分の4ピリオドで行われる。各チームとも、タイムアウトは1試合につき2分間まで。引き分けの場合、3分間の延長戦が2分間の休憩をはさんで2ピリオド行われる。それでも決着がつかない場合は、ペナルティシュート合戦によって勝敗を決める。

フィールドプレイヤーは片手でのみボールに触れることができ、こぶしでボールを打つことはできない。プールの底に触れるのは禁止。

ゴールキーパーは、両手でボールに触ること、こぶしでボールを打つこと、プールの底に触れることができる。ただし、ハーフラインを越えてはいけない。選手は、タックルされても、水中にボールを押し込んではいけない。ボールを持っていない選手を押したりつかんだりすると反則。攻撃側のシュートが外れてボールがプール外に出た場合は、守備側から試合を再開する。最後にボールに触れたのが守備側の場合は、攻撃側が2mラインからフリースローをする権利が与えられる。

得点方法

ボール全体がゴールポストとクロスバーの間にあるラインを越えると得点する。ゴールはこぶし以外であれば、体のどの部分でゴールをしても構わないが、実際には、ほとんどが手で投げたボールがゴールに打ちこまれる。

守備から攻撃へ

ゴールキーパーは、相手チームが得点するのを阻むと同時に、自チームを攻撃側に回すという重要な役割がある。正確なボールパスが、きわめて重要な技となる。

両手が有効
両手でボールを取ることが認められているのは、ゴールキーパーだけ。

赤い帽子
ゴールキーパーはすぐに見分けがつくように、赤い帽子をかぶる。

すばやい動作
ボールパスを受けるために自分のゴールエリアから離れるときは、守備側はゴールキーパーとボールから目を離さない。

水中での技

水球の選手には、きわめて優れた水泳技術と持久力が不可欠である。というのも、普通に試合をするだけでも、3〜5kmは泳ぐことになるからだ。身体的な接触が多いため、相手の激しい攻撃に耐えるには、回復力が必要である。選手は常に周りの状況に気を配らなければならない。試合の流れは刻々と変化するし、プールの中のどこからでも攻撃される危険がひそんでいるのだ。そのため、水球には、競泳とは違った泳法を用いる。選手は試合の動きを注視するために常に頭を水面上に出し、水中でほぼ垂直の状態を維持する、背泳ぎのような泳ぎ方がよく用いられる。その泳法に、泳ぎながらボールをシュートをしたり、チームメイトに渡したりというボールさばきの技が加わる。

水中を移動する
フィールドプレイヤーはプールの底や壁に触れることができないため、シュートやパスは浮いた状態で移動しながら行う。シュートに力を込めるために、選手は体を水の外に押し出す。腿まで体を持ち上げられる選手もいる。「エッグビーター（泡だて器）」という人気の水中移動法では、はさみけりではなく巻き足をして一定の姿勢を保つ。

シュート

シュートにはいくつかの方法がある。ロブはボールを頭上高く、アーチ状に飛ばすショットで、ゴールの両側から放たれることが多い。スキップショットはボールを水に力強くバウンドさせ、そのままゴールに押し込む。パワーショットは、体を水の外に出し、ゴールめがけてボールを打ちこむ。下の図は、攻撃側が、ある方向にシュートを打つように見せかけるフェイントをし、キーパーをそちらの方向に飛び込ませ、ガードのなくなった側にボールを打ちこんでいる。

ドリブル

ボールを体の前に置いて、水面上を押しながら泳ぎ、相手ゴールの方へ進める。選手は前に進みながらボールを押す際に、手でつかんだり、水面下に沈めたりすることは禁じられている。ボールはほぼ確実に狙われるため、ドリブルをする選手は、敵のタックルをかわさなければならない。下の図では、攻撃側が身をかわして守備側の最後のラインを破り、シュートするチャンスをつくっている。この位置に直接ボールをパスすると、オフサイドを取られる。

パス

ただボールを投げるだけでも、卓越した技が要求される。というのも、選手は片手だけで、正確にボールを投げたり受けたりしなければならないからだ。ドライパスは、フィールドプレイヤーが、ボールを水に触れないようにして放つ、高速のパスである。ウェットパスは、ボールを水面でバウンドさせて、攻撃側のチームメイトに出すパス。下の図では、ボールを持った選手には、いくつかの選択肢がある。シンプルな方法としては、すぐ右にいる選手にパスすることで、もっと大胆な方法は、スペースの空いたところにチームメイトがすばやく移動し、その選手にパスをする、というものである。

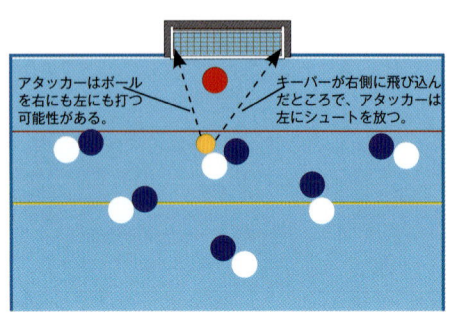

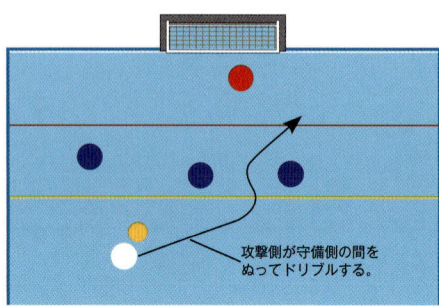

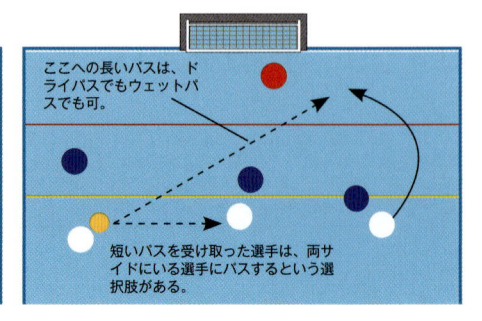

アタッカーはボールを右にも左にも打つ可能性がある。

キーパーが右側に飛び込んだところで、アタッカーは左にシュートを放つ。

攻撃側が守備側の間をぬってドリブルする。

ここへの長いパスは、ドライパスでもウェットパスでも可。

短いパスを受け取った選手は、両サイドにいる選手にパスするという選択肢がある。

退水

重大な反則を犯した選手は試合から退水させられ、特別に設置されたペナルティエリアに、最大20秒間隔離される。主なエクスクルージョンファウル（退水させられるファウル）には、ボールを保持していない選手を沈ませる（水中で押さえつける）、引っぱる、フリースローを妨害する、攻撃する選手をとらえて離さない、意図的にディフェンスの選手に接触する、といったものがある。選手が退水した場合は、別の選手が代わりに入る。

水中に流れた血

1956年にハンガリーとソ連の間で行われた、有名な遺恨試合がある。ハンガリーで起こった暴動をソ連の赤軍が鎮圧した直後の試合で、プールの中で繰り広げられた言葉による罵り合いが、やがて暴力に発展。試合中に殴り合いが続き、非常にきついパンチを受けたハンガリーのエルヴィン・ザドルの目の下から血が勢いよく流れ出し、退水せざるを得なくなった。試合自体は、ハンガリーがソ連を4対0で下している。

水球用語

以下は、最もよく用いられている水球の戦略や技に関する用語である。

ドライバー：攻撃する選手で、たいてい泳ぎが速い選手。シュートを放てる位置にボールを持っていくことが主な役割である。

ホールガード：ゴールの前にポジションを取り、フローターをマークする、守備側の選手。

ホールマン：フローターの別称。ホールセットとも呼ばれる。

プレスディフェンス：マンマークの一形態。守備側は攻撃側のプレーヤーに密着したマークをして、パスや前進する動きを妨害する。

フェイク：シュートを打つと見せかけて途中で止める。守備側のキーパーが、シュートをブロックしようとする動きが早まり、タイミングがずれる。そのため、攻撃側は意のままにシュートを放つことができる。

ストーリング：ボールを獲得してから30秒以内にシュートを打たないとペナルティが科され、相手チームのフリースローとなる。

スイムオフ：フィールドの中央に放たれたボールに選手が飛びかかり、各ピリオドが始まる。

データ集

オリンピック優勝チーム

年	チーム
2012	クロアチア（男子）
2012	アメリカ（女子）
2008	ハンガリー（男子）
2008	オランダ（女子）
2004	ハンガリー（男子）
2004	イタリア（女子）
2000	ハンガリー（男子）
2000	オーストラリア（女子）
1996	スペイン（以下、男子のみの開催）
1992	イタリア
1988	ユーゴスラビア
1984	ユーゴスラビア
1980	ソ連
1976	ハンガリー
1972	ソ連
1968	ユーゴスラビア
1964	ハンガリー
1960	イタリア
1956	ハンガリー

チーム編成

水球の守備位置は、マンツーマンかゾーンディフェンスとなる。最も一般的なのが、3-3編成で、3人の選手が2列に並ぶ。4-2編成は、相手チームの選手が退水しているとき（エクスクルージョンファウルでは、20秒間の退水）に有利な攻撃編成で、1-4編成は、守備側の選手が1人退水しているときに用いられる。

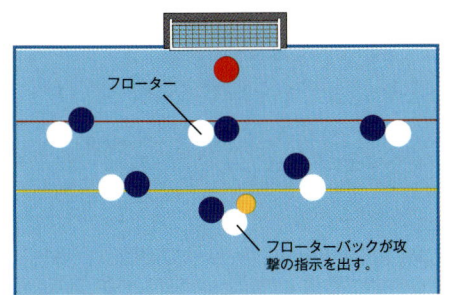

一般的な「アンブレラ攻撃」

「アンブレラ攻撃」は、ハイレベルのチームが一般的に行う攻撃型の編成である。フローターバックが傘型フォームの先端に、フローターがその内側、ゴール前のポジションにつく。

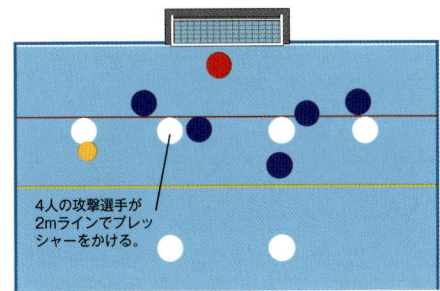

4-2編成の攻撃体勢

守備側の選手が1人抜けて、攻撃側が有利になるので、攻撃に参加する人数を増やす。4人の選手が2mラインに、2人の選手が5mラインにつく。

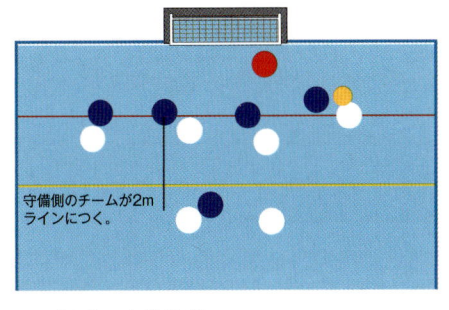

1-4編成の守備体勢

1人の選手が退水すると、守備側のチームは1-4編成の守備態勢を取ることが多い。4人の選手が2mラインに、1人の選手が5mラインにつく。

ナンバー・トリビア

9個：ハンガリーがオリンピックの水球で獲得した金メダルの数。ハンガリーは近代オリンピック史上、最も多くの金メダルを獲得している。2番目に多いのが、1900年、1908年、1912年、1920年に優勝をおさめたイギリス。

14カ国：2012年のオリンピックで、水球の種目（男女）に出場した国の総数。

13ゴール：国際試合で、ひとりの選手が決めた最多ゴール数。これは、1982年の世界選手権で行われたオーストラリア対カナダの試合で、デビー・ハンドレイが打ち出した記録である。試合は16対10でオーストラリアの勝利。

裏話

オリンピック以外の主な国際大会に、FINA水球ワールドリーグと世界選手権大会がある。前者は2002年（女子は2004年）から毎年7月と8月に、後者は2001年以降は2年おきに開催されている。両大会とも、水中競技を統括するFINAが主催。

ウォータースポーツ

251

水球

基礎知識

→ もともとは水中バレエと呼ばれていたこのスポーツは、1920年代にカナダで誕生した。1930年代初めにアメリカに広まり、1934年のシカゴワールドフェアで披露され、大絶賛された。

→ シンクロナイズドスイミングは、1984年からオリンピック種目となった。競技種目はときどき変わるが、最近では、デュエットと8人のチーム種目が行われている。

体型

魅力的な体型を維持することが、シンクロナイズドスイミングのテクニカル・ルーティンとフリー・ルーティンでは最も重要な条件となる。水中で明らかに不安定な状態になると、大きな減点につながる。チーム種目では、メンバーすべての動きが一致しているか、全員でひとつの動きになるように仕上げなければならず、自分たちで選んだ音楽に完全に同調して演じる必要がある。

パイク姿勢

臀部を下の方につき出し、足をそろえてまっすぐ上に向けた状態からこの動きが始まる。水面下で胴体がまっすぐになるまで、この姿勢を維持する。

プラットフォーム

ひとりの選手をチームメイトが水面あるいは水上で支える。上の選手を支えながら、下にいる選手はいったん浮上し、沈まなければならない。

シンクロナイズドスイミング

競技の概略

このプール競技は、ダンスと水泳、そして体操を組み合わせた、ユニークなスポーツである。選手は音楽の伴奏に合わせて、優雅な演技を披露する。10点満点で評価。「シンクロナイズ」という言葉から、複数の競技者で行うことがうかがえる。大会では2人以上のチームで競い合うことがほとんどだが、個人競技もある。

テクニカル・ルーティンとフリー・ルーティン

チーム種目にもソロ種目にも、テクニカル・ルーティンとフリー・ルーティンがある。両者とも、音楽に合わせて一定時間、技を競い合う。テクニカル・ルーティンでは、ブースト、ロケット、スラスト、回転など、特定の動きを決まった順番で演じる。フリー・ルーティンでは、音楽や振りつけに規定要素はなく、選手が自由に組み合わせて演技を行う。各ルーティンの審判は、難易度やリスク度の高さ、完璧な演技、斬新な振りつけ、適切なプールの使用範囲、構成、選手同士や音楽との完璧な同調性、そして無理のない自然な演技が見られることを期待しながら審査に臨む。

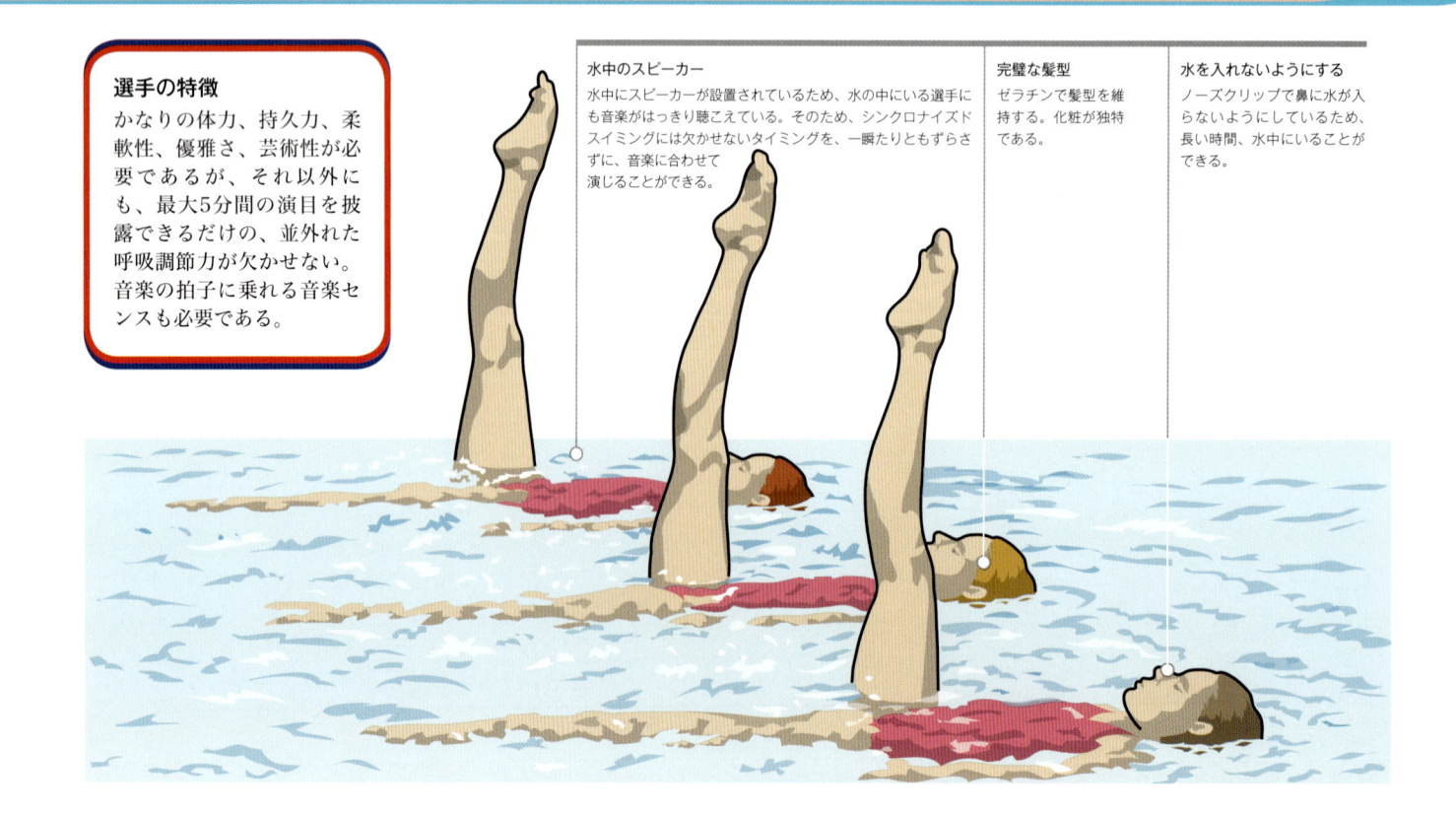

選手の特徴

かなりの体力、持久力、柔軟性、優雅さ、芸術性が必要であるが、それ以外にも、最大5分間の演目を披露できるだけの、並外れた呼吸調節力が欠かせない。音楽の拍子に乗れる音楽センスも必要である。

水中のスピーカー

水中にスピーカーが設置されているため、水の中にいる選手にも音楽がはっきり聴こえている。そのため、シンクロナイズドスイミングには欠かせないタイミングを、一瞬たりともずらさずに、音楽に合わせて演じることができる。

完璧な髪型

ゼラチンで髪型を維持する。化粧が独特である。

水を入れないようにする

ノーズクリップで鼻に水が入らないようにしているため、長い時間、水中にいることができる。

水中スポーツ

競技の概略
水中で行うチーム競技で最も人気があるのは、ホッケー、ラグビー、そしてサッカーである。これらの激しい水中スポーツは、陸上で行う場合と比べてほとんどが水面下で行われるため、当然のことながら、観衆があまり集まらず、選手の数も少ない。しかし、オーストラリア、ヨーロッパ、北アメリカでは、熱烈なファンが増えつつある。

基礎知識
- 水着、マスク、シュノーケル、フィンを着用する。ウェットスーツや重しとなるベルトは着用禁止。
- 第1回水中ラグビー世界選手権は、1980年にドイツのミュルハイム・アン・デア・ルールで開催された。ドイツは水中ラグビーが誕生した地である。

水中ホッケー大好き！
水中ホッケーは、他の水中スポーツをしている人が、コンディションを整えるためにプレーすることが多い。選手同士の接触がなく、サイズや強さはそれほど重要ではないため、地域レベルで、男女混合で競技されている。

水中ホッケー
試合は10人以内のチームから6人の選手が選ばれ、1チーム6人ずつ、2チーム間で競技される。試合は15分ハーフの33分間。ハーフ間に3分の休憩がはさまり、その間に両チームがサイドを交換する。この競技の目的は、相手チームよりも多く得点すること。3m×25cmのゴールに、白か黒の木製あるいは合板のスティック（プッシャー）でパックを打ちこみ、得点する。選手は交代で水に潜る。時間内に勝負がつかない場合は、延長戦（5分のピリオドが2回）が行われる。それでも勝敗が決まらないときは、その後、先にゴールを決めたチームが勝ちとなる。

機敏ですばやく
水中での機敏な動きとスピードが重要である。柔らかいフリーダイビング用フィンがよく使われる。

耳プロテクター
耳を殴打されるとすぐに鼓膜が破れてしまうため、試合では耳プロテクターが欠かせない。

タッチ？それともノータッチ？
木製のホッケースティックは、柄の部分を含め、35cm以上であってはならない。

水中パック
パックは直径80mm、厚さ30mm、重さ1.3kgのものを使用。

速い息継ぎ
大口径のシュノーケルを使うと、空気を速く取り入れることができるため、水面にいる時間が短縮される。

安全対策
選手は、ダイビングマスク、帽子、そして少なくとも片方の手に強化グローブを装備しなければならない。

水中ラグビー
楕円形ではなく直径25cmの丸いボールを使い、男女とも各チーム6人ずつで競技する。このスポーツがラグビーと呼ばれているのは、ボールを持っている選手が、つかまれたりタックルされたりするから。タックルされた選手は、内部に溶解塩の入ったボールを手放さなければならない。ゴールは直径40cmの金属バケツで、プールの底の両側に設置されている。ボールが水の外に出ると、ファウルとなる。

水中サッカー
1チーム5人で競技するこのスポーツは、名前から誤解を招きかねない。というのも、このサッカーは手を使って競技できるのだ。水中サッカーは、砂が詰まったボールを相手側のゴールに入れることが目的である。選手がボールをつかんだまま、プールの両サイドにあるゴールエリアの溝にボールを置くと点が入る。試合時間は10分間ハーフで、3分間のハーフタイムの休憩がはさまる。同点の場合は10分間の延長戦が行われ、勝者を決める。

一緒に競技
水中ラグビーは競技人口が少ないため、男女混合チームでプレーすることが多い。

裏話
水中ホッケーは1950年代に誕生し、その20年後に水中サッカーと水中ラグビーが生まれた。2006年の水中ホッケー世界選手権には17カ国が参加。水中ラグビー初の世界選手権は、1980年にドイツで開かれた。

運営組織
世界選手権大会は1959年に設立された世界水中連盟（CMAS）が主催している。

基礎知識

- 2008年のオリンピックでは11種目が行われた。
- 2012年のオリンピックでは、男子6種目、女子4種目が行われた。
- 2016年のオリンピックでは、10種目で競技される予定である。

選手の特徴

選手には体力と強靭さが重要であるが、精神力や心の持ち方もレースに勝つための要因となる。マストをあげたり調整したりするには強い上半身が、ボートをすばやく動かすには強い足が、ハイクアウトには強い胴体が必要である。とっさの判断や反射神経も欠かすことができない。というのも、レースとは戦術がすべてで、絶え間なく変化する自然の厳しい力を、最大限に活用することであるからだ。セーリングは子供のころから競技が可能で、ジュニアは小さなディンギー（小型のヨット）でレースをする。オリンピック選手は20代半ばが多く、世界一周レースに出場する選手は、国際レベルで競技をする他のスポーツ選手よりも、年齢がかなり上である。

スピードを求めて

オリンピック用の艇は小さく、1人から3人乗り。小さくて軽いわりにはセールが大きく、浮上性船体が用いられている。そのため、水上をかすめて進むことができ、抵抗が最小限に抑えられる。

機敏な動き

選手はトラピーズを使ってできるだけ外側に身を乗り出し、セールにかかる風圧を調節する。風の動きに反応して転覆を防ぐには、反射神経に優れていることが求められる。

メインセールのはためき

メインセールのラフ（縦帆の前縁）をはためかせると減速してしまう。

スロット

メインセールとジブセールの間にあるスロットの両側をできるだけ平行にすると、両方のセールに均等に風が当たる。

はためかせない

ジブセールのリーチ（セールの外側）をはためかせると減速してしまう。

舵取り

舵取りにより、できるだけ安定した航路をたどる。そして、風に合わせてメインセールを調節する。

フォアセール

フォアセールを調節して、メインセールを効率よく機能させる。

順調なセーリング

艇の水中レベルを一定に保つと、流体力学が最大限に働き、最速のセーリングが可能となる。

ナンバー・トリビア

1851 年：アメリカのヨットとイギリスのボートが、イギリスのワイト島でトロフィーをかけてレースを行った年。これが後のアメリカズ・カップの開催につながった。

67 歳：ベルックス5オーシャンズのシングルハンドレース（片手で行う最古の過酷な世界一周ヨットレース）に参加した選手の最高年齢（ロビン・ノックス＝ジョンストン卿）。

16 局：海上における緊急時専用のVHF無線チャンネル数。沿岸警備隊や他の船舶に助けを求める際に使用される。

1,852 メートル：1海里をメートルに換算した長さ。

5,000 人：ドイツ北部で毎年行われているキール・ウィーク・レガッタの参加者数。2,000隻のヨットが帆走する。

セーリング

競技の概略

セーリングは、冷たい水をひっかけられ、びしょ濡れになるためにお金を湯水のように使う、などといういわれ方をしてきた。これは、肉体的にも精神的にも、刺激的で激しいスポーツである。さまざまな種目の競技があり、厳しい国際規則と現地の規則によって管理されている。レースは、湖や沿岸湾、入江に一時的にブイでマークをしたコースで行われる。沿岸付近では、固定された航海用のマークでコースを示す。外洋で行われる競技もある。クルーは、1人、小人数のグループ、20人、あるいはそれ以上でレースに臨む。

レースの場所

沖合で行われるレースでは、航海用のブイでマークされたルートをたどる。沿岸などの短距離レースでは、試合日の状況下において帆走能力を最大限に生かせるコースとなるように、状況に合わせてブイを配置する。

オリンピックコース

オリンピック競技は、30分から75分の短いレースである。一般的なコースは、各マークブイの間隔が1.6kmで、その角度はさまざまである。ビーティング（向かい風、あるいは風上に向かう帆走）は、選手の力を試す絶好の機会で、風上への帆走がそのコースで最も重要な部分となる。下記のような三角形のオリンピックのコースでは、風上へのレグ（区間）が2本、風下へのレグ（風のないところでの帆走）が少なくとも1本ある。リーチング（風向きに対して45度から135度の帆走）は、セーリングの中で最も簡単で安全なポイントで、たいていの場合、風の各方向に1本ずつ、リーチングのレグがある。スタートラインは、すべてのヨットが公平になるよう、風に対して直角に設置するのが理想的である。

風上／風下コース

このコースの注目点は、風上と風下へまっすぐ向かうコース。風下の端には2つの独立したマークが設定してあり、その間を数回往復する。

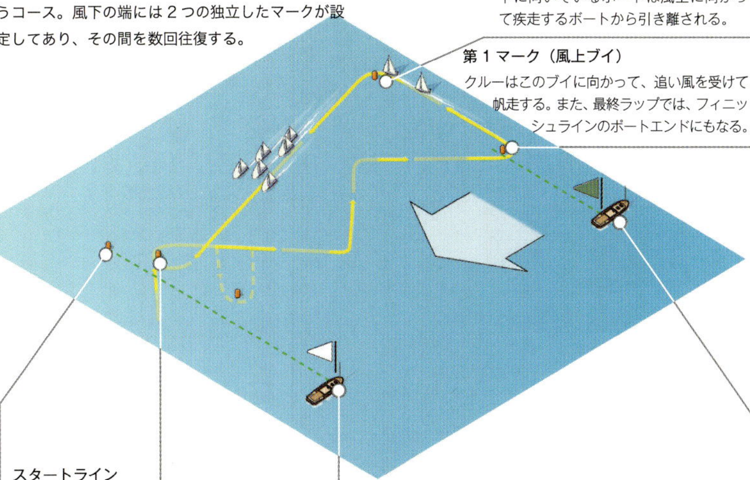

第2マーク
ここでリーチングをして回るとき、風下に向いているボートは風上に向かって疾走するボートから引き離される。

第1マーク（風上ブイ）
クルーはこのブイに向かって、追い風を受けて帆走する。また、最終ラップでは、フィニッシュラインのポートエンドにもなる。

スタートライン
このブイと本部艇を結ぶ線は、風に対して90度に設置するのが理想的。

第3マーク（風下ブイ）
第2マークのちょうど風下側に設置される。

本部艇
本部艇の近くにある小さなブイは、スタートラインのスターボードエンドである。

第2本部艇
コースの風上にフィニッシュラインを設置する際にも使われる。

三角コース

風上に向かってスタートし、風上マークをめざす。サイドマークまでのリーチングをしてスタート地点まで戻ると、三角形ができる。それから風上への帆走を繰り返すが、今度はリターンはまっすぐ風下になる。

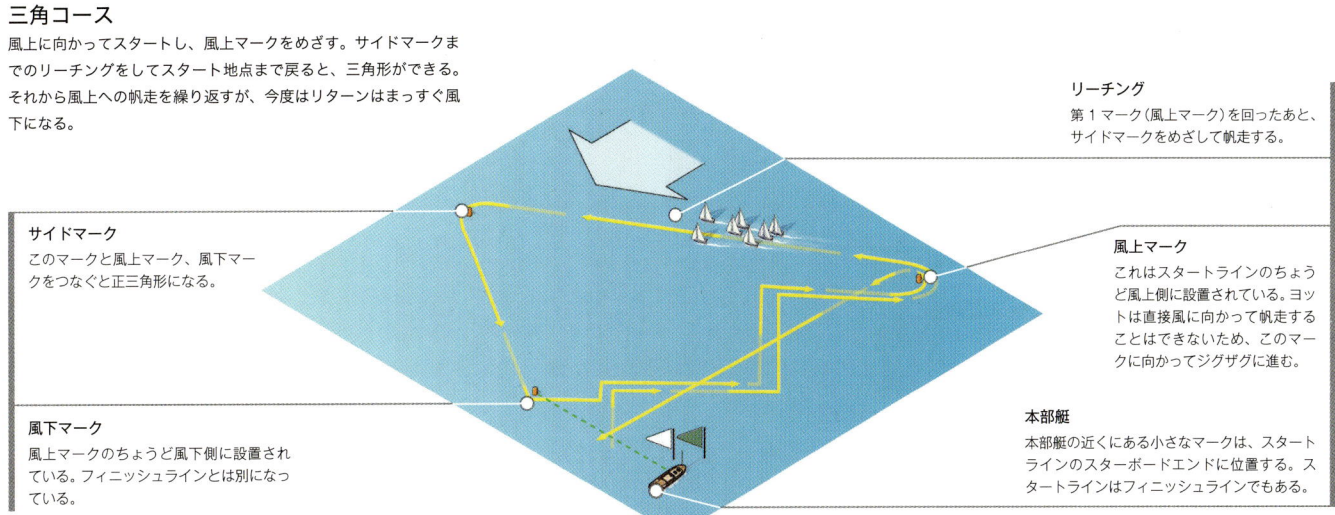

リーチング
第1マーク（風上マーク）を回ったあと、サイドマークをめざして帆走する。

サイドマーク
このマークと風上マーク、風下マークをつなぐと正三角形になる。

風上マーク
これはスタートラインのちょうど風上側に設置されている。ヨットは直接風に向かって帆走することはできないため、このマークに向かってジグザグに進む。

風下マーク
風上マークのちょうど風下側に設置されている。フィニッシュラインとは別になっている。

本部艇
本部艇の近くにある小さなマークは、スタートラインのスターボードエンドに位置する。スタートラインはフィニッシュラインでもある。

外洋レース

外洋レースはヨットレースの頂点に君臨し、ヨットにとっても選手にとっても究極の試練である。外洋レースは距離が長く、たいてい数ヵ月はかかる。選手は馴染みのある安全な近海から遠く離れなければならないため、レースとしては非常に厳しい。

外洋レースは国際セーリング連盟（ISAF）の競技規則にのっとって行われる。ひとりでヨットを操縦するシングルハンドのレースでは、選手の忍耐力が試される。極度の孤独や厳しい試練と対峙しなければならないが、ほとんどの選手がこの試練を耐え抜く。この手のレースでは、逆境における選手の技能や回復力が評価されることになる。この他に、複数のクルーで帆走するレースもある。ここでは、海のシケやなぎの中を、数人のクルーが狭苦しい場所でともに作業し、生活することになるため、クルーを率いるスキッパーの力量が試される。興味深いことに、心理的に厳しい状態が生じるのは、なぎのとき。ヨットを進める風がないため、目的もなく、予定からまったく外れたコース上を漂流しなければならない状況にイライラが生じ、多くのクルーはそれに耐えられなくなってしまうのだ。

外洋レースには豊富な資金が必要である。クルーは、自分たちのヨットでどのようにして最高スピードを出すかを知り、ブイのない海を安全に航海することが要求される。さらに、ストレスの多い状況で設備が故障しても、最も基本的な材料と手元にある道具だけで、複雑な設備をすぐに修理しなければならない。

ルート・デュ・ラム
フランスからグアドループ島まで帆走するこのシングルハンド大西洋横断レースは、主に風下のコースをとる。12mから18mのモノハル艇とマルチハル艇が参加し、4年に1度開催される。

ベレックス5オーシャンズ
Eco60級のヨットに乗り、ひとりで世界一周をめざす過酷なレース。4年に1度開催される。

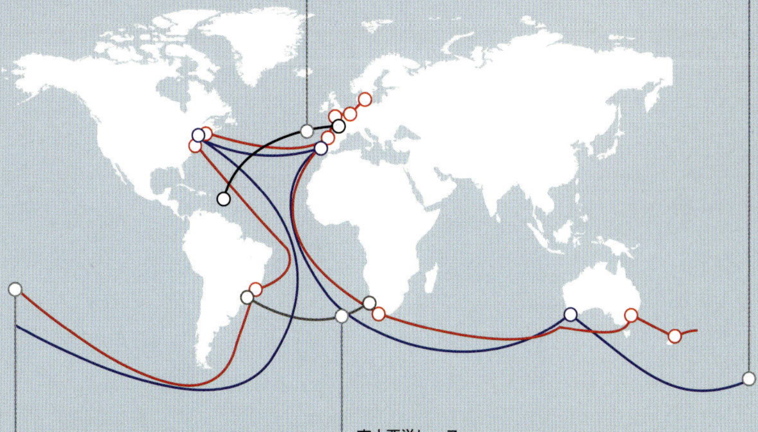

ボルボ・オーシャンレース
フルクルーの世界一周のヨット（現在はワンデザイン艇）レース。ヨーロッパ北部を出発し、南洋の過酷な環境を帆走する。

南大西洋レース
南半球で唯一定期的に行われる大西洋横断レース。ケープタウンを出発し、ブラジルをめざす。最長30.5mのフルクルーのモノハル艇を使う。3年に1度開かれている。

ウォータースポーツ

255

セーリング

何を競うのか

どのサイズの艇にもひとつのハル（モノハル）、あるいは2つか3つのハルが平行についている（マルチハル）。ハルが2つの艇はカタマラン（双胴船）、ハルが3つあるのはトライマラン（三胴船）。レース用のヨットには、艇のサイズに応じた大きなセールエリアと水中フォイル（フィンと舵）がついていて、風下への漂流（風の横向きの力）を最小限に抑える。ヨットの設計者は常に、これまでになく軽い素材でヨットを造る方法を懸命に探し求め、スピードと安全のバランスを向上させようと、常に努力している。

オリンピックの艇のクラス

オリンピック用のヨットは、どのクラスの艇もほとんど同じである。そのため、ヨットを造った人ではなく、選手の技が試される。艇種を選ぶのはＩＳＡＦで、艇の設計の進歩や、選手の競技熱をかんがみて、ときどきそのリストが変更される。

レーザー級、レーザーラジアル級、そして470級が人気が高く、内陸・沿岸水域共に、世界中のクラブレースで一般的に使用されている。トーネード級、高性能の49er級、そしてイングリング級とスター級は、エリート層のレースサークル以外ではあまり見受けられない。トーネード級は2012年のオリンピックには選ばれなかった。

有利な立場を取る

選手は技術的に優位に立つために、自分たちのヨットを「調整」したり「手を加え」たりする。測定規則が厳しいため、みんな同じ設備を使っているが、索具や帆をほんのわずか調整することで、かすかなメリットになり、最終的に大きなメダルにつながる。

レーザー級
この全長4.2mのモノハル艇は世界中で人気がある。シンプルなデザインで、基本的な索具を搭載した、主にシングルハンドの帆走用。

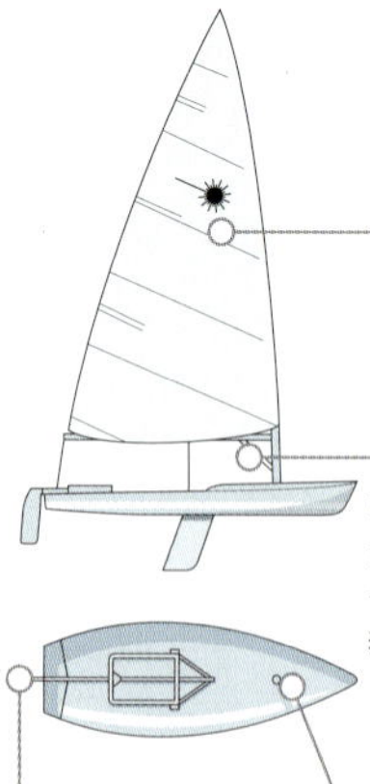

スリーブのついたセール — 帆は1枚で「スリーブ」をマストに通す。

コントロールライン — コントロールラインはすべて、ケブラー繊維など、伸張性があまりない素材のロープでなければならない。

規則を守って — 設計はクラス規格によって統制されている。

固定されていないマスト — デッキにあるスロットで後部マストを支える。後部マストはこのスロットにはまる。

470級
ハルがひとつで全長4.7m、乗員は2人。トラピーズで、ハルの水位を一定に保つ。

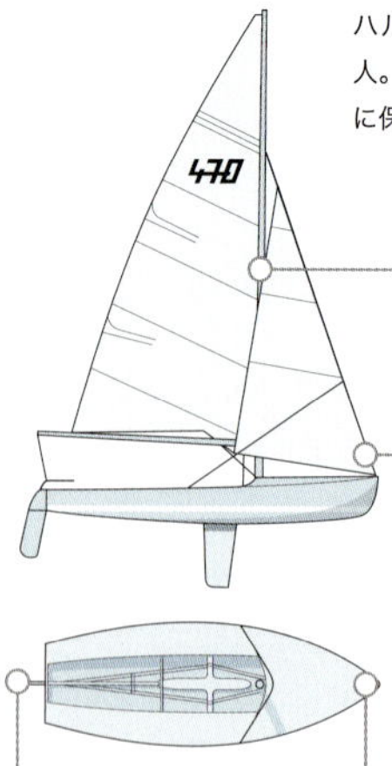

固定されたマスト — マストはステンレス製のワイヤーで支えられている。

「バミューダ」リグ — 従来型のメインセールとジブ。風下セーリング用のスピンネーカーがあり、帆の面積が大きい。

調整可能なフォイル — どのディンギーも、舵とセンターボードを必要に応じて引き上げることができる。

セルフブイ — 軽量のハルは、浮カタンクと一体になっている。

49er級
2人用の高性能デザインのスキッフ。ハルは4.9mで、トラピーズが2本ついている。「ワンデザイン」ディンギーとしては最新式。

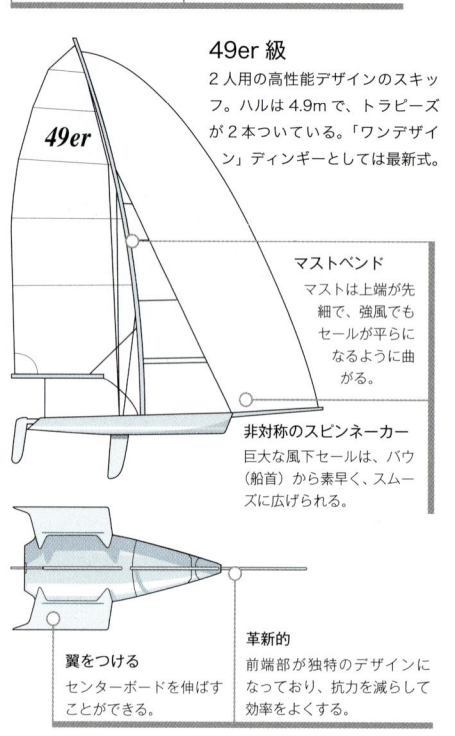

マストベンド — マストは上端が先細で、強風でもセールが平らになるように曲がる。

非対称のスピンネーカー — 巨大な風下セールは、バウ（船首）から素早く、スムーズに広げられる。

翼をつける — センターボードを伸ばすことができる。

革新的 — 前端部が独特のデザインになっており、抗力を減らして効率をよくする。

トーネード級
全長6.1mのカタマランで乗員は2人。30ノット（56km/h）、逆風では18ノット（33km/h）を越えるスピードが出る。

大きなセール — 風下を帆走する際は、大きなメインセールとジブをスピンネーカーで調整する。

素早い針路変更 — ジブが自ら方向を変え、針路を素早く変更する。

調整マスト — マストが回転する。

高く飛ぶ — トーネードは、時にハルが1本で（水上を）「飛ぶ」ように進む。

外洋レース

どの艇種でも参加できる外洋レースでは、重量やセール面積などを基準に、さまざまなサイズのヨットに分類される。それ以外のレースは「ワンデザイン」クラスである。

ヨットの設計者は常に、ものすごい風力と重くのしかかる可能性のある海の力に耐えうる強度と、カーボンファイバーといった軽量の素材をいかに組み合わせるか、その方法を模索している。世界一周用に設計されたヨットは極めて頑丈だが、おしゃれで流体力学的でもある。大きな帆に対応した強い構造と、最新型の電子航法、そして通信装置（この危険なスポーツでは、安全こそ真剣に考えなければならない）を備えている。居住空間も必要である。厳しい状況のもとで作業を行う力を維持するためには、クルーも寝食を欠かすことはできない。しかし、スペースと重量に厳しい制限がかかるため、余計な飾りをつけることは避け、スペースを節約するために、クルーは順番に寝床に入る。

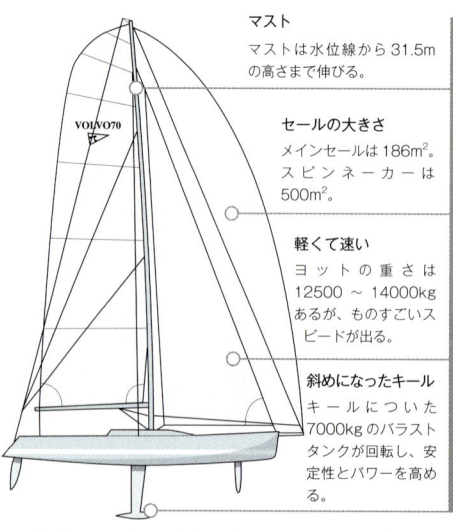

外洋レーサー（ボルボ・オープン70）
この21.5mのモノハルヨットは、2005〜06年のボルボ外洋レースのために設計された。9人のコアクルー（女性のみの場合は11人）がこのヨットで帆走する。セールは11種類（ストームセール以外）の中から選ぶ。

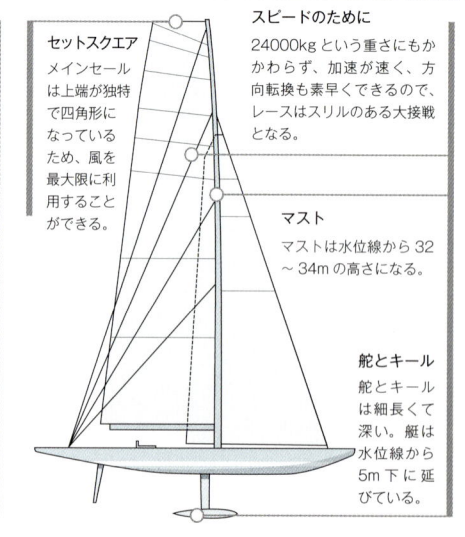

マスト — マストは水位線から31.5mの高さまで伸びる。

セールの大きさ — メインセールは186m²。スピンネーカーは500m²。

軽くて速い — ヨットの重さは12500〜14000kgあるが、ものすごいスピードが出る。

斜めになったキール — キールについた7000kgのバラストタンクが回転し、安定性とパワーを高める。

アメリカズ・カップ級（ＩＡＣＣ）
アメリカズ・カップ用に新たに開発された、限定デザインの艇種であった。このヨットは全長24mで、幅はわずか4.1m。クルーは17人と規定されているが、任意でレースに加わらない18人目のクルーが加わることもあった。

セットスクエア — メインセールは上端が独特で四角形になっているため、風を最大限に利用することができる。

スピードのために — 24000kgという重さにもかかわらず、加速が速く、方向転換も素早くできるので、レースはスリルのある大接戦となる。

マスト — マストは水位線から32〜34mの高さになる。

舵とキール — 舵とキールは細長くて深い。艇は水位線から5m下に延びている。

ヨットの部位

すべてのヨットは、ハル、マストやブームといった棒材などのリグ、セール（帆）、操舵や風圧偏位に抵抗するための水中フォイルから成る。付属品や制御システムのサイズや組み合わせは種類が非常に多い。しかし、艇によって見分けはつく。

キールボート

キールボートは、ディンギーとヨットの間に分類される。ほとんどのディンギーよりも大きいが、ディンギーの調整可能なセンターボードの代わりに、バラストで安定させたキールや、センタープレートが使われている。キールボートはディンギーよりもはるかに安定しており、転覆しにくい。下記の甲板の図は単なる一例。たいていの場合はこれほど備わっていないか、もっと設備が詰め込まれているかのどちらか。それでも、屋根のないコックピットには数人のクルーが乗れるスペースがある。

メインセール
ほとんどのレースヨットには三角形のメインセールがあり、マストの上端まで伸びている。

メインシート
メインブームに取り付けられたロープと滑車でメインセールを操作する。

風に対するシート
セールを操作するためのロープをシートと呼ぶ。

針路を保つ
小さなキールボートやディンギーは、コックピットにあるティラー（舵柄）を経由してラダー（舵）を操作する。大きいヨットはホイールを使う。

操舵
ラダーを反対側に動かすと、ヨットの方向が変わる。

スピンネーカー
膨らんでいるダウンウィンドセールが、スピンネーカー・ポールに設置されている。近年使われている非対称なスピンネーカーは、バウスプリットから離してセットする。

フォアセール
標準的なフォアセールは、ヨットのバウ（艇首）からマストにかかるジブセールである。大きなフォアセールはメインセールと重なってデッキにまで伸びているため、ジェノアと呼ばれている。

強いスパー
マストとブームは、アルミニウム、繊維強化プラスチック、あるいはカーボンファイバーで強化した最新の合成素材で作られている。

ブーム
マストはセールを縦方向に支え、ブームはメインセールを横方向に支える。

ハリヤード
セールを上げ下げするロープはハリヤードと呼ばれ、たいていマスト近くに結び付けてある。

キール
キールは、セールに当たった風圧で横滑りが生じたときに抵抗し、横方向の圧力を前への動きに変える。バラスト（重り）のついたキールは転覆しにくい。

装着するもの

温かく、快適で、乾いた状態を維持することが、水上での安全を保つための一つの手段である。専用の布で作られたセーリング用のウェアは、レースで成功を収めるには欠かすことができない。

ディンギー

ディンギーのクルーは全員、浮力器具を装着しなければならない。ウェアは全身水着（首から手首や足首まで覆うもの）と短い水着（下肢と腕を覆わないもの）のどちらかを選べる。

ボヤンシーエイド（ライフジャケット）
これを装着すれば、泳がなくても浮くことができる。転覆しやすいヨットには必需品。

ウェットスーツ
体にぴったりとフィットしたネオプレン素材が、水の層をしっかり閉じ込め、しかもそれがすぐに温まる。

セーリンググローブ
指先まで覆われているものと、指先のないものがある。手のひらの部分が強化されており、ロープとの摩擦によるやけど（ロープ・バーン）を防いだり、ロープをしっかりと握れるようにする。

ディンギーシューズ
シューズは、足を温かくし、サイドデッキをしっかりと安全につかむことができる。

ライフジャケット
空気注入式のライフジャケットで、平らにたたまれたまま着用できる。着ている人が水に入ると膨らむ。水面で仰向けになるように設計されている。

オーバーオール
胸まである防水ズボンで、温かいフリースの上に着る。座部と膝の部分が補強されている。

ジャケット
風も水も通さないジャケットで、袖口はぴったりしていること。襟の部分が高くなっており、風と水が入らないようになっている。

沖・外洋

太陽が照っているときには、ショートパンツとTシャツ姿でもいいが、悪天候に備えた服も必要である。服は重ね着できるもので、いちばん外側はできるだけ防水服にする。

グローブ
防水の手袋で、ロープによる摩擦などから手を保護する。また、しっかりとつかめるようにもなっている。

ヨットブーツ
柔らかいゴムでできた膝までのブーツで、靴底には滑り止めがついている。ズボンの下にはく。

ウォータースポーツ

257

セーリング

レースの規則

ヨットとディンギーのレースはすべて、ＩＳＡＦが定めた規則によって統制されている。状況によっては、それに加えて現地の規則も適用される。規則は複雑なため、うまくレースを運ぶには、細かいところまですべてを理解し、それを戦術に生かせるようになる必要がある。

戦略的なレース

ヨットレースには戦術がなくてはならない。十分な経験がない初心者は狡猾な戦略を用いることもある。しかし、両チームの舵取りがルールを完全にわかっている場合は、お互いにそのルールを最大限に利用して、有利な立場に立つべきである。アメリカズ・カップのようなマッチレースは、短いコースを２隻のヨットが互角に戦うため、いかにルールを生かして勝利を得るかに観客の注目が集まる。

レース委員会は、ルール違反を確認する責任は負っていない。レフェリーのヨットに水上に出てもらい、特にターニングマークのところで、すべての選手を監視させることは可能である。別の方法としては、ひとつのヨットが赤い旗をあげて、別のヨットを、規則違反として「抗議する」ことが可能である。その抗議に異議が唱えられた場合、抗議委員会がレース後に両方のヨットから証拠を集めて判決を下す。

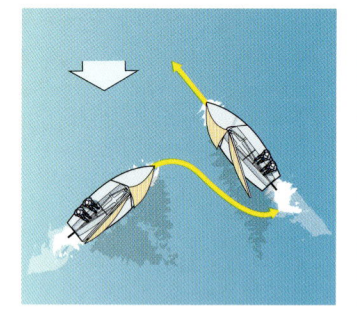

スターボード優先権
２隻のヨットがお互いに反対側のタックから近づいている場合、ポートタック（左舷に風を受けている状態）は常に、スターボード（右舷に風を受けている状態）のヨットに進路を譲らなければならない。

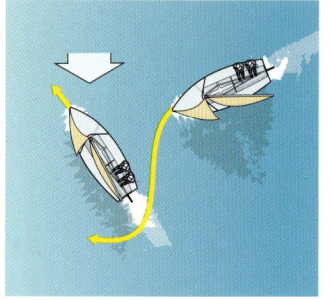

風上のヨットが避ける
２隻のヨットが同じタック上にいる（両者とも同じ側に風を受けている）場合、風上のヨット（風がくる側に近い方のヨット）は、もう一方のヨットに進路を譲らなければならない。

追い越すヨットが避ける
同じタック上で、もう一方のヨットを追い越しているヨットは、マストが同じ高さになるまで、進路を譲らなければならない。追い越されるヨットは「ラフ」する（相手の風上に進む）ことができ、追い越すヨットを進路から外すことができる。ただし、マストの高さが同じになるまでの間のみ。

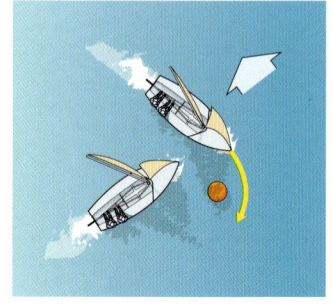

マークで重なる
２隻のヨットがマークで同じ進路になったら、タッキングやジャイビングの空間も含め、外側のヨットがもう一方のヨットに、マークに触れないようにして曲がるか通過する空間を内側につくってあげなければならない。

勝つことだけがすべてではない

競技規則には「ヨットや選手は、人や船が危機に瀕しているときには、可能な限り支援しなければならない」とある。2006年、ベルックス５オーシャンズレース（シングルハンド）の参加者は、激しい暴風雨に遭遇した。そんな中、アレックス・トンプソンのヨット「ヒューゴー・ボス」がキールを失い、いかだを使わなくてはならなくなった。「エコバ」に乗っていたマイク・ゴールディングは、第２位で数時間先を行っていたが、友だちを助けるために戻ってきたのである。「これが試合というものだ」と彼は後に記している。「これこそ、我々のすべきことである」。その後まもなく「エコバ」のマストが折れ、「エコバ」もレースから外れることになってしまった。

戦略と針路

右図が示しているのは、すべてのセーリングポイントを含む標準的なオリンピックコースである。レースには、技術的な能力だけでなく、戦術をうまく使って、できる限り自分には有利に、相手には不利になるようにすることが求められる。

勝つためのビーティング

直接風に向かって帆走するには、ビーティングと呼ばれる、コースをジグザグに進むことが要求される。風がボートのバウ（艇首）を通過するように、ボートがコースを変えることを「タック」という。風がボートの横から吹いている場合、セールはしっかりと張られていないため、ボートは「リーチング」と呼ばれる。風が真後ろから吹いているときはボートは「ランニング」している。ボートのスターン（艇尾）を風が吹き抜けるように方向を変えることを、「ジャイブ」と呼ぶ。

戦略的スタート

熟練した舵取り（ヘルムズマン）は、スターボードタックのボートが来る前に、ポートタックの状態で先を越せると判断することもある。ただし、その判断が間違っていた場合は、ポートタックのボートはスターボードでスピードを上げて帆走してくるボートによって、ラインの先に追いやられる。つまり、早くスタートを切ってしまうことになるのだ。それに対するペナルティは、スタートラインの端をぐるりと回り、元に戻ってから向き直し、もう一度スタートすることに。

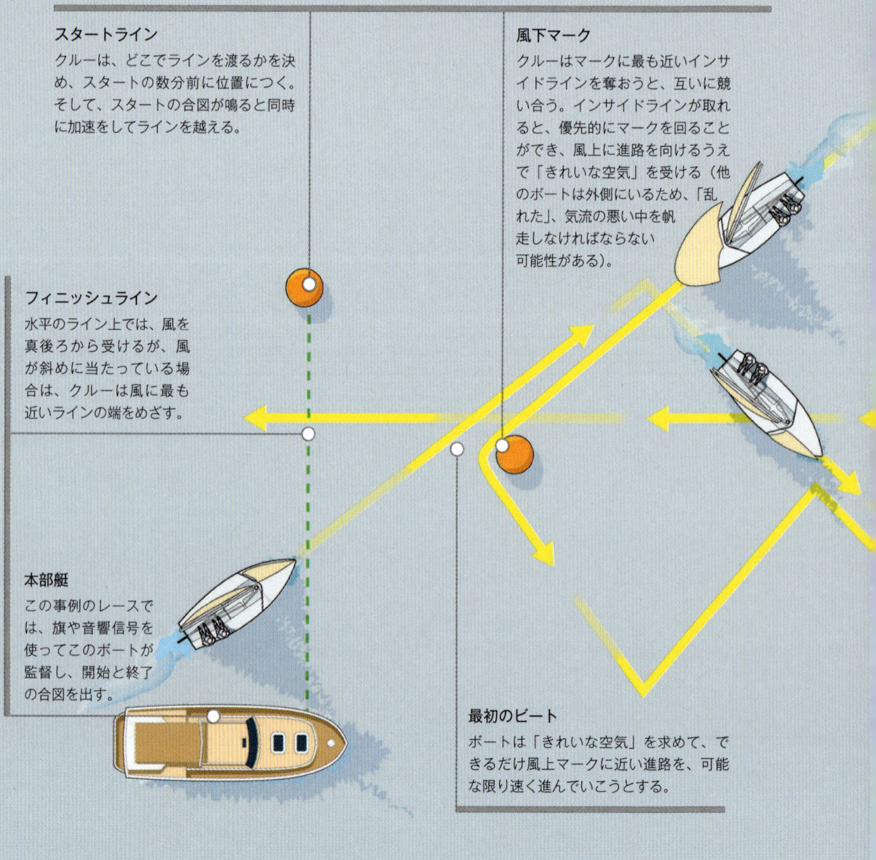

スタートライン
クルーは、どこでラインを渡るかを決め、スタートの数分前に位置につく。そして、スタートの合図が鳴ると同時に加速をしてラインを越える。

フィニッシュライン
水平のライン上では、風を真後ろから受けるが、風が斜めに当たっている場合は、クルーは風に最も近いラインの端をめざす。

本部艇
この事例のレースでは、旗や音響信号を使ってこのボートが監督し、開始と終了の合図を出す。

風下マーク
クルーはマークに最も近いインサイドラインを奪おうと、互いに競い合う。インサイドラインが取れると、優先的にマークを回ることができ、風上に進路を向けるうえで「きれいな空気」を受ける（他のボートは外側にいるため、「乱れた」、気流の悪い中を帆走しなければならない可能性がある）。

最初のビート
ボートは「きれいな空気」を求めて、できるだけ風上マークに近い進路を、可能な限り速く進んでいこうとする。

ウォータースポーツ

セーリング

スタートに際して

ヨットレースではたいてい、直接風上へ向かっていく。本部艇がスタートエリアにいかりを下ろし、近くにマークを設置してスタートラインを示す。それから外側の距離標識を決まった位置に固定し、風に対してちょうど90度になるようなラインをつくる（風向きが変わると、このラインを何度も引き直さなければならない）。最初のマークが風上の、スタートラインに対して90度の位置に置かれる。複数の艇種でレースをする場合は、スタート時間をずらして予定を組む。風向きが変わると、ラインは風に対して直角ではなくなる。そのため、ラインのどちらかの端からスタートするヨットは有利となることがある。これもスキッパーにとっては戦術のひとつになる。

カウントダウン

各艇種のレースは、異なる信号旗で識別される。音響信号は、旗をあげたり下げたりして示す。各艇種の旗はスタートの5分前に、準備信号（P）が4分前にあがる。スタートの1分前になると、準備信号が下がる。スタートとともに当該の艇種の旗が下がる。レフェリーは、スタート時にヨットがラインを越えていないかどうかを確認する。越えているヨットがあれば、委員会がラインを越えているヨットに合図をし、そのヨットは距離標識の外側を経由して戻り、再びスタートする。

旗

レースは視覚信号によって管理され、それを音響信号が補佐する。国際的に認識されたレース信号は、海上信号旗を使ったもの。ピストル、笛、警笛などの音響信号も使用されるが、タイミングで重要なのは視覚信号の方である。

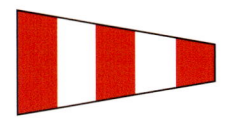

左側への偏り
風向きが変わり、外側の距離標識が風に対して90度以下になると、ラインの左舷（左）側にいるヨットは、最初の標識までの帆走距離が短くなる。そのため、この位置を得ようとするヨットで、ラインの左端が混み合う。

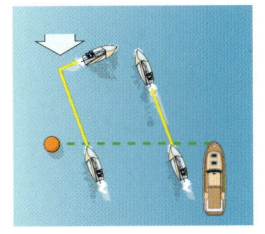

直角のライン―偏りなし
風に対して直角のスタートラインでは、ヨットはラインに均等に広がり、フィニッシュマークまでの帆走距離がすべて等しくなる。

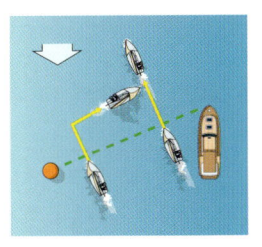

右側への偏り
風向きが変わって、外側の距離標識が風に対して90度以上になると、ラインのスターボード（右）側のヨットは、最初のマークまでの帆走距離が短くなる。本部艇がさらに障害になると、やりにくいスタートとなる。

AP旗 レースは延期。数字旗で延期時間を示す。

A旗（このA旗の上にAP旗があると以下の意味）本日のレースは終了。

N旗 レース中止。

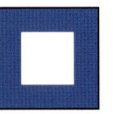

P旗 準備信号（スタート4分前）。選手は今やレース規則に従うこと。

X旗 スタートのピストルが鳴る前に、スタートラインを越えた艇があることを示す。

第1代表旗 何隻かのヨットがスタートラインを侵害しているため、リコール（多すぎてすべてを特定できない）。

S旗 コース短縮。

C旗 次のマークの位置に変更あり。

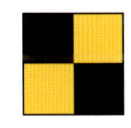

L旗 声の届くところまで来い。

M旗 紛失したマークの代わりを示す。

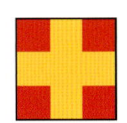

R旗 セーリングの指示とは反対方向にコースを帆走せよ。

青旗 本部艇がフィニッシュラインに配置された。

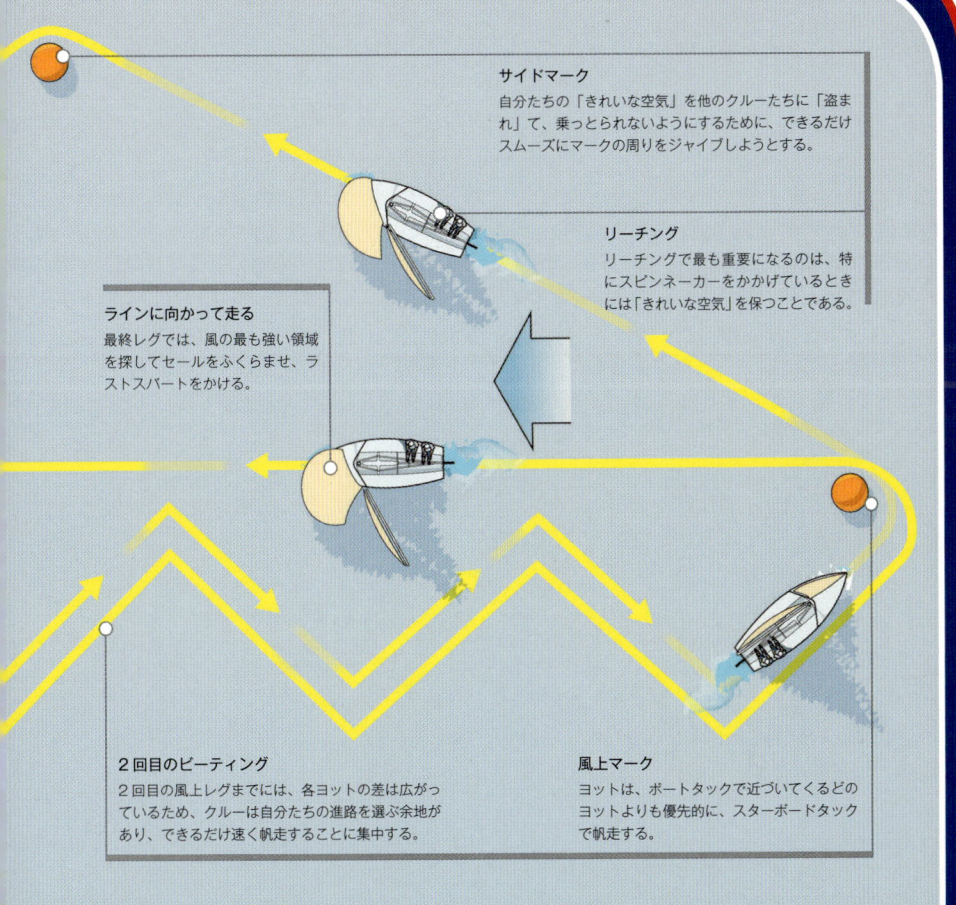

サイドマーク
自分たちの「きれいな空気」を他のクルーたちに「盗まれ」て、乗っとられないようにするために、できるだけスムーズにマークの周りをジャイブしようとする。

リーチング
リーチングで最も重要になるのは、特にスピンネーカーをかかげているときには「きれいな空気」を保つことである。

ラインに向かって走る
最終レグでは、風の最も強い領域を探してセールをふくらませ、ラストスパートをかける。

2回目のビーティング
2回目の風上レグまでには、各ヨットの差が広がっているため、クルーは自分たちの進路を選ぶ余地があり、できるだけ速く帆走することに集中する。

風上マーク
ヨットは、ポートタックで近づいてくるどのヨットよりも優先的に、スターボードタックで帆走する。

セーリング・テクニック

セーリングは、風を最大限に利用して加速して目的地に到着することをめざす。これには、使用するセールの種類や、水中のハルの流体力学がかかわってくる。すべてはヨットの設計から始まる。しかし、セールの調節方法や、ヨットのバランスを取る技術は、選手が習得しなければならない。

セールの向きと風の関係

ヨットが風に対する角度を変えるたびに、セールの組み合わせを変えなければならない。ディンギーでは、ヨットの前後左右のバランスを、クルーの体重で調節する。セールの先端部には、それぞれ専門的な名前がついている。

ナンバー・トリビア

15 カ国：2012年にロンドンで開催されたオリンピックのセーリング種目で、30個のメダルを分かち合った国の数。

20 億人：2011年から2012年にかけて開催されたボルボ・オーシャンレースのテレビ観戦者数。

181,000 隻：120カ国で帆走している、成人のシングルハンド・ディンギーの数。

22,500 海里：最長の無寄港レースであるヴァンデ・グローブで帆走する海里数（41,670km）。

ポート？ それともスターボード？

風がスターボード（右）側から吹いているときには、ヨットはスターボードタックをとり、左側から吹いているときにはポートタックをとる。

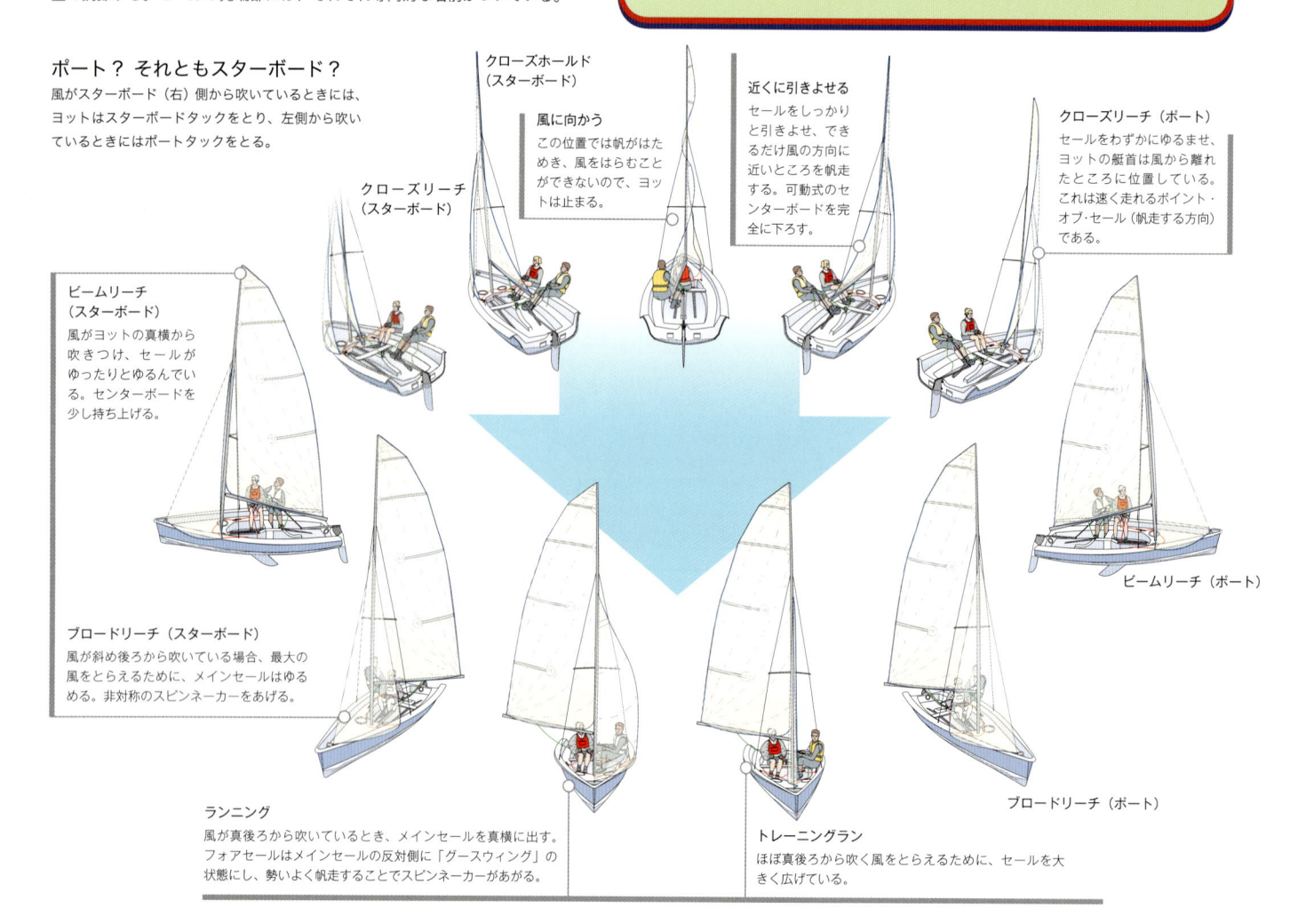

クローズホールド（スターボード）
風に向かう この位置では帆がはためき、風をはらむことができないので、ヨットは止まる。

近くに引きよせる セールをしっかりと引きよせ、できるだけ風の方向に近いところを帆走する。可動式のセンターボードを完全に下ろす。

クローズリーチ（ポート） セールをわずかにゆるませ、ヨットの艇首は風から離れたところに位置している。これは速く走れるポイント・オブ・セール（帆走する方向）である。

クローズリーチ（スターボード）

ビームリーチ（スターボード） 風がヨットの真横から吹きつけ、セールがゆったりとゆるんでいる。センターボードを少し持ち上げる。

ビームリーチ（ポート）

ブロードリーチ（スターボード） 風が斜め後ろから吹いている場合、最大の風をとらえるために、メインセールはゆるめる。非対称のスピンネーカーをあげる。

ブロードリーチ（ポート）

ランニング 風が真後ろから吹いているとき、メインセールを真横に出す。フォアセールはメインセールの反対側に「グースウィング」の状態にし、勢いよく帆走することでスピンネーカーがあがる。

トレーニングラン ほぼ真後ろから吹く風をとらえるために、セールを大きく広げている。

ヨットの向きを変える

ヨットの向きを変えるには、セールと舵の両方を調整する必要がある。推進力のほとんどはセールから得られる。メインセールを引っぱると、ヨットが風の方を向き、ゆるめると風と反対の方を向く。それと同時に、ラダーを動かすためにティラーやホイールの向きを変え、メインセールの調節後の位置で効率よく機能するようにジブを調整する。速く走っているときは、タッキングとジャイビングがカギとなる動きで、クルーが完全に協調して実行する必要がある。正確さに欠けると貴重な数秒を費やすことになるため、クルーはできるだけすばやく確実に向きを変えられるように、タッキングとジャイビングを時間をかけて練習する。

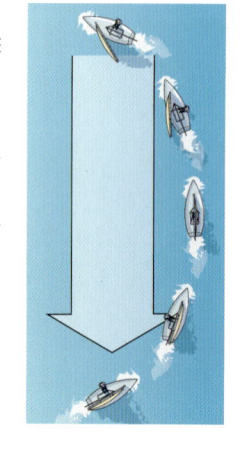

タッキング

バウを吹き抜ける風の向きが変わると、セールを反対舷に移す。進路を変えるには、両方のセールを引きよせ、ラダーを調整する。ヨットが逆風の中を、新たな針路上を進むと、セールはポートの逆側に反転する。これは、前方への推進力を失うことなく、この動きをできるだけ早くスムーズに行うことが狙いである。

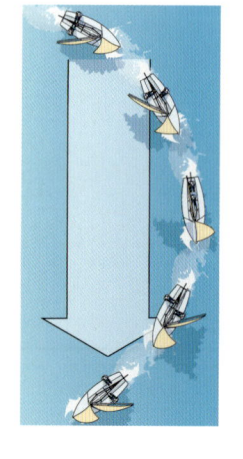

ジャイビング

風がヨットの背後を吹き抜けているときに方向転換をするのは、タックほど操作が楽ではない。ブロードリーチやランニングでは、セールが一方に偏りすぎてしまうのだ。セールを方向転換するには、まず進路を変えずにできるだけ早くセールを取り込み、それからティラー（ホイール）のハンドルをきる。そうすると、ブームとメインセールの向きが変わる。スムーズな帆走を維持するために、セールはすばやく調整すること。

ヒーリングとハイクアウト

セールに風が当たると艇は自然に一方に傾くが、ハルは水中で水平になっている方が、ヨットは速く進む。ディンギーや小型のキールボートでは、クルーが体重を移動させて、そのバランスを取る。従来型のディンギーでは、ガンネル（舷側厚板）に腰を下ろし、トウストラップに足の指を入れ、艇の外側に身を乗り出す。トラピーズを使うと、その効果が高まる。クルーは、自らマスト上部のワイヤーに自分を結びつけ、両足をガンネルにかけて、さらに身を乗り出すのだ。49er級のような最新の極端なヨットには翼状の部分があり、クルーはそれを使って大胆にハイクアウトする。

ハイクアウト

帆に当たる風でヨットが傾く力を、クルーが体重を使って平衡にする場合、単にその風でヨットを横向きにするのではなく、風の力を利用して、ヨットをさらに速く前進させる。

最大の力
クルーの体重が平衡錘としての役目を果たしているときは、風をより有効利用できるようにセールを使う。

ワイヤー
ステンレス製のワイヤーがマストの上部に取りつけられており、下の先の方には、ロープが取りつけられている。

ハーネスをつける
クルーはフックのついたハーネスを装着する。このフックにマストの上部に設置されたワイヤーかロープを取りつける。

ハル
最新のハルは水平に帆走し、バランスが取れていると水面に浮かび上がって「滑空」する。

レールに座る

最新のヨットは、巨大なセールを搭載できる。ヨットはバラストで安定しており、転覆しても自力で戻れるように設計されているが、それでも、体重を分散することは大切である。クルーが風下側のデッキ（レール上）に並んで座っている姿がよく見られる。これでヒールの角度を水平にして、望む方向に舵が取れる。使うセールを減らさずにすむ上に、さらにスピードが出る。

データ集

世界一周レース（ワンハンド／ベルックス5オーシャンズ）

年	ヨット／クルー	国名
2011〜12	ル・バングワン バート・ファン・リール	アメリカ
2006〜07	シュミネ・ブジュラ バーナード・スタム	スイス
2002〜03	ボブスト・グループ＝アーマー・ルクス バーナード・スタム	スイス
1998〜99	フィラ ジョバンニ・ソルディーニ	イタリア

世界一周レース（複数のクルー／ボルボ・オーシャンレース）

年	ヨット／スキッパー	国名
2011〜12	グルーパマ4 フランク・カマ（フランス）	フランス
2008〜09	エリクソン4 トーベン・グラエル（ブラジル）	スウェーデン
2005〜06	ABNアムロ・ワン マイク・サンダーソン（ニュージーランド）	オランダ
2001〜02	イルブルック・チャレンジ ジョン・コステキ（アメリカ）	ドイツ
1997〜98	EFランゲージ ポール・カヤード（アメリカ）	スウェーデン

（旧ウィットブレッドレース）

2012年　ロンドン・オリンピック

国	金	銀	銅	計
イギリス	1	4	0	5
オーストラリア	3	1	0	4
オランダ	1	1	1	3
スペイン	2	0	0	2
ニュージーランド	1	1	0	2

裏話

ＩＳＡＦは、1907年にパリに設立された国際ヨット競技連盟（ＩＹＲＵ）から派生した。当時のＩＹＲＵには、フランス、オーストリア＝ハンガリー、オランダ、ベルギー、フィンランド、デンマーク、ドイツ、イギリス、イタリア、ノルウェー、スウェーデン、スイス、スペインの組織が加盟しており、レース用のヨットの計測システムと、ヨーロッパで競技をする際の規則を考案した。1929年に北米ヨット・レーシングユニオンが、自分たちの規則とヨーロッパの規則を調整し、1960年に世界で通用する規約が採択された。ＩＹＲＵは1996年にＩＳＡＦと改称。1907年につくられた規則には、現在でも使われているものがある。

ウォータースポーツ

261

セーリング

基礎知識

→ ボートは国際ボート連盟（FISA）が管理している。1892年に設立されたFISAは、オリンピック大会では最も古い連盟である。

→ 1本のオールを両手で持って漕ぐことを、スイープ、もしくはスウィープオール、片手に1本ずつオールを持って漕ぐことをスカルという。

→ 選手はストローク数を重要視し、1分間のストローク数で格づけされる。

ナンバー・トリビア

6,000 kcal：オリンピックのボート選手が1日に消費する平均カロリー。トレーニングをこなすには、十分なエネルギーが必要である。

5分19秒35：2012年に、カナダの男子重量級エイトが打ち出した、現在の世界記録。

68 カ国：2011年に開催された世界ボート選手権の参加国数。

137 カ所：ボート競技の運営組織であるFISAに加盟している各国の組織の数。

10,000 km：オリンピックのボート選手が、トレーニング中に漕ぐ1年の平均距離数。

ボート

競技の概略

ボートの説明をすると、不安定な船に乗り、肺の痛みと筋肉の悲鳴を無視して、できるだけ速く後方に進んでいく競技、とでもいえようか。全身の主な筋肉すべてを使う数少ない運動競技のひとつで、レースをするにはとてつもない体力と力が要求される。ボートには、重量級や軽量級、短距離や長距離などさまざまな種目があり、いずれも、個人戦と団体戦がある。

私を撃ってくれ

これまでに最も成功を収めたオリンピック選手のひとりに、イギリスのボート選手、サー・スティーヴ・レッドグレーヴがいる。彼は「持久系」レースで5回連続金メダルを勝ち取った唯一の選手。1996年のアトランタ大会で4度目の優勝を収めた直後、レッドグレーヴが息をきらせていった言葉が有名になった。「もしこの先、私がボートの近くにいるのを見たら、撃ってしまってくれ」。しかし、彼の引退は長くは続かなかった。2000年、シドニー・オリンピックへ5個目の金メダルを獲りに行ったのである。

選手の特徴

ボート競技は、強さとスタミナ、バランス、技術的スキル、そして精神力のすべてが要求される。ボートを漕いで生じる力はどのスポーツよりも大きく、2000mのレースともなると、疾走能力に加え、乳酸で筋肉が疲労しながらも、バランスやリズム、技をコントロールしながら進もうとする肉体的・精神的な忍耐力が必要となる。手足が長いとオールで水を大きくかくことができるため、背が高い選手は有利である。トップクラスの男子選手の身長は2m近くあり、女子では1.8mを超える選手も多い。

バウサイド
オールがボートの右（スターボード）側に伸びている場合、そこに座っている選手をバウサイドと呼ぶ。

ストロークサイド
オールがボートの左（ポート）側に伸びている場合、そこに座っている選手をストロークサイドと呼ぶ。

オール
最近のオールはカーボンファイバー製。中が空洞になっており、ハンドルはラバーグリップが取りつけられ、先に平らなブレードがついている。

ローロック
オールロックとも呼ばれる。ゲートと呼ばれるバーに取りつけられており、ストロークごとにオールが回転する際に、オールを保持する。

リガー（装具）
アルミニウムあるいはスチール製のリガーはシェル艇にボルトでとめられており、ローロックを支えている。

ぴったりフィット
選手は体にぴったりとフィットしたワンピースのウェアを着る。ユニスーツ、ズースーツ、あるいはオールインワンとも呼ばれる。クラブや国の色を使用する。

丈夫なシェル
漕ぎ船はシェル艇と呼ばれ、軽量のカーボンファイバーやプラスチックでつくられている。

レース形式

ボートレースには実にさまざまな種類があるが、これはボートの歴史が長いためである。一般的な 2000m レースに加え、ヘッドレースと呼ばれるタイムトライアル競技がある。たとえば、ツール・ド・レマンのような長距離種目や、オリンピックにはない距離のレガッタがそれだ。イギリスでは他にも、前を走るボートにぶつかりながら後を追う、バンプ・レースも競技されている。一方アメリカには、ステーク・レースがある。これは、一定の距離に置かれたマークとスタート地点を往復するレースである。

オリンピック競技

オリンピックのコースは直線。6 つのコースで予選と敗者復活戦が繰り広げられ、最後に決勝戦が行われる。各準決勝の 1～3 位で A 決勝を行い、1 位～6 位を決める。各準決勝で 4 位～6 位のチームで B 決勝を行い、全体の 7 位～12 位を決める。

沿岸と沖合のレース

オリンピック種目には含まれていないが、沿岸や沖で行われるボート競技はたくさんある。ＦＩＳＡは国際レベルの競技として、世界ボート選手権を開催。この他にも、世界中でたくさんの大洋横断レースや沿岸レガッタが行われている。

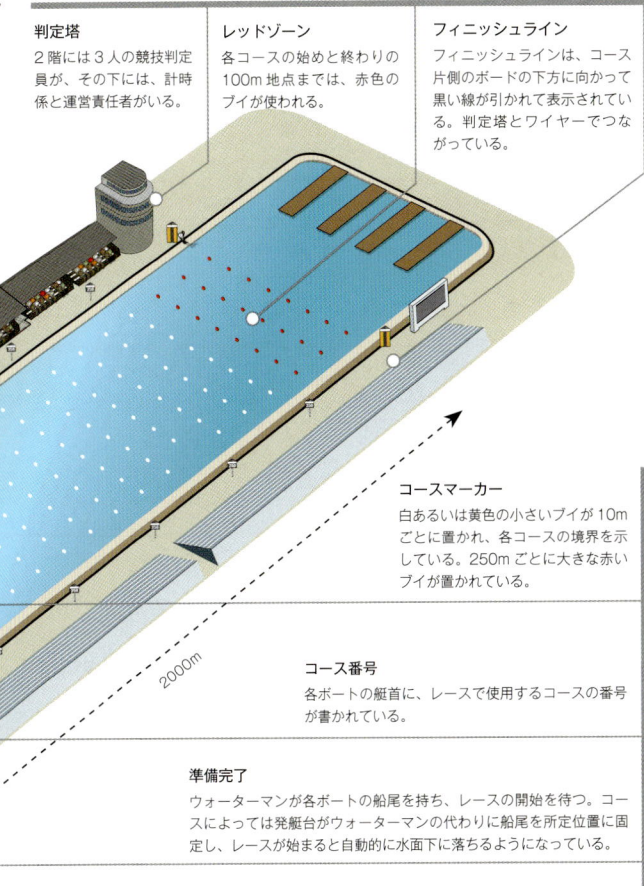

判定塔 2 階には 3 人の競技判定員が、その下には、計時係と運営責任者がいる。

レッドゾーン 各コースの始めと終わりの 100m 地点までは、赤色のブイが使われる。

フィニッシュライン フィニッシュラインは、コース片側のボードの下方に向かって黒い線が引かれて表示されている。判定塔とワイヤーでつながっている。

整列 線審が、各ボートの艇首を、コースの反対側にある発艇台上に一列に並べ、発艇員がスタートの合図を出す準備をする。

コースブイ 250m ごとにマークが置かれ、選手はフィニッシュラインまでどのくらいの距離が残っているのかがわかる。

コース 各コースとも幅は 12.5～13.5m。

コースマーカー 白あるいは黄色の小さいブイが 10m ごとに置かれ、各コースの境界を示している。250m ごとに大きな赤いブイが置かれている。

コース番号 各ボートの艇首に、レースで使用するコースの番号が書かれている。

準備完了 ウォーターマンが各ボートの船尾を持ち、レースの開始を待つ。コースによっては発艇台がウォーターマンの代わりに船尾を所定位置に固定し、レースが始まると自動的に水面下に落ちるようになっている。

発艇台 すべてのボートがスタートラインに正しく並べるよう、艇種によって異なる長さに合わせて調節する。

2000m レース

オリンピックと世界選手権では、どの種目も 2000m 以上の距離を漕がなければならない。オリンピックでは 14 種目が競技され、男子は 8 種目、女子は種目が導入された 1976 年以降、6 種目が競技されている。世界選手権は毎年行われ、男子 14 種目、女子 9 種目の計 23 種目が競技される。身体に障害のある選手が参加する障がい者ボート競技は、2002 年に初めて世界選手権に導入され、2008 年の北京・パラリンピックから正式種目となった。

ヘッドレース

ヘッドレースは横に並んで競い合うのではなく、基本的にタイムトライアルである。何百ものボートが数秒おきに出発し、列を組んで追いかけながらコースを進む。1926 年から行われている最古のヘッド・オブ・ザ・リバーレースはロンドンのテムズ川、ヘッド・オブ・チャールズはアメリカのボストンで開催されている。後者は世界最大のボートレースで、2 日間にわたって行われる。

軽量級のボート

ボートは、格闘技以外のスポーツで「軽量級」という特別な重量階級がある、数少ないスポーツのひとつである。軽量級が設けられたことにより、「それほど立派な体つきでない」人たちの国も、この競技に参加できるようになった。軽量級は、男子の場合、クルーの平均が 70kg で 72.5kg を超えてはならない。女子はクルーの平均が 57kg で、クルーひとりあたり、最大でも 59kg までに制限されている。この軽量級は、男子は 1974 年、女子は 1985 年に初めて世界選手権に導入され、オリンピック種目になったのは男女とも 1996 年のことである。

その他のレース

長い期間をかけて、他にもさまざまな種目が定期的に行われるようになっていった。1829 年に初めて行われたオックスフォードとケンブリッジのボートレースは、2 大学間で、ロンドンを流れるテムズ川の 6779m のコースで競技する。エール大学とハーバード大学も、アメリカ・コネチカット州にあるニューロンドンで、1852 年から毎年、同じような試合を行っている。大学間レースや 2000m 以外の距離のレガッタには、他にもさまざまなバリエーションがある。そのひとつが、1839 年に設立されたヘンリー・レガッタだ。この競技は権威あるユニークな国際レースで、2 人ずつ横に並んだクルーが、2112m のコースを漕いでいくというもの。1988 年、ヘンリー・レガッタに女子のシングルスカルが初めて加わった。その後、エイトやクォドルの漕艇も行われるようになった。

オールは1本？ それとも2本？

ローイングとスカリングの違いは、使用するオールの数とサイズにある。セールは両者とも同じだが、オールの数が違うため、リガーの取りつけ方が異なる。

ローイング
2人から8人のクルーで競技する。各選手1本のブレードで漕ぐ。人それぞれ字を書くときに左右で使う手に好みがあるように、オールを持つ方向も、それぞれ左右で好みがある。

スカリング
2本のオールを両手に1本ずつ持つ。エイト（ひとつのボートに漕手が8人）の場合もあるにはあるが、一般的にはクルーは1人から4人（クォド）。

種目
文字を組み合わせてボート種目を分類する。

- L あるいは LT：軽量級の種目
- J：19歳未満の種目
- B：23歳未満の種目
- M：男子の種目
- W：女子の種目
- 1：そのボートのクルーの人数。1、2、4、8のいずれか。
- X：スカルの種目
- ＋あるいは－：コックス（舵手）がいる（＋）かいない（－）かを示す

たとえばLM4xは、男子軽量級のクォドを示し、W8+は女子重量級のエイトのことである。さらに、経験やハンディキャップの度合いを示す区分もあるが、それに関しては国ごとに異なるので、国際試合では用いられない。マスターズ（ベテラン）の試合では、さらに年齢別の区分がある。

ボートとブレード

ボートの設備は高価なため、たいていの場合はボートクラブやチームが所有・メンテナンスしているが、シングルスカルの選手は自分のボートを所有していることも多い。レースの際は、漕手はクラブや国の色のワンピースのウェアを着る。このウェアは、レース中にボートやブレードに引っかからないように、体にぴったりとフィットするようにデザインされている。天候によっては、通気性のよい上着を重ね着することもある。

シェル艇

昔のシェル艇は木製だったが、現在ではその大部分が、カーボンファイバーやファイバーグラスといった、最新の素材でつくられたボートが主流となってきている。シェル艇は細長く、水の抵抗を最低限に抑えながらつき進んでいく。全長はFISAの規則で定められており、艇種によって異なる。シェル艇の幅は59.7〜62.2cm。安定させるために、ハルには小さなフィンかスケグが取りつけられ、シングルスカルとダブルスカル以外の艇種には、小さな舵がついている。

操舵

クレジットカードよりも小さな舵がついた競技用のシェル艇。舵にはラダーワイヤーがついており、このワイヤーを通してボートの舵を取る。コックス（舵手）がいる場合は、コックスが舵をコントロールする（下のボックス参照）。それ以外の場合は、艇首に最も近いところにいる漕手かスカラーが、ラダーワイヤーが取りつけられた可動式の踏み板を操作し、舵を取ることが多い。漕手かスカラーは、コースの曲がり具合に応じて、一定の間隔で進行方向を確認しなければならない。

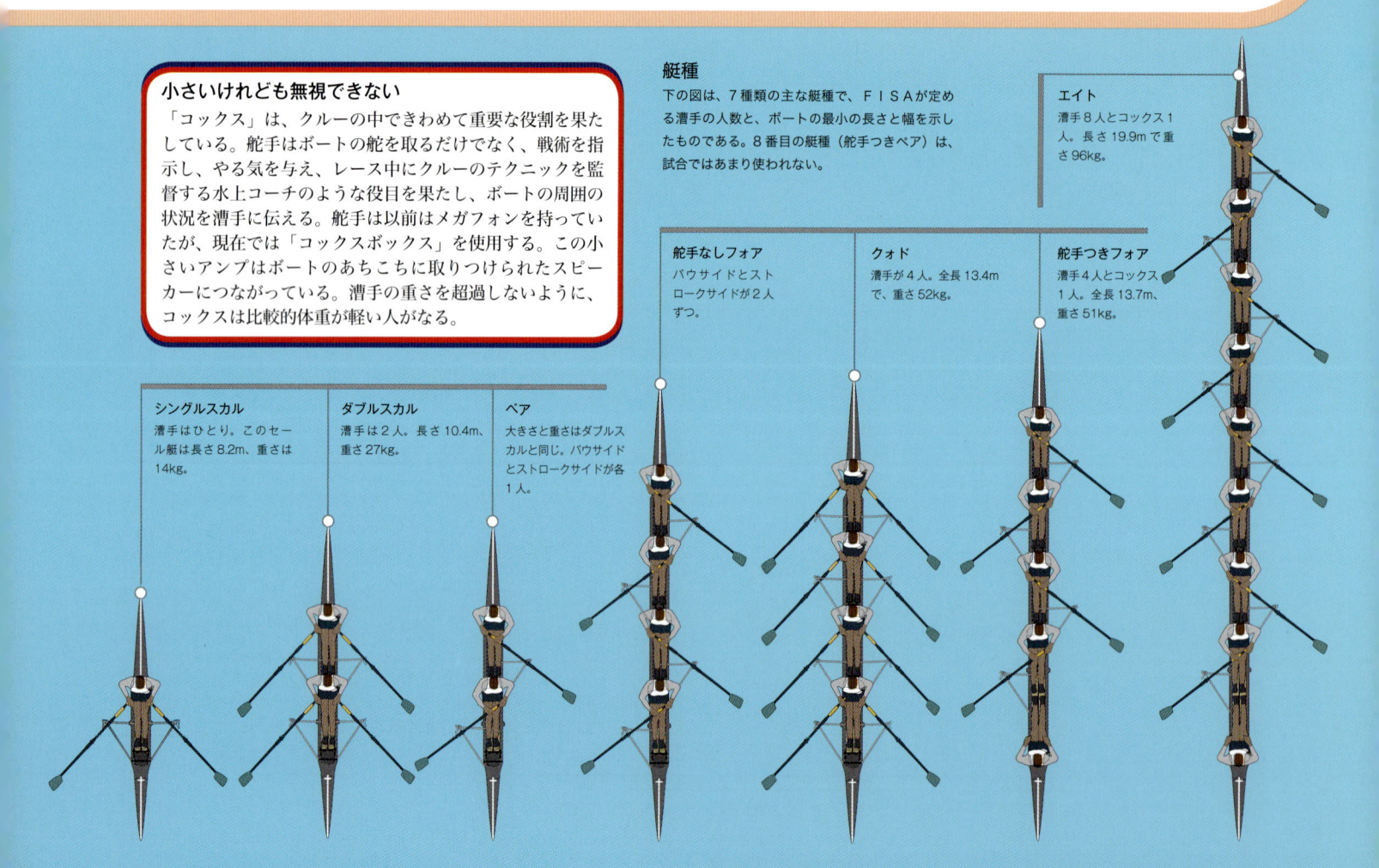

小さいけれども無視できない

「コックス」は、クルーの中できわめて重要な役割を果たしている。舵手はボートの舵を取るだけでなく、戦術を指示し、やる気を与え、レース中にクルーのテクニックを監督する水上コーチのような役目を果たし、ボートの周囲の状況を漕手に伝える。舵手は以前はメガフォンを持っていたが、現在では「コックスボックス」を使用する。この小さいアンプはボートのあちこちに取りつけられたスピーカーにつながっている。漕手の重さを超過しないように、コックスは比較的体重が軽い人がなる。

艇種

下の図は、7種類の主な艇種で、FISAが定める漕手の人数と、ボートの最小の長さと幅を示したものである。8番目の艇種（舵手つきペア）は、試合ではあまり使われない。

シングルスカル
漕手はひとり。このセール艇は長さ8.2m、重さは14kg。

ダブルスカル
漕手は2人。長さ10.4m、重さ27kg。

ペア
大きさと重さはダブルスカルと同じ。バウサイドとストロークサイドが各1人。

舵手なしフォア
バウサイドとストロークサイドが2人ずつ。

クォド
漕手が4人。全長13.4mで、重さ52kg。

舵手つきフォア
漕手4人とコックス1人。全長13.7m、重さ51kg。

エイト
漕手8人とコックス1人。長さ19.9mで重さ96kg。

ウォータースポーツ

ボート

ボートの中
ローイングとスカリングで使う装備はほとんどがまったく同じだが、スカリングのオールとリガーはローイングのものよりも小さい。ブレードの大きさや形に制限はないが、オールもリガーも軽量で丈夫なつくりになっている。シートやストレッチャーなど、ボート内部の構造は同一。

オール
現在のオールはたいてい中が空洞で、カーボンファイバー製。図の長さは平均的なもので、柄の長さが変えられるように設計されている。

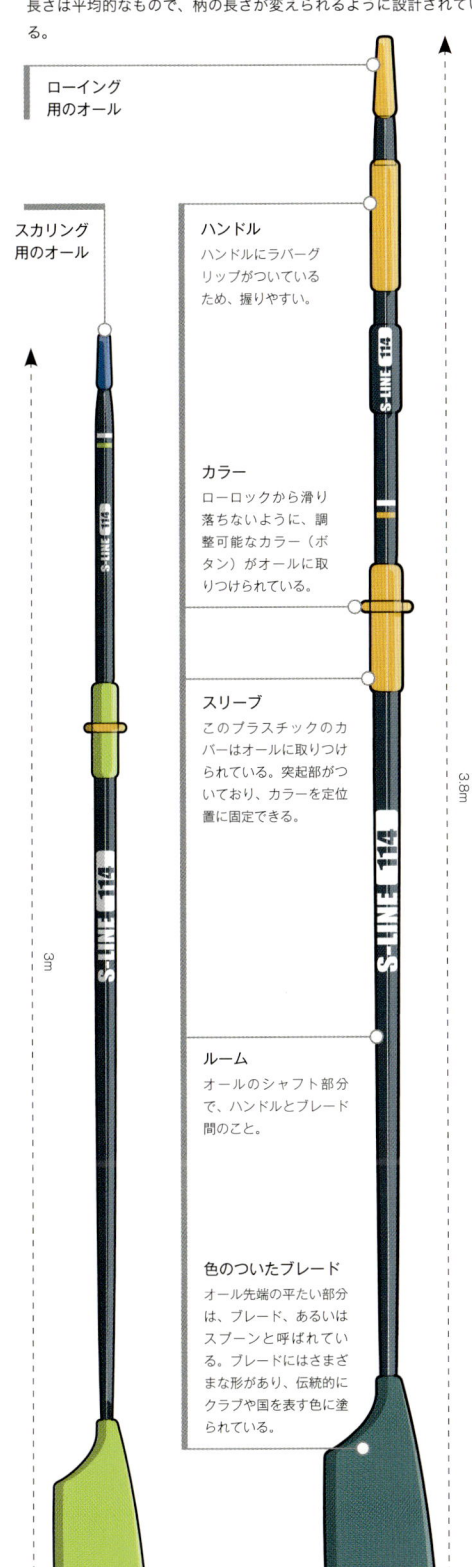

ローイング用のオール

スカリング用のオール

ハンドル
ハンドルにラバーグリップがついているため、握りやすい。

カラー
ローロックから滑り落ちないように、調整可能なカラー（ボタン）がオールに取りつけられている。

スリーブ
このプラスチックのカバーはオールに取りつけられている。突起部がついており、カラーを定位置に固定できる。

ルーム
オールのシャフト部分で、ハンドルとブレード間のこと。

色のついたブレード
オール先端の平たい部分は、ブレード、あるいはスプーンと呼ばれている。ブレードにはさまざまな形があり、伝統的にクラブや国を表す色に塗られている。

ボートの基本
ローイング用のシェル艇は軽量で壊れやすく、クルーの体格や体重に合うような、長さと重さにつくられている。オールを定位置に置かないと、かなり安定が悪い。

バウボール
どのボートも、ゴム製のボールを艇首に固定しなければならない。ボートの艇首は非常に鋭いので、バウボールをつけることで、衝突したときに無残な刺さり方をするのを防ぐ。

キャンバス
漕手が座る部分から艇首や艇尾へ徐々に狭くなる部分をキャンバスという。かつてここを覆っていた素材の名称にちなんでいる。わずか1m差で勝利を収めることを、英語では「キャンバス差で勝つ」（辛勝する）という表現を用いる。

スライディング・シート
シートの下には車輪がついていて、シェル艇に固定されたレール上を前後に動く（スライドする）。シートがスライドするため、オールで水をかく際に足の力を利用できる。

固定された足
シューズが、ボート内にある可動式の踏み板に固定されている。足を固定すると足場がしっかりするため、その状態で足を押し出し、オールを水中で推進させる力を得る。ボートが転覆した場合に備えて、シューズにはすぐに取り外しができるベルクロ・ストラップがついている。

スピードのために
現代のシェル艇は、カーボンファイバーなどの軽量素材でつくられており、水をつき進めるような形になっている。できる限り軽量にしなければならないが、クルーを支えられる強さも併せもっている。

競漕規則
各国に競漕の運営組織があり、ローイングやスカリング種目のルールを独自につくっている。国によって規則は少しずつ異なるが、競技が安全で公平に行われることを目ざしている点は、どの国でも共通している。各国の運営組織は、競漕の世界的運営組織であるFISAに加盟している。

レースとレガッタ
レガッタは、チェアマン率いるレース関係者委員会の監督のもとで開催される。漕手が水域に行く前に、漕手とボートが規則に適合しているかを審判員が確認する。レースの初めに、漕手はそれぞれコースに整列し、電子的な装置か、審判員によって定位置に固定される。その間に、線審はすべてのボートがきちんと並んでいるかを確認する。レースの開始時には、大きな音のするベルかピストルが使われる。発艇員が「ゴーッ！」と合図をしたり、「信号」システムが使われることもある。その瞬間にボートが解除され、レースが始まる。フライングが生じた場合はベルが鳴り、発艇員が赤い旗を振って漕手を呼び戻す。2回フライングをすると失格となる。
審判員はボートの後をついていき、ボートがコースを外れていないかを確認する。コースを外れたクルーは失格となる。各ボートがフィニッシュラインを通過すると警笛が鳴る。審判はレースの終わりに白旗をあげ、レースが適切に執り行われたことを知らせる。艇首が最初にフィニッシュラインに触れたと見なされたボートが勝者となる。接戦で勝敗の判定が難しい場合は、3人の写真判定審判員が判定する。レースの前にレース審判員に任命された、少なくとも3人の審判員が、競技で生じた公式の抗議を解決する。

バランスをくずす
漕手の究極の悪夢は、バランスをくずすこと。非常に痛い結果が待ち受けている。バランスがくずれるのはブレードの入水角度が悪いとき。ブレードが深く入りすぎると、オールのハンドルが勢いよく飛び上がるか後ろにもっていかれてしまう。それがあまりに速すぎると、漕手がボートから投げ出されたり、ボートが転覆したりすることがある。ただし、それは漕手がラッキーだった場合。運が悪いと、ハンドルで肋骨を強打することになる。

ローイングのストローク

ボートを漕ぐのは上半身の運動に見えるが、ストロークをするときには、足の力が欠かせない。漕手は後ろ向きに（船尾に向かって）座ってオールを手に持ち、足を押し出しながらボートを前に進ませる。ローイングとスカリングの漕ぎ方は基本的には同じで、主に4つの段階から成る（下図参照）。うまく漕ぐ秘訣は、この4段階の動きをなめらかに行うこと。ローイングがうまいと、優雅でいとも簡単にこなしているように見えるが、実際にはものすごい体力が必要で、体に大きな負荷がかかる。ボートのブレーキにならないように必要な力をスムーズに注ぎながらバランスを保ち、他の漕手と呼吸を合わせるには、卓越した技術と、多くの時間を費やして練習を積むことが必要である。

インドアローイング

インドアローイングは、エルゴメーター上で行われる。これは、ローイングを体験できるように設計された、室内用器具である。エルゴはトレーニング器具として有益で、コーチはこれを使って漕手のパフォーマンスや出力をテストすることができるため、ここでの動きを見て、選手を選定することもある。ただし、水上では技やバランスも重要な要因であるため、エルゴ上でのパフォーマンスは水上でのパフォーマンスとまったく同じというわけではない。インドアローイングは、それ自体が競技スポーツでもある。世界中で非常に多くの地域や国レベルの試合が行われており、何十万もの人々が競技している。CRASH-Bスプリントと呼ばれる世界選手権が、毎年、アメリカ・マサチューセッツ州のボストンで開催されている。

キャッチ
漕手は前かがみになって膝を曲げ、脛を垂直にする。腕が最大の「リーチ」となるまで伸ばし切る。漕手はオールのブレードを、水に対して垂直に持ち、足で踏み板を押し始める。

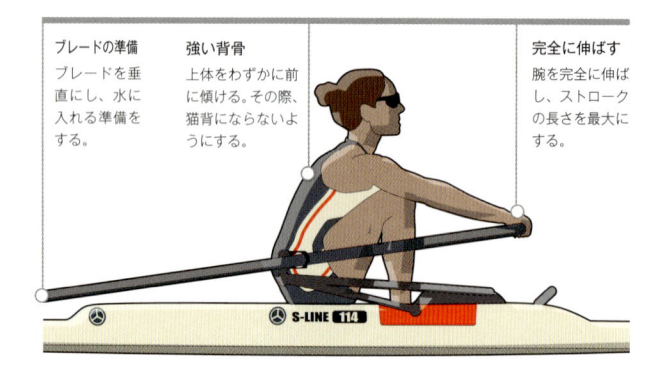

ドライブ
足の準備ができ、水中でブレードに力が入り始めたら、シートを後方にスライドさせる。足の力を使ってブレードのハンドルを引きよせ、ストロークの長さを最大限にするために、体を少し後ろに倒す。

ブレードの準備 ブレードを垂直にし、水に入れる準備をする。

強い背骨 上体をわずかに前に傾ける。その際、猫背にならないようにする。

完全に伸ばす 腕を完全に伸ばし、ストロークの長さを最大にする。

体を開く 足を動かしている間に体を開き、腕はオールを体の方に引きよせる。

動力供給 ドライブの段階では、足が駆動力となる。

リリース
フィニッシュ、あるいはリリースとも呼ばれ、オールのハンドルを押し下げ、水中からブレードを持ち上げる。いったんオールが水から出たら、ハンドルを回転させて「フェザー」（ブレードが水面と平行になる位置）にして、空気抵抗を減らす。

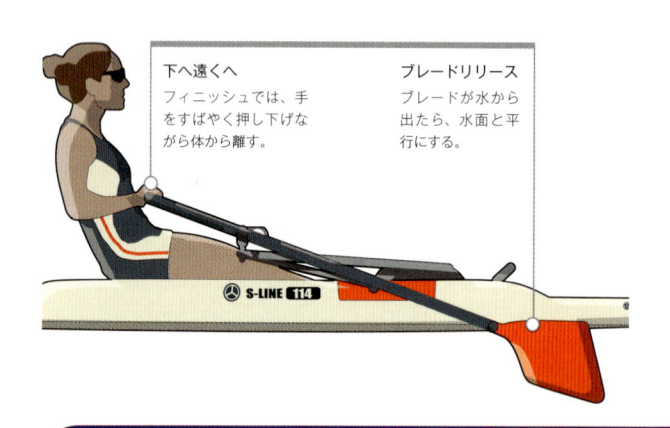

リカバリー
手を膝より前に伸ばし、初めはブレードを水面と平行のままにしておく。それから体を前方に揺らし、キャッチの姿勢の準備に入る。両手でオールのハンドルを回転させてブレードを平行にし、足を縮める。体を前方にスライドさせて次の動きに備える。

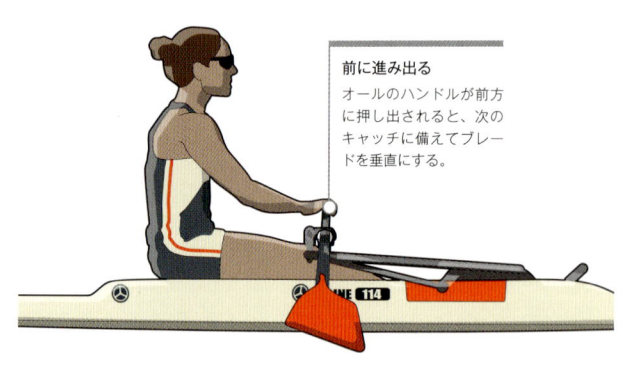

下へ遠くへ フィニッシュでは、手をすばやく押し下げながら体から離す。

ブレードリリース ブレードが水から出たら、水面と平行にする。

前に進み出る オールのハンドルが前方に押し出されると、次のキャッチに備えてブレードを垂直にする。

ナンバー・トリビア

250,000 人：オックスフォード大学対ケンブリッジ大学のボートレースを見るために、毎年テムズ川の土手に並ぶ観客の数。

7,500 人：アメリカのボストンで毎年開催されているヘッド・オブ・チャールズで競技をする選手の数。

11,680 ml：イギリスの漕手、ピーター・リードの肺活量（平均の2倍以上）。

0.08 秒：イギリスのマシュー・ピンセントが、2004年アテネ・オリンピックの男子舵なしフォアの種目で連続4つ目の金メダルを獲得したときの、2位（カナダのボート）との秒差。ピンセントのチームメイトは、ジェームズ・クラックネル、エド・クード、スティーブ・ウィリアムズ。

勝つためのレース

漕手は「レート」(クルーが1分間にオールを漕ぐ回数)を重要視する。レース開始直後のストロークレートは高く、全速力で進むときのレートは、男子エイトでは50以上である。この段階では、クルーは一生懸命漕ぐため、筋肉中の乳酸が蓄積する。いったんボートの速度が最大になると、クルーはペースを安定させる。すると、レートも安定する(男子エイトで38~40くらい)。レースの山場に差しかかると、あるいは相手の挑戦に対抗するために、「パワーテン」(最後の力を振り絞って10本漕ぐこと)、あるいは「アップツー」(レートを2上げること)という指示が出される。フィニッシュに近づくと、クルーはラストスパートをかけ、再度ストロークレートを上げる(46、あるいはそれ以上もめずらしいことではない)。すると、漕手の筋肉と肺は、スタートのとき以上に疲弊する。ただし、レートが高ければスピードが出る、というわけではない。技術的に優れたチームなら、技術的に劣るチームが高いレートで対抗してきても、より速く進むことができる。

チームワーク

シングルスカルを除いて、ローイングでは高レベルのチームワークが必要である。ひとりの選手だけが努力しても、クルーを勝利に導くことはできない。勝つためには、クルー全員の力が必要なのだ。ブレードワークとタイミングを同期させ、体の位置と動きを調和させなければならない。クルーはバウからスターン(艇尾)に向かって番号がつけられている。最初がバウで次が2、その次が3、という順に7まであり、最後がストロークである。

8 整調(ストローク)	技術的に最も優れた漕手で、クルーのペースやリズムを整える。
7番	ストロークを補佐し、後ろのクルーにリズムと拍子を伝える。
6番	真ん中4人のクルーから成る「エンジンルーム」のリーダー。リズムと水中で漕ぐ長さを維持する。
5番	スターンペア(8番と7番)を支え、リズムを伝えている6番に加勢する。
4番	エンジンルームの要。バウ側とスターン側のクルーの動きをつなげる。
3番	バウペアがボートのリズムを維持できるよう、力を供給する。
2番	バウペアの先頭。技術的に優れ、ブレードワーク(ローイング技術)が俊敏で、ストロークを予測できる。
1 艇首(バウ)	最初にフィニッシュラインを通過する。2番とともにボートのバランスを取る、技術的に優れた漕手。

コックス ボートの舵を取り、戦術を指示する。

データ集

世界最高記録(男子)

艇種	漕手	タイム	年
M1X	ニュージーランド(M. ドライスデール)	6:33.35	2009
M2−	ニュージーランド(H. ボンド、E. マレー)	6:08.50	2012
M2X	フランス(J-B. マククエット、A. ハーディ)	6:03.25	2006
M4−	イギリス(A. トリッグス-ホッジ、T. ジェームズ、P. リード、A. グレゴリー)	5:37.86	2012
M4+	ドイツ(J. デーダーディンク、A. ヴァイラウホ、B. ラーベ、M. ウンゲマッハ、A. アイヒホルツ)	5:58.96	1991
M4X	ロシア(V. リアブツェフ、A. スピリン、N. モルガチェワ、S. フェドロフツェフ)	5:33.15	2012
M8+	カナダ(G. バーゲン、D. シマ、R. ギブソン、C. マッケイブ、M. ハワード、A. ビルネス、J. ブラウン、W. クロサース、B. プライス)	5:19.35	2012

世界最高記録(女子)

艇種	漕手	タイム	年
W1X	ブルガリア(R. ネイコバ)	7:07.71	2002
W2−	ルーマニア(G. アンドルナケ、V. スサヌ)	6:53.80	1999
W2X	ニュージーランド(G. エバーズ・スィンデル、C. エバーズ・スィンデル)	6:38.78	2002
W4−	オーストラリア(R. セルビー・スミス、J. ルッツ、A. ブラッドリー、K. ホーンゼイ)	6:25.35	2006
W4X	ドイツ(J. リヒター、C. バエル、T. マンカー、S. シラー)	6:09.38	2012
W8+	アメリカ(E. ロフグレン、Z. フランシア、J. レッドマン、A. ポーク、M. ムスニキ、T. リッツェル、C. リンド、C. デイビス、M. ホイップル)	5:54.16	2013

裏話

「近代」の競漕は、ロンドンにあるテムズ川で船漕ぎたちの間で始まったものだと思われるが、18世紀後半にはすでに、ヨーロッパや北米に広まっていた。イギリスでは、1829年にオックスフォード大学対ケンブリッジ大学の競漕が初めて開催され、1839年からは、ヘンリーで年に1回レガッタが行われるようになった。アメリカでは、イェール大学とハーバード大学が1852年に大学対抗戦を開始。1892年までには競漕の人気が高まり、1896年のアテネ大会の正式種目として加えられるまでになった。しかし悪天候のため、実際にオリンピックデビューを果たしたのは、1900年のパリ大会から。女子の種目は1976年のモントリオール・オリンピックで初めて導入され、1996年のアトランタ・オリンピックから軽量級ローイングが正式種目となった。

FISA

FISAは漕艇の世界運営組織である。FISAは、オリンピック、世界選手権、ローイングワールドカップなどの国際的レガッタを主催。1892年に設立され、オリンピック・ムーブメント(IOCの活動を世界に広めていこうとする運動)の中でも、最も古くから存在する国際スポーツ連盟である。

ウォータースポーツ

267

ボート

カヤック

競技の概略

アドレナリンを極限まで引き出す急流スラロームレーシングから、心肺能力を最大限に使うスピード競技のフラットウォーターレーシングまで、カヤック競技は、究極の運動能力と技術を要するスポーツである。オリンピック種目には、印象的なスラロームレーシング以外にも、個人、ペア、フォアで、さまざまな距離のフラットウォーターレーシングがある。タイムを競う個人レースでは、急流の中に設置されたゲートを、指定順に決められた方向から触れないようにクリアしていく。オリンピック競技に加えて、マラソンレースやワイルドウォーターレースが、国際レベルで競技されている。さらに、カヤックに乗って競技する「カヌーポロ」という紛らわしい名前の球技もある。

選手の特徴
フラットウォーターレーシングの競技では、高度な有酸素運動能力と筋持久力が要求される。選手はプレッシャーの中で、優れた技を発揮し続けなければならない。スラロームでのレースでは技のほうが重要だが、それでも、体力、パワー、有酸素持続能力は欠かせない。

基礎知識

- カヤックは、座った状態でダブルブレードパドルを使う点で、カヌーと異なる。
- カヤックは特に北米とヨーロッパで人気があり、国際カヌー連盟（ICF）が管理している。
- オリンピック競技が最もレベルの高い大会。ICF世界選手権も高く評価されている。
- フラットウォーターレーシングとスラロームのレースには違った技が必要で、使われる用具も各種目で独特である。

コース

オリンピックのフラットウォーターレーシングは、200m、500mあるいは1000mの静水域で行われる。直線コースは9レーンあり、各レーンとも幅は9m。スラロームの競技は自然河川の急流、あるいは専用の水路で行われる。コースの長さはさまざまだが18から25のゲート（1対のポール）が上から水面上につるされている。各ゲートに振られた番号はコースの経路を示している。ゲートのうち6カ所は下流から上流へと通り抜けなければならない。

駆動力
高いレベルで戦う選手は、軽量のカーボンファイバーとエポキシ樹脂の積層板でつくられた、ダブルブレードパドルを使う。

パドルを握る
パドルをしっかり握って効率よく漕げるように、パドルグリップを使う選手が多い。

頭の保護
ヘルメットは、強化プラスチック、ファイバーグラス、あるいは超軽量のカーボンファイバーでつくられている。スラロームでは着用は義務。

浮いたまま
浮力補助器具（P.F.D.）は、パドリング用具の中でも、最も重要なものである。発泡素材でつくられた軽量で着心地のいいP.F.D.は、カヤックが転覆しても選手は浮くようになっている。

安全第一
カヤックの最も重要な安全装備は、各自の救命胴衣で、これを着用していれば、選手は水にずっと浮いていることができる。次に重要なのは、ウェットスーツとドライスーツ。冷たい水の中にいても低体温に陥らないように守ってくれる。

ドライを維持する
合成繊維でつくられているシャツの外側は防水性・防風性があるが、内部の汗は外に逃れるようになっている。

パワーパドル
選手は水の中で力を出すために、かなりの上半身の力が必要である。力強く漕げば漕ぐほどスピードが出る。

スプレースカート
ネオプレン製のスプレースカートはウエストの周りにフィットし、カヤックのコックピット全体を覆って、艇内に水が入らないようにする。

ウォータースポーツ

269

カヤック

フラットウォーターレーシングのコース
各試合が行われる施設によるが、静水域は、さまざまな距離のカヌーやカヤックの競技と、パドルを利用するその他の競技で使われる。コースは風をよけられる場所にあることが多く、水流がない。コースの両側は、波を起こすというより、むしろ吸収する設計になっている。

スコアボード
選手の名前、国籍、コース番号、レースタイム、そして最終的な順位が示される。

フィニッシュライン
フィニッシュラインのジャッジが、それぞれの選手のフィニッシュタイムを手動で測定し、電子測定の結果のバックアップとする。

コースジャッジ
モーターボートに乗った2人の審判が競技艇の後に追随し、コースから外れた選手がいると、赤い旗をあげて主審に合図する。

整列させる
線審が各コースのスタートの浮きドックに立ち、すべてのカヤックが同じ位置から出発しているかを確認する。

白いブイ
レーンの境のほとんどを白いブイで示しているが、最後の200メートル地点には赤いブイが置かれている。

スタートライン
スタートラインにいる審判がスタートの合図を出し、線審とともにフライングの判断を下す。

90m
1,000m

審判塔
審判塔に、主審やレース放送員が待機する。放送員はタンノイスピーカーで、レースを中継する。

観客スタンド
観客は、コースの両側からレースを観戦する。

順義の成功
順義オリンピック水上公園は、2008年の北京オリンピックの際、最初につくられたオリンピック施設のひとつである。ここは北京にあるオリンピック会場の中でも最大のもので、1.62km² の広さがある。

カヤックの艇種
フラットウォーターレーシングのオリンピック種目にはK1、K2、K4の3種目がある。Kはカヤック、数字はクルーの人数を表している。ロンドンオリンピックのK1とK2は、男子200mと1000mの種目、K4は男子1000mの種目である。女子はWK1（Wは「女子」の意）が200mと500m、WK2とWK4が500mの種目である。シングル、ダブル、4人カヤックの詳細は、次の通り。

	K1（シングル）	K2（ペア）	K4（フォア）
長さ	5.2m	6.5m	11m
幅	51cm	55cm	60cm
重さ	12kg	18kg	30kg

ジョン・マクレガーとロブ・ロイ
カヌーの漕手の多くが、レクリエーションとしてのシーカヤックは、19世紀後半に行われたジョン・マクレガーの有名な冒険が始まりだと考えている。マクレガーはスギとオークでできたカヤックをつくり、それを、血縁関係にある有名なスコットランドの義賊にちなんで「ロブ・ロイ」と命名した。そしてそのカヤックに乗り、ヨーロッパや中東を旅してまわったのである。彼の著書 A THOUSAND MILES IN THE ROB ROY CANOE（『ロブ・ロイーカヌーでの1000マイル』）は世界中でベストセラーとなった。

スラロームレーシング
スラロームレーシングは、技術を要する厳しいレースである。選手はカヤックに乗り、番号が振られたゲートを、挑戦的な速さで切り抜けていく。オリンピックのスラロームでは、男子カヤックシングル（K1）と女子カヤックシングル（WK1）が競技される。レースは2回行われ、最終結果は、2回のトライアルの速い方のタイムか両方の合計タイムに、ペナルティタイムを加えたものを元に算出する。

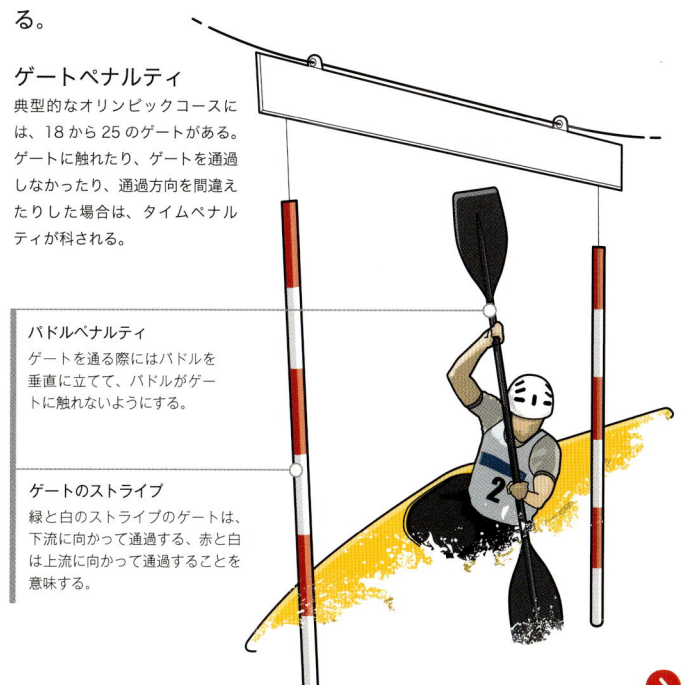

ゲートペナルティ
典型的なオリンピックコースには、18から25のゲートがある。ゲートに触れたり、ゲートを通過しなかったり、通過方向を間違えたりした場合は、タイムペナルティが科される。

パドルペナルティ
ゲートを通る際にはパドルを垂直に立てて、パドルがゲートに触れないようにする。

ゲートのストライプ
緑と白のストライプのゲートは、下流に向かって通過する、赤と白は上流に向かって通過することを意味する。

試合用のウェア

選手のウェアは最新の合成素材でつくられている。その目的は、温かく乾いた状態と快適さを保つことであるが、ウェアは欠かすことのできない安全機能も備えている。たとえば、ドライトップとスプレースカートが一体となり、カヤックのコックピットに水が入らないようになっているため、沈む心配がない。

温かくドライ
ベストとトランクスは軽量の抗菌加工の繊維でつくられている。これらを一番下に着用しているため、選手は温かく乾燥した状態を保ち、感染を防げる。

防水加工
防水性のあるドライトップはスプレースカートと一体になっている。そのため、カヤックのコックピットに水が入りにくい。

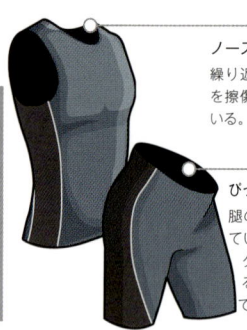

ノースリーブのトップ
繰り返し漕いでも、腕の下を擦傷しないようになっている。

ぴったりとしたトランクス
腿の周りがぴったりとしていて乾きやすいトランクスには、耐久性のあるシートパネルがついている。

カヤックについて

現代のフラットウォーターレーシングのカヤックは、軽い素材でつくられている。超軽量のカーボンファイバーかアラミド繊維（ケブラーなど）が素材として選択され、エポキシ樹脂で層を張りつける。最上級品のK1やK2カヤックの価格は、2000ポンド以上。ＩＣＦはカヤックの各艇種に対して厳しい指針を提示しており、最大の長さ、最小限の幅、最小限の重量、そしてカヤックの形について、規格に見合ったものにしなければならない。

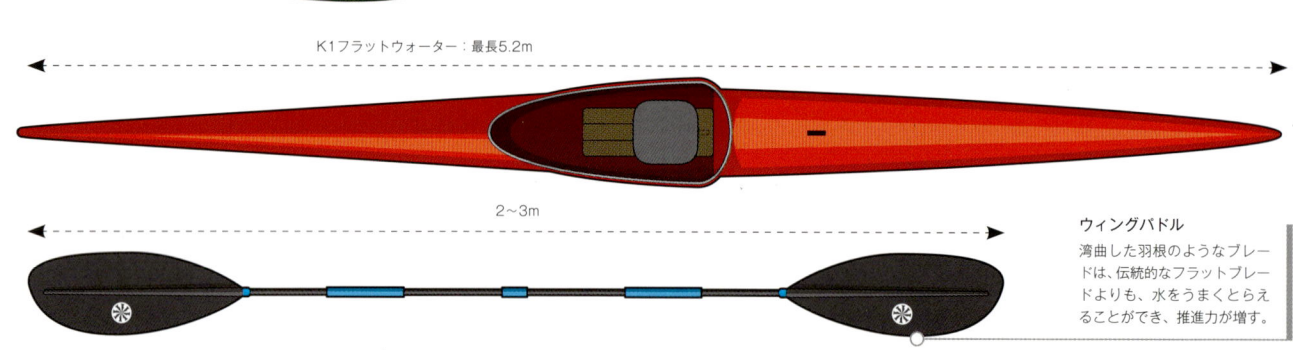

K1スラローム：最長4m

K1フラットウォーター：最長5.2m

2〜3m

ウィングパドル
湾曲した羽根のようなブレードは、伝統的なフラットブレードよりも、水をうまくとらえることができ、推進力が増す。

パドリングの技術

重要なパドリングストロークを支える駆動力は体である。初心者は腕の力でストロークをしようとするため、すぐに疲れたり、技がうまく出せなかったりする。熟達した選手は、体をエンジン、腕をトランスミッション、そしてブレードを車輪として使う。初心者がよくやるもうひとつの間違いは、柄を両手でしっかりと握ってしまうこと。熟練した選手は利き手だけでしっかりと握り、もう一方の手の中で自由に回転できるようにしておく。

パドリング
カヤックのストロークは、コースをコントロールするほうの手で水をかき、もう一方の手はリラックスさせて、ストロークを完成させる。ストロークは両手で、体の前で無理なく行う。左で引きよせるときは、左手の手首を下向きに曲げ、引きよせたブレードを正しい位置に向ける。その後、左手はリラックスさせて柄を回転させ、右のストロークの準備に入る。

フォワードスイープ
フォワードスイープは、カヤックを静止させて回転したり、前進しながらターンをするテクニック。推進させながら回転させるため、勢いを落とさずにすむ。選手は上半身を回転させながら、しっかりと水をつかむ。

スイープの開始
フォワードスイープは、基本的なフォワードストロークと同じ位置から始める。選手はブレードを水の中に入れ、上体をスターン（艇尾）の方に回転させる。それから新たな進行方向に足を押し出す。

スターンへスイープ
パドルを弧を描くようにカヤックから1mほど伸ばし、そのとき、ブレードがスターン方向に動くのに合わせて上体を回転させる。尻とスターンの間をスイープするときに、力が生じる。

体のバランス
スイープが終わるときには、選手の体は曲がる方向を向き、パドルのシャフトは水の外に出して、カヤックと平行にする。次のストロークを始める前に、体をカヤックの中央に少しずつ戻す。

キャッチ
基本的なパドリングストロークは、勢いをつけてパドルを水に入れる、キャッチから始める。

パドルをしっかりと立てる 水中にパドルをしっかりと立てる。

構え
構えで、ストロークに入る前にカヤックを安定させる。

体の回転
上半身とパドルを片側に回転させ、ストロークに備える。

その他のカヤックスポーツ
オリンピックのカヤック種目は、フラットウォーターとスラロームだけだが、これ以外にもたくさんのレースやスポーツが国際レベルで開かれている。ワイルドウォーターは、川の急流部分で行われるタイムトライアル。マラソンは自然の水域で行われる長距離レース。そしてカヌーポロは、カヤックに乗った1チーム5人の2つのチームで行う球技である。

ワイルドウォーター
スラロームの競技とは違い、ワイルドウォーターにはゲートの障害がない。このレースの目的は、簡単にいえば、できるだけ早い時間でコースを漕艇することである。この種目には2つのタイプがある。スプリントは500～750mの距離を猛スピードで漕ぎ切る競技。クラシックレースは距離がもっと長く6～10km。ワイルドウォーターレーシングで使われるカヤックは、フラットウォーターレーシングで使われるものよりも長くて幅が狭い。

マラソン
ICFのルールで、マラソンレースの最短距離は、男子で20km、女子で15kmと規定されている。ワールドカップや世界選手権のレースは最長で40kmで、岩や浅瀬などの障害がある。マラソンレースは極度の耐久レースのことが多く、何百キロというコースを何時間もかけて完漕するものもある。

カヌーポロ
水球とカヤックを足して2で割ったようなもの、といわれる。カヌーポロは、10分ハーフの20分間の試合で、相手よりも多く得点することが目的である。室内のスイミングプールで行われることが多い。世界各国で競技スポーツとして楽しまれており、その頂点は2年ごとに開かれる世界選手権である。

ナンバー・トリビア

650 万USドル：2000年のシドニー・オリンピックで、カヌーとカヤックのスラローム競技のためにつくられた、ペンリスホワイトウォータースタジアムの建設費用。

42時間49分：740kmのユーコンリバークエストのソロのクラスで、完漕までに要した最短記録。この記録を打ち出したのは、アメリカのカーター・ジョンソン選手。

77 個：カヌー・カヤック競技でハンガリーが獲得したメダル数。この競技ではハンガリーが最も成功をおさめている。

サーフスキーレーシング
サーフスキーとは、特にオーストラリア、ニュージーランド、南アメリカ、カリフォルニア、ハワイなど、サーフィンが人気の地域で、水難救助のために使われる幅の狭いカヤックのことである。たくさんのライフガードが集結し、国際ライフセービング連盟（ILF）主催のサーフスキーレースで競う。短距離種目から長距離の「アイアンマン」に至るまで、さまざまな種目がある。

エスキモーロール
エスキモー（スイープ）ロールは、腰のすばやい動きとパドルを使って、転覆したカヤックを正しい位置に戻す技である。ロールで重要となるのがヒップスナップ（腰の返し）。下半身を片側にグイと引くと、カヤックが元の位置に戻り始める。エスキモーロールは最も習得しやすい技のひとつ。カヤックの艇種によってロール方法が異なる。たとえばハンドロールは、パドルを使わずに回転する。

裏話
カヤックが競技として行われるようになったのは19世紀初めのことである。当時は一定の距離を競うものだった。フラットウォーターレーシングが正式にオリンピック種目となったのは、1936年のベルリン大会から。スラロームレーシングがオリンピックに加わったのは比較的最近のことで、1992年のバルセロナ大会から正式種目になった。

ICF
ICFは、オリンピックのフラットウォーターレーシングやスラロームの競技をはじめとして、国際レベルで行われているカヌーとカヤックの競技すべてを統括している組織である。ドラゴンボートレーシングやオーシャンカヤックも管理している。ICFは1946年、IRKに代わってストックホルムに設立された。本部はスイスのローザンヌ。

腹筋で
エスキモーロールで左回転する場合、選手は右側で上体を起こして、両手を水上に押し上げ、前腕でカヤックの側面を押す。

ヒップスナップ
頭を水面に近づけた状態で、体とパドルをカヤックの側面から遠くに勢いよく動かす。スイープと同時にヒップスナップを開始する。

フィニッシュ
ヒップスナップは、カヤックが元の位置に戻るまでずっと続く。選手は背筋を伸ばし、パドリングを再開する。

ストローク
ブレードで水を押すと、推進力が得られる。

水上に出す カヤックが前進しているときは、パドルをほぼ垂直にする。

移行
ストロークの移行はできるだけスムーズに。

右から左へ、また右へ ブレードが水の外に出たら、すぐに反対側のキャッチを始める。

競技の概略

カヌーは男女ともひとり、あるいはペアで競技をする、激しいウォータースポーツである。選手はシングルブレードパドルを使って水の中を進み、できるだけ短時間でコースを完漕することをめざす。カヌーには、スラロームとフラットウォーターの2種目がある。スラロームは急流で行われ、選手は一連のゲートをうまく通り抜けていく。対照的に、フラットウォーターレーシングは静水域で、選手が横一列に並んでレースを行う。カヤック選手と違い、カヌーの漕手は膝をついた姿勢で漕ぐ。

カヌー

基礎知識

- カヌーは世界中で人気のスポーツで、スイスに本部を置く、国際カヌー連盟（ICF）が管理している。
- カヌーはアメリカの先住民がつくり出したもので、艇のことを、インディアンカヌーやカナディアンカヌーと呼ぶことがある。
- 2011年にハンガリーで開かれた第39回カヌースプリント世界選手権には、88カ国が参加、37の競技が行われた。

選手の特徴

カヌー選手は、非常に高いレベルの体の柔軟性、体力、スタミナが必要となる。というのも、パドリングは有酸素活動の繰り返しで、脚の筋肉に加え、上半身のすべて（腹部、腕、肩、背中、胸）の筋肉を使うからである。

ヘルメット
ヘルメットの着用は重要。スラロームの障害物やカヌー自体など、コース上にある硬いものでけがをしないように保護する。

T字ハンドル
カヌーのパドルはハンドルの先端がT字になっているものが多い。舵が取りやすく、カヌーを前に進ませやすい。

2人乗りカヌー
後ろの選手は、膝をついた状態で片側を漕ぎ、もう一方の選手は前に座り、反対側を漕ぐ。

スラロームのコース

スラローム競技は、急流の川などの自然水域や、急流を人工的につくり出す専用コースで行われる。どちらのコースもおよそ400m。水の上にはゲート（対になったポール）がつるされ、ルートを示している。緑と白のストライプのゲートは下流に向かって通過することを示し、少なくとも6つある赤と白のゲートは、上流に向かって通過することを示している。スラロームのコースはカヤック競技でも使われている。

スラロームのゲートポール
ゲートを通過するときにポールの色を見て、選手はどの方向に進めばいいのかを判断する。

人工の川
図のようなスラローム専用コースの水路は、強化コンクリートでつくられている。上流から下流まで、落差が数メートルある。

ハザードをつくる
可動式のコンクリートブロックでつくった障害システムで、水流を簡単に変えることができる。

水のリサイクル
水がコースの端にくると、スタート地点までポンプで送り返される。

ゲート審判
審判はコースに沿って配置され、選手が各ゲートを正しく通過しているかを確認する。

急流のレベル

急流には6つの区分があり、1が簡単で6が最も難しい。スラロームのコースは、2から4の急流で行われることが多い。

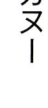

スピードと安全性

レーシングカヌーやスプリントカヌーは、スピードを出すために細長くなっている。それに比べてスラロームのカヌーは短く、スプレーデッキが取りつけられる。スプレーデッキはカヌーの漕手が装着する防水のエプロン。それがカヌーのコックピットの縁まで広がり、カヌーの中に水が入らないようになっている。

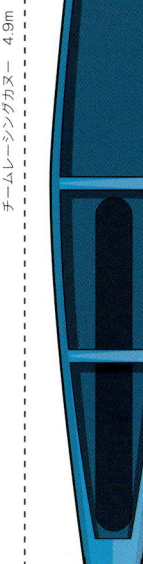

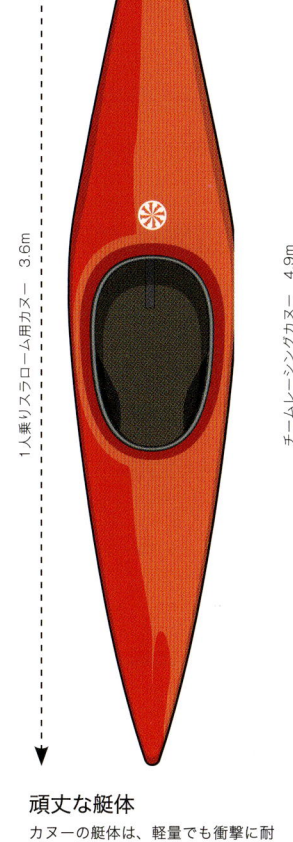

ヘルメット
軽量だが強い。堅い外殻が発泡素材の内張りを覆っており、保護する力が抜群な上に快適である。

パドルトップ
選手の動きを妨げない完全防水のカグール。特殊な軽量ゴム素材でつくられている。

ライフジャケット
カヌーが転覆しても、これを着用していれば、選手は沈むことはない。発泡素材が入っており、特に急流の川など、流れの速い水路では便利な安全装具である。

柔軟性のあるスプレーデッキ
カグールにゴム製のスプレーデッキが取りつけられており、カヌーのコックピットを覆い、水を通さないようになっている。

軽量のパドル
最近のカヌーパドルは、アルミニウムのシャフトに、耐久性のあるポリプロピレンのブレードを取りつけたものが一般的である。

1人乗りスラローム用カヌー　3.6m
チームレーシングカヌー　4.9m

頑丈な艇体
カヌーの艇体は、軽量でも衝撃に耐えられるものでなければならないため、ファイバーグラスやケブラー、ポリエチレン樹脂、あるいは超軽量のカーボンファイバーといった素材でつくられている。

ウォータースポーツ

273

カヌー

スラロームレーシング

カヌーのスラロームレーシングの目的は、自然あるいは人工の、流れの速い、約400mのコースをうまく通り抜けることである。コースは18から25個のゲートで示され、選手はできるだけ短い時間で、コースを間違えないように完漕しなければならない。各選手の漕行は正確に測定され、ゲートに触れると2秒のペナルティ。国際的な大会では、レースは2回行われ、両方のタイムを合計して総合タイムを出す。

フラットウォーターレース

ＩＣＦ公認のカヌースプリント世界選手権大会は、指定された障害のないコースで行われる。選手は横一列に並び、200mから5000mのコースをコースに沿って競技する。各レースとも最低3艇が必要で、最初にフィニッシュラインを通過しきったカヌーが勝者となる。スラロームと同様、男子と女子は別々に競技する。

極限のパドリング

スラロームやフラットウォーターレーシングの他に、カヌーにはたくさんの種目がある。たとえば、プレイボーティング（ロデオ）は、選手がスタントや技を披露して得点する競技で、エクストリームレーシングやホワイトウォーターレーシングは、さまざまなグレードの急流をうまく漕いで下っていく競技である。

ストローク
各ストロークで最適の力を出すために、フラットウォーターの選手は、片膝をついてもう一方の足を前に押し出し、体を固定する。この位置から、パドルをすばやく水の中に入れて体を傾け、全身の力を使ってパドルのハンドルを引きよせる。

開始位置
腕を斜めに伸ばしてパドルを持ち、次の動きに備える。

下に押す
パドルを下に押し、水に垂直に入れる。

引きよせる
パドルのブレードで水を後ろに押し、そのパドルを持ち上げる。

繰り返す
ブレードをスタートの位置に戻し、ストロークを繰り返す。

ドラゴンボート

基礎知識

→ ドラゴンボートの漕手は普通20人だが、レースの場合は18人。

→ スワンボートと呼ばれる最大のボートには、50人くらいの人が乗れる。このボートは概して儀式用で、レースに用いられることはめったにない。小さめのフェニックスボートのクルーは10人。

→ 競技は200mの短距離から50kmのマラソンまで、さまざまな距離で行われる。

管理役
ヘルムスマン（舵取り）は、前方の水域の様子が一番よく見える艇尾に立つ。クルー全体に指示を出す。

艇尾の形
艇尾はドラゴンの尾を模した伝統的な形をしている。頭と同じように塗られているため、ボート全体でドラゴンのように見える。

舵取りオール
ヘルムスマンが持っている長いオールは、ボート後方に伸びている。右に行く際には自分の方に引きよせ、左に行く際には体から離す。

競技の概略

中国の風習に由来するドラゴンボートレースには2000年以上の歴史があり、今日では世界中で、高いレベルのクルーが競技している。色鮮やかに装飾されたドラゴンボートが、最高で7艇参加するレースは壮観である。

艇体の設計
最近のドラゴンボートは、軽量のファイバーグラスでつくられている。

総出演
クルーは男女混合。

ひとつになって
漕手は、ボート前方にいる2人のペースメーカーに合わせて漕ぐ。

頭上に

特に短距離のレースでは接戦となる。写真判定が導入される前は、優雅な方法で勝者を決めており、その方法は今日でも広く使われている。ボートがゴールに近づくと、漕手以外のクルー（旗取り、あるいはキャッチャー）がドラゴンの頭にのぼり、手を伸ばす。フィニッシュラインの各コースには旗がかかげられており、その旗を最初に抜いたチームが勝ち、というものだ。旗取りの選手用のスペースがある大きな頭を持ったボートは、台湾が発祥である。

勝利の旗
自分のチームの旗を最初に抜いたボートが勝ちだが、旗を取りそこなうとペナルティが科される。

前方に手を伸ばす
旗を引き抜く選手は終盤まで鼓手の後ろに座っている。

ドラゴンボートの起源

古代中国のいい伝えによると、ドラゴンボートレースは、紀元前4〜3世紀の有名な詩人であり政治家だった屈原（くつげん）を偲んで行われたのが始まりだとされている。屈原は腐敗した為政者に抗議するために、川に飛び込んで自殺をはかった。村人たちは彼を救おうと船を出したが、間に合わない。しかし、村人たちはそのまま水にとどまり、太鼓をたたき、水を跳ねかけて、屈原の体から魚と悪霊を追い払ったのである。このレースは、村人たちの失敗に終わった救出活動をたたえたものである。

ドラゴンボート

用具
近代のドラゴンボートレースで使われる艇体用具は、最新の技術と素材を使っているが、今でも伝統的な基準に従わなければならない。

太鼓の役割
太鼓は太鼓手が足の間にはさんでいる。太鼓の代わりに銅鑼を運ぶボートもある。

進行を指示する
漕ぎ手のオールとは違い、舵は方向を定めるだけで、前進させる力はない。

軸
ヘルムスマンが握りやすいように、軸の部分が平たくなっている。

舵取り用ブレード
レース用のブレードより、表面積がかなり大きくなっている。

およそ1.73m

板よりも堅く
現代のレース用パドルは、カーボンファイバー製のため、強くて堅く、そして軽い。

およそ1.1m

象徴的な生きもの
龍は中国の十二支に出てくる架空の生きもの。川と海を支配し、降雨を管理している。

うろこ状のひれ
爬虫類のようなひれ。

尾の保管
使わないときは、尾（と頭）は寺で保存される。

龍のひげ
伝説によると、龍にはナマズのひげが生えているという。

レースの目玉
尾と頭はレースのときにだけ使われる。練習のときには取り外す。

太鼓制御
鼓手はクルーの方を向き、ペースメーカーと拍子を合わせる。

龍の頭
艇首の飾りは、伝統的には尾と同じ木の幹を彫ってつくられていたが、最近はファイバーグラス製である。

Wのない艇体
伝統的な木製のボートには、Wの形をした横断面が水位線の下にあった。これは、3本の船梁を固定したときにできたものである。今日の艇体は通常、底が平らになっている。

象徴的なスポーツ
中国でドラゴンボートレースが行われるのは5月5日の端午節、いわゆる「ダブルフィフス」（5番目の月の5番目の日）である。このレースは田植えの季節の始まりを示し、水の支配者である龍の魂をたたえることで、雨に恵まれ、水田に水があふれることを願うのである。ボートがレースに出る前に、お坊さんか高官が、龍のふくらんだ目に赤い点を描いて龍の頭を「目覚め」させる。今日ではクルーの安全を重要視しているが、当時は落ちたり溺れたりした選手は、龍の魂へのいけにえであり、その年が豊作になる兆しだと考えられていた。

パドリング
全速力でボートを進めるには、クルーが正しいテンポで漕がなければならない。ほんのわずかタイミングがずれただけでも、ボートは減速してしまう。艇尾にいる選手たちは、艇首にいるペースメーカーのパドルは見にくいので、鼓手の拍子がとても重要になってくる。パドルのブレードが着水するのは、前方にいる選手が「キャタピラリング！（キャタピラはイモムシのこと）」と叫んだ1秒足らずの間である。このかけ声は、ボートからパドルがたくさん出ている様子が、たくさんの足をもったイモムシを思い起こさせるため。鼓手が漕ぎ手のペースに合わせるのであって、その反対であってはならない。
一番大きい漕ぎ手は真ん中に座ってボートのバランスを取り、ボートを進める「発電所」となる。パドルの長さは1.04mから1.29m。背の高い選手は長いパドルを持つ。

Aの形を取る
水に入る瞬間、パドルと漕ぎ手の上体で、Aという文字の形をつくる。水が跳ねると非効率的で、エネルギーの無駄になるため、水が跳ねないようにパドルを入れる。

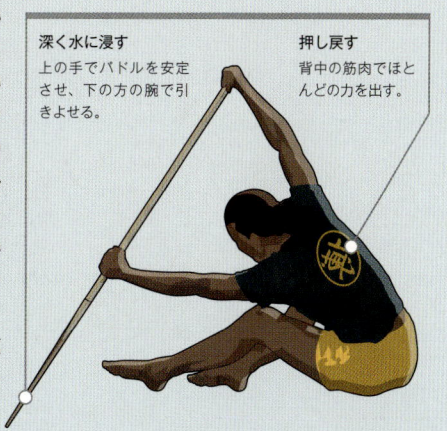

深く水に浸す
上の手でパドルを安定させ、下の方の腕で引きよせる。

押し戻す
背中の筋肉でほとんどの力を出す。

裏話
このスポーツの人気が中国以外で出てきたのは1980年代後半のこと。最初はカナダとアメリカの西海岸で、その後、オーストラリアとヨーロッパに広がった。毎年開かれている香港国際レースは1970年代半ばから行われており、1995年から隔年で世界ドラゴンボート選手権が開かれている。偶数年には、トップクラブのクルーを対象に、世界選手権が行われる。

国際ドラゴンボート連盟（IDBF）
IDBFには、イギリス、デンマーク、ドイツ、イタリア、南アフリカ、スイスをはじめ、70カ国以上が加盟している。

耳の保護
トリックとスラロームの選手はヘルメットを着用しなくてもいいが、スキージャンプでは義務である。

ライフジャケット
競技会に出場している水上スキーの選手は、競技会公認の救命胴衣を装着しなければならない。

ウェア
プロの選手は、予想される衝撃によるけがから身を守るために、特別仕様のウェットスーツを着る。

選手の特徴
水上スキーには、優れたバランス力と、強健でがっしりとした体格が必要である。さまざまなトリックを演じるには柔軟性が欠かせないため、筋肉がよく鍛えあげられている。しかし、注目すべき点は筋肉の大きさではなく、筋力やスタミナにある。水上スキーの選手は、特に背中と肩が強い。ここはモーターボートで引っぱられる際に、たくさんの力がかかる部分である。また、スキーを操作したり、スキーの位置をしっかり維持するために、足の筋肉も強い。

強いグリップ
ロープのハンドルをしっかり握れる特殊なグローブを装着する。

足の位置
スキーの上でバランスを保てるように、足を少し曲げて安定した姿勢を維持する。

水上スキーブーツ
ゴム製のブーツで、倒れたときに、板からすぐに外れるようになっている。

ぴんと張ったロープ
勢いを維持するためには、ロープを強く張っておくことが大切。

水上スキー

競技の概略
水上スキーは、スピードが速く、アドレナリンが刺激される水上スポーツである。選手は、ものすごいスピードでモーターボートに引っぱられながら、ジャンプやターン、アクロバティックな動きを通して、めざましい敏しょう性とバランスを披露する。水上スキーのトーナメントには、スラローム、ジャンプ、トリックの3種目がある。各種目の勝者だけでなく、男子総合、女子総合での勝者を決める。さらに、ウェイクボード、ベアフット、スキーレース、ショースキーなど、他の水上スキースポーツにも、プロのトーナメントがある。

基礎知識
- 水上スキー競技は世界中で人気がある。特に、オーストラリア、カナダ、アイルランド、フランス、ニュージーランド、そしてアメリカで盛んである。
- 水上スキーはオリンピックスポーツではなく、これまでにもなったことはない。1972年のミュンヘン・オリンピックで公開競技として競技されたものの、今のところ、オリンピックのプログラムに加えられる予定はない。

競技場所
トーナメントは、静かな水域が広がっているところであれば、ほぼどこででも競技が可能。湖や川で行われることが多い。他の種目とコースが重なる場合は、使われていないコースのブイは取り除かなければならない。

スラローム
スラロームのコースは長さ259m。6つの小さなゴムのブイでコースが示されており、選手はこのブイの周りをうまく回らなければならない。スタートとフィニッシュのゲートは色の違うブイで示されている。スタートのゲートから最初のブイまでと、6番目のブイからフィニッシュゲートまでの距離はともに29m。コースブイの間隔は47mである。モーターボートはスタートからフィニッシュラインまでまっすぐ進まなければならず、そのコースは2.5mおきに置かれた6対のブイで示されている。スタートゲートとフィニッシュゲートから140〜180m離れたところにブイが置かれており、ボートと選手はその周りをまわってコースに戻り、滑走を続ける。

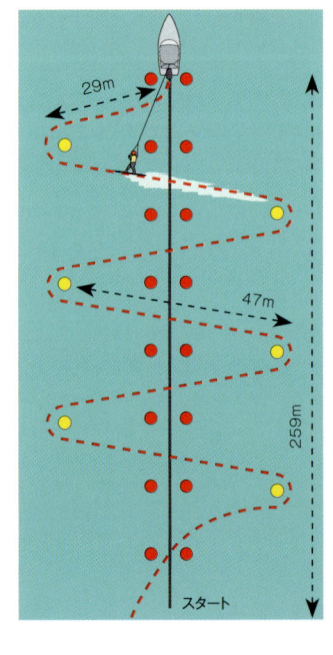

用具

水上スキーは当初、木でつくられていたが、最近ははるかにバランスのとれたものになっている。ほとんどのスキーはグラスファイバー製かカーボンファイバー製で、底に取りつけられているフィンでターンがしやすくなっている。ビンディングでブーツを固定する。

ジャンプ用スキー
長く、後ろにいくにつれて幅が広くなっている。前方のエッジが持ち上がっているため、傾斜台を上りやすい。

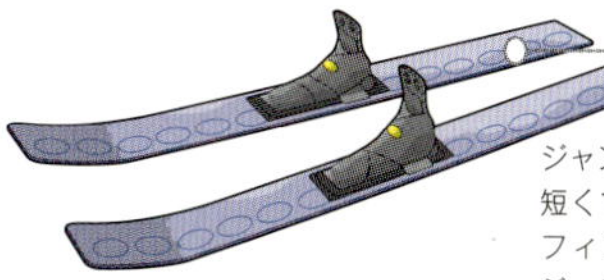

ジャンプフィン
ジャンプ用スキーには、短くて幅が広いテールフィンがついている。ジャンプ台の堅い表面を滑るのに適している。

トリック用スキー
幅が広く平らで、底にフィンはついていない。ターンや水面の滑走がしやすい。

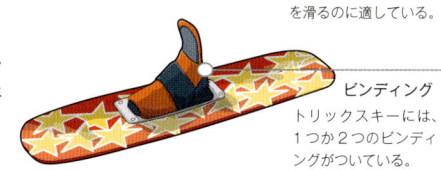

ビンディング
トリックスキーには、1つか2つのビンディングがついている。

スラローム用スキー
スピードを出したまま急カーブできるように設計されている。後部は鋭く絞り込まれ、裏面がくぼんでいる。

スラロームスキー
このタイプのシングルスキーはエッジが鋭くなっている。

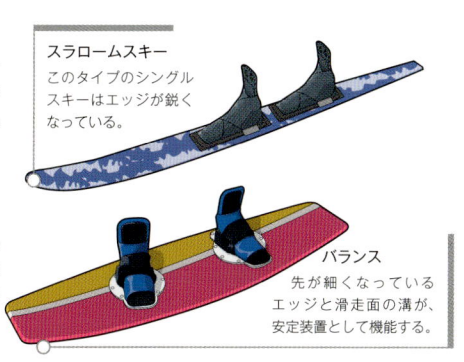

ウェイクボード
幅が広く、底にくぼみがあるため、水面上でかなりの高さまでジャンプすることができる。

バランス
先が細くなっているエッジと滑走面の溝が、安定装置として機能する。

トウライン
2本のトウラインはトーナメントで使われる。長さはそれぞれ23mと18.5mで、長い方はジャンプ用、短い方はスラローム用。トウラインを使う際には、ロープとハンドルの間を動かないようにすること。

トウラインの材質
プラスチック素材で編んだロープで、トーナメントの仕様に見合ったものでなければならない。

グリップ
滑り止め加工されているゴム、あるいはそれに似たような表面の素材を、ハンドルに使用する。

安全装具

保護具は、競技に出場する選手には重要である。すさまじいスピードと目もくらむような高さに達している状態で不自然な技を行うと、大けがをする危険に常にさらされていることになる。

ヘルメット
水上スキーのヘルメットは耳のパッドが厚くなっており、高速で落下したときに鼓膜が破れるのを防ぐ。

救命胴衣
スラロームとスキージャンプの選手は、トリックスキーの選手よりもリスクが高いため、厚い救命胴衣を着る。

腹部の保護
水上スキーのウェットスーツは、腹部がパッドで裏打ちされている。これにより、水を高速で受ける衝撃によって生じる、肋骨や内臓の損傷を防ぐ。

ウェットスーツ
水上スキーのウェットスーツは、柔軟性があって非常に動きやすい合成ゴムのネオプレンでつくられている。

ブーツのバックル
ロックダウンするバックルは、スキーの反応性を高める。

ブーツ
水上スキーのブーツは防水加工のゴム製で、足首を強くサポートしている。

ジャンプ

ジャンプコースは、スタートブイからジャンプ台の先端までの長さが180m。ジャンプ台は木材かグラスファイバーでつくられており、表面にワックスが塗られているか、表面が常に濡れた状態になるように散水システムを完備している。ジャンプ台の表面は完全に平坦でなければならない。長さは6.4～6.8m、幅は3.7～4.3mとさまざまある。スキージャンプの競技では、ジャンプ台の高さを2つから選択できる。男子は1.65mか1.80m、女子は1.50mか1.65m。ジャンプ台の先の水域には測定ブイの標識があり、審判が選手のジャンプを測定する指針とする。

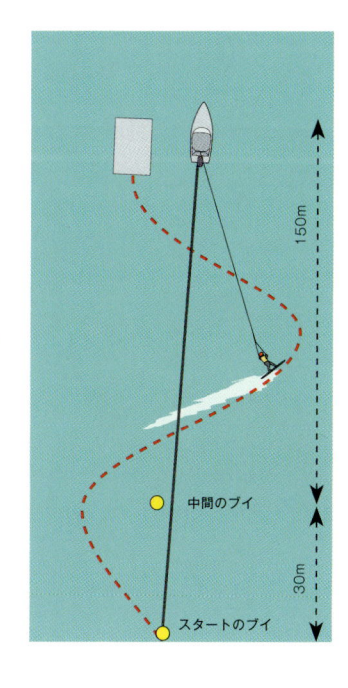

中間のブイ
スタートのブイ

水上スキーのギネス記録

ラルフ・ヒルデブランドとデイブ・フィリップスは、カナダのインディアンアーム川の2152kmの距離を、ノンストップで水上スキーした。これを完走するまでに56時間35分3秒かかり、この水上スキーマラソンは世界最長記録として認定された。

ジャンプ台の色
高速で向かってくる選手がひと目で識別できるように、ジャンプ台の側面と表面は違う色に塗られている。

ジャンプの開始
ジャンプ台の前部は水面下にある。

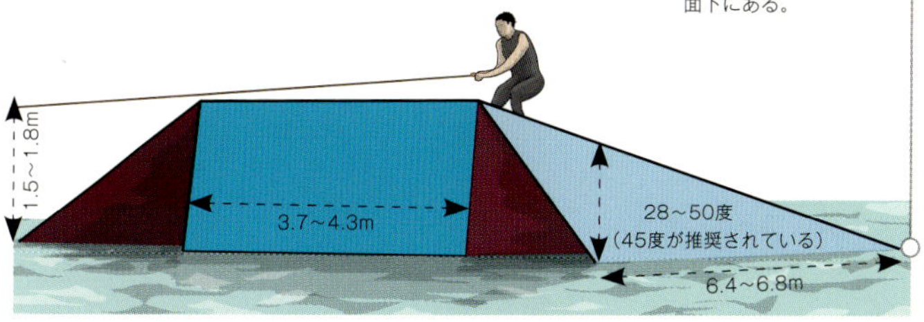

1.5～1.8m
3.7～4.3m
28～50度（45度が推奨されている）
6.4～6.8m

ウォータースポーツ

277

水上スキー

競技会

一般的な大会では、スラローム、スキージャンプ、そしてトリックスキーの3種目が競技され、各種目とも予選と決勝が行われる。スラロームでは、決勝で最も短いロープを使って最も多くのブイを回った選手が、スキージャンプでは、決勝で最も長い距離をジャンプした選手が、トリックスキーでは、決勝で2回の20秒の滑走のうち、どちらかで最も多く得点した選手が勝者となる。試合の総合優勝は、3種目の総合スコアが最も高い選手に与えられる。選手の総合スコアは、各種目のベストパフォーマンスの得点を合計して決められる。その際、あらかじめ定められた公式で計算される。

ナンバー・トリビア

75.2 m：2008年11月にアメリカのフレディ・クルーガーが樹立した、男子スキージャンプの最高記録。

12,400 点：トリック競技の最高点。これは、2005年9月に、フランスのニコラス・レ・フォスターが打ち立てた記録である。

スラローム

選手はスラロームのコースを滑走する間、ロープで引かれたまま、6つすべてのブイの外側をターンし、フィニッシュゲートを通過しなければならない。このターンは失敗するまでコースを繰り返し走行する。選手は予選で3回、決勝戦で3回、滑走が可能。ロープの長さは滑走のたびに短くなっていき、ロープが短くなるにつれて、ブイからブイへたどり着くのが難しくなる。ブイをターンするには、選手はブイの外側、あるいは一部は外側を通らなければならない。ブイの上を通過したり、部分的に内側を通った場合はミスとはカウントされない。滑走は、選手がブイをターンしそこなったり、エントリーあるいはフィニッシュゲートを通過しそこなったところで終了する。

ボートのスピード

スラロームとジャンプ競技では、ボートのスピードが事前に定められている。男子スラロームは58km/h、女子スラロームは55km/h。ジャンプ競技の最大スピードは、男子で57km/h、女子で54km/h。トリックスキーには、ボートスピードの規定はない。

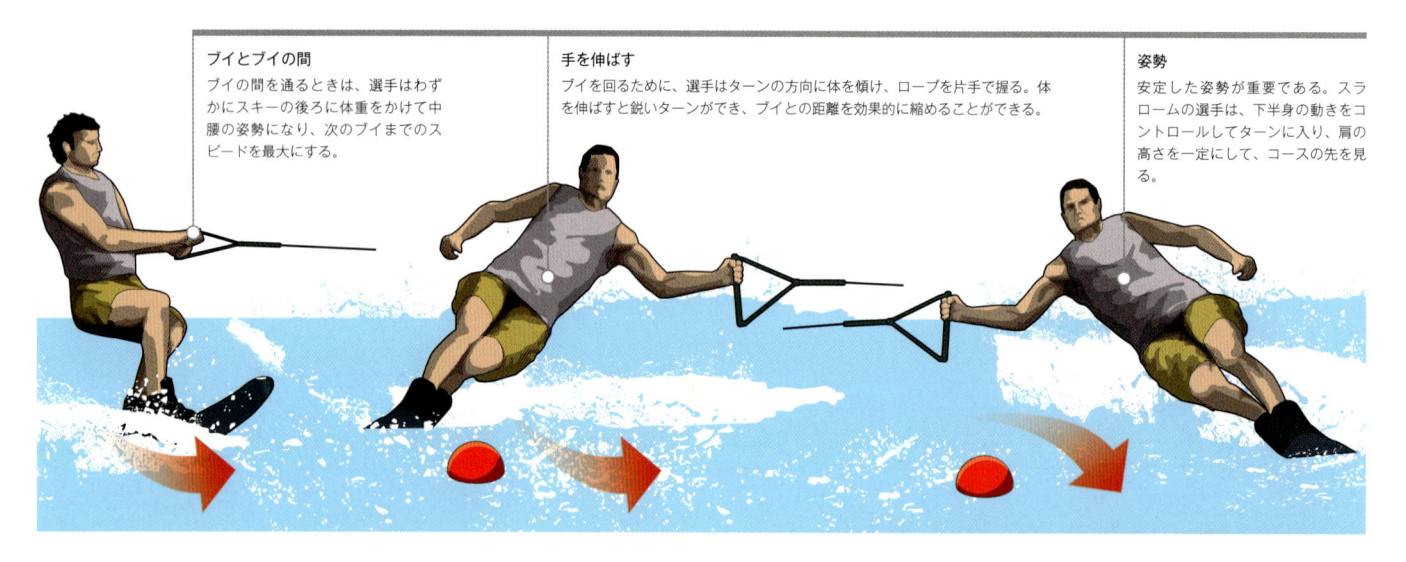

ブイとブイの間
ブイの間を通るときは、選手はわずかにスキーの後ろに体重をかけて中腰の姿勢になり、次のブイまでのスピードを最大にする。

手を伸ばす
ブイを回るために、選手はターンの方向に体を傾け、ロープを片手で握る。体を伸ばすと鋭いターンができ、ブイとの距離を効果的に縮めることができる。

姿勢
安定した姿勢が重要である。スラロームの選手は、下半身の動きをコントロールしてターンに入り、肩の高さを一定にして、コースの先を見る。

スキージャンプ

選手はモーターボートに一定速度で引っぱられながら、最大速度でジャンプ台に向かうために、コースを意図的に横切る。そのため、進路はS字型になる（「ダブルウエイクカット」とも呼ばれる）。これは、選手がスリングショット効果を生み出すために、ボートが通った後を横切っていくために生じる。この方法だと、100km/hくらいまでスピードを上げることができる。選手はその後、ジャンプ台から空中高く飛び出し、風の抵抗を減らすために体を固くする。ジャンプが完成したと見なされるには、選手はスキー板で着水し、滑走を続けなければならない。

クラック・ザ・ウィップ

アルフレッド・メンドーサが1951年に現代のスキージャンプ法を考案した。当時は「クラック・ザ・ウィップ（鞭を鳴らす）」と呼ばれていた「ダブルウエイクカット」のおかげで、メンドーサは1950年代に何度も世界タイトルを獲ることができた。

攻撃的な接近
ジャンプ台に近づく際、選手は体を低く前かがみにし、ボートの通った跡を迫力たっぷりに横切り、スピードを上げる。

ジャンプ台での姿勢
選手は前かがみのまま、経験から得た絶妙なタイミングで台の端から飛び出し、距離を伸ばす。

飛行姿勢
スキーをV字型にすると、空気力学的に効率がよく、ジャンプの距離を伸ばすことができる。

エッジを上げる
ジャンプ台に近づくと、選手はスキーの前のエッジを持ち上げる。

飛行経路
選手はジャンプ台の傾きよりも鋭い角度で飛び出す。

トリック競技

トリック競技のコースは全長175m。選手は、好みの一定速度（たいてい29km/h）でモーターボートに引かれる。20秒間のパスが2回あり、その間にできるだけ多くの技を完成させる。演じる技の内容は、競技の前に審判に提出しておかなければならない。選手はトリックの種類に合わせて、1枚板と2枚板のどちらのスキー板も使うことができる。トリック競技の規則で認定された技を成功させるとトリックとみなされる。ポイントは、選手が成功した技の難度と、その正確さに従って与えられる。難度は、技ごとにあらかじめ決められた要素に従って計算される。

トリック競技の技

トリック競技は、フリップ（宙返り）やターン、スピン、ホールドを、いろいろと組み合わせながら滑走する。スピンやフリップをたくさん組み合わせたトリックには、高得点が与えられる。スピンには、「ウエイクターン」（引き波を利用して、空中で回転する）や「ウォーターターン」（水面上で行われる）などがある。選手は180度から900度を回転する。「ステップオーバー」は、ロープを飛び越える技で、その際にスピンを1回か2回行う。前方宙返り・後方宙返りをさまざまに組み合わせた回転が用いられ、回転の際にはスキーのテールが選手の真上を通るようにする。

トウホールド

手ごわい技のひとつに「トウホールド」がある。特別な用具を使って選手の足をトウラインのハンドルに固定し、そのまま、ステップオーバー、ジャンプ、そしてスピンを組み合わせて演じる。このトリックには非常に優れたバランス力が必要で、フリップほど目を見はるような技ではないが、それでもかなり難しい。

体をひねる
スピンをかけるには、勢いをつけて上体を回転させる。

触らない
いったん足をハンドルにかけたら、そちらの足で意図的にスキーに触れることはできない。

ウエイクフリップ

最もスリルのあるフリップのひとつに、「ウエイクフリップ」がある。ボートがつくった波紋をジャンプ台にして、そこから空中に飛びたつというものだ。空中を浮遊している間、選手は前方か後方に回転し、直立姿勢で着水する。その際、選手はツイストやスピンを組み込み、720度まで宙返りすることができる。

頭は水につけない
フリップの際に選手の頭が水に触れると、このトリックには点が与えられない。

短いスキー板
フリップには短いスキー板を使う選手が多い。着水の際にコントロールしやすいのだ。

ピンと張ったロープ
フリップする勢いを維持するために、トウラインはピンと張った状態にしておく。

ウォータースポーツ

279

水上スキー

その他の水上スキー競技

水上スキーの魅力のひとつは、そのバラエティが豊富なことである。エキシビジョンが競技と同じくらいおもしろいスポーツは、他にあまり例を見ない。新しい水上スキー競技で独自の国際大会が行われるようになり、従来の水上スキー大会の人気も急上昇している。

ベアフット

ベアフットスキーには主に3つの種目があり、それはいずれも水上スキーの種目と似たようなものである。トリック競技では、2回のパス（それぞれ15秒）があり、その中でできるだけ多くの技を披露する。スラロームでは、15秒の制限時間内で、できるだけ多くボートの引き波を横切ることが目的である。ジャンプ競技では、できるだけ遠くにジャンプすることが目的で、一流のプロ選手であれば27mを飛ぶことができる。

スキーレース

これは水上スキーで最も速い競技である。長距離の指定されたコースで行われ、最長コースは140km。選手は高速でレースに臨み、その速さは190km/hにおよぶこともある。プロの選手は、コントロールしやすいという理由から、長い1枚板のスキーを使用する。腕への負担を減らすために、トウラインを持ち、体も固定する。

ウェイクボード

この競技はトリックとほとんど同じであるが、長めで幅広の板を使う点で異なる。コース中に2回のパスが認められており、その長さは305mから427mまでさまざまである。

ボードのスタイル
ウェイクボードの板は長めで幅が広い。前部と後部にフィンがついている。

スピードの限界
ウェイクボードのスピードは最高でも25～37km/hであるため、従来の水上スキーの選手より、水上をゆっくり滑走する。

ショースキー

チームで、自分たちで考えた「演技」を1時間で披露するもので、何らかのテーマを持っていることが多い。こうした演技には、「バレエライン」（チームのスキージャンプ）や「ファイナルピラミッド」（スキーをしながら、チーム全員で人間ピラミッドをつくる）などがある。複数のボートで行うことが多く、伴奏やボートの運転スキルも得点対象となる。5人の審判が判定する。

裏話

水上スキーは、ラルフ・サミュエルソンが編み出したといわれている。1922年、サミュエルソンはヘピン湖の水上で、木樽から曲がった2枚の板を取り外すと、それに乗って初めてスキーに挑戦した。その際、2本の革のストラップで樽板を足に結びつけ、窓枠をトウロープ代わりにして、弟のベンがサミュエルソンを引っぱったという。サミュエルソンは後に、2本の木材から水上スキーをつくり出した。

運営組織

国際水上スキー＆ウェイクボード連盟（IWSF）が水上スキーの運営組織で、競技の規則を定めている。1946年に設立され、もともとは国際水上スキー連盟と呼ばれていた。1949年に第1回世界選手権を開催し、それ以来、2年ごとに実施している。

ウィンドサーフィン

競技の概略

ウィンドサーフィンは、スピードの速いアクロバティックな水上スポーツである。選手は、1枚のセールを装備したボートで、湖や外海を帆走したり、競争したりする。プロのウィンドサーファーは、80km/hで飛ばしていないようなときは、ジャンプやスピン、ループなど、重力をものともしないトリックを演じる。プロの種目にはいくつかあり、スピードや技術に焦点を当てたものもあれば、トリックやスタイルを重視するものもある。

基礎知識

- ウィンドサーフィンの人気は1980年代にピークを迎え、1984年に初めてオリンピック種目に導入された。
- 室内のウィンドサーフィンは人気の競技である。1991年に初めて室内レースがパリで行われた。選手は75mのプールで、25個の扇風機を使って風をつくり、競い合った。
- プロのウィンドサーフィン・ワールドカップツアーでは、多くの種目がさまざまな国の間で競技される。1983年から行われている。

選手の特徴

ウィンドサーフィンは非常に肉体を酷使するスポーツである。研究によると、ウィンドサーフィンのオリンピック選手は、オリンピックのボート選手やクロスカントリーの選手と同じくらいの体力が必要だという。強風の中でもセールをコントロールできるように、強靭な胸と肩が必要だ。また、荒れた水域でボードを操作するだけの、強力な足の筋肉も持ち合わせていなければならない。困難な状況で長時間レースをするには、スタミナも欠かせない。

プレーニング

ウィンドサーフボードが水面を滑走することを「プレーニング」という。風速が8～13mでは、水をかき分ける必要がないため、ウィンドサーファーは水面上に乗って、非常に速いスピードを出すことができる。

さらなる強さ
強風でも安定するように、張りを強めて、セールを「バテン」で強化する。

サーファー艇のデザイン
サーファー艇の形の基本は、1970年にアメリカのジム・ドレイクとホイル・シュワイツァーが特許権を取得して以来、ほとんど変わっていない。

ラフチューブ
ラフはセールの前縁で、ラフチューブと呼ばれるスリーブにマストを収納する。

セールの大きさ
セールが小さいと風をあまりとらえないため、操作しやすい。大きいセールは風をたくさんとらえるため、高速の帆走に適している。

リーチ
セールの後縁。リーチをゆるめると強風でも帆が操作しやすく、リーチを張ると弱い風でもセールの力を維持できる。

セールの素材
セールは軽量のポリエステル複合素材でつくられており、軽くて強いケブラーメッシュで強化されている。

セールの種類
セールには、キャンバー・インデューサー入りのセールと、回転式セールの2種類がある。前者はスピードが出て、安定しやすい。後者は扱いやすく、操作もしやすい。

ウィッシュボーンブーム
このブームはウィンドサーファーの舵取り装置である。マストに取りつけられていて、選手をサポートする。

シートハーネス
選手はブームにハーネス（ベルト）でつながれている。これによって安定し、腰が支えられる。

ボードの重さ
トップレベルで使用されるレース用・ウェーブ用ボードは、わずか5～7kg。

競技会

ウィンドサーフィンの主な競技種目は、スピード、技術、トリック、スタイルなど、それぞれ注目点が異なる。

ウェーブとフリースタイル

ウェーブとフリースタイルの競技は、ウィンドサーフィンの中でも、ジャンプの高さがあり、アクロバティックな種目である。ウェーブのパフォーマンスでは、選手が波の立つあらかじめ決められた場所でジャンプや技を披露し、どれほどうまく技を決め、波に乗れたかで評価される。フリースタイルは、水域の決められた場所で、一定時間内の滑走中にジャンプや技を披露し、その判定によって得点が付与される。

スラローム

スラロームのコースには8パターンあり、主に風下に向かって競技する。レースは水上あるいは岸から一斉にスタートする。コースはブイでマークされている。コースを終えるまでの間に、選手はブイに沿って、「ジャイビング」や「タッキング」を行わなければならない。競技は通常、数試合（最大で15試合）が行われ、予選を行うか、得点の積み重ねで勝者を決める。

スピードセーリング

スピードセーリングには2種類ある。ひとつは、500mのコースを選手がひとりずつ滑走するもの。2時間の試合で出た最高速度の上位2つを平均し、平均速度が最も速かった選手が勝者となる。もうひとつは、現在の記録に挑もうというもの。選手は好ましい強さの風を待ち、現在の96km/hというセーリング記録を破るために滑走する。

オリンピックとフォーミュラ

オリンピックでもフォーミュラでも、ブイでマークされた決められたコースを、120人ほどのウィンドサーファーが一団となって競技する。1日に2、3試合行われ、1試合の長さは通常60分。レースは「風上／風下」コース（主に風上と風下間の直線コースからなる）か、台形コースで行われる。オリンピックでは、選手はみな同じウィンドサーフィンを使わなければならない。フォーミュラでは、ボードとセールの大きさはサイズが少し違っていてもいいが、それでも認可されたフォーミュラクラスのウィンドサーフィンでなければならない。

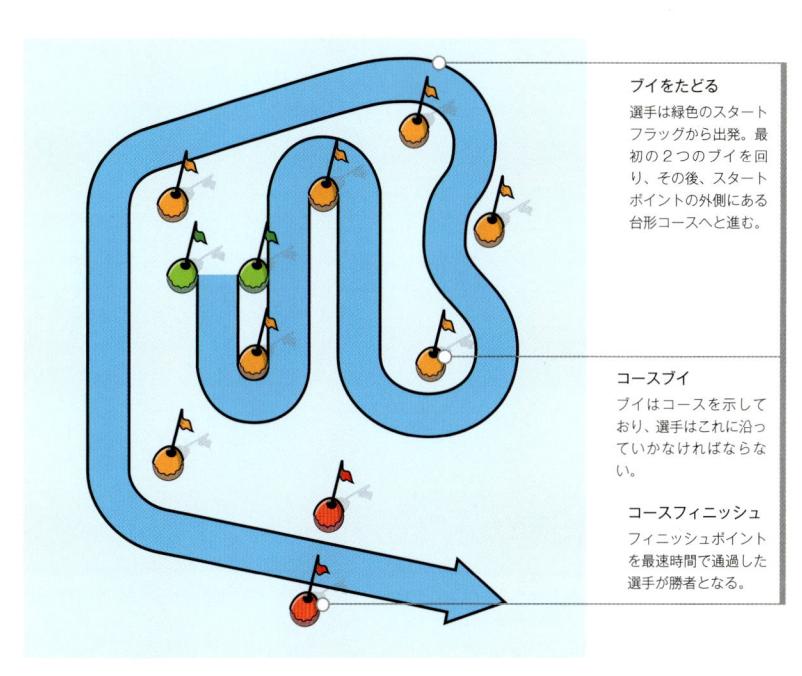

ブイをたどる 選手は緑色のスタートフラッグから出発。最初の2つのブイを回り、その後、スタートポイントの外側にある台形コースへと進む。

コースブイ ブイはコースを示しており、選手はこれに沿っていかなければならない。

コースフィニッシュ フィニッシュポイントを最速時間で通過した選手が勝者となる。

サーファー艇

サーファー艇は形も大きさもさまざま。ウィンドサーフィンの種目によって、サーファーに必要なスタイルが決まる。特に寒い環境ではウェットスーツを着る選手も。救命胴衣はレースに見合ったものを自分たちで選んで着用する。ヘルメットの着用は推奨されているが、義務ではない。

ボード

ボードの大きさは、体積をリットル表記する。初心者のボードは、一般的に150〜250ℓである。プロのボードはもっと軽く、たとえば、フリースタイルのボードは80〜110ℓ。軽いとコントロールするのが難しいが、スピードが出て操りやすい。プロのボードは壊れやすく、発泡スチロールの芯材を、カーボンファイバー、ケブラー、グラスファイバーから成る外張りで強化する。

セール

セールの大きさと形によって、それぞれ異なるパフォーマンス特性がある。大きいセールは風をとらえやすいため、弱風に適している。一方、小さいセールは強風の際に用いられる。

オリンピック

選手は全員、同一規格でつくられたサーファー艇を使用しなければならない。ボードの重さは15.45kg以上。フォーミュラクラスのボードと同じくらいの大きさである。

スラローム

スラロームで使用するボードとセールは、スピードとプレーニング能力が最大限になるように設計されている。スラロームのセールはオリンピック用より短いが、バテンが多く、セールが強く張られるため、スピードが出る。

フリースタイル

フリースタイルのウィンドサーフィンは、ボードの操作とジャンプが見どころとなる。そのため、ボードは短く、重さはわずか5〜7kg。ウェーブのパフォーマンスで使われるウィンドサーフィンも、同じくらいの大きさである。

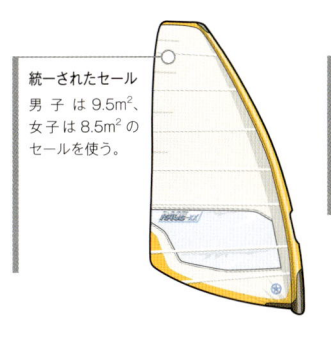

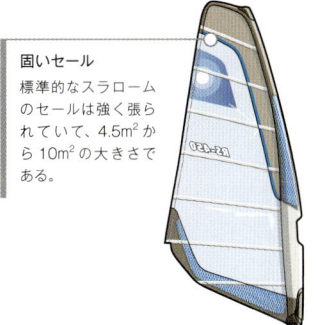

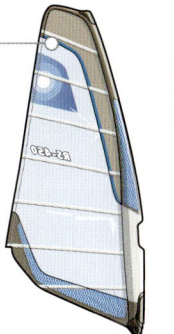

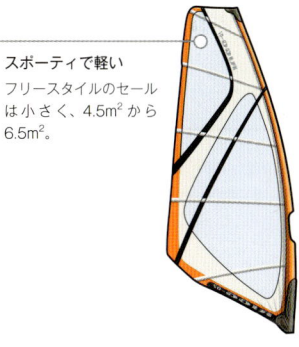

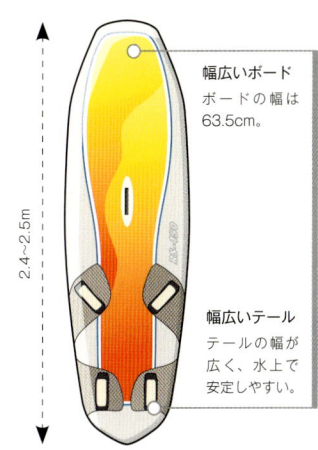

統一されたセール 男子は9.5m², 女子は8.5m²のセールを使う。

固いセール 標準的なスラロームのセールは強く張られていて、4.5m²から10m²の大きさである。

スポーティで軽い フリースタイルのセールは小さく、4.5m²から6.5m²。

ワンデザイン 選手は全員、ニールプライドRS:Xのボードを使う。 (2.9m)

フットストラップ ボードの両側についていて、セーリング中に選手を固定する。

幅広いボード ボードの幅は63.5cm。 (2.4〜2.5m)

幅広いテール テールの幅が広く、水上で安定しやすい。

コンパクトな形 形がコンパクトで、コントロールしやすい。 (2.3〜2.45m)

幅の狭いテール テールの幅が狭く、水面の抵抗を減らす。

ウォータースポーツ

ウィンドサーフィン

データ集

男子オリンピックメダリスト

2012 ロンドン
- 金　ドリアン・ファンリーセルベルグ（オランダ）
- 銀　ニック・デンプシー（イギリス）
- 銅　プジェミスワフ・ミアルチンスキ（ポルトガル）

2008 北京
- 金　トム・アシュレー（ニュージーランド）
- 銀　ジュリアン・ボンタン（フランス）
- 銅　シャハール・ズバリ（イスラエル）

2004 アテネ
- 金　ガル・フリードマン（イスラエル）
- 銀　ニコラオス・カクラマナキス（ギリシア）
- 銅　ニック・デンプシー（イギリス）

女子オリンピックメダリスト

2012 ロンドン
- 金　マリナ・アラバウ（スペイン）
- 銀　トゥーリ・ペタヤ（フィンランド）
- 銅　ゾフィア・ノツェティ・クレバツカ（ポルトガル）

2008 北京
- 金　殷剣（中国）
- 銀　アレッサンドラ・センシーニ（イタリア）
- 銅　ブライオニー・ショー（イギリス）

2004 アテネ
- 金　フォスティーヌ・メレ（フランス）
- 銀　殷剣（中国）
- 銅　アレッサンドラ・センシーニ（イタリア）

ナンバー・トリビア

8,120 km：2004年5月から2005年7月にかけて、ウィンドサーファーのフラヴィオ・ジャルディンとディエゴ・ゲレロが、ブラジルのチュイからオイアポケまで帆走したときの全航程距離。

4 回：フィニアン・メイナードが、スピードウィンドサーフィンで世界タイトルを連続で獲った回数。彼は1998年から2001年まで世界チャンピオンだった。

13 歳：ロビー・ナッシュが初めて世界チャンピオンになったときの年齢。彼はその後16年の間に、さまざまな種目で22の世界タイトルを獲得している。

45.83 ノット（83km/h）：女子500mでの世界最速記録。これは2012年にナミビアのウォルビスベイで、イギリスのザラ・デイビスが樹立した記録である。

競技規則

全種目の競技は、特に誰が誰に対して優先権があるかということに関して、厳しい規則にのっとって行われている。サーファー艇が同じ針路上（曲がり角）にあるとき、風下側の選手の方が、風上側に位置している選手に対して優先権を持っている。反対側の針路にいる場合は、「ポートタック」（ボードの左側から吹く風）側の選手が、「スターボードタック」（ボードの右側から吹く風）側の選手に針路を譲らなければならない。一般的に、方向を変えるサーファー艇は、方向を変えないサーファー艇をよけなければならない。レースの場合、ブイを回る際には、内側のラインにいるサーファー艇は外側のラインにいるサーファー艇に対して、優先権を持っている。トリックの種目では、岸にやってくるサーファー艇は、海に向かっていくサーファー艇に、針路を譲らなければならない。ウェーブ・パフォーマンスでは、2人の選手が同じ波の上に乗っている場合、最初に完全に波に乗り、岸に向かっていくボードの方に優先権がある。

採点方法

スラロームやレース競技では、あらかじめ決められた試合数での順位によってポイントが与えられる。トリック競技では、各ランで行われたスタイルや技が成功したかどうかに基づいて、審判団が点を与える。ひとつの試合に勝つと0.7点、2位には2点、というように点数が与えられ、競技の最後に合計したスコアが最も低い選手が勝者となる。スピードセーリングでは、その選手の記録の1位と2位のスピードを平均して順位が決まる。平均スピードが最も速い選手が勝者となる。

風のコンディション

ウィンドサーフィンレースやトリック競技は、風速3〜18mが最も適している。ほとんどの種目で、最低でも風速3mが求められる。風のコンディションが理想的なときは、観客によく見えるように、岸沿いや岸に向かって帆走することができる。

空中アクロバット

フリースタイルやウェーブ・パフォーマンスは、ウィンドサーフィンの中でも、特に観衆を引きつける種目である。名人級の（熟練した）選手は、スタントやトリックを驚くほどの組み合わせで行い、優雅に、いとも簡単に演じる。波に乗って海に出る場合は、さまざまなループやジャンプを行い、波に乗って岸に戻ってくるときには、スピンやターンを繰り返し演じる。3人から5人の審判が、スタイルや技のバラエティ、演技の質に基づいてポイントを与える。

バックループ

ループには大きく分けて、フロントループ、バックループ、プッシュループの3種類がある。中でもバックループは動きが難しく、なかなかうまくできない。離水を始めるのは比較的簡単だが、ボードの先からきれいに着水するとなると、話は別である。スピード、タイミング、そして体とボードを正しい位置に持ってくることが基本となる。プロの選手が行うバックループは、スムーズで力が抜けており、高得点が与えられる。

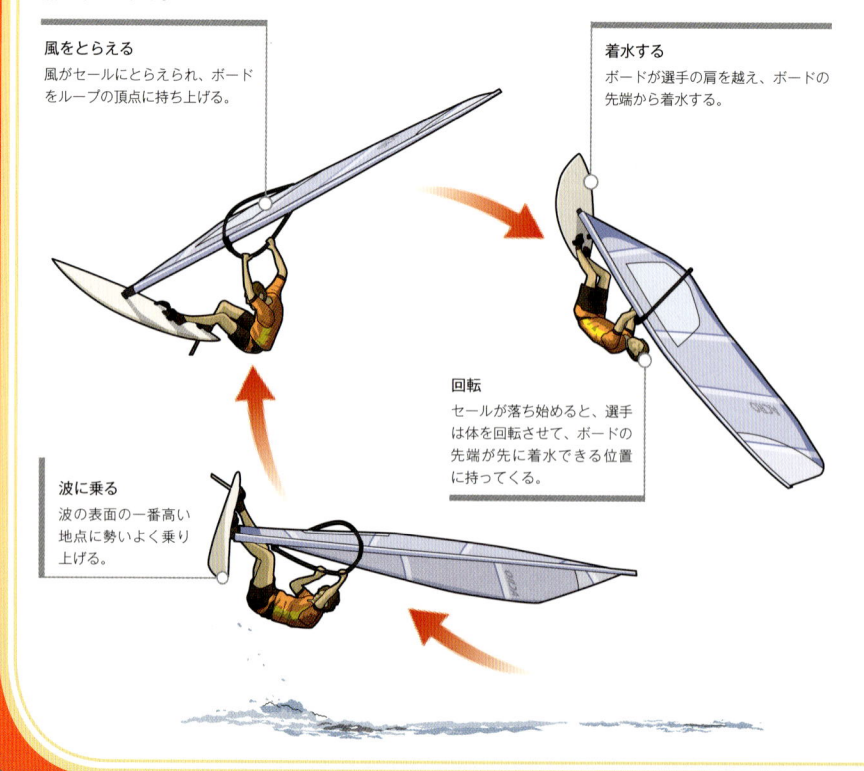

風をとらえる 風がセールにとらえられ、ボードをループの頂点に持ち上げる。

着水する ボードが選手の肩を越え、ボードの先端から着水する。

回転 セールが落ち始めると、選手は体を回転させて、ボードの先端が先に着水できる位置に持ってくる。

波に乗る 波の表面の一番高い地点に勢いよく乗り上げる。

セーリングの操作

ウィンドサーフィンでは、セールが風をとらえて上昇し、それによってボートが持ち上がって水面上を滑走することができる。重要なウィンドサーフィンの技に「シーティング」がある。これは、セールが受ける風の量を減らしたり増やしたりするために、セールの角度を変え、ボードのスピードをコントロールするもの。「シーティングイン」（セールを体に近づけて持つ）は、とらえる風の量を増やして力を増す。「シーティングアウト」（セールを体から離して持つ）は、とらえる風の量を減らし、力を減少させる。一部の種目だけで認められている重要な技が「パンピング」。弱風では、選手は風をつくるために、何度もセールを自分の方に引きよせる。これがプレーニングを誘導し、スピードが増す。

高度な操作

サーファー艇にはさまざまな操作方法あり、主にフリースタイルとウェーブ・パフォーマンスで用いられる。その技には一風変わった名前のものが多く、「バルカン」「フラカ」「スポック」といった具合である。バルカンは「エアジャイブ」とも呼ばれ、最も直接的に方向転換を行う方法で、ボードを小さな波かうねりに乗せ、足で反対の方向に回す。フラカは360度の空中回転で、波やうねりから空中へと飛び上がる。スポックも水から飛び上がり、セールを回転させながら、ボードの先端から着水する技である。これは選手が旋回軸となり、目を引きつけるような回転技を生み出す。プロの選手はこうした動きをさらに変形させた技を用いるが、それを実行するのはまた一段と難しい。

壁を打ち破る

50ノット（92.6km/h）の壁を越えることは、ウィンドサーフィンのスピード記録では長きにわたる究極の目的だった。最近では、従来のノーティカルマイル（1.85km）ではなく、500mのコースが特別に作られたこともあり、より速い記録が打ち出されるようになってきた。2012年、フランス人のアントワン・アルボーはナミビアのリューデリッツで波に乗り、52.05ノット（96km/h）のスピードに達した。カイトサーファーの場合はボードが小さく軽いため、さらに速いスピードを出すことができ、55.65ノット（103km/h）という記録が出ている。

裏話

ウィンドサーフィンが初めて特許を取ったのは1970年のアメリカでのこと。ジム・ドレイクとホイル・シュワイツァーが現代のウィンドサーフィンを発明した人物であると一般的には言われている。しかし、実はそれ以前から、独創的なアマチュアがウィンドサーフィンをしていたのである。1940年代、オーストラリアのある少年が鉄のカヌーで大雑把なボードを作り、それにセールと割れた竹で作ったブームを取り付けた。このサーファー艇でパースの川をうまく帆走し、個人として初のウィンドサーファーとみなされている。

運営組織

国際ウィンドサーフィン協会（IWA）とプロウィンドサーファー協会（PWA）がこのスポーツの主な運営組織である。こうした組織によって、多くのプロウィンドサーフィン大会が主催され、認可されている。さらに、新しい規則をつくったり、世界中のウィンドサーファーのためにサポートやサービスを提供している。

カイトボード

競技の概略

カイトボードは、サーフィンとパラセーリングの要素を融合させたものである。選手は大きなカイト（凧）を使って水上でボードを操作し、技やジャンプを披露する。このスポーツは1990年代から徐々に人気を博すようになり、大々的なキャンペーンを行った結果、IOCは、2016年の大会でウィンドサーフィンの代わりにカイトサーフィンを正式種目とすることを承認。しかし、年内にその決定は覆された。

スタイル

カイトボーディングにはさまざまなスタイルがあるが、競技レベルで最も人気があるのは、フリースタイル、ウェイブ・ライディング、コース・レーシング、そしてスラロームである。フリースタイルでは、選手が回転やジャンプなどの技を披露、それに対して審判団が得点を与える。ウェイブ・ライディングはカイトボーディングと競技サーフィンを組み合わせたもので、砕ける波に乗りながら複雑な技に挑戦する。コース・レーシングは、できるだけ短時間でコースを完走することが目的。スラロームは、複数の選手が8の字のコースを競い合う競技である。

基礎知識

→ カイトボードの主な大会と競技規則の確立は、国際カイトボード協会（IKA）が監督している。

→ カイトボードの最適風速は、7～11m。

→ 2012年、カイトボーダーは世界中に150万人いると見積もられている。

基礎知識

→ サーフィンスポットの多くは、アメリカのカリフォルニア、イギリスのコーンウォールといった、西海岸沿いにある。

→ 国際プロサーフィン団体が主催する世界選手権サーキットは、オーストラリア、南アフリカ、ハワイ、タヒチ、そしてフィジーの人気スポットで開催される。

→ すべてのレベルの大会で、男女別の競技がある。

サーフィン

競技の概略

選手も観客もワクワクさせるサーフィンは、できるだけ長い時間、砕ける波に乗り、トリックや技を披露して、審判団によい印象を与えることが目的である。最も馴染みのあるサーフィンの型は、ショートあるいはロングボードの上に立つことである。ボディボード、ボディサーフィン、ニーボード、サーフスキー、カイトサーフィン、そしてウィンドサーフィンといったバリエーションがある。最も目を見はるような種目にトウインサーフィンがある。これは、選手がボートに引っぱられながら波に乗るというものだが、波があまりにも大きくて強力なため、ボートの力を借りなければ、その大波には到底乗ることができない。

選手の特徴
大きな波の上でボードから落ちると危険なことがあるため、ほとんどのサーファーは泳ぎに傑出している。プロのサーファーは優れたオールラウンドの運動能力を持ち、バランス感覚がよい。最高のライディングのために最高の波を選ぶ能力は、海や波の知識からも、経験からも得るところがある。陸上でのトレーニングでは、ジムで足や腹の筋肉を繰り返し鍛える。

ウェア
サーフィンのウェットスーツは、水が入ってくる。それが選手の体温で温められ、冷たい外気をさえぎってくれる。

命綱
ボードと選手の足首は離れないようにひもでつながっている。

ボードの基本
伝統的には木製だが、現在ではグラスファイバーやポリスチレンでつくられており、ほとんどのボードは重さが1kgに満たない。

スタビライザー（安定器）
ボードの後方下側にフィンがついているため、波に乗ったときに安定する。

データ集

ASP世界チャンピオン：男子

年	名前（国）
2012	ジョエル・パーキンソン（オーストラリア）
2011	ケリー・スレーター（アメリカ）
2010	ケリー・スレーター（アメリカ）
2009	ミック・ファニング（オーストラリア）
2008	ケリー・スレーター（アメリカ）

ASP世界チャンピオン：女子

年	名前（国）
2012	ステファニー・ギルモア（オーストラリア）
2011	カリッサ・ムーア（ハワイ）
2010	ステファニー・ギルモア（オーストラリア）
2009	ステファニー・ギルモア（オーストラリア）
2008	ステファニー・ギルモア（オーストラリア）

ボード

サーフボードは、主にロングボードとショートボードの2種類にわかれる。プロのサーファーは国際大会ではショートボードを使うが、国際サーフィン連盟（ISA）世界選手権では、他にロングボードの種目がある。

ロングボード
ロングボードはショートボードよりも重く、安定性はあるが方向転換が難しい。このため、主に初心者が使用する。

最大2.75m / 55cm

ショートボード
ショートボードは軽量で流線形をしており、すばやく方向転換ができる。ボードの表面はワックスか滑り止めのパッドで覆われ、足が滑りにくくなっている。

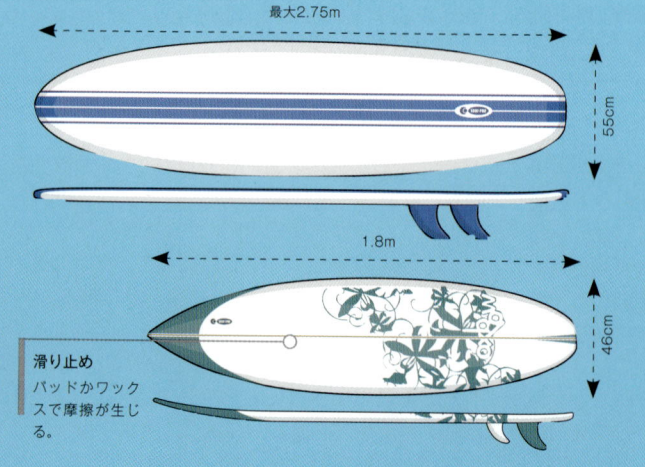

1.8m / 46cm

滑り止め
パッドかワックスで摩擦が生じる。

ブレーカー・ルール

1度に2人か4人のサーファーが水に入り、20分の間に数回波に乗る。規則は大会によって異なるが、一般的に、ベスト2ライド（何度か行ったライドのうち得点の高い2回）、あるいはベスト3ライド、場合によってはベスト5ライドを、5、6人のジャッジが基準に従って採点する。その基準とは、波の選択（難しい方がよい）、波に乗っているときの位置〔クレスト（頂点）がベスト〕、波に乗っている時間、そして技の完成度である。4人で試合を行うときは、2位までの選手が次の試合に進む。

波乗りの手順

波の基本的な呼び方には、フォアハンドとバックハンドの主に2つがある。フォアハンドはサーファーが面と向かっている波、バックハンドはサーファーが背を向けている波のことである。ボードを正しい位置に持っていくことが重要だが、それはサーファーが波に乗りながら行うことで、それによって得点や賞が与えられる。ここで2つの基本的なサーフィンのテクニックを説明しよう。

巨大サーフィン

2003年、イギリスのコーンウォールで、12人の男子と2人の女子のチームが、世界最大のボードに乗ってギネス記録に挑戦すべく、サーフィンを行った。11mの巨大ボードは重さが180kgだった。

カットバック

これは砕ける波の上から下に降り、また戻るターン。サーファーは波の頂点に乗り、体重をかかとにかけ、体を後方に傾けて、上体をひねって回転する。波の下に来たら再び波に引き返す。

押し返す
波の頂点に立ち、かかとを押しつける。

向きを変える
上体をひねりながら、ボードが泡を打つときに体を波の方に向ける。

スピードを上げる
再び波に乗るために、回転の力を使ってスピードを出す。

再び登る
ボードの後ろを押し下げて、波の頂点に再び登る。

フローター

フローターは簡単に見えてそうでもない技で、波のリップに乗り、泡の上に浮かんだ状態から、波の上に乗る、というものである。最大の難関は、ボードが波の上にたどり着いたときに、うまく波の上に乗れるかどうかである。

砕ける波
サーファーは波の面に乗り、割れ目に近づく。

リップを越える
方向を変える代わりに、サーファーは少しずつ離れていく波のリップに乗り続ける。

泡をかすめる
サーファーは泡の上にとどまり、両腕を伸ばす。やがて、波がボードの下で砕ける。

最後の上昇
ボードが波の面の上に落ちると、サーファーは膝を曲げて衝撃を吸収する。

サーフィンスラング

サーフィンには独自の言葉がある。その多くがアメリカで生まれたものだ。サーフィンの本を読んでいたら目にするかもしれない単語を、ここでいくつか紹介しよう。

バレル（チューブ）：究極の波乗り体験。波が砕けるときに巻いた状態になって筒状のチューブができ、サーファーがそこをくぐる。

クランチャー：乗ることができないくらい大きくて難しい波。

グラスハウス：バレルの内側のスペース。

グーフィーフッター：右足を前にしてサーフボードに乗る人。左足を前にするのが普通の姿勢。

ハングファイブ（テン）：波に乗るときに、片足（あるいは両方）の指をそろえてボードのノーズに立つこと。

ナチュラルフッター：左足を前にしてボードに乗る人。レギュラーフッターとも呼ばれる。

裏話

波に乗ることは、何千年もの間、太平洋諸島に住む人たちの間では当たり前のことであった。やがて、ヨーロッパ人がキャプテン・クックからサーフィンのうわさを嗅ぎつけた。1779年クックはハワイを訪れた際、サーフィンを観察していたのだ。サーフィンの中心は今でも太平洋にあるが、現在ではブラジルやコスタリカ、南アフリカ、オーストラリア、フランス、アイルランド、ジャマイカ、そしてスペインをはじめとする世界の他の地域でも人気である。

国際プロサーフィン団体（ASP）

ASPは現在、世界中で最高レベルの大会であるASP世界ツアーを主催している。

ナンバー・トリビア

30 m：乗った波の高さの最高記録。ギャレット・マクナマラが2013年にポルトガルのナザレで成し遂げた偉業である。この並外れて大きな波は、海底渓谷が作り上げたもの。

64 分：ひとつの波に乗った時間の最長記録。この記録を達成したのはスティーブ・キング。2013年2月にインドネシアのスマトラにあるカンパル川で波に乗り、20.6kmの距離を移動したときの記録である。

ウィンター
スポーツ

07

基礎知識

→ 当初のスキーはテレマークスキーと呼ばれていた。1870年代にスキーが発展したノルウェーの山岳地方（テレマルク）にちなんだ名前である。テレマークブーツはスキー板につま先だけを固定しているため、平坦な地を進むときに、足やスキーを楽に持ち上げることができる。

→ アルペンスキーとアルペンブーツを使った滑降レースは、1921年に初めて行われた。1930年には滑降と回転が公式競技に認定。オリンピックでは1936年から競技されている。

→ 「スラローム」という言葉は、ノルウェー語で「なだらかな傾斜につけたスキーの跡」の意。アルペンスキーの選手は、滑降に挑戦する前に、まず回転（スラローム）の技を学ぶ。

コース

アルペンスキーのコースは距離が決まっていない。有名なコースは何十年も前から使われているが、今でもほぼ当初のままである。スピード系種目のコースは、急降下、急カーブ、平坦地が組み合わさり、選手の能力を試す設計になっている。回転のコースはそれほど傾斜はきつくなく、山の直線的なルートを下るものが多い。どのコースも色つきの旗門で示され、選手はこの旗門間を通過しなければならない。男子のレースは女子に比べて距離がかなり長く、旗門の数も多い。

グローブ
グローブをはめると手を保温できる。ひじより上までの長さは禁止。装着は義務ではないが、グローブをつけずに競技する選手はほとんどいない。

ゼッケン番号
選手は全員、ポリエステル製のゼッケンをつける。ゼッケンには選手のレース番号が印字されている。

肌のように
体にぴったりフィットするウェアを着て、減速の原因となる空気抵抗を減らす。脛や肩周りにパッドを入れることもある。

ストック（ポール）
きついターンに差しかかるとスキーヤーは体重を左右に移動させるので、ストックでバランスを取る。

競技の概略

アルペンスキーはスピードと技術を競い合う、爽快なスポーツである。毎年冬になると、何百万人ものアマチュアスキーヤーが世界中のスキーリゾートに繰り出してこのスリル感を味わっているが、組織的なレースに参加する人の数はそれほど多くない。アルペンスキー競技の正式種目は6つ。そのうちの2種目〔滑降（ダウンヒル）とスーパー大回転（スーパーG）〕はスピード重視。回転（スラローム）と大回転（ジャイアント・スラローム）は技を競う競技で、優れた技術を持った選手が勝利する。残りの「複合」と「スーパー複合」は、スピードと技術の両方が試される。

選手の特徴

アルペンスキーで主な推進力となるのは重力だが、高レベルの運動能力も要求される。ほとんどの動きに足を使い、上半身と腕を使うのは、実際にはバランスを取るときだけ。膝から下の筋肉が特に重要で、前かがみになるとこの部分に力がかかる。

アルペンスキー

命がけのスロープ

最も速くて危険な滑降レースは、オーストリアのキッツビューエルで行われるハーネンカム大会だ。1931年からこの地で競技されており、選手のスピードは150km/hにも達する。シュトライフという名のこの滑降コースは、スタートしてすぐにマウスファーレ（ネズミ捕り）という標高差50mのジャンプが待ち受ける。ここでは幾度となく、致命的な事故が起きている。

オープンゲートとクローズドゲート

アルペンスキーのコースは、管理されたスロープ（ゲレンデ）上に「旗門」と呼ばれる色つきの旗を対にして設置してある。旗門の幅が最も広いのは滑降コース。回転競技では最も近く設置してある。旗が横並びになっている旗門を「オープン」ゲート、縦に並んでいる旗門を「クローズド」ゲートという。オープンゲートはスロープを滑降していく進行方向を示し、クローズドゲートはフォールライン（自然な滑降ライン）を横切るような配置になっている。

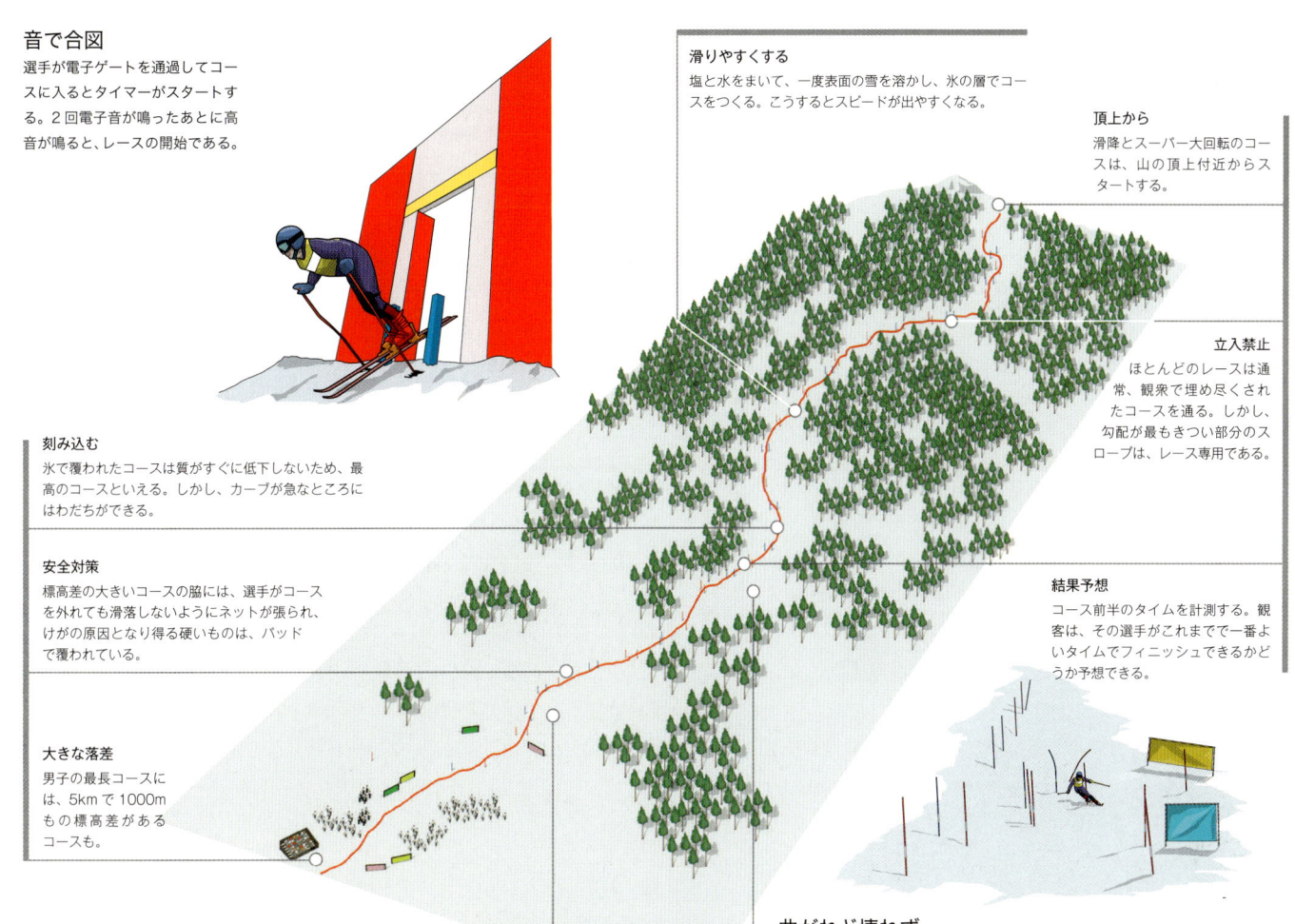

ウィンタースポーツ

289

アルペンスキー

音で合図
選手が電子ゲートを通過してコースに入るとタイマーがスタートする。2回電子音が鳴ったあとに高音が鳴ると、レースの開始である。

滑りやすくする
塩と水をまいて、一度表面の雪を溶かし、氷の層でコースをつくる。こうするとスピードが出やすくなる。

頂上から
滑降とスーパー大回転のコースは、山の頂上付近からスタートする。

刻み込む
氷で覆われたコースは質がすぐに低下しないため、最高のコースといえる。しかし、カーブが急なところにはわだちができる。

立入禁止
ほとんどのレースは通常、観衆で埋め尽くされたコースを通る。しかし、勾配が最もきつい部分のスロープは、レース専用である。

安全対策
標高差の大きいコースの脇には、選手がコースを外れても滑落しないようにネットが張られ、けがの原因となり得る硬いものは、パッドで覆われている。

結果予想
コース前半のタイムを計測する。観客は、その選手がこれまでで一番よいタイムでフィニッシュできるかどうか予想できる。

大きな落差
男子の最長コースには、5kmで1000mもの標高差があるコースも。

曲がれど壊れず
回転の当初のコースでは竹のポールが使われていた。1980年代に、この硬いポールに代わって登場したのが「曲がる」ゲートである。基部がバネ仕掛けになっていて、柔軟性のあるプラスチック製のボールが用いられている。

フィニッシュエリア
フィニッシュラインには巨大なゲートが設置されている。フィニッシュすると、選手のタイムが大きなスクリーン上に表示される。

全速力
コースの低地部分は高い部分に比べると、かなり平坦になっている。そのため、全速力で入ってこないと失速してしまう。

観客
観客はコース沿いに並び、大きなカウベルを鳴らして選手を応援する。

勝利への道
アルペンスキー競技は滑走タイムで順位を競うレースで、選手は時間と闘いながら、誰よりも早くゴールすることをめざす。滑降レースは、試合前の3日間、コース上で練習することが認められている（最高の滑走ラインを探すため）。しかし、回転はゲレンデで練習するとコースへのダメージが大きいため、レースの前に1時間、コースを視察することしかできない。

ナンバー・トリビア

1 分：滑降コースを完走するのにかかる最短時間。これより短い場合は、コースを長くしなければならない。

120 km/h：滑降の選手の平均時速。

70 個：男子大回転のコースに設置される最大旗門数。最少で56個。女子の場合は46から58個。

0.01 秒：レースのタイムを測定する最小単位。

800 m：女子滑降のコースの最大標高差（スタート地点とフィニッシュ地点の高度差）。

スキーウェア

アルペンスキーの選手は、空気力学を考慮して着るものをできるだけ少なくする。ゆったりとしたウェアを着ると抵抗が生じて減速してしまう。ただし、最低限の通気性は守らなければならず、空気抵抗を減らす目的で気密にしてはいけない。

選手はパッドで体の部位を保護することが認められているが、抵抗を減らす目的で、体の自然な形を変えるようなパッドを使用してはいけない。たとえば、バックプロテクターを着用する選手がいるが、空気力学的に有利にならないように、厳しく規制・監視されている。

ヘルメット

アルペンスキーの選手は、クラッシュ（緩衝）ヘルメットを着用しなければならない。ヘルメットは頭と耳だけをカバーするものを使用。スポイラーやフィンの使用は禁止。

何度打っても
ヘルメットは、数回の衝撃にも耐えられるようにつくられている。

固定
パッドつきのストラップをあご下でとめる。

スキーブーツ

アルペンスキーのブーツは硬いプラスチック製である。ぴったりとフィットして足首を確実にホールドするため、足とスキー板がしっかりとつながる。ブーツの中で足を動かすことはできないが、脛を前方に傾けることはできる。

柔らかな肌触り
脛の部分は厚いパッドで覆われている。

カチッととめる
血流を妨げる恐れがあるため、バックルはきつく締めすぎない。

上級者はより硬く
トップレベルのアルペンスキー選手は非常に硬いブーツをはく。初心者のブーツは柔軟性がある。

厚いヒール
厚い靴底をスキー板に取りつける。

スキークリップ
クリップでブーツを足にフィットさせる。

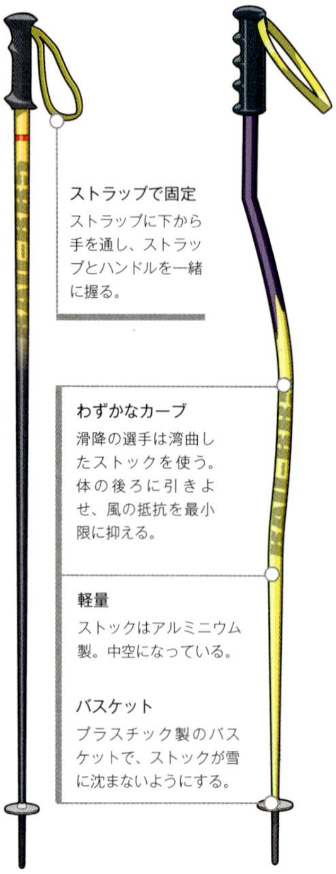

ゴーグル

ぴったりと装着できるゴーグルは、風雨などから目を保護するのに欠かせない。光の少ないところで視界をよくするためのレンズもある。

ぴったりフィット
幅広のバンドでゴーグルをしっかり固定する。

色つきレンズ
着色レンズで雪面から照り返す強い太陽光をカットし、さらに目に雪が入るのを防ぐ。

ストラップで固定
ストラップに下から手を通し、ストラップとハンドルを一緒に握る。

わずかなカーブ
滑降の選手は湾曲したストックを使う。体の後ろに引きよせ、風の抵抗を最小限に抑える。

軽量
ストックはアルミニウム製。中空になっている。

バスケット
プラスチック製のバスケットで、ストックが雪に沈まないようにする。

ストック

ストックはバランスを保つために使われ、体重移動の際に役立つ。ストックの長さは選手の背丈によって異なり、膝を軽く曲げると、ちょうどひじの上あたりにくる長さにする。

太古の昔から

現存する世界最古のスキーは4500年前のもの。木製のスキー板の破片が、スウェーデンの沼地で発掘されている。スキーはラップランドからやってきたサーミ人の祖先が始めたと考えられている。

スキーとビンディング

アルペンスキー競技では、種目によって要求されるスキーの型が異なる。スキー板の形は独特で、横から見ると中央がわずかに反り上がり、スキーヤーの体重が板の先端にかかるようになっている。現代のスキーにはサイドカットもあり、スキー板のエッジが両方とも内側にカーブしていて、中央部分の幅が最も狭い。エッジがカーブしていると、雪の中に食い込みやすいため、すばやいターンが可能となる。

回転

スピードより機動性が重視される回転では、最も短いスキーが用いられる。他のスキーと比べてサイドカットが深いため、ゲレンデに食い込んで、すばやくターンができる。

つるつる滑る
滑走面にワックスが塗られていて滑りやすい。

1.65m以上（男子）、1.55m以上

大回転

大回転とスーパー大回転のレースで使われるスキー板は、回転と滑降のスキー板の特徴を組み合わせたものである。スピードを出すために長くなっているが、サイドカットもある程度の深さがあり、ターンしやすい。

後ろのエッジ
回転のスキー板はヒール（後ろのエッジ）が平らになっているので、急カーブを曲がるときに、スキーの後部が横滑りしない。

丸みのあるヒール
ヒールが丸みを帯びているので、地面がでこぼこしていても滑りやすい。

6.7cm

スキー板の反り
中央の部分にはキャンバー（中央部分が高く周辺部が低くなっていること）があるため、滑走中はほとんど雪に触れない。

滑降

長くて幅が広いため雪面上を滑走しやすく、ものすごいスピードがでる。ただし、幅のあるスキーは操りにくい。滑降のスキー板はターンを補佐するサイドカットが小さい。

長さ
滑降のスキー板は長さが2.10m以上。

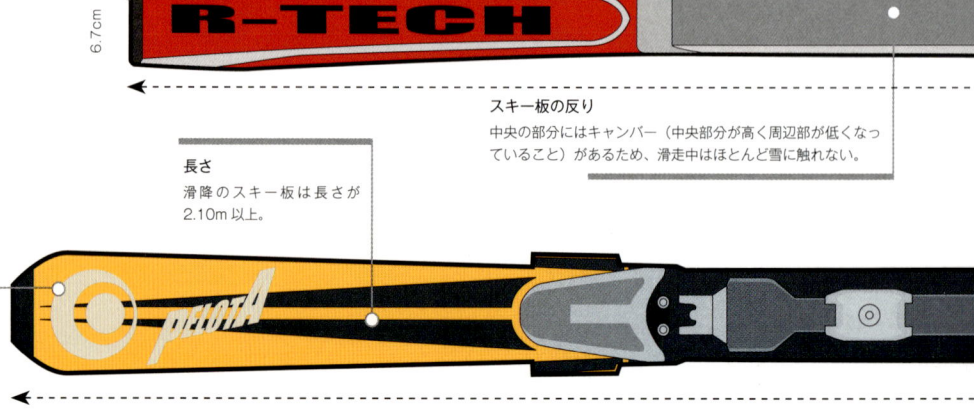

6.5cm

2.15m以上（男子）、2.10m以上（女子）

スロープを極める

アルペンスキーは、種目によって要求される技が異なる。スピード系の種目は1回の滑走タイムで勝敗が決まる。世界ランク上位の選手のミス、あるいは無名の選手のラッキーランで、スコアボードの順位が一変する。技術系の種目は1日に2回滑走し、その合計タイムで選手の最終順位が決まる。複合競技では、滑走と回転のタイムを合わせて順位を決める。スーパー大回転の場合は、独特な技が必要となる。滑走レースと同様、自分の力を示すチャンスは1度しかないのに、他の回転種目と同じように、コース上での練習が禁止されているのだ。スーパー大回転のコースを滑れるのは、本番が最初で最後となる。

滑走の順番

滑走の順番が、レースに影響を与えることがある。雪の多い状況での滑走レースは、新雪でスピードが出し切れず、先に滑る選手は後に滑る選手に比べて不利となる。回転の場合は、コースに前の滑走跡が残るため、先に滑ったほうが有利。
世界ランク15位までの選手が先に競技を行うが、そのスタート順はくじで決める。それ以外の選手は、世界ランキングの順に滑る。回転の2回目では、1回目に先に滑った15人が、逆の順番で滑走する。

滑降
通常2〜2.5kmで、完走まで1分以上かかるコースでなければならない（たいていは2分かかる）。傾斜には上限があり、男子は1100m以上、女子は800m以上の標高差があってはならない。

色つきゲート 滑降コースは、同色の幅の広い旗門で示される。

スピードを維持する スピードを保つために旗門間には距離があるが、次の旗門は常に視野に入る位置にある。

大回転
技術系の種目で最も距離の長い大回転のコースには、ツイストやターンが多い。しかし、回転とは違い、大回転ではすべての旗門で方向を転換する必要はない。ターンの数はコースの標高差の13%ほど。

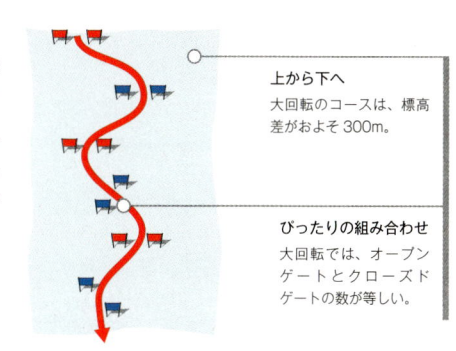

上から下へ 大回転のコースは、標高差がおよそ300m。

ぴったりの組み合わせ 大回転では、オープンゲートとクローズドゲートの数が等しい。

スーパー大回転
最も新しいアルペンスキー競技で、1982年に導入された。スーパーGとも呼ばれるこの種目は、滑降と大回転を融合させたものである。滑降のコースは大回転の旗門で示されているが、旗門間は広く間隔があいているため、滑降に近いスピードを出せる。

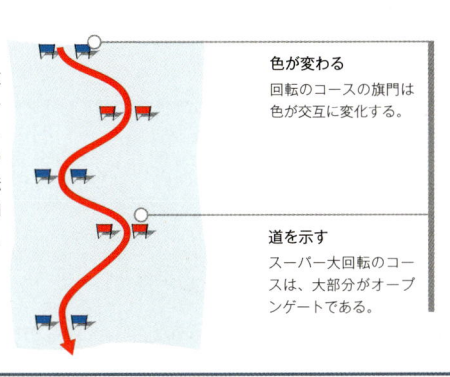

色が変わる 回転のコースの旗門は色が交互に変化する。

道を示す スーパー大回転のコースは、大部分がオープンゲートである。

回転
安全性は高いが、技術的にはアルペンスキー競技の中で最も難易度が高い種目でもある。コースには選手の腕前を試すように旗門が配置されている。スロープを下っていくのではなく、横切るように進路を取り、スピードを遅らせる旗門もある。

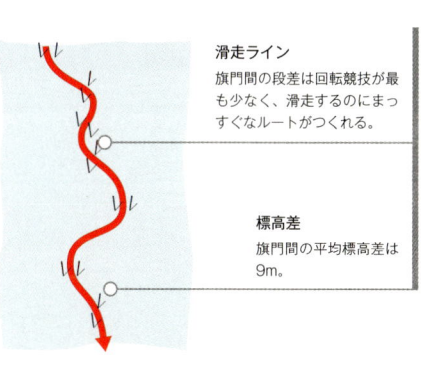

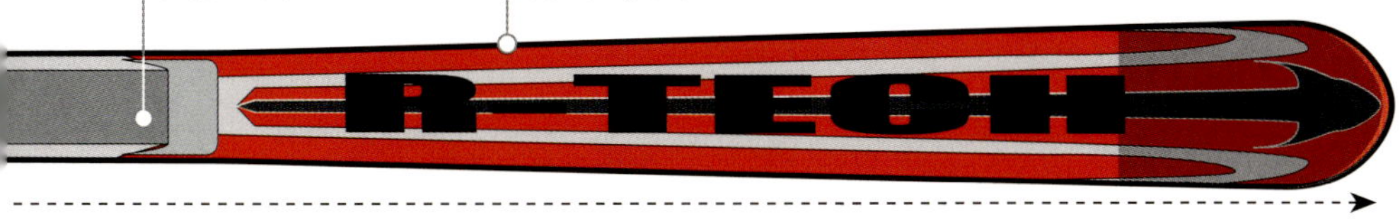

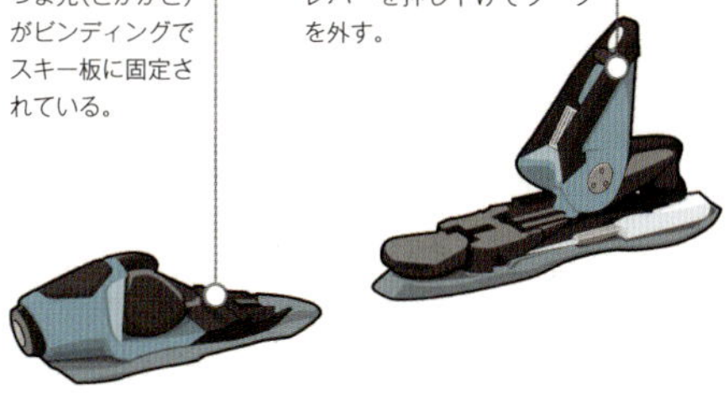

滑走ライン 旗門間の段差は回転競技が最も少なく、滑走するのにまっすぐなルートがつくれる。

標高差 旗門間の平均標高差が9m。

幅が狭い 回転のスキー板はアルペンスキーの中で最も幅が狭い。

カーブしたエッジ サイドカットが深く、効率よくターンできる。

幅広のまま スキー板の前（と後ろ）は幅が広くなっていて、安定性がある。

かかととつま先 つま先（とかかと）がビンディングでスキー板に固定されている。

簡単な着脱 レバーを押し下げてブーツを外す。

S-LINE 114

中央に ビンディングはスキー板の中心点のすぐ後ろに取りつけられている。

サイドカット 大回転のスキー板はサイドカットが小さい。

あえて鋭く 回転のスキー板は、雪の中に入り込まないように前部の先端がとがっている。

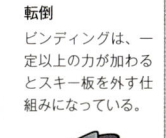

転倒 ビンディングは、一定以上の力が加わるとスキー板を外す仕組みになっている。

ブレーキ スキーブーツを外しているときは、ストッパーが雪に刺さる。

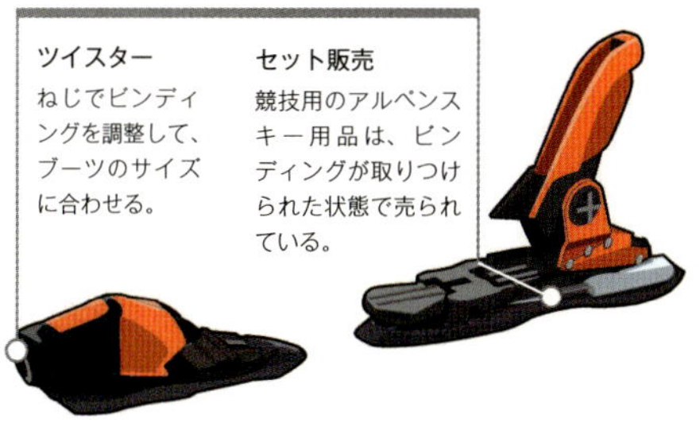

R-TECH

1.85m以上（男子）、1.80m以上（女子）

何よりスピード スキーの幅が広いと選手の体重が分散するため、スピードが出やすい。

円形 空気力学を考慮して、先端が低く丸くなっている。

ツイスター ねじでビンディングを調整して、ブーツのサイズに合わせる。

セット販売 競技用のアルペンスキー用品は、ビンディングが取りつけられた状態で売られている。

SKI T120

データ集

オリンピックメダル（総合）

メダル数	国
105	オーストリア
56	スイス
43	フランス
39	アメリカ
28	イタリア
26	ノルウェー
23	東ドイツ
16	スウェーデン
10	カナダ
9	クロアチア
9	西ドイツ
5	統一ドイツ
5	スロベニア
2	スペイン
2	ルクセンブルク

女子オリンピック金メダル

年	滑降	大回転	回転
2010	アメリカ	ドイツ	ドイツ
2006	オーストリア	アメリカ	スウェーデン
2002	フランス	クロアチア	クロアチア
1998	ドイツ	イタリア	ドイツ
1994	ドイツ	イタリア	スイス
1992	カナダ	スウェーデン	オーストリア
1988	西ドイツ	スイス	スイス
1984	スイス	アメリカ	イタリア
1980	オーストリア	リヒテンシュタイン	リヒテンシュタイン
1976	東ドイツ	カナダ	西ドイツ
1972	スイス	スイス	アメリカ
1968	オーストリア	カナダ	フランス
1964	オーストリア	フランス	フランス
1960	統一ドイツ	スイス	カナダ
1956	スイス	統一ドイツ	スイス

男子オリンピック金メダル

年	滑降	大回転	回転
2010	スイス	スイス	イタリア
2006	フランス	オーストリア	オーストリア
2002	オーストリア	オーストリア	フランス
1998	フランス	オーストリア	ノルウェー
1994	アメリカ	ドイツ	オーストリア
1992	オーストリア	イタリア	ノルウェー
1988	スイス	イタリア	イタリア
1984	アメリカ	スイス	アメリカ
1980	オーストリア	スウェーデン	スウェーデン
1976	オーストリア	スイス	イタリア
1972	スイス	イタリア	スペイン
1968	フランス	フランス	フランス
1964	オーストリア	フランス	オーストリア
1960	フランス	スイス	オーストリア
1956	オーストリア	オーストリア	オーストリア

レースの技

スキーの技を高い水準にまで持ってくるには、かなりの年月が必要だ。世界クラスのアルペンスキーヤーは、ほとんどが学校に通い始める前にスキーを始めている。アルペンスキーでは、いくつかの種目にまたがってトップに君臨する選手はごく少数。たとえば、スイスのスター、ピルミン・ツルブリッゲンは、1980年代に、滑降・スーパー大回転・大回転・複合で4冠を達成している。しかし、彼のような選手はごくまれで、スピード系か技術系のどちらかの種目に特化する選手がほとんどである。

ターン

スキーの経験がないと、ターンは複雑な動きに見えるかもしれない。確かに、競技スピードでターンができるようになるまでにはかなりの練習が必要だ。それでも、スキーの形が変わったおかげで、ターンはこれまでになく簡単にできるようになった。最新の技にいわゆる「カービングターン」がある。たとえば、左側のスキーに体重を乗せると、外側のエッジがスロープに食い込み、左側にターンするのと同時にスキーがスロープの形になるのだ。

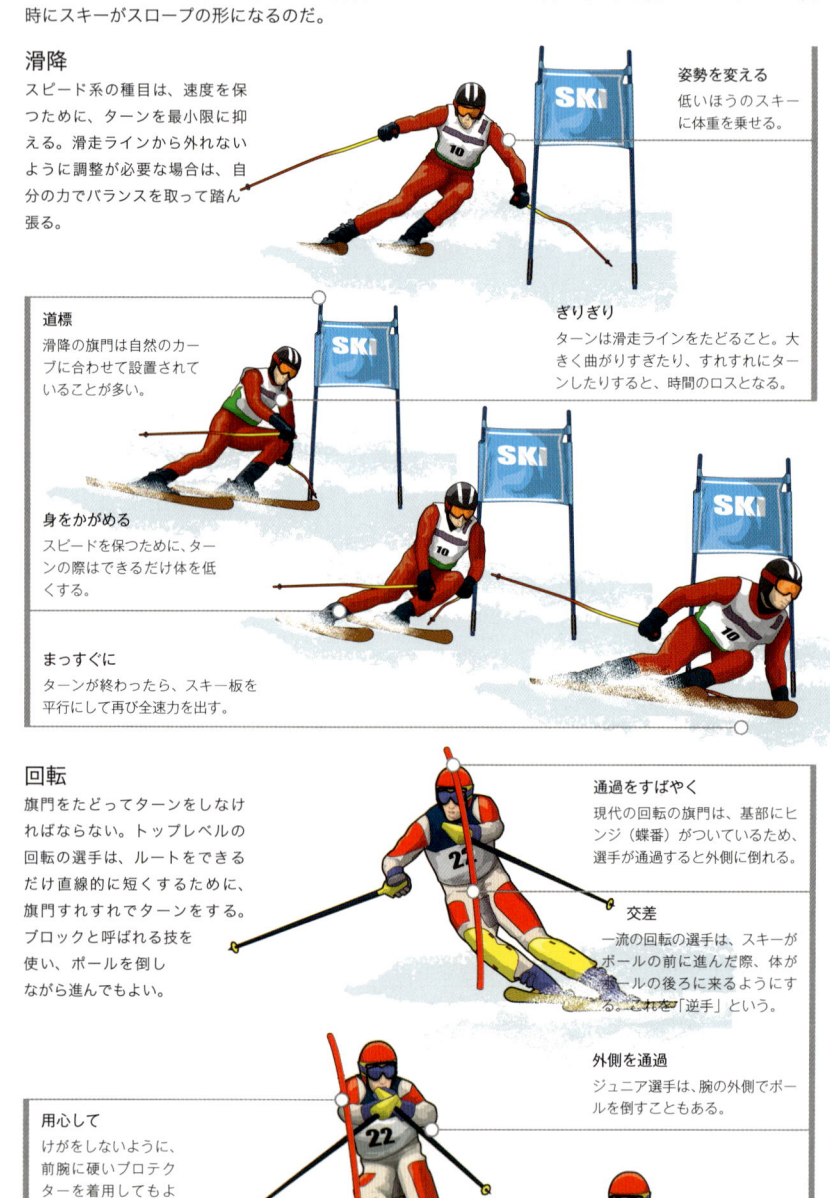

滑降

スピード系の種目は、速度を保つために、ターンを最小限に抑える。滑走ラインから外れないように調整が必要な場合は、自分の力でバランスを取って踏ん張る。

姿勢を変える 低いほうのスキーに体重を乗せる。

道標 滑降の旗門は自然のカーブに合わせて設置されていることが多い。

ぎりぎり ターンは滑走ラインをたどること。大きく曲がりすぎたり、すれすれにターンしたりすると、時間のロスとなる。

身をかがめる スピードを保つために、ターンの際はできるだけ体を低くする。

まっすぐに ターンが終わったら、スキー板を平行にして再び全速力を出す。

回転

旗門をたどってターンをしなければならない。トップレベルの回転の選手は、ルートをできるだけ直線的に短くするために、旗門すれすれにターンをする。ブロックと呼ばれる技を使い、ポールを倒しながら進んでもよい。

通過をすばやく 現代の回転の旗門は、基部にヒンジ（蝶番）がついているため、選手が通過すると外側に倒れる。

交差 一流の回転の選手は、スキーがポールの前に進んだ際、体がポールの後ろに来るようにする。これを「逆手」という。

外側を通過 ジュニア選手は、腕の外側でポールを倒すこともある。

用心して けがをしないように、前腕に硬いプロテクターを着用してもよい。

内側を通過 一番簡単なブロックは、前腕の内側を使ってポールを倒していく形を取る。

頭の動き 回転の選手は、ターンの際に体重を左右に移動させるため、頭が上下に動く。レースでは最大60回のターンを行う。

ウィンタースポーツ

アルペンスキー

ジャンプ
回転の選手のスキー板は地面を離れることがめったにないが、スピードの速いレースでは、ジャンプをすることがよくある。滑降の選手は、高速道路を走る車より速い速度で滑走し、1回のジャンプで80mも飛ぶことも。このスピードでジャンプをするには、たくさんの技を使わないと大けがをしてしまう。転倒するときには用具も活用。ビンディングがスキーを外してくれる。また、ぴったり合ったウェアのおかげで、転んでもそのまま滑り続け、ゆっくりと安全に止まることができる。

上に速くに
滑降では、コースが急落している部分でジャンプ（エア）をする。

身をかがめて着地
スキーのヒール（後部）が先に着地し、膝で衝撃を吸収する。その際、身をかがめて高速でタックポジションを取る。

ヘルメット
ジャンプはわずか数メートルの高さだが、スピードが出ているため、ヘルメットは欠かせない。

前方に押す
ジャンプをしながら重心を前方に傾け、着地の準備をする。

まっすぐそろえる
抵抗を減らすために、スキーをまっすぐにそろえて下に向け、一直線に降りる。

ぶらぶらさせない
スキー板は最初は下がるが、やがて戻る。

身を低くする
ジャンプは距離があった方がいいが、高さは必要ないので、離陸のときに地面をけらない。

スーパースピード
スキーと雪の摩擦は微々たるもの。スピードを制限する最大の要因は、ターンと空気抵抗（抗力）である。選手はタックポジションを取り、向かい風にさらされる体の前部の表面積をできるだけ小さくして、抵抗を減らす。

頭を下げる
頭を肩の下で丸める。それでも前は見えるように！

包み込む
ストックは体の後ろにまわす。そのため、バスケットは前からは見えない。

折り重なる
上半身を曲げて腿の上に乗せる。

前に出す
両手を顔の前に出して、手のひらを内側に向ける。

脛は上向きに
体を前方に傾け、体重を脛に乗せる。

小さくなる
両手と両腕と、曲げた膝とでとがった形をつくり、風をつっ切る形状にする。

平らにする
エッジが雪に食い込んで減速しないよう、足首を使ってスキーを水平に保たなければならない。

チャンピオン
おそらく、史上最高のスキーヤーは、クロアチアの万能選手でオリンピックで4つの金メダルを獲ったヤニツァ・コステリッチだろう。1982年生まれのコステリッチは2006年のワールドカップで、アルペンスキー5種目すべてで優勝。2003年と2005年の世界選手権では、回転と複合で勝利（2005年には、滑降でもトップの座に立っている）。

落下するより速く
滑降の選手が世界最速のスキーヤーというわけではない。最高速度を出すのはスピードスキーヤーである。このスポーツは普通のアルペンスキーとは違う規則のもとで競技される。スキー板は競技用にデザインされたものより長くて幅が広く、リムに軽量の発泡素材のフィンをつけ、ヘルメットはさらに空気力学的な形になっている。スピードスキーの選手は1kmのコースを直滑降する。途中でスピードを計測し、スロープの下の部分は安全に減速できるように残しておく。

裏話
記録に残っている最初のスキー競技は、1843年にノルウェーのトロムセで開催されたものである。19世紀後半までには、ヨーロッパや北米のいたるところで競技が行われるようになる。当初のスキーヤーが使用していたのはテレマークの用具。アルペンスキーを使って、現代の規則にのっとった滑降の競技が行われるようになったのは、1921年からである。回転の競技が初めて行われたのは1922年。そして1936年にアルペンスキーは初めてオリンピック種目となった。大回転が一般競技となったのは1950年、スーパー大回転は1983年に採用された。

運営組織
国際スキー連盟（FIS）は、アルペンスキー以外にも、スピードスキー、ノルディックスキー（スキージャンプやクロスカントリー）、スノーボード、フリースタイルスキー（アクロバット）など、すべてのスキー競技の運営組織である。FISは1924年に設立され、本部はスイスにある。

ナンバー・トリビア

3.65 人：スキーでけがをする1日当たりの人数（1000人あたり）。

328 人：200km/hあるいはそれ以上のスピードに達したことのあるスキーヤーの人数。ほとんどの記録は高高度のコースで出ている。

40 秒：滑降の選手がスタートしてから次の選手がスタートするまでの、最短秒数。

フリースタイルスキー

294

競技の概略

フリースタイルスキーの主な種目はモーグルとエアリアルで、加えて限定的にアクロが競技されている。モーグルは、「モーグル」（小さな隆起）だらけの急斜面を滑走し、2つのエア台でジャンプを披露する競技。一方、エアリアルは、エア台でジャンプをして、空中でツイストや回転を演じるものである。アクロ（オリンピック種目ではない）は体操とダンスを組み合わせたような競技で、なだらかな斜面で演じられる。

用具

3種目とも同じような用具が用いられる。アクロとモーグルの選手は、図のように、防水・断熱のウェアをフル装備し、バランスを取るためのストック、ツインチップのスキー板、ヘルメット、そしてゴーグルを装着する。エアリアルの選手も同じようなウェアとスキーを使用するが、ストックは使わない。

ヘルメット
ヘルメットは、フリースタイルスキーでは不可欠である。頭部を保温し、保護する。

防水ジャケット
断熱・防水のジャケットで、体温を保持する。

ストック
ストックは、ターンや前進をするのに欠かせない。アクロのストックは選手の身長を超えないこと。モーグルのストックは、選手の背丈よりたいてい60cm短い。

ビンディング
一般的なスキーのビンディングでブーツをスキーに固定する。

ツインチップのスキー
フリースタイルのスキー選手は、滑走面がなめらかで、前後が反り上がった柔軟性のあるスキー板を使用する。

3種目のゲレンデ

モーグル、エアリアル、アクロは、それぞれ専用のコースが必要なことからも、まったく違う競技ととらえることができる。モーグルのコースは3種目の中で最も急勾配で、ゲレンデの傾斜は一定している。エアリアルのゲレンデは4段階（インラン、キッカー、ランディングバーン、フィニッシュエリア）にわかれていて、それぞれ傾斜が異なる。アクロでは、傾斜が一定のコースを使う。

ホットドッグスキー

1960年代後半に「ホットドッグ」と呼ばれるスキースタイルが流行し、フリースタイルスキーに新たな観衆を呼び込んだ。スケートボードの動きとスタイルに触発されたアメリカのスキーヤーが、スロープ上でジャンプと技を組み合わせてみたのが始まりである。そこで誕生したショーボーディングのことを「ホットドッグ」と呼ぶようになった。

山のモグラ塚
モーグルの斜面には、一定の傾斜がある。スキーヤーは高速でモーグルを滑り抜け、キッカーと呼ばれるエア台からジャンプをして、空中技を披露する。

スタート位置
選手はこの位置から競技を始め、コースのコントロールゲート間を滑走していく。デュアル競技の場合は、2人の選手が同時にスタートする。

コントロールゲート
選手は8～15m離れたコントロールゲート間を通過していく。

ジャッジスタンド
7人のジャッジが滑走を採点。ジャッジはフィニッシュエリアのスタンド内にいる。

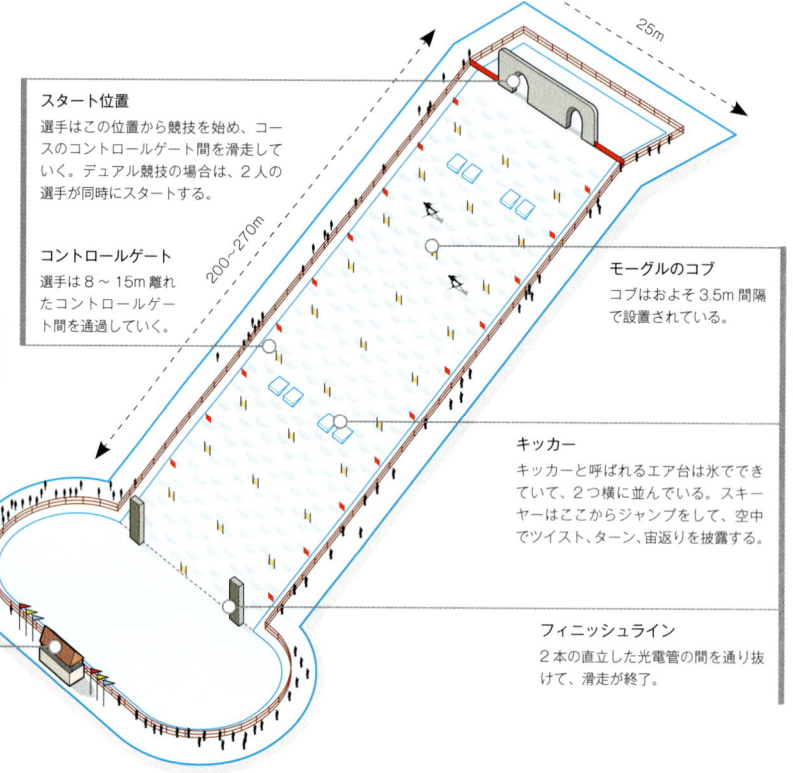

モーグルのコブ
コブはおよそ3.5m間隔で設置されている。

キッカー
キッカーと呼ばれるエア台は氷でできていて、2つ横に並んでいる。スキーヤーはここからジャンプをして、空中でツイスト、ターン、宙返りを披露する。

フィニッシュライン
2本の直立した光電管の間を通り抜けて、滑走が終了。

25m

200～270m

フリースタイルスキー

基礎知識

- フリースタイルスキーが初めて登場したのは1930年代のノルウェー。スキーヤーが、アルペンスキーやクロスカントリーの練習をしているときにアクロバティックな技を演じるようになったのが始まりである。
- フリースタイルスキーは最もダイナミックなスキーの一形態で、その醍醐味は、一人ひとりが発揮する創造性や表現力によるところが大きい。スノーボードと似ているところがあり、特にウェアと技は共通点が多い。
- モーグルもエアリアルもオリンピック競技である。アクロは1988年と1992年に公開競技となったが、まだ正式種目にはなっていない。

選手の特徴

種目によって要求される力は異なるが、すべてに共通するのが持久力と技術力。スキーをつけたままトランポリンの上を飛び跳ねて練習をする。エアリアルの選手は、オフシーズンで雪がないときには、プールや湖に着水できるような人工の傾斜路を使って練習する。

ナンバー・トリビア

3 回：エアリアル競技で演じることが認められている、バックフリップ（後方宙返り）の最大回数。「フォーム」でできるだけ高得点を取るために、ツイストは5回まで加えることができる。

18 m：一流のエアリアル選手が、キッカーからジャンプをして達するスロープからの高さ。モーグルのジャンプはこれより低め。

98 m：トリノ・オリンピックで会場として使用された、サウゼ・ドゥルクスのモーグルスロープの標高差。モーグル競技のために、降雨から人工的に新雪をつくった。

4 個：2010年の冬季オリンピックで、アメリカがフリースタイルスキーで獲得したメダルの数。メダル獲得数としてはこの競技で最多であるが、金メダルに関しては、カナダの2個に比べ、アメリカは1個にとどまった。

おしゃれな用具

ヘルメットとウェアは、3種目とも同じである。アクロのスキー板は、モーグルやエアリアルの板に比べて、短く柔軟性がある。

スキーブーツ
プラスチック製。ブーツの上の部分は非常に硬くなっていて、足がスキーにしっかりと固定されるように、足首をサポートする。

スキークリップ
ブーツは数個のクリップで固定する。

プラスチック製のヘルメット
選手はほとんどいつもヘルメットをかぶっている。エアリアルでは着用は義務。プラスチック製で、チンストラップで固定する。

パッド
ヘルメットの内部にはパッドが当てられていて、かぶり心地がよい。

ゴーグル
太陽の照り返しから目を守り、雪が目に入らないようにゴーグルを着用する。

伸縮性のあるストラップ
ゴーグルは伸縮性のあるストラップで固定される。

スキー板の長さ
モーグルとエアリアルのスキーは最大長が決まっている。アクロのスキーは、選手の身長の80%くらいまで。

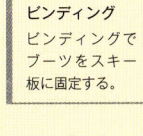

男子：最長1.9m
女子：最長1.8m

ビンディング
ビンディングでブーツをスキー板に固定する。

柔軟性のあるスキー板
スキー板の側面はカーブしているため、柔軟性がある。

エアリアルのスロープ

エアリアルのコースには、インラン（助走路）に20〜25度の傾斜があり、それに続く踏み切り台（テーブル）は平坦である。ランディングバーンの傾斜は37度、フィニッシュエリアは真っ平ら。

踏み切り台
選手がキッカーの角度を正確に測定できるよう、踏み切り台は真っ平らになっている。

ジャッジスタンド
ジャッジはジャンプがよく見えるように、高い台の上にいる。

ノール（小山）
踏み切り台とランディングゾーンの境界をノールと呼ぶ。ラインが引かれている。

ランディングバーン
ランディングバーンの斜面には木の削りくずがまかれ、選手に地面がどこかすぐにわかるようにしてある。

フィニッシュエリア
フィニッシュエリアの大きさは決まっていない。一般的に、できるだけ広く取ってある。

インラン
インランの長さは、傾斜角度によって異なる。

旗
選手がインランのどの位置にいるのかがわかるように、旗が設置されている。

手づくりのキッカー
キッカーはひとつずつ雪を削ってつくられ、人工的なものはまったく使われていない。一度つくられると、その競技が終わるまで一定の温度で維持される。

境界壁
フィニッシュエリアは、観客が入ってこないようにフェンスで囲ってある。

ウィンタースポーツ

モーグルマジック

モーグルは、全体的な滑走姿勢と滑降技術、必須要素であるジャンプなどの要素で得点を獲得しながら、できるだけ速く滑り降りることが目的である。競技は、モーグルのターンの質、ジャンプの技、そして全体の滑走スピードの3点を基準に、5人または7人のジャッジで採点。

ひどい揺れ
コブをまっすぐつっ切ることもできるが、その方法だと、屈曲しながらコブを避けて通過するよりも時間がかかる。膝を曲げて、揺さぶられる衝撃を和らげる。

ストックの位置
右に曲がるときは、右側のストックを旋回軸にして、右に体重移動させる。

バックスクラッチャー
バックスクラッチャーは、ジャンプした直後に空中で演じる動きで、これに1つか2つ、他の技を組み合わせる。スキーは平行にしておかなければならない。

背中を引っかく
スキー板のトップを地面の方に向け、板のテールで「背中を引っかく」ようにする。

スプレッドイーグル
スプレッドイーグルは人気の高いエア技。キッカーを飛び出したら、できるだけ手足を大きく広げる。

高く持ち上げる
ストックでは、スキー板や足に当たらないように、高く大きく広げて持つ。

膝を目だたせる理由
1994年、カナダのジャン=リュック・ブラッサールは、鮮やかな色使いの膝当てをつけて競技に臨んだ。ジャッジにひとつとして技を見逃してほしくなかったからだ。この競技でブラッサールは金メダルを獲得。今では選手全員が膝当てをつけている。

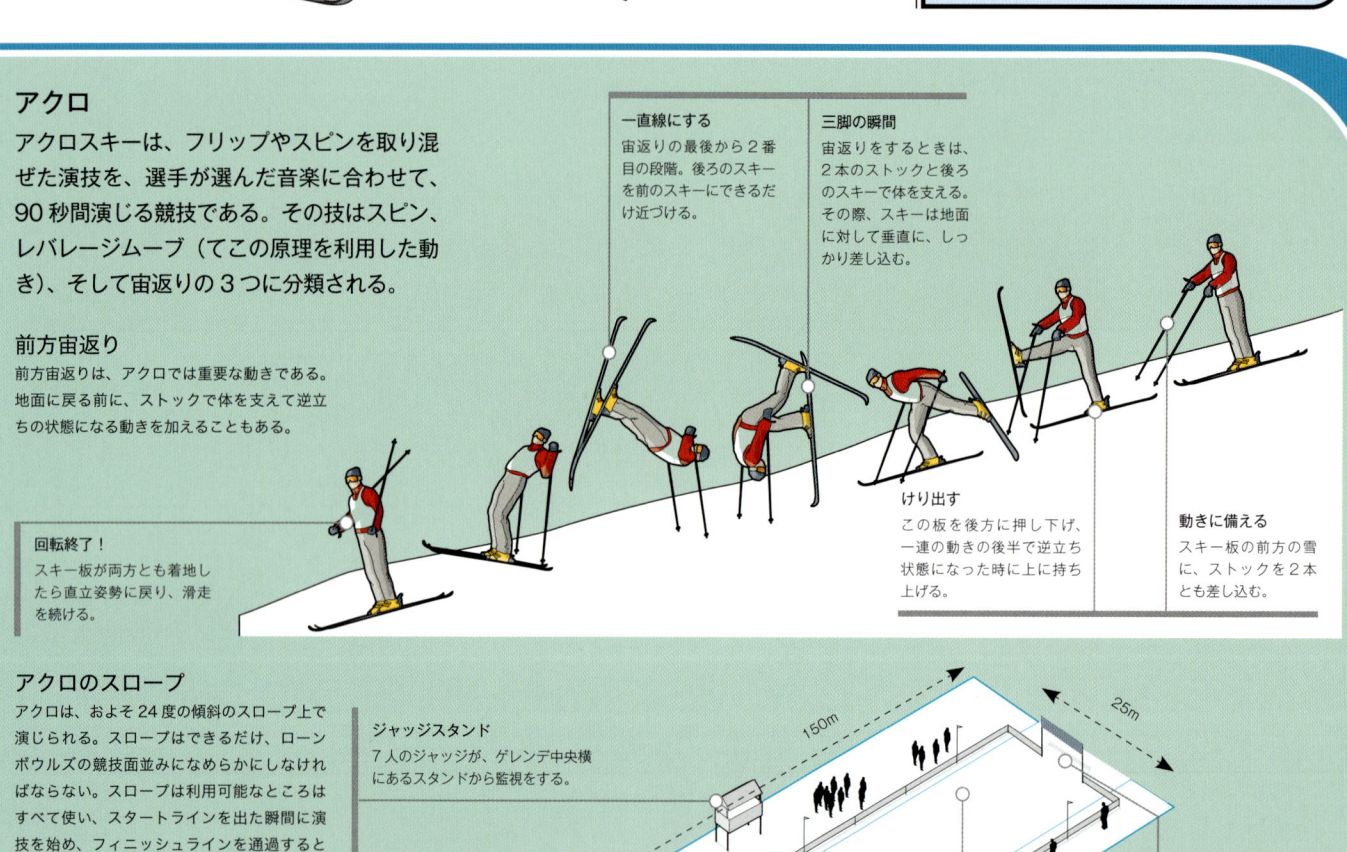

アクロ

アクロスキーは、フリップやスピンを取り混ぜた演技を、選手が選んだ音楽に合わせて、90秒間演じる競技である。その技はスピン、レバレージムーブ（てこの原理を利用した動き）、そして宙返りの3つに分類される。

前方宙返り
前方宙返りは、アクロでは重要な動きである。地面に戻る前に、ストックで体を支えて逆立ちの状態になる動きを加えることもある。

回転終了！
スキー板が両方とも着地したら直立姿勢に戻り、滑走を続ける。

一直線にする
宙返りの最後から2番目の段階。後ろのスキーを前のスキーにできるだけ近づける。

三脚の瞬間
宙返りをするときは、2本のストックと後ろのスキーで体を支える。その際、スキーは地面に対して垂直に、しっかり差し込む。

けり出す
この板を後方に押し下げ、一連の動きの後半で逆立ち状態になった時に上に持ち上げる。

動きに備える
スキー板の前方の雪に、ストックを2本とも差し込む。

アクロのスロープ
アクロは、およそ24度の傾斜のスロープ上で演じられる。スロープはできるだけ、ローンボウルズの競技面並みになめらかにしなければならない。スロープは利用可能なところはすべて使い、スタートラインを出た瞬間に演技を始め、フィニッシュラインを通過すると同時に演技を終える。

ジャッジスタンド
7人のジャッジが、ゲレンデ中央横にあるスタンドから監視をする。

色つきの境界線
色のついたラインでスキーエリアの端を示す。

フィニッシュライン
選手は直立した光電管の間を通り抜ける。

警告フラッグ
旗で競技エリアの範囲をはっきりと示す。

なだらかなゲレンデ
モーグルのスロープとはまったく対照的に、斜面はなだらかでコブがない。

スタート位置
演技にできるだけ多くの技を盛り込むため、スタート位置ぎりぎりから演技を始める。

150m / 25m

モーグルの動き

モーグル競技のハイライトは、2つのキッカーから飛び出すジャンプと技である。選手はジャンプに入る前にできるだけスピードを上げる。ほとんどの選手は、たとえば、バックスクラッチャーやスプレッドイーグルなど、技を3つまで連続して披露したり、あるいは一度のジャンプで複数回ツイストを混ぜたりする。

540（ファイブフォーティ）
空中で1回転半の横回転（スピン）をする、みごとな技である。

着地
膝を曲げて衝撃を和らげる。着地したらスロープをけって滑走する。

回転
動きの3分の2が終了したところで、最後の半回転に向けて再び体をひねる。

振らない
スピンの間はスキーをそろえておかなければならない。スキー板が、水平方向、垂直方向、どちらにずれても減点となる。

離陸
ジャンプ台のリップで、頭と肩を右に回してスピンを始める。体の残りの部分も続いて同じ動きをする。

エアリアルの動き

エアリアル競技では、各選手とも2回ジャンプし、それをジャッジが採点する。離陸、ジャンプ、高さ、空中姿勢、着地を採点。全得点に難度（DD）をかけて、合計点を出す。

回転
最後の回転は、ジャンプの終了とともに完成する。

高速接近
ジャンプに合わせて接近速度を調節する。

バックフリップ
ジャンプをして上空に向かう際に、スキーを回転させながらバックフリップをする。

テイクオフの瞬間
テイクオフの瞬間は体を動かさず、地面と平行にする。

ダブルフルフルフル
このジャンプは、3つの「フル」宙返りを行う。最初の宙返りで水平ツイストが2回、残り2回の宙返りで各1回ずつのツイストが加わる。エアリアル競技で演じられる宙返りは3回まで。

平行に
着地の際はスキーを平行にしなければならない。衝撃を和らげるために膝を曲げる。

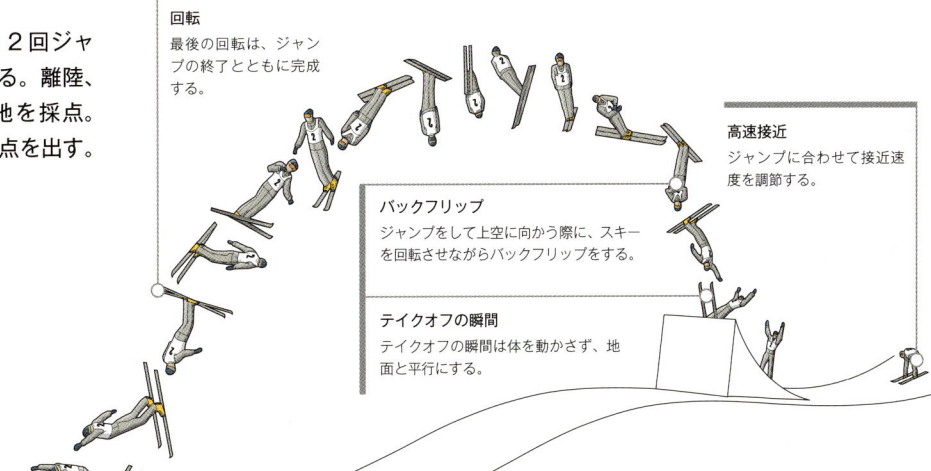

データ集

オリンピック金メダリスト：男子モーグル

年	名前	国
2010	アレキサンダー・ビロウド	カナダ
2006	デイル・ベッグ＝スミス	オーストラリア
2002	ヤンネ・ラハテラ	フィンランド
1998	ジョニー・モズレー	アメリカ
1994	ジャン＝リュック・ブラッサール	カナダ

オリンピック金メダリスト：女子モーグル

年	名前	国
2010	ハンナ・カーニー	アメリカ
2006	ジェニファー・ハイル	カナダ
2002	カリー・トゥロー	ノルウェー
1998	里谷 多英	日本
1994	スタイン・リセ・ハッテスタ	ノルウェー

オリンピック金メダリスト：男子エアリアル

年	名前	国
2010	アレクセイ・グリシン	ベラルーシ
2006	韓 暁鵬	中国
2002	アレシュ・バレンタ	チェコ共和国
1998	エリック・ベルゴースト	アメリカ
1994	アンドレアス・シェーンベヒラー	スイス

オリンピック金メダリスト：女子エアリアル

年	名前	国
2010	リディア・ラシラ	オーストラリア
2006	エベリネ・ルー	スイス
2002	アリサ・キャンプリン	オーストラリア
1998	ニッキ・ストーン	アメリカ
1994	リナ・チェリャゾワ	ウズベキスタン

裏話
フリースタイルスキーのワールドカップが初めて開かれたのが1980年。その6年後に世界選手権が初開催された。モーグル競技がオリンピックに採用されたのは1992年。エアリアルは1994年から導入されている。アクロスキーはまだIOCに承認されていないが、1988年と1992年のオリンピックでは公開競技となった。

運営組織
FISには2009年現在、110カ国が加盟している。

ウィンタースポーツ

フリースタイルスキー

基礎知識

→ スノーボードクロスは、障害物の間をぬって着順を競い合う競技で、2006年に開催されたトリノ冬季オリンピックから正式種目となった。

→ 「ビッグエア」は、18mの傾斜路を下ってジャンプをし、着地をするまでの30mの間でスピンやフリップを行う競技である。

→ 「スノーボードの神様」と仰がれるクレイグ・ケリーは、世界選手権を4回、全米選手権を3回制覇している。彼は2003年1月、雪崩に巻き込まれて亡くなってしまった。

競技の概略

1960年代にアメリカで生まれたスノーボードは、スキー、スケートボード、そしてサーフィンに必要なスキルが求められるスポーツである。スノーボーダーは、スキーのようなボードに足を固定して、雪のスロープを猛スピードで滑降し、スタントを演じる。

スノーボードの技

スノーボードにはさまざまな要素が含まれており、たとえば、マウンテンバイク競技や滑降競技、モーグルの技術、ハーフパイプやクォーターパイプの技、そしてパウダーライディング（深いサラサラの雪道を刻んでいくときにボーダーが使うサーフィンの技）などが必要となる。パラレル大回転（アルペンスノーボード）と呼ばれる競技では、滑降競技と同じようなスキルを使い、大回転のコースでタイムを競い合う。パラレル大回転は、2人の選手が並んで同時に競技をする。

エクストリーム・スノーボーディング

崖や深雪、滑走台、木がある垂直に近い（45度以上）山の斜面で行われるエクストリーム・スノーボーディングは、気の弱い人には向いていない。この競技にはレースやフリースタイルの種目があり、自然の障害物にあふれた最長1220mのコースで行われる。参加者は、タイムやスタイルなどの要素で採点される。

選手の特徴

スノーボーダーには、大胆不敵さ、自信、そして冒険心が不可欠である。試合に参加する選手は、壮健で柔軟性があり、強い筋肉が必要。スノーボーダーはスキーヤーと同じようなトレーニング法を用いる。他のスノースポーツと同様、バランス、筋肉の協調性、そして反射神経も欠かすことができない。

ヘルメット
雪上のコースでは、頭のけがを最小限に食い止める安全ヘルメットは必須である。

トレーナー
軽量で温かく、通気性がある。トレーナーはアウターとしてもインナーとしても着心地がいい。

グローブ
ミットやグローブは、手のひらと指の部分が強化され、防水性がある。保温性を高めるために、フリースか合成素材で裏打ちされている。

ゴーグル
雪盲を予防すると同時に、目に雪が入らないようにする。雪が目に入ると一時的に目が見えなくなり、高速で滑走しているときには危険である。

上半身
防護ウェアは、肩、ひじ、背骨を保護するように設計されている。厚い、耐衝撃性の発泡性パッドを使用。ネオプレン製で柔軟性がある。

リストガード
転倒したときに、手首の捻挫や骨折をしないように、リストガードを着用する。

下半身
パッド入りのズボンと膝ガードを着用し、落下や強打による損傷を軽減する。ウィッキング素材が使われており、汗は逃がすが保温性がある。

レギュラー、それともグーフィー？
左足を前にしてボードに乗る選手をレギュラー、右足を前にしてボードに乗る選手をグーフィーと呼ぶ。これはどちらの方が乗りやすいかの問題である。

フットワーク
ブーツやビンディングで、動きが大きく変わる。

スタンス
足は通常、肩幅より少し広めに開く。幅を狭くするとターンをするときにコントロールしやすく、幅を広くするとフリースタイルの場合は安定する。

サイモン・デュモン

2008年4月11日、デュモンはクォーターパイプで世界記録を更新した。この21歳のアメリカ人スノーボーダーが樹立した記録は、前の記録をちょうど1m上回る、10.8mだった。

スノーボード

ウィンタースポーツ

スノーボード

299

ハーフパイプ

ハーフパイプは特別につくられた、U字型をした、傾斜のある、チューブ形状の競技場である。壁はカーブしているが底は平らになっており、スノーボーダーがアクロバティックな技を披露する。ハーフパイプはスケートボード場で誕生した。

どうやって競技するの？

U字型の片側の壁を滑り下りてスピードを出し、その勢いで反対側の壁をリップまで滑って上がる。そこから空中に飛び出して、動きや技を演じる。パイプの高い位置からスタートするほど、下りてくる途中でたくさんのジャンプを披露することができる。ハーフパイプの選手は、エッジのコントロールとターンのコントロールの両方が必要。さらに、普通と逆向きに滑る（フェイキーと呼ばれる）技も習得しておかなければならない。

競技会

ほとんどのハーフパイプ競技は、5人のジャッジがすべてのオーバーオール採点（ジャッジ一人ひとりがすべての要素のスコアをつける方法）を行う。スピンや回転などのトリック、技術、着地など、技やジャンプの高さに対して点が付与される。

ジャンプ
熟練したスノーボーダーは、ハーフパイプの平らな底（ボトム）から8mを超える高さのジャンプをすることもある。高く跳べると「エア」が十分にできるので、印象的な技を連続して演じることができる。

プラットフォーム（デッキ）
ハーフパイプの縁は、平らなへりで囲まれている。そのため、リップ（縁の上端部分）ができ、そこからパイプ上端に飛び出すことができる。

スタート
スノーボーダーは、スタートの傾斜を経由してハーフパイプに入るため、前もってスピードを上げることができる。

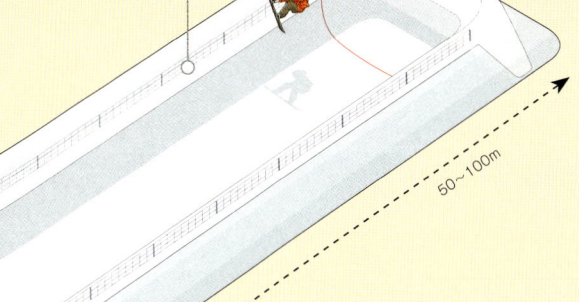

ヴァーティカル（ヴァート）
壁の上の部分は垂直になっている。直角のリップで、ヴァートとプラットフォーム（デッキ）がつながっている。

トランジション（トラニー）
ボトムと垂直に切り立った壁（ヴァート）の間の湾曲部分。

フィニッシュエリア
選手は、スタート地点の傾斜面から出口まで、パイプ全体を使わなければならない。

50～100m
13～18m

技

ハーフパイプには、ローリングエッジ（ボードの片側のエッジで上り、反対側のエッジで下る）、（雪や氷の上での）スライドターン、ヴァートの上で（空中での）ジャンプターンなど、さまざまな技がある。

アーリーウープ

壁側に向かって180度の回転を行うハーフパイプのトリック。スピードを出して滑走し、空中で十分な高さを出す。離陸の際はボードを平ら（フラット）にしなければならない。

つかむ
空中でボードのトウエッジをつかみ、ターンを始める。

体を曲げる
体をボードの前の方に向け、膝を体に引きよせる。

リリース
ハーフパイプのリップに近づいたら手を解放し、ボードがフラットな状態で着地をして滑走を続ける。

さかさま
さかさまになるのは、才能のあるフリースタイルのスノーボーダーには日常茶飯事のこと。複雑な技を演じながらボードをつかむと、空中でも安定する。

インディーグラブ
インディーグラブをするには、リップで十分な「エア」が必要である。膝を引きよせて、テール側の手でボードのビンディング間をつかみ、ノーズ側の腕を伸ばす。

足をまっすぐにする
グラブを決めたら、前足をできるだけ遠くに伸ばす。

ノーズ側の腕
ノーズ側の腕で釣り合いを取る。

ボード、ブーツ、ビンディング

フリースタイル用ボードは比較的短くて柔軟性があり、ノーズとテールは同じ形。ブーツは柔らかい。アルペン用ボードは細長くて硬く、ノーズとテールの形が違う。ブーツの外側は硬い。

ぴったりフィット
ブーツは足首の周りがぴったりフィットして、靴の中でかかとが持ち上がっていてはいけない。

ハイバック
成形されたサポートがついていて、足首からふくらはぎまで後ろから支える。

スノーボード
スノーボードの芯は木製で軽くて強く、柔軟性がある。グラスファイバーでラミネート加工されている。滑走面はプラスチックでできていて、ワックスを染み込ませてある。そのため、なめらかになり、速く滑る。

ブーツ
フリースタイルでは、柔らかさのある柔らかい合成皮革を使う。アルペン用は外側が硬い。

ビンディング
ブーツをボードに固定し、自動的には外れない。ビンディングはブーツをしっかりとめる角度や幅に調節できる。

裏話
スノーボードの原形がつくられたのは1950年代のこと。1965年、シャーマン・ポッペンが2枚のスキー板を固定し、「スナーファー」を開発。これは、スケートボードとトボガン（小型のそり）を足して2で割ったようなものだった。その後、1979年にジェイク・バートン・カーペンターがグラスファイバーでスノーボードをつくり、ボルトでビンディングをとめたことで、さらに操作しやすくなった。1980年代にメタルエッジのついたボードが誕生。さらにハイバック・ビンディングも取りつけられた。スノーボードは1998年、冬季オリンピックの正式種目になった。

カーブ
エッジは左右対称にカーブしている。カーブはターンを補佐する。

エッジ
スチール製のエッジなので、ターンの際にボードが雪を「つかまえる」ことができる。

クロスカントリースキー

競技の概略

クロスカントリースキーは、ウィンタースポーツの中で最も過酷なスポーツのひとつといえるだろう。クロスカントリースキーの走法は、クラシカル走法とフリー走法に分けられ、0.8kmのスプリントから50kmあるいはそれ以上のマラソンといったさまざまな距離を滑走、タイムを競い合う種目である。クラシカル競技では、雪の中を通り抜ける指定された平行のスキー跡の上を「歩く」ようなストライドを使用。フリースタイルは速度が速く、なだらかな道を滑走する競技で、スケートの滑走技術が必要である。

基礎知識

- クロスカントリースキーは、北欧やカナダでは、かなり昔から人気の高いウィンタースポーツである。この競技はアメリカをはじめ、冬に積雪のある地域で注目を浴び始めている。
- この競技は、冬季オリンピック、FISワールドカップ、ノルディックスキー世界選手権の正式種目。
- 冬季オリンピックでは、男女とも6種目の計12種目が競技される。

選手の特徴

クロスカントリーの選手には、有酸素運動能力、筋力、バランスのよさ、そして肉体的・精神的スタミナが必要である。冬は雪上で技術を鍛えて伸ばし、夏は自転車走行、ランニング、ローラースキーを取り入れた厳しいトレーニングで、最高のコンディションを維持する。

上って、下って、回って

クロスカントリーのコースは場所によって大きく異なるが、国際競技規則では、上り坂、下り坂、平地を同じくらいの割合で含むことが推奨されている。上り坂の勾配は9〜18%。スプリントでは、坂の上下の標高差が30m以下、15km以上のレースでは、その差が200m以下でなければならない。しかし、ノルウェーのビルケバイネル・スキーレースでは、下り坂より上り坂の方が多い。

ビョルン・ダーリ

クロスカントリースキー選手のノルウェーのビョルン・ダーリは、冬季オリンピックで最も多くのメダルを手にした人物である。スピードで名を馳せた彼は、1992年から1998年の間に、金メダル8個、銀メダル4個を獲得。1994年、彼のリレーチームは40kmを走破した後に、0.4秒差で金メダルを逃してしまった。

頭部の用具
スキー帽は頭を保温する。曇らないゴーグルは、視界を狭めることなく太陽の照射をさえぎることができる。

ストック
選手はグラファイトやアルミニウムなどの軽量素材でつくられたストックを2本持つ。クラシカルのストックは、フリースタイルのものより短い。

ゼッケン
選手は胸と背中に番号をつける。番号はフィニッシュラインでカメラが最も近づく足にもつけることがある。

ハンドカバー
グローブは軽量で保温性・防風性に優れている。

スキースーツ
ポリウレタン製の体にぴったりとしたスーツで、自由で効率的な動きが可能。

足首のサポート
フリースタイルのブーツは比較的硬く、クラシカルのブーツよりも足首のサポート力が強い。

固定されたつま先
ビンディングはブーツのつま先部分だけを固定し、かかとは自由に動かせる。

ワックス
グリップ力、あるいはスピードを向上させるために、競技によって滑走面に塗るワックスを使い分ける。

「スキニー」なスキー板
クロスカントリーのスキーはアルペンスキーのものに比べて幅が狭いのが特徴的。長さは選手の身長で決まる。

適切な用具

クロスカントリースキーの用具は、クラシカル用とフリースタイル用のどちらを使ってもよいというわけではない。それぞれ技術もスピードも違い、コースのタイプも違うため、クラシカルの選手とフリースタイルの選手は、用具に関しては必要となるものが異なる。

フリースタイル用のスキー板
フリースタイル用のスキー板は長さが1.7～2m、幅は4.5～5cm。チップの上向きのカーブはクラシカル用のスキーほど目立たない。

ハイテク
レース用のスキー板は、カーボンファイバーをはじめ、最先端の素材でつくられている。

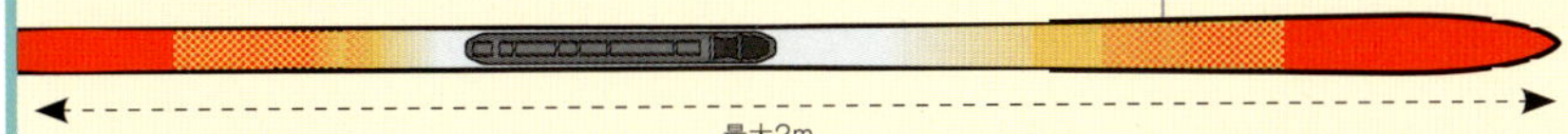

最大2m

クラシカル用のスキー板
フリースタイル用のスキーより長く、選手の体重が均等に分散するように設計されている。長さは1.95～2.3m。

勝利へのワックス
摩擦を減らすために、滑走面にグライドワックスが塗られている。

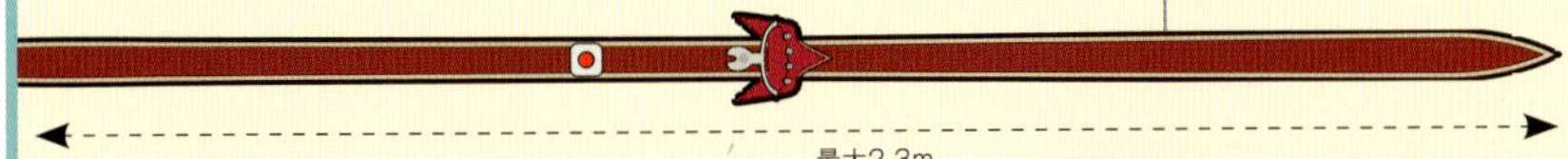

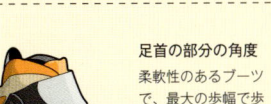

最大2.3m

足首の部分の角度
柔軟性のあるブーツで、最大の歩幅で歩くことができる。

頑丈なブーツ
最もよく動く関節をサポートする。

クラシカル用ブーツ
クラシカルスタイルのブーツは比較的柔軟性があり、ランニングシューズと似ている。足首を自由に動かせる。

フリースタイル用ブーツ
フリースタイル用のブーツはクラシカル用のブーツに比べて硬く、足首のサポート力が強い。

ストック
フリースタイルのストックは、口、あるいはあごに届くくらいの長さ。クラシカル用のストックは、選手が立ったときに脇に達するくらいの長さがあること。

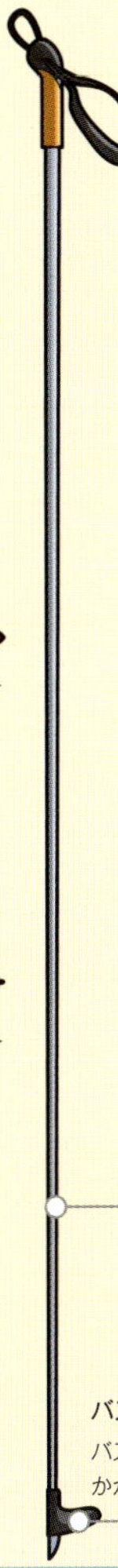

軽くて強い
グラファイトとケブラーでつくられたシャフトは、下の方が先細になっている。

バスケット
バスケットと呼ばれるプラスチック製のウェブあるいはディスクで引っかかりができ、ストックが雪の奥深くまで埋まらないようになっている。

試合のルール

どの種目でも、他の選手を妨害する、フライングをする、競技中にスキー板にワックスを塗ったり削ったりクリーニングをしたりする、といった行為をした選手はペナルティが科される。

スプリント以外のクラシカル競技では、標識で指定されたゾーンを除き、追い越される選手は追い越す選手の最初の要求でコースを譲らなければならない。これに従わないと反則となる。クラシカル走法以外の技を使った場合も同様。

しかし、クラシカル走法とフリー走法の両方の技を使っても反則にならない競技が1つだけある。それがパシュート競技だ。これは2つのコースからなり、1つのコースはクラシカルスタイル、もう1つのコースはフリースタイルだ。

共通点と相違点

クラシカル走法では、ダイアゴナル滑走、ダブルポール、そして開脚登行（勾配を登るとき）といったテクニックを使う。フリースタイルでもこのような伝統的な走法を使うが、スキー板のエッジをスケート選手のような角度にする点で異なる。

ダイアゴナル滑走
これはクラシカル走法で主力となる走法である。標示されたフィニッシュゾーン以外はスキーを平行に保ち、スキー跡から外れてはいけない。

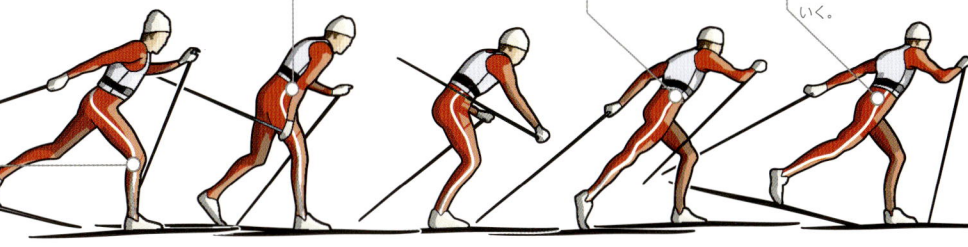

滑り出す
片方の足を前に滑らせる。体を前に倒し、支持足と同じ側の雪にストックを立てる。

前に押し出す
雪に立てたストックを引きよせて、前に進む。

サイドを変える
ストックを雪の中から引き出し、もう一方の足で前に進む。

ペースを上げる
左のスキーとストック、右のスキーとストックを交互に出しながら、ペースを上げていく。

ダブルポール
2本のストックを同時につきたて、強い力で左右両方のスキー板を一気に前に進める。

強く押す
体を前に傾けて押し出す。押し出しの動きが終わるまで体は曲げたまま。

スケーティング滑走
フリースタイルの技で、スキー板を外と前に押し出し、スキー板の内側のエッジを雪に押し込む。この技は雪が硬いときにしか使えないが、ダイアゴナル滑走より速く滑れる。

裏話

クロスカントリースキーは、何千年とはいかないまでも、数百年前に北欧の人たちが初めて行ったと思われる。狩猟民族が、シカの群れを追って冬に長距離移動をするには、最も効果的な方法だったのだ。クロスカントリースキーは、19世紀にはノルウェーではスポーツとみなされていた。男子のクロスカントリースキーは1924年の第1回冬季オリンピックで競技されたが、女子の競技が行われるようになったのは1952年になってからのこと。

運営組織：ＦＩＳ
ＦＩＳは1924年2月2日、第1回冬季オリンピック開催中にフランスのシャモニーで発足。当時の加盟国は14カ国。2009年の時点で110カ国のスキー連盟がＦＩＳに加盟している。

ウィンタースポーツ

クロスカントリースキー

スロープスタイル

競技の概略

スノーボーダーが編み出したスロープスタイルは、表現力豊かな壮大なウィンタースポーツである。選手はレールなどの障害物がいくつも置かれた斜面を滑走しながら、さまざまな技を繰り広げる。滑走中、体を直立状態に維持でき、最も複雑で大がかりな技が成功すると得点が入る。スロープスタイルのスノーボードとスキーは、2014年にソチで開かれる冬季大会の正式種目として採用された。主催者は、このスポーツを取り入れることで、若者がオリンピックに関心を持ってくれることを期待している。

基礎知識

→ ウィンターXゲームズで5個の金メダルを獲得したアメリカのショーン・ホワイトが、スロープスタイル史上、最も優れた選手といえるだろう。

→ カナダのカヤ・トゥルスキは、スロープスタイルスキー史上、最も成功をおさめた選手の1人である。これまでにウィンターXゲームズで金メダルを3個獲得している。

→ スロープスタイルのスキーやスノーボードには、画一的なコース形態はなく、大会ごとに独特のコースが設計される。

ヘルメット
スロープスタイルは危険性が高いため、ヘルメットは欠かせない。

上体
転倒したときに、腕、脊椎、胸部を強い衝撃から守るため、高密度の発泡体を使用したウェアを身につける。

手首
手首をけがしやすいため、ガードをつける選手が多い。

足
着地の衝撃が強いため、スキー選手やスノーボード選手の膝関節に圧力がかかる。

選手の特徴

スロープスタイルには、体幹と足の筋肉が強く、バランスと協調性にすぐれ、反応がすばやいなど、他のスキーやスノーボード競技と同じ基本的な特質が必要となる。大技は加点につながるが、技の失敗や転倒は減点される。

装備

ビンディングの微調整以外には、スノーボード選手がスロープスタイル競技に参加するのに特別な装備は必要としない。一方、スキー選手はフリースタイルスキー（ツインチップスキーとも呼ばれる）を使って各競技に挑まなければならない。

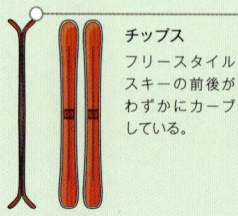

ブーツ
スロープスタイルのスキー選手はフリースタイルのブーツを使い、スキー板の後部ではなく、中心部に体重を乗せる。そうすると空中でもスキー板を操作しやすい。

快適さ
フリースタイルブーツの裏地のおかげで、足と足首は快適である。

フリースタイルスキー
フリースタイルスキー板の先端は、前後とも上向きにカーブしており、スキー板の前部からでも後部からでも着地や離陸が可能である。アルペンスキーやスピードスキーのものよりも柔軟性がある。

チップス
フリースタイルスキーの前後がわずかにカーブしている。

ビンディング
スロープスタイル競技のスキー選手やスノーボード選手は、柔らかいビンディングを取り付ける。そうすると、ジャンプをした後に着地する際、衝撃を和らげることができる。

ハイバック
スロープスタイルのスノーボード選手は、ハイバックが柔らかく、前方への傾きが最小限となるビンディングを使う。

ウィンタースポーツ

スロープスタイル

コース
スロープスタイルコースの基本的な要素は、スキー選手やスノーボード選手と同じ。さまざまな障害物やジャンプ台、レールといったタスクが置かれた下り坂のスロープである。

競技会
現在、世界で最も注目を集めているスロープスタイルの試合は、ウィンターXゲームズである。アメリカのケーブルテレビネットワークESPNが主催するこのアクションスポーツ用の競技会は1997年から毎年開催され、2002年以降は、コロラド州のアスペンで開かれている。

競技方法
選手は高速でコースを下り、障害物を最大限に利用する。技のスキルや難度、技から技へどのくらいスムーズに動いたか、滑走の全体的な印象で評価される。

レール
幅の狭いレール。まっすぐのものもあれば、難度を上げるために曲がったものもある。

キッカー
雪でできた、あるいは雪で覆われたシンプルなジャンプ台。

ウォール
ほぼ垂直に設置されており、急勾配の壁の上をかすめたり回転したりする。

ボックス
ボックスには、凹状にカーブしたものや、凸状の「レインボー」など、さまざまな形のものがある。

フィニッシュライン
スキー板がフィニッシュラインの前で片方脱げてしまった場合は、片方のスキーでゴールしてもよい。

採点方法
スロープスタイルのスキーやスノーボードは、他のスキーやスノーボード競技と同じ方法で採点される。試合はたいてい2ラウンド行われ、審判団がラウンドごとに採点する。審判が技や全体的な印象など、パフォーマンスの特定の面に点数を割り当て、その各スコアを合算することもある。全体的な印象とは、ひとつの技から次の技へ移るスキルやルーティーン全体の形を反映したものである。各選手とも2ラウンドのベストスコアが、ほかの選手のベストスコアで順位つけされる。

テクニック
スロープスタイルでは、ジャンプ、スタント、トリックを独創的に組み合わせ、審判から高得点を獲得する必要がある。スロープ上の障害物によって、演じるトリックが決まってくる。キッカーでは、スピン（空中で360度回転）、フリップ（空中で前方あるいは後方宙返り）、グラブ（空中でスキーあるいはボードをつかむ）が披露される。レールはグラインディングに使われる。つまり、空中にジャンプし、スキー板やボードの一部をレールに沿ってスライドさせる。基本的なトリックには、ほぼすべてにさらに複雑なバリエーションがいくつかある。

フィフティ・フィフティ
フィフティ・フィフティはスケートボードの技で、まっすぐあるいは曲がったレールの上に乗る。レールに上るには、スピードを十分に出しておく必要がある。

ポッピング
レールに近づき、膝を曲げてボードを空中に持ち上げ、レールの上に乗せる。

バランス
肩がボードの中心上にくるように立ち、レールの上に乗る。

降りる
レールから離れるときは、膝を曲げて着地に備える。

ミュートグラブ
ミュートグラブは、スキー板をクロスし、キッカーを離れて空中にいる間に一方のスキー板をつかむ必要がある。ミュートグラブには、スキー板をブーツの前からではなく後ろからつかむなど、さまざまな形がある。

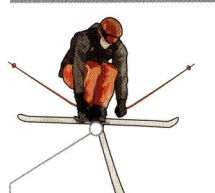

形を作る
空中でスキーをクロスさせ、Xの形を作る。

グラブ
ブーツの前で上になったスキーの内側をつかむ。

着地の準備
手から離れたスキーをまっすぐにし、着地に向けて膝を曲げる。

スキージャンプ

競技の概略

スキージャンプは、急な斜面を滑走して空中に飛び出し、できるだけ遠くまでジャンプをして、転倒しないようになめらかに着地するという、目を見はるようなスポーツである。非常に優れた選手は、ほぼ水平に近い姿勢（と度胸）を維持しながら空中を飛翔し、そして最後の最後でスキーを着地させる。と同時に、歓声やカウベルのカラカラという音が鳴り響くのだ。人気の高い、圧倒的に男性が占めるこのウィンタースポーツは、ジャンプした距離だけではなく、踏み切り、空中、着地の姿勢も競い合う。

基礎知識

- ジャンプにかかる時間は平均で8秒から12秒。そのうち空中にいるのはわずか2、3秒である。
- スカンジナビア諸国と日本の選手がジャンプで最も成功を収めている。
- 2010年の冬季オリンピックで女子のジャンプ競技を行う提案がなされたが、却下された。しかし、2014年のソチ五輪で正式種目として採用された。
- 第二次世界大戦後に滑降競技にその地位を奪われるまで、スキージャンプは最も人気のあるスキーの観戦スポーツだった。

選手の特徴

スキージャンプの選手は、強靭な神経を持ち、高所に恐怖心がない人物でなければならない。一流の選手は5歳くらいからジャンプを始め、少しずつジャンプ台の高さを上げて、徐々に自信をつけていく。持久力も不可欠で、一流のスキージャンプ選手のほとんどが、心血管機能を鍛えるために、クロストレーニングを行っている。

イーグルの着地

エディー・「ジ・イーグル」・エドワーズ選手が名声を得たのは、1988年にカナダのカルガリーで開かれた冬季オリンピックでのこと。その理由は、エドワーズ選手のジャンプがあまりにもお粗末だったため。イギリスで左官をしていたこのエドワーズは最下位に終わったものの、観客にその人格と情熱が温かく受け入れられ、マスコミをにぎわせた。

ナンバー・トリビア

246.5 m：ノルウェーのヨハン・レメン・エベンセン選手が2011年に樹立した大ジャンプの世界記録。

5 個：最も成功を収めたオリンピックのスキージャンプ選手が獲得したメダルの数。フィンランドのマッチ・ニッカネンは、これまでに金メダル4個と銀メダル1個を獲得している。

50,000 人：ノルウェーで毎年行われているホルメンコーレン・スキージャンプ大会の平均観客数。

安全ヘルメット
空中で約95km/hのスピードが出るため、ヘルメットはスキージャンプの選手には欠かせない。

ゴーグル
正確に着地ができるように、選手のゴーグルははっきりと見えるものでなければならない。

ジャンプスーツ
ジャンプスーツは薄い合成繊維でつくられていて、体にぴったりフィットする。このスーツのおかげで空気抵抗が減り、飛距離が数センチ伸びた。

スキーブーツ
空中でできるだけ前に傾くように、足首が動かせるようになっている。

ビンディング
ビンディングはスキーとブーツを固定するもので、先端から一定の距離に取りつけなければならない。ヒールは固定されていないので、空中で上下に動かすことができる。

溝のあるスキー板
スキー板は選手の身長よりも最大80cm長い。幅は11.5cm以下で、グラスファイバーと木でつくられている。インランをまっすぐ滑れるように、滑走面に5、6本の溝がある。

スキージャンプ

ジャンプの種目
選手は２種類のジャンプ台の急傾斜面からスタートする。以前は70m級と呼ばれていたノーマルヒルは踏切台から建築基準点（K点）までが90m。ラージヒル（以前の90m級）は120mである。選手は通常、個人ノーマルヒル、個人ラージヒル、そして団体のラージヒルの３種目で２回ずつジャンプをする。

もっと遠くへ
ジャンプの技術を変えることで、だんだん遠くに飛べるようになってきた。当初のジャンプはわずか45mほど。1920年代、タムス型というテクニックが確立すると、100m飛べるようになった。これは、腰を曲げて前傾姿勢を取り、腕を広げてスキーを平行にする飛び方である。1950年代にスイスのアンドレアス・デシャー選手が腕を体に引きよせて、さらに数メートル飛距離を伸ばした。1985年、スウェーデンのヤン・ボークレブ選手がＶ字ジャンプを編み出した。これはスキーのチップをＶ字に開いたままジャンプをするもので、揚力が増し、さらに遠くまでジャンプができるようになった。

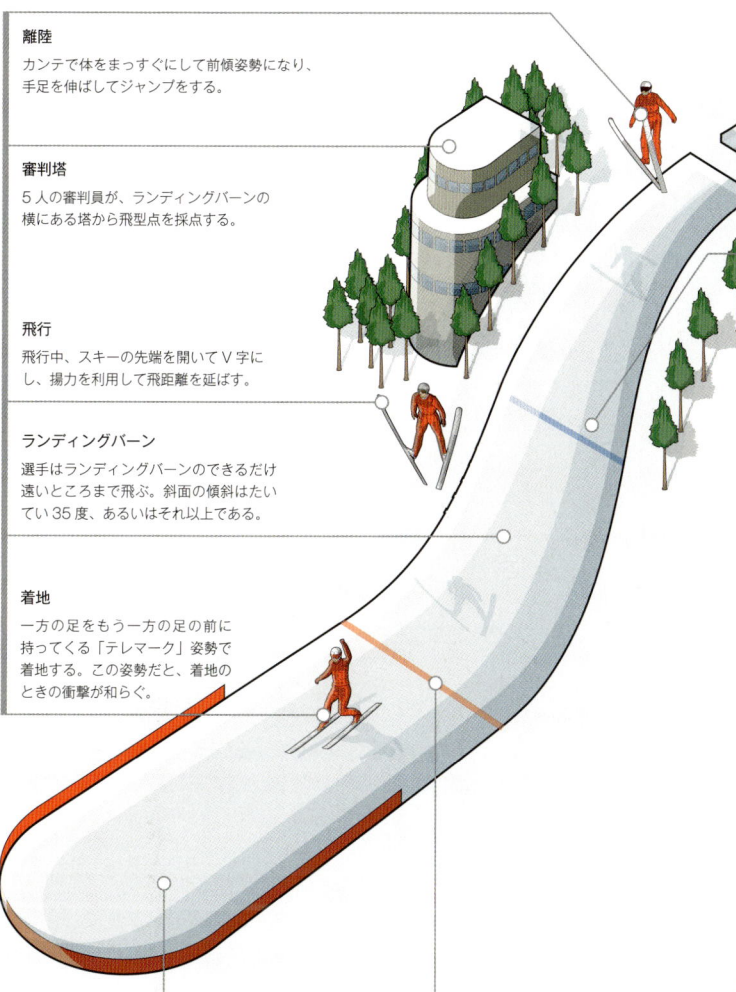

離陸
カンテで体をまっすぐにして前傾姿勢になり、手足を伸ばしてジャンプをする。

審判塔
５人の審判員が、ランディングバーンの横にある塔から飛型点を採点する。

飛行
飛行中、スキーの先端を開いてＶ字にし、揚力を利用して飛距離を延ばす。

ランディングバーン
選手はランディングバーンのできるだけ遠いところまで飛ぶ。斜面の傾斜はたいてい35度、あるいはそれ以上である。

着地
一方の足をもう一方の足の前に持ってくる「テレマーク」姿勢で着地する。この姿勢だと、着地のときの衝撃が和らぐ。

ブレーキングトラック
ブレーキングトラックは安全でなだらかな斜面になっていて、ジャンプをした後に減速して止まることができる。

K点
そのジャンプ台の基準点のことで、着地斜面の傾斜曲率が変わる地点。

急斜面
選手はスターティングゲートで待機。ジャンプの合図が鳴るとスキー板をけって滑りだし、すぐに勢いをつける。

加速する
体を低くして、空気力学にかなったクラウチング姿勢を取り、インランを加速してカンテに向かう。

インラン
急斜面の表面はインランと呼ばれる。冬はカチカチに固まった雪、夏は人工芝で覆われている。

カンテ（踏み切り地点）
インランの端にあるカンテは、ジャンプをしたときに体が十分に持ち上がるよう、11％の勾配がついている。

標準点
標準点（P点）は青いラインで示されている。ここでジャンプ台のカーブが終わり、ランディングバーンの最も急勾配の部分が始まることを示している。

スキージャンプ週間
最も名高いスキージャンプ週間（毎年行われているスキージャンプのワールドカップの一部）は、オーストリアとドイツ、それぞれ２つのジャンプ台で行われる。このジャンプ週間で５回も総合優勝を果たしているのは、フィンランドのヤンネ・アホネンだけである。

採点方法
審判員が飛距離と飛型を評価する。K点に達すると60点。K点が90mの場合は、K点から1mごとに２点が加点（K点に達しない場合は減点）される。K点が120mの場合は、1mごとに1.8点の加点もしくは減点となる。５人の審判が飛型（踏み切り、空中、着地の姿勢、空中のスキー板の安定性）を20点満点で評価。飛距離点と、５人のジャッジの最高点と最低点を除く３人の合計点で総合点を出す。２回のジャンプで最も得点の高かった選手が優勝。

裏話
ノルウェーのウィンターカーニバルで行われた地元のスキージャンプ大会をきっかけに、スキージャンプはヨーロッパや北米中に広がり、ウィンタースポーツの中で最も人気の競技となった。1892年に正式には、勇敢な選手たちがノルウェーのホルメンコーレンで開催された大会で競技した。このスポーツは現在でも、冬季オリンピックの中で、誰もがメダルを欲しがる種目のひとつである。

オリンピック・スポーツ
スキージャンプは、1924年にフランスのシャモニーで開かれた第１回冬季オリンピックから競技されている。オリンピックの表彰台の一番高いところに上がるのはフィンランドが多いが、獲得メダル数はノルウェーの方が上回っており、フィンランドが22個、ノルウェーは29個である。

記録の続出
スロベニアのプラニツァで開催された2005年ワールドカップで、当時フィンランドのマッチ・ハウタマキが持っていた記録の231mを超えるジャンプを、数人の選手が成し遂げた。ノルウェーのビヨーン・ローモーレンが239mで世界新記録を更新した。

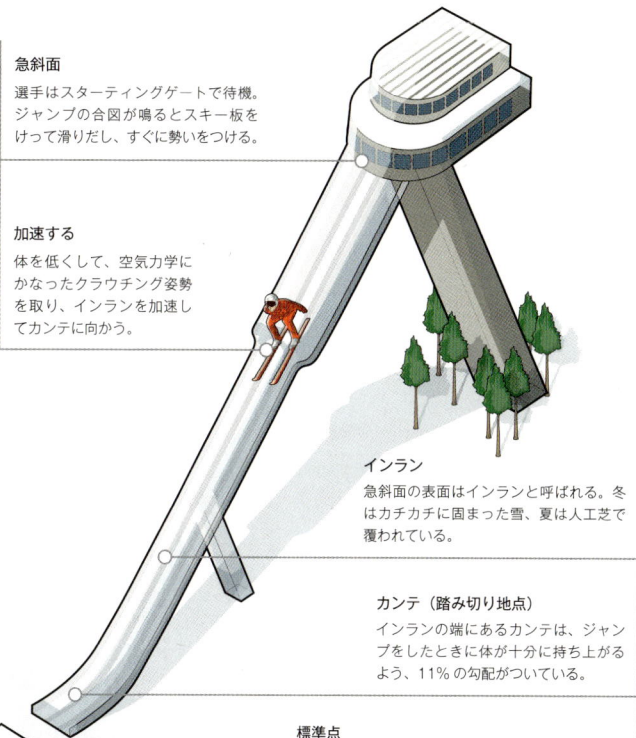

基礎知識

→ ノルディック複合は、1924年にフランスのシャモニーで開かれた第1回冬季オリンピックから、オリンピックの正式種目である。

→ 個人種目は個人ノーマルヒルと個人ラージヒルがあり、各種目ともジャンプ1本と10kmのクロスカントリーで競う。

→ 団体戦は1チーム4人で、ラージヒルでのジャンプ1本ずつと、1人5kmの20kmリレーが行われる。

選手の特徴

ノルディック複合の選手は、ジャンプをする勇気と、クロスカントリーを行うスタミナと筋力が必要である。両種目とも技術的な要求が厳しい。選手は心血管機能の能力を維持すると同時に、技術の調整に練習時間の多くを費やす。

ボディスーツ
薄い合成繊維でつくられた、体にぴったりフィットするボディスーツを着る。

ストック
長いまっすぐのストックで雪を強く押し、勢いを維持する。

自由なかかと
ビンディングでスキー板とブーツのつま先部分が固定されているが、かかとは自由に動かせるので、雪の上を「スケート」できる。

スキージャンプ

ジャンプには、助走、離陸、飛行、着地の主に4つの段階がある。選手はクラウチング姿勢を取り、両腕を後ろに回してカンテに近づく。離陸の際は、体をまっすぐに伸ばして前傾姿勢を取り、スキーをV字に開いて上昇する。ジャンプの終わりは膝を曲げ、片方の足をもう一方の足の前に出す「テレマーク」姿勢で着地する。

スタートと助走
選手はスターティングゲートを出発し、約96km/hまで加速する。

カンテ
選手はカンテから空中に飛び出す。

ジャンプ台
ジャンプ台には5種類あるが、その違いは大きさだけである。ノーマルヒルはカンテからK点までの水平距離が75〜99m、ラージヒルは100〜169mのところにある。

ジャンプ台の高さ
ジャンプ台の高さはさまざまだが、初心者はどれを見ても圧倒される。

K点
そのジャンプ台の建築基準点のことで、着地斜面の傾斜曲率が変わる地点。

審判塔
5人の審判員が、ランディングバーンの横にある塔からジャンプを採点する。

ブレーキングトラック
選手はブレーキングトラックで徐々に減速して止まる。

ジャンプの採点

各ジャンプは、飛距離と全体的なテクニックが評価される。K点に到達したジャンプには60点が与えられる。K点より長いジャンプは加点、短いジャンプは減点される。5人の審判員が飛型を0から20点で採点し、5人の採点のうち、最高点と最低点を除いた3人の得点を合計して、最終得点を出す。

スキー板
クロスカントリースキーのスキー板は最長2mで、先端がカーブしている。雪の上を滑りやすくするために、スキー板にワックスを塗る。

ノルディック複合（ノルディックスキー・コンバインド）

競技の概略

ノルディック複合は、スキージャンプとクロスカントリースキーを合わせたウィンタースポーツ競技である。スキージャンプが先に行われ、その後でクロスカントリースキーが競技されることが多い。選手は、個人、スプリント、団体の3種目に参加。オリンピック、ワールドカップ、そして世界選手権で競技されており、現在のところ、すべて男子のみ。

クロスカントリースキー

クロスカントリーのスタートの順番は、前日に行われたジャンプ競技の結果で決まる。ジャンプの得点を秒換算して、順番を決めるのだ。選手の多くが、スキーに角度をつけて片足を滑らせて前に出し、もう一方の足の内側のエッジで雪を押し出す「スケーティングスタイル」を使う。体重を一方のスキーからもう一方のスキーに完全に乗せ換えて進むことで、30km/hまでスピードが出る。クロスカントリーのゴールを1番に通過した選手が、ノルディック複合の勝者となる。

バイアスロン

競技の概略

バイアスロンは、クロスカントリースキーにライフル射撃を組み合わせたウィンタースポーツである。このスポーツの起源は18世紀のスカンジナビア諸国の警備兵。当時、ノルウェーとスウェーデンの長い国境を警備する兵士には、正確に射撃する技術と速くスキーで滑る技が不可欠だった。競技には、個人、短距離（スプリント）、リレー、追い抜き（パシュート）、マススタート（一斉スタート）などがある。どの種目も、起伏のあるコースを周回し、射撃場で標的に向かって射撃を行う。

競技会
選手は時差スタートで、時間と闘いながら「スケーティングスタイル」でスキーをし、立ち止まって標的に向かって射撃をする。射撃は、立射と伏射の姿勢を交互に行う。標的を外すとペナルティが科せられる。レースの距離と射撃回数は種目によって異なる。

競技種目
主となる種目は個人競技で、男子20km、女子15km、射撃回数は4回。スプリントは男子10km、女子7.5km、射撃は2回。リレーでは4人の選手がそれぞれ7.5km（女子は6km）で、射撃は1人2回。追い抜きは12.5km（女子は10km）で、射撃回数は4回である。

射撃場
射撃場は、スタートラインかフィニッシュラインの近くにある。一般的には30レーンあり、右から左へ番号が振られている。2つのエリアにわかれていて、左が立射用、右が伏射用。

立射
個人種目では、2番目と最後の射撃は、立ったままの姿勢で行われる。

マット上で
マットは滑り止め加工が施されているため、足場がしっかりしている。立射の場合は、両方のスキーをマットの上に乗せなければならない。

伏射
個人競技では、1番目と3番目の射撃は伏射姿勢から行う。

風旗
並んでいる旗で、風の速さと向きを判断する。

姿勢
伏射の場合、選手はひじにもたれかかってもいいが、手首を地面につけてはいけない。

射程領域
射撃ラインの前のエリア。

標的エリア
標的にはそれぞれ5つのディスクが1列に固定されている。

バンク（バックストップ）
流れ弾の危険を最小限に食い止めるために、標的はバンクやバックストップに固定されている。

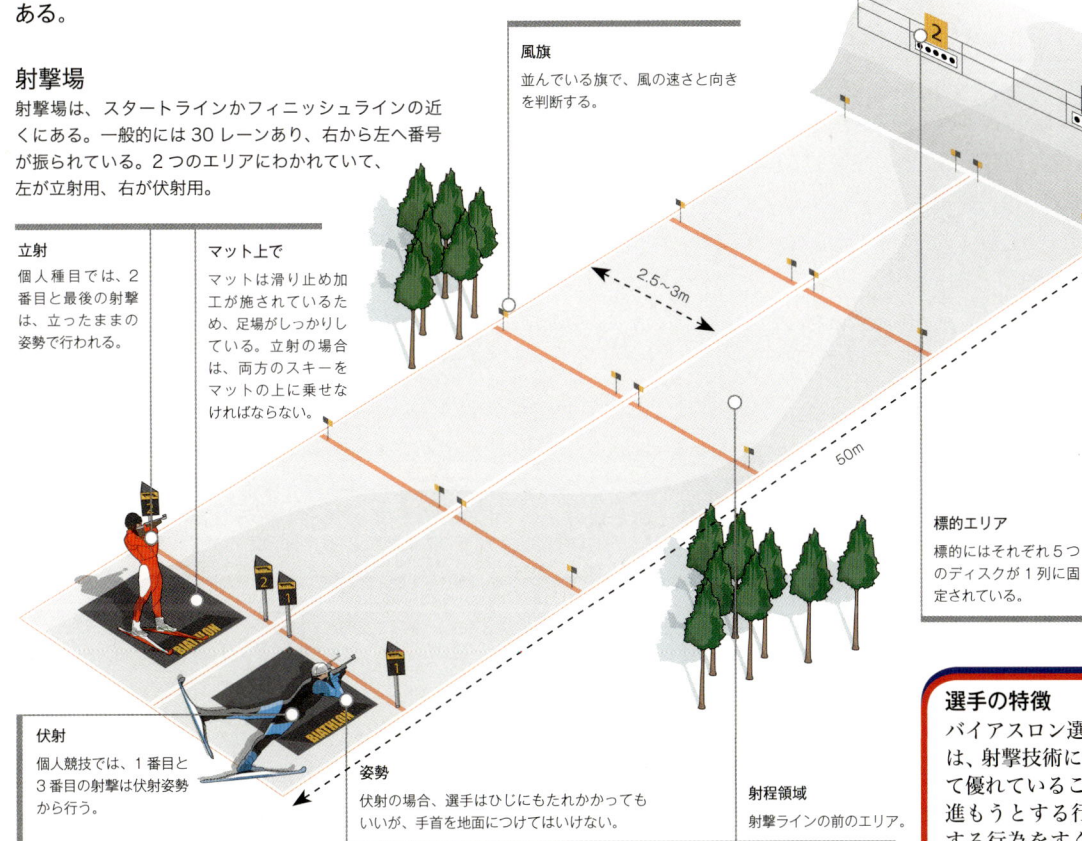

標的を外す
射撃を始める前に、選手は完全に立ち止まってストックを2本とも下ろす。射撃場に近づいたら、スピードを落として心拍数を下げる。そうすると、命中率のアップにつながる。的を外すとペナルティが科される。個人種目では、1発外すごとに1分のペナルティ。それ以外の種目では、1周150mのペナルティとなるが、一流の選手であれば、レースの総合タイムに30秒プラスされる程度。

基礎知識

→ バイアスロンがオリンピックの正式種目になったのは、男子は1960年、女子は1992年からである。このスポーツは、1958年にオーストリアで初めて開催された世界選手権、そしてワールドカップでも競技されている。

→ スキー板は選手の身長より長いものを使用。ストックの長さは選手の身長を超えてはならない。

→ 夏のバイアスロンでは、スキーの代わりにクロスカントリーランニングが行われる。

標的
黒い電子（または機械）標的に弾が命中すると白くなる。標的はとても小さく、立射用は直径が11.5cm、伏射用は直径4.5cm。

立射の標的　　　伏射の標的

選手の特徴
バイアスロン選手に必要な2つの主な特徴は、射撃技術に優れ、心血管機能が並外れて優れていること。さらに、スキーで速く進もうとする行為と、落ち着いて射撃をする行為をすぐに切り替えられるような集中力を保持していなければならない。

射撃の用具
選手は3.5kg以上ある小口径ライフルを背負う。弾丸は22口径。手動で装てんするか、5発の弾を込められる弾倉が取りつけられている。

基礎知識

→ ボブスレーという名前は、スタートでスピードを上げようと、当初の選手たちが頭をすばやく上下（ボビング）させていたことに由来する。

→ 4人乗りのボブスレーは、160km/hに達することがある。

選手の特徴

ボブスレーの選手はみな、バランス感覚に優れ、肝が据わった人物でなければならない。さらに、ドライバー（パイロット）は、最高の道筋を見極め、舵を取っていく必要がある。プッシャーの多くが陸上競技出身で、ボブスレーを動かす爆発力を有している。選手は短距離走をしたり、ウエイトリフティングをしたりして、トレーニングを重ねる。それにより、そりを押し出すのに必要となる、足と肩の強度が増す。

頭の安全

ヘルメットはきわめて頑丈な複合プラスチックで作られている。たいていのヘルメットにはバイザーがついているが、別にゴーグルをつけるのを好む選手もいる。

グラスファイバーの防護

外殻構造やカウリングは、成形されたグラスファイバーでつくられている。これでコース上の凹凸からクルーを守る。

空気力学的なノーズ

カウリングは、空気抵抗を最小限に抑えるために先細になっている。ボブスレーのすべての部分が空気力学にかなった設計になっている。

ランナーガード

金属製のランナーにグラスファイバー製の付属品をかぶせる。

4つのランナー

そりの4隅に1つずつランナーがあり、前後2つずつがそれぞれ車軸に取りつけられている。金属製で、研磨剤で磨いたり、レースの前に温めたりすることは禁止されている。

前車軸

車軸で前のランナーがそりに取りつけられていて、ロープあるいはハンドルとワイヤーで操作して舵を取る。

4人乗りボブスレー

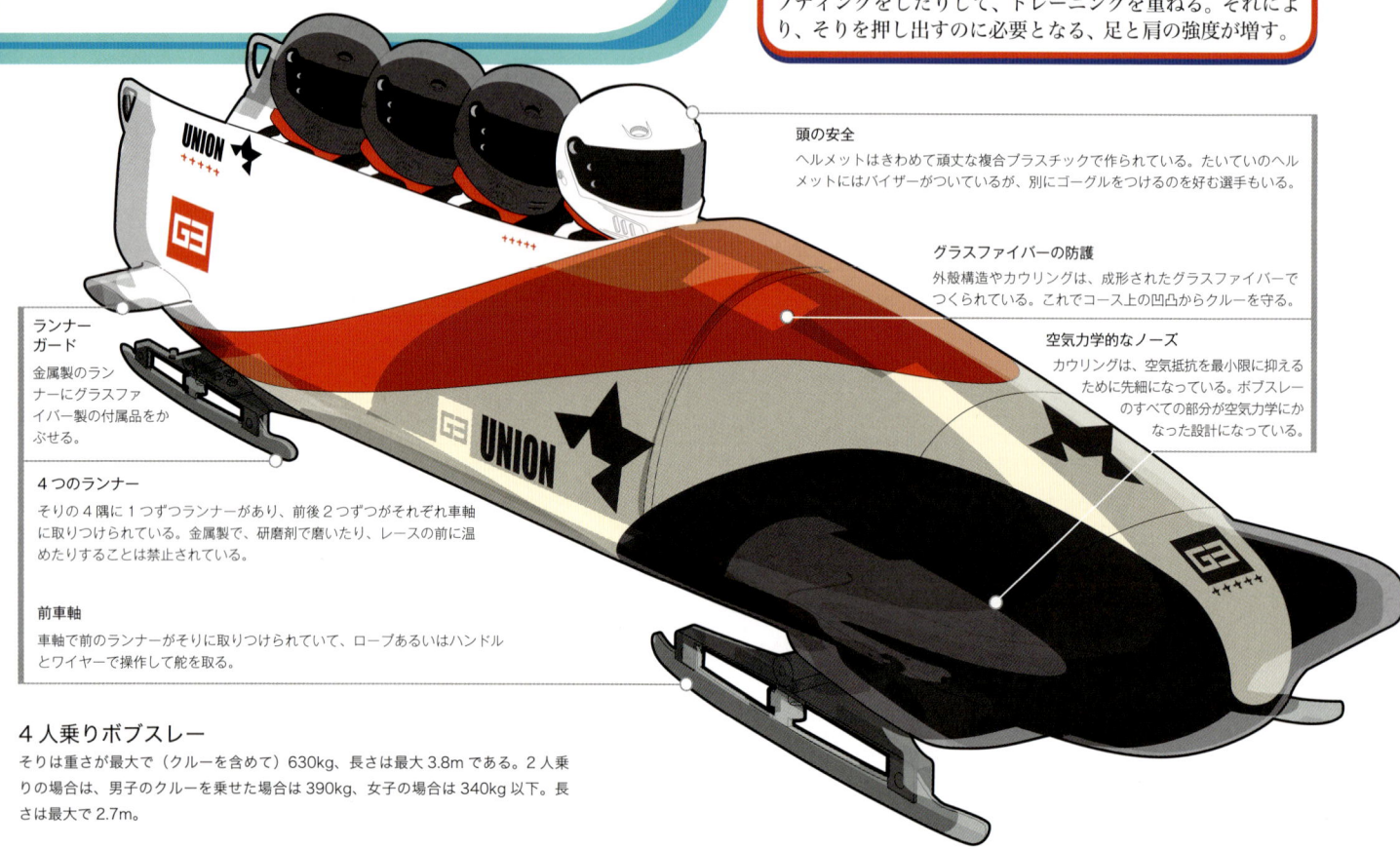

そりは重さが最大で（クルーを含めて）630kg、長さは最大3.8mである。2人乗りの場合は、男子のクルーを乗せた場合は390kg、女子の場合は340kg以下。長さは最大で2.7m。

ボブスレー

競技の概略

ボブスレーは、2人組の男子あるいは女子、または4人組の男子が舵取り機能のついたそりに乗って、急勾配の曲がりくねった氷のコースを滑走、タイムを計る。チーム全員でボブスレーを押して進ませた後は、ドライバーの腕にかかってくる。数回にわたる滑走の中で、最高のルートを取りながら、最速のタイムでコースを走り切るのがドライバーの役割である。

このスポーツは、気の弱い人には向いていない。傾斜角のついたカーブを曲がるたびに、通常の5倍の重力がかかるのだ。ボブスレーの選手はヘルメットとワンピーススーツの着用が義務づけられている。

ナンバー・トリビア

6 回：スウェーデンのボブスレー選手、カール＝エリック・エリクソンが、1964年から1984年の間に冬季オリンピックで競技をした回数。イタリアのゲルダ・ワイセンシュタイナー選手も冬季オリンピックに6回参加、ボブスレーで2回、リュージュで4回、試合に出場している。

48 歳：ジョン・オブライエンが、4人乗り競技で優勝したときの年齢。この種目で優勝を果たした選手の最高年齢である。オブライエンは1932年にレークプラシッドで行われた冬季オリンピックで、アメリカに金メダルをもたらした。

30,000 ドル：オリンピック規格の4人乗りボブスレーのおおよその最低価格。

30 個：1932年から2010年の間に、スイスがオリンピックのボブスレー競技で獲得したメダルの数（金9個、銀10個、銅11個）。これほどのメダルを取った国は他にない。

5 G：ボブスレーが高速でコーナーを曲がるときに、最大2秒間、クルーにかかる力。

コース

ボブスレーのコースはU字型のコンクリート製のハーフパイプでできており、人工の氷で覆われている。少なくとも1200〜1300mで、カーブは15カ所以上。冬季オリンピックでは、冷凍管理したコースを、リュージュやスケルトンの競技と共同で使う。降下角は8〜15％。

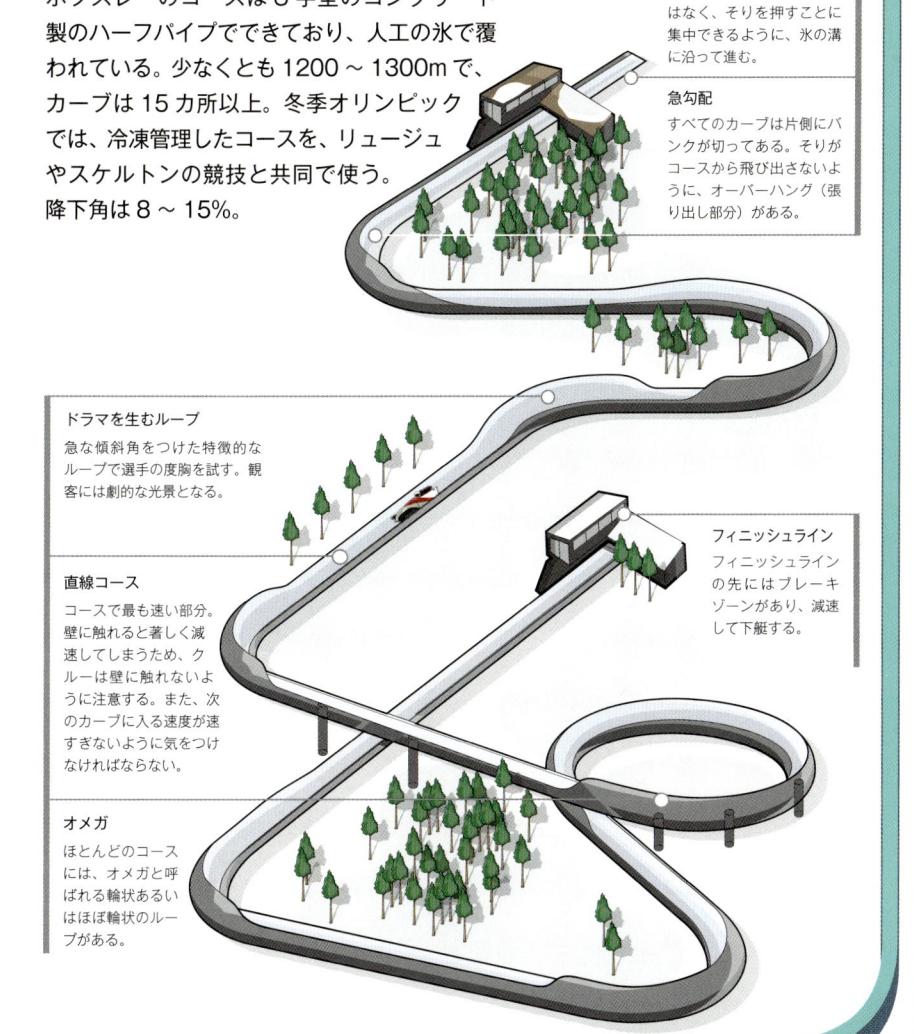

スタートダッシュ
最長50m。舵を取ることではなく、そりを押すことに集中できるように、氷の溝に沿って進む。

急勾配
すべてのカーブは片側にバンクが切ってある。そりがコースから飛び出さないように、オーバーハング（張り出し部分）がある。

ドラマを生むループ
急な傾斜角をつけた特徴的なループで選手の度胸を試す。観客には劇的な光景となる。

直線コース
コースで最も速い部分。壁に触れると著しく減速してしまうため、クルーは壁に触れないように注意する。また、次のカーブに入る速度が速すぎないように気をつけなければならない。

フィニッシュライン
フィニッシュラインの先にはブレーキゾーンがあり、減速して下艇する。

オメガ
ほとんどのコースには、オメガと呼ばれる輪状あるいはほぼ輪状のループがある。

コースの話

レースの順番はシード制で決まる。前回の大会で成績のよかったチームが、第1ラウンドで優先的に先に滑ることができる。後になるにつれて、先に滑るそりでコースが削られ、不利になるのだ。第2ラウンドは、逆の順番で滑走。つまり、最初の滑走で最高の滑りを見せたチームが最後に滑ることになる。レースタイムは、スタートラインから、そりのノーズがフィニッシュの光線を通過したところまでを測定。重量は、そりとクルーの重さを合わせたもので計測。最大重量が定められている。

滑走の回数
オリンピックと世界選手権の男子2人乗りの競技では、各選手とも、2日間で4回滑ることができる。女子も同様。それ以外の主な大会では、滑走は2回。オリンピックと世界大会の男子4人乗りの競技は、2日間で4試合行われる。

南国からの参加
ボブスレーは長い間、雪と山がある国のスポーツであると当然のように思われていた。1988年、カナダのカルガリーで開かれた冬季オリンピックで、オーストラリアやメキシコ、そしてよく知られたジャマイカといった「暑い」国のチームが参加し、その概念に変化が訪れる。このジャマイカチームの物語は『クール・ランニング』という映画になり、ジョン・キャンディがコーチを演じた。

プッシュ

スタートダッシュが勝負を大きく左右するため、ボブスレーの選手は、氷上で静止摩擦がかかる特別なスパイクをはく。クルーは全員、格納式ハンドルを使ってポッドを押す。ドライバーが最初にとび乗り、4人乗りの場合は、次に2人のプッシャーが、そして最後にブレーカーが乗る。一流の選手は、ポッドを押す段階を5秒くらいで完了する。

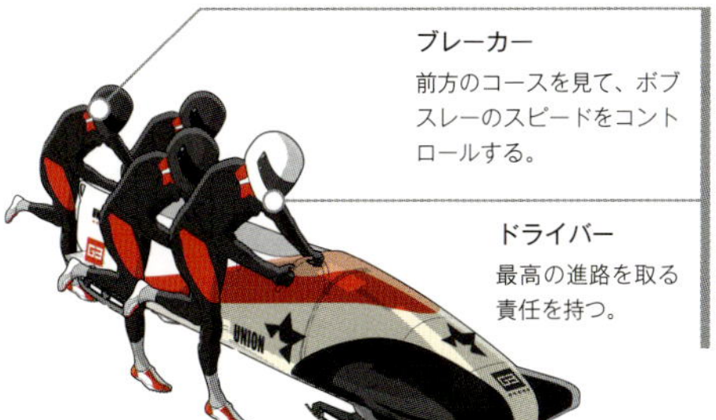

ブレーカー
前方のコースを見て、ボブスレーのスピードをコントロールする。

ドライバー
最高の進路を取る責任を持つ。

揺らして滑る
それぞれが配置につくと、チームメンバーはボブスレーを揺らして、滑走を始める。

最後の乗車
1人でも乗り込みに失敗すると、チームは失格。

全速力で前進
ドライバーからはコースが非常によく見える。

最後のひと押し
ブレーカーはドライバーや他のクルーメンバーのあとに乗るが、スタートから50mの間に、そりに乗って所定の位置につかなければならない。

全員乗車
ドライバーがボブスレーの舵を取る。フィニッシュラインを越えると、ブレーカーが後車軸に取りつけられたハンドルを動かし、一列に並んでいる金属歯を氷上に下ろして減速する。

裏話

ボブスレーが編み出されたのは19世紀後半のこと。スイスでトボガン（小さなそり）に乗っていた人たちが、そりに舵取り装置をつけて、方向を制御できるようにしたのが始まりである。最初のボブスレークラブが1897年にスイスで発足。その後の数十年間は、主に上流階級の金持ちが娯楽として楽しみ、ヨーロッパ有数のアルペンリゾートで競技されていた。1950年代から1960年代にかけて、さらに競技として発展を遂げる。1980年代半ばからワールドカップが開催されるようになるまで、オリンピックと世界選手権がボブスレー競技の中心を成していた。ボブスレーは非常に過酷な競技で、1年を通して、さまざまな国でいろいろなコース上でレースが行われている。

運営組織
国際ボブスレー・トボガニング連盟（FIBT）が1923年に発足。これは4人乗りのボブスレーがオリンピック・スポーツになる前の年のことである。2人乗りボブスレーがオリンピック競技になったのは1932年。女子のボブスレーは2002年にアメリカのソルトレークシティーでデビューした。

ウィンタースポーツ

309

ボブスレー

基礎知識

- 国際リュージュ連盟（FIL）はドイツに本部を置き、このスポーツを世界的に統括している。
- 最初の公式競技は、1883年にスイスのクロスターとダボス間のコースで行われた。競技は引き分けに終わった。
- ドイツは、オリンピックのリュージュ競技で最も多くの優勝を飾ってきた。ゲオルク・ハックルは、1992年、1994年、1998年と、3回連続してオリンピックで金メダルを獲得、世界選手権でも1989年、1990年、そして1997年のシングルスで優勝した。

選手の特徴
リュージュの選手は体格ががっちりしていて、特に、首、腹、胸、そして足にかかる重力と大きな圧力に耐えられなければならない。肉体的に頑健で、リュージュのランナーを操作できる反射神経を持っている。

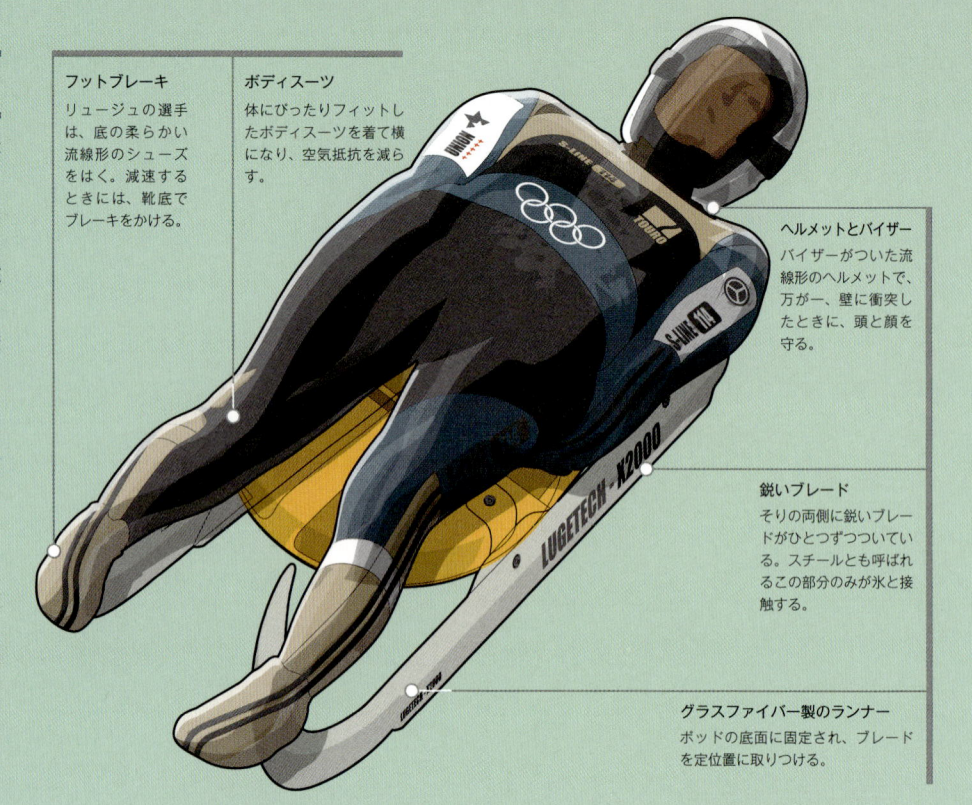

フットブレーキ
リュージュの選手は、底の柔らかい流線形のシューズをはく。減速するときには、靴底でブレーキをかける。

ボディスーツ
体にぴったりフィットしたボディスーツを着て横になり、空気抵抗を減らす。

ヘルメットとバイザー
バイザーがついた流線形のヘルメットで、万が一、壁に衝突したときに、頭と顔を守る。

鋭いブレード
そりの両側に鋭いブレードがひとつずつついている。スチールとも呼ばれるこの部分のみが氷と接触する。

グラスファイバー製のランナー
ポッドの底面に固定され、ブレードを定位置に取りつける。

巨大なすべり台

リュージュのコースはほとんどが人工的につくられたもので、厚さ2.5cmの氷で覆われている。男子シングルスは1000〜1300m、女子とダブルスは800〜1050mのコースで競技される。コースには、左カーブ、右カーブ、S字カーブ、180度のカーブ、ヘアピンカーブが設けられている。一般的にコースの傾斜は8%。カーブをゾッとするようなスピードで曲がってきても、リュージュがコースから外れないように、側壁は薄い氷で覆われている。中央ヨーロッパの一部の国や北米で人気があり、冬は曲がりくねった道路が氷に覆われ、自然のコースができあがる。ただし、その場合には側壁や人工的なバンクはない。

スタート地点
男子シングルスのレースは上のスタート地点から、ダブルスと女子シングルスのレースは下のほうにあるスタート地点から始まる。

フィニッシュの光電管
リュージュが滑走するとスタートとフィニッシュの光電管が作動し、1000分の1秒まで計測される。

迷路
速いカーブが短時間で連続すると、迷路のようになる。カーブ付近で選手にかかる力は、4倍ほどの重力。

直線
コースにも直線部分がある。

オメガ
コースには180度のカーブがある。

リュージュ

競技の概略

リュージュは、足を先にしてグラスファイバー製のそりに仰向けになり、135km/hという息をのむようなスピードで、コースを滑走する競技である。競技はタイムレースで、男子はシングルスとダブルス、女子はシングスの種目がある。このスポーツは世界選手権や冬季オリンピックで競技される。

グラスファイバー製のポッド

リュージュとはフランス語でそりのこと。さまざまな長さのグラスファイバー製のポッドに、スチールのブレードがついたランナーが2つ取りつけられている。シングルスのリュージュは21〜25kg、ダブルスのリュージュはシングルスより長く、重さは25〜30kg。

成形されたポッド
シングルスのリュージュの長さは平均1.45m。

クーヘで舵取り
選手はそりの先にあるクーヘを足首ではさむ。

動きと舵取り

滑走を始める前に選手はリュージュに座り、コースの両サイドにあるスタートハンドルにつかまって前後にスイングする。力強く後ろに押したあと、選手はスパイクのついたグローブで氷の表面をかいて加速する。それから仰向けになり、そりのクーヘに足の圧力を加えるか、頭か肩の動きで体重を移動させるかして、舵を取る。レースの勝者は、たいていの場合、4回（シングルス）あるいは2回（ダブルス）の滑走タイムの合計で最も速かった選手。

競技の概略

スケルトンのレースの最高速度は、リュージュ競技のスピードよりわずかに遅いが、ある意味、このスポーツのほうが勇気が必要だ。というのも、選手は頭から先に滑走しなければならないからだ。

スケルトン

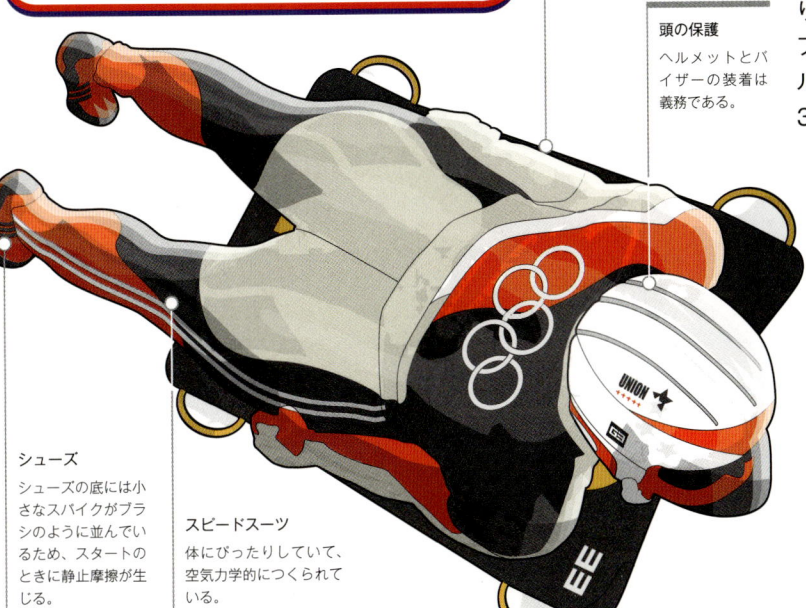

基礎知識

- スケルトンが初めて競技されたのは、1884年にスイスのサンモリッツとセレリナ間で行われた。勝者にはシャンパンが送られた。
- オリンピックのスケルトン競技（男子シングルスと女子シングルス）は、0.01秒まで計測される。2日間で4回滑走し、総合タイムが最も速い選手が優勝。
- FIBTがスケルトン競技の運営組織。スケルトン世界選手権を主催している。

速くて急勾配

スケルトン競技は、ボブスレーと同じコースを滑走する。男女とも同じコースで、距離も同じ。コースは速くて急勾配。長さは1200m以上、全体の標高差は平均116mほどである。

高速サドル

選手はスチールのフレームとサドルの上に横たわり、そりはランナーの上に乗って動く。基部の車台はグラスファイバーか鋼鉄でつくられており、ランナーはスチール製。スケルトンの最大重量は男子で43kg、女子で35kgである。

選手の特徴

スケルトンの選手にとってきわめて重要なのは、鋭い反射神経である。強い足と全力疾走の力も欠かせない。さらに、スケルトンの舵を取る際に、体重を一方からもう一方に移動させる、強くて反応の速い体幹も必要である。

体重制限

スケルトンと選手を合わせた重さが、男子は115kg、女子は92kgを超えてはならない。総重量が超過した場合は、そりを軽いものにする。

頭の保護

ヘルメットとバイザーの装着は義務である。

シューズ

シューズの底には小さなスパイクがブラシのように並んでいるため、スタートのときに静止摩擦が生じる。

スピードスーツ

体にぴったりしていて、空気力学的につくられている。

バンパー

後部と前部のバンパーは、側壁の氷から選手を守る。

サドル

サドルにはハンドルがついていて、氷面から8〜20cmの高さにある。

ブレードランナー

ランナーはステンレス製。スケルトン競技で氷と接触する唯一の部分である。

34〜38cm
80〜120cm

勝負を左右するスタート

高速タイムを出すためには、スタートダッシュをしなければならない。これはプッシュの段階と呼ばれ、一般的には25〜40mの長さがある。

競技のルール

スケルトン競技には、重要な規則が2つある。まず、加速するためにそりのランナーを温めてはいけない。スタートの時点のランナーの温度は、見本ランナーの4度以内の高さにすること。見本ランナーの温度は、前もって1時間、空気にさらして測定される。2つ目に、スケルトンに乗った状態でフィニッシュラインを通過しなければならない。

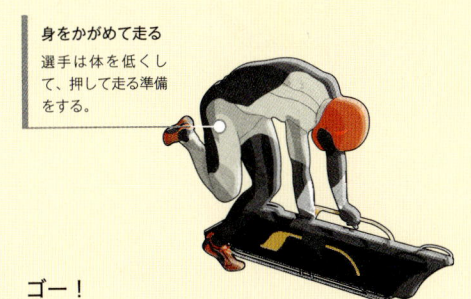

身をかがめて走る

選手は体を低くして、押して走る準備をする。

ゴー！
初めに、選手はスケルトンのハンドルを持ち、氷の上を押しながらできるだけ速く走る。

ボディコントロール

氷をけってスケルトンの上に着地をするという体の移動には、ものすごい腕の力が必要となる。

ジャンプ！
コースから跳び上がり、スケルトンの上にうつぶせになる。この動きを正確に行わないと、そりを操れなくなる。

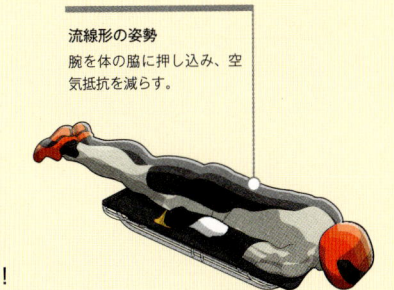

流線形の姿勢

腕を体の脇に押し込み、空気抵抗を減らす。

トン！
頭を前に、腹を下にしてスケルトンに着地する。その際、腕は体側にぴったりとつけ、最も空気力学的にかなった姿勢を取る。

ウィンタースポーツ

311

リュージュ／スケルトン

スピードスケート

基礎知識

→ ロングトラックでは、スケートのスピードが65km/hに達することがある。ショートトラックでは、最高時速はおよそ50km/h。

→ ロングトラックは、特にスカンジナビア、東ヨーロッパ、オランダ、アメリカ、カナダ、そして日本で人気がある。

→ ショートトラックは比較的新しいスポーツである。韓国やオーストラリアなど、伝統的にあまりスケートが盛んではない国で、多くの選手を引きつけている。

競技の概略

スピードスケートは壮観なスポーツで、男女とも、直線コースの力強いリズミカルな滑走と、カーブのきついコーナリングを交互に繰り返しながら、楕円形のアイスリンクをスケートで競う。ロングトラックは、選手が2人ずつ、さまざまな距離（500mから10000m）で滑走し、タイムを競う。ショートトラックは、最高で6人の選手がレーンのないサーキットで行う競技で、衝突も頻繁に起こる。4人のチームで行うショートトラックリレーもある。

選手の特徴
スピードスケートの選手は、力強く、動きが機敏で、スタート時の爆発力も兼ね備えている。ショートトラックは技術的な要求が厳しく、高速で急カーブに突入する勇気が必要である。ロングトラックよりも有酸素性持久力が重要である。

ボディスーツ
ロングトラックの選手はぴったりとしたボディスーツを着用する。抵抗を減らすために、フードがついていて、親指の穴があいている。

足の力
スケート選手は、ランニングやウエイトリフティングを行い、スケートリンクを際限なく滑走して、足、特に太腿の筋肉を発達させる。

スケート
足首までのブーツにブレードが取りつけられている。

神がほほ笑むとき
スティーブン・ブラッドバリーは、2002年のソルトレークシティー大会の1000mショートトラック競技において、オーストラリアで（そして、南半球全体で）初めて冬季オリンピックで優勝した。決勝戦の終盤、前を行く選手を追いかけていたブラッドバリーは、自分の前で他の4人の選手が次々と衝突していく様子を目撃しながら、その脇をすり抜け、金メダルを獲得した。「時には神がほほ笑んでくれるよ」と彼は記している。

スタートライン
種目によってスタートの位置が異なる（左から右へ、3000m、5000m、1000m、1500m）。

直線コース
ロングトラックにはスピードの出る直線コースが2カ所ある。

フィニッシュライン
1000mをのぞくすべての種目のゴール。

交差区域
レース中、両選手の滑走距離が等しくなるように、ラップごとにこの交差区域でレーンを変える。

練習レーン
選手は内側の「ウォームアップ」レーンでレースに備える。競技中は審判員がこのレーンからレースを監督する。

500mのスタートライン
500mはここからスタート。

フィニッシュライン
1000mのゴール。

ブロック
レーンを示すブロックに触れても構わないが、相手選手を妨害したり、コースを変えたりしてはいけない。

リンク
ロングトラックのリンクは1周400mの楕円形、ショートトラックのコースは長さ111.12mである。ロングトラックのレーンは、色つきのラインと可動式のゴムあるいは木製のブロックで境界を示している。ブロックは、トラックの最初と最後の部分は50cm間隔、それ以外のところは1mおきに置かれている。

ロングトラック
ロングトラックには2つの競技レーンがある。選手は交差エリアで入れ替わる。

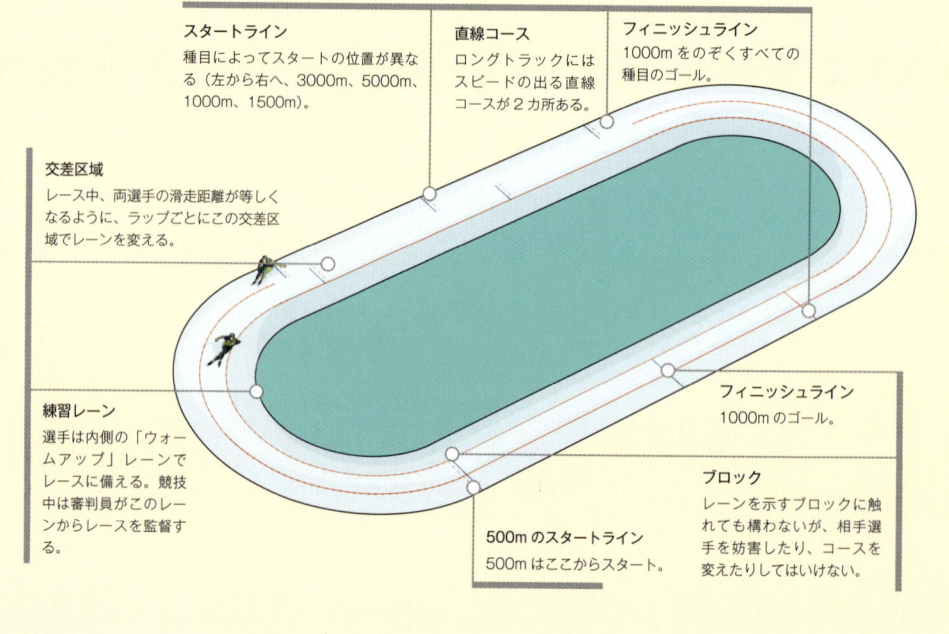

ウィンタースポーツ

スピードスケート

オールラウンド
「オールラウンド」とは、500m、1500m、5000m（女子は3000m）、10000m（女子は5000m）のロングトラック種目を組み合わせたものである。4種目のタイムを一定の基準で得点に換算し、合計点が一番少ない選手が勝者となる。「オールラウンド」は、人気はあるものの、特定の距離を専門にする選手が多く、オリンピックで競技されたのはわずか1回（1924年の男子の競技）のみ。

スピードを出すための用具
ショートトラックで着用するぴったりとしたボディスーツは、ブレードで選手が切られないように、ケブラーで（防弾チョッキにも使われている素材）で裏打ちされている。選手はさらにヘルメットをかぶり、首、脛、膝にガードをつける。指先を覆ったグローブも欠かせない。スピードが出た状態でカーブをするときに、直立姿勢を維持するため、氷に手をつくことがあるからだ。フィギュアスケートのブレードはカーブしているが、スピードスケートのものは平らである。

スケートの違い
ショートトラックのスケートはブレードが長くて薄い。靴底に斜めに取りつけられていて、コーナリングしやすいようにカーブしている。ロングトラックではクラップスケートが使用される。長いまっすぐなブレードが靴底の中央に取りつけられていて、つま先にヒンジがついていて動くようになっている。

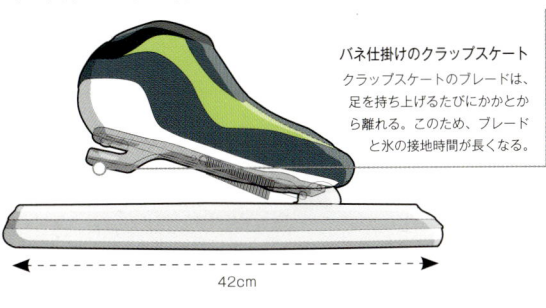

バネ仕掛けのクラップスケート
クラップスケートのブレードは、足を持ち上げるたびにかかとから離れる。このため、ブレードと氷の接地時間が長くなる。

42cm

スケートのルール
選手はカーブを曲がるときにブロックに触れてもいいが、その内側を滑ることはできない。身体的接触はショートトラックではつきものだが、ロングトラックでは相手の選手を妨害したりレーンを外れたりすると、失格となる。

トラックのテクニック
ショートトラックでは、スピードを上げるために、歩幅の小さなランニングステップでスタートする。直線コースでの基本姿勢は、体を前に傾けて膝を曲げ、勢いを維持するために腕を振る。コーナーに近づくと、体をかなり低くかがめ、曲がる方向に体を傾けるが、その際、内側の手で氷に触れることが多い。クロッシングを使うとコーナリングがしやすくなる。
ロングトラックでは、直線コースでは歩幅の広いストライドで滑り、片手を腰の後ろにあてて抵抗を減らす。カーブを曲がるときはクロッシングを使う。

バランスを取る
図の連続した動きは、選手がカーブをうまく曲がりながら、腕を体と同じ方向に伸ばして、片足で氷の上に立つ不安定さを補っている様子を示している。

直進する
トラックのコーナリングが終わると、選手は両腕を下げる。

激しい滑走
ロングトラックの直線コースで加速するときは、身をかがめて重心を下げ、空気抵抗を減らす。

流線形効果
体を低くすればするほどスピードが出る。

わずかな接触
ショートトラックのコーナーは角度がとてもきついため、コースの内側に近い方の手が低くなり、氷をこすることがある。これは一瞬のことであり、ペナルティは発生しない。

タッチ・アンド・ゴー
カーブごとに体を傾ける。

ショートトラック
ショートトラックはアイスリンク上に設置される。レーンはなく、選手は1周111.2mのコースを、ポジションを求めて競い合う。

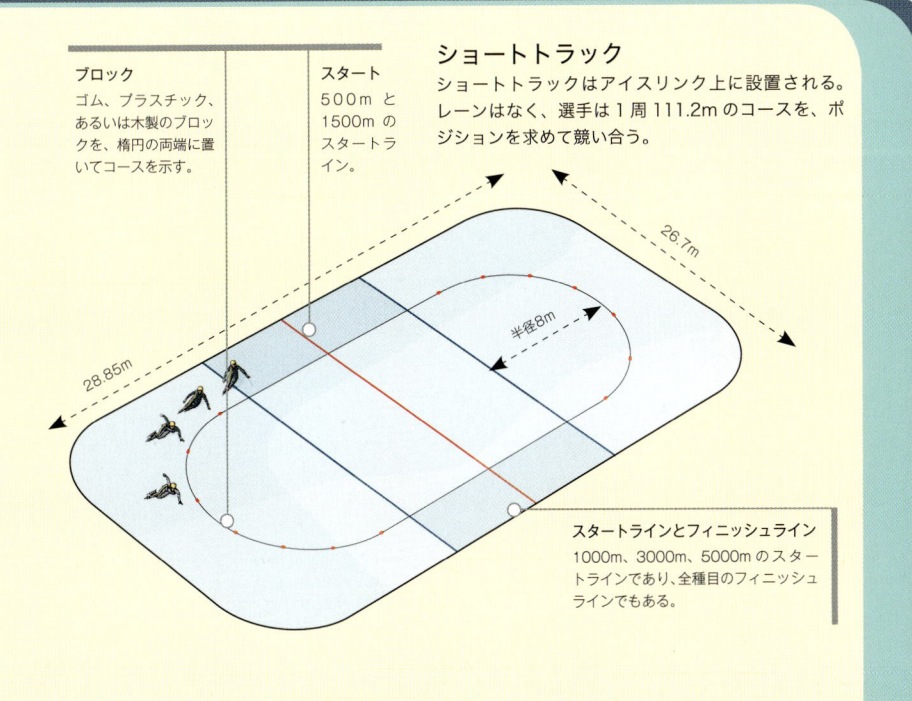

ブロック
ゴム、プラスチック、あるいは木製のブロックを、楕円の両端に置いてコースを示す。

スタート
500mと1500mのスタートライン。

28.85m　26.7m　半径8m

スタートラインとフィニッシュライン
1000m、3000m、5000mのスタートラインであり、全種目のフィニッシュラインでもある。

ラップカウント
競技ごとのラップ数は以下の通り。
500m - 4 1/2周　　1000m - 9周
1500m - 13 1/2周　3000m - 27周
5000m - 45周

裏話
スピードスケート競技は、19世紀のヨーロッパで、凍った運河や湖で行われたのが始まりである。1892年に設立された国際スケート連盟（ISU）が規則を公式化。ショートトラックは20世紀初めに北米で始まった。

ISU
ISUは1892年にオランダで発足。ウィンタースポーツの中では最も古い運営組織である。1894年にカナダが加盟するまで、ISUはヨーロッパ15カ国の連盟だった。

基礎知識

→ フィギュアスケートは世界中で人気があるが、特に、北米、ヨーロッパ、そして旧ソ連諸国でその人気度が高い。

→ フィギュアスケートの競技種目には、男子と女子のシングルスケーティングと男女のペアスケーティングがある。シンクロナイズドスケーティングやアイスダンスの競技もある。

→ フィギュアスケートで用いられる優れた動きの多くは、その動きを初めて世に知らしめた選手にちなんで名づけられている。たとえば、アクセルジャンプは、ノルウェーのアクセル・パウルゼンの名前をとったもの。パウルゼンは1882年に初めてアクセルジャンプを披露した。

選手の特徴

一流のフィギュアスケート選手は、体操選手の柔軟性、ダンサーの身のこなし、そしてスピードスケート選手のバランス感覚を兼ね備え、息をのむようなスピン、ジャンプ、リフト、スパイラルを組み合わせて演じる。空中であろうと氷上であろうと、いかなる瞬間でも自分がどこにいるのかを正確に把握するためには、おそらく体操選手以上に研ぎ澄まされた位置感覚が必要となるだろう。

コスチュームの装飾
衣装から外れないものであれば、飾りをつけても構わない。衣装は音楽に合わせたものにする。

競技用衣装
動きを妨げないものが望ましいが、品位は保つこと。

足首のとめ具
スケートのシューズはそれぞれの足に合わせてオーダーメイドされる。足首を固定するためにとめ具でさらに補強。内側は硬い皮革で強化されている。

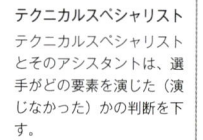

スケート靴
シューズは、選手を支えたりコントロールしたりできるような構造になっているが、動きを演じるための柔軟性も持ち合わせている。ブレードは厚さ4mmで、内側と外側の2カ所にエッジがあり、先端のトウピックはギザギザである。

幅広の舌革
幅広のパッドが入った舌革は、選手の安定性と柔軟性を高める。

テクニカルスペシャリスト
テクニカルスペシャリストとそのアシスタントは、選手がどの要素を演じた（演じなかった）かの判断を下す。

スピンのスピード
選手はフリーレッグ（氷についていない方の足）を動かして、スピンの速度を調整する。足を内側にすると加速し、外側にすると減速する。

ジャッジ
12人のジャッジが、選手の技術能力やパフォーマンスを採点する。

レフェリー
レフェリーはジャッジと一緒に座り、大会のすべての要素を監視する。

フィギュアスケート

競技の概略

技術的であり美しくもあるフィギュアスケートは、ジャンプ、スピン、そしてスパイラルの連続から成る。シングル、あるいはペアの選手は、審判団の前で既定の動きを氷上で演じ、審判は技術的能力と芸術的解釈に対して点を与える。フィギュアスケートでは、技術的手腕が試される必須要素で構成されたショートプログラムと、芸術的表現を示すことが可能な、独創的なフリープログラムで競う。フィギュアスケートは、1924年の冬季オリンピック大会で正式種目となった。

バーバラ・アン・スコット
1942年、カナダ人のバーバラ・アン・スコットは、女性のスケート選手としては初めて、2回転ルッツジャンプを試合で成功させた。そのとき彼女はわずか13歳だった。

アイスリンク

氷の温度は重要な要因で、マイナス5.5度に維持されている。この温度は、アイスホッケーのリンクよりも3.5度高い。温度の低い氷は硬くて滑りが悪いが、温度が上がると速くて滑りやすく、柔らかい着氷ができる。冬季オリンピックやＩＳＵフィギュアスケート選手権などの大きな大会では、レフェリー、ジャッジ、その他の関係者はリンクの外側に座る。それより規模の小さい大会では、関係者の席が氷上にあることもある。

キス・アンド・クライ

持っているすべての力を出し切って、心おきなく演じ切った。さあ、あとはジャッジの審査結果を待つのみである。キス・アンド・クライのエリアはリンクの横にあり、テレビカメラが一部始終を見守る中、選手とコーチが真実の瞬間を座って待つ場所である。そして、キスをかわすか、涙を流すかだ。

リンク全体を使う
選手はリンク全体を使って演技をしなければならない。すべてのエリアが使われなかったり、演技のほとんどをジャッジ席の前で演じたりした場合は減点される。

表面積
リンクの表面積は最大で1800m²、54m³の氷が使われている。

入口と出口
選手はリンクの壁の間を通って出入りする。

26~30m

氷
氷の厚さは2~3cm。

56~60m

制限時間
フィギュアスケートプログラムは時間が規定されている。ショートプログラムは2分50秒を超過してはいけない。一方、フリーは男子シングルとペアが4分半、女子は4分で、いずれも±10秒の幅が認められている。

プログラムの構成

フィギュアスケートの選手は、ショートとフリーの2つのプログラムを演じ、それぞれ特定の要素を満たさなければならない。技術が試されるショートプログラムでは、ダブルアクセル、フライングシットスピン、ダブルとトリプルジャンプのコンビネーションなどの7つが、ペアではスパイラルとペアの相手を投げるスローが規定要素となっている。2つ目の競技であるフリーでは、リンク全体を使って、ジャンプ、スピン、スパイラル、ステップシークエンスの要素をバランスよく演じることが要求される。ペアでは、平行でも対称的でもいいので、動きを同時に行わなければならない。最高点を取るためには、さまざまなホールドや姿勢を保ちながら、こうした必須要素を難しいつなぎのステップを使ってつなげなければならない。

採点方法

ＩＳＵのジャッジングシステムは、2002年のソルトレークシティーで開催された冬季オリンピックでのスキャンダルを受け、2004年に導入された。それ以前のフィギュアスケート大会の採点法は、完全には客観的なものではなかったといわれている。新しいシステムでは、各ジャッジの評価点は公開されない。

ＩＳＵジャッジングシステム

要素にはそれぞれ、その要素に対応した基礎点があり、そこから各要素のできばえを、マイナス3点からプラス3点のGOE（grade of execution）で評価する。大きな大会では、7人のジャッジの評価点で選手の得点を決める。12人中9人のジャッジがコンピュータでランダムに選ばれる。そこから最高点と最低点を除き、残りの7人の評価点を平均して「トリム平均」を出し、それを基礎点数に加えて最終スコアを出す。

専門用語

解説者が何の話をしているかが理解できれば、スケートの演技がいかに複雑で、選手が氷上でどのような身体技能を披露しているかがわかるだろう。

トウジャンプ：トウピックのブレードを使って空中に跳び上がるジャンプ。フリップ、ルッツ、トウループなど。

エッジジャンプ：ブレードの特定のエッジを使ったジャンプ。たとえば、アクセル、ループ、サルコウ。

スピン：氷上で行う、ピルエット（バレエのつま先旋回）。コンビネーションスピンでは、スピンの回転速度を保ちながら、足や姿勢を変える。

リフト：ペアスケートで、男性がパートナーを頭上に持ち上げる技。空中に投げることもある。

フットワーク：技を見せながら、リンクの上を移動するステップシークエンス。

ナンバー・トリビア

60 度：リンクの表面をなめらかにするために、ザンボニーと呼ばれる機械でアイスリンクにまく水の温度。熱いお湯が表面のでこぼこした氷を溶かし、新しいなめらかな氷層をつくる。

11 個：1908年以来、旧ソ連とロシアのペアスケート選手がオリンピックで獲得した金メダルの数。

160,000 ドル：不祥事を起こしたアメリカのトーニャ・ハーディングが、1994年に支払った罰金の金額。ハーディングは全米選手権の練習中、同胞のフィギュアスケート選手であるナンシー・ケリガンの襲撃に関与したと見られている。ハーディングはその大会で優勝したが、ケリガンはけがのために欠場。ハーディングはのちにタイトルを剥奪された。

2 個：2002年の冬季オリンピックで、ペアのフィギュアスケート競技で授与された金メダルの数。ジャッジのスキャンダルにより、ロシアとカナダのペア2組に金メダルが贈られることになった。

ウィンタースポーツ

フィギュアスケート

完璧な演技

技術要素を完璧に演じると、スケートのプログラムで高得点を取ることができる。要素は間違えずに演じるだけでなく、スピードを保ったまま、複雑な動きを組み合わせて順番通りに演じなければならない。フリーのプログラムでは、さらに個人の芸術的表現も評価対象となる。

ジャンプ
観客の目には、目を見はるようなジャンプを連続して行う選手が優れた選手に映る。トップレベルの大会では、男子は3回転や4回転ジャンプを、女子は3回転ジャンプを披露する。つま先から、あるいはブレードのエッジからジャンプをして、シングルもしくは他の技と組み合わせて演じる。

> **シンクロナイズドスケーティング**
> 華やかなシンクロナイズドスケーティングは、1チーム16人が1つのまとまった集団として競技する（たいていは全員が女性だが、男女混合も認められている）。選手はスピードとフットワークの技や、ジャンプ、ターン、リフトの技をよどみなく演じる必要がある。技術が問われるショートプログラムでは、ライン、サークル、その他の複雑な型を取り混ぜた演技をチームで披露。創造的なフリープログラムでは、選手が自由に表現することができる。

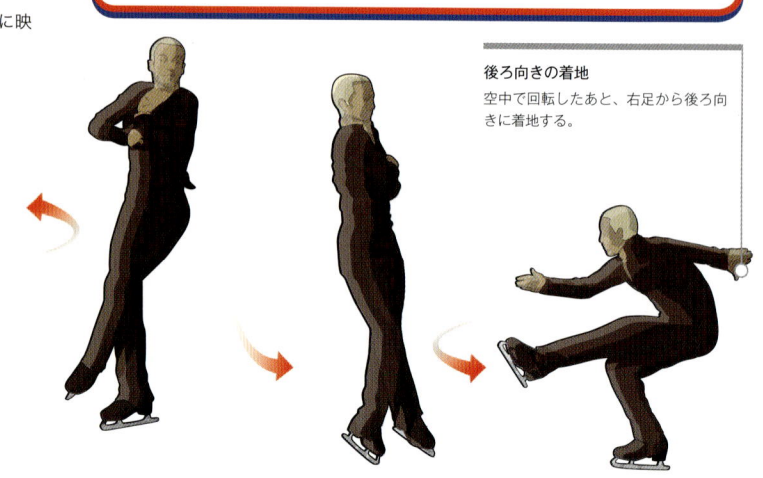

アクセルジャンプ
左足の外側前方のエッジから前に跳び上がる。

後ろ向きの着地
空中で回転したあと、右足から後ろ向きに着地する。

スピン
スピンで得点をかせぐには、スピードとコントロールが重要になる。スピンのスピードによって、回転数が変わる（多ければ多いほどいい）。一カ所でスピンができるようになると、この技をマスターしている証拠。簡単に自然にこなしているように見えると、スピンを完全にコントロールできていることになる。

ビールマンスピン
背中をアーチ状に曲げ、右足のブレードをつかむ。

スピンしながらの開脚
スピンをしながら右足を背後で持ち上げる。

スパイラル
スパイラルは華やかだが、かなり危険な感じを受ける動きでもある。ペアのショートとフリーの両方のプログラムで演じられる。少なくとも1回は完全に回転しなければならない。

インサイド、アウトサイド
デススパイラルはバック・アウトサイドとバック・インサイドで演じられる。つまり、ブレードのエッジの後部外側か後部内側を使うことになる。

氷に近づく
男性は氷に接している方の足と同じ側の腕でパートナーを支え、その女性を仰向けの状態で回転させる。その際、女性の背中は氷と平行に、頭はできるだけ氷に近づける。

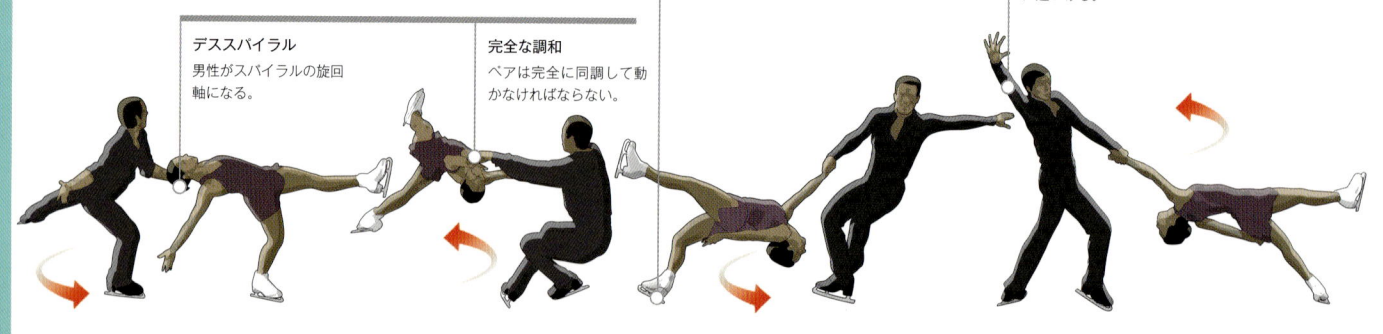

デススパイラル
男性がスパイラルの旋回軸になる。

完全な調和
ペアは完全に同調して動かなければならない。

裏話
フィギュアスケート競技は1880年代から行われており、男子の世界選手権は1896年に開かれた。女子の世界選手権が行われるようになったのは1906年から。オリンピックに初めて登場したのは1908年の夏季オリンピック。それ以来、冬季オリンピック・スポーツの中で最も長きにわたって競技されているスポーツである。

ＩＳＵ
ＩＳＵは1892年にオランダで発足。ウィンタースポーツの中では最も歴史のある運営組織である。もともとヨーロッパ15カ国の連盟だったが、1911年にカナダが加わり、今日では世界67の国と地域が加盟。ＩＳＵはその長い歴史の中で、スケートのすべての種目がオリンピックの正式種目となるのを見届けてきた。

アイスダンス

基礎知識

- パターンダンスとオリジナルダンスは、演技の大部分を、キリアン、ワルツ、フォックストロットといった、伝統的なクローズドポジションで踊る。フリーダンスではポジションの制限がゆるいため、カップルは自由に創造性を発揮することができる。
- アイスダンスはヨーロッパで人気があり、イギリスの伝統に強く影響を受けたが、最近では旧ソ連諸国が台頭してきている。
- 1976年、オリンピックで初めてアイスダンスが競技されたときに金メダリストに輝いたのは、ソ連のリュドミラ・パホモワとアレクサンドル・ゴルシコフのカップル。

競技の概略

アイスダンスはカップルで演じる種目で、4つの種目（パターンダンス、ショートダンス、オリジナルダンス、そしてフリーダンス）が最高のレベルで競技される。このアイスダンスは、氷上で行う社交ダンスと見なされることが多い。フリーダンスでは、カップルが自分たちの創造性を披露することができる。団体種目として、2つのカップルが同時に競技することもある。最初の世界選手権は1952年に行われたが、冬季オリンピックの正式種目になったのは、1976年のインスブルック大会（オーストラリア）から。

評価対象

アイスダンスの競技では、カップルは氷上で、一定の距離を保ちながらも常に近くにいなければならない。男性が女性をリードし、女性は男性についていく。カップルはユニットとしてうまく動きを演じているか、ダンスの中で音楽をうまく解釈できているかを審査される。評価対象は要素の難度と演技の質。認められていない動きや要素を演じたり、リズムの解釈や表現がうまくできていなかったりすると減点される。

競技会

アイスダンス競技は4種目行われる。パターンダンスは、ISUが選んだダンスを、音楽のリズムとテンポに合わせて、所定のパターンで演じることが要求される。ショートダンスとオリジナルダンスは、規定要素はいくつか含むものの、振りつけや音楽は自分たちで決めることができる。しかし、ダンスのリズムはISUが選択し、カップルは弱い（あまり目立たない）ビートではなく、強いビートに合わせて踊らなければならない。フリーダンスは、カップルが音楽を選び、振りつけをすることが可能。ただし、規定要素もいくつか含まれ、音楽の解釈を通して芸術性を表現しなければならない。オリジナリティがジャッジの評価対象となる。フリーダンスの競技時間は4分±10秒。

ダンススケート
ダンススケートはフィギュアスケートに比べてブレードが短く、ヒールが高いため、すばやい足さばきが可能である。

女性の衣装
女性はスカートを着用しなければならない。衣装は自由に動けるようなものでありながら、品位を保ったものにすること。大げさな派手すぎる衣装、また、露出の多い衣装は減点される。

男性の衣装
男性は長ズボンをはかなければならない。タイツは禁止。男性の衣装と女性の衣装がそろって初めて完成するようなものであること。また、カップルの衣装は曲調に合わせる。

トービルとディーン
イギリスのジェーン・トービルとクリストファー・ディーンは、1984年の冬季オリンピックで審判団をうならせて、アイスダンス史上最高得点をマーク、一躍有名となった。2人の演技は12項目すべてで6点満点を獲得した。

バランスを取る
アイスダンスの選手が習得するべき主な技はバランスである。女性を持ち上げる男性にとって、バランスは特に重要である。バランスに負けず劣らず大切なのは持久力。アイスダンスの選手は、スピードスケート選手と同じくらいのスピードで滑走しなければならない。さらに、協調性も欠かせない。ダンスフロアで行うような組み方をしながら足さばきを完璧にこなすのは、至難の業といえる。

番号に従ってダンスする
アイスダンスの選手は、ダイアグラムとステップ表を使って、競技で演じる前にダンスを覚えて、完成させる。ここに、ウェストミンスターワルツのパターンを簡単に図示してみた。番号はステップの順番である。リンクを縦と横の仮想線で4つに区分する。曲線（ダンスの経路）は連続した線で、縦の仮想線を踏み越えてはいけない。
ウェストミンスターワルツは荘厳でエレガント、そして品格があるのが特徴的である。カップルは2つのシークエンスを通して、これをジャッジに伝えようとするのだ。

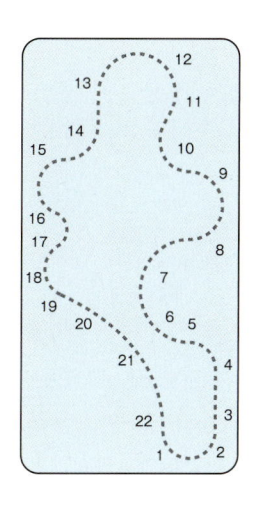

ウィンタースポーツ

フィギュアスケート／アイスダンス

標的
スポーツ

08

基礎知識

- スコットランドにあるセントアンドリュース・ゴルフコースはゴルフ発祥の地と呼ばれている。15世紀からここでゴルフが行われている。
- ナンバーワン・ゴルファーといえば、タイガー・ウッズといって間違いないだろう。2005～10年にかけて、281週連続でランキング1位の座を守った。
- すばらしいショットとお粗末な凡打を分けるのは、ほんのわずかの差。このため、ゴルフは非常に難しく奥の深いスポーツだといわれるが、それだけに、一度始めたらやめられなくなる魅力があるという。

ゴルフ

競技の概略

9ホール、または18ホール（こちらの方が一般的）のコースを歩き、金属製のクラブでボールを打って、打数の少なさを競う個人競技。各ホールは、ティーグラウンドで第1打を打ち、グリーンにある小さな丸い穴（カップ）にボールを落として終わる。ゴルファーは、いろいろな飛距離や弾道を出せるクラブを持ち歩き、それぞれのショットに最適なものを選んで使う。最多で14本までのクラブを持ち歩くことができる。

コース

コースは長いものから短いものまで実にさまざま。パー3のホールが9つだけの、わずか1300ヤード（ゴルフではヤードを使うのが慣例。1190m）のショートコースから、7000ヤード（6400m）を超える、長くて厳しい18ホールのコースまである。アメリカでは特に長いコースが多い。だが、この数字には、グリーンから次のホールのティーグラウンドまでの移動距離は含まれていない。これを入れると、ゴルファーが歩く距離は11km以上になる。1ラウンドにかかる時間は3～5時間。これは、プレーヤーの人数、プレーの速さ、技量によって前後する。

片手だけ
グリップをよくするためにグローブを使用するゴルファーは多い。右利きなら左手、左利きなら右手にはめる。

シャフト
クラブのシャフトは、軽さと強さを兼ね備えていなければならない。スチール製とグラファイト製が多い。

ヘッド
クラブのヘッドはすべて金属製。昔からの伝統で「ウッド」と呼ばれているクラブも金属でできている。

服装
カッターシャツやポロシャツにズボン。色は問わない。カジュアルながらも品位のあるものを。Tシャツやジーンズは不可。

選手の特徴
最も大切なのは、高い集中力と、視覚と手の協調関係。強い上半身と、体の各部分の柔軟性も強みになる。同時に、自信が必要。ゴルフはメンタルなスポーツ。自分を信じることが才能と同程度に重要なのだ。

きちんとした靴
革靴。ゴルフシューズのスパイクは、地面をしっかりとらえると同時に芝を傷めないようになっている。

フェアウェー
ティーグラウンドからグリーンまでの最短ルートにあたるところは、芝が周囲よりも短く刈り込まれている。正確なショットをする人が有利なように。

自然の障害物
各ホールの外周には樹木が植えられている。ここもコースの一部だが、この中にボールが入ってしまうとたいへんだ。ゴルファーたちは、できるだけ近づかないように努力する。

ティーグラウンド（男子）
第1打は、このエリアの指定された場所で打つ。

レディースティー
女子は、男子よりもグリーンに近い位置からスタートする。男子のティーグラウンドの延長上にある場合と、多少ずれた位置にある場合がある。

ラフ
フェアウェーの周囲にある、芝が長く伸びたエリアがラフ。フェアウェー沿いに少し長い芝、その外側にさらに深い芝、というように2段階になっているコースも多い。基本的に、フェアウェーからよりもショットが難しくなる。

標的スポーツ

321

ゴルフ

最終目的
カップの直径は10.8cm。深さは少なくとも10cm。試合ごとに、ホールの番号を記した旗（ピン）が差し込まれる。

パッティンググリーン
なめらかなパッティングを可能にするため、ホールの周囲の芝生は、非常に短く刈り込まれている。

ホール
18カ所のホールにはそれぞれ、ティーグラウンド、フェアウェー、グリーン、ピンの差し込まれたカップがある。さらに、いくつかの障害（ハザード）が用意されている。人工的につくったバンカーや、樹木、池、小川などの自然の障害物などだ。最も効率よくゴルフコースを回る方法は、ずっとフェアウェーから出ないこと。コースには、パー・スリー、パー・フォー、パー・ファイブのホールがランダムに配置されている。パーがいくつかは、ホールの長さで決まる。男子の場合250ヤード（約230m）以下ならパー3。450ヤード（約433m）までならパー4。451ヤード（約412m）以上ならパー5だ。パーの数は、グリーンで2パットすると仮定して計算されているので、パー3のホールはグリーンまで1打、パー4なら2打、パー5なら3打必要ということになる。だが、実際には、その通りに打たなくても構わない。好きなように、あるいはできるように、打てばよい。

> **ハンディキャップ**
> 各ホールは、長さを基準にしてパーがいくつかが決められている。パーというのは、無理なくホールインするには何打必要かを表す数字だ。プレーヤーのハンディキャップは、幾度かラウンドして、パー数をオーバーした打数の平均から計算する。

ゴルフ場の種類
ゴルフが世界中で人気のスポーツであることは、ゴルフ場の景観が実にさまざまであることからもうかがえる。ゴルフ発祥の地、スコットランドの「リンクス」と呼ばれるゴルフ場は、吹きさらしの海岸沿いにある。中東の高級リゾート地には、広大な砂漠の真ん中に、きれいに刈り込まれた緑のゴルフ場がある。広ささえ十分あれば、どんな土地でもゴルフ場はつくれる。最も便利で多くの人が利用するのはおそらく、大都市の近郊にある、並木に囲まれた公園のようなゴルフ場だろう。

OB（アウトオブバウンズ）
ゴルフコースの外周には白い杭が並んでいる。その向こうはOB（アウトオブバウンズ）。ボールがOBに入ってしまったら、1打のペナルティ。

砂の罠
ゴルフコースの設計者は、ゴルファーにさらなる苦難を科するべく作戦を練りながら、バンカーの配置を決める。図のコースでは、グリーンに立ちふさがるように配置されている。

ウォーターハザード
ボールが水没して回収できなくなってしまうと、1打のペナルティ。

バックナイン
後半の9ホールの長さ、3710ヤード（3392m）。

フロントナイン
前半の9ホールの長さ、3735ヤード（3415m）。

伝統のゴルフコース
4大メジャートーナメントの1つ、マスターズ・トーナメントが開かれる、オーガスタ・ナショナル・ゴルフクラブは、世界で最も格式の高い、しかも自然の美しいゴルフ場だ。青々としたフェアウェー、その周囲を取り囲む樹木や植え込み。1つひとつのホールには、その植物から取った名前がついている。もとは、木の苗を育てる農園だっただけに、庭園のようなゴルフ場のまさに典型といってよい。

パー3
4、6、12、16番ホール：最短155ヤード（142m）、最長240ヤード（219m）。

パー4
1、3、5、7、9、10、11、14、17、18番ホール：最短350ヤード（320m）、最長505ヤード（462m）。

パー5
2番（575ヤード（526m））、8番（570ヤード（521m））、13番（510ヤード（466m））、15番（530ヤード（485m））ホール。

用具類

まず最低限必要なのは、精選したクラブ1そろいとある程度の数のボール。用意のいいゴルファーなら、さらにティー、ボールマーカー（ボールをどけなければならないときに地面に印をつける）、グリーンフォーク〔＊訳注：グリーンについたボールの跡（ピッチマーク）を修繕する道具〕も持っていくだろう。数時間屋外で過ごすことになるので、食べ物やエネルギー補給用のドリンク、傘やレインコート、タオル、グローブなども欲しい。これらを全部持って歩くために、専用のキャリー・バッグやカートがある。本気でゴルフをするなら、電動カートを買って、昔ながらのキャディを頼む代わりに使ってもよい。

ほとんどのゴルフ場では、「きちんとした普段着」と服装が決められている。スイングの際に足が滑らないようにするために、スパイクつきやゴム底のゴルフ専用シューズも必須。

クラブが多すぎた

2001年の全英オープン。ウェールズのプロゴルファー、イアン・ウーズナムには、最終日を迎えて優勝の大きなチャンスが見えていた。1番ホールでバーディを取り好調なスタート。ところが、2番ホールが始まるというとき、彼のキャディがバッグをのぞき、1本余計なクラブが入っていることに気づく。このためウーズナムは2打のペナルティを科される。もしこれがなければ、彼は優勝できていたかもしれない。

どのクラブを選ぶか

コース上で出合う可能性のあるさまざまな状況を想定して、ゴルファーは自分の使うクラブの組み合わせを考える。最大14本のクラブを持ちこめる。長いショットを打つためのドライバーを含めた「ウッド」を2、3本、フェアウェーやラフで使用するアイアンを6、7本、短いショット用に「ウェッジ」と呼ばれるタイプのアイアンを2本。グリーンで使うパターが1本、というのが一般的。クラブには、すべて体系的に番号がつけられているので、目当てのクラブをすぐ選ぶことができる。ほとんどの場合、番号の小さいクラブほどボールの飛距離が大きい。昔に比べると、クラブの素材もデザインも進歩して、プレーヤーの意図する通りのショットを実現できるようになった。どのようなクラブを選ぶかは、プレーする人それぞれの技術レベルとスイングのスタイルで決まってくる。

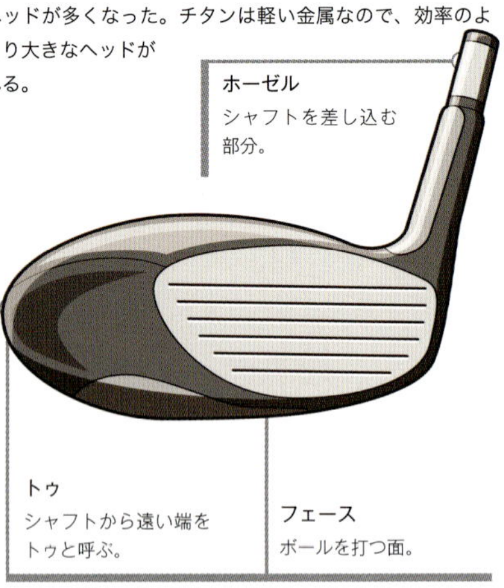

ドライバー
最も大きなクラブ。遠くまでボールを飛ばすときに使う。フェースに当たったボールが上にせり上がるようにデザインされている。
7～11度

アイアン
中距離用に使うのが一般的だが、最も使い道の多いクラブ。1番アイアン（ロフト16度）から9番アイアン（ロフト44度）まである。
16～44度

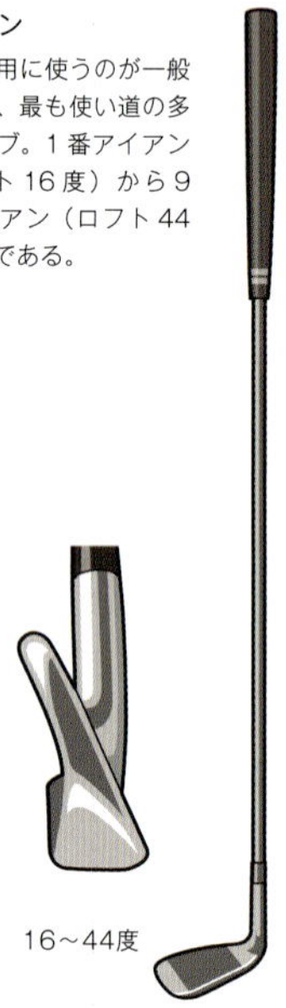

ウェッジ
芝生から短いショットを打つときのピッチングウェッジと、バンカーで使うサンドウェッジの他に、ロブウェッジと呼ばれる、フェースに大きな角度をつけたウェッジが最近市場に出回るようになった。
45～60度

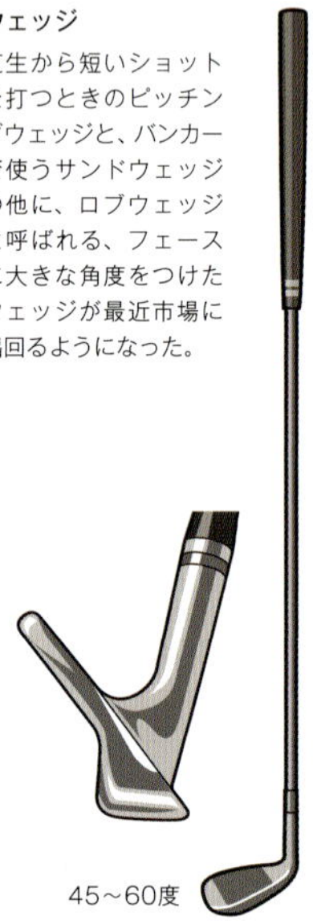

パター
フェースの角度が最も浅いクラブ。グリーン上や、その周辺の短い芝でボールを打つときに使う。
4～7度

クラブヘッド

もともと木製だったが、やがて鉄製のものが現れ、今はチタン製のヘッドが多くなった。チタンは軽い金属なので、効率のよい、より大きなヘッドがつくれる。

ホーゼル シャフトを差し込む部分。

トゥ シャフトから遠い端をトゥと呼ぶ。

フェース ボールを打つ面。

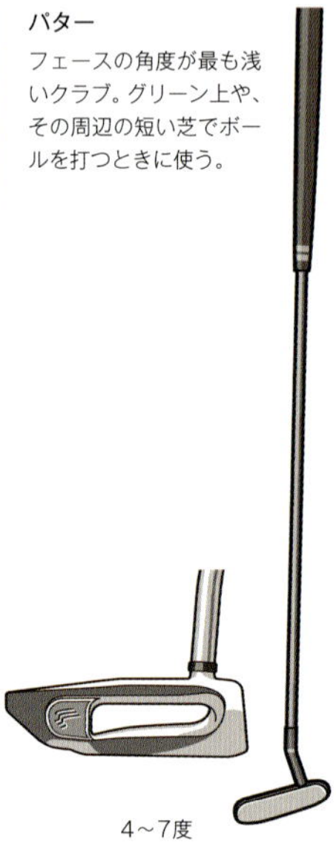

ルールの多いスポーツ

ゴルフは、他のスポーツに比べてルールが多い（34項目プラスたくさんの付則）。だが、そこにゴルフというスポーツの性質がよく表れている。たとえばテニスコートとゴルフ場を比べてみてほしい。樹木や川まである広大なエリアでプレーするゴルフでは、起こりうる出来事の範囲ははるかに大きい。ゴルフの規則を決めて執行するのは、セントアンドリュース・ゴルフコースに本拠を置くロイヤル・アンド・エンシェント・ゴルフクラブ（R＆A）。全米ゴルフ協会（USGA）が統轄するアメリカとメキシコを除き、すべての国がこの規則に従っている。

ボールを打つ

ボールを打つ動作（ストローク）は、ボールを打とうという意図を持ってクラブが前に動かされること、と定義されている。打とうとして空振りした場合でも、1打と数えられる。

グリーンで

ボールの位置に印をつけて、ボールを取り上げ、拭くことが許されるのはグリーン上のみ。「ライン」上にある落ち葉や砂を脇によけることもできる。ピンを抜かずにカップにパットインしてしまうと、2打のペナルティが総打数に加えられる。

ハザードやプレーができない場所にボールが落ちたら

バンカーにボールが入っただけではペナルティはないが、ボールに触れる前にクラブが砂に触れてはいけない。ウォーターハザードの中からボールを打つことも許されている（実際には、元の位置から打ち直しをするか、カップから遠い位置でドロップをすることが多い。どちらの場合も1打のペナルティ）。藪の中など、プレーが続けられない場所にボールが落ちた場合（アンプレヤブル）、クラブ2本分離れた位置（元の位置よりカップに近づいてはいけない）でドロップをすることができる。この場合も1打のペナルティとなる。

障害物

石や木の葉など、動かすことのできる自然の障害物はルースインペディメントと呼ばれ、ボールのコースから動かしてもペナルティは与えられない。バンカーをならすレーキなどの障害物も動かしてよい。その作業中に、ボールが動いてしまったら、それは1打と数える。スプリンクラーの散水口のように動かせない障害物もある。もしそれがプレーヤーの立つ位置やスイングの邪魔になるようなら、最大クラブ1本分の距離まで打つ位置を変えることができる。ペナルティはないが、元の位置よりカップに近くなってはいけない。

ゴルフ

ボール
ボールに関してはいくつもの厳密な規則が定められているが、それでもさまざまなタイプのものが売られている。回転のかかり方、出るスピード、飛ぶ弾道がそれぞれ異なる。小さな芯のまわりに薄い層をいくつも重ねたタイプと、単純な構造の大きな芯を持つタイプがある。

白いミサイル
固いゴルフボールの外側には、小さなくぼみ（ディンプル）が一面についている。これは、空気力学的効果をねらったものだ。経験を積んだゴルファーになると、ディンプルのパターンのわずかな違いからくる独特な「くせ」がわかるという。

ティー
木製またはプラスチック製の小さな釘型の台座はティーと呼ばれている。各ホールの第1打はこの上にボールを置いて打つので打ちやすい。

ロフトとライ
ボールの落ちた位置（ライ）が違えば、違うタイプのクラブが必要になる。ラフに落ちてしまうと、かなり大きなロフト（フェースの傾斜角度）のクラブが必要になる。中程度から短めのアイアン、または応用の効くウッドあたりだろうか。バンカーを越えて、グリーンに短く高いチップショットを打つときは、大きなロフトのアイアンを使う。ボールは高く上がるが、着地後あまり転がらないからだ。

飛距離の目安

クラブ	距離	ロフト
D	230～290yd（210～265m）	7～11度
3-W	210～240yd（192～219m）	13～16度
5-W	200～220yd（182～201m）	19～21度
3	180～205yd（164～187m）	18度
4	170～200yd（155～182m）	22度
5	160～195yd（146～178m）	26度
6	150～195yd（137～164m）	30度
7	140～170yd（128～155m）	34度
8	130～155yd（118～141m）	38度
9	120～145yd（109～132m）	42度
PW	110～130yd（100～118m）	46度
SW	90～100yd（82～91m）	56度

ボールの弾道
ボールの飛び方は使用したクラブのロフトで決まる。フェースの角度が最も浅いドライバーなら、低い弾道で遠くまで飛ぶ。角度の急なウェッジでは、ボールは高く上がるが、距離は出ない。アイアンのロフトと飛距離の関係を下の図に示した。

アイアン	ロフト	飛距離
SW	56度	90yd (82m)
PW	46度	110yd (100m)
9	42度	120yd (109m)
8	38度	130yd (118m)
7	34度	140yd (128m)
6	30度	150yd (137m)
5	26度	160yd (146m)
4	23度	170yd (155m)
3	22度	180yd (164m)
2	18度	190yd (173m)
1	16度	200yd (182m)

対戦方式
ゴルフの戦い方は1つではない。各ホールの打数を合計して競うのがストロークプレー方式。ステーブルフォード方式では、ホールごとに打数に応じた得点が与えられる。1対1でホールごとに勝敗を決し、勝ち数を競うマッチプレー（シングル）方式、シングルと原則は同じだが2対2のペアで対戦するフォアボール（ベターボール）方式、2人組が1つのボールを交互に打つフォアサム方式というのもある。

スコア
プレーヤーは、対戦相手のスコア表をつける。自分のスコアは記入しない。各スコアには次のような名前がついている。

- パー：ホールのパー数と打数が同じとき。
- バーディ：ホールのパー数よりも1打少ない（アンダー）とき。
- イーグル：2打少ないとき。パー3のホールで、ホールインワンをすればイーグルだ。
- アルバトロス：3打少ないとき。世界トップクラスの選手でもなかなか出せない。
- ボギー：ホールのパー数よりも1打多い（オーバー）とき。たとえばパー5のホールで6打。
- ダブルボギー：2打オーバーしたとき。たくさんダブルボギーを出せば悲惨なスコアになる。

エチケット
コースに出たら守るべきエチケット。たとえば、仲間がショットを打とうとしているときは静かにすること、バンカーから打ったときには、あとで足跡をきれいにならしておくこと、芝生がはがれてしまったら元に戻しておくこと、他のプレーヤーを待たせないことなどだ。

データ集

メジャー大会を制したゴルファーたち

選手名	勝利数
ジャック・ニクラウス	18勝
タイガー・ウッズ	14勝
ウォルター・ヘーゲン	11勝
ベン・ホーガン	9勝
ゲーリー・プレーヤー	9勝
トム・ワトソン	8勝
ハリー・ヴァードン	7勝
ジーン・サラゼン	7勝
ボビー・ジョーンズ	7勝
サム・スニード	7勝
アーノルド・パーマー	7勝
ニック・ファルド	6勝
リー・トレヴィノ	6勝

スイング

よいスイングは、よい構えから。ゴルフを始めたばかりの人に、クラブの握り方（グリップ）、体の各部分の位置関係（アライメント）、足の位置（スタンス）、構えの重要性をどれほど強調してもしすぎることはない。構えがよければ、スイングが人並みでもよいショットを打つことが可能だが、どんなにすばらしいスイングをしても、構えが悪いと、ボールにクラブを当てることすらままならなくなる。スイング自体は反復練習で身につく。バックスイングとフォロースルーは、鏡に映したようにほぼ左右対称でなければいけない。

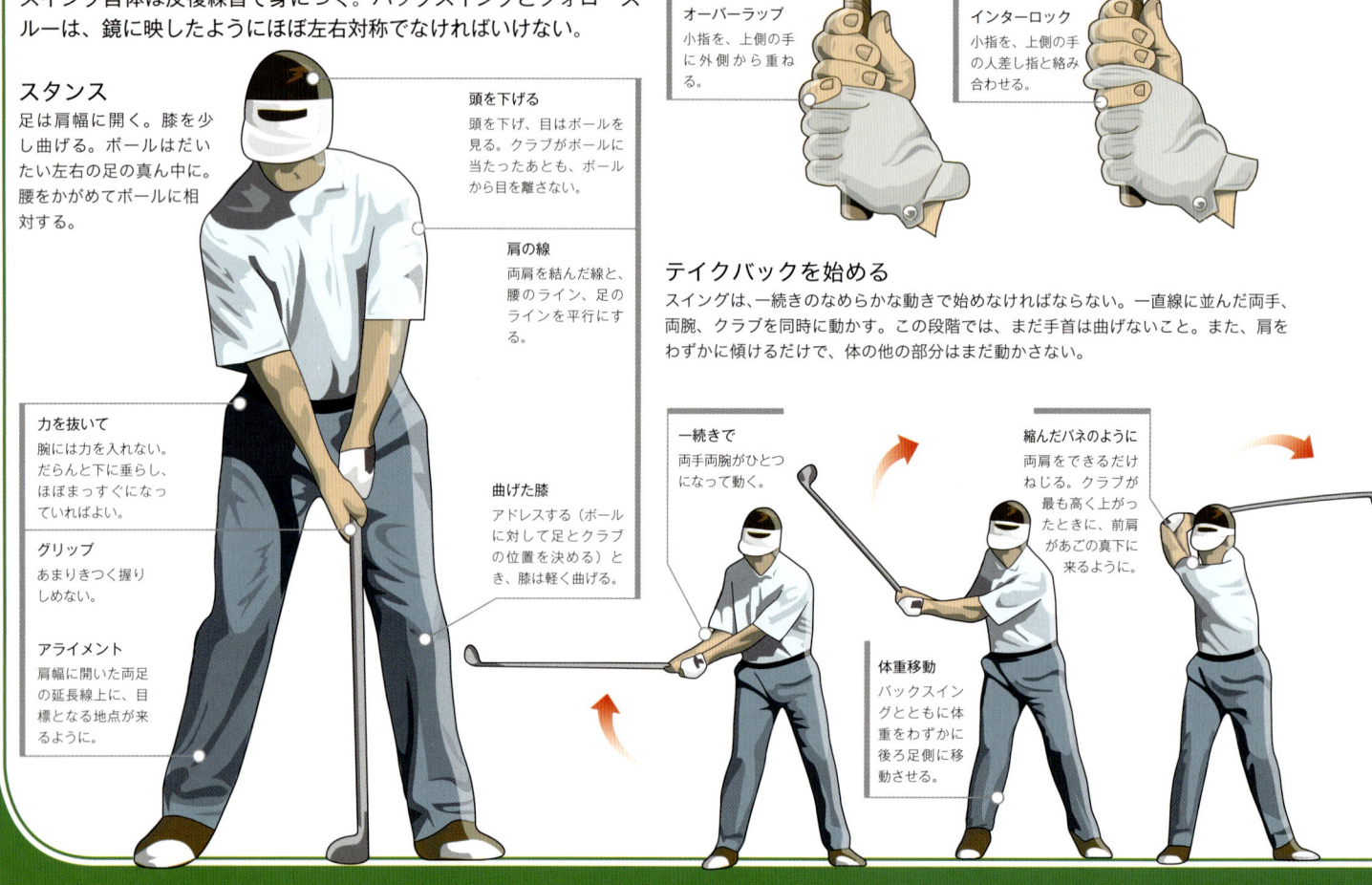

スタンス
足は肩幅に開く。膝を少し曲げる。ボールはだいたい左右の足の真ん中に。腰をかがめてボールに相対する。

頭を下げる
頭を下げ、目はボールを見る。クラブがボールに当たったあとも、ボールから目を離さない。

肩の線
両肩を結んだ線と、腰のライン、足のラインを平行にする。

曲げた膝
アドレスする（ボールに対して足とクラブの位置を決める）とき、膝は軽く曲げる。

力を抜いて
腕には力を入れない。だらんと下に垂らし、ほぼまっすぐになっていればよい。

グリップ
あまりきつく握りしめない。

アライメント
肩幅に開いた両足の延長線上に、目標となる地点が来るように。

グリップ

ボールにスクエア（直角）に当てるためには、クラブヘッドの動きをコントロールしなければならないが、そのためには、とにかくよいグリップをするしかない。グリップの仕方には主なものが2つ（下図）。使っている人の数はほぼ半々。この他、ベースボールグリップという、ジュニアや体に故障をかかえた人向けのグリップがある。

オーバーラップ
小指を、上側の手に外側から重ねる。

インターロック
小指を、上側の手の人差し指と絡み合わせる。

テイクバックを始める

スイングは、一続きのなめらかな動きで始めなければならない。一直線に並んだ両手、両腕、クラブを同時に動かす。この段階では、まだ手首は曲げないこと。また、肩をわずかに傾けるだけで、体の他の部分はまだ動かさない。

一続きで
両手両腕がひとつになって動く。

縮んだバネのように
両肩をできるだけねじる。クラブが最も高く上がったときに、前肩があごの真下に来るように。

体重移動
バックスイングとともに体重をわずかに後ろ足側に移動させる。

ピッチショットとチップショット

90ヤード（80m）以下なら、カー杯フルスイングをする必要はない。ボールを打つ方向側の足を少し後ろに開いたオープンスタンスで、短くスイングするとよい。ピッチショット（ボールを高く打ち上げ、転がらないようにぴたりと止める打ち方）で重要なのは「感覚」、つまり、距離を正確に判断する能力。実際にプレーを経験し、いろいろと試してみる他はない。グリーンのすぐそばで行うチップショットには、ボールを低い弾道で打ち、カップの方向に地面を転がす方法（チップ＆ラン）と、高く打ち上げ、ボールをほとんど転がさずにそっと着地させる方法（ロブ）がある。チップショットが上手にできるようになると、パットの距離が短くてすみ、結果として少ないストロークでコースを回ることができる。

パッティング

「ゲームの中のゲーム」と呼ばれるパッティング。これ自体が1つの職人技といってよい。他のショットのときよりも上体を起こし、頭は動かさない。完全に一体化させた両手両腕だけを動かして打つ。だが、距離を正確に見極め、上手にボールを打つだけでは、よいパッティングはできない。グリーンの状態をよく理解し、打ったボールが、傾斜に応じてどのようにカーブするか、どんなスピードで転がるかを予想しなくてはならない。これは、グリーンを「読む」といって、できるようになるには経験が必要だ。

静止
頭は動かさない。目はボールに焦点を合わせる。

なめらかに、引いて…
パターをゆっくりと後ろに引く。なめらかな動作で。両手両腕がパターと一直線になるように。

…そして前へ
ボールとパターが接している間も、同じなめらかな動きを続ける。視線を上げない。

ホールインワン

多くのゴルファーが求めてやまないのがホールインワン。普通はパー3のホールでしか達成できないが、偶然が重なれば、短めのパー4のホールでも可能性はある。常にピンそばまでボールを寄せられるプロのゴルファーは、当然ホールインワンの回数もアマチュアより多い。2桁を達成しているプロも少なくない。

バックスイング

クラブが初めの位置から45度ほどのところまできたら、両手首を反らせ、腰を中心にして上体を回転させ始める。大切なことは、頭を動かさないこと。肩が回転するのにつられて頭が揺れたり傾いたりしてはいけない。

ダウンスイング

ダウンスイングは、基本的にバックスイングとちょうど逆の動きになる。ねじっていた両肩と上体を元に戻し、背面にかかっていた体重を前に戻す。クラブフェースがボールにスクエア（直角）に当たるようにするために、両手両腕は上体の動きについていく感じで動かす。腕だけ回してはいけない。

トラブルショット

もちろん、飛んだボールがいつも短い芝の上に行儀よく落ちるとはかぎらない。藪の中など、横様にボールを打ち出す以外に方法のない場合もあるだろう。だが、打つ姿勢をほんの少し変えるだけで、たいていの状況は克服できる。たとえば、アップヒルライ（ボールが左上がりの地面に落ちること）やダウンヒルライ（同じく左下がり）の場合は、体重のかけ方や、ボールとスタンスの位置関係を変える。サイドヒルライ（つま先上がり、またはつま先下がりの傾斜地にボールが落ちること）の場合は、斜面で傾く分を差し引いて、目標よりも左、または右を狙う。最もよくあるトラブルといえば、バンカーだ。クラブフェースを開き（グリップはそのままでフェースが斜め前を向くようにする）、スイングは通常のとおり、ボールに直接クラブを当てるのではなく、砂に当てる、と覚えておくとよい。

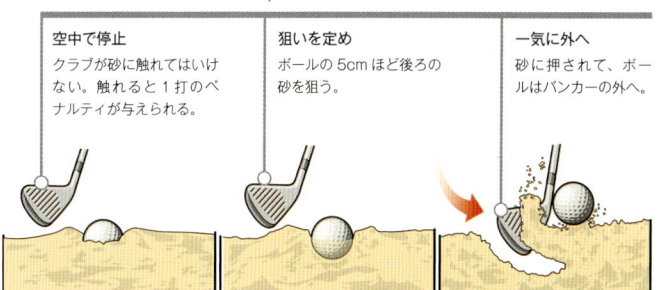

空中で停止
クラブが砂に触れてはいけない。触れると1打のペナルティが与えられる。

狙いを定め
ボールの5cmほど後ろの砂を狙う。

一気に外へ
砂に押されて、ボールはバンカーの外へ。

鏡像のように
バックスイングの時と同じ手の位置。

手の力
よいグリップをしていれば、手の力が均等にクラブにかかる。これによって、クラブフェースがボールに直角に当たる確率が上がる。

視線は下向き
頭は動かさない。目は、そのままボールのあった位置を見続ける。

教科書通りのスイング
フィニッシュの姿勢がよければ、ボールがフェアウェーに向かって落ちていくのが見えるはずだ。

標的スポーツ

325

ゴルフ

ナンバー・トリビア

4 連勝：メジャートーナメントの連勝記録。タイガー・ウッズが、2000年の全米オープン、全英オープン、全米プロゴルフ選手権、2001年のマスターズ・トーナメントで達成。この4つのタイトルを同年にすべて制することをグランドスラムというが、近代になってこれを達成した選手はいない。

1,007 ヤード：ミシガン州マルケットのゴルフ場、チョコレートダウンズにある6番ホールの長さ（900m）。パー6。世界最長のホール。

59 打：60以下（約10アンダー）のスコアはめったに出ない。全米ツアーでこれをマークした選手はこれまでにわずか5人。いちばん最近達成したのは、アメリカのジム・フューリク。

裏話

競技の管理・運営を行っているのはR＆AとUSGA。競技規則の施行、用具類が基準に合っているかどうかの検査、ハンディキャップ制度の運営の他、男子、女子、ジュニアの3部門で各国国内選手権を主催している。プロの試合を運営するのは、欧州PGAツアー（ヨーロッパだけでなく、一部アフリカ、アジア、オセアニアの大会も含む）と、北アメリカで行われる試合を主催するPGAツアー。

4大トーナメント

男子ゴルフで最も権威のあるメジャー大会。ここでの成績が選手の実力を測る指標となる。4月にジョージア州のオーガスタ・ナショナル・ゴルフクラブで開かれるマスターズ（クラブが主催する完全な個人トーナメント）。6月の全米オープンは、USGAが主催する最も重要な大会だ。R＆Aが主催するのが、7月の全英オープン（ジ・オープン）。そして8月の全米プロゴルフ選手権が最後を飾る。

クロッケー

競技の概略

マレットでボールを打ち、芝生のコートに埋め込んであるフープを通す競技。中央のポールにボールを先に当てたプレーヤーまたはチームが勝ち。ここでは、多くの国際大会が行われているアソシエーションクロッケーについて解説する。対戦相手を妨害する方法が数多くあるこのスポーツは、世界で最も攻撃的なレクリエーション活動、と呼ばれている。地味でお上品な遊び、という一般のイメージとはまったく違うスポーツだ。

白いウェア
上はシャツ。下はズボン、ショートパンツ、スカート。すべて白でなければいけない。

マレット
持ち手の部分はどこを握っても構わないが、ボールを打つときに、ヘッドの部分に触れてはいけない。

鉄製の小門
芝生のコートに鉄製のフープが埋め込んである。ボールを打って、この中を通す。

9.5cm / 30cm

色つきのボール
ボールの直径とフープの幅の差はわずか3mm。わずかのミスも許されない。

柔らかいシューズ
きれいに整えられた芝を痛めないように、底の平らなシューズをはく。

選手の特徴

クロッケーで必要な技術は、ゴルフのパッティングと似ているものが多い。どちらも、ボールが転がる地面の状態を的確に見てとり、どれだけの力をかけて打てばよいかを判断する能力が要求される。クロッケーのコートは普通のゴルフのグリーンよりも狭いので、ボールが転がる距離も短い。したがって、体力はほとんど問題にならない。同様に、プレーヤーの年齢もほとんど影響しない。生きのいい若者が老人に完敗、ということもめずらしくないのだ。

クロッケーの競技団体

クロッケーの全国的な競技団体がイギリスで初めて設立されたのは1868年。ウィンブルドン全英クロッケークラブだ。ところが、わずか9年で団体名が変更になる。新しい名称はウィンブルドン全英クロッケー・ローンテニスクラブ。そして、世界初のテニス選手権を主催するようになる。テニス人気が高まるにつれて、クロッケーは脇役の座に追いやられ、ついに、クラブが、クロッケー大会から手を引き、名称から「クロッケー」を消してしまった時期もあった。

基礎知識

→ クロッケーの試合は、2人または2チーム（1チーム2人）の対抗戦。一方は青と黒、相手側は赤と黄色の2個のボールを持つ。

→ 男子で世界最高レベルの大会は、クロッケーワールドシリーズ。優勝者にはマクロバートソン・シールドが授与される。3年または4年おきに、オーストラリア、イギリス、ニュージーランド、アメリカ、フランスの地で2週間にわたって戦われる。

→ 基本となるアソシエーションクロッケーの他にも、大きなハンマーとボウリングのボールを使ったモンドクロッケーや、自転車に乗ってプレーするものなど、いろいろなタイプのクロッケーがある。

ナンバー・トリビア

1 人：1900年のオリンピックで、入場料を払ってクロッケーの決勝戦を観戦した人の数。オリンピックでクロッケーが行われたのは、これが最初で最後。試合会場はパリで、参加10選手のうち9人がフランス人。いうまでもなく、シングルス、ダブルスともにメダルを独占したのはフランス人だった。

80 人：2012年のアソシエーションクロッケー世界選手権に出場した選手の数。マクロバートソン・シールドをかけて争っている4強以外の国からの出場者もいて、クロッケーをイギリス的なものの真髄と思っていた人々を驚かせた。日本やスウェーデンといった、およそクロッケーには縁がないと考えられていた国からも参加があった。

9 回：イギリスがマクロバートソン・シールドを勝ち取った回数。大会史上最多。このうち2勝は、アイルランドとの合同チームによるもの。ほかには、ニュージーランドとオーストラリアがそれぞれ3回ずつ優勝している。

クロッケー

コートとクリップ
クロッケーのコートは、テニスコート約2面分の、きれいに刈り込んだ平らな芝生。プレーは、一方の端のボークラインから始める。第1のフープはクラウン（上側）が青く、「ローバー」と呼ばれる最後のフープはクラウンが赤い。プレーヤーにも観客にも通過の方向がはっきりわかるように、4色のクリップをフープにつける。ゲーム開始時、クリップはすべてフープのクラウンにあるが、その色のボールが一度通過すると、クリップをフープの足の部分（アップライト）につけ直す。こうして、各色のボールが次にどこを通過するかがわかるようになっている。

計画的に
1人または1チームに色違いのボールが2個ずつ。決まった順序で決まった方向から6つのフープを2回ずつ通過し、最後に中央にあるポール（ペグ）に当てる。戦術がたいへん重要で、相手の妨害をしながら自分たちのボールを進めていく。

継続ショット
26ポイント（ボール1個につきフープで12点、ペグで1点）先取した側が勝利。1回に1打ずつが基本だが、ボールがフープを完全に通過すると、もう1打続けて打つことができる（「継続ショット」という）。相手のボールに当てると（ロッケー）、さらに2打続けて打てる。そのときに、相手ボールに接するように自分のボールを手で移動させ、そこで自分のボールを打って、相手ボールを場外に打ち出してしまうこともできる（クロッケーショット）。ここが攻撃的スポーツといわれるゆえん。

ピールとオフシュート
もし自分の打ったボールが相手のボールに当たって、相手側がフープを通過してしまったら（ピール）、相手の得点。ただし、相手に継続ショットは与えられない。コートの外に出たボールは、出た位置のヤードライン上に置き直して、プレーを再開する。

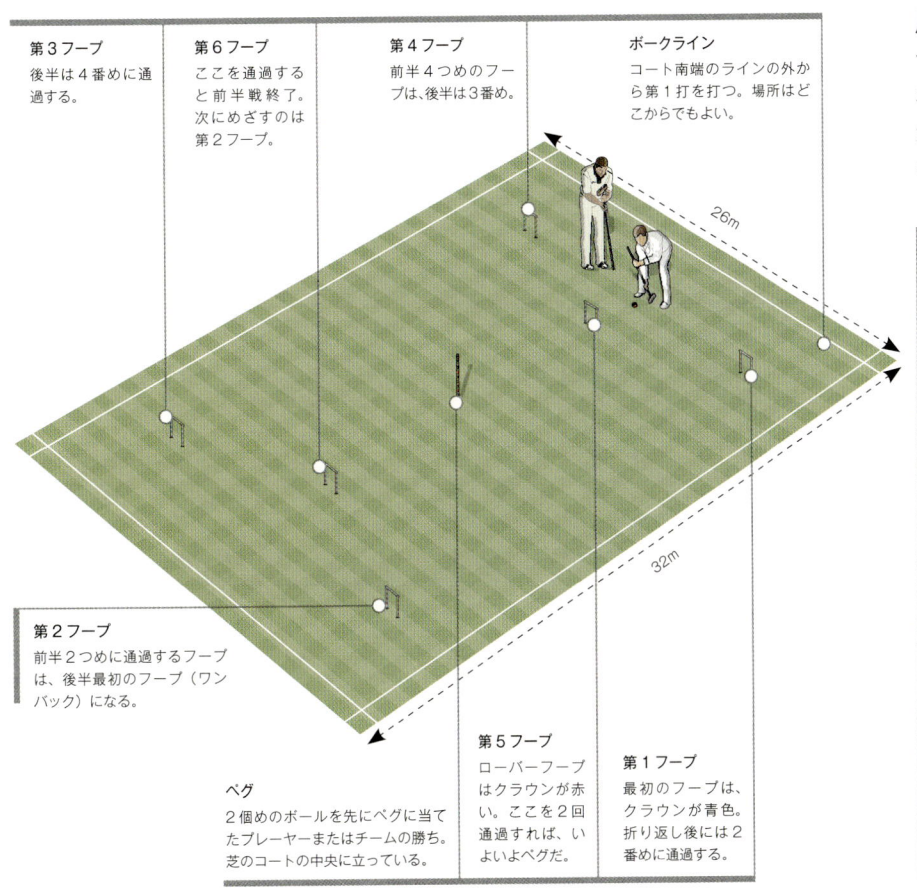

用具箱
マレット、ボール、フープ、ペグを収納する木箱は、細長く、両側にロープの取っ手がついている。運送業者が使う木箱と棺桶を折衷したような外観。

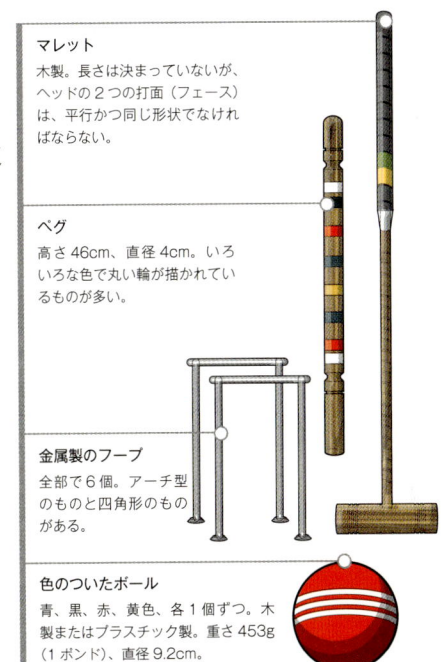

第3フープ 後半は4番めに通過する。

第6フープ ここを通過すると前半戦終了。次にめざすのは第2フープ。

第4フープ 前半4つめのフープは、後半は3番め。

ボークライン コート南端のラインの外から第1打を打つ。場所はどこからでもよい。

第2フープ 前半2つめに通過するフープは、後半最初のフープ（ワンバック）になる。

ペグ 2個めのボールを先にペグに当てたプレーヤーまたはチームの勝ち。芝のコートの中央に立っている。

第5フープ ローバーフープはクラウンが赤い。ここを2回通過すれば、いよいよペグだ。

第1フープ 最初のフープは、クラウンが青色。折り返し後には2番めに通過する。

マレット 木製。長さは決まっていないが、ヘッドの2つの打面（フェース）は、平行かつ同じ形状でなければならない。

ペグ 高さ46cm、直径4cm。いろいろな色で丸い輪が描かれているものが多い。

金属製のフープ 全部で6個。アーチ型のものと四角形のものがある。

色のついたボール 青、黒、赤、黄色、各1個ずつ。木製またはプラスチック製。重さ453g（1ポンド）、直径9.2cm。

ロッケー
的を狙うスポーツのなかでも、クロッケーのように相手を意図的に妨害することが許されている競技はあまりない。クロッケーでは、2段階に分けてこれを行う。まず、ロッケー。これは、単純に自分のボールを相手のボールに当てること。次に、当てた自分のボールを拾って、「ロッケー」された相手ボールに接触させて並べ、「クロッケーショット」を打つ。

クロッケー
競技名の元になった「クロッケー」とは、相手のボールをできるだけプレーの場から遠いところへ転がしてしまうこと。攻撃のうまいプレーヤーなら、同時に自分のボールが有利な位置に転がるような角度をつけて「クロッケー」を打つ。相手ボールをコートから遠く離れた位置に転がし、自分のボールがフープを通過すれば、完璧な「クロッケー」だ。こうすれば、さらに継続ショットを打つことができる。右図では、わかりやすい例を示した。

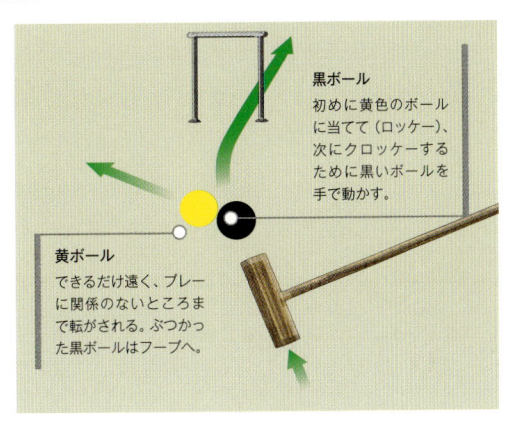

黒ボール 初めに黄色のボールに当てて（ロッケー）、次にクロッケーするために黒いボールを手で動かす。

黄ボール できるだけ遠く、プレーに関係のないところまで転がされる。ぶつかった黒ボールはフープへ。

裏話
クロッケーが始まったのは、1830年代のアイルランド。その後イギリスに伝わると、急速に広まった。当時は、男女が対等にプレーできる唯一の屋外スポーツだったうえ、あるロンドンのスポーツ用品製造会社が用具を売り出したので、その人気は不動のものとなる。イギリスの植民地にまでそのブームが広まるのに長い時間はかからなかった。特に、オーストラリアとニュージーランドでは盛んにプレーされた。

運営組織
イングランド、ウェールズ、北アイルランドでは、英国クロッケー協会が規則の決定、シード権の授与、競技の普及、監督を行っている。

標的スポーツ

327

クロッケー

カーリング

競技の概略

「氷上のチェス」とも呼ばれるカーリングは、技術、正確さ、戦略がものをいう競技。スコットランドで、冬の屋外スポーツとして始まった。現在は世界中に広まり、冬季オリンピックで見せ場をつくっている。氷のリンク（シートと呼ばれる）にある丸い目標の中央のティーに、自分たちのストーンを相手よりも近づけることを4人組のチームで競う。オリンピックでは、10エンドで1試合。1人2投ずつ、合計16投して1エンド。「スキップ」の指示で、チームのメンバーは、ティーに向かって滑っていくストーンの進行方向の氷をこすり、そのスピードと方向を調節する。

シート

試合場はシートと呼ばれている。円形の得点エリア（ハウス）が両側にある。ハウスは4つの同心円。シートのセンターラインと中央で交わるティーラインで4等分されている。最も大きい円は直径3.6m、ティーまたはボタンと呼ばれる最も小さい円は、直径30cm。ストーンを送り出す（デリバリー）ときに、手を離さなければならない位置を示すのがホグライン。ハウスの先のバックラインを越えてしまったストーンはアウトになる。

ストーンを回せ

シートを滑っていくストーンに回転をかけることができる。手を離したときにどちら向きの回転がかけられたかによって、ストーンの氷上での動きが変わる。回転の方向によって右に曲がっていく（カールする）場合と左にカールする場合がある。時計回りの回転なら、ストーンは右へカールし、反時計回りなら左にカールする。回転の勢いが大きければ、カールは小さくなる。

いつでもクールに

シートの表面温度は常に摂氏−5度に保たれている。また、試合の前に必ず散水する。微少な水滴が凍ってシートの表面がざらざらになる。この小さな凹凸をペブルという。ストーンがカールするのは、ペブルとの摩擦による。

ハウス

得点になるエリア。ハウスの中にストーンがなければ得点のチャンスはない。

バックライン

ハウスの一番奥の部分と接している線。このラインにかかったストーンはアウトと見なされる。

基礎知識

→ カナダやスコットランドなど、氷上スポーツに適した自然条件の北方の国で人気の競技。だが、現在は、スペインや、中国、日本などの暖かい国でも盛んになった。

→ チーム構成は、第1投をデリバリーするリード、次に投げるセカンド、通常3人めに投げるバイススキップ、キャプテン（スキップと呼ばれる）の4人。スキップは、チームメイトに指示を出し、最後のデリバリーをする。

→ スコットランド南西部のエアシャー沖にあるアルサクレイグ島産のアルサイトと呼ばれる花崗岩でつくったストーンが最高級。オリンピックで使用するようなグレードだと、高いものは10万円以上。

選手の特徴

繊細なバランス感覚、柔軟性、手と目の協調、氷上での上手な身のこなしは必須。ストーンをデリバリーする位置を指示するスキップとバイススキップには、これに加えて、鋭い戦術眼と、先を見越した戦略的思考も必要だ。

推進力

ストーンを進ませるのは腕の力ではない。後ろ足で体を前に押し出す力によって、ストーンのスピードが変わってくる。手を離しても、プレーヤーの体はストーンと一緒に前に滑っていく。

センサーつきの取っ手

トップレベルの試合で使われるストーンは、取っ手にセンサーが仕込まれていて、手を離す前にホグラインを越えていないかどうかチェックできるようになっている。越えていなければ、取っ手の基部にある緑のライト、ファウルなら赤のライトが光る。

前足

デリバリーをするときには、前足に、底のなめらかな「スライダー」と呼ばれるシューズをはく。それ以外の時は、滑り止めに、薄いゴム製の「グリッパー」を上に重ねてはいている。

ストーン

アルサイトと呼ばれるアルサクレイグ島の花崗岩でできたストーンは、最も重いもので20kg。底は中央がくぼんでいる。氷に接するのは、幅6〜12mmの円状の部分。

ブルーム

氷を溶かす、ストーンの目標地点を示す、デリバリーするプレーヤーの体を支える、といった、何にでも使える便利な道具。

カーリング

標的スポーツ

329

図の説明

スイーピング
どんな試合でも必ず重要な戦術となる。氷をこすることによって、ストーンは遠く、まっすぐに進む。

審判
大きな大会では2人。主な仕事は、ストーンとボタンの距離を測ること。

ストーン
ハウスに向かってデリバリーされる。ブルームで氷をこするスイーパーが先導。

センターライン
中央を示すラインがシートの端から端まで引かれている。

ハック
シートの両端にあるゴム製の足がかり。デリバリーするプレーヤーは、これを足場にして体を押し出す。

ホッグライン
このラインの手前で、ストーンを離さなければならない。反対側のホッグラインの手前で止まってしまったストーンはアウト。

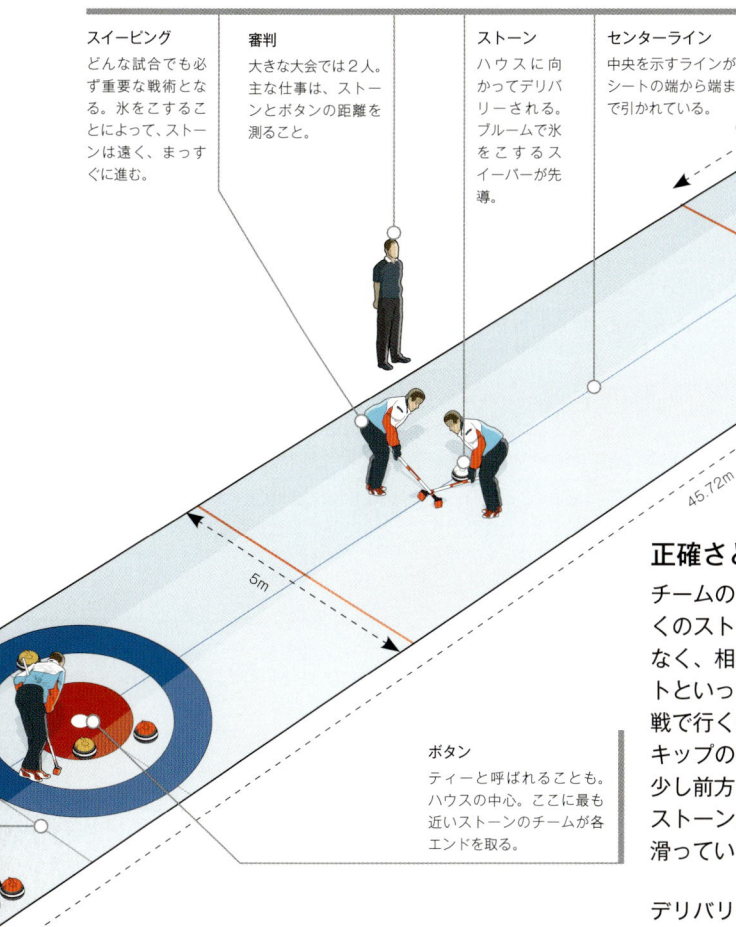

ボタン
ティーと呼ばれることも。ハウスの中心。ここに最も近いストーンのチームが各エンドを取る。

正確さとチームワーク

チームの目標は、ボタンに一番近い相手のストーンよりも内側に、できるだけ多くのストーンをデリバリーすること。単純にボタンに近いところを狙うばかりでなく、相手のストーンがボタンに近づけないようにブロックしたり、テイクアウトといって、相手のストーンをハウスからはじき出したりもする。どのような作戦で行くかは、スキップが決め、チームメイトに指示を出す。スイーパーは、スキップの指示に従って、ストーンの速度や方向をコントロールする。ストーンの少し前方をごしごしとこすると、表面の氷が溶け、薄い水の層が潤滑剤となって、ストーンが滑っていく。これによってストーンは、より遠くへ、よりまっすぐに滑っていくが、速度を速くすることはできない。

デリバリー
スライダーに体重をかけて、体をかがめ、反対の足でハックをける。ストーンとプレーヤーは一緒に前に滑っていく。ストーンの速度、方向、回転はここでコントロールする。ストーンがホッグラインを越える直前に手を離す。手を離した後は、体やブルームがストーンに触れてはいけない。

氷上で
シートを滑っていくストーンは、最大2m横にカールする。氷の表面に細かい凹凸、ペブルがあるからだ。ブルームでこすってペブルを溶かせば、ストーンはカールしなくなる。試合の進行とともに、だんだんペブルがなくなって、カールの仕方は変わってくる。

ハウスに着いたら
スキップは、ボタンに近づけるか、相手が近づけるのを防ぐ位置に置くか、味方のストーンをガードする位置に置くかを考え、ハウスの中で氷をこすって、止めたい場所にストーンを誘導する。最後にデリバリーされるストーンは「ハンマー」と呼ばれている。ハンマーを持っているチームがそのエンドを取る確率が高い。

バランスが大切
スキップがブルームで指し示した位置を狙って、ストーンをデリバリーする。

スイーピングはすばやく
ストーンの進む方向をどれくらい変えたいかによって、ブルームを氷に押しつける強さを加減する。

ピンポイント
ハウスの中ではじかれたストーンは、敵のスキップがスイープして思い通りの位置に誘導してもよい。

ロックン・スイープ

各チームが交代で、1人2個のストーンをデリバリー。合計16投で1エンド。ハウスに入ったストーンのうち、得点になるのは、ボタンに一番近いストーンを投げたチームのものだけだ。相手チームのストーンよりも内側にあるストーン1個で1点。

ドロー
ストーンがハウスの中で止まるデリバリーのこと。相手チームのストーンをブロックするため、ハウスの前面にストーンが1つ止まっている。デリバリーしたストーンをシートにあるストーンに当てて、ハウスの中に入れたり、ボタンに近づけたりすることを、レイズショットという。

レイズショット
チームメイトのデリバリーしたストーンによって、このストーンは、相手チームのストーンよりもボタンに近い位置に来た。

テイクアウト
すでにあるストーンに、デリバリーしたストーンを当ててアウトにすること。テイクアウトされるのが相手チームのストーンなら申し分なし！ レイズテイクアウトは、アウトにしたいストーンとは別のストーンに当てて、狙ったストーンを間接的にアウトにすること。

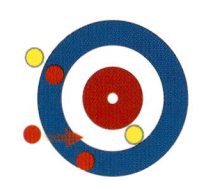

ダイレクトヒット
入ってきたストーンが、相手チームのストーンをハウスの外にはじき出した。

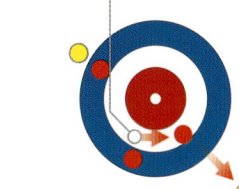

裏話

カーリングが生まれたのはスコットランド。16～19世紀のスコットランドは屋外スポーツが盛んだった。1807年に設立された王立カレドニア（*訳注：スコットランドのラテン語名）・カーリングクラブが世界最古のカーリングクラブ。初めて世界選手権が開かれたのは1959年（女子は1979年）。1998年には男女とも冬季オリンピックの公式競技になった。

運営組織

最初にできた王立カレドニア・カーリングクラブと、世界カーリング連盟（WCF）は、どちらもスコットランドに本部がある。WCFが、男女、ジュニア、それぞれの世界選手権を運営している。加盟国は45カ国以上。

ローンボウルズ

基礎知識

- 60代以上の人に限れば、世界で一番人気のゲームかもしれない。だが、高いレベルの競技会になると、若い人たちのほうが圧倒的に強い。
- 特に盛んなのは、オーストラリア、カナダ、ニュージーランド、イギリスやその属領。
- 男子の室内世界選手権でこれまで誕生したチャンピオンは、1人を除いてすべてイングランド、アイルランド、スコットランド、ウェールズ出身。1992年の優勝者だけがオーストラリア人だった。

競技の概略

単にボウルズとも呼ばれるローンボウルズは、正確さを競うゲームだ。グリーンに転がすボウルは偏心球。完全な球体ではない。「キティ」あるいは「ジャック」と呼ばれる目標にボウルを最も近づけた者が勝者。

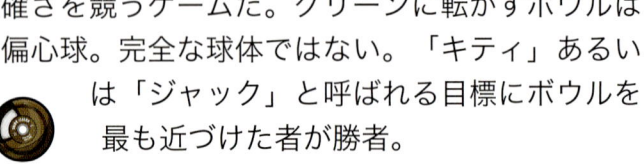

ボウル

昔は、木製やゴム製、あるいはそれを組み合わせてつくっていたが、今は褐炭でつくられるようになった。完全な球ではなく、曲がって転がるようにできており、その偏りをバイアスという。ジャックは完全な球で、白いものが多い。

偏った球

ボウルは黒か茶色。重さは1.5kg前後、直径が12〜14.5cm。完全な球ではなく、そのバイアスによって、転がるコースが弧を描くようになっている。

選手の特徴

老若男女を問わず、誰でも簡単にできるようになるスポーツ。手と目の協調に優れ、先を見越した戦略的思考の得意な人が上達する。

フォーマルに
服装が結果を左右するようなことはないが、競技会では、男性は白い服にネクタイ着用が普通。

ゴムのマット
リンクの中央にゴムのマットを置く。少なくとも一方の足はこのマットを踏んでいなければならない。

グリーン

ローンボウルズの試合は、ボウリング・グリーンと呼ばれる芝生または人工芝の上で行われる。グリーンは、縦に細長く区切られており、それぞれの区画をリンクという。屋内のカーペット上で行うこともある。屋外のグリーンの長さは一様だが、リンクの数によって、幅はさまざま。試合の主催者が自由に決めてよいことになっているが、一般に屋内のグリーンのほうが小さめ。

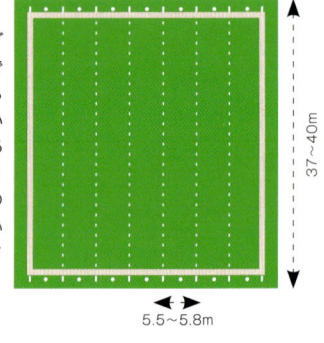

37〜40m
5.5〜5.8m

ルール

一番シンプルなシングルスの試合の場合、まず、コイントスで選ばれた1人のプレーヤーがマットを置き、そこからグリーンの反対端めがけてジャックを転がす。ジャックは、止まった場所と同距離のリンク中央に置き直す。それから、各プレーヤーが順に自分のボウルを転がす。転がる途中でボウルがリンクからはみ出すのはかまわないが、停止するのはリンクの内側でなければいけない。リンクの外にボウルが止まったら、プレーから脱落。
全員がすべてのボウル(シングルスなら4個)を転がし終わったら、最も近いボウルとジャックの間の距離を測る。このボウルを投げたプレーヤーが勝者となり、他のプレーヤーのジャックに一番近いボウルよりも内側に入ったボウル1個につき1点が与えられる。ここまでが1エンド。

ボウルを転がす

ボウルの転がし方にはいくつかタイプがある。右利きのプレーヤーの場合、ジャックの右側を狙って、左側にカーブをかけるのが「フォアハンドドロー」。「バックハンドドロー」では、手の中でボウルを回し、反対側にカーブをかける。強い力でボウルを転がし、ジャックに当てたり、他のボウルに当ててアウトにしたりする「ドライブ」という転がし方もある。

勝敗

勝敗の決め方にはいろいろある。ある得点を先取したほう、あるいは何エンドかプレーして得点の多いほうを勝者にする場合がある。「セット」制を取る競技会もある。7点先取したプレーヤーがセットを取り、3セット先取で勝利というシステムだ。

スペイン人をやっつけろ

ローンボウルズにまつわる話といえば、サー・フランシス・ドレークの逸話がよく知られている。1588年7月18日、プリマスホーでローンボウルズをしていたドレークのもとに、スペインの無敵艦隊が接近中という知らせが届く。それを聞いた彼が、「このゲームを最後までやろう。それからでも、スペイン人をやっつける時間は十分あるさ」といったことは今でも有名だ。そして、彼は試合を最後までプレーし(試合には負けたそうだが)、それからおもむろに船に乗り込み、イギリス艦隊を率いてスペイン人を迎え撃った(この戦いには勝った)。

ペタンク

基礎知識

- ペタンクといえば、誰もが思い浮かべるのが南仏、特にプロバンス地方。このスポーツが生まれたところだ。マルセイユでは一番盛んなスポーツ。
- フランスでは、ちょっとした余暇のスポーツとして気軽にペタンクを楽しむ人が1700万人いる。ことに、夏のバカンスには欠かせないレクリエーションだ。
- 1958年、国際ペタンク連盟がマルセイユで発足。88カ国の約53万人が選手登録している。フランスにあるスポーツ連盟としては4番目の規模を誇る。

ブール
昔から、鋼鉄製でクロムメッキ仕上げの鉄球（ブール）を使っている。重さ650～800g、直径7.1～8.0cm。ビュットは、直径約3cmの木かプラスチック。ブールには、持ち主や製造主の名前と重さが刻印されている。

競技の場所
固い土、あるいは砂利の上で行うのが普通だが、芝生などでもプレーは可能。最低でも下図に示した広さは必要。

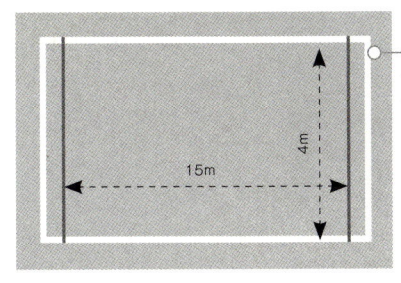

平らな場所で平らな地面があれば、どんな場所でもプレーできる。

15m × 4m

ブール・ルール
個人、または2、3人のチームで対戦。コイントスで勝ったほうが、コートの中に直径35～50cmの円を描く。ブールを投げるときは、この円の中に両足が入っていなければならない。

それから、同じプレーヤーが、この円から6～10mあたりにビュットを投げる。ビュットは目で確認できなければいけない（たとえば、小石の中に埋もれていたりしてはだめ）。また、すべての境界線から1m以上離れていなければならない。そうでないときは投げ直す。

最初のブールを投げるのも同じチーム。ビュットにできるだけ近いところをめざして投げる。相手チームは、それよりもさらにビュットに近づかなければならない。そうなるまで同じチームが続けて投げる。成功したら、最初のチームに交代。やはり、相手チームよりも近いところにブールが止まるまで投げる。ブールをすべて投げきってしまったら、残っているチームだけが続けてプレーする。

競技の概略
ローンボウルズとよく似たスポーツ。金属のボールを投げ、ビュットまたはコショネ（子豚という意味）と呼ばれる小さな木製のボールからの距離の近さを競う。プレーの場所は、固い土や砂利の上が多いが、芝生などの上でもプレーできる。

選手の特徴
特別な技術は必要ない。年齢や性別に関係なく対戦できる。シンプルなゲームを、ゆったりした気分で、愉快なおしゃべりも交えながら楽しもう。気分よく、冷たい飲みものを楽しみながらプレーする人も多い。公式試合で強さを発揮するのは、作戦を立てるのが巧みで、目と手の協調に優れた人。

ポワンテとティール
ブールは、ポワンテするかティールするかを選んで投げる。ポワンテは、ビュットにできるだけ近いところに投げること。ティールは、他のブールを弾き飛ばすこと。ポワンテだけでなく、ティールもうまいプレーヤーがいなければ勝てない。

当然ながら、ポワンテするプレーヤーが先に投げる。ティールをするプレーヤーは、相手がよい場所につけるまで控えている。同じ距離ならば、ビュットの後ろよりも前にあるブールのほうが価値が高い。手前のブールを押せば、たいていはビュットに近くなるからだ。最初のブールが投げられたら、次の順番のプレーヤーは、自分がポワンテするかティールするかを決めなければならない。

ロールイン（ドゥミポルテ）
一番簡単なプレー。中間点あたりに投げ、残りは惰性で。

ロールイン&ヒット
敵のブールめがけ、少し手前にブールを落として転がす。

ショートロブ
ちょうどいい具合にブールにバックスピンをかけて、高く放り上げる。

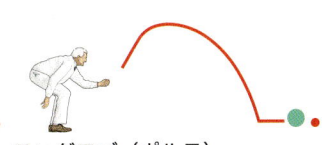

ロングロブ（ポルテ）
地面が平らでない場合は、高く放り上げるしかない。狙った位置の少し手前で着地するように。

シュートイン
強い力で、低い弾道を描くように投げ、相手のブールを弾き飛ばす。

カロー
最も難しい技。相手ブールを弾き飛ばし、入れ替わりに自分のブールがその位置に止まるように投げる。

標的スポーツ

ローンボウルズ／ペタンク

ボウリング

競技の概略

参加型のスポーツとしては、おそらくサッカーに次ぐ人気のスポーツだろう。たくさんの人が、この屋内スポーツを気分転換や社交の場として楽しんでいるが、その一方でハイレベルなプロの戦いもある。重いボールを、なめらかなレーンに転がして、10本のピンのうち何本倒せるかを競う。倒れたピンの数が得点になるが、「ストライク（1投ですべてのピンを倒すこと）」ならボーナス点がもらえる。

素顔のままで
腕や足の動きを妨げなければ、どんな服装でもよい。

足元はしっかり
前に踏み出すけり足の靴底は、踏ん張りの効くゴム製。後ろ足の底は、革製で滑るようになっている。

選手の特徴
重要なのはただ1つ。ボールをコントロールする技術を身につけること。年齢はハンディキャップにならない。2002年に、全米プロボウリング協会のシニアタイトルを獲ったアメリカのディック・ウェーバーは72歳だった。

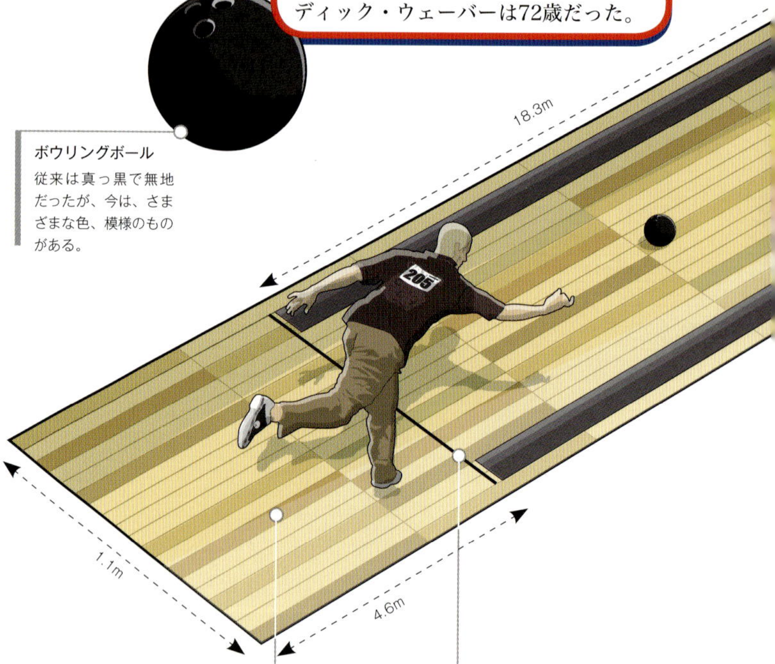

ボウリングボール
従来は真っ黒で無地だったが、今は、さまざまな色、模様のものがある。

アプローチ
このエリアを使って加速し、投げるボールにてこの作用を利用して勢いをつける。

ファウルライン
腕がこの線を越えるのは構わないが、線に触れると、得点はゼロになる。

基礎知識

→ このスポーツのルールが確定したのは19世紀末のアメリカ。イギリスに初めてボウリング場ができたのは1960年のロンドン。

→ 毎年行われるウェーバー杯は、ゴルフのライダー杯のボウリング版。全欧チームと全米チームの対抗戦だ。

ピンとボール

昔は、どちらも木でできた単純なものだった。現在のピンは、プラスチック、または木製ピンにプラスチックでコーティングしたもの。ボールの素材は、プラスチック、ウレタン、エポキシ樹脂、あるいはこれらを組み合わせたもの。レクリエーション用のボールは、投げる人の力に合わせていろいろな重さのものが選べる。

ボール
競技用フルサイズのボールは、重さ7.25kg。親指、中指、薬指が入る穴が開いている。それ以外の部分は完全になめらか。

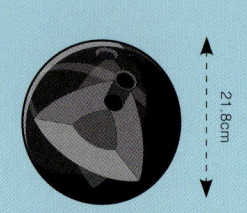

ピン
10本すべて同じ高さ、ふくらんだ部分は幅11.4cmと決まっている。重さは1本1.42〜1.64kg。

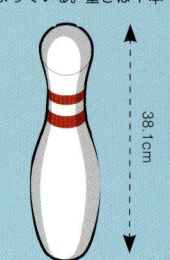

高速レーンをまっしぐら

ボウリングのレーンは、39枚のポリウレタン、または木の板でできている。断面が半円形のガターが左右にあり、レーンから外れたボールを回収する。多くのボウリング場では、ガターとレーンの間に格納式のバンパーを設置することができる。これは、ボールをコントロールする力のない幼い子供たちを補助するために使われる。ボールを投げるときは、ファウルラインの手前で手を離さなければならない。また、手を離してからレーンの中に足を踏み入れてはいけない。

レーンの下、またはレーンの右側に一段高く設置されたボール返送システムがあり、投げたボールは自動的にアプローチエリアに戻ってくる。

ルール

ボールを2回投げて10本のうち何本のピンを倒せるかを競う。これが1フレーム。正式な試合は10フレーム。倒れたピン1本につき1点。1投で10本全部倒すとストライクとなり、10点に加えて次の2投で倒した分の点数がボーナスで与えられる。2投めで残っていたピンをすべて倒せばスペア。その10点に加えて次の1投で倒した分の点数がボーナスになる。2投めでピンが残ってしまったフレームはオープンフレームという。

銀幕のボウラーたち

ボウリングをテーマにした映画は数多くある。1998年の、コーエン兄弟製作の『ビッグ・リボウスキ』は、社会に背を向け麻薬中毒になったボウラーが、複雑に絡み合った犯罪に巻き込まれ、身動きが取れなくなっていく映画。1996年のヒット作、ファレリー兄弟のにぎやかなドタバタコメディ『キングピン～ストライクへの道』では、ウディ・ハレルソンが元プロボウラーを演じている。

標的スポーツ

ボウリング

ピンポイントで
ピンは三角形に並べられる。ボウラーに近い方が頂点、一番奥の列はピンが4本。ピン同士の間隔は、ピンの中心から測って30cm。1フレーム終わるごとに、ピンセッターと呼ばれる機械がピンを自動的に並べ直す。

60cm

表面はなめらかに
バックスインレーンの表面は、試合の前にオイルで磨き、可能なかぎり摩擦抵抗を小さくする。使われるオイルの量はイベントの種類によって異なる。

日陰道
ガターに落ちたボールがレーンに戻ることはない。ボールはそのまま進み、ピンは1本も倒せない。

ストローカーとクランカー

どんな投げ方がベストかは、人によって意見がわかれる。実際、どんな投げ方にも達人が存在する。トップ選手の多くはストローカー。ボールはなめらかに優雅な動きをする。一方、クランカーというパワフルな投げ方を好む選手もいる。東アジアでは、ボールにスピンをかける「ヘリコプター」投法がよく使われている。

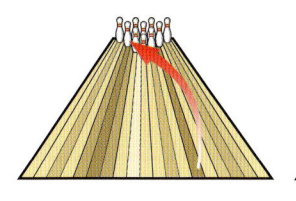

ストローカー
ボールにフックをかける、伝統的なスタイル。スイングでボールが最も低い位置に来る直前に前足を止め、手を離すときには、肩が正面を向いている。

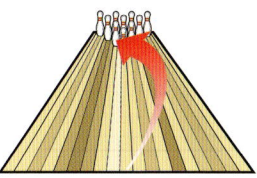

クランカー
ボールに非常に強いスピンをかける投げ方。ボールから手を離すときの腕の振りをすばやく。スイング中は常にひじを曲げ、ボールを抱え込むようにしている。

ボールコントロール

ボールをすべてのピンに直接当てるのは物理的に不可能なので、よいスコアを出すためには、倒れたピンが次のピンに当たり、それが倒れて、というように連鎖反応を起こさなければならない。経験豊かなボウラーなら、ボールの軌道をカーブさせて（フックをかけて）、最大限の効果を上げることができる。ボールは、初めはまっすぐに進むが、ピンに近づくにつれて、右か左にカーブする。1投めが思う通りにいかず、複数のピンが残ってしまい、1度に倒すのがほぼ不可能な場合（たとえば7ピンと10ピン）には、どちらか一方だけを狙って、オープンフレームを覚悟するしかない。

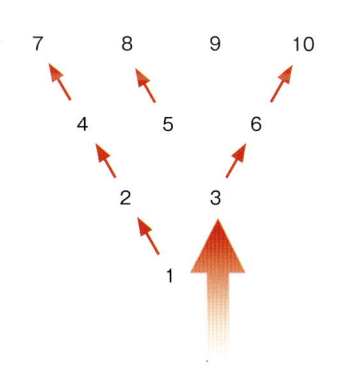

完全試合

毎回ストライクを出せば、1フレームで30点ずつ。最後の第10フレームでストライクを取ると、2回余計に投げられる。この2投ともストライクなら最大の300点。完全試合だ。1997年、ネブラスカ州の学生が、3連続完全試合を初めて公式に達成した。完全試合は、今でもきわめてまれである。

完璧なコース
理想的には、1、3、5、9ピンにボールを当てる（右利きの場合）。あとはすべてこの4本のピンが倒してくれる。1、2、5、8ピンに当てても同じ効果が期待できる（左利きの場合）。とにかく、1ピンの真正面に当たらないようにすること。

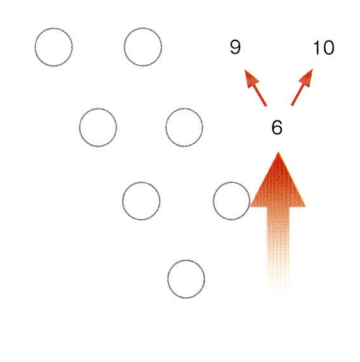

仕上げ
図では、6、9、10ピンが残っている。この場合、6ピンの正面を狙うと、6ピンが9ピンを、ボールがさらに進んで10ピンを倒してくれる。

裏話

ボウリングというスポーツに関する歴史上の記述は数多くあるが、屋内ボウリング場ができたのは1840年。ニューヨーク市にできたニッカーボッカーズ。現在、このスポーツが行われている国は90以上。競技としては20世紀後半に大きく発展した。現在も多くの人が余暇に楽しむ娯楽であることに変わりはないが、一方で、高額の報酬を得る、プロボウラーがハイレベルの戦いを繰り広げる競技としても認知されるようになった。アメリカ、アジア、ヨーロッパのツアーを戦い、そこでの成績で世界ランキングが決定されている。

運営組織
世界テンピンボウリング連盟（WTBA）が各国の統轄を行っている。アメリカとイギリスには、それぞれ全米ボウリング協会（USBC）、全英テンピンボウリング協会（BTBA）があり、国内の大会を統轄している。

ファイブピンボウリング

競技の概略
個人またはチームで交互にボールを転がし、ピンに当てる。何回投げるかを先に決めておき、最終的に倒したピンの数が最も多い者が勝者。普通のボウリングをもっと手軽に楽しめるように、と考え出された競技だが、現在はファイブピンボウリング自体の熱心なファンも多い。

基礎知識

- 普通のボウリングで使われるピンより25%小さいピンを使う。ボールは手のひらに収まる大きさ。
- 発祥地はカナダ。国外ではまだなじみがないスポーツ。カナダには、普通のレーンとファイブピンボウリングのレーンが併設されているボウリング場もある。
- カナダで毎年開催されている主なトーナメントは、オープン、ジュニア、ダブルスの3大会。この他に、リーグ戦も行われている。

用具
もともとはカエデの木を彫ってつくっていたピンだが、現在はほとんどがプラスチック製の量産品。ボールは硬質ゴム製。かつては色もデザインも統一されていたが、1990年、プレーヤーが名前などを彫り込んで自分専用のボールをつくることが許されるようになった。

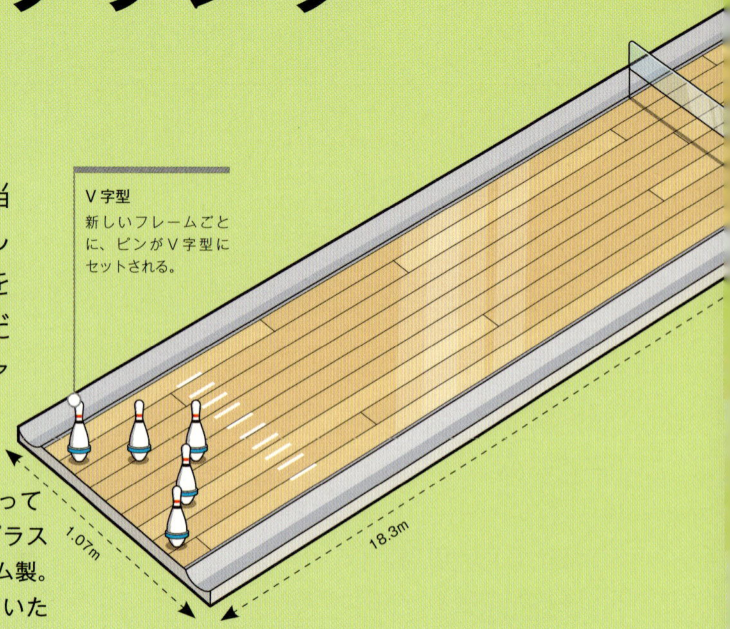

V字型 新しいフレームごとに、ピンがV字型にセットされる。

ボール 普通のボウリングボールとの違いは、指の穴がないこと。したがって、ボールをしっかり握ることが重要になる。

握りやすさ 重さは1.6kg。片手で簡単につかめる。

ナイスボディ 普通のボウリングピンよりも背が低く、細い。最も太い部分にリングをかぶせて、重心を低くしてある。

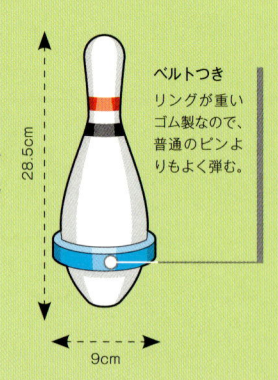

ベルトつき リングが重いゴム製なので、普通のピンよりもよく弾む。

アトラトル

競技の概略
アトラトルと呼ばれる投槍器を使って、軽い槍のような投げ矢を的に当てるスポーツ。陸上競技のやり投と同じような身体能力と、ダーツで必要な正確さを要求される。

基礎知識

- 弓矢に取って代わられるまで、投槍器は世界各地で使われていた。アトラトルはアステカ語。アステカ族の人々は、16世紀まで、この武器を狩猟に使っていた。
- 1996年に始まった国際スタンダードアキュラシー競技会(ISAC)は、世界中のアトラトリストを集め、統一ルールで競い合う大会だ。
- トップレベルの選手なら、100m離れた的にも命中させられる。

投げ矢を投げる
投げ手(アトラトリスト)は、アトラトルの握りを持ち、親指と人差し指で投げ矢をつかむ。槍を投げるように、後ろに引いた腕を前に向かって勢いよく振る。最後の瞬間に、手首で反動をつけ、的に向かって投げ矢を放つ。

競技会
世界各地で競技会が開かれているが、特に盛んなのはアメリカとヨーロッパ。専用の射場もあるが、広い戸外でも行われる。単調になるのを避けるため、的がさまざまな距離に設置されているので、技能の差もよくわかる。すべての的に矢を投げて、最も多く得点した者が勝ち。

的に当てる 的の形や大きさは決まっていないが、アーチェリーの的によく似たものが多い。野生動物の輪郭が描いてあるものもある。どこに当たれば何点かがわかるようになっている。

投槍器 アトラトルは、木製の一本の棒。木の種類は何でもよい。一方の端に握りがあり、反対端に矢をセットする。

握り この部分を手で握る。

長い投げ矢 アーチェリーの矢に似ている。長さは1.25m以上。

矢をセット 矢が収まるように、かぎや穴がついている。

スキットルズ（九柱戯）

競技の概略
交互にボールを投げ、アレーと呼ばれる試合場の端にひし形に並べた9本のピンを倒して、点数を競う。個人戦でもチーム対抗でもできる。倒すピンの順番が決まっているものなど、さまざまな遊び方がある。イングランドのある地方のパブで伝統的に人気のあったゲーム。ドイツやオーストリアにも、呼び名は違うが同様の遊びがある。

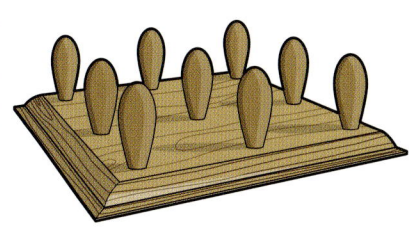

さまざまなバリエーション
スキットルズのアレーは木製。表面はなめらかで、ボールを投げる位置から一番手前のピンまでの距離は、6.4～11mのものが多い。ピンの大きさや形はさまざま。キングピンと呼ばれるピンが混じっていることもある。ボールもいろいろ（円盤形のチーズを使うというゲームまである）だが、ほとんどのものは硬質の木材かゴムでできている。直径10～15cm。ピンは、高さ15～40cmで、重さは3kgを超えない程度。
さまざまなローカルルールがある。ボールの投げ方も、床を転がす、下手投げでボウリングのボールのように投げる、バウンドさせる、させない、直接ピンに投げつける、などいろいろだ。

ピンの並べ方
各ハンドの初めに、9本のピンは図のように3列に並べられる。ピン同士の距離が、ピンの高さよりも大きくなってはいけない。

ファウルライン
この線よりも手前でボールを離さなければならない。

高さ制限
ボールは必ず転がす。放ってはいけない。そのため、レーンの上15cmのところに透明な樹脂製の板が渡してある。

得点
10フレームで1ゲーム。1フレームは3投まで。ストライクになると、次の2投分の点数が倍になる。最大で450点。

小さくなる得点
V字の頂点にあるピンは5点、2列目の2本は3点ずつ、一番後ろの2本は2点ずつ。

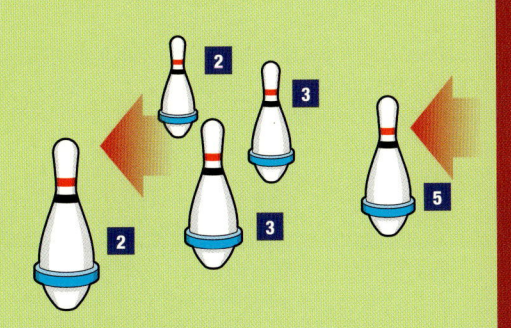

ルール
ファウルラインを踏んではいけない。反則は15ポイントのペナルティ。試合の最後に差し引かれる。

ホースシューズ

競技の概略
2人または2人組2チームが交代で、ステークに向かって馬蹄形のホースシューを投げる。ステークにすっぽりはまった回数、あるいはニアミスをした回数で得点を競う。アメリカの農村地帯では特に盛ん。

ルールと得点
コートの両端に2人で立ち、それぞれ相手の足元にあるステークを狙ってホースシューを投げる。1回につき2投ずつ投げたら、場所を交換。
ステークにはまったホースシューをリンガーといい、通常3点。ただし同じ回に2人ともリンガーを投げると、どちらも0点となる。毎回、ステークに最も近かったホースシュー（ニアミス）で1点がもらえる。21点先取で勝負を決めることが多いが、セット制で行う場合もある。

プラットフォーム
少し高くなったエリア、ファウルラインの手前からホースシューを投げる。

ターゲットエリア
ホースシューが跳ね上がったり横滑りしたりしないように、このくぼみには砂や粘土が入っている。

コート
コートの両端にターゲットエリアがあり、その中央にステークが立っている。ターゲットエリアの両脇に、投げるためのプラットフォームがある。

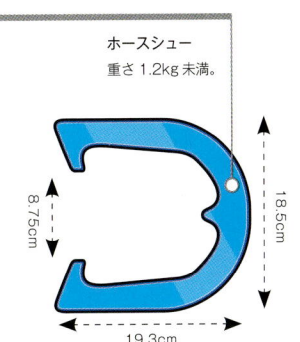

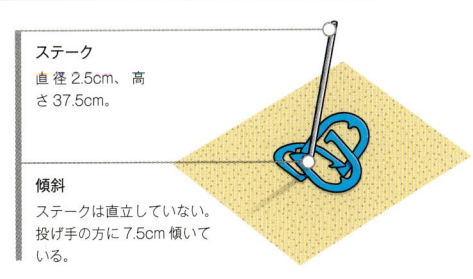

ステーク
直径2.5cm、高さ37.5cm。

傾斜
ステークは直立していない。投げ手の方に7.5cm傾いている。

ホースシュー
重さ1.2kg未満。
8.75cm / 18.5cm / 19.3cm

ホースシューを投げる
現在のホースシューズで使われるホースシューの大きさは、実際の蹄鉄の2倍ほど。ターゲットエリアの両側に、少し高くなったプラットフォームがあり、プレーヤーはそのどちらかに立って、相手側のステークめがけてホースシューを投げる。

標的スポーツ

335

スキットルズ（九柱戯）／ファイブピンボウリング／ホースシューズ／アトラトル

競技の概略

ビリヤードから発展したスポーツ。2人のプレーヤーが、キューと手球を使い、できるだけたくさんの色球を6つのポケットに入れていく（ポットする）。色によって点数が違う。またポットする球の順番は決められている。得点の多いプレーヤーがそのフレームを取る。1試合のフレーム数は奇数とされているが、何フレーム行うかは、事前に決めておく。取ったフレーム数の多いほうが勝者。

スヌーカー

基礎知識

→ 初めは象牙製だった球。密度が均一なアフリカゾウの象牙のほうが、インドゾウよりも高級とされていた。象牙製の球は人気があったが、壊れやすいのが難点だった。

→ テレビで中継された大会で、初めて147点のブレイクをしたのは、スティーブ・デイヴィス。1982年にイングランドのオールダムで行われたラダ・クラシックで。

→ 第1回の世界選手権は1927年に開かれた。優勝したのは、大会を主催したジョー・デイヴィス。

テーブル
ベースと呼ばれる毛織物で包んだ粘板岩の板が、木枠にはめこんである。トップクッション両端、反対のボトムクッションの両端、左右のクッションの中央（センターポケット）、にそれぞれ2個ずつ、合計6つ丸いポケットがある。

ボークとD
ボトムクッションと、そこから74cmのところに引いてあるボークラインの間のエリアをボークという。ボークラインの中央にある半径29cmの半円は、Dゾーンとよばれる。

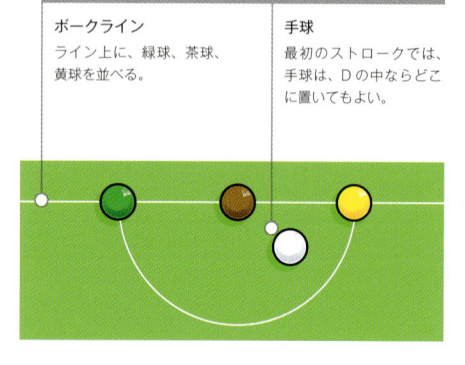

ボークライン
ライン上に、緑球、茶球、黄球を並べる。

手球
最初のストロークでは、手球は、Dの中ならどこに置いてもよい。

ポケット
口の大きさは9cmほど。

クッション
レール、バンパーとも呼ばれる。ゴム製のものが多い。

粘板岩の板
厚さ5cmの粘板岩の板が敷きつめられている。

緑色のベーズ
プレーする面とクッションを覆っている布はウール。

357cm

選手の特徴
キューを完全に思いのままに操り、正確なショットをするためには、手と目の協調に優れていることに加え、腕や手首の構えがぶれずにしっかりしていることが必要。頭の回転が速く、戦術眼に優れ、安定したテクニックをものにしていることも役に立つ。

足の構え
ショットの時に足元がふらついてはいけない。

キューを見ながら
キュー全体が見えていれば、正確なショットが打てる。

テーブルの枠
いろいろな材質のものが出回っているが、木製、特にマホガニーとトネリコが多い。

用具

最低限必要なのが、テーブルと球とキュー。レスト、スパイダー、エクステンションは、難しいショットを打つときに専門家が使う道具。キューの先にチョークをつけると、コントロールがよくなる。球が見やすくなるので、部屋の灯りとは別にテーブルの上を照らす照明があるとよい。

キュー
木製で先細になっている。1本の木でできたものと、2つのパーツを継いだものがある。標準の長さは147cmだが、それより少し短めのものも手に入る。

長さ
規則では、91.5cm以上と決まっている。

レストとスパイダー
木の棒に真鍮やナイロン製の部品がついている。レストもスパイダーも、さまざまな大きさや形のものがあり、難しいショットの状況に合わせて利用する。

安定したショットを
レストは、手球と接している球をまたいで構えたときに役立つ。

赤球
トップクッションの側に、15個の赤球を三角形に並べる。

ポケットレール
必要な色の球がひと目でわかる。

テーブルの高さ
クッションの最上部から床までは、85～87.5cmでなければならない。

球
現在は、フェノール樹脂と呼ばれるプラスチック製。点数のつかない白の手球以外にテーブルにのせるのは21個。赤15個（各1点）と、黄（2点）、緑（3点）、茶（4点）、青（5点）、ピンク（6点）、黒（7点）が各1個ずつだ。標準サイズの球は直径52mmだが、小型のテーブルではもっと小さい球も用いられる。

トライアングルラック
木製またはプラスチック製。フレーム開始時に15個の赤球を正しい位置に並べるために使う。トーナメント用のトライアングルラックは、動かしやすいようにキャスターつき。

チョーク
キューの先端に塗る。薄い膜状になったチョークの粉で、当たった球が滑るのを防ぐ。

レフェリー
スヌーカーのレフェリーにはいろいろな役割がある。フレーム開始時に球を正しいスポットに配置する。一度ポットされた色球（赤以外）をフレームの途中で指定の位置に戻す（スポッティング）。ショットがファウルでないかどうかの判定をする。求められたときに、レストやスパイダー、エクステンションを渡す。球の汚れを取るのもレフェリーの仕事だ。

ポケット・ロケット
ロニー・「ザ・ロケット」・オサリヴァンは、現在、最も才能あるプレーヤー。1992年にプロに転向して以来、メジャーな大会すべてで優勝している。右手づきと左手づきを同じように巧みに使い分けるオサリヴァンは、スヌーカー界の常識を新しく塗り替えたカリスマだ。

競技のルール

スヌーカーのルールでポイントになるのは、球をポットする順番。赤球は、必ず、他の色球と交互に入れなければならない。すべての赤球がテーブル上からなくなったら、色球を点数の低い順（黄→緑→茶→青→ピンク→黒）に入れていく。

ファウル
ショットがファウルの場合のペナルティは4点。相手の持ち点に加算される。球をついたときに、プレーヤーの両足が床から離れた場合（常にどちらかの足が床に触れていなければならない）、「オン」ではない球をついた場合（「オン」の球とは、プレーヤーがついてよい球のこと）、完全に球を打ちそこねた場合、ファウルになる。点の高い球にからんだファウルの場合は、その点数分だけペナルティが科される。したがって、黒球でファウルをした場合は7点のペナルティとなる。

球
ある場合に、ある球に対してしてよいこと、してはいけないことは細かく決められている。たとえば、球に触れること。ショットした手球が別の球に触れて止まった場合、プレーヤーはその球を動かさずに、手球を離れた位置に動かさなければならない。それができない場合はファウルとなる。

ナンバー・トリビア

147 点：スヌーカーで取れる最高得点（相手プレーヤーのファウルによる加点をのぞく）。赤球の次にポットする色球が毎回黒だった場合。

16 回：ジョー・デイヴィスが世界選手権を制した回数（1927～46年）。

4 回：2005年グランプリ大会で、ジョン・ヒギンズが、ロニー・オサリヴァン相手に記録した連続センチュリーブレイク（相手にプレーさせることなく連続で100点以上得点すること）の回数。メジャーな大会で4連続が成し遂げられたのはこれが最初。その後、2007年のウェールズ・オープンでも、ジェイミー・コープと対戦したショーン・マーフィーが成し遂げている。

105,000,000 人：2005年チャイナ・オープンで、中国の丁俊暉がスティーブン・ヘンドリーを破った試合を生中継で見ていた中国人の数。

標的スポーツ

337

スヌーカー

テクニック

自信を持ってショットを打つにはバランスが必要。これはしっかりした足の構えによって可能になる。前足の膝を曲げ、後ろ足はまっすぐに。キューの動きをコントロールするのに最低限必要な力でキューを握る。余計な力が入ってはいけない。そして、キューを理想的な位置にブリッジする（手を構える）。これで準備完了。どの球を狙うかを決め、どんなスピンをかけたいかを考えながら、キューを後ろに引き、なめらかな動きで、手球に向けて前へ一気につき出す。

キューさばき

得点を積み重ねてフレームを取るためには、毎回正確なショットができなくてはならない。これを可能にするのが効率のよいキューの動き。球をつくときに、キューに腕をかぶせるようにすると、ひじが伸びて、キューと腕が一直線になる。ショットの間、この関係を維持することで、球をまっすぐに打つことができる。

オープンブリッジ

手のひらをテーブルに置き、親指を上げて、人差し指との間にキューをはさむ。フォロースルーの段階で手のひらを上げる。手のひらをそのままテーブルに置いておけば、逆回転がかかり、手球が手前に戻ってくる。

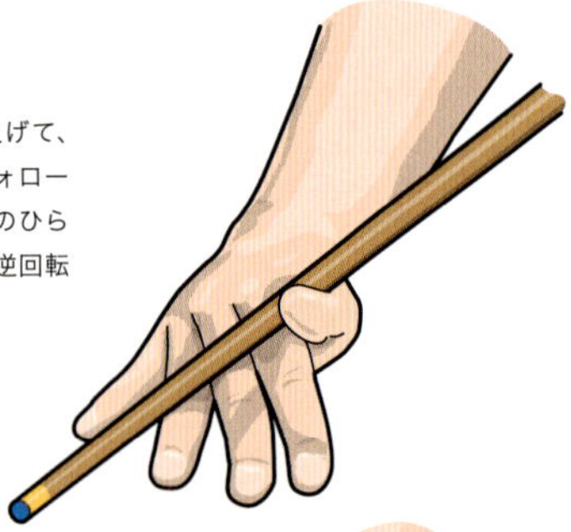

スタンダードブリッジ

手のひらをテーブルに置くところまでは同じ。人差し指の下にキューを通し、親指を上げ、2本の指で輪をつくる。キューはこの輪の中でなめらかに動かなければならない。

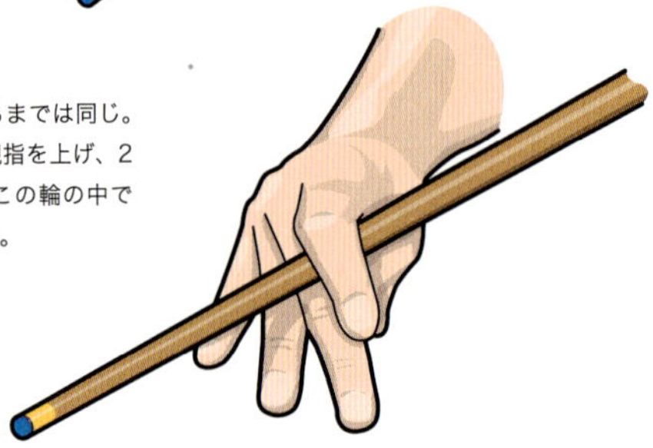

ブレイクショット

各フレームの打ち始めがブレイクショット。ブレイクするプレーヤーが手球を赤球に当てるのが前提となっている。そのとき、三角形に並んだ赤球が飛び散るのを最小限に抑え、手球がボトムクッションにできるだけ近いところまで戻ってくるのが理想的なブレイクショット。これで相手にプレッシャーをかけられる。

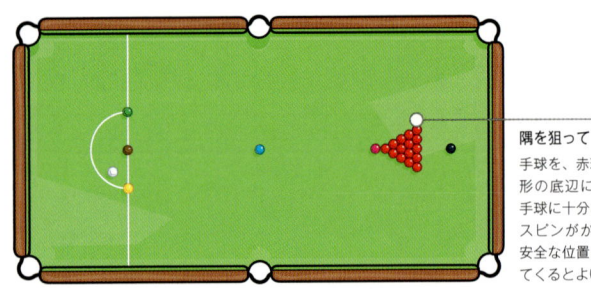

隅を狙って
手球を、赤球の三角形の底辺に当てる。手球に十分なサイドスピンがかかって、安全な位置まで戻ってくるとよい。

スピンをかける

スヌーカーで最も重要なテクニックは、手球にスピンをかけ、望む方向に転がし、望む場所で止める技術。手球のどこにキューを当てるかによって、バックスピン、サイドスピン、トップスピンの3種のスピンをかけることができる。スピンのタイプによって、手球は違った振る舞いをする。

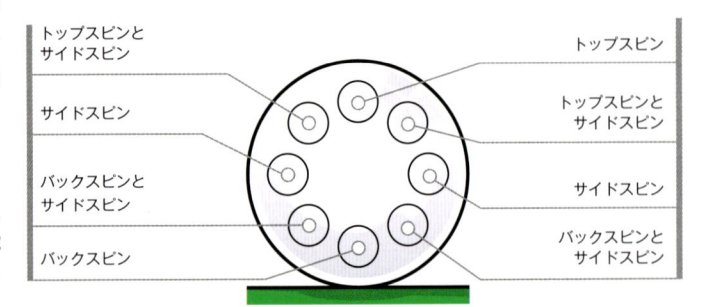

- トップスピンとサイドスピン
- トップスピン
- サイドスピン
- トップスピンとサイドスピン
- バックスピンとサイドスピン
- サイドスピン
- バックスピン
- バックスピンとサイドスピン

スワーブ

難しい状況から脱出したり、困難な位置からポットしたりするときに役立つテクニック。キューの後部を持ち上げ、手球の中心のやや右か左を、上から打ちこむようにする。スピンとともに、プレーヤーの強力な武器だ。

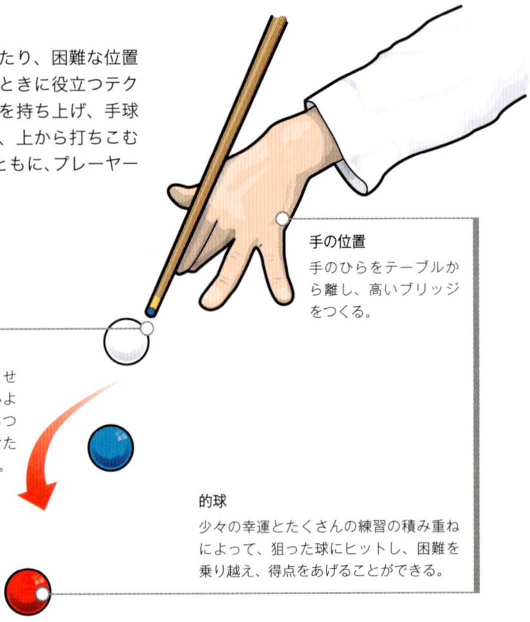

手の位置
手のひらをテーブルから離し、高いブリッジをつくる。

上から打ちこむ
図のようなスワーブをさせるためには、手球の中心より左側を狙って、上からつく。右にスワーブをかけたければ中心より右を狙う。

的球
少々の幸運とたくさんの練習の積み重ねによって、狙った球にヒットし、困難を乗り越え、得点をあげることができる。

初めが肝心

続けて多くの点をかせぐには、次のショットをどうするか、そのためには手球がどこにあるべきかを前もって考えておくことが最も重要だ。有利な位置に手球を持っていくため、あるいはより点の高い色球をポットするために、簡単に取れる球を見送ることもあるだろう。色球をポットしやすい位置に持っていくことも重要。三角形の赤球を最初にくずすショットが、後々大きな得点を生むこともある。

セーフティショット

ポケットに球を入れるだけではスヌーカーの試合には勝てない。状況によっては、手球を難しい場所に残して（セーフティショット）、相手にファウルさせる可能性を高めるほうが、最終的に有利になる場合もある。究極のセーフティショットが「スヌーカー」。相手が狙わなければならない赤球や色球を直接狙うことができないように球を配置すること。セーフティショットをうまく使えば、フレームを取るのも簡単だ。

裏話

1870年代、インドに駐在していた英国陸軍の将校が楽しんでいたビリヤードの応用形から発展したスヌーカー。最初は赤球15個と黒球1個だけだったが、後に色球が加えられた。スヌーカーという言葉自体は、陸軍の新兵を表す言葉だった。1875年、ネヴィル・チェンバレンという人物が、この新しいゲームをする（経験の足りない）者たちをスヌーカーと呼んだのが始まりだといわれている。

世界協会

スヌーカーの運営組織は世界プロフェッショナルビリヤード・スヌーカー連盟（WPBSA）。その1部門が、プロトーナメントツアーを主催し、世界中でテレビ放映権の交渉をしているワールドスヌーカー。この団体は、極東での市場の拡大に成功し、スヌーカーの人気が急速に高まっている。中国の丁俊暉やタイのジェームズ・ワタナといったアジア出身の優れたプレーヤーがランキング上位に登ってきたことも、この成功に一役買っている。

ビリヤード

基礎知識

→ キャロムビリヤードのテーブルは、球が速く転がるように、表面の布を温めている。

→ キャロムビリヤードは、ストレートレール、フレンチビリヤード、カランボールなどと呼ばれることもある。

→ ビリヤードの原型となるゲームは15世紀から行われていた。

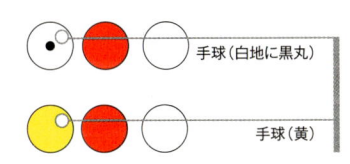

競技の概略

ビリヤードにはさまざまなタイプがある。最もよくプレーされるのがキャロムビリヤードと英国式ビリヤードだ。キャロムのテーブルにはポケットがない。2個の球を衝突させることで得点になる。英国式のテーブルにはポケットがあるが、得点方法はキャロムのようなやり方と、ポケットに球を落として獲得する場合と両方がある。

テーブル

ビリヤードのテーブルは、平たい粘板岩の板に目の細かいウールの布をかぶせたもの。キャロムの場合、クッション材はテーブルの周囲を切れ目なく取り囲んでいるが、英国式のテーブルには6つポケットがついている。

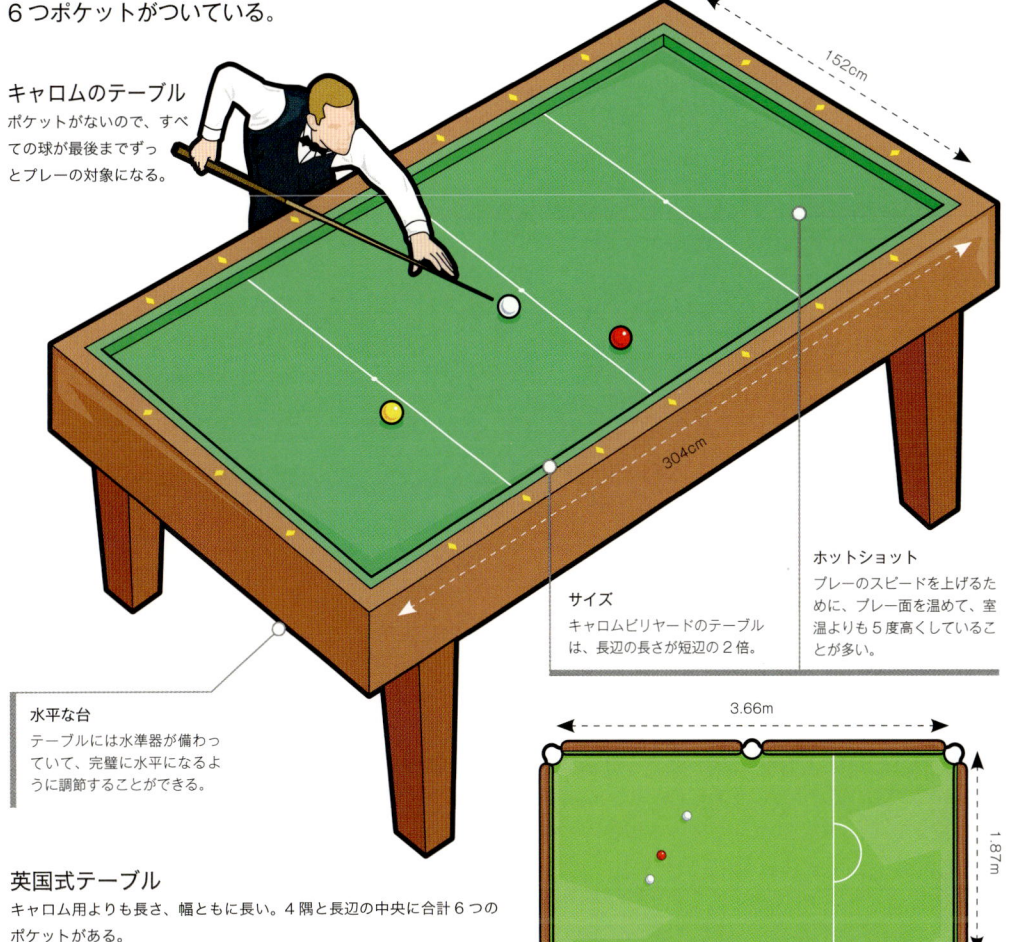

キャロムのテーブル
ポケットがないので、すべての球が最後までずっとプレーの対象になる。

152cm / 304cm

サイズ
キャロムビリヤードのテーブルは、長辺の長さが短辺の2倍。

ホットショット
プレーのスピードを上げるために、プレー面を温めて、室温よりも5度高くしていることが多い。

水平な台
テーブルには水準器が備わっていて、完璧に水平になるように調節することができる。

英国式テーブル
キャロム用よりも長さ、幅ともに長い。4隅と長辺の中央に合計6つのポケットがある。

3.66m / 1.87m

得点

キャロムビリヤードでは、得点（カウント）が入るのは、1回のつき（ストローク）で的球と相手の手球両方に当てたとき。英国式では、これは「キャノン」と呼ばれ、2点獲得できる。さらに、赤球をポケットに入れれば3点、相手の手球をポケットに入れれば2点が入る。1ストロークで2種類以上の得点を得ることもできる。たとえばキャノンした赤球がポケットに入れば、得点は5点になる。

球

キャロムも英国式も、使う球は3つまたは4つ。手球が2個（1つは白、もう1つは白地に黒丸または黄色）、残りは赤い的球だ。プレーヤーは指定された手球を最後まで使う。

手球（白地に黒丸）
手球（黄）

ルール（3つ球の場合）

キャロムビリヤードの場合、ゲームの開始時、球はテーブル上の3カ所に配置されている。赤球はフットスポットに、後攻のプレーヤーの手球はヘッドスポットに、そして、先攻プレーヤーの手球は、ヘッドラインの中心点から15cmの位置。最初のストロークをするプレーヤーが守らなければならないルールは1つだけ。必ず赤球に当てること。相手の手球をついてしまったり、セーフティショットを2回続けたりするとファウルになる。ファウルをすると、1度つく順番が飛ばされ、ファウルで得た得点はなかったことになる。

英国式では、赤球がテーブルのヘッド側、先攻のプレーヤーの手球はDの中（後攻の手球は、そのプレーヤーの番になるまでテーブルにのせない）。ペナルティは相手の得点に加算される。たとえば、手球にキューを当てられなかったら1点、他の球に当たらずに手球がポケットに入ってしまったら3点。

ストリンギング

英国式ビリヤードでプレーの順番を決める方法。初めに、どちらのものとは決まっていない手球を、それぞれボークラインからつく。手球はトップ側のクッションにぶつかってはね返ってくる。止まった位置がボーク側のクッションに近かったプレーヤーが、手球を選ぶか先攻を選ぶかを決める権利を与えられる。

標的スポーツ

スヌーカー／ビリヤード

プール

基礎知識

→ 最も広くプレーされているのが、エイトボールといわれるタイプ。アメリカでは、ナインボールが盛んで、テレビ放送も多く、大会にはスポンサーがついて大金が動く。

→ プールという呼び名が生まれたのは19世紀のアメリカ。プールルーム（馬券売り場）から来ている。競馬場の常連客が、レースの合間の暇つぶしに楽しんだことから。

→ 1試合に何ゲーム行うかは決まっていないが、エイトボールの世界選手権決勝は、17ゲームを先取したプレーヤーが優勝。

的球

どのタイプのプールでも、手球は白、的球は色球と決まっている。的球には数字が書いてある場合が多い。エイトボールとブラックボールでは、的球は15個。1〜7番の球はそれぞれ違う色で無地、9〜15番は、白地にそれぞれ違う色のストライプが入っている。8番は黒無地（6番と9番は紛らわしいので下線が引いてある）。イギリスでは、数字のない赤球黄球7個ずつと番号のついている黒球を使うエイトボールがよくプレーされている。

ナインボールで使うのは、数字のついた9個の的球。1〜8番は無地の色球で9番はストライプだ。フォーティーン・ワンでは、15個の的球にすべて番号がついている。

競技の概略

世界中のナイトクラブやバーで人気のゲーム。6つのポケットがある専用のテーブルで、キューと決まった数の球を使ってプレーする。エイトボール、ナインボール、ブラックボール、フォーティーン・ワン（ストレートプール）など、いろいろな種類があり、またルールもその土地ごとにさまざまだ。各地域の小さな大会はもちろん、国内選手権や世界選手権も、個人、団体、男子、女子、ジュニアなどカテゴリーごとにたくさん行われている。

選手の特徴

常に安定したキューさばきができること。腕と目の協調に優れていること。これで、手球を適切な速度で正しい方向につくことができる。また、的球をポケットに入れるには、角度を正確に見てとる力が必要。手球を思った位置にぴたりと止めるために、正しいスピンをかける能力も要求される。

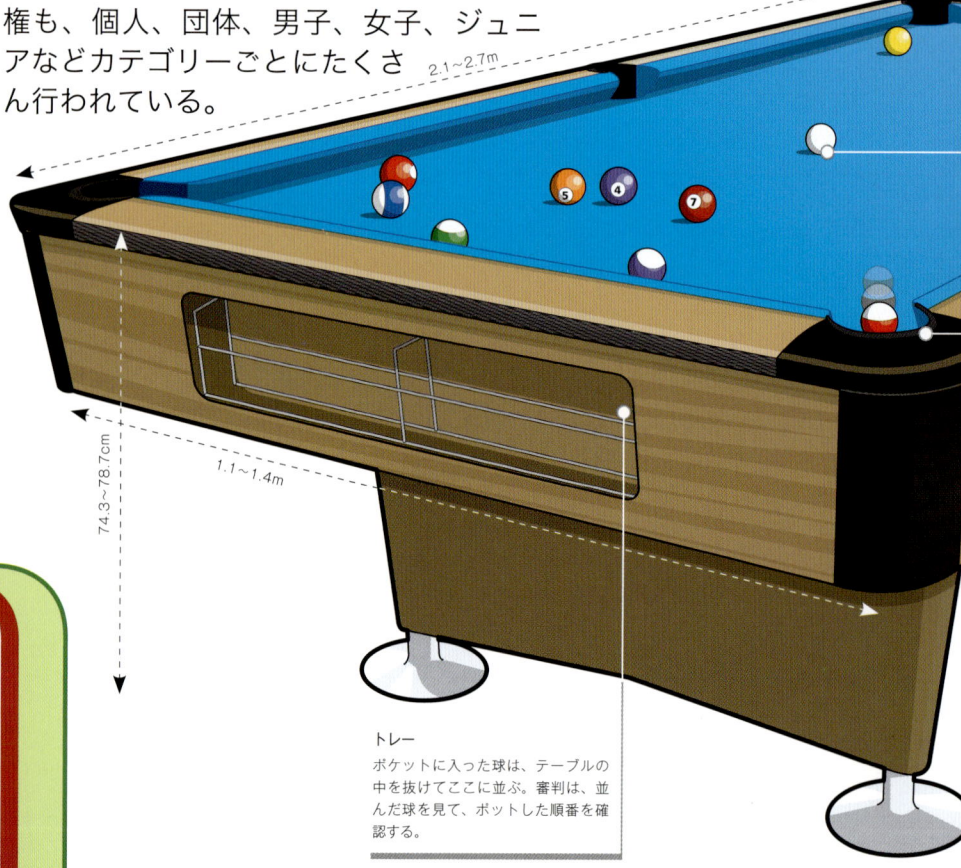

2.1〜2.7m
74.3〜78.7cm
1.1〜1.4m

トレー
ポケットに入った球は、テーブルの中を抜けてここに並ぶ。審判は、並んだ球を見て、ポットした順番を確認する。

キューの先端
直径14mmまで。

シャフト
長さは最低1.5m弱。重さやバランスを調整するために、中に金属が仕込んであるものもある。

チョーク
つき球との「純粋な」コンタクトのために、先端にチョークをつける。

レスト
手の届きにくい場所では、キューを支えるのを容易にするために、レスト（レーキ、クラッチとも呼ばれる）を使う。

的球を並べる
エイトボールで、初めに的球を並べるための三角形のラック。

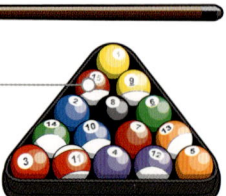

データ集

ナインボールのWPA世界チャンピオン

年	氏名	（国）
2012	D・アプルトン	（イギリス）
2011	赤狩山幸男	（日本）
2010	F・ブスタマンテ	（フィリピン）

エイトボールのWEPF世界チャンピオン

年	氏名	（国）
2012	ジョン・ロウ	（イングランド）
2011	アダム・デイビス	（イングランド）
2010	ミック・ヒル	（イングランド）
2009	フィル・ハリソン	（イングランド）
2008	ギャレス・ポッツ	（イングランド）
2007	ギャレス・ポッツ	（イングランド）
2006	マーク・セルビー	（イングランド）
2005	ギャレス・ポッツ	（イングランド）
2004	ミック・ヒル	（イングランド）
2003	クリス・メリング	（イングランド）
2002	ジェイソン・ツイスト	（イングランド）

フェアとファウル

エイトボールプールでは、最初の球をポットしたプレーヤーは、最後まで同じタイプの的球（無地かストライプか）をポットしなければならない。そのタイプの球を7個すべてポケットに入れてから、黒球に挑戦する。この8番を指定されたポケットに入れたプレーヤーが勝者。ナインボールプールでは、テーブル上で一番数の小さい球に手球を当てなければいけないが、ポットする順番は決まっていない。9番は最後にポケットに入れる。フォーティーン・ワンでは、プレーヤーが、どの球をどのポケットに入れるかを宣言し、それができたら1点獲得となる。

的球をポットし損なうかファウルをする（たとえば、手球や相手の球をポケットに落とすなど）まで、1人のプレーヤーが続けてつく。エイトボールの8番やナインボールの9番をポケットに入れるタイミングを間違えると、そのゲームは負け。

ハスラー

プールバーを根城に、腕に自信のある客をカモにしようと待ち受けるハスラー。対戦しよう、と声をかけ、最初はわざと負ける。そして今度は、金をかけてやろう、と持ちかける。客が乗ってきたところで、ハスラーたちは実力を発揮。当然ながら相手を負かしてかけ金をせしめる。映画『ハスラー』で、ポール・ニューマンがその「芸術的な手口」を名演している。

スピンとスワーブ

スヌーカー同様、球にいろいろなスピンをかけることができる。トップスピン、バックスピン、サイドスピンを駆使して、次に有利な場所に球を配置しつつ的球をポットしていく。ときには、相手の球や黒球が手球の進路をふさいでいて、容易に的球を狙えない場合もある。こんな場合、上級者は、手球の左右の端をついて、障害物をよけるようにスワーブさせることもできる。つく位置が中心から大きくずれているほど、カーブのかかり方も大きくなる。これを「ひねりを入れる」という。手球とごく近い位置にある球をよけたいときには、マッセ（「こする」という意味のフランス語）という技を使う。上からキューをつき下ろすようにして、手球をつく方法だ。

ゴムのクッション
クッションは、三角形のゴム製。高さは、球の直径の約63%。

手球
少し小さいので、ポケットに落ちても、他の球とは一緒にならず、またプレーに戻すことができる。

大きなポケット
4隅のポケットの大きさは約11.6cm。横のポケットは約13cm。

コーナーの球
エイトボールプールでは、三角形の底辺の両端にある球は、違うタイプのものでなければならない。

フットスポット
エイトボールでは、三角形の頂点がフットスポットに来る。

ベーズ
ウール（くしけずって短い繊維を取り除き、毛の向きをそろえたもの）85%、ナイロン15%。

ヘッドストリング
ブレイクショットはこのラインの手前から。

ボークエリア
ヘッドストリングの手前の部分がボークエリア。キッチンと呼ばれることも。

トップスピン
的球に当たった手球が、的球を追いかけるように転がる。球の中心よりも上をつき、通常よりも速い回転を与える。

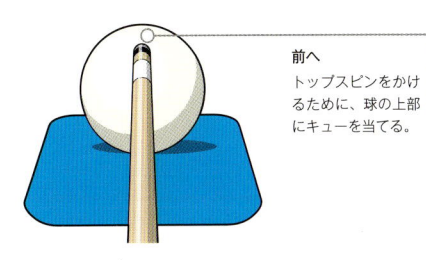

前へ
トップスピンをかけるために、球の上部にキューを当てる。

バックスピン
的球に当たった手球が、はね返って戻ってくる。球の中心よりも下をつく。

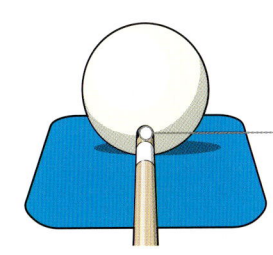

戻る
バックスピンをかけるには、球の下部にキューを当てる。

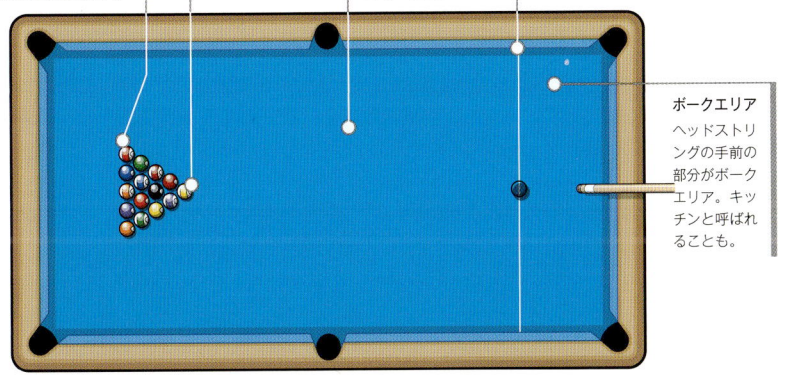

裏話

エイトボールプールの人気が最も高いのはヨーロッパとイギリス。専用のプール場以外にも、プールテーブルを置いたナイトクラブやパブがある。特にイギリスには、初めに黒球をフットスポットに置いておく、ファウルをしたら、相手が2ショット余計にプレーできる、といったさまざまなローカルルールがある。1992年に、世界エイトボールプール連盟（WEPF）が設立され、たくさんあった競技団体を統一し、ルールの基準をつくり、世界選手権を毎年開催するようになった。

世界プール・ビリアード協会（WPA）
1990年、世界ビリアード連盟（WCBS）のメンバーが中心となって、WPAを創設。ナインボール世界選手権を開催する他に、毎年エイトボール世界選手権も行っている。WEPF主催の大会とはライバル関係だ。

ナンバー・トリビア

526 個：1人のプレーヤーが連続でポケットし続けた球の数。この記録を成し遂げたのは、全米チャンピオンのウィリー・モスコーニ。1954年、フォーティーン・ワンのエキシビションマッチで。

128 人：2011年、カタールで行われた男子世界プール選手権大会への出場権を得た選手の数（出身国は40カ国以上にわたった）。8人ずつ16のグループに分かれて予選を戦い、各グループ上位4人が決勝トーナメントに進んだ。優勝賞金は36000米ドル。

標的スポーツ

プール

ダーツ

基礎知識

- スタートするときの持ち点は、501点の場合が多いが、301点、601点、801点、1001点から始まることもある。
- 投げるときの足の位置を決めるラインは、「オキ」と呼ばれる。「溝を掘る」という意味のフランス語ocherから来ている。
- 本格的にダーツをしている人は600万人以上。
- 最速9投で501が0点に（ナインダーツ）。
- テレビでもおなじみのスポーツ。イギリス、オランダをはじめ世界中で500万人もの人々が観戦している。

競技の概略

2人のプレーヤーが、矢のようなものを3本ずつ、丸いボードめがけて交代で投げる、人気のゲーム。おもしろさに病みつきになる人も多い。標的の円板は点数の違う62の区画に分けられ、ダーツが刺さった区画の点数が持ち点から引かれていく。ゲームの目的は、持ち点を、相手よりも少ないダーツでちょうど0にすること。最後の1投は、点数が2倍になる区画か、難しいが円板の中心を狙う。勝負を分けるのは、主に狙いの正確さと神経の太さ。だが、計算力もものをいう。必要な点を取るのに一番よい方法を、瞬時に計算しなければならないからだ。

フォロースルー
投げた後、腕はいっぱいに伸びている。

使わない手は
残りのダーツは、針先を手のひらに包んで持つ。

シャツ
シャツはゆったりしたもの。前後に、自分の名前や国旗の色をデザインした柄のあるものを着る選手もいる。

つま先の位置
オキを踏み越えていた場合は、点数にならない。

恐怖の「ダーツ恐怖症」

プレーヤーなら誰でも恐れる「ダーティティス」。体の動きがぎくしゃくしてしまうほど極度の緊張状態に陥ること。原因も対処法も不明。前世界チャンピオンのエリック・ブリストウも、2000年にその犠牲となった。このとき彼は、結局、途中棄権を余儀なくされている。

選手の特徴

ダーツといえば酒場でやるもの、と相場は決まっていたが、現在、オキに立つプロの選手が酒を飲んだりタバコを吸ったりということはない。また、近年は若いプレーヤーもどんどん増えている。集中力、手と目の協調が上達の秘訣。ごくわずかな補正を加えながら、まったく同じ動作を何度でも繰り返すことができる能力も重要。

データ集

高得点でのフィニッシュの仕方（一例）

得点	3投の内訳
170	トレブル20、トレブル20、ダブルブル
167	トレブル20、トレブル19、ダブルブル
164	トレブル20、トレブル18、ダブルブル
161	トレブル20、トレブル17、ダブルブル
160	トレブル20、トレブル20、ダブル20
158	トレブル20、トレブル20、ダブル19
157	トレブル20、トレブル19、ダブル20
156	トレブル20、トレブル20、ダブル18
155	トレブル20、トレブル19、ダブル19
154	トレブル20、トレブル18、ダブル20
153	トレブル20、トレブル19、ダブル18
152	トレブル20、トレブル20、ダブル16
151	トレブル20、トレブル17、ダブル20
150	トレブル20、トレブル18、ダブル18
149	トレブル20、トレブル19、ダブル16
148	トレブル20、トレブル16、ダブル20

スコアラーまたはレフェリー
それぞれ1人ずついる場合と、1人で両方の役割をこなす場合がある。

コーラー
3投ごとにその回の合計点を、また、持ち点0になる可能性のある場合には、そのために必要な点数を告げる。

オキ
オキを踏み越えてはいけないが、上体を前に乗り出して、スローイングラインを越えるのは構わない。

投げ手
できるだけ目の高さから投げる。

待っている対戦相手
投げ手を妨害してはいけない。その視界に入らないところで待つ。

1.73m
2.37m

ダーツボードについて

基盤はコルク、サイザル麻、プラスチック製。表面はざらざらした仕上げになっている。各区画は細い金属で区切られている。ダーツがぶつかってこのワイヤーが曲がってしまっても、ダーツが刺さっていれば、その区画内にあると認められる。ダーツがワイヤーに当たってはね返ってしまった場合は、点数にならない。

ダブル
ボードの一番外側のこの部分にダーツが刺さると、縁に書いてある数字の2倍の点になる（図では2×16＝32）。

ブル
この緑色の部分に刺さったダーツは25点。

ダブルブル
この赤い部分に刺さったダーツは50点。

トレブル
この区画にダーツが刺さった場合は、書いてある数字を3倍する（図では3×10＝30）。

チェックアウトはいつ？

初めの2、3投でできるだけ高得点を取る。すべて20のトレブルを狙うのが定石。持ち点が0に近づいたら、残りが32点になるように投げていき、最後に16のダブルを狙う。これがフィニッシュではベストの選択。微妙に外れて16のシングルになってしまっても、次にすぐ隣の8のダブルを狙えばよいし、それも外れて8のシングルだったら、次に4のダブルがある。同様にして2のダブル、1のダブル、と続けていけるからだ。

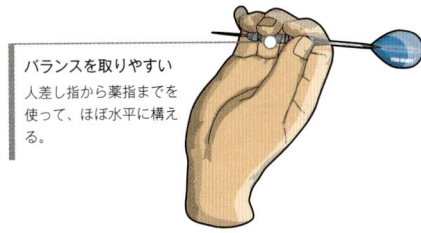

バランスを取りやすい
人差し指から薬指までを使って、ほぼ水平に構える。

スタンダードグリップ
親指と人差し指でシャフトをはさむ。中指と薬指はダーツを安定させるために軽く触れるだけ。小指は、引っかからないように少し持ち上げる。

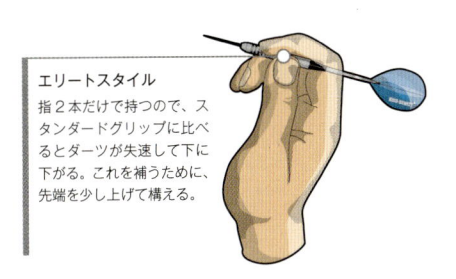

エリートスタイル
指2本だけで持つので、スタンダードグリップに比べるとダーツが失速して下に下がる。これを補うために、先端を少し上げて構える。

ペンシルグリップ
親指と人差し指だけでダーツを持つ。多くのトッププレーヤーが、スタンダードグリップを少し変形させたこの持ち方を採用している。13回世界選手権を制した「ザ・パワー」ことフィル・テイラーもこのグリップだ。

標的スポーツ

343

ダーツ

ダーツ

1本の重さは50gまで。鋭いポイント（先端）は、真鍮（一番廉価）や、ニッケルと銀の合金、タングステン（一番高価）でできている。シャフトはプラスチックか固いアルミ。フライトは取り替え可能で、素材は強く弾力性のあるナイロンか柔軟なプラスチック。

ポイント
硬いタングステンがいいか、他の「柔らかい」ものがいいかは、個人の好み次第。

バレル
握りやすく、バランスが取れるように、シャフトの中央部は厚みのあるカバーで包んである。

回転するシャフト
飛んでいるときにシャフトが回転するダーツもある。狙いを正確にするわけではないが、狭い範囲にダーツを集めたいときには役に立つ。回転しているダーツは、すでに刺さっているダーツの隣にするりと刺さるのだ。シャフトが回転しないものだと、当たってはね返ってしまう可能性が高くなる。

安定翼
フライトには直角に4枚の尾翼がついている。

15～20cm

裏話

昔は、ダーツはイギリス各地でそれぞれに行われていたが、1920年代に統一ルールができた。1930年代には大ブームとなる。次のブームが来たのは1970年代。テレビで試合が放映されるようになり、スターと呼ばれるプレーヤーたちが初めて登場した。また、世界ダーツ連盟（WDF）と英国ダーツ協会（BDO）が設立されたのもこの時期。現在WDFには66カ国が加盟している。

プロフェッショナル・ダーツコーポレーション（PDC）

1992年、世界を代表するプレーヤーの1人、フィル・テイラーが中心となって、他の15人のトッププレーヤーとともにBDOを脱退し、ライバルとなる新団体プロフェッショナル・ダーツカウンシル（後にコーポレーション）（PDC）を立ち上げた。1994年からは、PDC独自に世界選手権を開催。現在は、イギリス北西部のリゾート地ブラックプールやアメリカのラスベガスなどを会場に、世界ツアーを行って成功を収めている。2006年には、BDOのスターだったライモント・ファン・バルネフェルトが脱退してPDCに移った。

競技の概略

狩猟の道具や武器として使われていた弓矢から発展したスポーツだが、現代のアーチェリーはその原型とはかなり違うものになっている。2人以上が的を狙って得点を競い合う。的は円形のものが普通だが、野生動物の輪郭をかたどったものなどもある。多くの競技会は、それぞれ的までの距離が異なる複数のステージにわかれているので、どの距離からでもうまく射ることができなければならない。円形の的には同心円が描かれ、中心に近いほど得点が高くなる。動物型の的では、致命傷を与える部位の得点が高い。あらかじめ決められた本数の矢を射て、得点の合計が最も多い者が勝者。

アーチェリー

基礎知識

- 全世界の競技団体を統轄する運営組織は世界アーチェリー連盟（WA）。この主催で1931年から、毎年世界選手権が行われている。

- 狩猟の道具、武器としての歴史は5000年以上。軍事訓練の一環として訓練するようになったのが、スポーツとしての始まり。

- オリンピックで行われているのは、男子個人、女子個人、男子団体、女子団体の4種目。すべて的までの距離は70m。

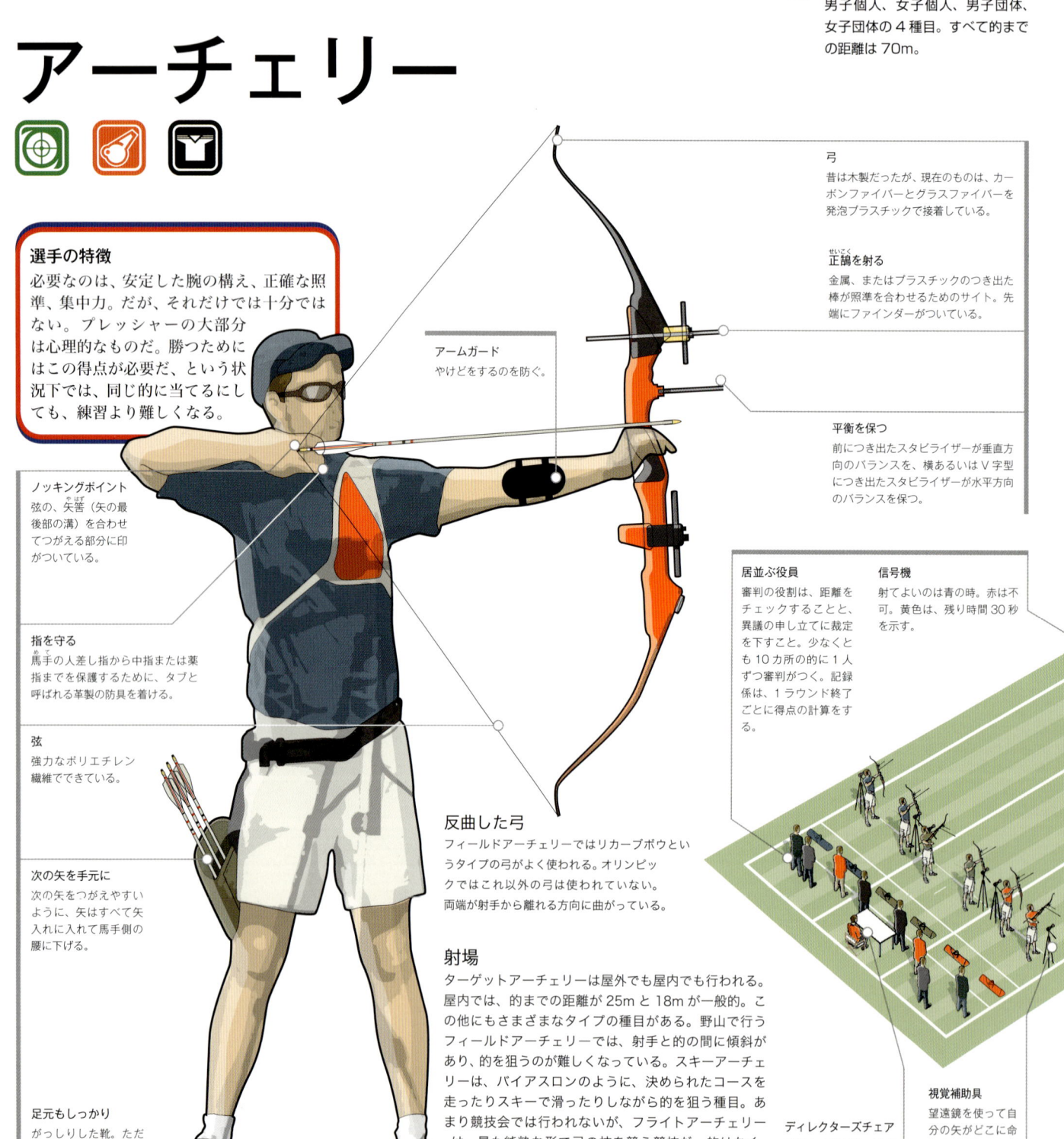

選手の特徴
必要なのは、安定した腕の構え、正確な照準、集中力。だが、それだけでは十分ではない。プレッシャーの大部分は心理的なものだ。勝つためにはこの得点が必要だ、という状況下では、同じ的に当てるにしても、練習より難しくなる。

ノッキングポイント
弦の、矢筈（矢の最後部の溝）を合わせてつがえる部分に印がついている。

指を守る
馬手の人差し指から中指または薬指までを保護するために、タブと呼ばれる革製の防具を着ける。

弦
強力なポリエチレン繊維でできている。

次の矢を手元に
次の矢をつがえやすいように、矢はすべて矢入れに入れて馬手側の腰に下げる。

足元もしっかり
がっしりした靴。ただし、接地面積を最大にするために底がなめらかなもの。

アームガード
やけどをするのを防ぐ。

弓
昔は木製だったが、現在のものは、カーボンファイバーとグラスファイバーを発泡プラスチックで接着している。

正鵠を射る
金属、またはプラスチックのつき出た棒が照準を合わせるためのサイト。先端にファインダーがついている。

平衡を保つ
前につき出したスタビライザーが垂直方向のバランスを、横あるいはV字型につき出たスタビライザーが水平方向のバランスを保つ。

反曲した弓
フィールドアーチェリーではリカーブボウというタイプの弓がよく使われる。オリンピックではこれ以外の弓は使われていない。両端が射手から離れる方向に曲がっている。

射場
ターゲットアーチェリーは屋外でも屋内でも行われる。屋内では、的までの距離が25mと18mが一般的。この他にもさまざまなタイプの種目がある。野山で行うフィールドアーチェリーでは、射手と的の間に傾斜があり、的を狙うのが難しくなっている。スキーアーチェリーは、バイアスロンのように、決められたコースを走ったりスキーで滑ったりしながら的を狙う種目。あまり競技会では行われないが、フライトアーチェリーは、最も純粋な形で弓の技を競う競技だ。的はなく、単純に矢の飛んだ距離を競う。

居並ぶ役員
審判の役割は、距離をチェックすること、異議の申し立てに裁定を下すこと。少なくとも10カ所の的に1人ずつ審判がつく。記録係は、1ラウンド終了ごとに得点の計算をする。

信号機
射てよいのは青の時。赤は不可。黄色は、残り時間30秒を示す。

ディレクターズチェア
競技会の責任者。記録係から、得点表を受け取る。

視覚補助具
望遠鏡を使って自分の矢がどこに命中したかを確認し、あと何点必要かを計算する。

標的スポーツ

アーチェリー

ロビンフッド
すでに的に刺さっている矢の矢柄を次に射た矢で割るのは、めったにできることではない。この離れ業は、12世紀イングランドの伝説的な弓の名手にちなんで、「ロビンフッド」と呼ばれている。これを成し遂げた選手は、割れた矢を記念として大切に取っておく。

白（外）：1点
白（内）：2点
黒（外）：3点
黒（内）：4点
青（外）：5点
青（内）：6点
赤（外）：7点
赤（内）：8点
金（外）：9点
金（内）：10点

的
伝統的な的はワラ縄でつくる。各得点帯の幅は6cmか4cm。3Dアーチェリーの的は、立体的な猟獣の形をしている。

61cm
80cmまたは122cm（屋外競技）

ルール
WAの大会では、一定の時間内に矢を射る。的までの距離は屋外の場合、30mから90mまで。遠い的では6本ごと、近い的では3本ごとに得点を更新する。
得点帯の境界線上の矢は高いほうの得点で計算する。矢がはね返ったり、的を貫通してしまったりしたときは、的にはっきりと跡が残っている場合に限り得点になる。同点で並んだ場合は、得点になる射数の多いほうが勝ち。

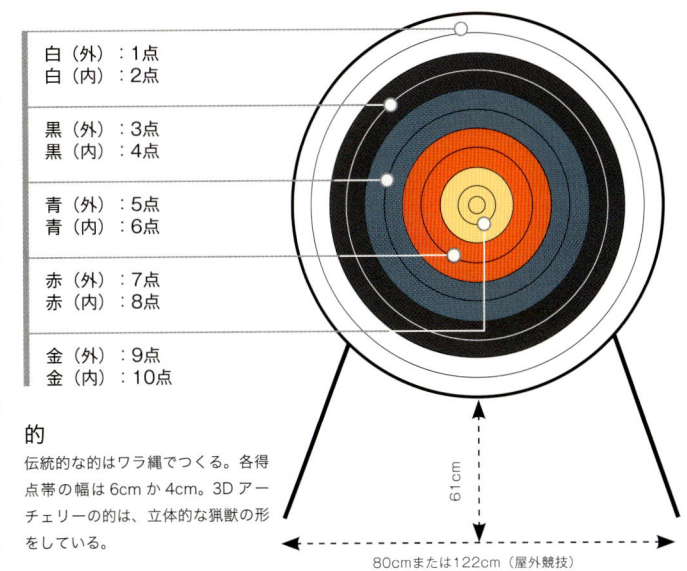

矢筈
矢柄の端にV字型の切れ込みがあり、弓弦にしっかりはまるようになっている。

矢羽根
昔は本物の鳥の羽根だったが、今はプラスチック製。矢羽根があることで、矢は、失速せずまっすぐに飛ぶ。

矢柄
かつては木製。今はカーボンファイバー製が主流。炭素繊維とアルミを使ったものもある。

矢尻
鋭い矢尻は、ねじ式で矢柄にとめられている。好みに応じて、ねじをゆるめ、長さを調整することができる。

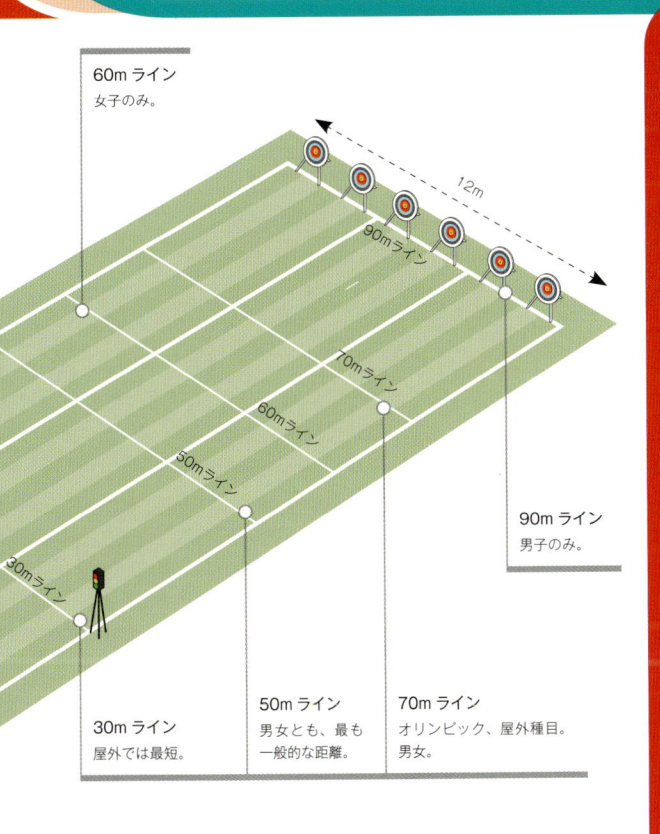

60mライン
女子のみ。

12m

90mライン
男子のみ。

30mライン
屋外では最短。

50mライン
男女とも、最も一般的な距離。

70mライン
オリンピック、屋外種目。男女。

裏話
1900年にオリンピックの正式種目になったアーチェリーだが、1920年には除外されてしまう。統一された国際ルールがなかったためだ。だが、1931年に国際アーチェリー連盟（FITA）が組織され、ルール統一が進む。そして、1972年に、男女で再び正式種目となった。創立当初FITAの加盟国は7カ国だったが、WAと改称された現在は150カ国が参加している。

オンターゲット
右目を使う選手は左手が、左目を使う選手は右手が弓を持つ弓手。矢をつがえて放つまでの時間はわずか15～20秒だが、それでも、弓を持ち、弦を引く動作により疲労する。体力温存のため、選手は一射終わるごとに、腕を下ろして「弓を休ませる」。

矢をつがえる
弓手側の肩を前に出し、足を肩幅に開いて立つ。弓を下に向け、矢の先を弓のレストに、V字型の矢筈をノッキングポイントに合わせて、弓弦につがえる。

安全第一
矢をつがえるときは、必ず弓を下向きに。

弓を引き、狙いを定める
人差し指と中指の間、または人差し指と中指と薬指の3本で弓弦をはさみ、後ろに引いた状態で弓を上げ、サイト越しに的を見る。「アンカーポイント」で馬手の指とあごが触れていること。弦を適切な距離まで引きしぼると、かちんと鳴って知らせる装置がついた弓もある。

水平
馬手のひじから弓手までが一直線になるように。

矢を放ってから
矢を放つまで、馬手は頬に押しつけておく。弦を持つ指の力が抜けてまっすぐに伸びることによって、矢が飛び出す。矢を放ったら、弓を「休ませ」、矢入れに手を伸ばして次の矢を取る。

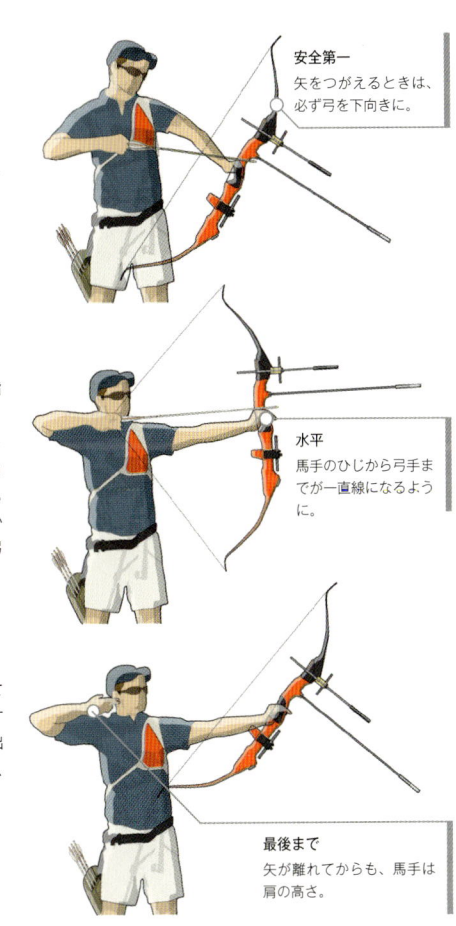

最後まで
矢が離れてからも、馬手は肩の高さ。

ピストル射撃

基礎知識

- 1896年の第1回オリンピックから正式種目。銃の製造方法の発展とともに、競技も進化している。
- イギリスなど、銃の規制が厳しい国では、テレビ放送は行われていない。
- 自然保護論者の訴えで、ハト撃ちの代わりに始まったのが、ピストル射撃競技。
- オリンピックには5つのピストル射撃種目がある。

選手の特徴

並外れた集中力と、プレッシャーのかかるなかでリラックスできる精神力が必須。ピストルを持つ手にほんのわずかでも力が入れば、標的の中心を外してしまう。筋力、スタミナも必要。

競技の概略

立ったまま、片手でピストルを撃つ。標的は10個の同心円。中心に近いほど得点が高い。中心（ブルズアイ）で10点。射撃場で行う。使用するピストルの種類と、標的までの距離によっていくつかの種目にわかれている。

耳の保護
発射される銃のそばでは、耳栓やイヤーマフなどを着けて耳を守る。

ピストルを持つ手
完全に支えのない状態で、まっすぐ伸ばしていなければならない。

目の保護
競技中は、割れても破片の飛び散らないアイウェアを着ける。

ピストル
種目によって、ピストルは3タイプ。

ウェア
どのようなウェアがよいか、特に決まりはないが、体を動かないように固定してしまうものは許可されない。また、靴は、足首の部分が浅く、関節をサポートしないものに限る。

ピストルを持たない手
どんな形であれ、使ってはいけない。普通はポケットやベストの中に入れておく。

射撃場

ピストル射撃競技は、射撃場で行われる。何よりも最優先されるのは安全性。競技役員が必ず待機し、選手のピストルの点検、標的のチェックを行う。ステージ終了ごとの点数記録をすることもある。

同心円

標的は同心円状。そこに命中したときに与えられる点数がそれぞれのリングに描かれている。リングとリングの境界線上に当たった場合は、高いほうの得点になる。標的の大きさ、中心の円（10点のリング）の大きさは種目により異なる。

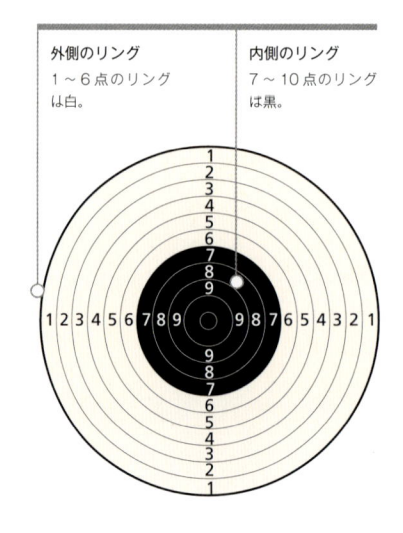

外側のリング
1〜6点のリングは白。

内側のリング
7〜10点のリングは黒。

射台
1人当たりの広さは、1.25m × 2.5m。

選手は集団で
複数の選手が同時に競技を行う。オリンピックの決勝では6〜8人。

ナンバー・トリビア

146 カ国：2007年現在で、5大陸からこれだけの国が国際射撃連盟（ISSF）に加盟している。

3 個：ドイツのラルフ・シューマンがオリンピックの25mラピッドファイアピストルで獲得した金メダル数。この種目ではこれまでで最多。1992、1996、2004年の大会で。

581 点：1980年のオリンピックの50mピストルに出場した、ソ連のアレクサンドル・メレンティエフがマークした世界記録。すべて中心に命中すれば600点だが、570点前後の成績なら世界レベルと考えられる。

ピストルのタイプ

10m エアピストル、25m ピストル、50m ピストルの各種目で、それぞれ違うタイプのピストルが使われる。口径というのは、ピストルの銃身の内径を100分の1インチで表したもの。安全上の理由から、弾は、鉛や、柔らかさがそれと同等の素材でできている。規則で認められている照準装置は谷照門（照門がくぼんでいる照準器）のみ。その他の照準器や鏡、望遠レンズはすべて禁止。競技役員は、開始前に選手一人ひとりのピストルを入念にチェックし、規則違反がないかどうかを調べる。競技中に銃が故障した場合は、15分の猶予が与えられ、その間に修理したり別の銃と交換したりする。

10m エアピストル
口径は 4.5mm。小さな鉛のペレットを 10m 離れた標的に当てる。ピストルの重さは 1.5kg まで。標的の中心、10 点のリングの直径は 10cm。

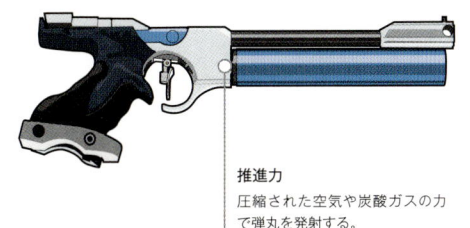

推進力
圧縮された空気や炭酸ガスの力で弾丸を発射する。

25m ピストル
女子の 25m と男子の 25m ラピッドファイアでは同じ規格のピストルが使われる。22 口径（直径 5.6mm）で重さは 1.4kg まで。25m ラピッドファイアの 10 点リングは直径 10cm。

速射
再装填せずに 5 発の弾丸を連射できる。

50m ピストル
22 口径だが、重量の規定はない。選手の手に合わせてグリップを改造したものもある。標的との距離は 50m、10 点リングの直径は 5cm。

シングルカートリッジ
弾丸を入れるカートリッジは 1 つだけ装填されている。

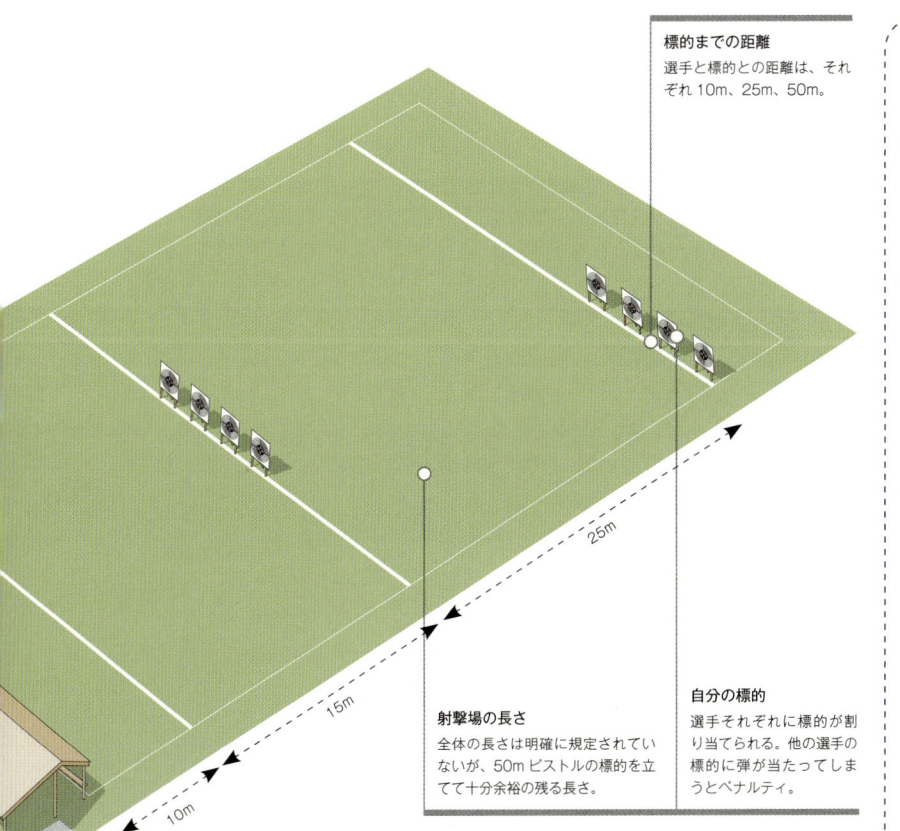

標的までの距離
選手と標的との距離は、それぞれ 10m、25m、50m。

射撃場の長さ
全体の長さは明確に規定されていないが、50m ピストルの標的を立てて十分余裕の残る長さ。

自分の標的
選手それぞれに標的が割り当てられる。他の選手の標的に弾が当たってしまうとペナルティ。

オリンピック種目

現在、オリンピックでは女子 2 種目、男子 3 種目の計 5 つが行われている。1988 年には、男女それぞれ、10m エアピストルが導入された。男子は 105 分間に 60 発、女子は 75 分間に 40 発を撃つ。ほかに、女子の種目で、30 発を 2 ラウンド撃つ 25m ピストル、同じく 30 発を 2 ラウンド撃つ男子の 25m ラピッドファイア、120 分間に 60 発撃つ男子 50m ピストルという種目がある。

総合優勝
どの種目でも予選が行われ、上位 8 名（男子 25m ラピッドファイアは 6 名）が決勝に進む。予選の得点と決勝の得点を合計して順位を競う。

満点
得点の計算は複雑だが、めざすのは満点。25m ラピッドファイアの場合なら、予選の満点は 600 点。

片手のチャンピオン
ハンガリーの射撃代表だったカーロイ・タカーチ。1938 年、手榴弾の爆発で利き手の右手を失うが、左手で撃つ練習を積み、1940 年、ハンガリー選手権で優勝。さらに、オリンピックでは、1948 年のロンドン大会、1952 年のヘルシンキ大会で、ラピッドファイアの金メダルを獲得した。

裏話
他の射撃スポーツと同様、運営組織は、1998 年に改称された I S S F が中心となり、4 年に 1 度（オリンピックの 2 年後）世界選手権が開かれている。ここでは、ピストル種目は、個人戦、団体戦。それぞれ、男子、女子、ジュニアのカテゴリーに分けて戦われる。この他、ワールドカップや大陸ごとの選手権も、I S S F が統轄している。1989 年、主要な大会で新しい電子標的の導入が始まる。これまでの紙の標的は使われなくなり、観客にも結果が即時わかるようになった。また、1992 年のバルセロナ・オリンピックでは、初めて世界に射撃競技の模様が中継され、新しいテレビの時代が幕を開けた。

ＩＳＳＦ
世界中の射撃競技を統轄する運営組織。本部はドイツ。

標的スポーツ

ピストル射撃

クレー射撃

競技の概略

銃腔にライフリング(施条)と呼ばれるらせん状の溝がない散弾銃を用いて、トラップという機械から飛び出す標的クレーピジョンを撃つ。4つのタイプ(トラップ射撃、スキート射撃、フィールド射撃、ラビット射撃)に分けられる。トラップ射撃とスキート射撃はオリンピック種目。残りの2つは、猟鳥や猟獣に見立てた標的を撃つもの。

袖なしの上着
特に服装の規定はないが、装弾が入る大きさのポケットがついた、ゆったりとした袖なしの上着を着る選手が多い。その下は、腕の動きを制限しないように、ゆるめのTシャツや襟のあるシャツ。

姿勢
どの種目も、立位で銃を撃つ。

銃身
スキート射撃で使用する散弾銃は、標的までの距離が短いので、トラップ射撃のもの(71～86cm)より短いもの(60～71cm)が多い。

照準器
拡大鏡など、視力を補助するための装置を銃に取りつけることは許されない。

耳の保護
聴力を損なわないために、イヤーマフなど、耳を保護するものを身につけたほうがよい。

口径
12番装弾用のものが一般的。それ以下の口径の銃も使えるが、それより大きいものは許可されない。

選手の特徴
精神的にも肉体的にも集中を要求される。手と目の協調、空間認知能力が人並み以上に優れていること。高速で動く標的に命中させるためには、現在ある位置よりも少し先を狙って撃たなければならない。このために標的の軌道を予測する能力も必要。

射場

スキート射撃とトラップ射撃では、異なる射場を使う。オリンピックのスキート射撃場には、8つの射台が半円形に並んでいる。選手は、1つ1つの射台から順に撃っていく。半円の両端には、プール(高)、マーク(低)2つのトラップハウスがあって、そこから標的が飛び出してくる。トラップ射撃の射場では、選手から15m離れたところに溝があり、5カ所、土を盛り上げて3つのトラップを置いたバンクがある。ダブルトラップ(図にはない)では、中央の盛り土の上にある複数のトラップから、高さや角度の違う2つの標的が同時に飛び出し、選手は標的1つにつき1発ずつ撃つ。射台は5カ所あるが、スキート射撃の射場とは異なり、直線に並んでいる。

基礎知識

→ トラップ射撃もスキート射撃も、鳥、特にハトやキジを撃つという娯楽から発展した。

→ スキート射撃は、1915年にスポーツとして考え出された。初めは生きたハトが使われたが、やがてクレーピジョンという素焼きの標的を使うようになる。

→ 1952年以来オリンピック種目となっているトラップ射撃。一方、スキート射撃が初めてオリンピックに導入されたのは1968年だ。

→ 「スキート」という言葉は、「撃つ」という意味のスカンジナビアの古い言葉からきている。1926年に、このスポーツを表す言葉として使われるようになった。

異議あり

1992年、中国の張山がオリンピックのスキート射撃で優勝。男女混合で行われてきたこの種目で初の女性金メダリストとなった。ところがその後、男女別種目となったため、張はタイトル防衛の機会を奪われた。

標的スポーツ

クレー射撃

オリンピック・スキート射撃
通常25の標的で1ラウンド。これを半円形に並んだ8つの射台から撃つ。半円形の両端には、プールとマーク、2つのトラップハウスがある。そこから飛び出す標的の軌道と飛ぶ距離は決まっている。それぞれのハウスから標的が1つ飛び出す場合と両方から2つ飛び出す場合がある。その組み合わせは決められている。標的1つに命中すれば1点。1つの標的を狙って2発以上撃ってはいけない。選手は最大6人までの組をつくり、1組の選手全員が1つの射台から撃ち終わると、全員で次の射台に移る。

シングルとダブル
1ラウンドの中に、標的が1つの場合とダブルの場合が混在する。1つのときは、プール、マークどちらかのハウスから、ダブルの場合は両方のハウスから同時に2つの標的が飛び出してくる。

種目
現在、オリンピックのクレー射撃種目は5つだが、これまでに何度か変更があった。以前はもっと多くの種目があったが、女子のダブルトラップは2004年以降行われなくなっている。世界選手権には、スキート男女、トラップ男女、ダブルトラップ男女を含め、オリンピックよりも多くの種目がある。

高いトラップハウス
プールハウスの標的は、高さ3.05mのところから飛び出し、約65m飛んでいく。

標的の交差地点
トラブルなく発射されれば、標的はこの地点の上方にある円の中を通過する。

第8射台
他より広い（90cm×185cm）。他の射台は90cm×90cm。

第1～第7射台
第1射台から順に撃っていく。射台間の距離は8.1m。

低いトラップハウス
マークハウスの標的は、高さ1.05mのところから飛び出す。速度は約88km/h。

トラップ射撃
選手がコールをすると標的が発射されるが、3つ1組のトラップのうちどれから発射されるかはわからない。標的の初速は130km/hに達する。1つの標的に対し2発まで撃つことができる。射台に並んだ選手が順番に撃っていき、全員が25の標的を撃ったところで1ラウンドが終了する。

クレーピジョン
トラップは、それぞれいろいろな高さ、速度、角度（左右それぞれ0度から45度まで）で標的を発射するようにセットされている。1つの標的に対し2発撃つことができる。

標的までの距離
標的を発射する溝は、射台から15m離れている。

射台
射台は5カ所。それぞれに対応するトラップが3つずつ、したがって全部で15のトラップがある。

射場の幅
射場全体の幅は20m。

溝
15台のトラップが、3台ずつ5つのグループに分けて置かれている。溝の深さは2m、幅も2m。

ナンバー・トリビア

198 点：ダブルトラップの世界最高得点。イギリスのピーター・ウィルソンが2012年のワールドカップでマークした。これは、予選ラウンドと決勝ラウンドを合わせた200点満点中の得点。予選ラウンドでパーフェクトを達成すると150点だが、これまでの最高記録は148点。この得点を出した選手は何人もおり、現在単独の記録保持者はいない。

55 m：ダブルトラップ射撃の標的に設定された飛距離。だいたい標的が25～40mまで近づいたところで撃つ。

3 種目：クレー射撃競技のうち、オリンピックで行われなくなった種目の数。生きたハトを撃つ種目もそのうちの1つ。クレーピジョンは生きた鳥の代用なので、その飛び方は鳥の飛び方に似せてある。

0～3 秒：スキート射撃で、選手がコールしてから標的が発射されるまでの時間。何秒後に発射されるかはランダムに設定されているので、命中させるのがより難しい。

324 個：1897年以降、ISSF主催の世界選手権でロシア（ソ連）が獲得した金メダルの数。世界選手権は、4年ごと、オリンピックの2年後に、各国持ち回りで開催される。

349

銃および用具類

クレー射撃でよく使用されるのは12番装弾用の散弾銃。トラップ射撃用の銃が最も重く、4kg前後。銃身も最も長い。速射用の引き金が1つ。スキート射撃用の銃は、重さ約3kg。銃身が短いので扱いやすい。ダブルトラップ射撃用の銃は、トラップ用のものと似ているが、弾の飛び広がる範囲が広い。

床尾板
使う人に合わせて銃床の長さ、高さを調整できるように、位置が変えられる。

銃身の長さ
スキート射撃用の銃は銃身が短く、近い標的をすばやく撃つのに適している。トラップ射撃の銃はもっと長い。

銃身のチョーク
標的の距離に合わせて、銃身のチョーク(先端の内径を細くすること)を変える。スキート射撃では、標的が近いので、弾が広がる範囲を大きくする。トラップ射撃では、装弾が狭い範囲に集中するように調整する。

銃床
頭をつけたとき、しっくりと収まるように、自分の姿勢に合わせて調節できるコームがついている。

散弾銃
散弾銃とライフルやピストルとの違いは銃腔にある。散弾銃の銃腔は施条がなくなめらか。また、複数の引き金がついているものもある。射撃競技の散弾銃には、薬きょうが2個装填される。

クレーピジョン
皿形をした標的は、クレー(粘土)ピジョン(ハト)と呼ばれるが、実際には石灰とピッチを混ぜてつくる。大きさは直径11cm。ほとんどのものは、目立つ色に彩色されている。

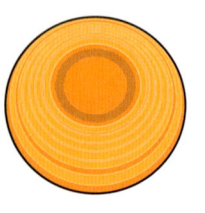

薬きょう
散弾と呼ばれる大粒の鉛弾が詰められている。重さは24g。初速は1530km/hぐらいにまでなるという。

トラップ
選手のコールをマイクロフォンで拾い、これに反応して自動的に標的を発射する。放出する標的の高さ、角度、速度を変えることができる。400個も標的をセットできるトラップもある。

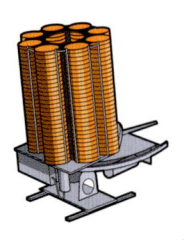

オリンピック

オリンピックでは、予選ラウンドが行われ、決勝に進む6人を選ぶ。男子のスキートとトラップでは、標的25個で1ラウンド。5ラウンドの予選に続く決勝ラウンドの標的も25個。女子のスキートとトラップは予選が3ラウンドになる。ダブルトラップ(男子のみ)では、標的50個で1ラウンド。これを予選で5ラウンド、決勝で1ラウンド行う。オリンピックのスキート射撃では、1つの標的に対して撃ってよいのは装弾1発のみ。コールしてからクレーピジョンが飛び出すまでに最大3秒のずれがある。トラップ射撃では1標的に2発まで。ダブルトラップでは、同時に飛び出す2個の標的に対してそれぞれ1発ずつ撃つことができる。

得点

1つの標的に命中すれば1点。ただし、標的が壊れたことを目で確認できなければ、命中と認められない。審判が、標的の破片を1つ以上視認できることが条件。審判は、標的が「デッド(当たり)」か「ロスト(外れ)」かを判定。スコアラーは、「デッド」なら「／」か「X」、「ロスト」なら「0」を記録していく。決勝ラウンドで使われるクレーピジョンは、中に粉が仕込まれていて、観客やテレビで見ている人たちにも、命中したことがよくわかるようになっている。

トラップの射撃姿勢
標的を要求するコールの前に、銃を構える。

弾薬はポケットに
未使用の薬きょうをポケットに入れておく。

2段重ね
散弾銃の銃身は上下に2本並ぶ上下二連式。

マーカーテープ
銃を構える位置を確認しやすいように、上着の外側にテープを貼りつける。黄色地に黒の縁取りで、25cm×3cm。

トラップ射撃の構え
標的の飛んでくる方向に向けて、すでに銃を構えた状態で。クレーピジョンは、射手の「プル!」というコールで射出される。

スキート射撃の構え
オリンピックでは、初め、銃床の基部が上着のマーカーテープに触れる位置に銃を構えている。

裏話

標的を散弾銃で撃つスポーツが初めて登場したのは1880年代。オリンピックでも行われてきたが、種目はしばしば変更されてきた。射撃の世界選手権が最初に開催されたのは1897年。

競技団体

クレー射撃競技を統轄するのもISSF。4年に1度(オリンピックの2年後)世界選手権を開催している。こちらでは、オリンピックよりも多くの種目が行われている。

データ集

スキート射撃　オリンピック・金メダリスト

年	選手名(国)
2012	ヴィンセント・ハンコック(アメリカ)
2008	ヴィンセント・ハンコック(アメリカ)
2004	アンドレア・ベネリ(イタリア)
2000	ミコラ・ミルチェフ(ウクライナ)
1996	エンニオ・ファルコ(イタリア)
1992	張山(中国)
1988	アクセル・ヴェグナー(東ドイツ)
1984	マシュー・ドライク(アメリカ)
1980	ハンス・キエルド・ラスムッセン(デンマーク)

トラップ射撃　オリンピック・金メダリスト

年	選手名(国)
2012	ジョバンニ・チェルノゴラズ(クロアチア)
2008	ダヴィド・コステレツキー(チェコ共和国)
2004	アレクセイ・アリポフ(ロシア)
2000	マイケル・ダイヤモンド(オーストラリア)
1996	マイケル・ダイヤモンド(オーストラリア)
1992	ペトル・ハルドリチカ(チェコスロバキア)
1988	ドミトリー・モナコフ(ソ連)
1984	ルチアーノ・ジョヴァネッティ(イタリア)
1980	ルチアーノ・ジョヴァネッティ(イタリア)

ライフル射撃

競技の概略
決められた時間内に、標的の中心にできるだけ多く命中させることを競う。何発撃ったか、残り時間はどれだけあるかを考えながら撃たなければならない。射数と時間は、種目ごとに変わってくる。予選、決勝と進み、すべての得点の合計で勝者を決める。

基礎知識

→ ライフル射撃競技の統轄を行うのもＩＳＳＦ。オリンピックでは、50ｍライフル三姿勢（男女）、50ｍライフル伏射（男子）、10ｍエアライフル（男女）の5種目が行われている。

→ 南北戦争で、兵士の射撃の腕前があまりにも拙劣なことに危機感を覚えた編集者のウィリアム・C・チャーチとジョージ・ウィンゲート将軍が、戦後、全米ライフル協会（NRA）を設立した。

→ 競技会で使用される弾丸は、鉛またはそれと同等の柔らかさの素材でできたものに限られ、曳光弾、徹甲弾、焼夷弾の使用は禁止されている。

→ オリンピックの射撃競技で女子の参加が初めて認められたのは1968年。メキシコ、ペルー、ポーランドから1人ずつ参加した。

選手の特徴
並外れた集中力が必要。さらに、呼吸を整え、長時間手や体を動かさず、じっと同じ姿勢を保っていられなければならない。視力、さまざまな状況を判断する力も人並み以上に優れていること。

服装
上着とズボンはキャンバス地と革。不動の姿勢を取りやすくするために、滑り止めのゴムパッドがついている。

視界は良好
射撃用サングラスには、風や日光から目を守るために、サンバイザーなどの付属品がついていることも。

ハンドガード
この部分を手で支える。素材は、木、金属、プラスチック、グラスファイバーなど。ここに、銃身、アクション（発射機構本体）、引き金が取りつけられている。

銃身
ライフルの部品のなかで一番重い銃身。鋼鉄製のものが多い。

照準器
照星が銃口より前につき出ていてはいけない。

標的
ライフル、ピストル、ランニングターゲット種目で使われる標的は白地に黒の円。50ｍライフルの標的（右図）は、10個の得点圏（リング）に分けられている。標的はコンピュータに接続され、1発ごとに得点が計算される。テレビモニターに着弾点が表示されるので、観客にも、弾がどこに当たったかがすぐわかるようになっている。

目標はここ
10点圏の直径は10.4mm。

消えたナンバー
9点と10点のリングには数字が書かれていない。

マジックナンバー
1～8点のリングには、それぞれの数字が縦横に並んでいる。

極細
リングの境界線の太さは0.2～0.3mm。

154.4mm
112.4mm

オリンピックの得点システム
オリンピックの決勝ラウンドでは、各得点圏を、さらに0.1ポイント単位の得点帯に細分するので、最高得点は10.9になる。

以下の大きさは50ｍライフルのもの。

50mライフル標的
- 10点圏：10.4mm
- 9点圏：26.4mm
- 8点圏：42.4mm
- 7点圏：58.4mm
- 6点圏：74.4mm
- 5点圏：90.4mm
- 4点圏：106.4mm
- 3点圏：122.4mm
- 2点圏：138.4mm
- 1点圏：154.4mm

射場の要件

屋外にライフル競技の射場を建設する場合は、太陽が選手の背中に当たる時間ができるだけ長くなる向きにしなければならない。また、50mの射場なら、屋根のない部分が少なくとも45m、300mの射場なら少なくとも290mあること。

射撃競技
クレー射撃、ライフル射撃、ピストル射撃、ランニングターゲット射撃の4グループに分類される。ライフル射撃は射場で行われる。男女とも、標的までの距離が10m、25m、50m、300mの種目がある。

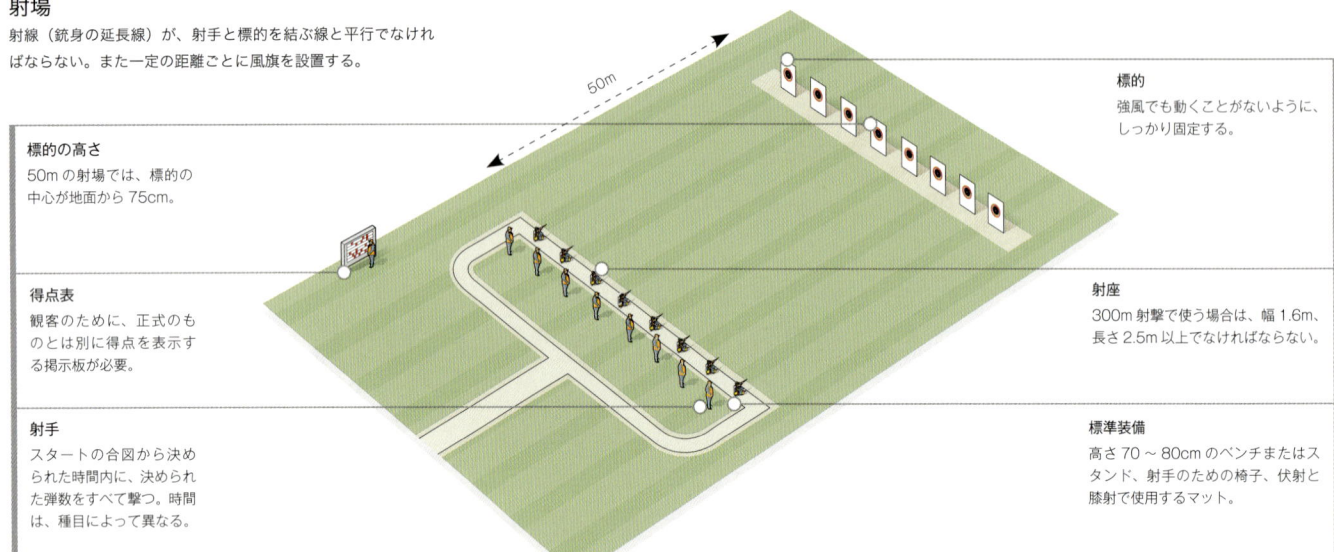

射場
射線（銃身の延長線）が、射手と標的を結ぶ線と平行でなければならない。また一定の距離ごとに風旗を設置する。

標的の高さ
50mの射場では、標的の中心が地面から75cm。

得点表
観客のために、正式のものとは別に得点を表示する掲示板が必要。

射手
スタートの合図から決められた時間内に、決められた弾数をすべて撃つ。時間は、種目によって異なる。

標的
強風でも動くことがないように、しっかり固定する。

射座
300m射撃で使う場合は、幅1.6m、長さ2.5m以上でなければならない。

標準装備
高さ70～80cmのベンチまたはスタンド、射手のための椅子、伏射と膝射で使用するマット。

銃と弾

22口径（直径5.6mm）用のリムファイア・ロングライフル実包か8mmの弾が装填できれば、どのようなライフル銃でもすべて使用可。ただし、男子は8kg、女子は6.5kgを超えないこと。この重さには、パームレストやハンドストップなどの付属品を含める。10mエアライフルでは、4.5mm弾用の銃を使う。圧縮ガスのタイプはどんなものでもよい。ただし重さは5.5kgまで。

照準器
使えるのは「金属製」の照準器のみ。レンズを使った照準器は不可。

見通す
視力を補助する装置をつけてはいけない。

カートリッジ
5.6mm弾と8mm弾。

点火装置
撃針が薬きょうの底の外周（リム）をたたいて発火させる。

22口径ライフル
スモールボアライフルとも呼ばれる。1発ごとに弾をこめる単発式で、22口径用の弾薬を使う。特徴は銃床の形。一人ひとりの体に合うように調整できるようになっている。かぎ型の床尾板やパームレストも使う人に合わせることができる。

鉤型の床尾板
曲がっているところを含めて、フックの全長が17.8cmを超えてはいけない。

アイアンサイト
色のついたフィルターをつけることは可能。照門には、弾丸が横にそれていく偏流や、高低角（水平面を基準にした銃の角度）を精密に補正する装置もついている。

パームレスト
銃を支える手の補助として、前床（銃床のうち前方の、銃身の下になる部分）の下に取りつける。

スリング
幅は4cmまで。

銃身
銃身の内側にらせん状の溝（施条）を刻むと、長い距離でも狙いが正確になる。

照星
照星のある円筒は、長さは5cm、直径は2.5cmと決められている。

177エアライフル
エアライフルを使った種目のメインは、男子の10m（60発）と女子の10m（40発）。通常は単発式。銃身には施条がある。銃床は木製、プラスチック、グラスファイバーなど。

構えやすい銃床
体の負担を減らすために、調節可能なゴムパッドをつけることもある。

1発ずつ
単発式なので、弾倉はない。

照門
レンズがついているものは不可。

最大速度
弾の速度は148m/s。

銃身の長さ
76cmまで。

競技会では

どの種目も基本的なやり方は変わらない。弾数と与えられる時間が変わるだけだ。男子の50mライフル三姿勢では、地面に伏せた姿勢（伏射）、立った姿勢（立射）、ひざまずいた姿勢（膝射）それぞれで、50m離れた標的の中心、10点のリングを狙って40発ずつ撃つ。伏射の制限時間は45分、立射は75分、膝射は60分。上位8人がファイナルに進む。ファイナルでは、立射で10発。1発75秒以内で撃つ。

3つの姿勢

50mライフル三姿勢（下図参照）では、伏射、立射、膝射の3つの異なる姿勢で撃つ。射場に設置された風旗を見てそのときどきの気象条件を考えながら、同時に残り時間に気を配りつつ撃っていく。

立射
立射で行う種目では、必ず両手と肩で銃を支える。左腕は、力を入れず胸や腰にのせるように。50m三姿勢では、次の姿勢に移るまでに10分与えられる。

肩当て
銃床があたる部分につけるパッチは、縦横それぞれ30cm以内。

膝当て
膝のパッチの長さは30cmまで。幅は、ズボンの周囲の長さの半分を超えてはいけない。

膝射
右利きの射手の場合、右のつま先と右膝、左足全体を地面に着けてひざまずく。左ひじを左膝にのせてもよいが、膝頭の先10cm、手前15cmの範囲内にひじが来なければならない。

グローブ
脱いだときの厚みが1.2cmを超えないこと。

ロール
膝をついた方の足首を安定させるために、ロールと呼ばれる、柔らかい筒状の枕のようなものを使うこともある。

伏射
初心者が最初に習う姿勢。銃本体が自分の体以外のものに乗ったり、触れたりしてはいけない。右利きの射手の場合、左の前腕と地面との角度が30度以上になっていること。

シューズの規則
甲の部分は、素材の厚みが4mmと決まっている。靴底の厚みは、つま先の部分で最大10mmまで。

服装規定
すべてのライフル競技において、使えるジャケット、ズボン、靴はそれぞれ1人1つと決められている。

引き金
従来の方式の引き金と、電子式の引き金があり、どちらを使用しても構わない。

決められた長さ
銃身の長さは76cm以内。これは、銃尾から銃口までの長さのこと。

データ集

女子50mライフル三姿勢　金メダリスト

選手名（国）	オリンピック
ジェイミー・リン・グレイ（アメリカ）	2012年ロンドン大会
杜麗（中国）	2008年北京大会
リューボフ・ガルキナ（ロシア）	2004年アテネ大会
レナタ・マウアー＝ロジャンスカ（ポーランド）	2000年シドニー大会

男子50mライフル三姿勢　金メダリスト

選手名（国）	オリンピック
ニッコロ・カンプリアーニ（イタリア）	2012年ロンドン大会
邱健（中国）	2008年北京大会
賈占波（中国）	2004年アテネ大会
ライモンド・デベヴェッチ（スロベニア）	2000年シドニー大会

男子50mライフル伏射　金メダリスト

選手名（国）	オリンピック
セルゲイ・マルティノフ（ベラルーシ）	2012年ロンドン大会
アルトゥール・アイワジアン（ウクライナ）	2008年北京大会
マシュー・エモンズ（アメリカ）	2004年アテネ大会
ヨナス・エドマン（スウェーデン）	2000年シドニー大会

オリンピック種目（ライフル・クレー射撃）

- 50mライフル三姿勢（3×40発）男子
- 50mライフル伏射（60発）男子
- ダブルトラップ（標的150個）男子
- スキート（標的125個）男子
- トラップ（標的125個）男子
- 50mライフル三姿勢（3×20発）女子
- スキート（標的75個）女子
- トラップ（標的75個）女子

シカを模した標的

オスカー・スヴァーンが、オリンピックで初めて金メダルを獲得したときの年齢は60歳。シカを模した標的を1発で仕とめる、という種目だった。翌日には、団体戦で2個目の金メダル。さらに、シカを模した標的を2発で仕とめる種目では銅メダルも獲得。

裏話

かつて、射撃は、生き残るための手段だった。食料を得るために獲物を撃ったのである。欧米では、19世紀に入って、産業革命が広まると、必要に迫られて食用に動物を狩る人は減っていく。それとともに始まったのが、スポーツとしての射撃だ。最初に流行したのは英語圏の国々、特にイギリスとアメリカ。アイルランドや南アフリカでも盛んに行われた。

標的スポーツ

ライフル射撃

ホイール
スポーツ

09

BMX

競技の概略

1960年代の後半からアメリカで発展したスポーツ。「バイシクルモトクロス」の略。いわゆるモトクロスのエンジンを人力に代えたバージョン。おとなが子供の自転車に乗って遊んでいるようにも見えるが、実はかなりの胆力と技術を要するスポーツだ。ダートのトラックレースと、大きなジャンプをしながらトリックと呼ばれる驚異的なアクロバットを披露するフリースタイルがある。

選手の特徴
常に高いレベルの柔軟性と集中力を要求される。トラックレースでは、高い有酸素運動能力が不可欠。一方、フリースタイルで重要なのは、創造性と表現力。

頭部の保護
マウスガードのついたオープンフェイスまたはフルフェイスのヘルメットが必須。

パッドつき上着
大部分のトラックレースでは、ひじの部分にパッドのついた長袖のジャージが必要。

パッドつきパンツ
膝の部分にパッドがついた、足首までのBMX用パンツを着用しなければならない。

グローブ
水疱の予防と滑り止めに。

自転車にもパッド
自転車のフレームのトップチューブや、ハンドルのステムにパッドをつけることもできる。落車したライダーの体を保護するため。

レース用ホイール
51cmのホイールが一般的。

トラックとランプ

BMXのレースは、専用につくられたダートのトラックで行われる。サーキットを一巡し、途中に設けられたさまざまなジャンプセクションやカーブをクリアしながらゴールをめざす。フリースタイルのBMXでは、ランプと呼ばれる傾斜路が使われる。最も過激なのが「ヴァート」ランプだろう。

ダートトラック
スタートゲートで始まり、ジャンプセクション、バンクを切ったカーブ、平らなカーブのあるコースを経てゴールライン、というのが基本的な構成。フィニッシュまで30〜45秒。

ジャンプ
トラックに設けられるジャンプはあまり大きくないが、スーパークロスでは、13mという非常に長いジャンプもある。

バンクを切ったカーブ
「バーム」と呼ばれている。

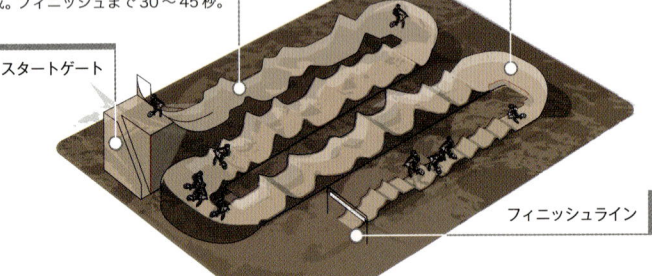

ヴァートランプ
フリースタイルでよく使われるヴァートランプは、ハーフパイプの両端に垂直（ヴァーティカル）な部分をつけたもの。高いものになると、高さ4mの傾斜のある部分に加えてヴァート（垂直部分）が1mもついている。側面を勢いよく上って宙に飛び出し、空中でさまざまなトリックを披露する。

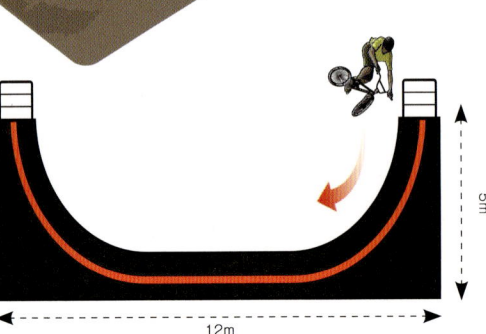

ラフかスムーズか
ダートコースでは荒っぽいジャンプが見られるが、ヴァートのジャンプはとてもなめらかだ。

ノーフットキャンキャン
ジャンプの最高点に達したところで、両足を脇にけり上げる。ノーフットキャンキャンと呼ばれる技だ。

ブレーキ
ダートのジャンプで使われる自転車にもブレーキはついているが、空中では役に立たない。

フリップウィップ
ダートのジャンプでもみごとなトリックを見ることができる。フリップウィップという技では、空中で自転車を後ろ向きに回転させるが、前進する勢いは殺さないので、着地してすぐに走り出せる。

基礎知識

→ 国際自転車競技連合（ＵＣＩ）がBMXの国際的な運営組織。

→ BMXの草分け、スコット・ブライトハウプトが、1970年代にカリフォルニアのロングビーチで初めてレースを開催。

→ 2008年の北京大会から、オリンピック種目になった。

ホイールスポーツ

357

BMX

ルール
トラックレースでは、8人ずつで、モトと呼ばれる予選ラウンドを戦う。モトは、年齢や技術レベルでクラス分けされている。エリート、あるいはプロクラスの国際大会は、19歳以上のトップレベル選手対象。17歳と18歳の選手はジュニアクラスで戦う。モトで勝ち残った4選手が、メインと呼ばれる決勝に出る。メインで最も速かった選手が優勝する。

フリースタイルアリーナ
フリースタイルは、トリックを行う場所によって、ストリート、パーク、ヴァート、トレイル、フラットランドの5種目にわかれる。ストリートでは、階段、手すり、スロープといった街中にある風景がトリックの場所となる。パークでは、ローラースケート場のパイプやランプが使われる。ヴァートは、両端に垂直の壁がついた大きなハーフパイプの縁でジャンプやトリックをする種目。トレイルでは、ダートでジャンプをしながらトリックを披露する。フラットランドは、フリースタイルBMXのなかで最もシンプルな形の競技だ。必要なのは、自転車、人間、何もない平らな地面だけ。走りを助けるものも邪魔するものもない。ただし、ライダーは、豊かな想像力と優れた技量を要求される。

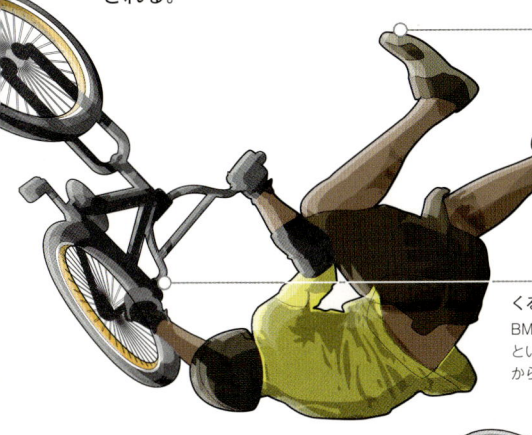

トリック
大きく分けて4つのスタイルがある。ベース、グラインド、エアリアル、リップだ。ベーストリックは、バニーホップ（後輪で立ってジャンプをする）、ウィリー（後輪だけで走る）、フェイキー（後ろ向きに走る）などの基本的な技。グラインドとリップは、ペグを使って、手すりの上やハーフパイプの縁で行うトリック。ダートやヴァートランプで行うエアリアルは、ジャンプの高さと、アクロバットのようなひねりや回転の技を競う。

フラットランド
フリースタイルBMXのなかで、最も技術的に難しいのがフラットランドだろう。図は、トリックを行いながら、後輪を足でこすって（スカッフ）自転車を進めているところ。

腕を伸ばす
降下が始まると同時に、その勢いと腕の力を使って、自転車を体の下に引きよせる。

くるくると
BMX用自転車は、ハンドルのステムにデタングラーという機構がついている。後輪のブレーキケーブルにからまることなく、ハンドルだけを回すことができる。

完璧なバランス
静止している自転車のバランスを取るよりも、走っているときのバランスを取る方が、はるかに易しい。

ダートでのジャンプ
トレイルで人気のダートジャンプ。ジャンプで盛り土を越えながらさまざまなトリックを行って、得点を競う。審査員は、跳び方と難度に従って得点をつけ、最高得点を得たライダーが優勝する。

街の中で
フリースタイルBMXのライダーの多くは、BMXを、人と競うスポーツではなく、1つの生き方ととらえている。それでも、彼らは、1986年から始まったBMXフリースタイル世界選手権や、メトロジャム、バックヤードジャム、Xゲームズといった国際競技会に参加する。

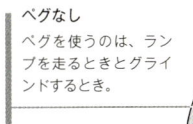

ペグなし
ペグを使うのは、ランプを走るときとグラインドするとき。

無事に着地
BMX用自転車には、ペダルを踏んだときに車体を上下させるサスペンションがない。そのため、着地の衝撃を足で受けなければならない。

裏話
BMXは、1960年代、アメリカの若者たちが、自転車でモトクロスライダーのまねをし始めたところから生まれた。やがてスケートボード世代の若者の心を急速につかみ、今日では、新たな産業が出現したほどだ。多くのライダーたちがプロとして自転車で生計を立てている。一流プロともなれば、世界中に名の知れた有名人だ。自転車メーカーやウェアメーカーと巨額のスポンサー契約を結んでいる。

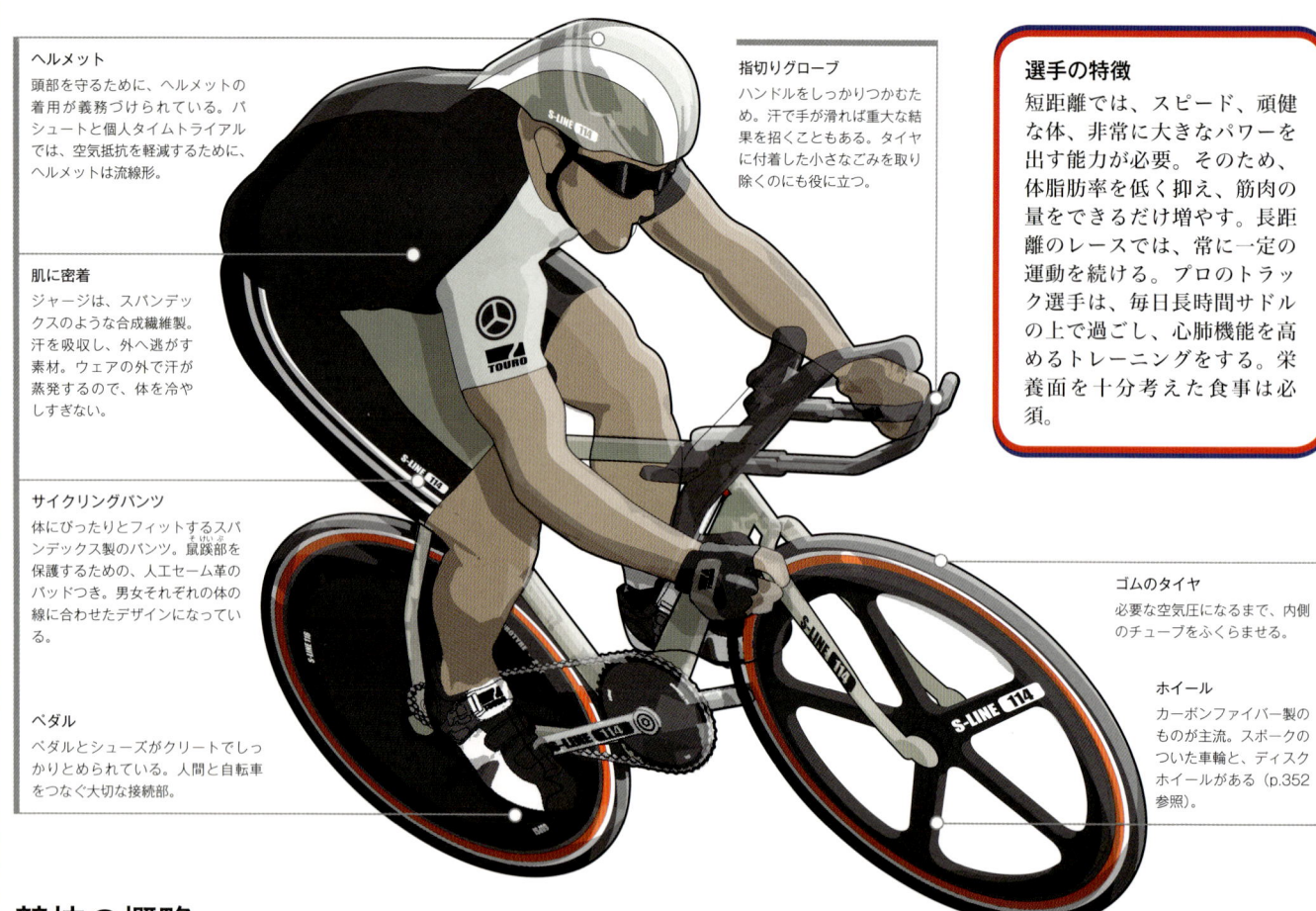

自転車トラックレース

ヘルメット
頭部を守るために、ヘルメットの着用が義務づけられている。パシュートと個人タイムトライアルでは、空気抵抗を軽減するために、ヘルメットは流線形。

肌に密着
ジャージは、スパンデックスのような合成繊維製。汗を吸収し、外へ逃がす素材。ウェアの外で汗が蒸発するので、体を冷やしすぎない。

サイクリングパンツ
体にぴったりとフィットするスパンデックス製のパンツ。鼠蹊部を保護するための、人工セーム革のパッドつき。男女それぞれの体の線に合わせたデザインになっている。

ペダル
ペダルとシューズがクリートでしっかりとめられている。人間と自転車をつなぐ大切な接続部。

指切りグローブ
ハンドルをしっかりつかむため。汗で手が滑れば重大な結果を招くこともある。タイヤに付着した小さなごみを取り除くのにも役に立つ。

ゴムのタイヤ
必要な空気圧になるまで、内側のチューブをふくらませる。

ホイール
カーボンファイバー製のものが主流。スポークのついた車輪と、ディスクホイールがある（p.352参照）。

選手の特徴
短距離では、スピード、頑健な体、非常に大きなパワーを出す能力が必要。そのため、体脂肪率を低く抑え、筋肉の量をできるだけ増やす。長距離のレースでは、常に一定の運動を続ける。プロのトラック選手は、毎日長時間サドルの上で過ごし、心肺機能を高めるトレーニングをする。栄養面を十分考えた食事は必須。

競技の概略
ベロドロームと呼ばれる、すり鉢状のサーキットコースで行われる。もともとは、ヨーロッパの自転車ロードレースの選手が、冬季のトレーニングに行っていたものだが、すぐに、独立した競技として観客を楽しませるようになった。最終コーナーから息を飲むようなスプリントが繰り広げられる団体レースから個人タイムトライアルまで、レースの形態はさまざまだ。短距離のレースではスプリントの力が試され、長距離レースは持久力の勝負となる。

最もハードなレース
トラックレースに出る選手たちが最もあこがれるタイトルは、アワーレコードだ。1972年に記録を破ったエディ・メルクスは、このときのレースについて、「これまでで最も苦しいレースだった」と語っている。グランツールで11回の総合優勝、世界選手権3勝という偉業を成し遂げた選手にこういわせるのだから、どれほどハードなものかわかるだろう。

基礎知識
→ 2012年のロンドン大会以降、オリンピックでは、男女それぞれ5種目が行われることになっている。

→ ＵＣＩの主催でワールドカップと世界選手権が行われている。ワールドカップでは、いくつかのレースを転戦する。世界選手権は年1回。

ナンバー・トリビア

93,000,000 ポンド（当時で約120億円）：2012年のロンドン・オリンピックのために建設されたベロドロームの総工費。

45 度：標準的なトラックで、最も傾斜のきつい部分の傾斜度。180度のカーブをまったく減速せずに走行できるように、バンクが切ってある。

1 枚：トラック用自転車のギアの枚数。小さなギアで楽に踏み出して、だんだん重いギアに変えていく、ということができないので、ペダルを回し始める瞬間は、ものすごい力が必要となる。

ベロドローム

ベロドロームのトラックは、バンクを切った楕円のコース。2カ所の直線部分が2つの180度のカーブでつながれている。黒い測定線の長さがそのトラックの長さと定められている。150mから500mまで、ベロドロームによって距離はまちまち。また、幅も7～9mと、一様ではない。ただし、2000年1月以降、オリンピックや世界選手権のような主要な大会は、250mのトラック以外では行わないことになった。

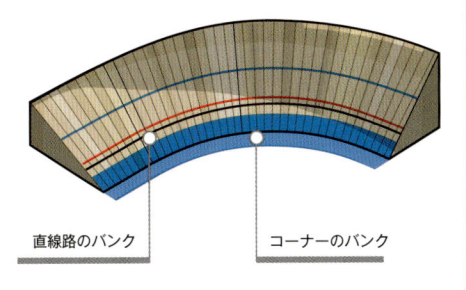

自転車の科学

トラックを設計する場合、傾斜の角度をどうするかは正確に計算しなければならない。直線部分は比較的ゆるい角度でも構わないが、70km/hで疾走する自転車の車体が、トラック表面に対して直角を維持するためには、カーブではそれなりの角度が必要だ。もしバンクがなければ、大きくふくらんで走るか、急激に減速しなければならなくなる。

直線路のバンク / コーナーのバンク

バンクの傾斜
バンクの傾斜を決めるのは、トラックの長さ。標準的なオリンピック用の250mトラックでは、45度も傾斜をつける必要があるが、400mのトラックなら22度程度ですむ。直線部でも、12度ほどの傾斜がついている。

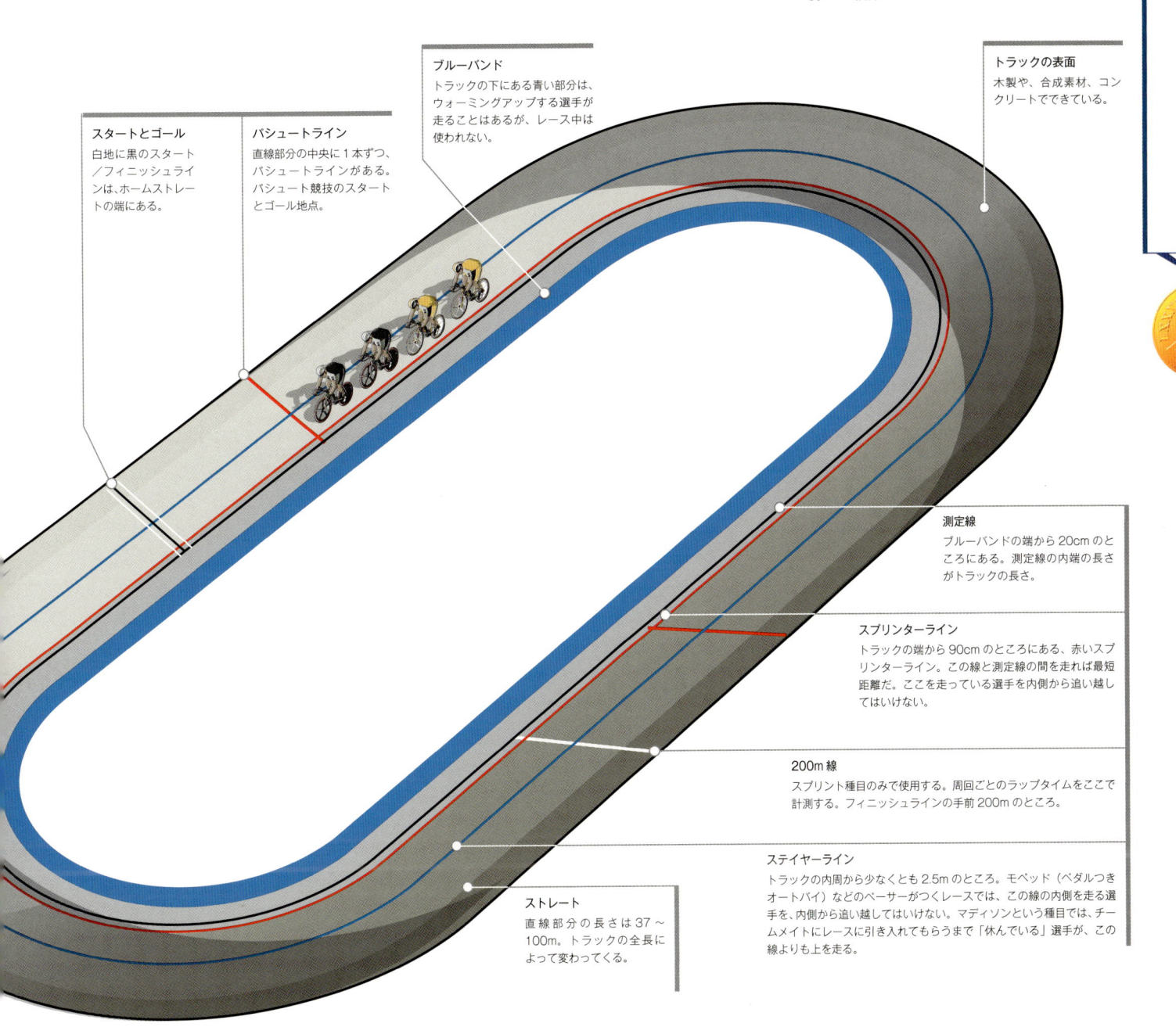

ブルーバンド
トラックの下にある青い部分は、ウォーミングアップする選手が走ることはあるが、レース中は使われない。

トラックの表面
木製や、合成素材、コンクリートでできている。

スタートとゴール
白地に黒のスタート/フィニッシュラインは、ホームストレートの端にある。

パシュートライン
直線部分の中央に1本ずつ、パシュートラインがある。パシュート競技のスタートとゴール地点。

測定線
ブルーバンドの端から20cmのところにある。測定線の内端の長さがトラックの長さ。

スプリンターライン
トラックの端から90cmのところにある、赤いスプリンターライン。この線と測定線の間を走れば最短距離だ。ここを走っている選手を内側から追い越してはいけない。

200m線
スプリント種目のみで使用する。周回ごとのラップタイムをここで計測する。フィニッシュラインの手前200mのところ。

ステイヤーライン
トラックの内周から少なくとも2.5mのところ。モペッド（ペダルつきオートバイ）などのペーサーがつくレースでは、この線の内側を走る選手を、内側から追い越してはいけない。マディソンという種目では、チームメイトにレースに引き入れてもらうまで「休んでいる」選手が、この線よりも上を走る。

ストレート
直線部分の長さは37～100m。トラックの全長によって変わってくる。

屋内と屋外

トラック競技の盛んだった20世紀初頭、ほとんどのベロドロームは屋内競技場としてつくられていた。屋内トラックは、悪天候から選手を守り、快適な走りを約束してくれたばかりでなく、夜遅くまで飲み騒ぐ人々や社交界の紳士淑女連に格好のたまり場を提供していた。夕方、パブやバーが開店する前の時間帯に、皆でベロドロームに繰り出し、6日間レースを観戦するのだ。だが、最近建設される専用競技場は屋外につくられることが多くなった。建設費を節減するためだ。

ケイリン
日本で誕生した競輪をもとにした競技。2kmのスプリントレースだ。1度に走るのは最大8人。最初の2、3周は、デルニーと呼ばれるペーサーが先導してペースをコントロールする。そして、最後にゴールへ向けてスプリント。激しいレースのため、高速でのクラッシュもめずらしくない。

ホイールスポーツ

自転車トラックレース

トラック用自転車

トラック競技用の自転車は2タイプ。長距離レースやタイムトライアルで用いられるパシュートバイクと、短距離スプリントやポイントレースで使うピストレーサー（下図）だ。世界最高レベルの大会で使われる自転車の車体は、超軽量のカーボンファイバーかチタン製。ギアは1枚のみでブレーキはついていない。アルミやスチール製ならずっと安価になる。2つのタイプの違いは、主に空気抵抗の受け方。一般に、パシュートバイクは非常に空気抵抗が少ないが、乗り心地が悪い。一方、ピストレーサーは丈夫で軽いので、急加速のスプリントに適している。パシュート用自転車には、中央に3本目のハンドルをつけることもある。体をできるだけ低くかがめて、前面投影面積の小さい姿勢を保つためだ。

固定ギア
トラック用の自転車は、ギアが1枚。フリーホイール機構はない。つまり、ペダルの回転が止まると車輪の回転も止まってしまうので、自転車を止めるまで、ペダルをこぐのをやめられないということだ。

カーボンフレーム
トラック用の車体は、軽量で剛性が高い。トップ選手はカーボンファイバー製のものを好む。

ハンドル
長距離レースでは、ロードレース用の自転車と同じようなドロップハンドルを使う。

軽量ホイール
ディスクホイールは空気抵抗が少ないので、従来のスポークのあるホイールよりもスピードを出すことが可能。

フロントフォーク
トラック用の自転車は、フロントフォークの角度（ブレーキ）がきつくて、垂直に近い。ハンドリングの遊びが減り、高速で安定するように。

タイヤ
軽量のチューブラータイヤが多い。トラックの表面がなめらかなので、摩擦抵抗が少なく、スピードが出る。

トラック種目

さまざまな形のレースがある。500mから2kmまでのスプリントと、最大60kmにもなる長距離レースとに分けられる。オリンピックでは、登場する種目がいろいろと変更されてきたが、2012年のロンドン大会に先だって行われた、男女の種目の偏りをなくすための改定で、以下の種目が実施されることになった。

個人スプリント：マッチスプリントともいう。2人でトラックを3周。初めにインコースを走る選手が、1周めはずっと前を走る（「先頭を引く」という）。その後は追いつ追われつ、先頭が入れ替わる。最後の200mを切ると、勝利をものにすべく一方の選手が抜け出したところで、スプリント競走になる。

チーム・スプリント：3人1チーム。2チームがトラック3周でスプリント競走をする。全員がそれぞれ1周ずつチームの先頭を引かなければならない。

チーム・パシュート：自転車トラックレースの花形種目。1チーム4人の2チームで、4km走る。男子のみ。

ケイリン：マススタート（選手全員が1度にスタートする）で、「デルニー」と呼ばれるモペドのペーサーの後ろを走る。最後の2周に入るまではデルニーがペースをコントロールして、50km/hまで加速。その後、デルニーがコースから離れ、選手たちだけでスプリントする。

オムニアム：自転車版の七種競技あるいは十種競技というところか。24人で6種目（スプリント3種目、長距離3種目）を戦い、総合成績を競う。250mフライングラップ、ポイントレース（男子30km、女子20km）、エリミネイション、個人パシュート（男子4km、女子3km）、スクラッチ（男子15km、女子10km）、タイムトライアル（男子1km、女子500m）。

トラックからロードへ

トラック出身でロードレースに転向した選手のなかでも、最も大きな成功を収めたのは、イギリスのクリス・ボードマンだろう。タイムトライアルのスペシャリストとして自転車のキャリアをスタートさせたボードマンは、23歳ですでに、トラック競技の国内タイトルをいくつも獲っていた。1992年には、オリンピックの個人パシュートで金メダル。翌年、プロに転向し、1994年、1997年、1998年、自転車レースの最高峰といわれるツール・ド・フランスのプロローグで3度の優勝を飾る。1999年に引退。

ルール

オリンピックや世界選手権といった国際大会では、UCIの規則が適用される。UCIは、自転車を使ったスポーツすべてを統轄する運営組織。国内の大会は、それぞれの国の競技連盟が主管する。

そのポジションは…

1990年代初め、スコットランドのグレアム・オブリーがユニークなライディング姿勢を編み出した。胸をハンドルのすぐ上に低くつき出し、両ひじを上げてわき腹につける。この「クラウチ」あるいは「タック」ポジションで、オブリーは、9年間破られていなかったアワーレコードを1993年に破り、同年に行われた個人パシュートの世界選手権で優勝する。UCIがこのポジションを禁止すると、オブリーは、新たに、両腕を前方いっぱいに伸ばした「スーパーマン・ポジション」にトライ。1995年、個人パシュートの世界選手権をこのポジションでものにした。だが、1996年に、クリス・ボードマンがこのスーパーマン・ポジションでアワーレコードを更新したときに、UCIは、トラック競技でこのポジションを使用することも禁じてしまった。

アワーレコード

ベロドロームでは、レース以外にも、さまざまな世界記録に挑戦するイベントが行われる。そのなかでも特に選手たちが欲しがるタイトルといえば、アワーレコードだ。目的は単純。1時間でどれだけ走れるか。だが、この記録を認定するために決められたさまざまな規定は、とても単純とはいいがたい。その原因の1つが、テクノロジーの急速な進歩。そこで、UCIは、現在、2つの「アワーレコード」を認定することにした。メルクスの使った自転車を基準にした「UCIアワーレコード」と、最新式のテクノロジーを駆使して競う非公式の「ベストヒューマンエフォートレコード」だ。

ナンバー・トリビア

49.7 km：2005年に、チェコ共和国のオンドジェイ・ソセンカが出したUCIアワーレコード。

20 cm：個人スプリントでスタート位置から後退してよい距離。これを超えると失格となる。

6,000 人：ロンドンにある、オリンピック・ベロドロームの観客収容人数。2012年大会のトラック競技はここで行われた。

タイムトライアルのタイミング

タイムトライアルでは唯一スターティングブロックを使用する。スターティングブロックに後輪をセットすると、選手の前に置かれた時計が50秒からカウントダウンを始める。0秒になった瞬間に、スターティングブロックのブレーキが外れ、タイムの計測が始まる。自転車につけられた電子計時装置のトランスポンダーが、選手がフィニッシュラインを越えた瞬間のタイムを記録する。タイムは1000分の1秒まで正確に計時する。

スタンディングスタート
助走はつけない。スターティングブロックのブレーキが外れたところで、こぎ出す。

トラック競技のテクニック

種目によって、さまざまなテクニックが要求される。タイムトライアルのような個人種目は、力やスピード、スタミナの差が如実に表れ、戦術はそれほど大きな意味を持たない。だが、それ以外の種目では、少しでも有利なポジションを争って、激しい駆け引きが行われる。まさに、知力の勝負なのだ。

手を差し伸べて

マディソンの最大の見所は、チェンジオーバーと呼ばれる走者交代の場面だろう。1人がレースをしている間、チームメイトは、トラックの上の方でゆっくり走りながら息を整える。交代の時間がきて、休んでいた選手がレースをしている車列に加わると、それまで走っていたチームメイトが、交代相手の手をつかみ、前へ放り投げるようにして加速させる。

投石器のように
交代するチームメイトの手を引っぱって、勢いよく前へ送り出す。

列を乱さず
空気抵抗を軽減するため、前の選手のスリップストリームに入って走るので、長い列ができる。

デルニーが風よけ

ケイリンの最初の数周で、先頭を走って、ペースをコントロールするモペッドをデルニーという。デルニーは、スタートラインの手前から助走をつけて走ってくるので、選手たちはスプリントをして追いつかなければならない。徐々にスピードを上げたデルニーが、最後の2周を残してコースを離れると、選手たちの勝負が始まる。

スピードアップ
45km/hまで、デルニーがペースをコントロールして加速する。

スタンドスティル

マッチスプリントとも呼ばれる個人スプリント。2人の選手が3周でスピードを競い合う。コイントスでインコースに決まった選手は、1周めに、先頭を走らなければならない。前を走るのは不利とされている。後ろについている選手がいつアタックをかけてくるかわからないからだ。また、最後のスプリントが始まったときに後ろにいれば、前の選手のスリップストリームを利用することもできる。そこで、2周めになると、相手に前を走らせるために、前を走っていた選手はスピードを落とす。ときには、自転車の上でバランスを取りながら、完全に止まってしまうこともある。最後の周回で、どちらかの選手がスプリントをしかけ、ゴールをめざす。先に2勝した選手が次のラウンドに進む。

巧みなバランス
体をそっと前後に揺らしながら、自転車の上でバランスを取る。

踏む力
両方のペダルを水平に保つ。ハンドルは少し斜めに。

データ集

トラック記録

1000mタイムトライアル　男子
アルノー・トゥルナン　58.875秒（2001年）

500mタイムトライアル　女子
アンナ・メアーズ　33.010秒（2012年）

UCI「ベストヒューマンエフォート」
クリス・ボードマン　56.375km（1996年）

スリップストリーム

ほとんどの自転車レースで重要なのがドラフティング。前を走る自転車の後輪から数センチのところを走るのだ。前の選手が風の抵抗を一身に引き受けてくれるので、その選手のスリップストリームに入ってドラフティングをしていると、エネルギー消費を最大40%も節約できる。何人かの選手がまとまって「ペースライン」をつくることもある。しばらく先頭を走って後ろの選手を引き、それからラインの後ろに下がる。すると次の選手が交代で先頭を引き、全体のペースが落ちないようにするのだ。先頭に出ない選手はただ乗り、ということになるが、集団の他の選手から厳しい言葉を浴びせられることになる。

裏話

19世紀末、圧倒的な自転車人気を受けて、トラックレースが始まった。ロードレースの興奮をそのまま周回コースに持ちこんだのだ。また、多くのロードレースの選手が、トレーニング方法の1つとして取り入れるようになる。記録に残る最初の自転車競技は、1868年、フランスのサンクルーで行われた。続いて、ヨーロッパやアメリカの各地に、次々とベロドロームが建設される。グランツールと呼ばれる壮大なロードレースにひけを取るまいと、昔のトラックレースには、24時間レースのような、持久力を限界まで試す桁外れに長いレースがある。なかでも悪名高かったのが、6日間レース。スプリント種目も人気で、アテネで行われた1896年の第1回オリンピックでも、個人スプリントとトラック・タイムトライアルが採用されている。

運営組織

UCIが、BMXからトラックレースまで、すべての自転車競技を統轄している。シリーズ戦のトラックワールドカップクラシックスや、年1回開かれるトラック世界選手権を主催するとともに、オリンピックではIOCと協力している。また、種目ごとにエリートカテゴリーの選手のランキングを毎年発表するのもUCIだ。

ホイールスポーツ

自転車トラックレース

自転車ロードレース

競技の概略

最も過酷なスポーツの1つ。名高いツール・ド・フランスをはじめとする大きなステージレースでは、世界トップクラスの選手たちがほんの数週間で何千キロも走破し、正真正銘肉体の限界にどこまで耐えうるかを競う。1日中サドルに座っていられることはもちろん、80km/hというスピードまで加速することや、急峻な峠道を登ることもできなくてはならない。だが、この競技の不思議なところは、そんな選手たちの大部分が、チームのエースのために喜んで個人の栄光を犠牲にしなければならない、という点だろう。

基礎知識

- 世界中で人気のスポーツだが、最も権威のあるレースは、ヨーロッパ大陸で行われている。
- 何日かけて行うステージレース、1日で終わるクラシック、タイムトライアル、クリテリウムなど、ロードレースにもいくつかの形態がある。
- 国際的運営組織はUCI。
- トップレベルの選手たちは、1～10月に世界各地で行われるUCIワールドツアーレースに参加し、ポイントのランキングを競う。

軽量ヘルメット
2003年、カザフスタンのアンドレイ・キヴィレフがレース中に命を落としたのを受けて、プロのレースでもヘルメット着用が義務化された。

チームジャージ
チームカラーの、体にぴったりフィットするジャージを着る。素材は、汗を吸収し、皮膚呼吸を妨げないもの。

スパンデックスのパンツ
ぴったりしたスパンデックスのパンツは、空気抵抗を最小にするだけでなく、大腿とサドルがこすれて股擦れを起こすのを防ぐ。鼠蹊部を保護するためのパッドつき。

指切りグローブ
路面から受ける振動を軽減するためにグローブを着ける。顔やサングラスについた汚れを落とすのにも使える。

シューズとペダル
クリートでシューズがペダルにしっかり固定される。人と自転車ががっちりと一体になっている。

選手の特徴
運動強度の高い、過酷なスポーツなので、体にはとてつもなく大きな負担がかかる。長い距離がんばり続けることができなければならない。さらに、筋力、強靭な心肺能力、心の準備も要求される。カギを握るのはトレーニングと栄養。炭水化物の多いバランスの取れた食事を摂り、週に数百キロ走り込む。

一般道

ロードレースは普通の道路で行われる。タイムトライアル以外は、全選手が一緒にスタートするマススタート。決められたコースを走るが、距離は、レースのタイプによってさまざまだ。目標はフィニッシュラインを一番に通過すること。チームの人数は8〜10人。メンバーが協力し合って、エースを勝利に導く。

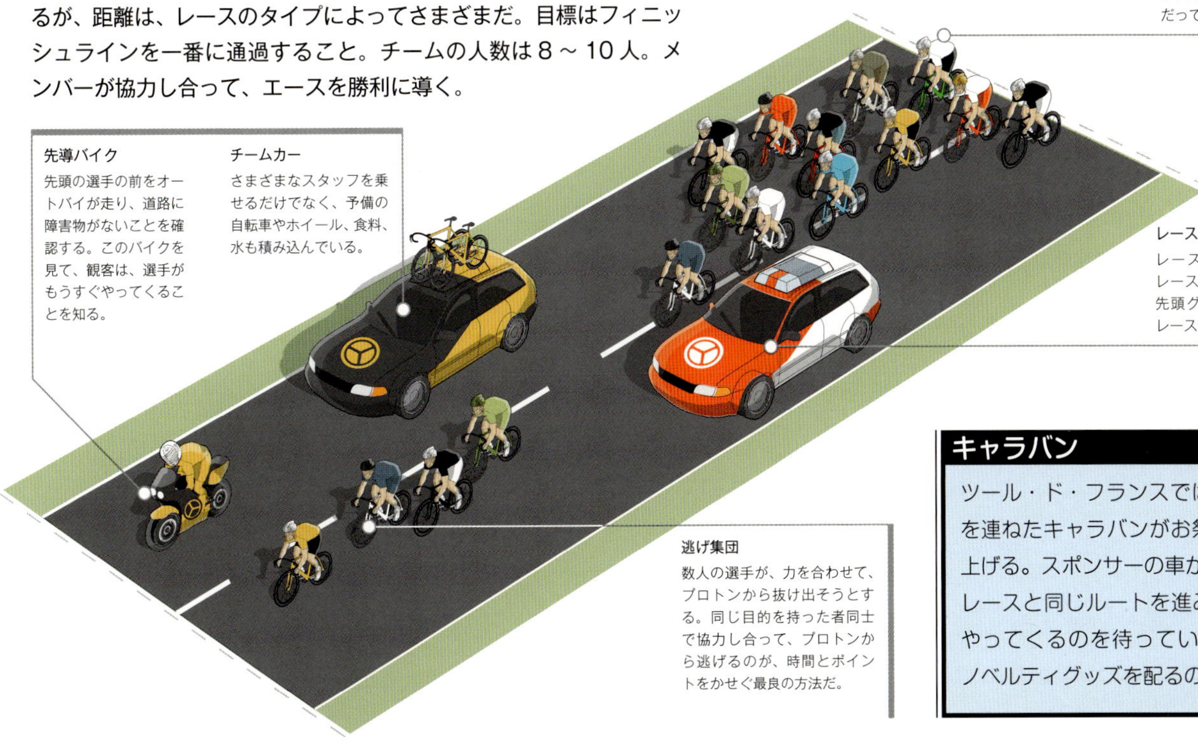

先導バイク
先頭の選手の前をオートバイが走り、道路に障害物がないことを確認する。このバイクを見て、観客は、選手がもうすぐやってくることを知る。

チームカー
さまざまなスタッフを乗せるだけでなく、予備の自転車やホイール、食料、水も積み込んでいる。

プロトン
メイン集団のことをプロトンという。アタックがあると、プロトンの選手たちは組織だって逃げ集団を追う。

レースディレクター
レースの運営を取り仕切るレースディレクターは、車で先頭グループの後ろを走り、レース全体の状況を把握する。

逃げ集団
数人の選手が、力を合わせて、プロトンから抜け出そうとする。同じ目的を持った者同士で協力し合って、プロトンから逃げるのが、時間とポイントをかせぐ最良の方法だ。

キャラバン
ツール・ド・フランスでは、宣伝用の車を連ねたキャラバンがお祭り気分を盛り上げる。スポンサーの車が隊列を組んで、レースと同じルートを進み、選手たちがやってくるのを待っている観客たちに、ノベルティグッズを配るのだ。

ホイールスポーツ

363

自転車ロードレース

自転車のテクノロジー

ワールドツアーで成功するために最低限必要なのは適性とコンディション。だが、テクノロジーの進歩も大きな役割を果たす。自転車のフレームには、カーボンファイバーや、チタンのような高価な金属が使われている。軽さと剛性（たわみにくさ）、頑丈さを両立するためだ。タイムトライアルでは、従来の自転車よりもはるかに空力特性の優れた、専用の自転車が使われる。

コミュニケーション
ディレクター・スポルティフ（チーム監督）は、レース中無線でチームに指示を出す。選手はジャージの下に無線機を着け、片耳にイヤホンを差し込んでいる。

ロードバイク
プロの選手は、軽く、強く、長時間続けて乗ってもあまり苦痛にならない自転車を使っている。クイックリリース機能がついているので、パンクしたホイールをすばやく交換できる。

軽量ホイール
内側の枠の高さが高いディープリム。ホイールがより円板に近い形状になることで空力特性を向上させるだけでなく、スポークが短くてすむ分、軽量化にも役立つ。

フレームとフォーク
大半のロードバイクのフレームはひし形。剛性の高いカーボンファイバーのフロントフォークがヘッドチューブと連結されている。少々の振動はここで吸収できる。

チューブラータイヤ
空気を入れるインナーチューブが、外側のゴムに縫いつけられている。ホイールのリムにゴムセメントで接着される。

ビンディングペダル
靴底のクリートがペダルにかちんとはまるようになっている。ペダルを踏むときだけでなく、引き上げるときにも最大限の力が伝わるように。

ブレーキ／シフトレバー
ブレーキと変速レバーが一体化され、最小限の動作で操作できる。

タイムトライアルバイク
個人タイムトライアル、チーム・タイムトライアルで使用される。スピードのためだけにつくられた自転車。空気抵抗の少ない姿勢が取れるように設計されており、乗り心地はまったく考慮されていない。ロードバイクよりも大きなギアがついているので、より高速で走れる。

ディスクホイール
スポークを組んだ昔ながらのホイールよりも、空力特性に優れる。

シートチューブ
ロードバイクよりも垂直に近い。体を縮めて空力特性に優れたポジションが取れるように。

DHバー
上半身の前方投影面積をできるだけ小さくして、空気抵抗を減らす。

ギア比
コースの特性に合わせてギア比を決める。平坦なコースなら低いギア比、勾配のあるコースなら高いギア比がよい。

シフトレバー
バーの先端にシフトレバーがあるので、ギアを変えている最中も、空力特性に優れたポジションが保てる。

データ集

ツール・ド・フランス総合優勝

回数	優勝者（国）
5回	ジャック・アンクティル（フランス）
5回	エディ・メルクス（ベルギー）
5回	ベルナール・イノー（フランス）
5回	ミゲル・インデュライン（スペイン）
3回	フィリップ・ティス（ベルギー）
3回	ルイゾン・ボベ（フランス）
3回	グレッグ・レモン（アメリカ）
2回	アルベルト・コンタドール（スペイン）
2回	ローラン・フィニョン（フランス）
2回	ベルナール・テヴネ（フランス）
2回	ファウスト・コッピ（イタリア）
2回	ジーノ・バルタリ（イタリア）
2回	シルヴェール・マース（ベルギー）
2回	アントナン・マーニュ（フランス）
2回	ルシアン・プティブルトン（フランス）

UCI世界選手権男子ロードレース

年	優勝者（国）
2012	フィリップ・ジルベール（ベルギー）
2011	マーク・カヴェンディッシュ（イギリス）
2010	トル・フースホフト（ノルウェー）
2009	カデル・エヴァンズ（オーストラリア）
2008	アレッサンドロ・バッラン（イタリア）
2007	パオロ・ベッティーニ（イタリア）
2006	パオロ・ベッティーニ（イタリア）
2005	トム・ボーネン（ベルギー）
2004	オスカル・フレイレ（スペイン）
2003	イゴール・アスタルロア（スペイン）
2002	マリオ・チッポリーニ（イタリア）
2001	オスカル・フレイレ（スペイン）

オリンピック男子ロードレース

年	金メダリスト（国）
2012	アレクサンドル・ヴィノクロフ（カザフスタン）
2008	サミュエル・サンチェス（スペイン）
2004	パオロ・ベッティーニ（イタリア）
2000	ヤン・ウルリッヒ（ドイツ）
1996	パスカル・リシャール（スイス）
1992	ファビオ・カサルテッリ（イタリア）
1988	オラフ・ルードヴィヒ（東ドイツ）
1984	アレクシー・グレウォール（アメリカ）
1980	セルゲイ・スホルチェンコフ（ソ連）
1976	ベルント・ヨハンソン（スウェーデン）
1972	ヘニー・カイパー（オランダ）
1968	ピエルフランコ・ヴィアネッリ（イタリア）

オリンピック男子タイムトライアル

年	金メダリスト（国）
2012	ブラッドリー・ウィギンズ（イギリス）
2008	ファビアン・カンチェラーラ（スイス）
2004	ヴィアチェスラフ・エキモフ（ロシア）

レースの形式とUCIワールドツアー

3週間もかかるステージレースから、1時間で終わるクリテリウムまで、レースの形式はさまざま。UCIワールドツアーに属するレースは、トップレベルの選手が出場する最も権威あるレースだ。3大グランツールや春のクラシックと呼ばれるレースもこれに含まれる。選手、チームそれぞれワールドツアーのレースの成績に応じてポイントが与えられ、シーズン終了時にポイントの多寡を競う。そのほかのメジャーなレースとして、毎年行われるUCI世界選手権と4年ごとに行われるオリンピックがある。

ステージレース

持久力を問う、究極のエンデュランス・スポーツ。各ステージは、ある地点からある地点まで移動するラインレースか、個人またはチーム・タイムトライアル。すべてのステージの合計タイムが最小だった選手／チームが総合優勝。最も権威のある3週間のステージレース（ジロ・デ・イタリア、ツール・ド・フランス、ブエルタ・ア・エスパーニャ）をグランツールと呼ぶ。

クラシック

グランツールが始まる前に、春のクラシックというワンデーレースが行われる。長いものは270kmと、ステージレースの1日分より距離が長いのが普通。さらに、厳しい上りや、走りにくい路面が含まれるのも特徴。パリ〜ルーベの間の石畳（パヴェ）は有名。

タイムトライアル

「真実のレース」と呼ばれるタイムトライアル。逃げも隠れもできない。個人タイムトライアルでは、1人ずつ走ってタイムが計測される。ステージレースには、この他にチーム・タイムトライアルが含まれるものも多い。チーム全員が1つの集団で走る。

クリテリウム

街中の一般道を通行止めにしたり、専用のサーキットをつくったりして行われる、高速の周回レース。1周5km未満が普通で、決められた時間（多くは1時間）内にどれだけ走れるか、あるいは決められた周回をどれだけ速く走れるかを競う。最終的な優勝者以外にも、中間スプリント賞が設定され、プライムと呼ばれる賞金が与えられる。

ツール・ド・フランス

最も古く、最も厳しく、最も権威のあるレース。第1回は1903年。21日間のステージには、平坦で高速で走れるコースもあれば、めまいのしそうな高い峠道もある。フランス全土をぐるりと回り、総走行距離は3500kmにもなる。最終目標は「マイヨジョーヌ」。総合タイムの最も短かった選手に与えられる黄色いジャージだ。

特別賞ジャージ

総合（GC）、山岳ポイント（KOM）、スプリントポイント、25歳未満の選手対象の新人賞。各カテゴリーでトップの選手は、特別なジャージを与えられ、プロトンがパリにゴールするまでそれを守るために努力する。

タイムトライアルのスタート
スターティングゲートから飛び出し、レースのスピードまで加速する。

個人タイムトライアル
体力、持久力が試される厳しいレース。時間との戦い。

イエロージャージ
「マイヨジョーヌ」は総合順位トップの選手に与えられる。

グリーンジャージ
「マイヨヴェルデ」は、スプリント争いで得られるスプリントポイントを最も多く持っている選手のもの。

水玉ジャージ
「マイヨブラン・ア・ポワ・ルージュ」。山岳王、つまり最も優れたクライマーに与えられる。

ホワイトジャージ
「マイヨブラン」。25歳未満で総合順位が最も高い選手に与えられるジャージ。

チーム構成

ほとんどのチームは、強いエースを中心に編成される。勝利の可能性が最も大きい選手だ。他の選手は、そのエースのサポートをすることが最優先となる。チームの中には、登りに強いクライマーや、スプリントに強いスプリンター、タイムトライアルのスペシャリスト、そしてドメスティークと呼ばれるアシストの選手がいる。ドメスティークの仕事は、逃げ集団からエースを守ることと、レース中チームメイトに食料や水を届けること。トップレベルのチームには、選手の他にも、さまざまなサポート要員がいる。ディレクター・スポルティフ、メカニック、ドクター、その他ソワニエと呼ばれる何でも屋のアシスタントなどだ。

集団をコントロールする戦術

ロードレースは、体力的に厳しいだけでなく、とても戦術的なスポーツだ。典型的なレースでは、1人または複数の選手が逃げを試みる。逃げ集団に入った選手たちは、プロトンから抜け出し、プロトンとのタイム差をできるだけ広げるために協力し合う。レース結果を左右する重要な要素が、プロトン内の協力体制。組織的に追走したいチームと、逃げ集団に入ったチームメイトが有利になるように、わざとペースを落としたいチームにわかれる。

ドラフティング

トラックレースの場合同様、エネルギーを節約する最善の方法がドラフティング。集団の先頭を走る選手は、風の抵抗を受けてたくさんの力を使う。前の自転車の後輪にぴたりとつけてドラフティングをすれば、スピードは同じでも30%もエネルギーを節約できるのだ。先頭を交代して、等分に仕事を分けあうのがロードレースの不文律。こうして先頭交代をしながらできるのがペースライン（下図）だ。

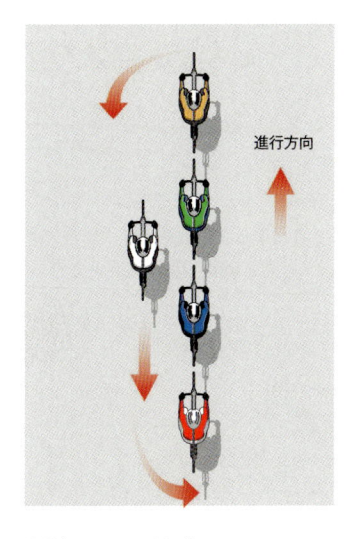

1列のペースライン
集団全員が縦1列に並ぶ。引き終わった選手が後ろに下がり、次の選手が先頭を代わる。

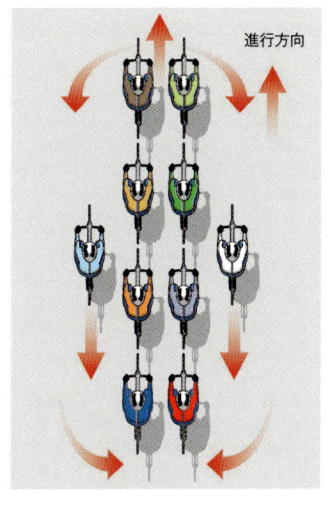

2列のペースライン
チーム・タイムトライアルでよく見られるペースライン。縦2列に平行に並び、2人の選手が先頭で引っ張る。この後、2人は外側に外れていき、すぐ後ろにいた2人が先頭になる。

エシュロン
横風が激しいときにできるペースライン。斜めに並んで走る。先頭を引き終わった選手は、風上側を通って後ろに切れていく。

山岳

山を登る力がなければステージレースでは勝てない。タイムをかせぐ、あるいは失うのは、勾配のある道の場合が多いからだ。山登りの力のほとんどは、選手のパワー・ウエイト・レシオ（単位重量に対する出力パワーの割合）で決まる。体重の重い選手と比べると、軽い選手は、自分の体を引き上げるのに必要な力が少なくてすむ。そのため、トップレベルのクライマーは、細身で体重の軽い選手が多い。反対に、スプリントが得意な選手は、筋肉量が多く、山岳ステージでは苦しい思いをしがちだ。一般に、長い登りでは、サドルに腰を下ろしたまま、頂上まで高いケイデンス（ペダルを回す速さ）を保つ。ダンシング（立ちこぎ）は、短い登りや、急勾配、アタックをかけて弱い選手を振り落とすときのために取っておく。

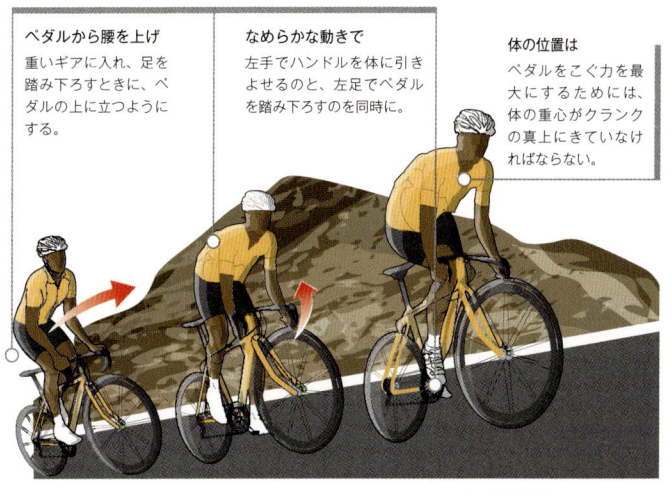

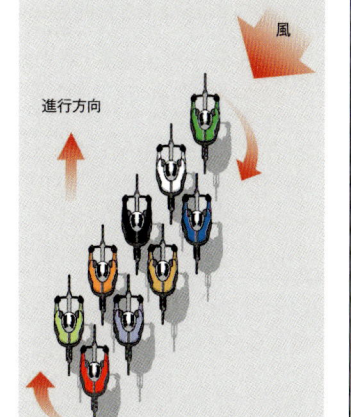

ペダルから腰を上げ
重いギアに入れ、足を踏み下ろすときに、ペダルの上に立つようにする。

なめらかな動きで
左手でハンドルを体に引きよせるのと、右足でペダルを踏み下ろすのを同時に。

体の位置は
ペダルをこぐ力を最大にするためには、体の重心がクランクの真上にきていなければならない。

アームストロング・スキャンダル

自転車競技には昔からドーピングスキャンダルがつきものだったが、なかでも最大の事件は、ツール・ド・フランスで7度の総合優勝を遂げたランス・アームストロングを巡るスキャンダルだろう。2012年、全米アンチ・ドーピング機構は、アームストロングが継続的かつ組織的にドーピングを行っていたと断じ、彼が持っていたツール・ド・フランスに関するすべてのタイトルを剥奪する。長年否認を続けてきたアームストロングだが、2013年、オプラ・ウィンフリーによるインタビューで、自身がドーピングをしていたことを告白した。

ナンバー・トリビア

34 勝：ベルギーの伝説的なサイクリスト、エディ・メルクスが持つ、ツール・ド・フランスのステージ優勝記録。

123,900 kcal：3週間のツール・ド・フランスで、平均的な選手が消費するカロリー。

33,000 ユーロ：プロ選手の最低年俸。

6.8 kg：UCIが規定する、プロ用のロードバイクの最低重量。

裏話

自転車ロードレースは、自転車そのものとほとんど同じくらい長い歴史を持っている。最初のロードレースは、1869年、フランスのパリとルーアンの間で行われた。1903年に第1回のツール・ド・フランスが開かれる以前に、男子はすでにオリンピック種目があったし、その人気はヨーロッパ中に広まっていた。アメリカやオーストラリア出身の選手たちの活躍によって、その人気は世界に広まっているが、近年のドーピングスキャンダルが暗い影を落としているのも確かだ。

UCI

1900年に創設されたUCIは、すべての自転車競技を統轄する国際的な運営組織。本部はスイスのエーグル。

基礎知識

- 競技としてのマウンテンバイク（MTB）は、クロスカントリー（XC）、ダウンヒル（DH）、フォアクロス（4X）、トライアルの4種目。エンデュアランスレース（長距離のクロスカントリー）は最近人気上昇中。
- 各種目とも、毎年、世界各地でシリーズ戦を行うワールドカップと、年1回の世界選手権がある。どちらも、UCIの公認を受けた大会。
- XCは1996年からオリンピック種目となったが、他の種目のオリンピック登場はまだだ。
- マウンテンバイクはどこで生まれたか。各国のサイクリストたちは、自国こそMTB誕生の地だと主張していて、議論の決着はついていない。だが、1970年代後半に、カリフォルニアの自転車愛好家たちがつくっていた「クランカー（かっこ悪い）」バイクが、MTBが登場するきっかけを与えたことは多くの人々が認めている。

選手の特徴

XCでは、レース終盤まで維持できる高い心肺機能とスタミナが必要。DHと4Xの選手は、ジャンプしたり、とっさに激しいペダリングを繰り返したりすることから、上半身、下半身ともに強靭でなければならない。トライアルでは、完璧なバランス感覚と完璧な操縦テクニックが必須。

軽量ヘルメット
必ずヘルメットを着用しなければならない。XC、トライアル、4Xで使うのは、軽い発泡スチロール製だが、特に頭部の保護を必要とするDHでは、フルフェイスのヘルメットを使う。

通気性のあるウェア
激しい運動をするので、ウェアの通気性は非常に重要。XCの選手はぴったりフィットするスパンデックス製のものを着るが、他の種目ではゆったりと余裕のあるウェアが好まれる。

ギアは複数
マウンテンバイクには最大27枚までギアがつけられる。上り下りのあるXC用は、4X、DH、トライアル用よりも枚数が多め。

ビンディングペダル
スキーのビンディングのような機構でシューズに取りつけるタイプのペダルを使う。

太いタイヤ
ダートや石がごろごろ転がっている地面をしっかり捉えるために、大きな凹凸のあるブロックタイヤを使う。

マウンテンバイク

競技の概略

自転車競技のなかでは最も新しいMTB。1970年代後半に生まれてから、UCI公認の世界選手権が初めて行われた1990年までの間に、その人気は急速に広がり、1996年にはオリンピック種目にまでなった。このスポーツの真髄は、ライダーが、そのテクニックと身体能力を駆使して、コースの路面と真っ向勝負をするところ。タイムを競う種目がほとんどだが、トライアルだけは審判の判定で勝敗が決まる。

ハイテク機器

マウンテンバイクに関するテクノロジーは、他の競技用自転車と比べると、短期間で飛躍的な進化を遂げた。カーボンファイバーやチタンのフレーム、油圧式ディスクブレーキ、内装変速機など、より軽くより速い自転車の追求は、新しい技術を次々に生み出している。なかでも注目はサスペンションだろう。初めは、重たい、無意味だ、などと笑いものにされていたが、今やサスペンション無しで試合に出る選手はいない。

トラベルの長いサスペンション
ダブルクラウンフォークは、大きな衝撃を受け止められるように設計されている。

前輪のサスペンション
フロントフォークにサスペンションがついて、荒れた路面をより速く走れるようになった。

ハードテールMTB
フロントフォークにだけサスペンションがあり、後ろに衝撃を吸収するものがないMTBをハードテールという。XCと4Xに適している。

すばやく停止
オートバイのものと同じ、油圧式のディスクブレーキが、確実なブレーキングを保証する。

フルサスペンションMTB
サスペンションの動く距離（トラベル）が長いフロントフォーク、サスペンションフレーム、油圧式のディスクブレーキ。これがあれば、急坂を猛スピードで下るのも楽しい。

強力なバネ
フルサスペンションのMTBの心臓部はショックアブソーバー（単にショックとも）だ。後輪からの衝撃を吸収してくれる。

クロスカントリー

クロスカントリーは、MTBを使う競技のなかでは、おそらく最も人気があるのではないだろうか。他の種目で必要とされるような特別な装備や特殊な技術がなくても楽しめるからだ。起伏のある周回コースを決められた回数走って、最初にゴールした者が勝つ。最近は、6時間、12時間、24時間、「夜明けから日没まで」といったマススタートの耐久レースもある。また、25km、50km、75km、100kmの「マラソン」、2日間以上続くレースやステージレースも行われている。

ナンバー・トリビア

0 点：トライアルで、「クリーン」にラウンドをこなした選手に与えられる最高点。片足、あるいは両足を地面に着けたり、制限時間を超えたりすると減点される。5点が最低点。

19,500 m：アルプス横断レースで登る標高差の合計。エベレストの2倍以上登ることになる。8日間かけてアルプスを横断するこのレースは、MTBのステージレースのなかで最も過酷なレースの1つだ。

254 mm：DH用のフルサスペンションMTBの平均的なサスペンションが可動するトラベル。

ダウンヒルとフォアクロス

DHは、スキーの滑降種目のMTB版。1人ずつ、山の斜面の頂上から出走して、谷底のゴールまでのタイムを競う。タイヤとサスペンションの選択と、コースの中での正確なライン取りが勝敗を分ける。コーナーでどうラインを短縮するか、障害物をどう跳び越えるかで、数秒ずつタイムが違ってくる。4XはDHを応用した種目で、4人の選手が同時に走って順位を競う。コースは短い下りだが、ジャンプや急斜面、傾斜のあるコーナーなど、選手の技量を試す要素が散りばめられている。

トライアル

身のこなし、勇気、芸術性を競う。車輪径によって、20インチと26インチの2つのクラスがある。バニーホップや、ウィリー、じっと動かずに止まったままでいるトラックスタンドといった、まるでバレエのような技を駆使しながら、連続する障害物を越えていく。足が地面に触れてはいけない。採点項目は、技術、表現、独創性。足をつくと減点。

立ちなさい、バルト卿

初代のオリンピック金メダリストに輝いたのは、バルト・ブレンチェンス。1996年のアトランタ大会だ。アトランタに向かって出発したときには平民だったが、金メダルを持って故郷のオランダに帰国するとすぐに、ナイトの爵位を授与された。

バニーホップ

MTBで最も基本的な技術。岩や丸太などの障害物を跳び越えて、貴重なタイムを節約するために、どんな状況でも使える技だ。トライアルでも重要な役割を果たす。障害物から障害物へ、走らずに跳び越えてしまうこともできるからだ。

まっすぐ前進
一定の速度で前進、腰をサドルから上げ、体は前傾、クランクは水平に。

前輪を持ち上げる
ハンドルに体重をかけてから、すばやく上に持ち上げる。上半身を後ろに反らせて。

後輪を引きよせる
足を上に引き上げて、後輪を引きよせる。それから足を後ろにつき出して、丸太を跳び越える。

静かに着地
両輪を同時に着地させる。ひじと膝を曲げて、衝撃を吸収する。

高みへ

XCのレースが行われるのは、丘陵地帯。高山でやることも少なくない。速く下ることばかりでなく、効率よく登る能力も必要だ。ダンシングをすると、一瞬のスピードは速くなる。だが、サドルに腰を下ろしたまま、スムーズなペダリングをしてエネルギーを節約する方が得策だ。

効率のよい登り
効率よく山を登るコツは、体重を両輪に均等に分散させること。これで両輪とも、地面をとらえる力が最大になる。

体重は中央に
両輪の間、自転車の中央に重心がくるように。

円を描く
ペダルがなめらかに円を描き続けること。タイヤに送りこむパワーが一定になる。

裏話

MTBの競技を統轄するのはUCI。本部はスイス。国対抗のワールドカップや世界選手権を開催するのはUCIだが、国内大会は、UCIに加盟する各国の自転車競技連盟が開催する。

ホイールスポーツ

マウンテンバイク

ナンバー・トリビア

16.2 秒：イタリアのグレゴリー・ドゥジェントが、世界スピードスケート選手権で出した200mの世界新記録。

12,000 m^2：世界最大のスケートパークの広さ。ボウル、バンク、レールなどを複数完備。2005年上海に完成。

8,000 人：2007年にソウルで行われたインライン・ワールドカップの開幕を飾った40kmレースに出場した人数。

2,410 万人：このスポーツの人気が絶頂期を迎えていた1999年に、インラインスケートを楽しんだアメリカ人の数。2010年には、この数は推計1000万人にまで減少している。

ローラースケート

競技の概略

19世紀にひっそりと始まったローラースケートだが、現在までに驚くほどたくさんの種目が誕生した。インラインスケート、スピードスケート、クワッドスケート、アグレッシブ、ローラーダービー、ローラーホッケー、フリースタイル、アーティスティック等々。街中の路上でも、田舎道でも、あるいは屋内外のトラックや専用コースでも、練習場所はどこにでもある。余暇に楽しむ人のためにも、プロになった選手のためにも、地方、国、世界、さまざまなレベルの選手権大会が開催されている。

スピードとスタミナ
インラインスケートを、遊びでのんびりやるのではなく、人と真剣に競い合いたいのなら、スピードで勝負するスプリントか、スタミナと持久力の限界を試すマラソンかを選ぼう。

鋭角で
トラックのコーナーを高速で滑っていくとき、体を斜めに倒して、勢いを殺さないようにする。

流線形のヘルメット
スピードスケートでは、空気抵抗を減らすために流線形のヘルメットをかぶる。事故の際頭部を保護する役割もある。

ぴったりしたウェア
体にフィットしたジャージとパンツが空気抵抗を減らす。

ソックス
丈夫ではき心地がよく、ぶ厚くないスピードスケート用のソックスがある。

スピードスケートのトラック
スピードスケートはトラックで行われることが多い。屋内トラックも屋外トラックもどちらもある。同じ長さの2つのストレートを、半径の同じカーブが左右対称につないでいる。平面のものと、カーブにバンクが切ってあるものとがある。

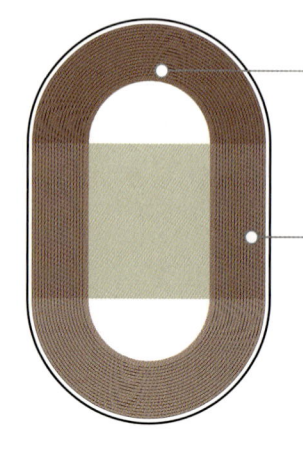

トラックの長さ
125mから400mまで。

路面
凹凸がなく、滑りやすくないこと。材質に制限はない。

基礎知識

→ クワッドスケートは、1863年、ジェームズ・プリンプトンが編み出した。平行に並んだウィールが2組ついていて、後ろ向きに滑る、ターンする、なめらかにカーブを描く、といったことができた。

→ スコット・オルソンがローラーブレード社を設立して、スケートの大量生産を始めてから、「ローラーブレード」は、インラインスケートと同義語として扱われるようになった。

スケートの種類

靴の部分、フレーム、ウィール、それぞれいろいろなタイプがあるので、どんな使い方をするか、どんな路面を滑るかに合わせたさまざまなスケートが手に入る。インラインスケートは、アルミ製のフレームに最大6個のウィールがつく。ウィールはポリウレタン製で、直径は7.8～10cm。ブレーキも装着できる。

アグレッシブ用
アグレッシブでは、さまざまなトリックやスタントを行うので、スケートがいろいろなところにぶつかる。グラインドプレートのついた、丈夫なインラインスケートを使う。

足を保護する
アグレッシブ用スケートの靴の部分は、丈夫で、足を保護する形状。柔軟な動きに対応できるだけでなく、足をしっかり支え、はいていて楽であること。

小さめのウィール
スピードスケート用のウィールよりも硬い。さまざまな滑り方を可能にするために、小さめ。

スピードスケート用
一人ひとり自分に合わせてカスタマイズする。共通の条件は、軽いことと、できるだけ足にぴったりフィットしていること。

ぴったりフィット
靴の部分は柔らかい。革製が多い。足首の部分は浅め。

硬いウィール
レクリエーション用のウィールに比べると硬い。そのほうがスピードが出る。

世界スピードスケート・レース

国際スピードスケート委員会（CIC）主催で、インライン・スピードスケートの世界選手権が行われている。CICは国際ローラースポーツ連盟（FIRS）の技術部門を担当する下部組織だ。男子、女子、ジュニア、シニアのカテゴリーにわかれ、スプリント、タイムトライアル、エリミネーションレース、リレー、マラソンの種目がある。団体戦があるのは、タイムトライアル、追い抜きレース、リレー。

アグレッシブ・インラインスケート

エクストリームスポーツであるアグレッシブは、かなり以前から、サブカルチャーとして、各地で楽しまれ、地域や国レベルの競技会もあった。特に盛んなのは、アメリカ、オーストラリア、ブラジル、日本。ヨーロッパでは、オランダとスペイン、イギリスで人気だ。アメリカで夏と冬に開かれるアクションスポーツの祭典である、Xゲームズでも、かつてはヴァート、ストリート、ダウンヒルが行われていたが、2005年に、これらは種目から外される。その年、9カ国のアグレッシブスケーターと後援者が集まって、国際インラインスタント協会を設立。このスポーツの振興をはかることになる。

街をみんなで滑ろう
大都会のにぎやかな通りを占領して、大勢でローラースケートを楽しもうというイベントが定期的に行われている。2000年に始まったロンドン・ストリートスケートでは、交通を遮断し、訓練を受けた50人の警備員に先導されて、1000人もの人が街を走り抜ける。世界最大規模のストリートスケートは、1994年に始まったパリ・ローラー。

ヴァート、ストリート、パーク

アグレッシブ・インラインスケートは3タイプに分けられる。ハーフパイプで空中技を披露するヴァート。縁石や手すり、階段を利用するストリート。そして、パークは、スケートパークで行う。スケートパークは、スケートボードやBMXと共用のことも多い。

トリック、スタント

フリースタイルとも呼ばれるアグレッシブの特徴は、バリエーションに富んだトリックやスタント。多くは危険のともなう技だ。コンクリートや鉄棒でできた手すりのような障害物を滑り降り、グラインドという技もよく行われる。

リストガード
スロープや街中を滑るときなど、しっかり体を保護したい場合は、リストガードも着ける。

ニーパッド
危険な技にトライするなら、滑り落ちないようにマジックテープできちんととめられるニーパッドが必要。

立つ、進む

インラインスケートをする人たちは、何をやりたいか、どんな経験があるかに応じて、それぞれ自分なりのテクニックを身につける。とはいえ、数は多くないが、すべての人に共通するテクニックもある。立つ、止まる、ターンする、足でけって進む、惰性で滑走する、といった技術だ。多くのスケートには、後ろにヒールブレーキがついている。なかには、手で引っぱるひもがついているものもある。ブレーキの使い方を身につければ、事故の防止に役立つだろう。

より高速で
スピードスケートでは、肩をひねったり回転させたりせずに、腕を前後に大きく振って、前進の勢いをつける。スピードスケートの選手は、右足と左足を独立して動かす技を身につけている。体の中心が足の真上になければならない。右足を下ろし、次に左足を右足の延長線上に出して下ろしたときには、右足は外側にけり出されている。後ろにけるのではなく、横にけり出すところが重要。最後にかかとをすっと回して1歩が終わる。これを力を入れず楽な体勢で繰り返す。

裏話
多くのチームのインラインスケーターが、FIRSの後援で毎年行われるインライン・ワールドカップに参加している。年間を通じて各地を転戦し、ポイントを集めていく。その年の最後に最も多くのポイントを持っている選手がチャンピオンだ。

ホイールスポーツ

ローラースケート

選手の特徴

スピード感あふれるスポーツなので、積極果敢で機敏な人が求められる。試合中は終始、急停止、急発進、方向転換の連続だ。ローラースケートをはいたまま、バランスをくずさず、複雑な動きをすることができなければならない。

ウェア
軽量の半袖シャツとショートパンツ。サッカーのウェアに近い。

足用防具
膝当ての他、ハイソックスの下に脛当てを着ける。

スケート
リンクホッケーでは、昔ながらのクワッドスケートを使う。

グローブ
パッドの入ったグローブで手を守る。

スティック
先の曲がった細長い木製のスティックでボールを扱う。

ローラーホッケー

競技の概略

スケートをはいて行う、スピード感あふれる激しいスポーツ。リンクホッケーとインラインホッケーの2タイプがある。戦術や基本規則はほとんど変わらない。2つのチームが、ボールまたはパックを打ち合い、相手ゴールに入れる。ただし、試合場と用具に違いがある。リンクホッケーは、南ヨーロッパで人気のプロスポーツ。一方、インラインホッケーは、北米のほうが盛んだ。

インラインホッケーの道具類

インラインホッケーとリンクホッケーでは、用具が異なる。インラインでは、ヘルメットをかぶり、ウィールが1列に並んだスケートを使う。スティックも長め。ボールまたはパックが使用される。ゴールキーパーのグローブも、ボールをはじき返しやすい平らなものではなく、キャッチングのしやすいもの。

インラインスケート
インラインホッケー用のスケートは、フレームが金属で、多くの場合ウィールは4個だが、5個のものもある。後ろのウィールは、前のものよりも大きくできている。普通のインラインスケートとは違って、ブレーキがない。

パックとスティック
プラスチックでできた硬いパックか、直径約7cmのボールを使う。スティックの素材は、木、アルミ、グラファイト。カーボンファイバーを一部に使ったものもある。

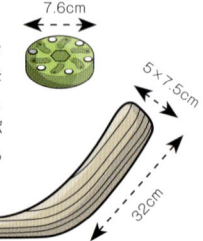

7.6cm
5×7.5cm
32cm
163cm

基礎知識

→ 第二次世界大戦まで、国際大会はイギリスの独壇場。その後、スペイン、ポルトガルといったラテン系の国が力をつけてきた。

→ スペイン、イタリア、ポルトガル、アルゼンチン、ブラジルには、リンクホッケーのファンが数多くいる。

→ インラインホッケーはアメリカで始まった。アイスホッケーの選手がシーズンオフのトレーニングに利用した。

ナンバー・トリビア

60 カ国：ローラーホッケーが行われている国の数。

15,000 人：1992年夏のバルセロナ・オリンピックでローラーホッケーの決勝戦を見に来た観客数。この時は公開競技だった。

15 回：スペインとポルトガルがリンクホッケーの世界選手権でそれぞれ優勝した回数。

ホイールスポーツ

371

ローラーホッケー

試合場
インラインホッケーのリンクは、アイスホッケーのリンクとまったく同じ大きさ。リンクホッケーの標準的なリンクについては下図参照。コーナーは曲線で、高さ1mのフェンスに囲まれている。

赤のライン
赤チームの、アタッキングゾーンとアンチゲームゾーンの境界線。自陣のアンチゲームゾーンでボールを保持している選手は、10秒以内にアタッキングゾーンに突入しなければならない。

青のライン
青チームの、アタッキングゾーンとアンチゲームゾーンの境界線。アタッキングゾーンは、ゴール裏フェンスから22mまで。

1 ゴールキーパー
体中に防具をつけたゴールキーパー。リンクホッケーでは、ヘルメットを着けるのはゴールキーパーだけ。敵のボールまたはパックがゴールに入るのを阻止する。

2 センター
攻撃担当。試合開始時と得点が入った後にセンターラインでフェイスオフを行うのは、センターの選手。

3 ウィンガー
攻撃の中心となる。得点を入れるのも、ウィンガーが多い。

4 ディフェンダー
ディフェンダーは2人。相手チームの得点を防ぐ。

5 審判
試合中は、2人の審判がリンク内で試合を監視。反則を見つけ、ペナルティを与える。

リンク表面
凹凸がなく、しかも滑りにくいこと。木製のリンクが多いが、セメントの場合もある。

センターライン
リンクの中央を示す線。

ゴール
ボールを逃さないように、ネットがかぶせられ、床との境目にはバーが渡されている。

1.05m
1.7m

ペナルティエリア
9m×5.4m。このエリア内で反則があると、ペナルティスポットからのフリーシュートが与えられる。

ダイレクトシュート
4つの×印（C地点）は、反則があったときに与えられる、ダイレクトシュートを打つ場所を示す。

スコアラー
ゴールした得点数の公式記録をつくる。

時計係2人
1人はペナルティの時間を計り、もう1人は、試合全体の時間を計っている。

ゴールとゴールマウス
床に固定されているわけではないが、たいへん重いので、試合中に動いてしまうことはない。ゴールポストと前部バーは蛍光オレンジ、それ以外の部分は白く塗られている。ゴールキーパーは、半径1.5mの半円の中に陣取る。

リンクホッケー
1チーム5人で、2チームが対戦する。チーム構成は、ゴールキーパー、センター、ウィンガー、ディフェンダー2人。控えのキーパーを含め、最大10人までがベンチに入れるので、選手交代は頻繁に行われる。試合は20分ハーフ。ハーフタイムは10分間。オフサイドのルールは国によってまちまち。たとえば、アメリカではオフサイドを取らない。

インラインホッケー
同じく5人1チーム。ベンチ入りできるのは14人まで。20分ハーフでハーフタイムは5分。同点の場合は延長戦が行われる。それでも決着がつかなければPK戦。ルールはアイスホッケーと同じだが、オフサイドは取らないので、あまり試合が止まることなく、プレーが連続する。リンクホッケーの場合同様、意図的に体で相手を止めたり（ボディーチェック）、相手の体をつかんだりといった反則を犯すとペナルティが与えられる。

路上でも
ロードホッケーは、アメリカやカナダで、路上で行われていたローラーホッケーから進化した。デックホッケー、ボールホッケーと呼ばれることもある。1970年ごろからプレーされるようになり、やがてリーグが組織され、選手権も行われるようになると、屋内、屋外のリンクで、正式なスポーツとしてプレーされるようになった。

裏話
ローラーホッケーの歴史は、1870～80年代のイギリスまでさかのぼる。1901年には、ヨーロッパ中でチームが結成されるようになった。インラインホッケーが発展してきたのは1990年代。1980年代にインラインスケートが発明されてからだ。第1回男子インライン・ローラーホッケー世界選手権が開催されたのは2005年のシカゴ。女子は、2002年にニューヨーク州ロチェスターですでに第1回大会が行われている。2005年には、インライン・ローラーホッケーがワールドゲームズの正式種目になった。

FIRS
リンクホッケーとインラインホッケー両方を統轄する国際運営組織。リンクホッケーの世界選手権は2年に1度。インラインホッケーの世界選手権は毎年開催されている。

スケートボード

競技の概略

世界中でたいへん多くの人々が、趣味でスケートボードを楽しんでいる。なかには、移動手段として使っている人もいる。数は少ないが、競技会に出場して技を競うトップ選手もいる。競技会では、創意あふれるアクロバティックなトリックやフリップを披露して、その独創性と技術が採点される。メディアとの相性もよく、多くのスポンサーがつくスポーツ。メジャーな大会になると、大勢の観客が会場を訪れ、またテレビで観戦する人も多い。

ハーフパイプとレール

さまざまなタイプの競技があり、それぞれ競技の場が違う。おそらく最も派手なのはハーフパイプだろう。ヴァート（ヴァーティカル＝垂直の略）と呼ばれるU字型半円筒状の急なスロープだ。この中を行ったり来たり滑りながら、飛び上がり、空中でトリックを演じる。フリースタイルの試合でも、さまざまなトリックが見られるが、こちらは平らなフロアで行われる。ストリートでは、縁石や手すりなどの上を滑る技術が試される。コーンを置いてつくったコースをうまく走り抜けるスラロームという種目もある。

基礎知識

→ スケートボードの原型が生まれたのは、1940～50年代のアメリカ。ローラースケートのウィールを板に取りつけたり、キックスケーターのハンドルを外したりしたものだった。

→ 1950～60年代、カリフォルニアで大ブームが起こる。サーフィン文化とは密接なつながりがあり、「ストリートサーフィン」、「サイドウォークサーフィン」などと呼ばれることも多かった。スケートボードがスポーツとして歩み始めたのは1970年代。

→ 製造技術の進歩によって、より動きやすく、操作しやすいボードがつくられるようになり、ボーダーたちは、どんどんアクロバティックな技にチャレンジしていった。

ナンバー・トリビア

1,250 万人：世界中でスケートボードを楽しんでいる人の数（2000年アメリカのある調査による推計）。

10 個：最も高いレベルの大会の1つ、Xゲームズのヴァート競技で、トニー・ホークが獲得した金メダルの数。ホークは、おそらく世界で最も有名な、最も成功したボーダーだろう。

900 度：1999年、初めてナインハンドレッド・ターンを成功させたのは、トニー・ホーク。セブントゥエンティ・ターンやファイブフォーティ・ターンよりもできる人は少ない。

Z-ボーイズ

1970年代、カリフォルニアで、伝説的なスケートボードチーム、Z-ボーイズのメンバーが、水を抜いたプールの壁を使ってトリックを練習していた。これが、ヴァートの始まりだ。

バックサイド・グラブ・ファイブフォーティをしよう

図に示したのは、バックサイド・グラブ・ファイブフォーティというトリックだ。片手でボードをつかんだまま空中で540度のターンをする。もう一方の腕は、回転の勢いをつけるために使う。ボードがハーフパイプに接したところで手を離す。

安全ヘルメット
けがを防ぐために、衝撃を緩衝するヘルメットは必須。外側は軽量プラスチック、内側は、頭に密着するように詰めものが入っている。

ニーパッド
よく伸びて膝上から下まですっぽり覆う柔軟な発泡ゴムの部分と、膝そのものを保護する硬いプラスチックでできている。

ヴァートリップ
グラインド（角をボードでこするように滑る）、ワンハンデッド・ハンドスタンド（片手逆立ち）など、壁の縁（リップ）で行うトリックもある。

ヴァートウォール
垂直部分の高さは3～4m。

ハーフパイプの表面
木の枠に、メゾナイトという、植物繊維を圧縮成形したなめらかな板が貼られている。

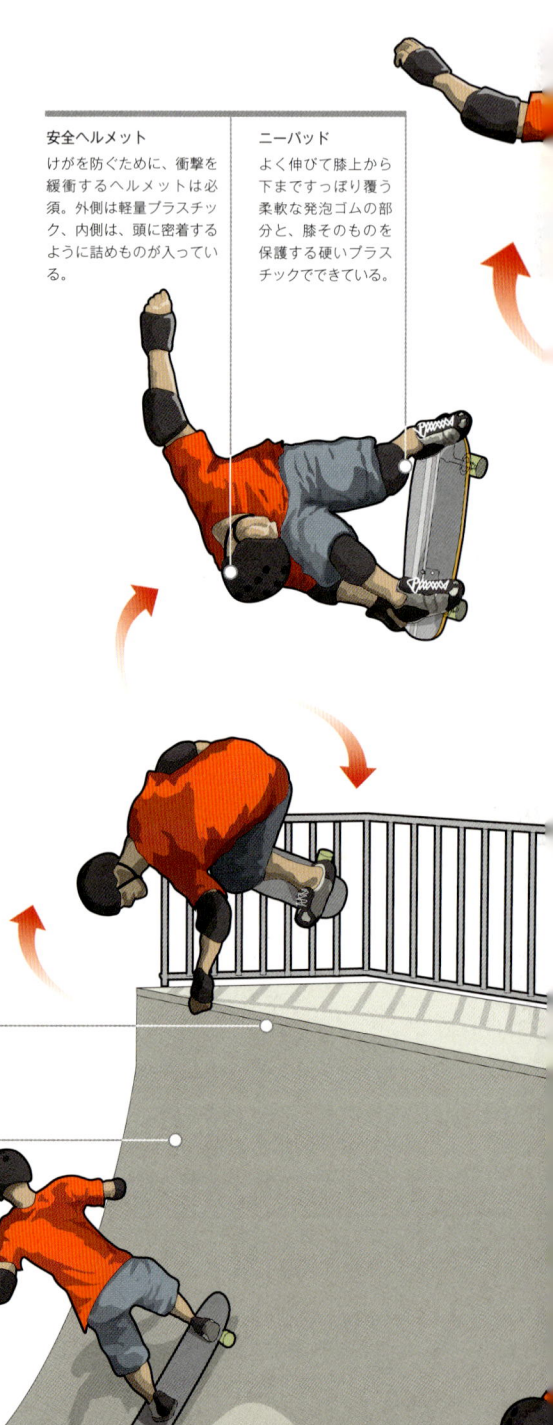

ホイールスポーツ

スケートボード

選手の特徴
技術的に難しいトリックを成功させるには、バランス感覚が優れていること、完璧にタイミングを計ること、体の各部分の協調がしっかりできていること、筋肉を思った通りにコントロールできることが必要。さらに、審判をうならせるような、オリジナリティのあるトリックを考え出せるだけのセンスと想像力も必要になる。

スケートボード
一般的なサイズは、長さ76〜79cm、幅20cm。板の部分（デッキ）には、滑り落ちないようにデッキテープが貼ってある。

エルボーパッド
ニーパッドと同じような構造。これに加えてリストガードを着ける人も多い。

スケートボードと防具
用具をめぐるテクノロジーの発達とともに、競技スポーツとしてのスケートボードは発展してきた。1970年代に、ポリウレタン製のウィールが導入されたことで、ボーダーのパフォーマンスは飛躍的に向上。それにともなって、スケートボード人口も大きく伸びた。どうしてもけがの多いスポーツなので、体を保護する防具も絶対必要だ。ヘルメット、ニーパッド、エルボーパッド、滑りにくいシューズ、どれも非常に重要。

スケートボード
グラスファイバーやポリプロピレンのものもあるが、木製が一般的。人気はカエデ材。多くのデッキは、薄いベニヤ板を7枚、圧縮して貼り合わせてある。

デッキ
板の部分をデッキという。両端が少し上にカーブしている。前側をノーズ、後ろの部分をテールという。

小さなウィール
ポリウレタン製。直径5〜6.5cm。

トラック
デッキの底についていて、車軸をはめる部分。前後は33〜38cm離れている。

トリック
ストリートのトリックは、平らなフロアで行うので、ハーフパイプと比べると、あまりダイナミックに見えない。だが、要求される技術は非常に高い。基本となるのは、オーリーとグラインド。グラインドは、オーリーで手すりにとび乗り、トラックの部分を使って滑り降りる技。

オーリー
ボードごと垂直に跳び上がる技。ストリートで障害物を飛び越すときなどに使う。

テールをける
テールを上からけり下ろして、体を浮かす。

前足を前へ
前足をノーズまで上げて、ボードを持ち上げる。

水平に
ボードが水平になるように、後ろ足も上げる。

裏話
スケートボードには、国際的な運営組織がない。社会のルールに反抗したい若者文化に深く根ざしたスポーツだけに、そのような規則を管理する団体とはなじまない、と考えるボーダーも多い。だが、競技会の有無はスポーツの存立にかかわってくる。公式の競技会が初めて行われたのは、1965年のカリフォルニア。ヨーロッパでは、1977年のドイツが初めて。現在、最も人気のある大会はXゲームズだろう。

Xゲームズ
スケートボードの大会の中で最も知名度が高いものの1つがXゲームズ。スノーボードなど他のエクストリーム・スポーツも行われるこの競技会は、1995年から毎年開催されている。

モーター
スポーツ

10

基礎知識

→ 各グランプリは、膨大な数の熱狂的ファンが現地で観戦し、ほぼ全世界で何億人もの人々がテレビ観戦する。

→ F1は1946年に確立され、最初のレースが行われた。第1回F1世界選手権は1950年に開催。

→ 国際自動車連盟（FIA）は、F1レースの運営組織。

競技の概略

モータースポーツの最高峰フォーミュラ1（F1）は、1年を通じて世界中のサーキットで開催されるスリリングな高速グランプリレースだ。マシンのコンストラクターとドライバーは、厳しく施行されるレギュレーション——安全性と公平性のニーズの変化に合わせて絶えず変更される仕様の規格——を遵守しながら、ライバルに勝つための先端技術を求めて競い合う。そして、シーズンを通して最多ポイントを獲得したドライバーとコンストラクターが、F1世界チャンピオンに輝くのだ。

ドライバーの安全

レースのレギュレーションは、ドライバーの安全を最優先する。セーフティセル、シートベルト、カーボンファイバー製のシャーシとボディは、万一事故が起きてもドライバーをけがから守る。ドライバーは、炭化水素火災に耐える優れた耐燃性繊維であるノーメックス製のスーツと、その他の付属品を身につけなければならない。

F1カー

卓越した工学デザインと最先端テクノロジーから生まれたF1カーは、空気力学、電子工学技術、タイヤ、サスペンションの精密なバランスをとることで成り立っている。

蝶ネクタイ

粋なイギリス人ドライバー、マイク・ホーソーンは1958年のF1世界チャンピオン。ときに蝶ネクタイを身につけ、独特の笑顔をまとってレースに挑んだ。

ドライバーの特徴

ドライバーは、暑く狭苦しく騒音が激しいきわめて危険な状況の中、高速で競い合う。この過酷さに対処できるように、体力と強い精神力が必要だ。また、最高のドライビング技術、度胸、優れた反射神経を兼ね備え、チームと緊密に連携し、レース状況に合わせてチームの作戦をすばやく変更する能力も欠かせない。

グリップのよいタイヤ
タイヤの精密成形により、グリップとコーナーリングスピードが向上。

リヤウィング
リヤウィングの空気力学的効果により、マシンにかかるダウンフォースが増す。

吸気口
エンジンの吸気口は、ドライバーの頭の真上にある。

セーフティセル
シャーシつくりつけのセーフティセルは、後ろに燃料タンク、前に保護構造がついたコックピット。

HANS
頭と首への衝撃を減らし、けがから守る。

スーツの下
スーツの下の下着は、耐火性を高める。

ブレーキシステム
カーボンファイバー製のディスクブレーキは、110km/hで走行するマシンを18m以内に停止できる。二重安全ブレーキ搭載。

ドライビンググローブ
グローブは耐火性で薄いので、ハンドルの感触がつかめる。

クラッシュヘルメット
ヘルメットとバイザーは、480km/hで飛び交う物体に耐えられる。

肩
事故の際に、両肩の取っ手を持って、ドライバーをコックピットから引きずり出すことができる。

レーシングブーツ
耐火性ブーツはグリップがよく薄いので、ペダルをうまくコントロールできる。

パワフルなエンジン
4ストロークV8エンジンは、排気量2.4ℓ。

フロントサスペンション
マシンのフロント部分を支え、タイヤと路面との接地具合を決める。

フォーミュラ1

ナンバー・トリビア

5 秒：F1カーが停止状態から160km/hまで加速し、再び停止状態に戻るのにかかる秒数。300km/hで走行するマシンは3.5秒未満で完全に停止できる。

23 歳：セバスチャン・ベッテルが最年少でF1世界チャンピオンに輝いたときの年齢。F1フルシーズン3年目の2010年にタイトルを獲得した。

320 km/h：F1カーが直線トラックで到達する時速。

20 戦：F1の2012年シーズンのグランプリレース数。そのうち、ヨーロッパ以外のレースは、インド、マレーシア、中国、オーストラリア、バーレーンなど12戦。

7 回：ミハエル・シューマッハがF1世界チャンピオンに輝いた記録的な回数。統計的に世界で最も偉大なドライバーだ。

接触面

F1カーは、大きなダウンフォースの荷重に耐えながら、路面との接触面を最大にするタイヤを装着している。ハードタイヤは耐久性があり長持ちするが、ソフトタイヤはグリップがよい。タイヤには最もよく機能する適温があり、最大でレース1回の間、持ちこたえられる設計になっている。規則は定期的に見直され、毎年変更になることもある。トレッドレス（スリック）タイヤは、1998年に禁止されたが、2009年に復活。ドライコンディションでは、各レースでハードとソフトの両方を使わなければならない。

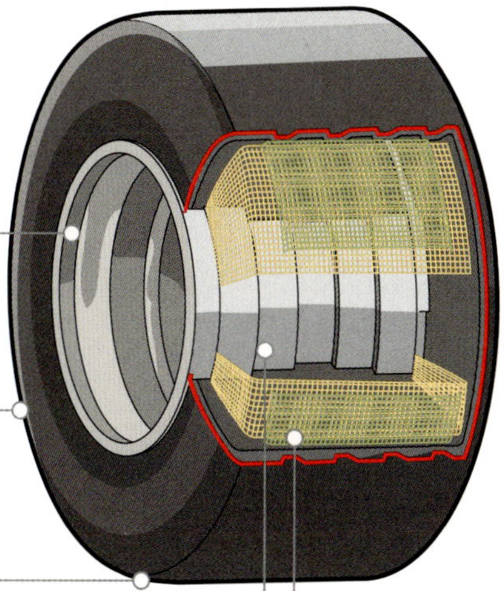

ホイールの直径
ウェットタイヤ装着時のホイールの最大径は66cmと67cm。

タイヤの寸法
フロントタイヤの最大幅は35.5cm、リヤタイヤは38cm。

接地面
タイヤの外面は合成ゴム製。

補強材の層
中間の層には、ゴムの中に補強材が埋め込まれている。

ハイテクメッシュ
内部の層は、ポリエステルとナイロンのハイテクメッシュ。

インタラクティブ・ステアリングホイール

コックピット内でドライバーは、インタラクティブ・ステアリングホイールによってマシンの性能に関する各種情報を得る。同時に、数々のセッティングを微調整したり、コントロールしたりでき、さらにピット内のチームと無線で会話できる。

ライトの列
ライトの列によって、ギアチェンジのタイミングを完璧に計る。

メインディスプレイ
ギア、温度、ブレーキに関する情報が大画面に映し出される。FIAは画面の一番下を使って、コース脇でマーシャルが振っている旗の色（イエロー、レッド、ブラックなど）をドライバーに知らせることができる。

右側のボタン
ステアリングの右側のボタンは、ピットレーン速度制限装置（LIM）、ドライバーとピットウォールのエンジニアを結ぶ無線（RAD）など。

ギアチェンジ／クラッチ
ステアリングの裏のパドルを指ではじいてギアチェンジできる。通常、ギアは8段階（前進7速、リバース1速）。

左側のボタン
ステアリングの左側のボタンは、ギアボックスのニュートラル（N）、クラッチのキャリブレーション（CAL）、スクリーンのメニュー画面、ACKボタン（話はできないがピットから受け取った無線メッセージを了解したときに押す）など。

トラクションコントロール
必要なグリップレベルや変化するコース状況に応じて、レース中にトラクションコントロールのセッティングを変更する。

タイヤの選択

タイヤの選択は、F1チームが決定する最重要事項の1つ。レースのある週末にチームは、ドライタイヤ14組、ウェットタイヤ4組、荒天用タイヤ3組というタイヤ一式の準備を整える。豪雨の場合、安全のために荒天用タイヤを使わなければならない。

ドライタイヤ
「スリック（なめらか）」で、トレッドがまったくない。ソフトとハードの2種類。

ウェットタイヤ
濡れた路面に備えて、チームはトレッドのあるタイヤを準備しておく。雨が降り出しそうなときは、天気予報から目が離せない。

荒天用タイヤ
激しく濡れた路面で使うタイヤには深いトレッドがあり、路面に接するとき、排水してグリップを高める。

接着剤のようにくっつく

F1レーシングカーのデザイナーがめざすのは、機械的グリップ力を高め、路面に「接着剤のようにくっつく」軽量マシンをつくることだ。これを実現するには、風の抵抗と空気抵抗を最小限にし、マシンへのダウンフォースを最大限にしなければならない。歳月を経て行われてきたデザインの改良は、上向きのテール、ノーズ両側の小型ウィング、可動式スカート、リヤウィングなど。1980年代にマシン全体が羽根のようになり、スピードを劇的に上げる「グラウンドエフェクト」が得られたが、コーナーリングが危険になったので、禁止された。現在のF1カーの表面は、ほぼ全体がダウンフォースを生み出すデザイン。

フロントエアロフォイル
前輪にかかるダウンフォースを生み出し、マシン後方へ流れる空気の通り道をつくる。

バージボード
マシン側面で空気の流れをつくり出し、乱気流を軽減する。

成形したヘルメット
空気力学的に成形したヘルメットは、ドライバーの頭上にある吸気口へ空気の流れを促す。

リヤウィング
リヤウィングの可変ベーンからのダウンフォースは、後輪と路面とのグリップを高める。

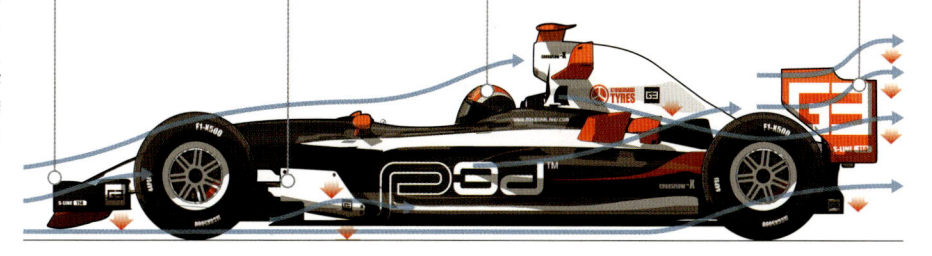

モータースポーツ / フォーミュラ1

レースのある週末

シーズンの各グランプリレースは、週末にかけて行われる。金曜日（モナコは木曜日）は、フリー走行が2回。土曜日は、再度フリー走行を行った後、予選ラウンドを行って日曜日のレースのスタート位置を決める。規則で定められる1レースの参加台数は、20台以上24台以下。

フリー走行

フリー走行の目的は、個々のコースにチームがなれること。ドライバーはコースの癖がわかる。エンジニアやディレクターはタイヤと燃料に関する重要な決定を下し、マシンのセッティングを調整し、そのコースの状況に合わせる。

レースの予選

予選ラウンド3回で、ドライバーはファステストラップ（1周の最速タイム）を競い、日曜日のレースのスタート位置の順序を決める。第1セッションでは全ドライバーが参加。下位のマシンは、決勝でグリッド最後尾から並ぶことになり、もう予選に参加できない。第2ラウンドでは、下位のマシンが続いてグリッド後部に並ぶ。第3ラウンドでは、残ったドライバーがグリッドトップ争いをし、最速マシンがポールポジションをとる。

サーキット

2011年シーズンは、2005年に建設されたトルコのイスタンブール・パークを含め、世界中で19戦を開催。このイラスト（下記参照）では、サーキットの鳥かん図を示し、レーストラックの重要ポイントを紹介する。

レース開始

ドライバーとマシンは、フォーメーションラップ開始15分前にグリッドにいなければならない。この間に、燃料補給、タイヤ装着、エンジン始動、コースの片づけが行われる。グリーンライト2つを合図にフォーメーションラップが始まり、最後にドライバーは所定のグリッド位置につく。レースへのカウントダウンが始まる。

ゴー！ゴー！ゴー！

1秒間隔で、レッドライトが左から右まで1つずつ点灯。数秒後、5つ同時に消えたら、第1コーナーへ向けて発進。

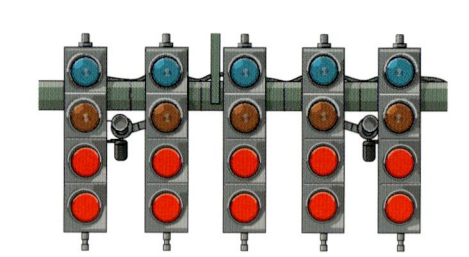

ポイントシステム

上位10位以内でグランプリレースを終えると、ドライバーとコンストラクターはポイントを獲得する。1位25ポイント、2位18ポイント、3位15ポイント、4位12ポイント、以下10位の1ポイントまで割りふられる。コンストラクターは、自社が手がけて入賞した車体のうち、上位2台までは、2台の合算ポイントを獲得する。たとえば、1位と2位を独占したコンストラクターは、43ポイント。

上からの眺め
サーキットのメインスタンドは、通常ホームストレート前に設置される。

安全第一
グラベルトラップは、コースを外れたマシンを減速させる。

S字
シケインはコーナー2つ（以上）でS字をつくっている場所。低速ギアで走行する。長いストレートの後に設置されていることもあり、オーバーテイクにうってつけだ。

ヘアピン
サーキットで最も減速するコーナー。セカンドギアの65km/h以下で走行する。

開始と終了
スタート／フィニッシュライン。一列に並んだ5つのライトでレースが始まる。すべて消えたら、発進だ。レース終了は、ピットウォールのオフィシャルがチェッカーフラッグを振って合図する。

コースの周囲
木々や水辺がコースに隣接することが多い。しかし、安全事項には、グラベルのランオフエリア、タイヤバリア、フェンスでコースと分離するように明記されている。

シグナルフラッグ

コースのところどころにマーシャルが配置され、旗を振ってドライバーの注意を引くために備えている。コース上の危険、レース中断、解除など、送る合図によって、旗の色が違う。

コース上の危険
無地の黄色は危険を意味する。ドライバーは減速し、オーバーテイクは禁止。

ダーティートラック
黄と赤のストライプは、前方の路面が滑りやすいことを意味する。

スローカー
白はコース上に低速車がいることを警告。ドライバーは減速する。

解除
緑は解除を意味し、イエローフラッグの警告が解除される。

レット・カー・パス
青は後方に高速車がいることを警告。ドライバーは相手に道を譲らなければならない。

テクニカルプロブレム
黒地にオレンジの円とカーナンバーは、ドライバーにピットに戻るように警告。

警告
白黒とカーナンバーは、スポーツマンシップに反する行為を警告。

失格
黒とカーナンバーは、ドライバーにピットに戻るように命じ、失格の可能性を示す。

レース中断
赤は、決勝レース、フリー走行、予選セッションで中断することを意味する。

レース終了
チェッカーフラッグは、レース終了を意味し、優勝者が最初に受ける。

チームワーク

F1チームを円滑に運営するために、数多くの人々が尽力し専門知識を提供する。ドライバーは最も目立つが、シニアマネジャーから、デザイナー、エンジニア、テストドライバー、ロジスティックサポート、ピットクルーまで、全員がチームの成功のためになくてはならない。

ピットクルー

ピットストップのためにドライバーがマシンをピットに持ちこむと、ヘルメットをかぶったメカニック集団が周りに群がり、相次いで慎重に同時進行で作業する。コンマ何秒かが重要だ。メカニック一人ひとりが、燃料補給、ジャッキでの前輪持ち上げ、タイヤ交換など、何をすべきか明確に把握している。

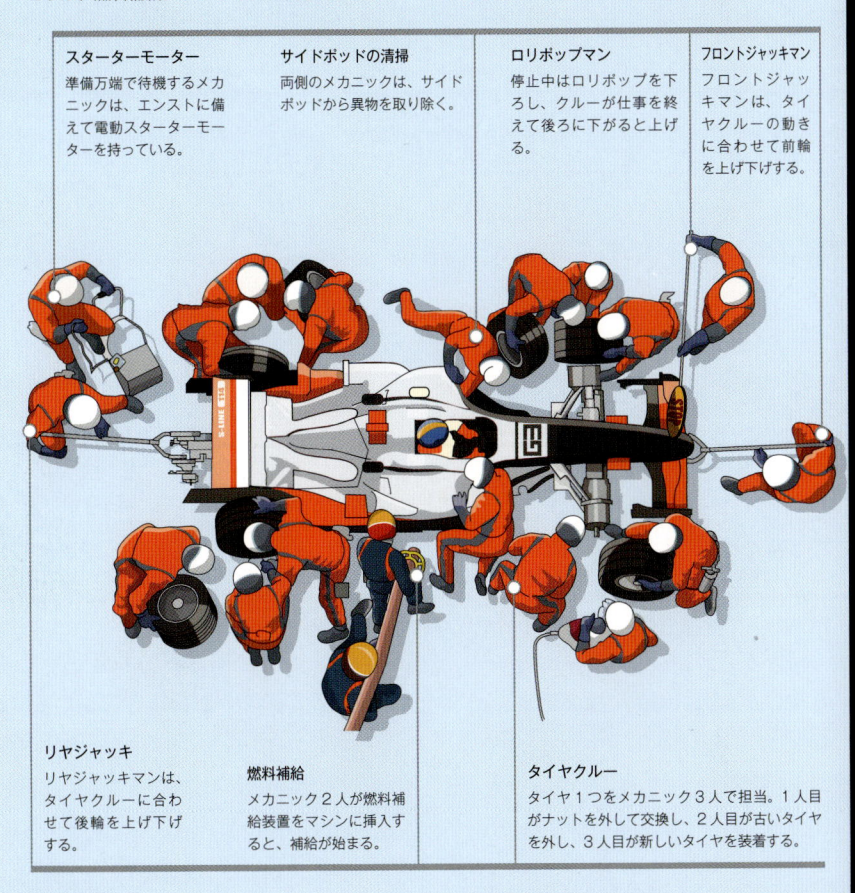

スターターモーター
準備万端で待機するメカニックは、エンストに備えて電動スターターモーターを持っている。

サイドポッドの清掃
両側のメカニックは、サイドポッドから異物を取り除く。

ロリポップマン
停止中はロリポップを下ろし、クルーが仕事を終えて後ろに下がると上げる。

フロントジャッキマン
フロントジャッキマンは、タイヤクルーの動きに合わせて前輪を上げ下げする。

リヤジャッキ
リヤジャッキマンは、タイヤクルーに合わせて後輪を上げ下げする。

燃料補給
メカニック2人が燃料補給装置をマシンに挿入すると、補給が始まる。

タイヤクルー
タイヤ1つをメカニック3人で担当。1人目がナットを外して交換し、2人目が古いタイヤを外し、3人目が新しいタイヤを装着する。

ピットレーン

ピットレーンは、ピットウォールとチームのガレージの間にある。ピットウォール側の速いレーンとガレージ側の内側レーンの2車線。チームのマシンがピットストップで内側レーンに到着すると、ガレージからピットクルーが現れる。チームは、ピットウォール横にコントロールセンターを設置する。レース中は、ここがチームの活動拠点。ディレクターやエンジニアは、ここで作戦会議を行い、コンピュータでデータを調べ、モニターやスクリーンを見つめ、通信装置を使ってドライバーや本部のアナリストと連絡をとる。

ピットボード

ピットボードは、現在の順位、終了した周回数、前後のマシンとの時間差をドライバーに知らせる。

タイミングモニター

F1チームはそれぞれピットにタイミングモニターを設置。コンピュータがマシンの性能を分析する。並んだスクリーンで、ラップタイム、テレメトリー、テレビ放送を監視する。ドライバーは、テストラップの合間に、自分のラップの表示を見ることができる。スクリーン画像は鮮明なので、強い日差し、ガレージやピットレーンの煙った空気の中でも見やすい。

データ集

ドライバーズチャンピオン

年	氏名	国籍
2012	セバスチャン・ベッテル	(ドイツ)
2011	セバスチャン・ベッテル	(ドイツ)
2010	セバスチャン・ベッテル	(ドイツ)
2009	ジェンソン・バトン	(イギリス)
2008	ルイス・ハミルトン	(イギリス)
2007	キミ・ライコネン	(フィンランド)
2006	フェルナンド・アロンソ	(スペイン)
2005	フェルナンド・アロンソ	(スペイン)
2004	ミハエル・シューマッハ	(ドイツ)
2003	ミハエル・シューマッハ	(ドイツ)
2002	ミハエル・シューマッハ	(ドイツ)

コンストラクターズチャンピオン

年	氏名	ポイント
2012	レッドブル	460
2011	レッドブル	650
2010	レッドブル	498
2009	ブラウン	172
2008	フェラーリ	172
2007	フェラーリ	204
2006	ルノー	206
2005	ルノー	191
2004	フェラーリ	262
2003	フェラーリ	158
2002	フェラーリ	221

レース最多優勝10傑

優勝回数	氏名	国籍
91	ミハエル・シューマッハ	(ドイツ)
51	アラン・プロスト	(フランス)
41	アイルトン・セナ	(ブラジル)
35	セバスチャン・ベッテル	(ドイツ)
32	フェルナンド・アロンソ	(スペイン)
31	ナイジェル・マンセル	(イギリス)
27	ジャッキー・スチュワート	(イギリス)
25	ジム・クラーク	(イギリス)
25	ニキ・ラウダ	(オーストリア)
24	ファン・マヌエル・ファンジオ	(アルゼンチン)

裏話

2005年、元F1ドライバーたちは、グランプリマスターズというレースのシリーズを開始した（訳注：2006年を最後に、現在は行われていない）。1999年のレイナードチャンプカーをベースとし、3.5リッターV8エンジンを搭載するまったく同じオープンホイールのマシンを走行させるものだ。出場資格があるのは、医学的に健康で、40歳以上の、F1に2シーズン以上参戦したドライバー。ナイジェル・マンセルは、南アフリカのキャラミで行われた開幕戦で優勝した。

モータースポーツ

379

フォーミュラ1

基礎知識

- インディカーレースは、F1のアメリカ版。
- インディカーレースは、由緒あるレース、インディアナポリス500にちなんで名づけられた。
- アメリカでの開催がほとんどだが、オーストラリア、ブラジル、カナダでも行われる。

2エレメントのウィング
このタイプのリヤウィングは、ダウンフォースと抗力を上げるために使用。マシンのスピードを制限し、路面に押さえつける。

吸気口
空気はエアボックスを通って、直接V8エンジンブロックに送りこまれる。

なめらかなタイヤ
トレッドはクレジットカードの厚さしかない。フロントタイヤは直径66cm、リヤタイヤは直径70cm。レース中、摂氏100度に達する。

カーボンファイバー製シャーシ
この素材は強くて軽い。最低重量は、オーバルレース仕様が708kg、ロードレース仕様が726kg。

フロントウィング
マシンの上方に空気の流れをつくり、路面に押さえつけるのに必要なダウンフォースを生み出す。

スピードが出るつくり
インディカーは、オープンホイールの1人乗りマシンで、オープンコックピットとフロントとリヤの外つけウィングで構成される。シャーシとエンジンのメーカーは、3年周期で車体を供給。エンジン出力、マシンの重量と寸法には制限がある。エンジンは3.5リッターV8で、エタノールを燃料とする。シャーシは長さ4.88m以下、幅1.98m以下。

サスペンション
スプリングとショックアブソーバーは、マシンの重量を支え、路面の起伏により生じる衝撃を吸収する。

コックピットクッション
コックピットのヘッドガードは衝突の衝撃を吸収して、頭を保護する。

観客席
サーキットによって異なるが、サーキットの周囲に設置されたグランドスタンドから10万人以上が観戦できる。

ピットエリア
メカニックが、給油、タイヤ交換、簡単な修理を行う場所。

ドライバーの特徴
誰の目にも明らかな資質は、高い集中力、洞察力、協調に加え、十分な度胸、長年のレース経験。また、暑い車内で長いレースに耐えられる体力が求められ、ステアリング、ブレーキング、ギアチェンジを長時間行うには、引き締まった首、前腕、足の筋肉が必要だ。

競技の概略

インディカーレースは、圧倒的に北米中心のレースだ。オープンホイールカーが超高速で、急傾斜したコンパクトなオーバルコース、ロードコース、市街地コースを疾走する。インディカー・シリーズは、全米最大の人気を誇るモータースポーツの1つ。大勢の観客が、白熱した激しいレースを見るために足を運ぶ。走行距離はレースによって異なるが、世界的に有名な800km（500マイル）のインディアナポリス500（インディ500）が最長。

インディカーレース

モータースポーツ

インディカーレース

レースサーキット
インディカーレースは、オーバル（スピードウェイ）、1周の距離が長いスーパーオーバル（スーパースピードウェイ）、市街地サーキットの主要3タイプのレーストラックで競う。最も走行距離が長いレースでは、800kmを走行する。インディカーサーキットで最も有名なものは、インディアナポリス・モーター・スピードウェイ。ドライバーはインディ500チャンピオンになるべく、4kmのスーパーオーバルを200周する中でバトルを繰り広げる。フロリダ州セントピーターズバーグの公道は、インディカー・シリーズの市街地サーキット。また、このシリーズには日本のレースもある。会場のツインリンクもてぎには、オーバルとロードコースの両方がある（＊訳注：日本開催は2011年を最後に中止）。

ナンバー・トリビア

257,325 人：インディ500の本拠地インディアナポリス・モーター・スピードウェイのスタジアムの収容人数。

675 馬力：インディカーのメタノール使用3.5リッターエンジンで出た馬力数。

5,000 ポンド：350km/hで走行するインディカーにより生じるダウンフォースのポンド数。

ポールポジション
予選では、スターティンググリッドで好位置を確保するためにタイムを競う。予選のルールはレースごとに異なる。オーバルコースでは、最大3回まで予選ラップタイムを競う。最速ラップタイムを記録したドライバーがポールポジションを獲得。2位は2番目。以下同様に、スターティンググリッドが埋まるまで続く。ウォームアップを数周行った後、レースはペースカーの先導でローリングスタートをする。ロードレースでは、予選ラップタイム上位6人のドライバーが直接対決し、スターティンググリッドの前3列の位置を決める。

インディカー対F1
インディカーとF1にはいくつか違いがある。インディカーレースは、通常オーバルサーキットで行われ、グリッド順で走りながらのローリングスタート。F1レースは、オーバルではないサーキットで行われ、全車がグリッド順に停止した状態のスタンディングスタート。インディカーのほうが重く、直線では速いが、F1カーのほうが機敏で加速が速い。F1では、トラクションコントロールとセミオートマチックのギアボックスが認められているが、インディカーでは認められていない。

ピットレーン入口 コースを外れ、ピットストップを行う。

ターン3 弧を描くターンは傾斜角度が18度あり、最高速度で曲がることができる。

トラックの内側 トラック内は、観戦エリア、キャンプ場、駐車場。

ホームストレート マシンが370km/hまで加速するサーキットもある。傾斜したストレートもあるが、ターンほど傾斜していない。

スタートとフィニッシュ オーバルレースはローリングスタート。

サービスエリア 大型バスはこのエリアを使う。ここに駐車したバスからも観戦できる。

オーバルを走行する インディカーレースは、傾斜したオーバルコースで行われることが多い。IRL開催地の定番の1つは、ミシガン州ブルックリンのミシガン・インターナショナル・スピードウェイ。3.2kmのD字型オーバルコースには、18度傾斜したターン、12度傾斜したフロントストレート、5度傾斜したバックストレートがある。320km/h以下に減速せずに疾走するサーキットもあり、ストレートの最高速度はさらに速い。

ターン2 ドライバーは少しだけ減速して、傾斜したコーナーをうまく通り抜ける。スチールと発泡スチロールでできたコースの壁面（SAFER）は、衝突時の衝撃を吸収する。

データ集

IRL最多優勝ドライバー10傑

優勝回数	ドライバー	（国籍）
32	スコット・ディクソン	（ニュージーランド）
22	ヘリオ・カストロネベス	（ブラジル）
21	ダリオ・フランキッティ	（イギリス）
19	サム・ホーニッシュ・ジュニア	（アメリカ）
18	ウィル・パワー	（オーストラリア）
16	ダン・ウェルドン	（イギリス）
15	トニー・カナーン	（ブラジル）
9	スコット・シャープ	（アメリカ）
9	ライアン・ハンター＝レイ	（アメリカ）
8	バディ・ラジアー	（アメリカ）

裏話
インディカーレースは、インディアナポリス・モーター・スピードウェイが発祥の地。長年、チャンピオンシップ・オート・レーシング・チームズ（CART）がインディカーレースを運営してきたが、1996年の厳しい分裂を経て、「インディ」の名はインディ・レーシング・リーグに取られた。CARTは現在、インディのフォーマットでF1に似たチャンプカー・ワールドシリーズを主催している（＊訳注：2008年でシリーズ終了）。

運営組織
インディ・レーシング・リーグ（IRL）は、インディカー・シリーズを認可する北米の組織。また、試験的にインディ・プロシリーズも主催している。

GP2

競技の概略

2005年にモータースポーツに参入したGP2シリーズ（略称GP2）は、フォーミュラ3000に代わる新形式のモーターレース。ドライバーやチームにとっては、過酷なF1への登竜門的存在だ。GP2選手権は、年間を通してのシリーズ戦で、F1と同時開催する国もある。最優秀ドライバーが確実に優勝できるようにするため、エンジン、シャーシ、ギアボックス、タイヤは、どのチームも同じものを使用する。

基礎知識

- GP2がテレビ放送される国は、バーレーン、マレーシアに加え、スペイン、イタリア、フランス、ハンガリー、ドイツ、ベルギー、モナコ、イギリスなどヨーロッパ諸国。
- GP2のマシンは最高速度320km/hに達する。2.95秒で0から100km/h、6.7秒で0から200km/hに加速できる。

HANS
すべてのドライバーは、HANSを着用。頭と首を保護してサポートする。

ドライバーの特徴

GP2レースに出場する若手ドライバーには、誰にも負けないドライビングテクニックと才能が必要である。というのは、マシン性能に差はなく、ドライバーの腕勝負だからだ。

V8エンジン
4リッターエンジンは出力約650hp。

6速ギアボックス
ステアリング上のパドルシフトで、シーケンシャルギアボックスを操作する。

リヤウィング
複葉リヤウィングは、マシン後部の空力性能を高める。

サスペンション
前輪と後輪に、ダブル・ウィッシュボーン式サスペンションを装備。

スリックタイヤ
コンディションに合わせて、ウェットタイヤと3種類のドライタイヤから選択。

ウィークエンド・フォーマット

ドライバーは11カ所で行われるレースで競う。試合のある週末にはレースが2回あるが、そのパターンはすべて同じ。金曜日はフリー走行後に予選を行ってグリッド順を決め、土曜日は180kmのレース、日曜日は120kmのレースを行う。土曜日の上位8人の順位を逆にして、日曜日のグリッド順が決まる。つまり、8位がポールポジション、優勝者が8番手スタートになる。日曜日のレースでは、必ず1回ピットストップしてタイヤを最低2本交換しなければならない。

ポイントシステム

土曜日のレースは、ポールポジションに対して2点、優勝者10点、2位8点、3位6点、4位5点、5位4点、6位3点、7位2点、8位1点。日曜日のレースは、優勝者6点、2位5点、3位4点、4位3点、5位2点、6位1点。各レースで、ファステストラップに1点。2006年にシリーズ優勝したルイス・ハミルトンは114ポイントを獲得し、ネルソン・ピケ・ジュニアを12ポイント引き離した。

シリーズ優勝者

2005年、最初のGP2シリーズでドイツ人ドライバーのニコ・ロズベルグがチャンピオンとなり、2006年はイギリス人ドライバーのルイス・ハミルトンがタイトルを獲得。両者とも出世してF1に進んだ。どちらの年も、ARTグランプリがチームタイトルを獲得。

裏話

GP2レースの開催とそれを規定するレギュレーションの策定において、不可欠な要素は5つ。それは、GP2カーの高い性能、競争コストの管理、ドライバーの安全、チームの全メンバーの指導、おもしろくエキサイティングなショーの演出だ。費用がかかりすぎてチームが参戦できなくなったフォーミュラ3000が廃止されたことで、コスト管理が重要になった。GP2シリーズは、モータースポーツとして初の完全統合方式を採用。たとえば、集中仕入れによってチームは安くパーツが買えるようになっている。

ドイツ・ツーリングカー選手権（DTM）

DTMはドイツで絶大な人気を誇り、世界の一流自動車メーカーが供給する最大出力470hp・V8エンジン搭載ツーリングカーを特徴とする。規格のタイヤ、ブレーキ、トランスミッション、寸法、エアロダイナミクスを使用。

イギリス・ツーリングカー選手権（BTCC）

BTCCは、1958年の開始以来、大勢の観客を引きつけてきた。観客は、お気に入りの量産車がトップドライバーの運転でレーストラックを疾走するのを期待した。メーカーも同様に新型モデルを紹介しようと躍起になった。テレビの通常放送で、何百万人もの視聴者が選手権を見るからだ。2リッターセダンを使用するチームは、イギリスの9つのトラックでそれぞれ3レースを競い合う。2007年、ツーリングカーは、この競技全体の技術仕様の統一に向けた第一歩として、FIAのスーパー2000規格に適合しなければならなくなった。

競技の概略

ツーリングカーは、4ドアセダンまたは2ドアクーペをベースとし、ロードコースや市街地サーキットでのレース用に徹底的に改造されている。よって、レース専用につくられるスポーツカーとは別物だ。さまざまな種類のツーリングカーは、イギリス、ドイツ、オーストラリアなど世界中で行われる数多くの選手権やシリーズで疾走する。

ツーリングカーレース

無人マシン

2007年、世界初の無人ツーリングカーが公開された。ピットから遠隔操作で走行するマシンは、ファステストラップを出し続けると同時に、危険を排除できる。

裏話

2005年、FIAはヨーロッパ・ツーリングカー選手権を世界ツーリングカー選手権に切り換えた。ドライバーは、ブラジル、イタリア、日本などさまざまな国の12のトラックで競い合う。レースのカテゴリーは、スーパー2000、ディーゼル2000。

基礎知識

- 24時間耐久レースもあり、クルーとドライバーの持久力が試される。
- F1からツーリングカーレースに転向したドライバーは、ミカ・ハッキネンやジャン・アレジ。ツーリングカーレースからF1に行ったドライバーは、ミハエル・シューマッハなど。

モータースポーツ

383

GP2／ツーリングカーレース

リヤウィング
可変リヤウィングにはさまざまなセッティングがある。

トラクション
前輪駆動、後輪駆動、4輪駆動がある。

ドライバーの安全
万一事故の場合、ロールケージがドライバーを保護する。

フロントスプリッター
フロントから突出しているエアロダイナミックフロントスプリッターは、空気の流れを導く。

ドライバーの特徴

ドライバーに必要なのは、身体能力とタフな精神力。そして、高速での接戦となるコーナリングやシケイン通過から、1レース中タイヤを持たせる戦術的ノウハウまで、幅広い技能だ。こうした能力がなければ、し烈な高速レースには勝てない。

基礎知識

- アメリカが発祥の地で、北米で最も人気が高い。また、ヨーロッパ諸国、ブラジル、メキシコ、カナダ、南アフリカ、オーストラリアにもファンが多い。
- 世界中に、ドラッグストリップが300以上ある。
- 年1回行われるUSナショナルズは、インディアナポリスで全米ホットロッド協会（NHRA）が主催する6日間のイベント。10万人以上の観客が訪れ、世界で最も内容の濃いドラッグレース競技会だ。

384

ドラッグレース

競技の概略

ドラッグレースは、純粋かつシンプルにスピードを競う最速の陸上スポーツだ。レースはごくシンプル。モーターカー2台が比較的短い直線の平坦なコースを走り、先にフィニッシュラインを越えたほうが勝ちとなる。車両は、車種、排気量、ホイールベース、フレームタイプなどさまざまな基準によって分類される。

リヤウィング
カーボンファイバー製ウィングが、マシンに大きなダウンフォースをかけ、エンジン始動時に地面から浮き上がらないようにする。

パラシュート
レース後にドラッグスターを停止させるのに、パラシュートが2つ必要。

スーパーチャージャー
燃料を燃やし続けるために、驚くほどの速さで空気をエンジンに送りこむ。

フロントウィング
カナードは、走行中にコースから外れないようにする。

低い車高
車体のフロントは地上から8cm以上なければならない。

リヤタイヤ
幅46cm、直径95cmの極太タイヤ。

動力源
燃料ポンプは、毎分227ℓのニトロメタンを強力なエンジンに供給する。

ドライバーの特徴

怖いもの知らずであることが一番の必須条件。スターティングライトが変わったときのほんの一瞬の遅れが勝敗を分けるので、集中力も欠かせない。ライバルを威嚇するとともにライバルに威嚇されても動じない精神力が必要だ。

トップフューエル・ドラッグスター

加速性能でこれに勝る車はない。一般的に426クライスラーヘミエンジンを搭載。大型バルブとセンタープラグを備えた半球型燃焼室を持ち、点火時期を早め、性能を高めて、8000hpを生み出している。特殊燃料、巨大なタイヤ、接地性を維持するためのウィングが必要だ。

グローブ

グローブは、手と手首を火災などから全面的に保護する。

手首保護
グローブは腕までカバーする。

積層構造ヘルメット

外側のシェル、発泡ライナー、内側の耐火層の3層構造が、頭を外傷や火災から守る。強い重力加速度に対応するため、360度ネックカラーがしっかり支える。

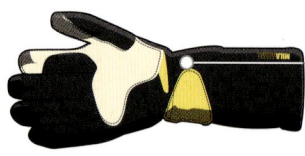

発泡ライナー
発泡体の分厚い層はヘルメットへの衝撃を吸収。

外側のシェル
外傷から守る。

ナンバー・トリビア

3.58 秒：サミー・ミラーが、1984年にイギリスのサンタポッドを完走するのにかかった秒数。このとき、愛車バニシング・ポイントに乗って世界記録を破った。400mコースの平均速度は、621.61km/h。

15 回：アメリカ人ドライバーのジョン・フォースが、NHRAファニーカー選手権で優勝した回数。通算135回の優勝と395回連続予選通過記録を持ち、この競技で最も成功したドライバーの1人。

スピードウェイ

ドラッグレース用のスピードウェイは、短く直線で平坦だ。トラック表面に特殊な塗装が施され、タイヤのトラクションを高めている。ストリップの標準の長さは400mまたは200m。スタートラインとフィニッシュラインにある電子ビームは、競技者のタイムを記録する。前方の「クリスマスツリー」のグリーンライトが点灯した瞬間に加速し、スタートラインを通過する。トラックの最後の減速区間は、レース距離の1.5倍。

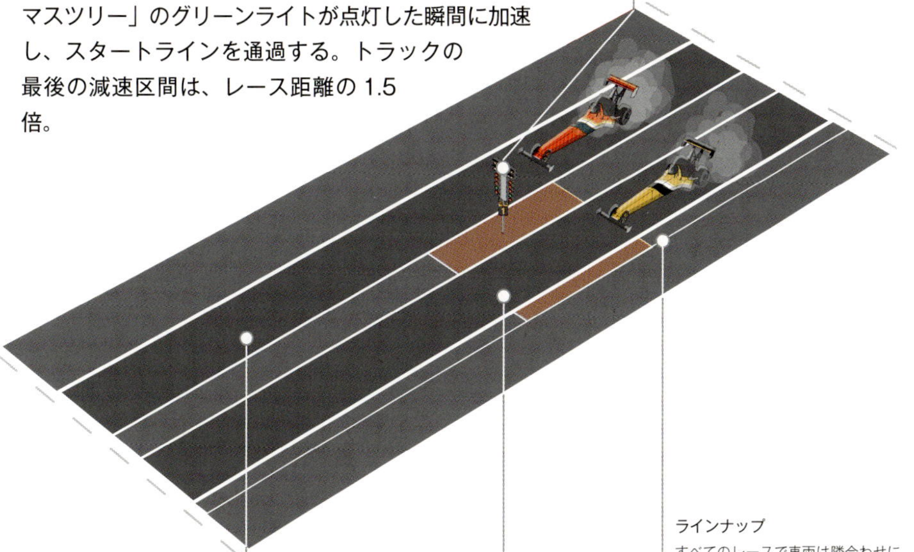

シグナルライト
最後のオレンジライトが点灯したら、ドライバーはスタートに備える。コンマ数秒後、グリーンライトが点灯し、レースが始まる。

レーン
自分のレーンからはみ出してはならない。はみ出したら、失格となる。

トラック表面
トラックのスタート地点はセメント面なので、タイヤは路面をしっかりとらえる。スタート地点以外はアスファルトの場合もある。

ラインナップ
すべてのレースで車両は隣合わせに並ぶが、ハンディキャップレースの場合は異なる。性能が劣る車両が速い車両と競走することができ、遅いほうがハンデをもらって先にスタートする。

ロケットレーサー
最速のトップフューエル・ドラッグスターは、530km/h以上のスピードに達し400mコースをわずか4秒あまりで疾走する。パラシュートが車両を停止させるときにドライバーには5Gがかかり、目に問題が生じることがある。

クリスマスツリー
スタートラインの前方にあるイエロー、オレンジ、グリーンの信号機を見て、ドライバーはレース開始を知る。

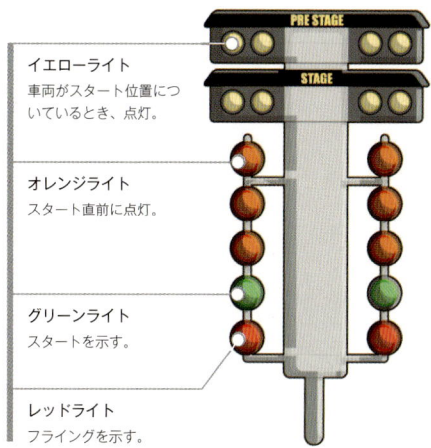

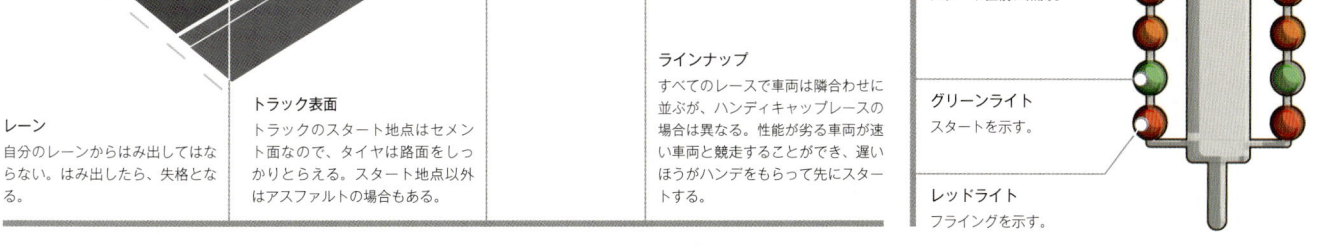

イエローライト 車両がスタート位置についているとき、点灯。

オレンジライト スタート直前に点灯。

グリーンライト スタートを示す。

レッドライト フライングを示す。

運転する車両

車両クラスは200種類を超え、それぞれ排気量、重量、燃料、シャーシの種類で必要条件が異なる。主要なクラスは、トップフューエル・ドラッグスター、プロストックカー、プロストックバイク、トップフューエル・ファニーカー、トップメタノール・ドラッグスター、プロモディファイド。

プロストックカー
量産車に似ているが、400mを6秒で走行できる。エンジン排気量は、NHRAでは8.2ℓ以下、国際ホットロッド協会（IHRA）では13.1ℓ以下。

幅広タイヤ リヤタイヤはドラッグスターと同じくらい太く、幅43cn、直径82cm。

プロストックバイク
NHRA主催の大改造したモーターバイクのレース。プロストックバイクの大半は、1500ccスズキエンジンを搭載し、出力300hp、回転数13500rpm。

ウィリーバー 長いアルミニウム製ウィリーバーは、加速時にバイクが後ろにひっくり返らないようにする。

トップフューエル・ファニーカー
量産車風だが、ドラッグスター並みに速い。シャーシは軽量グラスファイバー製、ボディは空力性能を高めたカーボンファイバー製。

ニトロメタン燃料 スーパーチャージャー搭載燃料噴射エンジンは、ニトロメタンで動く。

レース展開

一般的にドライバー2人が競い合い、勝者が次のラウンドに進み、勝ち抜き戦を行う。ルールはほとんどないが、フライングスタートをしたりレーンをはみ出したりすると失格。グリーンライトが点灯したら、どちらかがフィニッシュラインを越えるまで最高速度で走る以外に作戦はない。ときには、ゴール到達前にエンジンブローを起こしても、ライバルに楽勝することがある。このいわゆる「先行レース」は、よくあることだ。

フライング
表向きは、クリスマスツリーのグリーンライトが点灯する前に車は動いてはいけない。実際は、最後のオレンジライトが点灯してからグリーンライトが点灯するまでのコンマ数秒で、車を発進させる。しかし、グリーンライト点灯前にスタート地点前の電子ビームを通過した場合、ドライバーは「レッドライト」と見なされ、失格になる。両方のドライバーが「レッドライト」になった場合、先にビームを通過したほうが失格。

運営組織
北米では、この競技はNHRAとIHRAが統括する。それ以外の地域は、FIAの管轄。両協会は各種車両クラスの選手権を主催。たとえば、世界最大のドラッグレース運営組織NHRAは、アメリカでメローイエローシリーズを主催する。

モータースポーツ

385

ドラッグレース

カートレース

基礎知識

- カートのエンジン排気量は、80ccからスーパーカートの250ccまで幅広く、エンジンを2基搭載するものもある。2ストロークエンジンは、加速性能がよく、機械的にシンプルなので、4ストロークエンジンより広く使われている。
- カートレースは1950年代に始まった。愛好家たちがモーターレースのスリルを若者の手に届くものにしたいと考え、芝刈り機のエンジン、シンプルなステアリング、小さなホイールから手づくりのマシンを組み立てたのだ。
- F1のチャンピオンのフェルナンド・アロンソ、ミハエル・シューマッハ、アイルトン・セナはみなカート出身。

競技の概略

カートレースは、ゴーカートまたはカートとも呼ばれ、ドライバーはフィニッシュポストを1位通過するために、コースを疾走する。カートレースは、モーターレースの中で最もシンプルな形でありながら、F1ドライバーの卵にとっては重要な足がかりだ。また、世代や性別を問わず参加できる理想的なレクリエーションでもある。経験豊かなドライバーともなると、さまざまな部門やクラスごとに開催されるジュニアやシニアのレースに出場できる。

ドライバーの特徴
ドライバーは、身体能力と強い精神力を持ち、負けず嫌いでなければならない。正確なハンドル操作、コーナーリング、加速、オーバーテイク、ブレーキングなどのテクニックで腕を磨く必要がある。

専用スーツ
ドライバーは、耐摩耗性、耐燃性のウェアを着る。

エンジンタイプ
カートエンジンは、2ストロークまたは4ストローク。

頭の保護
ドライバーはヘルメットを着用する。透明バイザーやネックサポートがついているものが多い。

肋骨プロテクター
ドライバーはシートベルトを締めないが、ウェアの下に肋骨プロテクターを装着することもある。

車高
シャーシは地面から約1.5cm。

カートレースの種類

最も一般的なスプリントカートは、全長400mから1500mまでの曲がりくねったトラックで行われる。ロードレースカートは、よりスピードが速く、ストレートが長い大型トラックを使用する。シフターカートは、シーケンシャルギアボックス装備で、普通はスプリントのトラックで行われる。

国際競技会

世界選手権やヨーロッパ選手権など国際的なカート競技会は、国際カート委員会（CIK）が主催する。この運営組織は、F1などのレースを主催するFIAと関連がある。

スピードウェイ専用カート

スピードウェイ・カートレースは、ダートやアスファルトの面のオーバルコースで行われる。カートは左回りのみのレース専用。フロントとリヤは一直線ではなく、外側のリヤタイヤは内側のリヤタイヤより大きい。

ナンバー・トリビア

19,000 rpm：2ストロークエンジンが達することができる回転数。

8 歳：ほとんどの国でカートを運転できる最低年齢。

80 km/h：ショートトラックでのカートの時速。これより長い直線コースでは倍のスピードに達することもある。

4.5 秒：重量150kg、100ccの2ストロークエンジンが、0から97km/hになるのにかかる秒数。

裏話

従来、カートは外部スターターや押しがけで始動させなければならない。それに対して、タッチアンドゴー（TAG）カートは、プッシュボタンスターターを備え、長持ちし、世界中の多くのクラブで使われている。ロータックスマックスは、成功を収めた初のTAGカート。このオーストリアのメーカーは、各国で全国競技会を主催している。

モータースポーツ

カートレース／ストックカーレース

ドライバーの特徴
ストックカードライバーには、戦術的な賢さが必要だ。レース中に、どのタイミングでオーバーテイクするか、勝利を収めるためにいつ集団から飛び出すかなどを判断できなければならない。

ロールケージ
車の中央部分にはロールケージがあり、事故の際にドライバーを守る。

ルーフフラップ
車がスピンして制御不能になったとき、屋根後部のフラップが浮き上がりを抑え、車が宙に舞うのを防ぐ。

ラジアルタイヤ
高温で安定し路面をしっかりとらえるラジアルタイヤを使用。空気の代わりに窒素が充てんされていることが多い。

パワフルなエンジン
ストックカーエンジンは、排気量が大きく、出力は750 bhpまで達し、最高速度は320km/h。

ストックカーレース

競技の概略
ストックカーレースは、北米中心のモータースポーツだ。ドライバーはさまざまなカテゴリーの車に乗り、オーバルトラックのコースでバトルを繰り広げる。もともとは、メーカーが市販する車をベースにしなければならなかった。1973年のルール改正にともない、車の外観は量産車風だが、仕様は運営組織の全米自動車競争協会（NASCAR）が規定する基準に適合するものとなっている。

基礎知識
- NASCARが主催するストックカーレースは、きわめて人気が高い。2002年、アメリカの最も観客が多いスポーツイベント上位20位中の17位。
- NASCARレースは、アメリカでフットボールに次いでテレビ観戦が多いスポーツ。75カ国以上で放映されている。

NASCARレース
NASCARは、1948年に設立され、アメリカでこの競技を統括する。スプリントカップ（デイトナ500を含む）とネイションワイドの主要2シリーズのレースを主催。アメリカ、カナダ、メキシコの100以上のコースで行われる1500のレースを認可している。

オーバルトラック
レースが行われるのは、全長400mから4.26kmまでのオーバルトラックが多い。勾配があるトラックもあれば、ダートトラックと呼ばれる未舗装のショートトラックもある。アラバマ州タラデガのトラックなど距離が長いものは、スーパースピードウェイと呼ばれる。

日曜日に勝って、月曜日に売ろう
市販された最初の現代的なオーバーヘッド・バルブ・エンジンは、オールズモビルロケットV8。1949年にストックカーレースで成功したことで、1950年に車の購入者が増えた。こうして「日曜日に勝って、月曜日に売ろう」という標語が生まれた。

スリップストリームに入る
レース中、ドライバーはスリップストリームの空気力学を最大限に利用しようとする。集団になったり、前車の後にぴたりとつけたりして、空気抵抗を抑え燃料を節約する。このような危険な作戦をとると、レースは白熱しおもしろくなる。事故はよくあるものの、ドライバーが重傷を負うことはめったにない。

裏話
ストックカーレースは、1954年にイギリスに導入され、当時は少し改造したセダンを使用した。車同士の接触はこの競技では当たり前なので、バンパーとロールバーが加えられた。全英ストックカー協会（BriSCA）は、この競技の運営組織。F1ストックカーは市販車とは似ても似つかず、オープンホイールでドライバー席は中央にある。

オフロードラリー

基礎知識

→ FIAは、クロスカントリーラリー・ワールドカップを主催。各シーズンに最大8回のイベントがある。

→ 初期のクロスカントリーラリーのイベントには、1907年の北京〜パリ・レースがある。わずか5台が60日で16000kmを走った。

→ 現在、ワールドカップは開催されていないが、ダカール・ラリーは、すべてのクロスカントリーラリーの中で最も規模が大きく、危険で、由緒あるラリーであり続けている。2012年は、車171台、モーターバイク218台、トラック76台が出場。

試練のレース

クロスカントリーラリーでは、何でもありだ。サハラ砂漠から、アトラス山脈の岩の多い険しい地形、パンパの草原まで、持久力とナビゲーション能力が試される。タフな人ほどよい。

ヘルメット
ネックブレイスとともに、ライダーの頭を保護する。

フレーム
頑丈なフレームで、最適な重量配分になる。

デザートバイク

オフロードモーターバイクは、頑丈さ、パワー、軽さのすべてが備わったものでなければならない。車高が高いため、岩などの障害物を避けられる。また、サスペンションが強化されているので、起伏の激しい地形も走行可能。

サバイバルキット
トランクには、水、食料、シャベル、救難信号発信機が備えられている。

ラリーのトラック

ほとんどのクロスカントリー耐久ラリーでは、トラックは総重量3.5t以上の車両と規定されている。乗車定員3人、燃料容量820ℓ以上。

競技の概略

これは耐久レースの究極の形であり、スポーツマン魂と同様に冒険家魂も必要だ。かつては車だけの競技だったが、現在はバイクやトラックも参戦。砂漠、山岳地帯、その他の大自然の中を駆け抜ける何百キロ、何千キロにもおよぶルートを、ポイントからポイントまで走る。優勝するのは、複数のレグ（区間）を走ったタイムの合計が最も短かったドライバー。レースが1週間以上にわたり、毎日走ることもある。

ペナルティ

ドライバーはまったく同じルートを通る必要はないが、区間のスタートからフィニッシュまでに1カ所以上のチェックポイントを通過しなければならない。これに違反した場合、タイムペナルティが科せられる。

ドライバーの特徴
モータースポーツのドライバー、コ・ドライバー、ライダーには、運動選手の素質と同様に冒険家の素質も必要だ。

オフロードタイヤ
ごつごつしたトレッドは難しい面をしっかりとらえる。

全輪駆動
動力は4輪すべてに伝わり、地形に対処する。

空気圧
タイヤの空気圧は停車しなくても車内から調整できる。

頑丈な運転席
ロールケージは衝突時に乗員を保護する。

車体
軽量かつ頑丈な炭素繊維製のボディパネル。

ナンバー・トリビア

26 人：1978年の第1回以来、ダカール・ラリーで命を落とした競技者の数。

1,000,000 人：2007年ダカール・ラリーで最初の2日間に観戦に来たポルトガル人の数。レースは首都リスボンを出発して、スペインに入った。

5 回：2013年現在で、南米でダカールラリーが開催された回数。北アフリカを通るルートでテロ攻撃があるのを恐れて、2009年にレースの開催場所が変更された。

ダカール・ラリーの着想

フランス人のティエリー・サビーヌは、1977年にアビジャン〜ニース・ラリーの途中、道に迷った際にダカール・ラリーのアイデアを思いついた。1978年に第1回ダカール・ラリーを主催し、170台が出場。1986年のイベント中、ティエリーはヘリコプターの墜落事故で命を落とした。

基礎知識

- 1980年代のヨーロピアン・トラックレース開始時には、公道を走行可能な業務用車両が使われた。
- キャンピング・ワールド・トラック・シリーズは、1995年に開始。
- 160km/hまで加速するのにかかる時間は、レーシングトラックのほうがポルシェ911スポーツカーより早い。
- トラックの最低重量は、5500kg。
- 安全上の理由から、制限速度は160km/h。

疾走する

ヨーロピアン・トラックレースはFIAが主催し、トラックの制限速度は160km/h。スタンディングスタートではなく、ローリングスタートで始まり、所定の周回を走行する。上位でフィニッシュしたトラックにポイントが与えられ、週末に行われる2つのレースの合計点が獲得ポイントとなる。

ドライバーの特徴

レーシングサーキットで5.5tトラックを高速で走行させることは、小心者にはできない。稲妻のようなすばやい反応と強靭な神経が不可欠だ。トラックレースに出場するドライバーは、21歳以上でレース免許を取得していなければならない。

トラック用トラック

欧米でトラックレースは、左折も右折も含まれる「ロードコース」から、左回りのみのオーバルサーキットまで、さまざまなトラックで行われる。各シーズンにヨーロピアン・トラックレース選手権（ETRC）を開催するトラックは10カ所未満だが、キャンピング・ワールド・トラック・シリーズは、年間最大25カ所のサーキットを巡回する。

レースのルール

ピットレーンのスピード違反など従来のモータースポーツのペナルティに加えて、トラックレースドライバーは、過剰な排ガス放出や制限速度160km/hの超過などの違反をすると罰則が与えられる。

ホイール・トゥー・ホイール

トラックレースは接触するモータースポーツとは認定されていないが、車両が巨大でコースの幅が限られているので、接近戦が多い。

レーシングタイヤ 専用の「粘着性」ゴムが使用され、しっかり路面をとらえる。

けん引力 ターボチャージャー搭載ディーゼルエンジンは、出力1050bhp。

ドライバーの安全 ロールケージがつくりつけになった運転台が、ドライバーを保護する。

改造サスペンション レーシングショックアブソーバーがあるので、高速で曲がることができる。

車両の重量 ヨーロピアン・トラックレースの車両は、重量5500kg以上。

チューンアップパワー ほとんどのトラックは、12リッターターボチャージャーエンジンを備えている。

トラックの停止 トラックを減速させるには、水冷式ディスクブレーキが必要。

トラックレース

競技の概略

トラックレースはモータースポーツの中で知名度は高くないが、最もエキサイティングなレースの1つであるのは間違いない。ETRCは、ドイツのニュルブルクリンクやフランスのル・マンなど、世界有数の自動車レースサーキットで開催される。アメリカでは、キャンピング・ワールド・トラック・シリーズに全国から大勢の観客が詰めかけ、改造したピックアップトラックが最大400kmのレースで大接戦を繰り広げるのを観戦する。

最高のサーキット

ドイツのニュルブルクリンクは、ヨーロッパで最も長く最もエキサイティングなサーキット。イギリス・トラックレース選手権（BTRC）の開催地で、期間中、15万人以上のファンがレースを観戦する。

モータースポーツ　389　オフロードラリー／トラックレース

ラリー

競技の概略

ラリーは、ポイントからポイントまで走る、速くて激しいモータースポーツだ。公道と私道でレースが行われ、タイムを競う。この競技最大のイベントである世界ラリー選手権（WRC）では、世界中のさまざまなコースでレースが行われ、車の信頼性やドライバーとコ・ドライバー（ナビゲーター）の度胸やスキルが試される。

クルーの保護
超強力なロールケージが、車のフレームに溶接されている。

取り外し可能なパネル
ボディパネルはプレス加工した鋼板でできていて、レース中に交換できる。

ドライバーの特徴
出力300bhpのラリーカーをコントロールするには、運転能力以上のものが要求される。ラリーカーのドライバーは、変わり続ける地形に即応し、困難な状況に対処する高い集中力を持ち、コ・ドライバーに全幅の信頼を置かなければならない。

オンボードデータ
クルーは車に関する技術的なデータを入手できる。

ラリーカーの動力源
すべてのWRCカーは、2リッターターボチャージャー搭載エンジンを備えている。

ブレーキシステム
巨大なベンチレーテッド・ディスクブレーキで、ブレーキをかける。

レース用ゴムタイヤ
最大幅46cmで、路面をしっかりとらえる。

トランスミッション
6速ギアボックスは、セミオートマチックシフトレバーで操作する。

レース用シャーシ
シャーシは手づくりすることで強化される。それにより、ラリーで発生する極端な力に耐えられる堅固な車になっている。

エアロパーツ
リアスポイラーはダウンフォースを生み出し、高速で曲がるときに車を制御しやすくする。

基礎知識

→ 1950年代に私道が使われるまで、ラリーは公道で行われていた。

→ スウェーデン人のビョルン・ワルデガルドは、1979年、フォードエスコートのドライバーとして世界ラリー選手権で優勝。

有名なラリー
2002年WRCのサファリラリーは、全WRC戦の中で最も過酷とされる。東アフリカの公道で行われたため、野生動物や激しい砂嵐も危険だった。

オールテレイン・ドライビング（あらゆる地形を運転すること）

スウェーデンの氷原から、アルゼンチンの標高の高い山岳地帯、ウェールズの森林コースまで、WRCレースはありとあらゆる種類のコースで行われる。氷、泥、砂利、砂などさまざまな地表面を攻略できなければ、この選手権にはのぞめない。ラリーの構成は、タイムを競う短いスペシャルステージ（ポイントを獲得する）とリエゾンステージ（マニュファクチャラーチームが次のスペシャルステージのスタート地点まで進む）。

ラリーの形式
各ラリーには最大25のスペシャルステージがあり、走行距離は数キロから60kmまでと幅広い。1、2分間隔の時差スタートで出発し、公道（閉鎖）と私道の両方を走る。ドライバーはコースをできるだけ速く走ることをめざし、全ステージを最も少ない合計タイムで走った車が優勝する。

タイムペナルティ
ラリーには厳しいタイムペナルティ制度がある。ステージのスタートに遅刻したり、チームのメカニックがステージ終了時の車の点検時間を超過したりすると、ドライバーにペナルティが科せられる。

コ・ドライバー
ラリーカーチームの目であるコ・ドライバーは、ステージを完走するのに必要なあらゆるナビゲーション情報をドライバーに伝える。ステージ前に、コ・ドライバーはコースを下見し、カーブの場所、路面の状態、起こりうる危険について詳細なメモをとる。レース中、これらの情報をドライバーに読み上げる。

検査を受ける車

この競技の運営組織であるＦＩＡが定める規則によれば、WRCカーは、自社の乗用車と同等のもので、限定数であっても市販のものをベースにしていなければならない。しかし、似ているのはそこまで。チームはＦＩＡの設定する制限内で車を改造する。WRCのイベントでは、レースの前、最中、後に公式車両検査団が適合性を調べる。技術規則違反でドライバーがラリー失格になることもある。

スピード狂

推進力を維持することが、速いタイムでコースを走り抜くコツだ。加速してジャンプしたり水たまりにつっ込んだりすると車を「ノーズアップ」させてしまうが、安全な着地が可能なら、これも不可欠。ドライバーは下り坂や水たまりのトラクションを利用して、ブレーキをかけ急ハンドルを切って、コースを通してなめらかな走行ラインを維持する。ラリーカーの大半は４輪駆動で動力は各ホイールに伝わるので、タイヤが路面をとらえるトラクションが増す。

コーナーリング技術

コーナーリングは、ブレーキ、スロットル、アクセル、クラッチの間の遊びのバランスが重要だ。コーナーで車を横滑りさせて速く抜け出すドリフト走行は、必須のラリーテクニック。やり方はさまざまだ。

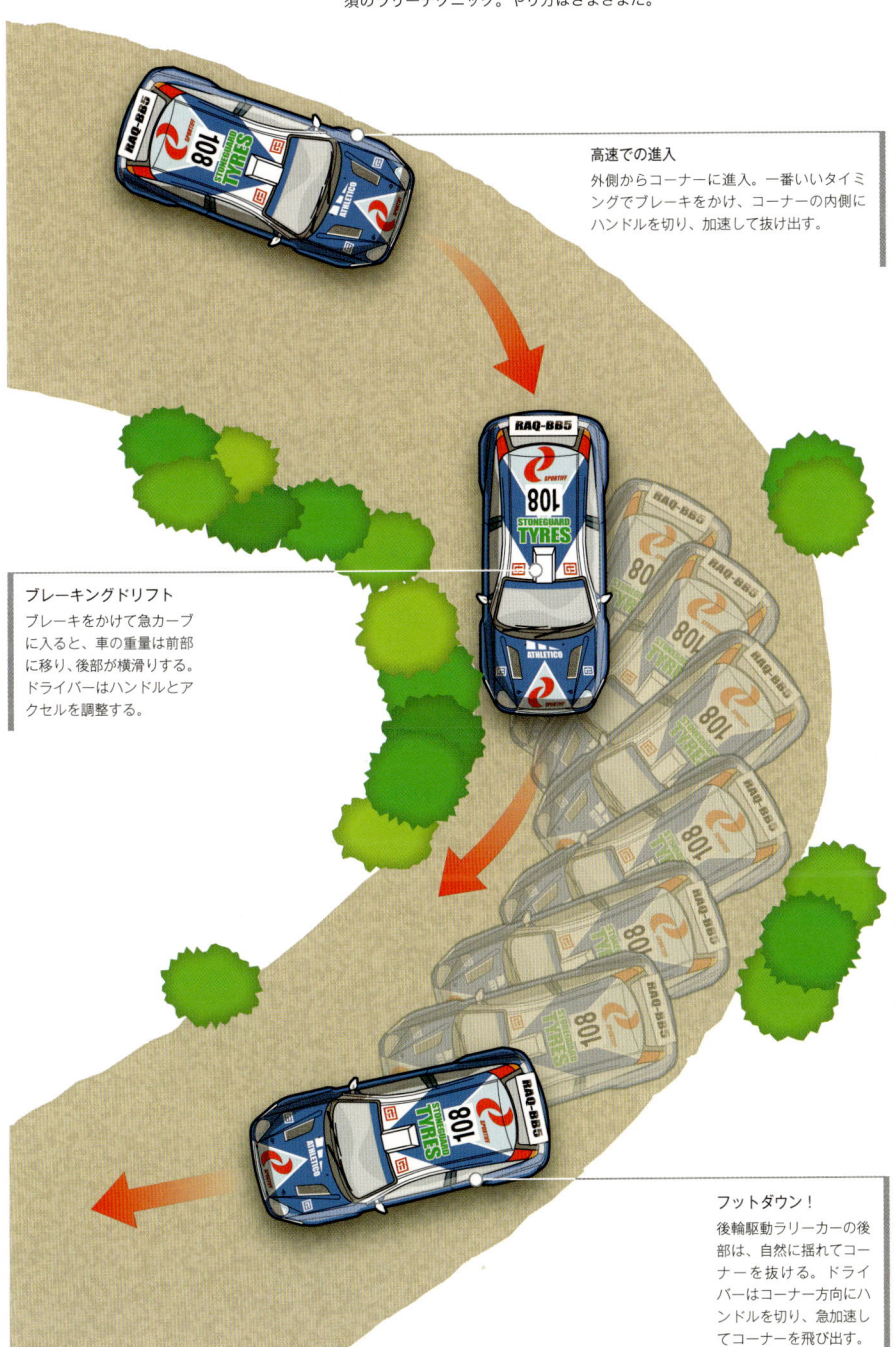

高速での進入

外側からコーナーに進入。一番いいタイミングでブレーキをかけ、コーナーの内側にハンドルを切り、加速して抜け出す。

ブレーキングドリフト

ブレーキをかけて急カーブに入ると、車の重量は前部に移り、後部が横滑りする。ドライバーはハンドルとアクセルを調整する。

フットダウン！

後輪駆動ラリーカーの後部は、自然に揺れてコーナーを抜ける。ドライバーはコーナー方向にハンドルを切り、急加速してコーナーを飛び出す。

データ集

WRC最多優勝―ドライバー

優勝回数	ドライバー
77	セバスチャン・ローブ
30	マーカス・グロンホルム
26	カルロス・サインツ
25	コリン・マクレー
24	トミ・マキネン
23	ユハ・カンクネン
20	ディディエ・オリオール
19	マルク・アレン
18	ハンヌ・ミッコラ
17	マッシモ・ビアシオン

WRC最多優勝―マニュファクチャラー

優勝回数	マニュファクチャラー
87	シトロエン
79	フォード
74	ランチア
48	プジョー
47	スバル
43	トヨタ
34	三菱
24	アウディ
21	フィアット
9	ダットサン／日産

舞台裏

プロチームは１レースに３台まで出場可能。技術サポートクルーに支えられ、ラリー中に車は最高性能を維持する。ステージとステージの間に、サポートクルーが各車を点検する。

裏話

ラリーの概念は、19世紀に馬が引かない最初の車で行われた競走にさかのぼる。初期のラリー・モンテカルロにはモンテカルロラリーがあり、1911年の第１回開催以来、現在も行われている。1950年代にアフリカで行われた16000km地中海〜ケープタウン・ラリーなど、長距離イベントも登場。それは、大改造した車が短距離で競走する現代のプロのラリーとはまったくの別物だ。

運営組織

ラリーは、すべてのモータースポーツを管理するＦＩＡ世界モータースポーツ評議会のもとで行われる。この評議会の主催で、年間13以上の世界のコースでWRCが開催される。

レーサーの特徴

約1時間続くレースでは、持久力が不可欠。また、力と軽い体重も重要だ。ライダーは320km/h以上もの速さでバイクを操る度胸もなければならない。

エンジンパワー
排気量はレースの仕様によって異なる。MotoGPレースでは最先端の1000cc・4ストロークエンジンを使用。

つなぎのスーツ
パッド入りの耐摩耗性ボディスーツとグローブは必需品。

安全ヘルメット
衝撃を吸収する設計。効果は一度のみ。

幅広タイヤ
動力はすべてこのホイールを経由する。グリップをよくするためリヤタイヤはフロントより幅が広い。

空力学的デザイン
パワフルなエンジンと空力学的デザインによって、MotoGPバイクは最高速度350km/hに達する。

基礎知識

→ サーキットで行われるオートバイレースは、世界中で大人気の観戦スポーツ。特にテレビ観戦が多く、世界中で推定3億人がMotoGPの各レースを観戦する。

→ 最も由緒あるレースは、MotoGP世界選手権。毎年、世界中の18のサーキットで開催される。

→ 2001年、バレンティーノ・ロッシは、世界選手権125cc、250cc、500ccを各クラスのシーズン2年目で制した。この偉業を達成したライダーは、フィル・リードに次ぎ史上2人目。

ロードレース

競技の概略

一番人気の高いロードレースのイベントは、ライダーがモーターバイクに乗って舗装されたサーキットや閉鎖した公道を走る競技だ。最も有名なサーキットレースは、ロードレース世界選手権。モトクロスとスーパークロスのイベントは、特にアメリカで人気が高まっている。

サーキット

サーキットはレース専用トラックで、それぞれレイアウトや特徴が異なる。しかし、共通するのは、ゆるやかなカーブとヘアピンカーブ、ストレート、上り坂と下り坂、ランオフエリア、安全のためのグラベルベッド。トラックは、バイクがコーナーリングをしたり追い抜いたりできる十分な幅を必要とし、バリアやオフトラック緊急ゾーンは、適切に設置されていなければならない。観客は、スタンドやグランドスタンドからレースを観戦。コースマーシャルがトラックの周囲に配置され、事故を起こしたライダーを助ける。

その他のコース

ロードレースは常に専用サーキットで行われるわけではない。公道、飛行場、また、公道とオフロードトラックの双方を使って行われることもある。

ドラッグレース：ライダー2人が、ドラッグスタートラックなど直線の舗装路で競い合う。距離は一般的に400m。

ヒルクライム：ライダーが1人ずつ上り坂の道路を走ってタイムを競う。

ロードラリー：閉鎖していない公道で行われる。決められたスタート地点からフィニッシュ地点まで、ルートに沿ってチェックポイントを通過する。その場合、制限速度などの交通規則を守らなければならない。

無理しすぎ

2007年3月7日、中野真矢はスペインGPのフリー走行中にクラッシュ。320km/h以上で走行しながら、カーブに差しかかったとき、バイクのフロントエンドを制御できなくなったのだ。

モータースポーツ

ロードレース

サーキット図の説明

長いストレート
ライダーは、コースの最長ストレートを疾走。速度350km/hに達する。長さ約1kmのストレートには、レースのスタートラインとフィニッシュラインがある。

サーキットの速度
平均速度は200km/hを超えてはならない。

観客席
ひな壇状に傾斜したグランドスタンドから、何千人もの観客が安全で快適にサーキット全体を見渡せる。

グラベルトラップ
グラベルベッドの表面は、起伏がなく完全に平坦でなければならない。

サーキットの全長
3.5km以上10km以下とする。

トラックの幅
10m以上とする。

縁石
縁石があるためライダーはトラックの端を認識しやすい。色つき縁石ブロックは長さ80cm。

ヘアピンカーブ
ヘアピンは、サーキットで最も速度が落ちる場所。ライダーはギアをセカンドに入れ、約145km/hまで減速しなければならない。

マン島のレーサー

最も有名なロードレースであるマン島TT（ツーリスト・トロフィー）レースは、1907年以降、マウンテンコースで行われている。セニアTTは、61kmコース6周。2009年にジョン・マクギネスが17分12秒のラップ記録を達成し、2006年にブルース・アンスティが史上最高速度332km/hを記録した。

不可欠なライディング用具

保護用スーツは必須用具。ロードレースのライダーは必ずといっていいほどクラッシュし、負傷することも多いからだ。必要な装備をするか否かで、ひどい打撲ですむか骨折以上の重傷になるかにわかれる。フルフェイスヘルメット、つなぎのレーシングレザー、グローブ、ニースライダー（膝用プロテクター）、ブーツはすべて着用義務がある。また、血液型が詳細に書かれた金属製IDタグも身につけなければならない。必須の装備をして、万全の体調でレースにのぞむことが大切だ。

グローブ
外側の革は補強され、ウレタンの裏張りにより保護機能と快適さが向上。手のひら側にグリップをよくする素材が使用されることもある。

ブーツとニースライダー
数々の専用プロテクターが、アキレス腱、くるぶし、つま先、脛の下部を保護する。けがをしやすい膝や脛を特に保護する。

ヘルメット
衝撃吸収と顔の保護に加えて、新鮮な空気を入れ、湿気を逃すようなデザイン。

貼りつけ式
ニースライダーは、マジックテープで足に装着。

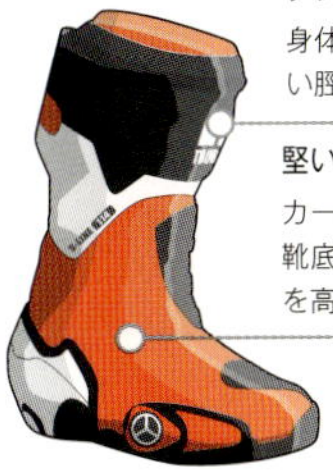

シンガード
身体で最もけがをしやすい脛を特に保護する。

堅いパネル
カーボンファイバー製の靴底インレイは、安全性を高める。

肩パッド
チタン製肩パッドは、鎖骨骨折を予防する手段。

胸用プロテクター
挿入されたパネルが、胸や肋骨周辺を衝撃から守る。

ひじの保護
ひじが損傷を受けると、ライダーのレース能力が妨げられるので、保護しなければならない。

さらなる保護
肩、ひじ、膝用のチタン製ガードが、レザースーツに組み込まれている。ストレッチ素材なので、股や内股の部分の着心地がよくなっている。

膝の保護
ニースライダーを膝パッドの横に装着。

けがの防止
フルレングスのスーツの上に、脛までカバーするブーツをはく。

393

競技規則

国際モーターサイクリズム連盟（ＦＩＭ）が主催する世界選手権、MotoGP クラスレースは、走行距離95km以上130km以下。走る周回数はトラックの長さによって異なる。スターティンググリッドの位置は、予選で記録したファステストラップタイムで決まるが、正式に予選を通過するには、自分のクラスの最速ライダーが記録したタイムの107パーセント以内のタイムを出さなければならない。スタート前に、レースが「ドライ」か「ウェット」か、オフィシャルが発表。ライダーはどちらのタイヤを使うのか決めることができる。タイヤは、スタート前にグリッドで交換できる。フォーメーションラップ1周の後、ライトのシグナルによってレースが始まる。レッドライトが2秒から5秒点灯し、それが消えると、レース開始だ。ライダー2人が同着になった場合、レース中にファステストラップを出したほうが優勝する。

コーナーを制する

オーバーテイクは、チャンピオンシップの勝敗を左右する技術。また、鋭く速いコーナーリングを行えば、トップラップタイムを出せる。バイクが直立する時間が長くなればなるほど、速度が増す。よって、コーナーにすばやく進入し脱出すれば、ラップタイムを短縮でき、レースで優位に立てる。

データ集

グランプリ優勝者

ライダー（国籍）	タイトル数	優勝回数
ジャコモ・アゴスチーニ（イタリア）	15	122
アンヘル・ニエト（スペイン）	13	90
バレンティーノ・ロッシ（イタリア）	9	105
マイク・ヘイルウッド（イギリス）	9	76
カルロ・ウビアリ（イタリア）	9	39
ジョン・サーティース（イギリス）	7	38
フィル・リード（イギリス）	7	52
ジェフ・デューク（イギリス）	6	33
ジム・レッドマン（ローデシア）	6	45
ミック・ドゥーハン（オーストラリア）	5	54
アントン・マンク（ドイツ）	5	42

コーナーに進入する
空気抵抗を減らすライディングポジションに戻り、コーナーに進入しながらシート左側に重心を移す。これによってトラクションが向上する。目は常に進行方向を見る。

バイクを寝かせる
カーブの内側を通るとき、バイクはさらに傾斜する。ライダーは膝の内側が地面にするように下げ、腰の位置をバイクの外側に保つ。

カーブの頂点
コーナーではパワーを維持することが大切だ。前輪ブレーキに触れてはならない。バイクのフロントエンドが曲がることがある。カーブの頂点で加速し始める。

脱出
バイクをできるだけ速く直立にし、パワーを上げ、ギアをシフトアップする。

前輪ブレーキ
メインブレーキは後輪ではなく前輪にかかる。

傾斜角度
バイクは、転倒することなく60度まで傾斜できる。

バレンティーノ、ナンバーワン

イタリア人ライダーのバレンティーノ・ロッシは、モーターバイク界きってのスーパースター。外科医のごとく敵を切り刻むがゆえに「ザ・ドクター」の異名をとる。ロッシは、2002年9月8日から2004年4月18日までに最多連続表彰記録を打ち立て、表彰台に23回立った。サーキットでの成功によって富も名声も手にし、2009年までの年収は破格の3500万ドル。膨大な戦利品だ。

裏話

ロードレースの起源は1894年のパリ～ルーアン・レースにさかのぼり、このときは車とバイクが一緒に走った。第1回マン島TTは、1907年に開催された。ようやくサーキットレースが始まったのは1949年。ＦＩＭが世界選手権を立ち上げた。初期の頃はイタリア人とイギリス人のライダーが独占したが、現在はオーストラリア人、アメリカ人、スペイン人のライダーが優勢だ。

運営組織

ＦＩＭは、1904年、オーストリア、ベルギー、デンマーク、フランス、ドイツ、イギリスのモーターバイククラブの代表者により創設された。現在、アフリカ、アジア、ヨーロッパ、南米、北米、オセアニアの6地域にわたる98の国内モーターバイク連盟を代表する。ＦＩＭはIOC公認連盟。

競技の概略

オフロード・モーターバイクレースには、舗装されたサーキットや道路を使わないすべてのレースが含まれる。最も人気があるのは、モトクロス（MX）、スーパークロス（SX）、スピードウェイ、エンデューロ、クロスカントリー、トライアル。近年、ビーチクロスなどのバリエーションも多くの支持を得ている。路面以外でロードレースと大きく異なるのは、バイクのつくり。

オフロードバイクレース

基礎知識

- スピードウェイが1920年代にイギリスに紹介されたとき、旋風を巻き起こした。全盛期には、8万人以上がレースを観戦。現在、人気のGPシリーズはヨーロッパ各地で行われている。

- 北米では、人工コースの屋内スーパークロスがモトクロスより人気が高く、競技場に大勢の人々がつめかける。世界スーパークロスシリーズのイベントが行われたジョージアドームには観客7万人以上が集まった。

- モトクロスの初期の頃には、500ccクラスが主要部門とされた。しかし、技術発展にともない250ccバイクが速く扱いやすくなり、最終的に500ccバイクに取って代わって主要部門になった。

モータースポーツ

395

ロードレース／オフロードバイクレース

ヘッドギア
承認されたヘルメットをかぶらなければ、競技に出場できない。

ゴーグル
泥だらけになりやすいので、取り外し可能でなければならない。

体の保護
ジャージの外側に着用するボディーアーマーは、硬質プラスチック製。

レバーのセットアップ
クラッチレバーとブレーキレバーはやや下向きにし、前腕がレバーと一直線になるようにする。

ライダーの特徴
オフロードレースには、技能、力、スタミナ、集中力が必要。ライダーには激突したり泥だらけになったりする覚悟がいる。トライアルのライダーは、特に巧みな腕前、驚異的なバランス感覚、スロットルコントロール技術を持ち、障害物、急斜面、急カーブを切り抜ける洞察力を備えていなければならない。

サスペンションを制御する
リバウンドダンピングは、障害物やバンプにぶつかってサスペンションが圧縮された後の戻り速度を制御する。リバウンドダンピングのセッティングが速すぎると、バイクが加速してコーナーを抜け出すとき、跳ね上がりやすくなる。

溝の深いブロック
タイヤのパターンは、地形によって変える。深いぬかるみでは、バイクがコーナーを曲がるとき、溝の深いブロックが路面をとらえやすくし滑りにくくする。ぬかるみをすばやく抜け出すために、フロントタイヤのブロックは45度曲がることもある。

エンジン出力
モトクロスバイクは、単気筒2ストロークまたは4ストロークエンジン搭載。

すばやい切りかえ
ホイールベースは、前輪と後輪の距離。後輪を前に出すと、ホイールベースが短くなり、バイクはコーナーをすばやく曲がることができる。

戦後の競技

1947年、モトクロスの団体戦がオランダで開催された。レースは2マイルのコース8周2ヒート。最速ライダー3人のタイムがチームの得点となる。イギリスチームはわずか9秒差でベルギーを下して優勝した。

バイクの特徴

オフロードバイクには、さまざまなサイズと形があるが、必要なのは、すばやく加速できるレスポンスのよいエンジン、難しい地形をとらえるタイヤ、バンプや振動に対応できるサスペンション。レースのクラスは、一般的に排気量に基づいて分類される。

エンデューロ

MXやSXのバイクとの最大の相違点は、エンデューロは公道仕様でなければならないこと。排気量は100ccから650ccの範囲で、それにしたがってクラス分けされる。

点灯
ヘッドライトとテールライトは、夜間の安全な走行を行うために取りつけられている。

幅の狭いハンドルバー
障害物を通り抜けるときなどに、いろいろな手段を取れる。

トライアル用バイク

トライアルのバイクは、超軽量で、立ち乗り用のデザイン。モトクロスやエンデューロのバイクと比較しても、サスペンションの運動距離は短い。

オールテレイン・ビークル（4輪バギー）

オールテレイン・ビークル（ATV）専用のモトクロス競技会がある。公認競技会で使用するエンジンは、市販の量産モデルATVエンジンでなければならない。

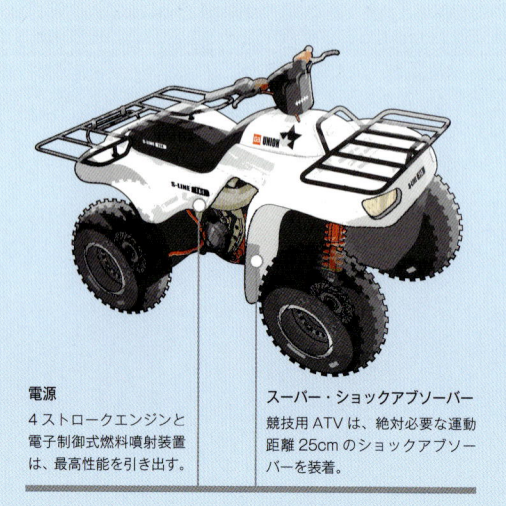

電源
4ストロークエンジンと電子制御式燃料噴射装置は、最高性能を引き出す。

スーパー・ショックアブソーバー
競技用ATVは、絶対必要な運動距離25cmのショックアブソーバーを装着。

MXサーキット

サーキットは全長1.5kmから2km。レースは特徴のある、フェンスで囲まれたサーキットで行われる。険しい上り坂と下り坂、高速ストレート、人工のジャンプ台、急カーブを組み合わせて、変化に富んだエキサイティングなレース環境がつくられている。FIMの規則に従って、コースは、土や泥など天然素材を使用し、保水機能があり、保守管理がしやすく、トラクションがよいものでなければならない。各レースの出場人数は最大30人。

ストレート
障害物だらけのコースで唯一ほっとできる。

複数のジャンプ
長く続くアップダウンは、ライダーにとってもバイクにとっても厳しい試練。

険しいスパイン
側面はほぼ垂直で、頂上はフレームが壊れるほど。ダートバイクレーサーにとって究極の試練。

テーブルトップ
ここへの入口と出口は、1台のバイクがようやく通過できる程度に険しい。

トラックの幅
スタートライン地点は、最低ソロ30台、サイドカーまたはクアドレーサー15台が1列に並べるだけの幅が必要。ソロモーターカー1台につき1m、各サイドカー／クアドレーサー1台につき2m。

スターティングゲート
MXでは一斉スタートが行われるので、スタートがよくなければ勝つのは難しい。標準的な手順では、ゲートに進み、エンジンの回転数を上げ、前輪ブレーキをかけながらゆっくり前進し、クラッチを滑らせ、そして、ゲートが降りたら発進！

トラック安全帯
トラック両側には、一般人とライダーを守るため幅1mの安全帯がなければならない。

4輪の大騒動

ATVレースは北米で特に人気があり、排気量50ccからある。4輪のATVレースは、MX、SX、エンデューロ、ヘア＆ハウンドなど、2輪と同様の形式。さらに、ATVツーリスト・トロフィー・スクランブルは、左折・右折カーブやジャンプ台がある、整備されたダートトラックやショートトラックで行われる。レースはスピードウェイと似ていて、全長約400mのオーバルトラックで戦う。真の勇者には、ATV氷上レースがある！

重要な技能

オフロードレーサーになるのに必要な技能は数多いが、必須なのはトラクションがほとんどない面を高速で曲がる能力。スピードウェイサーキットやMXコースなど、傾斜のないカーブを通り抜けるのは特に難しい。MX、SX、クロスカントリーの分野では、ジャンプ台を巧みに通り抜ける能力が特に重要だ。

ジャンプ

効率よくジャンプするには、障害物を乗り越えるのに十分な高さに飛び上がらなければならない。また、バイクの勢いをそぐことなく着地することも必要だ。有能なライダーは空中で向きを変え、ジャンプをいっそう見ごたえのあるものにする。

その他のコース

数多くの新しいモータースポーツがスピードウェイから発展したが、イーブル・クニーブルの功績によるといっても過言ではない。すべてに共通するのは、レースの多くがいろいろなジャンプの障害が設置されたダートコースで行われること。コースが違えば、必要なバイクも異なる。たとえば、スーパークロスサーキットではスペースに限りがあるので、レースは250ccバイクが中心となる。

- **スーパークロス**：SXは屋内のMX。クライム、ジャンプ台、ヘアピンカーブ、し烈な競走というMXの特徴をすべて、狭いスタジアムサーキットに組み込んでいる。このMXを変型させた競技は、壮観なショーだ。予選ラウンドに続き、セミファイナル、「メインイベント」が行われる。
- **エンデューロ**：走行距離最大160kmのラフなコースでタイムレースを行う。間隔を置いてスタートし、岩がごろごろした川床、森林トラックを通り、険しいぬかるみのバンクを上る。途中、ルートに沿ってタイムステーションでチェックインする。遅着はペナルティが科せられる。
- **トライアル**：コースごとに異なるが、ライダーのバイク操作スキルの限界に挑戦する競技だ。競技者は、地面に足をつけずに、巨石、岩棚、水域、丸太、パレットを通り抜けなければならない。地面に触れた場合、「ダブ」や「ブロド」はペナルティになる。
- **スピードウェイ**：各チームから2人の計4人のライダーが、オーバルトラックを4周走る。各レースは1分未満。ブレーキのない500ccシングルギアのマシンを走行させる。

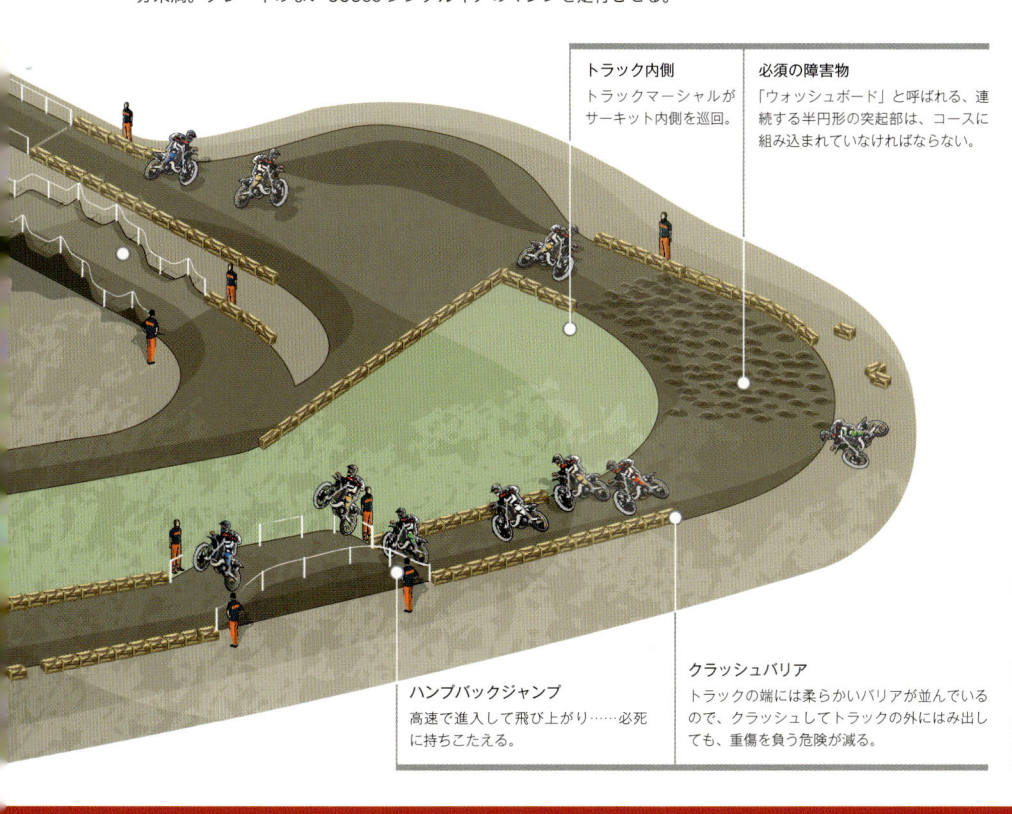

トラック内側
トラックマーシャルがサーキット内側を巡回。

必須の障害物
「ウォッシュボード」と呼ばれる、連続する半円形の突起部は、コースに組み込まれていなければならない。

ハンプバックジャンプ
高速で進入して飛び上がり……必死に持ちこたえる。

クラッシュバリア
トラックの端には柔らかいバリアが並んでいるので、クラッシュしてトラックの外にはみ出しても、重傷を負う危険が減る。

ダートバイクの規則

運営組織FIMが定める独自の規則集があり、反則、不正行為、危険な乗り方は常に失格になる。厳しいレギュレーションによって、乗るマシン、レーサーが着用する用具、使用燃料が定められている。6日間続くエンデューロでは、レース主催者がバイクを保管するが、これをパルクフェルメ（閉鎖して保管すること）という。レース日とレース日の間に、車両に改造が行われないようにするためだ。スタートは分野によって異なり、MXとスピードウェイは一斉スタート、エンデューロは間隔を置いて1人ずつスタート。

データ集

モトクロス世界選手権優勝者

タイトル数	ライダー（国籍）
FIM MX1モトクロス世界選手権（250CC）	
6	ステファン・エバーツ（ベルギー）
6	ジョエル・ロベール（ベルギー）
4	トルステン・ハルマン（スウェーデン）
FIM MX2モトクロス世界選手権（125CC）	
3	アレッシオ・キオッディ（イタリア）
3	ハリー・エバーツ（ベルギー）　他
FIM MX3モトクロス世界選手権（500CC）	
5	ロジャー・デコスタ（ベルギー）
4	ジョエル・スメッツ（ベルギー）
3	ジョルジュ・ジョーブ（ベルギー）　他
AMAモトクロス選手権（125CC）	
3	リッキー・カーマイケル（アメリカ）
3	ライアン・ビロポート（アメリカ）　他
AMAモトクロス選手権（250CC）	
7	リッキー・カーマイケル（アメリカ）
4	ゲイリー・ジョーンズ（アメリカ）　他

ジャンプ技術

トラック上にはさまざまな種類の障害物がある。種類が何であれ、基本の技術は同じ。

進入
ダートジャンプへの進入時、ライダーは前傾姿勢でバイクに立ち乗りし、両足でバイクをはさむ。

テイクオフ
進入時に均一なスロットルを維持しながら、斜面を上がるラインを取る。テーブルトップやギャップジャンプなどダートジャンプは、一定の速度で入り通過する必要があるため、そこまでにスピードを上げておかなければならない。

空吹かししながら着地する
空中では着地する場所を見る。着地点が平坦な場合、先に後輪を降ろす。着地点が下り坂の場合、バイクは坂と同じ角度で降りなければならない。着地直前にスロットルを開ける。

裏話

モトクロスは、最初、スクランブルと呼ばれるイギリスのオフロードイベントとして知られていた。それ自体は、イギリス北部で人気のあったトライアルイベントが進化したものだ。1930年代、この競技は特にイギリスで人気が高まった。FIMは、1952年に500ccヨーロッパ選手権、1962年に250cc世界選手権を創設した。評価が高かったのは、排気量の少ないほうの250ccカテゴリー。これが進化して、スーパークロスやアリーナクロスと呼ばれるスタジアムイベントなどへと枝わかれしていった。空中でのアクロバット技で採点されるフリースタイル（FMX）は、スーパーモト（舗装面とオフロードの両方で行われるモトクロススタイルのレース）と同様に、人気が高まっている。

基礎知識

- パワーボートレースは、費用のかかるスポーツ。器具、燃料、保守管理の費用は、何百万ドルに達することもある。
- F1パワーボートレースには最大7万人の観客がつめかけるが、観戦料は無料。
- 4秒で160km/hまで加速できるパワーボートもある。
- クルーは全員、スリルを味わうためのライセンスが必要。試験には浸水したコックピットからの脱出も含まれ、厳しい健康診断をパスしなければならない。

クルーの特徴
F1とクラス1パワーボートのクルーは、ドライバーとスロットルマンの2人。ライフジャケット着用は義務化されているとはいえ、クルーは泳ぎが得意で、高速で艇体を安全に操縦できなければならない。水を「読む」能力は不可欠。コース上のボートの位置を絶えず意識することも重要だ。

プロペラ
水域の状態によってさまざまな種類を使用。ステンレス製で、3翼、4翼、6翼がある。

設計の基準
現代のパワーボートの主要な構造基準2つは、空力効率（流線形）と安全性。

パワーボートレース

競技の概略
最高速度225km/hの艇体によるパワーボートレースは、あらゆるウォータースポーツの中で最も速く、最も危険で、最も華やかだ。排気量別クラスごとにレースが行われ、ボートは円形または2地点間のいずれかの決められたコースを走る。それ以外のレースでは、耐久性が重視され、艇体とクルーの回復力が試される。クラッシュはまれだが、命に関わることもある。

ウォーターコース
パワーボートレースは、入江、湾、湖、川、ときには海など適した水面で行うことができる。コースは、岩や島など自然の特徴を活かしたり、ブイで区切られたりする。
ボートはたいていコースを反時計回りに動くが、潮や天候状態によっては逆回りにもなる。インショアレースでは、スタート地点の浮桟橋は、長さ75m以上。安全上の理由から最初のターンから300m以上離れていなければならない。ストレートは、850m未満とされる。
単純なレースコースでは、一定の周回を終了した後、最初にフィニッシュラインを通過したボートが優勝する。スラロームコースは、必要なターンをすべて区切るためブイの数が多い。

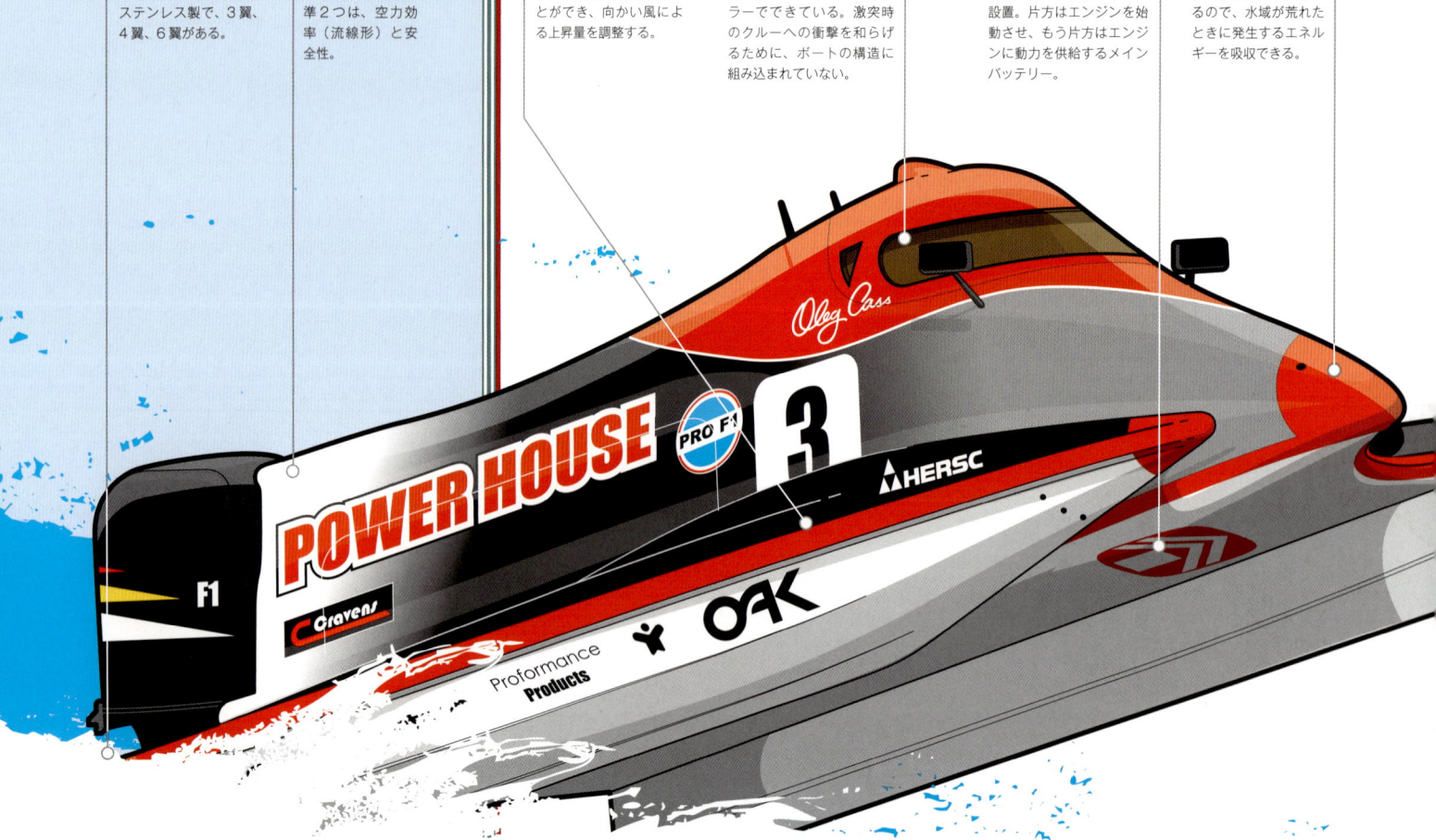

可変ウィング
クルーは、両側にあるウィングの角度を調整することができ、向かい風による上昇量を調整する。

コックピット
つくりつけの保護「セル」は、カーボンファイバーとケブラーでできている。激突時のクルーへの衝撃を和らげるために、ボートの構造に組み込まれていない。

補助電源
ビックルフォーク（艇体）左側に、バッテリーを2つ設置。片方はエンジンを始動させ、もう片方はエンジンに動力を供給するメインバッテリー。

ノーズ
ノーズに発泡プラスチックが詰められているので、水域が荒れたときに発生するエネルギーを吸収できる。

F1 パワーボートレース

F1は、パワーボートレースの中で最も権威ある競技会。ブラジル、ウクライナ、中国、アラブ首長国連邦（UAE）をはじめとする世界各国で行われ、各イベントには、何千何万もの観客が訪れる。

コースのレイアウト

F1コースにはさまざまな種類があるが、すべて全長約2000m。各サーキットに長いストレートが少なくとも1つあり、そこでボートは最高速度に達する。カタールのドーハのコースには、650mのストレートが2つある。それ以外のサーキットにはヘアピンカーブがあり、ブレーキやギアの助けを借りずにボートを操縦してブイを回る能力が試される。

シャルジャサーキット

UAEのこのコースは、2000年以降F1レースの開催場所。また、パワーボートレースのそれ以外のクラスの会場でもある。ハリドラグーンと呼ばれる人工水域で、レースが行われる。

安全プラットフォーム
コース中央にあるので、救急隊は30秒以内に駆けつけることができる。

レースの予選

F1イベントは2日間続き、第1日はタイムトライアルで上位チームが選ばれる。これは第2日のメインレースのグリッド順を決めるものだ。第1日の最後に上位6ボートで再度レース「シュートアウト」を行い、ポールポジションを決める。

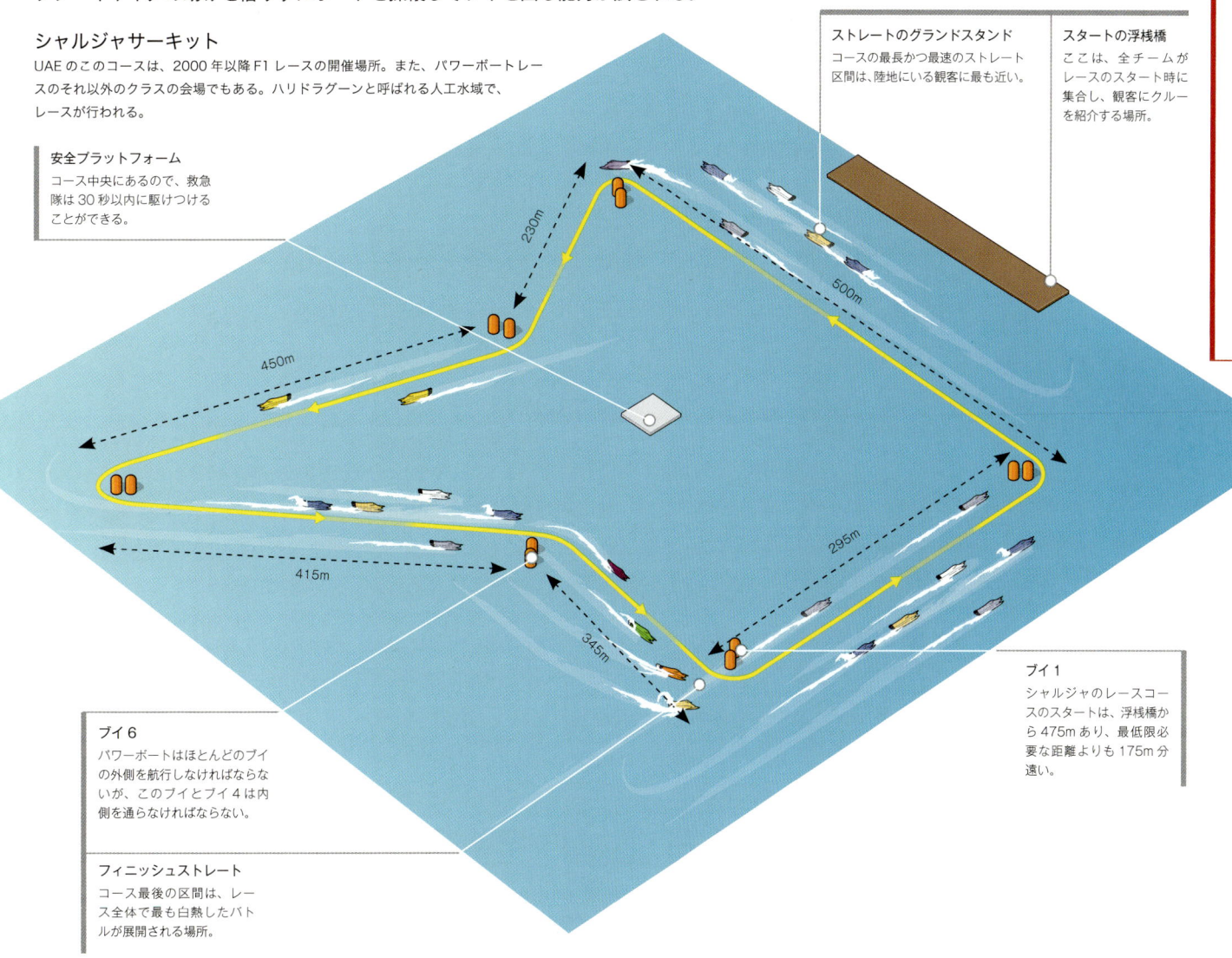

ストレートのグランドスタンド
コースの最長かつ最速のストレート区間は、陸地にいる観客に最も近い。

スタートの浮桟橋
ここは、全チームがレースのスタート時に集合し、観客にクルーを紹介する場所。

ブイ1
シャルジャのレースコースのスタートは、浮桟橋から475mあり、最低限必要な距離よりも175m分遠い。

ブイ6
パワーボートはほとんどのブイの外側を航行しなければならないが、このブイとブイ4は内側を通らなければならない。

フィニッシュストレート
コース最後の区間は、レース全体で最も白熱したバトルが展開される場所。

F1ボート

F1で競走する双胴船（カタマラン）は、長さ6m、幅2.1m。高速時に艇体が水面から浮上する設計。2つのハルの間に水のトンネルができ、その上のエアクッションにボートが乗る仕組みで、実際の喫水部分はごくわずか。このため、350bhpエンジン搭載のボートは超高速走行が可能になる。この競技はボート操縦と同様に飛行機操縦とも共通点が多いともいわれている。ボートだけでなくクルーも、ターンで大きな重力に耐えられるほど強くなければならない。

安全装備

クルーは、強化されたコックピット（「カプセル」）内からボートを操縦する。また、シートベルト、ヘッドハーネスとネックハーネス、衝突時にふくらむエアバッグで保護される。つい1980年代まで、F1ボートは弱い合板製で、クルーはハーネスを装着せずにオープンコックピットに座っていた。

データ集

F1世界チャンピオン

年	優勝者
2012	アレックス・カレラ（イタリア）
2011	アレックス・カレラ（イタリア）
2010	サミ・セリオ（フィンランド）
2009	グイド・カッペリーニ（イタリア）
2008	ジェイ・プライス（アメリカ）
2007	サミ・セリオ（フィンランド）
2006	スコット・ギルマン（アメリカ）
2005	グイド・カッペリーニ（イタリア）
2004	スコット・ギルマン（アメリカ）
2003	グイド・カッペリーニ（イタリア）
2002	グイド・カッペリーニ（イタリア）

モータースポーツ

パワーボートレース

用具

ボートの種類によって技術や安全の基準は異なるが、どれも標準ナビゲーションシステムとして全地球測位システム（GPS）を使用。計時装置は、コックピットに取りつけられている。また、ライトも設置されていて、事故やルール違反の後に全ボートが減速または完全停止しなければならない場合に、レースコーディネーターが点灯させる。クルーは、耐水性で耐火性のウェア、保護用ヘルメット、ライフジャケットを着用しなければならない。

水上での会話

エンジンの轟音や水を打ちつける音で、クルーはお互いの声が聞こえにくい。そのため、コックピットに並んで座っていても、通常は無線で通信する。沿岸のチームエンジニアやディレクターとも、無線で作戦などのメッセージを伝え合う。

ボートの種類

パワーボートにはさまざまなデザインがある。最小のボートは、F1で使用される。最もパワフルなエンジンを搭載する最大のボートは、オフショアレースで使用されるが、イタリアのスーパーカーメーカーのランボルギーニ社製のものもある。スピードでは、300km/hに達する無制限クラスのハイドロ艇に勝るものはない。

F1 船外機

F1で使用される双胴船の中央には、最大425bhpが出る2ℓガソリンエンジンが搭載されている。乗員2人、重量390kg、燃料積載量120ℓ。

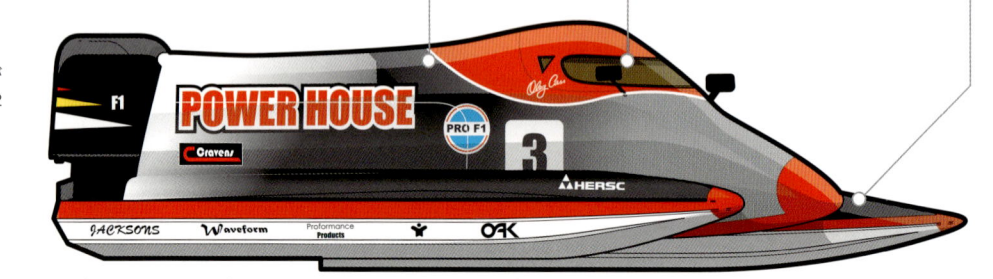

艇体 素材はカーボンファイバーとその他の複合材料。

風防 素材は軍用機の風防と同じ。

ピックルフォーク 他のボートとの接触時、2つのフォークが粉々になる仕組み。

6m

オフショアクラス1

このクラスのボートレースは、単胴船または双胴船。8ℓのガソリンエンジンまたは10ℓのディーゼルエンジンを2基または3基搭載。レース中の平均速度200km/hと最高速度250km/hを出すことができる。クルーの構成は、ドライバーとスロットルマン。

プロペラ すべてのボートに数種類ある。クルーは水域の状態を確認した後、どれを使用するか決める。

凸状の側面 デッキの縦方向のカーブは、空気をキャビン上方に押し上げ、後ろに直接降りるようにする設計。

コックピットの安全性 コックピットの床に脱出用ハッチがついたボートもある。

ポンツーン 双胴船船体の2つの部分を接続するデッキの横部分。

14m

無制限クラスのハイドロ艇

このボートは、船内タービンまたは航空機と同様のピストンエンジンによって動く。形容詞がもの語るように最高速度300km/hを誇り、すべてのパワーボートの中で最も速い。といっても、プロペラのサイズは無制限ではなく、直径40cmを超えてはならない。

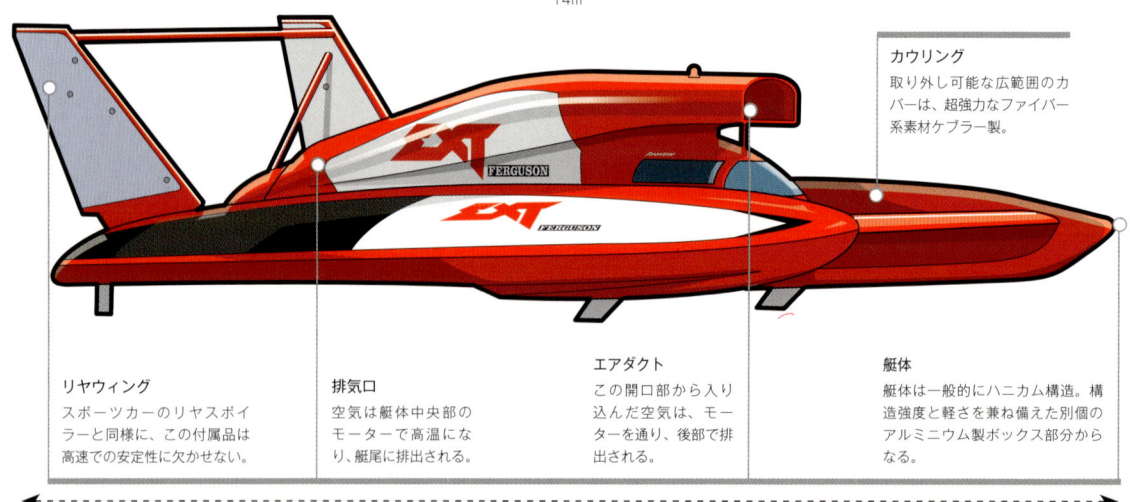

カウリング 取り外し可能な広範囲のカバーは、超強力なファイバー系素材ケブラー製。

リヤウィング スポーツカーのリヤスポイラーと同様に、この付属品は高速での安定性に欠かせない。

排気口 空気は艇体中央部のモーターで高温になり、艇尾に排出される。

エアダクト この開口部から入り込んだ空気は、モーターを通り、後部で排出される。

艇体 艇体は一般的にハニカム構造。構造強度と軽さを兼ね備えた別個のアルミニウム製ボックス部分からなる。

8.5〜9.75m

ナンバー・トリビア

511.11 km/h：パワーボートで出された史上最高時速。1978年にオーストラリアのケン・ウォービーがこの記録を達成した。

40 海里：この競技がオリンピック種目だった最後の1908年大会でモーターボートが走った距離（74km）。18m級、8m級、オープンの3種目で、それぞれゴールしたボートはわずか1艇だった。

11 勝：1982年以降、ゴールド・チャレンジ・カップでアメリカ人リー・エドワード「チップ」・ハナウアーが達成した優勝回数。この権威ある全米パワーボート協会（APBA）主催イベントは、アメリカで毎年開催され、デトロイト川が会場になることが多い。

国際的なパワーボートレースの誕生

国際パワーボート競技会ハームズワースカップは、1903年にイギリスの「デイリー・メール」紙を所有するアルフレッド・ハームズワースによって創設された。1920年代に、アメリカ人発明家ガー（ガーフィールドの略称）・ウッドは1920～33年のレースで9回優勝。1971年にこの世を去ったとき、たいへん多くの特許を取得していた。ウッドは年齢より老けて見えたので、スポーツジャーナリストは「ハイイロギツネ」とあだ名をつけた。

水上作戦

F1モーターレースでは、ライバルの真後ろにぴたりとつけ、できるだけレース終盤で抜くのが有利だ。一方、パワーボートレースは、高速ボートで引き波ができるので、先頭に立つのが望ましい。

ブイの監視

貴重な時間をロスするのを恐れるあまり、ブイやマーカーから操船余地をとりすぎてはならないが（右図の悪いライン参照）、同様に接触も避けたい。回るはずのコースマーカーの内側を通った場合、1周減からレース失格までのペナルティが科せられる。モーターレースと同様に、効率的なコーナーリング技術が求められ、ドライバーは高速を維持しながら、ブイの周りをできるだけ直線に近いラインで走行しようとする。

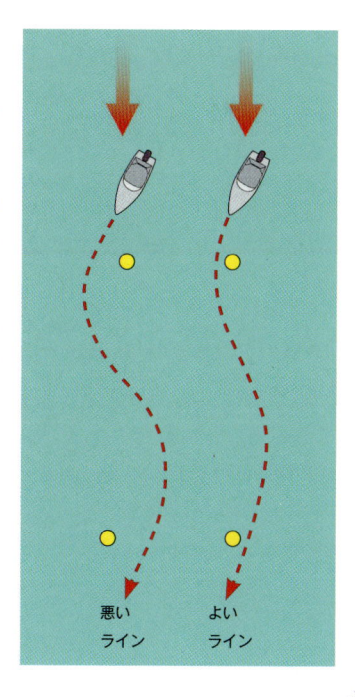

悪いライン　よいライン

スロットル全開

艇体を操縦しスロットルを全開にするだけが、パワーボートレースではない。クルーは常に、エンジン出力と、1つまたは2つの艇首の角度やプロペラとのバランスをとらなければならず、前者を調整して、後者の効果を最大限にしている。艇首が前方の空気と水をつっ切ることができず正面から当たってしまったら、モーター回転数は無駄になる。また、プロペラが水面下のできるだけ深いところで回転していなくても、エネルギーは無駄になる。

金銭問題

パワーボートレースとモータースポーツには、特にマーケティング方法など類似点もあるが、大きな違いが1つ。それは、ウォーター系競技のファンは観戦料を払わなくてもよいことだ。トップレベルの競技では、世界中の放送局が放映契約を結び、世界の大企業がチームのスポンサーになるため、巨額のお金が生まれる。F1のグローバル化は、1990年代初期に始まり、ニコロ・ディ・サン・ジェルマーノが主となってこの分野の市場開拓を担った。彼をプロモーターとして、F1はアジアなど世界の新しい未開拓市場へ拡大した。

海洋を支配する

競技会は、主に排気量によってさまざまなカテゴリーで開かれる。すべてのイベントに共通するのは、レースはサーキットから離れた浮桟橋から始まること、オフィシャルがスタートのグリーンライトを点灯させるまでエンジンスイッチを切っておかなければならないこと。

F1

F1イベントは、2000ccエンジンを搭載するボートのレース。年間最高10回のグランプリがあり、毎回24艇のボートが出場する。45分間で多く周回した上位10艇は、1位の20点から10位の1点までスライド制でポイントを獲得する。

クラス1

クラス1世界オフショア選手権は、1年を通して10回のイベントで競い合う。各レースは全長9kmのサーキットを周回し、約182km以上または1時間以内で行われる。ポイントシステムは、F1と同じ。

ハームズワースカップ

世界中で開催される数多くの地域レースの中に、ハームズワースカップがある。このレースは、イギリス南岸沿いのカウズ～トーキー～カウズなど、2地点間のコースで行われる。排気量に制限はなく、近年、最も優勝回数が多いボートは、ヘリコプターエンジンをベースにした装置を動力源にしたものだ。

その他のレース

ハイドロプレーン（滑走艇）レースは、アメリカとオーストラリアの比較的短いコースで行われる。これに対し、P1は、ヨーロッパ拠点の耐久シリーズで、レースは走行距離148km。

水の帝王

グイド・カッペリーニは、F1パワーボートレース史上最高のドライバーの1人。イタリアのコモ出身のこの元造船技師は、陸上のゴーカートでレース経歴をスタート。F1グランプリレースで最多優勝し、世界選手権タイトルを最も多く獲得した。1993年に初の世界タイトルを手にして以来、これまでに10回世界選手権を制覇している。

裏話

パワーボートレースは、国際モーターボート連盟（UIM）がF1クラスを認可した1981年に激変した。それ以前はマイナースポーツだったが、メジャーになり観客やスポンサーを引きつけるようになった。かつてレース会場は適した水域であればどこでもよかったが、現在は、ホテル、レストラン、造船会社などのさまざまなサービス業が営業する沿岸で開催する。交通の便がよいことも重要だ。

APBA

最初の公式パワーボートレースは、1903年に米国パワーボート協会（APBA）の主催で、ニューヨークのハドソン川で行われた。APBAは北米で実権を握っていたものの、他の地域ではあまり影響力がなく、分裂していたせいでこの競技の国際的な発展が妨げられた。

UIM

UIMは、APBAに対抗して北米以外の地域で影響力を持つ。1922年創立。創立メンバーは、アルゼンチン、ベルギー、フランス、ドイツ、イギリス、オランダ、アイルランド、モナコ、ノルウェー、ポーランド、スウェーデン。アメリカは第二次世界大戦直前にようやく加盟した。

エアレース

基礎知識

→ エアレース史上初のイベントは、1909年のランス・エアレース。パイロットは、フランスのランスからイギリスまで競い合った。

→ 高性能のエアロバティックプレーン（曲芸飛行機）を使用する。すべてライカミング社製エンジン搭載。

→ パイロンに衝突した場合、クルーは3分以内に別のものと交換できる。

競技の概略

エアレースは、ダイナミックな新競技だ。その目的は、難しい空のレースコースをできるだけ速いタイムで航行することである。パイロットは、1人ずつ飛行してタイムを競い、急旋回してスラロームコースを通り抜けなければならない。コースを構成するのは、「エアゲート」と呼ばれるエアレース専用のパイロン（障害物）。しかし、エアレースで競うのはスピードだけではない。勝つためには正確な飛行も欠かせない。なぜなら、パイロットがミスをすると、ペナルティポイントが科せられ、最終ラップタイムに加えられるからだ。

スピードレース

このレースはエアレースの前身であり、スピードだけを競った。専用サーキットのエアレースでは、高さ9mのパイロン6つでコースが区切られていた。2本の直線区間が平行し、両端が半円になったコースを飛行した。1度に8レースのみが行われ、ブルーリボンクラスのレース距離は通常39km。

翼長
翼は100パーセントカーボンファイバー製で長さ8m。

駆動力
3翼プロペラが最もよく使われている。最大回転数は2700rpm。

エンジンパワー
一般的に燃料噴射式6気筒8.8リッターエンジン搭載。260hpから310hpが出せる。

レーンの変更
補助翼を使って方向転換する。補助翼は各翼の後縁に設置されている。

機体
機体は頑丈かつ軽量でなければならない。カーボンファイバー、鋼管、またはその2つの組み合わせでできている。

パイロットシート
パイロットが脱出しなければならない場合、円蓋が外れるが、レース用飛行機には射出座席がない。

ナンバー・トリビア

8 マイル：パイロットが各レースセッションで飛行する平均距離。これは約13kmに相当する。

370 km/h：レッドブル・エアレース・ワールドシリーズにおいて、スタートゲートへの進入速度として許容されている最大値。

10 G：レース参加者は、難しい技を行い地面すれすれに飛行する。旋回中にパイロットは10G近くに耐えなければならないが、これは自分の体重の10倍。Gスーツの助けを借りずにこれに耐えなければならない。

2003 年：第1回レッドブル・エアレースが開催された年。初回は2レースしか行われなかったが、年々レース数が増えている。

コースを飛行する

予選ではセッションを2回行い、速いほうの結果が使われる。上位12人のパイロットが「トップ12」で8人に、「スーパー8」で4人に絞られる。「ファイナル4」で最終順位を決める。ゲートを正確に通過しない場合、ペナルティの秒が加えられる。パイロットの�ート通過が高すぎたり、違う種類の通過を行ったり、正確な技を行わなかったりした場合は、2秒ペナルティ。パイロンに接触した場合は、6秒ペナルティ。

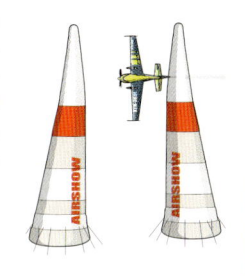

安全性と管理

エアレース世界シリーズは、国際航空連盟（FAI）が管理する。すべてのトラックは、この運営組織が定める規則に適合しなければならない。

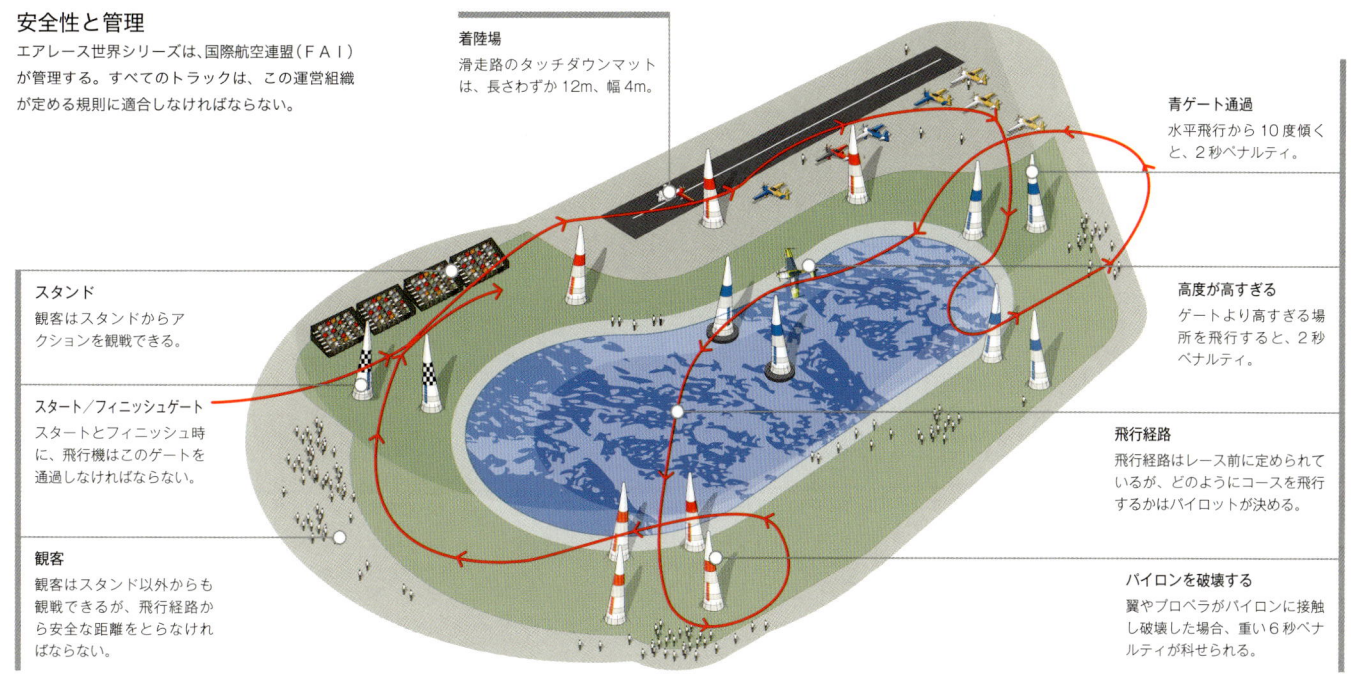

エアゲート

高さ20mのエアゲートは、パイロン2本の構成（特殊なエアゲートのクアドロは4本）。パイロンは軽量のスピンネーカー（ヨットの帆の素材）製で、飛行機が接触すると破れる。ゲートに衝突しても、パイロットや飛行機に危険はないが、パイロンに圧縮空気が充てんされているので、バンという音がする。エアゲートは弾力性があり、最大15mの風速に耐えられる。基部は直径5m、先端は75cm。

着陸場
滑走路のタッチダウンマットは、長さわずか12m、幅4m。

青ゲート通過
水平飛行から10度傾くと、2秒ペナルティ。

高度が高すぎる
ゲートより高すぎる場所を飛行すると、2秒ペナルティ。

飛行経路
飛行経路はレース前に定められているが、どのようにコースを飛行するかはパイロットが決める。

パイロンを破壊する
翼やプロペラがパイロンに接触し破壊した場合、重い6秒ペナルティが科せられる。

スタンド
観客はスタンドからアクションを観戦できる。

スタート/フィニッシュゲート
スタートとフィニッシュ時に、飛行機はこのゲートを通過しなければならない。

観客
観客はスタンド以外からも観戦できるが、飛行経路から安全な距離をとらなければならない。

コース

全長約1.4kmのレーストラックは、空気を入れてふくらませるゲート（エアゲート）が連続してできている。パイロットは、各セッションで所定の3つの飛行計画のうち1つを実施。ゲート間を通過し、水平通過（青ゲート間の通過）または垂直通過（赤ゲート間通過）のいずれかを行う。また、シングルエアゲート3本で構成されるスラロームゲートを通過しなければならない。コースはイベントによって若干異なる。ラウンドごとに、新たな課題が生じ、環境的な要素が変わる。

世界規模のイベント

レッドブル・エアレース・ワールドシリーズは、2003年開始時には小規模だったが、地球規模のレースへと成長した。2011年から2013年までチャンピオンシップが休止となって、この発展は止まったが、2014年の再開が決定している。2007年シリーズの開催地は以下のとおり。アメリカでは、専用サーキットレースが依然として優勢だ。

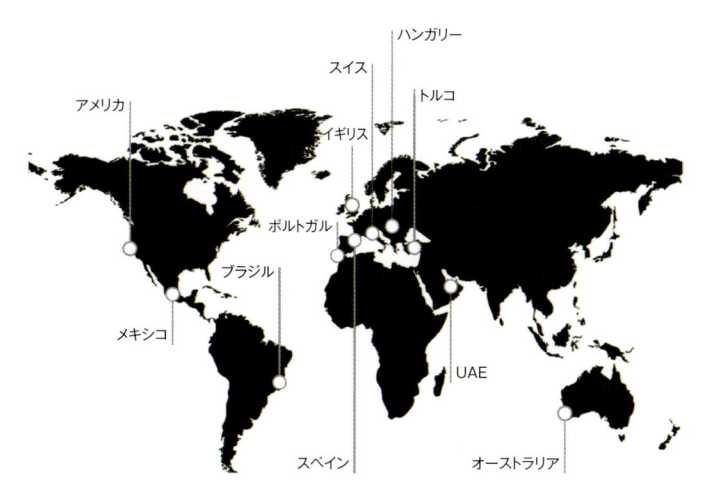

不可欠なテクニック

エアレースはスピードだけではなく、正確な低空飛行も重要だ。ナイフエッジマニューバ、水平通過、ハーフキューバンエイトなど、特定の「旋回技」を行わなければならない。技の実演でわずかなミスがあっても、ペナルティが科せられることがある。レースや予選ラップでパイロットが行うそれ以外の技は、テールスライド、垂直ロール、水平ラウンド、ループ。

青パイロン

青パイロンが約14m間隔で平行に立ち、エアゲートを構成する。パイロットは、水平に青ゲートを通過しなければならない。これは水平通過と呼ばれる。

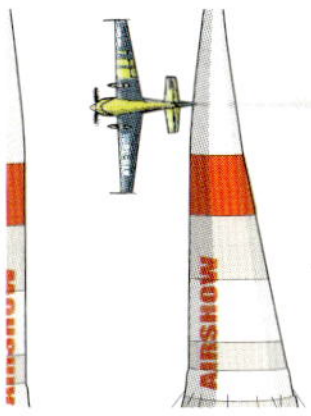

ナイフエッジマニューバ

わずか10m間隔で立っている赤パイロンは、さらに難しいエアゲートだ。パイロットは、「ナイフエッジ」（つまり垂直の）姿勢で通過しなければならない。片方の翼を空に向け、もう片方を地面に向ける。

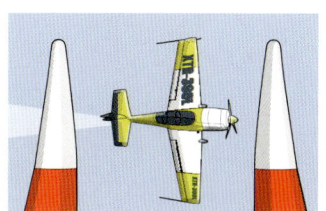

ハーフキューバンエイト

この特殊な技は、飛行機を方向転換させるのに使われる。この技を行うには、上昇5/8インサイドループから45度で降下し、1/2ロール、1/8インサイドループを行って、水平飛行になる。

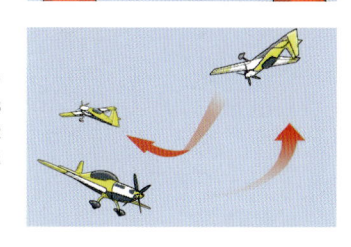

モータースポーツ

エアレース

スノーモービル

競技の概略

アメリカやカナダなどの北半球の豪雪地帯では、スノーモービルは人気の高いモータースポーツだ。エキサイティングでし烈な戦いとなる冬のレースは、氷上のオーバルコースやクロスカントリートレイルで行われる。スノーモービルの人気が高まったのは、1950年代後半にスキードゥ（Ski-doo）が考案された時だ。小型化・軽量化されたエンジンが、軍隊、郵便業務、救急車、林業で使われてきた従来の大型雪上車の前輪スキー・後輪キャタピラ装置に使われるようになった。

基礎知識

- スノーモービラーの平均年齢は41歳。全体の17パーセントは60歳以上。
- スノーモービラーは夏に競技ができなくて寂しがるのではなく、芝や水上レース用に車両を改造する人が多い。

傾斜したコーナー
アイスオーバルのコーナーは反っているので、スノーモービルはトラックからはみ出さない。

アイスオーバル
ウィスコンシンの有名なイーグルリバーをはじめとする会場で、スノーモービラーはオーバルアイストラックを回って競走する。

競技者の特徴
スノーモービルレースはハードワークなので、身体能力に加え、高速でパワフルな精密機械を操る力がなければならない。危険な地形での雪上と氷上レースのスリルや落下に対処するには、即応力と冷静さも必要だ。

スノーモービルの風防
風防はレース中にライダーに吹きつける強風を和らげる。

保護用スーツ
耐水性ジャケットとズボンを着用するので、濡れることなく温かい。グローブとブーツは手足を保護する。

駆動力
近年のスノーモービルの動力は、2ストロークエンジンや4ストロークエンジン。排ガスが少なく燃費がよくなっている。

スノーモービル
現代のスノーモービルは、軽く耐久性のある素材でつくられているので、すばやく加速し、速度190km/hに達する。車両は騒音が激しく、排ガスの環境への影響が懸念されている。

キャタピラ（トラック）駆動装置
エンジンがキャタピラ駆動装置に接続され、交互にキャタピラを動かす。

軽量キャタピラ
ゴムなど軽量素材でできたキャタピラは重量を分散し、スノーモービルが埋もれないようにする。

快適さと安定性
ショックアブソーバー、バネ、ダンパーが各スキー板に取りつけられているので、快適に安定して乗ることができる。

スキー
スキーは2枚にも1枚にもでき、地形に合わせてさまざまな形や幅が選べる。

ナンバー・トリビア

129,087 台：2012年に世界で販売されたスノーモービルの数。そのうち48689台はアメリカ、40165台はカナダ。

1,481 km：平均的なスノーモービラーが乗る年間の概算キロ数。この競技に年間4000ドルを費やす。

80 ％：専用に整備され、区切られたトレイルでライディングやツーリングを行うためにスノーモービルを使う人の割合。約20％は、交通手段、魚釣り、仕事に使う。

230 億ドル：アメリカとカナダのスノーモービラーが年間この競技にかける費用。ヨーロッパやロシアでの年間費用は40億ドル。

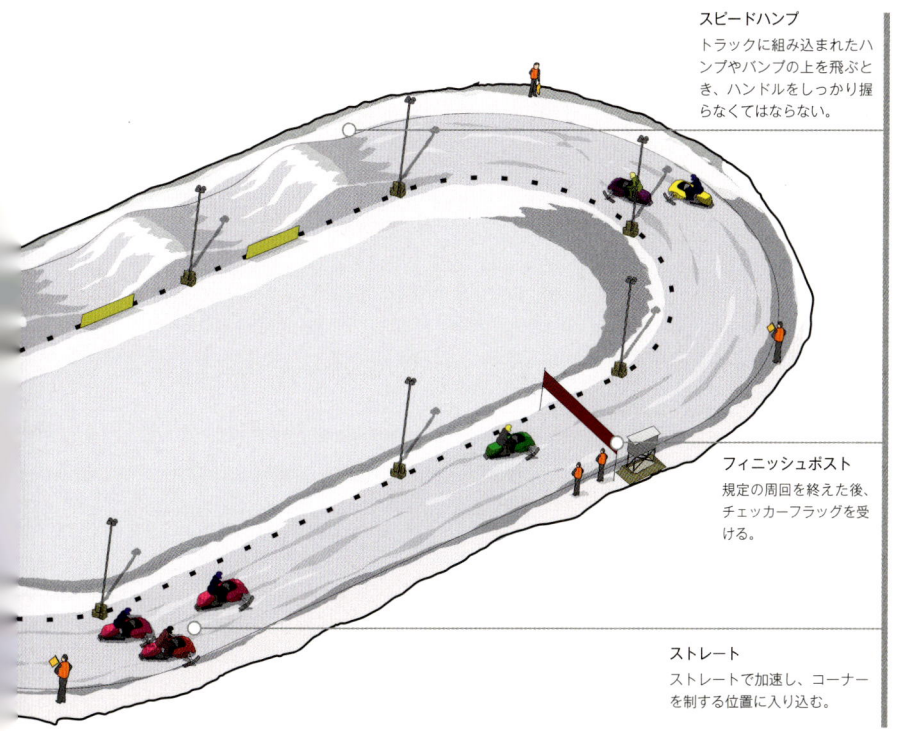

スノーモービルの車種

スノーモービルは主に5種類。軽量で扱いやすいエントリーレベルマシン（トレイルモデルともいう）から始める。パフォーマンスマシンは、それより重く、出力が少し高く（85hp以上）、レスポンスがよい。ツーリングスノーモービルは、大きさ、重量、キャタピラの長さが増し、長距離でも快適に2人乗りできる。マウンテンスノーモービルは、さらに長く、狭く、パワフルであり、深いパウダースノーの中でさまざまな技ができる特殊なキャタピラを持つ。ユーティリティマシンは、他の車種より重く、長く、やや幅が広く、大雪の中でのトレイルや作業に適している。

トラック・オーバー・ザ・トップ

毎年2月、スノーモービラーは、アラスカ州トクからユーコン準州ドーソンシティまで322kmの整備されたトレイルを運転できる。「トク～ドーソン・ポーカーラン」とも呼ばれるこのコースで、スノーモービラーは、険しい丘、吹きつける風、曲りくねったカーブ、息を飲むような景色を体験しながら、トップオブザワールド・ハイウェイを通ってツーリングする。

スピードハンプ
トラックに組み込まれたハンプやバンプの上を飛ぶとき、ハンドルをしっかり握らなくてはならない。

フィニッシュポスト
規定の周回を終えた後、チェッカーフラッグを受ける。

ストレート
ストレートで加速し、コーナーを制する位置に入り込む。

イーグルリバー

ウィスコンシン北部のイーグルリバーのダービートラックは、年1回の世界スノーモービル選手権を開催している。スノーモービルレースは、1964年にこの地で始まり、ヒルクライム、クロスカントリー、湖上トラックでのスプリントなどのイベントが行われ、およそ3000人がつめかけた。年々、新しいコースや施設ができて、賞金、テレビ放送、プロのライダー、5万人以上の観客を引きつけるようになった。7日間にわたって開催された第40回イーグルリバー世界選手権では、世界選手権オーバル、世界選手権スノークロス、ビンテージ世界選手権のタイトルを求めて、ライダーたちが競い合った。2007年、イーグルリバーでは、第44回世界選手権ダービー、ロードマスター・クラシック・ビンテージ・ウィークエンド、世界パワースポーツ協会全国スノークロスのイベントが開催された。

アイアン・ドッグ・クラシック

アイアン・ドッグ・ゴールドラッシュ・クラシックは、世界で最も走行距離が長くきついレースとして有名。走行距離は3269kmにもなる。スノーモービルに乗る競技者は、特殊な燃料を用いて、零度を大きく下回る気温の中、きわめて起伏の激しい地形を最高速度160km/hで走行する。

スノークロス

スノーモービルがスノークロスのコース（雪が積もったコースに似たトラック）を通り抜けていくスリリングな光景は、多くの観客を引きつけている。さまざまなバンプ、傾斜したコーナー、急カーブで構成されるショートトラックに刺激されて、ライダーは「ビッグエア」をとらえ、息を飲むような空中技を行う。スノークロスのクラスは地域ごとに異なる。ある選手権では、年齢11歳までの子供向け「ミニ」から、エキスパートレベルでのレース経験者向け「プロ」まで、あらゆる能力に対応するクラスがある。

トレイルの整備

北米の豪雪地帯では、スノーモービルクラブやその他の団体の大勢のボランティアが、州や地方の政府、個人の土地所有者と協力し、所定のトレイルをデザインし、地図をつくり、建設し、整備する。推定で、36万2千km以上のトレイルが整備および維持され、カナダとアメリカのスノーモービラー4百万人以上が利用できる。

データ集

スノークロスのクラス

クラス	年齢層
ミニ	5～11歳
ユース1	9～13歳
ユース2	13～17歳
スポーツ	13歳以上
プラス30	29歳以上
マスターズ	39歳以上
セミプロ	13歳以上
プロ	13歳以上

スノーモービルエンジン

排気量
125cc（最高速度15km/h）
500cc最大（液冷含む）
500cc最大（プロは最大800cc）
600cc最大（液冷以外）
800cc最大

裏話

全米スノーモービル協会（USSA）は、この競技の最古の運営組織。1965年に創設され、混乱していた競技の組織化をはかった。エンジンが25種類以上あるスノーモービルのブランドが当時は120近くあり、レースは同時期に至るところで開催されていた。USSAは、規則、仕様、トラックの安全基準を統一し、イベントを整理した。

世界パワースポーツ協会（WPSA）
WPSAは、さまざまなスノーモービル競技会を主催、規制、推進する運営組織。

アニマル
スポーツ

11

ヘルメット
安全のためにかぶるヘルメットだが、それぞれの馬主を表す色の布がかぶせてある（ここでは緑）。

ゴーグル
必需品。疾走する馬がけり上げるほこりや泥で視界が妨げられれば、けがにつながることも。

勝負服
ジョッキーはプロテクターの上から、馬主を示す色の勝負服を着る。

鞍
競馬用の鞍は、普通の鞍よりも小さくて軽い。鐙もかなり短い。

胸繋（むながい）
やせた馬の場合、胸繋をつないで、レース中に鞍が後ろにずり落ちないようにする。

上腹（うわはら）
万一鞍や鞍下布（くらしたぬの）がずれないように、腹帯の他にもう1本帯をしめる。

肢巻き（しまき）
障害物競走中、障害物に前肢をぶつけたときに備えて巻きつける。

競馬

競技の概略

1日の競馬は、通常、距離の違う複数のレースで構成される。夏の間は平地競走だけで、冬になると障害競走も行う、という国もある。馬は、レースのための訓練を受け、年齢や経験別に走る。原則として、若い馬は、短い距離のレースを走り、斤量（きんりょう）も少ない。ジョッキーは、小柄で軽量。強気な性格でなければ勝負にならない。見るスポーツとしての人気は絶大。クラシックレースを見る人は何百万人にもなる。多くの人は、レースの結果に金をかけている。

勝つために生まれてきた馬

イギリスとアイルランドで活躍したアークルは、出れば必ず勝つ、という馬だった。そのため、アークルが出場するレース用と、出場しないレース用に2通りのハンディキャップを決めておかなければならなかった。通常、アークルは、他の馬よりも2ストーン（約12kg）重い斤量を課された。

基礎知識

→ ほとんどの場合、競馬専用のコースで行われる。平地コースと、障害コースがある。イタリアのシエナで年2回開かれるパーリオは、町の広場を馬が走る。

→ 速い馬をつくり出すために交配を重ねてきたサラブレッド。すべて、バイアリータークス、ダーリーアラビアン、ゴドルフィンアラビアンという3頭の種馬の子孫。

→ 最も有名な障害競走は、毎年4月にイングランドのエイントリーで行われる、グランドナショナル。

平地競走コース

コースは3タイプ。かつては、芝のコースかダートコースであった。だが、いずれもコースコンディションの維持が大変だったことから、最近ではオールウェザーといわれるコースも設けられている。発馬機は、レースの距離に合わせて移動可能。ゴール板は固定で、普通、正面観覧席の前にある。多くの競馬場では、ゴール板にカメラが設置されていて、僅差のレースで勝ち馬を判定するための写真をとっている。

アニマルスポーツ

競馬

障害競走コース

イギリス、アイルランド、フランスでは、障害競走をナショナルハントレースという。芝のコースに、木の枝を集めて束にした柵、または、しなやかで低いハードルが設置されている。2つのコースが並んでいることが多い。走る方向はコースによって決まっている。障害コースと平地コースが併設されている競馬場もある。アマチュアの障害競走は、ポイント・トゥ・ポイントと呼ばれており、農村地帯で年1、2回レースが行われる。アメリカなど、他の国にも障害レースはあるが、障害物の種類が多く、生け垣や丸太などが設置されていることもある。

ハードル / ウィング

ハードル
最低高さ106cm。木の枝を張った枠がいくつか（図では3つ）並べられている。走ってくる馬から見て向こう側に傾斜していて、馬がぶつかると、ぶつかった1つだけが曲がるようになっている。左側にある白い「ウィング」が、馬をハードルの方に誘導する。

フェンス / ウィング
フェンスも、木の枝でできているものが多い。最低の高さは137cm。コース上、2つ前後のフェンスは、手前に溝が掘ってあるオープンディッチ。水のはってあるウォータージャンプも1つある。

クォーターホース

競馬馬の多くはサラブレッドだが、クォーターホースやアラブ馬、ポニーのレースも人気がある。クォーターホースは、名前の通り4分の1（クォーター）マイル（約400m）レースで力を発揮するようにアメリカで改良された馬。加速の速い、馬の世界のスプリンターだ。短距離レースならサラブレッドより速い。レースは、8分の1マイル（約200m）から半マイル（約800m）までの平坦コース。一方、サラブレッドは、5ハロン（約1km）から2.5マイル（約4km）のレースを走る。

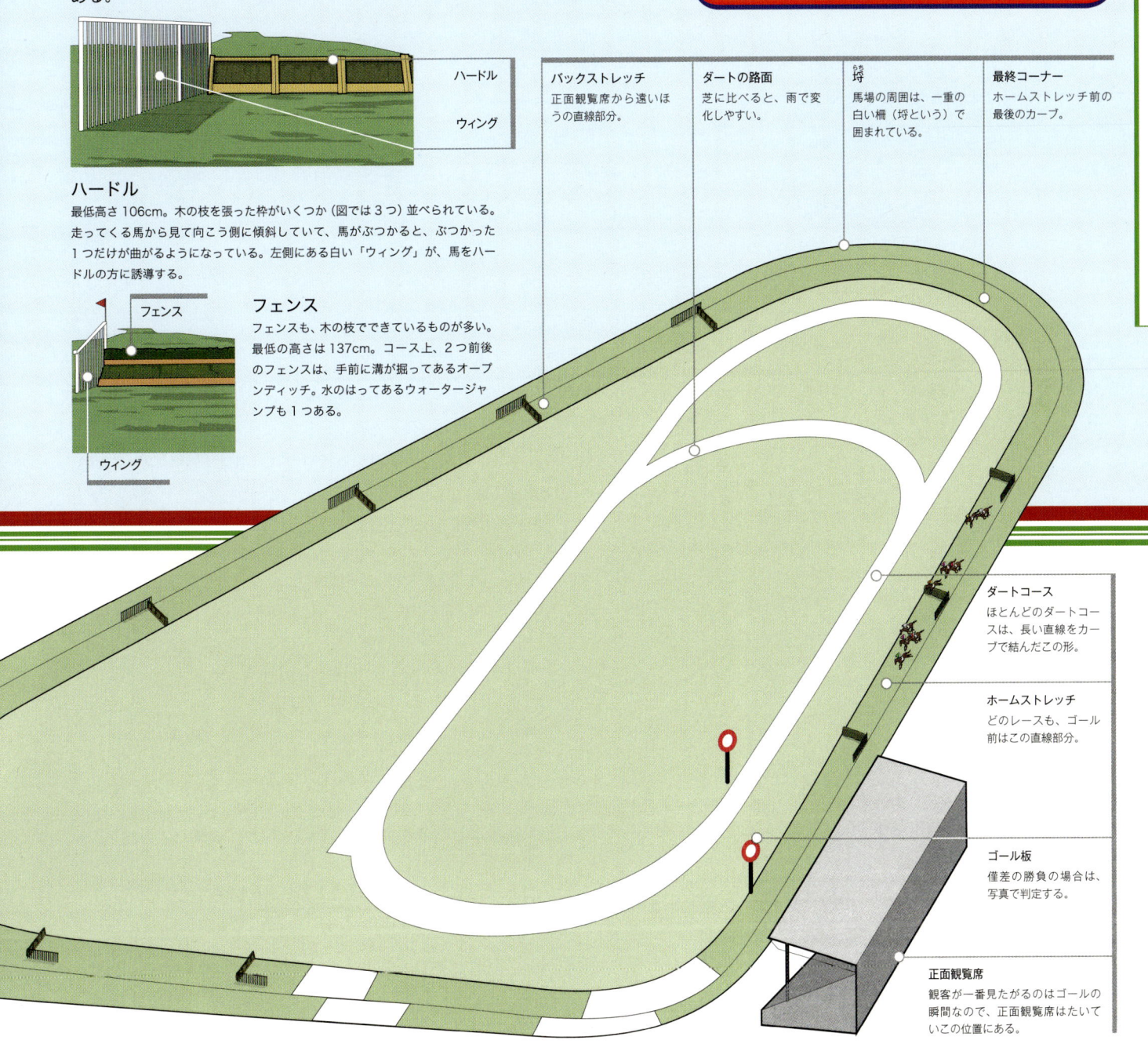

バックストレッチ
正面観覧席から遠いほうの直線部分。

ダートの路面
芝に比べると、雨で変化しやすい。

埒（らち）
馬場の周囲は、一重の白い柵（埒という）で囲まれている。

最終コーナー
ホームストレッチ前の最後のカーブ。

ダートコース
ほとんどのダートコースは、長い直線をカーブで結んだこの形。

ホームストレッチ
どのレースも、ゴール前はこの直線部分。

ゴール板
僅差の勝負の場合は、写真で判定する。

正面観覧席
観客が一番見たがるのはゴールの瞬間なので、正面観覧席はたいていこの位置にある。

ハンディキャップ競走

出走するすべての馬に勝つチャンスを与えるために行うのが、ハンディキャップ競走。基本的には、勝ち数の多い馬ほど重いおもりを身につけて走る。1ポンド（約450g）でほぼ1馬身のハンデになる。必要なら、鞍下布に鉛のおもりを入れる。レースの前後に、ジョッキー自身の体重も含め、鞍と鞍下布の重さを量り、正しい斤量になっているかどうかを検査する。

発馬機

平地競走で使う。発馬機の後ろから入った馬は、レース開始と同時に開いたゲートから走り出す。アメリカでは、ゲートが開くと同時にベルが鳴る。

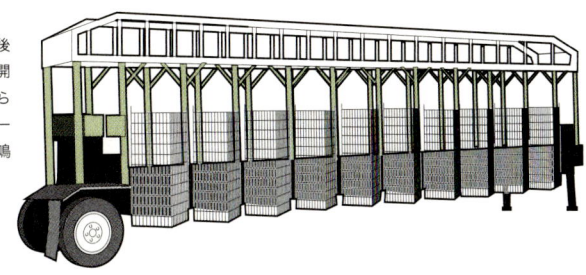

ジョッキーのスタイル

鞭を持ち、目を守るためにゴーグルをかける。基本的に身につけるものは同じだが、騎乗する馬の馬主ごとに色と柄が決まっている。

ヘルメット
保護用のヘルメットは、落馬の際に頭蓋骨に衝撃を受けたり、他の馬にけられたりしたときに頭を守るようにつくられている。障害競走では、どちらもよく発生する事故だ。

ヘルメット
外側は硬く、内側には柔らかい詰めものがしてある。

あごひも
ヘルメットをしっかり固定する。

勝負服（シルク）
軽量な服地。レース中に観客が見分けやすいように、色と柄が異なる。

馬主の色と柄
上着とヘルメットには、馬主ごとに決められた色と柄（服色、帽色）がある。

白い半ズボン
ズボンはすべて白。

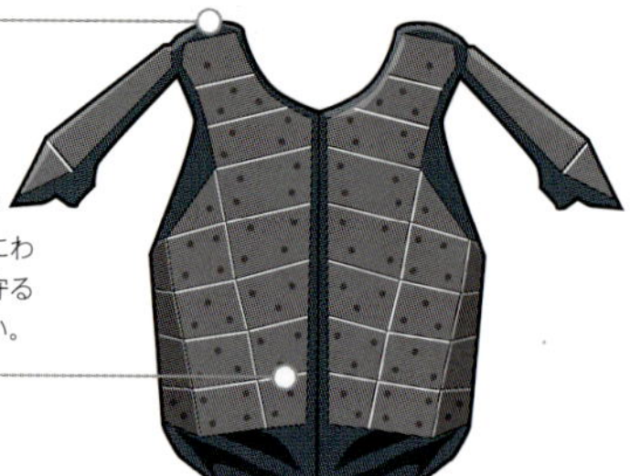

プロテクター
主に背中の負傷を防ぐため。すべてのジョッキーが身につけなければならない。

肩パッド
上腕を保護する。

パッドつきパネル
いくつものパネルにわかれている。体を守るが、動きは妨げない。

ブーツの縁
ブーツの縁は柔らかく、ズボンのすそを中に入れられるようになっている。

ブーツ
柔らかい革の狩猟用ブーツ。はき心地を考えてつくられている。

レースのルール

たった1つのレースで、多額の金を当てたりすったりすることもあるので、不正が行われる可能性をできるだけ排除するために、たくさんの規則がある。たとえば、予定時間よりも早くレースを始めてはいけない。勝ち馬は、運動選手と同じようにドーピング検査を受ける。強いはずなのに結果の悪かった馬も、理化学検査をして、薬などを飲まされていないか調べる。さらに、競馬の開催執務委員が、調教師やジョッキーに、うまく走れなかった理由の説明を求めることもある。鞭は常に議論の的になってきた。イギリスでは、過剰な鞭の使用はペナルティを科される。過剰に鞭を使ったと認定されたジョッキーは、数日間出場停止。

年齢とレース

サラブレッドは、実際の生まれ月に関係なく、1月1日に年齢が上がる。平地競走の馬は、2歳から5ハロンレースに出られるが、障害競走に出られるようになるのは、早くても4歳。4歳未満の牝馬限定、あるいは4歳未満の牡馬限定、というレースもある。未勝利戦は、勝ったことのない馬だけが出られるレース。

繁殖
競走馬の繁殖で非常に重要なのが血統。どんな馬をつくりたいかを考えて、繁殖牝馬と種牡馬を選ぶ。たとえば、スプリントの勝利数が多い親からは、スピードのある馬が生まれる確率が高い。多くのサラブレッドは、明け2歳（生まれた年の1月1日から数えて1年以上2年未満）で競りにかけられる。血統のよさと、体の均整のとれ方で値段が決まる。

レースのテクニック

馬を操る上で大切なことは、無駄なエネルギーを使わせないように、レース前に馬を落ち着かせることと、どうすればその馬が最大限の力を発揮するかを知っていること。先行逃げ切り型の馬もいれば、後から追い上げるほうが得意な馬もいる。馬の力をセーブすることで、フィニッシュに十分な力を出させるのだ。

襲歩（ギャロップ）
どのレースも、歩法（四肢の動くパターン）は襲歩（足を4本とも地面から離す、最も速い走法）。序盤はとても落ち着いた走りに見えるかもしれない。特に距離の長いレースはそうだ。だが、残り1600mで速度はみるみる上がり、最後の200mで馬たちは、ジョッキーの手綱と拍車、鞭にこたえて全速力になる。

静かに座る
全速力で走る馬に合わせて完璧なバランスを取りながら、体を低くかがめて座っている。

人馬一体
ジョッキーは、上半身を低く伏せ、足を動かさない。腕だけは、襲歩の馬の頭が動くのに合わせて、わずかに動かす。

障害飛越
障害競走の馬は、速く走るだけでなく、スピードを維持したままフェンスやハードルを越えなければならない。自分がうまく跳び越せても、他の馬が倒れてきて転ぶこともある。

ビーチャーの川
グランドナショナルのコースで、2番めと22番めに越える障害のあだ名。1839年に行われたレースで、着地後落馬し、後ろの小川に落ちたビーチャー大尉にちなんで名づけられた。

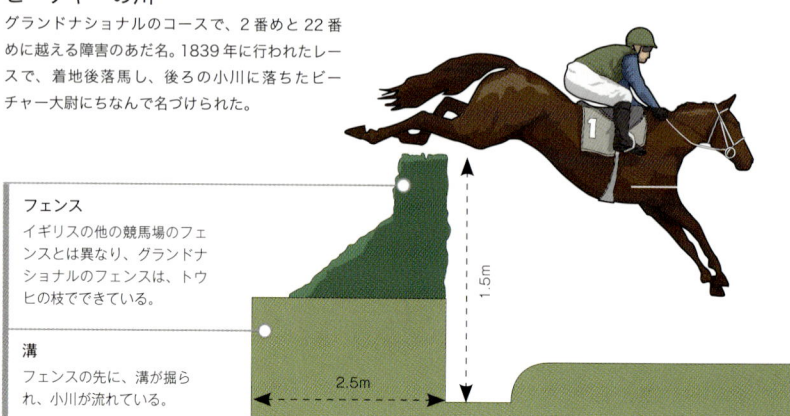

フェンス
イギリスの他の競馬場のフェンスとは異なり、グランドナショナルのフェンスは、トウヒの枝でできている。

溝
フェンスの先に、溝が掘られ、小川が流れている。

2.5m　1.5m

勝ち方

最高の競走馬は、チームワークの産物だ。レース当日、馬はコンディションをピークに持ってこなければならない。これは調教師の仕事。けがをさせず、体調を整え、レースに備える。厩舎の調教場で、厩務員の騎乗で毎日走らせ、仕上がり具合を注意深く観察する。どんな調教をどれだけするかは、出場するレースの距離と時期で違ってくる。馬1頭につき、1人ずつ担当の厩務員が決まっている。厩務員は、馬体の手入れをして筋肉の状態を整え、馬がいつでもリラックスして、不快な思いをしないように気をつける。食欲がないなど、少しでも問題があれば、調教師に即座に知らせなければならない。予定通りに事が進めば、馬はレースに出られる状態になっている。

馬場状態

柔らかい地面よりも、固い地面の方がよく走れる馬もいる。いつ馬をレースに出すかを決めるとき、馬場状態は重要な要素になる。調教師は、その馬に一番合った馬場状態で走らせるために、時期や場所を変えて出走させる。あるレースへの出走を取りやめたときにも、調教師は柔軟に対応する。

ジョッキー

レース中、馬を導き、しかるべき時に勝利の可能性を最大にするのが、経験を積んだ騎手の仕事。「ステーブルジョッキー」は、ある厩舎に所属し、そこの馬にだけ騎乗する。それ以外のフリーのジョッキーは、代理人を立て、さまざまな馬主や調教師と契約を結んでいる。1シーズンで騎乗した馬の勝利数が最も多いジョッキーがその年のリーディングジョッキー。

斤量

平地競走では、すべての馬の斤量が最低50kgというレースの他に、53〜64kgと幅があるハンディキャップレースもある。一方、障害競走では、軽いものだと64kg、トップクラスになると80kgも乗せる馬がいる。プロ（＊訳注：欧米ではアマチュアの騎手もいるが、日本はプロだけ）のジョッキーは免許が必要。ほとんど男性ばかりだが、女性プロ騎手も少数いる。

チャンピオンジョッキー、レスター・ピゴット

11回リーディングジョッキーに輝いたレスター・ピゴット。平地競走のジョッキーとしては最も偉大な存在の1人だろう。デビューしたのはわずか12歳の時。引退までに、ダービー9勝を含む4493勝を上げている。

アニマルスポーツ

411

競馬

地面から離れて
襲歩では、4本の足が1度に地面から離れる瞬間がある（下図）。

頭を上げて
このとき、馬の頭は、少し上を向く。

体を伸ばして
スピードを上げるにつれて、馬の歩幅は長く、速くなる。

頭を下げて
全速力で走る馬は、頭と首を低く伸ばす。

レース戦術

競馬には戦術が必要。もちろん、成功のカギは、疲れてきた他の馬たちの間にすき間を見つけてすり抜け、ラストスパートをかけること。高いレベルのレースになると、戦術はさらに複雑になる。有力馬のペースメーカーをさせるためだけに、調教師が選んで出走させる馬もいる。ジョッキーが、調教師からレースの仕方について詳細な指示を受ける場合もあるし、レース展開によってジョッキー自身の判断に任される場合もある。

ペースを決める

レースの先頭を走る馬が競馬のペースを決める。ジョッキーは、自分が考えているよりも速すぎるペースで馬が走りたがらないように、また、集団から大きく後れて勝利のチャンスを逃してしまわないように気をつけなければならない。

スタート

スタートは大切。特にコーナーのある短い距離のレースでは重要だ。すばやく余裕を持って先頭に立てば、内側に回り込んでも、他の馬の進路を妨げることなく、最短のコースを走ることができる。

鞭の使用について

鞭の使い方は、競馬そのものと同様、国によって違いがある。鞭の長さと重さについては、それぞれ厳密な規則が設けられている。たたけば馬がより速く走るのか。この点については多くの議論がある。だが、レース終盤、馬に鞭を「見せて」前後に動かすと、実際に馬の体に鞭が当たらなくても、疲れてきた馬をまっすぐ走らせるのには役に立つという。

裏話

競馬の歴史は4000年以上。イギリスで平地競走が始まったのは、十字軍に参加した騎士が小柄で足の速いアラブ馬を連れ帰ってきてから。1700年代に競馬人気が高まったのは、王族が好んだためと思われる。この伝統は今も続いている。初期にヨーロッパから移住した人々が、アメリカにも平地レースを持ちこむ。アメリカ最初の競馬場ができたのは、1665年、ロングアイランド。アメリカでは、現在、競馬が、観るスポーツとしては2番人気だ。
障害レースの基礎をつくったのは、アイルランドの狩猟を行う人々。教会の尖塔（スティープル）などを目印に馬を走らせて競っていた。障害競走の英語名「スティープルチェイス」はここから来ている。今や、競馬ファンは世界中に広がり、オーストラリア、ニュージーランド、香港、ドバイ、南アフリカにも競馬場がつくられている。

世界で最もリッチなレース

3月下旬に開かれるドバイ・ワールドカップ。賞金は1000万ドル。平地競走で、アラブ首長国連邦、ドバイ・シティの競馬場で行われる。第1回は1996年。ドバイ首長国のシャイフ（イスラム社会の族長）、ムハンマド・ビン・ラシド・アル・マクトムによって始められた。世界最高の3歳、4歳馬が集まってくる。

基礎知識

→ オリンピックの馬術競技を統轄する運営団体は、国際馬術連盟（FEI）。馬場馬術は1912年からオリンピックの種目になっている。

→ 戦場に連れていく軍馬を訓練する方法として、馬場馬術が始まった。

競技の概略

「馬のバレエ」とも呼ばれてきた。馬に乗る人間の技量を見せる究極の形。何世紀もの歴史がある。騎手の最低限の命令（「扶助」という）に馬が反応して、正確な動きを連続して行えるかどうかを試す。また、馬も人もスマートであることが期待される。軍隊での歴史が長い馬場馬術では、軍人は軍服で出場することが許されている。

馬場馬術

選手の特徴
集中力、忍耐力、最高水準の乗馬技術が要求される。指示を出している様子は見せずに、馬を完璧に制御していることを示さなければならない。馬が人間の指示に従順であることは必要だが、馬の意志に反して無理やり演技させてはいけない。これを実現するには、何年もの厳しい訓練が必要。

正装
軍人は軍服可。それ以外の騎手は、FEIの規定する正装を着用する。トップハット、燕尾服、白またはクリーム色の乗馬ズボン。革のロングブーツ。手袋は必須。

馬装
たてがみは編み込み。その他、馬の装いも完璧に。

馬場馬術用の鞍
長くまっすぐなあおり革のついた深い鞍。騎手の足と馬の横腹ができるだけ密着するように。

ダブルブライドル
馬場馬術で使う頭絡（馬の頭部につける馬具）は、馬銜（口にくわえさせる部分）が2つあり、それぞれに別の手綱がつながっている。

鐙
足をかける部分が平らな、金属の鐙。鞍から革紐でつながっている。

競技アリーナ
標準的な馬場は、平坦な長方形で砂地が多い。ある動作をどこでするかを示すために、各区画を示す文字が決まっている。馬場の外周には、その文字がはっきりと書かれた標記が置かれている。標記はないが、馬場の中央部の区画も同じように文字が指定されている。

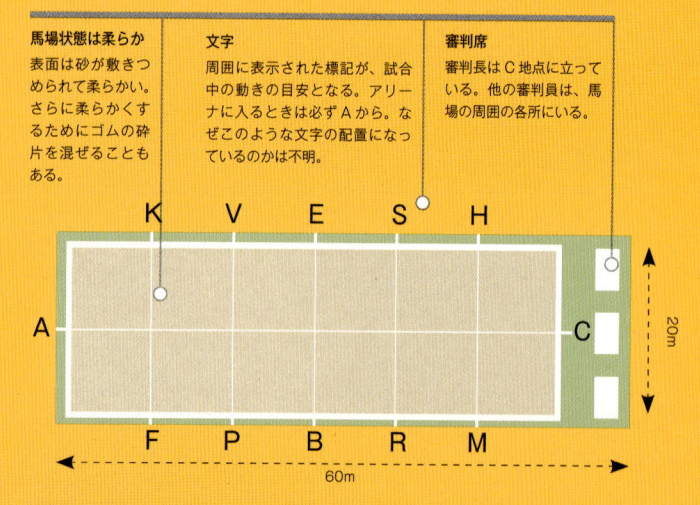

馬場状態は柔らか
表面は砂が敷きつめられて柔らかい。さらに柔らかくするためにゴムの砕片を混ぜることもある。

文字
周囲に表示された標記が、試合中の動きの目安となる。アリーナに入るときは必ずAから。なぜこのような文字の配置になっているのかは不明。

審判席
審判長はC地点に立っている。他の審判員は、馬場の周囲の各所にいる。

```
    K   V   E   S   H
  ┌───────────────────┐
  │                   │
A │                   │ C    20m
  │                   │
  └───────────────────┘
    F   P   B   R   M
         ← 60m →
```

正確な演技
1つの演技には、最高35の運動課目が含まれる。どの文字の地点でどの演技をするかはあらかじめ決められており、その順番を含めて暗記しておかなければならない。最後に停止し、審判長に敬礼して演技は終わり。FEIが認定する、国際大会用の課目が20種類ある。

ラウンドと課目
上級の競技では、人馬が左図のような馬場で、一連の運動課目を演技する。常歩（ウォーク）、速歩（トロット）、駈歩（キャンター）の3種の歩法を披露。足の進め方のスムーズさだけでなく、歩法を変えるときの円滑さもチェックされる。5人の審判が、違った角度から、それぞれの運動課目を、1～10点で採点する。それらの得点を平均し、満点の何%かを計算。この数字が最高の選手またはチームが勝つ。オリンピックと世界選手権には、グランプリ、グランプリ・スペシャル、自由演技グランプリ（キュア）という競技があり、成績上位者が勝ち上がっていく。

スペイン乗馬学校
ウィーンにあるスペイン乗馬学校。その牡馬と騎手が披露する古典的な馬術の妙技は有名だ。馬たちは方形に隊列を組み、音楽に合わせて、さまざまな馬場馬術の運動課目を披露する。その様子は、音楽に合わせて踊っている、と表現される。前肢を上げたり、そのまま後肢でジャンプしたりする高等馬術の複雑な動作を訓練されるのは、年齢の高い牡馬のみ。性格がよく、スタミナがあり、完璧な体と、優雅さ、知性をあわせ持った馬ばかりだ。

総合馬術

競技の概略
馬術の三種競技。通常は3日間かけて行われる。馬場馬術での乗馬技術、クロスカントリーでの持久力、障害馬術での技を合わせて競う競技。3種目とも同じ馬に騎乗する。他の馬術競技同様、軍隊の伝統が根強く残っている。近年、クロスカントリーの距離を短くし、1日で実施できる、短縮バージョンの種目も行われるようになった。

基礎知識
- 1948年まで、オリンピックの総合馬術に参加できるのは軍人に限定されていた。現在は、男女が対等に競う種目になった。
- クロスカントリーのコースには、30～40カ所もジャンプが含まれ、人馬両方の勇気が試される。
- 優秀な騎手は、オセアニア、ヨーロッパ、北アメリカ出身が多い。
- 競技期間は1～3日。

減点法
1971年から、総合優勝者は減点法で決められるようになった。馬場馬術と障害馬術で引かれた点数を合計し、クロスカントリーと障害馬術での超過タイムによる減点を合わせる。規定時間を超えた秒数に応じて科されるのがタイムによる減点。障害馬術で、障害物を倒したり、ジャンプを拒否したりしたときにも減点がある。コースが乾いているか湿っているかにもよるが、クロスカントリーの得点が勝敗に大きく影響することもある。3種目合わせて、減点が最も少ない人馬が優勝。

3日間競技
人と馬のすべてを、3日間かけて競う。1日めは馬場馬術、2日めはクロスカントリー、最終日が障害馬術。

クロスカントリー
この競技のなかで最も厳しい種目。馬と人のタフさが試される。池や川、先が急に落ち込んだ柵など、固定されたさまざまな障害物を跳び越えながら、決められた距離を全速力で走る。

そのままを使って
クロスカントリーでは、石壁が障害物としてよく利用される。

障害馬術
障害物の数は最大16。馬に指示して、障害を越えながらコースをたどる。馬と人のジャンプの技術だけでなく、前日の疲れからどれくらい回復しているか、馬のスタミナにも表れる。

障害飛越
馬がぶつかると、ポールが落ちるようになっている。

最高レベルの大会
ＦＥＩ主催の総合馬術大会はたくさんあるが、それぞれ星の数で等級が分けられている。4つ星が最高ランク、1つ星が初級だ。最も等級が高く、厳しい闘いが繰り広げられるのが、4つ星の国際総合馬術大会（ＣＣＩ）。4つ星の競技会は世界中で6大会のみ。オーストラリアのアデレード、イギリスのバドミントンとバーリー、アメリカのケンタッキー、ドイツのルミューレン、フランスのポーで開催される。オリンピックと世界馬術選手権も4つ星のＣＣＩの各大会と同格だ。

プリンセスのスポーツ
イギリスでは王侯貴族のスポーツとされている。エリザベス女王の第一王女、アン王女と、その娘のザラ・フィリップスも、世界選手権を含め大きな大会での優勝経験がある。

選手の特徴
馬にとっても騎手にとっても厳しい競技。種目によって、それぞれ違う技能が要求される。鞍上で完璧に馬をコントロールしていることを示さなければならない。

頭の保護
クロスカントリーでは、あごひもでしっかりとめたヘルメットを着用しなければならない。

体の保護
落馬の際のけがを予防するため、プロテクターを身につける必要がある。

鞍
クロスカントリーで使う鞍は、競馬用と障害馬術用の中間のような形。

肢の保護
障害物に衝突したときにけがを負わないように、馬の肢全体にグリースを塗る。

アニマルスポーツ

413

馬場馬術／総合馬術

障害馬術

競技の概略

アリーナの経路に設けられた障害物を、人馬一体となって跳び越えてゆく競技。人は、バランスを保ちながら、適切な速度でジャンプ地点（フェンス）に馬を近づける。馬は、ぶつからないように障害物を跳び越え、きれいに着地する。通常、競技は2ラウンド制。2ラウンドめのジャンプオフに進めるのは、第1ラウンドですべての障害をクリアした人馬のみ。次のラウンドではタイムを競う。地方の小さな大会から、グランプリといった大きなものまで、さまざまな大会がある。

アリーナ

アリーナの広さは特に決まっていない。路面も、砂、土、芝、といろいろだ。グランプリでは、最大15の障害を設置した1000mのコースが使われる。コースデザイナーが、さまざまなタイプの障害物を組み合わせたコースを設計する。人にも馬にも恐怖を感じさせる、どっしりとした塀などもある。経路はあらかじめ指定されており、急角度のターンや、踏切しにくい障害物も含まれている。規定タイムを超えると減点されるため、さらにプレッシャーがかかる。

基礎知識

- 1912年からオリンピック種目。
- 北アメリカ、オセアニア、ヨーロッパで盛ん。
- 男女の区別なく、一緒に戦う。
- 一番レベルの高いのがグランプリ大会。賞金も最高額。

正装
白い乗馬ズボン、長いブーツ、赤か黒のジャケットが標準。馬に気合いを入れて跳躍させるために、鞭を持つことも多い。

保護帽
落馬をしたときに、頭のけがを予防するため、ヘルメットは欠かせない。

選手の特徴
優れたバランス感覚を持ち、身体が健全で、距離の目算が正確にできることが絶対条件。障害物は、馬の上から見てもずいぶん高く感じられ、しかも「これは無理かも」と思わせるような設計になっているものが多いので、決断力や大胆さも大切。馬との信頼関係が必要なことはいわずもがな。

肢の保護
プロテクターを巻く。障害物にぶつけて腱を痛めることがないように。

手綱
頭絡にはしばしば、可動式のランニング・マルタンガール（手綱に通した輪から腹帯までをつなぐ革帯）をつなぐ。馬が頭を高く上げすぎるのを防ぐため。

障害馬術用の鞍
あおり革の前の部分が大きく湾曲している。鐙革が短くても、膝をしっかり支えられるように。

腹帯
跳躍する際に、馬は前肢を折り曲げて腹に引きよせる。そのとき、蹄鉄の釘で腹を傷つけないように、腹帯の幅が広い。

アニマルスポーツ

障害馬術

審判
審判団は、競技の結果を計算する。全国レベルあるいは国際大会では、審判長は、各国の連盟またはFEIから任命された人物でなければならない。

水濠障害
大きな大会になると、コースの中に1つ水濠障害が含まれる。多くは、踏切側に小さな木の枝の柵がある。人も馬も、つい、水に目が行きがちになるが、そうすると、跳躍のリズムが乱れてしまう。馬の肢が水に入らないように、柵を越えなければならない。

アリーナのスタッフ
チーフスチュワードの指示で働くアシスタント。落ちた障害を元に戻すのが仕事。人馬がコース上にいるときは、気を散らさないように控えている。

ダブル
2つの柵の間は、駈歩でちょうど1歩分。正確な騎乗と運動能力がなければクリアできない。

牛囲い
前後のポールは同じ高さ。馬は、このようなタイプの障害物の奥行きを見定めるのが苦手なので、減点されずにクリアするのが難しい。

小さな英雄
ストローラー（1950〜86年）は、障害馬術では最も有名な馬だろう。体高わずか14.1ハンド（1.47m）のポニーだったが、16.2ハンド（1.68m）以上の馬と互角以上に戦った。騎手のマリオン・コークスとともに1967年、ヒックステッド・ダービーで勝利。続いて1968年には、メキシコシティ・オリンピックの個人で銀メダルを獲得した。国際大会の優勝回数は61回に上る。

障害馬術のルール
基本のルールはきわめて単純。コースの設計者が決めた順に障害物を跳び越えること。このとき、馬がポールをけり落としたり、水に入ったり、あるいは障害の前で立ち止まったり（拒止）、障害をよけて通ったり（逃避）してはいけない。それぞれ4点の減点（罰点）。拒止が3回めになると失権。他に、ルートを間違えたり、スタートラインやフィニッシュラインを通過しなかったり、落馬をしたりしても失権。タイム超過の減点を科されないように、制限時間内でフィニッシュしなければならない。このラウンドをクリアした人馬がジャンプオフに進む。障害の数は少なくなる。ジャンプオフも減点なしでクリアした人馬が複数いるときは、タイムの速いほうが勝つ。

観客のためのスポーツ
単純明快なルール、息もつかせぬスピード感。障害馬術は、見ているだけでも楽しいスポーツだ。1つの障害を越えるのはほんの数秒。馬のタイプの違いや、騎手の性格の違いもまた、見る者の興味をそそる。

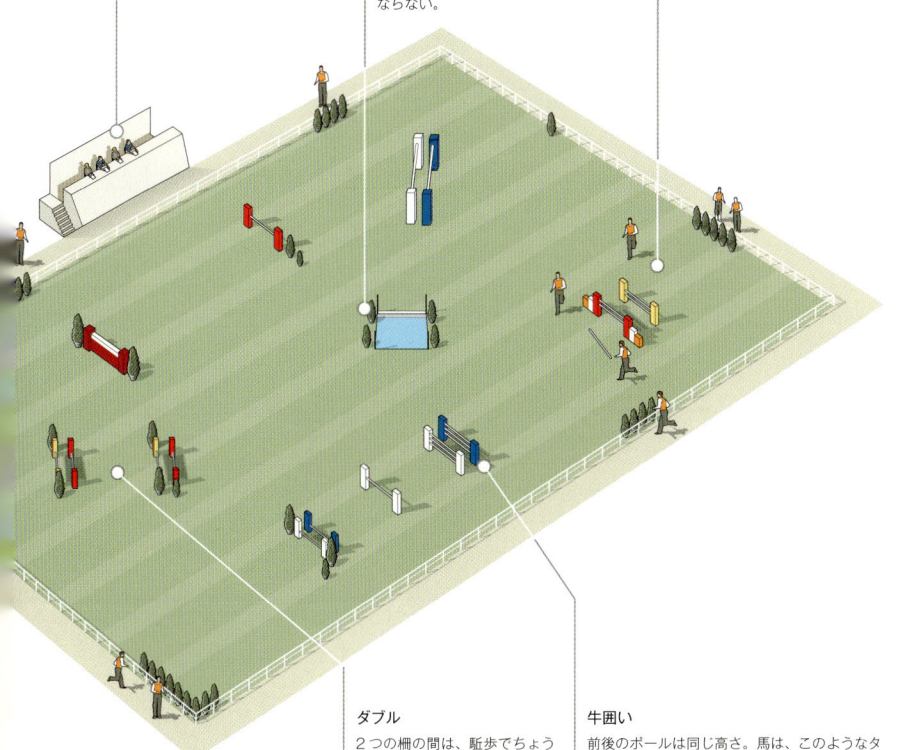

鞍の上で
障害馬術では、駈歩（キャンター）という歩法を使う。スピードとリズム感のある走り方で、1歩の歩幅を変えることができる。鐙は短めなので、鞍上の騎手がスムーズに体を動かせる。障害を越えるとき、騎手は体を前に倒す。これには、馬の背にかかる騎手の体重の負担が減り、少し手綱がゆるむという2つの効果がある。これらが、馬がバスキュール（障害の上を弧を描いて跳び越える）の姿勢をとるのを容易にするのだ。

馬の特徴
どんな馬でも、障害を跳び越えることはできるが、試合でよい結果が出せるかどうかは別。障害競技用の馬にとって大切な資質は、大胆さと、慎重さ。また、騎手の要求に敏感にこたえる能力があり、体が非常に強壮で健康でなければならない。

よい飛越をする
飛越の要素は5つ：アプローチ、テイクオフ、ジャンプ、着地、体勢の立て直し。この1つ1つが、飛越が成功するかどうかを決める要素だ。

アプローチをコントロールする
インパルジョン（馬の後肢が躍動的に前に踏み込んで生まれる推進力）が非常に重要。踏切が最適な位置に来るように、歩幅を調節させる。

テイクオフとジャンプ
馬は前肢を体に引きよせ、後肢で力強く地面をける。ジャンプは、駈歩の歩幅が極端に長くなったもの、と考えればよい。

着地と体勢の立て直し
着地と同時に、人馬は次の障害物に向かって準備をする。できるだけなめらかで無駄のない動きで。

ナンバー・トリビア

5 個：障害馬術、オリンピック金メダルの最多記録。ドイツのハンス・ギュンター・ヴィンクラーが持っている。

8.4 m：水濠障害の距離の最長記録。1975年、南アフリカのアンドレ・フェレイラがマーク。

2.47 m：FEIの大会で跳ばれた柵の最高記録。1949年、チリのアルベルト・モラレスが記録した。

50,000 人：2000年のシドニー・オリンピックのために建設された馬術センターの観客収容人数。

裏話
障害馬術の始まりは、19世紀のイギリスまでたどることができる。馬に乗って狩りをする人々は、日常的に、柵や塀といった障害物を跳び越えていた。当時は、長い鐙を使い、上半身を垂直に起こしたままジャンプをする、というスタイルだった。競技会が行われ始めた頃、強さを発揮したのは軍人。今日のように前傾姿勢でジャンプする形を編み出したのは、ピネローロ陸軍騎兵学校で教鞭を執っていたイタリア人のフェデリコ・カプリーリ大尉。

ポロ

たてがみ
手綱を持つ手にからまないように、短くカットする。

尾
振り回すマレットの邪魔になるので、編んで折りたたみ、テープでとめてしまう。

胸繋
鞍が後ろにずり落ちないようにする。

ベルブーツ
蹄の上部、蹄冠は非常にデリケート。これを保護するためにベルブーツを着ける。

手綱
滑車のベルトのような構造で、頭から腹帯までつながっている。方向転換をさせやすくする。

スタンディング・マルタンガール
鼻革と腹帯を固定してつなぐ。馬が頭を後ろに振って、騎手とぶつかるのを防ぐ。

ポロ用肢巻き
マレットによる打撃から、砲骨部（肢の下の部分）を守るために、包帯を巻く。

選手の特徴
体の各部分の協調と乗馬技術が高いレベルになければならない。よいプレーのためにはよい馬が必要だといわれる。馬は、伝統的にポニーを使う。

競技の概略
屋外ポロは、馬に乗った4人のチームによる2チーム対抗戦。プレー時間は、チャッカーという単位で区切られる。多くの場合、1試合6チャッカー。1チャッカーは、プレーを止めずに7分続く。相手チームと、ゴールの数を競う。長い木製のマレットを使って、ボールを相手のゴールポストの間にたたき込む。プレーのテンポが速く、プレーヤーはもちろん、観客も爽快な気分になるスポーツだ。アリーナポロといって、室内で行われる競技もある。

アリーナポロ
基本的なルールは屋外のポロと同じ。1チームは3人。1チャッカー7分30秒の4チャッカー制。コートが狭く、プレーの速度も遅めだが、荒っぽい接触プレーのある、屋外ポロに負けない激しいスポーツだ。

ナンバー・トリビア

5 大会：ポロが正式種目になったオリンピックの回数。パリ（1900年）、ロンドン（1908年）、アントワープ（1920年）、パリ（1924年）、ベルリン（1936年）。

19 歳：アルゼンチンのポロプレーヤー、ファクンド・ピエレスが、ハンディキャップ10に達したときの年齢。最年少記録。

1875 年：ハーリンガム・ポロ協議会（HPC）が設立された年。現在はハーリンガム・ポロ協会（HPA）という名称で、世界各国の競技運営を行っている。

4,307 m：世界で最も高いところにあるポログラウンドの標高。パキスタンのデオサイ高原にある。

基礎知識

→ チームスポーツとしては世界最古の競技の1つ。紀元前600年ごろにペルシアで始まったと考えられている。

→ 運営組織は国際ポロ連盟（FIP）。ポロ世界選手権を主催している。

→ プロの世界で圧倒的に強いのはアルゼンチン。ハンディキャップ10（最高ランク）のプレーヤーの多くがアルゼンチン出身だ。

アニマルスポーツ

ポロ

最低限必要な道具

体と体がぶつかり合うタフなスポーツ。鞍も馬具も、ひねったり、急旋回したり、高速で追いつ追われつ、といった動きに耐えられるものでなければならない。ボールを打つのは、長い柄のついたマレット。

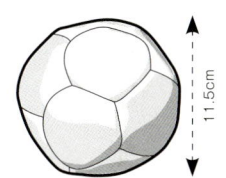

専用のボール
屋外のポロで使うボールは、中空ではない。密度の高いプラスチック製。アリーナポロのボールは、革のボールを空気でふくらませたもの。11.5cm

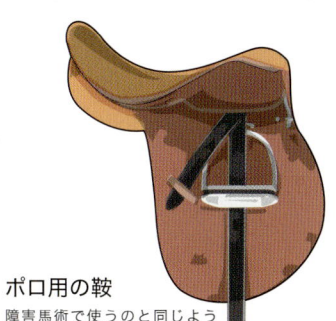

ポロ用の鞍
障害馬術で使うのと同じような、イギリス式の鞍。ただし、パッドを詰めたニーロール（膝当て）がついていない。

マレット 120〜135cm
マレットのヘッドは、振り子のように振り回してうまくコントロールできるように、適度な重さがある。この重みのことを「シガー」という。

- **ゴムのグリップ**: 握り手がゴムなのでしっかりつかめる。さらに、取り落とさないように、糸を巻いたつりひもを手にぐるっと巻きつける。
- **竹製の柄**: 竹製だが、硬いものと、たわみやすいものがある。長さは、馬に乗ったときの高さに合わせる。
- **ヘッド**: 長さ約25cm。

ウェア

ヘルメット着用。チームカラーのポロシャツには、ポジションを示す番号がついている。伝統のポロ用乗馬ズボン。乗馬用のブーツには拍車がついているものも。ニーパッドを義務づけているクラブもある。グローブは自由。

チームカラー
ヘルメットもチームカラーでそろえる。

頭部の保護
飛んでくるボールが当たればけがになる。ヘルメットは全員が着用しなければならない。

ポロシャツ
数字は、選手のポジションを示す。

チームシャツ
人気チームのシャツは、街着として一般の人にも人気。

グローブ
大半の選手は、少なくとも片手（右）にグローブをはめている。マレットをしっかり握るため。

ニーパッド
なめらかな革製のパッドが、マレットや飛んでくるボールから膝を守る。

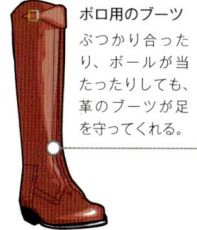

ポロ用のブーツ
ぶつかり合ったり、ボールが当たったりしても、革のブーツが足を守ってくれる。

乗馬ブーツ
膝のすぐ下まで覆うブーツ。プレー中のけがから足を守る。

競技場

屋外の場合、サッカーのピッチ9面分の平らな芝の上でプレーする。長辺の長さは必ず300ヤード（274.3m）だが、幅は決まっていない。垂直の板に囲まれたフィールドは、幅160ヤード（146.3m）。板がなく、白線で区切られただけのフィールドは通常200ヤード（182.9m）。フィールドの両端中央に、パッドでくるまれた木製のゴールポストが2本ずつ立っている。ポストとポストの間は8ヤード（7.3m）。

1 ナンバー1
攻撃の中心だが、最も経験の浅い選手がつとめる。スピードを活かして相手陣内に走り込み、得点する。

2 ナンバー2
2人めのアタッカー。相手側のディフェンスをくずして、得点チャンスを演出。

3 ナンバー3
チームで最も経験を積んだ選手の番号。プレーメーカーであり、攻守の切り替えの中心。ペナルティショットを打つのもこの選手の役割。

4 ナンバー4
バックとも呼ばれる、ディフェンス担当の選手。スピードと強さで、相手の攻撃をくずし、ゴールを守る。

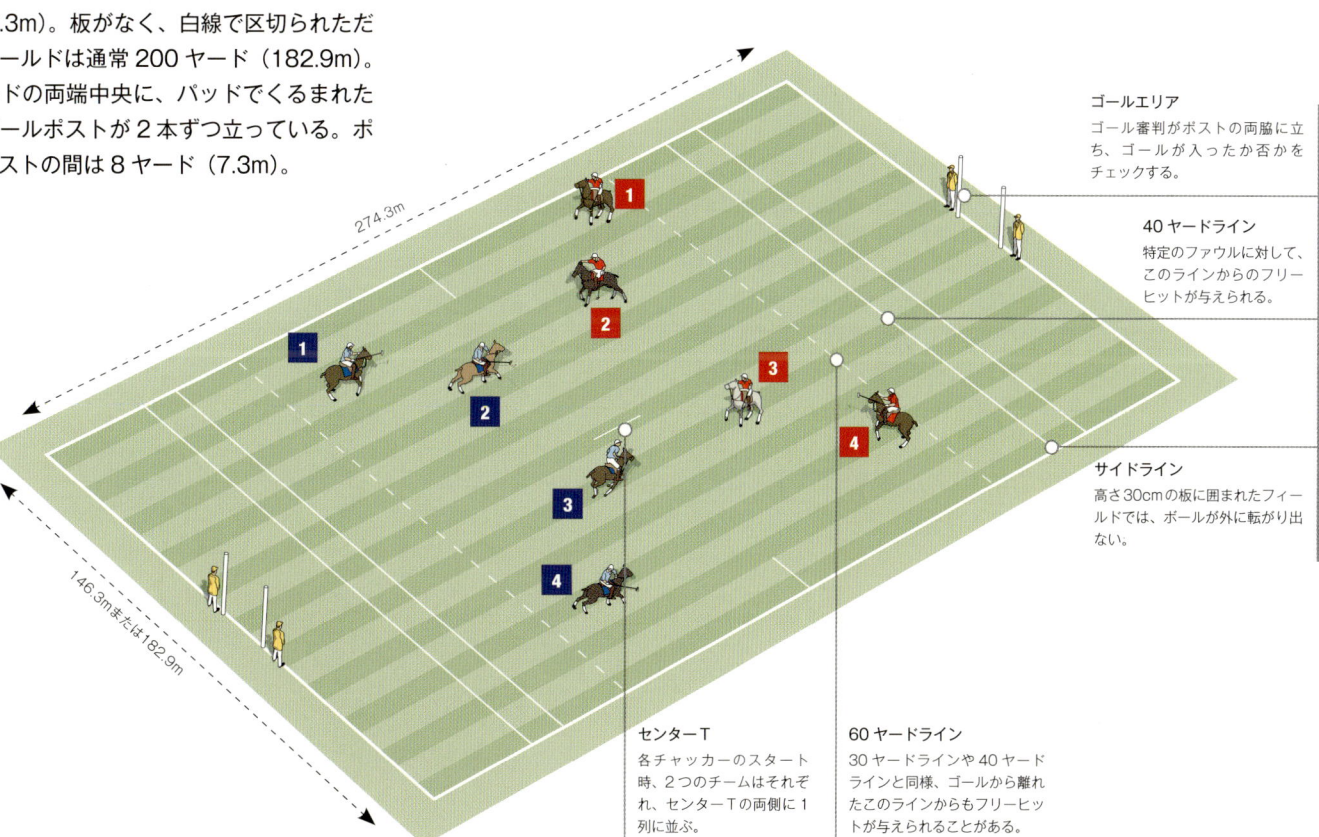

- **ゴールエリア**: ゴール審判がポストの両脇に立ち、ゴールが入ったか否かをチェックする。
- **40ヤードライン**: 特定のファウルに対して、このラインからのフリーヒットが与えられる。
- **サイドライン**: 高さ30cmの板に囲まれたフィールドでは、ボールが外に転がり出ない。
- **センターT**: 各チャッカーのスタート時、2つのチームはそれぞれ、センターTの両側に1列に並ぶ。
- **60ヤードライン**: 30ヤードラインや40ヤードラインと同様、ゴールから離れたこのラインからもフリーヒットが与えられることがある。

274.3m / 146.3mまたは182.9m

417

ポロの試合

ポロの試合は、電撃的なスピードで展開する。正式には1試合8チャッカーだが、現在6チャッカーで行う場合が多い。馬や人の負傷や、馬具が壊れてプレーを続けられなくなった選手が出た場合以外、プレーは決して止まらない。チャッカーとチャッカーの間の休憩は通常4分。この間に、選手は馬を換える（乗馬の交換は試合中も可能だが）。ハーフタイムだけは、他より長い10分間。

馬以外にも

ポロと名のつくスポーツは他にもたくさんある。馬の代わりにラクダを使うもの、ゾウに乗るもの、ヤクに騎乗するものまである。その他、カヌーポロ、自転車ポロもある。だが、これらは皆、レクリエーションスポーツ。

ハンディキャップ

ポロでは、選手のレベルが違うチーム同士でも互角に勝負できるように、ハンディキャップ制度を導入している。標準的な6チャッカーの試合では、−2から＋10のハンディキャップをつける。−2が最も少なく、＋10が最高。ハンディキャップが4なら、国際試合で十分戦えるレベル。試合の前に、チームの選手全員のハンディキャップを足し合わせて、チームとしてのハンディキャップを計算する。対戦するチームの合計との差に相当する点数が、ハンディキャップの少ないほうのチームに与えられる。従って、合計ハンディキャップが30のチームが、35のチームと対戦するときは、5点リードから試合を始める。

レフトはアウト

国際大会レベルにも、わずかながら左利きの選手がいるが、マレットは必ず右手で持つと決められている。左手でのプレーは、危険だという理由で1975年禁止になった。

ペナルティ

誰かがファウルを犯すと、アンパイアの1人が、フリーヒットまたはペナルティヒットを宣告する。軽いファウルなら、その程度に応じて、40ヤードラインか60ヤードラインからのフリーヒット。そのファウルによって得点が妨害された場合は、30ヤードラインからのペナルティヒットとなる。ペナルティを打つのは、通常、ナンバー3をつけた最も経験のある選手。ライン上のボールに向かってギャロップし、ゴールポストの間に打ちこむ。ペナルティヒットでは、相手チームが防御することはできない。

プレーの仕方

ポロのルールは複雑。ゴールのサイズから、チームのユニフォームの色まで決められている。試合中も、さまざまな状況に対応するためにいろいろなルールがある。ルールの主旨は、人馬の安全を確保すること。やってはいけない騎乗の仕方、マレットの危険な使い方に関するルールが一番多い。馬に乗ったアンパイアが2人、フィールドのそれぞれの側を担当して、試合展開を見守る。フィールドの外には、レフェリーが1人。録画した映像を見て、アンパイアの判定が割れたときに、仲裁に当たる。

プレーの始まり

各チャッカーの開始時とゴール後、両チームはセンターTの両側それぞれに1列に並ぶ。馬に乗ったアンパイアの1人が、間にボールを転がし入れて試合が始まる。ボールがサイドラインからフィールドの外に出てしまうと、ボールがラインを越えた地点から5ヤード（4.6m）のところに、両チームが並び、アンパイアがボールを転がして、ゲーム開始のときと同じようにプレーを再開する。攻撃側の選手が打ったボールがエンドラインから出た場合は、ボールがラインを越えた地点から、ディフェンス側の選手がボールをフィールド内に打ち入れる。

攻撃

プロの選手が全力で打てば、2打でフィールドの端から端までボールを飛ばすことができる。鐙（あぶみ）の上に立ち上がって打つと、打撃のパワーが増す。ボールはどの方向に飛ばすこともできるが、なかには難しいショットもある。どのレベルの選手でも、練習では木馬に乗ってテクニックを磨く。最も難易度の高いショットが、「ミリオネア（大富豪）ヒット」。馬の腹の下をくぐらせるショットだ。マレットが馬の肢とからまってけがに至る危険性が高い。

フォアハンド

ポニーのオフサイド（右側）で打つのが、フォアハンドショット。馬が走っていくのと同じ方向にボールが飛ぶ。

オフサイドフォアハンド
最も強力なショット。一番よく使われる。

ニアサイドバックハンド
図は、基本的なバックサイドショット。オフサイドフォアハンドに次いで強力。

バックハンド

ポニーのニアサイド（左側）で打つのが、バックハンドショット。ボールは後ろに飛んでいく。

守備的プレー

ボールを奪い合うときにも、さまざまな守備に関するテクニックがある。守備の中心は、バックとも呼ばれるナンバー4の選手。ナンバー3のサポートも受けながら、ずっと守備をし続ける。バックの選手が打つのは、ほとんどがボールをゴールから遠ざけるバックハンドショット。

フッキング
自分のマレットを敵のマレットに引っかけ、ショットをブロックする。

ファウルとペナルティ
ポロは、激しい接触をともなうタフなスポーツだ。しかも、騎乗するのは全速力でギャロップするポニー。人馬の安全は常に最優先となる。そのため、必要以上の力を使うのは、スポーツマンシップに反した行為と見なされる。たとえば、敵をボールから遠ざけるためにひじを使ってはいけない。ファウルを犯した場所からのフリーヒットになる。

ボールライン
ポロで最も重要な基本は、「ボールライン」。打たれたボールが通るであろう、想像上の線のことだ。このラインが、フィールド上の全選手の優先権を決定する。「ボールライン」を持っている選手（普通は最後にボールを打った選手）が、一番の優先権を持っている。もし、別の選手が、この選手の前で「ボールライン」を横切れば、アンパイアはファウルの審判を下し、ペナルティが与えられる。

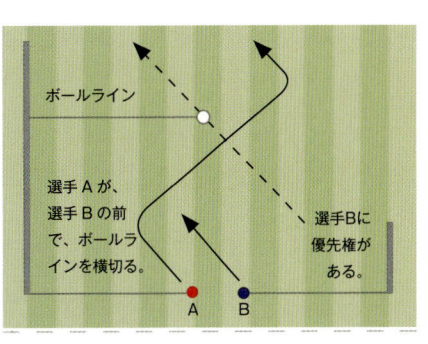

選手Aが、選手Bの前で、ボールラインを横切る。
選手Bに優先権がある。

危険な騎乗
他の選手やポニーに深刻な危険を及ぼす可能性のある騎乗の仕方は、すべて危険な騎乗となる。どんな場合にも厳しく禁じられており、アンパイアは重いペナルティを科す。例としては、全速力で走っている人馬の前を横切ること、45度以上の大きい角度でライドオフすること、他の選手のポニーを引っぱること、相手チームのポニーの後肢の間に割り込むこと、その他、常識的に見て相手に脅威を与えるような騎乗の仕方が含まれる。

戦術とテクニック
ポロは、強さとスタミナを要求すると同時に、戦術や戦略の重要なスポーツだ。試合前にゲームプランを練ることはあまりないが、時間をかけて相手チームの強みや弱点を研究し、試合中に利用する。一番よいポニーは、勝敗を決定づけることが多い第4または第6チャッカーまで温存しておく。

テーリング
テーリング（バッキング）は、チームメイトにボールをバックパスすること。ボールの方に走り込んでパスを受けた選手は、そのまま攻撃に入れる。テーリングは、前向きのままボールの方向を変えるよりも容易。また、敵からボールを奪い取るときにも使えるテクニックだ。テーリングして、奪ったボールを相手ゴールの方向に飛ばす。

危険なプレー
ひじを使ってライドオフするのは反則。

ボールの方向を変える
ディフェンスの選手が、自陣のゴールに向かっているボールの方向を変えれば、次の攻撃につなげられる。チームメイトがよりよい位置でボールを持てるように、方向を変えることもある。ボールの方向を変えるためには、ボールを止めてから、馬を方向転換させる。ただし、これには時間がかかるので、相手選手が近いときには、避けたほうが賢明だ。

ライドオフ
状況によっては、ボールを打ったり追いかけたりするよりも、敵をボールの進路から追い払ったほうがよい場合もあるだろう。自分よりもシュートを打ちやすい位置にチームメイトがいる場合によく使われる戦術。ライドオフが許されるのは、相手に向かって侵入する角度が45度未満のとき。だいたいの仕事はポニーがしてくれるが、相手をボールのコースから押しのけるために、人も自分の体を使う。

ライドオフをして、敵をボールのコースから外す
青いユニフォームの選手が、敵をボールのコースから外そうとしている。馬と自分の体を使って、相手をボールのコースから押しのける。ライドオフは、相手がボールを打つのを防いだり、チームメイトによい位置でシュートを打たせたりするための、守備的な動きだ。

マレットを使ったファウル
体を乗り出して、相手選手にフッキングすると、「クロスフック」の反則を取られることがある。フッキングは、相手選手から見てボールと同じ側から行わなければならない。肩より上、あるいは馬の肢の前でフッキングしてもペナルティ。

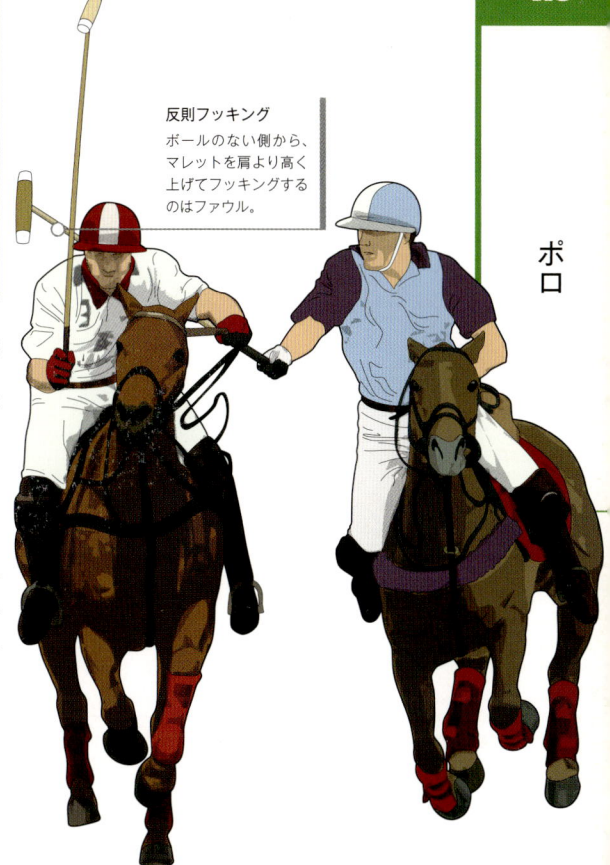

反則フッキング
ボールのない側から、マレットを肩より高く上げてフッキングするのはファウル。

裏話
王族が好んだことから、「王様のスポーツ」と呼ばれるポロの歴史は古い。詳細な起源は不明だが、紀元前6世紀には、すでに中東で似たような形のスポーツが行われていたことは確かだ。その後、何世紀も経て、ポロはアジア中に広まり、やがて、インド経由でイギリスに伝わった。オリンピック種目だったこともあるが、それ以後は、楽しむ人々も限られている。本格的にプレーをするためにはたいへん費用がかかるためだ。

国際的な運営組織
1982年にアルゼンチンで創設されたＦＩＰが、ポロを行う国々を統轄している。ＦＩＰの目標の1つは、ポロを再びオリンピック種目にすること。

イギリスの運営組織
イギリス、アイルランド及び海外32の協会を束ねるのがＨＰＡ。イギリスで最も歴史の長いポロクラブの組織で、イギリスとアイルランドの92クラブが所属している。

アニマルスポーツ

419

ポロ

ドッグレース

ゼッケン
トラップの番号に応じて、1頭1頭違う色のゼッケンを着ける。

口輪
レースに出る犬は、すべて口輪をはめなければならない。お互いに噛みつき合うの防ぐため。

犬の特徴
ドッグレースに使われるグレイハウンドのトップレベルの犬は、1マイル（1.6km）を48km/hで走るが、チャンピオンクラスになると、そのスピードは72km/hにも達する。

競技の概略
別にかけをしていなくても、見ていてわくわくするドッグレース。だが、ほとんどの人は、金をかけてレースを見る。多くの国で、ギャンブルスポーツとして確立している。スタートトラップから一斉に放たれたグレイハウンドは、おとり（主にウサギのぬいぐるみ）を追ってトラックを走る。フィニッシュラインを最初に越えた犬が勝ち。

トラック
レースの距離は、210～1105m。トラックはゴム製。表面に砂と、砂が飛散するのを防ぐ、ポリウレタンのような結合材を混ぜたものが敷かれている。

基礎知識
- 多くの国で人気だが、ギャンブルスポーツとしてメジャーなのは、イギリス、オーストラリア、アイルランド、ニュージーランド、アメリカ。
- 「ザ・ドッグズ（ドッグレース）」のある日の夕べは、楽しい社交のひととき。12レースほどを観戦しながら、たっぷりと食べものや飲みものをいただく。
- グレイハウンドの他に、ホイペットという犬種も使われる。アメリカでは、ダックスフントのレースもある。

ナンバー・トリビア

29.82 秒：伝説的なレースドッグのミック・ザ・ミラーが、1929年に、ロンドンのホワイトシティ・スタジアムで行われた、グレイハウンド・ダービーで480mを走ったときの記録。それまで、30秒の壁は絶対に破られないと考えられていた。

16 字：レース用グレイハウンドにつける名前の制限字数。単語の間のスペースも含む。たとえば、「ミック・ザ・ミラー（Mick the Miller）」は15文字で、制限まであと1文字。

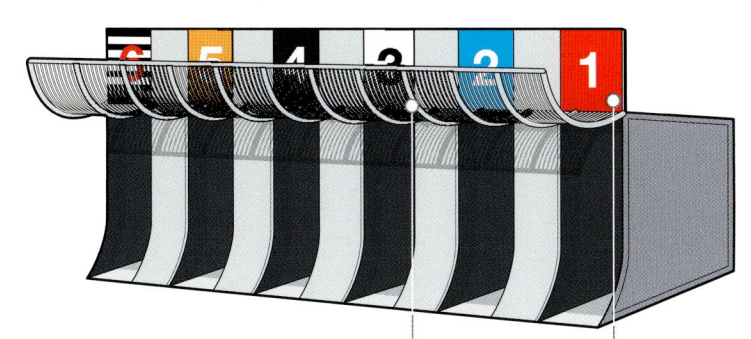

ドッグレース

スタートトラップ
犬は、抽選、またはそれまでの成績に応じて、スターティングゲートの中に入れられる。犬がしっかり収まったことを確認すると、スターターが、ダミーのウサギの発進を指示。

金網
おとりが通り過ぎると、自動的に開いて、犬が飛び出す。

ナンバー
一番内側のトラップに入る犬が必ず1番。

色分け
犬は、トラップの色・番号と同じゼッケンを着ける。6頭立てのレースが多いが、7頭、8頭立てもある。7番の犬は黄緑色、8番の犬は、黄色と黒で半分に染め分けたゼッケンを着ける。

NO. 1
一番よいポジションと考えられている。インコースは距離が最短になるからだ。だが、実際には、アウトコースから出てよい成績を残す犬も多い。

外周枠
番号の一番大きい犬が、このフェンスに近いコースを走る。

ダミーのウサギ
トラックの内周に敷かれたレールの上を走る。スタートトラップを少し過ぎたところにスイッチがあり、ここをおとりが越えると、トラップの金網が開いて、犬が飛び出す。

パドック
計量が終わってから出走するまでの間、犬たちは、観客と競技役員から見えるところにいなければならない。観客は、ここで、勝ちそうな犬を物色。役員は、いかなる不正も行われていないことを確認する。

フィニッシュライン
僅差のレースを判定するために、カメラが設置されている。

スタートトラップ
犬が出走したら、片づけられる。

正面観覧席
バー、レストラン、化粧室など、観客のためのさまざまな施設が用意されている。犬券売り場は、ここの他にも、スタジアム各所に設けられている。

おとりのウサギ
電動式で、コースの端にあるレールの上を走る。ウサギ、と呼ばれてはいるが、おとりは、あまりにも突飛なものでない限り、どんな姿をしていてもよい。

スターター台
主審は、誰にでも見えるようにこの位置に立ち、ダミーのウサギを発進させる合図をする。

34,000,000 人：1946年のイギリスで、入場券を買ってドッグレースを観戦した人の数。これまでで最多。

34〜36 kg：レースドッグとしてベストといわれる2歳から3歳の間のグレイハウンドの体重。

7 州：グレイハウンドのドッグレース場があるアメリカの州の数。現在アメリカ全土にあるレース場は25カ所のみ。そのうち13カ所はフロリダ州にある。

犬の鑑札
すべての犬に、性別、毛色、模様、耳標を記した冊子がある。これで、犬の飼い主が申告している犬に間違いないことを証明する。替え玉がレースに出るのを防ぐために採用されたシステム。

レースの規則
飼い主は、犬の体重をあらかじめ申告し、レース主催者の承認を受ける。レースに出る犬は、必ず申告した体重でなければならない。出走2時間前に量った体重との差が1kg以上あった犬は出走できない。

レースには、オープン参加のものと階級別のものがある。階級別では、成績のよい犬はシードされ、その犬の走るスタイルに一番適したトラップが割り当てられる。シードでアウトコースのトラップに割り当てられる犬は、トラップか出走表の名前の脇に、「ワイドランナー」を意味するWのマークがつく。中央のレーンが得意なシード犬のマークはM。

1日に同じ犬が2回以上走ることはない。同着の場合は抽選で勝ち犬が決められる。

障害レース
障害を跳び越えながら走るレースもある。障害の数は決まっていないが、5〜7台の場合が多い。各跳躍の高さは、75.8cm。20〜25度、前方に傾いている。馬と同様、グレイハウンドにも、それぞれに得意なレースがあり、どんなレースでもよい結果を出せるという犬は少ない。ドッグレースのある国の多くでは、最も権威のある障害レースを、グレイハウンド・グランドナショナル、平地レースで最高のレースを、グレイハウンド・ダービーと呼んでいる。

裏話
ドッグレースの原点はウサギ狩り。だが、19世紀後半には、血を見ないスポーツに変わっていた。イギリスでは、第二次世界大戦後観戦者数がピークに達したが、1961年に犬券の場外販売が法律で認められると、レース場に足を運ぶ人は激減（ギャンブルの対象としての人気は今でも根強い）。ドッグレースは、オーストラリアでも大きなビジネスになっている。近年、人気の伸びが著しいのは南アフリカだ。ヨーロッパでもレースの人気が高い国はあるが、商業的価値はあまり認められていない。ベルギー、フランス、ドイツ、オランダのレースを走るグレイハウンドは、基本的にペットであって、投資の対象とは考えられていない。

アニマルスポーツ

421

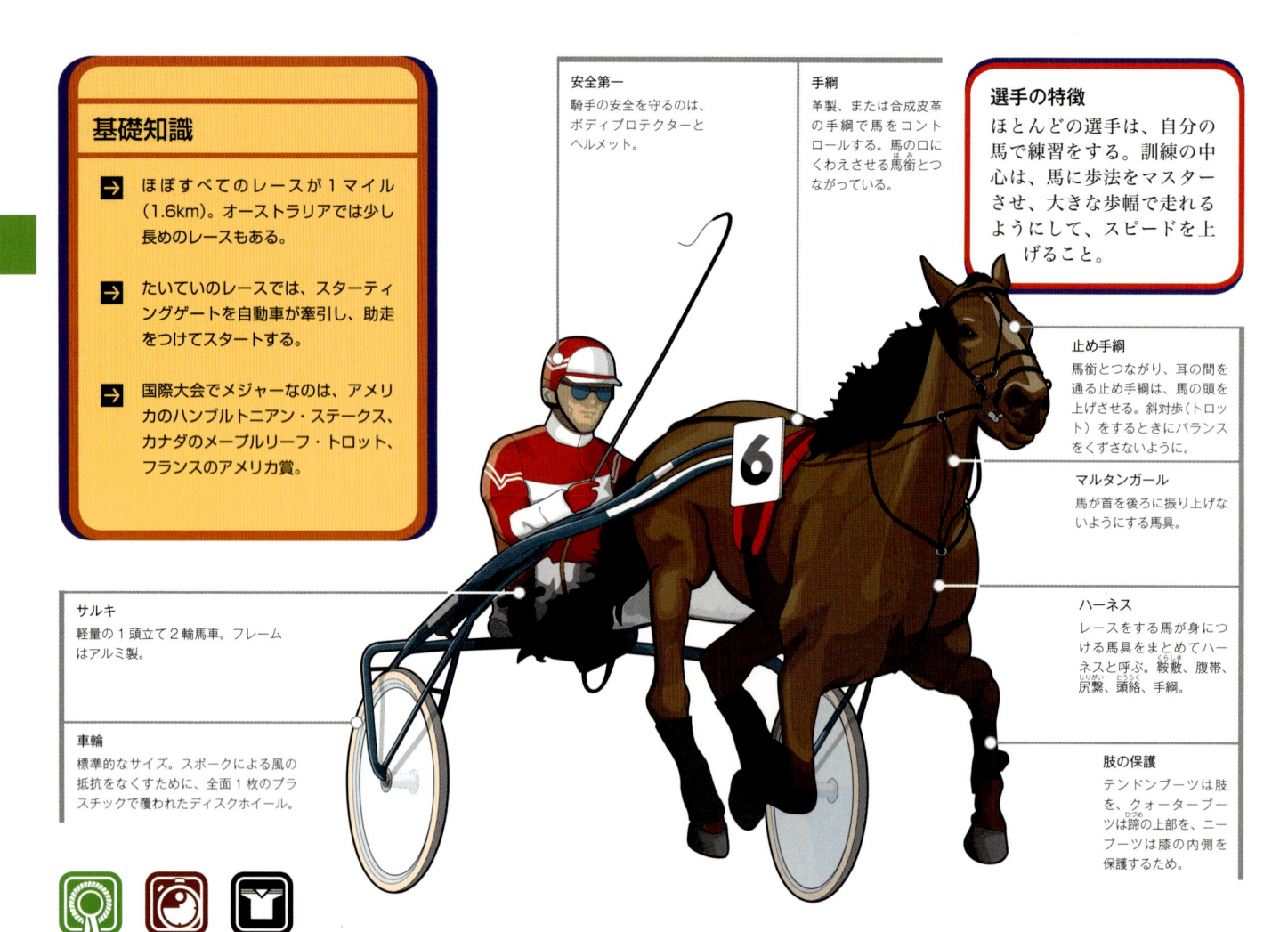

基礎知識

→ ほぼすべてのレースが1マイル (1.6km)。オーストラリアでは少し長めのレースもある。

→ たいていのレースでは、スターティングゲートを自動車が牽引し、助走をつけてスタートする。

→ 国際大会でメジャーなのは、アメリカのハンブルトニアン・ステークス、カナダのメープルリーフ・トロット、フランスのアメリカ賞。

安全第一
騎手の安全を守るのは、ボディプロテクターとヘルメット。

手綱
革製、または合成皮革の手綱で馬をコントロールする。馬の口にくわえさせる馬銜とつながっている。

選手の特徴
ほとんどの選手は、自分の馬で練習をする。訓練の中心は、馬に歩法をマスターさせ、大きな歩幅で走れるようにして、スピードを上げること。

止め手綱
馬銜とつながり、耳の間を通る止め手綱は、馬の頭を上げさせる。斜対歩（トロット）をするときにバランスをくずさないように。

マルタンガール
馬が首を後ろに振り上げないようにする馬具。

ハーネス
レースをする馬が身につける馬具をまとめてハーネスと呼ぶ。鞍敷、腹帯、尻繋、頭絡、手綱。

肢の保護
テンドンブーツは肢を、クォーターブーツは蹄の上部を、ニーブーツは膝の内側を保護するため。

サルキ
軽量の1頭立て2輪馬車。フレームはアルミ製。

車輪
標準的なサイズ。スポークによる風の抵抗をなくすために、全面1枚のプラスチックで覆われたディスクホイール。

繋駕速歩競走
（けいがはやあし）

競技の概略
ヨーロッパや北アメリカで盛んな馬車競走。1頭の馬が、サルキと呼ばれる1人乗りの2輪馬車を引く。走り方は斜対歩（トロット）と側対歩（ペース）の2つ。途中で歩法を変えてはいけない。最初にゴール板を通り過ぎた人馬が勝ち。

土のトラック
アメリカでは、ほとんどの繋駕速歩競走は平坦なダートトラックで行われる。閉じた巡回路であること以外は、形も大きさも決まっていない。直線部分が長くても短くてもよい。コーナーも、急なもの、ゆるやかなもの、さまざまだ。伝統的なレースは1マイルとされている。ヨーロッパのトラックは、多くが芝で、長さは2.2kmまで。

壮観
アメリカのレースのなかには、可動式のスターティングゲートの後ろから、サルキが助走をつけて疾走する、豪快なスタートをするものもある。ゲートがスタートラインに近づくにつれて、御者たちは馬のスピードを上げていく。ゲートは、ラインを通過すると、2つにわかれて前に折りたたまれ、馬たちは自由に走っていく。

歩法を守る
最も重要なルールは、レース中の馬の歩法に関すること。レーススチュワードの補助を受けて、歩法審判が各馬の歩法をチェックしている。車で併走し、録画したビデオも使い、歩法を変えた馬がいないかどうかを確認する。ヨーロッパでは、歩法を変えればその場で失格。アメリカでは、トラックの外にいったん移動してから、正しい歩法でレースを再開。さらに、着順が1つ降格になる。

馬の歩法
繋駕速歩競走の歩法には2種類ある。ヨーロッパのレースでは、例外を認めず斜対歩のみ。北アメリカなど、ヨーロッパ以外では、斜対歩よりも速い側対歩が一般的。

斜対歩
左前肢と右後肢が同時に着地、次に右前肢と左後肢。

側対歩
左前肢と左後肢が同時に地面に着き、次に右前肢と右後肢が着地する。対角線上の肢が一緒に動く斜対歩とは異なり、右側の肢と左側の肢が、それぞれ交代に一緒に動く。この肢の進め方を自然にできる馬はあまりいないので、訓練や配合が必要になる。レース中に側対歩を続けるため、多くの馬は、足架つり革と呼ばれる馬具を肢の上部の周りにゆったりとまわして着ける。

側対歩
左前肢と左後肢が同時に着地。

ロデオ

競技の概略
ロデオはメキシコに起源があるが、現代のロデオはアメリカ人がつくり出したスポーツだ。プロのロデオ大会には、基本的に7つの種目がある。ラフストックは採点競技。得点の多寡を競う。タイムイベントは、時間の速さを競う競技。

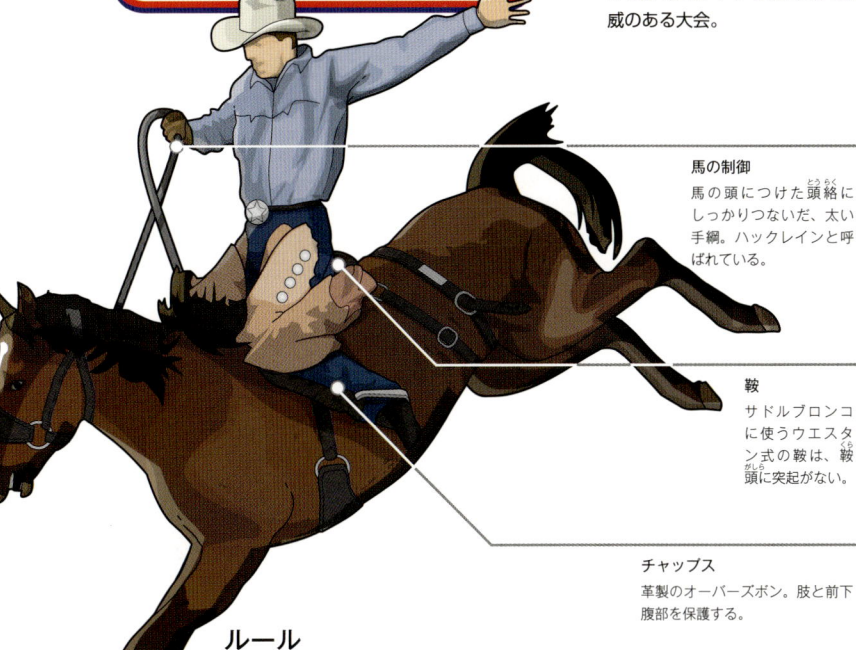

アリーナ
フェンスで囲った土のアリーナで行われる。囲いの大きさは特に決まっていない。屋内も屋外もある。1カ所にバッキングシュートと呼ばれる囲いがついていて、選手はここで動物に乗る。準備ができるとゲートが開き、選手はアリーナに飛び出す。ロービングシュートは、バッキングシュートの反対側にある、3方を囲まれた囲い。ロープをかける時間を競う競技で使う動物を入れておく。

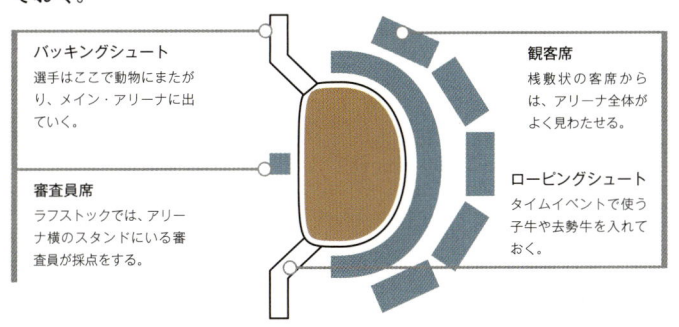

バッキングシュート: 選手はここで動物にまたがり、メイン・アリーナに出ていく。

審査員席: ラフストックでは、アリーナ横のスタンドにいる審査員が採点をする。

観客席: 桟敷状の客席からは、アリーナ全体がよく見わたせる。

ロービングシュート: タイムイベントで使う子牛や去勢牛を入れておく。

選手の特徴
種目によって、要求される技術が異なる。身体的に一番ハードなのがラフストック。体力などさまざまな能力が必要なのはもちろん、何よりも勇気がなくてはならない。

馬の制御: 馬の頭につけた頭絡にしっかりつないだ、太い手綱。ハックレインと呼ばれている。

鞍: サドルブロンコに使うウエスタン式の鞍は、鞍頭に突起がない。

チャップス: 革製のオーバーズボン。肢と前下腹部を保護する。

ルール
ラフストックには、ベアバック（鞍なしの暴れ馬に乗る）、サドルブロンコ（鞍つきの暴れ馬に乗る）、ブルライディングの3つの種目がある。使ってよいのは片手だけ。もう片方の手も使うと失格。タイムイベントは、スティアレスリング（走っている馬から牛に飛びついて地面に倒す）、バレルレース、タイダウン、チームローピング（馬に乗った2人が子牛の頭と後肢にロープをかける）など。バレルレースを除く種目では、バッキングシュートに柵を渡し、フライングを防ぐ。柵を壊すと、タイムのペナルティが科される。

ラフストックの採点
失格せずに、最低8秒間乗っていられたかどうかを基準に採点する。審判は2人、または4人。1人最高25点をそれぞれの選手に与える。完璧な演技ができれば100点。

基礎知識
→ プロ・ロデオカウボーイ協会（PRCA）が、最大の運営組織。

→ ラスベガスで行われる全米ロデオ選手権は、アメリカで最も権威のある大会。

テクニック
どの種目でも、乗馬技術は重要だが、タイダウンとチームローピングはさらに、馬に乗った状態でロープを扱うためのさまざまな技術をマスターしていなければならない。

バレルレース
昔から、女性の競技として行われてきた。三角形に並べた3つの樽の周りを、クローバーの葉の形に周回してタイムを競う。

急ターン: 樽ぎりぎりのところを走るように馬を導く。

タイダウン
子牛にロープをかけ、4本の肢を縛り上げる競技。最低6秒間は縛られた状態が続かなければならない。ロープが解けてしまったら失格。

馬から降りて: ロープでとらえた子牛の肢を縛るために、馬から降りなければならない。

ロデオのスタイル
現代のロデオでは、スタイルも重要。伝統的なカウボーイハットは、黄褐色の藁製か、黒いフェルト。本物のカウボーイなら、試合中に帽子を落とすことなどありえない。

ブルライディング
鞍は使わず、丈夫な1本のロープだけを使って雄牛の背に乗る競技。体の各部分の協調と勇気が要求される。

裸牛: 鞍は使わない。ロープ1本で雄牛につかまる。

アニマルスポーツ

423

繋駕速歩競走／ロデオ

ラクダレース

ジョッキー
バランス感覚が優れ、体重の軽い人でなければならない。しかも勇敢であること。昔は6、7歳の少年がつとめていた。

頭絡
縄でできた「アル・ヒッダム」を頭に結んで、進む方向を指示する。

鞍
毛織物でできた「アル・シダード」という鞍は、軽くて柔らかい。

競技の概略

何世紀も昔、ベドウィン族の人々が始めたというラクダレース。観戦スポーツとして人気。多額の賞金がかけられる。レースに向いているのは雌のラクダ。訓練したラクダは、全力疾走で64km/hのスピードが出せる。28km/hなら1時間走り続けられる。

基礎知識

→ プロのラクダレースがよく行われているのは、北アフリカ、東アフリカ、アラブ首長国連邦、カタール、オーストラリア。

→ サウジアラビアで毎年開催される国王杯には、2000人もの選手が出場する。通常のレースは、25〜30頭立て。

競技場
UAEには、砂地で、長さ4〜10kmの専用の円形トラックがある。オーストラリアのレースで多いのは、4分の1マイル（400m）レース。だが、ラクダレース人気の高まりとともに、もっと距離の長いレースも増えている。路面は芝か砂地。

ロボットとラクダ
レース用のラクダは、肢が長く、ほっそりしている。よく絞り込んでいるので、こぶも驚くほど小さい。生後13カ月ほどで訓練を始め、3歳でレースに出るようになる。子供に騎手をさせるのは問題だということで、小さなロボットのジョッキーが開発された。鞭がついていて、後ろを走る車から遠隔操作をする。

犬ぞりレース

競技の概略

スプリントレース、耐久レースが世界中で行われている。最大24頭の犬のチームを、普通は2列につないでそりを引かせる。御者（マッシャー）はそりの後ろに乗って、犬たちに指示を与える。

基礎知識

→ 組織化された競走が始まったのは、1908年、アラスカのノーム。

→ 最も過酷なレースといわれているユーコン・クエストは、走行距離約1600kmもある。

レースのコース
コースには目印が設置され、一定の距離ごとにチェックポイントが設けられる。また、疲労のひどい犬やけがをした犬を預けていける、「ドッグドロップ」という場所も設定されている。普通は、1チームずつ時間差でスタートする。

犬とマッシャー
犬にとって重要なのは、持久力とスピード、強い団結心。チーム内の位置に応じて専用の訓練を積み、マッシャーを自分たちの群れのリーダーと見なしている。

マッシャー
犬ぞりの御者を「マッシャー」という。かつて、「引け」という意味のかけ声として使われていたフランス語の「marcher」からきている。

レース用のそり
短いそり本体は木製が多い。滑走部はカーボンファイバー、取りつけ部品はアルミ製。

スプリンターたち
1頭ずつ、自分の体に合った、背中がX字型のハーネスを着ける。胸の部分にはパッドがついている。

アイディタロッド
アラスカで行われるレース。2011年、ジョン・ベーカーが8日と19時間46.3分で記録を更新した。

ホースボール

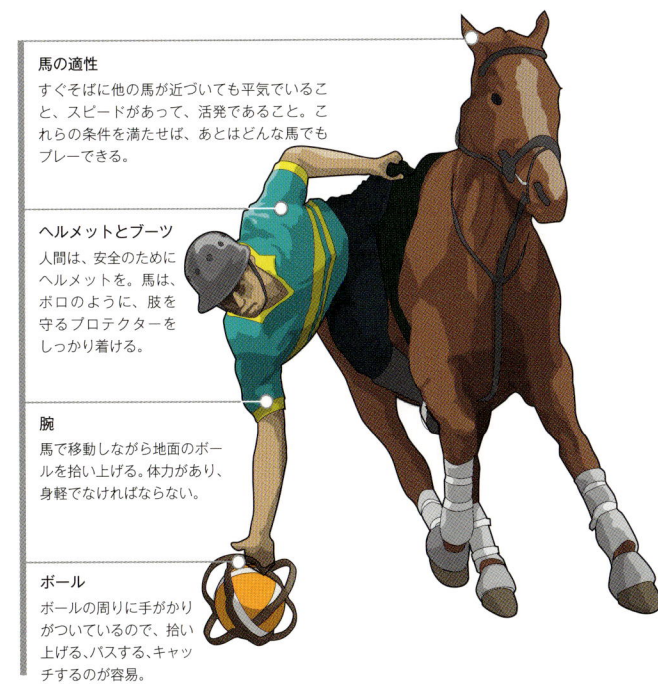

競技の概略
馬を使うスポーツとしては比較的新しいホースボール。ポロとラグビーとバスケットボールを一緒にしたようなスポーツだ。馬に乗った選手が4人で1チーム。2チームで対戦する。男女の区別はなく、8歳以上なら誰でもプレーできる。ゴールを多くあげたチームが勝ち。

競技場
広さは 20m×60m。コートの両端、高さ 3.5m のところに、直径 1m の大きなバスケットゴールのようなゴールが 1 つずつある。10 分ハーフで、ボールをパスしながら得点を狙う。ゴールする前に 3 人のメンバーで 3 回パスがつながらなければいけない。

馬と人
乗馬学校をさらに盛り上げようという試みから考え出されたスポーツ。スピード感あふれる競技で、優れたバランス感覚が要求される。また、人と馬とがしっかりとコミュニケーションする必要がある。手綱を使わず、足だけで馬をコントロールできなければならない。馬は、元気で、人の指示によく反応すること。機敏さ、しなやかさを鍛える馬場馬術をトレーニングすると効果的。

基礎知識
→ プレーされ始めたのは、18 世紀のアルゼンチン。
→ 最も重要な大会は、世界選手権、ヨーロッパ選手権、チャンピオンズリーグ。
→ 国際ホースボール連盟には 19 カ国が加盟している。

馬の適性
すぐそばに他の馬が近づいても平気でいること、スピードがあって、活発であること。これらの条件を満たせば、あとはどんな馬でもプレーできる。

ヘルメットとブーツ
人間は、安全のためにヘルメットを。馬は、ポロのように、肢を守るプロテクターをしっかり着ける。

腕
馬で移動しながら地面のボールを拾い上げる。体力があり、身軽でなければならない。

ボール
ボールの周りに手がかりがついているので、拾い上げる、パスする、キャッチするのが容易。

馬車競技

基礎知識
→ 馬に引き具を着けて車を引かせるスポーツの歴史は古い。古代ローマの戦車（チャリオット）競走、あるいはもっと昔までさかのぼれる。砂地あるいはダートのコースを走る。スピードが命。
→ トライアル・ドライビングは比較的新しい競技。3 つの種目をチーム対抗で戦う。スピード、機敏さ、従順さが重要。

競技の概略
人馬がチームを組み速さを競う繋駕（けいが）速歩競走から、4頭1チームで、馬場馬術を含むさまざまな課題をこなしていくトライアル・ドライビングまで、馬車を使ったスポーツはさまざま。

馬と御者
いろいろな競技があるので、ポニーから大型の重種馬まで、どんなタイプの馬にもなにかしら適した種目がある。側対歩レースは、超軽量の二輪馬車を使う高速レース。4頭立ての大型馬車で行うレースは、スピードは遅いものの、御者に要求されるテクニックと、体の各部分の協調のレベルの高さは引けを取らない。エジンバラ公フィリップ殿下は、長年馬車競技の選手だった。

スカリーハーネス
単純な引き具。馬車を引くのを楽にする、幅広の胸繋（むなが）い。

2人1チーム
御者が方向を指示。後ろの「グルーム」が、体を傾けて馬車のバランスを取る。

4輪
低い重心と、強力なサスペンションが必要。

アニマルスポーツ

425

／ホースボール／馬車競技／ラクダレース／犬ぞりレース

シー・マッチ・フィッシング

競技の概略

人と競い合いたい釣り好きの人々が、釣りの競技会に参加するようになるのは、当然の流れだ。陸釣りの競技会は、はっきりと2つのタイプにわかれる傾向がある。釣る位置を指定されるものと、決められた範囲内でポイントを自由に移動できるタイプだ。これは、大会の開かれる場所によって決まってくることが多い。特に最近はこの傾向が強まっている。可能なかぎり自然保護を強く意識しようという大会が多いためだ。釣った魚は、計測されるとすぐに海にリリースされる（特に、位置を指定される大会で）。釣る魚の種類はいろいろと決められており、その種類と大きさに応じてポイントが与えられる。

選手の特徴

海の釣りでは、じっと何もせずにいる時間がずっと長く続き、その合間にときおり爆発的な激しい活動（針にかかった魚を、リールを巻いて引きよせ、ものの数秒で重さを量ってリリースする）がはさまってくる。従って、釣り人に必要なのは、体の各部分同士の協調が優れていること、忍耐強いこと、反射神経が鋭いこと。上半身の筋力とバランスも重要だ。魚を釣り上げるときには、特にこれがものをいう。

基礎知識

→ 現代のシー・マッチ・フィッシングは、1960年代の、進化した陸釣り技術の「誕生」とともに生まれた。近代的な釣り竿が製造されるようになったのは、グラスファイバーが使われるようになってから。これにより、陸釣りで届く距離を伸ばす道が開かれ、それまで難しかった場所でも十分な釣果が得られるようになったためだ。

→ シー・マッチ・フィッシングでは、あらゆる種類の魚を釣らなければならない。そのため、釣りのなかでも特に上級者向き。競技で必要とされる非常に専門的な技術（たとえば、しかけ、竿、駆動機構、衣類などの防風防水）の進歩は、レクリエーションとしての釣りにも徐々に浸透してきている。

体温を保つ
冷たい海風の吹く寒い日には、暖かいフリースが望ましい。

しっかりとグリップ
竿の根元を握る手は、常にがっしりと。もう一方の手は補助的に。

耐久性のあるウェア
滑りやすい岩場などでは、衣服を汚すことも多い。ジーンズが一般的。

足の筋力
運動選手というわけではないが、何時間も立っていられる釣り人の足の筋肉はよく発達している。

足元の安定
滑りにくく踏ん張れる長靴が重要。特に、魚を釣り上げるとき。

ナンバー・トリビア

3,000 人：2006年、ポルトガルで開催されたワールドゲームズのシー・マッチ・フィッシングに参加した選手数。5年に1度行われるワールドゲームズは、シー・マッチ・フィッシングでは最も重要な大会だ。

14 個：イングランドのクリス・クラークが、世界選手権で勝ち取ったメダルの数。海釣りでは最多。2006年に引退したクリスは、現在、国際的な連盟の役員をつとめ、トップクラスの審判としても活躍している。

魚を捕まえる

餌から釣りをするポイント選びまで、競技会でよい成績を収めるために非常に重要な基本がいくつかある。特に重要なのが、キャストと、かかった魚を遊ばせること。下の説明を参照。

キャスト

餌をつけたしかけを、竿とリールを使って海に投げ込む。非常に遠くまで投げることもある。遠くへ、そして深いところまでキャストできるほど有利だ。安全、確実、効率的なキャスト技術を身につければ、効果はてきめん。

魚を遊ばせる

魚が針にかかっても、多くの場合、すぐに釣り上げることはしない。魚が糸を引っぱっていくのを、そのまま放っておく。リールの抵抗に負けじと糸を引く魚は、やがて体力を消耗。魚が疲れ切ったところで、釣り人は糸を巻き上げるのだ。これで、重い魚もうまく釣り上げることが可能になる。

竿とリール

陸釣りでメジャーなのは、長さ3.66～4.27mの竿。ビーチキャスターという名前で知られている。113～170gの鉛のおもりと餌をキャストできるように設計されている。糸を投げ入れたら、今度は竿の先に注意して、あたりを待つ。開けた砂浜や河口で行われる大会では、もっと軽い（56～113g用）竿とリールを用意する。基本的に、近距離から中距離で、小さな魚を捕らえる（スクラッチング）ための竿だ。

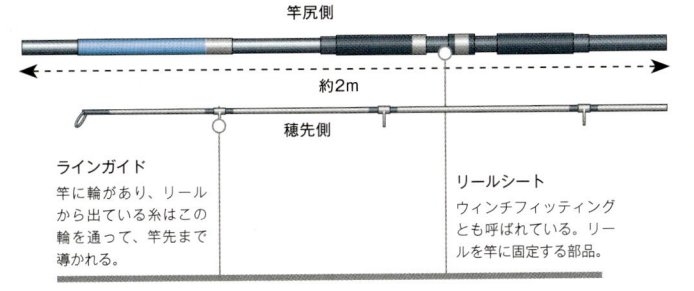

時間制

餌のついたしかけを1度キャストしたら、竿は竿かけに置かれたままになりがち。だが、小さな魚が多くいる釣り場なら、「時間を決めて」釣るという方法もある。自分で決めた時間が来たら、魚がかからなくても、定期的に針を上げてしまうのだ。何だろうと思って魚が寄ってくる効果と、常に新しい餌（つねに新鮮で魅力的な匂いが広がる）につけ替わるという2つの効果がある。だが、多くの釣り人は、あたり（魚が餌のついた針を引っぱると、竿の先がひくひくと動く）が来てから針を引き上げる。

しかけ

マッチ・フィッシングで使われるしかけの種類は数えきれないほどある。針にどうやって餌を取りつけるか、餌をつけたしかけをどんな仕組みで放つか、おもり（海底に引っかかるように鉤のついたグリップ式と鉤のないプレーンタイプの2種がある）がどのように海底に落ち着くか、を決めるのがしかけだ。

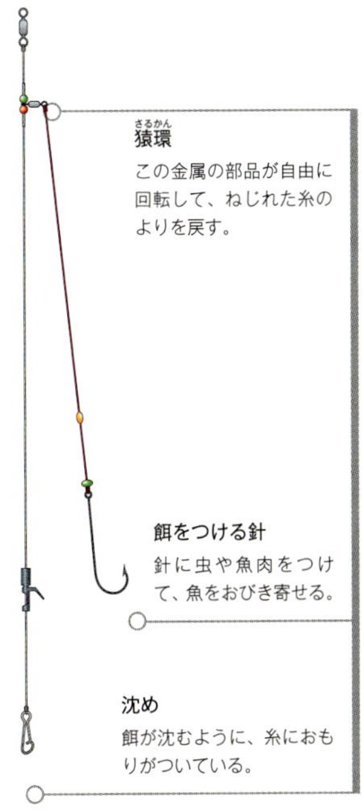

餌

競技会で勝つためには、最高品質の餌を手に入れなければならない。競技会場近海の魚たちの好みや最近の傾向を入念に研究して、バリエーション豊かな餌を持ち歩く。餌の種類には、各種の虫餌（タマシキゴカイ、アカムシ、イソメなど）、カニ、生や急速冷凍の魚肉（サバ、イカナゴ）、イカなど。

リール

釣り糸を繰り出したり、巻き取ったりするための装置。心棒に糸を巻きつけるスプールがついている。シー・マッチ・フィッシングでは、小型のマルチプライングリールか、中型から大型のスピニングリールを、好みによって使い分ける。

竿かけ

陸釣りでは、競技でも娯楽でも、キャストしたら、あとは魚が来てくれるのを待つばかりだ。そこで、竿かけが必要になる。ここに竿を置いて、あたりが来るのを待つ。

竿尻側 — **穂先側** — 約2m

- **ラインガイド**: 竿に輪があり、リールから出ている糸はこの輪を通って、竿先まで導かれる。
- **リールシート**: ウィンチフィッティングとも呼ばれている。リールを竿に固定する部品。

猿環: この金属の部品が自由に回転して、ねじれた糸のよりを戻す。

餌をつける針: 針に虫や魚肉をつけて、魚をおびき寄せる。

沈め: 餌が沈むように、糸におもりがついている。

ベイルアーム: キャストするときは、後ろに跳ね上がって、スプールから糸がスムーズに繰り出される。ハンドルを回すと、前に跳ね上がる。

原則

シー・マッチ・フィッシングには2つのタイプがある。釣った魚の大きさ（体長）を競うものと、捕った魚の総重量を競うもの。

ロービングマッチ

釣り場に適した場所があまり広くなく、一人ひとりポイントを指定できない場合によく行われる。よく会場になるのは、磯や小さな入江、崖、岬が連続する海岸。競技時間は決められているが、選手が会場内で自分の釣り場を求めて移動を繰り返すため、魚の計測は、最後にまとめて計測所で行うことが多い。釣った魚の総重量の重い選手が勝ち。魚の大きさに厳密な制限があることに要注意。

ペグドマッチ

適切な釣り場を大会の実行委員会が選ぶ。開けた砂浜で、選手一人ひとり分の釣りのポイント（ペグ）を区切って確保できるだけの、スペースに余裕がある場所で行われる。参加希望者は、事前に指定された場所に集合し、参加料を支払って、ペグのナンバーを適当に選ぶ。それから、指定されたペグに散らばって、競技開始を待つ。メジャー・アンド・リリース方式の競技では、他の選手や大会の係員に立ち会ってもらった上で、釣った魚はすべて体長を測り、生きているうちにリリース。次のキャストができるのはそれがすんでから。体長に応じてポイントが与えられるが、魚の種類ごとに、ポイントになる最低の大きさが決まっている。指定時間内に、ポイントが最高になった選手が勝つ。総合優勝者ばかりでなく、区画ごとに一番だった選手にも賞金が授与される。

裏話

競技大会を運営するのは、1952年に創設された国際スポーツフィッシング連合（CIPS）。CIPSの下部組織である、FIPS－Mが、男女ジュニアそれぞれで、さまざまな世界選手権（ショア、ボート、ビッグゲーム、ロングキャスティングなど）を毎年主催している。参加国は、5人からなる代表チームを出す。国単位の他、個人の表彰もある。

エクストリーム
スポーツ

12

競技の概略

オリンピックでおなじみのウィンタースポーツ、リュージュが過激になった。派手にペイントを施したスケートボードに乗り、コンクリート製のトラックや道路を猛烈な速度で走っていく。そのスピードは、110km/hにもなる。体は地面からほんの数センチ。ストリートリュージュにはブレーキがない。足を使ってスピードを落とす。競技の目的は単純。ゴールに一番に到着すること。コースは1つひとつ違うが、だいたい距離1〜5km。デュアル対戦では、次のラウンドへの進出権をかけて2人が一緒に滑る。4人または6人が同時に走るレースもあり、こちらは、豪快なクラッシュが頻発する。

スピード違反キップ

ストリートリュージュが初めて登場したころ、カリフォルニアでは、広い公道を使ってレースが行われていた。そのため、レースをしている人間だけでなく、観客を巻き込む事故も数多く起こった。また、スピード違反の取り締まりで、警察に違反キップを切られることもあった。結局、ロサンゼルスなどの市当局によって、斜度3%以上の公道でのレースは禁止されてしまう。

ロード・ルール

単一の運営組織があるわけではなく、ルールも統一されていない。ただし、押したりけったりして他の選手の妨害をすることは許されていない。また、リュージュの前後に必ずバンパーをつけることになっている。だが、リュージュの重さ、長さ、幅を制限するルールは、レースを行う団体によってまちまち。たとえば、グラビティスポーツ・インターナショナルは、25kg以上のリュージュを禁止している。

ストリートリュージュ

基礎知識

→ 特に盛んなのは、アメリカ、カナダ。オーストリア、フランス、スイス、イギリスなどヨーロッパの一部の国でも人気。

→ 誕生したのは1970年代のカリフォルニア。スケートボードをしている人々が、ボードの上で横になれば速く坂を下れることを発見した。

→ 最初のレースが行われたのは、1975年、カリフォルニアのシグナルヒルで。

→ レースを主催する団体で最大なのは、国際グラヴィティスポーツ協会。

用具と車輪

リュージュから落ちることも多いので、体を保護するものをしっかり身につけておく必要がある。ヘルメット、全身レザーのスーツ、グローブ、ブーツが基本。リュージュのデザインは多種多様。木製のものもあるが、多くはアルミ製。車輪の数は4〜6個。前と後ろにバンパー、傾きに応じて動くトラック（車輪と車軸を、体を乗せる部分に接続する部品）、手すりがついている。

頭の保護
硬いヘルメット。顔面を覆うシールドがあり、ストラップであごにとめるもの。

座面
アルミ製の本体にパッドを張った部分が、乗り手の体の大部分を支えている。

レース用スーツ
丈夫な革か、ケブラー製のボディスーツは必須。

安全のためのバンパー
リュージュの前と後ろにバンパーがある。

小さな車輪
トラックには、前輪が4つ。直径は約10cm。

ステアリングトラック
トラックに、傾きを利用する方向舵がついている。乗っている人間が体をどちらかに傾けると、リュージュの方向が変わる。

プッシュオフエプロン

勝つためにはスタートが重要。スタートラインとコースの始点の間に、プッシュオフエプロンという区間があり、そこで、両手を使って勢いをつける。走りを始めてからも、熟練した選手は、他の選手の後ろにぴったりとついて、スリップストリームを利用し、速度を維持する。

選手の特徴

きわめて危険なスポーツ。高速でコーナーを攻めるときなど、鋼のような度胸が必要だ。コース前方と他の選手に全神経を集中させていないと、思わぬクラッシュを引き起こして大きな犠牲を払わなければならない。

エクストリームスポーツ

431

／フリーランニング（パルクール）
ストリートリュージュ

基礎知識

- フランス語名のパルクールという言葉は、「parcours du combattant（パルクール・ド・コンバタン＝戦闘員のコース）」からきている。20世紀初頭、フランス軍が兵士の訓練に使った障害物コースのこと。
- フリーランニングの動きは、映画『007／カジノ・ロワイヤル』、『こわれゆく世界の中で』、ＢＢＣで放送された『ラッシュアワー』の予告編など、多くの映像作品で利用されている。
- アーバンフリーフローなどの団体が、熱心なトレーサーに、レッスンやトレーニングを提供している。

選手の特徴

難しいコースにトライするには、何年もというほどではないが、何カ月かは訓練を積まなければならない。身体的には、全身の筋力、平衡感覚、身軽さが必要。だが、同時に知力も要求される。周囲の環境にくまなく目を配る能力と、ある動きが可能かどうかを瞬時に判断する力だ。

袖なし
腕の動きを妨げないように。また、障害物に服を引っかけてしまう危険も減る。

都会の壁
町の建物の外壁は、自然の中の切り立った崖や峡谷に相当する。フリーランニングをする人にとっては理想的な舞台だ。

ゆったりしたズボン
大きなジャンプや、難しい登りのときも、ゆったりしたズボンやショートパンツなら、無理なく必要な足の動きができる。

滑らないスニーカー
よいスニーカーは重要。レンガ、コンクリート、鉄板をしっかりとらえるため。

フリーランニング（パルクール）

競技の概略

軽業師のような身軽さと、戦士の闘志が要求されるフリーランニングは、格闘技とダンスの要素を合わせ持っている。なめらかに連続する動きで、都会の風景の中にあるさまざまな障害物の周囲を回り、乗り越え、くぐり、通り抜ける。フリーランニングをする人はトレーサーと呼ばれる。熟練したトレーサーなら、壁を登る、障害物を跳び越える、手すりの上を走るなどの技を使って、自分の可能性をどんどん広げていく。必要とされるのは、単なる筋力やスタミナや身軽さではない。フリーランニングを愛する人たちは、そこに優雅さや美も求める。競技会でも、戦う相手は他の出場者ではない。絶えず向上しようと努力し、自分自身に勝たなければならない。

信じて跳べ

コースによって、難しいポイントは違ってくる。経験豊かなトレーサーならば、何百通りもの動きを考え出せる。だが、ジャンプ、着地、衝撃を吸収するための受け身、という基本的な技術も重要。「ソー・ド・プレシジョン」と呼ばれる、正確なジャンプは、力強さ、優雅さ、正確さを合わせた跳躍だ。

正確なジャンプ

トレーサーがソー・ド・プレシジョンをするのは、フリーランニングの他の動きと同様、単に障害物を越えるためではない。自分らしさと優雅さを表現するためだ。

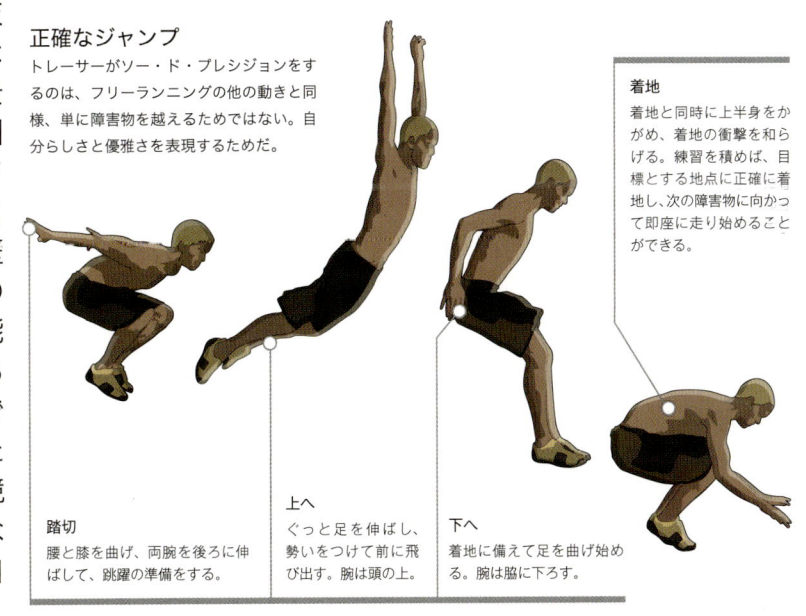

踏切
腰と膝を曲げ、両腕を後ろに伸ばして、跳躍の準備をする。

上へ
ぐっと足を伸ばし、勢いをつけて前に飛び出す。腕は頭の上。

下へ
着地に備えて足を曲げ始める。腕は脇に下ろす。

着地
着地と同時に上半身をかがめ、着地の衝撃を和らげる。練習を積めば、目標とする地点に正確に着地し、次の障害物に向かって即座に走り始めることができる。

エクストリームクライミング

競技の概略

ふだんからクライミングをしている人でもとても無理だと思うような、岩や氷の絶壁に挑戦する。人工登攀（エイドクライミング）とフリークライミングに分けられる。人工登攀は、体を支える道具を使うが、フリークライミングでは、自然物だけが手がかり足がかり。命綱はどちらでも使われるが、フリーソロでは、専用のシューズと滑り止めのチョークしか使わない場合も多い。

基礎知識

→ アイスクライミングが特に盛んなのは北アメリカ。アメリカだけでも、22万人が熱心に活動している。ワールドカップは北アメリカとヨーロッパで開かれている。

→ アメリカで行われたある調査によると、エクストリーム・スポーツのなかで最も人気のあるのが、クライミング。クライマーの平均年齢は23歳ということだった。

選手の特徴
足と腕の筋力が強いこと、筋肉同士の協調がスムーズなこと、持久力があること、体が柔軟なこと、バランス感覚が優れていることが必要。垂直な壁に取りついているときでも、リラックスして自信を失わずにいることも同様に大切。

ヘルメット 落下してくる氷塊や石から頭を守る。

ウェア 軽く、体の動きを制限しないことも重要だが、厳しい山の天候から身を守るために、暖かく、防水性があることも必要。

ロープ（ザイル） ナイロン製。丈夫さと柔軟性を合わせ持つ。織維を編み上げた被覆つき。

ピッケル 氷に打ちこみ、体を支える手がかりを増やす。

アイゼン 靴の外側に取りつける、鉄の爪がついた鉄枠。氷の上で滑らないように。

カラビナ 軽くて丈夫なアルミでできている。岩や氷に打ちこんだりねじ込んだりしたハーケンと、ロープとをつなぐ。

どこを登るか

どこでも。特に地図にないようなところが望ましい。垂直の岸壁、ぼろぼろくずれる岩、オーバーハング、厳しい天候。どれも、征服したくなる新たな困難だ。難易度によってグレードが分けられている。たとえば、「ニューウェーブ」システムによれば、A6グレードは、非常に危険で、チームの誰か1人が滑落すれば、全員死亡の可能性もある登り。

裏話

人が山に登ってきた歴史は数千年。だが、有名な山の登頂記録で最も古いのは、1786年のモンブラン（フランス）だ。競技登山は、1970年代にソ連で始まった。

運営組織

アイスクライミング競技を統轄するのは国際山岳連盟（UIAA）。屋内スポーツクライミングの運営組織は、2007年に創設された国際スポーツクライミング連盟（IFSC）。

用具類

使われる用具類は、クライミングのタイプによって変わってくる。フリークライマーなら、クライミングシューズと体の動きを制限しない軽いウェアだけを身につけ、手の汗を乾かすためのチョークしか使わないかもしれない。人工登攀をするなら、ザイル、カラビナ、ハーケン、その他いろいろな用具を使う。アイスクライミングでは、登山靴の底にアイゼンを着け、ハーケンとピッケルを持つ。山中でビバークする予定なら、寝袋やダウンジャケットも必要だ。小型の野営用テントも役に立つ。

クライミングシューズ
上部は柔らかい革や人工皮革。靴底は、岩に吸いつくような感覚のゴム素材。中敷きのつま先とかかとの部分もゴムでできている。窮屈ではいけないが、足をぴったりと包み込んでくれるものがよい。

アイススクリュー
急な氷の斜面を登るときに使う氷用のハーケン。管状で、ハンドルを回し、氷にねじ込んだり、抜いたりできるようになっている。ザイルを通すためのカラビナをしっかり固定する。

しっかり包み込む 足に密着するシューズは必須。

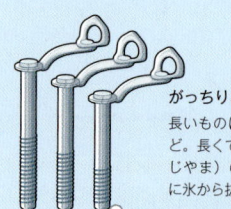

がっちりとらえる 長いものになると23cmほど。長くて太いスレッド（ねじやま）のおかげで、絶対に氷から抜けない。

基礎知識

→ 42kmのフルマラソンよりも距離の長いレースを、ウルトラマラソンという。競技人口は7万人以上。

→ 国際ウルトラランナーズ協会（IAU）が、50km、100km、24時間、48時間など、いろいろな種目の世界選手権を毎年開催している。

→ 肉体的にも精神的にも最も過酷なスポーツの1つであることは間違いない。

競技のルール

細かい規則は、大会によってそれぞれに定められている。疲労で走れなくなってしまう危険性が高いので、各選手自身が、小休止地点でさまざまなケアをしてくれるサポートスタッフを連れていくことが一般的になっている。走るときには、完全に自分の力だけで走ること。また、人工的な冷却装置を身につけて走ることは禁止。軽量のウェア、帽子、サングラスは認められている。また、改めていうまでもなく、十分な量の水を持っていくこと。ペースをつくる伴走者が認められているレースもある。道路以外の場所を走るクロスカントリーレースでは、選手全員の様子を常に監視し続けることは不可能なので、ルート上に規則的に設けられたチェックポイントを通過することが義務づけられる。

世界一周マラソン

デンマークの超長距離ランナー、イェスパー・オルセンは、2004年から05年の22カ月間をかけて、世界一周を果たした。走行距離は26000km。そのほとんどをオルセンは、食料、飲料、テントその他の装備を積み込んだベビーカーを押して走った。

どこを走るか

ウルトラマラソンは、どれだけ走れるか、単純に距離を競うレースもあれば、さらにさまざまな困難の克服を要求するレースもある。217kmを走るバッドウォーター・ウルトラマラソンのスタート地点は、カリフォルニアのデスバレー。フォーデザートマラソンの参加者は、サハラ、ゴビ、アタカマの各砂漠で行われるそれぞれ250kmのレースのうち少なくとも2つを完走しないと、最後のレースを走る権利が得られない。その場所は、なんと南極大陸だ！

競技の概略

ウルトラランニングにはさまざまなタイプがある。なかでも人気なのがウルトラマラソン。通常の42kmよりも長い距離を走る、究極の持久力を要求されるスポーツだ。ときには、想像を絶する過激なコースを走ることもある。50kmなど決められた距離を走るレースと、24時間、3日間、6日間レースのように、決められた時間を走るものがある。

ウルトラランニング

ナンバー・トリビア

23,961 人：第75回コムラッズマラソンの参加者数。ケープタウンで行われるウルトラマラソンで、最も歴史が古く、世界最大の規模を誇る。

5,022 km：世界最長のウルトラマラソンと認定された、ニューヨークのセルフトランセンデンスマラソンの距離。これまでの最短完走記録は41日間。

2,744 m：イングランドのカンブリアで行われるウォズデールフェル・レースで登る高度の総計。

サングラス 強い日差しから眼を保護するだけでなく、小石や砂粒が飛散する悪路でも役に立つ。

帽子 つば広で、うなじまで日差しから守ってくれるもの。

水筒 長距離レースで脱水症状を防ぐために不可欠。

バックパック 補給用の食料を入れる。GPSがあれば、単調な地形が続く場所でも現在地がわかる。

ゼッケン 割り当てられた番号のゼッケンを衣服につける。

ショートパンツ 足の動きを妨げないこと。同時に、できるだけ体に密着していること。ゆるいと、すれて傷ができてしまう。

レインスパッツ 靴の中に、水（汗、雨）や、跳ね上げた泥や小枝が入るのを防ぐ。

シューズ 丈夫さも大切だが、はき心地も重要。

日焼け止め 長時間強い日差しにさらされる長距離ランナー。トラブル防止のために、強力な日焼け止めをたっぷり塗る。

選手の特徴

身体的にも精神的にもスタミナが不可欠。トレーニングの時間を延ばしていき、より厳しい環境で走ることによって、心臓や筋肉の調子を整えていく。おもりをつけて走るのも、筋力アップに効果がある。何時間も何日も走れるだけの精神的なスタミナも身につけなければ、超長距離のレースで成功することはできない。

エクストリームスポーツ／ウルトラランニング　エクストリームクライミング

433

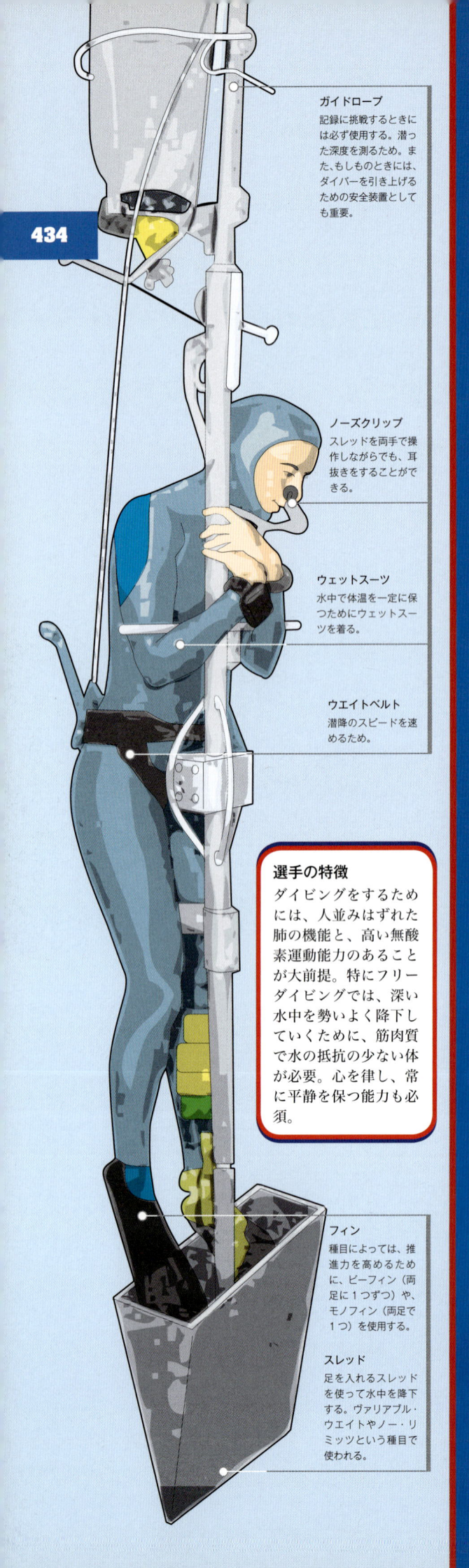

競技の概略

1回の呼吸でどれだけ潜水していられるか、深さや時間、距離を競う危険なスポーツ。海や湖でも、プールでも行われる。ダイバーは、さまざまな危険に遭遇する。新しい記録やさらに過激なパフォーマンスを追求するうちに、水中深く潜ることで意識がなくなるブラックアウトや、溺死する可能性もある。基本的に、個人がどれだけのことをやってのけられるかに挑戦するスポーツで、競技としては、記録の更新に挑んだり、他の選手とパフォーマンスを競ったりする。

フリーダイビング

潜水競技

フリーダイビングを公式に管轄する運営組織、アプネア国際振興協会（AIDA）が認定する種目のうち、最も広く行われているのが、フィンを使ったコンスタント・ウエイトだ。フィンと一定の重さのウエイトの助けを借りて潜水する。フィンを使わないコンスタントウエイトは最も難易度が高い。競技の原則は、フィンを使う場合と同じだが、泳ぎを補助する用具を一切使用しない。フリー・イマージョンは、ロープを手繰って潜水および浮上を行う種目。ヴァリアブル・ウエイトでは、スレッドを使って潜降するが、浮上は、泳ぐかロープをつたって登るか、いずれにせよ自力で水面まで戻らねばならない。ノー・リミッツ種目は、究極の潜水競技。潜降は、おもりをつけたスレッドを利用し、浮上の方法は各人に任されている。

プールで行う種目

プールで行うのは3種目。うち2つは、最低25mのプールが必要。ダイナミック・アプネアは、潜水したままできるだけ長く泳ぐ種目。フィンを使ったものと使わないもの、2つのカテゴリーがある。3つめの種目は、スタティック・アプネア。水中で息を止めていられる時間の長さを競う。

基礎知識

→ 第1回のフリーダイビング世界選手権は1996年に開かれた。参加国は、ドイツ、ベルギー、コロンビア、スペイン、フランス、イタリア。初代チャンピオンに輝いたのはイタリア。

→ ノー・リミッツ種目の現世界記録は、214mという驚異的な数字だ。オーストリアのヘルベルト・ニッチがマーク。

グラン・ブルー

1988年、フリーダイビングの世界を映像化した不朽の名作『グラン・ブルー』。実在する2人の有名なフリーダイバー、フランスのジャック・マイヨールとイタリアのエンゾ・マイオルカのライバル関係を、ドラマ仕立てに描いている。

トレーニング

水中で行うトレーニングと、陸上で行う訓練がある。陸上で行うものの1つが「無呼吸歩行」。短時間（通常1分）息を止めてじっとしてから、今度は息を止めたまま歩く。この運動によって、筋肉をアネロビック（無酸素）状態にならしていく。

裏話

競技としてのフリーダイビングを確立したのが、ジャック・マイヨールとエンゾ・マイオルカ。1960～70年代、2人はたびたび相手の記録を破り合い、このスポーツに対する人々の関心を高めた。1976年、マイヨールが初めて100m潜水を成功させる。一方マイオルカは、1960～74年の間に、13もの世界記録を打ち立てた。1983年には、マイヨールが、56歳で105mの潜水を行っている。

ガイドロープ
記録に挑戦するときには必ず使用する。潜った深度を測るため。また、もしものときには、ダイバーを引き上げるための安全装置としても重要。

ノーズクリップ
スレッドを両手で操作しながらでも、耳抜きをすることができる。

ウェットスーツ
水中で体温を一定に保つためにウェットスーツを着る。

ウエイトベルト
潜降のスピードを速めるため。

選手の特徴
ダイビングをするためには、人並みはずれた肺の機能と、高い無酸素運動能力のあることが大前提。特にフリーダイビングでは、深い水中を勢いよく降下していくために、筋肉質で水の抵抗の少ない体が必要。心を律し、常に平静を保つ能力も必須。

フィン
種目によっては、推進力を高めるために、ビーフィン（両足に1つずつ）や、モノフィン（両足で1つ）を使用する。

スレッド
足を入れるスレッドを使って水中を降下する。ヴァリアブル・ウエイトやノー・リミッツという種目で使われる。

クリフダイビング

競技の概略
世界ハイダイビング連盟（WHDF）によって、「アクロバティックな水中へのダイビングの完成形」と表現されているクリフダイビングは、断崖絶壁からジャンプし、落下しながらいくつものひねりや宙返りを組み合わせて披露する、危険な競技だ。厳密な採点基準に従って、審査員団が評価、1回1回のダイブごとに得点を出す。

競技会場
完全に垂直な絶壁と深さ最低5mの水がある場所で行われる。高さの標準は、男子が23～28m、女子が18～23m。国際的な競技会では、踏切板が崖の先端から1mつき出しているが、それ以外の大会では、崖の縁から直接跳び込む場合も少なくない。

難易度の高いコンビネーション
できるだけ多くの得点をかせぐためには、宙返りとひねりを組み合わせた難度の高いコンビネーションを披露しなければならない。高得点のダイブで重要な要素は、高さ、角度、勢い、踏切の位置。さらに、「えび型」、「かかえ型」、「スプリット」など、事前に予告した飛び込み姿勢が明確に取られたか、飛び込んだ瞬間の水しぶきが小さいか、もポイントになる。

足の位置
バランスを取るために、足が開いてしまうことがある。こうなると減点。

頭から？
標準的なダイブでは、頭から入水することはあまりない。ほとんどの場合、足先からだ。

筋力
水しぶきを小さくするためには、入水の瞬間、体が垂直に保たれなくてはならない。これには、全身、かなりの筋力が必要。

選手の特徴
勇敢なアスリート。全身をコントロールするのが非常に巧みでなければならない。空中にいるのは平均3秒。その間に複雑な運動を行うために、引き締まった筋肉質の体をしている。

基礎知識
→ WHDFの世界選手権が初めて開催されたのは、1997年のスイス。アメリカのダスティン・ウェブスターが、合計248.04ポイントで初代王者。

→ クリフダイビングで入水する瞬間のスピードは、75～100km/h。通常の高飛込みで使う10mの台から飛び込んだときの9倍の衝撃がある。

→ 1回のダイブでこれまでにマークされた最高得点は、ロシアのアルテム・シルチェンコが出した168.00ポイント。2006年に開催されたWHDFの国際大会で。難度5.6級の、後方3回宙返りえび型2回ひねり。

非の打ち所のない日
コロンビアのオルランド・デュケは、史上最もエレガントなクリフダイバーの1人といわれている。2000年、ハワイのカウノルで開かれたWHDF世界選手権で優勝したが、このときに、「完璧なダイブ」と呼ばれたダイブを行った。デュケは、後方宙返り4回ひねりを行い、7人の審判全員から10点満点を獲得する。この勝利以来、デュケは2002年まで世界選手権3連勝。これほどの偉業を成し遂げたダイバーはいまだに現れていない。

規則
標準的な大会は3ラウンド制で行われる。各選手は、1ラウンドで1回ずつダイブ。5人の審査員団がそれぞれ10点満点で採点するが、そのうち最高点と最低点は除かれる。残った3人が出した得点の合計に、ダイブによって決められた難易率を掛け合わせる。難易率は、踏切、宙返り、ひねり、空中姿勢の数、入水の5つのカテゴリーごとにあらかじめ決められた得点を合計して計算する。3ラウンド終了した段階で、合計点数の最も多い選手が優勝となる。

裏話
マウイ王国最後の王、カヘキリ（1710～94年）は、「レレ・カワ」として誉れ高い王だった。「レレ・カワ」とは、「高い崖から飛び降り、まったく水しぶきを立てずに足から入水する」という意味だ。その子供たちの世代になると、ハワイの人々は、「レレ・カワ」をスポーツとして行うようになる。ジャンプのスタイルと水しぶきの量で判定する競技だ。

WHDF
WHDFは、1996年創設。本部はスイスのアヴェーニョ。現在、クリフダイビングの公式な国際的運営組織となっている。

エクストリームスポーツ

フリーダイビング／クリフダイビング

435

フリーライド MTB

基礎知識

→ この競技の規格標準となっている大会がレッドブル・ランページ。2001年から12年までの間に6回、アメリカのユタ州バージンで開催されている。

→ 2004年、6000人以上の人が、カリフォルニアのデーナパークで開かれた、モンスターパーク・スロープスタイルフリーライドを観戦した。

競技の概略

フリーライドMTBでは、さまざまなライディングスタイルを披露する。スタイルはさまざまだが、1つのテーマですべて統一されている。限界を超えたライディング、というテーマだ。サスペンションの数を増やし、性能を上げて、より長く、より速いダウンヒル、さらに大きなジャンプ、これまでの限界を超えるライン取りが可能になった。

フリーライド用のマウンテンバイク
フルサスペンションバイクは、高速走行中の衝撃を大部分吸収してくれるので、大きな障害物も小さな障害物も自在に越えていくことが可能。

戦闘服
指先まであるグローブをはめ、保護用パッドの入ったウェアを着る。特に、膝とひじは厳重に保護されている。だが、これは、けがを軽くするだけで、完全に防ぐことはできない。

アルミフレーム
決して軽い自転車ではない。通常は14～20kgの重さがある。

フラットペダル
丈夫で軽量な合金製のペダルで、しっかり足を踏ん張ることができる。

トラベルの長いサスペンション
フロント、リア、ともにトラベルは23cm前後。

タフなタイヤ
非常に強い圧力がかかっても耐えられるように設計されている。接地面（トレッド）は、ホイールが相当傾いても大丈夫なようになっている。

完全防備
落車の際、顔と頭を守るために、フルフェースのヘルメットは必需品。

変速機
通常のマウンテンバイクの27枚に対して、フリーライド用バイクのほとんどは、ギアが9枚しかない。

ビッグエアをメイクしろ

自由にジャンプやトリックを入れながら、野山や都会のコースを走る。そのため、型にはまった競技会を行うのがかなり難しいスポーツだ。メジャーな大会は、世界レベルの招待選手だけが参加し、賞金をかけて戦うものばかり。審査員が、難度、スピード、流れるようなスムーズさ、トリック、スタイルをそれぞれ評価して得点を与える。そのような大会の1つが、自然のままの地形を活かしたコースに木製のジャンプ台などを配したレッドブル・ランページ。街中に作られた人工のコースを使って行われる大会も、人気が高まっている。

ノースショアを究める

フリーライドから生まれ、最近急速に発展してきたのがノースショア・スタイル。誕生の地であるカナダ、バンクーバーの地区の名前にちなんで名づけられた。もともとは、植物の生い茂る森林を歩きやすくするために設けられた木道を渡る競技だったが、現在は、「スキニー（やせっぽち）」と呼ばれる狭い板や、木の幹を渡ったり、ジャンプや急降下、巨大なシーソーを越えたりする競技に発展してきた。本家のフリーライドでも、木製の障害物が増えるなど、このノースショア・スタイルの影響が見て取れる。

選手の特徴
上半身、下半身ともに強い筋力、高い心肺機能が必要。また、高度な自転車操作のテクニックも要求される。具体的には、バランスの取り方、ジャンプのテクニック、ライン取りのうまさ、タイミングのはかり方。競技に参加するには、自転車を常に思うがままに扱う能力も重要だ。

360度ダウンヒルジャンプ
9mもあるほぼ垂直の崖をただ飛び降りるだけでは飽き足らず、トップクラスのフリーライダーたちは、同時に空中で離れ業をやって、無事に着地してのける。

アプローチ
ジャンプの体勢に入るとき、ブレーキをかけ、後輪をぐるりと回す。

回転
岩の縁を越えて跳び上がったときには、自転車がすでに回転を始めている。空中にいる間中、回転は続く。

制御
降下しながらも、回転する自転車のコントロールを失ってはいけない。

後輪で着地
体重はずっと後ろにかけておく。これで、後輪から先に着地できる。フロントとリアのサスペンションが衝撃を吸収してくれる。

基礎知識

→ ランドヨットのレースが盛んなのは、ヨーロッパと北アメリカ。2010年、ベルギーのデパンネで開かれた世界選手権で表彰式を席巻したのはフランス。6つあるカテゴリーのうち、3つで優勝した。

→ 運営組織の国際ランド＆サンドヨット連盟（FISLY）が2年に1度、世界選手権を主催している。

ビーチでのルール

他のランドヨットと接触したり、進路を妨害したりすることは禁止。違う方向から来たヨットが接近した場合、右側のヨットに先行権がある。左のヨットはスピードを落とすか、脇によけなければならない。後ろから追いついた場合、無理やり遅いヨットに道を空けさせることはできないが、追いつかれたヨットが、速いほうのヨットの進行方向をふさぐような動きをすることは許されない。

スタートフラッグ
スタートラインのそばで、赤い無地の旗が振り下ろされると、スタートの合図。

コーナーフラッグ
コース上、コーナーにはこの旗が設置されている。

フィニッシュフラッグ
最初のヨットがフィニッシュラインを越えると、チェッカーフラッグが上げられる。

どんな地形でレースをするか

レースが順調に行われるために必要なものは2つ。比較的平坦な広い空き地と風だ。この2つの条件さえ整えば、どこでもレースは可能。ビーチ、プラヤ（塩水湖の水が蒸発してできた平地）、凍結した湖（車輪の代わりにスケートをつける）、人工のレースコース、いずれもOKだ。よく知られているのは、デパンネ（ベルギー）、ルトゥケ（フランス）、テルスヘリング（オランダ）のビーチ、ネバダ州イヴァンパ・プラヤ（アメリカ）。通常は周回コースで、コーナーフラッグで、コースの境界が示される。コーナーフラッグの間隔は少なくとも2km。障害物には、標識を立てて注意を促す。

競技の概略

風力で推進する3輪の乗りものを操って、広々とした平地を走り回る。パイロットは横たわった状態で、ペダルやレバーを操作し、方向を変える。熟練したパイロットなら、セールの角度を調節することで、吹いている風の数倍の速度を出すことが可能。ブレーキはついていないので、停止するときも風を利用する。ヨットがひっくり返ることも多く、危険をともなうスポーツといえる。

ランドセーリング

アヒル？ のように速く

アメリカ人パイロット、ボブ・シューマッハは、1999年、アメリカのイヴァンパ・プラヤで、最高速度187.7km/hという記録を出した。ヨットの名前は、とても速そうには思えない「鉄のアヒル」号。陸上を風力で走る乗りものの速度としては世界記録だったが、2009年3月26日に、リチャード・ジェンキンスが、「グリーンバード」号で202.9km/hを出して、この記録を破った。

ヨットのクラス分け

レース用のヨットには、いくつか異なるクラスがある。例を挙げると、

クラス2：最も大型で、パワーも大きいクラス。車体はグラスファイバー、鳥の翼型のマストは高さ8m。後輪の車軸は木製。スピードは必ずしも速くない。ヨーロッパでよく使われている。

クラス3：クラス2のヨットと外観は似ているが、小型。最も一般的で、スピードは110km/h以上出る。

クラス5：さらに小型のクラス。シャーシは鉄やアルミのパイプ製。パイロットは、船体の中にいるのではなく、シャーシにつり下げられたグラスファイバーのシートに横になる。

スタンダード：クラス5と似ているが、1つだけ重要な違いがある。どのヨットもまったく同じ形をしているのだ。それぞれのパイロットがメカニカルなアドバンテージを利用できないようにすることで、ヨットの性能ではなく、パイロット自身の技量を競うことができる。

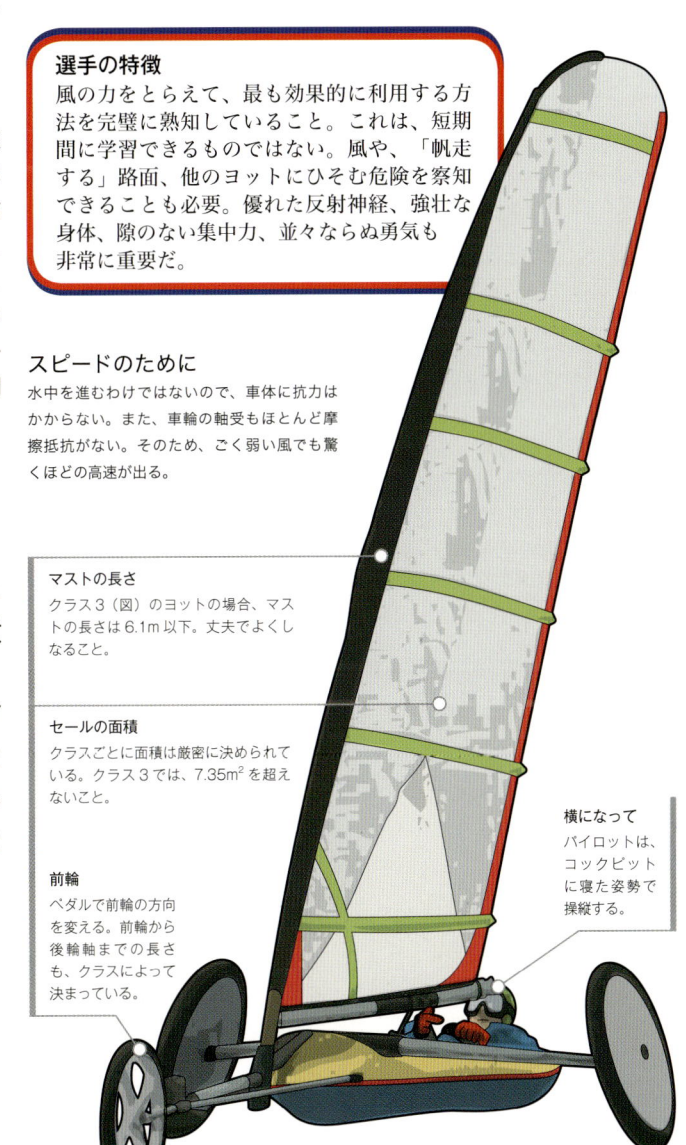

選手の特徴

風の力をとらえて、最も効果的に利用する方法を完璧に熟知していること。これは、短期間に学習できるものではない。風や、「帆走する」路面、他のヨットにひそむ危険を察知できることも必要。優れた反射神経、強壮な身体、隙のない集中力、並々ならぬ勇気も非常に重要だ。

スピードのために

水中を進むわけではないので、車体に抗力はかからない。また、車輪の軸受もほとんど摩擦抵抗がない。そのため、ごく弱い風でも驚くほどの高速が出る。

マストの長さ
クラス3（図）のヨットの場合、マストの長さは6.1m以下。丈夫でよくしなること。

セールの面積
クラスごとに面積は厳密に決まっている。クラス3では、7.35m²を超えないこと。

前輪
ペダルで前輪の方向を変える。前輪から後輪軸までの長さも、クラスによって決まっている。

横になって
パイロットは、コックピットに寝た姿勢で操縦する。

ラフティング

競技の概略

ラフトで激流を下る。危険をはらんでいるけれども、心躍るスポーツだ。レクリエーションとしても、競技としても楽しまれている。数人のチームを組み、パドルやオールを使って、空気でふくらませたラフトを操り、流れの激しい川を進む。世界各地に同好会やツアー会社が存在し、あらゆる年齢層の冒険好きな人々に、山奥の川の奔流に挑戦し、早瀬を乗り切るという、そこでしか味わえない機会を安全に体験させてくれる。経験を積めば、国内や、大陸、また世界ラフティング選手権といった国際レベルの大会で戦うことも可能だ。

ラフトの種類

急流でラフトを操りたいという場合、最も一般的なのがパドル式のラフト。オール式のラフトは、パドルよりも長いオールを使って急流を下る。船体も大きくて重いのが普通。安定性もある。その他、平底舟を2つ平行に並べて、金属の枠でつないだ、2人乗りのカタラフトというボートもある。

世界選手権

国際ラフティング連盟（IRF）が、隔年で、男女それぞれの世界ラフティング選手権を開催している。6人1チームで、各種目でポイントをかせぎ、総合優勝を決める。スプリントは、流れの激しい川を全速力で下る種目。スラロームでは、上りまたは下りで12の関門を通過。最後のダウンリバーは、1時間近く川下りをして速度を競う。

基礎知識

- ラフティング人気が高まったのは1970年代。1972年のミュンヘン・オリンピックで、カヌーのスラロームが正式種目になったのがきっかけ。
- 2011年の世界ラフティング選手権では、日本が男子団体総合優勝を果たした。女子の優勝はチェコ共和国。

激流のランク

流れの強さによって難易度を分類する国際基準がある。グレード1は、波のない静かな流れ。最も激しいのがグレード6。このレベルの流れに対応できるのは、ベテランのチームのみ。グレード2は、グレード1よりも少し荒く、グレード3では、いくらか波立つ。グレード4はかなりの激流。グレード5は、水中の障害物や思いがけない危険があるので初心者向きではない。

パックラフト

折りたたみ式のパドルがついた超軽量のパックラフトは、担いで長時間原野をトレッキングし、川や湖を渡るために必要になったら、空気でふくらませて使用する。

ラフティング用のウェア

保護用のヘルメット、ウェットスーツ、救命胴衣、しっかりと足を守ってくれる靴下、シューズ。

乗り組む人数

ラフトの大きさによって、4人から12人。

流れに沿って

ラフトを、水の流れの向きと常に同じ向きに保つ。うっかりぶれてしまわないように、クルーは注意を払う。

ラフトの構造

素材は、ゴムまたはビニール繊維。強く弾力性がある。完全に独立した房室が何層にも重なっている。

ラフトの大きさ

空気でふくらますタイプの標準的なパドルラフトは、長さ3.6～4.3m、幅1.8～2.4m。

ラフトのコントロール

クルー全員で協力してラフトを制御する。パドルを使うタイミングをそろえ、体を一斉に傾ける。

選手の特徴

姿勢をめまぐるしく変え、激しい水の流れや水中の障害物によってラフトが左右に揺れたり急旋回したりするのに対応するために、強健な身体と、明晰な頭脳が必要。

オープンウォータースイミング

エクストリームスポーツ
ラフティング／オープンウォータースイミング

基礎知識
- トライアスロンでは、海や湖で1.5kmのスイムを行う。
- 2008年の北京オリンピックで初めて、10kmのオープンウォータースイミングが行われた。
- 2012年のロンドン・オリンピック女子10kmでは、1位リストフ・エヴァと2位のヘイリー・アンダーソンとのタイム差は1秒に満たなかった。

ナンバー・トリビア

5 大洋：この競技のパイオニア、イギリスのルイス・ゴードン・ピューがオープンウォータースイミングを行った大洋の数（大西洋、北極海、インド洋、太平洋、南極海）。5大洋制覇は、彼が初めて。

66 日間：スロベニアのマルティン・ストレルが2007年に、アマゾン川を泳いで下った日数。ペルーのアタラヤからブラジルの大都市ベレンまで。5268kmという距離の新記録を打ち立てた。

1,307 人：2013年3月現在までにイギリス海峡単独横断泳を成功させた人の数。単独横断泳にかかる時間は平均するとおよそ13時間だ。最も狭いところで35kmあるイギリス海峡は、潮の流れ、風、航行する船の多さから、「オープンウォータースイミング界のエベレスト」と呼ばれている。

42 人：2007年にメルボルンで行われたFINA世界選手権、女子10kmに参加した選手の数。出身国は25カ国。

耐久レース
オープンウォータースイミングには、さまざまな距離の競技がある。よく行われるのが、5km、10km、25km。他にも、一定時間（多くは1時間以上）にどれだけ泳げるかを競うものもある。FINAが、男女の世界選手権、世界オープンウォーター選手権、10kmのレースを連戦するマラソン・ワールドカップを主催している。自然の中で行われるレースでは、選手一人ひとりに安全のための伴走用ボートがつく。この船には、審判の他に、チームのメンバーが乗り込んでアドバイスを与え、選手の体調を観察する。

競技の概略
川、湖、海など自然の中、あるいはプールやその他人工の水路で、長距離のレースに自由形で挑む。地方大会、全国大会、あるいは、年に2回行われている世界選手権などの国際的な選手権で競い合う。イギリス海峡や北米の五大湖、ノルウェーのフィヨルドなどを泳いで渡る、といった自分自身に対する挑戦もある。

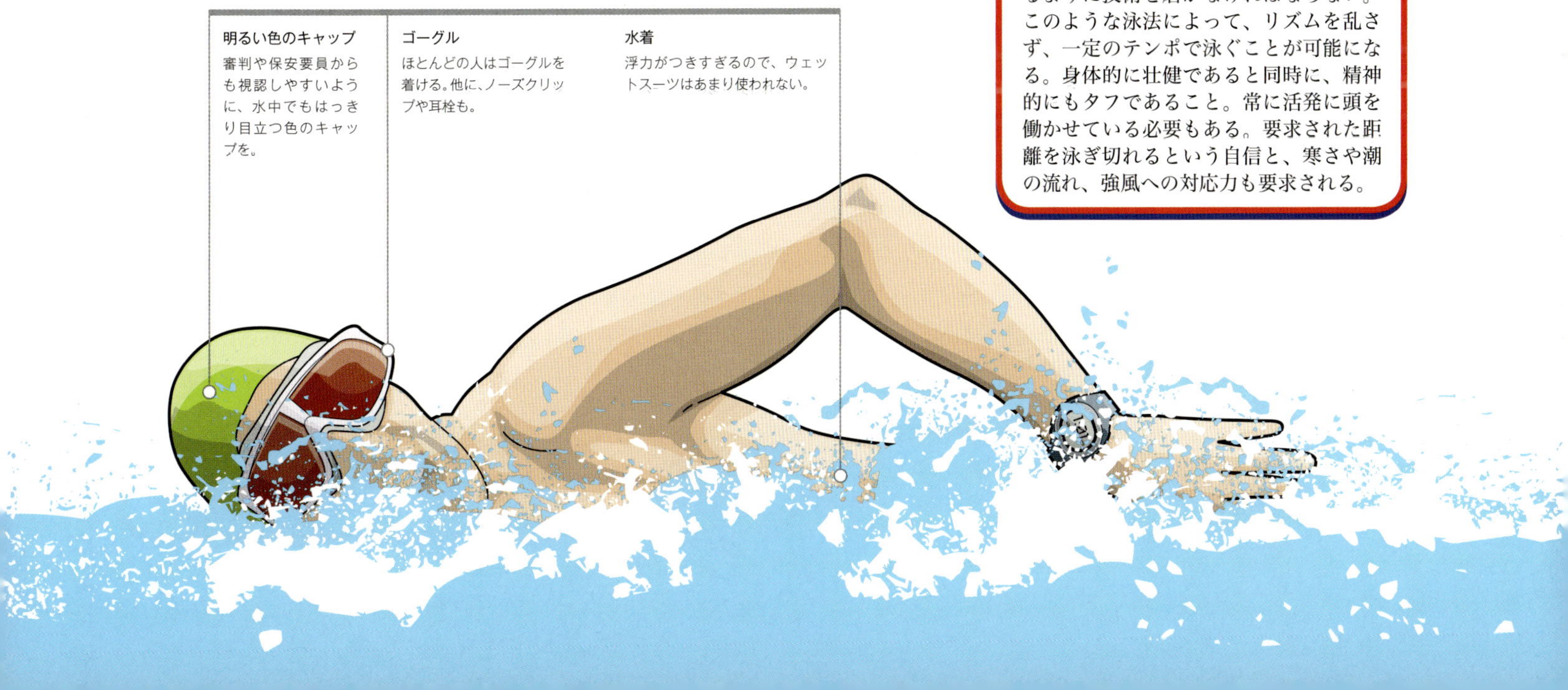

自然の中で
多くの人が、オーストラリアのパースで行われる20kmのロットネスト海峡スイム、オランダの運河を泳ぐレースなど、自然の中で行われるレースに参加する。あるいは、海や川で歴史に名を残す偉業にチャレンジする人もいる。たとえば、アメリカ人のリン・コックスは、氷の浮かぶ南極海で、危険を顧みずに2kmも泳いでいる。

アルカトラズからの脱出
アルカトラズ島からサンフランシスコの海岸まで泳いで渡ろう、というオープンウォータースイミングの大会がよく行われている。参加者のなかには完泳100回以上という強者もいる。

選手の特徴
長い距離を泳ぐためには、なめらかで力強く、ゆったりとしたストロークができるように技術を磨かなければならない。このような泳法によって、リズムを乱さず、一定のテンポで泳ぐことが可能になる。身体的に壮健であると同時に、精神的にもタフであること。常に活発に頭を働かせている必要もある。要求された距離を泳ぎ切れるという自信と、寒さや潮の流れ、強風への対応力も要求される。

明るい色のキャップ
審判や保安要員からも視認しやすいように、水中でもはっきり目立つ色のキャップを。

ゴーグル
ほとんどの人はゴーグルを着ける。他に、ノーズクリップや耳栓も。

水着
浮力がつきすぎるので、ウェットスーツはあまり使われない。

ハンググライダー

基礎知識

- 1890年代、ドイツのオットー・リリエンタールが、ハンググライダーの原型となる滑空機を開発して飛んだ。
- 1963年、オーストラリアの電気技師、ジョン・ディケンソンが、持ち運び可能で、操縦できるグライダーを製作。その年のうちに、ロッド・フラーが観客の前で、モーターボートに牽引され、その機体で飛んでみせた。ハンググライダー人気は、ここから始まる。
- FAIは、ワールド・パイロット・ランキング・スキーム（WPRS）をまとめ、ハンググライダーのパイロットが、出場した大会で、カテゴリーごとにポイントを獲得できるようにした。競技会のカテゴリーは、クラス1、クラス2、クラス5にわかれている。

競技の概略

動力は空気の動きによるもののみ。パイロットを乗せたハンググライダーは、鷲のように空高く舞い上がる。純粋に楽しみのためだけに飛ぶパイロット。クロスカントリーレースや、アクロバティックな技術を競う競技会に参加するパイロット。いずれも、どんどん進化し続けるグライダーを駆って、より遠く、より高い空をめざす。

破れないセール
強化ポリエステルのマイラーなどを織った、破れない布が使われる。

揚力
飛行機の翼と同じように、空中を前に進むと揚力が発生する形状の翼。

翼は1つ

ハンググライダーには、アルミの骨組みに布製のセールを張った三角形の翼が1つ。枠は、カーボンファイバーで補強されているものもある。翼の重心点から下がった布製のハーネスが、体をくるむようにして、パイロットの全体重を支える。パイロットは、体重をかける位置を自由に変え、グライダーの進路を決める。

翼の骨組み
軽くて強いアルミ製。

コントロールバー
翼につけられたコントロールバーを使って操縦する。

横になって
ハーネスにつながれたパイロットは、うつぶせに寝た姿勢になる。体を、前後に動かしたり、左右に傾けたりすることによって、進む方向を変えることができる。

ナンバー・トリビア

2〜9 m：離陸および着陸に最適な風速。

16〜90 歳：ハンググライダーを習っている人の年齢層。アメリカでは、約10〜15％が女性。

86 カ国：ハンググライダーの競技運営組織であるFAIに登録している「アクティヴ・メンバー」の国の数。

裏話

世界各国で、国内大会、国際大会が定期的に開催されている。競技会は、3つのクラスで行われる。それぞれ個人戦、団体戦がある。直線飛行で世界最長記録を持っているのは、ダスティン・B・マーティン。2012年に761km飛んだ。

離陸と着陸

普通は立った姿勢から離陸する。グライダーを肩に担ぎ、斜面を駆け下りる。十分な速度に達すると、グライダーが舞い上がる。ボートやトラック、超軽量飛行機に牽引してもらう、あるいは、固定されたウィンチで引っぱってもらって、という方法もある。上空には、地上で暖められた上昇気流や、山や崖にぶつかった空気が上昇してできる斜面上昇風と呼ばれる空気のかたまりが存在している。離陸後は、体重をかける位置を動かしてグライダーの向きを操作し、次々とやってくるそのような空気のかたまりを通りぬけていく。着陸するときは、グライダーを着地点に向け、翼を上向きにして旋回し、減速して、足から着地する。

風に敏感

多くのパイロットが欠かさず持っているのが、バリオメーター（昇降計）。垂直方向の風のスピードをかなり精密に測ることができる。高度を示したり、また、上昇、下降の速度を測定し、パイロットが上昇気流や斜面上昇風の状態を正確に判断できるようにする。GPS内蔵なら、競技中も、現在地を正確に追うことが可能だ。

基礎知識

→ パラグライダーという言葉が誕生したのは1985年。

→ 1987年、パラグライダーの世界選手権が、スイスのヴェルビエで、初めて正式に開催された。

ひとりでにふくらむキャノピー

キャノピー（パラグライダーの翼）は、空気をとらえてひとりでにふくらむように設計されている。細長い袋状の「セル」が一列に並び、その前部には開口部（エアインテーク）がある。後ろは閉じている。風が弱いときは、キャノピーを引っぱりながら走ると、エアインテークから空気が入ってくる。風が強ければ、キャノピーを凧のように風に向けて調節しながら、空気を入れる。

競技の概略

スポーツとしてのパラグライダーは、何時間も空中を飛び、野山を越えて激しくレースをするか、アクロバティックな演技を行う。いくつか違いもある。パラグライダーのパイロットは、キャノピーの下に座った姿勢でぶら下がっている。キャノピーは空気圧でふくらみ、ラインでコントロールする。ハンググライダーよりも軽く、持ち運びも楽なうえ、組み立てるのも簡単だ。ただし、速度は遅く、操作の自由もあまり効かない。

パラグライダー

パラホーキング

ネパールのパラグライダーパイロットたちが考案したパラホーキング。飛んでいる凧や鷲、ハゲタカとあたかもペアを組んでいるようにからみながら、驚くべき曲技飛行を披露する。

大空へ

上昇気流や斜面上昇風といった空気の流れに乗って、軽々と空高く舞い上がる。ベテランのパイロットなら、平均3時間はずっと空の上だ。高度は3000m以上に達する。飛行時間の最長記録は11時間。距離の記録は503km。

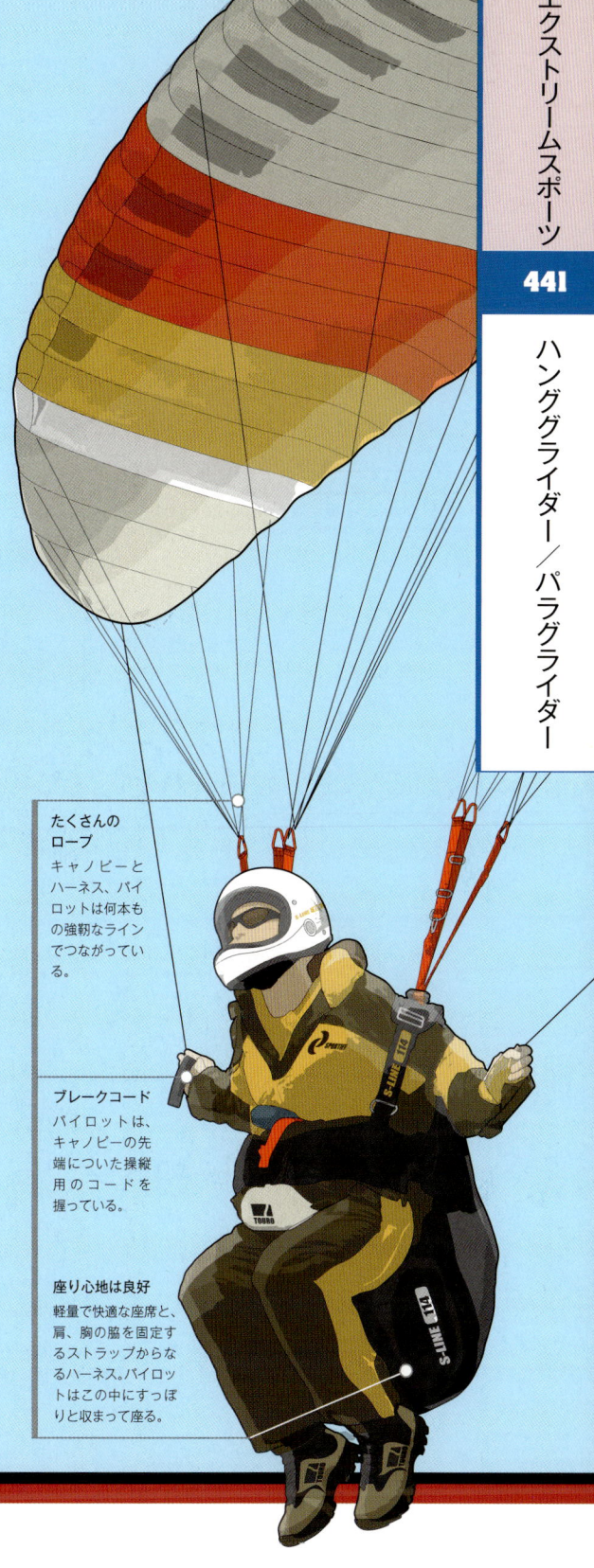

たくさんのロープ
キャノピーとハーネス、パイロットは何本もの強靭なラインでつながっている。

ブレークコード
パイロットは、キャノピーの先端についた操縦用のコードを握っている。

座り心地は良好
軽量で快適な座席と、肩、胸の脇を固定するストラップからなるハーネス。パイロットはこの中にすっぽりと収まって座る。

エクストリームスポーツ

441

ハンググライダー／パラグライダー

高度を維持
空気の流れに乗って、パラグライダーも上昇する。

上昇気流
盛り上がった地面に近づくにつれて、空気は上昇する。

斜面上昇風
一定方向に吹いている風が、山などの傾斜した地面にぶつかると、風は上向きに変わる。ハンググライダーやパラグライダーは、この幅の狭い帯状の気流に乗ることで、長時間空中にとどまっていられる。

尾根に向けて
パラグライダーは、尾根の方に向きを変える。

裏話

ハンググライダー同様、国内大会、国際大会が世界中で行われている。クロスカントリー個人、クロスカントリー団体、アキュラシー、エアロバティックといった種目がある。それぞれ、ＦＡＩが制定したワールド・パイロット・ランキング・スキーム（WPRS）に基づいている。第11回ＦＡＩ世界選手権は、2009年、メキシコのエルペニョンで開かれた。スイスのアンディ・エイビがクロスカントリーで総合優勝。女子クロスカントリーで優勝したのは、フランスのエリザ・ウドリ。2004年には、初のＦＡＩアジア・パラグライダー選手権が、韓国河東(ハドン)で開かれた。

競技の概略

飛行機などから、はるか上空の薄い空気の中に飛び込む。しばらくの間自由落下、それからパラシュートを開いて、安全な速度まで減速し、ドロップゾーン（降下目標地点）に着地する。レクリエーションとして楽しまれることが多いスポーツだが、経験豊かなスカイダイバーたちは、競技会に参加したり、フリースタイル、フォーメーション、スカイサーフィン、ブレードランニング、フリーフライなどの応用形のスカイダイビングを楽しんだりしている。

スカイダイビング

基礎知識

- ドロップゾーンは、世界中に1000カ所以上。そのうち500カ所以上がヨーロッパ各地にある。
- ヘリコプターや熱気球から飛び降りるスカイダイビングもある。
- メインパラシュートがうまく開かなかった場合は、それを放棄し、予備のパラシュートを開く。

ハーネス
メインと予備、2つのパラシュートを束ねてしまってあるハーネス。リグとも呼ばれる。ストラップで体に装着。

ワンピース型のジャンプスーツ
ハーネスを背負う面ででこぼこしないように。また、保温という目的もある。

頭部の保護
頭を守るヘルメットと、眼を守るゴーグル。

丈夫なシューズ
着地の際にしっかり足をサポートする丈夫なシューズをはく。ただし、空力を損なわないように、軽いもの。

高度計
基本的には地上からの距離を表示する高度計。ストラップの胸の部分や手首に着けられるようになっている。音声信号が出るものは耳の脇に着ける。

ダイビング

通常は飛行機から飛び降りる。天候は快晴であること。小さな飛行場から飛びたち、高度4000m前後で、飛行機からジャンプする。しばらくの間は、そのまま自由落下。「腹ばい」姿勢で降下することが多い。また、宙返りやひねりといったアクロバティックな動作を入れることもある。最後に、高度760mぐらいで全開になるタイミングで、パラシュートを開く。着地は、あらかじめ決められた場所へ。

パラシュート

自由落下の速度は、190km/h以上になる。スカイダイビングで使用されるパラシュートは、そのような状況でもきちんと開くように設計されている。通常は、自力でふくらむラムエア式の翼型パラシュートだ。方向を変えるためのコードがあり、スカイダイバーはこれを操作して、安全に降下、着地を行う。

翼の形状
パラシュートのキャノピーは、飛行機の翼のように空力性能の優れた形。

飛行管制
ドロップゾーンに着地するために、パラシュートを操縦する。

フォーメーションスカイダイビング

自由落下中、スカイダイバー同士が編隊を組んでパフォーマンスをすることもできる。リラティブワークともいわれる。時には何百人ものダイバーが瞬く間に空中で集合し、さまざまなパターンをつくり出す。このパターンは、初めに、地上で入念に練習しておく。キャノピーフォーメーションという種目もある。ジャンプ直後にキャノピーを開いてから集まって、複葉機型や、ダイヤモンド型といった隊形をつくる。

相手を捕まえる
フォーメーションスカイダイビングで使用するジャンプスーツには、腕と足に手がかりがついている。

正しい角度で
チームメイトとの相対的な位置関係を覚えておく。

空中で集合
フォーメーションスカイダイビングでは、空中で集まって、あらかじめ打ち合わせておいた隊形をつくる。それぞれ、自分がどの角度から侵入すればよいか、隣のチームメイトのどこを捕まえればよいか、次の段階に移行するときにどんな合図をするか、を把握しておく。

裏話

世界レベル、地域レベル、国レベルの大会が、いくつかの種目で行われている。フリースタイル、スカイサーフィン、フリーフライといった芸術系の種目から、キャノピーフォーメーション、アキュラシーランディング、フォーメーションスカイダイビングなどまで。それぞれ、通常、男子、女子、団体、ジュニアにカテゴリー分けされている。

国際パラシューティング委員会（IPC）

スカイダイビングを始め、パラシュートを使うスポーツを統轄する運営組織は、IPC。これはFAIが競技ごとに運営している委員会の1つ。国際レベルの選手権の主催と、世界記録の認定は、IPCの業務。

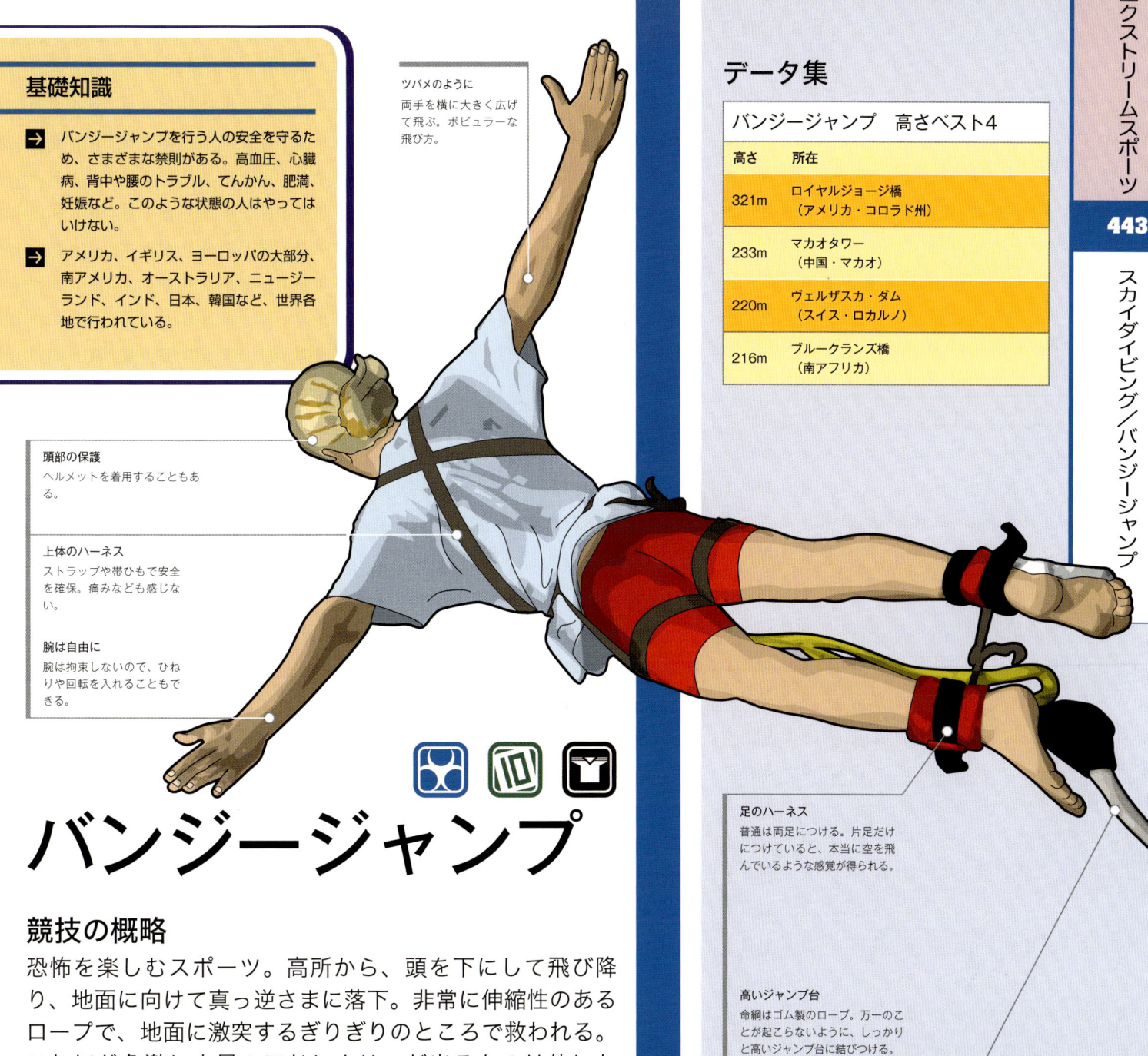

基礎知識

→ バンジージャンプを行う人の安全を守るため、さまざまな禁則がある。高血圧、心臓病、背中や腰のトラブル、てんかん、肥満、妊娠など。このような状態の人はやってはいけない。

→ アメリカ、イギリス、ヨーロッパの大部分、南アメリカ、オーストラリア、ニュージーランド、インド、日本、韓国など、世界各地で行われている。

ツバメのように
両手を横に大きく広げて飛ぶ。ポピュラーな飛び方。

頭部の保護
ヘルメットを着用することもある。

上体のハーネス
ストラップや帯ひもで安全を確保。痛みなども感じない。

腕は自由に
腕は拘束しないので、ひねりや回転を入れることもできる。

バンジージャンプ

競技の概略

恐怖を楽しむスポーツ。高所から、頭を下にして飛び降り、地面に向けて真っ逆さまに落下。非常に伸縮性のあるロープで、地面に激突するぎりぎりのところで救われる。これほど急激に大量のアドレナリンが出るものは他にない、と多くの人はいう。基本的に娯楽として行われるスポーツ。

高いところから

橋、熱気球、クレーン、塔など、さまざまな高所から、向こう見ずなダイブを試みる人がいる。特に有名なのは、南アフリカのブルークランズ橋、スイスのヴェルザスカ・ダム、ニュージーランドのカワラウ橋。バンジージャンプを体験させてくれる業者のなかには、クレーン車を使うところも多い。

飛び込め

危険をはらんだこのスポーツを安全に行うためには、絶対に信頼できるゴム製のロープが必須。ラテックスのゴム紐を何本も束ねたロープを使う。ジャンプをする人は、正確に体重を量り、ハーネスを着けて、ジャンプ台に向かう。ジャンプ自体は数秒間。何回かはね返る。ロープが重力の大半を吸収してくれるので、体に激しい衝撃を受けることなく、徐々にスピードダウンしていく。

データ集

バンジージャンプ　高さベスト4

高さ	所在
321m	ロイヤルジョージ橋（アメリカ・コロラド州）
233m	マカオタワー（中国・マカオ）
220m	ヴェルザスカ・ダム（スイス・ロカルノ）
216m	ブルークランズ橋（南アフリカ）

足のハーネス
普通は両足につける。片足だけにつけていると、本当に空を飛んでいるような感覚が得られる。

高いジャンプ台
命綱はゴム製のロープ。万一のことが起こらないように、しっかりと高いジャンプ台に結びつける。

裏話

太平洋の島国ヴァヌアツのペンテコスト島で行われるランドダイブからヒントを得た、オックスフォードに拠点を置くデンジャラススポーツクラブの4人組が、1979年、足首にゴムのロープを縛りつけて、ブリストルのクリフトン吊橋から飛び降りた。近代バンジージャンプの幕開け。

安全のために

世界中に点在するバンジージャンプクラブ。多くは、たいへん優秀な無事故記録を保持している。ジャンパーを守るために、何重にも安全を保証するフェイルセーフシステムを取り入れているからだ。なかには、国がバンジージャンプに規制をかけている場合もある。たとえば、イギリスでは、各クラブが、安全性を向上させ、トレーニングや免許の授与を行う組織、全英ゴムロープスポーツ連盟（BERSA）に加盟している。

エクストリームスポーツ

スカイダイビング／バンジージャンプ

索引

数字・アルファベット

10m エアピストル 347
10mエアライフル 351-52
100m走 15, 17-18, 22, 30-32, 36, 38, 48-51, 60, 72-73
100mハードル 48-49, 54-55, 72-73
110mハードル 12, 48, 54-55, 72-73
1500m走 15, 29-30, 32, 35, 49, 56-57, 72-73
10000m走 14-15, 19, 21, 26, 35, 49, 58-59
20km競歩 49, 74
25m ピストル 347
25mラピッドファイア 346-47
200m 障害物競泳 242
200m走 15, 17, 22, 30-31, 33-34, 36, 38, 48-51, 60, 72-73
300mハードル 54
3000m競歩 14
3000m障害 15, 35-36, 48-49, 57
4×100mリレー 17-18, 22, 30, 36, 38, 49, 52-53
4×1600mリレー 52
4×200mリレー（陸上競技） 52
4×400mリレー 49, 52-53
4×800mリレー 52
4X →フォアクロス
4ダウン 114, 116-17, 119
49er級 256, 261
400m走 18, 33-34, 39, 49-51, 72-73
400mハードル 27, 30, 49, 54-55
400m平泳ぎ 14
470級 256
50m ピストル 346-47
50mライフル三姿勢 351, 353
50m ライフル伏射 351, 353
50km競歩 49, 74
5000m走 14-15, 19, 21, 35, 48-49, 58-59
6 日間レース 359, 361
60m走 48, 50-51
60mハードル 54
7m スローコンテスト 173
7人制ラグビー（セブンズ） 39, 126-27
80mハードル 16, 18
800m走 29, 49, 56-57, 72-73
880ヤード競歩 13
A・ネイスミス、ジェームズ 108, 110, 113
AFL（オーストラリアン・フットボール・リーグ） 132-33, 135
AIBA（国際ボクシング協会） 211
APBA（全米パワーボート協会） 401
ASP（国際プロサーフィン団体） 284-85
ATP（男子プロテニス協会） 187
ATP チャレンジャー・ツアー 183
ATV →オールテレイン・ビークル（ATV）
BDO（英国ダーツ協会） 343
BERSA（全英ゴムロープスポーツ連盟） 443
BMX 36, 356-57, 361, 369
BriSCA（全英ストックカー協会） 387
BTBA（全英テンピンボウリング協会） 333
BTCC →イギリス・ツーリングカー選手権
BTRC →イギリス・トラックレース選手権
BWF（世界バドミントン連盟） 194
CCI（国際総合馬術大会） 413
CFL（カナディアン・フットボール・リーグ） 119
CIK（国際カート委員会） 386
CIPS（国際スポーツフィッシング連合） 427
CMAS（世界水中連盟） 253
DH（指名打者） 145
DH（マウンテンバイク） →ダウンヒル（マウンテンバイク）
DTM →ドイツ・ツーリングカー選手権
ETRC →ヨーロピアン・トラックレース選手権
F1 →フォーミュラ1
F1（パワーボートレース） 398-401
FAIアジア・パラグライダー選手権 441
FAI世界選手権 441
FEI（国際馬術連盟） 412-13, 415
FIA（国際自動車連盟） 376, 383, 385-86, 388-89, 391
FIA世界モータースポーツ評議会 391
FIAS（国際アマチュアサンボ連盟） 238
FIB（国際バンディ連盟） 157
FIBA（国際バスケットボール連盟） 109, 113
FIBA女子世界選手権 113
FIBA男子世界選手権 113
FIBT（国際ボブスレー・トボガニング連盟） 309, 311
FIE（国際フェンシング連盟） 214-15
FIFA（国際サッカー連盟） 100, 105, 107
FIFAワールドカップ 107
FIG（国際体操連盟） 81, 84-86, 90-91, 93, 95
FIH（国際ホッケー連盟） 161
FIK（国際剣道連盟） 239
FIL（国際リュージュ連盟） 310
FILA（国際レスリング連盟） 223
FIM（国際モーターサイクリズム連盟） 394, 396-97
FINA（国際水泳連盟） 243-46, 251, 439
FIP（国際ポロ連盟） 416, 419
FIPS-M 427
FIRS（国際ローラースポーツ連盟） 369, 371
FIS（国際スキー連盟） 293, 297, 301
FISA（国際ボート連盟） 262-65, 267
FISLY（国際ランド＆サンドヨット連盟） 437
FIVB（国際バレーボール連盟） 164, 166
FMX →フリースタイル（オフロードバイクレース）
GAA（ゲーリック体育協会） 149, 175
GP2 382
HPA（ハーリンガム・ポロ協会） 416, 419
IAAF（国際陸上競技連盟） 49, 57, 59
IAAFダイヤモンドリーグ 49
IAU（国際ウルトラランナーズ協会） 433
IBAF（国際野球連盟） 147
IBF（国際ボクシング連盟） 208, 211
ICC（国際クリケット評議会） 141
ICF（国際カヌー連盟） 268, 270-73
IDBF（国際ドラゴンボート連盟） 275
IFS（国際相撲連盟） 220-21
IFSA（国際スポーツアクロ体操連盟） 94
IFSC（国際スポーツクライミング連盟） 432
IIHF（国際アイスホッケー連盟） 155
IJF（国際柔道連盟） 34, 216-19
IJJF 233
IKA（国際カイトボード協会） 283
INF（国際ネットボール連盟） 171
IOC（国際オリンピック委員会） 12, 14-15, 17-18, 21-22, 24-26, 28-29, 32-33, 49, 113, 161, 227, 231, 235, 267, 283, 297, 361, 394
IPC（国際パラシューティング委員会） 442
IPF（国際パワーリフティング連盟） 97

IRB（国際ラグビー評議会） 122, 125
IRF（国際ラケットボール連盟） 201
IRF（国際ラフティング連盟） 438
IRL（インディ・レーシング・リーグ） 381
IRT（国際ラケットボール競技団体） 201
ISA（国際サーフィン連盟） 284
ISAC（国際スタンダードアキュラシー競技会） 334
ISAF（国際セーリング連盟） 255-56, 258, 261
ISF（国際シャトルコック連盟） 195
ISF（国際ソフトボール連盟） 148
ISSF（国際射撃連盟） 347, 349, 351
ISU（国際スケート連盟） 313, 315-17
ISUジャッジングシステム 315
ISUフィギュアスケート選手権 315
ITF（国際テコンドー連盟） 234
ITF（国際テニス連盟） 184, 187
ITTF（国際卓球連盟） 191
ITU（国際トライアスロン連合） 76
IWA（国際ウィンドサーフィン協会） 283
IWSF（国際水上スキー＆ウェイクボード連盟） 279
IWUF（国際武術連盟） 228-29, 231
JJIF 232-33
K1 269-70
K2 34, 269
K4 269
K点 305-06
LBW 139-40
LCF →CFL（カナディアン・フットボール・リーグ）
MCC（メリルボーン・クリケットクラブ） 141
MLB（メジャーリーグ・ベースボール） →メジャーリーグ

NASCAR（全米自動車競争協会） 387
NBA（全米プロバスケットボール協会） 108-13
NCAA（全米大学体育協会） 111
NFL（ナショナル・フットボール・リーグ） 114-15, 118-19
NHL（ナショナルホッケーリーグ） 150-52, 154-55
NHRA（全米ホットロッド協会） 384-85
NHRAファニーカー選手権 384
NRA（全英ラウンダーズ協会） 149
NRA（全米ライフル協会） 351
OB 321
PGAツアー 325
PKA（プロ空手協会） 237
PRCA（プロ・ロデオカウボーイ協会） 423
PSA（プロスカッシュ協会） 199
PSA世界選手権 199
PWA（プロウィンドサーファー協会） 283
R & A（ロイヤル・アンド・エンシェント・ゴルフクラブ） 322, 325
RARS →ラリーポイント方式
RFL（ラグビー・フットボール・リーグ） 131
RLIF（国際ラグビーリーグ連盟） 131
RS:X級 281
UCI（国際自動車競技連合） 358, 360-62, 365-67
UCIアワーレコード 360
UCI世界選手権 364
UCIワールドツアー 362, 364
UIAA（国際山岳連盟） 432
UIM（国際モーターボート連盟） 401
UPA（アルティメット選手協会） 179
USナショナルズ 384
USBC（全米ボウリング協会） 333
USGA（全米ゴルフ協会） 322, 325
USSA（全米スノーモービル協会） 405

V字ジャンプ 305
Vシット →脚上挙
WADA（世界アンチ・ドーピング機構） 49
WBA（世界ボクシング協会） 211
WBC（世界ボクシング評議会） 208, 211
WBC（野球） →ワールド・ベースボール・クラシック
WBO（世界ボクシング機構） 211
WCF（世界カーリング連盟） 329
WDF（世界ダーツ連盟） 343
WEPF（世界エイトボールプール連盟） 340-41
WFDF（世界フライングディスク連盟） 179
WHDF（世界ハイダイビング連盟） 435
WHDF世界選手権 435
WISPA（女子国際スカッシュプレーヤーズ協会） 199
WKA（世界キックボクシング協会） 237
WKF（世界空手連盟） 224, 227
WPA（世界プール・ビリヤード協会） 340-41
WPBSA（世界プロフェッショナルビリヤード・スヌーカー連盟） 338
WPRA（女子プロラケットボール競技団体） 201
WPRS →ワールド・パイロット・ランキング・スキーム
WPSA（世界パワースポーツ協会） 405
WRC →世界ラリー選手権
WSF（世界スカッシュ連盟） 198-99
WTA（女子テニス協会） 187
WTBA（世界テンピンボウリング連盟） 333
WTF（世界テコンドー連盟） 234-35
Xゲームズ 357, 369, 372-73
XC →クロスカントリー（マウンテンバイク）
Z-ボーイズ 372

あ

アーチェリー 26, 334, 344-45
アーリーウープ 299
アイアン 322-23
アイアン・ドッグ・ゴールドラッシュ・クラシック 405
アイアンマンレース 76
アイシング 153
アイスダンス 29, 314, 317
アイスホッケー 15-16, 25, 28, 35-37, 42, 150-58, 161, 163, 315, 370-71
アイディタロッド 424
アイナル・ビョルンダーレン、オーレ 35
アウトオブバウンズ（アメリカンフットボール） 115-16
アウトオブバウンズ（オーストラリアンフットボール） 134
アウトオブバウンズ（ゴルフ） →OB
アウトオブバウンズ（バスケットボール） 108, 110
アウトオブバウンズ（ラグビーリーグ） 129-30
アウトオブバウンズ（ラクロス） 163
アウトスウィンガー 140
アウトファイター 211
青地清二 25
アキュラシー 441
アキュラシーランディング 442
アグレッシブ・インラインスケート 369
アクロ（フリースタイルスキー） 294-97
アクロ体操 80, 94
浅田真央 37
アス、ロアルド 21
アソシエーションクロッケー 326
安達阿記子 42
アッパーカット 210, 237
アテネ・オリンピック（1896年） 12
アテネ・オリンピック（2004年） 35
アドバンテージ（サッカー） 104
アドバンテージ（テニス） 184
アドバンテージ（ラグビーユニオン） 125

アドバンテージ（ラグビーリーグ）　131
アトラトル　8, 334
アトランタ・オリンピック　33
アベベ　22-23
アマチュアレスリング　12, 222-23, 238, 248
アマン、シモン　35
アムステルダム・オリンピック　15
アメリカズ・カップ　254, 256, 258
アメリカズ・カップ級　256
アメリカン・ドッジボール　178
アメリカンフットボール　108, 114-19
アメリカンリーグ　145, 147
アリ、モハメド　22, 33, 211
アリーナポロ　416-17
アルティメット　179
アルバトロス　323
アルフレード、ハヨシュ　12-13
アルベールビル・オリンピック　32
アルペンスキー　17-20, 22, 24, 26, 32-36, 288-93, 295, 299-300, 302
アン・スコット、バーバラ　18, 314
アンダーハンドパス　53
アンデルセン、ヤルマール　19
アンドレ・オーモット、チェーティル　35
アントワープ・オリンピック　14
あん馬　80-81, 85-86

い
イーガン、エディー　16-17
イーグル　323
イーグルリバー　404-05
イートン・ファイブズ　202
イヴァンパ・プラヤ　437
イエ、シーウェン　38
イギリス・ツーリングカー選手権　383
イギリス・トラックレース選手権　389
イスタンブール・パーク　378
一本背負い　218
犬そりレース　424
イバール・モエ、ベル　22
インスウィンガー　140

インスブルック・オリンピック（1964年）　22
インスブルック・オリンピック（1976年）　26
インターナショナルルールズ　133
インタラクティブ・ステアリングホイール　377
インディ500　→インディアナポリス500
インディアナポリス・モーター・スピードウェイ　381
インディアナポリス500　380-81
インディーグラブ　299
インディカーレース　380-81
インドアサッカー　→フットサル
インドアホッケー　159
インドアローイング　266
インファイター　211
インラインスケート（競技）　368-69
インラインホッケー　370-71

う
ヴァート（BMX）　356-57
ヴァート（スケートボード）　372
ヴァート（スノーボード）　299
ヴァート（ローラースケート）　369
ヴァリアブル・ウエイト　434
ヴァン・オスデル、ボブ　16-17
ヴァンダー・ビーズ、ジョシュ　42
ヴァンデ・グローブ　260
ウィケット　136-41
ヴィケラス、デメトリオス　12
ヴィット、カタリナ　29
ウィデマン、リディア　19
ウィニング・ギャラリー　188-89
ウィリアムズ、セリーナ　186-87
ウィリアムズ、パーシー　15
ウィリアムズ、ビーナス　186
ウィルキー、デビッド　27
ウィルス、トム　135
ウィングフィールド、ウォルター・クロプトン　182
ウィンターXゲームズ　302-03
ウィンドサーフィン　280-84
ウィンブルドン選手権　182-83, 186-87
ウエイクフリップ　279
ウェイクボード　276, 279

ウエイトスロー　14
ウエイトリフティング　33, 35, 96, 308, 312
ウェイブ・ライディング　283
ウェーブ　280-83
ウェッジ　322-23
ウェットタイヤ　377, 382
ウェンツェル、ハンニ　28
ウォーク　→常歩（なみあし）
ウォズデールフェル・レース　433
ウッズ、タイガー　39, 320, 323, 325
裏回し蹴り　231
ウルトラマラソン　433
ウルトラランニング　433
ウルバン、ベガール　32
ウンデッド　149

え
エアリアル（BMX）　357
エアリアル（フリースタイルスキー）　32, 294-95, 297
エアレース　402-03
エアロバティック　441
エアロビック　95
英国クロッケー協会　327
英国式ビリヤード　339
エイゼル、ジョージ　13
エイト（ボート）　262-64, 267
エイドクライミング　→人工登攀
エイトボール　340-41
エキストラ　139
エクサレ　204-05
エクスクルージョンファウル　251
エクストリーム・スノーボーディング　298
エクストリームクライミング　432
エクストリームレーシング　273
エスキモーロール　271
エペ　77, 212-15
エリクセン、スタイン　19
エル・ムータワキル、ナワル　30
エルゲルージ、ヒシャム　35, 57, 59
エンデューロ　395-97
エントリーレベルマシン　405
円盤投　13, 23, 48-49, 68-69, 72-73

お
追い抜き（バイアスロン）　307
欧州PGAツアー　325
王立カレドニア・カーリングクラブ　329
オーエンス、ジェシー　17, 30, 50
オーガスタ・ナショナル・ゴルフクラブ　321, 325
大腰　218
オーストラリアン・ルールズ・フットボール　→オーストラリアンフットボール
オーストラリアンフットボール　132-35
大外刈　218
オーター、アル　23, 68
オーバーハンドパス　53
オープンウォータースイミング　36, 39, 245, 439
オープンゲート　289, 291
オープンブリッジ　338
オープンフレーム　333
オープンレーン　48-49, 56
オーリー　373
オールアイルランド大会　174
オールズモビルロケットV8　387
オールテレイン・ビークル（ATV）　396
オールテレイン・ビークル（ATV）レース　396
オールラウンド（スピードスケート）　313
オールラウンド（陸上競技）　13
送襟絞　216, 219
抑え込み（アマチュアレスリング）　→フォール
抑え込み（柔道）　217, 219
オシェプコフ、ワシリー　238
押し相撲　221
オスロ・オリンピック　19
オッティ、マリーン　32, 51
オフカッター　140
オフサイド（アイスホッケー）　153
オフサイド（アメリカンフットボール）　116
オフサイド（クリケット）　137, 139, 141
オフサイド（サッカー）　104-05
オフサイド（シンティ）　177

オフサイド（水球） 249-50
オフサイド（ネットボール） 169
オフサイド（フィールドホッケー） 158
オフサイド（ポロ） 418
オフサイド（ラグビーユニオン） 124-25
オフサイド（ラグビーリーグ） 130-31
オフサイド（ローラーホッケー） 371
オフショアクラス1 400
オブストラクション（サッカー） 104-05
オブストラクション（ネットボール） 169-70
オブストラクション（フィールドホッケー） 160
オブストラクション（ラグビーユニオン） 124
オフスピナー 140
オフタックル 118
オフロードバイクレース 395-97
オフロードラリー 388-89
オベット、スティーブ 29
オムニアム 360
オメガ 309-10
オラフ・コス、ヨハン 33
オリエンテーリング 75
オリジナルダンス 317
オルブライト、テンリー 20
オレイエ、アンリ 18
オンターゲット 345

か

カート →カートレース
カートレース 386, 401
カーネギー・チャンピオン・スクールズ大会 128
カーリング 30, 32, 328-29
開脚跳び 83
回転（アルペンスキー） 17-18, 20, 22, 24-26, 28, 32-35, 288-93
回転投法 69
カイトサーフィン 283-84
カイトボーディング 283
カイトボード 283
カイリー、トム 13
かかえ込み（跳馬） 89
かかえ込み（トランポリン） →タック（トランポリン）
かがみ跳び 61-63, 73
駈歩 412, 415
笠谷幸生 25
型（空手） 224-27
型（套路） 229
カタマラン →双胴船
カチョ・ルイス、フェルミン 32
滑降 18, 20-21, 24, 26, 34, 288-93, 298, 304, 367
カットバック 285
カナディアンフットボール 119
カヌー 25, 34-35, 268-69, 271-73, 283, 438
カヌーポロ 268, 271, 418
嘉納治五郎 216, 218, 238
カバードライブ 141
カハナモク、デューク 14
カマナハトカップ 177
カヤック 34-35, 268-72
空手 224-27, 236, 238
カリー、ジョン 26
カルガリー・オリンピック 30
ガルミッシュ＝パルテンキルヒェン・オリンピック 17
カンザスシティ・アスレチックス 143
完全試合 333
カンフー：散手（散打） 228-31, 237
カンフー：套路 228-31
完封 146-47

き

キールボート 257, 261
キックボクシング 224, 230-31, 236-37
キム、ヨナ 37
極め技 219, 231, 238
旗門 17, 288-89, 291-92
脚上挙 82, 88
キャノピーフォーメーション 442
ギャロップ →襲歩
キャロムビリヤード 339
キャンター →駈歩（かけあし）
キャンピング・ワールド・トラック・シリーズ 389
球種 140-41, 146
九柱戯 →スキットルズ（九柱戯）
行司 220-21
競歩 13-14, 49, 74
拒止 413, 415
キリー、ジャン＝クロード 24, 32
キルヴェスニエミ、マルヤ＝リーサ 29
キルショット 201
近代五種競技 77, 212
斤量 408-09, 411

く

クーツ、ウラジミール 21
クーパー、シャーロット 12
クーベルタン、ピエール・ド 12
クォーターパイプ 298
クォーターホース 409
クォーリー、ドン 36
クオド 264
クシュティ 222
グスタフソン、トイニ 24
クツェンコ、ユーリ 29
屈伸（跳馬） 89
屈伸（トランポリン） →パイク
グットマン、ルートヴィヒ 40
クビッカ、テリー 26
組手 224-27
グライド投法 69, 73
クラウチリフト 175
グラウンディング 123
グラウンドストローク →バックハンド（テニス）
グラウンドポジション →パーテールポジション
クラコワ、ガリナ 25
クラシカル（クロスカントリースキー） 34, 300-01
クラシカル走法 300-01
クラシック（自転車ロードレース） 362, 364
クラシックレース（競馬） 408
クラス2（ハンググライダー） 440
クラス2（ランドセーリング） 437
クラス3 437
クラス5（ハンググライダー） 440
クラス5（ランドセーリング） 437
クラップスケート 313
グラビティスポーツ・インターナショナル 430
グラフ、トビアス 42
グラフストローム、ギリス 16-17
クラマー、フランツ 26
クランカー 333
グランツール 358, 361, 364
グランドスラム（ゴルフ） 325
グランドスラム（テニス） 182, 187
グランドスラム（ラグビーユニオン） 125
グランドスラム（リアルテニス） 188
グランドナショナル 408, .410
グランプリマスターズ 379
クリーン&ジャーク 96
クリケット 100, 135-41, 158
グリシン、エフゲニー 20-21
クリスティ、リンフォード 32, 50
クリテリウム 362, 364
グリフィス＝ジョイナー、フローレンス 31, 51
クリフダイビング 435
クリフトン吊橋 443
グリマ 222
グルノーブル・オリンピック 24
グレイ＝トンプソン、デイム・タニ 43
グレイハウンド・グランドナショナル 421
グレイハウンド・ダービー 420-21
クレー射撃 348-50, 352-53
クレケット（kreckett） 141
グレコローマン 222-23
クレスト 285
クレンツレーン、アルヴィン 12-13
クローズドゲート 289, 291
クロス（ボクシング） 211, 237
クロスカントリー（ウルトラランニング） 433
クロスカントリー（オフロードバイクレース） 395-96
クロスカントリー（スノーモービル） 405
クロスカントリー（総合馬術） 413
クロスカントリー（トライアスロン） 76
クロスカントリー（パラグライダー） 441
クロスカントリー（ハンググライダー） 440

クロスカントリー(マウンテンバイク) 366-67
クロスカントリー(陸上競技) 14-15, 58-59, 77, 307
クロスカントリースキー 15, 19, 21-22, 24-25, 28-29, 32-34, 36-37, 293, 295, 300-01, 306-07
クロスカントリーラリー 388
クロスビー、シドニー 37
グロスピロン、エドガー 32
クロッケー 326-27
クロッケーショット 327
グロットムスブローテン、ヨハン 16

け

繋駕速歩競走 422, 425
警告(空手) 225-26
警告(サッカー) 104
警告(柔道) 218
警告(綱引き) 178
警告(フィールドホッケー) 160
警告(フォーミュラ1) 378
警告(ラグビーユニオン) 124
競馬 408-11, 413
ケイリン 359-61
ゲーリックフットボール 133, 174-76
袈裟固 219
ゲストリング、マージョリー 17
ゲレビッチ、アラダール 22
剣道 239

こ

コ・ドライバー 388, 390
硬式テニス →テニス
剛柔流 226
後転跳び 83, 89, 94
荒天用タイヤ 377
講道館 216, 218
後方2回宙返り 83
コー、セバスチャン 29-30, 57
ゴーカート →カートレース
コース・レーシング 283
コートサーフェス 182, 184, 187
コーフボール 171
コーレマイネン、ハンネス 14, 19
コシェバヤ、マリーナ 27

個人スプリント(自転車トラックレース) 360-61
個人パシュート(自転車トラックレース) 360
コステリッチ、ヤニツァ 35, 293
ゴドルフィンアラビアン 408
コノリー、ジェームズ 12
コマネチ、ナディア 27, 81
コムラッズマラソン 433
コルチナ・ダンペッツォ・オリンピック 20
ゴルフ 12, 39, 176, 320-26, 332
コルブト、オルガ 26, 80, 85
ゴロ 145
コロラド・ロッキーズ 143
ゴワシェル、マリエル 22
コンスタントウエイト 434
コンストラクター 376, 378-79
金野昭次 25
コンバージョン(7人制ラグビー) 127
コンバージョン(アメリカンフットボール) 115
コンバージョン(ラグビーユニオン) 120, 122-23
コンバージョン(ラグビーリーグ) 131
コンバットサンボ 238
コンパニョーニ、デボラ 34

さ

サーフィン 271, 283-85, 298, 372
サーフスキー 271, 284
サーブル 14, 22, 212-15
サイドキック 235
ザイラー、トニー 20, 24
サウスポー 210
サスペンション 357, 366-67, 376, 380, 382, 388-89, 395-96, 425, 436
サッカー 9, 33, 39, 72, 100-07, 124-25, 156-58, 167, 172, 174-76, 192, 195, 332, 417
札幌オリンピック 25
ザトペック、エミル 19
サドルブロンコ 423
サビーヌ、ティエリー 388

サブミッションレスリング 233
サマランチ、フアン・アントニオ 29, 32
サミュエルソン、ラルフ 279
サラエボ・オリンピック 29
サルニコフ、ウラジミール 29
散手ワールドカップ 231
三振 145
三段跳 12, 48-49, 62-63
サンボ 222, 238
サンモリッツ・オリンピック(1928年) 16
サンモリッツ・オリンピック(1948年) 18
残塁 147

し

ジ・アッシズ 138
シー・マッチ・フィッシング 426-27
シーティング 283
シーリングショット 201
シェークハンド 191
ジェームス、キラニ 39
シェリダン、マーチン 13
シェルボ、ビタリー 32
シェンク、アルト 25
毽子 195
シカゴ・カブス 144, 147
シカゴ・ホワイトソックス 142, 145
膝射 352-53
自転車トラックレース 358-61, 365
自転車ロードレース 358, 362-65
指導(柔道) 217-18
糸東流 226
シドニー・オリンピック 34
篠原信一 34
シフターカート 386
ジミャトフ、ニコライ 28
指名打者 →DH(指名打者)
ジャイアント・スラローム →大回転
ジャイビング 258, 260, 281
社会人Xリーグ 119
斜対歩 422
ジャブ 210-11, 237
斜面上昇風 440-41
シャモニー・オリンピック 15
ジャヤシンゲ、スサンティカ 34

シャルジャサーキット 399
ジャルマチ、デツォ 23
ジャンプ(水上スキー) 276-79
自由形 12, 14-16, 21, 23-24, 29, 31, 33-34, 77, 242, 244-45, 439
自由形リレー 16, 34
十字固 219
十字倒立 87
柔術 216, 219, 232-33
柔道 23, 32, 34, 216-19, 224, 238
ジュートロー、チャールズ 15
襲歩 410-11
シューマッハ、ミハエル 377, 379, 383, 386
シューマン、カール 12
十種競技 13-14, 18-19, 29-30, 48-49, 70, 72-73, 360
シュナイダー、フレニ 33
シュビンゲン 222
シュランツ、カール 24-25
障害競走 408-11
障害馬術 413-15, 417
障害飛越 77, 410, 413
障害レース(競馬) 409, 411
障害レース(ドッグレース) 421
昇降計 →バリオメーター
松涛館流 224, 226
ジョーカー 149
ショースキー 276, 279
ジョーダン、マイケル 32, 109, 112
ショートダンス 317
ショートトラック(スピードスケート) 35-36, 42, 312-13
ショートプログラム 314-16
ジョッキー 408-11, 424
ショットクロック 108, 111, 249
ショッホ、シモン 36
ショッホ、フィリップ 36
ジョンソン、ベン 31
ジョンソン、マイケル 33, 36, 39, 50-51
ジョンソン、マジック 32
シングルスカル 263-64, 267
シングル方式 →マッチプレー方式
シンクロナイズド・トランポリン 92-93
シンクロナイズドスイミング

30, 245, 252
シンクロナイズドスケーティング　314, 316
シンクロナイズドダイビング　8, 247
人工登攀　432
伸身　→ストレート(トランポリン)
新体操　30, 80-81, 90-91, 228
シンティ　176-77
シンティ協会　177
シンビン　124, 131, 155, 157, 160

す

水球　15, 21, 23, 245, 248-51, 271
水上スキー　276-79
水中サッカー　253
水中ホッケー　253
水中ラグビー　253
水中ラグビー世界選手権　253
スヴァーン、オスカー　13, 353
スヴァン、グンデ　30
スウィープ　118
スウェイスリング杯　190
スーパーG　→スーパー大回転
スーパー大回転　34-35, 288-93
スーパー複合　288
スーパーボウル　114-15, 118-19
スーパーモト　397
スカイサーフィン　442
スカイダイビング　442
スカッシュ　196-200, 203
スカリング　264-66
スキーアーチェリー　344
スキージャンプ　17, 19, 22, 25, 30, 34-35, 293, 304-06
スキージャンプ(水上スキー)　→ジャンプ(水上スキー)
スキート射撃　348-50
スキーレース(水上スキー)　276, 279
スキットルズ(九柱戯)　335
スクートナブ、ユリウス　14-15
スクエアカット　141
スクラム　122-31
スクワット　96-97
スケートボード　294, 298-99, 303, 357, 369, 372-73, 430
スケルトン　22, 35, 309, 311
スコーバレー・オリンピック　21
スコブリコーワ、リディア　22
スター級　256
スターティンググリッド　381, 394
スターティングブロック　18, 50-51, 54, 57, 361
スターボード　258-60, 262
スタディオン走　8, 48
スタティック・アプネア　434
スタンダード(ランドセーリング)　437
スタンダードグリップ　343
スタンダードブリッジ　338
スタンディングスタート　361, 381, 389
スタンドレスリング　223
スティアレスリング　423
ステーク・レース　263
ステージレース　362, 364-65, 367
ステーブルフォード方式　323
ストックカーレース　387
ストックホルム・オリンピック　14
ストライク(クリケット)　138
ストライク(スカッシュ)　199
ストライク(ソフトボール)　148
ストライク(ファイブピンボウリング)　335
ストライク(ペサパッロ)　149
ストライク(ボウリング)　332-33
ストライク(野球)　144-45
ストライクゾーン　145
ストリート(BMX)　357
ストリート(アグレッシブ・インラインスケート)　369
ストリート(スケートボード)　372-73
ストリート(ローラースケート)　369
ストリートリュージュ　430
ストリンギング　339
ストリング　182, 184, 188-89, 192-93, 198, 200, 204
ストレート(トランポリン)　93
ストレート(ボクシング)　210
ストレートドライブ　198
ストレートプール　→フォーティ
ン・ワン
ストローカー　333
ストロークプレー方式　323
スナッチ　96
スナップショット　154
スヌーカー　336-38, 341
スノークロス　405
スノーボード　36, 293, 295, 298-99, 302-03, 373
スノーボードクロス　298
スノーモービル　404-05
スピードウェイ(インディカーレース)　381
スピードウェイ(オフロードバイクレース)　395-97
スピードウェイ(ドラッグレース)　385
スピードウェイ・カートレース　386
スピードスケート　14-15, 17, 19-22, 25, 28-31, 33, 36, 42, 312-14, 317
スピードスケート(ローラースケート)　368-69
スピードセーリング　281-82
スピッツ、マーク　26, 36
スプリントカート　386
スプリントカップ　387
スプレッドイーグル　296-97
スペシャルチーム　115, 117
スポーツサンボ　238
スポーツ柔術　233
スポック　283
スポッター　97
スマッシュ(イートン・ファイブズ)　202
スマッシュ(卓球)　191
スマッシュ(テニス)　186
スマッシュ(バドミントン)　192, 194
スマッシュ(フィールドホッケー)　160
相撲　220-21
スラップショット　154
スラローム(アルペンスキー)　→回転(アルペンスキー)
スラローム(ウィンドサーフィン)　281-82
スラローム(カイトボード)　283
スラローム(カヌー)　272-73, 438
スラローム(カヤック)　268-71
スラローム(水上スキー)　276-79
スラローム(スケートボード)　372
スラローム(ラフティング)　438
スリップストリーム　76, 361, 387, 430
スレイマノグル、ナイム　33
スローオフ　173
スローピッチ　148
スロープスタイル　302-03
スワーブ　338, 341

せ

制限区域　108, 111
セイル　→かがみ跳び
セーフティ　113, 115-17
セーフティショット　338-39
セーリング(競技)　254-61
背泳ぎ　242-45, 250
世界武術選手権大会　231
世界ラクロス選手権　163
世界ラフティング選手権　438
世界ラリー選手権　390-91
セスタ・プンタ　204-05
セナ、アイルトン　379, 386
セパタクロー　167
セブンズ　→7人制ラグビー(セブンズ)
セブントゥエンティ・ターン　372
セリエA　107
セルスダル、スヴェレ　16
セルフトランセンデンスマラソン　433
全英オープン(ゴルフ)　322, 325
全英オープン(バドミントン)　194
全英オープン(リアルテニス)　188
全豪オープン(テニス)　182, 187
全豪オープン(リアルテニス)　188
セントピーターズバーグ　381
セントルイス・オリンピック　13
全仏オープン(テニス)　182
全仏オープン(リアルテニス)　188
全米オープン(ゴルフ)　325
全米オープン(テニス)　182, 186-87
全米オープン(リアルテニス)

188
全米プロゴルフ選手権 325
全米ロデオ選手権 423

そ

総合馬術 413
双胴船 256, 399-400
ソウル・オリンピック 31
ソード・プレシジョン 431
ソープ、イアン 34, 242
ソープ、ジム 14
ゾーン、トリッシャ 40
ゾーンディフェンス 103, 113, 251
側対歩 422, 425
ソチ・オリンピック 38
ソフトテニス 189
ソフトボール 148-49
そり跳び 61-63
ソルトレークシティー・オリンピック 35
ソロ（ゲーリックフットボール） 174-75

た

ダーツ 334, 342-43
ダーティティス 342
ダーリ、ビョルン 33-34, 300
ダーリーアラビアン 408
ダイアン、エリザベート 14
大回転 20, 24, 26, 28-29, 32-35, 288-93, 298
退水 251
タイダウン 423
ダイナミック・アプネア 434
タイブレーク（テニス） 184, 187
タイブレーク（ラケットボール） 201
タイブレーク（リアルテニス） 189
タイムトライアル（カヤック） 271
タイムトライアル（自転車トラックレース） 358, 360-61
タイムトライアル（自転車ロードレース） 362-65
タイムトライアル（トライアスロン） 76
タイムトライアル（パワーボートレース） 399
タイムトライアル（ボート） 263
タイムトライアル（ローラースケート） 369
タイムトライアルバイク 363
タイラン、ヌルジャン 35
ダウン・ザ・ラインパス 201
ダウンヒル（アルペンスキー） →滑降
ダウンヒル（マウンテンバイク） 366-67
ダウンフォース 376-77, 380-81, 384, 390
タカーチ、カーロイ 18-19, 347
ダカール・ラリー 388
高飛込 27, 30, 246-47, 435
高橋和廣 42
舵手つきフォア 264
舵手なしフォア 34, 264
立三段跳 12
立高跳 12
立幅跳 12-13
卓球 40, 190-91
タッキング 258, 260, 281
タック（セーリング） 258, 260
タック（トランポリン） 93
タッチアウト 147-48
タッチキック 124, 131
ダブル 342-43
ダブルスカル 264
ダブルトラップ 348-50, 353
ダブルブル 342-43
ダブルフルフルフル 297
ダブルプレー 147
ダブルボギー 323
ダブルミニ・トランポリン 92-93
段違い平行棒 27, 80-81, 84-85
タンブリング（アクロ体操） 94
タンブリング（トランポリン） 92-93
タンブリング（ゆか） 82-83
タンブルターン 244

ち

チーム・スプリント（自転車トラックレース） 360
チーム・パシュート（自転車トラックレース） 360
チームローピング 423
チェッキング（ボディチェック） 153, 155, 161-63, 176
チェンジオーバー 361
チェンバレン、ネヴィル 338
チップショット 323-24
チホノフ、アレクサンドル 28
チャイナ・オープン 337
チャスラフスカ、ベラ 25, 89
チャレンジ要求 187
注意 218
中国武術協会 228-29
跳馬 80-81, 85, 89

つ

ツインリンクもてぎ 381
ツーラインパス 153
ツーリングカーレース 383
ツーリングスノーモービル 405
ツール・ド・フランス 360, 362-65
綱引き 14, 178-79
つり輪 29, 80-81, 85, 87
ツンベルグ、クラス 15

て

ティール 331
ディーン、クリストファー 29, 37, 317
テイクアウト 329
ディクソン、ロビン 22
テイクダウン 223, 231, 233
ディズニー、ウォルト 21
ディチャーチン、アレクサンドル 29
ディビアシ、クラウス 27, 247
ディンギー 254, 256-58, 260-61
テークオーバー・ゾーン 52-53
デキュジス、マックス 14
テクニカル・ルーティン 252
テクニカルファウル 111, 176
テコンドー 34, 36, 234-35
デッドリフト 97
鉄棒 80-81, 84-85
テニス 12, 14, 31, 182-89, 191-92, 196-97, 326
デュース 184
デリバリー 328-29
デルニー 359-61

と

ドイツ・ツーリングカー選手権 383
ドウイエ、ダビド 34, 219
トウインサーフィン 284
東京オリンピック（1964年） 23
逃避 415
トウホールド 279
盗塁 147
トービル、ジェーン 29, 37, 317
トク〜ドーソン・ポーカーラン 405
ドッグレース 420-21
トップフューエル・ドラッグスター 384-85
トップフューエル・ファニーカー 385
飛板飛込 17, 30-31, 246-47
飛込競技 17, 27, 30-31, 245-47, 435
土俵 220-21
巴投 218
トライ 120-25, 127-31
トライアスロン 39, 76, 439
トライアル（オフロードバイクレース） 395-97
トライアル（マウンテンバイク） 366-67
トライアル・ドライビング 425
ドライタイヤ 377, 381-82
ドライバー（ゴルフ） 322-23
ドライブ（アメリカンフットボール） 116-17
ドライブ（スカッシュ） 199
ドライブ（フィールドホッケー） 160
ドライブ（ペロタ） 205
ドライブ（ボート） 266
ドライブ（リアルテニス） 189
ドライブ（ローンボウルズ） 330
ドラゴンボート 271, 274-75
ドラッグレース 384-85
トラックレース（BMX） 356-57
トラックレース（モータースポーツ） 389
トラップ射撃 348-50
ドラフティング 361, 365
トランコフ、マキシム 38
トランジション（トライアスロン） 76

トランポリン 64, 80, 92-93, 295
トリアンタフィロ、パナギオティス 41
トリック(水上スキー) 276-79
トリックスキー →トリック(水上スキー)
トリノ・オリンピック 36
ドリブル(ゲーリックフットボール) 175
ドリブル(サッカー) 102, 107
ドリブル(水球) 250
ドリブル(ネットボール) 168, 170
ドリブル(ハーリング) 176
ドリブル(バスケットボール) 110-13
ドリブル(バンディ) 156-57
ドリブル(ハンドボール) 173
ドリブル(フィールドホッケー) 158, 160
ドリブル(ラクロス) 162
トリンケット 205
トルコ相撲 →ヤール
トレイル(BMX) 357
トレイル(スノーモービル) 404-05
トレイルモデル →エントリーレベルマシン
トレブル 342-43
ドロー 329
ドロップゴール(7人制ラグビー) 127
ドロップゴール(ラグビーユニオン) 120, 122
ドロップゴール(ラグビーリーグ) 131
ドロップゾーン 442
ドロップバント 134
トンバ、アルベルト 32
トンプソン、デイリー 29-30, 72

な

ナインハンドレッド・ターン 372
ナインボール 340-41
長こぶし 229
長野オリンピック 34
投技 218-19
ナジ、ネド 14
ナショナルハントレース 409
ナショナルリーグ 144-45, 147
ナダル、ラファエル 183, 186-87
ナッシュ、トニー 22
七種競技 49, 72-73, 360
常歩 412

に

ニーボード 284
逃げ集団 363, 365
ニッカネン、マッチ 30, 304
入水 247, 435
ニューヨーク・ヤンキース 145, 147

ぬ

ヌルミ、パーヴォ 14-15, 19, 35

ね

ネイションワイド 387
ネクストバッターズサークル 145-46
ネットボール 168-71
ネットボール世界選手権 168, 170

の

ノイマノワ、カテジナ 36
ノー・リミッツ 434
ノースショア・スタイル 436
ノーマルヒル 34, 305-06
野口修 236
ノックアウト 208, 210-11, 230-31, 235-37
ノルディックスキー・コンバインド →ノルディック複合(ノルディックスキー・コンバインド)
ノルディック複合(ノルディックスキー・コンバインド) 15-16, 34-36, 306-07

は

パー 321, 323, 325
パーク(BMX) 357
パーク(ローラースケート) 369
ハーグ、アンナ 37
バークレー、チャールズ 32
ハーコンスモエン、ビョーナル 36
パーソナルファウル 111
バーディ 322-23
パーテールポジション 223
ハーテル、リズ 19
バード、ラリー 32, 112
ハードテール 366
ハードラケット 191
ハーネンカム大会 289
ハーフパイプ(BMX) 356-57
ハーフパイプ(スケートボード) 372-73
ハーフパイプ(スノーボード) 298-99
ハーフパイプ(ボブスレー) 309
ハーフパイプ(ローラースケート) 369
ハーフラウンダー 149
ハームズワースカップ 401
バーリ・トゥード 233
ハーリング 174-76
バイアスロン 28, 35, 307, 344
バイアリーターク 408
バイオレーション 111
パイク 93
ハイクアウト 254, 261
ハイデン、エリック 28
ハイドロ艇 400
背面水平懸垂 87
背面跳び 64-65
ハウグ、トルライフ 15
パウダーライディング 298
バガタウェイ(baggataway) 163
ハクリーネン、ベイコ 21
はさみ跳び(走高跳) 65
はさみ跳び(走幅跳、三段跳) 61-63
馬車競技 425
パシュート(クロスカントリースキー) 37, 301
パシュート(バイアスロン) →追い抜き(バイアスロン)
パシュートバイク 360
走高跳 13, 16-18, 25, 49, 64-65, 72-73
走幅跳 12-13, 17-18, 25, 30, 48-49, 60-63, 65, 72-73

バスケットボール 32, 35, 108-13, 168, 171, 425
バター 322, 324
パターンダンス 317
裸絞 216
バタフライ 242, 244-45
バックサイド・グラブ・ファイブフォーティー 372
バックスクラッチャー 296-97
バックゾーン 164-65
バックハンド(アルティメット) 179
バックハンド(サーフィン) 285
バックハンド(テニス) 185-86
バックハンド(バドミントン) 194
バックハンド(バレーボール) 166
バックハンド(フィールドホッケー) 160
バックハンド(ポロ) 418
バックフット・ディフェンス 141
ハックル、ゲオルク 35, 310
バックループ 282
パッティング 321, 324, 326
バッドウォーター・ウルトラマラソン 433
バドミントン 32, 38, 167, 192-95
パドルボール 203
バトンパス 52-53
バニーホップ 357, 367
馬場 409, 411-12
馬場馬術 19, 26, 31, 412-13, 425
パフォーマンスマシン 405
ハマライネン、マルヤ=リーサ →キルヴェスニエミ、マルヤ=リーサ
速歩 412
払い蹴り 231
パラグライダー 441
パラコルタ 204
パラセーリング 283
パラリンピック 40-43
バラングルード、イヴァール 17
パリ〜ルーアン・レース 394
パリ・オリンピック(1900年) 12
パリ・オリンピック(1924年) 15
パリ・ローラー 369
バリオメーター 440
バルカン 283

索引

451

パルクール →フリーランニング
　（パルクール）
バルセロナ・オリンピック　32
バルム、ケルスティン　31
バレ　215
バレーボール　23, 164-67,
　248
バレルレース　423
バロディア・マトス、アンヘル　36
パワープレー　153
パワーボートレース　398-401
パワーリフティング　97
ハング →そり跳び
バンクーバー・オリンピック　37
ハンググライダー　440-41
バンジージャンプ　443
バンディ　156-57
ハンディキャップ（競馬）
　408-09, 411
ハンディキャップ（ゴルフ）　321,
　325
ハンディキャップ（ドラッグレース）
　385
ハンディキャップ（ポロ）　416,
　418
バンディ女子世界選手権　157
バンディ男子世界選手権　157
ハンドアウト方式　196, 199
ハンドボール　26, 172-73,
　200
バンプ（オーストラリアンフットボ
　ール）　135
バンプ・レース　263
ハンマー投　13, 48-49, 71

ひ

ピアース、ヘンリー　15
ピーコック、ジョニー　41
ビーチクロス　395
ビーチサッカー　100
ビーチバレー　39, 166-67
ビーティング　255, 258-59
ビーモン、ボブ　25, 60-61
ピエトリ、ドランド　13
ビオンディ、マット　31
ビキラ、アベベ →アベベ
飛型　305-06
ピストリウス、オスカー　38
ピストル射撃　19, 346-47,
　352
ピストレーサー　360
ビッグエア（スノーボード）　298

ビッグエア（フリーライドMTB）
　436
ピッチショット　324
ピッチャーズマウンド　142-43,
　145, 147
ピット　377-79, 383
ビハインド　133-34
ビョルゲン、マリット　37
平泳ぎ　14, 27, 242, 244-45
ビリヤード　336, 338-39
ビルケバイネル・スキーレース
　300
ビレン、ラッセ　26
ピンチショット　201
ピンチヒッター　147
ピンフォール →フォール

ふ

ファイブピンボウリング
　334-35
ファイブフォーティ（スケートボー
　ド）　372
ファイブフォーティ（フリースタイ
　ルスキー）　297
ファウルライン（ソフトボール）
　148
ファウルライン（ファイブピンボウ
　リング）　335
ファウルライン（ペサパッロ）
　149
ファウルライン（ボウリング）
　332
ファウルライン（ホースシューズ）
　335
ファウルライン（野球）　142-44
ファゴーネ、オラツィオ　42
ファステストラップ　378,
　382-83, 394
ファストピッチ　148
ファブリス、エンリコ　36
ファン・ヘニップ、イボンヌ　30
フィールドアーチェリー　344
フィールド射撃　348
フィールドホッケー　156-61,
　177
フィギュアスケート　16-20, 24,
　26, 29-30, 35, 37-38,
　313-17
フィッシャー、ビルギット　34-35
フィフティ・フィフティ　303
フィラデルフィア・フライヤーズ
　151, 154-55

ブーシェ、ガエタン　29
プール（標的スポーツ）
　340-41
フェイスオフ　150-51, 153,
　163, 169, 371
フェデラー、ロジャー　186-87
フェルプス、マイケル　35-36,
　38, 83, 242, 244-45
フェンシング　14, 22, 31, 77,
　212-15
フォアクロス　366-67
フォアコートショット　198
フォアサム方式　323
フォアハンド（アルティメット）
　179
フォアハンド（サーフィン）　285
フォアハンド（スカッシュ）　199
フォアハンド（卓球）　191
フォアハンド（テニス）　185
フォアハンド（バドミントン）　194
フォアハンド（フィールドホッケー）
　160
フォアハンド（ポロ）　418
フォアボール方式　323
フォーティーン・ワン　340-41
フォーデザートマラソン　433
フォーミュラ1　376-83, 386
フォーミュラ3000　382
フォーメーションスカイダイビング
　442
フォーリー、アルヌ　41
フォール　222-23
フォスベリー、ディック　25,
　64-65
フォスベリー・フロップ　25,
　64-65
フォワードスイープ　270
複合（アルペンスキー）　18, 33,
　35, 288, 291-93
伏射　307, 351-53
扶助　412
フッキング（ポロ）　418-19
フック（ボクシング、キックボクシ
　ング）　210-11, 237
プッシュ（フィールドホッケー）
　160
フットサル　100
フットバレー　167
船木和喜　34
ブブカ、セルゲイ　31, 67
フライトアーチェリー　344
ブライトハウプト、スコット　357
ブラウン、リチャード　41

フラカ　283
ブラックボール　340
フラットウォーター（カヌー）
　272-73
フラットウォーター（カヤック）
　268-71
ブラッドバリー、スティーブン
　35, 312
フラットランド　357
フラワーズ、ボネッタ　35
ブランカース＝クン、ファニー
　18
ブランカース＝クン、フランシナ
　18
フランコ、ユーレ　29
フリー・イマージョン　434
フリー・ルーティン　252
フリークライミング　432
フリースタイル（BMX）
　356-57
フリースタイル（アマチュアレスリ
　ング）　222-23
フリースタイル（ウィンドサーフィ
　ン）　281-83
フリースタイル（オフロードバイク
　レース）　397
フリースタイル（カイトボード）
　283
フリースタイル（クロスカントリー
　スキー）　300-01
フリースタイル（スカイダイビン
　グ）　442
フリースタイル（スケートボード）
　372
フリースタイル（スノーボード）
　298-99
フリースタイル（ローラースケー
　ト）　368-69
フリースタイルスキー　32,
　293-97, 302
フリー走法　300-01
フリーダイビング　253, 434
フリーダイビング世界選手権
　434
フリーダンス　317
フリーフライ　442
フリープログラム　314, 316
フリーマン、キャシー　34
フリーライドMTB　436
フリーランニング（パルクール）
　431
フリック　160
ブリッツ　118

ブリティッシュオープン 199
ブリュネ、アンドレ 16
ブリュネ、ピエール 16
ブル 343
フルーレ 14, 212-15
フルコンタクト 236-37
ブルスベーン、ハーコン 21
ブルタ、グーセゴルツ 41
ブルライディング 423
ブレア、ボニー 33
プレイオフ(CFL) 119
プレイオフ(NBA) 112-13
プレイオフ(NFL) 119
ブレイクショット 338, 341
プレイボーティング 273
プレー・ザ・ボール 130
フレーザー、グレッチェン 18
フレーザー、ドーン 21, 23
ブレードランニング 442
プレーニング 280-81, 283
プレスディフェンス 171, 251
フレブニコフ、セルゲイ 29
フレミング、ペギー 24
フロアボール 161
フロアホッケー →フロアボール
ブロウラー 211
フロージョー →グリフィス=ジョイナー、フローレンス
フローター(水球) 249, 251
プロストックカー 385
プロストックバイク 385
ブロックタックル 161
プロトン 363-65
フロンテニス 204-05
フロントゾーン 165
フロントフット・ディフェンス 141

へ

ペア(カヤック) →K2
ペア(ボート) 29, 34, 264
ベアバック 423
ベアフット 276, 279
平均台 80-81, 85, 88
平行棒 80-81, 84-85
平地競走 408-11
ヘイルメリー 118
ペース →側対歩
ベーブ・ルース 145
北京オリンピック 36
ベグドマッチ 427
ベケレ、ケネニサ 35, 59
ペサパッロ 149

ベストヒューマンエフォートレコード 360-61
ベターボール方式 →フォアボール方式
ペタンク 331
ベックル、ウィリー 16
ヘッド・オブ・チャールズ 263, 266
ペナルティコーナー 159-60
ペナルティゴール 122
ペナルティストローク 159-60
ペナルティスロー 173
ペナルティトライ 123, 125
ペナルティハーフラウンダー 149
ペナルティボックス →シンビン
ヘニー、ソニア 16-18
ベリーロール 65
ヘルシンキ・オリンピック 19
ベルックス5オーシャンズ 254-55, 258, 261
ベルモンド、ステファニア 32
ベルリン・オリンピック 17
ペレ 100, 103
ペレク、マリー=ジョゼ 33, 51
ベレスフォード、ジャック 17
ペロタ 204-05
ペロタ・ア・マノ 204-05
ベロドローム 358-61
ベンチプレス 97
ペンホルダー 191
ヘンリー・レガッタ 263

ほ

ホイ、クリス 36
ボイル、ダニー 38
ポイント・トゥー・ポイント 409
ポイントシステム 378, 382, 401
ポイント数 175
砲丸投 13, 49, 69, 72-73
棒高跳 13, 31, 49, 66-67, 72-73
ボウリング(競技) 40, 326, 332-35
ホークアイ 139, 187
ホースシューズ 335
ホースボール 425
ボート(競技) 15, 17, 25, 34, 262-67
ポートタック 258-60, 282
ホーマー →ホームラン

ホームベース 142-43, 145-46, 148
ホームラン 143, 146-47
ホール・ジュニア、ゲーリー 33
ホールインワン 323, 325
ポールポジション 378, 381-82, 399
ボールライン 419
ボギー 323
ボクシング 12, 16, 21-22, 208-11, 231, 235-37
ボストン・セルティックス 112-13
ボストン・レッドソックス 142-43, 147
ボックスラ →ボックスラクロス
ボックスラクロス 163
ボディサーフィン 284
ボディボード 284
ボブスレー 15-16, 21-22, 33, 35, 55, 308-09, 311
ポポフ、アレクサンドル 33
ホラリ 158
ボルト、ウサイン 36, 38, 51
ボルボ・オーシャンレース 255, 260-61
ボルボ・オープン70 256
ポロ 249, 416-19, 425
ボロソジャル、タチアナ 38
ホワイトウォーターレーシング 273
ボワンテ 331
ボンズ、バリー 146-47
本場所 221

ま

マーク(オーストラリアンフットボール) 134-35
マーセラス・クレイ、カシアス →アリ、モハメド
マイナーリーグ 14, 145
マイヤー、デビー 24-25
マイヤー、ヘルマン 34
マウンテンスノーモービル 405
マウンテンバイク(競技) 36, 75, 298, 366-67
マウンド →ピッチャーズマウンド
マクタガート、ディック 21
マクノートン、ダンカン 16
マクロバートソン・シールド 326
マグワイア、マーク 143
マサイアス、ボブ 18-19, 72

マジッチ、ペトラ 37
マスターズ・トーナメント 321, 325
マッチプレー方式 323
マディソン、ヘリーン 16
マラソン 12-13, 19, 22-23, 30, 35, 49, 58-59, 76
マラソン(カヤック) 268, 271
マラソン(クロスカントリースキー) 300
マラソン(水上スキー) 277
マラソン(ドラゴンボート) 274
マラソン(マウンテンバイク) 367
マラソン(ローラースケート) 368-69
マラソン・ワールドカップ 439
マンツーマンディフェンス 103, 113, 251
マン島TTレース 393-94

み

ミクローシュ、ネーメト 27
ミシガン・インターナショナル・スピードウェイ 381
ミッターマイヤー、ロジー 26
南大西洋レース 255
ミハイロフ、ユーリ 20-21
ミュートグラブ 303
ミュンヘン・オリンピック 26
ミントネット(mintonette) 166

む

ムエタイ 236-37

め

メキシコシティ・オリンピック 25
メジャーリーグ 142-44, 146-47
メドレーリレー 244-45
メルボルン・オリンピック 21

も

モーグル 32, 294-98
モーゼス、エドウイン 27, 54-55
モール 123-24
モスクワ・オリンピック 29
モディファイドピッチ 148

モノハル（単胴船） 255-56, 400
モンスターパーク・スロープスタイルフリーライド 436
モンティ、エウジェニオ 22
モンテカルロラリー 391
モンドクロッケー 326
モントリオール・オリンピック 27

や

ヤール 222
野球 14, 32, 119, 142-49, 177
やり投 16, 27, 48-49, 70, 72-73, 334

ゆ

有効 217-19
有効打突 239
ユーティリティマシン 405
ユーリー、レイ 12-13
ゆか 80, 82-83, 85, 90

よ

ヨーロピアン・トラックレース選手権 389
横四方固 219
四つ相撲 221
ヨハネセン、クヌート 22

ら

ラージヒル 17, 34, 305-06
ライ 323, 325
ライドオフ 419
ライフル射撃 307, 351-53
ラウンダーズ 142, 149
ラウンド、ジョアン 40
ラガト、バーナード 35, 57
ラクダレース 424
ラグビーユニオン 120-27, 129, 133
ラグビーリーグ 120, 122, 128-31
ラグビーワールドカップ 120, 123-25, 127
ラグビーワールドカップセブンズ 127
ラクロス 162-63, 177
ラケッツ 196, 203

ラケットボール（racketball） 200
ラケットボール（racquetball） 200-01
ラダ・クラシック 336
ラチニナ、ラリサ 20, 23, 83
ラック 123-24
ラビット射撃 348
ラフストック 423
ラフティング 438
ラウネン、サンパ 35
ラリー（モータースポーツ） 390-91
ラリーポイント方式 196, 199
ランドセーリング 437
ランドダイブ 443
ランニング・ディア（単発） 13
ランニング・ディア（連発） 13
ランプ 356-57
ランラン、スザンヌ 14

り

リアルテニス 188-89
リオデジャネイロ・オリンピック 39
力士 220-21
リストショット 154
立射 307, 353
リドストローム、ニクラス 36
リトラ、ヴィレ 15
リバースサイドタックル 161
リバウンド（バスケットボール） 109-10, 113
リポスト 215
リミテッドオーバー 136-38
リュージュ 22, 24, 26, 35, 37, 308-11, 430
リレハンメル・オリンピック 33
リンクホッケー 370-71
リンゼンホフ、リゼロット 26

る

ル・マン 389
ルイス、カール 30, 50, 60
ルイス、スピリドン 12
ルースインペディメント 322
ルード、ビルガー 17
ルート・デュ・ラム 255
ルッシ、ベルンハルト 26
ルディンク＝ローテンブルガー、クリスタ 31

ルドルフ、ウィルマ 22-23

れ

レークプラシッド・オリンピック（1932年） 16
レークプラシッド・オリンピック（1980年） 28
レーザー級 256
レーザーラジアル級 256
レギュレーション 376, 382, 397
レザーパレタ 204
レザーペロタ 205
レスリング →アマチュアレスリング
レッグ・ビフォア・ウィケット →LBW
レッグカッター 140
レッグスピナー 140
レット（スカッシュ） 196, 198-99
レット（卓球） 190
レット（ペロタ） 204
レッドグレーブ、スティーブン（レッドグレーヴ、サー・スティーヴ） 34, 262
レッドブル・エアレース・ワールドシリーズ 402-03
レッドブル・ランページ 436
レナー、サラ 36
レポートプレー 134

ろ

ローイング 264-67
ローガニス、グレッグ（グレゴリー） 30-31, 247
ローズ、ピート 143
ロードバイク 363, 365
ロードホッケー 371
ロードラリー 392
ロードレース 392-95
ロードレース（インディカーレース） 380-81
ロードレースカート 386
ロービングマッチ 427
ロープアドーブ 211
ローマ・オリンピック 22
ローラースケート（競技） 368-69
ローラーホッケー 368, 370-71

ローリングスタート 381, 389
ローンテニス →テニス
ローンボウルズ 296, 330-31
ロゲ、ジャック 35
ロサンゼルス・オリンピック（1932年） 16
ロサンゼルス・オリンピック（1984年） 30
ロサンゼルス・ドジャース 143, 147
ロッケー 327
ロデオ 423
ロデオ（カヌー） →プレイボーディング
ロビンフッド 345
ロブ（ゴルフ） 324
ロブ（水球） 250
ロブ（スカッシュ） 199
ロブ（テニス） 186
ロブ（バドミントン） 194
ロフト 322-23
ロングトラック 312-13
ロンドン・オリンピック（1908年） 13
ロンドン・オリンピック（1948年） 18
ロンドン・オリンピック（2012年） 38
ロンドン・トライアスロン 76

わ

ワールド・パイロット・ランキング・スキーム 440-41
ワールド・ベースボール・クラシック 147
ワールドゲームズ 371, 426
ワールドラケッツ・チャンピオンシップ 203
ワイズミュラー、ジョニー 14-15
ワイルドウォーター 268, 271
技あり（柔道） 217-19
和道流 226

謝辞

Dorling Kindersley would like to thank the following people for their help in the preparation of this book: at DK India – Kingshuk Ghoshal, Govind Mittal, Deeksha Saikia, Bimlesh Tiwary, and Balwant Singh; editorial assistance – Ann Baggaley, Jarrod Bates, Bob Bridle, Kim Bryan, Gill Edden, Anna Fischel, Phil Hunt, Tom Jackson, Nicky Munro, Nigel Ritchie, Manisha Thakkar, Simon Tuite, Miezen Van Zyl, Jo Weeks; for design assistance – Sarah Arnold and Susan St. Louis; for additional illustrations – David Ashby, Kevin Jones Associates, Peter Bull, Brian Flynn, Phil Gamble, Tim Loughead, Patrick Mulrey, Oxford Designers & Illustrators, Jay Parker, and Mark Walker, for index – Ian D. Crane; for flags – The Flag Institute, Chester, UK.

写真クレジット

The publisher would like to thank the following (a-above; b-below/bottom; c-centre; f-far; l-left; r-right; t-top):

12 Getty Images: IOC Olympic Museum (cra) (crb). 13 Getty Images: IOC Olympic Museum (tr) (crb). PA Photos: (cra); DPA (cl) (c). 14 Getty Images: IOC Olympic Museum (tr) (cr) (crb). PA Photos: (cb); S&G (ca); Topham Picturepoint (fcr) (cl). 15 Getty Images: IOC Olympic Museum (cr) (crb) (tr). 16 Getty Images: IOC Olympic Museum (tr) (cr) (crb). 17 Getty Images: IOC Olympic Museum (crb) (tr). PA Photos: (cr) (cb); AP (ca) (cla) (clb). 18 Corbis: Hulton-Deutsch Collection (tl). Getty Images: IOC Olympic Museum (cr) (tr). PA Photos: (bc). 19 Getty Images: AFP (cla); IOC Olympic Museum (cr) (tr). PA Photos: S&G (br). 20 Getty Images: IOC Olympic Museum (tr). PA Photos: DPA (b); S&G (ca). 21 Corbis: Bettmann (crb). Getty Images: IOC Olympic Museum (tr) (cr). PA Photos: (cla). 22 Getty Images: IOC Olympic Museum (tr) (cr). PA Photos: Robert Rider-Rider/AP (cb); S&G (tl). 23 Getty Images: IOC Olympic Museum (cr). PA Photos: AP (cb); DPA (t). 24 Getty Images: Hulton Archive/Keystone (t); IOC Olympic Museum (cr). PA Photos: S&G (br). 25 Getty Images: IOC Olympic Museum (tr) (cr). PA Photos: AP (cla); DPA (crb). 26 Getty Images: IOC Olympic Museum (tr) (cr). PA Photos: AP (cla); DPA (crb). 27 Getty Images: IOC Olympic Museum (tr); Bob Martin (b). PA Photos: Heikki Kotilainen/Lehtikuva (cla). 28 Getty Images: IOC Olympic Museum (tr). PA Photos: AP (b) (cla). 29 Getty Images: IOC Olympic Museum (tr) (cr). PA Photos: AP (cla); Wilfried Witters/Witters (crb). 30 Getty Images: IOC Olympic Museum (tr) (cr). PA Photos: S&G (cla) (crb). 31 Getty Images: IOC Olympic Museum (cr). PA Photos: Ed Reinke/AP (t); S&G (crb). 32 Corbis: Mike King (cr). Getty Images: IOC Olympic Museum (tr) (br). MARTIN/AFP (bl). 33 Getty Images: Clive Brunskill (tr); IOC Olympic Museum (tr) (cr). PA Photos: Michael Probst/AP (bl). 34 Getty Images: Jiji Press/AFP (tr); Mike Powell (cla); Nick Wilson (cr). PA Photos: Neal Simpson (br). 35 Getty Images: Stuart Hannagan (br); IOC Olympic Museum (tr) (cr). PA Photos: Tony Marshall (cla). 36 Corbis: Gero Breloer/EPA (cla). Getty Images: Gabriel Bouys/AFP (br); IOC Olympic Museum (tr) (cr). 37 Getty Images: Frank Fife (b); Clive Rose (cra); IOC Olympic Museum Collections (tr). 38 Getty images: Attila Kisbenedek (b); Getty/AFP (tl). 39 Corbis/Visionhaus (t); Getty/Johannes Eisele (bl). 40 Corbis/Julian Stratenschulte (b). 41 Leo Mason/Corbis (tl); Yang Lei/Xinhua Press/Corbis (tr); AFP/Getty (bl); AFP/Getty (bc); Gallo Images (br). 42 Jean-Yves Ruszniewski/TempSport/Corbis (t); Getty (bl); Julian Stratenschulte/dpa/Corbis (br) 43 Getty Images: Phil Cole

All other images © Dorling Kindersley

スポーツ大図鑑

2014年5月30日　初版1刷発行

編者　レイ・スタッブズ
訳者　岩井木綿子、大野千鶴、内田真弓
　　　（翻訳協力　株式会社トランネット）
DTP　高橋宣壽

発行者　荒井秀夫
発行所　株式会社ゆまに書房
　　　　東京都千代田区内神田2-7-6
　　　　郵便番号　101-0047
　　　　電話　03-5296-0491（代表）

ISBN978-4-8433-4409-5　C0675

落丁・乱丁本はお取替えします。
定価はカバーに表示してあります。

Printed and bound in China